中国哲学社会科学学科年鉴
CHINESE ACADEMIC ALMANAC

ALMANAC OF
JAPANESE
STUDIES IN CHINA

杨伯江 主编

# 中国日本研究年鉴
## 2022

中国社会科学出版社

## 图书在版编目(CIP)数据

中国日本研究年鉴 . 2022 / 杨伯江主编 . —北京：中国社会科学出版社，2022.12
ISBN 978-7-5227-0533-0

Ⅰ.①中… Ⅱ.①杨… Ⅲ.①日本-研究-2022-年鉴 Ⅳ.① D731.3-54

中国版本图书馆 CIP 数据核字（2022）第 252365 号

| | |
|---|---|
| 出 版 人 | 赵剑英 |
| 责任编辑 | 张靖晗 |
| 责任校对 | 韩海超 |
| 责任印制 | 张雪娇 |

| | |
|---|---|
| 出 版 | 中国社会科学出版社 |
| 社 址 | 北京鼓楼西大街甲 158 号 |
| 邮 编 | 100720 |
| 网 址 | http://www.csspw.cn |
| 发 行 部 | 010-84083685 |
| 门 市 部 | 010-84029450 |
| 经 销 | 新华书店及其他书店 |

| | |
|---|---|
| 印刷装订 | 北京君升印刷有限公司 |
| 版 次 | 2022 年 12 月第 1 版 |
| 印 次 | 2022 年 12 月第 1 次印刷 |

| | |
|---|---|
| 开 本 | 787×1092 1/16 |
| 印 张 | 49.75 |
| 插 页 | 2 |
| 字 数 | 1046 千字 |
| 定 价 | 418.00 元 |

凡购买中国社会科学出版社图书，如有质量问题请与本社营销中心联系调换
电话：010-84083683
版权所有 侵权必究

# 《中国日本研究年鉴2022》编辑委员会名单

主　编：杨伯江
副主编：吴怀中　唐永亮
编　委（43人）
　　　　杨伯江　闫　坤　高　洪　吴怀中　吕耀东
　　　　唐永亮　张伯玉　田　正　张　勇　胡　澎
　　　　张建立　卢　昊　杨栋梁　刘岳兵　韩东育
　　　　胡令远　黄大慧　初晓波　宋成有　刘晓峰
　　　　林美茂　宋金文　杨　玲　裴桂芬　徐万胜
　　　　崔　健　韩春虎　修　斌　邱雅芬　王新生
　　　　高士华　王　青　陈多友　田香兰　谢必震
　　　　郑　毅　金　勋　笪志刚　陈秀武　胡继平
　　　　周　峰　修　刚　蔡　亮
编辑部：
　　　　唐永亮　叶　琳　陈　祥　李璇夏　张耀之
　　　　陈梦莉　田　正　陈静静　张　梅　郭　佩
　　　　孟明铭　王一晨　程玉洁　丁宏斌

# 编辑说明

一、《中国日本研究年鉴》系由中国社会科学院日本研究所主持编撰，秉承学术性、权威性、客观性、前沿性的宗旨，力求反映日本研究学科取得的年度主要成绩和科研进展。

二、日本研究年鉴的编撰最早可追溯至20世纪80年代末，当时日本研究所组织编写了《日本概览》（国际文化出版公司，1989年），此后以《日本学刊》增刊形式，先后编撰了"中国的日本研究著作目录（1993—2016）""2018年度中国的日本研究""2019年度中国的日本研究""2020年度中国的日本研究"。2022年进一步提质升级，《中国日本研究年鉴》由中国社会科学出版社专门出版发行。

三、《中国日本研究年鉴》2022年卷设有学科综述、年度优秀论文、年度主要论文、国内涉日学术机构与学术动态、日本研究杂志目录、著作目录、大事记、日本经济与中日经贸关系主要数据八个栏目。其中，年度优秀论文和年度主要论文由中国社会科学院日本研究所牵头，联合中国知网、中华日本学会、全国日本经济学会、中华日本哲学会、中国日本文学研究会、中国日本史学会、中国中日关系史学会、中国抗日战争史学会，对2021年度1568篇日本研究论文进行海选，经年鉴评审委员会评选、日本研究所学术委员会审议，从投票产生的前100名候选文章中选出优秀论文30篇、主要论文73篇。

四、虽经多次完善设计并征求各方面意见，但《中国日本研究年鉴》2022年卷的栏目设置、收录内容等仍不免有遗漏或不妥之处，欢迎读者提出宝贵意见，以便在今后的年鉴编撰工作中不断加以改进。

# 缩略语对照表

| | |
|---|---|
| 5G | 第五代移动通信技术 |
| AI | 人工智能 |
| AMI | 《中国人文社会科学期刊评价报告》 |
| AOIP | 印太展望 |
| APIKS | 知识社会中的学术职业 |
| CATTI | 全国翻译专业资格（水平）考试 |
| CBDC | 法定数字货币 |
| CNI 名录 | 社科文献集刊评价体系 |
| COE 计划 | 卓越研究基地计划 |
| COVID-19 | 新型冠状病毒肺炎 |
| CPTPP | 全面与进步跨太平洋伙伴关系协定 |
| CSSCI | 中文社会科学引文索引 |
| CTTI | 中国智库索引 |
| DRAM | 动态随机存取内存 |
| EPA | 经济伙伴关系协定 |
| ESG | 环境社会公司治理 |
| FCV | 燃料电池车 |
| FOIP | 互联网传真协议 |
| FTA | 自由贸易协定 |
| G20 | 20 国集团 |
| G7 | 7 国集团 |
| GDP | 国内生产总值 |
| GIGA | 面向所有人的全球创新门户 |
| GNI | 国民总收入 |
| GTAP | 全球贸易分析模型 |
| GVC | 全球价值链 |
| IAEA | 国际原子能机构 |
| ICT | 信息与通信技术 |
| IMF | 国际货币基金组织 |

| | |
|---|---|
| IR | 制度化研究 |
| IT | 互联网技术 |
| J-STAGE | 日本科学技术信息集成系统 |
| JA 全中 | 全国农业协同组织中央会 |
| JETRO | 日本贸易振兴机构 |
| JICA | 日本国际协力机构 |
| JIP 数据库 | 日本产业生产率数据库 |
| MTI | 翻译硕士专业学位 |
| NCA | 美国海军民政小组 |
| NEDO | 日本新能源产业的技术综合开发机构 |
| NGO | 非政府组织 |
| NHK | 日本广播协会 |
| NPO | 非营利组织 |
| NSC | 国家安全保障会议 |
| ODA | 政府开发援助 |
| OECD | 经济合作与发展组织 |
| PPP | 点对点协议 |
| QCA | 定性比较分析方法 |
| QUAD | 美日印澳四边机制 |
| RCCSE | 中国科学评价研究中心 |
| RCEP | 区域全面经济伙伴关系协定 |
| RTA | 综合性的显示性贸易综合比较优势 |
| SDGs | 可持续发展目标 |
| SES | 社会经济地位 |
| STEM 化 | 科技素养化 |
| SWB | 主观幸福感 |
| TAG | 日美货物贸易协定 |
| TICAD | 东京—非洲发展国际会议 |
| TPP | 跨太平洋伙伴关系协定 |
| TVP-SV-VAR | 时变参数向量自回归模型 |
| UNESCO | 联合国教科文组织 |
| USMCAFTA | 美墨加自贸协定 |

| | |
|---|---|
| V4 | 维谢格拉德集团 |
| VLSI | 超大规模集成电路 |
| WTO | 世界贸易组织 |
| WVS | 世界价值观调查 |
| XEV | 电动汽车 |

# 目　录

序言　为中国特色哲学社会科学事业立传 …………………………… 高培勇（1）

## 学科综述

2021年日本政治研究综述 ……………………………… 张伯玉　孟明铭（3）
2021年日本经济研究综述 ………………………………………… 田　正（20）
2021年日本外交研究综述 ……………………………… 吕耀东　王　方（36）
2021年中日关系研究综述 ……………………………… 吴怀中　孟晓旭（51）
2021年日本社会研究综述 ………………………………………… 胡　澎（64）
2021年日本文化研究综述 ………………………………………… 张建立（80）
2021年日本历史研究综述 ………………………………………… 王新生（99）
2021年日本战略研究综述 ………………………………………… 卢　昊（116）
2021年日本文学研究综述 ………………………………………… 王志松（130）
2021年日本教育研究综述 ………………………………………… 臧佩红（142）

## 年度优秀论文

日本与国际秩序变革：观念与应对 …………… 中国社会科学院日本研究所课题组（167）

— 1 —

百年未有之大变局下的中日关系 ………………………………………………… 武　寅（171）
从日本经济表现看"长期停滞"的典型特征 ……………………………………… 蔡　昉（174）
印太战略议程设置与推进：日本外交的新态势
　　——以反恐问题的阑入为中心 ……………………………… 胡令远　殷长晖（178）
后疫情时期亚洲地区全球价值链的重塑与中日经济合作的前景 ……………… 李向阳（181）
拜登政府与美日同盟的发展趋向 ………………………………………………… 吕耀东（184）
日本图谋军事介入台海态势分析 ………………………………………………… 吴怀中（186）
中美战略竞争与日本的安全战略选择 …………………………………………… 朱　锋（190）
安倍晋三执政时期的"综合海洋安全保障战略"评析 ………………… 陈秀武　李晓晨（192）
日本无条件投降述论 ……………………………………………………………… 蒋立峰（195）
"哲学"的接受与"中国哲学"的诞生 …………………………………………… 林美茂（199）
RCEP生效后的中日经贸关系：机遇、挑战与趋势 …………………………… 张季风（202）
共同打造区域价值链体系
　　——深化中日产业合作的背景与可行性 …………………………………… 张玉来（205）
"自由国际秩序"的历史窠臼：论"印太"框架下日本的对华制衡 …………… 蔡　亮（208）
日本的"过劳"与"过劳死"问题：原因、对策与启示 ………………………… 胡　澎（211）
日本福岛核污水排海问题及其应对 ……………………………………………… 金　嬴（214）
日本环境治理的产业化制度与中日合作的可能性 ……………………………… 李国庆（217）
日本央行数字货币的制度设计及政策考量 ……………………………………… 刘　瑞（220）
日本对华战略行为选择的逻辑
　　——以安倍执政时期为案例 ………………………………………………… 陆　伟（223）
国际秩序变革与日欧战略接近 ………………………………………… 陈静静　张　勇（226）
疫情背景下日本供应链的重塑及前景分析 …………………………… 陈友骏　赵　磊（230）
日本新冠疫情的社会影响与政策选择 ………………………………… 崔　岩　张　磊（233）
抗日不需要神剧：日军家书如是说 ……………………………………………… 韩东育（236）

| | |
|---|---|
| 日本强化与中东欧经贸关系的动因、布局及影响 | 李清如（239） |
| 20世纪日本学界的"古代虾夷族群"论争 | 李文明（243） |
| 美国对华政策的地缘政治思考模式与日本的外交选择 | 廉德瑰（246） |
| "扩大内需"政策的长期化：基于日本经验的解释 | 莽景石（250） |
| 关于后疫情时代中日经济关系走势与发展的思考 | 庞德良 卜 睿（254） |
| 日本参与五眼联盟的动因及走向 | 王广涛（257） |
| 日本战后思想史语境中的鲁迅论 | 赵京华（260） |

# 年度主要论文

| | |
|---|---|
| 日本"印太战略构想"推进过程中的"中心化"与"去中心化" | 程 蕴（265） |
| 21世纪日本国家战略的演进及对中日关系的影响 | 刘江永（268） |
| 中美日三边关系动向及日本的战略应对 | 卢 昊（271） |
| 动荡世界中的中美日安全关系辨析 | 高 洪 孙伶伶（274） |
| 论东亚权力格局变化下的日本国家战略转换 | 孙 承（278） |
| 日本电力体制改革30年：现状、问题与启示 | 李宏舟 王惠贤（280） |
| 日本平成时代的历史样态与基因演绎<br>——一种政治社会学的分析 | 高 兰 赵丽娟（283） |
| 过程构建与关系利用：日本决定"排污入海"的生成逻辑 | 尹晓亮（286） |
| 日本农政改革的破局之路 | 贺 平（289） |
| 世纪疫灾加速世界变局对中日关系的影响 | 江瑞平（292） |
| 日侨归国考<br>——20世纪50年代中日关系一瞥 | 徐志民（295） |
| 关西广域联合：地方分权改革视域中的日本跨域治理实践<br> | 白智立 刘丛丛 桥本绘美（298） |

日本核污水排海问题的综合法律解读
　　——对国际法与国内法上责任救济规定的统筹分析 ………………… 罗欢欣（301）
日本经济安全理论与政策变化动向 ……………………………………… 崔　健（303）
日本网络安全政策的现状与发展趋势 ……………………… 包霞琴　黄　贝（306）
抗日战争期间日本对中国共产党的情报调查及对策 …………………… 祁建民（308）
日本"一强多弱"政党格局的常态化及其影响 ………………………… 张伯玉（311）
日本菅义伟政府的数字改革 ……………………………………………… 刘军红（314）
拜登当选背景下日本对华政策回顾与前瞻 ………………… 徐万胜　丁浩淼（316）
日本外交中的日美结盟外交 ……………………………………………… 梁云祥（319）
日本"固有领土论"的话语建构
　　——从"北方四岛/南千岛群岛"争端谈起 …………………… 邵景楷（321）
日本与印尼海洋经济合作探析：战略动因、主要路径与现实挑战 …… 王竞超（324）
从日越关系新动向看日本对东南亚经济外交的新趋势 ………………… 白如纯（327）
安倍治下的日本对华政策：从战略制衡到战术避险 …………………… 张　望（329）
新冠疫情下东北亚区域合作的新挑战与新机遇 ………………………… 笪志刚（332）
日本"巨型FTA"战略：演变、特征、评估及对中国的影响 …… 高文胜　张永涛（334）
日本右翼势力的思想结构及其百年流变 ………………………………… 孙立祥（337）
日美安保体系的历史演进与面临的挑战 ………………………………… 金永明（340）
日本调整高质量基础设施合作伙伴关系战略及对"一带一路"倡议的影响
　　……………………………………………………………………… 孟晓旭（343）
九一八事变前后日本殖民统治中国东北的构想与实施 ………………… 臧运祜（346）
文化外交的作用及局限：冷战初期的日本电影节外交（1954—1956年）……… 钟瀚声（349）
"印太战略"：以美印日澳的战略逻辑、利益与策略选择为分析视角
　　………………………………………………… 刘　鸣　陈　永　束必铨（351）
"印太战略"视域下的日本对东盟外交 ………………………………… 毕世鸿（354）

# 目录

援助国是"经济人"还是"社会人"？

　　——基于日本对华与对印ODA政策比较 ⋯⋯⋯⋯⋯⋯⋯⋯⋯⋯ 陈小鼎　王翠梅（356）

两极竞争背景下的"边缘诱捕"战略及其效用分析 ⋯⋯⋯⋯⋯⋯⋯⋯⋯⋯⋯⋯ 姜　鹏（359）

日本EPA农业保护政策形成过程的演变及其原因分析

　　——以首相和农业保护三集团的相对影响力变化为中心 ⋯⋯⋯⋯⋯ 李明权　张晓娜（361）

疫情背景下日本的国际秩序观与对外政策调整 ⋯⋯⋯⋯⋯⋯⋯⋯⋯⋯⋯⋯⋯⋯ 王　珊（364）

国际秩序、"满蒙权益"、反苏防共：日本发动九一八事变的认知逻辑 ⋯⋯⋯⋯ 宋志勇（367）

日本制造业数字化转型发展战略 ⋯⋯⋯⋯⋯⋯⋯⋯⋯⋯⋯⋯⋯⋯⋯⋯ 马文秀　高周川（369）

新发展格局下RCEP签署与东亚区域经贸合作的中国策略 ⋯⋯⋯⋯⋯⋯ 马　涛　徐秀军（371）

日本公司治理平成改革评析 ⋯⋯⋯⋯⋯⋯⋯⋯⋯⋯⋯⋯⋯⋯⋯⋯⋯⋯⋯⋯⋯ 平力群（374）

RCEP框架下的中日韩产业合作 ⋯⋯⋯⋯⋯⋯⋯⋯⋯⋯⋯⋯⋯⋯⋯⋯⋯⋯⋯⋯ 刘　文（377）

持久博弈背景下美国对外科技打击的策略辨析

　　——日本半导体产业与华为的案例比较 ⋯⋯⋯⋯⋯⋯⋯⋯⋯⋯⋯ 任星欣　余嘉俊（380）

日本金融领域金融监管与竞争监管关系的演变 ⋯⋯⋯⋯⋯⋯⋯⋯⋯⋯⋯⋯⋯⋯ 裴桂芬（382）

日本依托区域经济一体化主导国际经贸规则制定权的战略分析 ⋯⋯⋯⋯ 孙　丽　赵泽华（384）

日本的全球自贸战略及其展望 ⋯⋯⋯⋯⋯⋯⋯⋯⋯⋯⋯⋯⋯⋯⋯⋯⋯⋯⋯⋯ 陈子雷（387）

"振兴的机遇"与"失去的机会"

　　——美日竞争背景下美国的技术转移与亚洲经济体 ⋯⋯⋯⋯⋯⋯⋯⋯⋯⋯ 黄琪轩（389）

基于RCEP推动中日经贸合作的新思考 ⋯⋯⋯⋯⋯⋯⋯⋯⋯⋯⋯⋯⋯ 施锦芳　李博文（392）

区域全面经济伙伴关系协定对中日经贸关系影响探究 ⋯⋯⋯⋯⋯⋯⋯⋯ 刘　斌　刘　颖（394）

日本中小企业非研发创新政策支持体系研究

　　——以"机振法"产业政策体系为例 ⋯⋯⋯⋯⋯⋯⋯⋯⋯⋯⋯⋯⋯⋯⋯⋯ 田　正（396）

日本车用氢能的产业发展及支持政策 ⋯⋯⋯⋯⋯⋯⋯⋯⋯⋯⋯⋯⋯ 陈英姿　刘建达（398）

后日美贸易摩擦时代日本的产业分流及其半导体产业衰退 ⋯⋯⋯⋯⋯⋯ 刘　轩　纪雅琦（400）

从产业层面看中日创新合作 ⋯⋯⋯⋯⋯⋯⋯⋯⋯⋯⋯⋯⋯⋯⋯⋯⋯⋯⋯⋯⋯ 丁　可（402）

中日灾害意识比较研究
　　——基于神话的考察 ································ 熊淑娥（404）
茶道的特质及其在日本文化中的角色 ···················· 崔世广（407）
全球史在日本的兴起、实践及问题 ······················ 康　昊（409）
中日应对人口老龄化问题的经验互鉴 ···················· 冯文猛（411）
中日韩三国居民主观幸福感比较研究 ············ 胡　荣　肖和真（414）
占领初期日本"文化国家"构想中的国权与民权论争 ······ 牟伦海（418）
危机与批评
　　——近代语境下的大本教与红卍字会 ················ 孙　江（420）
日本的当代中国环境问题研究 ·························· 丁红卫（423）
虚幻的建构："满洲国"表象空间的制造与殖民地属性的构成 ·· 郑　毅（426）
20世纪初期日本的东亚"同文"主张与亚洲主义
　　——以"汉字统一会"为中心的考察 ················ 林　翔（428）
日本网络安全体系的布局、特征及其启示 ················ 胡　薇（430）
人口老龄化背景下日本延迟退休政策探析 ········ 丁英顺　赵　明（433）
黄遵宪《日本国志序》考 ······························ 戴东阳（436）
中日少子化问题比较研究 ······························ 任晓菲（438）
第一次直奉战争前后日本的"不援张"政策 ·············· 郭循春（441）
西田哲学中的老庄思想因素
　　——以"纯粹经验"与"绝对无"概念为核心 ········ 王　青（443）
日本江户思想家的"日本优越论"取向 ·················· 董灏智（445）
论美国对琉球"去日本化"的构想与实践（1944—1950年） ·· 孙家珅（447）
20世纪80年代以来中国的日本文化研究述评 ············ 张建立（450）
从元曲到能乐：日本五山诗文作为津梁 ·················· 张哲俊（453）

# 国内涉日学术机构与学术动态

北华大学东亚历史与文献研究中心 ……………………………………………（457）

北京大学日本研究中心 ……………………………………………………（460）

北京大学外国语学院日语系 ………………………………………………（463）

北京第二外国语学院日语学院 ……………………………………………（465）

北京外国语大学北京日本学研究中心 ……………………………………（467）

北京外国语大学日语学院 …………………………………………………（470）

大连民族大学日本研究所 …………………………………………………（473）

大连外国语大学日本研究院 ………………………………………………（475）

东北财经大学国际经济贸易学院世界经济教研室 ………………………（478）

东北师范大学东亚研究院 …………………………………………………（480）

东北师范大学国际与比较教育研究所 ……………………………………（483）

东北师范大学日本研究所 …………………………………………………（486）

东南大学日本语言文化研究所 ……………………………………………（488）

东南大学外国语学院日语系 ………………………………………………（491）

福建师范大学中琉关系研究所 ……………………………………………（494）

复旦大学日本研究中心 ……………………………………………………（497）

广东外语外贸大学"东方学研究院" ………………………………………（500）

广东外语外贸大学中日比较生态文学研究所 ……………………………（503）

贵州民族大学外国语学院日语系 …………………………………………（506）

河北大学日本研究中心 ……………………………………………………（507）

河南大学外语学院日语语言文学研究所 …………………………………（510）

黑龙江省社会科学院东北亚研究所 ………………………………………（512）

— 7 —

湖北大学历史文化学院中日社会文化比较研究中心……………………（515）

湖南大学日本研究中心…………………………………………………（518）

吉林大学日本研究所……………………………………………………（520）

吉林省日本侵华历史研究中心…………………………………………（523）

吉林省日本学会…………………………………………………………（525）

吉林省社会科学院日本研究所…………………………………………（528）

辽宁大学日本研究所……………………………………………………（531）

南京大学外国语学院日语系……………………………………………（534）

南京航空航天大学外国语学院日语系…………………………………（537）

南京信息工程大学文学院日语系………………………………………（539）

南开大学日本研究院……………………………………………………（541）

南开大学外国语学院日语系及东亚文化研究中心……………………（545）

宁波大学外国语学院日本研究所………………………………………（547）

宁夏大学·岛根大学国际联合研究所…………………………………（549）

侵华日军南京大屠杀遇难同胞纪念馆…………………………………（551）

青岛大学外语学院日语系………………………………………………（554）

青岛中日经济文化学会…………………………………………………（557）

清华大学人文学院外国语言文学系东亚语言与文化学科群…………（558）

全国日本经济学会………………………………………………………（560）

厦门大学日本语教育研究中心…………………………………………（563）

山东大学日本研究中心…………………………………………………（565）

山东大学外国语学院日语系……………………………………………（568）

陕西师范大学外国语学院日语系………………………………………（571）

上海对外经贸大学日本经济研究中心…………………………………（572）

上海国际问题研究院中日关系研究中心………………………………（574）

| | |
|---|---|
| 上海交通大学日本研究中心 | (576) |
| 上海社会科学院国际问题研究所 | (580) |
| 上海市日本学会 | (583) |
| 首都师范大学日本文化研究中心 | (586) |
| 首都师范大学外国语学院日语系 | (588) |
| 四川外国语大学日本学研究所 | (589) |
| 四川外国语大学日语学院 | (592) |
| 苏州大学东亚历史文化研究中心 | (595) |
| 天津科技大学外国语学院日语系 | (598) |
| 天津社会科学院东北亚研究所 | (600) |
| 天津社会科学院日本研究所 | (603) |
| 天津师范大学比较文学与比较文化研究所 | (606) |
| 天津外国语大学日语学院 | (608) |
| 外交学院日本研究中心 | (611) |
| 武汉大学日本研究中心 | (614) |
| 西安外国语大学日本文化经济学院 | (617) |
| 浙江财经大学日本文化经济研究所 | (621) |
| 浙江工商大学东亚研究院 | (624) |
| 浙江工商大学日本研究中心 | (627) |
| 浙江省中日关系史学会 | (631) |
| 中国海洋大学日本研究中心 | (633) |
| 中国抗日战争史学会 | (637) |
| 中国人民大学东亚研究中心 | (640) |
| 中国人民大学日本人文社会科学研究中心 | (642) |
| 中国日本史学会 | (645) |

中国日语教学研究会华南分会 …………………………………………………（648）
中国社会科学院日本研究所 ……………………………………………………（650）
中国社会科学院外国文学研究所东方文学研究室 ……………………………（655）
中国社会科学院亚太与全球战略研究院 ………………………………………（659）
中国社会科学院哲学研究所东方哲学研究室 …………………………………（662）
中国外国文学学会日本文学研究分会 …………………………………………（665）
中国现代国际关系研究院东北亚研究所 ………………………………………（668）
中国中日关系史学会 ……………………………………………………………（669）
中华日本学会 ……………………………………………………………………（672）
中华日本哲学会 …………………………………………………………………（675）

# 日本研究杂志目录

………………………………………………………………………………………（679）

# 著作目录

………………………………………………………………………………………（695）

# 大事记

………………………………………………………………………………………（707）

# 日本经济与中日经贸关系主要数据

………………………………………………………………………………………（727）

# 序 言

## 为中国特色哲学社会科学事业立传

——写在《中国哲学社会科学学科年鉴》系列出版之际

### （一）

2016年5月17日，习近平总书记《在哲学社会科学工作座谈会上的讲话》中正式作出了加快构建中国特色哲学社会科学的重大战略部署。自此，中国特色哲学社会科学学科体系、学术体系、话语体系的构建进入攻坚期。

2022年4月25日，习近平总书记在中国人民大学考察时强调指出，"加快构建中国特色哲学社会科学，归根结底是建构中国自主的知识体系"。这为我们加快构建中国特色哲学社会科学进一步指明了方向。

2022年4月，中共中央办公厅正式印发《国家哲学社会科学"十四五"规划》。作为第一部国家层面的哲学社会科学发展规划，其中的一项重要内容，就是以加快中国特色哲学社会科学为主题，将"中国哲学社会科学学科年鉴编纂"定位为"哲学社会科学学科基础建设"，从而赋予了哲学社会科学学科年鉴编纂工作新的内涵、新的要求。

从加快构建中国特色哲学社会科学到归根结底是建构中国自主的知识体系，再到制定第一部国家层面的哲学社会科学发展规划，至少向我们清晰揭示了这样一个基本事实：中国特色社会主义事业离不开中国特色哲学社会科学的支撑，必须加快构建中国特色哲学社会科学、建构中国自主的知识体系。加快构建中国特色哲学社会科学、建构中国自主的知识体系是一个长期的历史任务，必须持之以恒，实打实地把一件件事情办好。

作为其间的一项十分重要且异常关键的基础建设，就是编纂好哲学社会科学学科年鉴，将中国特色哲学社会科学事业的发展动态、变化历程记录下来，呈现出来。以接续奋斗的精神，年复一年，一茬接着一茬干，一棒接着一棒跑。就此而论，编纂哲学社会科学学科年鉴，其最基本、最核心、最重要的意义，就在于为中国特色哲学社会科学事业立传。

呈现在读者面前的这一《中国哲学社会科学学科年鉴》系列，就是在这样的背景之下，由中国社会科学院集全院之力、组织精锐力量编纂而成的。

## (二)

作为年鉴的一个重要类型，学科年鉴是以全面、系统、准确地记述上一年度特定学科或学科分支发展变化为主要内容的资料性工具书。编纂学科年鉴，是哲学社会科学发展到一定阶段的产物。

追溯起来，我国最早的哲学社会科学年鉴——《中国文艺年鉴》，诞生于上个世纪30年代。党的十一届三中全会之后，伴随着改革开放的进程，我国哲学社会科学年鉴不断发展壮大。40多年来，哲学社会科学年鉴在展示研究成果、积累学术资料、加强学科建设、开展学术评价、凝聚学术共同体等方面，发挥着不可替代的作用，为繁荣发展中国特色哲学社会科学作出了重要贡献。

1. 为学科和学者立传的重要载体

学科年鉴汇集某一学科领域的专业学科信息，是服务于学术研究的资料性工具书。不论是学科建设、学术研究，还是学术评价、对外交流等，都离不开学科知识的积累、学术方向的辨析、学术共同体的凝聚。

要回答学术往何处去的问题，首先要了解学术从哪里来，以及学科领域的现状，这就离不开学科年鉴提供的信息。学科年鉴记录与反映年度内哲学社会科学某个学科领域的研究进展、学术成果、重大事件等，既为学科和学者立传，也为学术共同体的研究提供知识基础和方向指引，为学术创新、学派形成、学科巩固创造条件、奠定基础。学科年鉴编纂的历史越悠久，学术积淀就越厚重，其学术价值就越突出。

通过编纂学科年鉴，将中国哲学社会科学界推进学科体系、学术体系、话语体系建设以及建构中国自主知识体系的历史进程准确、生动地记录下来，并且，立此存照，是一件非常有意义的事情。可以说，学科年鉴如同学术研究的白皮书，承载着记录、反映学术研究进程的历史任务。

2. 掌握学术评价权的有力抓手

为学界提供一个学科领域的专业信息、权威信息，这是学科年鉴的基本功能。一个学科领域年度的信息十分庞杂，浩如烟海，不可能全部收入学科年鉴。学科年鉴所收录的，只能是重要的、有价值的学术信息。这就要经历一个提炼和总结的过程。学科年鉴的栏目，如重要文献（特载）、学科述评、学术成果、学术动态、统计资料与数据、人物、大事记等，所收录的信息和资料都是进行筛选和加工的基础上形成的。

进一步说，什么样的学术信息是重要的、有价值的，是由学科年鉴的编纂机构来决定。这就赋予了学科年鉴学术评价的功能，所谓"入鉴即评价"，指的就是这个逻辑。特别是学科综述，要对年度研究进展、重要成果、学术观点等作出评析，是学科年鉴学术评价功能的集中体现。

学科年鉴蕴含的学术评价权,既是一种权力,更是一种责任。只有将学科、学术的评价权用好,把有代表性的优秀成果和学术观点评选出来,分析各学科发展面临的形势和任务、成绩和短板、重点和难点,才能更好引导中国特色哲学社会科学的健康发展。

3. 提升学术影响力的交流平台

学科年鉴按照学科领域编纂,既是该领域所有学者共同的精神家园,也是该学科领域最权威的交流平台。目前公认的世界上首部学术年鉴,是由吕西安·费弗尔和马克·布洛赫在1929年初创办的《经济社会史年鉴》。由一群有着共同学术信仰和学术观点的历史学家主持编纂的这部年鉴,把年鉴作为宣传新理念和新方法的学术阵地,在年鉴中刊发多篇重要的理论成果,催发了史学研究范式的演化,形成了法国"年鉴学派",对整个西方现代史学的创新发展产生了深远影响。

随着学科年鉴的发展和演化,其功能也在不断深化。除了记载学术共同体的研究进展,还提供了学术研究的基本参考、学术成果发表的重要渠道,充当了链接学术网络的重要载体。特别是学科年鉴刊载的综述性、评论性和展望性的文章,除了为同一范式下的学者提供知识积累或索引外,还能够对学科发展趋势动向作出总结,乃至为学科未来发展指明方向。

4. 中国学术走向世界的重要舞台

在世界范围内,学科年鉴都是作为权威学术出版物而被广泛接受的。高质量的学科年鉴,不仅能够成为国内学界重要的学术资源、引领学术方向的标识,而且也会产生十分显著的国际影响。

中国每年产出的哲学社会科学研究成果数量极其庞大,如何向国际学术界系统介绍中国哲学社会科学研究成果,做到既全面准确,又重点突出?这几乎是不可能完成的任务。学科年鉴的出现,则使不可能变成了可能。高质量的学科年鉴,汇总一个学科全年最重要、最有代表性的研究成果、资料和信息,既是展示中国哲学社会科学研究成果与现状的最佳舞台,也为中外学术交流搭建了最好平台。

事实上,国内编纂的学科年鉴一直受到国外学术机构的重视,也是各类学术图书馆收藏的重点。如果能够站在通观学术界全貌之高度,编纂好哲学社会科学各学科年鉴,以学科年鉴为载体向世界讲好中国学术故事,当然有助于让世界知道"学术中的中国"、"理论中的中国"、"哲学社会科学中的中国",也就能够相应提升中国哲学社会科学的国际影响力和话语权。

## (三)

作为中国哲学社会科学研究的"国家队",早在上世纪70年代末,中国社会科学院就启动了学科年鉴编纂工作。诸如《世界经济年鉴》《中国历史学年鉴》《中国哲学年鉴》《中国文学年鉴》等读者广为传阅的学科年鉴，迄今已有40多年的历史。

2013年，以国家哲学社会科学创新工程为依托，中国社会科学院实施了"中国社会科学年鉴工程"，学科年鉴编纂工作由此驶入快车道。至2021下半年，全院组织编纂的学科年鉴达到26部。

进入2022年以来，在加快构建中国特色哲学社会科学、贯彻落实《国家哲学社会科学"十四五"规划》的背景下，立足于更高站位、更广视野、更大格局，中国社会科学院进一步加大了学科年鉴编纂的工作力度，学科年鉴编纂工作迈上了一个大台阶，呈现出一幅全新的学科年鉴事业发展格局。

1. 哲学社会科学学科年鉴群

截至2023年5月，中国社会科学院组织编纂的哲学社会科学学科年鉴系列已有36部之多，覆盖了15个一级学科、13个二三级学科以及4个有重要影响力的学术领域，形成了国内规模最大、覆盖学科最多、也是唯一成体系的哲学社会科学学科年鉴群。

其中，《中国语言学年鉴》《中国金融学年鉴》《当代中国史研究年鉴》等10部，系2022年新启动编纂。目前还有将近10部学科年鉴在编纂或酝酿之中。到"十四五"末期，中国社会科学院组织编纂的学科年鉴总规模，有望超越50部。

2. 学科年鉴的高质量编纂

从总体上看，在坚持正确的政治方向、学术导向和价值取向方面，各部学科年鉴都有明显提高，体现了立场坚定、内容客观、思想厚重的导向作用。围绕学科建设、话语权建设等设置栏目，各部学科年鉴都较好地反映了本学科领域的发展建设情况，发挥了学术存史、服务科研的独特作用。文字质量较好，文风端正，装帧精美，体现了学科年鉴的严肃性和权威性。

与此同时，为提高年鉴编纂质量，围绕学科年鉴编纂的规范性，印发了《中国哲学社会科学学科年鉴编纂出版规定》，专门举办了年鉴编纂人员培训班。

3. 学科年鉴品牌

经过多年努力，无论在学术界还是年鉴出版界，中国社会科学院组织编纂的哲学社会科学学科年鉴系列得到了广泛认可，学术年鉴品牌已经形成。不仅成功主办了学术年鉴主编论坛和多场年鉴出版发布会，许多年鉴也在各类评奖中获得重要奖项。在数字化方面，学科年鉴数据库已经建成并投入使用，目前试用单位二百多家，学科年鉴编纂平台在继续推进中。

4. 学科年鉴工作机制

中国社会科学院科研局负责学科年鉴管理，制定发展规划，提供经费资助；院属研究单位负责年鉴编纂；中国社会科学出版社负责出版。通过调整创新工程科研评价考核指标体系，赋予年鉴编纂及优秀学科综述相应的分值，调动院属单位参与年鉴编纂的积极性。

学科年鉴是哲学社会科学界的学术公共产品。作为哲学社会科学研究的"国家队",编纂、提供学科年鉴这一学术公共产品,无疑是中国社会科学院的职责所在、使命所系。中国社会科学院具备编纂好学科年鉴的有利条件:一是学科较为齐全;二是研究力量较为雄厚;三是具有"国家队"的权威性;四是与学界联系广泛,主管120家全国学会,便于组织全国学界力量共同参与年鉴编纂。

## (四)

当然,在肯定成绩的同时,还要看到,当前哲学社会科学学科年鉴编纂工作仍有较大的提升空间,我们还有很长的路要走。

1. 逐步扩大学科年鉴编纂规模

经过40多年的发展,特别是"中国社会科学年鉴工程"实施10年来的努力,哲学社会科学系列学科年鉴已经形成了一定的规模,覆盖了90%的一级学科和部分重点的二三级学科。但是,也不容忽视,目前还存在一些学科年鉴空白之地。如法学、政治学、国际政治、区域国别研究等重要的一级学科,目前还没有学科年鉴。

中国自主知识体系的基础是学科体系,完整的学科年鉴体系有助于完善的学科体系和知识体系的形成。尽快启动相关领域的学科年鉴编纂,抓紧填补相关领域的学科年鉴空白,使哲学社会科学年鉴覆盖所有一级学科以及重要的二三级学科,显然是当下哲学社会科学界应当着力推进的一项重要工作。

2. 持续提高学科年鉴编纂质量

在扩张规模、填补空白的同时,还应当以加快构建中国特色哲学社会科学、建构中国自主的知识体系为目标,下大力气提高学科年鉴编纂质量,实现高质量发展。

一是统一学科年鉴的体例规范。学科年鉴必须是成体系的,而不是凌乱的;是规范的,而不是随意的。大型丛书的编纂靠的是组织严密,条例清楚,文字谨严。学科年鉴的体例要更加侧重于存史内容的发掘,对关乎学术成果、学术人物、重要数据、学术机构评价的内容,要通过体例加以强调和规范。哲学社会科学所有学科年鉴,应当做到"四个基本统一":名称基本统一,体例基本统一,篇幅基本统一,出版时间、发布时间基本统一。

二是增强学科年鉴的权威性。年鉴的权威性,说到底取决于内容的权威性。学科年鉴是在对大量原始信息、文献进行筛选、整理、分析、加工的基础上,以高密度的方式将各类学术信息、情报传递给读者的权威工具书。权威的内容需要权威的机构来编纂,来撰写,来审定。学科综述是学科年鉴的灵魂,也是年鉴学术评价功能的集中体现,必须由权威学者来撰写学科综述。

三是要提高学科年鉴的时效性。学科年鉴虽然有存史功能,但更多学者希望将其作为学术工具书，从中获取对当下研究有价值的资料。这就需要增强年鉴的时效性，前一年的年鉴内容，第二年上半年要完成编纂，下半年完成出版。除了加快编纂和出版进度，年鉴的时效性还体现在编写的频度上。一级学科的年鉴，原则上都应当一年一鉴。

3. 不断扩大学科年鉴影响力

学科年鉴的价值在于应用，应用的前提是具有影响力。要通过各种途径，让学界了解学科年鉴，接受学科年鉴，使用学科年鉴，使学科年鉴真正成为学术研究的好帮手。

一是加强对学科年鉴的宣传。"酒香也怕巷子深"。每部学科年鉴出版之后，要及时举行发布会，正式向学界介绍和推出，提高学科年鉴的知名度。编纂单位也要加大对学科年鉴的宣传，结合学会年会、学术会议、年度优秀成果评选等活动，既加强对学科年鉴的宣传，又发挥学科年鉴的学术评价作用。

二要在使用中提高学科年鉴的影响力。要让学界使用学科年鉴，必须让学科年鉴贴近学界的需求，真正做到有用、能用、管用。因此，不能关起门来编学科年鉴，而是要根据学界的需求来编纂，为他们了解学术动态、掌握学科前沿、开展学术研究提供便利。要确保学科年鉴内容的原创性、独特性，提供其他渠道提供不了的学术信息。实现这个目标，就需要在学科年鉴内容创新上下功夫，不仅是筛选和转载，更多的内容需要用心策划、加工和提炼。实际上，编纂学科年鉴不仅是整理、汇编资料，更是一项学术研究工作。

三是提高学科年鉴使用的便捷性。当今网络时代，要让学科年鉴走进千万学者中间，必须重视学科年鉴的网络传播，提高学科年鉴阅读与获取的便捷性。出版社要重视学科年鉴数据库产品的开发。同时，要注重同知识资源平台的合作，利用一切途径扩大学科年鉴的传播力、影响力。在做好国内出版的同时，还要做好学科年鉴的海外发行，向国际学术界推广我国的学科年鉴。

4. 注重完善学科年鉴编纂工作机制

实现学科年鉴的高质量发展，是一项系统工程，需要哲学社会科学界的集思广益，共同努力，形成推动学科年鉴工作高质量发展的工作机制。哲学社会科学学科年鉴编纂，中国社会科学院当然要当主力军，但并不能包打天下，应当充分调动哲学社会科学界的力量，开展协调创新，与广大同仁一道，共同编纂好学科年鉴。

学科年鉴管理部门和编纂单位不仅要逐渐加大对学科年鉴的经费投入，而且要创新学科年鉴出版形式，探索纸本与网络相结合的新型出版模式，适当压缩纸本内容，增加网络传播内容。这样做，一方面可提高经费使用效益，另一方面，也有利于提升学科年鉴的传播力，进一步调动相关单位、科研人员参与学科年鉴编纂的积极性。

随着学科年鉴规模的扩大和质量的提升，可适时启动优秀学科年鉴的评奖活动，加强对优秀年鉴和优秀年鉴编辑人员的激励，形成学科年鉴工作良性发展的机制。要加强年鉴工作机制和编辑队伍建设，有条件的要成立专门的学科年鉴编辑部，或者由相对固定人员负责学科年鉴编纂，确保学科年鉴工作的连续性和编纂质量。

出版社要做好学科年鉴出版的服务工作，协调好学科年鉴编纂中的技术问题，提高学科年鉴质量和工作效率。除此之外，还要下大力气做好学科年鉴的市场推广和数字产品发行。

说到这里，可将本文的结论做如下归结：学科年鉴在加快构建中国特色哲学社会科学、建构中国自主知识体系中的地位和作用既十分重要，又异常关键，我们必须高度重视学科年鉴的编纂出版工作，奋力谱写哲学社会科学学科年鉴编纂工作新篇章。

# 学科综述

# 2021年日本政治研究综述

张伯玉  孟明铭[*]

本文主要介绍 2021 年中国和日本学术界在日本政治研究领域发表的学术论文和出版的著作，由于时间关系、能力有限，相关研究成果搜索不全，有关评介也可能存在不妥之处，敬请读者海涵。

## 一、日本国内相关研究新动态

日本学术界对日本政治的研究广泛而细致，每年的研究成果都很丰硕。限于篇幅和能力，本文主要介绍日本国内 2021 年出版的学术著作，以及日本政治学会主办的学术期刊《政治学年报》刊载的学术论文。

### （一）学术著作

御厨贵编著的《日本政治：抗疫失败的研究》就进入疫情时代后的日本政局变动、政治改革、官邸主导及中央和地方关系展开研究。该著认为，安倍执政晚期的专权使首相官邸政治走向独断和僵化，降低了行政机构和地方自治体的积极性，而安倍和继任的菅义伟首相仅凭官邸的力量又无法解决如此空前的疫情危机。这对于思考疫情时代日本政治的本质具有重要的启示。[1]

竹中治坚的《疫情时代下的政治 安倍政权 vs 知事》仔细梳理了从安倍政府到菅义伟政府在政治体制层面针对疫情防控所采取的改革措施，认为小泉时代以来日本所进行的新自由主义改革，使国家权力在私权面前受到较大限制，应对新自由主义改革进行反思。[2]

大井赤亥的《现代日本政治史——改革的政治与选择》对日本政治中的"改革"一词进行了反思，认为该词虽然在战后日本政治中是一个极为普遍的关键词，但对这一词汇的内核进行研究的较为少见。作者研究重点在于 1955 年体制结束后这一概念的内核变化。[3]

松林哲也的《政治学和因果推论》探讨了在欧美政治学研究中变得越来越重要的"因果推论"方法，还介绍了如何利用随机实验、自然实验、不连续回归设计、操作变量法、倍差

---

[*] 张伯玉，中国社会科学院日本研究所研究员，日本政治研究中心副主任，主要研究方向为日本政治、中日关系；孟明铭，中国社会科学院日本研究所助理研究员，主要研究方向为日本政治。

法等研究方法来分析样本。该著作是2021年度一部具有代表性的方法论研究成果。[4]

山本健太郎的《政界再编》详细梳理了1955年体制结束后日本"非自民势力"的兴衰，即从细川护熙时代的新进党开始，到两次合并重组后扩大的民主党于2009年夺取政权，再至政权垮台后民主党四分五裂的过程。作者探讨了在野党重组存在的悖论及其应对思路，认为日本在野党的重组存在如下悖论：如果不联合起来就无法赢得选举，但联合起来后伴随政党组织的膨胀，其内部政治路线对立激化又会导致分裂。[5]

桥本努的《自由原理——福利国家的理念》认为福利国家的目标是实现人"善的生活"，并探讨了三种福利国家的思想，即"可行能力（capability）论"、"自由派家长主义"（libertarian paternalism）和"善的生活"论，并在此基础上构想出走向福利国家的"新自由原理"。[6]

吉田彻的《抽签制民主主义——革新政治》认为民主并不意味着选举。他指出以选举为基础的"代议制民主"具有政策实现前的"时间限制"和选民与国会议员之间的"格差"等弊端，导致近年来世界各国公民不再信任自己的政客和政党，尤其是发达国家的政治不信任感达到历史新高。作者以民主制度的根源——雅典"抽签制"民主制是典型的非选举民主制这一现象为切入点，对民主的本质进行了反思。[7]

大岳秀夫的《日本政治研究的起始》对作者本人的学术生涯进行了回顾，并在这一过程中对日本政治的实证分析、"利维坦"概念、日本重新武装、与德法两国的政治比较、新自由主义改革、民粹主义、新左翼等问题进行了深入思考。[8]

清水唯一郎的《原敬——平民首相的虚与实》的研究对象是20世纪20年代日本宪政史上第一位平民宰相——原敬。作者在对原敬的仕途生涯及其在所涉及的日本政治史上的重大事件中所起到的作用进行深入探讨的基础上，描绘了原敬独断威权的现实主义者形象及其背景。[9]

**（二）《政治学年报》2021年的研究主题及其刊发的学术论文**

《政治学年报》是日本政治学会[10]主办的学术期刊，每年出版两期。每期都刊发与特定主题相关的专题论文和与特定主题无关的独立论文。

2021年《政治学年报》第一期的研究专题是"政党制度的现状"。该期总编辑岩崎正洋指出，"在民主陷于危机的当下，政党制度也在动摇。本专题从选举制度、政党组织、政治制度多视角探讨了政党制度的现状。"围绕该专题，刊发了五篇论文：山本健太郎的《什么带来政党制度的转变：以1990年代以来的日本为题材》，分析了日本政党制度转型的原因；水岛治郎的《荷兰：施行"完全比例代表制"的100年》，探讨了20世纪荷兰采取的完全比例代表制；岩坂将充的《土耳其选举制度中排除条款的低效能：人民民主党的战略和选举联盟》，研究了土耳其的选举制度为何没对该国政府起到制衡作用；鹫田任邦的

《政治两极分化如何让民主后退：选举舞弊认知差距、威权主义容忍、非自由政党崛起》，探讨了政治极化对民主制度的劣化影响；新川匠郎的《欧洲政府成立的艰难道路：通过定性比较分析（QCA）进行的研究》，分析了近年来欧洲政党组阁难的问题。[11]此外，还有其他主题论文五篇：醍醐龙马的《黑田清隆的放弃库页岛运动：围绕日俄边界问题的国内冲突》、篠本创的《驻日美军基地与抗议活动：基地规模与经济效益》、武田健的《欧盟内部的统一步调压力》、末木孝典的《近现代日本的国会听证会：从帝国议会成立至今》、藤井大树的《都道府县议会政党制度与政策选择：跨部门冲突下议会细分化对财政支出的影响》。[12]

《政治学年报》第二期的研究专题是比较政治学议题——"新兴民主国家的转型"。该期总编辑平田武指出，"本应实现'民主化'并建立稳定国家的新兴民主国家如今发生了哪些变化？本刊将试图以多角度审视新兴民主国家转型的本质。"围绕该专题，刊发了六篇论文：横田正愿的《尖锐危机和政党体制的变化——2010年代的西班牙、葡萄牙和希腊》、仙石学的《性别与反欧洲——波兰的青年政治取向》、中田瑞穗的《沉默问题的政治：捷克"商业公司政党"ANO与政党政治的转型》、伊藤武的《1990年代以后意大利第二共和制下主流政党的衰退》、马场香织的《墨西哥政党制度的转型研究》、中井辽的《爱沙尼亚政府的形式变革：左右两极联盟和政党选民关系》[13]。此外，刊发的其他主题论文有11篇，分别为山口晃人的《儿童参政权的政治哲学考察——从对"智者治国论"的批判角度来看》、岸见太一的《外国短期劳动者录用制度的政治理论——对M.Ruth正当性理论的批判性考察》、小野弹的《内阁支持情绪和经济波动因素：利用"内阁支持理由数据"所进行的长期分析》、中村长史的《退出新战争的条件——根据双重博弈论诠释退出（战争）的决策过程》、横尾佑树的《作为"监视者"的平民阶级：马基雅维利共和主义中对于平民概念的理解》、前田幸男的《"非人化"民主绪论：只听从"人类"意见时代的终结》、牧野正义的《全球化与国民的自我理解：重新思考宪法爱国主义》等。[14]

2021年"日本政治学会青年论文优秀奖"颁给了醍醐龙马的《黑田清隆的放弃库页岛运动：围绕日俄边界问题的国内冲突》。评选委员会对论文的评价如下，"论文阐明了黑田清隆在明治初期日俄划界谈判过程中提出的'库页岛放弃论'最终成为政府方针的过程。黑田的'库页岛放弃论'早已广为人知。作者在准确史料的支持下，梳理了明治政府围绕库页岛问题展开的多层次争论和冲突，细致而巧妙地描绘了黑田在北海道开拓使和中央政府双方都试图掌握对俄外交主导权的背景下将'库页岛放弃论'确定为政府方针的过程。此外，本文还探讨了明治政府内以黑田清隆为中心的'俄罗斯通'政策集团的形成过程，补上了日本政治史研究领域长期以来相较于长州派而言略显薄弱的萨摩派的动向，对于研究萨摩派领袖黑田的历史贡献也提供了很多富有启发性的讨论。"[15]

## 二、2021 年中国的日本政治研究热点

2021 年中国学界在对日本政党政治、政府治理等基础性研究领域进行持续深入研究的同时，还密切关注现实层面，在日本政局变动研判与日本左翼政党两个领域形成了研究热点。

### （一）日本政局变动研究

2021 年是日本政治形势变化频繁的一年。2020 年接替安倍上台执政的菅义伟首相，于 2021 年 9 月 3 日宣布退出自民党总裁选举，执政仅一年即被迫下台。2021 年 9 月 29 日岸田文雄在自民党总裁选举中胜出并于 10 月 4 日就任日本第 100 代首相后，即于当天晚上宣布将于 10 月 14 日解散众议院、10 月 31 日举行众议院大选。2021 年 10 月 31 日日本举行第 49 届众议院选举，开票结果显示，自民党赢得 261 个议席，单独控制众议院绝对稳定多数议席。2021 年 11 月 10 日日本召开第 206 届特别国会，岸田就任第 101 代首相。有关日本政局变动，中国学术界进行了跟踪研究。2021 年有关日本政治形势变化跟踪研究主要有以下代表性研究成果。陆忠伟的《菅义伟内阁会否高位运行》的关注焦点是菅义伟政府的执政走向。该文认为，菅义伟内阁诞生于安倍晋三首相因病辞职及美国总统特朗普即将离任的特殊时期。新冠疫情常态化防控背景之下，菅内阁若能办成些大事，确有助于树立精干强势形象，增大内外影响。然而，当下的日本，内政外交难题交织，矛盾复杂，将是对菅义伟施政能力的实战检验。[16] 吴怀中的《从选举看日本政治生态流变与特性》认为，日本政坛于 2021 年 9—10 月先后举行总裁选举和众议院选举，从结果看，因自民党优势较大且在野党涣散无力，三场选举中自民党总裁选举更具实际意义。透过选举博弈及选战过程，可以发现日本政治生态的三个重要特征，即自民党派阀政治力学仍在强劲运转、政坛继续"向右看齐"并具外溢影响、政治稳定之下暗含潜在风险。[17] 周永生的《影响菅义伟长期执政的因素》分析了影响菅义伟政府执政的若干要素。该文主要分析了学术会议事件、新冠肺炎疫情的防控与奥运会、日本经济的恢复与发展、民调支持率的走向，以及丑闻事件与自民党内派系的折冲、外交政策的成功与否等对菅义伟政府执政的影响。[18] 孟明铭的《试论疫情对东京都选举活动与日本政治的影响》分析了 2020 年和 2021 年日本东京都先后举行的都知事和都议会的选举，认为在新冠疫情的影响下，日本选民普遍期待政府能够有效行使治理职能，带领国家走出困境，因此对于政治领袖的领导能力和执政形象均提出了更高要求。日本精英阶层未来可能将进一步朝着"首相主导"下的政府权力一元化方向加快改革[19]。中国社会科学院日本研究所课题组的《从政局变动看日本内政外交走向——以自民党总裁选举与第 49 届众议院大选为中心》分析了自民党总裁选举和第 49 届众议院大选。该文认为，自民党总裁选举和第 49 届众议院大选使日本内政、外交发生变动。自民党总裁候选人竞选对派系政治有所冲击，但并未触及和影响自民党一贯的保守主义路线。众议院大选后组建的岸田政府将"修宪""新资本主义""人权问题"和

"强化日本防卫力"等作为内政、外交及安保的重点。岸田政府依托日美同盟强化"印太构想"及其安全机制的意向，与对华"对话"外交口号形成反差与背离的状况。[20]

### （二）日本左翼政党研究

"党的十八大以来，国内学界越来越强调世界社会主义运动的多样性与国际性，对各种社会主义思潮、流派、政党，或按照政治光谱或按照地域、国别进行具体化研究。"[21] 在国内学术界相关研究新动态的影响下，2021年关于日本共产党与日本左翼力量的研究形成一个研究热点，涌现出一批研究成果。

其中关于日本共产党的研究有以下成果。王明亮、王新影的《日本共产党宣传工作的演变历程及特征》深入分析了日本共产党宣传工作的特征及其面临的困境。该文认为，日本共产党有重视宣传工作的历史传统，并通过办报办刊办社积累了丰富的宣传经验。特别是"二战"后，日本共产党在思想宣传和选举宣传的激烈竞争中日渐成长，以中央机关报为轴心，坚守共产主义立场，坚持内容创新、形式创新、手段创新，并从制度、组织、人才等方面保障宣传工作顺利开展，构建了一个现代化的多面立体政党宣传体系。与此同时，资金困难、内容陈旧和外部对手的丑化抹黑等问题限制着日共宣传工作的发展。[22] 丁曼的《日本共产党"共斗"路线评析》主要分析了日本共产党"共斗"路线的发展历程及其面临的挑战与新机遇。该文认为，日本共产党的"共斗"路线经历了三个艰难曲折的发展阶段。志位和夫就任委员长以来，对日共的共斗路线进行了修正，提出并发展了"一点共斗"理念，该理念以寻求政策共识为基础，以选战合作为抓手，统战重心由党际合作转向党群合作。当前，日共的"共斗"路线既面临左派政党及其支持力量变化带来的挑战，也面临现行法律与制度带来的挑战。与此同时，尚处于深度调整期的各在野党均提出"共生"理念，突如其来的疫情及防疫工作，全球范围崛起的公民意识，这一切成为新时期日本共产党"共斗"路线的新机遇。[23] 朱修强的《日本共产党"在野党联合政权"构想评析》使用最新资料详细分析了日本共产党"在野党联合政权"构想的提出背景和基础、主要内容、实现举措及其面临的挑战。该文认为，在自民党政府右倾化加剧的背景下，日共基于自身"在野党统一战线"理论与实践经验提出"在野党联合政权"的构想，推动市民与在野党开展联合行动和选举合作。该构想虽然获得日本部分群体的积极响应，但要真正实现仍面临诸多挑战。[24]

关于日本左翼力量的研究有以下成果。孙小菲、李亚洲的《日本社会民主党的历史演变与前景探析》一文在梳理分析日本社民党的历史演进过程及其衰落原因的基础上，得出了该党复兴难度大，甚至有可能走向消亡的结论。该文认为，作为日本"1955年体制"下第二大政党兼左翼势力代表的社会党，随着世情国情党情的变化最终转向社会民主主义，更名为社会民主党。在历经76年的跌宕起伏之后，该党势力不断衰落，影响力持续弱化，当前处于日本政坛的边缘。社民党由盛转衰、一蹶不振的根本原因在于该党在思想建设、社会基础、执政关系处理、组织建设等方面存在的问题。同时,在新的历史条件下,社民党的发展面临选举体制制约、政治格局挤压、政党联合困难、活动资金匮乏、改革重建受阻的多维困境,如何在有限的政治空间内生存并找到发展壮大的契机成为其面临的主要问题。[25]张梅的《新冠肺炎疫情以来日本左翼对资本主义霸权的批判性反思》认为,新冠肺炎疫情以来日本社会的脆弱性和各种矛盾凸显,为日本左翼重新审视往往被视为理所当然的资本主义意识形态霸权提供了重要契机。日本左翼政党、学者以及其他社会进步力量对资本主义的批判和反思主要集中在新自由主义政策、资本主义民主政治、社会发展理念三个方面。《资本论》成为日本左翼批判资本主义的有力武器。这说明日本资本主义的意识形态霸权处于不断重新谈判和再生产的过程中。考察日本左翼对资本主义的批判性反思对于重新考量日本的价值观外交也具有重要意义。[26]刘峰的《日本早期社会主义运动的挫折——以幸德秋水的精英主义思想为线索》分析了从自由民权左派人士成长为社会主义者的幸德秋水由于从一开始认可并接受了德国社民党的社民主义并将其作为"正统信仰",未能积极而全面地领会马克思主义的理论教导与斗争路线,最终导致日本的社会主义运动陷入寒冬期。该文认为,幸德秋水是从富有儒学涵养的自由民权左派人士成长为社会主义者的,故其左翼思想在早期阶段带有浓厚的议会政策主义与精英主义特质,不仅过于强调"仁人志士"等少数社会精英的历史作用,而且超然于人民群众之上,丢失了真正的革命主体。正是在此影响下,幸德的社会主义呈现了"既反对资产阶级专政又拒绝无产阶级专政"的倾向,将德国社会民主党的思想主张作为社会主义的"正统信仰"而不断遭遇挫折。在绝望彷徨之际他未能找到正确的斗争道路,转而走向了彻底否定议会、否定政府、否定一切权威的极端思想。但是这种"新变化"看似与无政府共产主义、无政府工团主义一致,实则相去甚远,且由于终究未能摆脱"仁人志士之精英主义"的根本影响而难以避免受挫的命运。[27]郭琪、杜凤刚的《无政府主义在日本的早期传播及对中国的影响——以天义为考察中心》分析了辛亥革命前中国无政府主义思潮中的主要派别之一"天义派"的机关报刊《天义》得以在中国传播的现实土壤以及经由日本传播的无政府主义思潮对于中国的影响。该文认为,《天义》是辛亥革命前中国无政府主义思潮中的主要派别之一"天义派"的机关报刊,天义派是早期经由日本传播无政府主义的主要渠道。《天义》记录了辛亥革命前经由日本传播到中国的无政府主义思想的全貌,它倡导"人类平等""废除政府""妇女解放""暗杀异己"等主张。该文意在通过剖析日本无政府主义思想内核,厘清《天义》产生的时代背景,探究中国无政府主义与日本无政府主义之间的理论和实践联系,拟在尝试论证日本路径对近代中国无政府主义思潮所产生的影响。[28]

### 三、2021年中国日本政治学界相关研究成果与研究特点

2021年中国的日本政治学界密切跟踪日本政治形势发展变化,涌现出一批研究成果。同

时，还继续深入推进日本政党与政党政治、政府与治理等基础性研究，并在《日本学刊》《当代世界》《日本问题研究》《东北亚学刊》《世界知识》《日本研究》等学术期刊上发表了大量文章，反映出新形势下中国日本政治研究密切跟踪日本政治形势变化与持续深入推进基础性研究并重的研究特点。

### （一）日本政党与政党政治研究

日本政党与政党政治研究一直是中国日本政治科学基础性研究中的一个重要领域，2021年日本政党研究的代表性研究成果主要是关于自民党和公明党的研究。孟明铭、吴怀中的《疫情背景下日本自民党的涉华消极动向及应对思路》分析了自民党内保守右翼势力与中国相关的消极动向的五个方面的表现及其原因。该文认为，近年来，特别是疫情背景下，自民党内的保守右翼势力表现活跃，从五个方面对中日关系进行了广泛的干扰和妨害。在日本独特的党政关系模式和时任首相党政"双弱"、控局乏力的条件下，又受到美国策动多边制华战略的助长和刺激，自民党内保守右翼势力的行为效果和影响被进一步发酵、放大，极大地毒化了两国关系的环境和气氛。[29]黄冠的《日本派阀政治演化与社会影响》归纳和分析了自民党派阀政治的演化进程及其实质，并揭示了选举制度对自民党派阀政治的决定性影响。[30]何晓松的《日本公明党"山口体制"下的"大众福祉主义"政策构想》分析了公明党的"大众福祉主义"政策。该文认为，公明党在党首山口那津男的领导下，提出了"大众福祉主义"的政策构想，即构建全世代型社会保障制度的构想。在日本少子老龄化问题日益严重以及新冠肺炎疫情肆虐的背景下，公明党正在推动政府实施全世代型社会保障制度改革，并促使国会在2021年通过了相关法律修正案。在"山口体制"下，公明党推行的"大众福祉主义"政策构想在自公联合政权中发挥了重要的政策协调作用。[31]

日本政党政治研究的代表性成果主要是张伯玉的《日本"一强多弱"政党格局的常态化及其影响》。该文认为，安倍2012年第二次上台后形成并延续的"一强多弱"政党格局或将成为日本政党政治的"新常态"。进入"后安倍时代"，自民党与公明党间的执政联盟也将继续保持稳定并具备长期可持续性，在野党的政治重组将呈周期性循环态势。[32]

### （二）日本政府与治理研究

与日本政党与政党政治研究一样，日本政府与治理研究也是中国日本政治科学基础性研究中的重要领域之一。"政府"（government）更普遍地被理解为在国家层面上运行的用来维持秩序和促进集体行动的正式制度过程。因此，政府的核心功能就是制定法律（立法）、实施法律（行政）和解释法律（司法）。当然，政府过程也同样在超国家的、区域的和地方的层面上起作用。"治理"（governance）是一个比"政府"更为宽泛的概念。其最广的含义是协调社会生活的各种方法和途径。因此，政府可以被视为包括在治理中的组织形式之一。换言之，"没有政府的治理"（governance without government）是可能的。治理的主要模式包括市场、等级和网络。市场利用供求力量形成的价格机制来协调社会生活。等级包括官僚制和政府组织的传统形式,是通过"自上而下"的权威体系来发挥作用的。网络则是一种"平面的"组织形式,它以实质上平等的行动者或社会机构之间的非正式关系为特征。[33]2021年日本政府与治理研究领域主要有以下代表性研究成果。白智立、刘丛丛和桥本绘美合作撰写的《关西广域联合:地方分权改革视域中的日本跨域治理实践》,探讨了地方分权改革视域中的日本关西地区的跨域治理实践。该文认为,广域联合是不同于以往地方政府间公共事务共同处理制度的一种复合的、灵活的、拥有更多事权且更为民主的跨域协同治理机制,也是一种新型的地方分权模式。关西广域联合作为日本第一个跨府县的协同治理广域联合体,其建立经过了从提议、研究、讨论到建章的曲折历程,也是官民协作的实践成果。一方面,关西广域联合通过设置专门的对接机构,尝试分阶段地从中央政府转移、承接与地方相关的公共事务处理事权;另一方面,通过将公共事务划分领域并交由特定的地方政府主导推进的方式,促进广域联合中地方政府间的分权与平衡。[34]白智立、邹昀瑾的《日本国家公务员标准职务遂行与治理能力建设》,通过分析日本公务员能力建设发展历程和当前公务员能力建设实践的经验,总结了日本国家公务员能力建设的体系与标准即能力主义体系与标准,以及兼顾公务员活力与效率的实绩人事评价标准。该文认为,随着时代变迁和经济社会环境变化,日本确立了国民至上的公务员基本规范和政治中立、公平公正行政的公务员基本职业能力要求。建立在民主价值和效率价值基础之上的日本国家公务员能力建设,最为核心和基础性的内容为"标准职务遂行能力"的制定,以及为适应"行政需求"的变化而完善人事行政。公务员能力建设被视为一项公务员队伍的基础建设,并应用到多项公务员管理政策之中。[35]杨达、林丽的《日本数字政府转型的战略透视》,分析了当前日本政府正在探索的"电子政务"向"数字政府"升级重塑的"绿色联动"战略。该文从技术层面的集约化运作、应用方面的可持续推进等逻辑出发,将日本数字政府转型及运用AI技术的实践界定为"绿色联动"战略,并探讨了其相关特征和效果。透视日本的转型战略,中国可从战略平台、战略理念、战略单元、战略节点出发形成更广义的战略思考。[36]高鹤、谷口洋志的《日本电子政府的发展状况与推进政策探析》,对日本电子政府的含义、日本政府制定的发展战略和计划的意义进行了解析和重新审视,总结了日本在推动电子政府发展中的做法和经验,以此为中国相关领域发展提供一定借鉴和启示。[37]陈美、梁乙凯的《日本开放政府数据中的隐私风险控制研究》,主要利用通过对日本文献资料和网站内容的调查获取的一手资料,来分析日本政府开放数据中隐私风险控制的经验,并对日本个人隐私保护法律体系、政府开放数据中个人隐私的评判标准、隐私风险应对的匿名化技术、隐私风险应对的机构与救济制度、隐私风险应对的安全控制措施与认证机制进行概括,可为我国政府开放数据和隐私保护提供借鉴与参考。[38]

### （三）日本政治思想研究

日本政治思想研究是中国日本政治基础性研究中的基础。2021年中国日本政治学界相关研究成果主要集中在丸山真男思想研究、日本新保守主义思想研究、日本新自由主义思想研究，以及日本右翼势力思想研究等四个领域。

1. 丸山真男思想研究。丸山真男思想研究一直是中国学术界在日本政治思想研究领域的重要课题。韩东育的《丸山真男的学术研究与对日本军国主义的反思》使丸山真男研究达到一个新的高度。该文认为，从"九一八"事变到"八一五"战败，日本发动的"十五年战争"已过去70多年。以国际法为依托的远东国际军事法庭对战争的性质给出了明确的定论。但是，作为战败国的日本却在战争的反省问题上始终言人人殊，鲜有定谳。与此形成鲜明对比，亲历"十五年战争"，且在学理层面上对日本军国主义的内在机制——"超国家主义"进行彻底解剖和解构的丸山真男及其学说体系，首次以历史的实证理路、个人的精神历程和哲学的高端站位，赢得国际学界和日本政界的广泛首肯和尊重，也构成足以制衡战后国际秩序反对势力的学理体系甚至法理体系。[39]

2. 日本新保守主义研究。2000年以来日本新保守主义研究和日本新自由主义研究一直是中国日本政治思想研究中一个持续进步的领域。新保守主义与新自由主义都是新右派思想。新右派（new right）是保守主义内部的一种意识形态传统，它提倡市场个人主义和社会或国家权威主义的融合。这种融合的不同的倾向通常被冠名为新自由主义或新保守主义。新保守主义重申了19世纪的保守主义社会原则。保守的新右派的首要希望是重建权威，回归传统价值，特别是那些与家庭、宗教以及民族相关的价值。它认为，权威可以产生纪律和尊重，因而是社会稳定的保障；共享的价值和共同的文化可以培育社会凝聚力并使文明化的存在成为可能。因此，新保守主义对20世纪60年代出现的我行我素、自我崇拜以及"事不关己高高挂起"等价值观也进行了抨击。新保守主义还有另一面，即对多元文化和多元宗教社会的出现表示忧虑，认为这类社会是冲突恒生和内在不稳定的。这种观点，通常与一种狭隘的民族主义形态相联系，对移民和超国家实体日益增强的影响持怀疑态度。[40]

这方面的研究主要有以下成果。孙岩帝的《日本新保守主义的历史演变》系统梳理了日本新保守主义的发轫、系统化与践行的历史演变进程。该文认为，新保守主义是几近同时发轫于日美英等发达资本主义国家的一股政治思潮。就日本而言，中曾根康弘、小泽一郎、安倍晋三三位政治强人，不但先后扮演了日本新保守主义的"奠基人""理论旗手""践行者"等关键角色，而且在日本政治右倾化中次第发挥了"启动""推进""提速"等重要作用。中曾根康弘的新保守主义不但提出"战后政治总决算"口号，而且内含"修宪"政治诉求；小泽一郎的新保守主义不但从核心内容和运作模式入手进行了"保守两党制"顶层制度设计，而且从基本含义和政策架构视角阐释了"普通国家论"政治理念；安倍晋三的新保守主义不但以错误历史观为思想基础、以"修宪"为政治夙愿,而且以"美丽的国家"为目标追求。日本新保守主义及其启动的政治右倾化对40年来日本政局走向和东亚格局变化产生了深远影响。[41]杨鲁慧、孟东洽的《小泉政府以来日本新保守主义政治的发展演变及特点》在总结日本新保守主义政治表现的基础上,深入分析了小泉政府以来其发展演变的历史阶段和基本特点。该文认为,进入21世纪以来日本国内外环境发生了巨变,周边大国的经济崛起、国内经济发展乏力及革新势力的式微,在这样的国内外环境下新保守主义政治逐渐成为日本政治发展主流。为实现日本"国家正常化""政治军事大国化"的战略目标,在小泉、安倍等新保守主义政治家的执政下,日本在历史、外交、修宪等问题上推行了鲜明的新保守主义政治路线。日本新保守主义政治的历史演变经历了——保守化程度相对较高和保守化程度相对缓和以及保守化程度急剧转型上升的三个发展阶段,并且呈现政治精英主导性、战略目标明确性、军事政策激进性、发展态势曲折性的基本特征。[42]

3. 日本新自由主义研究。新自由主义是经典自由主义(特别是古典政治经济学)的最新版本,其核心支柱是市场和个人。新自由主义者相信无管制的市场资本主义能带来高效率、增长和广泛的繁荣,因而将"让国家滚开"(roll back the frontiers of the state)确定为主要目标。同时他们认为国家会逐渐掏空人们的创造力并挫伤人们的进取心;政府无论如何图谋,都必将对人类生活造成破坏性影响。这种观点在其对于经济私有化、解除经济管制、降低税收和反福利主义等政策的偏爱中反映了出来。其代表人物撒切尔(Thatcher)就断言:"没有社会这样的东西,只有个人和他们的家庭。"她斥责"保姆国家"(nanny state)既滋长依赖文化又损害自由(意即市场中的选择自由),对自助、个人业务和企业精神则坚信不疑。[43]

这方面的成果有张建立的《新冠疫情常态化背景下日本新自由主义改革的新动向》。该文对2020年新冠疫情常态化背景下日本新自由主义思潮和改革的一些新动向进行了简要的梳理和解析。该文认为,在新冠肺炎疫情常态化背景下,日本自20世纪80年代以来不断深化的新自由主义改革弊端凸显。日本政府智囊竹中平藏提出以"无条件基本收入"制度取代现行社会保障体系的构想,引发日本各界的激烈讨论和批判。该构想虽有助于实现新自由主义改革所追求的实现"小政府"的目标,但也有可能动摇维护日本社会相对稳定的根基。菅义伟政府将源自救灾领域的"自助、共助、公助"原则,作为构建理想社会的政治口号并反复强调,必然会加大民众的自律协同压力,从而助长强求"责任自负"的社会风气,导致深受新自由主义改革之苦的弱势群体更加苦不堪言。[44]

4. 日本右翼势力思想研究。在西欧社会的政治光谱中,"右"分几种,新自由主义、新保守主义是中右势力。比保守主义更右的是右翼民粹主义。人们往往笼统地称它们为极右势力,其实极右势力又分右翼民粹主义和右翼极端主义。前者是合法的,虽然它比保守主义更右一些,但同右翼极端主义,也就是新老法西斯主义不一样。在日本政治中的左、右概念有其特定含义，主要称为"革新派"和"保守派"。保守派一直占主流、处于执政地位，推行保守主义政治路线。日本自明治维新以来一直存在右翼思想和右翼团体。日本自民党中就包含左派和右派，而不是像美国分成两党，日本的特殊性也在于此。冷战后，日本右翼思潮在发展。自民党中的右翼势力抬头，占了主流，要摆脱战败国阴影，走政治大国、军事大国之路。[45]

这方面的研究有如下成果。孙立祥的《日本右翼势力的思想结构及其百年流变》深入剖析和梳理了日本右翼势力核心思想的演变轨迹。该文认为，日本右翼势力的核心思想伴随着"传统右翼""革新右翼""战后派右翼""新右翼"的代际嬗递，而相应留下了天皇中心主义、法西斯主义、反美反体制主义、历史修正主义的清晰演变轨迹。唯有对其思想结构加以深入解剖并就其百年流变进行系统梳理，方能触及日本右翼势力研究的根本，也才能够掌握其行动规律并从源头上防范日本军国主义复活。鉴于日本右翼思想仍在毒害日本社会并正导引日本向战前回归，因此有必要推动日本国民在认清右翼思想的历史危害性和现实危险性的基础上，作出是继续盲从还是从此摆脱其思想影响的审慎抉择。[46] 孙岩帝的《战后日本右翼思潮的四种主要论调与批判》梳理和揭示了"二战"结束以来尤其进入世纪之交日本国内出现的四种右翼思潮逆流及其危害性与危险性。该文认为，"二战"结束以来尤其进入世纪之交，日本国内不但"大和民族优秀论"沉渣泛起、"靖国史观论"迅速蔓延、"重新染指台湾论"甚嚣尘上，而且"修宪"逆流来势汹汹。对此，作者认为我们需对日本右翼势力兜售的"日本文化优秀""大和民族种族高贵"等谬论的危害性有充分的认识；需对其兜售的"靖国史观论"的阴险性有清醒的认识；需对其"重新染指台湾论"的威胁性尤其变本加厉支持"台独"的种种行径，保持高度的警惕；对其修宪图谋一旦得逞所带来的严重后果即危险性，做出准确的评估并妥为防范。[47]

**（四）政治体制研究**

高兰、赵丽娟的《日本平成时代的历史样态与基因演绎——一种政治社会学的分析》认为，在平成时代，日本形成特有的高欲望政治、低欲望社会的"不均衡"结构。造成政治社会不均衡结构的根本原因在于平成日本独特的社会、经济、政治文化等因素的互动发展。平成时代的政治社会样态至少表现出以下三个重要特征：后现代性、不均衡性、后溢性。平成时代之后的令和时代具有更多的不确切性因素，预计将因循低欲望社会与中等欲望政治的"不均衡"结构继续发展下去。[48] 李超的《宪法视域下天皇与日本国体的关系》认为，虽然日本国体在"二战"前后呈现的内涵迥然不同，但天皇在宪法体制中的地位及作用均能够得以体现。"二战"后日本政府坚持所谓战后国体未改的阐释，将日本国体概念与战后宪法确立的象征天皇制绑定，使天皇的象征形象塑造直接关联所谓战后国体的内涵变迁，两者密不可分。冯川的《议院内阁制与地方自治的限度：日本公共事业项目的供需错位及其原因》认为，日本政治虽有议院内阁制和地方自治的政治构架，但仍面临在政策中能否充分吸纳和反映民

— 13 —

意的问题，公共事业项目供给仍会存在与民众需求错位的现象。如何恰当处理地方政治共同体与国家的利益关联和意志关联，值得进一步反思。

## （五）政治史研究

郑辟楚的《国家、基层精英、农民互动视角下的日本近世农村社会治理》认为，在日本近世的农村社会治理中，幕藩国家凭借强大的武力完成了对村落的型塑，并通过完备的制度体系和在地权力、文书传达实现了对农民的制度约束和对农村社会的权力渗透。日本近世的农村社会治理既不是村落单方面的"自治"，也不是幕藩国家单方面的"他律"，而是形成了幕藩国家、在地权力、农民三者并立的"抗衡共生型三元主体治理"。[49]常潇琳的《会泽正志斋〈新论〉中的世界认识与政治思想》认为，会泽正志斋在《新论》中提出了线性差等世界秩序，并通过对当时世界形势和日本时势的沿革进行分析，指出内忧外患的严峻性，提出以民族惯习和道德风俗为核心、利用国家祭祀来强化国家信仰的政治理论，是日本自主构建国民国家的理论尝试。[50]陈伟的《日本初期议会期藩阀政府与民党关系之演变》认为，日本议会开设之初，藩阀政府与民党围绕两大对立点展开角逐和博弈：一是"超然主义"与"责任内阁"，二是"富国强兵"与"休养民力"。两者的关系经历了一个从对立到接近以至妥协的演变过程。这种演变推动了近代日本藩阀政党化的历史进程，为"二战"前日本政党政治的出现提供了重要的前提条件。[51]张用清的《日本近代"公议"政治下元老院的创设与运行》认为，日本国家近代化转型的过程中，"公议"成为社会各政治主体构建政权的旗帜。明治新政权屡屡向社会倡导建立"公议"政治，并尝试成立了公议所、集议院等公议机关，其中尤以元老院存在时间最长，发挥作用最明显。元老院在立法权和制宪权行使的过程中与政府进行了长期博弈，深刻影响了日本立宪构建的形态。[52]张跃斌的《浅析二战战后初期日本的选举政治》认为，"二战"后初期，日本社会反思并期待通过完善选举制度来获得良政善治，但从战后选举实践来看日本政治弊病丛生。究其深层次原因，日本社会过于迷信选举的倾向恐怕难辞其咎。[53]孟二壮的《近代日本宪法的解释与论争——以"天皇机关说"的胜出与终结为中心》认为，明治宪法颁布后"天皇机关说"逐渐成为主流的宪法解释，但在昭和初期遭到军国主义的彻底扑灭。从宪法解释理论这一变化过程入手，也能够窥探出近代日本宪法解释中立宪主义要素逐渐倒退，最终与军国主义合流的特征。[54]

## 四、日本政治学科面临的课题与发展方向

2021年中国日本政治学界研究水平继续提升，取得丰硕的研究成果。但是，也必须认识到国际形势的发展变化与国家的现实需要对区域国别研究提出了更高要求，中国日本政治研究学界仍然需要继续努力，不断提高学术意识和理论思维水平。

## （一）对基础理论研究重视不够，必须坚持两类研究相互促进、融合发展

综观2021年中国日本政治研究，跟踪日本政治形势发展变化的应用性研究成果丰富。但是，高质量的基础理论研究成果不多。相关研究对研究对象的描述性分析较好，但缺乏学术意识和理论思维，在很大程度上限制了研究的延展性。许多研究成果在对历史和现实了解的深度和视野的广度上，以及对复杂问题的系统性思考上都需要进一步提高。这就要求我们，在满足国家政策需求的同时，重视研究的学术意义。在研究的学术价值和国家政策需要之间找到平衡，使基础理论研究和应用对策研究融合发展、相辅相成、相得益彰，学术研究和成果应用相互促进。"必须花大力气，在两类研究相互促进、融合发展方面取得实质性进展。"[55]

## （二）与学科研究及理论发展脱节，必须要有"学科意识"和"学科视野"

由于日本政治研究强调语言基础、实地调查和对一手材料的运用，导致的结果是日本政治研究脱离学科研究的主流，形成了一个单独的、狭隘的小学术圈，限制了与学科研究的学术互通、彼此借鉴和理论创新的可能。"传统意义上，具有理论导向的社会科学研究强调对机制、理论的概括和提炼，但理论的建构绝不能是'无源之水'，扎实的区域国别研究不仅能为理论建构提供鲜活素材，还能为理论修正、完善提供有益的对照。地域性的区域国别研究得来的知识，在比较、概括和提炼的基础上，可以具有重要的理论价值。"[56]与学科研究及理论发展的脱节限制了日本政治研究的深入发展，导致研究往往长于描述，缺乏社会科学学科理论意识。区域国别研究者必须要有"学科意识"和"学科视野"，如果只是停留在对现状问题的简单梳理和描述，就难以对社会科学理论的修正与创新起到有力的推动作用。区域国别研究者应在高屋建瓴的"学科意识"和"学科视野"之下，从研究对象国的现实出发，扎实推进实证研究，然后在归纳、概括、比较、提升的基础上反思、修正和发展既有的社会科学理论。

## （三）补足科研短板，努力提升进行深度研究的能力

一个好的区域国别研究专家，应当具备良好的语言能力，受到专业的社会科学训练，且能够在对象国进行深入的田野调查。许多研究者可能具备上述三项要求中的一两项，却较少能同时满足所有条件。许多研究者对日本的现实情况有较为扎实、深入的把握，也有实地调研的丰富经验，但是缺乏必要的社会科学训练。这里所说的社会科学应包括多个学科，不仅包括政治学（国际关系学）、区域国别学，还包括经济学、人类学、社会学。"相关和必要的社会科学训练将会给特定的区域国别研究项目带来理论和方法的'支援'，使相关研究能够具有清晰的问题意识，运用适当的研究方法，形成'靠谱'的研究结论，从而避免变成对历史或现状问题的简单描述和归纳。这对于提升我们的研究质量，具有重要的意义。"[57]

（责任编辑：张梅）

## 注　释

[ 1 ] 御厨貴『日本政治　コロナ敗戦の研究』、日本経済新聞出版、2021年。

[ 2 ] 竹中志堅『コロナ危機の政治　安倍政権vs.知事』、中央公論新社、2021年。

[ 3 ] 大井赤亥『現代日本政治史―「改革の政治」とオルタナティヴ―』、筑摩書房、2021年。

[ 4 ] 林哲也『政治学と因果推論』、岩波書店、2021年。

[ 5 ] 山本健太郎『政界再編―離合集散の30年から何を学ぶか―』、中央公論新社、2021年。

[ 6 ] 橋本努『自由原理　来るべき福祉国家の理念』、岩波書店、2021年。

[ 7 ] 吉田徹『くじ引き民主主義―政治にイノヴェーションを起こす―』、光文社、2021年。

[ 8 ] 大嶽秀夫『日本政治研究事始め』、ナカニシヤ出版、2021年。

[ 9 ] 清水唯一郎『原敬―「平民宰相」の虚像と実像―』、中央公論新社、2021年。

[10] 日本政治学会成立于1948年，是日本政治学研究的中心组织，其目的是推进日本广义政治学科（包括政治学、政治学史、政治史、外交史、国际政治学、行政学等领域）的发展，并承担与日本国内外学术界交流的任务。学会会长一般为日本政治学研究的领军人物，如为中国学术界所熟知的南原繁、信夫清三郎、辻清明、升味准之辅、五百旗头真等，现任会长为神户大学教授大西裕。日本政治学会下设现代政治学、现当代日本政治、区域治理、日本政治过程、政治学方法论、政策与制度、批判政治学、选举政治、地方自治等16个不同领域的研究分会。

[11] 山本健太郎「何が政党システム変容をもたらすのか：1990年代以降の日本を題材に」、水島治郎「オランダ：完全比例代表制の1世紀」、岩坂将充「トルコの選挙制度における阻止条項の機能低下：人民民主党をめぐる戦略と選挙連合」、鷲田任邦「政治的分極化はいかに民主主義を後退させるのか：選挙不正認識ギャップ、権威主義の許容、非リベラル政党の台頭」、新川匠郎「欧州における政権発足至る困難な道のり：質的比較分析（QCA）を通じた一考察」、日本政治学会編「年報政治学2021-Ⅰ・政党システムの現在」、筑摩書房、2021年。

[12] 醍醐龍馬「黒田清隆の樺太放棄運動：日露国境問題をめぐる国内対立」、篠本創「在日米軍基地と抗議行動：基地規模と経済的便益」、武田健「EU内部の同調圧力」、末木孝典「近現代日本の議会傍聴：帝国議会開設から現在まで」、藤井大樹「都道府県議会の政党システムと政策選択：部門間対立の下で議会の細分化が財政支出に及ぼす影響」、日本政治学会編「年報政治学2021-Ⅰ・政党システムの現在」、筑摩書房、2021年。

[13] 横田正顕「尖鋭危機と政党システム変化―2010年代のスペイン・ポルトガル・ギリ

シアー」、仙石学「ジェンダーと反欧州—ポーランドにおける若年層の政治指向—」、中田瑞穂『ヴエイレンス・イシューの政治：チェコにおける「ビジネス企業政党」ANOと政党政治の変容』、伊藤武「イタリア第2共和制における主流派政党の衰退」、馬場香織「メキシコの政党システム変容を捉える」、中井遼「エストニア政権フォーミュラの刷新：左右両極連立と政党有権者関係」、日本政治学会編「年報政治学2021-Ⅱ・新興デモクラシー諸国の変貌」、筑摩書房、2021年。

[14] 山口晃人「子どもの参政権の政治哲学的検討—智者政批判との関係から—」、岸見太一「外国人一時的労働者受け入れ制度の政治理論—M・ルースの正当化論の批判的検討—」、小野弾「内閣支持のムードと経済的変動要因：内閣支持理由データを用いた長期的分析」、中村長史「新しい戦争からの出口の条件—二層ゲーム論の発展による撤退決定過程の解明—」、遠藤泰弘「フーゴー・プロイスとカール・シュミット—ヴァイマル憲法48条をめぐって—」、趙頔「大政翼賛会中央協力会議における下情上通」、横尾祐樹『「監視者」としての平民階級：マキァヴェッリの共和主義における平民理解』、前田幸男「ノン・ヒューマンとのデモクラシー序説：ヒトの声だけを拾えば済む時代の終焉へ」、牧野正義「グローバル化と国民的自己理解：憲法パトリオティズム再考」、大庭大「生産性と相互性のリベラリズム再考：ロールズ主義における障害者包摂をめぐって」、宮井健志「在外国民と代表民主主義：在外選挙制度と在外国民評議会を中心に」、日本政治学会編「年報政治学2021-Ⅱ・新興デモクラシー諸国の変貌」、筑摩書房、2021年。

[15]「日本政治学会若手論文優秀賞」、http://www.jpsa-web.org/young/.

[16] 陆忠伟：《菅义伟内阁会否高位运行》，《东北亚学刊》2021年第1期。

[17] 吴怀中：《从选举看日本政治生态流变与特性》，《当代世界》2021年第11期。

[18] 周永生：《影响菅义伟长期执政的因素》，《日本问题研究》2021年第3期。

[19] 孟明铭：《试论疫情对东京都选举活动与日本政治的影响》，《东北亚学刊》2021年第6期。

[20] 中国社会科学院日本研究所课题组（课题组组长为中国社会科学院日本研究所副所长吕耀东，成员有张伯玉研究员、卢昊副研究员、孟明铭助理研究员）：《从政局变动看日本内政外交走向——以自民党总裁选举与第49届众议院大选为中心》，《日本学刊》2021年第6期。

[21] 轩传树、于明：《党的十八大以来世界社会主义与国际共产主义运动研究现状：问题域、方法论与立足点》，《当代世界与社会主义》2021年第3期。

[22] 王明亮、王新影：《日本共产党宣传工作的演变历程及特征》，《当代世界社会主义问题》

2021年第2期。

[23] 丁曼:《日本共产党"共斗"路线评析》,《当代世界社会主义问题》2021年第1期。

[24] 朱修强:《日本共产党"在野党联合政权"构想评析》,《当代世界社会主义问题》2021年第3期。

[25] 孙小菲、李亚洲:《日本社会民主党的历史演变与前景探析》,《当代世界与社会主义》2021年第6期。

[26] 张梅:《新冠肺炎疫情以来日本左翼对资本主义霸权的批判性反思》,《世界社会主义研究》2021年第12期。

[27] 刘峰:《日本早期社会主义运动的挫折——以幸德秋水的精英主义思想为线索》,《社会主义研究》2021年第5期。

[28] 郭琪、杜凤刚:《无政府主义在日本的早期传播及对中国的影响——以天义为考察中心》,《北京联合大学学报(人文社会科学版)》2021年第4期。

[29] 孟明铭、吴怀中:《疫情背景下日本自民党的涉华消极动向及应对思路》,《日本问题研究》2021年第6期。

[30] 黄冠:《日本派阀政治演化与社会影响》,《日本问题研究》2021年第2期。

[31] 何晓松:《日本公明党"山口体制"下的"大众福祉主义"政策构想》,《东北亚学刊》2021年第6期。

[32] 张伯玉:《日本"一强多弱"政党格局的常态化及其影响》,《当代世界》2021年第3期。

[33] [英]安德鲁·海伍德:《政治学核心概念》,吴勇译,中国人民大学出版社2014年版,第10页。

[34] 白智立、刘丛丛、[日]桥本绘美:《关西广域联合:地方分权改革视域中的日本跨域治理实践》,《日本学刊》2021年第2期。

[35] 白智立、邹昀瑾:《日本国家公务员标准职务遂行与治理能力建设》,《日本问题研究》2021年第3期。

[36] 杨达、林丽:《日本数字政府转型的战略透视》,《中国行政管理》2021年第11期。

[37] 高鹤、[日]谷口洋志:《日本电子政府的发展状况与推进政策探析》,《日本研究》2021年第1期。

[38] 陈美、梁乙凯:《日本开放政府数据中的隐私风险控制研究》,《情报管理工作》2021年第5期。

[39] 韩东育:《丸山真男的学术研究与对日本军国主义的反思》,《中国社会科学》2021年第11期。

[40] [英]安德鲁·海伍德:《政治学核心概念》,吴勇译,中国人民大学出版社2014年版,

第44页。

[41] 孙岩帝:《日本新保守主义的历史演变》,《华中师范大学学报(人文社会科学版)》2021年第3期。

[42] 杨鲁慧、孟东洽:《小泉政府以来日本新保守主义政治的发展演变及特点》,《辽宁大学学报(哲学社会科学版)》2021年第2期。

[43] [英]安德鲁·海伍德:《政治学核心概念》,吴勇译,中国人民大学出版社2014年版,第44页。

[44] 张建立:《新冠疫情常态化背景下日本新自由主义改革的新动向》,《东北亚学刊》2021年第3期。

[45] 阎学通、王缉思、张世鹏等:《右翼、极右翼与未来的世界》,《世界知识》2002年第11期。

[46] 孙立祥:《日本右翼势力的思想结构及其百年流变》,《南京社会科学》2021年第11期。

[47] 孙岩帝:《战后日本右翼思潮的四种主要论调与批判》,《南京社会科学》2021年第12期。

[48] 高兰、赵丽娟:《日本平成时代的历史样态与基因演绎——一种政治社会学的分析》,《复旦学报(社会科学版)》2021年第6期。

[49] 郑辟楚:《国家、基层精英、农民互动视角下的日本近世农村社会治理》,《中国农史》2021年第3期。

[50] 常潇琳:《会泽正志斋〈新论〉中的世界认识与政治思想》,《政治思想史》2021年第2期。

[51] 陈伟:《日本初期议会期藩阀政府与民党关系之演变》,《中国社会科学院研究生院学报》2021年第3期。

[52] 张用清:《日本近代"公议"政治下元老院的创设与运行》,《日本问题研究》2021年第2期。

[53] 张跃斌:《浅析二战战后初期日本的选举政治》,《晋阳学刊》2021年第6期。

[54] 孟二壮:《近代日本宪法的解释与论争——以"天皇机关说"的胜出与终结为中心》,《外国问题研究》2021年第1期。

[55] 谢伏瞻:《推动基础理论研究与应用对策研究融合发展》,《中国社会科学报》2021年9月1日。

[56] 任晓、孙志强:《区域国别研究的发展历程、趋势和方向——任晓教授访谈》,《国际政治研究》2020年第1期。

[57] 任晓、孙志强:《区域国别研究的发展历程、趋势和方向——任晓教授访谈》,《国际政治研究》2020年第1期。

# 2021年日本经济研究综述

田 正[*]

2021年，在新冠肺炎疫情的冲击和催化下，国际政治经济形势日趋复杂，对日本经济发展形成冲击。中日两国的日本经济研究学者不约而同地将研究的焦点放在新形势下日本经济发展与变化、日本的对外经贸关系发展与变化、日本强化经济安全保障、经济绿色转型与碳中和、日本经济社会数字化发展等问题上。为此，日本经济的相关研究范围和领域不断拓展，研究方法不断创新，研究成果的应用性也不断增强。未来日本经济研究仍需加强理论与研究方法创新，强化实地调研，深化对日本经济现实问题的分析，以服务中国经济发展。

## 一、2021年研究概况

2021年日本经济热点问题众多，国内外日本经济学界围绕着新冠肺炎疫情对日本经济的冲击、日本经济增长的长期影响因素、日本对外经贸关系、日本经济安全保障、日本经济绿色转型、日本产业数字化转型、日本技术创新与竞争政策等展开深入分析。

### （一）日本国内相关研究动态

2021年日本国内经济学界立足国内外经济发展形势新变化，不断扩展研究视野，采用定性分析与定量分析相结合的研究方法，深入开展国内外调研活动，力图全方位解析日本经济发展面临的内外部挑战，并提出相应的政策建议。

**1. 新冠肺炎疫情对日本经济的影响**

日本的研究机构、专家学者的关注点主要涉及新冠肺炎疫情对日本宏观经济发展影响、对日本企业经营及就业情况影响，日本政府需要采取的疫情应对政策及宏观经济政策等。例如，日本内阁府编著的《从新冠危机中复苏的日本经济》，详细分析了2020—2021年日本经济的发展与变化，阐释了新冠肺炎疫情对日本宏观经济发展、社会就业以及企业收益及经营的影响等问题。[1]宫川努《新冠冲击的经济学》探讨了新冠肺炎疫情对日本宏观经济增长、劳动市场与就业形式变化、制造业与服务业发展等经济领域的影响，并反思了日本医疗体制

---

[*] 田正，中国社会科学院日本研究所副研究员，中日经济研究中心秘书长，主要研究方向为日本经济、日本产业。

的不足，给出了日本政府应对新冠肺炎疫情所需要实施的策略。[2]今井亮一《新冠肺炎疫情扩大与日本经济》认为，虽然日本政府初期抗击新冠肺炎疫情的政策取得了一定成果，但是2020年日本出现了新冠肺炎感染人数大幅增加的情况，处于抑制新冠肺炎疫情与促进经济增长的两难困境之中，日本需要实施彻底的抑制新冠肺炎疫情的措施，只有这样才能确保日本经济的长期增长。[3]柴田弘捷《新冠肺炎疫情与劳动者就业状态》认为，新冠肺炎疫情的发展造成企业经营情况恶化，从而导致了日本失业人数上升，尤以女性劳动者和非正式雇佣员工的失业情况最为严峻，日本通过引入居家办公、推动灵活就业等方式应对失业问题。[4]烧田党《新冠肺炎疫情的政策课题与分析：应用经济学的路径》则从应用经济学的角度，探讨了日本应对新冠肺炎疫情所需要采取的政策措施，如完善筛查机制、提升医疗用品供给、加快抗新冠药物研发、推进第四次产业革命、实施积极的宏观经济政策等。[5]林直嗣《新冠肺炎疫情冲击与克服萧条：应对危机的综合策略》从危机管理政策、经济政策、医疗政策等角度反思了日本政府应对新冠肺炎疫情失利的原因，认为应对因新冠肺炎疫情冲击所形成的经济停滞应采取综合性的政策措施。[6]相关研究成果还有水越康介等《新常态下的市场营销》[7]、小林哲《新冠肺炎疫情下的区域经济发展：地方活性化政策的点与线》[8]、藤岛广二《新冠肺炎疫情带来的经济变化及其对策：后疫情时代的市场流通》[9]等。

**2. 日本对外经贸关系及其经济影响**

日本经济长期处于低迷之中，对外经贸发展成为促进日本经济增长的重要因素，日本始终重视与中国、美国、韩国以及东南亚、欧盟等国家和地区经贸问题的研究。大木博巳《中美博弈背景下的中日韩及中国台湾地区的贸易互惠关系》认为，20世纪70年代以来，中日韩及中国台湾地区之间形成了紧密的相互依赖关系，推动了东亚地区经济的快速发展，但中美贸易摩擦的发生对东亚地区的贸易关系形成负面影响，为此需要关注美国的贸易保护主义动态，实现东亚地区贸易关系的稳定发展。[10]安倍诚《日韩经济关系的新进展》指出，日本与韩国的经济关系已经发生了从垂直分工向水平分工的变化，导致日韩之间的贸易竞争持续增强，反映在贸易与投资、信息与钢铁产业发展等领域。[11]李新建等撰写的《日本企业在新兴国家市场经营的组织学习效果与影响因素：基于在泰国日企的问卷调查》通过向在泰国经营的日本企业发送问卷调查的研究方法，探究在新兴国家市场开展海外业务对日本企业学习效果的影响，认为通过在海外市场的经营活动，提升了日本企业的经营灵活度，从而能够更好地获取当地的经营资源，实现更高的收益。[12]浦田秀次郎《日本经济的全球化：实态与影响》指出，日本经济通过加强对外贸易和对外直接投资不断参与全球化进程，并深度参与了东亚地区生产网络的形成，但是当前全球化进程面临新冠肺炎疫情冲击、中美贸易摩擦、全球保护主义抬头等问题，日本需要加强懂得国际规则的人才培养。[13]

日本政府的对外开发援助是日本对外经贸关系的重要组成部分，新冠肺炎疫情冲击背景下的日本对外开发援助情况也受到关注。日本外务省编著的《日本的国际合作：面向未来、新冠肺炎疫情冲击下的国际合作》梳理了新冠肺炎疫情冲击下的日本政府开发援助情况，如协助实现高质量经济增长、构建安全稳定的社会体系、强化医疗卫生体系构建等，并详细阐释了日本在东亚、大洋洲、中南美洲、非洲等地区所采取的国际合作措施。[14]土岐典广等《日本国际协力机构与中国政府机关共同促进中日企业合作案例分析：对日本 ODA 出口战略的启示》一文认为，虽然日本对华政府开发援助已经在 2008 年结束，但中日两国企业间仍然存在强烈的技术合作需求。日本国际协力机构通过与中国政府机关合作，构建"四方合作 +"的合作机制，共同推动中日企业合作，为中国企业的技术水平提升做出贡献。[15]

**3. 日本经济发展面临的课题**

在新冠肺炎疫情冲击的背景下，日本经济发展所面临的问题不再仅仅是劳动人口数量下降、全要素生产率增速放缓、内需不足等内部的结构性问题，经济安全保障、环境保护需求提升、经济数字化转型迫切等外部影响因素日趋突出。

其一，经济安全保障问题。在国际政治经济形势复杂变化背景下，加强经济安全保障成为日本面临的新课题。日本内阁府发布《构建强韧的日本经济：加快实现兼具力量与柔软性的社会经济体系》报告，认为日本需要防止关键技术流出，主导世界技术标准制定，同时提升经济的数字化水平以提高生产率，并推动劳动方式改革以创造新需求。[16]

日本企业也需要强化经济安保意识，并采取相应措施。日本经济同友会发布的《构建强韧的经济安全保障：地缘政治经济学时代的日本对策》认为，当前日本企业经营面临的地缘政治经济风险持续增强，日本企业需要从经济安全保障的视角出发，重新调整企业组织结构，强化对风险的感知能力，并构建富有韧性的产业链。[17]平井宏治《经济安全保障的风险：中美博弈下的商业风险》从先进技术流失、半导体产业发展、中美两国强化出口管理法规等方面，分析了日本企业在开展全球化经营方面面临的风险。[18]国分俊史《经营战略与经济安保风险》分析了美国加强经济安全保障的具体措施，并认为日本企业需要从经营战略、研究开发、企业组织、经营管理、财务管理、风险管理、人事管理、供应链、信息管理等角度强化经济安全保障意识。[19]川口贵久等撰写的《强化数据、技术、人才、资本管理 化解经济安保风险》指出，金融是经济安保中的关键环节，企业在数据、技术、人才、资本等方面暴露的风险持续增加，金融机构应充分考虑经济安保风险，强化风险管理体制。[20]

其二，环境保护与经济发展问题。自 2020 年日本提出在 2050 年实现碳中和的目标后，环境政策及环境保护与经济发展的关系问题就成为日本经济学者关注的重要领域。巽直树《碳中和：对新日常的又一挑战》在回顾日本政府以往的低碳发展政策的基础上，分析了 2050 年实现碳中和对日本企业经营情况的影响。[21]野村浩二《日本经济增长与能源：经济发展和环境保护是否能够兼顾》分析了经济增长与能源相关的经济理论，探讨了能源效率改善的主要因素,通过实证分析方法认为日本的能源效率主要是因经济增长所致而非环境规则所生。[22]高桥洋《能源转换的国际政治经济学》探讨了国际政治经济学与能源安全保障间的关系,指出日本需要减少对化石能源的依赖,实现以可再生能源为主的能源结构,以确保日本的能源安全。[23]村上研一《脱碳与汽车产业发展动向》分析了中、美、日等国的脱碳政策,特别分析了世界各国支持汽车产业实现电动化的相关政策,认为未来在蓄电池、引擎、功率半导体等电动汽车零部件领域,日本将面临来自世界各国的更加激烈的竞争。[24]出口雅也等《绿氢制造系统的经济性分析》指出绿氢的生产与制备对于实现脱碳目标具有重要意义,通过评价可再生能源、锂电池、水电解等设备的经济性分析了绿氢制造成本。[25]

其三,经济社会的数字化转型与产业发展问题。新冠肺炎疫情背景下日本经济社会数字化转型滞后问题突出,日本经济学者探讨了促进日本经济社会数字化进程的具体做法。例如,野口悠纪雄《好的数字化与坏的数字化》指出新冠肺炎疫情暴露出日本经济社会数字化转型的不足,行政体系数字化程度低,存在阻碍数字化的社会结构,而日本劳动生产率低迷以及日本政府与民间企业没有积极推动"远程工作""在线教育""在线医疗"的数字化进程是日本数字化进程滞后的主要原因。[26]小久保欣哉等《数字化变革中日本企业参与平台经济的可能性分析》指出,在数据平台构建的物联网生态中,通过大数据分析和机器学习,算法的预测性可以得到持续提升。受制于人口和市场规模,日本企业很难通过以大数据改善算法精度的方式获得平台经济竞争优势。日本企业可以通过运用"延迟接受算法"的方式实现资源配置的最优化,从而获得竞争优势。[27]

技术创新与竞争政策对促进日本经济增长的影响也受到日益广泛的关注。枝村一磨等《日本产业进化与创新》运用面板数据的分析方法,认为"新产品""自主创新""稳定的质量"对于提升企业生产率具有正面作用,同时指出"新产品"的创新往往是中小企业带来的,而"自主创新"则主要由大企业实现。[28]尹海圆《20世纪80年代日韩创新政策比较:以产业政策与福利政策的暧昧边界为中心》认为,日本的创新政策更倾向于照顾特殊利益集团,从而导致创新政策的支持对象相当分散,其作为福利政策的特征更为突出,而韩国的创新政策的实施对象更为集中,对于产业创新发展具有推动作用。[29]和田聪子《产业发展与竞争政策:后疫情时代的准备》阐释了竞争政策的基本原理,回顾了日本竞争政策的历史,并探讨了其对汽车产业、航空产业、流通产业发展的影响。[30]大桥弘《竞争政策的经济学:人口减少、数字化与产业政策》详细探讨了在国际政治经济形势复杂变化的情况下日本竞争政策转型的问题,面对人口老龄化导致的市场萎缩,以及产业数字化带来的严峻挑战,日本需要转变传统的竞争政策。[31]深尾京司《服务业生产率与日本经济:基于JIP数据库的实证分析与建议》利用"日本产业生产率"数据库,分析了日本服务业生产率的主要影响因素,并通过国际比较的方式,从医疗、教育、人才等角度探析日本服务业生产率低迷的原因。[32]

此外，经济史、中小企业、金融学、劳动经济学及其他相关领域的研究成果也颇丰。例如：三和良一等《概说日本经济史》[33]、佐竹隆幸《中小企业政策论：可持续的经营与新公共政策》[34]、柳泽伯夫《平成金融危机：初代金融再生委员长回忆录》[35]、田添笃史《从劳动力投入分析日本经济："价格"与"价值"视角下的日本型资本主义》[36]、山口慎太郎《育儿支援的经济学》[37]等。

## （二）中国日本学界相关研究成果

2021年，中国的日本研究专家学者在当前国际政治经济形势日趋复杂的背景下，不断追踪学科前沿动态，采用经济学理论与实证分析等方法，从国别、区域、全球等视角，深入分析日本宏观经济、日本产业经济、日本金融、日本区域经济合作、日本经济外交及其他与日本经济相关的问题，在《日本学刊》《现代日本经济》《日本问题研究》《日本研究》《东北亚学刊》《国际税收》《人民论坛》以及《世界知识》《人民日报》《环球时报》《中国社会科学报》等报刊媒体上发表了大量文章，反映出新形势下日本经济研究的新动向。

**1. 日本经济增长影响因素**

在实现工业化后，日本经济发展面临长期内需不足的问题，对于科技创新的重视程度持续上升，期望通过提高全要素生产率的方式从供给角度促进日本经济增长。莽景石《扩大内需政策的长期化：基于日本经验的解释》认为日本在完成向工业化经济转型后，其大规模的对外贸易出超导致国际收支严重失衡，而且迟迟没有实现由重视生产者向重视消费者的转变，从而使得内需没有发挥牵动经济增长的作用。[38] 平力群《探析日本经济波动的制度因素——基于国家创新体系的视角》认为在创新领域，"关系型"国家创新体系偏好选择导致了日本在完成工业化后的经济经历稳定增长、长期停滞、低速复苏的波动，这一过程中发生了日美经济绩效的两次逆转。[39] 李展《中美日全要素生产率的分析与比较——基于理论、方法与数据测算逻辑一致的框架》基于理论、方法与数据测算逻辑一致的分析框架，测算了中日美三国在1978—2018年的全要素生产率，发现日本全要素生产率对经济增长的贡献达到24%，较为完善的市场机制使得日本的资源配置较为有效。[40] 此外，针对中国加快构建国内国际双循环相互促进的新发展格局、推动发展数字人民币等，一些学者开始探索日本经济发展过程中的经验教训，例如，田正等《双循环背景下经济高质量发展路径探究：日本的经验与启示》[41]、金仁淑等《双循环发展格局的国际经验及中国路径》[42]、刘瑞《日本央行数字货币的制度设计及政策考量》[43]等。

**2. RCEP签署与区域经济合作发展**

2020年《区域全面经济伙伴关系协定》（RCEP）的签署，对于强化亚洲区域的经济合作具有重要意义，有助于应对新冠肺炎疫情导致的全球不确定性增加。2021年中国学界出现了众多关于RCEP问题的研究成果，详细探讨了RCEP在货物贸易、服务贸易、原产地规则、电子商务等领域的具体规定及其对区域经济合作的影响。例如，张建平等《"区域全面经济伙伴关系协定"与亚太区域经济合作》认为，RCEP补充了中日、日韩等经济体间的自贸安排空缺，标志着东亚经济圈正式形成，预计会产生显著的经济效益，能够更好地提高区域内资源配置效率、促进产业转移和升级。[44]徐梅《RCEP签署与亚太区域经济一体化前景》指出，RCEP的签署关涉未来亚太区域经济一体化进程与前景，将对亚太自贸区建设和区域经济一体化以及世界经济、政治格局产生深刻影响。[45]另外，RCEP还将推动中日经贸合作深入发展，施锦芳等《基于RCEP推动中日经贸合作的新思考》即指出，中日可通过扩大货物贸易并深化东亚生产网络，扩大双向投资并深挖第三方市场，开拓数字经济和电子商务、养老服务和养老产业等举措，推动两国经贸合作。[46]宋志勇等《RCEP签署对中日经贸关系的影响》认为，通过RCEP，中日两国首次建立了自由贸易关系，两国市场将进一步开放，加之削减投资限制和进出口关税税率、简化海关通关手续，为中日两国经贸关系发展带来新的机遇。[47]

对外贸易是支撑日本经济发展的重要影响因素，日本对外经贸关系的相关动向备受重视。徐梅《日本与欧盟经贸关系：现状与趋势》认为日本对欧盟贸易将呈扩大之势，与英国经贸关系会显著增强，在欧洲的投资及产业链供应链布局将出现调整。[48]李清如《日本强化与中东欧经贸关系的动因、布局及影响》指出，日本以"V4+日本"为主要对话机制，扩大在维谢格拉德集团四国、波罗的海三国以及西巴尔干地区的贸易与投资，全面展开在该区域的经济布局。[49]马文秀等《日欧EPA降税安排对中国与日欧货物贸易影响——基于GTAP模型的模拟》运用GTAP模型，认为日欧EPA生效会对中日和中欧货物贸易产生较大影响。日欧关税减让使中国的贸易条件恶化，中国对日本的进出口均明显减少，对欧盟的出口增加、进口减少。[50]在中日经贸关系领域，《现代日本经济》编辑部邀请全国日本经济学会多位专家学者组织笔谈"后疫情·后安倍时代的中日经济关系"，认为在新冠肺炎疫情冲击下，中日经贸关系表现出韧性与活力，中日深化合作将带动日本经济发展、推动全球经济摆脱疫情影响，重回增长轨道。[51]

日本积极参与国际经贸规则制定是日本对外贸易领域的重要动向，中国学者深入分析日本主导国际经贸规则制定权及数字贸易规则领域动向。孙丽等《日本依托区域经济一体化主导国际经贸规则制定权的战略分析》指出，日本由高度重视组建区域经济一体化组织来确保日本经济稳定发展的资源供给、不断开拓的海外市场转向了依托参与、组建区域经济一体化组织来主导国际经贸规则制定权。[52]崔岩等《"东亚模板"数字贸易规则相关问题探析——基于中日韩合作的视角》认为，东亚地区数字经济的蓬勃发展及外部竞争的加剧，凸显了形成"东亚模板"数字贸易规则的必要性。中日韩需谋求进一步深化合作，探索符合东亚整体利益诉求和发展模式的数字贸易规则。[53]

**3. 日本经济安全保障、产业发展与绿色转型问题**

2021年，强化经济安全保障成为日本政府施政的新动向，这也成为日本经济学界关注的重要问题。例如，崔健《日本经济安全理论与政策变化动向》认为，日本经济安全政策的变化与国际战略环境密切相关，但更为根本的原因还是国家安全主流思想和技术民族主义对其自身的影响，可以认为当前日本经济安全政策的变化只是对其传统经济安全政策的一种补充，继续推进全球化、维护自由贸易体制才是日本经济安全政策的发展方向。[54] 郭锐等《日本东亚区域合作动向及其经济安全策略调整》指出，日本推动经济安全策略调整，旨在提振国民经济、优化海外产业链、主导区域一体化进程。日本的东亚区域合作由相对被动转向更加主动，并突出塑造力建设。[55]

新冠肺炎疫情暴发以来，日本的产业链稳定受到严重影响，日本持续推动产业链布局调整，旨在强化其产业链韧性。陈友骏等《疫情背景下日本供应链的重塑及前景分析》指出，面对中美战略竞争与经济科技竞争，日本考虑重组供应链网络，提升供应链弹性及推动核心产业的本土回迁与多元分散供应。在数字与绿色产业等重点领域推动建立"自主可控、安全可靠"的供应链体系，加强与"共享价值观国家"的供应链合作。[56] 苏杭等《日本供应链改革的新动向及其影响》认为，2020年新冠肺炎疫情暴发后出现的防疫物资供应短缺让日本政府意识到供应链安全保障的重要性，日本政府强化了对供应链安全的政策投入，推动日本企业加快海外供应链布局调整，将给东亚区域供应链合作带来新的不确定性。[57] 相关研究成果还有：刘湘丽《增强供应链韧性：日本政策的出台与走向》[58]、田正《疫情冲击背景下日本产业链重构政策及影响》[59]、邓美薇《日本在"一带一路"沿线产业链投资布局的动态分析》[60]等。

战后日本制造业实现快速发展，奠定了日本经济强国的基础，近期日本注重推动制造业发展数字化的动向也为中国提供了经验与借鉴。徐梅《日本制造业强大的原因及镜鉴》认为日本制造业强大的主要原因包括：重视人才、注重技术进步与产品质量提升、政府给予企业政策支持、企业注重现场实践及构建稳定的合作关系等。[61] 李毅《高质量发展与"融合式创新"：基于安川电机产业升级的微观比较》通过观察日本安川电机百年成长过程中的变革轨迹，认为推动实现制造业高质量发展的关键在于实现产业结构升级转型，需要企业实行适合自身技术与经营特点的融合式创新。[62] 在新形势下日本的制造业面临升级转型压力，试图通过借助数字化的方式，实现制造业的高质量发展。马文秀《日本制造业数字化转型发展战略》认为，日本政府致力于推动产业数字化的深入发展，实施制造业数字化转型发展战略，推动制造业数字化转型。[63]

2021年，日本政府提出了《2050年实现碳中和的绿色增长战略》，将经济的绿色转型视为促进日本经济发展和产业升级转型的新机遇。刘平等《日本迈向碳中和的产业绿色发展战略——基于对"2050 年实现碳中和的绿色成长战略"的考察》指出，日本政府指定了 14 个重点发展的产业领域，形成以能源生产、能源消费和碳回收为主线的绿色发展产业体系构架。[64] 氢能是日本推动实现绿色经济转型的重要领域，政府通过实施氢能发展战略，支持日本氢能产业发展。丁曼《日本氢能战略的特征、动因与国际协调》指出日本的氢能源战略具有致力于推动氢能与褐煤等多种化石能源及可再生能源的耦合协同发展的特征。[123] 李维安等《迈向"零碳"的日本氢能源社会发展研究》认为日本不但在氢能源技术突破上具有诸多经验，而且通过政府、企业、社会组织等多主体合作协同，促进日本企业持续开展氢能技术研发。[65] 陈英姿等《日本车用氢能的产业发展及支持政策》认为日本形成了车用氢能全产业链，同时政府以国家战略为引领，运用经济刺激和多部门协同的措施推动车用氢能产业发展。[66]

此外，2021 年，中国还出版了许多关于日本经济问题的专著与译著。例如，程天敏《日本大企业国际化战略分析》[67]、陶芸《日本福利经济思想的变迁研究》[68]、李清如《日本消费税改革研究》[68]、西野智彦《日本的迷失》[70]、藤原洋《全产业数字化时代的日本创生战略》[71] 等，为中国的日本经济研究起到了很好的补充作用。

## 二、研究热点

2021 年，中国和日本的日本经济学界在追踪和分析日本宏观经济形势、日本经济政策发展变化的同时，重点关注和讨论的热点问题主要包括以下几个方面。

### （一）新冠肺炎疫情冲击与日本经济增长

2021 年，日本经济增长仍然面临来自新冠肺炎疫情扩散所产生的广泛影响。2021 年的日本经济虽然从疫情冲击中获得了一定程度的恢复，但是受需求乏力、供给约束的影响，日本经济发展仍然疲弱，整体尚未恢复至疫情发生之前的水平。在此形势下，2021 年日本经济发展仍然承压，年化实际 GDP 增长率从 2021 年第 1 季度的 9.6% 下降至第 3 季度的 −2.8%，其后在日本政府积极的财政货币政策的推动下，增至第 4 季度的 4.6%。新冠肺炎疫情对日本经济发展所造成的冲击，始终是日本经济研究者关注的重要问题。中日两国学者在分析日本政府所采取的应对疫情冲击政策效果的基础上，从微观和宏观两个层面详细探究了新冠肺炎疫情对日本宏观经济、制造业与服务业发展的影响，并进一步扩展到新冠肺炎疫情对日本劳动力市场、就业形态变化、非正式雇佣人员就业情况的影响等经济社会问题的分析，拓展了学界对这一问题的研究视野。

此外，从中长期视野看，人口老龄化、全要素生产率降低、资本收益率下降等供给因素始终困扰着日本经济，使得日本经济处于长期停滞的状态。对于日本经济增长因素的分析始终是日本经济学界关注的话题，2021 年，学者从多个角度针对日本经济长期停滞的影响因素展开了详细分析。例如，泡沫经济的产生与崩溃、20世纪90年代日本国内金融危机的爆发、人口老龄化对日本经济增长的影响、日本国内需求长期低迷、日本国家创新体系的偏好选择等。战后日本经济的发展历程，能够为中国的经济发展提供参考与借鉴。

### （二）RCEP签署与区域经济一体化

2020年RCEP签署，并在2022年生效，因此在2021年的日本经济学科研究中，RCEP成为一个颇受重视的领域。RCEP涉及货物、服务、投资、人员自由流动等主要内容，具有全面性、先进性、包容性、互惠性等特征，为东亚经济发展和世界经济带来新动力。协议生效后，将产生扩大贸易和促进投资等经济效果，降低企业交易成本，惠及企业和消费者。一方面，RCEP的签署将有助于应对贸易保护主义的抬头趋势，加快亚洲区域经济一体化进程。在中美贸易摩擦背景下，发达国家的贸易保护主义持续增强，不断强化出口贸易管理体制，加大对外国直接投资的审查力度，全球一体化进程受到严重挑战。RCEP的签署不仅为全球经济增添新的增长动能，而且能够促进区域与世界贸易投资的自由化，消除成员国间的贸易壁垒。特别是中国、日本、韩国相互签署了关税承诺，为推动中日韩三国的贸易合作提供了新的平台与基础，为系牢中日韩三国经贸合作关系带来了新机遇。另一方面，对外经贸关系是推动日本经济增长的重要因素。在新冠肺炎疫情冲击下，中日两国的经贸关系仍然表现出强劲韧性，RCEP的签署将进一步推动中日两国开放市场，削减投资限制与关税税率，简化海关通关手续，从而为中日经贸关系深入发展带来新机遇。在日本对欧洲贸易关系领域，日本持续注重推动与欧洲国家的经贸关系，相继达成日欧EPA、日英EPA等，并注重推动与中东欧国家的经贸关系，构建对话平台机制。日本与欧洲国家深化经贸关系，对中欧经贸关系、"一带一路"倡议等形成影响。

### （三）经济安全保障与产业链调整

在国际政治经济形势复杂变化下，经济安全保障成为日本经济学界关注的新课题。在制度层面，日本不断完善经济安全保障相关的法律法规，强化政府相关职能，努力提升日本在关键技术、战略资源等方面的自主性，同时与欧美等"志同道合"国家加强经济安全保障合作，以促进形成符合日本自身利益的经济安全保障规则。日本学者强调日本企业也需要重视经济安全保障给企业经营带来的风险问题，指出企业需要强化对经济安保问题的认识，鼓励企业调整组织结构，强化技术、人事、信息等管理，以应对日益增强的地缘政治经济风险。

在新冠肺炎疫情冲击和地缘政治风险增强的背景下，产业链稳定性问题持续受到日本关注。面对中美战略竞争和科技竞争，日本持续推动供应网络重组，提升供应链弹性，并推动核心产业回归本土和实现多元化分散供应。日本的产业链调整问题也成为日本经济学者关注的重点问题。维护产业链稳定性是日本提升经济安全保障的一个重要组成部分。增强国内生产能力、在东南亚地区实现供应链的多元化布局、建立供应链的国际互补机制是日本维护产业链稳定的主要方法与手段。对于日本政府介入产业链调整问题，日本国内也出现了一些批评意见。日本产业链调整对中国产生一定影响，但是由于中国自身所具备的产业链优势，日本并不会从中国撤退，而是采用在中国之外增加供应来源基地的方式实施产业链供应链调整，因而对中国影响有限。在全球经济不确定性增强背景下，中日两国需要妥善处理分歧和矛盾，深化经济发展合作，促进中日两国产业链合作，推动全球经济摆脱产业链不稳定的影响。

**（四）经济绿色转型与数字化对日本产业发展的影响**

2020年末，日本政府提出了力争在2050年实现碳中和的目标，此后日本政府又提出了《2050年实现碳中和的绿色增长战略》，将经济的绿色转型视为促进日本经济发展、产业进步的一个新机遇。日本政府确定了与能源、运输、家庭相关的14个产业作为重点发展产业，并拟定了相应的财政、税收、金融政策等支持措施，以促进日本经济的绿色转型进程。此外，在替代能源领域，日本选择"氢"这种极富技术挑战但应用前景广阔的新能源，致力于构建"氢能源社会"。日本在氢能源技术突破和相关绿色产业链供应链构建中积累了诸多经验，将引导企业持续开发氢领域的相关技术，实现经济和社会发展的全面绿色转型。日本在绿色经济转型方面的经验和发展进程，对于中国实现"双碳"目标而言具有重要的参考意义。

日本的产业发展，在传统上由日本国内的大企业所主导，通过产业上下游带动创新主体发展，培育拥有独特技术优势的中小企业，从而为下游大企业提供所需的零部件。但是，在新冠肺炎疫情冲击和产业链供应链危机的影响之下，日本企业传统的管理和经营模式受到重创，以往建立的产业链、创新链受到很大影响，日本产业发展数字化程度不高的问题凸显出来，在新一代信息技术的使用上也落后于其他国家，从而阻碍了日本产业提高生产率的进程。在此背景下，日本政府致力于推动产业数字化的转型进程，积极实施制造业数字化转型发展战略，注重采取强化工程链设计能力、推动5G技术在制造业现场使用、强化数字化人力资源系统保障等方式，力图实现日本制造业的数字化转型，搭建全新的数字化生产模式，保持和提升日本制造业的国际竞争力。

## 三、研究特点

第一，日本经济研究在中国的日本研究领域中的地位持续上升。2021年，在全国日本经济学会和中国社会科学院日本研究所的组织下，由张季风主编、社会科学文献出版社出版的《日本经济蓝皮书（2021）》正式出版，汇集了2021年度中日两国日本经济领域知名专家学者的研究成果。该皮书以"新冠肺炎疫情下的日本经济与中日经贸关系"为主题，设"总报告""分报告""中日经贸关系""地区产业链构筑与区域合作""热点追踪"等栏目，重点探讨新冠肺炎疫情下的日本经济、中日经贸合作的状况、区域经济合作等问题，及时追踪分析了东京奥运会的经济影响、日本数字经济、数字货币等热点问题，并预测"后疫情时代"的日本经济与中日经贸关系,很多方面值得中国参考与借鉴。2021年10月16日,全国日本经济学会2021年会暨"中日乡村振兴比较"学术研讨会在浙江省丽水市召开,设置了"中日乡村振兴比较""后疫情时期与岸田新政权下的日本经济""岸田新政权下的中日经济关系与亚太区域经济合作"等分科会,开展了热烈的讨论。日本经济学科的影响力持续扩大。

第二,立足日本经济形势变化开展适时追踪研究。在国际政治经济局势复杂变化的背景下,日本经济学科研究成果持续跟踪日本经济的发展变化,出现新颖选题,填补此前不足。日本学者关注新冠肺炎疫情对日本经济发展的影响,探讨新冠肺炎疫情背景下日本政府的对外开发援助动向,探索日本企业应对经济安全保障强化背景下的对策,分析日本经济如何在环境保护与经济发展中取得平衡,探讨日本实现经济社会数字化转型的具体做法等。中国学者不仅关注影响日本经济长期发展的主要因素问题,而且对日本经济的热点问题展开分析。例如,RCEP签署对区域经济一体化的影响、日本的经济安全保障、日本产业链调整、日本经济绿色转型等,这些问题均为此前涉及较少的新议题,扩展了日本经济研究的广度和深度。

第三,成果应用性强,能够为中国经济发展提供参考与借鉴。2021年日本经济的研究成果立足于探讨日本经济的现实问题,进而为中国经济发展服务,为中国的经济发展提供参考与借鉴。日本学者指出,克服新冠肺炎疫情对日本经济的影响,必须采取有效的遏制疫情措施,并应采取包括财政政策、货币政策、危机管理政策在内的综合性政策。中国学者指出,在新冠肺炎疫情和贸易保护主义加大背景下,RCEP的签署为亚洲经济发展注入强心剂,基于RCEP的细则条款,中日两国可扩大双向投资、推动第三方市场合作、开拓电子商务和养老服务等服务业合作,深化中日经贸关系。制造业是国家创新能力的重要载体,也是提升国家整体实力的重要力量,日本通过强化制造业人才培养、注重推动技术创新、政府实施引导与财政金融政策支持、构建完善的市场制度环境等实现了制造业的高质量发展,可为中国走向制造业强国提供有益借鉴。

第四,研究方法不断创新。在研究方法上,日本经济学者不仅利用定性的研究方法,还使用定量的研究方法展开研究。例如,日本学者通过发放调查问卷的方式,探究日本企业在东南亚国家的经营情况;通过构建"日本产业生产率数据库"的方式,从劳动成本、资本投入、中间产品投入等角度测算日本各行业的全要素生产率,分析日本经济的增长与产业结构变化问题。中国学者不仅使用比较分析的研究方法探讨日本制造业的发展历程、日本支持氢能产业发展的历史过程,还积极运用计量经济学模型,分析日欧EPA签署对中欧货物贸易影响、中美日三国全要素生产率增速比较等问题,提升了日本经济研究界的研究方法水平,提高了研究成果的总体质量。

## 四、未来研究趋向

第一，加强理论与研究方法创新，补足科研短板。当前，区域国别研究已经上升为一级学科，但也面临着理论与研究方法创新的挑战。就日本经济学科而言，中国学界虽然有一些研究成果积极采用经济学的理论方法以及计量经济学等实证分析方法来分析日本经济问题，但多数研究成果仍然是基于收集、编译日本信息资料来描述、归纳和总结日本经济发展与经济政策的特点，在理论模型构建、理论模型阐释、研究方法创新等方面突破较少，与日本国内的日本经济研究之间仍然存在一定差距。为此，需要不断跟踪日本学界的最新研究成果，提升理论与实证分析的研究水平，积极开展创新，拓宽研究视野，发掘新问题与新资料，在深化应用性研究的基础上，补足理论与研究方法方面的短板。

第二，加强实地调查，深化对国情的认识。当前，受新冠肺炎疫情的影响，中日两国的日本经济研究学者之间的交往受到严重限制，无法开展调研访谈、实地考察等科研活动，不利于深入了解日本经济发展的实际情况。另一方面，中国日本经济研究存在缺少田野调查的问题，往往依靠既有专著、论文、报刊等资料开展分析，从而无法有效把握日本经济的真实情况，且对中国经济发展现状的认识也存在不足。为此，需要积极运用视频会议等远程交流方式，强化与日本经济学者的交流与探讨，开展多样化的中日学者交流活动；还需要加强田野调查，了解中国经济发展现状，持续探索和考察日本经济发展的现实状态，收集一手的研究资料，从而提升日本经济研究的水平。

第三，深化对日本现实问题的分析，服务中国经济建设。对于日本经济的研究，其目的仍然在于为中国经济发展提供参考，从而实现服务中国经济建设的总体目标。虽然当前中国的日本经济学界紧跟日本经济发展变化，探讨了日本经济安全保障、产业链调整、经济绿色转型等问题，但是仍然需要结合日本经济发展的新动向，拓展研究视野。例如，2021年岸田文雄上台后调整此前的"安倍经济学"，提出了"新资本主义"的口号，试图改善日本的分配情况，增强居民的消费能力，从而形成"增长与分配"的良好循环，带动日本经济重回增长轨道。由于岸田文雄政权上台时间不久，其具体措施仍有待观察，当前日本经济学界对这一问题的研究成果仍然较少，需要进一步加强研究。此外，对于新冠肺炎疫情对日本经济增长的影响、日本对外经贸关系的发展动态等问题仍需进行持续的追踪与研究。

（责任编辑：叶琳）

## 注　釈

［1］内閣府編『感染症の危機から立ち上がる日本経済』、2021年。

［2］宮川努編著『コロナショックの経済学』、中央経済社、2021年。

［3］今井亮一「2020年 コロナ感染拡大と日本経済」、『九州大学留学生センター紀要』2021年3月号、21—38頁。

［4］柴田弘捷「新型コロナウイルス感染症（COVID-19）パンデミックと就業者の状態」、『専修人間科学論集』2021年3月号、23—40頁。

［5］焼田党編『新型コロナ感染の政策課題と分析―応用経済学からのアプローチ―』、日本評論社、2021年。

［6］林直嗣『新型コロナとコロナ不況の克服―危機に打ち勝つ総合政策―』、花伝社、2021年。

［7］水越康介・西川英彦「ニューノーマル時代のマーケティング」、『マーケティングジャーナル』2021年6月号、3—5頁。

［8］小林哲「コロナ禍での地域ブランディング―地方活性化策の点と線―」、『マーケティングジャーナル』2021年6月号、29—40頁。

［9］藤島廣二編『コロナ禍による経済的変化と対処方策―コロナ禍下・後の市場流通のあり方を考える―』、筑波書房、2021年。

［10］大木博巳「米中対立の時代を迎えて岐路に立つ日中韓台貿易のウィンウィン関係―貿易の発展には安定した国際経済関係が必要―」、『国際貿易と投資』2021年12月号、1—32頁。

［11］安倍誠編『日韓経済関係の新たな展開』、日本貿易振興機構アジア経済研究所、2021年。

［12］李新建・申美花・今口忠政「日本企業の新興国市場開拓における組織学習の効果と影響要因に関する研究―在タイ日系企業のアンケート調査に基づいて―」、『現代経営経済研究』2021年3月号、27—49頁。

［13］浦田秀次郎「日本経済のグローバリゼーション―実態と影響―」、『世界経済評論』2021年7・8月号、30—35頁。

［14］外務省編『日本の国際協力 未来へ向かう、コロナ時代の国際協力』、2021年。

［15］土岐典広・藤倉良「国際協力機構と中国政府機関による日中企業の連携促進事例―日本のODA出口戦略に向けた示唆―」、『公共政策志林』2021年3月号、217—236頁。

［16］内閣府編『レジリエントな日本経済へ―強さと柔軟性を持つ経済社会に向けた変革の

加速一』、2021年。

[17] 経済同友会編『強靱な経済安全保障の確立に向けて―地経学の時代に日本が取るべき針路とは―』、2021年。

[18] 平井宏治『経済安全保障リスク―米中対立が突き付けたビジネスの課題―』、育鵬社、2021年。

[19] 國分俊史『経営戦略と経済安保リスク』、日経BP、2021年。

[20] 川口貴久・柴田慎士「経済安保のリスク管理はデータ・技術・人・資本で整理を」、『金融財政事情』2021年11月号、20―23頁。

[21] 巽直樹『カーボンニュートラル―もうひとつの「新しい日常」への挑戦―』、日本経済新聞出版社、2021年。

[22] 野村浩二『日本の経済成長とエネルギー―経済と環境の両立はいかに可能か―』、慶應義塾大学出版会、2021年。

[23] 高橋洋『エネルギー転換の国際政治経済学』、日本評論社、2021年。

[24] 村上研一「『脱炭素』と自動車および関連産業の動向」、『中央大学経済研究所年報』2021年10月号、35―63頁。

[25] 出口雅也・四方健太郎・山内恒樹・井上康平・小阪健一郎「グリーン水素製造システムの経済性評価」、『動力・エネルギー技術の最前線講演論文集』2021年7月号、1―25頁。

[26] 野口悠紀雄『良いデジタル化 悪いデジタル化』、日経BP、2021年。

[27] 小久保欣哉・松田裕之・岩田幸訓「デジタル変革における日本企業のプラットフォーマーへの関与可能性の考察」、『研究技術計画』2021年6月号、47―58頁。

[28] 枝村一磨・浅羽茂「日本の産業進化とイノベーション」、『組織学会大会論文集』2021年8月号、217―222頁。

[29] 尹海圓「1980年代の日韓のイノベーション政策の比較研究―産業政策と福祉政策の曖昧な境界を中心に―」、『比較政治研究』2021年2月号、1―20頁。

[30] 和田聡子『産業経済の発展と競争政策―ポストコロナ時代を見据えて―』、晃洋書房、2021年。

[31] 大橋弘『競争政策の経済学―人口減少・デジタル化・産業政策―』、日経BP、2021年。

[32] 深尾京司『サービス産業の生産性と日本経済―JIPデータベースによる実証分析と提言―』、東京大学出版会、2021年。

[33] 三和良一・三和元『概説日本経済史』、東京大学出版会、2021年。

[34] 佐竹隆幸『中小企業政策論：持続可能な経営と新しい公共』、関西学院大学出版会、2021年。

[35] 柳澤伯夫『平成金融危機 初代金融再生委員長の回顧』、日経BP、2021年。

[36] 田添篤史『投下労働量からの日本経済分析—「価値」と「価格」で見る日本型資本主義—』、花伝社、2021年。

[37] 山口慎太郎『子育て支援の経済学』、日本評論社、2021年。

[38] 荠景石：《扩大内需政策的长期化：基于日本经验的解释》，《现代日本经济》2021年第4期。

[39] 平力群：《探析日本经济波动的制度因素——基于国家创新体系的视角》，《日本学刊》2021年第3期。

[40] 李展：《中美日全要素生产率的分析与比较——基于理论、方法与数据测算逻辑一致的框架》，《上海经济研究》2021年第9期。

[41] 田正、李鑫：《双循环背景下经济高质量发展路径探究：日本的经验与启示》，《广西师范大学学报（哲学社会科学版）》2021年第3期。

[42] 金仁淑、王森垚：《双循环发展格局的国际经验及中国路径》，《甘肃社会科学》2021年第3期。

[43] 刘瑞：《日本央行数字货币的制度设计及政策考量》，《日本学刊》2021年第4期。

[44] 张建平、董亮：《"区域全面经济伙伴关系协定"与亚太区域经济合作》，《当代世界》2021年第1期。

[45] 徐梅：《RCEP签署与亚太区域经济一体化前景》，《东北亚论坛》2021年第5期。

[46] 施锦芳、李博文：《基于RCEP推动中日经贸合作的新思考》，《现代日本经济》2021年第3期。

[47] 宋志勇、蔡桂全：《RCEP签署对中日经贸关系的影响》，《东北亚论坛》2021年第5期。

[48] 徐梅：《日本与欧盟经贸关系：现状与趋势》，《现代日本经济》2021年第2期。

[49] 李清如：《日本强化与中东欧经贸关系的动因、布局及影响》，《日本学刊》2021年第1期。

[50] 马文秀、王惜墨：《日欧EPA降税安排对中国与日欧货物贸易影响——基于GTAP模型的模拟》，《日本问题研究》2021年第4期。

[51] 庞德良等：《后疫情·后安倍时代的中日经济关系笔谈》，《现代日本经济》2021年第1期。

[52] 孙丽、赵泽华：《日本依托区域经济一体化主导国际经贸规则制定权的战略分析》，《现代日本经济》2021年第1期。

[53] 崔岩、杜明威:《"东亚模板"数字贸易规则相关问题探析——基于中日韩合作的视角》,《日本学刊》2021年第4期。

[54] 崔健:《日本经济安全理论与政策变化动向》,《日本研究》2021年第4期。

[55] 郭锐、许菲:《日本东亚区域合作动向及其经济安全策略调整》,《现代日本经济》2021年第5期。

[56] 陈友骏、赵磊:《疫情背景下日本供应链的重塑及前景分析》,《日本学刊》2021年第5期。

[57] 苏杭、刘佳雯:《日本供应链改革的新动向及其影响》,《现代日本经济》2021年第6期。

[58] 刘湘丽:《增强供应链韧性:日本政策的出台与走向》,《现代日本经济》2021年第6期。

[59] 田正:《疫情冲击背景下日本产业链重构政策及影响》,《日本问题研究》2021年第5期。

[60] 邓美薇:《日本在"一带一路"沿线产业链投资布局的动态分析》,《东北亚学刊》2021年第3期。

[61] 徐梅:《日本制造业强大的原因及镜鉴》,《人民论坛》2021年第Z1期。

[62] 李毅:《高质量发展与"融合式创新":基于安川电机产业升级的微观比较》,《现代日本经济》2021年第2期。

[62] 马文秀、高周川:《日本制造业数字化转型发展战略》,《现代日本经济》2021年第1期。

[64] 刘平、刘亮:《日本迈向碳中和的产业绿色发展战略——基于对"2050年实现碳中和的绿色成长战略"的考察》,《现代日本经济》2021年第4期。

[65] 丁曼:《日本氢能战略的特征、动因与国际协调》,《现代日本经济》2021年第4期。

[66] 李维安、秦岚:《迈向"零碳"的日本氢能源社会发展研究》,《现代日本经济》2021年第2期。

[67] 陈英姿、刘建达:《日本车用氢能的产业发展及支持政策》,《现代日本经济》2021年第2期。

[68] 程天敏:《日本大企业国际化战略分析》,中国财政经济出版社2021年版。

[69] 陶芸:《日本福利经济思想的变迁研究》,武汉大学出版社2021年版。

[70] 李清如:《日本消费税改革研究》,社会科学文献出版社2021年版。

[71] [日]西野智彦:《日本的迷失》,兴全基金管理有限公司译,中信出版集团股份有限公司2021年版。

[72] [日]藤原洋:《全产业数字化时代的日本创生战略》,魏海波、何峻山译,广西师范大学出版社2021年版。

# 2021年日本外交研究综述

吕耀东　王　方[*]

外交是以主权国家为主体，通过正式的代表国家的机构与人员的官方行为，使用交涉、谈判和其他和平方式对外行使主权，以处理国家关系和参与国际事务，是一国维护本国利益及实施对外政策的重要手段[1]。

日本外交研究的对象是日本国对外行使主权的外交行为和实施对外政策的外交实践经验，具体包括研究日本外交的本质和目标范式、外交政策与外交行为、对外决策模式等内容，其研究重点为日本外交政策、对外关系和国家国际战略及实施等方面。基于上述日本外交研究的学科定位，本文对2021年的日本外交研究成果进行梳理，在介绍国内外基本研究情况的基础上，重点尝试归纳国内研究热点和特点，以期对今后日本外交研究的展开提供新视角。

在新冠肺炎疫情与国际变局叠加冲击下，世界力量对比加速演变，大国关系深度调整，世界秩序动荡不定。在此背景下，日本国内经济、社会发展面临深刻挑战，国内政治亦出现重大变动。2021年秋，接任首相近一年的菅义伟在内外压力下宣布放弃参选自民党总裁。此后，曾在安倍晋三执政时期任外务大臣、自民党政务调查会会长的岸田文雄在自民党总裁选举中胜出，并成为日本首相。岸田内阁在"安倍—菅"既定战略路线下，调整具体施政理念及手段。2021年日本外交研究在此背景下展开，国内外学者在关注传统议题的基础上，侧重于对热点问题的跟踪考察和动态分析，并发表了大量的学术论著。

## 一、2021年日本外交研究概况

作为揭示日本外交行为、外交实践及其发展变化一般规律的研究，克服从单一视角去观察日本外交问题的偏颇倾向，从多视角、多维度解读分析，能更好地促进该学科的建设和发展。2021年国内外日本外交研究成果无论在理论、方法，还是研究视角上都更加多元化，形成了较为丰富的研究成果。

---

[*] 吕耀东，中国社会科学院日本研究所研究员，博士生导师，中国社会科学院大学国际政治经济学院教授，主要研究方向为日本外交与中日关系；王方，华北科技学院外国语学院日语系副教授，中国社会科学院大学国际政治经济学院博士生，主要研究方向为日本外交与中日关系。

## （一）国外研究基本情况及主要研究成果

通过在日本国立情报研究所和日本科学技术信息集成系统 J-STAGE 网站查询，可以发现，2021年日本学者对日本外交战略、中日关系、日美同盟、"印太战略"等均表现出极大关注，主要成果如下。

有的文章注重分析日本外交的定位与方向，如上村直树《日美的外交传统——比较论试论》（南山大学学报《学术》社会科学篇2021年第22期）[2]、角南笃《从科学技术外交的视角看〈联合国海洋科学的十年〉》（《学术动向》2021年第1期）[3]等；有的文章注重考察新形势下的中日关系，如川村范行《新冠肺炎疫情下的中日关系的变化——以中美对立和后疫情为视角》（《Artes MUNDI》2021年第6期）[4]等；有的文章关注中美关系，如中岛精也《中美新冷战和拜登外交战略》（《国际金融》2021年，第1344期）[5]、浅野亮《中美关系和国际秩序——既"斑驳"又"臃肿"的秩序》（《同志社法学》2021年第3期）[6]等；有的文章侧重分析美国政治外交及日美关系，如福岛启之《日美同盟的历史演变与理论结构——力量与威胁的均衡和日本的同盟政策》（《国际政治》2022年，第206期）[7]、村田晃嗣《从特朗普到拜登——美国政治外交的变化和延续》（《国际安全保障》2021年第4期）[8]、仓科一希《核武器在美国同盟政策中的地位变化——共享核武器与1966年北约危机》（《国际政治》2021年第204期）[9]等；有的文章则关注大国间多边关系，如泉川泰博《动态同盟理论——分裂战略和团结战略的相互作用与冷战初期的中美苏关系》（《国际政治》2022年，第206期）[10]等；有的文章则关注日本"印太战略"的新动向，如伊藤裕子《特朗普政权的亚洲外交：朝鲜核问题、中美对立和"自由开放的印度太平洋"构想》（《立教美国研究》2021年，第43卷）[11]等。此外，日本外交相关的研究著作主要有秋元千明著《复活！日英同盟——印度太平洋时代的开始》[12]、渡部恒雄、西田一平太编《什么是防卫外交？——军事力量在和平时期的作用》[13]、佐竹知彦著《日澳的安全保障合作　超越"距离的专制"日本、澳大利亚走向"准同盟"之路》[14]等。

2021年日本多次举办相关的国际学术研讨会，具有代表性的会议如下。2021年10月25—26日，以线下线上相结合的形式在北京、东京连线举行主题为"大变局下的中日关系及重塑国际合作——迈向邦交正常化50周年的思考"的第十七届"北京—东京论坛"。该论坛由中国国务院新闻办公室、日本外务省支持，中国外文局和日本言论NPO共同主办。该届论坛会集百余位来自中日两国政界、经济界、企业界、学术界、传媒界等领域的嘉宾，就增进政治互信、深化经贸合作、强化安全保障、明确媒体责任、发展数字经济与创新国际合作等重要议题展开讨论，进行了深入交流，凝聚了共识。会上双方有识之士一致认为，中日两国应推动构建契合新时代要求的双边关系，坚持开展国际合作，共克时艰，携手解决当前全球性问题。两国需要通过加强交流和对话，探索改善和发展中日关系的路径，这正是该届"北京—东京论坛"的使命所在。此外,对中国对外政策的解读出现偏差并抱有警惕态度的现象也不容忽视。例如,2021年3月6日,立教大学经济研究所主办了第八届学术研究大会"新冠肺炎疫情下新的国际秩序的探索",与会学者主要围绕新形势下的国际秩序展开了讨论。会上立教大学教授凑照宏、严成男、樱井公人分别作了题为"新冠肺炎疫情与从亚洲看国际秩序的变化""新冠肺炎疫情中的中美霸权战争——在'战疫'中胜利的中国的自信""中美的霸权争夺和全球化资本主义的走向"演讲,从中可以了解部分日本学者对近年来新形势下的中美关系及中国对外政策的解读严重失实,不利于未来中日关系的健康发展。

**(二)中国国内研究基本情况简述**

2021年,中国学界对日本外交的研究重点突出,成果丰硕。借助中国知网数据文献平台,以"日本外交"为检索词进行主题、关键词及全文搜索,2021年1月至2022年2月,相关成果数量分别为74篇、21篇、42篇和670篇;以"中日关系"为检索词进行关键词搜索,相关成果数量为134篇;以"日美同盟"为检索词进行关键词搜索,相关成果数量为58篇。从资源类型分布上看,2021年中国关于日本外交研究成果的主要载体依然为期刊,相关成果主要集中在《日本学刊》《日本研究》《日本问题研究》等专业期刊,以及《世界经济与政治》《国际问题研究》《当代世界》《人民论坛》《世界知识》《东北亚学刊》等综合性期刊上;从作者所属单位来看,主要集中在中国社会科学院日本研究所、清华大学、外交学院、复旦大学日本研究中心、吉林大学、中国人民大学等单位。

除期刊论文外,2021年日本外交研究相关著作主要有杨伯江主编《日本蓝皮书 日本研究报告(2021):新冠疫情剧烈冲击下的日本》(社会科学文献出版社)、杨伯江主编《日本研究文选(1981—2020)》(中国社会科学出版社)、吕耀东著《日本国际战略及政策研究》(社会科学文献出版社)、周启乾著《近代东亚中的日本及日俄、中日关系研究》(社会科学文献出版社)、徐万胜著《同盟视域下日本国家战略转型研究》(时事出版社)等。

中国国内相关学术会议如下。2021年4月23—24日,由中华日本学会主办,中国社会科学院日本研究所、南京大学中国南海研究协同创新中心承办,南京大学历史学院协办的中华日本学会2021年年会暨"新冠疫情冲击下的日本与东亚区域形势"学术研讨会在南京大学召开;2021年6月15日,由中国社会科学院日本研究所举办,南开大学、自然资源部海洋发展战略研究所、中国现代国际关系研究院、北京大学国际关系学院、《现代国际关系》杂志社和中国社科院日本所等相关机构的40多位专家学者出席的"新形势下日本与中日关系分析"学术研讨会在北京召开;2021年7月5—6日,由清华大学国际关系研究院主办的第十四届政治学与国际关系学术共同体会议在北京召开;2021年8月28日,由中国社会科学院主办、中国社会科学院日本研究所承办的中国社会科学论坛(2021)——"努力构建契合新时代要求的中日关系"暨日本研究所成立40周年国际学术研讨会在北京召开,中日双方友好人士、专家学者及媒体代表70多人通过线上线下相结合的方式参加了此次研讨会；2021年11月29日，在中国历史研究院举办了中国社会科学院东海研究论坛（2021）"东海问题与中日关系"国际学术研讨会，来自中国社会科学院、外交部、军事科学院、中国国际问题研究院、中国现代国际关系研究院、中国国际战略研究基金会、北京大学、清华大学、中国人民大学、中国海洋大学、上海外国语大学、吉林大学，以及日本东京大学、庆应义塾大学、明治大学、明海大学、笹川和平财团的专家学者共70多人出席会议并参与研讨；2021年12月21日，由中国社会科学院日本研究所主办的"日本与中日关系：形势回顾与展望"学术研讨会在北京召开，中国社会科学院近代史研究所、天津社会科学院、自然资源部海洋发展战略研究所、中国国际问题研究院、上海国际问题研究院、世界知识出版社、北京大学、复旦大学、南开大学、信息工程大学、中国海洋大学、北京外国语大学、上海外国语大学、河北大学等机构的专家学者以线下和线上方式参会。这些学术研讨会围绕在多重危机和挑战下加速变化的世界格局，聚焦日本外交及中日关系等新的事实和经验，分析日本外交和对外战略重大理论与现实问题，推动学科的知识生产和理论创新，促使学术观点和思想达到新高度。

需要说明的是，由于受到检索平台和检索条件等诸多因素限制，恕本文无法涵盖2021年所有的日本外交研究成果，仅尝试在有限条件下梳理2021年日本外交研究的基本情况，不当之处敬请批评指正。

## 二、日本外交研究热点

新冠肺炎疫情下的国际形势与中日关系、岸田内阁与日本外交政策、日本对中国"一带一路"倡议的应对与政策以及日美同盟与日本"印太构想"最新动态等，成为2021年度国内日本外交研究的主要热点。

**（一）围绕新冠肺炎疫情下的国际形势与中日关系展开的研究**

长期以来，中日关系都是中国日本外交研究的核心议题，2021年亦不例外。2021年以来，新冠肺炎疫情继续在全球蔓延，这对国际社会造成巨大冲击的同时，也给中日关系带来了新的考验。中国学界针对疫情下的国际形势、全球变局与中日关系展开了研究。相关成果中，有的着眼于分析新冠肺炎疫情和百年未有之大变局背景交织下的中日关系，如张宇燕《新冠肺炎疫情影响下的全球变局与中日关系》（《日本学刊》2021年第2期），武寅《百年未有之大变局下的中日关系》（《日本学刊》2021年第3期），刘星《后疫情时代中日安全关系的复杂性与风险》（《日本研究》2021年第2期），高洪《新时代的中日关系：核心内涵、主要途径》（《日本学刊》2021年第S1期），吴怀中《新冠疫情对国际政治和中日关系的影响》（《日本学刊》2021年第S1期），江瑞平《世纪疫灾加速世界变局对中日关系的影响》（《日本问题研究》2021年第4期）等；有的从政治、经济、文化、民间交流等角度探讨中日关系的发展方向,如石可歆、刘江永《从中日两国民调看日本民众对华感情变化及原因(2011—2020)》(《日本研究》2021年第3期),张季风《RCEP生效后的中日经贸关系:机遇、挑战与趋势》(《东北亚论坛》2021年第4期),秦梦、陈江生《中日政治关系对双边贸易的动态影响研究》等。这些研究成果大多从疫情对当前国际关系、国际格局及秩序变动带来的巨大影响出发,在总结相关历史经验的同时,为未来思考中日关系、日本对华战略等问题提供了有益参考。

### (二)关于岸田内阁与日本外交政策的研究

2021年秋,日本政坛变动,"自民党总裁选举"和"第49届众议院大选"中的政策讨论,反映了日本外交及安保政策的新动向。岸田文雄新一届内阁执政理念和政策,受到中国学界关注,相关研究可谓成果丰硕。如刘江永《战后日本国家战略演进及岸田内阁战略走向》(《东北亚论坛》2022年第1期),张勇、孟繁超《政策推手:日本首相外交安保团队与对外决策过程》(《日本学刊》2021年第6期),庞中鹏《"岸田外交"走向与局限》(《世界知识》2021年第21期),卢昊《妄言与参拜:日本保守势力争夺"岸田时代"主导权》(《世界知识》2022年第1期),徐万胜、张雨欣《大选后的岸田文雄内阁:执政基础与政策取向》(《和平与发展》2022年第1期),高洪《岸田政权的政治光谱与其对外政策走向》(《世界知识》2022年第4期),吕耀东、王方《岸田政府与日本外交及安保政策取向》(《日本研究》2021年第4期)等。这些研究成果均围绕岸田政府的内外政策展开,分析了其在疫情防控、经济增长与国家安全保障上的政策调整。岸田政府在强化日美同盟与推进印太战略上保持了较强的政策延续性,其奉行的现实主义对华外交方针,及其所谓经济安全保障、"人权外交"等政策主张或将加大中日关系摩擦概率[15]。以上基于不同视角的分析为中国思考和调整对日外交提供了重要参考。

### (三)针对日本对中国"一带一路"倡议的应对与政策进行的分析

日本与中国存在复杂的竞争与合作关系,因而日本对"一带一路"倡议的解读、态度及相关应对举措与策略,对"一带一路"的推进及地区经济发展与稳定有着不容忽视的影响。正因如此,该问题近年日益成为国内外研究热点,相关研究成果不断涌现。例如:干保柱、李钰婧《日本各界及知名智库对"一带一路"倡议的关切和认知》(《国外理论动态》2021年第1期),周永生《"一带一路"倡议与中日两国的竞争合作》(《东北亚学刊》2021年第3期),黄大慧、赵天鹏《竞争与协调:日本"一带一路"认知的利益偏好分析》(《教学与研究》2021年第11期),何军明、丁梦《日本地方政府对外交往的实践及启示——基于"一带一路"的视角》(《日本学刊》2021年第3期),孔小惠、韩文超《中日第三方市场合作:机遇、挑战与应对方略》(《印度洋经济体研究》2021年第3期),孟晓旭《日本调整高质量基础设施合作伙伴关系战略及对"一带一路"倡议的影响》(《东北亚学刊》2021年第5期),

董顺擎《日本的印太秩序构想及其对"一带一路"的认知与反应》(《日本学刊》2021年第S1期),包广将、范宏伟《"一带一路"在东南亚面临的挑战与机遇:美日联盟政治的视角》(《云南师范大学学报(哲学社会科学版)》2022年第1期)等文章,均着眼于探讨日本对中国"一带一路"倡议的反应与应对策略。学者认为日本对"一带一路"倡议的认知已从早期阶段的警惕、质疑到逐渐趋于多元、理性的阶段[16],但其通过推行所谓"积极和平主义"及其理念下的"印太战略",以及通过推动、构建TPP(CPTPP)谈判与"高质量基础设施合作伙伴关系",在外交与安保、经贸合作等领域对"一带一路"倡议进行围堵与牵制的用意极为明显[17]。未来日本对"一带一路"的认知或将维持"竞争为主、协调为辅",但也面临诸多变数[18]。基于日本以上反应和对策,中国应从战略高度审视问题,适时做出战略调整,加强话语机制建设,推进沟通合作,采取有针对性的应对举措。

**(四)除中日关系外,2021年日本外交研究的热点问题还包括日美同盟、"印太战略"等**

1. 关于日美同盟关系的研究。作为战后日本外交的"基轴",2021年日美同盟关系继续成为学界关注的焦点。相关研究成果包括:徐万胜、丁浩淼《拜登当选背景下日本对华政策回顾与前瞻》(《和平与发展》2021年第1期),金新、韩豪杰《中美战略竞争:日本的认知与回应》(《当代韩国》2021年第1期),吕耀东《拜登政府与美日同盟的发展趋向》(《当代世界》2021年第2期),范强、徐学斐《美日同盟台海危机管理机制与日本的角色转变》(《日本学刊》2021年第6期),朱海燕《日美同盟的新特点与新趋向》(《现代国际关系》2021年第7期),金永明《日美安保体系的历史演进与面临的挑战》(《亚太安全与海洋研究》2021年第5期),朱海燕《日本国家战略视域中的日美同盟——战略定位、政策手段及效果评估》(《国际政治研究》2021年第5期),初晓波《特朗普政权下的日美关系与"后安倍时代"日本对外战略走向——基于同盟安全困境视角的分析》(《日本学刊》2021年第S1期),孙文竹《美日同盟网络空间合作新态势》(《现代国际关系》2021年第9期),高兰、赵丽娟《中美夹缝中的日本"第三方力量"外交政策分析》(《日本学刊》2021年第S1期),廉德瑰《美国对华政策的地缘政治思考模式与日本的外交选择》(《亚太安全与海洋研究》2021年第4期)等。

2. 关于"印太战略"的研究。2021年,尽管面对国内新冠肺炎疫情的巨大压力,美日印澳四国仍在加速推进"印太战略"。其在安全、外交、经济上的举措,对地区安全局势等形成了新的挑战。"印太战略"这一被视为带有遏制中国色彩的地区战略愈发受到学者关注。相关研究成果有刘鸣、陈永、束必铨《"印太战略":以美印日澳的战略逻辑、利益与策略选择为分析视角》(《东北亚论坛》2021年第2期),蔡亮《多维度对冲与兼容性竞争:"印太构想"下日本的对华战略剖析》(《日本学刊》2021年第2期),汪金国、张立辉《美日印澳四边机制升级的新趋势》(《现代国际关系》2021年第5期),宋德星、黄钊《"印太"视域下日本的安全威胁认知与安全防卫理念重构》(《印度洋经济体研究》2021年第1期),王竞超《"印太战略"与"东向行动政策"的相遇:美日印海洋安全合作刍议》(《太平洋学报》2021年第7期),孟晓旭《软制衡:日本"印太战略"下的小国外交》(《日本学刊》2021年第S1期),胡令远、殷长晖《印太战略议程设置与推进:日本外交的新态势——以反恐问题的阑入为中心》(《复旦大学学报》2021年第6期),郝春静、葛建廷《"印太战略"中的日印关系:伙伴关系、动因与展望》(《印度洋经济体研究》2021年第3期),蔡亮《"印太"视域下"四国机制"的同盟化及其限度》(《亚太安全与海洋研究》2021年第5期),王广涛《日本参与五眼联盟的动因及走向》(《现代国际关系》2021年第5期),程蕴《日本"印太战略构想"推进过程中的"中心化"与"去中心化"》(《日本学刊》2021年第5期),王竞超《印太语境下的日本—印尼海洋安全合作:进展、动因与限度》(《东南亚研究》2021年第3期),王道征《印太视域下日越南海合作及其对华影响》(《东南亚研究》2021年第5期),毕世鸿《"印太战略"视域下的日本对东盟外交》(《和平与发展》2021年第5期)等。基于上述研究成果可知,拜登政府执政后,将对日外交政策的重心继续放在"印太"地区,四边机制在"印太战略"框架下的合作不断深化的趋向越来越明显,这种趋向使中国周边的安全环境更为复杂,对"一带一路"倡议的推进造成较大负面影响,并有损中国在构建地区秩序中的地位和作用[19]。

## 四、日本外交研究特点

从总体上看,2021年日本外交研究领域的中国学者在密切关注日本外交战略调整及具体外交实践活动的基础之上,运用动态描述、事态分析、政策解析、对策研究和理论探索等研究方法对其内涵、特点及走向等问题进行了多角度、多层次研究,取得了大量成果。相关成果不仅基本涵盖了日本外交研究领域的主要议题,还在时效性、理论性和实证性等方面呈现出持续增强的良好态势。

### (一)关于"日本外交战略"及具体涉外战略研究

2021年,在新冠肺炎疫情给日本政治、经济、社会带来沉重打击的背景下,营义伟在内政、外交和经济等诸多领域内外交困的情况下放弃参选,岸田文雄当选新一任首相。对于这些新课题的出现和旧课题的内涵延伸,中国学者作了及时的跟踪研究,并进行了政策解读。

关于日本对外战略的分析,中国社会科学院日本研究所课题组、吕耀东撰写的《从政局变动看日本内政外交走向——以自民党总裁选举与第49届众议院大选为中心》(《日本学刊》2021年第6期)认为,自民党总裁选举和第49届众议院大选使日本内政、外交发生变动。自民党总裁候选人竞选对派系政治有所冲击,但并未触及和影响自民党一贯的保守主义路线。

众议院大选后组建的岸田政府将"修宪""新资本主义""人权问题"和"强化日本防卫力"等作为内政、外交及安保的重点。文章还认为，岸田政府依托日美同盟强化"印太构想"及其安全机制的意向，与对华"对话"外交口号形成反差与背离的状况。岸田政府在对外政策上坚持"安倍—菅"时期的保守路线，以日美同盟为基础，对华制衡与协调两手并用。而面临中美战略竞争这一"核心矛盾"，日本政府一方面力争在中美之间调整"站位"，另一方面也力求超越中美战略竞争的架构，拓展战略行动空间。文章指出，在岸田政权继续推进对华两面政策且制衡意向与手段可能继续增强的情况下，中日关系面临着较大不确定性与挑战。但中日关系仍有稳定发展的前提条件与可能空间。朱海燕撰写的《日本国家战略视域中的日美同盟——战略定位、政策手段及效果评估》（《国际政治研究》2021年第5期）认为，安倍晋三在其长期执政期间，完善了日本国家战略框架，进一步明确其战略目标即修改宪法、摆脱"战后体制"。在日本的战略规划中，日美同盟被定位为安全与外交的基轴，维护地区和平与稳定的公共产品，国际社会发展与繁荣的战略保障。为使日美同盟发挥最大工具性效应，日本在战略规划上谋求与美国战略的对接：政治上，以首脑关系引领同盟发展；外交上，积极打造共同议题，试图主动诱导同盟走向；安全上，最大限度地强化和充实日本多维度跨域联合防卫能力，使日本成为有战略价值、能自主防卫的盟国；经济上，追随美国，试图引领世界经贸规则的调整和修订。作者认为，日本对日美同盟的战略性利用提升了其国际存在感，扩充了外交转圜空间，防卫能力实现质的提升和飞跃。日本战略性利用日美同盟政策的收益良多，但并未完全达成其战略初衷：日美在朝鲜核导问题上步伐一度失调，使日本的朝鲜政策陷入困顿；日美贸易争端并未因同盟关系的特殊性而缓解；特朗普对同盟价值的质疑将在同盟关系的未来发展中产生诸多"后遗症"；日本与美国的战略捆绑使日本在安全上进一步疏离邻国，阻碍日本融入地区一体化的进度和深度。王竞超在《"印太战略"与"东向行动政策"的相遇：美日印海洋安全合作刍议》（《太平洋学报》2021年第7期）一文中指出，美日印的接近有着多重战略考量：其一，美国需借助印度改良、强化亚太同盟体系，构筑"美日同盟＋印度"的合作框架；其二，美日印意图借助海洋安全合作协同推进"印太战略"，美日有西进印度洋的战略意愿，印度则有"东向"参与西、南太平洋事务的利益诉求，彼此需在地缘、安全机制方面互相"准入"；其三，美日印海洋安全合作最终目标在于迟滞中国海上力量崛起，构建美日印澳＋伙伴国（QUAD+X）主导的印太海洋安全秩序。美日印海洋安全合作已成为影响印太安全局势的重要变量之一，中国需给予高度重视。

关于日本具体对外战略的研究，毕世鸿在《"印太战略"视域下的日本对东盟外交》（《和平与发展》2021年第5期）一文中指出，自日本提出"自由开放的印太"战略以来，东盟国家成为日本建立印太地区秩序的切入点。日本与东盟国家在维护自由开放的地区秩序、"高质量基础设施"、互联互通、构建经济圈、海洋安全保障等方面开展了诸多合作。但由于其

"印太战略"尚处于理念先行阶段，日本难以将东盟国家引导至其所希望的轨道。东盟通过开展大国平衡外交，维持与各大国的稳定关系，希望通过与日本的合作维持东盟在印太地区秩序的中心性，继而实现印太地区形势的动态平衡，这将对印太地区国际关系的未来发展产生重要影响。廉德瑰撰写的《美国对华政策的地缘政治思考模式与日本的外交选择》(《亚太安全与海洋研究》2021年第4期)一文指出，在21世纪国际关系最令人关注的焦点——中美关系中，作为中国邻国和美国盟国的日本将如何选择值得关注。从美国对华政策及日本的外交选择角度，分析中美日三国关系，探讨其中所反映出的大国关系的特点，具有重要意义。美国对华政策的根源是其海洋国家思考模式，它决定了美国必然结成联盟遏制大陆国家中国的崛起，并在海洋权益和意识形态方面对中国进行牵制。在中美对抗的背景下，日本在安全方面与美国强化同盟关系，同时也试图维护日本在中国市场的经济利益，从而使其对华政策具有自主性特点。胡令远、殷长晖合作撰写的《印太战略议程设置与推进：日本外交的新姿态——以反恐问题的阑入为中心》(《复旦学报(社会科学版)》2021年第6期)一文提出，冷战结束后，随着国际格局的变化，特别是近年来中日美综合国力的消长，日本的外交战略意识发生了相互关联的两个明显变化，即由蛰伏式"追随外交"到塑造未来型"引领外交"。以此为因果，日本尝试集地缘政治、地缘经济、价值导向于一体的国际政治重大议程的主动设置、推进与落地，此即"印太战略"之谓。安倍政府将作为该战略基干的美日印澳四国集团由"价值联盟"和"安全联盟"，一步步引领推进为印太战略的"共识联盟"；并借助作为国际安全公共产品的反恐，通过"反恐ODA外交"等，将"印太战略"包装成国际公共产品，冀以获取广泛的国际共识基础。这些都说明，日本外交战略不仅拥有前所未有的主动进行国际政治重大议题设置的强烈意识，同时也具备不容小觑的推展能力。而且，不能排除日本将台湾、南海等作为关键议题设置目标。日本外交的这种新态势，给中日关系带来新的严峻挑战，值得关注与警惕。

（二）关于日本双边、多边关系的研究

2021年3月以来，日本政府在美日印澳"四边机制"峰会、美日"2+2"会谈、美日领导人会晤等场合多次作出涉华消极表态，中日关系遭遇2017年两国关系转入改善期以来最大挑战。包括中日关系在内的双边以及多边关系是日本外交政策的具体体现与实践，也是研究日本外交政策的重要切入点。2021年，关于日本双边、多边关系的研究仍然在中国的日本外交研究中占据主流。在诸多研究成果中，具有代表性的成果主要涉及如下几个方面。

关于中日关系，江瑞平撰写的《世纪疫灾加速世界变局对中日关系的影响》(《日本问题研究》2021年第4期)一文在"世界变局与中日关系"和"世界变局与世纪疫灾"两大互动框架下，分析世纪疫灾加速世界变局对中日关系的影响。作者认为，世界变局遭遇世纪疫灾，对2019年6月开始推动形成的"契合新时代要求"的中日关系产生了很大影响，主要表现在四大层面：新兴市场群体加速崛起提供新机遇，大国实力对比加速调整带来新挑战，世界经济中心加速东移拓展新空间，全球治理体系加速变革引发新需求。郑义炜在《中日海上危机管理辨析：基于"海空联络机制"的考察》(《同济大学学报（社会科学版）》2021年第4期）一文中认为，由于大陆架划分、"钓鱼岛主权争议"、防空识别区重叠等问题，中日在相关海域发生海空一线兵力的意外遭遇与对抗行为，可能引发两国之间的外交危机、安全危机。对于中日而言，对海上危机进行管理，使其不致失控进而引发直接军事冲突，符合两国根本利益。"海空联络机制"的启动对管控双方军事力量在东海的遭遇具有积极意义。同时也要认识到，海上危机的反复发生是两国结构性矛盾久拖未决的外在体现，中日海上危机管理将是一个长期的过程。对此，中国要加强危机管理机制与能力的建设，在危机管理过程中维护国家利益。黄贝在《中日关系下滑态势将加剧》一文中，依据清华大学国际关系研究院中外关系定量预测数据，预测安倍执政后期开始的中日关系改善趋势已告一段落，中日关系在2020年4月之后发生波动，至2021年4月双边关系分值已降至 –1.9 分。对于未来一年中日关系的走向，预测日本对华政策的"竞争面"会进一步强化，中日关系的下滑态势将加剧。吴怀中在《日本对华安全战略：一项制衡议程的新近分析》(《日本学刊》2021年第5期）一文中认为日本对华采取了制衡战略，其围绕"制华"大力推进依靠自我力量的内部制衡，同时需要主要依靠强化同盟与均势的外部制衡。在中美战略竞争加剧、大国博弈错综复杂的新形势下，日本的这种内外制衡显现同步走强、互促交融趋向。同时，日本为解决内部制衡的实力差距和手段欠缺问题，正着力推进经济安全政策与攻击军力构建；为解决外部制衡中存在的"同盟疑虑"问题，正采取以"两海"为抓手拴留美国，同时打造"准同盟"体系并引之入亚的两大举措。日本对华制衡也面临各种艰巨的内外制约因素，为中日关系策略性转圜留下了一定操作空间。宏观看，制衡作为日本对华安全战略要义，导致中日政治安全关系总体趋于紧张，也使中国改善对日关系的努力难以取得突破性进展。

  关于日美同盟关系，朱海燕在《日美同盟的新特点与新趋向》(《现代国际关系》2021年第7期）一文中认为在国际格局深刻调整的背景下，日美两国将进一步谋求同盟的扩容、扩边，并继续保持强化和拓展态势。文章指出在新的时代背景下，日美同盟在调适过程中呈现诸多新特点：针对中国的指向性更明显；全球性色彩更加浓重；由单向军事依赖型逐渐向平等、互助型关系转变。推动日美同盟的变动与调整的力量要素有：日美均视崛起的中国为"对手"或"关切对象"；美国在实力相对受损的背景下为护持其亚太地区霸权，进一步向日本"让利""放权"；美国民主党政府重视利用和调度同盟体系为其全球战略服务，提升对日本的战略重视；日本防卫体制改革及防卫能力的提升，使同盟的对等化成为可能。金永明在《日美安保体系的历史演进与面临的挑战》一文中回顾了日美安保体系的形成与深化过程，在此基础上探讨日美安保体系面临的挑战及其局限性。文章认为，在日美安保体系不断调整和完善的过程中，日本的地位一直在"美主日从"和"日本自主"之间不断地徘徊和更替，但最终无法实现日本在日美关系中完全自主独立的目标。在日美同盟中，日本的作用也是有限的，包括日本安保法制的适用受到多方制约。但不可否认的是，日本借依赖美国、鼓吹"中国威胁"等方式，以充实安保体系、发展自身防卫力量的效果已经显现。

关于日本同世界主要大国的关系，除中日、日美关系外，还包括日俄关系、日印关系、日韩关系等双边关系。日俄关系的主要问题在于"北方领土"，这也是中国学者研究的重要领域，2021年国内相关研究成果有王宁、吕平《美国对日俄岛屿争端立场的演变》（《西伯利亚研究》2021年第6期），李勇慧《俄日关系：基于俄罗斯独立三十年对日政策的战略安全考量》（《东北亚学刊》2022年第1期）等。此外，涉及国家间关系的研究成果还有：郝春静、葛建廷《"印太战略"中的日印关系：伙伴关系、动因与展望》（《印度洋经济体研究》2021年第3期），肖传国、刘一思《日本推进大国化的新路径——日本强化对印政策的背景与困境》（《东疆学刊》2022年第1期），王森、丁伊《日本推动与菲律宾安全合作的动力（2011—2021）》（《战略决策研究》2022年第1期）等。

关于日本地区性、全球性外交战略及政策研究，相关成果包括：潘万历、白如纯、吕耀东《战后日本对非洲政府开发援助的战略性演进：从1.0到3.0》（《现代日本经济》2021年第3期），王楠、王茹涓《日本"积极和平主义"下的中东外交》（《公关世界》2021年第2期），毕世鸿《"印太战略"视域下的日本对东盟外交》（《和平与发展》2021年第5期），金锡洙、成龙《日本印度—太平洋战略与东盟作用》（《南洋资料译丛》2021年第2期）等。

上述成果基本涵盖了日本开展具体双边外交的各个国家与地区，为全面把握2021年日本外交动向提供了有益的参考。除了双边关系的研究外，关于日本三边关系的研究也在不断增多。例如，晋益文《东北亚新型地区秩序构建：中日韩合作的进展与前景》（《亚太安全与海洋研究》2021年第6期），赵春江、付兆刚《RCEP与深化中日韩贸易合作的机遇与挑战》（《东北亚论坛》2021年第6期），卢昊《中美日三边关系动向及日本的战略应对》（《东北亚学刊》2021年第5期），高洪、孙伶伶《动荡世界中的中美日安全关系辨析》（《东北亚学刊》2021年第3期）等。

**（三）基于新视角的日本外交研究**

除了对日本外交战略或政策的解读分析以及双边与多边外交的研究外，中国学者还重视将国际关系及国际政治理论与日本外交研究有机结合起来，尝试用新方法与新视角分析日本外交。

1. 将国际关系、国际政治及跨学科理论与日本外交研究相结合。如陈秀武《"海洋命运共同体"：国际关系的新基点与构建新国际关系理论的尝试》（《社会科学战线》2021年第11期）一文认为维护海洋国际秩序方面，"海洋命运共同体"不仅为处理国家间关系提供了新思维，还超越了国际关系中的"合作、一体化与和平"理论，从而发展了与海洋相关的国际关系理论。文中提到，中日围绕东海问题的矛盾，日韩围绕独岛（日本称"竹岛"）的争端、朝核问题引发的国际联动等东亚海域的安全问题本质上都与争夺制海权有关，而"海洋命运共同体"是以解决这些现实问题为目的的理论创新。崔健《日本经济安全理论与政策变化动向》（《日本学刊》2021年第4期）一文围绕在国家安全政策中具有经济安全意义的日本经济安全理论与政策展开分析，指明了日本强化运用经济手段应对军事威胁的政策动向及其变化趋势。作者指出目前日本的经济安全政策有冒着牺牲作为通商国家生命线的自由贸易的风险来维护经济安全的倾向，这可能会给日本国家安全带来更大风险。李益斌、刘洋《基于同盟理论的"五眼联盟"扩员逻辑探究——兼论日本入盟的可能性》（《情报杂志》2021年第3期）一文从"五眼联盟"扩员历史谈起，将其扩员结构归纳为金字塔型，从上至下分别为美国、"五眼""九眼""十四眼"以及"5+1"或"5+X"模式。通过对历史和结构的梳理进一步探究其扩员的逻辑。文章认为，根据同盟理论，"五眼联盟"扩员的基本逻辑是追逐权力，具体逻辑为美国主导、寻找特定对手和限制规模。文章还根据该逻辑探讨日本入盟问题，发现其背后原因包括美国利益和战略需要以及中国被视为核心对手等，得出日本无法真正融入"五眼联盟"的观点。作者指出"五眼联盟"针对中国的扩员动作值得我们关注并警惕。

2. 运用新视角与新方法研究日本外交。如刘思伟、高旭《美日印澳四边安全合作：议程变迁、网络构建与演化逻辑》一文借用社会网络理论分析工具解读了四边安全合作网络的构建、特征与演化逻辑。文章认为2017年"四边安全对话"重启，四边安全合作进入新阶段，四国通过更新和拓展合作议程，正试图构建诸多新的安全合作子网络，探求不同层次的合作框架，逐步形成一个有限开放的多元立体式合作网络。四边安全合作网络密度在不断提升，网络结构中美国"中心性"最高，主导性明显，网络呈现"中心—边缘"结构，但网络依然属于松散型网络，具有不稳定性和低整合性特征。除受各类外部环境因素的影响外，四边安全合作网络的演化有其内生机制，包括互惠性效应以及结构依赖效应等。尽管四边安全合作网络的功能并非单一的，但其中"去中国化"功能导向值得高度关注。张勇、孟繁超合作撰写的《政策推手：日本首相外交安保团队与对外决策过程》一文在对"首相一日"数据库进行重点使用的基础上，从对外政策分析的视角对菅义伟外交安保团队的决策模式和决策特点进行学理性分析发现，菅义伟外交安保团队的决策模式，呈现组织过程模式和官僚政治模式相结合的特点，其中官邸官僚对首相产生了较大影响，这体现了首相官邸主导之特征。

**五、薄弱环节及未来研究趋向**

回顾2021年日本外交研究的新发展，不难看出，面对新冠肺炎疫情对全球带来持续冲击、国际形势激烈动荡、大国间关系日趋复杂，日本外交研究学界无论是在基础理论研究领域，还是在对策性研究的实践领域均取得了丰硕成果。这些研究成果基于纷繁多变的国际和地区形势，紧跟日本外交新动向，尝试从不同层面对日本外交进行解读与分析，可以说中国的日本外交研究范围广泛、方法多元、成果多样。但是，由于受到研究者专业知识和研究方法掌握程度、外语能力以及日本国内外现实因素嬗变等影响，中国的日本外交研究仍然存在薄弱环节。

首先，应用研究强于理论研究。在日本外交应用研究领域，学者在对国内形势、国际局势进行研判的基础上，在马克思主义国际关系理论、习近平外交思想的指引下，批判性地利用西方传统国际政治、国际关系理论，在日本外交研究领域贡献出了较为系统的研究成果。但是，具有原创性的理论研究学术成果数量较少的客观现实不容忽视，相关研究仍然没有突破"大理论贫瘠""理论终结"的瓶颈。运用国际关系理论解析日本外交问题的创新性研究依然较薄弱，缺乏对于日本外交政策及国际战略的深层次理论性探讨和分析。这直接影响了对日本外交客观实在的真实还原和准确把握，同时影响了学科深化、拓展的创新力度。要知道越是理论创新的平淡期，或者说理论复兴的孕育期，越需要理论的研究积累，这是今后推动日本外交研究发展的必然要求。

其次，构建"中国学派"的意识需进一步提高。近年来，中国日本外交学界对国外相关理论的研究成果进行反思与再创新，质疑其科学性、解释力和适用范围。在对国外理论进行选择性扬弃的基础上，立足于中国外交实践，从中国传统思想和文化中汲取智慧，力图用中国理论、中国话语来阐释日本外交问题，在构建具有中国特色的日本外交研究体系和话语体系方面形成了新的研究路径。但总体来看，这种研究意识还只是停留在个别学者的研究范围之中，还没有形成普遍的研究共识。中国理论的形成与"中国学派"的构建区别于单纯的观念罗列和历史素材的堆砌，要求我们必须提出具有中国特色的、特定的方法论或理论模型来把握研究内容，并最终形成体系化、逻辑化的"中国学派"理论体系。

再次，学科分化壁垒未能打破，知识体系缺乏融会贯通。随着跨学科交叉研究成为近来科学方法讨论的热点之一，综合运用社会学、心理学、国际政治经济学等研究视角和方法解析日本外交政策及对外关系已经成为大势所趋，这一发展趋势为日本外交研究带来了更多机遇和挑战。跨学科研究是知识生产和知识建构的重要方式，也是解决实际问题的现实需求。这就要求学者在进行日本外交研究时，要善于借鉴其他学科的概念和相关知识，借鉴其他学科的研究视角和研究方法，将更多元素纳入思考和研究范畴，开辟新的理论视域，对不断涌现的新事物、新现象、新问题进行科学的释疑解难。

然后，区域国别研究相对薄弱，其发展亟待迅速推进。2021年"区域国别学"被增设为交叉学科门类下的一级学科，这从侧面反映出学界和教育界在应对涉外的现实需求方面、知识供给和输出能力尚有不足。为了应对我国全方位、快速发展过程中的国际国内问题，推动区域国别研究发展,坚持区域国别研究方法创新是未来必须重视的领域。而现状是,由于历史传统、语言等客观条件限制,区域国别研究等涉外研究的系统性、深刻性尚显不足,这也导致推动区域国别研究缺乏更多动力。今后,可充分利用多语种资料以及多学科和跨学科方法研究区域国别领域中的重大现实问题,坚持基础性研究和对策性研究两个抓手。

最后,日本外交研究方法创新面临挑战。随着社会发展和科技进步,自然科学与人文社会科学融汇创新、协调发展的趋势不可逆转,日本外交研究可选择和借鉴行之有效的自然科学研究方法,以解决更加复杂的时代课题。例如,大数据分析、科学定量算法等计算社会科学在国际关系、日本外交研究中的优势愈加明显,有助于实现创新型理论突破。

总之,为了不断深化和拓展日本外交研究在国际关系、外交学和比较政治学范畴内的创新力度,日本外交研究学者要敢于突破以往研究中形成的思维定式,跳出思维局限,不拘泥于现有的研究范式、研究方法和研究技术,以更加开放的、更加实事求是的态度思考研究目的。因为只有在思想上突破传统思维定式,才能在激烈动荡的国际格局变动中做出具有战略性、前瞻性的理论研究和判断,日本外交研究方法创新才能有新的动力和方向,研究过程和结果才能更加科学。

(责任编辑:陈静静)

## 注　释

［1］鲁毅、黄金祺:《外交学概论》,世界知识出版社2004年版。

［2］上村直樹「日米の外交的伝統—比較論的試論—」、南山大学紀要『アカデミア』社会科学編2022年第22号。

［3］角南篤『科学技術外交の視点から見る「国連海洋科学の10年」』、『学術の動向』2022年第1号。

［4］川村範行「コロナ禍の日中関係の変容—米中対立とポストコロナを見据えて—」、『Artes MUNDI』2021年第6号。

［5］中島精也「米中新冷戦とバイデン外交戦略」、『国際金融』2021年、第1344号。

［6］浅野亮『米中関係と国際秩序:「まだら」で「ぶよぶよ」した秩序」』、『同志社法学』2021年第3号。

［7］福島啓之「日米同盟の歴史的推移と理論的構図—パワーと脅威の均衡と日本の同盟政策—」、『国際政治』2022年、第206号。

［8］村田晃嗣「トランプからバイデンへ—アメリカ政治外交の変化と継続—」、『国際安全

保障』2021 年第 4 号。

[9] 倉科一希「米国の同盟政策における核兵器の位置づけの変容―核兵器共有と 1966 年 NATO 危機―」、『国際政治』2021 年、第 204 号。

[10] 泉川泰博「動態的同盟理論―分断戦略と結束戦略の相互作用と冷戦初期の米中ソ関係―」、『国際政治』2022 年第 206 号。

[11] 伊藤裕子『トランプ政権のアジア外交：北朝鮮核問題、米中対立と「自由で開かれたインド太平洋」構想』、『立教アメリカン・スタディーズ』2021 年、第 43 巻。

[12] 秋元千明『復活！日英同盟 インド太平洋時代の幕開き』、CCC メディアハウス、2021 年 3 月。

[13] 渡部恒雄、西田一平太編『防衛外交とは何か―平時における軍事力の役割―』、勁草書房 2021 年 10 月。

[14] 佐竹知彦『日豪の安全保障協力 「距離の専制」を越えて 日本・オーストラリア「準同盟」への道』、勁草書房 2022 年 3 月。

[15] 徐万胜、张雨欣：《大选后的岸田文雄内阁：执政基础与政策取向》,《和平与发展》2022 年第 1 期。

[16] 干保柱、李钰婧：《日本各界及知名智库对"一带一路"倡议的关切和认知》,《国外理论动态》2021 年第 1 期。

[17] 董顺擎：《日本的印太秩序构想及其对"一带一路"的认知与反应》,《日本学刊》2021 年第 S1 期。

[18] 黄大慧、赵天鹏：《竞争与协调：日本"一带一路"认知的利益偏好分析》,《教学与研究》2021 年第 11 期。

[19] 汪金国、张立辉：《美日印澳四边机制升级的新趋势》,《现代国际关系》2021 年第 5 期。

# 2021年中日关系研究综述

吴怀中　孟晓旭[*]

由于特殊性、重要性和现实性，中日关系一向是学界的研究热点，相关成果较多。正如中华日本学会会长高洪在《30年来中国的中日关系研究综述》中所指出的那样，中日关系"毫无疑问是中国的日本研究者关注日本的核心目的之一"[1]。如将时间限定于2021年并以"中日关系"为主题词在中国知网进行检索的话，全年发表相关文章数量为774篇。杨伯江在《中国中日关系研究综述》一文中提出，"中日关系研究又涵盖、包容着广阔的相关学科领域的成分——政治关系、经济关系、军事安全关系、文化交流关系等大大小小、包罗万象的两国间双边关系"[2]，本文以上述领域为依据对主要研究论著进行学术回顾与研究总结。

## 一、研究概况

中日关系可以说是中国的日本研究中的核心议题，一直备受学术界的高度重视，所涉及的学科涵盖了政治、经济、军事安全和文化交流等多个领域。正因此种"集中度"，2021年的中日关系研究一如既往地取得了较丰硕成果。

### （一）中日关系的综合性研究

一是在国际宏观视野下对中日关系进行定位和研判的努力。这方面的代表作品如下。武寅的《百年未有之大变局下的中日关系》（《日本学刊》2021年第3期）提出，日本外交的两面下注使得中日关系呈现一种曲折动荡的不稳定状态，这是两千年中日关系史上从未有过的一种新常态，是在百年未有之大变局的特殊历史条件下出现的以跌宕起伏为主要特征的第三种状态，反映了风云激荡、新旧博弈、错综复杂的时代特点。高洪、孙伶伶的《动荡世界中的中美日安全关系辨析》（《东北亚学刊》2021年第3期）认为，新冠肺炎疫情发生后，日本违背了《中日和平友好条约》等与中国达成的政治承诺，迎合美国的对华遏制政策，导致中美日安全关系更加复杂，如日本继续无视中日关系大局，必然会打断近年来中日关系改善的进程。

---

[*] 吴怀中，中国社会科学院日本研究所副所长、研究员，主要研究方向为日本政治外交、安全与中日关系；孟晓旭，中国社会科学院日本研究所研究员，主要研究方向为日本对外关系、日本安全战略。

二是对中日关系重大命题所进行的整体性论述。杨伯江的《以深化中日合作增加世界形势的稳定性和确定性》(《日本学刊》2021年第1期)提出,新冠肺炎疫情下中日关系的发展面临历史性新机遇,同时也面临不少新挑战,应千方百计继续加强各领域合作,切实管控好突出敏感问题,从历史、文明的高度认识中日关系,理解亚洲的崛起。周永生的《"一带一路"倡议与中日两国的竞争合作》(《东北亚学刊》2021年第3期)提出,日本一开始对中国提出的"一带一路"倡议持坚决反对态度,并加大影响力牵制中国,包括签署日本—欧洲经济合作伙伴协定、CPTPP等,并塑造牵制甚至遏制中国的国际环境。此后日本基于形势变化和自身利益需要对"一带一路"倡议采取有条件合作政策,并在新冠肺炎疫情背景下积极应对新挑战,中日"一带一路"合作有利于中日经济深度融合,加深信任,促进政治关系持续改善。

三是日本政府整体对华态势分析。时殷弘的《拜登美国的头号盟国:日本对华新态势》(《日本学刊》2021年第6期)提出,拜登治下美国对华戒备、威胁、围堵和反推,菅义伟内阁时期日本在战略军事阵线上对美予以最密切配合,甚或有过之而无不及,日本已成为美国的头号军事盟国。在台湾问题上,日本已严重冲击甚而毁伤作为中日关系政治基础的底线,正在将台海两岸间一旦爆发战争便伙同美国做大规模联合武装干涉形成一项基本国策;在钓鱼岛问题上,与拜登反复强调美日安保条约第五条适用于钓鱼岛相应,日本反复表示反对中国单方面改变东海现状,还积极地与美国一起就东海问题采取更周全和更细致的联合军事行动,且显著扩大军事合作范围;在印太四边机制主要由拜登政府驱动且加速推进扩展之际,日本非常积极地参与助力,甚至发挥引领作用。与此同时,日本政府尚存对华审慎,以便维持有利可图的对华贸易,并将其与多年来形成的政策传统相呼应,即通过现存双边或多边对话机制来寻求问题的解决。文章认为,中日关系已进入一个特征鲜明的、以战略军事对抗为首要性质的历史新阶段。

## (二)中日政治外交关系

一是在研究日本政治和外交问题的框架下观照或论及中日关系。此类成果主要从日本国内政治及外交视角出发,就日本对华关系存在的问题及变化展开论述。孟明铭、吴怀中的《疫情背景下日本自民党的涉华消极动向及应对思路》(《日本问题研究》2021年第6期)提出,特别是疫情背景下,日本自民党内的保守右翼势力针对中日关系从五大方面进行了广泛的干扰和妨害,在日本独特的党政关系模式和时任首相党政"双弱"、控局乏力的条件下极大地影响了两国关系。文章还尝试提出努力构建契合新时代要求的中日关系的对策。吕耀东、王方的《岸田政府与日本外交及安保政策取向》(《日本研究》2021年第4期)认为,2021年日本政坛变动影响日本外交政策与对华关系,岸田政府的对华"对话"意向能否坚持"中日四个政治文件精神"依然存在变数,文章还从国际政治的视角研究了日本对台政策。汤文峤、朱蓓的《联盟政治视角下的日本对台政策——以近期日本政府涉台言论为例》(《唯实》2021年第11期）认为，台湾问题一直是影响中日关系正常发展的敏感问题，但日本对台战略认知和涉台言论却往往不顾及中日关系和地区稳定大局，在处理对台关系过程中经常性违背中日之间业已建立的互信，单方面凭借自身和其首要盟国——美国个体利益观中派生出的对台战略认知制造摩擦。

二是专门研究日本对华外交政策与中日关系。这方面的成果中具有代表性的论文是严安林的《日本菅义伟政府台海政策及其与台湾地区关系发展走向》(《台海研究》2021年第3期），其认为，菅义伟政府从根本上转变了安倍执政后期确立的缓和中日关系的政策立场，包括在台海政策上采取了进一步介入台海事务、干涉中国内政的行为，大力推进、提升与台湾地区的关系，对华遏制政策成为菅义伟政府"甩锅"执政失败、转移视线、提振内阁支持率的选择。未来日本与中国台湾地区很可能在军事、安全、海洋与高层往来等方面有较大进展，日本政府"一中"政策进一步空心化。

### （三）中日经济关系

一是区域视角下的中日经济关系。新冠疫情促使各国经济合作从全球化加速向区域经济一体化方向深入，研究区域一体化中的中日经济合作相关成果颇丰。李向阳的《后疫情时期亚洲地区全球价值链的重塑与中日经济合作的前景》(《日本学刊》2021年第3期）认为，后疫情时期亚洲地区的全球价值链必然会相应地做出调整，未来一个时期（5—10年）亚洲地区的全球价值链有可能演变为两个平行但又相互联系的区域价值链，中日两国是亚洲地区全球价值链的主要参与者，双边经济合作的格局可能会发生较大改变。施锦芳、李博文的《基于RCEP推动中日经贸合作的新思考》(《现代日本经济》2021年第3期）提出，RCEP的签署对中日两国经济发展，乃至东亚地区的生产网络和产业链合作具有重要意义，中日可通过扩大货物贸易并深化东亚生产网络，扩大双向投资并深挖第三方市场，开拓数字经济和电子商务、养老服务和养老产业等举措推动两国经贸合作。RCEP有助于中日两国在中日韩FTA方面早日达成共识并引领制定国际经贸规则、共建亚太命运共同体及参与全球治理。

二是中美贸易摩擦与中日经济关系。自2018年3月美国政府正式就贸易问题对华发难以来，中美贸易摩擦也成为中日经济关系研究的热点之一。李清如、张倩的《中美贸易摩擦背景下的中日贸易》(《东北亚学刊》2021年第1期）强调，在中美贸易摩擦背景下，2019年中日双边贸易总体呈现负增长，日本在中国出口和进口总额中所占的份额也有所下降。从贸易结构来看，日本对华出口的减少主要体现在机械设备、电子和汽车零部件等行业，对华进口的减少主要体现在衣物、化学、通信设备等行业。日本企业对中国市场定位转变，更多依托中国国内产业链；中国与"一带一路"沿线国家经济联系增强等也影响着中日贸易的发展变化。

三是中日在具体经济领域内的贸易关系。近年来，中日双边贸易规模稳步壮大、经贸合作不断深化，带动相关有特点的研究成果进一步充实。张琼等的《中日服务贸易：现状、问题、机遇和对策》(《国际经贸探索》2021年第3期)对中日服务贸易进行专题研究，认为中日双边服务贸易呈现服务领域竞争加剧、服务贸易逆差持续增大等问题，但同时也面临新的发展契机。王爱华、王艳真的《中日跨境数字贸易规模测度分析》(《现代日本经济》2021年第1期)对中日跨境数字贸易进行专题研究，认为日本作为数字贸易发展大国和发展强国，在数字贸易规则制定权和相关领域话语权方面与中国存在一定的竞争。中日跨境数字订购贸易和跨境数字交付贸易规模均不断扩大，与中国相比日本在数字贸易领域拥有较强的国际竞争力。整体来看，中日跨境数字贸易呈持续增长态势，在中日进出口贸易中的占比不断提升，契合数字经济时代国际贸易发展规律。

### （四）中日安全关系

一是中日安全关系态势总体评估。刘星的《后疫情时代中日安全关系的复杂性与风险》(《日本研究》2021年第2期)研究了疫情冲击下中日安全关系的复杂性及风险，认为在中美关系日渐强调竞争、中日安全关系存在多层面冲突风险的双重环境下，中日关系在疫情后缺乏持续回暖的动力和动机。更令人担忧的是，意识形态和价值观对中日关系的影响恐将加强，经济合作能够发挥的润滑作用必将有所下降。

二是台海问题与中日关系。吴怀中的《日本图谋军事介入台海态势分析》(《亚太安全与海洋研究》2021年第6期)认为，进入2021年以来日本图谋军事介入台海意向明显抬升，日本政府及其政要对外不断发出介入的高调表态，对华释放威慑和吓阻的战略信号。日本及日美同盟被认为将开始研讨军事介入的相关事宜，针对有关事态研究应对方案。未来日本如何具体应对台海冲突事态，很大程度上取决于形势演变及其政治决断。文章还提出中国须对日本战略动向尤其是政坛亲台势力的举动保持关注，准确研判日本官方在"军事保台"问题上的真实意图、政策界限及其影响，在此基础上做好相关应对工作。

三是中日海上危机管理。郑义炜的《中日海上危机管理辨析：基于"海空联络机制"的考察》(《同济大学学报（社会科学版）》2021年第4期)对中日海空联络机制进行了研究，提出中日海空联络机制的启动对管控双方军事力量在东海的遭遇具有积极意义，同时海上危机的反复发生是两国结构性矛盾久拖未决的外在体现，中日海上危机管理将是一个长期的过程。

四是中日能源安全合作。魏珊、陈卓的《共享安全视域下的中日能源安全合作》(《复旦国际关系评论》2021年第2期)从共享安全的视角对中日能源安全关系进行研究，提出虽然中日能源安全合作仍然面临战略互信缺失、能源供应地区的安全性风险以及能源政策趋同性背景下的竞争，但是双方应秉持"共享安全"的合作理念，通过"共建"中日能源安全信息交流系统，"共创"能源合作新模式维护两国能源安全。

### （五）中日相互认知及民间感情

一是日本对"一带一路"的认知研究。黄大慧、赵天鹏的《竞争与协调：日本"一带一路"认知的利益偏好分析》(《教学与研究》2021年第11期)分析了日本对"一带一路"的"竞争性"认知和"协调性"认知，提出日本未来对"一带一路"的认知或将维持"竞争为主、协调为辅"，但也面临诸多变数。此外，干保柱、李钰婧在《日本各界及知名智库对"一带一路"倡议的关切和认知》(《国外理论动态》2021年第1期)一文中认为，与中国处于合作与竞争并存关系中的邻国日本在对"一带一路"倡议的认知上经历了从早期阶段的警惕、质疑到逐渐趋于多元、理性的过程。其中，日本智库和学者的积极评价发挥了思想引领、舆论引导、民意形塑的重要作用。

二是中日民间感情研究。石可歆、刘江永的《从中日两国民调看日本民众对华感情变化及原因（2011—2020）》(《日本研究》2021年第3期)，以2011年至2020年日本民间智库言论NPO和中国外文局合作开展的《中日关系舆论调查》为主要资料，并以同时间段内日本内阁府开展的《外交调查》《社会意识调查》以及日文雅虎网《大家的意见》民意调查为辅助材料，总结近十年来日本民众对中日关系与中国印象的变化、影响印象变化的因素以及对涉华议题的看法，提出日本民众对中日关系和对华感情变化历经"急速恶化—平稳—再次恶化"三个阶段，其中钓鱼岛"国有化"事件是日本对华舆论第一次极速转变的导火索，中美关系恶化及新冠肺炎疫情的暴发是导致日本对华舆论再次恶化的直接原因。领土与军事威胁问题是最为敏感的议题，历史问题是中日两国民众认识偏差最大的议题，经济贸易与世界秩序问题最能体现出日本舆论的矛盾心理，社会文化问题对日本舆论的作用最为根本，媒体报道问题是日本民众对华认知偏差的来源。

## 二、研究热点问题

随着中美博弈加剧百年变局的来临，叠加新冠肺炎疫情依然在全球肆虐，世界发展不确定性进一步加深，加之日本国内政局动荡，2021年的中日关系波折较多，因此引发了学界对如下几个主题的高度关注。

### （一）疫情对于中日关系的影响

当前，新冠肺炎疫情正对国际政治形势造成重要冲击，进而波及中日关系。疫情对世界格局及全球化具有正负作用，激发各大国之间的关系进一步复杂化，地缘政治博弈的频度和力度明显加剧，这些宏观环境的变化总体上对中日关系的负面影响较为明显，未来方向选择颇为引人关注。围绕这一主题，学术界的尝试有以下几方面。

一是疫情下的全球变局与中日关系。张宇燕的《新冠肺炎疫情影响下的全球变局与中日关系》(《日本学刊》2021年第1期)提出，中国和日本作为当今世界第二和第三大经济体，承担着抗击疫情和使世界重回正常发展轨道的巨大责任。在全球层面，中日两国可以就世界贸易组织、可持续发展和全球公共卫生政策等议题进行协商讨论；在地区层面，两国积极推动《区域全面经济伙伴关系协定》签署，今后还应该为加快中日韩自由贸易协定谈判进程等做出贡献；在双边层面，中日应该共同努力，充分利用和升级已有的各种经贸合作框架，包括货币金融合作机制。江瑞平的《世纪疫灾加速世界变局对中日关系的影响》（《日本问题研究》2021年第4期）认为，基于"世界变局与中日关系"和"世界变局与世纪疫灾"两大互动框架分析世纪疫灾加速世界变局对中日关系的影响，提出世界变局遭遇世纪疫灾对"契合新时代要求"的中日关系产生了深远影响，集中表现在四大层面：新兴市场群体加速崛起提供新机遇，大国实力对比加速调整带来新挑战，世界经济中心加速东移拓展新空间，全球治理体系加速变革引发新需求。

二是疫情下的中日双边关系。庞德良、卜睿的《关于后疫情时代中日经济关系走势与发展的思考》（《现代日本经济》2021年第1期）提出，来自日本的技术与规则之战是中日经济关系的重要挑战因素，中国超大规模市场优势和新发展格局是中日经济关系最重要的机遇。李清如的《新冠疫情下中日双边贸易的特点与趋势》（《日本问题研究》2021年第5期）认为，2020年中日双边贸易额稳步回升，两国经济供需两面联系更加紧密，以中日为核心的东亚供应链彰显韧性。后疫情时代，在国际经济形势不确定背景下，中日经贸合作的发展不仅有利于两国经济发展，也对区域供应链稳定与经济稳定增长具有重要意义。葛建华、马兰的《新冠疫情常态化下中日健康产业合作动因及合作方式》（《日本问题研究》2021年第6期）提出，疫情常态化人们更加关注医疗、健康产品和服务等问题，为中日两国在健康产业方面的合作提供机遇，探索中日健康产业合作的最佳方式和模式，为中日两国健康产业持续发展提供可以借鉴的经验和做法，从而助力中日健康产业的深度合作，成为稳定中日关系，推动两国经济向前发展的重要力量。

## （二）国际形势变化与中日关系

美西方国家综合状态出现震荡紊乱、大国实力对比加速变化等因素造成国际形势发展不确定性日益提高。特别是2021年美国拜登政府上台后，日本在美国地区战略、对华战略中扮演的角色更加突出，如何看待中日关系中的合作与对抗，同样成为学界关注的重点话题。

一是WTO改革下的中日竞合关系。陈友骏、于娣的《WTO改革下的中日竞合关系：以政策对比为基础性视角》（《东北亚学刊》2021年第4期）提出，要正视中日存在难以调和的分歧，也不能忽视二者之间同时存在可合作空间，争取做到在目标一致的领域进一步加强合作，在有分歧的领域避免矛盾升级，从而推进WTO改革进程。

二是《区域全面经济伙伴关系协定》（RCEP）与中日关系。张季风的《RCEP生效后的中日经贸关系：机遇、挑战与趋势》（《东北亚论坛》2021年第4期）认为，通过RCEP中日首次建立了自贸协定关系,双方市场开放度将进一步提高,不仅开放两国重点关心领域的投资限制,进出口产品关税也将得到大幅削减,区域累计原产地规则以及便利的海关通关手续将进一步提高中日贸易便利化水平,RCEP 生效后的中日经贸合作将迎来更多更好的发展机遇。但是,中日经贸合作依然面临外部环境复杂化以及自身既有矛盾与新挑战相互交织。展望未来,中日经贸合作长期稳定发展前景可期。宋志勇、蔡桂全的《RCEP 签署对中日经贸关系的影响》(《东北亚论坛》2021 年第 5 期)提出,未来 RCEP 对中日经贸关系发展、中日韩 FTA 推进、供应链产业链一体化、中日第三方市场合作等将产生多方面影响。为此,应采取积极对策应对可能带来的挑战。刘斌、刘颖的《区域全面经济伙伴关系协定对中日经贸关系影响探究》(《北京大学学报》2021 年第 3 期)认为,通过模拟分析发现 RCEP 能够对中日双边贸易产生显著促进作用,也有助于改善双方社会福利,强化优势产业竞争力。中国应借 RCEP 落地的契机,加快中日韩自贸协定谈判进程,适时启动中日投资协定升级谈判,加深中日双边政治互信和技术合作,实现中日经贸关系的进一步深化。

三是美国因素影响下的中日关系。徐万胜、丁浩淼的《拜登当选背景下日本对华政策回顾与前瞻》(《和平与发展》2021 年第 1 期)认为,日本对华政策一贯受到日美同盟、美国对华政策及中美日关系互动的影响与制约。拜登上台后,日本的对外政策取向在更大程度上与拜登的政策主张相互重合,日美双方的信任与协调将有所增强,日本对华政策亦将与美联动。日本将更加注重以日美同盟为基轴的对华制度制衡,或将加大对"中国威胁论"及涉港、涉疆等问题的炒作力度,为确保其"产业链安全"而对华采取更为谨慎的态度。

**(三)日本国家战略变化与中日关系**

近年来,日本因应外部局势变化,加快对国家安全战略进行调整。这一举动对于中日关系乃至东亚局势都将产生深远影响。如何看待和评估日本国家战略变化,也成为中国学界的研究热点。

一是研究日本对华安全战略。吴怀中的《日本对华安全战略:一项制衡议程的新近分析》(《日本学刊》2021 年第 5 期)提出,日本围绕"制华"虽在大力推进依靠自我力量的内部制衡,但仍需主要依靠强化同盟与均势的外部制衡。为解决外部制衡中存在的"同盟疑虑"问题,日本正采取以"两海"为抓手拴留美国,同时打造"准同盟"体系并引之入亚的两大举措。日本对华制衡也面临各种艰巨的内外制约因素,为中日关系策略性转圜留下了一定操作空间。制衡作为日本对华安全战略要义,导致中日政治安全关系总体趋于紧张,也使中国改善对日关系的努力难以取得突破性进展。

二是日本国家战略流变与中日关系。刘江永的《21 世纪以来日本国家战略的演进及对中日关系的影响》(《当代世界》2021 年第 5 期)认为,21 世纪以来安倍晋三制定并推行了一整套日本的国家战略,主要包括修改日本宪法、推进"自由开放的印太"构想等。继任的日本首相菅义伟延续了安倍的战略思想，其从日本国家战略出发的对华政策以及涉及台湾、新疆、香港等一系列中国内政问题的错误言论对中日关系造成了较大冲击。

三是日本国际安全战略与中日关系。孟晓旭的《日本国际安全战略的新动向及其影响》（《国际问题研究》2021年第4期）提出，菅义伟政府的国际安全战略沿袭并发展了"安倍路线"，并经历了从反对构建"亚洲版北约"到利用多边围堵制华的路线转变。日本出于对抗中国的目的而人为地加速"脱钩"，不利于双方利益，并使中日博弈超出双边及具体的议题范畴，呈现多边化和国际化趋势，对中日关系构成新的挑战，对关键供应链"脱中国依赖"做法也可能会导致未来中日关系因经济联系的减弱而变得脆弱。

四是"印太战略"与中日关系。蔡亮的《"自由国际秩序"的历史窠臼：论"印太"框架下日本的对华制衡》（《亚太安全与海洋研究》2021年第5期）认为，在拜登主政后，日本的"印太"概念越来越趋同于美国的"印太战略"，呈现出鲜明的遏制打压中国的外交态势，中国应对此有清醒的认知。蔡亮的《多维度对冲与兼容性竞争："印太构想"下日本的对华战略剖析》（《日本学刊》2021年第2期）提出，日本意欲联合各方，一方面通过多维度对冲在安全领域构建一个针对中国的多层次安全保障体系，另一方面在经贸领域勾勒一个体现日本意图但又容纳中国的多边制度框架，以实现与中国的兼容性竞争。孟晓旭的《日本调整高质量基础设施合作伙伴关系战略及对"一带一路"倡议的影响》（《东北亚学刊》2021年第5期）提出，日本的"新战略"在传统出口高质量基础设施中增加对医疗、公共卫生等高附加价值高质量基础设施的投资，为中日在卫生保健领域开展第三方市场合作创造新的契机。但日本的"新战略"侧重于和伙伴国而不是和中国在"印太"地区加强高质量基础设施合作伙伴关系以及要求制定新型基础设施的国际标准等也对"一带一路"构成新挑战。

**（四）中日第三方市场合作**

中日关系目前虽进入调整阶段，但基于互利目的的第三方市场合作，仍然是新形势下中日经贸关系值得发展的新增长点。在2021年该主题仍热度不减，也形成了一波集中讨论。

一是新背景下的第三方市场合作。金仁淑的《新时代中日第三方市场合作的叠加效应研究》（《日本学刊》2021年第6期）提出，中日第三方市场合作将带来中日双方协同效应及东道国经济效应，也有利于优化国际分工格局、推进亚太区域经济一体化发展。后疫情时代中日第三方市场合作需要在遵守国际经贸规则的基础上，充分发挥双方比较优势，规避相关的政治、经济风险，构筑给三方带来互利共赢效应的合作模式。刘姝的《亚洲命运共同体视域下中日第三方市场合作》（《国际论坛》2021年第5期）认为，推进"亚洲命运共同体"构建与同心打造中日"第三方市场合作"两者之间具有高度的关联性和契合性。中日两国不仅要关注对话机制上基本原则的确立，还要立足精神层面上的价值认同，实现合作共同体与精神共同体的协调统一。

二是具体地域的第三方市场合作。丁梦的《中日在东南亚基础设施领域的第三方市场合作》(《广西财经学院学报》2021年第3期)认为，东南亚国家是中日企业由市场竞争博弈向第三方市场合作转变的重点区域。其中，以高铁、公路、港口和机场为代表的大型基础设施是中日企业在东南亚产生零和博弈的主要领域之一，同时也是中日企业通过第三方市场合作在东南亚进行比较优势互补的潜在合作领域。贺平、鄢宇濛的《日本在非洲的"第三方市场合作"——模式、特征与启示》(《复旦公共行政评论》2021年第2期)提出，对于中国稳步推进"一带一路"倡议特别是中日"第三方市场合作"而言，日本的"非洲经验"在企业的主体性、合作的动态性、项目的透明度、融资的保障力等方面提供了诸多借鉴和启示。戎雪的《中日在湄公河五国开展第三方市场合作的风险探析》(《印度洋经济体研究》2021年第1期)提出，中日在湄公河五国地区具有进行多领域、深层次合作的基础与条件。但也因中日微妙关系、第三方市场不完备的营商环境以及错综复杂的国际关系等因素，中日在湄公河五国第三方市场合作的推进会面临诸多风险。中日在该区域的第三方市场合作应在不断适应国际环境的背景下有序推进，为推动区域经济的发展提供参考。

## 三、研究特点

2021年的中日关系研究基本涵盖了中日关系相关领域的诸多方面，对重大的研究问题都进行了关注，在选题上特别关注了新冠肺炎疫情背景和国际形势变化等宏观环境，并在日本国家战略、第三方市场合作等对中日关系具有重要现实影响的研究领域进行了深入聚焦研究。总体而言，这些研究成果在丰富学科基础的同时，也体现出2021年度的研究特点。

### （一）专业水平不断提高，形成了重量级系列成果

2021年度的中日关系基于时代背景和国际形势变化，形成了重要且有特色的系列成果。相关专业研究机构或者期刊平台组织知名专家通过专业研讨或者笔谈对中日关系中的某一重大问题进行了专门研究。《日本学刊》2021年第1期刊载的有关中日关系的系列论文，是由2020年10月27日由中国社会科学院学部主席团主办、中国社会科学院日本研究所承办的中国社会科学论坛"疫情下国际形势与中日关系"国际形势研讨会中的重要发言形成的，以期为两国应对危机、强化合作建言献策。相关成果如张宇燕的《新冠肺炎疫情影响下的全球变局与中日关系》表示，在全球层面，中日两国可就WTO改革、可持续发展和全球公共卫生政策等议题进行协商；在地区层面，两国也可以就尽快签署RCEP、加快中日韩自贸区谈判进程等作出贡献；在双边层面，中日应共同努力，充分利用和升级已有的各种经贸与货币金融合作；宫本雄二的《后疫情时代的日中经济合作》指出，"世界中的日中关系"的意义与当今国际秩序的理念和原则是一致的。双方经济合作不仅是为了日中两国，更为地区与世界经济所需要；杨伯江的《以深化中日合作增加世界形势的稳定性和确定性》谈道，疫情下以及

疫情后的世界形势不是孤立、割裂的，而是处在疫情前形势发展的延长线上。中日之间存在矛盾和分歧，但也拥有共同利益，并面临共同挑战。中日关系应当尽量稳定，为不确定的世界局势增加确定因素。两国应加强双边各领域务实合作，切实处理好敏感问题，从历史、文明的高度认识中日关系，共同推动疫情后世界秩序构建；丸川知雄的《出口管制与日美中关系》认为，美国对部分中国企业的限制是以国家安全为借口的变相产业政策，这样的产业政策必将失败。国际社会应当在军用和民用技术领域达成协议，避免全球在军工方面的脱钩影响民用产品的国际分工发展；此外，还有张季风《中日科技创新合作的可能性与必然性》、丁可《从产业层面看中日创新合作》、冯文猛《中日应对人口老龄化问题的经验互鉴》、李国庆《日本环境治理的产业化制度与中日合作的可能性》等研究阐述。

《现代日本经济》2021年第1期邀请全国日本经济学会五位专家学者以"后疫情·后安倍时代的中日经济关系"为主题，从投资、产业、贸易等视角撰文阐释，专门研究新形势下的中日经济关系，提出中日两国深化经济发展合作不仅有望使受疫情影响陷入低迷的日本经济实现复苏，而且有助于全球经济摆脱疫情影响重回增长轨道。相关成果包括庞德良、卜睿《关于后疫情时代中日经济关系走势与发展的思考》，张季风《后疫情·后安倍时代基于相互投资视角的中日经济关系》，王厚双、王柏《后安倍时代中日经贸合作的走势》，张玉来《共同打造区域价值链体系——深化中日产业合作的背景与可行性》。

**（二）注重基于国际关系理论开展相关研究**

对中日关系而言，国际关系理论有"进口学术"的特点，但双边关系的研究离不开专业理论的指导，同时也会对后者进行深化和拓展。在中日关系研究中，中国学者的相关"自觉意识比日本学者明显地要强烈得多"[3]。吴怀中的《日本对华安全战略：一项制衡议程的新近分析》(《日本学刊》2021年第5期)立足结构现实主义，在内部制衡和外部制衡的框架下分析日本对华安全战略，并探讨对中日关系的多方面影响。黄大慧、赵天鹏基于利益偏好的分析撰文《竞争与协调：日本"一带一路"认知的利益偏好分析》(《教学与研究》2021年第11期)，从权力竞争、制度合作以及国际规范的视角分析日本对"一带一路"的认知，提出在"竞争性"认知中，"物质的相对收益"偏好下日本将"一带一路"视作日本地缘经济利益与地缘政治利益的威胁；"规范塑造的国家利益"偏好下日本认为"一带一路"严重挑战了西方倡导的价值观与国际基础设施建设标准。王广涛、俞佳儒的《身份困境与对冲的扩展：中美战略竞争下日本对华政策的新动向》(《边界与海洋研究》2021年第4期)基于对冲战略考察中美战略竞争下日本对华政策动向，认为"双层对冲模型"将对冲分为总体性对冲和议题内对冲，而对冲的具体选择则取决于体系层次的对抗性和单位层次的身份匹配，提出2017年以后日本对华政策进行了调整，日本在政治安全领域与中国身份较不匹配，因此强化了对华政策的对抗性；而在经济领域内与中国身份较为匹配，因此加强了对华关系的合作性。

### （三）开始逐步利用模型及定量分析的研究方法

有学者开始利用模型研究中日政治关系与经济关系的互动。秦梦、陈江生的《中日政治关系对双边贸易的动态影响研究》(《亚太经济》2021年第4期）选用可以识别动态影响的TVP-SV-VAR模型，分别从不同提前期和不同时点的双重视角进行实证研究，提出中日政治关系恶化在大部分时间段内会使双边贸易额下降，但这一影响持续的时间较短；受2008年国际金融危机、特朗普政府对日政策变化、全球经济低迷等影响，中日政治关系与双边贸易在短期内可能会出现负相关；双边贸易带来的巨大经济利益能够在部分时期推动中日政治关系的改善；双边政治关系在不同事件背景下对中日贸易的影响机制是有差异的。另外，也有学者基于定量分析尝试预测中日关系的发展态势。清华大学国际关系研究院中外关系定量预测组的黄贝在《中日关系下滑态势将加剧》(《国际政治科学》2021年第3期）一文中提出，定量预测数据显示安倍执政后期开始的中日关系改善趋势已告一段落，中日关系在2020年4月之后发生波动，至2021年4月双边关系分值已降至 -1.9 分。该定量预测组认为，未来一年日本对华政策中的"竞争—合作"光谱定位将大幅倾向于竞争一侧，中日关系分值的下滑将加剧。

## 四、未来发展趋向

高洪在《30年来中国的中日关系研究综述》中提到："今后的中日关系研究应该在三个方面下功夫：第一，加强跨学科、多领域的宏观综合研究；第二，在微观上，做好实证性研究，力争拿出更高质量和价值的成果；第三，积极关注国际学界研究动态，把中国的中日关系研究推向世界。"这一观察既指出了当前中日关系研究面临的不足，也是中国学界继续努力的方向。

### （一）面临的问题

一是方法论上还存在不足。"方法论缺陷成为制约中日关系研究进一步深化升级、实现可持续发展的瓶颈。"[4]在日本问题研究尤其是中日关系研究领域，对人文与社会科学等其他学科理论和方法的借鉴与运用仍存在明显不足。问题较为明显地体现为，大量研究成果的方法论范式，无非是对于某一个具体问题进行描述或梳理，随后给出相应的建议对策。如何将这些较为复杂、看似无章可循且富于变动性的政治外交现象进行提炼，从中发现某些一般化的规律，并依照此规律对中日关系未来走向做出评估或预判，国内学界在该领域还有很大的提升空间。特别是，虽有部分研究观照国际关系理论运用及其创新，但研究尚未深入及领先国际学界，一些跨学科的研究方法的使用整体上还不够充分。目前，区域国别学已经成为交叉学科门类下的一级学科，这给跨学科研究中日关系带来了较大激励因素，但是国内学界在跨学科领域研究方面的学术自觉性仍显不足。不少研究者存在畏难和依赖心理，总是不由自主地沿用既有的、较为熟悉的传统理论和方法；或是盲目机械地进行多学科知识堆砌，对于问题的阐释没有实质性的帮助；部分研究者跨学科研究的视野较为狭窄，过多地执着于经济学、社会学等成熟学科的理论方法和应用，而且在使用过程中也至多涉及两种学科的知识，很少使用三个或以上的学科理论方法去探讨问题。

二是横向看，比较缺乏开阔的国际视野，对国际学界前沿的相关研究尚未能及时跟进。特别是对于欧美学界的相关研究理论、研究范式、研究方法及研究思路了解不足，还处于"跟从式"研究状态。在既有研究成果中，很少有成果与国际同行的研究进行比较和对照。中国学界理应通过对既有理论的消化吸收，熟悉基本的理论概念、理论话语和理论思考的模式，对个别理论的优劣得失加以批判性总结，进而走向理论的修正、完善和创新阶段。与此同时，这种国际视野的缺乏，也使得我们学者的研究成果仅满足于在国内范围进行比较，限制了具有国际影响力学术成果的产出。在对比国内和国际研究的过程中不难发现，我国中日关系研究的成果与其国际影响力是不相匹配的。目前，美西方国家的舆论工具在世界舆论场上占据优势，日本学者也正利用和借助与美西方学界的积极互动，将自己关于中日关系的研究成果放大为所谓"国际共识"。如果不提高我国研究成果的国际化程度进行有效回应的话，这对于我国改善国际形象、拓展外交影响力是不利的。

三是中日社会文化交流等方面的成果不足，专著类成果也偏少。和政治、外交、安全及经济领域相比，有关社会文化领域内的中日关系研究比较少见。此外，2021年虽有相关重要年度研究报告面世，如张季风主编的《日本经济与中日经贸关系研究报告2021：新冠肺炎疫情下的日本经济与中日经贸关系》（社会科学文献出版社，2021年），但研究性的专著类成果也非常少。关注热点现实问题是一项优点，但过度关注，反而会影响研究的价值。如果对日本经济、文化、思想与外交安全动向的内在联系（这种联系的程度远远超过其他国家）缺乏深入的研究，那就难以有效地去判别重大而紧要的现实问题。不仅如此，这种过于强调现实意义的倾向，也使得国内各股研究日本的力量缺乏必要的组织和分工，重复跟"风"追"热"，对政治问题的研究显得既不深也不透。这种研究状况导致理论水平和视野与中日关系研究的实际需要之间存在一定的脱节，并影响及制约着对日本政治重大理论及热点问题的分析和前瞻，进而影响到区域国别学这一新生学科的建设进度。

四是具体的成果方面，实地调研产生的研究成果较少。受到新冠肺炎疫情肆虐的影响，各个国家频繁发布限制性的"锁国"措施，使得全球化流动停滞甚至倒退，以人员流动为主要形式的国际学术交流活动陷入停滞。尽管目前国内各个学术机构都采取了积极的应对措施，通过"云端会议"等方式进行远程沟通，但物理上的隔绝还是使得2021年度的成果中相对缺乏实地调研性成果。

**（二）未来发展趋向**

在百年未有之大变局的新形势以及区域国别学成为一级学科的背景下，中日关系研究也将迎来新的机遇和更大的发展前景。

一是中日关系的研究将会更受重视，并会出现更多的重要性成果。2022年是中日邦交正常化50周年，与半个世纪前邦交正常化前后相比，中日关系所面临的力量对比格局、周边形势、国际秩序格局都发生了根本性变化，对今天的中日关系产生了深远的影响。党和国家领导人对加强区域国别研究多次作出指示，强调一定要把中国的区域国别研究向前推进。基于中国国家战略的发展需求及承担国际责任的不断增加，加上日本问题研究的重要性和现实性，中日关系将长期是学界研究的热点和重点。

二是研究机构将进一步增多，研究队伍也将进一步国际化和专业化，研究方法也将增加，呈现综合型的多学科化。目前中日关系的专业研究机构还不能满足国家发展的现实需求，而伴随着更高学历、更具国际化教育背景的高学历人才进入相关教学和研究部门，中日关系研究的人才构成也必将更趋国际化、专业化。作为"区域国别学"下的分属学科，中日关系的研究内在要求必须融合政治学、历史学、法学、社会学、人类学、经济学以及所需的自然科学学科的各种知识和研究方法，只有多学科交叉融合，才能创新理论、创新教学，创新培养人才。中日关系的研究方法也必将走向交叉、多元和综合。

三是理论创新程度将进一步提高。随着中国崛起并逐渐走向世界舞台的中央，对于中外关系和国际事务的关注度和资源投入将与日俱增，区域国别学成为一级学科表明，包括中日关系研究在内的国际关系研究领域将迎来一个更加繁荣的时期。在这样的热潮之中，我们不难发现，目前最为迫切的问题是中国的国际地位与国际话语权的不适配，而关键点就在于理论创新仍然有着巨大的提升空间。在巨大的政策需求之下，随着投入人力物力水平的不断提高，以新眼光、新角度看待中日关系，并产出创新性理论成果应是水到渠成的事情。对此，中国的中日关系研究者在感到振奋的同时，也应以更高的专注力，在遵循知识生产规律和准则的基础上开展扎实而严谨的研究。

（责任编辑：陈祥）

## 注　释

[1] 高洪：《30年来中国的中日关系研究综述》，《日本学刊》2011年第3期。
[2] 杨伯江：《中国中日关系研究综述》，《日本学刊》2015年第1期。
[3] 张小明：《理解中日国际关系学科建设的异同》，《国际政治研究》2018年第5期。
[4] 杨伯江：《中国中日关系研究综述》，《日本学刊》2015年第1期。

# 2021年日本社会研究综述

胡 澎[*]

2021年是日本进入"令和"后的第三年。这一年，世界范围的新冠肺炎疫情未能得到有效控制，变异毒株德尔塔病毒传播速度更快，范围更广。日本也没能逃脱"第三波疫情"的侵袭，新冠病毒感染人数持续增加，医疗系统面临严峻挑战。2021年4月23日，日本政府发布了第三次"紧急事态宣言"。新冠肺炎疫情对日本的经济、社会、民众生活乃至社会心理都产生了重要影响。日本在疫情防控与经济下行的双重打击下，既有社会问题凸显，还出现了一些新社会问题。这些社会问题无疑引起了中日两国社会学者的共同关注，成为他们2021年的研究对象和研究主题。同时，新冠肺炎疫情对中日两国社会研究和学术活动也产生了较大影响，不少学术活动推迟或改为线上举办，中日社会研究领域之间的学术交流陷于停滞状态。本文是对2021年中日两国日本社会研究的管窥，旨在增进中国读者对中日两国社会研究现状的了解，同时通过对日本社会研究成果的梳理，为我国的社会转型、社会发展、社会治理提供有益的参考和借鉴。

## 一、2021年日本的社会学研究管窥

日本的社会学研究历史悠久，体系完善，相当多的高校设有社会学系，担负着对社会学领域人才的培养。日本的社会学界不仅活跃着大量社会研究学者，还有各种跨地域、跨学科的研究所、学会、研究会等学术团体。这些学术团体组织结构严谨，运营规范，学术氛围浓厚，学术活动丰富。不少团体还主办高质量的社会学期刊，每年定期举办年会（大会），为社会领域的学者、研究生提供发表最新学术成果、交流学术心得、探讨热点学术问题的平台。社会学领域的学术团体发挥着引领学科发展、凝聚学科同人、培养学术新人的作用。

2021年受新冠肺炎疫情影响，绝大多数学会的年会采取线上方式召开。例如，拥有近百年历史、日本社会科学领域最大的学术团体——日本社会学会的年会堪称学术界盛会，大会设多个分科会，参会代表人数众多，发表论文质量上乘，学术探讨热烈，一直备受关注。

---

[*] 胡澎，中国社会科学院日本研究所研究员，社会研究室主任，中国社会科学院日本研究所中日社会文化研究中心副主任，主要研究方向为日本社会、日本近现代女性史。

2021年日本社会学会的年会在既有分科会之外,还对该领域有突出成就的学者、优秀著作或论文进行了表彰,特设学会奖励奖[1]的演讲环节,邀请国立社会保障人口问题研究所斋藤知洋、近畿大学安达智史、日本学术振兴会特别研究员望月美希三位获奖者分别作了关于母子家庭、现代身份认同、灾后复兴方面的演讲。日本家庭社会学会的年会围绕日本的家庭结构、家庭与护理,女性与家庭生活,少子化、结婚等主题进行了研讨,不少论文聚焦新冠肺炎疫情下的家庭问题,包括地域社会育儿网络的结构,家庭、育儿与工作的冲突等。日本社会学理论学会的年会关注残障人士、底层民众、社会运动、城市化、都市等议题,涉及宗教、社区、网络、民族、福利等问题。福祉社会学会的年会探讨了对残障人士的福利援助、援助者的现状与困境、儿童的贫困、儿童的"不登校"问题、对儿童的虐待以及年轻人的自杀现象。日本保健医疗社会学会的年会重点讨论了保健医疗社会学与新冠肺炎的关系,以及新冠病毒的防控对策。日本法社会学会的年会针对新冠肺炎疫情下对中小企业的支援与法律援助、福岛核电站事故、社会科学的回顾与展望、现代日本社会的冲突经验、受害者和加害者的法律等进行了研讨。环境社会学会的年会在风险社会这一主题下,探讨了如何应对风险和损害的影响、现代社会的可持续性、社区与网络等议题。关东社会学会年会围绕"理论的实践——性别理论是否能代表社会正义?"与"工作坊时代的统治与社会描述——新自由主义的社会学重构"两个议题展开了讨论。

2021年日本的社会研究成果数量多,涉及范围宽广,研究方法务实。例如,日本的人口问题一直是社会学研究的重点领域,2021年在养老、老龄化对策方面出版了多部学术成果。著名社会学家上野千鹤子在其新著[2]中阐述了老年人如何直面死亡这一沉重的话题。她认为在日本养老护理体系和服务体系下,运用灵活的护理保险制度,老年人可以实现居家养老并在家中迎接死亡的来临,即便是独居或患有认知症的老年人也可以实现在家中度过人生的最后时刻。NPO法人"老年工学研究所"理事长川口雅裕对众多高龄老年人进行了采访,他的著作阐述了高龄老年人生活现状以及心理,探讨在进入"百年人生"的时代,如何实现幸福健康的长寿这一人类的终极问题。[3]村社卓的新著[4]运用了大量实例和社会工作的实践,从护理预防、日常生活援助的视角,对如何发挥"媒介者"和"协力者"的作用,进行了富有建设性的思考。

在福利领域,2021年日本出版了多部围绕福祉国家、社会政策、家庭政策、老年人护理等探讨福祉社会学的著作[5],《社会保障·税收一体化改革的十年》一书从共济组合联盟主办的《共济新报》十余年的评论中精选出医疗、年金、护理等领域的文章编辑而成,探讨了社会保障和税收一体化改革。《日本的家庭政策该如何》[6]一书探讨了家庭政策中的女性贫困、移民、同性恋、生殖医疗等现代家庭课题。《少子化与女性生命周期》[7]从女性的生命周期视角探讨了少子化的根源。2021年,多家学术刊物推出了专辑,如《社会保障研究》第6卷第1

号的专辑"老年护理视角下的家庭护理的现状"里有多篇论文聚焦家庭护理政策和制度的不完善。护理保险制度设立至今已经有21年,在应对老龄化、改善家庭成员照护老年人的负担、护理社会化方面发挥了积极作用,但仍然存在家庭成员护理困境,自杀、离职、虐待等情况时有发生。2016年日本有家庭成员护理者700万人。家庭成员护理老年人依然存在着"老老护理""认认护理"[8]现象,以及以护理为由辞职的"护理离职"、家庭成员因身心负担沉重的"虐待老人"等问题。基于以上背景,日本国立社会保障人口问题研究所开展了调查,希望明确家庭成员在老年人护理中的作用,家庭成员的护理负担现状,政府应该如何改善环境,让家庭成员对老年人的护理提供支持。有的论文探讨了市町村在财政紧缩、护理保险制度改革以及认知症老年人增多的情况下,如何对承担居家养老的护理员进行支援。《都市问题》第12期"地域社会与介护、介助"专辑中有论文着眼于"团块世代"进入75岁的2025年,探讨地域社会与老年人护理之间的联系,考察地域经济循环视角下的护理产业,探讨农业与福祉部门联手对老年人进行护理服务的可能性。这些专辑中的论文从不同视角、不同理论、不同的研究方法介入同一主题,对于这一主题的研究和探讨起到了进一步深化的作用。

近年来,随着日本社会差距的扩大,对阶层、"格差社会"的研究不断涌现。2021年,日本多位社会学家出版了最新研究成果,如山田昌弘的《新型格差社会》、岩田规久男的《走出"日本型格差社会"》、桥本健二的《东京23区的格差与阶级》、三浦展的《大下游国家"过时的日本"的所在地》[9]等。山田昌弘的著作论述了日本当今社会的家庭差距、教育差距、工作差距、地域差距与消费差距。岩田规久男的著作探讨了非正规雇佣员工增加、工资收入差距扩大导致的阶层固化和贫富差距问题,认为这是不同于其他国家的"日本式格差"。桥本健二的著作以翔实的数据分析了东京23区的格差现象,指出东京繁荣之下蕴含着"阶级都市"的风险,并探讨如何克服这一风险。三浦展的著作探讨了安倍政权下的阶层问题,特别是日益显著的中年贫困问题。还有一些学术著作[10]关注疫情下的贫困与女性贫困的问题。

2021年,日本学术界对"蛰居族"的研究依然热度不减。2019年日本内阁府发表的数据显示,全日本15—64岁的"蛰居族"有115.4万人,其中,中老年"蛰居族"有61.3万人,占蛰居者总人数的53.1%,超过了半数。中年"蛰居族"与高龄父母组成的"8050"现象引发关注。[11]《从"蛰居族"引发的思考》[12]一书强调对"蛰居族"要平等,要倾听他们的心声,尊重其价值观。《蛰居族的真相——自立比工作要重要》[13]一书作者对"蛰居女子会"这一组织及1686名蛰居者进行了调查和采访,记录了她们生活的贫困与困境的真相,揭示了蛰居一族中不仅有中年男性,还有女性和性少数群体。NHK特别报道组对全日本1392个城市的中老年"蛰居死"现象进行了深度调查,探讨"蛰居族"在年迈的父母去世失去生存依靠后,如何避免衰弱和死亡。[14]《8050问题——中年"蛰居族"》[15]和《从"蛰居"引发的思考》[16]采访了多位"蛰居族",倾听他们的心声,探讨了中年"蛰居族"和老年父母这一严峻的社会问题，思考如何对这一群体实施援助。《社会福祉研究》杂志第4期"面向蛰居族的社会福祉"专辑中有多篇论文，有的论文对多名"蛰居族"进行访谈，从其自身体验了解他们希望寻求怎样的帮助。有的论文通过饭南町社会福祉协议会对"蛰居族"支援的案例，探讨如何对"蛰居族"予以支援使其自立。有的论文从社会、经济结构分析"蛰居族"产生的根源。《都市问题》第9期"中老年蛰居族的支援"专辑重点研究了新冠肺炎疫情下如何对"蛰居族"进行帮扶。

2021年是东日本大震灾10周年，这一地震、海啸、核事故的复合型灾害给日本带来的巨大创伤至今仍未愈合。在10周年这一重要节点，日本社会学界开展了对灾后"复兴"的追踪调查，对震灾后社会领域诸多变化的研究，对震灾带给日本社会以及人类社会启示的总结，体现了日本社会学研究者的职责和担当。这一年围绕东日本大震灾诞生了一批日本社会学研究成果[17]，其中有的聚焦于福岛复兴社会运动，有的总结国家、地方政府、志愿者、NPO、民间企业在灾区复兴事业中的协同作用，还有的对福岛核事故问题进行重新探讨。《都市问题》杂志第3期推出了"东日本大震灾的10年"专辑，从人口、产业、教育、医疗、福祉、居住、自治体财政六方面对地震后10年的变化进行了考察，其中灾害记忆的传承、核难民与社区、大地震与志愿者、核事故赔偿等内容颇令人关注。

2021年新冠肺炎疫情下的日本社会，仍是日本社会学研究的一个重要领域。《都市问题》第7期"新冠肺炎疫情下的生活困窘"专辑，聚焦新冠肺炎疫情扩大，社会经济活动停滞，远程办公的推广带来的劳动方式的变化。作者认为原本处于社会保障不安定状态的群体，疫情下的生存更为艰难。有论文探讨了新冠肺炎疫情下安全网的构建、儿童食堂的运营、非正规雇佣女性劳动者的贫困、疫情下留学生和技能实习生、残障者的雇用问题。揭示了新冠肺炎疫情下穷困群体的生活状态，挖掘了穷困产生的原因，探讨了政府和民间对穷困群体的支援措施以及安全网的构建。

全球化对日本农村、农业影响深远，过疏化地区人口减少、社会结构变化给民众的日常生活带来诸多问题。《社会学评论》第4期特设"全球化与农村、过疏化"专辑，有论文从人口再生产、社会关系、经济三个侧面研究"过疏化"地区；有论文关注农村男性结婚难现象，指出男性结婚困难的主要原因有：农村地区人口再生产面临诸多困难，社会交往网络狭窄，农村社会传统的婚姻观和家族观。还有论文探讨了如何从政策制定、观念改变入手，促进农村男性结婚。有论文通过对爱媛县地域协同工会的考察，探讨如何发挥外国人技能实习生在农业经营中的作用，同时如何利用在日本所学的技术为母国农业服务。有论文通过宫城县登米市老年护理设施、上门护理站的利用现状，探讨"过疏化"地区老年人护理方式的变化。有论文探讨了全球化带来的山间村落、林业的变化，指出全球化给日本农村带来的消极影响，同时肯定了一些"过疏化"农村社会为对抗全球化趋势所进行的尝试。

## 二、2021年中国日本社会研究的热点

2021年，在新冠肺炎疫情防控的大背景下，中国的日本社会研究领域还举办了一些学术活动，如4月召开了中华日本学会年会暨"新冠疫情冲击下的日本与东亚区域形势"学术研讨会，10月召开了全国日本经济学会2021年年会暨"中日乡村振兴比较"学术研讨会。上述两个研讨会均设有日本社会分科会，参会代表围绕日本的"积极老龄化"政策、社会保障制度改革、乡村振兴等主题作了发言。12月，中国社会科学院日本研究所中日社会文化研究中心与日本社会研究室采取"线上+线下"的方式召开了"日本社会研究专题讲座暨2021年日本社会热点问题研讨会"，中国社会科学院日本研究所张季风研究员、中国人民大学胡霞教授以及日本长崎大学赛汉卓娜副教授分别以"日本的'乡村振兴'与岸田政权下的'数字田园都市国家构想'""内生式发展理论在乡村振兴中的实践——以日本岛根县为例""疫情下在日移民的公助与共助研究初探"为题作了三场学术报告。京、津、沪三地十余所研究机构和高校的专家、学者围绕乡村振兴、老龄化、医疗、社会治理、青年问题等2021年日本社会的热点问题进行了热烈研讨。

2021年中国国内日本社会研究成果的数量与往年大体持平，研究对象主要集中在少子老龄化、社会福利、乡村振兴、环境保护、社会治理、青少年领域。近年来，中国翻译出版了不少日本社会学领域的书籍，2021年生活·读书·新知三联书店出版了山田昌弘的《为避免下坠而竞争——日本格差社会的未来》以及阿部彩的《儿童的贫困》。前者阐述了日本差距社会的形成、一批中产阶层正处于向下流动的趋势，以及政府和民间应如何应对。后者从政府政策、母子家庭、学历社会（教育）等多个方面对日本社会存在的"儿童贫困"问题以及相应的对策进行了系统研究和详细描述。日本的纪实类著作，特别是源于NHK社会纪实片改编的书籍颇受中国读者欢迎。2021年出版的《孤独社会》[18]是一部对"孤独死"问题进行社会调查而形成的作品。作者菅野久美子花了四年时间研究"孤独死"现象，跟随特殊清扫员前往各个"孤独死"现场，采访死者家属和房东，勾勒出了绝大部分"孤独死"死者生前的故事和人际关系，反思他们为何从"社会中的正常人"滑入边缘人群，并最终在蜗居中孤独死去。

### （一）少子老龄化研究

人口老龄化已成为影响日本经济社会发展的重要问题，尽管日本政府出台了多项少子老龄化对策，但少子老龄化程度并未见明显改善。2021年的新冠肺炎疫情又进一步加深了日本少子老龄化程度。日本厚生劳动省发布的数据显示，2021年日本新生儿数量不足81.2万，是自1899年有该项统计以来出生人口最少的一年。日本政府为遏制本国的少子化进程、提振生育率而制定了一系列相关法律、制度、规划，施行了多项儿童与家庭福利政策。中国也面

临和日本相似的问题，老龄化速度明显加快，老龄化程度持续加深，老龄化的地区差异和城乡差异显著。2021年中国新生儿人口1062万人，是中华人民共和国成立以来出生人口最少的一年。中日两国如何应对少子老龄化的挑战，政府如何在养老、育儿方面给予家庭支持，是两国学术界都十分关注的课题。2021年，《少子老龄化社会与家庭——中日政策与实践比较》[19]一书出版，该书是在中国社会科学院日本研究所2019年举办的"老龄化背景下的中日家庭变迁与社会支持"国际学术研讨会提交的论文基础上编撰而成的。来自京都大学、东京大学、中央大学等多所日本大学及中国社会科学院、中国人民大学、中央财经大学、北京外国语大学、南京大学等中国高校和科研院所的专家学者奉献了自己最新的研究成果与调查报告。该书分理论篇与实践篇，理论篇从老龄化社会与家庭的相关理论分析入手，对中国的家庭、老年人家庭储蓄、代际关系、高龄老人家庭支持与社会服务以及中国的智慧康养问题进行了探讨。对日本中年"单身寄生族"现象、独居老人问题进行了剖析，对中日两国生育率下降、东亚地区老龄人口就业进行了比较分析。实践篇基于统计数据、田野调查等社会学研究方法，对中日两国的育儿、老人护理、地区社会福利等进行了个案研究。中日两国在少子老龄化领域的相关政策以及应对人口问题的实践探索，深化了中日少子老龄化对比研究，对于中国借鉴日本经验应对少子老龄化社会具有参考价值。

2021年，中国学术界有多篇论文涉及日本儿童照顾主题[20]，这些论文聚焦日本政府在解决社会成员儿童照顾负担重、工作与育儿难以兼顾等问题上的举措，认为日本的育儿支援政策不断在"家庭化"与"去家庭化"之间寻找平衡点，国家在确保儿童照顾中家庭这一责任主体作用的同时，也着力调动地方自治体、市场与社会组织等多元主体共同参与儿童照顾。针对到入托年龄却进不了托幼机构的"待机儿童"，有作者认为日本儿童照顾体系中独特的保育所与幼儿园二元分立的历史结构，以及更多女性参与劳动力市场导致家庭提供的儿童照顾减少，"育儿支援新制度""幼保无偿化"等儿童照顾政策都未达预期效果。

日益严峻的老龄化现状引发了如何建立健全对老年人的护理体系，如何为老年人提供相应的生活照料、满足其日常生活需求等问题。一些论文聚焦地域综合照护服务体系、养老设施[21]、互助养老等主题。地域综合照护服务体系是根据老年人的具体需求有效提供医疗、预防、生活支援等地域性服务的综合体制，它以地域为基础共同体，以中学学区为单位设立日常生活圈，确保服务对象能在30分钟内得到必要的服务，其对中国养老模式的创新与改革有一定的参考意义与借鉴价值。《结构功能主义视域下日本地域综合照护服务体系与我国综合互助养老模式的优化》[22]一文认为，地域综合照护服务体系通过经济、政治、社会以及文化子系统来发挥功能优势，实现了系统平衡，有效缓解了养老服务的供需矛盾。《整合照料视角下日本特色"医养结合"的实现路径及启示》[23]一文选取代表城市地区的东京都新宿区和代表地方发展的鸟取县日南町，对二者整合照料的主要模式、特征及实现路径进行了梳理和分析。

《深度老龄化社会的成年监护服务:日本的经验与启示》[24]一文通过对日本最高法院统计数据及访谈案例的综合分析,总结了日本成年监护服务体系的特征,社会化、专业化、组织化的发展趋势。还有论文通过对日本九州地区M老年公寓入住者的调查,从经济状况、家务、护理及精神援助等四个方面具体考察了入住养老设施老年人的生活援助状态。还有论文从"产学官"协同创新模型出发,探讨了日本富士软件生产PALRO护理机器人的实践过程。[25]

## (二)社会福利与社会保障研究

2021年在日本社会保障福利与社会保障研究领域成果比较突出,《日本社会保障法研究》《日本医疗保障》《日本儿童福利》[26]三部著作分别介绍了日本社会保障法、医疗保障制度、儿童福利制度的产生、发展和创新,对公共年金、医疗保险、护理保险、失业保险、劳动灾害保险、生活保护、社会福利、社会救助等具体法律制度进行系统分析,阐述了20世纪80年代以后,日本快速老龄化给医疗保障带来的挑战和政策的应对;解析了日本儿童福利制度的实施机制、特殊福利需求、家庭政策和运行机制以及托幼服务、儿童医疗和儿童福利专业人才队伍建设。福利与社会保障制度研究领域也产生了多篇论文,如《日本儿童福利制度与儿童福利设施》[27]一文围绕(儿童)罪错及儿童虐待两个问题,分析了日本儿童福利的现状与所面临的课题,探讨了作为儿童福利核心机构的儿童咨询所的主要功能,以及儿童福利设施在儿童自立支援和儿童养护方面的积极意义。《日本社会保障财政改革》[28]一文聚焦于近年日本为了扭转社会保障财政面临的困境,持续进行的社会保障财政结构性改革。

## (三)社会治理研究

近年来,随着中国对社会治理的重视,日本社会治理研究逐渐成为日本社会领域的热点。"社会治理"相比于"社会管理"更强调各方面的参与,社会组织活力的激发,社会力量作用的发挥,而不是政府的管控。近年来,日本各地在解决社会问题时,兴起了以"协作"为核心的实践创新。《日本社区治理的制度框架与实践动向》[29]一文介绍了日本社区治理的新动向,即一些地方的自治体尝试打破以往自治会、町内会等狭义社区,尝试构建一种新型的社区,即在小学校区或中学校区范围内,由具有社会责任感的市民成立协议型居民自治组织"居民协议会"。协议会成员之间相互信任,通过协议会发挥在社区治理中的作用。日本民众对福利需求不断增长,而福利供给不足,造成服务供需之间出现了明显失衡,福利体系仅靠"打补丁"的方式很难满足民众需求。日本学术界将这种现存服务体系无法良好应对需求,或现存体系在应对新兴需求时出现的失灵现象统称为福利体系的"夹缝问题"。《社会协作模式:应对福利服务中"夹缝问题"的日本经验》[30]一文针对近年来"夹缝问题"的明显化,介绍了日本在社会治理领域的诸多政策制度和实践创新,即通过多元主体相互配合的"协作"解决问题的途径。

主体多元性是治理现代化的一个重要特征,日本的社会福祉法人也是社会治理主体之一。

社会福祉法人是以增进社会福祉为目的在社会福祉法基础上设立的公益法人。社会福祉法人制度成立于1951年，历经若干次改革，逐渐发展成熟，在提升福祉服务质量、效率化运营、帮助低收入人群、解决社区福祉问题等方面发挥着重要和积极的作用。日本残障人士的福祉设施、老龄设施、保育园、医院、诊所等运营主体大都是社会福祉法人。《日本社会福祉法人制度改革及经验启示》[31]一文梳理了日本社会福祉法人制度的发展与改革脉络，分析制度在运行中出现的问题，以及所进行的制度改革，包括：内部改革；充实社会福祉法人队伍，引入多元化社会力量，建立民间企业、非营利性法人、居民团体等各类主体并存及合作的社会福祉服务提供体制；加强社会福祉法人资源整合与人才培养；拓展社会福祉法人的服务内容。

社会组织是社会治理重要的参与者。近年来，支持型社会组织作为培育和支持社会组织发展的重要力量越来越受到关注。《支持型社会企业与地域社会的公共性建设——以日本大阪NPO中心为例》[32]一文对大阪NPO中心这一支持型社会企业的特点、优势及创新意义进行了深入研究。其认为，支持型社会企业以其自主性、民间性、专业性、市场性、创新性及灵活性等优势有效助力了社会组织和社会企业的专业化发展。大阪NPO中心在与政府的关系上具有很强的自主性，保证了其宗旨和社会使命不会发生漂移，也杜绝了腐败的滋生。

**（四）环境保护与环境治理研究**

2021年，在日本的环境治理研究方面，出版了施锦芳的《日本环境保护战略演进与实践成效研究》[33]。该书从全球、中国和日本的环境保护现状及问题角度出发，考察了日本环境保护进程的特征，环境保护法律体系及环境立国战略构建、实践，梳理了日本不断完善的环境保护法律法规体系，从循环经济、低碳经济、废弃物贸易和绿色消费等角度，研究了日本环境保护的实践。对日本循环经济的实践，包括容器包装物、家电产品回收、建筑垃圾回收、食品垃圾回收、汽车废弃物回收等作了详尽的阐述。《环境学术团体对提升国家治理能力的历史作用——以日本环境会议为例》[34]以始于1979年的"日本环境会议"为例，分析当代日本环境研究领域一批先驱性人物以及当前依然活跃于日本环境学领域的学人对日本国内环境政策、环境法、民众教育、被害人救济等产生的深远影响。作者认为，环境学术团体对日本各个时期的环境问题展开详细的取证调查、深入研讨对策并提出诸多政策建议，发挥着非政府机构的监督职能，成为国家治理能力的重要源动力之一。

**（五）乡村振兴与"地方创生"研究**

20世纪90年代以来，为了应对人口老龄化、贸易自由化等挑战，日本乡村振兴逐渐由外生式发展转向以城乡协作为基础的内源式发展，不再偏重于单一产业振兴，而是统筹兼顾经济、社会、环境等目标，力求重塑和谐人地关系。顾鸿雁的《人地共生：日本乡村振兴的转型与启示》[35]一书基于国内与国际双重视角，阐释了日本乡村振兴转型的理念演变与实践创新。田毅鹏的《东亚乡村振兴的社会政策路向——以战后日本乡村振兴政策为例》[36]一文认为，日本乡村振兴最为突出的特点在于其明确的社会政策路向，其政策演变存在两条非常清晰的线索：一条是依托立法，辅以具体政策，不断赋予乡村政策以社会性的过程；另一条是从乡村工业化到以一村一品为主题的1.5次产业和第六次产业政策变迁及实践。两条线索的发展演进是相互关联的。

20世纪末开始，日本乡村的"空心化"问题日趋严峻，如何让"过疏化"地区实现乡村振兴，日本有什么尝试？这些疑问让中国学者开始研究日本地方社会的人口、空心化问题。《"创意农村论"视角下的乡村振兴路径分析——以日本德岛县神山町为例》[37]对创意农村论进行了阐述，认为创意农村论提供了一个助力乡村走出困境、实现振兴的崭新视角。强调村民自治是乡村振兴的基础，其同时对文化、艺术和科学技术的"触媒"功能极为重视，提倡把新艺术、新科学与乡村固有文化结合，有的放矢地解决乡村问题。德岛县神山町NPO、基层政府、外来资本与村民等多元主体参与为乡村振兴实践开创了一条道路。

日本城市化过程中，都市与农村发展中的分离性导致了一些明显的社会问题，包括产业和经济发展的不平衡、人的活动与保护自然环境的矛盾、不同地域间的贫富差距以及人与人的疏离等。《现代日本乡村振兴政策推进及乡村治理》[38]一文针对日本经济发展不同时期和不同问题，梳理了战后日本乡村振兴政策的不断完善过程。这些政策使日本乡村治理呈现出基于幸福的乡村振兴理念、强调整体的系统化治理、保持社会和谐三个主要趋势，极大地促进了日本乡村社会的发展。

由于日本少子老龄化程度日趋严重，再加上城乡发展不均衡，人口过度集中于大都市，地方乡镇逐渐凋零，地方社会人口不断减少，经济缺少活力现象愈加严重。为此，日本政府在2014年为解决人口老龄化、少子化、人口过度集中于都市圈所造成的乡村人口外流等问题，激活地方经济，从国家安全战略层面出发，采取了一系列措施。"地方创生"这一概念既是措施之一也是近年来的热门议题。"创生"这一概念主要来源于日本开展的社区营造与地方实践，目的是通过发展特色产业，实施空间改造，增加就业机会，吸引人口回流，提升地方发展活力，让人口外流严重、经济凋敝的地方获得持续发展的内生动力。在围绕地方创生的讨论中，怎样使年轻人留在地方也是一个议题。《地方创生：日本应对人口减少的经验与启示》[39]介绍了为吸引人口回流地方，推动地方产业发展和增加就业机会，日本从国家安全战略层面出发，以地方创生为切入点，制定了综合性地方创生政策，统筹解决人口减少问题等做法。

**（六）其他社会问题研究**

日本社会问题研究一直是日本社会研究的重要组成部分，2021年日本社会问题研究领域专著数量不多。《日本当代社会问题研究与评析》[40]一书聚焦当代日本主要社会课题，内容涉及少子化问题及应对措施、老龄化带来的社会新课题、"格差教育"及其课题改革、"夫妻同姓"法制度及男女平等、21 世纪日本劳动新情况、独身社会和闭门不出等社会课题，对其产生的原因、现状以及解决措施进行了论述。

"蛰居"是一种丧失社会行为、自我封闭的消极生活状态。蛰居问题成为当今日本比较突出的青少年问题和社会问题之一。据不完全统计，当今日本存在数十万的"蛰居族"。师艳荣对青少年问题，特别是"蛰居族"有着持续的关注和系列研究成果。她 2021 年出版的专著《日本青少年蛰居的社会文化透视》（中国社会科学出版社）是一部较为全面的研究青少年"蛰居"问题的著作。在当代日本社会变迁的大背景下，对"蛰居"问题存在的社会文化深层根源进行了深入剖析，阐述了影响青少年社会化的社会环境、家庭结构、学校教育及心理文化，以及日本政府和民间团体的应对举措。特别是，该书对几个典型"蛰居"案例生活状态的具体描述以及援助组织的援助方法的阐述，让这部社会学著作的内容更为丰厚也更为好读。

日本社会问题的相关论文，主要围绕校园欺凌问题、老年贫困问题、老年雇佣问题、"过劳死"问题进行了论述。校园欺凌问题是日本教育的顽疾，十多年来校园欺凌事件不断发生，受到日本社会各界的广泛关注。近年来，中国学术界对校园欺凌的研究也陆陆续续产生一些可圈可点的论文。如《日本校园欺凌治理模式的历史变迁研究》[41]一文把 20 世纪 80 年代以来校园欺凌防治对策划分为 80 年代的"越轨矫正型"、90 年代的"心理援助型"和 2000 年以来的"风险预防型"三种治理模式，并对各历史时期的对策效果进行了评价。

在深度老龄化社会的日本，女性相比男性更容易陷入贫困，且随年龄的推移贫困程度逐渐深化，贫困具有长期性特征。独居高龄女性抵御风险能力弱，贫困问题更为凸显。《家务劳动再分配的政策探索——日本"高龄女性贫困"问题的反思》[42]一文指出，"高龄女性贫困"凸显的根源在于日本长期以来形成的男性参与社会经济活动从事有酬劳动、女性承担再生产领域的家务劳动从事无酬劳动的男女分工格局。这一男女分工格局虽然创造了快速经济发展的奇迹，但牺牲了一代女性参与政治、经济、社会活动的权利与机遇。同时，夫妇养老保险的制度安排也是诱发"高龄女性贫困"的一个原因。

劳动强度大、工作时间长、心理压力过重等导致长时间疲劳状态，继而引发一系列身心健康问题的"过劳"以致危及生命的"过劳死"现象由来已久。日本是西方国家中"过劳死"现象高发的国家。《日本的"过劳"与"过劳死"问题：原因、对策与启示》[43]一文认为终身雇佣和年功序列制度、性别分工模式、非正规雇佣劳动者的生存困境、日本企业根深蒂固的"加班文化"等是"过劳"产生的主要原因。作者还阐述了日本政府和民间多种应对"过劳"的措施，包括：充实和完善防范"过劳死"的相关法律，细化"过劳死"工伤赔偿认定标准，普及正确的劳动观，推进工作方式改革等。这一系列对策使日本的"过劳"问题得到了一定程度的缓解。

新冠肺炎疫情对日本社会的影响十分值得研究。《2020年日本社会："新冠"疫情的影响》[44]与《从2020年年度汉字和新语、流行语看日本社会与国民心态》两篇论文聚焦疫情下的日本社会，重点探讨了疫情下失业人口增加、就业困难、收入减少、相对贫困化程度加深等，特别是日本女性面临前所未有的困境。同时，论文也肯定了疫情下远程办公、居家工作、线上课堂、网络应聘等新兴事物，指出日本人既有的生活方式、工作方式、学习方式、交往模式正悄然发生变化。通过对2020年年度汉字和流行语大奖评选结果的分析，阐述了疫情对社会的影响是研究日本社会问题的一个好角度。这些流行语反映了疫情下日本民众对政府防控疫情能力和效果的不满，以及焦虑不安的心理，也反映了疫情防控下日本数字化改革进程的加快。

### 三、2021年中国的日本社会研究的特点

2021年中国的日本社会研究有以下几个特点。

#### （一）对日本社会政策、社会制度的关注度不减

中国学者对日本的社会政策和社会领域相关法制建设较为重视。例如，2021年多部与社会保障、医疗保障、福利制度相关的专著出版。在应对老龄化领域，主要关注如何克服老龄化带来的负面因素，日本政府有哪些对策和措施。例如，《人口老龄化背景下日本延迟退休政策探析》[45]一文介绍了日本在人口老龄化不断加剧的背景下，制定了一系列完善延迟退休的法律法规和措施，总结出日本的经验在于，延迟退休政策的出台是本着渐进原则，围绕60岁、65岁和70岁三个时段稳步地推行，在延迟退休制度的改革上呈现体系化、弹性化、脉络化和制度化等特点。

#### （二）区域与国别研究进一步融合

2021年日本社会研究一个特点就是中日韩比较研究。中日韩三国关于儿童照顾、乡村振兴、社会保障制度的比较研究都有相关论文。《东亚福利体制中儿童照顾的福利态度》[46]一文对中日韩三国的儿童照顾进行了对比。论文指出，东亚福利体制强调个人与家庭责任，儿童照顾的福利态度总体倾向于家庭化。东亚国家社会成员倾向于认为家庭应当照顾儿童并承担儿童照顾的费用责任，较少强调政府责任，较少期望国家对儿童照顾进行支援。韩国儿童照顾福利的去家庭化程度相对较强，其次是日本，而中国的儿童照顾家庭责任取向较高。日本与韩国处于育儿阶段的女性期待在家庭之外获得更多儿童照顾支持，而中国的就业者与育儿阶段的女性则从家庭获得更多帮助。《困境与发展：日韩社会保障制度改革研究》[47]与《日本和韩国乡村振兴进程中的社会建设经验》[48]两篇论文的视角都是日韩比较。前者研究的是日韩两国社会保障制度改革，后者探讨了日韩两国在推进乡村振兴的过程中，如何通过社会建设，提高农民综合素质和专业技能，塑造农民改革创新和自主发展意识，加强农民的

协作互助和社会保障。

**（三）注重日本经验对中国的启示**

日本社会学科发展与中国社会问题有着密切的关联性。中国研究者在研究日本社会的时候，有着较强的中国问题意识，希望从日本的经验教训中寻求中国社会问题的解决途径。这一直是中国日本社会研究的特色。例如，乡村振兴是党的十九大提出的一项重大战略，也是关系中国全面建设社会主义现代化国家的全局性、历史性任务。有论文在研究日本的"一村一品"运动后，得出了对中国的启示。乡村振兴过程中需要动员、宣传、说服农民关注和参与村庄公共事业的建设，有主体性地挖掘具有地方经济特色的资源。政府要摆正自身在乡村振兴中的角色定位，既不能放任不管，也不能过度干涉，而应着眼于努力提升农民的组织能力，激发农民自己建设美好生活的动力，激活村庄内生治理能力和农民的主体性。[49]《农村互助养老社会基础的新制度主义探索：中日比较及启示》[50]一文从中日比较的视角，分析了中日两国农村互助养老模式的社会基础。作者得出结论：日本农村互助养老受到政府和农协支持，拥有法律、政策和具体帮扶措施三位一体的帮助，日本老人参与互助活动意愿较强。中国则有较大发展空间，今后应建设农村互助养老组织管理条例，支持农村互助养老院云端医疗服务，建立农村互助养老信息管理系统、进行农村互助养老认知宣传，提倡退而不休的农村互助养老价值观。

在老龄化对策方面，有论文综述和分析日本护理保险制度的发展演化，希望为中国近期铺开的长照保险规划建设提供参考和启发。[51]有论文研究日本延迟退休政策和措施，希望为中国逐步推进延迟法定退休年龄提供参考与借鉴。有论文基于日本实践经验对中国成年监护服务体系建设提出建议：重视社会化监护需求，建立社会监护服务体系；制定职业认定标准，培养专业监护人才队伍；培养市民监护人队伍，激活非正式支援网络。有论文对日本老龄化对策中成功案例研究颇具新意，如日本博物馆针对老龄化现状开展适应老年人的活动，搭建终身教育平台，践行文化传承，激发地方活力。这对于中国老龄化社会下博物馆的职能拓展，文化养老社会责任意识的树立，为老年人提供参与社会活动的机会具有启发意义。[52]

在社会治理领域，有论文认为应借鉴日本的社会协作模式经验，进一步激发中国民间活力，创造参与友好型的制度环境，并在人才培养中应当加强各类专业人才的创新意识，鼓励各类组织开展福利服务的创新实践。[53]

## 四、2021年中国的日本社会研究存在的问题

中国的日本社会研究改革开放以来取得了不少进步，但仍存在诸多不足。与日本的社会学研究相比尚处于初级阶段，即便与中国国内日本外交、日本历史、日本经济等学科相比，也属于弱小学科。日本社会研究成果数量较少，缺少高质量、体系化的学术成果以及权威

专家。

2021年中国的日本社会研究存在以下问题：一是日本社会研究的理论水平有待进一步提升，对国外社会学理论和著名社会学家观点的介绍和研究不够。例如，上野千鹤子是日本著名的社会学家、日本女性学研究的代表人物之一。近年来，国内陆续翻译出版了她的多部著作。1990年她出版了《父权制与资本主义》，在日本社会引起巨大反响，但直到2019年该书才由浙江大学出版社翻译出版。这部重要的日本女性学理论著作推动了日本男女平等社会的构建。但在中国的日本研究界对日本社会学理论、性别理论的关注和探讨不够。2021年，陆薇薇的论文[54]对上野千鹤子的马克思主义女性主义理论、日本近现代社会对女性的压迫机制进行了介绍和深入的分析，弥补了中国学术界对日本社会学理论介绍的不足。二是中国日本社会研究的碎片化现象较为明显，缺少完整的体系。另外，社会研究各领域之间不够平衡，有些领域成果较多，有些领域属于研究盲点。例如，人口、环境和社会保障领域成果较丰富，阶层、乡村振兴、地域社会等方面的研究尚需深化，少数族裔、移民、身份认同、公平等方面的研究尚未展开。三是受疫情影响，中日两国社会研究领域的人员交往陷于停滞状态。两年来，中日两国社会研究界没有举办较大规模的国际学术会议，官方的学术交流以及公派留学生项目大都处于停顿状态。这对于日本社会学科的发展以及中国年轻学者的成长十分不利。社会研究需要到研究对象国家亲身感受社会变迁，查找第一手资料，做深度田野调查或问卷调查，而疫情下不能到日本近距离观察日本社会，势必影响日本社会研究的开展和深化。四是近年来，中国的日本研究界，从事日本社会研究的专门人才还比较少，且处于较为分散的状态。一批1950年代出生的研究人员陆续退休，1960年代出生的研究人员群体比较少，虽然有一些中青年研究人员已崭露头角，他们在日本留过学、受过较好学术训练，回国后能较快适应环境，确定自己的研究方向，并产生了一些学术成果，但毕竟人数寥寥，与当今时代日本社会学科发展的需要不相匹配。

鉴于日本社会研究对于中国社会发展和建设的重要参考和借鉴意义，今后，中国应给予日本社会研究足够的重视，国家社会科学基金等项目也应适当向日本社会研究领域倾斜，适当扩大日本社会专业硕士研究生、博士研究生的招生人数，吸引在日本留学的中国毕业生回国从事科研工作。待疫情缓解后，应恢复并加强中日两国社会学研究领域的交流与合作。相信随着越来越多的中国年轻一代日本社会研究者经验积累和专业理论素养的提升，日本社会研究学科整体水平会不断提升，中日两国社会研究领域的学术交流也会越来越密切。

（责任编辑：唐永亮）

## 注　释

[ 1 ] 斉藤知洋「シングルマザーの正規雇用就労と経済水準への影響」、『家族社会学研究』第32巻第1号；安达智史『再帰的近代のアイデンティティ論―ポスト9・11時代におけるイギリスの移民第二世代ムスリム―』、晃洋書房、2021年；望月美希『震災復興と生きがいの社会学―〈私的なる問題〉から捉える地域社会のこれから―』、御茶の水書房、2021年。

[ 2 ] 上野千鶴子『在宅ひとり死のススメ』、文藝春秋、2021年。

[ 3 ] 川口雅裕『年寄りは集まって住め―幸福長寿の新・方程式―』、幻冬舎、2021年。

[ 4 ] 村社卓『たのしくつながる高齢者の孤立予防モデル参加とサービス利用を促す関係づくり』、川島書店、2021年。

[ 5 ] 上村泰裕、金成垣、米澤旦『福祉社会学のフロンティア：福祉国家・社会政策・ケアをめぐる想像力』、ミネルヴァ書房、2021年；山﨑泰彦『社会保障・税一体改革の十年』、株式会社社会保険出版社、2021年。

[ 6 ] 落合惠美子編集『どうする日本の家族政策』、ミネルヴァ書房、2021年。

[ 7 ] 永瀬伸子、寺村絵里子編集『少子化と女性のライフコース』、原書房、2021年。

[ 8 ] 指低齡老年人护理高齡老年人，患轻度认知症的老年人护理中高度认知症的老年人。

[ 9 ] 山田昌弘『新型格差社会』、朝日新聞出版、2021年；岩田規久男『「日本型格差社会」からの脱却』、光文社、2021年；橋本健二『東京23区×格差と階級』、中公新書、2021；三浦展『大下流国家「オワコン日本」の現在地』、光文社、2021年。

[10] 稲葉剛『貧困パンデミック』、明石書店、2021年；中村淳彦、小田原愛『東京貧困女子』、小学館、2021年。

[11] 「引きこもりに向き合う社会福祉」、『社会福祉研究』140号、P22。

[12] 石川良子『「ひきこもり」から考える』、筑摩書房、2021年。

[13] 林恭子『ひきこもりの真実―就労より自立より大切なこと―』、筑摩書房、2021年。

[14] NHKスペシャル取材班『中高年ひきこもり　親亡き後の現実』、宝島社、2021年。

[15] 黒川祥子『8050問題　中高年ひきこもり』、集英社、2021年。

[16] 石川良子『「ひきこもり」から考える』、2021年。

[17] 後藤康夫『21世紀の新しい社会運動とフクシマ　立ち上がった人々の潜勢力』、八朔社、2021年；復興庁『東日本大震災　復興の教訓・ノウハウ集』、ぎょうせい、2021年；山川充夫、初澤敏生『福島復興学Ⅱ：原発事故後10年を問う』、八朔社、2021年。

[18] ［日］菅野久美子:《孤独社会》，蓝春蕾译，北京时代华文书局2021年版。

[19] 张季风主编:《少子老龄化社会与家庭——中日政策与实践比较》,社会科学文献出版社2021年版。

[20] 杨爽:《儿童照顾的"家庭化"与"去家庭化"——日本育儿支援政策分析与启示》,《社会建设》2021年第2期;郭佩:《福利多元主义视角下日本育儿支持体系的重构及其启示》,《学前教育研究》2021年第3期;杨爽、任正臣:《日本少子化社会中的"待机儿童":成因与消解》,《外国教育研究》2021年第3期。

[21] 李东辉:《日本入住养老设施老年人的援助网络研究——以日本九州地区M老年公寓的调查为例》,《东北亚外语研究》2021年第9期。

[22] 杜孝珍、袁乃佳:《结构功能主义视域下日本地域综合照护服务体系与我国综合互助养老模式的优化》,《上海行政学院学报》2021年第3期。

[23] 郭佩:《整合照料视角下日本特色"医养结合"的实现路径及启示》,《日本问题研究》2021年第6期。

[24] 张继元、晏子、[日]税所真也:《深度老龄化社会的成年监护服务:日本的经验与启示》,《学术研究》2021年第10期。

[25] 乌力吉图、周威:《日本护理机器人"产学官"协同创新实践模式——以PALRO护理机器人为例》,《日本问题研究》2021年第5期。

[26] 田思路:《日本社会保障法研究》,中国社会科学出版社2021年版;李莲花:《日本医疗保障》,中国劳动社会保障出版社2021年版;蔡泽昊:《日本儿童福利》,中国劳动社会保障出版社2021年版。

[27] 小西晓和:《日本儿童福利制度与儿童福利设施》,《社会治理》2021年第9期。

[28] 沈洁:《日本社会保障财政改革》,《中国劳动》2021年第4期。

[29] 俞祖成:《日本社区治理的制度框架与实践动向》,《社会治理》2021年第2期。

[30] 史迈、沙思廷:《社会协作模式:应对福利服务中"夹缝问题"的日本经验》,《中国科学院院刊》2021年第10期。

[31] 陈艳秋:《日本社会福祉法人制度改革及经验启示》,《社会保障研究》2021年第2期。

[32] 郑南、刘树禄:《支持型社会企业与地域社会的公共性建设——以日本大阪NPO中心为例》,《中国非营利评论》2021年第1期。

[33] 施锦芳:《日本环境保护战略演进与实践成效研究》,科学出版社2021年版。

[34] 陈祥:《环境学术团体对提升国家治理能力的历史作用——以日本环境会议为例》,《鄱阳湖学刊》2021年第6期。

[35] 顾鸿雁:《人地共生:日本乡村振兴的转型与启示》,上海社会科学院出版社2021年版。

[36] 田毅鹏:《东亚乡村振兴的社会政策路向——以战后日本乡村振兴政策为例》,《学习与

探索》2021年第2期。

［37］时晨：《"创意农村论"视角下的乡村振兴路径分析——以日本德岛县神山町为例》，《河南科技学院学报》2021年第5期。

［38］丛晓波：《现代日本乡村振兴政策推进及乡村治理》，《学习与探索》2021年第2期。

［39］宋海朋、张蔚文：《地方创生：日本应对人口减少的经验与启示》，《宏观经济管理》2021年第7期。

［40］管纪龙：《日本当代社会问题研究与评析》，上海交通大学出版社2021年版。

［41］姚逸苇：《日本校园欺凌治理模式的历史变迁研究》，《外国教育研究》2021年第10期。

［42］沈洁：《家务劳动再分配的政策探索——日本"高龄女性贫困"问题的反思》，《妇女研究论丛》2021年第1期。

［43］胡澎：《日本的"过劳"与"过劳死"问题：原因、对策与启示》，《日本问题研究》2021年第5期。

［44］郭佩、胡澎：《2020年日本社会："新冠"疫情的影响》，载杨伯江主编《日本研究报告（2021）》，社会科学文献出版社2021年版；王瓒玮：《从2020年年度汉字和新语、流行语看日本社会与国民心态》，载杨伯江主编《日本研究报告（2021）》，社会科学文献出版社2021年版。

［45］丁英顺、赵明：《人口老龄化背景下日本延迟退休政策探析》，《日本研究》2021年第4期。

［46］杨爽：《东亚福利体制中儿童照顾的福利态度——基于国际社会调查项目数据的比较分析》，《北京社会科学》2021年第6期。

［47］田香兰：《困境与发展：日韩社会保障制度改革研究》，《日本研究》2020年第4期。

［48］王光荣：《日本和韩国乡村振兴进程中的社会建设经验》，《东北亚学刊》2021年第6期。

［49］冯川：《日本"一村一品"运动的推动机制与农村社会自主性》，《世界农业》2021年第10期。

［50］郑军、郭晓晴：《农村互助养老社会基础的新制度主义探索：中日比较及启示》，《山西农业大学学报（社会科学版）》2021年第6期。

［51］黄冠：《日本长照保险体系建设经验及其对中国的启示》，《日本问题研究》2021年第6期。

［52］余晖：《老龄化社会进程中博物馆的职能拓展》，《东南文化》2021年第2期。

［53］史迈、沙思廷：《社会协作模式：应对福利服务中"夹缝问题"的日本经验》，《中国科学院院刊》2021年第10期。

［54］陆薇薇：《父权制、资本制、民族国家与日本女性——上野千鹤子的女性学理论建构》，《开放时代》2021年第4期。

# 2021年日本文化研究综述

张建立*

2021年度,新冠肺炎疫情在很多国家和地区仍然未能得到有效控制,日本亦如是。新冠肺炎疫情不仅对国际秩序及各国国内政治经济等产生了重大影响,也对人们的思想意识、社会心理等造成了很大冲击,引发了人们对人与自然、人与人之间的关系,社会制度等问题的深入思考。这也自然成为国内外日本文化研究者关注的重点问题。

## 一、2021年日本文化研究概况

"文化"一词,在不同学科和不同背景下,有着多重含义,其定义甚至多达上百种。从广义来看,如果本书中所设的学科综述项目"政治""外交""战略"均添加后缀"文化",则皆可纳入文化领域来探讨了。"历史""文学"等更是往往被理解为狭义的文化内容。乃至美国著名国际政治学者亨廷顿干脆从纯主观角度将文化界定为"一个社会中的价值观、态度、信念、取向以及人们普遍持有的见解"。[1]具体到日本文化而言,日本政府于2017年6月23日修订并颁布实施的《文化艺术基本法》对日本文化内容进行了明确的归类。虽然仍存有一些语义含混之处,但内容相对具体,值得参考。该法律第八条至第十三条将日本文化内容细分为"艺术""艺能""生活文化""国民娱乐""文化遗产"五大类。其中,将"艺术"再度分成两类:一类是第八条规定的"文学、音乐、绘画、摄影、戏剧、舞蹈等除了媒体艺术之外的其他艺术";另一类是第九条规定的"媒体艺术",包含"电影、漫画、动画、利用电脑及其他电子机器等的艺术"。将"艺能"也分成两类:一类是第十条规定的"传统艺能",包括"雅乐、能乐、文乐、歌舞伎、组舞等日本自古以来传统的艺能";另一类是第十一条规定的"讲谈(评书)、落语(单口相声)、浪曲、漫谈、漫才(对口相声)、歌唱等除了传统艺能之外的其他艺能"。第十二条规定了"生活文化"的内容,具体包括"茶道、花道、书道、食文化及其他与生活相关的文化"。"国民娱乐"的内容具体包括"围棋、将棋及国民的其他娱乐,以及普及甚广的出版物与唱片等"。第十三条规定了"文化遗产"的内容,包

---

\* 张建立,中国社会科学院日本研究所研究员,中日社会文化研究中心副主任,主要研究方向为日本文化、社会思潮、日本国民性。

括"有形、无形文化遗产及其保存技术"。鉴于以上考量，关于2021年日本文化研究的综述，为避免与本书中其他学科综述章节重复，本文将主要限定在对以下研究成果进行述评：题目中明确含有"日本文化"字样的论著、在日本文化研究机构主办刊物上发表的研究成果、与日本《文化艺术基本法》中明确列出的日本文化内容相关的研究成果，以及日本哲学思想研究成果等。

### （一）2021年度国外日本文化研究最新动态

因学力所限，本文无法对国外日本文化研究成果进行较为全面的述评。在此，仅通过对位于日本京都的国际日本文化研究中心的研究情况，以及日本国立国会图书馆杂志文章索引中收录的一些日本文化相关研究成果进行概述，为学界了解2021年度国外日本文化研究最新动态提供一些线索。

国际日本文化研究中心是一个综合性研究日本文化的学术机构。该中心除了培养日本文化研究方面的博士研究生以外，主要功能是通过设立多种类历时三年以上的日本文化领域科研课题，组建由日本国内外相关日本文化领域的学者构成的国际化科研团队开展研究。因此，该研究机构也就自然成为海内外学界了解日本文化研究动态的主要窗口之一。

由国际日本文化研究中心主办的刊物《日本研究》每年刊发两期，每期刊发研究论文5篇。2021年度，受新冠肺炎疫情的影响，人与大自然如何共生、动物保护、医药等问题成为日本学界探讨的热点问题。《日本研究》虽然刊文数量有限，但还是尽可能地从文化角度对当前热点问题进行关注。2021年3月31日发行的《日本研究》第62期，在前文以及封底部分特意以彩绘插图的形式介绍了该中心"宗田文库"收集的日本江户时代旅途用药物图片、生药交易凭证及贝原笃信著《大倭本草》（1709）等汉方本草类书籍。2021年10月29日发行的《日本研究》第63期的5篇研究论文中，有两篇就是专门探讨与动物保护相关的论文，即广田龙平的《作为巫师－狩人的动物——民间故事中的妖狐故事的结构分析》与春藤献一的《动物保护管理行政中关于猫的登记与捕获》。其中，春藤献一的论文对日本1973年首次颁布实施的《关于动物保护及管理的法律》的目的、经过及基于该法律展开的"动物保护管理行政"的一些特色举措进行了梳理分析，为现代人们思考如何与动物、大自然相处提供了一定的启发。

从该中心2021年度在研的各种项目，重点研究、基础研究类课题等来看，基本上是2020年度研究内容的延续。除了在研究方法上依旧注重研究成果的数据化、影像化，在研究视角方面较为注重国际视野特别是东亚视域下的日本文化研究之外，自2019年开始该研究机构已经愈发注重现实问题研究。这一特点一方面在重点研究课题上表现得很明显，小松和彦所长主持的课题"通过大众文化的历时性与国际比较研究开创新的日本形象"，旨在服务于日本国家文化战略；大塚英志教授主持的课题"作为'运动'的大众文化"，更是把大众文化理解为一种自上而下或自下而上的政治运动，明确宣称其课题要与既往那种撇开政治来研究大众文化的做法决裂，主张从政治视角去研究文化。[2]另一方面，在该机构的主办刊物《日本研究》中也开始刊发探讨日本军事安保举措与国际政治理论之间关系的论文，如2021年10月29日发行的《日本研究》第63期中，就以研究论文的形式刊发了张帆的论文《冷战后期的防卫论争与日本式的现实主义》。[3]

当然，作为国际日本文化研究中心的机关刊物，自然也会注意到如何体现该机构的研究特色，即在保持对日本传统文化研究的基础上，积极刊发反映具有机构特色的国际文化比较研究成果。例如，在《日本研究》第62期不仅刊发了关于日本传统文化研究的野村育世的《关于有田陶瓷器创始者百婆仙的基础研究》、SMUTNY祐美的《范礼安的宣教方针与利休的侘茶》，还刊发了探讨日本文化海外传播的大野Robert的《〈土佐日记〉英译事始——哈里斯的业绩》、关于传统宗教的龟山光明的《着眼于近代日本的戒律言说与实践——明治中期的释云照的十善戒实践论》、关于近代中日文化交流的山村奖的《近代日本的"人格"的含义——从修养与阳明学的关系视角》。[4]

另外，统览日本国立国会图书馆杂志文章索引中收录的在其他一些学术杂志发表的日本文化相关研究内容，也呈现如上三大类特点，这也愈发显现出京都国际日本文化研究中心的刊物《日本研究》刊文的代表性。探讨人与动物、大自然关系的论文，如奥野卓司的《关于作为现代日本文化的"鸡与人的关系"考察（后编）》。探讨社会思潮热点问题的论文，如小野耕资的《基于风土与共同体的经济（22）岸田政权能否摆脱新自由主义？》。探讨传统思想文化的论文，如《特集 日本文化中的生与死》中，围绕日本文化的生死观问题组织座谈并刊发了7篇论文，分别从哲学、宗教、历史、文学等方面进行了深入探讨。也有探讨中日间文化交流的论文，如长谷部茂的《礼的古典含义与现代解释：日本未能吸纳的中国文化的核心内容》、陈睿垚的《从日本古代对律的接受与运用看礼制的受容：以名例律为中心》，等等。[5]

## （二）2021年度中国国内日本文化研究最新动态

2021年度中国的日本文化学科方面发表的研究成果，基本涵盖了日本《文化艺术基本法》中所规定的日本文化五大类"艺术""艺能""生活文化""国民娱乐""文化遗产"，但具体的研究内容则又各有侧重。

关于日本"艺术"的研究，无论是对被归类为"媒体艺术"的漫画、动画，还是其外的音乐、绘画等艺术，都比较注重从跨文化传播的视角开展研究。如丁莉《绘画东传与古代日本的文化受容——"书籍之路"与绘画》（《日语学习与研究》2021年第3期）、张雅《论19世纪日本浮世绘对欧洲绘画的影响》（《美术教育研究》2021年第18期）、覃玛希《日本动漫"拟人化"热潮对中国游戏产业发展的启示》（《文化创新比较研究》2021年第12期）、龚傲雪《浅析日本动漫在中国的跨文化传播》（《传播与版权》2021年第3期）等。另外，关于日本音乐的研究既有对历史的关注，亦有对当下的观照。如《南京艺术学院学报（音乐与表演版）》2021年第1期刊发的石嘉、袁建军的论文《明治时期日本音乐教育近代化改革研究》对日本明治时期创办公立、私立音乐学校培养新式音乐教师，政府和民间积极编译新式音乐教材助于新式音乐教育的推广，改良本土传统乐器、推广西方新式乐器等音乐教育改革举措进行了梳理，并对日本音乐教育近代化改革在明治后期受到国内极端民族主义和军国主义的影响，一度偏离近代化改革方向等问题进行了考察。《南京艺术学院学报（音乐与表演版）》2021年第3期刊发的王格格的论文《战时日本在华音乐活动述论》，围绕学界目前尚未系统研究的二战时期日本在华音乐活动内容、形式及特点等进行考察，厘清了贯穿日本侵华始终的侵华歌曲征集与宣传活动的脉络，揭示了其音乐内容宣扬日本军国主义，麻痹日本军民精神，在伪满及沦陷区大行音乐"宣抚"，利用音乐为其侵华行径及殖民统治正名，毒害沦陷区民众思想，致使沦陷区的音乐陷入畸形发展等消极作用。此外，该文还介绍了日本反战同盟战士与侵华音乐活动针锋相对开展的反战音乐活动，对有效激发日本官兵厌战、惧战、反战的情绪，以及对推动日军受降工作所发挥的积极作用。该文还指出，日本人以音乐为精神武器，发动对华文化侵略攻势的同时，"九一八事变"后中国的抗日救亡群众歌咏运动，以及以大后方和沦陷区专业作曲家群体为代表的艺术音乐创作，在血与火中发出正义的呐喊，写下了20世纪中国音乐史上最为激动人心的辉煌篇章。在抗日战争文艺研究中，抗战音乐与侵华音乐间的历史关系，亟待进一步深究，以期深化对以音乐活动为代表的侵略与反侵略文艺战线斗争的认识，进一步揭示日本侵华战争背景下音乐与战争的互动关系。

此外，由中国传媒大学音乐与录音艺术学院创办，旨在汇聚国内外相关领域的跨学科研究成果与前沿实践经验的《音乐与声音研究》辑刊第1期于2021年3月出版，其中收录了中国传媒大学传播研究院邓天奇博士的论文《从轰动到式微：日本流行音乐跨文化传播路径研究》，该文首先针对过往的日本流行音乐跨文化传播研究多将日本流行音乐形塑为"完美的他者"，对其分析往往停留在跨文化传播的成功之处，未能结合当代政治、经济变化的新语境等问题，通过考察日本流行音乐的本体特征，明确了"日本流行音乐的杂合化"与"视觉中心主义"两大核心要素，得出日本流行音乐跨文化传播的具体成功途径。其次，该文还探讨了日本流行音乐的国际影响力相对式微这一问题，指出日本文化兼具的"开放性"与"封闭性"这一鲜明二元性在音乐领域也表现得极为突出，相较日本此前对待西洋音乐的开放态度，近年来日本在音乐的跨文化传播上显得极为封闭，执着于小众音乐的产制与传播。无论是歌手个人还是整个产业界，都显示出跨文化传播的后劲乏力。再者，作者指出在互联网世界迅速发展这一背景下，日本过分严苛的版权制度已经不能适应以"共享"为核心的互联网思维，从而成为日本流行音乐跨国传播的枷锁。虽然追求全球化可以在很大程度上避免跨文化传播的"文化折扣"，但也带来了音乐文化民族性的稀释。最后，该文还提出了一个值得深入探讨的问题，即日本现阶段流行音乐国际影响力式微的根本原因究竟在于其音乐创作愈加强调"自我"而导致文化传播呈内化趋势，还是更应归于当代日本流行音乐产业背后的国家政策、资本力量等宏观政治、经济问题。

关于日本"艺能"的研究，无论是对"雅乐、能乐、文乐、歌舞伎、组舞"等传统艺能，还是其外的"讲谈（评书）、落语（单口相声）、浪曲、漫谈、漫才（对口相声）、歌唱"等艺能，大概是囿于语言能力，国内学界一直很少有人关注该领域，有限的研究成果则多是侧重传统艺能中的"能乐"研究。通过研读李玲的论文《日本能乐研究史述略》（《戏曲研究》2020年第4期）可知，日本能乐包括"能"与"狂言"两种戏剧表演形式，从古至今，无论是案头文献还是场上表演，当两者共处能乐一个整体中时，占主导地位的是能，狂言为次。从14世纪室町时代观阿弥、世阿弥改革完善这一假面歌舞表演艺术之时，一般称之为"猿乐"或"申乐"。明治维新后，能乐失去幕府及藩主支援迅速衰微，艺人四散。代表大名旧有势力的华族为复兴能乐，创立"能乐社"，此时开始将"猿乐"或"申乐"改称为"能乐"。"能乐"虽然已经有600余年的历史，但对"能乐"的学术研究历史并没有我们想象的那么漫长，学术界一般将历史地理学者吉田东伍（1864—1918）校注出版的《世阿弥六部集》视为对"能乐"开展学术研究的历史起点。从1909年吉田东伍发现世阿弥传书至今百余年间，日本国内"能乐"研究在学术论著的积累、专业研究机构的设立、创新性研究人才培养等方面都取得了非常大的进展。

中国学界相关研究虽然较少，但偶尔问世的一些研究论著总会对推动"能乐"研究做出重要学术贡献。例如，关于能乐如何从准戏剧走向戏剧的问题，《外国文学评论》2021年第2期刊发的张哲俊的论文《从元曲到能乐：日本五山诗文作为津梁》就为深入探讨该问题做出了很大学术贡献。能乐是在唐朝传入日本的散乐基础上发展形成的日本代表性戏剧。但散乐至多是准戏剧，能乐如何从准戏剧走向戏剧，一直是学术界无法解决的难题，因为至今未能找到能乐走向戏剧的关键因素。能乐完全产生于日本本土的可能性是存在的，但能乐与宋元杂剧存在太多的相似因素。除此之外还有两个巧合，一是在东亚古代文学中早于能乐的戏剧形式只有宋元杂剧，二是日本五山文学与元曲、能乐都有接触，可以为能乐传递元曲戏剧形式的信息。该论文通过缜密的文献考察指出，如上种种巧合表明能乐与元曲通过五山文学产生过交流，能乐或许因此从准戏剧走向了戏剧。

此外，也有学者受韩国学者李御宁的日本国民性研究成果影响，[6]从民俗信仰的影响和审美情趣的转变出发，对能乐等传统艺能假面的演变成因进行了探讨，如冯淼的论文《日本艺能假面的"缩小"现象》（《北方工业大学学报》2021年第2期），通过对日本艺能假面的"缩小"文化现象的分析，对其背后隐含的日本人孜孜以求"形小而质高""形浅而意深"的国民性特点进行了论述。也有对能乐发展史上重要人物的研究，如邵雪萍的论文《日本南北朝时代能乐作家、演员观阿弥》(《戏剧文学》2021年第9期),还有文章从文化传承及跨文化传播视角来研究能乐,如黄成湘、吕佳悦的论文《非遗保护视野下刘三姐歌谣传承和发展再探索——以日本能乐的传承模式为借鉴》(《文化与传播》2021年第3期)、陈锦的论文《从中日传统剧种演变与现状看两国文化交流之意义——以中国傩戏与日本能剧的传承发展为例》(《丝绸之路》2021年第4期),等等。

关于日本"生活文化"的研究,2021年学界虽然对日本花道、书道及食文化等关注很少,但对位列"生活文化"之首的日本茶道的研究成果颇多,可谓是一个学术研究热点,该问题将在下文中予以详细介绍。关于围棋、将棋以及国民其他娱乐的研究,2021年度有几篇会议论文发表,但没有太多值得评述的成果。关于日本"文化遗产"的研究,近年来天津社会科学院胡亮等学者的研究成果值得关注。文化遗产的开发与利用对于国家和地方发展的重要性不言而喻,因为文化遗产是具有较高价值的经济资本和文化资本,人们可以通过遗产开发、遗产消费获得现实的经济利益,通过文化资本增强文化自觉意识,通过共同的历史记忆建构并强化身份认同。《东北亚学刊》2021年第1期刊发的胡亮、朱海滨合著的论文《日本文化遗产活用策略》指出,遗产是一种"被选择的历史",遗产"被选择"的一个重要目的就是建构历史、国家和民族的认同感。该文特别强调了文化遗产对建构和强化身份认同的价值,是一项颇具新意的研究成果。

国内学界除了关注日本《文化艺术基本法》中明确规定的日本文化内容外,还有学者对《文化艺术基本法》本身进行了研究。例如,周超的论文《文化艺术领域的"部门宪法":日本〈文化艺术基本法〉研究》(《南京艺术学院学报(美术与设计)》2021年第2期)对日本《文化艺术基本法》的立法过程、核心内容及其与文化艺术领域诸多部门法律之间的关系,进行了深入而又较为系统性的探讨。还有一些学者对日本的文化政策、文化战略进行了研究。日本文化战略研究是近年来中国的日本文化研究者较为关注的研究领域。这也是中国的日本文化研究出现的一个重大变化。既往的研究大多只注重静态勾勒日本文化特色,或者是探讨日本文化如何吸纳外来文化来完善自身等问题。随着文化软实力、酷实力、文化权力等概念的普及,中国的日本文化研究者也开始关注日本文化在日本国家战略目标选择、国家战略方针、战略实施方式以及提升日本国际形象等方面的作用。日本文化战略涵盖的内容是一个包括文化产业、政治文化、社会整合、文化外交等在内的相互联系的有机系统。在2021年日本文化研究中,日本文化战略自然也成为受关注内容之一。如马臻郲的《日本"文化立国"战略与21世纪新国立剧场的目标及实现》(《艺术教育》2021年第10期)对日本"文化立国"战略在舞台艺术领域的影响进行了探讨;邹海燕的《浅析日本文化行业战略及其实施路径》(《产业创新研究》2021年第17期)对日本在挖掘其文化价值、有效塑造文化产品的品牌形象、拓宽日本文化产品营销途径等方面的举措及存在的问题进行了剖析。

关于日本哲学思想的研究成果，有少量关注日本当代艺术文化思想的研究，如马子昂的论文《日本治愈系电影的叙事策略与美学思想》(《传媒论坛》2021年第2期)，以近年来受到越来越多人喜爱和关注的《小森林》《流浪猫和老师》《步履不停》等日本治愈系电影为例，探究它们在叙事上的策略与路径，解读治愈系电影在表现生活空间和生存空间的美学意味，指出虽然日式治愈系电影目前没有清晰的类型界定，但其情感表达与叙事特色也能在不同文化背景下的电影人文市场形成很好的情感共鸣，同时对亚洲电影话语体系的建设有着非常好的促进作用。日本治愈系电影非常注重人物内心情感的建设，追求人与自然的融合，在面对世俗的困顿时，总善于向心灵发问，去寻找最朴真的答案。这在后工业时代犹如一股清流，顺应审美的潮流，倡导一种以审美的方式获得实现的诗意人生。也有一些探讨日本哲学理念对现代人生活的指导作用的论文，如桑加－库马尔（Sanjay Kumar）的《生趣（Ikigai）和侘寂（Wabi-Sabi）——日本哲学理念的管理启示》(《清华管理评论》2021年第11期)。还有探讨西方哲学思想等与日本生活文化理念共通之处的论文，如谢琼、蒋倩、汤浩的《美食的艺术设计思想——包豪斯设计思想在日本料理中的体现》(《大众文艺》2021年第23期)，对在艺术设计领域与现代设计教育领域做出巨大贡献的德国包豪斯设计思想在日本料理中的体现进行了比较研究。

另外，2021年学界发表的日本思想研究论文，大多是侧重形成论视角的日本思想史研究成果，其作为一个研究热点，在下文中再予以详细介绍。

## 二、2021年日本文化研究中的热点问题

受新冠肺炎疫情影响，2021年人们比较关注社会思潮的动向。如关于新自由主义思潮问题，在新冠肺炎疫情常态化背景下，自20世纪80年代以来日本不断深化的新自由主义性质企业雇佣形态改革弊端凸显。日本民众对新自由主义怨声载道，日本朝野对新自由主义的反省、批判也是越来越强烈，最终令现任日本首相岸田文雄承认新自由主义是导致日本社会贫富差距扩大的元凶，并倡导推行新资本主义来替代新自由主义。由东京大学教授吉见俊哉编著、奚伶翻译的《平成史讲义》（东方出版中心，2021年2月）一书中的第七讲、第八讲、第九讲，对平成时代的代表性社会思潮"社会自由主义""新自由主义""民族主义""战后和平主义"的演变、成因及展望等进行了剖析。张建立的论文《新冠疫情常态化背景下日本新自由主义改革的新动向》(《东北亚学刊》2021年第3期)、张梅的论文《新冠肺炎疫情以来日本左翼对资本主义霸权的批判性反思》(《世界社会主义研究》2021年第12期)等也对该热点问题进行了分析。刘金的论文《日本文化民族主义的形成——基于吉备入唐说话的流变》(《日语学习与研究》2021年第5期)，从中日文化交流史的角度探讨了日本文化民族主义的成因等问题。

2021年日本文化研究中的热点问题,既有如上这种对现实社会生活的密切关注,也有对基础研究方面的深入探讨,其主要体现在:对日本"生活文化"茶道的研究,关于日本人自我认知、对外认识和中日间文化认同等国民性问题的研究,以及侧重形成论视角的日本思想史研究等方面。

**(一)关于位列日本"生活文化"首位的茶道的研究**

日本《文化艺术基本法》第十二条规定了"生活文化"的内容具体包括"茶道、花道、书道、食文化及其他与生活相关的文化"。茶道不愧位列"生活文化"之首,不仅每年都会受到茶文化研究领域学者的关注,还在2021年引发一些日本哲学、日本文化研究领域资深学者的关注。

《北方工业大学学报》2021年第1期刊发的中国人民大学哲学院教授、中国人民大学茶道哲学研究所所长李萍的论文《论日本茶道的现代性》,通过追溯明治维新后日本思想界接受西学、日本社会开启文明开化带来的社会思潮变迁,对日本茶道的现代性进行了剖析。该文指出,日本茶道因其古朴的仪式、冗长的程序和严格的传承体制等仪轨或程式而被视为古老文化传统的遗存。然而,日本茶道虽然有某些古代的内容,但这些古老内容的分量已经大大下降,即便留存下来的古老内容也采取了迥异于古代的表现形式,换句话说,日本茶道不过是"发明"的传统。日本茶道古代称为"茶之汤",千利休时称为"侘茶",明治维新后出现了"茶道"这一全新的提法。在内容上,日本茶道不只是传统"茶之汤"或"侘茶"的延续,还吸收了西方引入的现代思想,包括个人意识、主体觉醒、文明教养等。20世纪80年代以来,茶道又成为当代日本的国家名片和文化软实力,开始向海外大力传播。总之,日本茶道是"发明"的传统,是适应现代性的产物。日本茶道现代性集中体现在两个方面:其一是国民层面的个体崛起,这反映了独立的个体寻求自我认同和身份归属,即个人意识、主体觉醒方面的探索;其二是国家层面的文化软实力,这意味着日本国家治理的现代化和民族自我形象的重新塑造,国民整体的文明教养水平又提升了日本的核心竞争力。在《论日本茶道的现代性》结语部分,作者进一步强调,我们还必须充分认识到日本茶道具有一个深刻的矛盾:日本茶人反复告诉人们,日本茶道是日本文化独特性的体现,是日本古老文明的产物,日本茶道似乎就是古老、恒常的,但若仅仅从古代传统文化角度考察就永远无法理解今天的日本茶道!其实,"茶道"这个词就是个全新的词汇。在室町时代,人们称之为"茶汤";到了江户时代,注入了精神修养的含义;到了明治时代,将习茶视为需要用心体会的"道",从而提出了"茶道"。对"茶道"的描述定型化发挥重要作用的正是被称为"家元"的人们。该文认为,要理解日本茶道,确实有必要了解日本茶道的历史和过去。然而,历史和过去的日本茶道只占今日日本茶道的很小一部分,日本茶道呈现于今人面前的不过是不断发明、重新诠释的传统,它是活的"新"传统,并没有"六百年恒常不断""无数人始终如一坚守"的固定茶道,日本茶道是在不断嬗变、反复淬炼中延续的。《论日本茶道的现代性》一文将日本茶道置于东西方哲学思想交流史的大视域下进行解析,气魄恢弘,拓展了今后日本茶道研究的视野。正所谓识者所见略同,《日本问题研究》2021年第4期刊发了中国社会科学院日本研究所研究员崔世广的论文《茶道的特质及其在日本文化中的角色》,亦呼吁对包括茶道在内的日本文化研究,应该拓宽研究视野,将个别现象放到日本文化的整体结构中进行考察,超越"事实"追求"真实",避免只见树木不见森林。该文指出,随着中日文化交流和中国日本文化研究的日渐深入,学术界出现了不少介绍和研究日本茶道的相关论著。现在,茶道是日本文化的代表,似乎已在不经意间成为人们的一种主流观念。但是,如果深入考察一下就会发现,将茶道这种具有隐逸性质、"非日常性"的文化视为日本文化的代表的说法,似乎很难成立。并且,茶道所提倡的所谓"空寂""闲寂"的美学精神,也很难说是日本人的主流审美意识,因为这与日本人日常生活的基本态度存在着明显的距离。人们的认识之所以出现这样的乖离,与到现在为止的茶道研究不无关系。现有成果虽然考察了日本茶道的历史,但鲜有对日本历史中的茶道的考察;虽然有深入分析日本茶道文化的成果,但罕见对日本文化中的茶道的分析。基本上是就茶道论茶道,而欠缺将其放到日本历史的大背景下和日本文化的整体结构中进行探讨。也就是说,中国学术界关于日本茶道文化的研究似乎缺乏两个视角,即日本历史的视角和日本文化整体结构的视角。将茶道放到日本历史背景中考察,会发现其形成于日本室町时代中后期到安土桃山时代,是乱世的产物,有着明显的隐逸倾向。茶道具有非日常性、社交性、礼仪性和精神性等特质,在日本文化的整体结构中居于支流位置,故很难将其称作日本文化的代表,"空寂""闲寂"的审美意识,也不可能是日本人的主流审美价值观。

如上两位日本哲学、日本文化研究领域资深学者关于日本茶道研究的学术见解以及关于日本文化研究的学术倡议,相信一定会引发很多同道共鸣,但具体到中国国内日本茶道研究现状而言,其实一个更为现实的问题是,现有研究成果,即使是就茶道论茶道,恐怕连日本茶道很多基本事实都没有搞清楚。例如,究竟何谓日本茶道?其形成的标志是什么?"侘茶"之称呼究竟起于何时?至少从现存文献看,不能判定是起于千利休时代。"茶道"一词早在8世纪就已经出现于中国茶道文献,17世纪中后期就已经见诸日本茶道文献,显然亦非明治维新后才出现的全新提法。日本茶道发展史上的一位重要人物,一度被称为日本茶道始创者的村田珠光,其生卒年本不可考,但无论是在一些资深学者还是茶文化爱好者的文章中,都毫无质疑地将其生卒年标示为"村田珠光(1423—1502)"。诸如此类不再细举。总体而言,中国学界关于日本茶道的研究,因对日本学界的茶道文化前沿研究动态缺乏关注,加之对日本茶道基本史实不求甚解,故虽研究者众多,但其成果的学术贡献与研究热度恐难成正比。

比较而言,日本茶道文化史学研究者更倾向于如何先把日本茶道相关基本史实搞清楚再论其他。《农业考古》2021年第2期刊发的日本东海大学教授顾雯与武汉大学茶文化研究中心研究员宋时磊合著论文《"茶器名物记"文献与日本茶道的成立——以镰仓到江户时代为中心》，可谓是探讨日本茶道基本事实的一篇最新力作。日本茶道史上的有关茶道具专著，亦被称为"茶器名物记"，对日本茶道的成立具有独特价值。该文通过对21部日本古典茶书文献的翔实考证和解析指出，从镰仓到江户的有关茶道具记录，即"茶器名物记"可分为三个阶段。这三个阶段中，茶道具从附属于"唐物""御物"的室内书院装饰物记录的时代，走向作为"茶器名物记"单独列项成为专集的阶段，标志着日本茶道的创立。16世纪的日本战国时代，天下大乱，武将中群雄辈出，胜者举办茶会，展示所谓"名物道具"，威示天下，招待宾朋，评功论赏。江户时代，随着茶道具的创新，"茶器名物记"走向多样化、个性化的同时，又形成了以"唐物"为中心的"大名物"与以"和物"为中心的"中兴名物"的继承和延续。"茶器名物记"的传承，为日本茶道的成立提供了基础和条件，不仅提供了有关日本茶道具鉴定和鉴赏的资料，还揭示了日本茶道的成立和发展轨迹。该文以"茶会记"和"茶器名物记"的出现作为日本茶道成立的标志，其观点虽然值得商榷，但立论有据，相较于盲从既往所谓的日本茶道史共识而发表的研究成果，其学术贡献更大一些。此外，还有一些关于日本茶道构成要素的研究成果，如邱爱林的论文《日本茶道与茶庭浅析》（《福建茶叶》2021年第2期），纯道的关于日本茶道具的系列论文《日本茶道中的唐物茶壶》（《茶博览》2021年第9期）、《日本茶道中出现的彩绘花入》（《茶道》2021年第11期）等等。其实，不仅仅是茶道，包括日本《文化艺术基本法》第十二条规定的"生活文化"中的花道、书道、食文化研究在内，之所以被归类命名为"生活文化"，大概也在暗示学者们，如果缺乏对其深入的实践体验，仅凭借文献进行考察推理恐怕很难得出有见地的结论，尤其是面对学界当前关于日本茶道基本事实尚存以讹传讹不甚明了的现状，多关注一些微观层面的扎实考证，对有效推动包括茶道在内的日本文化研究似乎更切实可行一些。

**（二）关于日本人自我认知、对外认识以及中日间文化认同等国民性问题研究备受关注**

对日本文化不同领域的研究论文，都会不同程度地提及日本人的自我认知、对外认识以及中日间文化认同等国民性问题。有些论著更是围绕该内容展开了明确的论述。

关于日本人自我认知方面的研究，代表性论文如牟伦海的《占领初期日本"文化国家"构想中的国权与民权论争》（《日本学刊》2021年第4期），该文指出，占领初期的"文化国家"是由日本自主提出的比占领改革更早的国家重建理想形态。然而看似高度一致的"文化国家"背后则是围绕"文化国家"是什么以及应当如何实践的问题，在政治实务界及思想家中形成了保守派与进步派之间的对立。这种对立背后反映的是两条完全不同的战后日本国家重建道路，即以延续近代"国体"为目标的国权至上论与以民众思想启蒙为目标的民权至上论。

关于日本的对外认识问题，熊淑娥著《明治时期日本的对外认识》（知识产权出版社，2021年10月）一书，立足"明治"这一时代背景，聚焦幕末维新、岩仓使节团的欧美考察、明治启蒙运动、中日甲午战争等影响深远的历史事件，基于翔实的史料，深入分析了日本人独特的文化心理，详细考察了明治时期日本人为近代日本挣脱西方国际秩序束缚、争取与欧美国家平等国际地位的努力和实践，同时揭示了其对外认识的特征与本质，进一步明确了明治时期日本人的思维理路和逻辑结构，力图还原明治时期日本人的思想面貌，对了解日本社会的发展脉络既具有历史意义也具有重要的现实意义。

关于中日间文化认同问题，上海财经大学外国语学院教授陈月娥著《从文化苦旅到凤凰涅槃：日本汉字问题与语言政策研究》（中国社会科学出版社，2021年9月）一书，从社会语言学与历史学、政治学相结合的跨学科视角，考察了日本汉字问题如何形成、发展和演变，探讨了日本国内外因素和社会思潮之于汉字问题以及语言政策的影响，剖析了日本汉字政策与日本民族意识、国家利益、价值取向和文化认同的关系。汉字在日语和日本社会中占有重要地位，并且于一定程度上反映了日本文化的进展情况。汉字的表意性很高，凭借独特的字形结构，汉字有时除了表面上的含义，还能够给人以情感上的体验。随着社会的发展，汉字语义的抽象化明显体现了社会的进步。乔铭的《文化视域下汉字在日本的发展及其社会性探究》（《文化创新比较研究》2021年第32期）、林兴蕊的《汉字对日本文化的影响》（《语言文字学术研究》2021年第3期）、孙鹏的《中国古代典籍对日本文化发展的影响——以〈论语〉和唐代中国典籍的传入为例》（《长春师范大学学报》2021年第7期）等论文，亦就该问题进行了探讨。

另外，美籍华裔历史学家、威廉玛丽学院历史系教授韩清安著的《横滨中华街（1894—1972）：一个华人社区的兴起》（尹敏志译，社会科学文献出版社，2021年9月）一书，利用当地报纸、中日两国政府的记录、回忆录，以及直接从横滨居民口中采集的信息，讲述了在战争与和平时期，中国移民如何在一个相对单一民族国家中找到一个持久位置的故事。这一研究对中日身份认同的建构和中国移民定居的问题做出了重要贡献。中国社会科学院大学学者韩旭的《日本移民问题和文化冲突》（《公关世界》2021年第2期）、中国社会科学院日本研究所李书琴的《日本社会丝绸之路文化认同的形成与中日交往的时效》（《日本问题研究》2021年第5期）等论文，都对该问题进行了不同程度的探讨。近些年，也有一些学者尝试从日本文化中对中国历史空间认识的视角来探讨上述问题，如古都洛阳在日本是一个特殊的存在，不仅在日本社会文化中处处留有洛阳印记，日本文学中也长期存在"洛阳书写"，而且，日本近现代学术界也曾将研究焦点聚集于洛阳并形成"日本洛阳学"。日本社会对洛阳的长期关注源于古代中日交流史上洛阳所占据的原点性地位，以及洛阳在中国文明传入日本的过程中所起到的关键性作用。通过长期的历史交汇与文学想象，洛阳在日本文化视域中形成典雅与神秘并存的古都形象，为日本洛阳学的形成积累了广泛的社会基础。黄婕的论文《日本文化视域中的洛阳》(《洛阳师范学院学报》2020年第12期)对该问题进行了细致的考察。《芜湖职业技术学院学报》2021年第3期又刊发了宋波、张璋的论文《论古代日本文化语境中的南昌文化风貌》。这些成果对于探讨重构当下中日间文化认同路径问题均具有一定的启发意义。

### (三) 侧重形成论视角的日本思想史研究成果丰硕

这类成果又可以细分为三类。第一类是探讨中国传统思想文化对日本思想形成与演变的影响的成果。例如，武志勇的论文《老子思想与著作在日本传播的历史》(《湖南大学学报(社会科学版)》2021年第4期)，将老子思想与著作在日本一千四百多年的传播轨迹分为三个大的阶段，详细考察了老子思想对日本方方面面的深刻影响。彭卫民的论文《复归"先王之道"：德川日本古学派"家礼"思想的批判》(《济南大学学报(社会科学版)》2021年第3期)，探讨了德川日本时代摆脱佛教丧葬仪轨束缚，全面继受朱子《家礼》并积极倡导先王礼制中的"古义"思想，将死生观建立在《家礼》仪式的日常实践上，不断将儒家生命礼仪本土化的过程。该论文还指出，以伊藤仁斋、荻生徂徕为代表的古学派知识人主张跳出宋儒"天理之节文，人事之仪则"的礼理一体观，从"道者统名"的角度重新理解"先王之道"与家礼中"孝弟之道"的关系，并试图在批判宋儒礼学的基础上证明华夏儒学道统的"日本化"。古学派通过对家礼思想的本土改造，其本质是要在东亚儒学世界的彼此对视中重新界定"华夷观"，对"他者"文化解构的同时彰显"自文化中心主义"。此外，朱义禄的《论泰州学派对日本明治维新思想的影响——以梁启超〈节本明儒学案〉为中心的考察》(《贵州文史丛刊》2021年第1期)，曾晓霞、韦立新的《儒家经济思想"走出去"之近现代实践——以对日本经济思想形成作用为例》(《商业经济研究》2021年第23期)，高雨清的《儒家女性思想在日本江户时代的传播及其影响——以〈女大学宝箱〉为例》(《西部学刊》2021年11月上半月刊总第150期)等论文，也从不同领域和角度探讨了儒家思想对日本社会的深刻影响。

第二类是探讨日本右翼思潮、对外侵略思想的形成与演变，以及日本知识分子对待历史认识问题思考的成果。例如，李凯航、俞祖成的论文《明治日本"南进论"思想的形成与演变》(《南洋问题研究》2021年第2期)指出，"南洋"对近代日本具有重要意义，而历史上所谓的"南进论"正是凸显这一政治经济利益的重要意识形态。所谓"南进论"是一种起源于明治中期的外交思想。不同于向朝鲜半岛、"满蒙"以及中国大陆进行武力扩张的"北进论"，"南进论"强调经由小笠原岛、琉球群岛、台湾岛而向南洋群岛进行移民与贸易。在明治初年，由于日本自身还是一个弱小国家，随时有被西洋列强侵略、沦为殖民地的可能性，故日本选择了避开与西洋列强以及当时还很强大的清朝竞争，把对外扩张的方向定在了南洋乃至太平洋的"无人岛屿"之上。该论文从明治南进论的理论与实践出发，揭示了明治南进论借助贸易与移民政策，以达到国力扩张之实质的侵略目的。黄春婕的论文《日本学界关于中江兆民后期思想转向研究评析——兼论近代日本对外侵略扩张的思想渊源》（《中外文化》2021年第2期）指出，日本近代民权思想家中江兆民在其晚年倒向了侵略主义，对其侵略主义的思想逻辑及依据的探讨直接关系着近代日本对外侵略扩张的思想渊源这一重要问题。日本学界在探讨该问题时所采取的将近代日本对亚洲国家的侵略列入近代世界殖民侵略史的框架内来考虑，以及从西方近代思想中探寻侵略主义思想源流这一方法及相关解释具有一定合理性的同时，忽视了日本传统思想中尤其是所谓国体思想为煽动日本极端民族主义情绪以及推进对外扩张起到的重要作用。孙立祥的论文《日本右翼势力的思想结构及其百年流变》（《南京社会科学》2021年第11期）指出，日本右翼势力的核心思想伴随着"传统右翼""革新右翼""战后派右翼""新右翼"的代际嬗递，而相应留下了天皇中心主义、法西斯主义、反美反体制主义、历史修正主义的清晰演变轨迹。如果说北一辉等右翼知识分子是日本走上侵略战争不归路的思想元凶，那么中村粲等右翼知识精英就是今天日本向军国主义老路回归的思想导引人。唯有对其思想结构加以深入解剖并就其百年流变进行系统梳理，方能触及日本右翼势力研究的根本，才能掌握其行动规律并从源头上防范日本军国主义的复活。鉴于日本右翼思想仍在毒害日本社会并正导引日本向"二战"前回归，因此有必要推动日本国民在认清右翼思想的历史危害性和现实危险性的基础上，做出是继续盲从还是从此摆脱其思想影响的审慎抉择。林少阳的论文《日本知识分子与战争责任问题：在"战后思想"与"现代思想"之间》（《外国文学动态研究》2021年第5期）指出，欧美（尤其法国）现当代思想自20世纪70年代中期至21世纪初，在日本风行近40年，其时间跨度之大，影响之巨，不可小觑。这一被俗称为"后现代思潮"的新理论，其本土化的、有着一定批判意识的部分，近年则被称为"现代思想"开始在日本学术制度中固定下来，并在日本学术和知识分子思想史中发挥着一定的作用。战后日本知识分子共同的关心，是新日本的再出发，而这一目标对于知识分子来说，与战争责任的追究及历史真相的捍卫息息相关。该文探讨了"现代思想"在战争责任和历史认识问题上与日本"战后思想"之间有着怎样的连续和断裂，这一连续和断裂又是发生在怎样的社会、政治和思想史的脉络中。

第三类是从概念史角度，通过对日本哲学思想中的关键词解析，来探讨日本哲学思想形成与演变的研究成果。如今，概念史研究作为一个学术研究的新视野而备受关注。所谓"概念史"，是指一种基于普遍观念来撰述历史的方式。从概念史的角度来看，概念由词语表出，但比词语有更广泛的意义；一定的社会、政治经验和意义积淀于特定的词语并被表征出来后，该词语便成为概念。概念史关注文本的语言和结构，通过对历史上主导概念的研究来揭示该时代的特征。学者们试图从东西比较的角度，考察西方概念如何被翻译为汉字概念，以及汉字圈内不同国家和地区之间概念的互动关系，由此揭示东亚圈内现代性的异同。[7]概念史的研究对各个学科的逻辑起点，尤其是对基本概念的演绎提出了深刻的质疑。陈晓隽的论文《概念史视野下"日本哲学"的诠释与误读》(《日语学习与研究》2021年第1期)指出，审视迄今为止关于"日本哲学"的学术研究，或是站在日本思想史的观念下的研究，或是站在日本哲学史视角的研究，或是站在东亚思想对话视野下的研究。绝大多数研究是以"日本哲学"的确立为既有目标，探讨近代日本的哲学家们尤其是近代日本最具代表性的哲学家西田几多郎创立"日本哲学"的历程。在这一研究的背后，就是将"日本哲学"把握为"具体的普遍的"问题，认为日本实现了"哲学"的日本化。但如今是深度探究"概念史"的一个时代，来自西方的现代性话语体系的"冲击"成为我们反思这一问题的焦点之所在。如今出现了一种叩问"哲学"的趋向，即来自西方的"philosophy"是否具有普遍性，同时"日本哲学"这一概念是否可以确立，也成为被叩问的对象。"philosophy"在近代日本的传播与解读，存在日本思想家依照所谓的"进步"或者"否定"的自我诠释、依循时代或者国家的必然需要、依据东方文化传统的根本事实而展开诠释的显性特征，同时也存在将"philosophy"把握为"最高的学问"来统辖一切，使"哲学"与近代日本的"国民道德论"结合在一起，把"日本哲学"树立为"真正的自我"之学问的巨大"误读"。若是站在概念史的视角就这一诠释与误读的现象来加以探究，就可以令我们认识到"哲学"在近代东方遭遇的挫折与问题，也有利于我们在审视这一段历史的同时展开主体性的批判。以西周、井上哲次郎、西田几多郎为代表的一批日本哲学研究者，一直保持着自身的主体性思维，或是与传统学问相区别，或是与日本精神相融合，或是以"日本哲学"为目标，进行诠释与解读，实则是"误读"，由此也成就了"日本哲学"的诞生。不过，审视与反思在这一时期所谓"日本哲学"的演绎与转型，一方面，我们需要清醒地认识到不管是西周、井上哲次郎，还是西田几多郎，皆存在借助西方哲学来触发自我本身，以实现日本自身的启蒙思潮、树立国民道德、确立"日本哲学"之目标的深层目的；另一方面，正如德国哲学家马丁·海德格尔与日本京都学派学者九鬼周造就美学概念"粹"而展开的对话一样，东方哲学者和西方哲学者不仅在沟通上存在理解上的错位，也存在过度的诠释乃至误读。最为关键的是日本学者标榜的普遍性的"哲学"在近代日本被曲解、被误读，成为所谓的"日本哲学"诞生的前提，但是"日本哲学"这一范畴却始终难以脱离普遍性与特殊性之间的"悖论"，难以摆脱身份认同的本质性、深层性的"危机"。

此外，《日语学习与研究》2021年第6期还刊发了两篇从抓取日本思想研究的关键词入手，来考察日本思想在东西方思想影响下的演变过程的论文。近代主义在日本战后初期激烈的社会转型中备受文学与思想界的关注，但它首先是一个被日本正统马克思主义者赋予的负面称呼而非自我主张。谭仁岸的《日本思想研究关键词：近代主义》一文，通过内在比较的方式，梳理了近代主义者思考近代化与日本、近代化与主体性之关系时所体现出来的共通特征，考察了马克思主义者和竹内好等人性质不同的近代主义批判，以及近代主义话语在 20 世纪 50 年代以后的演变轨迹，呈现了近代主义这一关键词的来龙去脉。高华鑫的《日本思想研究关键词：共同体》一文指出，日本现代学术与思想中的"共同体"一词，主要是从西方，特别是从德语圈引进的一个概念，它跨越了"二战"前与"二战"后，成为历史学、社会学、文学诸领域的共同话题。马克思主义理论中的亚细亚生产方式问题尤其长期影响了日本学界的"共同体论"。在"二战"前，共同体概念被用于分析亚洲社会的停滞性，在战争期间则出现了对前近代共同体的肯定，但相反的立场反映的是同一问题的两个互相纠缠的侧面。"二战"后初期的主流观点将共同体视为现代市民社会的对立面，但从 20 世纪 50 年代中期开始，在马克思主义理论、历史学和文学领域都出现了对共同体的再评价，这些思考逐渐超越了旧有的亚细亚共同体论的框架。在当代日本，面对资本主义全球化带来的各种危机，如何发现和建构社会的"共同性"仍是需要不断探索的课题。

### 三、2021 年日本文化研究特点

国内外日本文化研究一直呈现文化现象描述与意义阐释、揭示共性规律的宏观体系研究与追求个性细节描述的碎片化研究共存的特点。不断增强的日本文化基础研究成果向智库成果转化的社会需求，对研究者们立足中日两国现实、放眼全球，通过探讨跨学科研究方法、精准解析日本文化提出了更高的要求。2021 年度的日本文化研究特点，在前文中已经均有不同程度提及，在此主要对相关研究成果内容以及研究方法和特点做一简析。

**（一）追求个性细节描述的碎片化研究依旧突出**

近年来，中国国内学界日本文化学科方面发表的主要研究成果，无论是著作还是论文，其内容还有一个较明显的特点是关于日本文化的宏观和体系性研究成果以及对日本文化深入研究的成果骤减，取而代之的是对日本文化细部的关注和研究增多了。通过前文对国内外日本文化研究概况的介绍也可以看出，2021 年度日本文化研究成果追求个性细节描述的碎片化研究现象依旧突出。因著有《中国化的日本》（广西师范大学出版社，2013 年 4 月）一书而为国内学界所知的日本近现代史学者与那霸润，在与立命馆大学日本社会学者开沼博围绕"日本型危机克服论"的对谈中指出，"日本文化论的缺失是当前日本社会发展的最大盲点"，日本学界关于日本文化的研究自进入平成时代碎片化研究现象也比较明显，新时代需要更体系化的日本文化论来帮助人们认识日本，应对克服当下的各种日本型社会危机。[8]

目前，中国国内关于日本文化整体性、体系性的研究著作大多是来自日本学者的译著，中国学者的相关著作目前大概只有中国社会科学院日本研究所已故研究员叶渭渠（1929—

2010)先生的专著《日本文化通史》。该著作于2009年由北京大学出版社首次出版，2021年3月上海三联书店对该著作予以再版。该书系统地介绍和解读了日本宗教、文学、艺术等文化领域的历史演变，以及由这些文化元素凝聚而成的日本国民性和民族精神，并将这些文化的形成与日本政治社会发展有机联系，加以分析和解读。期待学界能有更多与时俱进的日本文化研究精品佳作问世。

**（二）关于跨学科研究方法的探讨不断深入**

从20世纪80年代以来发表的中国国内日本文化研究成果来看，历史学的研究方法一直是日本文化研究领域比较通用的一种方法，尤其是关于中日文化比较、日本吸收外来文化问题、日本文化与现代化问题等研究领域，历史学研究方法的应用比较突出。近年来，学界变得更加注重对跨学科、跨文化的日本文化研究方法的探讨。2021年4月社会科学文献出版社出版的尚会鹏、张建立与游国龙等合著的《日本人与日本国：心理文化学范式下的考察》一书，是采用心理文化学视角研究日本国民性的最新成果。全书分为三个部分：上编梳理了"日本论"的学术脉络，明确了心理文化学的学术定位；中编围绕日本人的"基本人际状态"的四个维度展开分析，是在心理文化学视角下对日本人在人类"生存谱"上的定位；下编是对日本国家行为的分析，阐述了心理文化学对日本国家和国家行为的认识。这三个部分涵盖了心理文化学视角下日本人和日本国家研究的主要方面，整体上呈现心理文化学学术体系的样貌，是心理文化学在研究国家行为方面的一个应用。

特别值得一提的是，有学者也在尝试将本是为了重塑中华文明应运而生的文学人类学研究方法引进日本文化研究中。"文学人类学在跨学科潮流的影响下应运而生，关注地方性知识和本土文化自觉，20世纪后期以来已经走过了半个世纪的生命历程，如今已经告别其蹒跚学步的初始状态，进入一个理论收获的成熟期。文学人类学于2005年形成四重证据法后，又在此基础上先后提出神话历史、大小传统、N级编码理论等诸多针对本土文化问题的实用型理论，从神话信仰的动力学角度对华夏文明的起源、华夏文明多元一体的族群构成等问题做出颇有建设性的所以然解答。其利用出土的图像与实物等地下考古知识新材料，并结合人类学、民俗学、宗教学、新史学、艺术史等学科知识，将传统的国学考据学升级为新的知识观及方法论（四重证据法），重建史前神话的真实面貌（神话历史），从历时性的维度解读文学作品—文学文本—文化文本的符号编码问题（N级编码理论），并以这一源头的新知识为依据，对文字书写的小传统进行再认识（大小传统论），试图去除现代文明以来或建构，或加深的文本中心主义、中原中心主义、大汉族主义，以图像、物、仪式、口传的叙事拓展乃至补充纯文字的叙事，激活丰富多彩的大传统信息，正确看待源与流的变迁，从多维角度再认识我们的历史、我们的现实以及我们自己，还原多族群文化共同书写的有情有色的神话中国本色。"[9]吉林大学孙胜广博士在其学位论文《日本文化中的猴形象研究》（2021年6月）中将日本猴形象作为研究日本人和日本文化的重要镜鉴，综合运用文学人类学的四重证据法和N级编码论，结合民俗学和考古学的研究成果，从物与图像、文字书写、口传文艺等多角度展开论述，对日本文化中的猴形象展开了系统深入的整体研究。

在智库研究较为火热的当下，在一些人看来有些不合时宜地去研究日本的一个猴子形象，似乎颇令人费解，因而以考察日本的猴子形象为题目作博士学位论文大概也是需要一番勇气的。但是，恰如孙胜广博士在其学位论文摘要中所指出的那样，日本猴在距今四五十万年前已先于日本人在日本列岛繁衍生息，其与日本人的交点最早可追溯至绳文时代，之后更是以各种形式保持着与日本人的接触。两者的接触史，同时也是日本人观察、认知日本猴并反思自身的过程，在这一过程中形成了日本独有的猴文化，出现了大量丰富的猴形象。似人而又非人的日本猴及其文化形象是深入理解和研究日本人和日本文化的重要镜鉴，猴形象从古到今的转变，展现出日本文化中自我和他者概念的转变过程，从中可以看出日本社会思维结构的变化，因而其研究具有较大的学术价值和现实意义。《日本文化中的猴形象研究》正是得益于这种新颖的问题意识、研究视角，以及对文化人类学研究方法的导入。其实，恰如文学人类学开创者叶舒宪先生所言，一切所谓的"学科"，不过是为了研究方便以及学术管理方便而依据不同研究方法和研究工具的划分而已，并非相互独立、互不关联的独立领域。学术的深入探讨不应该有具体学科阻隔；如果有，就是因行政管理建制造成的精神心理上的区隔对学术思考潜意识的扰动。因此，《日本文化中的猴形象研究》也对今后探讨跨学科的日本文化研究方法提供了非常好的启发。

## 四、日本文化研究未来发展趋向

20世纪80年代被称为中日关系的蜜月期，其间两国友好氛围浓郁，日本文化研究也格外引人注目。20世纪90年代以来，因日本的历史认识问题以及近年来的领土争端问题等，中日关系历经所谓"政冷经热""政冷经温"乃至"政冷经凉"等发展阶段后，中日两国间政治、外交、安保、经济等所谓应用领域的问题更加引发学界关注。虽然学者们口头上依然会讲日本文化研究如何重要，但从事日本文化研究的队伍却在悄然缩小，特别是近年来日本文化研究成果在日本研究领域重要专业学术杂志上的发表空间也被严重压缩。2021年度的日本文化研究依然存在这些问题。最后，在此关于日本文化研究存在的问题与展望，谈如下三点看法。

**（一）有效解决基础研究与应用研究相结合的问题关乎日本文化学科的未来发展**

要实现日本文化研究成果向智库成果的顺利转化，关键在于如何有效处理基础研究与应用研究的关系。这不仅是近年来一直困扰日本文化研究学者的问题，也是关乎日本文化学科未来发展的一个重要问题。最理想的状态，自然是基础研究与应用研究能够各得其宜并能相互补益。但是，在现实开展日本文化研究的工作中，由于研究者的工作环境、个人能力等原因，想要达到这种理想状态并非易事。特别是对于本应成为日本文化研究主力的全国高校日语院系教师而言，近年来这一问题尤为突出。

### （二）拓展视野、多角度全方位地开展日本文化研究势在必行

日本文化研究学者大多精通日语，部分学者还兼通韩语、英语等，这对于学者们超越国别研究及中日双边研究的框架，以区域研究的眼光乃至全球视野来审视日本文化，前瞻性精准研判全球化时代的日本社会发展态势，推出一些立意新颖的成果至关重要。一方面，今后的日本文化研究尤其需要扩展视野，建立多角度、多学科、多层次、全方位的日本文化研究体系。把日本文化放在东亚文化圈的视野中、放在中日文化交流的长河中、放在东西方文化摩擦融合中开展比较研究，既要从世界和亚洲的角度对日本文化进行宏观把握，又要在微观研究、个案分析上下功夫，这样才能使日本文化研究达到新的高度和新的深度，才有助于建设有中国特色的日本文化研究体系。另一方面，亦需要提及的是，作为一名专业的日本文化研究学者，仅仅精通现代日语显然是不够的，即使是专门研究现当代日本文化的学者，也需要精通古典日语，至少达到能够借助词典等阅读日本文献中的"古文书"等一手文献的水准，否则想获得对日本文化更为深入的了解，往往会因受文献资料制约等而却步不前。

### （三）中国的日本文化研究方法有待进一步提升

所谓"工欲善其事，必先利其器"，欲获得可资凭信的科研成果，就必须依凭科学的研究方法。因此，在今后的日本文化研究实践中，努力开创最具解释力的研究方法，探寻在中国语境下的日本文化研究新范式，使我们的日本文化研究更加"接地气"，是今后日本文化学科的发展方向之一。在日本文化研究方法方面，除了加强理论建构方面的研究外，还有必要在技术层面借鉴国外日本文化研究的一些经验。例如，在日本，与时俱进的信息技术应用于日本文化研究已经日趋常态化。位于日本京都的国际日本文化研究中心教授井上章一主持的"画像数据库的制作与用画像资料进行的日本文化研究"、小松和彦主持的"怪异、妖怪文化资料数据库计划"、山田奖治主持的"数码人文学研究计划"、仓本一宏主持的"摄关期古记录数据库计划"等课题，都是这方面的典型案例。如今已经进入大数据时代，从事人文社会科学研究的学者若能掌握和自由地驱使日新月异的信息技术，将会如虎添翼。早在日本文部省推进"COE 计划"（Center of Excellence），特别是其中的全球性 COE 科研资助计划时，数字信息化技术多是应用于自然科学，仅有立命馆大学等部分大学、研究机构尝试将其引进人文科学领域，初期工作尚难免粗糙。但从京都日本文化研究中心的上述项目来看，将日新月异的信息技术应用于日本文化研究已经日趋常态化。借鉴国际上运用先进的信息技术从事人文社会科学研究的经验，有助于提升中国的日本文化研究水平。

综上，本文侧重对国内 2021 年日本文化研究的主要领域及成果、日本文化研究的主要特

点、日本文化研究存在的问题与展望等进行了粗浅的述评，个人学力及篇幅所限，疏漏之处还望学界同道海涵、指正。

（责任编辑：张耀之）

## 注　释

[1] [美] 塞缪尔·亨廷顿、劳伦斯·哈里森：《文化的重要作用：价值观如何影响人类进步》，程克雄译，新华出版社 2018 年版。

[2] 小松和彦「大衆文化の通時的・国際的研究による新しい日本像の創出」；大塚英志「『運動』としての大衆文化」。

[3] 張帆「冷戦後期の防衛論争と日本的現実主義」、『日本研究』第 63 集。

[4] 野村育世「有田焼の創始者—百婆仙についての基礎的研究—」、スムットニー祐美「ヴァリニャーノの宣教方針と利休のわび茶」、大野　ロベルト「『土佐日記』英訳ことはじめ—フローラ・ベスト・ハリスの業—」、亀山光明「近代日本の戒律言説とプラクティス的なるもの—明治中期における釈雲照の十善戒実践論に着目して—」、山村奨「近代日本における『人格』の意味—修養と陽明学の関係性から—」、『日本研究』第 62 集。

[5] 奥野卓司「現代日本文化としての『鳥と人間の関係』に関する一考察（後編）」、『養鶏の友』』2021 年 1 月号；小野耕資「風土と共同体に基づく経済（22）新自由主義からの転換は岸田政権に可能か」、『国体文化』2021 年 11 月号；『特集　日本文化における生と死』、駒沢女子大学日本文化研究所編『日本文化研究』2021 年 3 月号；長谷部茂「礼の古典的意味と現代的解釈：日本が受け入れなかった中国文化の核心」、『拓殖大学国際際日本文化研究』2021 年 3 月号；陳睿垚「日本古代における律の継受と運用から見る礼制の受容—名例律を中心として—」、『愛知県立大学大学院国際文化研究科論集』（2021 年）。

[6] [韩] 李御寧『「縮み」志向の日本人』、講談社、2007 年。

[7] 孙江、刘建辉编：《亚洲概念史研究》（第 1 辑），生活·读书·新知三联书店 2013 年版。

[8] 輿那覇潤、開沼博「日本文化論の欠落が最大の『盲点』」、『Voice』2021 年第 4 期。

[9]《导论》，载叶舒宪主编《重述神话中国：文学人类学的文化文本论与证据间性视角》，上海交通大学出版社 2018 年版。

# 2021年日本历史研究综述

王新生*

近年来，中国学术界在日本历史研究领域取得较大发展，无论是在资料扎实的实证性研究方面，还是在视角新颖的理论方法方面，抑或在因时兴起的热点问题领域，均出现了不少的优秀研究成果。本文主要介绍2021年的相关代表性论文，但由于时间关系，研究成果可能搜集不全，亦有因篇幅关系未能收录的论文，评价也存在不恰当之处，敬请诸位读者谅解。另外，由于新冠肺炎疫情在全球范围的传播，各国之间的学术交流也受到较大影响，因而本文没有涉及日本学术界2021年度在日本历史研究领域的主要研究成果，仅简要概述了这些年来日本史学界的相关研究动向。

## 一、日本历史研究的概况

### （一）近代日本侵华史研究

在近代日本侵华史方面，代表性论文有：臧运祜《九一八事变后日本侵华的"行"与"止"——兼及"十五年战争史"的开端问题》(《南京大屠杀研究》2021年第5期)、王明兵《日本战时从军日记所反映的侵华罪行与中国抗战——以〈小林太郎战时日记〉为中心》(《外国问题研究》2021年第3期)、马轶民《伪满成立前日本在中国东北的农业掠夺开发——经济殖民视角下的水田农业开发模式分析》(《史学集刊》2021年第4期)、黄翊民《清末中日鸭绿江国境通车之交涉》(《学术研究》2021年第11期)、耿青国《试析日本对伪满军事机构及军队的统治》(《社会科学战线》2021年第9期)、薛轶群《日本首任驻外武官福原和胜在华活动探析》(《抗日战争研究》2021年第2期)、薛毅《日本在华侵占煤矿奴役战俘劳工政策与罪行探析》(《社会科学辑刊》2021年第2期)、孙炜《侵华战争时期日本"满洲农业移民"动机探析》(《理论学刊》2021年第4期)、王安宇《日本侵略者对伪满洲国"历史"及"日满关系"的历史书写》(《安庆师范大学学报（社会科学版）》2021年第1期)、孙文慧《日本中国驻屯军华北港湾及水运调查》(《军事历史研究》2021年第1期)、寇振锋《日本军用汉语教科书〈皇军必携：实用支那语〉探究》(《日本侵华南京大屠杀研究》2021年第

---

\* 王新生，北京大学历史系教授、博士生导师，主要研究方向为日本史、日本政治、中日关系。

4期）、王萌《日本在华北沦陷区的宣抚班及其"宣抚"工作》（《日本侵华南京大屠杀研究》2021年第3期）、刘会军与秦世强《侵华日军第100部队若干细节探析——以美方解密档案中日本战犯的口供为中心》（《历史教学（下半月刊）》2021年第11期）、王耀振《在华日本商业会议所对抵制日货运动的因应（1915—1923）》（《日本侵华南京大屠杀研究》2021年第4期）、马晓娟《石原莞尔与日本陆军"中坚层"的战争实践——以九一八事变为中心的考察》（《军事历史》2021年第1期）、石嘉《战时日本对华中沦陷区烟草业的统制（1937—1945）》（《史林》2021年第1期）、王格格《战时日本在华音乐活动述论》（《南京艺术学院学报（音乐与表演）》2021年第3期）、周东华与苏相宜《1940年宁波鼠疫"敌机散毒"补考》（《日本侵华南京大屠杀研究》2021年第3期）、王萌《从军记所见侵华日军的战地心态与战地观感——以"香烟"为线索的考察》（《历史教学问题》2021年第5期）等。

（二）疫情对策史研究

在疫情对策研究方面，代表性论文有：焦润明与杨殿林《19世纪70年代末日本应对霍乱的举措及启示》（《吉林大学社会科学学报》2021年第1期）、康昊《瘟疫、饥馑与施饿鬼仪式——朝鲜"己亥东征"背景下日本的饥疫对策》（《海交史研究》2021年第2期）、黄玥瑜与赖正维《二战时期冲绳八重山疟疾受害者问题探析》（《福州大学学报（哲学社会科学版）》2021年第3期）、孙志鹏《夺命的流感：大正中期日本的突发公共卫生事件及危机应对》（《历史教学问题》2021年第3期）、王格格《全面侵华初期日本在华北沦陷区的医疗"宣抚"考论》（《民国档案》2021年第2期）、李亚楠《战后日本侨俘遣返中的卫生防疫——以1946年广东遣送船霍乱疫情为中心》（《日本侵华南京大屠杀研究》2021年第3期）等。

（三）传播学与媒体功能史研究

在传播学基础上的媒体功能史方面，代表性论文有：叶彤《外务省与近代日本在华第一份英文官报〈公闻报〉关系探析》（《新闻与传播研究》2021年第4期）、俞凡与李凤艳《宗方小太郎的新闻工作与情报活动》（《新闻春秋》2021年第6期）、戴伟与罗卫萍《侵华战争时期日本新闻媒体情报活动初探》（《军事历史》2021年第1期）、孙继强《战时日本"出版新体制"的构筑及其法西斯化》（《世界历史》2021年第2期）、梁德学与王翠荣《侵华战争期间日本"大连放送局"的汉语广播》（《日本侵华南京大屠杀研究》2021年第2期）、张继木《1874年日本侵台消息的传播及其影响论析》（《台湾研究集刊》2021年第2期）、李晓丹《"缤纷满洲"的幻构：20世纪30年代"南满洲"铁路株式会社的对美宣传》（《北华大学学报（社会科学版）》2021年第3期）、殷九洲与冯玮《日本侵华时期对英美形象的负面渲染及其真实目的》（《历史教学问题》2021年第3期）、刘景瑜《强硬与压制：日本新闻媒体中的宽城子事件》（《北华大学学报（社会科学版）》2021年第3期）、史桂芳《商业广告中的战争动员——以卢沟桥事变后的〈朝日新闻〉为例》（《首都师范大学学报（社会科学版）》2021年第4期）等。

### （四）琉球及冲绳历史研究

在对琉球及冲绳历史研究方面，代表性论文有：徐勇《伊波普猷的琉球民族和政治问题研究》(《日本文论》2021年第1辑)、刘丹与赖正维《伊波普猷"日琉同祖论"的形成与转变探析》(《外国问题研究》2021年第1期)、孙家珅《论美国对琉球"去日本化"的构想与实践（1944—1950年）》(《日本文论》2021年第2辑)、李超《二战结束初期日本关于琉球领土归属权的对策研究与实践活动（1945—1947）》(《四川师范大学学报（社会科学版）》2021年第2期)、刘玉山《美国军方与国务院对琉球问题的论争（1942—1972）》(《大连海事大学学报（社会科学版）》2021年第1期)、王雅洁《久米村系家谱浅论》(《史学集刊》2021年第4期)等。

### （五）研究方法的探讨

2021年国内学术界对日本历史的研究方法依然比较重视，相关研究的代表性论文有：陈晓隽《概念史视野下"日本哲学"的诠释与误读》(《日语学习与研究》2021年第1期)、康昊《全球史在日本的兴起、实践及其特点》(《史学理论研究》2021年第2期)、邢科《论马克思主义史学的宏观视野——以上田茂树〈世界历史〉为中心》(《哈尔滨工业大学学报（社会科学版）》2021年第3期)、中村贵《通往"新都市民俗学"之路——从日本都市民俗学及其问题谈起》(《华东师范大学学报（哲学社会科学版）》2021年第1期)、史少博《日本近代学界对公德、私德之辨析》(《理论学刊》2021年第5期)、周建波与陈皓《东亚同文书院研究评述及其展望》(《河北经贸大学学报（综合版）》2021年第4期)、赵薇《〈文明论概略〉与东洋史学的文明论思维》(《哈尔滨工业大学学报（社会科学版）》2021年第4期)、李文明《20世纪日本学界的"古代虾夷族群"论争》(《世界历史》2021年第4期)、贾菁菁《坪井九马三与近代日本实证史学》(《学术研究》2021年第8期)、周雨霏《兰克史学在日本的传播与接受》(《学术研究》2021年第8期)、刘爽《近代日本知识学人的"满蒙"观——以鸟居龙藏为中心》(《北华大学学报（社会科学版）》2021年第2期)、周雨霏《马克思主义史学与二战前及战时日本的亚洲观——以"亚细亚的"一词的流行与语义变迁为中心》(《史学月刊》2021年第11期)、高伟《日本近代神话观念与神话学：基于概念史的考察》(《四川大学学报（哲学社会科学版）》2021年第2期)等。

### （六）断代史研究

在日本断代史领域的研究成果方面，古代史领域的代表性论文有：史清晨《王羲之书迹的日本传入及接受——以飞鸟—平安时代为中心》(《南京艺术学院学报（美术与设计）》2021年第6期)、张燕燕《日本女帝与天皇丧葬制度的嬗变——以奈良时代前后为中心》(《日语学习与研究》2021年第4期)、刘晓峰与刘晨《中国古代节日食品对日本的影响——以〈宇多天皇御记〉宽平二年二月卅日记事为中心》(《广西民族大学学报（哲学社会科学版）》2021

年第3期）、李国栋《徐夷族属考证——兼论徐偃王族人东渡日本》（《浙江社会科学》2021年第6期）、陈涛《制度视域下的唐代冬至节及其对日本的影响》（《古今农业》2021年第4期）、姚潇鸫《唐宋商人：9世纪中叶后中日佛教交流不可或缺的新助力》（《宗教学研究》2021年第1期）、庄蕙芷《再论日本奈良的两座壁画墓及其天象图》（《中国科技史杂志》2021年第2期）、刘金《日本文化民族主义的形成——基于吉备入唐说话的流变》（《日语学习与研究》2021年第5期）、王勇《公元8世纪的中日"书籍之路"——基于第12次遣唐使求书历程的探讨》（《郑州大学学报（哲学社会科学版）》2021年第5期）等。中世史领域的论文不多，代表性论文有魏志江《朝贡之外：论北宋与日本的佛教文化外交》（《社会科学辑刊》2021年第1期）等。

近世史领域的代表性论文有：何鹏举《作为"国家丰饶策"的"自然治道"——本多利明的近世日本维新构想》（《史林》2021年第2期）、谢汉卿与邢万里《日本九州大学所藏〈异国船漂着记〉所涉"漂流笔谈"考述——兼及"伪漂流事件"与幕府的应对》（《古籍整理研究学刊》2021年第3期）、郑澎《制度螺旋与制度扩容：幕末改革到明治维新前期改革的升维走向》（《日本问题研究》2021年第3期）、年旭《明清鼎革后日朝通信使笔谈中的"中华"观碰撞》（《世界历史》2021年第2期）、许益菲《元禄时代日本社会文化中的义理与人情》（《读书》2021年第9期）、吕品晶与迟皓《日本华侨社会形成时期考察——兼论江户初期"唐人社会"的实态》（《华侨华人历史研究》2021年第2期）、邢鑫《北海奇珍：日本江户时代的一角形象及其变迁》（《海交史研究》2021年第2期）、郑辟楚《日本近世百姓一揆与幕藩体制》（《经济社会史评论》2021年第1期）、张兰星《近代早期的日欧贸易研究综述（16—17世纪）》（《唐都学刊》2021年第4期）等。

近代史领域的代表性论文有：曹亚坤《从"免缓现役"到"学徒出阵"：近代日本学生兵役制度的演变》（《外国问题研究》2021年第1期）、陶祺谌《清末中日交流的新渠道——以1898年前后清政府两次参观日本陆军演习为中心》（《北京社会科学》2021年第1期）、陈伟《原敬关于立宪君主制改革的构想与实践》（《世界历史》2021年第5期）、崔学森《明治法政人物的清末立宪观察——以伊藤博文为核心》（《内蒙古师范大学学报（哲学社会科学版）》2021年第4期）、匡伶《日本早期社会主义运动与佛教——以"大逆事件"为中心》（《日本问题研究》2021年第2期）、徐传博《太平洋战争起源再研究：德国扩张对日本"南进"决策的推动》（《日本侵华南京大屠杀研究》2021年第3期）、吴启睿《日本陆军在诺门罕事件中的决策路径考察》（《史林》2021年第2期）、史少博《日本明治时代的"道德运动"与"儒学道德"》（《东疆学刊》2021年第3期）、郭循春《近代日本军队的国民"统制"机制及其演进》（《世界历史》2021年第5期）、杜娟《近代日本移民政策的转变》（《北方论丛》2021年第3期）、汪小义《再论1874年日本出兵侵台意图》（《台湾研究集刊》2021年第2

期)、尹晓亮《战时日本开发原子弹的底层逻辑、推进体制与路径方法》(《世界历史》2021年第6期)、孙江《五四时期中日知识界的往还》(《中国社会科学》2021年第8期)、王玉强与庄苗苗《近代日本马政及其对外扩张》(《史学集刊》2021年第5期)、陈伟《近代日本政党内阁期的选举运动》(《北京社会科学》2021年第9期)、胡天舒《"双重中国认知"的演绎经纬与事实定位——对近代日本来华知识人"中国体验"的再观察》(《东北师大学报(哲学社会科学版)》2021年第6期)、林翔《20世纪初期日本的东亚"同文"主张与亚洲主义——以"汉字统一会"为中心的考察》(《世界历史》2021年第3期)、郭勇《日本明治时代的汉学命运》(《上海师范大学学报(哲学社会科学版)》2021年第5期)、孙源《近代日本军国主义进程中的天皇"巡幸"——以明治九年为中心》(《日语学习与研究》2021年第4期)、周菲菲《儒学的现代化：日本修养主义的历史演进》(《深圳大学学报(人文社会科学版)》2021年第5期)、商兆琦《内村鉴三的近代批判——以其足尾矿毒论为线索》(《复旦学报(社会科学版)》2021年第5期)等。

战后史领域的代表性论文有：牟伦海《占领初期日本"文化国家"构想中的国权与民权论争》(《日本学刊》2021年第4期)、李臻与徐显芬《中日"历史问题"缘起的美国因素——以对日占领体制及思想文化改造为中心》(《西北师大学报(社会科学版)》2021年第2期)、张传宇《广州日俘日侨遣返问题研究》(《抗日战争研究》2021年第1期)、蒋立峰《日本无条件投降述论》(《日本学刊》2021年第5期)等。

## 二、日本历史研究的热点

### (一) 日本对华侵略史

20世纪80年代，特别是冷战国际格局结束以后，中日经济实力对比出现逆转且差距逐渐扩大，同时各自进行较为艰难的改革。在其背景下，历史认识问题一直是影响中日关系良性发展的负面因素。具体来说，日本各界右翼分子有意抹杀近代日本对外侵略扩张的史实，而且极力掩盖在侵略战争中犯下的滔天罪行，日本政府四年一度审查的教科书均有引起邻国激烈反对的内容。与此同时，在中国，政府及社会也对相关研究给予较大支持力度，因而中国学术界对日本侵华史及其罪行的研究热情长年不减，2021年度亦是如此，不仅成果数量较多，而且质量也有较大提高，尤其在利用实证方法研究具体事例体现日本对华侵略战争的实质方面出现了许多优秀论文，如后述有关战地日记、经济殖民、外交官、战俘劳工、军用汉语、香烟等方面的研究。该领域研究成果较多，难以逐一评述，本文择取代表性成果进行梳理介绍。

王明兵在《日本战时从军日记所反映的侵华罪行与中国抗战——以〈小林太郎战时日记〉为中心》一文中指出，《小林太郎战时日记》从一个普通底层士兵的"战时体验"为日本军国主义侵华之"罪"和普通人的"平庸之恶"何以发生提供了一种"个体性"视角和一份来自侵华日军的佐证。与此同时，在记录中也可从"敌对"之"他者"视野看到国共双方正面抗战与敌后抗战之艰辛与坚韧。诸如此类的日本战地日记以"私人书写"呈现的"日常细节"和不同生命个体的"历史参与"及其"中国观""战争观"等内容，对参证或弥补基于官方档案的主流学术研究及其"公共叙述"的不足有重要启示意义。

马轶民在《伪满成立前日本在中国东北的农业掠夺开发——经济殖民视角下的水田农业开发模式分析》一文中指出，1905年日俄战争结束后，日本控制了中国东北南部，以此为据点不断对华实施殖民侵略活动。这一时期日本在东北地区的水田农业开发是日本在东北进行经济侵略的重要内容，也是日本战前"资源导向型"经济殖民开发活动的典型事例。在1932年日本建立伪满傀儡政权，实现对东北的完全统治以前，日本为解决国内人口迅速增长引发的粮食不足问题，企图在中国东北占领地建立"粮食供给基地"，为此进行了规模性水田农业开发，逐渐形成两种模式：一是"国策会社模式"，二是"农业移民模式"。两种模式虽然先后取得了技术和生产上的成效，但由于其浓厚的政治和侵略属性，违背了东北地区复杂的社会经济条件和经济规律，最终沦为不可持续的"负债开发"，其"粮食供给基地"的战略尝试以失败而告终。

薛轶群在《日本首任驻外武官福原和胜在华活动探析》中指出，驻外武官在近代日本的对外情报活动中扮演了重要角色。1875年在桂太郎的倡议下，日本军方开始实施驻外武官制度，首批派驻国为中国与德国。福原和胜作为首任驻华公使馆武官，统率日本在华情报机构，搜集情报，并向李鸿章提出日中结盟构想等。尽管日本驻外武官名义上须接受大（公）使节制，但其具体职务、权限、预算等均独立于外交系统，为军方与外务省的矛盾埋下隐患。福原任职仅一年即被召回，表明彼此之间的矛盾在制度创设初期已现端倪。福原卸任驻外武官后，又被秘密派往中国展开情报活动，其职权已扩充至军事、商贸、借款等多项业务范围，体现了日本政府的重视。从福原和胜的活动可以看出，明治初期除派遣来华的日本外交官、军方人士及民间人士外，在华外国人也是日本政府构筑对华情报网的重要一环。

薛毅在《日本在华侵占煤矿奴役战俘劳工政策与罪行探析》一文中指出，日本侵华战争时期曾占领东北、华北、华东等地100多座煤矿，为掠夺煤炭以战养战，日本违背其承认并表示严格恪守的有关战俘待遇相关国际公约，强制数以十万计的中国战俘（日方称为"特殊工人"）在煤矿服苦役。这些战俘一般在日本集中营经过一段时间关押后，大多由日本军方以极低的价格卖给日本在华侵占煤矿或日本国内煤矿充当劳工。日方对战俘劳工实施严酷的管理，劳工生活待遇悲惨，在事故频发的井下从事艰苦的劳作，是日本侵华战争给中国人民带来深重灾难的一个缩影，因而是中日关系史需要厘清的重大历史问题之一。

寇振锋在《日本军用汉语教科书〈皇军必携：实用支那语〉探究》一文中指出，《皇军必携：实用支那语》是日本在全面侵华战争时期为侵华日军行军作战编撰的一部纯军用汉语教科书，该教科书发行于全面抗战初期日军取得暂时性胜利之际，至少发行了110版。该书内容囊括行军宿营、侦察战斗、工事修筑、日常生活、舆论宣传、国情介绍等方面，是日军在战场上随身"必携"的一部纯军用汉语教科书。其军用特色及侵略属性十分突出，从一个侧面为深化日本侵华史研究、抗日战争史研究提供了新的史料和视角。

王萌在《从军记所见侵华日军的战地心态与战地观感——以"香烟"为线索的考察》一文中指出，近代以来在日本军政当局的推动下，香烟成为重要军需物资，服务于日本的对外侵略战争。抗战时期日本军政当局向侵华日军部队大量提供以"恩赐香烟"为代表的军需香烟，并以"军国美谈""军歌"等形式对军人的吸烟行为予以正面宣传，导致侵华日军部队中吸烟风气盛行。战时日军官兵对于军需香烟具有旺盛的需求，不仅是为了满足自身生理上的需要，背后也存在包括谋取经济利益在内的其他意图。从军记中所描写的日军官兵对烟的情感，立体、鲜活、真实地揭示了侵略者身处中国战地的心态与观感，不仅反映出其精神世界的麻木与空虚，而且揭露其现实中对中国民众所宣扬的"共存共荣"的虚幻性。

**（二）疫情对策史**

新冠肺炎疫情已经持续两年多，对社会生产与生活带来巨大影响，历史学界也在积极探索历史上的疫情对策，以便提供可资借鉴的经验与教训，2021年度的日本历史研究领域亦是如此。这些论文不仅有日本本身历史上的疫情与对策，也有双边关系互动过程乃至战争中产生的疫情与对策，既反映了战争与疫情的关系，也体现了共同抗疫是全人类面对的主题。

焦润明、杨殿林在《19世纪70年代末日本应对霍乱的举措及启示》一文中指出，1877—1879年在日本暴发了持续两年之久的大规模霍乱疫情，死亡人数高达10万人之多，是一次非常严重的公共卫生事件，对日本社会产生了巨大冲击。明治政府为了防止疫情扩散和蔓延，颁布了《霍乱预防法心得》《霍乱病预防暂行规则》《检疫停船规则》等一系列防疫法规，实施了严格的检疫和隔离措施，建立起以政府为主导、以警察和医生为主要参与者的疫情防控体制。借鉴西方国家的抗疫经验和医疗技术，采取可行的诊疗措施，终于终止了疫情传播。其防控举措不仅对日本近现代防疫体系的形成具有重要的推动作用，而且对当下仍在全球肆虐的新冠肺炎疫情防控具有启示和借鉴意义。

康昊在《瘟疫、饥馑与施饿鬼仪式——朝鲜"己亥东征"背景下日本的饥疫对策》一文中指出，日本室町时代的应永期（1394—1428）是相对安定和平的时期，但自1419年朝鲜对日本发动"己亥东征"后，日本列岛接连受到饥馑和瘟疫的打击，室町幕府遭遇了空前的政治危机。在此局面下，作为执政者的足利义持实施了一系列饥疫对策及改革措施，其中包括对五山禅宗制度进行的改革与为超度战争、饥馑、瘟疫死难者亡魂而举行的大施饿鬼法会仪式，二者是室町幕府所实行的饥疫对策中最重要的环节。

黄玥瑜、赖正维在《二战时期冲绳八重山疟疾受害者问题探析》一文中指出，二战时期冲绳战役爆发后，八重山地区日军因其战略防御需求，同时也为防止平民泄露军方机密或协助美军登陆作战，以将作战危险地区的村落居民转移到安全地区为由，强行将冲绳民众集中驱赶至山岳地带，其中大部分为疟疾高发地区，最终导致16 884人感染疟疾，3647名无辜平民死亡。日军强制平民迁徙、疟疾大规模暴发及平民高死亡率、战后疟疾受害者与遗属要求日本政府赔偿的艰难历程，均深刻揭露了日本军国主义对于冲绳平民造成的严重伤害，以及二战后日本政府始终逃避战争责任的可耻行为。

孙志鹏在《夺命的流感：大正中期日本的突发公共卫生事件及危机应对》一文中指出，1918年日本政府面对西班牙流感传入诱发的突发公共卫生事件，起初未予重视，随后确立佩戴口罩、漱口消毒、预防接种、唤醒国民"自卫心"等指导性方针，但因"治理滞距"，前期成效不彰。地方政府和社会团体遵照中央政府指示，采取启蒙国民思想、打击口罩投机商、限制集会、派遣巡回医疗组、鼓励民众自救等具体措施，在维护社会稳定上获得"疗效"。中央政府指导、地方政府执行、全民动员是近代日本应对突发公共卫生事件的基本模式，凸显了中央集权的权力嵌入结构和集团主义的身体规训特征。

王格格在《全面侵华初期日本在华北沦陷区的医疗"宣抚"考论》一文中指出，1937年11月初，华北大部沦陷，因医疗卫生条件落后等原因而遭受疾疫侵扰，公共卫生安全及日军日侨的生命健康受到严重威胁。日本华北方面军特务机关集同仁会、北支诊疗救护队等日本医疗团体之力，并通过操控华北日伪政权，开展以诊疗防疫为主的医疗"宣抚"工作，在华北沦陷区构成了南北覆盖、分区统筹的诊疗防疫网络。其医疗"宣抚"活动是侵华日军医疗"宣抚"体系建立和实践的重要阶段，其根本目的在于"安抚"民心，稳定占领地秩序，保卫日军日侨生命健康，以确保日军在沦陷区的统治利益。

李亚楠在《战后日本侨俘遣返中的卫生防疫——以1946年广东遣送船霍乱疫情为中心》一文中指出：1946年4月，由广东出发的多艘日本侨俘遣送船在遣返途中发生霍乱疫情，日本当局将霍乱船只集中于浦贺港，建立了以"浦贺归国援助局"为核心的防疫指挥机构，开展了全面的卫生防疫工作，防疫措施主要包括检疫消毒、隔离诊疗以及向遣送船供给物资等。受各种条件的限制，防疫措施在具体实施过程中遇到重重阻碍，虽最终成功防止疫情向日本国内蔓延，但霍乱疫情依然对浦贺、东京乃至关东地区的经济、社会产生了诸多负面影响。

## 三、日本历史研究的特点

### （一）传播学运用于历史研究领域

2021年度中国学界关于日本历史研究的一个特点，是从传播学视角进行的研究。传播学是研究人类一切传播行为和传播过程发生、发展的规律以及传播与人和社会的关系的学问，是研究社会信息系统及其运行规律的科学，近年来逐渐广泛运用于历史研究领域，出现了不少相关论文，其观点较为精彩。

叶彤在《外务省与近代日本在华第一份英文官报〈公闻报〉关系探析》一文中指出，《公闻报》作为日本在华第一份英文官报，经历了由民间报纸嬗变为官报的身份转换，并接受陆军省和外务省的"共治"，最后由外务省独立管理直至终刊。外务省档案揭示了该报极为复杂而曲折的历史，也更新了人们对于该报的相关认识。《公闻报》是日本在华官办英文报的尝试，天津总领事馆的新闻操纵以该报为中心开展，造成该报终刊的真正原因是该报触犯了日本外务省新闻操纵的规矩："报道和论调须接受外务省的指导""不得透露与日本官宪的关系"。《公闻报》的兴衰折射出近代以来日本官宪以金钱为利器，谋求对在华新闻报刊从事隐秘操纵的历史事实，即外务省通过明确的奖惩机制，树立起在华新闻操纵规矩的权威性。

俞凡、李凤艳在《宗方小太郎的新闻工作与情报活动》一文中指出，宗方小太郎是近代早期来华的日本间谍中的典型代表，他凭借中日甲午战争中的"功绩"成为日本当局对华问题的重要高参，在中国活动近40年，撰写大量报告，为日本制定对华政策提供了重要依据。他最早意识到新闻宣传在扩大日本在华利益中的重要作用，创办、主持或协助创办了多份报刊，并出任外务省在华官方通信社"东方社"首任社长，成为近代早期日本在华间谍报人的"总闸"。报人身份既是他公开活动的掩护，也是他情报工作的依托，以这一身份接近中国士人，得以刺探情报或直接干涉中国事务。他的一生是近代早期来华的日本间谍报人的缩影。

戴伟、罗卫萍在《侵华战争时期日本新闻媒体情报活动初探》一文中指出，侵华战争时期日本媒体通过掩护身份获取情报、舆论宣传诱导军民、虚假报道实施欺骗、反情报的欺骗与拒止等手段对中国进行长期、深入、细致的情报工作，呈现在"战时体制"下情报工作与新闻宣传融为一体的特征，这些工作成果对于日本当局把握中国局势、制定对华政策、发动侵华战争起到了推波助澜的作用。

孙继强在《战时日本"出版新体制"的构筑及其法西斯化》一文中指出，在大力推行以"总体战"为特征的战时体制形势下，为适应内外宣传的需要，日本当局在出版界构建"出版新体制"，以强化出版业对日本战时宣传的服务功能。该体制是一个由多部门、多机构、多层次构成的系统化、立体化的出版统制体系，不仅将不同业态的出版机构全部纳入统制对象，而且在统制范围上实现了对出版业生产、配给、销售各环节的全覆盖，从体制结构、运作模式、产业布局等方面推动并实现了战时日本出版政策的法西斯化，对促进出版业向战时体制转变、回应日本当局对出版业在"国策宣传"中的要求发挥了重要作用。

梁德学、王翠荣在《侵华战争期间日本"大连放送局"的汉语广播》一文中指出，"大连放送局"是日本在中国境内开办最早、停播最晚的一家"官办"广播电台，其发展历程基本呈现了日本侵华广播史的完整脉络。日本发动全面侵华战争前的十余年间，该局基本忽视中国听众，仅在日语节目中夹杂少量汉语节目。日本发动全面侵华战争后，该局的广播内容发生了结构性变化，即不仅面向日本人，而且开设了汉语广播，用以对生活在"关东州"的中国人进行奴化教育、思想宣抚和战争动员。但从广播的实际收听情况看，似乎只是作为消遣性节目得到中国听众的关注，说明中国听众对殖民统治者操纵的大众传媒所宣传内容存在"选择性接触"或"选择性关注"，也表明因日本对"关东州"殖民统治的非正义性以及"关东州"内中国人出于民族情感的自觉或不自觉的抵制，殖民广播没有发挥其预想的效力。

张继木在《1874年日本侵台消息的传播及其影响论析》一文中指出，学界对1874年日本侵台消息的传播尚缺乏系统研究，特别是较少关注到日本侵台消息的早期传播。国际上有关日本侵台的风声由来已久，日本侵台的舆论前奏最早可追溯至1872年，尤以1873年最突出，该年有关日本侵台的消息此起彼伏。不过，此时相关消息的传播尽管在某些方面引起了清政府的注意，但清廷决策层对其内容并不是十分相信。1874年日本侵台部署的曝光，首先引来了西方外交使团的集体干涉。消息传到中国，也随即引起清政府的警觉，相关报道被视作重要的信息线索和外交证据，清廷各级官员也进行了形式多样的探查、造访活动，甚至一度令日本外交人员颇为忐忑。

李晓丹在《"缤纷满洲"的幻构：20世纪30年代"南满洲"铁路株式会社的对美宣传》一文中指出，在20世纪30年代日本持续侵华过程中，"南满洲"铁路株式会社驻美国纽约办事处作为日本重要的对美外宣机构，致力于纠正美国舆论对其大陆政策所谓"非议责难"的倾向，以致扶植"正确"的认识。"满铁"借用美国历史上或当时流行的术语、热词，诸如"天定命运""文明""门户开放""新政"等，向美国政府及公众传递其侵略逻辑，妄图以话语暴力掩盖其侵华事实，并争取美国对其大陆政策的支持。虽然取得一定成效，但美国的政策并没有因为日本的宣传努力而明显改变。

殷九洲、冯玮在《日本侵华时期对英美形象的负面渲染及其真实目的》一文中指出，侵华期间日本为"摆脱侵略者身份，构建解放者形象"，将舆论矛头直指支持国民政府抗日的背后势力英、美两国。日本控制下的宣传媒介结合历史史实与现实政治，将英国塑造为"旧秩序的守门人、新秩序建设之癌"的老大"殖民帝国"形象，美国在全面介入远东事务前后，则被构建为企图实现世界称霸的新晋"霸权帝国"形象。日本对英美负面形象的塑造和渲染，在激起中国民众反英美情绪的同时，转移和改观民间的反日氛围，进而为其侵略行为披上正义的外衣。

刘景瑜在《强硬与压制：日本新闻媒体中的"宽城子事件"》一文中指出，1919年五四运动后，张作霖认为独占东北时机已然成熟，吉林督军孟恩远极力反对，双方发生争执。吉林军队调动时，"满铁"会社日本人船津藤太郎意欲穿越警戒线引起斗殴，导致了吉林军人同日本军人之间的冲突，"宽城子事件"爆发，双方互有伤亡。对此《东京日日新闻》《大阪朝日新闻》《大阪每日新闻》等都进行了报道，并强调此次事件破坏了中日之间既有的秩序，冲突的责任完全在中国方面，应给予严惩。日本报纸歪曲的报道，进一步催生和激化了日本民众对中国的仇恨，也为日本对外侵略政策的实施完成了对其国内民众的某种程度上的"动员"。因此，更为真实地认知"二战"前日本报纸的新闻报道，有助于了解日本社会舆论的演变脉络。

史桂芳在《商业广告中的战争动员——以卢沟桥事变后的〈朝日新闻〉为例》一文中指出，"卢沟桥事变"后，日本迅速增兵华北，开始全面侵华战争。日本虽然制订了速战速决的战略计划，但也很清楚自己兵源少、资源不足的劣势，需要动员全社会力量实行"总体战"来达到"彻底征服中国"之目的。因此，日本政府自上而下地实行国民精神总动员运动，号召国民"坚忍持久"支持战争，战争动员随之渗透到日本社会的各个角落。发行量最大、有"不偏不党"之称的《朝日新闻》刊登的商业广告从内容设置、构图风格、语言特征等方面体现其精神，反映了日本媒体与战争的关系，对揭示历史的复杂性、多面性，深化抗日战争史的研究颇有启示意义。

**（二）琉球—冲绳研究**

2021年度中国学界关于日本历史研究的另一个特点是出现了不少研究琉球—冲绳的学术性论文。历史上作为冲绳前身的琉球王国，先是向大陆明朝进贡，后在清代与日本交往，1879年日本政府强行将其改为自己管辖的冲绳县。第二次世界大战结束后美军占领冲绳实施军政，1972年将其施政权"归还"日本。美国口头承认日本对冲绳的潜在主权，在学界引起了"冲绳地位未定论"之说。同时，琉球民族、日琉关系等也成为研究热点。

徐勇在《伊波普猷的琉球民族和政治问题研究》一文中指出，伊波普猷的史学建树是琉球—冲绳研究中富有学术价值的课题，伊波在史学领域发挥转圜与推进作用，同时以其跨多领域研究引领学术前沿，被公认为近代琉球与东亚学术的代表人物之一。伊波学术根植于琉球的文化生命力，也是近现代多方向政治文化角力的产物，其中最为引人注目的是"琉球民族论""王国政治史"及其影响等。

刘丹、赖正维在《伊波普猷"日琉同祖论"的形成与转变探析》一文中指出，琉球近代启蒙思想家、历史学家伊波普猷一生致力于冲绳历史的研究，并创建了"冲绳学"，对后世影响极大，因此被誉为"近代冲绳学之父"。伊波普猷运用历史学、民俗学、语言学等方面的知识论述了琉球王国和琉球民族的存在。同时又主张"日琉同祖论"，认为琉球人与日本人为同一祖先，琉球语与日语为姐妹语言，1879年的"琉球处分"是一种奴隶解放。但伊波普猷在晚年对其观点进行了修正，认为日本只不过是继萨摩藩主岛津氏之后又一支配琉球的帝国主义势力，冲绳要想真正解放必须依靠自身的力量。因此，可以看出伊波普猷的"日琉同祖论"观点与日本明治政府殖民同化政策有本质的区别。

孙家珅在《论美国对琉球"去日本化"的构想与实践（1944—1950年）》一文中指出：第二次世界大战末期，美军在西太平洋区域多次突破日军的防御，为发动对日本本土的登陆作战，美军将位于日本南端的琉球群岛作为登陆的"跳板"。在冲绳战役开始前，美国对琉球群岛开展人类学考察活动，在充分论证后确立了将琉球与日本分离的计划。在计划的实施过程中，美国为了保障自身在西太平洋的战略利益，将琉球群岛定位为防止日本军国主义复兴的基地，以"去日本化"为目标，辅以行政分离、金融独立和文化教育等手段，试图将战前日本殖民时期的"冲绳县民"塑造成战后美国占领时期的"琉球人"，以达到美国在亚太区域建立恒久军事基地的战略目的。

李超在《二战结束初期日本关于琉球领土归属权的对策研究与实践活动（1945—1947）》一文中指出，"二战"结束初期，日本就主权归属地位未定的琉球迅速展开对策研究活动，美苏冷战局势的形成客观上为日本向美国争取琉球领土主权提供了可乘之机。虽然日本将对策研究方案付诸实践的几次尝试表面上没有收到积极反馈，但美国根据自身需求而对东亚战略的调整思路，与"芦田备忘录"和"天皇备忘录"中的琉球构想形成了某种政治默契，也间接说明日本的对策研究活动取得一定实效。由此，日本进一步认识到美国试图独占琉球的意图，于是将琉球领土对策的赌注押在美国手上，企图通过依靠美国并满足其战略意图的方式，与其携手突破《开罗宣言》和《波茨坦公告》的领土方案以及相关国际法原则等。日本此举不仅导致琉球战后地位问题的日趋复杂，也为战后东亚秩序的演变及相关问题的产生埋下了伏笔。

刘玉山在《美国军方与国务院对琉球问题的论争（1942—1972）》一文中指出，第二次世界大战中期到1972年美国移交琉球群岛给日本，美国军方与国务院围绕琉球问题展开的20多年论争，以1951年9月《旧金山和约》签订作为分期，可分为前后两个时期。前期双方的琉球相关论点、撰述表现出"百花齐放"的特点，但美国国务院的琉球撰述明显不利于中国。后期双方论争的重心放在移交琉球给日本的具体步骤、时间表等环节。造成双方长期论争的深层次原因表现在美国国务院在罗斯福总统时期的权力收缩是其后来与军方颉颃的心理潜在动因，国务院琉球问题决策人员长期存在"亲日情结"，军方与国务院文官系统看待问题的方式与侧重点存在"知识结构性"矛盾。双方论争并非不可调和，协同办公、研讨、妥协乃至意见一致的情况也时有发生。

王雅洁在《久米村系家谱浅论》一文中指出，明初中琉宗藩关系正式确立，为了保障贡使往来的正常进行，明太祖朱元璋派遣闽籍三十六姓舵工、水手和通译等移居琉球，帮助其提高造船和航海技术。清初以后，原三十六姓的存留者及后来补充原三十六姓缺额的人开始编写家谱，即现存的久米村系家谱。1980年日本那霸市企划部市史编集室编辑出版了《久米村系家谱》，为探讨明清两代的中琉交往状况提供了第一手资料。[1]

## 四、日本历史研究未来趋向

中国学界日本历史研究的未来趋势主要体现在两个方面：构建独特理论体系和提高实证性研究水平。

### （一）构建独特理论体系

在借鉴国外特别是日本学术界研究方法的基础上建立独自的理论体系。2021年度中国学术界评介了诸多国外相关理论或者利用相关理论研究日本历史。例如，陈晓隽在《概念史视野下"日本哲学"的诠释与误读》一文中指出，近代日本关于"philosophy"的传播与解读存在日本思想家依照所谓的"进步"或者"否定"的自我诠释、依循时代或者国家的必然需要、依据东方文化传统的根本事实而展开诠释的显性特征，同时也存在将"philosophy"把握为"最高的学问"来统辖一切，使"哲学"与近代日本的"国民道德论"结合在一起，把"日本哲学"树立为"真正的自我"之学问的巨大"误读"。若是站在概念史的视角就这一诠释与误读的现象来加以探究，可以认识到"哲学"在近代东方遭遇到的挫折与问题，也有利于在审视这一段历史的同时展开主体性的批判。

康昊在《全球史在日本的兴起、实践及其特点》一文中指出，日本全球史研究的兴起和发展有其内在的学术脉络，水岛司、羽田正、秋田茂等学者是日本全球史的倡导者，他们的研究成果以及在他们倡导下成立的相关学术机构推动了全球史在日本学术界的发展，并使之具有不同于西方的特点。日本的全球史研究是在欧美学术界的影响与日本的日欧比较、亚洲经济圈、海域亚洲史和东部欧亚史研究发展的内外因共同作用之下出现，因而标榜"亚洲视角"，关注亚洲空间、亚洲海域，强调亚洲经济及国际秩序内部机制的重要性是日本全球史研究最显著的特点。

中村贵在《通往"新都市民俗学"之路——从日本都市民俗学及其问题谈起》一文中指出，20世纪70年代至90年代，都市民俗学是在日本民俗学界掀起的热门话题，对传统都市、都市祭礼、都市传说、公寓住宅区等问题的研究，以及从个人史与个体体验的角度探讨普通人的都市生活等，这些都市民俗学的"尝试"，至今仍具有一定的借鉴意义。当今社会，城乡二元对立结构已经解体，全球化、信息化等现象全面展开，但并不意味着民俗学者可以对都市空间、都市社会及都市民众的生活视而不见。反而有必要通过讨论民俗学式的都市研究，超越以往研究范式并探寻新的范式、理论与方法，从而探讨现代民俗学的方向及其问题。在这个意义上，都市是民俗学学科发展与转型的"实验室"，也是转向现代民俗学的关键。

周建波与陈皓在《东亚同文书院研究评述及其展望》一文中指出，作为晚清至"二战"时期日本在中国内地设立的唯一一所海外大学，东亚同文书院组织师生进行长期的田野调查，足迹遍布中国，留下了大量手稿资料，其内容和质量不亚于著名的"满铁调查部"。日本学界对东亚同文书院的研究自20世纪80年代后逐渐增多，着重于书院历史和调查特点的研究。中国的相关研究则基本始于20世纪90年代，起初对书院的历史和侵华行为较为关注，20世纪末以来，随着以冯天瑜教授为代表的一批访日学者向国内引介影印版的调查手稿，学界利用东亚同文书院资料开展专题研究越来越多。东亚同文书院调查资料具有数据翔实、时间跨度长、涵盖领域广等优点，是中国近代史研究的重要文献资料补充。未来的相关研究将进一步立足本土视角，成为梳理近代中国工业化历史进程脉络的资料依据。

赵薇在《〈文明论概略〉与东洋史学的文明论思维》一文中指出，福泽谕吉的《文明论概略》以文明的视角为历史认知与书写提供了一种框架模式，通过对文明内涵的解读拓展了历史观照及实践的范畴，在历史研究"人民性"的讨论中呼唤不一样的历史书写主体。在批评其自我消解的概念体系、自相矛盾的解读标的、自圆其说的讨论逻辑和自言自语的话语方式的同时，还应看到其对日本东洋史学"文明论"在方式方法及内容上的影响。明治时期日本的考据史学与文明史学在"东洋"这一地域研究处汇流，是政治决定学术走向的注脚，决定了日本东洋史学的根本属性。

李文明在《20世纪日本学界的"古代虾夷族群"论争》一文中指出，"古代虾夷族群"论争可与"石器时代日本居民"论争、"古代邪马台国"论争并称为20世纪日本学界的三大古史论争。"古代虾夷族群"论争涉及历史学、文献学、考古学、民族学、人类学等多重学科。20世纪初以来，各个学科均有学者热烈地参与讨论，但论争至今仍未真正终结。2001年在"古代虾夷族群"问题上，工藤雅树提出"超越论争"的倡议，但论争本身的长期无解并不能简单地视为"超越"的理由。只有对论争这一学术现象进行分析，对各种学说的合理性、矛盾性提出辩证认识，才能对论争有所超越，避免再次回到重复、执拗的论争。

贾菁菁在《坪井九马三与近代日本实证史学》一文中指出，近代日本实证史学同时存在两种传统，一是以兰克、伯伦汉为代表的德国正统史学，二是本土传承的清代考据学与日本古学。既往关于坪井九马三的研究着重探讨其对兰克史学的移植与运用，忽略其思想的新旧杂糅、同异交缠。坪井作为西洋史（史学科）的领军人物，与日本史（国史科）的汉学考证主义史家同声相应，同气相求。其著《史学研究法》宗奉兰克、伯伦汉之说，但在经济史、政治史、精英人物等研究取向上皆与兰克反向而行。因为坪井史学具有二元论的特质，将史学切分为纯正、应用二端，构筑实证史学的同时亦倡导历史教育服务于国民教化。他生平著述驳杂而不够深刻，却多引领时趋，是日本历史领域马克思主义、社会主义的最早介绍者。

周雨霏在《兰克史学在日本的传播与接受》一文中指出，19世纪中期以后，随着日本的"开国"与西方史学思想的流入，以清代考证学与水户学为思想基础的江户史学实现了近代化转型。在此过程中，提倡"如实直书"的兰克史学产生了不可忽视的影响。日本史学家对兰克史学的吸收与借鉴在方法上体现为重视对史料的收集、批判与考证，在叙事上体现为强调描述大国之间的联系与抗争。兰克史学在日本的传播分为三个阶段：第一阶段为里斯赴帝国大学任教，将兰克史学介绍至日本；第二阶段为坪井九马三等史学家留德归国后，将科学实证主义引入日本史学界，对兰克学派的历史主义进行了修正；第三阶段是铃木成高等"京都学派"在战时援用兰克的世界史理念，企图论证日本"超克"近代的历史必然性与支配亚洲的合法性。

高伟在《日本近代神话观念与神话学：基于概念史的考察》一文中指出，幕末至明治前期，以辞书、文学、宗教类著作为载体，西方神话概念开始介绍到日本。稍晚于神话概念的传入，明治中后期以麦克斯·缪勒自然神话学理论为代表的西方近代比较神话学传入日本，并在1899年的神话论战中集中亮相。这次神话论战宣告了日本近代神话学的确立，但由于传统的神话世界观构成了近代日本立国精神的基础，神话学在当时并没有获得独立发展的空间，神话研究面临国家信仰与个人理性的冲突。部分神话研究者或遭到官方压制，或通过神话学解释为近代日本的殖民侵略扩张摇旗呐喊，此外西方神话概念与日本文化语境的适配问题也困扰着日本近代神话学研究。

由此可见，中国学术界依然以介绍国外历史学研究方法或以既有的理论框架研究日本历史，因此寻求独创性是国内日本历史研究领域今后努力的方向。

**（二）提高实证性研究水平**

利用丰富的史料实证研究过去较少关注的具体历史事件与人物是中国学术界另外一个未来主要研究趋势，但应当及时借鉴性关注日本学术界的相关动向。如果将日本历史划分为古代、中世、近世、近代、战后等阶段，2021年中国学术界有关日本古代史领域论文所占比例不低，大多为大陆文化对日本的影响。例如，史清晨在《王羲之书迹的日本传入及接受——以飞鸟—平安时代为中心》一文中指出，飞鸟—平安时代的日本在文化上尚处于完全模仿中国的阶段，也是王羲之书迹传入日本的高峰期，往来于中日之间的遣唐使、留学生、留学僧等起到重要作用。当时使用王羲之书迹作为学书范本的风气在贵族阶级间展开，对日本风书道的形成甚至后世日本风书道的发展起到了至关重要的作用。刘晓峰、刘晨在《中国古代节日食品对日本的影响——以〈宇多天皇御记〉宽平二年二月卅日记事为中心》一文中指出，节日食品是节日习俗的重要组成部分，日本《宇多天皇御记》宽平二年二月卅日记事是中国古代节日食俗影响进入日本宫廷最重要的一条记事，反映出在公元890年节粥、桃花饼、粽子、索饼与亥饼等中国古代节日食品被纳入日本宫廷节日生活中的过程。这一过程不仅展示出中国古代文化传统在日本传播过程中出现的丰富变化以及中国不同时代、不同地域的不同文化传统在日本的流传状况，也论证了古代东亚文化交流史的丰富性、多元性、多层面性。陈涛在《制度视域下的唐代冬至节及其对日本的影响》一文中指出，唐代冬至作为重要节日在国家祀典中占有举足轻重的地位，在官方制度中有完备规定，在民间社会风俗中有重要影响，呈现出礼仪性和娱乐性不断增强的趋势。受唐朝制度文化的影响，日本在 8 世纪前期逐渐出现冬至节。尽管自 9 世纪后，冬至节又从日本朝廷的年中岁时中淡出，但是唐代冬至节的礼仪制度却已深深融入日本制度之中。王勇在《公元 8 世纪的中日"书籍之路"——基于第 12 次遣唐使求书历程的探讨》一文中指出，隋唐时期中日文化交流趋于鼎盛，书籍之路盛况空前。日本正仓院文书中所存的 4 份与第 12 次遣唐使有关联的书目，表明遣唐使携归日本书籍并非个人任意行为，而是举国之力有计划地搜求阙本，所抄写的经书均为日本国内所缺书籍。以举国体制编制阙本目录、遣唐使极力搜集书籍、朝廷直接参与写经事业、佛教界精心保管珍贵的唐本，这一切使日本的佛教书籍与时俱增，从而催生奈良时代"一切经"数目巨大的奇观。

近年来，日本学术界也在质疑遣唐使结束以后日本逐渐从"唐风文化"转向"国风文化"的传统观点，主张 10 世纪以后民间海上贸易频繁，大陆文化源源不断地传入日本。对此，2021 年度中国学界也有类似论点的论文，例如，魏志江在《朝贡之外：论北宋与日本的佛教文化外交》一文中指出，日本自遣唐使废止后，不再派遣官方朝贡使节到中国，中日官方外交几乎中断。随着北宋的建立和五代十国的结束，北宋积极展开对日本的佛教文化外交，赋予日本入宋僧仅次于正式朝贡使节的待遇和地位，对先后渡宋巡礼访问的入宋僧，通过诏命其入朝觐见皇帝、赐予宋朝编纂的《大藏经》和新译经典、赐紫衣、大师号以及官方护佑巡礼五台山等厚遇，表明北宋试图以佛教文化为纽带，在正式朝贡关系之外，将日本纳入以大宋为中心的东亚国际秩序。入宋僧的渡航来华使遣唐使废止后的中日民间外交得以维系，而日本官方则从以中国为中心的东亚朝贡体系中脱离出来，从而实现其对华外交的转型，并与宋朝进行佛教文化的交流。因此，虽然北宋与日本没有正式的官方外交关系，但始终维持了以入宋僧为纽带、以佛教文化交流为特色、持续进行的、民间友好的外交关系。尽管如此，在中世领域的研究，与日本学术界有关武士起源多样化、中世始于院政时代、中世的过渡性特征、公武关系多元性等新论点接连不断的研究现状相比，中国学界尚有较大的距离。

目前，日本学术界具有强调近世与近代连续性的倾向，如从"朝（廷）幕藩体制"到"公议政体论"、从"尊王思想"到"王政复古"、从"经济社会"到近代工业化等方面展开的研究。另外也有将明治维新及西方影响相对化的趋势，如在思想史研究领域，近代保守型知识人成为研究的重点对象等。中国学界也有类似的看法，例如，何鹏举在《作为"国家丰饶策"的"自然治道"——本多利明的近世日本维新构想》一文中指出，为破解江户后期日本所面临的内外困局，作为经世家的本多利明提出了一套以"自然治道"为核心的宏大改革方案。与同时期许多思想家不同，本多将日本作为一个整体的国家看待，把西方树立为日本学习的榜样，中国则成为日本的比较对象。他不仅建议利用火药、金属矿藏、制造船舶开展官营贸易，积极开发周边属岛，甚至还大胆设想建设中央集权制的新日本国，其主张无疑是对江户时期日本封建制的颠覆，是近世日本的维新构想。2021 年度中国甚至有日本历史研究文章将"近世"称为"近代早期",但在"前近代"与"近代"的差异以及两者之间的关联方面尚需加大研究的力度。

在2021年度中国日本近代史研究领域,除日本对外侵略之外,其本身发展以及中日和平交往也有值得关注的论文。例如,尹晓亮在《战时日本开发原子弹的底层逻辑、推进体制与路径方法》一文中指出,日本惯有将自己扮演为"原子弹被害者"的政治偏好,却鲜有反省自己亦是"原子弹加害未遂者"的历史担当。作为前提条件的"拥有核物理基础"、作为目标锁定的"执念帝国主义"、作为内生驱动力的"强权政治意志"、作为组织保障的"高效动员能力"四个要素之间叠加共振与互动耦合,构成"二战"期间日本开发原子弹的底层逻辑。在该逻辑运行下,日本构建了以陆军与海军为主导、各自委托理化学研究所与京都帝国大学具体负责研究的"二元化"推进体制。"仁计划"与"F计划"平行推进,在本质上是日本陆海军关系结构的逻辑表达,即"日本的政治军事结构决定其研发结构"。尽管日本核开发计划最终以失败告终,但通过仔细分析战时日本核武器开发史,可揭示其"在战争中只重精神而忘掉了科学"的"科学忽视论"与试图淡化科学家参与核武器开发的"责任切割论"的欺骗性。实际上,科学家与政府间存在着"共同体关系"与"共犯关系"。孙江在《五四时期中日知识界的往还》一文中指出,1919年5月4日爆发的"五四事件"及其后续进展在日本掀起轩然大波,时任东京帝国大学教授、大正德谟克拉西著名代表吉野作造与众不同,对中国学生抗议"侵略的日本"表示理解,进而提出了"和平的日本"与中国国民"提携"的诉求,并为此写信给曾经的学生李大钊,邀请北京大学师生访日。"五四事件"一年后,北京大学学生访日得以实现,但与吉野作造设想的中日两国相互"提携"的初衷——打倒各自国家的军阀和官僚政府、防止"过激思想"的蔓延——相去甚远。其原因在于,无论是接待访日团的东京帝国大学"新人会",还是北京大学访问团,两国学生更关心的是苏俄革命。尽管从比例上看,2021年度中国日本历史研究成果中有关日本近代史领域的论文最多,但如何批判性借鉴日本学界将中日全面战争的根源置于"对华二十一条","大正民主运动"是走向战争体制的社会基础,中国民族主义与华盛顿体制崩溃的关系等新论点仍然是国内学界需要进一步深入探索的课题。

综上所述,尽管2021年度中国学术界对日本历史的研究取得了长足的进步,但在研究方法的创新、理论框架的构建、历史性事件的实证性研究领域依然需要进一步努力。

(责任编辑:李璇夏)

## 注　释

[ 1 ]　王雅洁:《久米村系家谱浅论》,《史学集刊》2021年第4期。

# 2021 年日本战略研究综述

卢 昊[*]

世界百年变局下,国际问题日益超越单一国别范畴,综合性、战略性研究重要性日益凸显。国别(地区)研究日益与国际关系学、国际战略学的一般性理论与政策研究相互融合,成为学科发展的一大潮流。日本研究学科亦不例外,跨越单一领域、融合多项要素的综合战略研究的兴起成为趋势。同时,当前国际变局下,日本积极调动能力,采取行动,提升战略自主性与战略活跃度,始终保持着影响干预国际格局与大国博弈的重要角色地位。从确保应用对策研究针对性、科学性,以及支持中国新时期对外战略、周边方略构建运筹的视角出发,很有必要加强对日本国家战略及重大战略动向的研究。

基于以上背景,中国日本学界针对日本国家战略及其各分支战略(子战略)、各领域重大战略动向的基础性、应用性研究日益兴起,乃至形成以国际关系学、国际战略学为基础,综合政治、经济、安全、外交乃至社会文化等跨学科研究的综合战略研究学科。在日本学界,关于日本国家战略转型方向及具体措施的研讨争论日益公开化并趋向热烈。2021 年日本战略研究出现一系列值得关注及深入研究的热点问题,中外学者围绕日本战略问题的当前研究亦呈现一些重要特点及趋势。

## 一、日本战略研究概况

战略概念源于战争,但随着历史发展,其内涵外延日益从军事拓展到政治、经济、科技、文化等领域。在现代国际关系学、国际战略学视域中,战略更多意指以国家为战略主体、以政治(内政外交)战略为中心,维护国家安全与发展的规划与行动。一国通常会基于特定战略利益诉求或共识目标,对战略环境特别是内外风险威胁因素进行评估,综合运用战略资源,开展战略制定、战略实施及战略调整。在国际区域体系中,国家特别是大国作为独立有效的战略主体,通过持续性、互动性的战略博弈行为,引发导致国际战略格局的复杂变化。作为国别研究下的分支学科,日本战略研究着眼于以日本为主体的国家性战略行为,影

---

[*] 卢昊,中国社会科学院日本研究所副研究员,综合战略研究室副主任,中国社会科学院东海问题研究中心秘书长,主要研究方向为日本外交、亚太国际政治、中日美关系。

响战略行为的要素、动因、逻辑，以及战略行为趋势及后果。如进一步细分则至少包括以下研究领域：（1）日本国家总体战略及政治、军事、经济、外交、科技等领域子战略或重大战略动向；（2）日本的国际形势战略评估、在全球及区域战略体系格局中所处的角色地位、与其他国际战略力量的互动等；（3）事关日本国家安全与发展、影响其内外战略行动的重大问题、关键因素。

战略行为是国家生存发展的关键。现当代国际关系中，全球或区域大国乃至部分区域中等强国都有其特定国家战略乃至大战略，或至少具备以维护乃至扩大战略自主性为基本目标的体系性、延续性战略追求及规划行动。不少国家基于内政外交博弈考量，或受限于战略条件限制，试图实施某种程度的战略模糊，掩饰其战略目标、规划及行动。日本亦是如此。在冷战时期，宣示遵守和平宪法、成为"和平国家"的日本有意识地降低国家治理上的"战略色彩"。同时受制于日美同盟及美苏两极对抗格局，日本的战略自主性受到很大限制。但即使如此，日本所奉行的轻军备、重经济的"吉田路线"本身就是一种基于决策层共识的国家战略，冷战结束后特别是进入21世纪以来，日本提升战略自主的"客观限制"逐步解除，基于保守政治理念与民族主义情绪、对政治大国战略目标的"主观追求"亦持续强化。

2008年国际金融危机后，尽管因内政因素或有中断，但日本总体上着眼于国际格局变化，逐步发挥战略能动性，以综合手段有效弥补因长期低增长而丧失的经济体量优势，基本维持了现有国际地位。自2012年年底至2020年年中，安倍连续执政7年8个月，在这一时期，日本追求战略自主、强化国际行为能力进一步趋向显现。2020年以来，在现有国际权力转移、秩序重构特别是中美博弈强化背景下，新冠肺炎疫情的暴发扩散进一步加深了国际变局的复杂性与风险性。对日本而言，当前国际变局的迅猛程度及不确定性前所未有。安倍辞职后接替其位的菅义伟与岸田文雄基本延续了安倍时代日本内外战略，继续调动各种手段、特别是利用美国战略调整拓展自身战略空间，增强自身战略地位，应对疫情下国际变局带来的各种冲击。

在日本学界，尽管不少学者仍有意避讳谈及"战略"一词，但从应对国际秩序特别是中美大国竞争角度出发，支持日本积极开展战略应对，乃至制定更新国家战略的呼声与探讨在日本国内日益升温。比如，2020年，日本国际问题研究所《国际问题》1月刊、4月刊与11月刊分别就"2020年的国际社会与日本外交""能否构建基于自由公正透明的国际秩序""疫情后世界经济与日本经济战略构想"刊载专题。[1]日本外务省《外交》杂志2020年1月刊、5月刊、7月刊与9月刊重点围绕特朗普外交、新冠肺炎疫情及美国大选，探讨日本应采取的战略应对，特别是如何对冲美国单边主义与疫情长期化风险，增强日本战略自主能力。[2]在中国学界，针对日本国家战略转型，特别是其政治大国化或"正常国家"追求的相关研究持续展开，其逻辑与结论延伸至对日本政治、经济、外交乃至社会文化的具体研究中。随着日本内外战略推进，中国国内对日本国家战略的研讨亦趋向活跃，如杨伯江提出并围绕"综合战略活跃度"这一概念，阐述分析了日本新时期国家战略转型的特征及其趋势。孙承、刘江永、初晓波、吴怀中、归泳涛等专家也围绕新冠肺炎疫情下日本国际战略的发展特征、趋势及对华影响等贡献了新的观点与分析。

日本战略研究的发展，推动学科建设特别是跨学科融创走向深入。其中作为专门从事日本研究的国别研究机构，中国社会科学院日本研究所从适应学术发展趋势、完善现有学科体系、强化智库研究功能目标出发，经过长期筹划准备，于2020年正式成立综合战略研究室，这是日本研究所首个不以"日本"冠名的研究部门，亦是与其他传统分支学科并立的独立学科。设立综合战略研究室是日本研究所推进学科融创、释放研究潜能的一项重要举措。2021年，综合战略研究室克服疫情对科研活动的不利影响，在构建学科体系、开展基础研究及应用研究方面均取得较大进展。在"十四五"规划时期，综合战略研究作为日本研究所重点建设的新兴学科，力争以国别基础研究支撑战略应用研究，以战略研究引领国别基础研究，最大限度发挥"相乘效应"，在拓展深化相关基础研究的同时，更好地服务支持中央与国家决策需要。

## 二、2021年日本战略研究热点问题

2021年是国际形势剧烈震荡、加速发展的一年。在日本积极应对内外变局、推动国家战略及各项子战略转型发展的情况下，日本战略研究领域出现了一系列值得关注的热点问题。

### （一）国际大变局下的日本国家战略总体走向

当前，日本国家战略面临多方面内外变局冲击，主要体现在以下三个方面。一是新冠肺炎疫情暴发扩散，对日本经济社会发展形成强烈而持久的冲击，并在很大程度上影响了战略资源的运用。二是国际权力转移与大国博弈的变化，特别是中美博弈的强化，对日本的战略定位及选择产生了决定性牵引。三是新冠肺炎疫情带来的经济社会危机导致政局变动乃至政权更迭。作为安倍晋三继任者的菅义伟及岸田文雄在基本延续安倍战略的前提下，将战略重心转向内政，力争实现有效防控疫情与迅速复苏经济两大目标，并力图抓住拜登上台后日美同盟强化的"战略机遇"，稳定并改善日本外部战略环境，但日本国内新冠肺炎疫情持续严峻化，拜登执政后美国的全球及区域战略亦存在不确定性，导致日本通过战略调整摆脱危机的难度上升。日本执政者强调要"为实现经济再生、重建外交和安全保障努力工作"，并推动多领域制度改革。总体上，前所未有的国际大变局强化了日本的危机意识，刺激了其"以变求存""以变求强"的战略主动性。

### （二）中美博弈下日本的战略角色及对外战略应对

拜登政府上台后持续推进对华竞争战略，并注重调动盟国作用，中美博弈趋向纵深发展，

中美日三边关系"内部张力"加大,不确定性增强。在中美日三边中,日本尽管硬实力无法与中美两强相比,但在软实力特别是战略行动力及国际协调力方面仍具优势,其角色不容忽视。日本认为,中美战略竞争已呈现中长期化与深刻化特征。目前来看,日本对美追随明显优先于对华协调,战略上对美西方体系的依附与利用进一步加强。日本政府虽仍主张维持"稳定且建设性的中日关系",但日益强调在对华交涉中保持强势主张和自我看法,在安全、经济、地缘政治领域逐步强化对华制衡手段,乃至在一些敏感问题如台湾问题上挑战中国红线。同时,日本还在中美之外联络其他重要国家(集团),特别是强化与欧洲大国、印太地区部分大国或"支点国家"战略合作,以拓展战略选择,实现对外战略多元化。在此情况下,中美日三角仍将维持"不均衡下的平衡"这一态势,日本将继续主动围绕中美这一"主要矛盾"开展各种战略部署调动。如何有效应对中美博弈、确保自身战略主动已经成为日本对外战略乃至总体国家战略的中心问题。

**(三)疫情冲击下日本经济安全战略的调整强化**

新冠肺炎疫情对全球经济活动、产业供应链产生了重大冲击,经济安全问题日益突出,加上中美在贸易和高科技领域的博弈趋向白热化,促使日本迅速强化经济战略,并将其与外交和安保战略密切结合。为此,日本政府积极实施经济安全战略,出台鼓励政策,推动海外日企供应链调整,避免供应链依赖于特定国家,同时追随美国、欧洲步调,强化安全管制措施,阻止可军用的尖端科技外流,防范外资收购及所谓"间谍活动"。强化关键原材料、零部件采购供应保障,对事关国家竞争力或国民生活的"战略基础产业"加强管制。营义伟政府及岸田文雄政府对日本经济科技战略进行重新调整,强化数字化、人工智能、量子技术等尖端科技的研发力量部署,统筹国家数字化发展战略,提出建设"无碳社会"时间表,出台经济安保相关法案。总体上,日本更为主动地强化经济安全战略,充分顺应乃至利用新科技革命及疫情带来的新变化、新趋势,极力抵御外部风险的同时,竭力保持并提升自身在科技、产业领域的独特优势及竞争力。

**(四)国际经贸体系下日本对外经济战略的推进发展**

尽管美国推行贸易保护主义并发起贸易战,加上新冠肺炎疫情对国际贸易活动造成冲击,但基于互惠前提的国际经贸合作仍是主流,而相关国际秩序规制正处于发展与重构之中。在此情况下,日本持续高举自由贸易大旗,彰显"道义立场",大力拓展海外经贸网络,积极参与有利于己的双边、多边自贸机制协商。日本主导的《全面与进步跨太平洋伙伴关系协定》(CPTPP)、日欧 EPA、《日美货物贸易协定》(TAG)、日英 EPA 陆续签署生效,日本参与的 15 国《区域全面经济伙伴关系协定》(RCEP)亦在 2021 年年底生效,日本自贸协议覆盖率由此超过贸易额的八成,在全球自贸体制中的枢纽性与话语权得到进一步加强。日本以维护自由贸易及开放国际经济秩序为突破口,除进一步巩固拓展已有自贸协定伙伴网络外,持续提升国际秩序规则协商参与力度，特别是联合美欧，集中围绕WTO改革等展开磋商，提出方案，试图主导国际经贸秩序重构。另外，日本还主要联络西方各国，在国际基建投资、数字经济等新兴领域共同提出构想、制定规则标准。日本对外经济战略的推进发展，是日本新时期国家战略转型发展的重要构成部分。

**（五）地缘竞争新格局下日本"印太战略"的强化**

当前，"印太战略（构想）"日益成为日本对外战略支柱。美日印澳四国于2021年首次举办四国首脑会谈，进一步提高该机制战略层级，日本在该机制中发挥积极牵引作用，并主办了2022年四国首脑线下会谈。在安全领域，日本积极支持将美日印、美日澳三边合作扩展到四边乃至更大范围。与印、澳分别签署《物资劳务相互提供协定》与《互惠准入协定》，配合日美同盟，强化四方情报共享、联合训演、后勤保障等防务合作。在经济领域，日本会同美、印、澳强化印太区域供应链合作，宣示共同保障战略物资供应，共同面向新兴市场出口"高质量基建"并制定规则标准。日本积极参与美国主导的"印太经济框架"，日本还声称支持东盟在"自由开放的印太"体系中发挥"核心作用"，以倡导"航行自由""海洋法治"等原则为名，支持东盟海洋国家进行"海洋安保能力建设"，确保日本在南海印度洋地区的政治及安全力量介入。日本不仅将"印太战略"作为联络盟国、制衡竞争对手的地缘政治战略，更逐步在其中注入并对外输出所谓普适价值观，将"自由开放的印太"作为未来区域乃至国际秩序的模式加以推广。这亦成为下一阶段日本"印太战略"发展的重点。

**（六）新时期日本军事战略的转型发展**

冷战结束以来，日本军事战略的自主化追求与综合能力强化，逐步进入了公开且迅速发展的新阶段。日本政府继续以"周边安全环境前所未有复杂化"，特别是朝鲜发展核军备以及台海"冲突风险扩大"为由，依托日美同盟并大力推进自主防卫力量建设。日本政府及执政党积极策动安保战略探讨，试图推进体制及法制改革，并计划在2022年年底修订《日本国家安全保障战略》《防卫计划大纲》及《中期防卫力整备计划》。日本政府还调整并强化反导战略，建设多层次综合防空和反导体系，并积极谋求具备"对敌基地攻击能力"即先发制人打击能力。目前来看，日本政府通过装备采购及自主研产，已在切实建设新作战平台与远距离导弹进攻能力。围绕建设"跨域作战能力"建设这一基本目标，日本正重点强化多军种联合作战与非常规环境作战能力，并拓展防务建设领域，在天、网、电等"新边疆"加大投入开展军力建设，取得阶段性成果。总体上，疫情等因素并未阻碍日本军事转型特别是军力建设进程。日本军事战略持续强化的趋势仍在发展，具体动向进展值得关注。

## 三、2021年日本战略研究主要理论观点

2021年，围绕日本国家战略及其相关领域，中日学界开展了积极研究，主要理论观点

如下。

## （一）日本研究界观点

基于应对国内外变局及挑战，日本国内战略学界与政策专家日益聚焦重大问题，强化国家战略或相关子战略（政策）的研讨。《中央公论》2021年围绕新冠肺炎疫情下日本医疗卫生、经济振兴、社会治理等问题，多次组织专题，对日本如何抵御多波次疫情、克服经济社会脆弱性、扭转战略被动形势进行探讨。其中，冈部信彦、尾身茂、竹中治坚等撰文指出，需要发挥政府在疫情下"战略司令塔"角色，使其在调配医疗资源、维护社会秩序、管理经济活动方面承担更多直接责任。应有针对性地强化政府战略立案与执行能力，加强中央政府对地方自治体的"政策指导"及资源支持。发挥经济调控作用，克服"财政年度主义"，确保对重大项目的战略性支持。[3] 随着新冠肺炎疫情下日本经济社会矛盾持续尖锐，日本学界开始反思新自由主义治理方式的弊端，乃至倾向强调国家在经济与社会发展战略中的主动角色。

在对外战略方面，日本学界着眼于国际秩序的变化，尤其是中美博弈深化这一核心矛盾，就日本如何作出战略应对进行研讨。如日本国际问题研究所《国际问题》2021年1—2月刊及4月刊（第700期纪念号）分别以"大疫情后的日本与世界"与"国际社会变化与日本外交展望：面向2030年"为题，探讨国际秩序格局变化的中长期趋势，以及日本外交战略的应有方向。北冈伸一、佐佐江贤一郎、宫家邦彦、秋山信将等撰文指出，日本应努力把握当前国际变局方向，对中美博弈产生的"结构性风险"进行有效对冲，将"重塑（外交）主体性"与"构建疫情后国际秩序"作为对外战略中长期目标。[4] 森本敏、中西宽、细谷雄一、宫家邦彦等人也撰文，就拜登上台后美国同盟战略调整、中美博弈下东亚格局的变化等重点问题进行分析，强调面临中美博弈，日本应着重发挥"同盟资产"优势与多边外交灵活性，在依托日美同盟前提下拓展战略视野，广泛争取外部支持。从回应新冠肺炎疫情下国际合作需求、重建国际协调机制出发，高举捍卫自由主义旗帜，积极参与全球事务治理进程，增强日本自身的战略存在感与行动能力。[5]

在新冠肺炎疫情背景下，日本学界进一步聚焦经济安全问题，主张在新的"经济安保时代"抢占先机，全面强化经济安保战略。如外务省《外交》杂志7—8月刊以"经济安保的射程"为题，探讨日本所面临的经济安保问题及具体施策。甘利明、铃木一人、津上俊哉等撰文就经济安全的核心问题、经济安保战略对经贸活动的影响、经济安保战略中的规则制定、半导体供应链保障等进行探讨。[6]《VOICE》2021年2月刊亦以"经济安全保障与日本的出路"为题，组织系列研讨文章。金子将史、川岛真、村山裕三等撰文就如何应对中美在经济技术领域的竞争，如何实现日本在经济安全领域的"战略不可或缺性"与自律性等进行分析。[7]《经团联》《公明》《财界》《金融财政事情》《日经周刊》等亦有一些相关文章。总体上，日方专家就加强经济安全的国家战略体制，尽快树立完善相关政策法制，重点提升供应链、重要基建设施、技术基础、知识产权与专利等领域的安保能力等形成了基本共识，但在如何具体落实措施，包括多大程度上强化对华防范性经济安全举措方面仍有分歧。

在地缘战略方面，日本学者积极关注并探讨"印太战略（构想）"的进一步深化。如外务省《外交》杂志2021年5—6月刊以"自由开放印太的新展开"为题，探讨各国围绕"印太战略"互动新动向，以及日本"印太构想"的新发展。伊藤融、佐竹知彦、森聪、田中亮佑、阪田恭代、市川麻衣子等分别撰文，提出将"价值观外交"与"印太地缘战略"更紧密结合，加强人权民主"外交阵线"，强化与欧洲的"印太战略"合作，重建美日韩合作，从而综合发挥日本"自由开放的印太"构想在外交中的作用。[8]细谷雄一、大庭三枝、中西辉政、神保谦、鹤岗路人、饭田将史、菊池努等也在《公明》《国际安全保障》《安全保障研究》《经济俱乐部演讲录》《日本战略研究论坛季报》《亚太研究专门志》等刊物发文，提出日本应将"印太构想"进一步打造成区域经济合作的核心规范，在印太地区的"自由贸易圈"与供应链网络中发挥核心作用。[9]同时，在海洋安全方面坚定地贯彻推广"法治原则"，与印太各国加强多形式海上安保合作。在对华政策上，多数日方专家表示不应将"印太构想"作为反华战略框架，但同时强调日本应充分调动"印太构想"特别是与该地区"民主盟国"日益密切的战略联系，借助盟国力量加强日本安全战略的主动性和威慑力，并利用多边外交要求中国"采取负责任行动"，"有效抵抗中方的战略施压"。[10]

（二）中国研究界观点

中国学界一些最新研究从历史与现实角度分析日本的国家战略在内外压力下所呈现的总体特征与趋势。比如，刘江永分析指出，日本保守政治精英围绕日本国家战略逐步形成共识方案。日本国家战略经历了酝酿、经营、诱导、重塑四个阶段，其演进的背景包括历史传承、家族影响、战略思维、对华政策、岛争误导等。当前，日本基于国家战略目标的对华政策以及涉及台湾、新疆、香港等一系列中国内政问题的错误言论亟须改弦更张，否则将适得其反，并且会对中日关系造成较大冲击。[11]孙承指出，战后日本以吉田主义为代表的国家战略已为"积极和平主义"国家战略所取代。在后者驱动下，日本战略主动性提高，安全战略实现历届保守内阁未能实现的重大突破，外交战略积极主导地区政治经济秩序重构。在新冠肺炎疫情大流行和美国重组联盟抗衡中国的形势下，日本"积极和平主义"国家战略深入展开，与美国在重构后疫情国际秩序上相互呼应，在中美之间保持平衡和在对华制约与合作之间保持平衡的"两个平衡"对华战略面临考验。[12]

经济社会战略方面，一些研究重点关注了日本经济安保、对外经贸战略方面的新变化与增长点。比如，刘军红等聚焦日本新兴的数字战略，指出新冠肺炎疫情暴露了日本以往数字战略流于纸面的现实，其电子政府、数字经济及数字社会建设缺少互联互通的本质含义。菅义伟政府提出数字改革新战略，拟设首相直辖的数字厅，推进数字化改革，通过国会立法重建数字行政治理体系，普及个人号码制度，推进数字化社会转型，力争摆脱"数字化落后国"困境。[13]陈祥指出，新冠肺炎疫情的暴发令国际社会再次认识到半导体产业战略的重要性。基于半导体产业已成为全球战略竞争的制高点，日本政府出台了《半导体·数字产业战略》，涵盖了半导体开发、数字社会的充实、产业链问题、脱碳问题等领域，日本通过制定新"国家战略"形式，欲以举国之力实现提振半导体及数字产业的创新发展。[14]苏杭等指出，日本供应链分布的高集中度和复杂性导致其容易受到外部冲击的干扰，尤其是新冠肺炎疫情的暴发进一步凸显日本供应链的脆弱性，促使日本政府加快推动供应链改革。日本的供应链改革包括充实国内供应链、实现海外生产基地多元化、多维度增强供应链韧性以及加强供应链国际合作等内容。日本供应链改革标志着日本政府强化了对供应链安全的政策投入，推动日本企业加快海外供应链布局调整，并将给东亚区域供应链合作带来新的不确定性。[15]郭锐、许菲指出，从产业链转移的视角看，新冠肺炎疫情冲击下的"逆全球化"为东亚区域一体化创造了机遇，东亚区域性短距离供应链有所完善。在此背景下，日本推动经济安全策略调整，旨在提振国民经济、优化海外产业链、主导区域一体化进程。日本的东亚区域合作由相对被动转向更加主动，并突出塑造力建设。不过，世界经济环境不确定性、日本与周边国家多领域分歧加大、国内政治经济环境掣肘等因素制约着日本东亚区域合作的动向及进度。[16]

对外战略方面，一些研究对国际秩序变革及中美博弈下日本的战略观念与具体选择进行了深入分析。比如，杨伯江等指出，秩序问题是国际关系的核心。科学判断和系统把握国际秩序变革中日本与世界的关系，应从历史和现实两个维度加以考察。战后日本选择接受并融入美国主导的国际秩序，并保持动态调整、努力趋利避害，形成独具特色的国际秩序观。百年大变局下，日本致力于提升"综合战略活跃度"，修补陷入危机中的国际秩序，其与秩序的互构关系既体现了历史延续性，又呈现了新特点。[17]吕耀东指出，美国总统拜登提出将重振美国同盟体系，突出美日同盟的重要性。未来美日同盟的"双向义务"合作与日本的同盟"对等化"诉求将相伴发生、相互影响，并逐步内化于美日澳印"四国安全机制"及西方"盟友圈"构建之中。中日关系中固有的结构性矛盾加上中美关系的紧张状态，使得美日同盟的对华针对性日益凸显。美日两国共同遏制中国的战略倾向加强，使得中美日关系进一步复杂化，并影响亚太地区乃至世界的和平、稳定与发展。[18]陈静静指出，在2008年国际金融危机的影响下，世界经济重心转移，严重冲击了美国主导的"自由国际秩序"。作为这一秩序的参与者和受益者，日本认为新兴力量特别是中国的快速发展打破了原有的力量平衡，从外部挑战了该秩序，而美欧国家的政治不稳定则从内部冲击了该秩序；中美战略博弈事关国际秩序变动全局，日本生存之道的核心问题是如何在中美博弈中寻求平衡。鉴于此，日本一方面积极担当起维护"自由主义国际秩序"的"责任"，图谋用该秩序的核心制度"规范"中国的行为；另一方面，继续追随美国，帮助美国维护其国际地位，与中国在各个方面展开竞争。[19]朱海燕指出，在日本战略规划中，日美同盟被定位为外交安保战略基轴与维护地区和平与稳定的"公共产品"。为使日美同盟发挥最大工具性效应，日本在战略规划上谋求与美国战略的对接，在政治上以首脑关系引领同盟发展，在外交上积极打造共同议题，试图主动诱导同盟走向，在安全上最大限度地强化和充实日本多维度跨域联合防卫能力，使日本成为有战略价值、能自主防卫的盟国，在经济上追随美国，试图引领世界经贸规则的调整和修订。日本对日美同盟的战略性利用提升了其国际存在感，但并未完全达成其战略初衷，特别是日美战略捆绑使日本在安全上进一步疏离邻国，阻碍日本融入地区一体化的进度和深度。[20]

日本地缘战略方面，不少研究致力于深入挖掘日本"印太战略（构想）"在拓展地缘格局、开展地缘竞争方面的新特征。比如，程蕴指出，随着发展中国家的群体性崛起，传统规范生成的"中心化"模式开始动摇，规范倡导者的行为也开始呈现同时反映"中心化"和"去中心化"两方面的特征。日本"印太战略（构想）"亦是如此。在"印太战略"1.0时代，日本侧重于构建以日美印澳为规范倡导核心的"中心化"模式；在2.0时代，日本又展现出与中国和东盟国家共商共建、凝聚共识的"去中心化"姿态；而到了3.0时代，虽然日本依旧高喊尊重东盟中心地位的口号，但随着"日美澳印精神"的出台以及日本对东盟"印太展望"的全面介入，规范生成的倡导方式再次向"中心化"模式回摆。[21]王振宇指出，日本"印太战略"是依据日本在当前国际格局中的地位和地缘政治现实制定的，目的是对冲和制衡中国在"印太"地区影响的扩展，以维护当前有利于日本的国际秩序，进而实现维护日本的国家利益。日本在政治和安全领域主要依托"四国安全对话"，以构建地区同盟架构的方式，逐步实现日本的地缘战略。这既是当前东亚地缘政治的现实，也是日本作为海洋型国家的战略选择。但是由于合作国家的战略偏好和地缘利益的差异以及中国周边外交的成功实施，特别是国际格局演变的趋势，从不同的层面制约日本"印太战略"的实施。[22]蔡亮指出，对日本而言，中美国力的"东升西降"意味着现行国际秩序遭到挑战，其角色定位和国家利益驱使它要竭力稳定这一秩序，并借此提升国际影响力。"印太"概念便是日本在这一背景下提出的区域性秩序框架构想。在政策宣传上，日本标榜要构建一个自由开放的区域秩序框架。但暗含的一元排他性价值理念导致其本质是"有选择的多边主义"，且在拜登主政后，日本的"印太"概念越来越趋同于美国的"印太战略"，呈现鲜明的遏制打压中国的外交态势。[23]

在日本对华战略方面，一些研究分析了日本在外交、安全战略方面日益增强的制衡性、竞争性政策。比如，吴怀中指出，日本对华制衡战略具有典型性，当前其围绕"制华"虽在大力推进依靠自我力量的内部制衡，但仍需主要依靠强化同盟与均势的外部制衡。在中美战略竞争加剧、大国博弈错综复杂的新形势下，日本的内外制衡显现同步走强、互促交融趋向。同时，日本为解决内部制衡的实力差距和手段欠缺问题，正着力推进经济安全政策与攻击军力构建。为解决外部制衡中存在的"同盟疑虑"问题,正采取以"两海"为抓手拴留美国,同时打造"准同盟"体系并引之入亚的两大举措。日本对华制衡也面临各种艰巨的内外制约因素,为中日关系策略性转圜留下了一定操作空间。[24] 黄大慧、赵天鹏指出,"物质的相对收益"偏好与"规范塑造的国家利益"偏好构成日本对"一带一路"倡议的"竞争性"认知,具体包括"一带一路"倡议对日本地缘政治与地缘经济利益的"威胁性",以及对西方价值观和国际基础设施建设标准的"挑战性";"物质的绝对收益"偏好构成日本的"协调性"认知,主要体现在全球性体制认同、区域性制度协调以及务实合作探索模式三个方面。随着拜登政府上台并联合日本等国家进一步推进"印太构想",日本对"一带一路"倡议的认知或将维持"竞争为主、协调为辅",但也面临诸多变数。[25] 范洪颖、孔祥徽指出,随着中日经济非对称相互依赖关系从日强中弱转向中强日弱的格局,2012年以来,日本对华经济政策明显加强了对中国的竞争和防范。日本对华经济防范政策的特点主要表现为三个方面:引入域外资源,阻止中国对东亚合作的主导;调整全球供应链以降低对中国的经济依赖;重构区域和全球经济规则,对冲"一带一路"倡议。这些政策的实施会受制于较为高昂的经济成本,并受到自身物质资源的匮乏和外部资源援助"赤字"等因素制约。[26]

### 四、日本战略研究特点及未来发展趋势

综合上述研究热点及理论观点,针对日本国家战略及其各分支战略(子战略)、各领域重大战略性动向的研究,体现出如下的特点和未来发展趋势。

**(一)日本国家战略主动性、外向性增强这一基本趋势得到肯定**

当前形势下,日本决策层基本上达成共识,认为日本应改变被动应对态势,主动因应各种挑战,在防范疫情等短期风险基础上,放眼中长期国际形势变化,提前做出部署应对。日本学界,特别是与官方关系密切的政策专家们亦通过研究,敦促政府在内外两方面加紧强化日本的战略能动性。"在延续性与稳定性中求改革"客观上印证了日本国家战略主动性、外向性日趋增强的事实。作为外部观察者的中国日本学界也看到了日本的上述变化,逐步将研究聚焦于日本国家战略、发展战略的主动态势与积极筹划,并提出了一些创新性概念观点。如杨伯江提出从"三重危机"视角认知日本所面临的内外战略环境,以"综合战略活跃度"认知与评估日本战略姿态与动向等。可以预见,集中围绕日本国家战略主动性、外向性的增强,中外研究界还将涌现更多的成果。

**(二)中美博弈日益成为研究日本战略走向的基本背景乃至主要视角**

当前日本学界的大量战略分析以中美博弈为出发点,分析日本在中美之间面临的战略形势以及可能的战略选择。这些研究不仅涉及外交、军事等高政治领域,也和经济、社会交流等低政治领域日益相关。这反映出在日本各领域学者均将中美博弈作为其研究中最为基本的

"问题意识",并由此带动战略研究。在中国学界,以中美关系为视角把握日本战略角色、分析中美日关系及东亚区域关系的研究也在迅速增多。基于中美战略竞争的长期化与深刻化,无论是日本国家战略的现实发展,还是与之相关的学术研究,都将更紧密地与中美博弈这一当前国际形势的"主要矛盾"结合起来。

**(三)国际秩序、观念因素与日本的战略选择之间的逻辑关系得到更多关注**

日本学界认为,日本做出战略调整的根本动因是当前国际秩序的剧烈变动。日本的战略出发点是坚定维护"以自由主义为基础的"国际秩序,并着眼于"后疫情时代"国际秩序的变化而采取战略行动。一些观点强调,日本对外战略的根本出路是与认同"普适价值"的民主盟国携手合作,提供包括秩序理念在内的国际公共产品。中国学界对日本强调自身行动基于自由主义国际秩序的"道义性表述"有尖锐的批评,认为日本"价值观外交"的很多提法实际上是服务于对外战略的工具,但同时中方也指出,日本作为对外部战略环境依赖度与敏感度很高的国家,其国家战略的调整必然直接受制于国际秩序的变化。因此不应孤立地看待日本国内政治思潮、战略思维的变化,或者单纯强调其民族文化特性,而应将其与大的国际秩序及观念变化联系起来。

**(四)日本战略中安全、外交、经济乃至文化领域相互融合的特色得到更多阐释**

传统战略研究集中于军事安全以及与其密切相关的外交领域,但新时代各国所面临的战略环境日益复杂,战略手段亦体现出综合性、多元化色彩,高低政治领域交错融合,当前,为在日趋激烈的综合国力竞争中不落下风,日本的国家战略特别是对外战略尤其注重综合运用手段,在传统安全、外交战略基础上融合经济、文化战略要素,力图以软实力与战略能动力弥补硬实力欠缺,实现相乘效应。因此,在中日学界,针对日本国家战略及其相关领域的研究也日益超越传统战略研究范畴,而涵盖更多学科及视角,这既是日本国家战略发展的实际特色及趋势所致,也是国际战略学研究、区域国别研究与其他社会科学乃至人文学科研究相互融合发展的逻辑结果。

(责任编辑:田正)

## 注 释

[1] 代表论文包括:田中明彦「2020年の世界と日本」、『国際問題』2020年1—2月号、1—4頁;佐橋亮「米中対立と日本:関与から戦略的競争に移行するアメリカを中心に」、『国際問題』2020年1—2月号、5—17頁;細谷雄一「リベラルな国際秩序と日

本外交」、『国際問題』2020 年 4 月号、5—14 頁；中西寛「2020 年の劈頭に考える国際秩序の行方」、『国際問題』2020 年 4 月号、1—4 頁；添谷芳秀「日本のインド太平洋外交と近隣外交」、『国際問題』2020 年 1—2 月号、18—32 頁。

[ 2 ]　代表論文包括：古城佳子「長期化する米中対立がサプライチェーンに落とす影」、『外交』2020 年 1—2 月号、42—47 頁；高原明生、中西寛、吉岡桂子「米中対立下の「自由で開かれたインド太平洋」：戦略的競争と経済協力の共存へ」、『外交』2020 年 11—12 月号、16—29 頁；久保文明「アメリカ大統領選挙―二つの現実と二つの国民―」、『外交』2020 年 9—10 月号、34—39 頁；市川恵一「問われる日本外交の構想力：インド太平洋の将来を見据えて」、『外交』2020 年 11—12 月号、30—35 頁；小野寺五典「日米『一体化』で問われる日本の役割」、『外交』2020 年 5—6 月号、110—115 頁。

[ 3 ]　岡部信彦「緊急時の病院の集約化・分担化で医療崩壊を防ぐ」、『中央公論』2021 年 3 月号、112—117 頁；尾身茂、牧原出「政治と専門家の関係―これからも国に言うべきことは言っていく―」、『中央公論』2021 年 5 月号、76—86 頁；竹中治堅「菅政権、混乱の対応を読み解く：総理の『拘り』と小池都知事の『矛盾』」、『中央公論』2021 年 3 月号、96—103 頁；竹中治堅「『新しい資本主義』の鍵はデジタル化、シェアリング化だ：衆院選直後から始まる岸田政権の正念場」、『中央公論』2021 年 12 月号、134—141 頁。

[ 4 ]　北岡伸一、宮家邦彦、中満泉、佐々江賢一郎「緒方貞子氏が目指した国際社会、岡本行夫氏が目指した日本外交」、『国際問題』2021 年 4 月号、2—20 頁；秋山信将「大国間の戦略的競争と核軍備管理」、『国際問題』2021 年 4 月号、49—57 頁；宇野重規「危機を克服するのはいかなる国家、いかなる社会か」、『国際問題』2021 年 1 月号、14—22 頁；納家政嗣「国際協調は再生できるか」、『国際問題』2021 年 1 月号、5—13 頁。

[ 5 ]　森本敏「当面する日米同盟と日本の安全保障・防衛問題」、『政経往来』2021 年第 5 号、6—9 頁；中西寛「リーダーシップ欠如の時代に重み増す日本」、『公明』2021 年第 5 号、16—21 頁；細谷雄一「インド太平洋地域に重層的な秩序の浸透を：より安定的・長期的な見通しから、国際協調や経済活動を可能とする『FOIP』構想を中核に」、『公明』2021 年 5 月号、36—41 頁；宮家邦彦「実効性ある抑止力の確保へ 問われる日米同盟の在り方：日本の外交・安全保障 」、『ダイヤモンド』2021 年第 1 号、194—195 頁。

[ 6 ]　甘利明「『戦略的自立性』と『戦略的不可欠性』の確立は急務：DX 社会を見据えた経

済安保戦略」、『外交』2021年7―8月号、6―11頁；津上俊哉「経済安保論が招きかねない『自由貿易体制』の崩壊」、『外交』2021年7―8月号、22―27頁；鈴木一人「現代的経済安全保障の論点」、『外交』2021年7―8月号、14―21頁；細川昌彦「ルール作りの要諦は日本企業のリスク最小化」、『外交』2021年7―8月号、28―33頁。

［7］ 川島真「『まだら状』の米中対立に揺れる世界」、『Voice』2021年2月号、60―67頁；村山裕三「日本の『戦略的不可欠性』を活かせ」、『Voice』2021年2月号、44―51頁；小林喜光，金子将史「『境界線なき時代』に生き残る企業」、『Voice』2021年2月号、34―43頁。

［8］ 伊藤融、佐竹知彦、森聡「クアッド『平時の協力』の有効性」、『外交』2021年5―6月号、12―23頁；市川麻衣子「変容する『人権・民主主義外交』：民主主義国の国際連携と日本のあり方」、『外交』2021年5―6月号、42―47頁；田中亮佑「欧州のインド太平洋戦略の発展：安全保障協力の新段階」、『外交』2021年5―6月号、36―41頁；阪田恭代「『日米韓』は立て直せるか：バイデン外交と『インド太平洋時代』への課題」、『外交』2021年5―6月号、24―29頁。

［9］ 神保謙「地域安全保障アーキテクチャの展開―アジア太平洋からインド太平洋へ―」、『安全保障研究』2021年9月号、97―108頁；細谷雄一「インド太平洋の地域秩序を主導せよ」、『Voice』2021年3月号、56―63頁；飯田将史「『自由で開かれたインド太平洋』をめぐる日本の政策の展開」、『アジア太平洋研究専門誌』2021年3月号、1―27頁；菊池努「インド太平洋のリージョナル・アーキテクチャーの今後を考える：米中関係を超えた多極秩序の模索」、『安全保障研究』2021年6月号、97―107頁；中西輝政「インド太平洋に浮かぶ世界新秩序」、『Voice』2021年7月号、98―111頁。

［10］ 北岡伸一、森聡「勢い増す中国の軍事的脅威―ミサイル防衛から反撃力へ：日本の戦略の見直しを―」、『中央公論』2021年4月号、120―128頁；田中明彦「激動の世界を読む 専制・中国との競争：民主主義国、連帯で優位に」、『アジア時報』2021年6月号、2―5頁。高原明生「激動の世界を読む中国とバイデン米政権：競争と協力、並行の時代へ」、『アジア時報』2021年1月号、2―7頁。

［11］ 刘江永:《21世纪以来日本国家战略的演进及对中日关系的影响》,《当代世界》2021年第5期。

［12］ 孙承:《论东亚权力格局变化下的日本国家战略转换》,《亚太安全与海洋研究》2021年第5期。

［13］ 刘军红、霍建岗、汤祺:《日本菅义伟政府的数字改革》,《现代国际关系》2021年第

6期。

[14] 陈祥:《日本半导体国家战略及其创新领域探析》,《现代日本经济》2021年第5期。

[15] 苏杭、刘佳雯:《日本供应链改革的新动向及其影响》,《现代日本经济》2021年第6期。

[16] 郭锐、许菲:《日本东亚区域合作动向及其经济安全策略调整》,《现代日本经济》2021年第5期。

[17] 中国社会科学院日本研究所课题组:《日本与国际秩序变革:观念与应对》,《日本学刊》2021年第1期。

[18] 吕耀东:《拜登政府与美日同盟的发展趋向》,《当代世界》2021年第2期。

[19] 陈静静:《国际变局下日本关于国际秩序的战略认知及应对》,《东北亚学刊》2021年第5期。

[20] 朱海燕:《日本国家战略视域中的日美同盟:战略定位、政策手段及效果评估》,《国际政治研究》2021年第5期。

[21] 程蕴:《日本"印太战略构想"推进过程中的"中心化"与"去中心化"》,《日本学刊》2021年第5期。

[22] 王振宇:《对冲与制衡:日本"印太战略"的地缘政治逻辑与制约因素》,《日本研究》2021年第1期。

[23] 蔡亮:《"自由国际秩序"的历史窠臼:论"印太"框架下日本的对华制衡》,《亚太安全与海洋研究》2021年第5期。

[24] 吴怀中:《日本对华安全战略:一项制衡议程的新近分析》,《日本学刊》2021年第5期。

[25] 黄大慧、赵天鹏:《竞争与协调:日本"一带一路"认知的利益偏好分析》,《教学与研究》2021年第11期。

[26] 范洪颖、孔祥徽:《日本对华经济防范政策的特点》,《战略决策研究》2021年第6期。

# 2021 年日本文学研究综述

王志松[*]

近十年来，中国的日本文学翻译出版市场主要由村上春树文学、东野圭吾为代表的推理小说和日本名家作品构成。或许受新冠肺炎疫情的冲击，2021 年度译作种类总体上减少，但依然维持了这一格局。是年，村上春树的《弃猫》和《第一人称单数》、东野圭吾的《无名之町》出版。这三部作品都是新作翻译，可见出版界对这两位作家的动向一直保持着高度关注。只是在出版上有一些细小变化，村上春树的作品此前主要由林少华和施小玮翻译，这次的译者改为烨伊，出版社也换成花城出版社，出版宣传策略弱化了"小资情调"。这无疑对多元解读村上文学提供了新的可能性。2021 年出版的日本名家作品以重译或旧译重版为主。颇为引人注目的是，三岛由纪夫作品集有四家出版社竞相出版，作品重复不在少数，其中两家出版社采用陈德文旧译本。当然，经典名作可以常读常新，但出版方动辄以"提名诺贝尔文学奖"为宣传噱头则将其陈旧的文学观暴露无遗。日本文学评论家柄谷行人宣告"文学的衰灭"，其所说的"文学"指的就是这种西洋中心主义的"文学观"。2021 年出版的陈言译《定本 柄谷行人文学论集》（中央编译出版社）收录了《文学的衰灭》这篇文章，将有助于对当下文学状况的思考。

以下从古典文学、近现代文学和中日比较文学三个方面梳理 2021 年度中国的日本文学研究状况。

## 一、古典文学研究

2021 年度，古典文学方面的论题主要集中于日本对中国文学接受的研究上。首先，作为一种新动向，对这种接受的考察不再限于文字文本之间的关系，也扩至诗画之间、诗文与景观之间的关系。丁莉在《绘画东传与古代日本的文化受容——"书籍之路"与绘画》（《日语学习与研究》第 3 期）中考察了绘画欣赏中的"和汉并立""和汉搭配"与文学上的"和""汉"两大文学体系之间复杂的互动关系。郭雪妮的《李渔与十八世纪日本"文人阶层"的兴起》（《外国文学评论》第 2 期）通过考察《芥子园画传》和《闲情偶寄》对日本文

---

[*] 王志松，北京师范大学外国语言文学学院教授，主要研究方向为日本近现代文学和中日比较文学。

人画及文人生活美学的影响，探讨了李渔与18世纪日本"文人阶层"兴起之间的关系。姚维的《五山禅僧与虢国夫人形象的受容——以〈虢国夫人夜游图〉诗为例》（《日语学习与研究》第6期）认为，以横川景三和江西龙派《虢国夫人夜游图》诗为代表的五山诗僧文学创作既参考同题画作，又吸收唐宋虢国夫人材料，并融入日本僧人的独自理解。罗宇的《盆石卧游：日本五山禅僧对苏轼诗的接受》（《外国文学评论》第2期）指出，经由日本《四河入海》的注释，将苏轼诗中的"卧游"概念融入五山文学之中，给禅僧创作盆石诗文带来了灵感与动力。

其次，更加注重对接受的中间环节、接受过程中的变形及其原因的考察。张哲俊的《从元曲到能乐：日本五山诗文作为津梁》（《外国文学评论》第2期）认为，能乐从准戏剧走向戏剧的过程中，五山诗人作为元曲与能乐之间交流的中间桥梁，提供了戏剧形式的关键信息。罗宇的《〈天下白〉命名考——兼论万里集九对苏轼诗的接受》（《日语学习与研究》第6期）从内因和外因两个方面考察了日本五山禅僧万里集九的苏诗"抄物"《天下白》的命名缘由，认为应仁之乱后重建人生的迫切需求是集九等室町中后期禅僧学苏的思想动机。郭雪妮的《从〈三体诗〉注释史看江户俳人森川许六的唐诗阐释》（《日语学习与研究》第4期）认为，森川许六将《三体诗》与日本俳谐文化相结合，在注释形式上刻意选择"俳文"文体，注释内容上多选取江户人熟悉的游女题材，将唐诗审美带入一种冲淡、风雅的俳趣境界。张志杰的《诗格与故事：日本汉诗人的禁体诠释及其仿拟》（《中国文学研究》第1期）考察了欧阳修和苏轼的聚星堂雅集故事及其禁体物语诗从中世纪至明治时期在日本传播的状况。赵季玉的《汉诗、和歌与神风：论谣曲〈白乐天〉的白居易叙事》（《外国文学评论》第4期）探讨了室町时代的谣曲《白乐天》所透露出的对华意识，指出日本通过贬损唐代大诗人白居易的形象展现出其民族主义倾向。倪晋波的《论〈昔昔春秋〉的戏编、奇构与"中体日用"》（《北京社会科学》第8期）探讨了江户中期名儒中井履轩根据中日民间传说改编而成的汉文小说《昔昔春秋》的"中体日用"问题。

再次，注重将文学接受放在文化制度输入的大背景下进行考察。冯芒的《文体的东传还是制度的东传：日本律赋发端考》（《外国文学评论》第4期）以《生炭赋》为对象考察认为，日本律赋的产生既是文体东传的文学现象，也是以赋取士制度东传的结果。孙士超的《初唐咏尘诗赋对平安时代〈奉试咏尘〉诗的影响》（《河南师范大学学报（哲学社会科学版）》第4期）认为，从命题角度看，《奉试咏尘》是对唐代传统试律诗命题范式的拓展和突破。孙士超的《平安时代省试诗的传奇故事导入》（《日语学习与研究》第3期）指出，日本平安时代的试诗取法唐制，除"正经正史"的用典外，还通过使用一些传奇异闻、神仙故事等传奇性元素积极尝试在省试诗诗题创新以及诗语方面的突破。刘娜的《日本中世汉诗启蒙教材考论》（《历史文献研究》第1期）认为，日本中世汉诗启蒙教材的编写经历了从直接引进中国诗歌选本和诗评，到选编中国诗集，再到参照中国蒙学教材韵文形式自编的过程。

与上述接受研究形成对照的是，通过对日本古典文学的研究反过来在文献资料和审美思想等方面观照中国古代文学。高静雅的《〈文场秀句〉在日本的流传与影响》（《敦煌研究》第6期）通过考察日本所存文献，增补了中国的敦煌本《文场秀句》缺失的部类、事对和释文等，并探讨了《文场秀句》在日本的流传及其对日本类书和秀句集编撰的影响。董璐的《日藏〈新编江湖风月集略注〉"云土梦笔法"再考》（《中国典籍与文化》第1期）通过探讨日本注家另辟蹊径对诗法加以阐述的期冀和诉求，反思宋代诗论句法现象。这种互补互观的研究还有叶晔的《〈花外〉与〈花上〉：比较视野下的"花间范式"》（《江海学刊》第1期）、林杰祥的《关西大学藏孤本曲选〈海内曲魁〉考》（《文化遗产》第3期）、郎洁的《和刻本〈明七才女诗集〉考》（《华文文学》第6期）、李小龙的《〈唐才子传〉散佚及日本传本考》（《北京社会科学》第7期）。

其他值得关注的论文还有：卞东波的《戏拟之间：日本汉文假传集〈器械拟仙传〉的叙事张力》（《文艺理论研究》第1期）、王晓平的《日本汉文写本中文校注的学术意义——以〈都氏文集〉为例》（《国际汉学》第3期）、张小敏的《〈诗经〉在日本江户时期的接受与流变》（《山西大学学报（哲学社会科学版）》第4期）、许建业的《题李攀龙〈唐诗选〉在晚明与江户时期的文本流衍》（《首都师范大学学报（社会科学版）》第4期）、李能知和熊瑶的《菊池海庄诗风辨析》（《理论界》第6期）、杨琼的《五山文学中的浙东吟咏——"浙东唐诗之路"在日本的传播》（《汉字文化》第11期）、高兵兵的《日本入明僧绝海中津的江浙吟咏》（《日语学习与研究》第6期）、《日本五山本〈毛诗传笺〉的地位与价值》（《图书馆杂志》第11期）等。

## 二、近现代文学研究

2021年度，在近现代文学方面，尤其值得关注的是围绕日本战争文学的研究。2021年距"九一八事变"的1931年正好90年，当时的亲历者大多已经过世，因此如何记忆战争和传递战争的记忆，既是文学创作的题材，也是日本文学研究的重要课题。在这一点上，小森阳一在东京大学最后一堂课的题目是"战争年代与夏目漱石"，颇具象征性。小森阳一是东京大学教授，于2019年退休。他在最后一堂课上结合小说文本分析指出，夏目漱石生活在战争频仍的年代，战争是贯穿其一生的创作主题。小森阳一著述丰富，但他不是书斋中的学者，2004年出任"九条会"事务局长，投身维护和平宪法运动，以战争作为关键词讲授其最后一堂课显然是在努力传递战争记忆。这堂课的讲稿由许砚辉译成中文发表于2021年[1]，可以说又将其传递到了中国。

关于战争记忆，庄焰的《战争时期日本知识分子的精神结构与战争认识——从加藤周一

〈羊之歌——我的回想〉谈起》(《外国文学动态研究》第6期)考察加藤周一的半生回忆录《羊之歌》认为,该作品通过剖析自身的思想形成对战时日本知识分子阶层支持战争的精神根源进行分析和批判,并通过这一批判将反战、反法西斯的思想立场以回忆录这种极其个人化的方式注入日本战后主体意识重塑的大潮中。战争记忆也是刘研和李向格在专著《平成年代战争小说的症候式研究》(吉林出版集团股份有限公司)中论述的重要主题。该著以奥泉光的《石头的来历》、目取真俊的《水滴》和村上春树的作品等为例探讨了代际传递战争记忆的重要性及其局限性。

李炜的《国家、媒体及女性作家间的多层"战争"——以吉屋信子和林芙美子为中心》(《日本侵华南京大屠杀研究》第1期)以吉屋信子的《波涛》和林芙美子的《女人的教室》为对象,通过作品中所建构的"铳后女性"形象,探讨了日本女性作家如何诱导广大日本女性积极协助侵略战争的内在机制。与此形成对照的是,陈潇潇在《绿川英子的抵抗精神——以在华文学创作为线索》(《重庆交通大学学报(社会科学版)》第6期)中考察了女作家绿川英子在战争期间抵抗日本战时国家政策的创作活动。王升远的《永井荷风〈断肠亭日乘〉中的"现代日本"批判》(《外国文学研究》第6期)认为,荷风的日记《断肠亭日乘》有他对大正和昭和时代日本民风世情的尖锐批判,但也因回避政治制度而未能究其根源。陈世华的《〈名誉与恍惚〉:松浦寿辉的反战叙事》(《外国文学》第3期)从"第三人称"叙事方式入手,分析了《名誉与恍惚》对日本侵华战争的非正当性进行冷眼凝视。王升远的《作为"反应装置"的战争和作为"认知装置"的"战后"——为日本战争文学研究再寻坐标的尝试》(《社会科学研究》第2期)探索新的战争文学研究理论,力图使日本战争文学研究在政治与文学、暴力与文明、战争与人的复杂关系层面上成为一种更具普遍意义的思想资源。

其二,对人类危机问题的关注。这一问题意识的突显与近两年新冠肺炎疫情持续蔓延的大背景有关。秦刚的《日本"后3·11"反乌托邦小说〈献灯使〉》(《外国文学动态研究》第2期)和丁瑞媛、洪晓云的《多和田叶子〈献灯使〉的危机与希望主题研究》(《东北亚外语研究》第3期)分别从小说模式和伦理两个角度探讨了《献灯使》在探索拯救人类危机上的意义。丁卓的《日本当代科幻中的危机意识》(《长春大学学报》第9期)认为,日本当代科幻中的危机意识有三重内涵,即民族生存危机与体制改良想象,世界毁灭危机与科技悖谬超越,人的存在危机与回归精神家园。前述刘研和李向格的《平成年代战争小说的症候式研究》把战争小说作症候式研究,实则将战争作为人类社会危机的极端表象来把握,因此将研究范围扩大到阪神大地震、地铁沙林事件、"3·11"东日本大地震及其核漏事件"类战争",也关注伊拉克战争、"9·11"恐怖袭击等世界范围内的战争。

危机意识可以说贯穿于大江健三郎的主要作品。兰立亮的两篇论文《大江健三郎〈别了,我的书!〉的互文性叙事与晚期风格》(《外文研究》第2期)、《大江健三郎〈个人的体验〉

的镜像叙事与身份认同》(《重庆科技学院学报(社会科学版)》第 4 期)从叙述手法入手,揭示大江对时代危机和充满暴力的现实世界的忧虑,以及对国家暴力的批判。刘苏曼的《名为"共生"的监禁状态——大江健三郎〈个人的体验〉再解读》(《日语学习与研究》第 5 期)通过对《个人的体验》的分析,还原"监狱"的构造,重新解读其名为"共生"的监禁状态。张雅蒙的《大江健三郎〈人生的亲戚〉中的女性形象研究——以"两义性"为视角》(《日语学习与研究》第 5 期)认为,《人生的亲戚》运用"两义性"的方法,塑造出具有"神话与现实"两种特性的女性形象,提示苦难现实中"无信仰者的祈祷"这一自由的宗教观。

其三,大众文学研究。2021 年是日本科幻作家小松左京诞辰 90 周年,为此孟庆枢和刘研主编的《跨海建桥:新时代中日科幻研究》(吉林出版集团股份有限公司)设"小松左京科幻文学专题研究",收录孟庆枢的《守魂、创新:与时代同行的小松左京》、丁卓的《〈日本沉没〉中科技解说对自然科学视域的展示机制》、宋祥玉的《〈日本沉没〉的文本背后——灾难与战争的关联》等论文。如此多角度深入研究小松左京文学在中国尚属首次。该论文集还收录了其他科幻文学影视研究的论文:大塚英志著、靳丽芳译的《爱森斯坦与迪士尼的野合——日本漫画和动画的非日本式起源》、刘健的《哥斯拉电影诞生的"战后"动因解析》、祝力新和张鹤凡的《日本战后科幻的融媒体发展与后疫情时代科幻产业化》、周美童的《从动漫电影〈鬼灭之刃〉看鬼怪世界的独特风景》、刘研的《〈蒲生邸事件〉:记忆之场》、曲宁的《冲方丁文学世界的存在主义思考》等。

推理小说一直是中国出版界译介的重要门类之一,相关研究也试图打破纯文学与大众文学二元对立的图式提高推理小说的文学地位。周阅的《犯罪动机——〈死亡护理师〉与"社会派"推理小说》(《外国文学动态研究》第 4 期)将《死亡护理师》置于 19 世纪末以来直至当下的日本推理小说发展的整体脉络之中考察,认为这是一部兼具文学表达和社会担当的作品,尖锐地反映了日本严峻的老龄化问题以及护理保险制度存在的漏洞。王涛的《从推理文学看平成时代的校园欺凌——以〈所罗门的伪证〉等作品为例》(《外国文学动态研究》第 4 期)通过分析宫部美雪、辻村深月、凑佳苗、武藤将吾等人描写平成时代不同时间段的推理小说,梳理了校园欺凌的变化轨迹。王志松的《日本战后出版界的战略布局与文学生产——讲谈社和新潮社》(《东北亚外语研究》第 3 期)以讲谈社和新潮社为对象,从出版业的角度探讨了纯文学与大众文学的互动关系。

其四,对地域空间文化的关注。刘楚婷的《"里日本"与水上勉的文学世界——以〈雁寺〉中的"山"意象为中心》(《东北亚外语研究》第 2 期)以水上勉的代表作《雁寺》四部曲为中心,剖析了作为"里日本"空间象征符号的"山"在作品中所蕴含的两义性寓意。龚冰怡的《从文化人类学解读〈楢山小调考〉中的生死观》(《日语学习与研究》第 2 期)通过对《楢山小调考》文本和相关背景的考察,分析了民俗成分和创作主旨的虚实关系的构建过程，解析了小说中的生死观。刘慧子的《楢山信仰包裹下的村落共同体与个人身份的建构——论深泽七郎〈楢山节考〉》（《日语学习与研究》第1期）探索以楢山信仰为精神纽带的共同体中的身份建构问题，揭示作者对日本战时军国主义统治下民众的舍私为公和战后经济凋敝、民不聊生之社会现状的抨击与反思。

其他值得关注的论文有：徐茜的《占领时期盟军司令部对日本文学界的审查与改造——以1946—1948年的书籍没收工作为线索》（《外国文学评论》第1期）考察战后初期以美国为首的盟军作为外来的异质性因素如何介入对日本文学的改造，为理解战后日本文学的发生与发展提供另一历史视角。陈童君的《堀田善卫与美国占领末期日本文学的范式转向——1951年芥川奖小说〈广场的孤独〉》（《国外文学》第4期）通过调查作家手稿指出，《广场的孤独》是堀田善卫力图摆脱美国占领的思维禁锢、推动战后日本文学书写范式转向的一次创作实践。解璞的《"打破镜来，与汝相见"——夏目漱石〈门〉中的镜子意象与禅宗救赎》（《外国文学》第2期）从《门》宗助夫妇对镜的场景入手，考察其苦恼的本质和禅宗的语境。于桂玲的《作为惩罚的不孕——论夏目漱石的〈心〉及〈后来的事〉〈门〉》（《哈尔滨学院学报》第12期）认为，漱石作品中的女性因不孕而被排除在国家秩序之外。另外还有孙立春主编的论文集《多重视角下的村上春树文学研究》（浙江工商大学出版社）、赵海涛和张树刚的《村上春树〈没有女人的男人们〉的OSID声音叙事谫析》（《重庆第二师范学院学报》第5期）、柳田田和陈世华的《反叛与再生：太宰治〈姥舍〉中的伦理选择》（《东北亚外语研究》第3期）、张子祺和徐青的《日本"Silver川柳大赛"中的老年题材立意研究》（《东北亚外语研究》第3期）、关立丹的《和平街上不和平——读目取真俊〈行走在和平街上〉》（《世界文学》第5期）、柯英的《一场美国摄影展对川端康成女性题材叙事的影响》（《日语学习与研究》第2期）、郭尔雅的《日本当代文学中的"战国海商"与南洋》（《南亚东南亚研究》第5期）、高洋的《"再剧场化"与"再总体化"——20世纪早期日本巡演剧团对西方戏剧"再活性化"进程的历史影响》（《文艺理论研究》第3期）等。

## 三、中日比较文学研究

古典文学研究几乎全是中日比较文学的论题，因此本节重点梳理近现代文学方面的相关研究。

2021年度最值得关注的是关于中日之间同时代文学关系的研究，又可以细分为两个论题。（1）关于20世纪二三十年代左翼文学关系的研究。单援朝的《日中无产阶级文学运动的第一次握手——小牧近江、里村欣三上海之行考》（《郭沫若学刊》第1期）梳理了20世纪20年代末小牧近江和里村欣三的上海之行，揭示了中日无产阶级文学运动第一次握手的意义及其影响。单援朝的《山口慎一（大内隆雄）的中国现代文学评论考述——兼论创造社、太阳社作家对山口慎一的影响》(《郭沫若学刊》第 2 期)考察了山口慎一与中国作家的交流，以及他在创造社和太阳社作家的影响下重点译介中国左翼文学的文学活动。陈朝辉的《论胡风早期文艺观与藏原惟人革命文学理论的关系》(《中国现代文学研究丛刊》第 1 期)梳理了胡风接受日本无产阶级文学理论的一个特殊路径和脉络，揭示了胡风批判性接受藏原惟人革命文学理论的全过程。李薇和杨伟的《共通语境下中日左翼政治讽刺诗的文本关联及诗学共构——以任钧和中野重治为中心》(《齐齐哈尔大学学报（哲学社会科学版）》第 6 期)以任钧和中野重治和壶井繁治的政治讽刺诗为中心，考察了共通语境下中日左翼政治讽刺诗的文本关联及诗学共构。(2)关于 20 世纪四五十年代中日文学关系的研究。熊鹰的《文化的政治逻辑——论冰心在日期间的文学活动》(《文学评论》第 5 期)分析了冰心 20 世纪 40 年代后期在日本期间的一系列活动，认为她通过文学树立民主中国的新文化形象。陈童君的《〈中国资料〉与郭沫若日文佚作〈站在人民的立场〉》(《中国现代文学研究丛刊》第 4 期)发现《中国资料》1946 年 11 月创刊号的刊首发表了署名"郭沫若"的一篇日文评论作品，题为"站在人民的立场"（"人民の立场に立ちて"），为重新审视战后中日关系提供新线索和新视角。祝然的《二十世纪五十年代中日新闻视野中的文学关系——以〈光明日报〉和〈朝日新闻〉为中心》(《日语学习与研究》第 3 期)以《光明日报》和《朝日新闻》为对象，爬梳相关报道，考察两份报纸对"友好"定义的不同依据，以及联手架构起该时期中日文学交流有分歧亦有共识的主体基调。杨雪的《文学抵抗与"文学统战"——1957 年中野重治的中国之旅再探》(《日语学习与研究》第 3 期)认为，中野重治 1957 年的"中国之旅"是中日两国左翼力量联合进行的一次跨国"政治统战"，但中野所构建的中国形象则包含经由"内在于我的苏联"滤镜的要素。

第二是鲁迅研究的新进展。赵京华在《日本战后思想史语境中的鲁迅论》(《文学评论》第 1 期)中结合日本思想史语境指出，日本知识分子在战后国家与社会重建过程中持续关注鲁迅文学的精神特质，将其作为本民族的思想资源。赵京华的《阿Q越界日本九十年》(《现代中文学刊》第 5 期)聚焦《阿Q正传》在日本近一个世纪的跨文化传播，分别梳理文本翻译、戏剧改编和学界研究三个方面的情况。高华鑫的《"革命"的多义性——思想史中的"丸山鲁迅"》(《中国现代文学研究丛刊》第 10 期)认为，丸山昇试图通过扩充"政治"内涵建构的"革命人"鲁迅形象，打破既往左翼文艺运动对"政治"的狭隘理解，从而更加历史化地理解中国革命。秦刚的《〈上海文艺之一瞥〉版本与译本考识——兼及译本引发的笔战》(《文学评论》第 2 期)稽考了《上海文艺之一瞥》从讲演、讲演记录稿，直到鲁迅自撰稿及其日译稿的版本演变与译本衍生过程，指出这篇译文在同时代的日本读书界为形塑中国左翼文坛领袖的鲁迅之像发挥了重要作用。刘婉明的《从"竹内周作人"到"竹内鲁迅"——周作人与北京留学时代的竹内好》(《文艺理论研究》第 1 期)认为，竹内好对"政治与文学"之关系的理解，对东亚民族性、文化主体性和现代化的看法都受到周作人的影响，因而"竹内周作人"成为通往"竹内鲁迅"的一座思想桥梁。张哲喧和潘世圣的《关于森三千代〈鲁迅先生的印象〉——〈日本鲁迅资料搜集译介考论〉之一》(《现代中文学刊》第5期)认为,森三千代的《鲁迅先生的印象》展示了其与鲁迅及中国文坛交流的心灵契合,成为日后她"反战"立场的内在依据之一。其他还有岳笑囡和潘世圣的《〈哀尘〉底本:森田思轩译〈随见录〉第四则——汉文脉共享与鲁迅的"翻译"政治》(《鲁迅研究月刊》第4期)、秦刚的《〈古东多万〉转载〈梅斐尔德木刻士敏土之图〉始末——佐藤春夫主编杂志的鲁迅推介》(《中国现代文学研究丛刊》第6期)、仓重拓的《鲁迅〈我要骗人〉再考——以竹内好与鹿地亘对"浅间山"的不同解读为主》(《鲁迅研究月刊》第2期)等。

  第三是翻译研究。王中忱的《无产阶级文学运动的组织化与理论批评的跨国再生产——以冯雪峰翻译列宁文论为线索》(《文学评论》第3期)认为,冯雪峰翻译列宁的《党的组织和党的文学》先是以冈泽秀虎的日译本为底本,后又以藏原惟人的译本为底本重译,利用有限资源以"集纳"方式追求列宁文本的完整性,表达了中国左翼理论家对列宁文学党性原则的理解和思考。史瑞雪的《文坛问题文学史化:谢六逸的外国文学史编译》(《现代中文学刊》第1期)考察谢六逸以日本人研究成果为参照编撰的文学史《西洋小说发达史》《农民文学ABC》和系列日本文学史在我国外国文学史编撰初期呈现的特色与发挥的作用。吕慧君的《从外国文化输入到中国文化输出:上海内山书店在中日出版文化交流中的媒介性研究》(《编辑之友》第4期)认为,内山书店从以日文为主的外文书籍进口到中文进步书籍的代售,进而在日本出版,完成了从外国文化输入到中国文化输出的转变。邹双双的《日本新见钱稻孙书信》(《新文学史料》第4期)介绍了新发现的一批钱稻孙与佐佐木信纲的往来书信,信中如实呈现了当时他们两人如何建立联系、协作翻译《汉译万叶集选》的过程。魏晨的《五四时期中国儿歌的越境与海——青木正儿对〈歌谣〉周刊的译介为例》(《长江学术》第4期)认为,青木的儿歌译介将五四时期民俗学研究成果即时地传播至日本,为日本提供了理解新文化运动的另一种途径。王瑞方的《日本〈人性的证明〉的译介传播与改革开放初期的中国》(《东北亚外语研究》第4期)和《从伦理困境到审美转化——渡边淳一〈失乐园〉的日式审美及中国接受》(《衡阳师范学院学报》第2期),以及何建军的《渡边淳一文学作品在中国的译介出版》(《东北亚外语研究》第2期)考察了森村诚一和渡边淳一作品在中国的译介情况。

  第四是殖民地文学研究。贺迪的《战前中日两国间的桃太郎形象建构》(《文学评论》第6期)认为,日本建构的桃太郎形象始终围绕着"正义—桃太郎—日本"和"恶者—鬼—被征伐地区"的近代殖民文化逻辑展开,但遭到同时代的章太炎、连横、杨逵等中国文人的抵制和批判。宼淑婷和曹顺庆在《日本的郑成功形象建构及其对台湾的文化殖民》(《四川大学学报(哲学社会科学版)》第2期)中探讨了日本通过郑成功形象的塑造对台湾实行的文化殖民。祝然的《文化碰撞与殖民书写:论〈哈尔滨女人〉中的白俄女性》(《城市学刊》第3

期）认为，群司次郎正的《哈尔滨女人》所描写的白俄女性是日本殖民视域内具有时代特征的集体想象。柴红梅和刘楚婷的《政治地理学视域与"外地"的日本文学论》（《山东社会科学》第 10 期）从政治地理学视域审视"越境"到"外地"的日本文学，主张以开放的、动态的意识破解这一文学的多元性、复杂性和独特性。邓海燕的《伪满时期文学传媒的生态考察》（《沈阳师范大学学报（社会科学版）》第 5 期）指出，在物资紧缺、资金不足和文化专制的生态环境下，伪满文学传播由报纸副刊向大众杂志转移。

第五是日本的汉学研究，如孙绍慧的《20 世纪以来日本学界的中国古代笑话研究》（《华文文学》第 3 期）、董韦彤的《日本学界中国古典戏剧研究治学特点管窥——以竹村则行、井上泰山、小松谦为例》（《陕西理工大学学报（社会科学版）》第 3 期）、段江丽的《昭和平成年间日本"中国文学史"纂述中的红学观》（《红楼梦学刊》第 2 期）、段江丽和李雅旬的《〈中国新文学发展史〉的意义——兼及作者之中国观》（《学术交流》第 4 期）、陈玲玲的《论中井政喜对鲁迅的历史还原研究》（《鲁迅研究月刊》第 5 期）、李玲的《冈崎俊夫与梅兰芳及〈东游记〉》（《中国戏剧》第 7 期）等。

其他值得注意的论文还有：李莉薇和叶明佳的《戏单、戏像画和剧场：20 世纪上半叶日本学人视角下的中国剧》（《艺术探索》第 5 期）、武继平的《详考：郁达夫与服部担风的汉诗唱和》（《郭沫若学刊》第 3 期）、沈卫威的《新发现抗战初期〈对日煽动宣传之意见书〉及鹿地亘手书稿本》（《鲁迅研究月刊》第 11 期）、廖久明的《论日本"二二六"事件对郭沫若的影响——以考证郭沫若致〈宇宙风〉五函的写作时间为基础》（《中国现代文学研究丛刊》第 6 期）、姜凌的《抗日战争时期梅兰芳侧影——以〈华文大阪每日〉为中心》（《戏曲艺术》2021 年第 1 期）、匡伶和林敏洁的《谢冰莹与日本"中国文学研究会"》（《新文学史料》第 3 期）、秦刚的《近代日本作家凝视的"中国"——上海老城厢湖心亭的文学镜像》（《上海师范大学学报（哲学社会科学版）》第 1 期）、蔡鸣雁的《晚清科幻政治小说与押川春浪科幻小说的主题比较研究》（《首都师范大学学报（社会科学版）》第 5 期）、何荷和杨伟的《论芥川龙之介对近代苏州的传统性身份建构》（《外国语文》第 5 期）、杨汤琛的《作为"方法"的日本：甲午后晚清官绅的东游记书写》（《中国现代文学研究丛刊》第 8 期）、朱军的《"中国文艺复兴"的日本视角：京都学派与五四》（《中国现代文学研究丛刊》第 2 期）、陈颖的《中国近现代两次文学革命与抗日小说创作——兼谈日本侵华战争与文学革命的因果关系》（《东南学术》第 3 期）、邱伶艳和张霞的《近代常州籍留日学生戏剧活动特征与价值探析》（《常州大学学报（社会科学版）》第 6 期）等。

## 四、"文学"的衰灭与转型

与逐年增加的日本文学研究论文成正比，对作为现代制度的"日本文学"的否定之声也越来越高，其代表人物是柄谷行人。柄谷行人以《日本现代文学的起源》享誉学界，该著被译成汉语对中国学界也产生了广泛影响，但他从 20 世纪 90 年代开始陆续发表《文类的消亡》《文学的衰灭》《现代文学之终结》等文章。中国现代文学及其概念的形成与日本现代文学有深刻关联性，因此柄谷行人关于日本现代文学的起源和衰灭的思考，对于当下中国开展的"新文科"建设也有参考价值。

柄谷行人认为，日本的现代文学受西洋现代文学观的影响，在民族国家建构和言文一致体形成中发挥重要作用。在文类上以小说（novel）为中心，提倡写实主义，压抑近世其他类型的文学。这样的日本现代文学始于国木田独步的创作，并成为文坛主流，即一般所谓的"国文学"。但随着民族国家和言文一致体等现代化进程的结束，现代文学完成历史使命便衰退了，其时期大约在 20 世纪 70 年代末。[2] 尽管如此，柄谷行人当时从被排斥在主流文学之外的文学中还是发现了新的可能性，如中上健次、津岛佑子、村上龙、村上春树、高桥源一郎等的创作。这些作家被称作后现代主义。在他看来，他们的创作是现代文学形成过程中被压抑的那些类型的文学再生（文艺复兴）。然而到了 20 世纪 90 年代，"那样的文学骤然走向衰落，开始丧失了知性的冲击力。在某种意义上，可以说中上健次之死（1992 年）象征着作为总体的近代文学之死。那已经不再是另一种可能性。只能是终焉。"[3] 由此可知，柄谷行人所谓的"文学的衰灭"是指，在民族国家和言文一致体等现代化进程结束之后，以小说（novel）为中心的文学丧失知性社会活力的状态。

无可否认现代文学在民族国家形成过程中所发挥的重要作用，但文学的全部意义是否仅限于此姑且不论，即便以文学的知性社会活力而言也还有可商榷之处。柄谷行人之所以认为现代文学在 20 世纪 90 年代终焉，是与当时的世界局势巨变有关。冷战格局结束后，随着产业链的跨国境化、计算机国际互联网的形成、欧盟成立等区域统合趋势的强化，全球化浪潮猛烈袭来，以至于产生以国家为基本形态的现代化进程已经终结的判断。但其实这只是世界格局变化的一个方面。另一方面，随着苏联的解体，又有许多新的民族国家诞生。在东亚地区，长期被冷战格局压抑的日本战争赔偿等问题反而是在这一时期才浮出水面，中日韩之间民族问题变得异常敏感尖锐；同一时期，日本进入经济停滞期，中国步入高速发展期，由此带来新的社会问题以及国与国之间的强力角逐。在认识这些社会巨变和新的身份认同上，文学其实依然发挥着重要作用。

以研究而言，日本学界从 20 世纪 90 年代开始在后殖民主义理论、女性主义批评、文化研究等思潮的影响下一直在解构"国文学"，同时也在不断尝试从殖民地文学、女性文学和大众文学中发现新的可能性。再将视线转移到中国的日本文学翻译状况上，可以观察到村上春树文学从 20 世纪 90 年代中期开始流行与中国这一时期的急速城市化进程密切相关，其获得广泛共鸣的"小资情调"具有独特的社会意义。[4] 村上文学的译介在中国往往超出文学范围而成为社会现象。近年翻译的《刺杀骑士团长》和《弃猫》也是一经出版便迅速引发社会话题，原因在于其涉及南京大屠杀的叙述。其实有关南京大屠杀的著作有很多，也不乏更深刻的论述，但在中日之间能够引起如此广泛关注的作品，无疑首推村上文学。虽然这种关注不乏消费的眼光，但是在村上文学社会效应的持续刺激下中日两国学者也展开很多严肃的思考，努力建构新的身份认同和历史认知。

柄谷行人宣告"现代文学的终结"，但并没有完全否定文学的存在。他说："当然，文学可能还会继续，也许还会繁荣。但是它已经不再是我所关心的文学了。"[5]值得留意的是，他在2021年出版的《柄谷行人文学论集》《序文》中对自己的这一说法有所修正："后者（文学——笔者注）在以某种形式回归，我也没有放弃这种可能性。而我之所以继续'文学批评'，也仅仅是在这个意义上。直到今天我仍然相信这种可能性。"[6]这种可能性到底是什么，虽然柄谷行人在文中并未明说，但是从"后者在以某种形式回归"这样的表述可以看出，他对被现代文学压抑的其他文学类型复活充满期待。

的确，对"文学"可能性的发现，不仅要借助欧美的后殖民主义等理论，更需要处理与传统的文学观、文学式样的关系，其中之一便是与日本汉文学的关系。林少阳的《现代文学之终结？——柄谷行人的设问，以及"文"之"学"的视角》(《文学评论》第1期)以柄谷行人的"现代文学之终结"为切入点，在汉字圈言文一致运动的背景下梳理了东亚"文学"现代观念的形成，提出要以章太炎和夏目漱石广义的"文学"观作为参照激活"文学"，扩张"现代"和"文学"的概念，释放"文学"之巨大可能。该文提示作为整体的漱石文学除了小说以外还应该包含其汉诗文。

关于夏目漱石和森鸥外等作家的汉诗文，其实迄今已有不少研究，但是现有研究往往将其看成作家创作现代小说的余技和思想的补充，没有将其当作日本现代文学的一部分，因此很难动摇"现代文学观"。近年来学界的问题意识和研究视野有所变化，2021年度的相关研究有新进展：王志松的《成岛柳北与〈花月新志〉——日本近代文学的汉诗文脉络》(《日语学习与研究》第4期)以成岛柳北创办的《花月新志》为对象，挖掘有别于西化现代文学形成的路径，考察以"风流"为文学理想的汉诗文脉络在日本现代文学中的意义。郭勇的《日本明治时代的汉学命运》(《上海师范大学学报（哲学社会科学版）》第1期)以夏目漱石为线索，考察明治时代的汉学在西潮冲击下的沉浮，以及所呈现出的复杂面貌。王自强的《明治新体诗中的汉诗和译现象初探》(《外国语文研究》第3期)通过对比和诗与新体诗发现，江户时期的汉诗和译是明治新体诗的一大源头，以汉诗和译为代表的汉文脉在明治文学的近代化中发挥了重要作用。周游的《风会转移：明治文坛上的桐城文风》(《日语学习与研究》第4期)认为，日本明治维新之后以重野安绎、川田刚为代表的名家在文风上开始寻求变化，既师法桐城派风格的作品，也同样关注清初古文家的作品。刘丽华和綦中明的《早稻田大学所藏久保天随汉诗集评析》(《古籍整理研究学刊》第1期)以早稻田大学所藏久保天随的汉诗集为对象,评析其创作思想、志趣主张和艺术追求。

自西方的现代文学观传入日本之后,围绕"文学衰灭"的争论便没有停止过,只是不同时期的内容有所不同。福地樱痴在明治初年叹"日本文学之不振",哀叹的是以汉学为核心的文学的衰落。20世纪50年代末平野谦感叹"纯文学的衰退",其所指是以私小说为中心的文坛小说。柄谷行人宣告"文学的衰灭",如上所述是指"国文学"制度。每次"文学衰灭"的争论并没有让文学消失,而是让其不断更新和转型。在日本,两种以"国文学"命名的著名学术杂志现在业已终刊[7],而新的文学观还未形成。中国的文学观也正处于转型期。在东亚汉字文化圈中,如何参与促进文学观的转型,可以说是当代中国的日本文学研究不可回避的一大课题。

(责任编辑:郭佩)

## 注　释

[1] [日]小森阳一:《小森阳一:战争年代与夏目漱石(在东京大学的最后一堂课)》,许砚辉译,《外国文学动态研究》2021年第6期。

[2] 柄谷行人「近代文学の終わり」、『柄谷行人講演論集成1995—2015:思想的地震』、筑摩書房、2017年。

[3] [日]柄谷行人:《定本 柄谷行人文学论集》,陈言译,中央编译出版社2021年版。

[4] 王志松:《翻译、解读与文化的越境——也谈"林译"村上文学》,《日语学习与研究》2009年第5期。

[5] 『国文学 解釈と鑑賞』(至文堂 1936—2011年)、『国文学 解釈と教材の研究』(学燈社 1956—2009年)。

# 2021年日本教育研究综述

臧佩红 *

2021年，日本政府继续在对内、对外两个层面大力发展教育事业。在对内方面，日本文部科学省于2021年8月专门任命了"社会教育士形象大使"，大力宣传推广"社会教育士"制度。该制度旨在培养具备社会教育专业知识和协调能力的"社会教育士"，将其广泛深入地安排到非营利组织（NPO）、社会教育团体、企业、学校、家校协议会（PTA）等各种组织机构，在环境、福利、社区建设等各个领域支援相关学习活动，"通过学习，培养人才·建立关系·建设地方"，从而"激活地方社区"，旨在建设终身学习社会，以适应知识经济发展。[1]在对外方面，文部科学省于2021年9月创设了"大学国际化促进论坛"，组织东京大学、筑波大学等18所日本一流顶尖大学参加，在科学研究、信息共享等方面促进日本大学的联合，以提高日本大学的国际竞争力。[2]可见，日本教育正对内向地方社会深入、对外向国际社会扩展。

2021年度，日本政府进一步增加了117亿日元的教育财政预算，重点用于"扩充外部人员以应对疫情""建立学校缺席者·感染者信息体系""配置GIGA[3]学校辅助员""充实GIGA学校之学习""推广线上学习体系""充实高中生奖学金""促进高中教育改革""促进国立高等专门学校升级与国际化""鼓励专修学校利用尖端技术实证研究""改善国立大学设施""补助高等教育就学""促进残疾人活跃计划""充实在日外籍中小学生教育"等方面。[4]这些项目反映出日本政府2021年发展教育的重点领域。

2021年，中日两国学界也针对日本的教育问题，从各个层面、各个角度进行了广泛而深入的研究。这些最新研究成果，呈现了国际教育发展的新趋势，也可以为中国的教育改革与发展提供有益的借鉴。

## 一、中国的日本教育研究概述

2021年，在中国学术期刊网上，共检索出专门研究日本教育的学术论文180篇，分别发表于102种期刊。[5]如表1-1所示，2021年的论文总数较之2020年大幅减少，但其中CSSCI期刊论文共89篇，约占论文总数的49.4%，[6]说明研究水平正在提高。

---

\* 臧佩红，南开大学世界近现代史研究中心、日本研究院副教授，主要研究方向为日本战后史、当代日本教育、中外比较教育。

表1-1　2019—2021年中国的日本教育研究相关论文发表期刊的总体分布及比例

| 2019年期刊 | 数量（篇） | 占比（%） | 2020年期刊 | 数量（篇） | 占比（%） | 2021年期刊 | 数量（篇） | 占比（%） |
|---|---|---|---|---|---|---|---|---|
| 《外国中小学教育》 | 6 | 6.1 | 《外国教育研究》 | 14 | 4.0 | 《外国教育研究》 | 13 | 7.2 |
| 《比较教育研究》 | 5 | 5.1 | 《比较教育研究》 | 9 | 2.6 | 《比较教育研究》 | 9 | 5.0 |
| 《外国教育研究》 | 4 | 4.0 | 《上海教育》 | 9 | 2.6 | 《教学与管理》 | 7 | 3.9 |
| 《教育评论》 | 4 | 4.0 | 《高教探索》 | 5 | 1.4 | 《全球教育展望》 | 6 | 3.3 |
| 《教学与管理》 | 4 | 4.0 | 《黑龙江高教研究》 | 5 | 1.4 | 《高教探索》 | 5 | 2.8 |
| 《上海教育科研》 | 3 | 3.0 | 《职业技术教育》 | 5 | 1.4 | 《教育科学研究》 | 4 | 2.2 |
| 《学位与研究生教育》 | 3 | 3.0 | 《东北师大学报》 | 4 | 1.1 | 《清华大学教育研究》 | 3 | 1.7 |
| 《职业教育研究》 | 2 | 2.0 | 《大连大学学报》 | 4 | 1.1 | 《中国教育学刊》 | 3 | 1.7 |
| …… | …… | …… | …… | …… | …… | …… | …… | …… |
| 共62种 | 99 | 100 | 共250种 | 351 | 100 | 共102种 | 180 | 100 |

注：2019年的数据转引自臧佩红《2019年中国的日本教育研究综述》，《日本学刊》2020年增刊，第68页；2020年的数据转引自臧佩红《2020年中国的日本教育研究综述》，《日本学刊》2021年增刊，第95—96页。
资料来源：利用中国学术期刊网数据整理所得。

从所涉及的研究领域来看，如表1-2所示，2021年国内学界的关注点仍在于中小学教育、高等教育、教育史三大领域；而有关职业教育、教育政策的研究成果则大幅度减少。

表1-2　2019—2021年中国的日本教育研究相关论文的分布领域及其比例

| 类别 | 2019年 数量（篇） | 2019年 占比（%） | 2020年 数量（篇） | 2020年 占比（%） | 2021年 数量（篇） | 2021年 占比（%） |
|---|---|---|---|---|---|---|
| 学前教育 | 5 | 5.1 | 16 | 4.6 | 10 | 5.6 |
| 中小学教育 | 29 | 29.3 | 91 | 25.9 | 50 | 27.8 |
| 高等教育 | 29 | 29.3 | 87 | 24.8 | 41 | 22.8 |
| 职业教育 | 11 | 11.1 | 36 | 10.3 | 12 | 6.6 |
| 社会教育·终身学习 | 2 | 2.0 | 11 | 3.1 | 16 | 8.9 |
| 家庭教育 | 0 | 0 | 5 | 1.4 | 0 | 0 |
| 特殊教育 | 0 | 0 | 6 | 1.7 | 2 | 1.1 |
| 教育政策 | 10 | 10.1 | 10 | 2.8 | 3 | 1.6 |
| 教育史 | 11 | 11.1 | 47 | 13.4 | 19 | 10.6 |
| 教育国际化 | — | — | — | — | 10 | 5.6 |
| 教育信息化 | — | — | — | — | 13 | 7.2 |
| 其他 | 2 | 2.0 | 42 | 12.0 | 4 | 2.2 |
| 合计 | 99 | 100 | 351 | 100 | 180 | 100 |

注：2019年的数据转引自臧佩红《2019年中国的日本教育研究综述》，《日本学刊》2020年增刊，第68—69页；2020年的数据转引自臧佩红《2020年中国的日本教育研究综述》，《日本学刊》2021年增刊，第96—97页。
资料来源：利用中国学术期刊网数据整理所得。

此外，据笔者所查，中国学者2021年出版日本教育研究专著8部，其中关于中小学教育3部、职业教育1部、高等教育2部、教育国际化1部、教育信息化1部。

关于中小学教育，李雪红的《生存力养育法——日本儿童教育现场》[7]、谭琦的《日本公立中学一千天》[8]、张弘的《放飞——育儿在东京》[9]三部著作，其作者均为在日本的华人中小学生家长、日本教育实践的亲历者，因此书中从不同角度记述了日本的幼儿园、中小学校内外各个方面的教育实况，总结出日本中小学教育具有"生存力是教育的终极目标""全民参与教育""用爱和生活守护"等特征。

关于职业教育，韩玉的《日本职业技术教育研究》[10]一书，论述了日本职业技术教育的发展历程、教育体系、课程与教学、产学合作、师资、国际化、质量评价等七个方面，阐明了日本职业技术教育的历史与现状。

关于高等教育，伍宸的《法人化改革后日本国立大学非政府办学经费拓展研究》[11]一书，围绕日本公立高等教育的非政府办学经费拓展问题，考察了该问题的理论基础、制度变迁、财务状况、个案分析（北海道大学）、经验启示等，为我国大学拓展非政府办学经费研究提供了借鉴。刘丽丽的《中日大学生教育志愿行动激励机制比较研究》[12]一书，以中日大学生教育志愿行动为研究对象，比较分析了中日大学生教育志愿行动的历史演变、激励机制、存在问题及其成因等方面的内容，并提出了改善建议。

关于教育国际化、教育信息化，刘长远的《信息化时代下日本的英语教育改革研究》[13]一书，论述了日本小学·初中·高中的英语教学目标及教学内容、英语学习状况及评价系统、信息时代下ICT教育在英语教育中的应用等问题。李哲的《教育信息化：中国与日本的比较》[14]一书，围绕中日教育信息化建设这一主题，比较分析了中日两国的信息通信技术发展历程、国家政策及项目建设、科研情况、教育实践等多方面内容。

中国还出版了有关日本教育的译著2部。其中，大塚雅一的《真正的幼儿教育：贴近孩子心灵的保育——日本幼教界"稻盛和夫"的自述》[15]一书，阐述了"大塚保育法"的目的和实践方法、保育案例、保育园所的经营策略与未来蓝图等，阐明了"以孩子为主体的保育"理念，提倡"儿童中心主义"的保育观。中山芳一的《培养比成绩更重要的非认知能力》[16]一书，论述了"非认知能力"的内涵、培育方式、家长与社区的协作实例等内容，指出培养儿童交流能力、换位思考、共感、忍耐力、自制力、上进心等"非认知能力"，才是支撑一个人成功的关键。

## 二、中国的日本教育研究热点问题

2021年，中国学界仍然颇为关注日本的学前教育、中小学教育、高等教育、职业教育、教育史等领域。

## （一）学前教育

关于学前教育的研究，内容涉及学前教育制度、学前教育内容、学前教育辅助三大类。具体研究内容及发表论文数量如表1-3所示。

表1-3　2021年中国学界有关日本学前教育研究的内容及数量

| 分类 | 幼儿免费教育 | 幼儿照顾政策 | 幼儿托育服务 | 幼儿教育课程 | 幼儿体育 | 幼儿家长 | 合计 |
|---|---|---|---|---|---|---|---|
| 数量（篇） | 1 | 3 | 2 | 1 | 2 | 1 | 10 |

资料来源：根据中国学术期刊网的检索结果分类整理所得。

关于幼儿教育制度，孙雪荧和李玲的《日本学前教育免费制度：背景、架构与问题》（《外国教育研究》2021年第7期）一文，分析了日本学前教育免费制度的根源、制度架构、面临问题等，指出学前教育免费是国际大趋势。杨爽和任正臣的《日本少子化社会中的"待机儿童"：成因与消解》（《外国教育研究》2021年第3期）、郭佩的《福利多元主义视角下日本育儿支持体系的重构及其启示》（《学前教育研究》2021年第3期）、江夏的《OECD国家儿童早期照顾政策取向差异及其对我国的启示》（《学前教育研究》2021年第5期）、张建的《日本发展普惠性托育服务的多维行动路径》（《比较教育研究》2021年第1期）等四篇论文，均着眼于日本的儿童照顾政策，总结出"社会多元支持""增加儿童照顾供给总量""确保托育服务'有质量'"等特征，指出"大部分OECD国家在儿童照顾事务中承担了更为积极的责任分担角色"是国际儿童教育政策的大趋势。

关于幼儿教育内容，王幡和刘在良的《20世纪80年代末以来日本幼儿园课程标准的历史演进》（《外国教育研究》2021年第7期）一文中，分析了日本幼儿教育内容改革的阶段性、改革主题的"五个领域"等，指出日本学前教育改革具有"去小学化"等特征。

## （二）中小学教育

关于中小学教育，涉及基础课程与教学改革、中小学教育行政、各门课程教育、修学旅行、高中教育、中小学师资等多个方面。具体研究内容及发表论文数量如表1-4所示。

表1-4　2021年中国学界有关日本中小学教育研究的内容及数量

| 分类 | 课程改革 | 教学改革 | 教育行政 | 教科书制度 | 家校合作 | 校园问题 | 数学技术 | 社会 | 体育 | 劳动 | 美育 | 食育 | 修学旅行 | 高中教育 | 师资 | 合计 |
|---|---|---|---|---|---|---|---|---|---|---|---|---|---|---|---|---|
| 数量（篇） | 3 | 5 | 4 | 3 | 4 | 4 | 2 | 3 | 2 | 2 | 2 | 2 | 1 | 8 | 5 | 50 |

资料来源：根据中国学术期刊网的检索结果分类整理所得。

关于中小学课程改革，高益民、王希彤和李宗宸的《面向核心素养的安倍课程改革》（《外国教育研究》2021年第2期），王秀红、李婷婷和王春姣的《基于"资质与能力"培养的日本新一轮基础教育课程设计与实施》(《外国教育研究》2021年第9期)等两篇论文,分析了日本课程改革所秉承的核心素养理念的内涵、培养途径、面临问题等,指出世界基础教育改革的潮流是培养具有"生存力""资质与能力"的核心素养。

关于中小学教学改革,徐瑾劼的《以学生为主体的"参与式"课堂教学水平的跨国比较——基于OECD全球教学洞察视频研究数据的聚类分析》(《全球教育展望》2021年第1期)、安桂清和陈艳茹的《亚欧四国(地区)课堂话语的审视与比较——基于OECD全球教学洞察视频研究数据的实证分析》(《中国教育学刊》2021年第5期)、朱雁和张闽的《亚欧四国(地区)课堂适应性教学水平及对学生学习的影响——基于OECD全球教学洞察视频研究数据的实证分析》(《中国教育学刊》2021年第5期)、徐瑾劼和李腾蛟的《亚欧四国(地区)学生课堂认知参与水平比较及启示——基于OECD全球教学洞察视频研究数据的实证分析》(《中国教育学刊》2021年第5期)等4篇论文,均基于近期公布的OECD全球教学洞察视频研究数据进行的分析,提出了课堂"参与式"、课堂话语、课堂适应性、课堂认知参与等是国际数学及科学课程教学改革的大趋势的系列观点。

关于中小学行政管理,涉及择校制、教科书制度、家校合作、校外培训、校园问题治理等方面。其中,赵硕和高慧珠在《日本义务教育阶段公立学校择校制度的发展及启示》(《教育科学研究》2021年第3期)一文中,分析了日本择校制度的发展历程、实施状况、利弊与启示。李芒、孙立会和村上隆一在《日本中小学教材建设管理体系及其发展趋势》(《比较教育研究》2021年第8期)一文中,分析了日本现行教科书制度的管理主体、基本特征、面临困境等问题。赵澜波和赵刚在《学校、家庭、社会协同机制与体制研究——基于美国、日本、新加坡协同教育组织的比较》(《外国教育研究》2021年第12期)一文中,分析指出日本和新加坡家校及社会合作的特征是"先有协同教育体制的整体设计,后有协同教育组织运行机制的完善"。马早明和胡雅婷在《国际校外培训治理:政策逻辑与功能定位》(《教育研究与实验》2021年第6期)一文中,论述了日本政府对校外培训由杜绝到合作利用的转变机制。李曼在《日本家庭教育法律规制:路径、特点与启示》(《全球教育展望》2021年第7期)一文中,分析指出日本家庭教育的立法路径是国家立法在先、地方立法在后。

吴东朔和李帅的《我国教育惩戒规则实施的困境及改革路径——以日本教育惩戒制度为参照》(《全球教育展望》2021年第8期)、申素平和杜颖杰的《义务教育如何实施"停学"——基于对日本"出席停止"制度的考察》(《中国教育学刊》2021年第10期)等两篇论文,指出日本教育惩戒制度的特点是:绝对禁止体罚、以立法为基础、以指导性案例为补充、以个案判断为具体适用准则。姚逸苇在《日本校园欺凌治理模式的历史变迁研究》(《外国教育研究》2021年第10期)一文中,分析了日本20世纪80年代以来校园欺凌治理的阶段性特征,提议建立多主体协作的校园欺凌防治体系。陶建国在《日本校园欺凌事件中教育机构的调查报告义务》(《比较教育研究》2021年第4期)一文中,从调查条件、调查组织、调查程序和方法、调查报告的利用和个人信息的保护等方面,探讨了日本有关欺凌事件的调查报告制度。

### (三) 高等教育

关于日本的高等教育,主要涉及高等教育体系与改革、一流大学建设、大学治理、大学与社会、高考改革、研究生教育、各类专业教育、创业教育、大学教师等诸多方面。各研究内容发表的论文数量如表1-5所示。

表1-5　2021年中国学界有关日本高等教育研究的内容及数量

| 分类 | 高教政策 | 一流大学建设 | 大学治理 | 大学与社会 | 高考改革 | 研究生教育 | 各类专业教育 | 创业教育 | 大学教师 | 合计 |
|---|---|---|---|---|---|---|---|---|---|---|
| 数量(篇) | 3 | 3 | 11 | 4 | 2 | 6 | 7 | 3 | 2 | 41 |

资料来源:根据中国学术期刊网的检索结果分类整理所得。

关于日本的高等教育政策,薛新龙和黄海军在《人均GDP一万美元时期的高等教育体系研究——以美日韩智四国为例》(《清华大学教育研究》2021年第1期)一文中,从总体规模、层次结构、研究生专业发展特点等方面,分析了日本高等教育进入普及化阶段后的基本特征。蒋妍在《疫情折射下日本高等教育的问题与归因——基于线上教学的视角》(《复旦教育论坛》2021年第6期)一文中,指出日本的高等教育应对疫情时呈现著作权受限制、慕课资源稀缺、重科研轻教学等问题。胡建华在《"教育再生"政策下的日本高等教育改革与发展》(《外国教育研究》2021年第2期)一文中,指出日本高等教育改革的特征是向"学生本位"转变、加强与社会联系、完善"以学习为中心"的质量保障体制等。

关于世界一流大学建设,李虔和张良在《亚洲一流私立大学发展的主要特征与经验启示》(《国家教育行政学院学报》2021年第2期)一文中,指出亚洲一流私立大学的发展经验是广受社会捐赠、参与国家建设、多元化与特色化等。卓泽林和罗萍在《日本东京湾区高校联盟建设的动力、运行机制及其启示》(《大学教育科学》2021年第4期)一文中,论述了日本东京湾区高校联盟的建设目的、管理制度、发展模式、评价机制等。

关于大学治理问题,主要涉及多所大学同一法人制度、大学治理效能、高等教育质量保障、高校评价体系、科研经费等方面。其中,王文利和高伟航在《日本国立大学间多所大学同一法人的制度构想与实践探索》(《中国高教研究》2021年第9期)一文中,论述了日本国立大学间多所大学同一法人制度的实施背景、实践范型、经验及启示等内容。陈武元和李广平在《日本高等教育质量保障体系的重构及启示》(《中国高等教育》2021年第2期)一文中,论述了日本重构高等教育质量保障体系的特征是注重政府—高校—中介机构三位一体、兼顾宏观调控与微观指导等。郭涵宇和肖广岭在《日本高校研发基础性经费研究及其对中国的启示》(《中国科技论坛》2021年第1期)一文中,分析了日本高校研发活动中基础性经费与竞争性经费的具体情况、比例关系等问题,建议中国高校应提升基础性研发经费比例、使之与竞争性经费保持合理平衡。

关于大学与地方社会的关系,吴海江、楼世洲和杨世昇在《日本地方高校振兴区域发展战略与实践路径——基于"地方大学促进区域创生项目"的分析》(《比较教育研究》2021年第11期)一文中,指出日本地方大学通过大学—产业—政府—社会四螺旋协作机制、"地方创生"课程体系、学生地方就业机制等举措,确保地方大学在振兴区域发展中发挥积极作用。罗萍和卓泽林在《日本高校与区域协同发展举措及其启示》(《高教探索》2021年第10期)一文中,指出日本大学与区域合作的经验,主要包括:政府积极推动引导、设置专门学院搭建协同平台、协同设计培育人才、协同开发地方资源等内容。

## (四)职业教育

有关职业教育的研究,包括职业教育改革、专业学位研究生教育、专门职业大学、校企合作、职业大学师资、应用型人才培养模式等方面。各研究内容发表的论文数量如表1-6所示。

表1-6  2021年中国学界有关日本职业教育研究的内容及数量

| 分类 | 职教改革 | 专业学位研究生 | 专门职业大学 | 校企合作 | 教职师资 | 人才培育 | 合计 |
|---|---|---|---|---|---|---|---|
| 数量(篇) | 2 | 1 | 4 | 3 | 1 | 1 | 12 |

资料来源:根据中国学术期刊网的检索结果分类整理所得。

关于职业教育改革,刘紫英和梁晨在《日本职业教育结构性变革的动因研究与经验借鉴》(《中国职业技术教育》2021年第18期)一文中,论述了日本职业教育的发展历程、职业教育改革的动因、具体措施等问题,建议职教改革应坚持特色、加强产教融合、走向国际化。

关于专业学位研究生教育,马永红和张飞龙在《专业学位研究生教育发展国际趋势及启示》(《北京航空航天大学学报(社会科学版)》2021年第3期)一文中,指出发达国家的专业学位研究生教育具有认知宽容度增加、结构趋于合理、规模继续扩张、产教融合加深、设置流程规范等特征。

关于本科职业教育,学界均关注专门职大学问题。陆素菊在《本科职业教育的日本道路——专门职大学制度的创立及其实践课题》(《外国教育研究》2021年第1期)一文中,系统考察了专门职大学的创立过程、法律定位、制度设计、办学特征、实践推广等问题,指出日本确保了本科职教机构在大学体系中的独特性、建立了兼顾质量标准与办学特色的保障机制等。王丽燕和韩中淑的《社会变革背景下日本优化职业教育体系的经验及其启示——基于增设专门职大学的实践》(《成人教育》2021年第11期)、纪梦超和孙俊华的《日本现代职业教育体系的新兴力量：专门职大学和专门职短期大学》(《中国职业技术教育》2021年第21期)、万卫和王红艳的《本科层次职业教育发展的争议及其消解——基于日本专门职大学的分析》(《职教论坛》2021年第10期)等3篇论文，分析指出专门职大学具有连接大学与职业学校、平衡理论性与实践性、培养创造力和高度实践力、重视校企合作、与地方密切联合等基本特征。陈竹萍和李梦卿在《日本新型本科职业大学师资队伍建设研究——以日本专门职业大学为例》(《教育与职业》2021年第21期)一文中，考察了专门职业大学师资队伍建设的背景、举措、特征、经验及启示等，强调其标准设置严格、重视与政府·企业和产业界的合作、突出动态的过程性指导等特征。

### （五）教育史

关于教育史的研究，大致可分为古代、近代、"二战"后三个历史阶段，具体涉及教育思想、殖民地教育、留学生教育、"二战"后的中小学教育及高等教育等。具体研究内容及发表论文数量如表1-7所示。

表1-7　2021年中国学界有关日本教育史研究的内容及数量

| 分类 | 古代 | 近代 | | | | "二战"后 | | | 合计 |
| --- | --- | --- | --- | --- | --- | --- | --- | --- | --- |
| | 书院教育 | 教育学 | 教育思想 | 殖民地教育 | 留学生教育 | 教育变革 | 中小学教育 | 高等教育 | |
| 数量（篇） | 1 | 3 | 2 | 4 | 2 | 3 | 2 | 2 | 19 |

资料来源：根据中国学术期刊网的检索结果分类整理所得。

关于日本古代教育史，王净华在《书院文化在日本的初传与演绎》(《教育与考试》2021年第2期)一文中，考察了书院在古代日本传播的形式——官学的"大学寮"与私学的"大学曹司"，并论述了书院文化在后世向"往来物"与"有职故实"的实学化转型，指出古代书院为日本近世书院文化的勃兴奠定了基础。

关于日本近代教育史，涉及教育学术史、教育思想史、殖民地教育史、留学生教育史等方面。其中，刘幸和施克灿在《"Education"何以译为"教育"——以日本有关学术史料为基础的讨论》(《教育研究》2021年第11期)一文中，根据日本的官方教育史料，考证了日本将"Education"译为"教育"的历史过程，指出"教育"一方面指向一整套现代教育体系，同时也带有《教育敕语》中浓郁的天皇至上意味；中国近代从日本引入"教育"这一概念时，着眼于前者而忽略了后者。黄宁宁和刘晖在《全面抗战时期中国东部沦陷区高等教育的文化冲突》(《高教探索》2021年第6期)一文中，考察了日本全面侵华后采取的复建原有大学、新设伪大学、选派赴日留学生、雇用日籍或留日教职员、控制教科书和课程设置等一系列高等教育改造政策，并论及中国各大学的对日抵抗斗争。

关于日本"二战"后教育史,刘幸、姜星海和钟秉林在《日本战后人口变迁与教育变革的关系研究》(《教育科学研究》2021年第12期)一文中,分析了日本"二战"后初期及20世纪70年代出现的两次"婴儿潮"时期的"六三三学制"普及、"考试地狱"、"校园问题",以及20世纪80年代末期开始的"少子化"时代与"宽松教育"、"学习共同体"新理念的倡导等,揭示了"二战"后日本教育政策变迁背后的人口变动因素。韩旭在《文化传承与认知:"二战"后日本学校教育中的神话元素》(《河南大学学报(社会科学版)》2021年第3期)一文中,通过分析"二战"后日本中小学的"学习指导要领"及历史教科书,考察了"二战"后日本神话教育的变迁与现状,指出右翼历史教科书中"神话所占的比例较多",批判神话教育"影响了日本青少年乃至日本民众对历史的认识"。

### 三、日本学界的日本教育研究现状

日本国立国会图书馆联机目录显示,2021年出版的日本教育研究成果,仅专著就多达469部,在数量上远远超过了2019年和2020年(2019年专著、编著合计392部,2020年专著、编著合计342部)。[17]

如表1-8所示,日本学界关注的热点研究领域依次为中小学教育、教育信息化、教育国际化、教育史、教育学理论、特别支援教育、学前教育、教育政策·教育改革、高等教育、教师教育、职业教育等11个领域。

表1-8　2021年日本学界有关日本教育研究的专著及其占比

| 类别 | 数量(部) | 占比(%) | 类别 | 数量(部) | 占比(%) |
| --- | --- | --- | --- | --- | --- |
| 学前教育 | 24 | 5.1 | 教育政策·教育改革 | 21 | 4.5 |
| 中小学教育 | 142 | 30.2 | 教育史 | 38 | 8.1 |
| 高等教育 | 22 | 4.7 | 教育国际化 | 41 | 8.7 |
| 职业教育 | 19 | 4.1 | 教育信息化 | 46 | 9.8 |
| 教师教育 | 21 | 4.5 | 家庭教育 | 6 | 1.3 |
| 特别支援教育 | 24 | 5.1 | 学　习 | 38 | 8.1 |
| 教育学理论 | 27 | 5.8 | 合　计 | 469 | 100 |

资料来源:根据日本国立国会图书馆联机目录检索结果分类整理、计算所得。

#### (一)中小学教育

关于中小学教育,涉及中小学的学制与行政、各学科教育、教育问题、中小学师资等方面。具体研究内容及出版著作数量如表1-9所示。

表1-9　2021年日本学界有关中小学教育研究专著的内容及数量

| 分类 | 学制与行政 | 道德 | 国语 | 英语 | 数学 | 科学 | 公民 | 历史 | 地理 | 音乐 | 平等 | 健康 | 性教育 | 特别活动 | 教育问题 | 高中 | 师资 | 其他 | 合计 |
| --- | --- | --- | --- | --- | --- | --- | --- | --- | --- | --- | --- | --- | --- | --- | --- | --- | --- | --- | --- |
| 数量（部） | 17 | 13 | 10 | 18 | 6 | 2 | 4 | 3 | 3 | 6 | 7 | 8 | 5 | 4 | 6 | 4 | 21 | 5 | 142 |

资料来源：根据日本国立国会图书馆联机目录检索结果分类整理、计算所得。

关于中小学的学制与教育行政，《学校选择制的政策评价：教育中的选择与竞争之魅惑》一书，针对2000年以后日本实施的择校制，详细论述了择校制的实际状况、面临课题等内容，指出择校制关乎教育机会的分配方法，呼吁应"探讨教育政策，纠正教育差距"。[18]《非常事态下的学校教育方式：学习方法的新摸索》一书，揭示了新冠肺炎疫情下日本学校教育制度的缺陷与问题，建议面对非常事态下的"危机"，应采用新教育方法，促使高中与大学及社会"联合"教学、采用翻转课堂、引导学生进行可持续主动学习等。[19]《后新冠的学校条件》一书，针对日本学校在新冠肺炎疫情中所暴露出来的弱点，提出"将学校作为防灾据点""学校免费供餐""辅助教材费及修学旅行费等免费"等诸多改革建议。[20]

关于道德教育，《小学道德科的"活动"授课方法》一书，通过具体事例介绍了道德教育的新方法——"活动"，即让学生参与到各种再现的情境中，从而加深其对道德价值的理解、参与对道德价值的实践、提升"自我评价能力"。[21]《道德科授课构想计划》一书，分析了道德课的本质、基础知识、授课误区、授课构想、授课事例等，主张进行"思考性、议论性的道德"教育。[22]《道德价值的见解·思考：正确理解"道德价值"先于道德授课》一书，阐述了"学校道德教育中的道价值德"，详细列举了"自律""自由""责任""个性发展""社会正义"等各项道德条目及其道德价值，并用具体实例阐明了培养学生"道德性"的方法。[23]

### （二）教育国际化与教育信息化

有关教育国际化、教育信息化的研究著作共87部，约占日本教育研究专著总数的18.6%。具体研究内容及出版著作数量如表1-10所示。

表1-10　2021年日本学界有关教育国际化、教育信息化研究专著的内容及数量

| 教育国际化（41部、8.7%） ||||||||||
| --- | --- | --- | --- | --- | --- | --- | --- | --- | --- |
| 分类 | 可持续发展教育 | 异文化间教育 | 国际课程（IB） | 英语教育 | 日本人国外修学 | 在日留学生 | 日语教育 | 教育援助 | 其他 | 合计 |
| 数量（部） | 5 | 6 | 1 | 7 | 2 | 4 | 11 | 4 | 1 | 41 |

续表

| 教育信息化（46部、9.8%） |||||||
|---|---|---|---|---|---|---|
| 分类 | 信息化教育理论与政策 | GIGA学校建设 | 信息化教学手段 | 在线教育 | 小学编程教育 | 信息专业人才培养 | 合计 |
| 数量（部） | 8 | 9 | 12 | 9 | 5 | 3 | 46 |

资料来源：根据日本国立国会图书馆联机目录检索结果分类整理、计算所得。

关于教育的国际化，《SDGs时代的国际协力：在亚洲共建学校》一书，论述了日本的非政府组织（NGO）在孟加拉国从事教育援助的具体内容，包括建设校舍、基础教育、职业培训等，并论及日本的国际教育援助人才培育、可持续发展所需的国际协力等问题，呼吁"建立援助者与受援者之间……的'协动'伙伴关系""新培育出共同的价值观"。[24]《京都市在日外国人中小学生教育与多文化共生：在日韩国儿童的教育实践》一书，论述了日本"外国人教育基本方针"的演变与特点，介绍了京都市韩国人小学的教育实践，并以教育内容中涉及的日朝关系史为例，探讨了在日韩国中小学教育与多文化共生的关系等问题。[25]

关于教育的信息化，《第四次产业革命与教育的未来：后新冠时代的ICT教育》一书，论述了第四次产业革命中的社会变化、新冠肺炎疫情与ICT教育、ICT教育的现状与前景、创新型学习与教育改革展望等问题。[26]《教育数字化转型与"未来教室"建设：GIGA学校构想可以改变"学校"吗？》一书，基于目前日本政府推行的"GIGA"计划，论述了"未来教室"的基本构造，包括"开放型·水平分工型"学习环境、不断更新"个别学习计划与日程"、建立"旅行学校""学习的自律化·个体最适化""学习的探究化·STEM化"等方面的内容。[27]

### （三）教育学理论、教育政策·教育改革、教育史

涉及教育学理论、教育政策·教育改革、教育史的研究著作共86部，约占总数的18.3%。具体研究内容及出版著作数量如表1-11所示。

**表1-11　2021年日本学界有关教育学理论、教育政策、教育史研究专著的内容及数量**

| 教育理论（27部、5.8%） ||||||
|---|---|---|---|---|---|
| 分类 | 教育学原理 | 教育心理学 | 教育方法论 | 教育社会学 | 教育与宗教 | 合计 |
| 数量（部） | 5 | 6 | 7 | 4 | 5 | 27 |

| 教育政策·教育改革（21部、4.5%） ||||||
|---|---|---|---|---|---|
| 分类 | 教育与政治 | 教育与法律 | 教育改革 | 教育与地方 | 教育财政 | 合计 |
| 数量（部） | 5 | 2 | 8 | 5 | 1 | 21 |

续表

教育史（38部、8.1%）

| 分类 | 社会教育史 | 教育思想史 | 各学科教育史 | 地方教育史 | 阶层教育史 | 女子教育史 | 大学教育史 | 教师教育史 | 留学生教育史 | 幼儿教育史 | 残障儿教育史 | 合计 |
|---|---|---|---|---|---|---|---|---|---|---|---|---|
| 数量（部） | 9 | 4 | 7 | 3 | 3 | 2 | 2 | 3 | 3 | 1 | 1 | 38 |

资料来源：根据日本国立国会图书馆联机目录检索结果分类整理、计算所得。

关于教育学理论，《何为教育学：由被动到自律》一书，批判日本的教育"仍然偏重于考试得分"，主张教育应该由被动变为自律，提倡个人主动求知、从义务教育转向基础教育、实现自我教育与终身学习等，主张推行追求"个人""幸福"的教育。[28]《教育福祉的社会学：超越"包容与排斥"的元理论》一书，基于社会学的视角，从历史与实践两个方面，论证了日本通过教育消除贫困与排斥的"教育福祉"论，旨在"建立一种超越'包容与排斥'之二元论的超理论"。[29]

关于教育政策与教育改革，《教育的自律性与教育政治：支持学习的民主主义样式》一书，从理论与实践两方面论述了"民意"扩散导致的教育专业裁量的缩小、教师教育中的专业自律性与正统性、教育机构管理运营中民主主义出现的问题，指出为了保障学习权利，必须保持教师的专业性、学校教育活动的自律性等；揭示出在东京、大阪等地方，出现了以"民意"之名对教育现场的"统制的加强"，旨在探究教育领域中所应有的"公正的民意"与教育政治的正确形态。[30]《教育改革的终焉》一书的作者市川昭午被誉为"日本教育政策研究第一人"，该书深入分析了20世纪90年代以后的教育改革论、教育课程改革的方向性、学校中课程与课外活动的责任分担、学历社会与考试竞争、学校制度的单轨制与多元化、公立学校的管理运营、教育的自律性与行政的中立性、学校教育的费用负担、产业界的教育要求等内容。[31]

关于教育史，《陆军将校的教育社会史：立身出世与天皇制》（上、下）两部著作，使用大量的旧军方文书、文学评论、学生日记等原始资料，通过系统考察陆军将校学生的社会背景及入学途径、针对陆军将校学生之教育的目的与内容、陆军将校学生的自发性与自治、陆军将校学生的意识变化、一般士兵的"精神教育"、昭和战时体制之承担者的意识结构、陆军将校与天皇制等内容，揭示了近代日本天皇制与教育之间的密切关联。[32]《战时日本的私立大学：成长与苦难》一书，系统论述了第二次世界大战期间日本私立大学的组织与规模、大学经费、升学热、私立大学政策、私立大学团体、战后初期的私立大学等内容，分析了日本政府与私立大学之关系的变化及特征。[33]

## （四）高等教育、职业教育

有关高等教育、职业教育的研究专著共41部，约占总数的8.7%。具体研究内容及出版著作数量如表1-12所示。

表1-12　2021年日本学界有关高等教育、职业教育研究专著的内容及数量

高等教育（22部、4.7%）

| 分类 | 大学治理 | 大学改革 | 学术研究 | 工学教育 | 其他专业教育 | 合计 |
|---|---|---|---|---|---|---|
| 数量（部） | 3 | 5 | 5 | 4 | 5 | 22 |

职业教育（19部、4.1%）

| 分类 | 职业教育制度与理论 | 创业教育 | 看护教育 | 医学教育 | 教职教育 | 其他专业教育 | 合计 |
|---|---|---|---|---|---|---|---|
| 数量（部） | 5 | 2 | 5 | 3 | 2 | 2 | 19 |

资料来源：根据日本国立国会图书馆联机目录检索结果分类整理、计算所得。

关于高等教育，《日本的大学自治与政策》一书，考察了日本"二战"前的大学自治、"二战"后教育改革中的大学自治、20世纪80年代的大学自治，论述了国立大学法人化的过程及实态、第四次产业革命下的大学教育及研究等问题，旨在探究能够保障学问自由的大学自治体制。[34]《大学的IR与学习·教育改革的诸相：从变化的大学之经验学起》一书，考察了美国大学的教育质量保障机制、英国的高等教育质量保障政策，论述了日本大学的内部质量保障机制、教学管理等。[35]

关于职业教育，《有助于学生·教师·研究者的出路指导·职业教育论：引入教育社会学的观点》一书，以教育社会学的视点，论述了日本职业教育的历史变迁、基础理论、职业教育强化政策、大学中的职业教育、职业教育的未来方向等问题。[36]《再教育及其质量保证：作为提高日本生产性之服务业的质量保证》一书，论述了"5.0社会"的再教育需求、再教育推进制度与意识变革、利于提高生产性的再教育理论与技法、再教育的质量保证等问题，指出再教育对于社会人适应新社会环境、自律性选择职业、拥有自主行动能力等的有利之处。[37]《实现创新的创业者育成法：才能与创业者教育》一书，论及创业教育的必要性、创业人才教育事例、创业人才的各项能力、创业人才的能力与创业教育之关系等内容，指出"只有能够发挥高生产性的人才，才能促进企业创新，进而解决现代日本的社会问题"。[38]

## （五）特别支援教育

关于特别支援教育，具体研究内容及出版专著数量如表1-13所示。

表1-13　2021年日本学界有关特别支援教育研究专著的内容及数量

| 分类 | 理论 | 特别支援教育方法 | 社会特别支援 | 各学科教育 | 残障类型教育 | 特别支援师资 | 特别支援教育史 | 合计 |
|---|---|---|---|---|---|---|---|---|
| 数量（部） | 4 | 7 | 2 | 2 | 5 | 3 | 1 | 24 |

资料来源：根据日本国立国会图书馆联机目录检索结果分类整理、计算所得。

关于特别支援教育，《特别支援教育总论：残疾儿童的学校班级经营》一书，论述了世界残疾儿童教育的变迁、日本残疾儿童教育的演变、学习障碍、多动性障碍，并附有"各类残障的特征""就学于普通班级的发育障碍儿童的调查结果""包容教育体系""学校中的合理关照""交流与共同学习"等资料。[39]《特别支援教育的基础与实践》一书，从幼儿园到高中的特别支援教学大纲、课程设置、年级管理、对各类残障的理解与指导、自立活动、个别教育支援、教案制定与学习评价、校内支援体制等方面，论述了特别支援教育的基础与实践，呼吁建立平等的教育体制。[40]有关不同障碍类型的教育，主要论及针对视觉障碍、认知障碍、自闭症等学生的教育。

## 四、中日学界有关日本教育研究的特点

关于日本教育问题，中日学界各有侧重。中国学界继续关注新兴教育领域，日本学界仍重视中小学教育、新关注"学习"理论与方法；中日两国学界均呈现"国际化"的研究趋势。

### （一）中国学界的研究特点

**1. 继续关注日本的新兴教育领域**

2021年，中国学界继续关注日本的终身学习、教育国际化、教育信息化等新兴教育领域的改革与发展，共计发表论文39篇，约占日本教育研究论文总数的21.7%。具体研究内容及发表论文数量如表1-14所示。

表1-14　2021年中国学界有关日本教育研究的新领域及论文数量

| 终生学习和社会教育（16篇、8.9%） ||||||||
|---|---|---|---|---|---|---|---|
| 分类 | 终身学习政策 | 中小学与终身学习 | 高等教育与终身学习 | 放送大学 | 成人教育 | 农民培育 | 合计 |
| 数量（篇） | 3 | 2 | 4 | 3 | 2 | 2 | 16 |

续表

| 教育国际化（10篇、5.6%） ||||||
| --- | --- | --- | --- | --- | --- |
| 分类 | 高等教育国际化 | 对非教育援助 | 对东帝汶教育援助 | 留日蒙古族学生 | 在日华侨教育 | 合计 |
| 数量（篇） | 4 | 3 | 1 | 1 | 1 | 10 |

| 教育信息化（13篇、7.2%） ||||||
| --- | --- | --- | --- | --- | --- |
| 分类 | 智能时代教育 | 信息素养教育 | 在线教学 | 信息硬件与师资 | 小学编程 | 高等教育信息化 | 合计 |
| 数量（篇） | 1 | 1 | 3 | 2 | 4 | 2 | 13 |

资料来源：根据中国学术期刊网的检索结果分类整理所得。

关于终身学习，马丽华和娜仁高娃在《日本终身教育立法的思想脉络和价值取向——基于〈终身学习振兴法〉的分析》（《教育发展研究》2021年第17期）一文中，梳理了日本《终身学习振兴法》的主要内容、理论基础、价值取向等，指出该法中包含着"市场化"和"民营化"的经济取向、"行政化"与"分权化"的政治取向、"理念性"与"民办性"的理论取向、"协调性"和"主体性"的社会取向等价值取向。李昱辉在《日本普通高中职业生涯教育政策研究》（《比较教育研究》2021年第6期）一文中，考察了日本普通高中职业终身教育政策的沿革、政策特征、发展动向等，指出该政策具有积极开展学科融合、衔接各个学段、探索升学改革等新动向。

关于教育国际化，吴娴和黄福涛在《日本大学教师国际化活动及其影响因素的实证研究——基于APIKS全国问卷调查的结果分析》（《清华大学教育研究》2021年第5期）一文中，根据日本全国问卷调查结果，分析了日本大学教师在个人教育、个人研究、对学校国际化战略评价等方面的国际化基本特征，建议"提升教师参与国际化活动的自驱力""大学教师、科研工作者在教学和科研中重视国际化""积极参与各种与国际科研接轨的国际化活动"等。土居健市在《"日本特色"的对非教育合作及其对中国的借鉴——东京非洲发展国际会议回顾与展望》（《清华大学教育研究》2021年第3期）一文中，考察了日非教育合作的进程、日本全球教育合作的主轴、日非教育合作的现状等内容，建议对非教育援助应"强化与全球教育开发相关的战略性""加强合作项目需求评估和设计能力""加强合作实施"等。王智新在《在日华人华侨教育的现状、问题与思考》（《湖北民族大学学报（哲学社会科学版）》2021年第1期）一文中，论述了在日华人华侨教育的历史与现状、最新动向、面临问题等，建议设立华侨高中、加强华文教育研究、编写海外华文教材、充实海外华文师资等。

关于教育信息化，王建虎、崔肖肖、王芸、张丹玲和童名文在《贯通小学与大学：智能时代信息化教育的体系变革与创新——日本〈信息教育课程设计指南〉解析》（《远程教育杂志》2021年第5期）一文中，详细考察了日本《信息教育课程设计指南》（2020年）的出台背景、内容框架、实施特点，指出该指南首次实现了信息教育课程体系从小学到大学的一体化贯通设计，展现了智能时代发达国家信息化教育的发展方向和信息课程改革的新动态。吴薇和张靖佶在《智能时代人口老龄化国家高等教育的变革与启示——以日本为例》（《大学教育科学》2021年第2期）一文中，分析了智能时代老龄化国家高等教育面临的主要挑战，论述了日本提升高等教育吸引力和创新力、完善多元学习能力目标、加大人工智能人才培养力度、建立信息技术导向的多样化高校教师发展体系等应对措施。

**2. 比较研究呈现"多国化"趋势**

如表1-15所示，2021年，在中国学界有关日本教育的研究成果中，共有40篇论文涉及多国比较，约占论文总数的22.2%，呈现多国比较的显著特点。

首先，从被比较国家的数量来看，关于两国比较的4篇、三国比较的15篇、四国比较的13篇、五国比较的2篇、六国比较的3篇、七国比较的1篇、九国比较的1篇、十一国比较的1篇；其次，从被比较国家的发展水平来看，不仅有日、美、英、法、德等发达国家，还有挪威、瑞典、芬兰、丹麦等北欧高福利国家，也有新加坡、韩国等亚洲新兴国家，更有印度、土耳其、智利、爱沙尼亚、南非等发展中国家；进而，所比较的教育领域广泛，涉及幼儿教育、中小学教育、职业教育、高等教育、终身学习、教育国际化、教育信息化、教育史等几乎所有教育领域。

**表1-15　2021年中国学界有关日本教育之比较研究的对象国及研究内容**

| 国家数（个） | 国家名称 | 研究内容 | 国家数（个） | 国家名称 | 研究内容 |
| --- | --- | --- | --- | --- | --- |
| 11 | 日、美、英、法、德、意、韩、澳大利亚、西班牙、挪威、瑞典 | 儿童早期照顾政策 | 4 | 日、美、韩、中 | 教育技术 |
| 9 | 日、英、德、加拿大、韩、芬兰、丹麦、新加坡、爱沙尼亚 | 高质量基础教育及其体系 | 4 | 日、美、韩、智利 | 高等教育体系 |
| 7 | 日、美、英、中、瑞士、新加坡、澳大利亚 | 一流大学继续教育 | 4 | 日、英、德、中 | 课堂教学 |
| 6 | 日、美、英、法、德、韩 | 专业学位研究生教育 | 4 | 日、中、新西兰、芬兰 | 学生学业表现 |
| 6 | 日、美、英、德、加拿大、澳大利亚 | 应用型人才培养 | 4 | 日、韩、印度、土耳其 | 一流私立大学 |

续表

| 国家数（个） | 国家名称 | 研究内容 | 国家数（个） | 国家名称 | 研究内容 |
|---|---|---|---|---|---|
| 6 | 日、美、加拿大、澳大利亚、以色列、芬兰 | 人工智能与高质量教育 | 3 | 日、美、英 | 高校创业、老年教育、终身学习 |
| 5 | 日、美、英、德、中 | 高校教师评价 | 3 | 日、美、中 | 幼儿体育、幼儿家长、高中健康教育 |
| 5 | 日、中、韩、新加坡、印度 | 世界一流大学建设 | 3 | 日、美、德 | 大学治理、职业教育、农民培育 |
| 4 | 日、美、英、中 | 开放大学政策 | 3 | 日、美、韩 | 校外培训 |
| 4 | 日、美、英、德 | 继续教育与培训、成人教育 | 3 | 日、美、新 | 家校合作 |
| 4 | 日、美、英、新 | 技术教育 | 3 | 日、韩、芬兰 | 高质量基础教育体系 |
| 4 | 日、美、英、澳 | 高校人才培养 | 3 | 日、英、德 | 校企合作 |
| 4 | 日、美、英、南非 | 开放大学 | 3 | 日、德、加拿大 | 高等教育国际化 |
| 4 | 日、美、加拿大、新加坡 | 教科书审定 | 3 | 中、日、韩 | 大学生创业教育 |
| 4 | 日、美、法、中 | "师范"概念传播史 | 2 | 中、日 | 幼儿体育、高中物理、初中数学、儿童编程 |

资料来源：根据中国学术期刊网的检索结果分类整理所得。

## （二）日本学界的研究特点

### 1. 中小学教育等领域受到高度关注

如表1-16所示，与2019年、2020年相比，日本学界2021年关于各个领域的研究成果各有增减：有关"中小学教育"的研究成果增幅最大，2021年比上年度增加了72部；有关"教育国际化""教育信息化"的研究成果明显增加，2021年比上年度分别增加了31部、25部；有关"教育学理论""特别支援教育"等领域的研究成果则显著减少。

表1-16　2019—2021年日本学界有关日本教育研究的著作及其比例

| 类别 | 2019年 数量（部） | 2019年 比例（%） | 2020年 数量（部） | 2020年 比例（%） | 2021年 数量（部） | 2021年 比例（%） |
|---|---|---|---|---|---|---|
| 学前教育 | 45 | 11.5 | 20 | 5.9 | 24 | 5.1 |
| 中小学教育 | 63 | 16.1 | 70 | 20.5 | 142 | 30.2 |
| 高等教育 | 12 | 3.1 | 30 | 8.8 | 22 | 4.7 |

— 158 —

续表

| 类别 | 2019年 数量（部） | 2019年 比例（%） | 2020年 数量（部） | 2020年 比例（%） | 2021年 数量（部） | 2021年 比例（%） |
| --- | --- | --- | --- | --- | --- | --- |
| 职业教育 | 9 | 2.3 | 12 | 3.5 | 19 | 4.1 |
| 特别支援教育 | 43 | 11.0 | 39 | 11.4 | 24 | 5.1 |
| 教育学理论 | 45 | 11.5 | 51 | 14.9 | 27 | 5.8 |
| 教育政策·教育改革 | 26 | 6.6 | 26 | 7.6 | 21 | 4.5 |
| 教育史 | 35 | 8.9 | 37 | 10.8 | 38 | 8.1 |
| 教育国际化 | 29 | 7.4 | 10 | 2.9 | 41 | 8.7 |
| 教育信息化 | 15 | 3.8 | 21 | 6.1 | 46 | 9.8 |
| …… | …… | …… | …… | …… | …… | …… |
| 合计 | 392 | 100 | 342 | 100 | 469 | 100 |

注：2019年的数据转引自臧佩红《2019年中国的日本教育研究综述》，《日本学刊》2020年增刊号，第75页；2020年的数据转引自臧佩红《2020年中国的日本教育研究综述》，《日本学刊》2021年增刊号，第105页。

资料来源：根据日本国立国会图书馆联机目录检索结果分类整理、计算所得。

**2. 有关"学习"的研究成果激增**

2021年，在日本学界的教育研究成果中，有关"学习"的研究成果激增。如表1-17所示，有关"学习"的研究著作共计38部，约占总数的8.1%；内容涉及学习理论、学习的神经学·心理学、主动探究学习、改"教"为"学"、学习评价、成人学习等。

表1-17  2021年日本学界有关"学习"的研究内容及数量

| 分类 | 学习理论 | 学习的神经学·心理学 | 主动探究学习 | 改"教"为"学" | 学习评价 | 成人学习 | 合计 |
| --- | --- | --- | --- | --- | --- | --- | --- |
| 数量（部） | 3 | 3 | 12 | 16 | 1 | 3 | 38 |

资料来源：根据日本国立国会图书馆联机目录检索结果分类整理、计算所得。

《儿童自动学习！自由进度学习入门》一书，论述了"自由进度·自我调整学习"的必要性、"学习观"的提升、自由进度学习的课例、自我进度学习的效果——获得成就感、自我线上学习的实例等内容，主张"为所有儿童营造欢快学习的空间"。[41]《主体性·对话式"学习"理论与实践："自律"与"自立"的教育》（增补改订版）一书，以道德课为例，阐述了主体性·对话式"学习"的可能性，进而列举了主体性·对话式的道德"学习"实践，具体包括多样化讨论、培育道德判断与合作能力、培育道德情操等。[42]《创造学习共同体：探究与协作》的作者被誉为"日本教育学第一人",书中论述了向探究与合作学习转型、学习的设计与表达、新冠肺炎疫情下的学习创新、全球学习共同体等问题,呼吁在后新冠时代实施探究性、协作性的创造学习,通过推广"学习共同体"来实施学校改革、授课改革。[43]《职场学习论:将工作上的学习科学化》(新装版)一书,论述了职场学习的背景与意义、职场中的他者支援、职场中的能力提高、职场中的学习资源与业务经验谈、职场外越境学习的新领域等问题,旨在阐明如何在职场中通过与他者的合作进行学习、成长。[44]

3. 研究成果中"国际"视角的凸显

2021年,在日本学界的教育研究成果中,不仅有关"教育国际化"的研究专著数量显著增加,而且教育研究本身也凸显了"国际"视角。

首先,日本学者的研究中纳入了日本与别国之比较的视角。其中,双边比较教育研究专著5部,内容涉及日美大学教育、残疾儿童教育史之比较,日法现代职业教育体系之比较,日本与新西兰包容教育之比较,日韩多文化教育之比较;[45]三边比较教育研究专著2部,内容涉及日、英、美社区学校之比较,日、美、澳算数教育之比较。[46]研究领域分属于中小学教育(算数教育、包容教育、学校行政运营)、职业教育、大学教育、教育国际化。

其次,研究译著数量显著增加。2021年,日本共出版了外国学者的教育学研究成果28部,约占专著总数的6%;研究领域分属于教育理论、教育改革、教育与政治、学习论、中小学教育、高等教育、教育国际化、教育信息化等。各研究内容出版著作数量如表1-18所示。

表1-18 2021年日本学界有关教育研究的外国译著及数量

| 分类 | 教育理论 | 教育改革 | 教育与政治 | 学习论 | 中小学教育 | 高等教育 | 教育国际化 | 教育信息化 | 合计 |
| --- | --- | --- | --- | --- | --- | --- | --- | --- | --- |
| 数量(部) | 2 | 3 | 2 | 5 | 6 | 2 | 4 | 4 | 28 |

资料来源:根据日本国立国会图书馆联机目录检索结果分类整理、计算所得。

其中,《拘于教育:纠正学校与社会之关系》一书,聚焦于"学校"与"社会"之间的关系问题,分别论述了"抵抗的义务""抵抗教育的工具主义化""消除民主主义与民主化议论中的包容与排斥之紧张""杜威民主主义之不足""教育学之公共性"等内容,指出"适应社会需求很重要,但当社会过度要求学校服从时,学校方面必须坚决加以抵抗"。[47]《教育的美丽危机》一书,则论述了教育中的创造性、作为交流的教育、教育中的"教"与"学"、民主主义教育、教育中的判断与智慧、教育的危机等内容,力图从教育思想的角度探究教育与政治合理交汇的条件。[48]

综上所述,日本当前正向第4次产业革命时代、"超智能社会"(Society5.0)快速过渡。有关日本教育的研究,中日学界呈现一种共同倾向:中小学教育关注学生"生存力"的培育;

高等教育注重世界一流人才的培养；针对终身学习、教育国际化、教育信息化等新兴教育领域的研究方兴未艾。

（责任编辑：孟明铭）

## 注　释

［1］文部科学省『文部科学広報』、2021年8月号、12頁。

［2］文部科学省『文部科学広報』、2021年11月号、3—4頁。

［3］GIGA：Global and Innovation Gateway for All，指日本政府2019年12月制定的中小学生1人1台電脳计划。

［4］日本政府2021年度的教育财政预算总体上减少了87亿日元，但对于上述领域的预算却有所增加。文部科学省『文部科学広報』、2021年4月号、7頁。

［5］检索截止日期为2022年2月28日。

［6］作者根据中国学术期刊网数据统计、计算而得。

［7］李雪红：《生存力养育法——日本儿童教育现场》，中国青年出版社2021年版。

［8］谭琦：《日本公立中学一千天》，生活·读书·新知三联书店2021年版。

［9］张弘：《放飞——育儿在东京》，广西师范大学出版社2021年版。

［10］韩玉：《日本职业技术教育研究》，北京师范大学出版社2021年版。

［11］伍宸：《法人化改革后日本国立大学非政府办学经费拓展研究》，人民出版社2021年版。

［12］刘丽丽：《中日大学生教育志愿行动激励机制比较研究》，哈尔滨工业大学出版社2021年版。

［13］刘长远：《信息化时代下日本的英语教育改革研究》，中国纺织出版社有限公司2021年版。

［14］李哲：《教育信息化：中国与日本的比较》，社会科学文献出版社2021年版。

［15］［日］大塚雅一：《真正的幼儿教育：贴近孩子心灵的保育——日本幼教界"稻盛和夫"的自述》，朱中一译，中国大百科全书出版社2021年版。

［16］［日］中山芳一：《培养比成绩更重要的非认知能力》，鲍忆涵译，东方出版社2021年版。

［17］臧佩红：《2019年日本教育研究综述》，《日本学刊》2020年增刊，第74页；臧佩红：《2020年日本教育研究综述》，《日本学刊》2021年增刊，第104页。

［18］山下絢『学校選択制の政策評価：教育における選択と競争の魅惑』、勁草書房、2021

年、「内容説明」「目次」、https：//www.kinokuniya.co.jp/f/dsg-01-9784326251506 [2022-04-22]．

［19］土持ゲーリー法一『非常事態下の学校教育のあり方を考える：学習方法の新たな模索』、東信堂、2021年、「内容説明」「目次」、https：//honto.jp/netstore/pd-book_31257182.html[2022-04-28]．

［20］中村文夫『アフター・コロナの学校の条件』、岩波書店、2021年、『日本教育新聞』2021年10月4日、https：//www.kyoiku-press.com/post-235498/[2022-04-22]．

［21］磯部一雄・杉中康平『小学校「動き」のある道徳科授業のつくり方』、東洋館出版社、2021年、「目次」、https：//honto.jp/netstore/pd-book_31050017.html[2022-04-22]．

［22］浅見哲也『道徳科授業構想グランドデザイン』、明治図書出版、2021年、「目次」、https：//www.meijitosho.co.jp/detail/4-18-375517-9[2022-04-22]．

［23］赤堀博行『道徳的価値の見方・考え方：「道徳的価値」の正しい理解が道徳授業を一歩先へ』、東洋館出版社、2021年、「目次」、https：//honto.jp/netstore/pd-book_30899441.html[2022-04-22]．

［24］西村幹子・小野道子・井上儀子『SDGs時代の国際協力：アジアで共に学校をつくる』、岩波書店、2021年、「目次」、https：//honto.jp/netstore/pd-book_30782634.html [2022-04-22]．

［25］磯田三津子『京都市の在日外国人児童生徒教育と多文化共生：在日コリアンの子どもたちをめぐる教育実践』、明石書店、2021年、「目次」、https：//www.kinokuniya.co.jp/f/dsg-01-9784750351414[2022-04-27]．

［26］佐藤学『第四次産業革命と教育の未来：ポストコロナ時代のICT教育』、岩波書店、2021年、「目次」、https：//books.rakuten.co.jp/rb/16674056/[2022-04-27]．

［27］浅野大介『教育DXで「未来の教室」をつくろう：GIGAスクール構想で「学校」は生まれ変われるか』、学陽書房、2021年、「目次」、https：//honto.jp/netstore/pd-contents_0631190681.html[2022-04-27]．

［28］福田誠治『教育学って何だろう：受け身を捨てて自律する』、東信堂、2021年、「目次」、https：//www.kinokuniya.co.jp/f/dsg-01-9784798917153[2022-04-28]．

［29］倉石一郎『教育福祉の社会学：〈包摂と排除〉を超えるメタ理論』、明石書店、2021年、「目次」、https：//honto.jp/netstore/pd-contents_0631037241.html[2022-04-28]．

［30］荒井文昭『教育の自律性と教育政治：学びを支える民主主義のかたち』、大月書店、2021年、「目次」、https：//www.kinokuniya.co.jp/f/dsg-01-9784272412617[2022-04-28]．

［31］市川昭午『教育改革の終焉』、教育開発研究所、2021年、「目次」、https：//honto.jp/

netstore/pd-book_30983878.html[2022-04-28].

[32] 広田照幸『陸軍将校の教育社会史：立身出世と天皇制』（上、下）、筑摩書房、2021年、「目次」、https：//honto.jp/netstore/pd-book_31020582.html、https：//honto.jp/netstore/pd-book_31020583.html[2022-04-28].

[33] 伊藤彰浩『戦時期日本の私立大学：成長と苦難』、名古屋大学出版会、2021年、「目次」、https：//honto.jp/netstore/pd-contents_0630878498.html[2022-04-28].

[34] 小池聖一『日本における大学の自治と政策』、現代史料出版、2021年、「目次」、https：//honto.jp/netstore/pd-contents_0630791190.html[2022-04-29].

[35] 鳥居朋子『大学のIRと学習・教育改革の諸相：変わりゆく大学の経験から学ぶ』、玉川大学出版部、2021年、「目次」、https：//honto.jp/netstore/pd-contents_0631264102.html[2022-04-29].

[36] 望月由起『学生・教員・研究者に役立つ進路指導・キャリア教育論：教育社会学の観点を交えて』、学事出版、2021年、「目次」、https：//honto.jp/netstore/pd-book_30949039.html[2022-04-29].

[37] 川口昭彦・江島夏実『リカレント教育とその質保証：日本の生産性向上に貢献するサービスビジネスとしての質保証』、ぎょうせい、2021年、「目次」、https：//shop.gyosei.jp/products/detail/10614[2022-04-29].

[38] 河野良治『イノベーションを実現する起業家の育成法：コンピテンシーと起業家教育』、三和書籍、2021年、「目次」、https：//sanwa-co.com/9784862514226-2/[2022-04-29].

[39] 三浦光哉『特別支援教育総論：障害のある子供の学校学級経営』、ジアース教育新社、2021年、「目次」、https：//www.kinokuniya.co.jp/f/dsg-01-9784863715981[2022-04-28].

[40] 杉野学『共に学ぶ特別支援教育の基礎と実践』、ジアース教育新社、2021年、「目次」、https：//honto.jp/netstore/pd-book_31167945.html[2022-04-28].

[41] 蓑手章吾『子どもが自ら学び出す！自由進度学習のはじめかた』、学陽書房、2021年、「目次」、http：//www.gakuyo.co.jp/book/b555374.html[2022-04-28].

[42] 小川哲哉『主体的・対話的な〈学び〉の理論と実践：「自律」と「自立」を目指す教育』（増補改訂版）、青簡舎、2021年、「目次」、https：//books.rakuten.co.jp/rb/15621820/[2022-04-28].

[43] 佐藤学『学びの共同体の創造：探究と協同へ』、小学館、2021年、「目次」、https：//honto.jp/netstore/pd-book_31037215.html[2022-04-28].

[44] 中原淳『職場学習論：仕事の学びを科学する』（新装版）、東京大学出版会、2021年、

「目次」、https：//honto.jp/netstore/pd-contents_0630861840.html[2022-04-28].

[45] 研究专著包括:『コロナ禍と心の成長―日米におけるPTG研究と大学教育の魅力―』（宅香菜子）、『障害児教育のアメリカ史と日米関係史：後進国から世界最先端の特殊教育への飛翔と失速』（中村満紀男）、『現代キャリア教育システムの日仏比較研究：学校・教師の役割とそれを支えるメカニズム』（京免徹雄）、『外国につながる児童生徒の教育と社会的包摂：日本とニュージーランドの比較にもとづく学校教育の制度イノベーション』（柿原豪）、『日本と韓国における多文化教育の比較研究：学校教育，社会教育および地域社会における取り組みの比較を通して』（呉世蓮）。

[46] 研究专著包括:『日英米コミュニティスクール集成：教育・まち・建築 変遷する役割』（渡邉昭彦）、『21世紀型スキルを伸ばす算数教育：日本・アメリカ・オーストラリアの教科書を比較する』（田中義隆）.

[47] ガート・ビースタ著，上野正道監訳『教育にこだわるということ：学校と社会をつなぎ直す』（新装版）、東京大学出版会、2021年、「目次」、https：//honto.jp/netstore/pd-book_31237674.html[2022-04-28].

[48] ガート・ビースタ著，田中智志・小玉重夫監訳『教育の美しい危うさ』、東京大学出版会、2021年、「目次」、http：//www.utp.or.jp/book/b577410.html[2022-04-28].

# 年度优秀论文

# 日本与国际秩序变革：观念与应对

中国社会科学院日本研究所课题组*

国际关系的核心问题在于秩序，即秩序如何设计、如何打破、如何重新创建。当前，"世界处于百年未有之大变局"，国际形势加速演变，政治多极化、经济全球化、社会信息化、文化多样化趋势深入发展，以中国为代表的新兴市场国家和广大发展中国家快速崛起，推动国际力量对比持续深刻变化。新冠肺炎疫情影响广泛深远，国际形势不稳定性和不确定性明显增加，单边主义、保护主义、霸权主义对世界和平与发展构成威胁，国际社会要求变革全球治理体系、建立更加公正合理的国际秩序的呼声高涨。日本是国际社会重要成员，也是中国的重要邻国，对日外交既是中国大国外交的重要一环，也是中国周边外交的重要组成部分，日本的秩序观念、战略应对与国际秩序未来调整之间具有明显的互构关系，值得高度重视，亟须从历史和现实的双重维度，在全面考察、深入研究的基础上予以准确把握、系统阐释，在科学总结历史规律、客观研判当下形势的基础上精准预见其未来走向。

## 一、日本国际秩序观的历史演进

现代国际秩序被认为肇始于1648年建立的威斯特伐利亚体系。该体系确立了国际政治中应遵循的以会议和对话解决争端以及国家主权、国家领土与国家独立等重要原则，使欧洲大陆形成了一个力量相对均衡的政治格局。与此相对，华夷秩序以中华文明为中心，将周边国家纳入其中，通过"朝贡"和"册封"构建起等级关系，通过王道、德化等儒家价值秩序观维系体系的有序运转，发轫于秦汉，终结于晚清。日本在不同时期、不同程度上接受了该秩序，并由此形成其国际秩序观的原胚。16、17世纪以来，在中国封建朝代更迭、西方文明东渐等一系列内外冲击下，华夷秩序逐渐失去对东亚的统驭能力，历经震荡并最终解体。面对东西方两种秩序的碰撞，日本基于实用主义原则，选择了一条摆脱乃至颠覆华夷秩序、谋求"脱亚入欧"的道路。通过"贪婪地"摄取西方物质和精神文明，日本积极地融入西方国际体系，在果断实现国际秩序观和发展模式的转换后，尝试建立以本国为中心的地区秩序，在此

---

\* 中国社会科学院日本研究所课题组，课题组组长为中国社会科学院日本研究所所长杨伯江研究员，组员有金莹研究员、张勇研究员、吴限副研究员、张梅助理研究员、陈静静助理研究员。

基础上角逐全球秩序霸权，企图构建所谓的"大东亚共荣圈"。

日本所构建的"大东亚秩序观"具有以下特征：第一，利用"联亚拒欧""共存共荣"的所谓"东洋对西洋"的"抵抗逻辑"来迷惑亚洲国家，掩饰其与欧美霸权体系相对抗、争夺世界霸权之野心。第二，以日本为中心的"新华夷秩序观"，在日本文化深层并没有彻底消失，而是欲将封贡体系朝实体化方向推进，霸占式地重建前近代区域关系体系。第三，日本在国际秩序观上的转换是实用主义的。伴随着亚洲国家的觉醒和世界反法西斯阵营的壮大，玩弄东西两大国际关系规则的日本军国主义，最终受到来自亚洲和欧美的双向挤压而走向覆灭。

## 二、日本对战后国际秩序的认知

"二战"后国际秩序在本源设计上基本延续了"凡尔赛—华盛顿体系"的理念，以联合国为中心，以维护国际和平安全、发展友好合作为宗旨，以尊重国家主权平等、维护人类基本权利为原则，包括大国协商、集体安全、制度管理等核心要素，体现了"普遍主义规范与大国主导""自由主义理念与现实主义权力要素"的结合。但在现实演变中，随着美苏两个主要大国争夺势力范围和世界霸权的斗争日益激烈，两极对抗竞争的冷战秩序成为战后国际体系最为突出的特征，战后国际秩序的"应然"与"实然"出现巨大裂痕，原初设定的诸多原则在实践中被架空或破坏。在深刻复杂的国际变局下，如何确立适合日本发展的国家战略，如何处理日美安全关系、国际安全合作与国家防卫三者的关系，如何制定相应的政策，是日本在认知和研判国际秩序时必须考虑的一系列问题。

"二战"后日本的国家战略一直是追求经济上繁荣与政治上独立，而且两者相互借重。战后初期，在当时的国际形势下，日本明显是牺牲政治上的独立换来了以最快的速度实现经济上的繁荣。当经济实力达到一定水平后，日本又开始谋划将其影响外溢到政治和安全领域。在此期间，日本对国际秩序的认知表现出以下特征：第一，日本一直谋求在国际体制内发展。它积极重返国际社会并加入联合国，将日美同盟当作其认知国际秩序的基轴，最大限度地利用美国实现其国家战略。第二，审时度势，谋求战略自主性。日本坚守日美同盟，但又不被其束缚，企图在国际形势允许的范围内超越同盟，捕捉国际形势的变化，积极开展战略性外交，从而对国际秩序施加影响，谋求自身在秩序中的有利地位。第三，积极将自身的经济影响外溢到政治安全领域。随着其经济实力的不断增强，日本开始谋求在国际经济秩序中发挥作用，并试图将其影响外溢到其他领域，积极充当离岸平衡手，谋求影响甚至主导国际规则的制定，逐渐由秩序的追随者和受益者向引领者转变。第四，日本在国际秩序改革方面，始终持保守态度，主张对国际秩序进行渐进改革。

### 三、大变局下日本对国际秩序变革的应对

大变局下，日本认为，美国主导的国际秩序正在发生深刻变化。日本为在新形势下确保国家利益，积极致力于提升对外"综合战略活跃度"。日本与国际秩序的互构关系既体现了历史延续性，又呈现出新特点。其延续性体现在：当前日本的国际秩序观转型是外部压力倒逼、内部因应求变的结果。日本一方面维持"二战"后以来的"经济中心主义"与"和平主义"，另一方面为了在激烈的全球化竞争中获胜，在新秩序中立足，坚持与秩序最强者进行战略合作，依托强者参与秩序，甚至在强者缺位时积极出头，谋求主导。日本与国际秩序的互构关系的新特点表现为：愈发由被动转向主动，由消极转向积极，扮演的角色向"战略平衡手"和规则制定者转变；谋求战略自主性，坚守日美同盟，但又不受其束缚，积极开展价值观外交，意图在国际秩序重构中发挥领导力；通过保障经济安全和发展高科技，加强对当前国际秩序变动中不可预测风险的管控。

从前近代、近代、"二战"后到新时代，日本的国际秩序认知与战略应对的基本逻辑为：国际秩序变革深刻影响日本战略行为，日本往往倾向于主动而非消极应对挑战，最大限度地影响秩序重构的进程和方向。从历史和现实两个维度考察国际秩序变革期日本与世界的关系，可发现一条比较清晰的运行轨迹："华夷秩序"中的日本，在尊崇秩序中心的同时努力维护自身独立性。而面临西方冲击，日本谋求摆脱、参与颠覆"华夷秩序"，实现"脱亚入欧"，继而又从西方主导的国际秩序的追随者转化为挑战者。二战战败后的日本，积极拥抱强者，追随美国主导的国际秩序，战略性借助日美同盟，重经济、轻军备，在不断实践中审时度势、保持动态调整、努力趋利避害。实现经济繁荣之后，日本不断谋求将经济影响外溢到政治和安全领域，并力图进一步影响国际秩序，从而由国际秩序追随者向引领者转变。百年大变局下的日本，面对国际秩序的深刻变革，以"保障安全""繁荣经济""维护价值"三位一体的国家利益为纲，努力改变自己，重构对外战略，在"积极和平主义"方针指引下，谋求在特定领域引领新时代国际规则制定。

### 学界评价与反响

秩序问题是国际关系的核心，科学判断和系统把握国际秩序变革中日本与世界的关系，应从历史和现实两个维度加以考察。基于此，该文考察了前近代、近代、"二战"后到新时代日本与国际秩序的关系，具有较为深厚的历史积淀，又有宽阔的国际视野，引起了国内外学界的关注，且带动了研究日本国际秩序观的一个小高潮，被中国人民大学复印报刊资料《国际政治》全文转载，被《东亚事务》（*East Asian Affairs*, Vol. 01）杂志摘编并重点推介。从总

体看，文章的一些新观点和提法得到学界的认可和转述。比如，蔡亮在《多维度对冲与兼容性竞争："印太构想"下日本的对华战略剖析》一文中借用了该文提出的"日本在战后通过美国与国际秩序相关联"的观点，王广涛和俞佳儒在《身份困境与对冲的扩展：中美战略竞争下日本对华政策的新动向》一文中肯定了该文提出的"日本是自由国际秩序的受益者和维护者"的观点，阎德学和李帅武的《"印太战略"升级版及其对中国的威胁》借用了该文提出的日本对自身定位是"中美博弈中的战略平衡手"，张勇、孟繁超的《政策推手：日本首相外交安保团队与对外决策过程》肯定了该文提出的"中美博弈中的战略平衡手"定位并指出日本或谋求成为日美之间"非等距离协调者"的角色，杨洁勉的《当前国际格局变化的特点和全球治理体系建设的方向》引用该文"为了在激烈的全球化竞争中获胜，在新秩序中立足，坚持与秩序最强者进行战略合作，依托强者参与秩序，甚至在强者缺位时积极出头，谋求主导"这一论断。

（该文原载于《日本学刊》2021年第1期，收入本书时做了适当修改）

# 百年未有之大变局下的中日关系

武　寅[*]

## 一、新冠肺炎疫情加速了百年变局的发展进程

所谓"百年未有之大变局",其主要特征是一大批新兴经济体和发展中国家群体性崛起,极大地冲击并改变着整个世界,形成了一种百年未有的东升西降的局面。在经济领域,长期由西方主导的世界市场和国际经济秩序在变化;在政治领域,新兴力量表现出强劲的自主性,对国际事务的发言权、影响力以及国际地位也整体提升。

在这种情况下,一场突如其来的新冠肺炎疫情席卷全球,进一步加速了整个世界历史性演变的进程。经济发展是升是降与疫情防控的好坏密切相关,而恰恰是在疫情防控方面,中国与美国形成了鲜明对比。中国的疫情防控尊重科学、实事求是,不断总结经验,随时做出调整,很快便摸到了规律,掌握了防疫的主动权,从一开始的一方有事、八方支援,迅速控制了疫情蔓延,到后来建立起一种精准防控的同心圆模式。而美国的情况则相反,政府不尊重科学,不尊重专家的意见,联邦政府不作为,各州各行其是,甚至戴口罩也被政治化。

此外,疫苗的研发和分配还凸显了新兴力量和美国等西方势力在科技领域和全球治理层面展开的激烈较量。在这场以疫苗研发为代表的大国科技竞争中,中国始终走在前列。在疫苗分配领域,在全球疫苗产能不足、运输相对困难的背景下,一些发达国家抢购囤积远超本国人口几倍数量的疫苗,致使欠发达国家和地区出现疫苗难求的危机状况。在这种情况下,中俄成为许多国家的首选,凭借中俄疫苗,这些国家在抗疫斗争中实现"逆袭",令西方舆论震动。

## 二、百年变局的加速对中日关系的影响

从全球视野和百年历史演变的时空两重维度来看,变局加速后,影响中日关系的主要因素有以下三个。

---

[*] 武寅,中国社会科学院原副院长,研究员。

## （一）复杂的国际形势

百年变局的加速使大国博弈激化，而这种带有新旧势力不同背景的大国博弈的激化，使得整个国际形势呈现一种前所未有的错综复杂局面。美国拜登新政府上台后，毫不掩饰地亮出了底牌，把中国视为最大的竞争对手。为遏制中国的快速崛起，美国对中国采取了一种内攻外打、内外夹击的做法。所谓"内攻"，就是在中国内部制造和激化矛盾，搞乱中国，企图使中国"不攻自破"。具体做法包括在中国香港、西藏、新疆等有关问题上大打"人权"牌，挥舞制裁大棒。所谓"外打"，是指在国际上拉帮结派，构筑全球性的"抗中联盟"，对中国进行全方位打压。具体而言，美国对已有的双边同盟、四边机制、五眼联盟、七国峰会、北约等小圈子进行修补和强化，使其提质升级，以图形成合力。但是，形势的复杂性就在于，许多看似极端的事情又都存在另一面。美国的西方盟友也并非铁板一块，就连美国自身也并非一直一意孤行。

## （二）日美同盟

日美同盟一直被日本奉为外交的基轴。在美国打压中国的全球战略布局下，日美同盟出现了两个提升：一个是日美同盟在美国全球布局中的地位迅速提升，另一个是日本在日美同盟中的地位迅速提升。在遏制中国崛起这一点上，日美两国有着高度的共识和共同利益，日美同盟的升级版成为百年变局加速后影响中日关系的重要因素之一。

## （三）日本外交的实用主义传统

日本在历史上，长期奉行"附骥尾"的策略，就是借强者之力为己所用。"二战"后，特别是进入21世纪后，世界形势发生了巨大而深刻的变化，日本敏锐地感觉到中国正在成为新兴的"快马"，并且已经远远地跑在了自己的前面，这是其最不愿意看到而又不得不面对的局面。传统的实用主义外交告诉日本，抵近而不是疏远中国，将给自己留出最大的战略空间和回旋余地。但是，日本又感觉到单纯地把宝押在哪一边都不保险，只有两面下注，从中谋取最大利益才是最佳选择。日本政府把其国家利益明确地设定为三个方面，一是安全，二是繁荣，三是价值观。安全主要就政治而言，日本通过日美同盟把宝押在美国一边；繁荣主要是指经济，日本毫不犹豫地把宝押在中国一边，百年变局的加速更强化了这一点；至于价值观，其实质只是日本实用主义外交的一张牌，是为其政治和经济利益服务的。

日本外交的两面下注使中日关系呈现一种曲折动荡的不稳定状态，这是两千年中日关系史上从未有过的一种新常态。它既不同于古代史上以中国一边倒为主要特征的状态，也不同于近代史上以日本一边倒为主要特征的状态，而是在百年未有之大变局的特殊历史条件下，以跌宕起伏为主要特征的第三种状态。这种状态的出现和持续，反映了风云激荡、新旧博弈、错综复杂的时代特点。它是百年未有之大变局、日美同盟以及日本的实用主义外交传统三种因素综合作用的结果。

**学界评价与反响**

该文最初是作者 2021 年 4 月 23 日在由南京大学召开的中华日本学会 2021 年年会暨"新冠疫情冲击下的日本与东亚区域形势"学术研讨会上的讲演稿。在大会上,作者从全球视野和百年历史演变的时空维度谈论了百年未有之大变局的特征和影响中日关系的三个因素,得到与会学者的高度评价。武寅的论述对新形势下的学会工作启发了新思路、新方法,尤其是对智库建设有重要的参考价值,对基础研究与应用研究的无缝对接具有重要的借鉴作用。文章刊发之后,得到学界高度关注,根据中国知网统计,下载量达 469 次(截至 2022 年 7 月 5 日)。

(该文原载于《日本学刊》2021 年第 3 期,收入本书时做了适当修改)

# 从日本经济表现看"长期停滞"的典型特征

蔡 昉[*]

人口老龄化对经济增长具有显著的负面影响。对一个特定的国家来说,老龄化过程中的两个人口转折点常常对经济增长产生冲击。第一个转折点系劳动年龄人口到达峰值并转入负增长,通常带来供给侧冲击,表现为潜在增长率的降低。第二个转折点系总人口到达峰值并转入负增长,通常带来需求侧冲击,造成经常性的负增长缺口。日本是世界上生育水平最低和老龄化程度最严重的国家之一,近年来的总和生育率仅为 1.37,60 岁及以上人口占比高达 34.3%,总人口已经连续 10 年负增长。这些人口转变的经济后果,几乎无一遗漏地反映在过去 30 年乃至更长时间的日本经济发展历程中。

## 一、日本经济增长遭遇的两次冲击及其性质

从发展经济学的角度来定位经济发展阶段,日本早在 1960 年就迎来其"刘易斯转折点"。跨越这个转折点,标志着一个国家在二元经济发展阶段所具有的劳动力无限供给特征消失,随后必然出现实际工资上涨现象,劳动密集型制造业的比较优势加快丧失。正是从刘易斯转折点开始,日本的人口增长就与经济增长高度相关,基本保持了同步变化的趋势。如果说关于刘易斯转折点的判断涉及一些有争议的定义问题以及复杂的计量问题的话,对人口变化或老龄化必然经历的另外两个重要转折点,即劳动年龄人口峰值和总人口峰值,则可以从统计数据进行直接观察。日本是世界上少有的既经历了这两个人口转折点,又遭遇了人口转折对经济增长冲击的国家。

联合国的数据显示,日本于 1990—1995 年经历了第一个人口转折点,即 15—59 岁劳动年龄人口到达峰值,随后转入负增长。在随后的 1996—2019 年,15—59 岁年龄人口以年平均 0.7% 的速度减少。2009 年,日本经历了第二个人口转折点,即总人口到达峰值并进入人口负增长时代。在 2010—2020 年,日本总人口以年平均 0.6% 的速度减少。

在趋近 20 世纪 90 年代初第一个人口转折点的过程中,日本经济的显著特点是潜在增长率持续降低。由于劳动年龄人口的增长明显减速,及至抵达零增长和开始负增长,日本在这

---

[*] 蔡昉,中国社会科学院学部委员,研究员。

个时期经历了劳动力短缺、企业成本上升、资本回报率下降、生产率徘徊等冲击,供给侧的增长能力显著下降,并反映为潜在增长率的降低。潜在增长能力下降必然导致实际增长表现不佳,两者的同步降低是符合理论预期和现实逻辑的现象。

实际增长率减去潜在增长率所得到的差,就是所谓的"增长缺口"。正增长缺口表示实际增长超过了增长潜力,往往是政策过度刺激需求造成的结果;负增长缺口表示实际增长没有达到增长潜力,通常是需求不足造成的结果。

1993—2016年,日本经济基本处于持续的负增长缺口状态,这标志着总需求不足成为经济增长的常态。其间,1993年到2002年出现持续增大的负增长缺口,可以说是由于此前大力度刺激政策造成严重产能过剩的结果。随后,在泡沫破灭的效应逐渐被消化的过程中,总人口峰值日益逼近,以致在人口增长由正转负的年份(恰遇国际金融危机),日本再次遭遇大幅度的经济负增长,负增长缺口成为常态。2017年后出现小幅正增长缺口,也可能是由于这期间日本经济的潜在增长率实在太低了。增长潜力低和需求乏力并存依然是日本经济受到供给和需求两侧制约下的基本特征。

可见,随着日本经历两个人口转折点,经济增长先是遭遇劳动年龄人口峰值和负增长造成的供给侧冲击,表现为潜在增长率的持续降低,经济增长陷入长期乏力;随后又遭遇总人口峰值和负增长造成的需求侧冲击,表现为社会总需求成为常态的经济增长制约因素,以致经常性地出现负增长缺口。由此,我们可以得出关于日本经济长期停滞的基本逻辑,即人口老龄化是经济增长减速的基本原因,并在不同的转折点上带来不尽相同的冲击类型。当然,日本经济最终表现如何,也与其宏观经济政策的应对和微观市场主体的表现密切相关。

## 二、日本经济陷入长期停滞的原因

第一个人口转折点造成潜在增长率降低的主要原因,是传统增长源泉不再能够支撑既往的增长速度,如果没有其他增长源泉接续,经济增长就会产生一个断崖式的减速。日本在经历大幅度增长减速的情况下,出现了两种反应方式,分别来自宏观政策的应对和微观市场主体的应对,这两种反应的结合却产生了一个未曾预料的负面结果。

在宏观经济政策上,日本的决策者从一开始就没有认识到增长减速的供给侧根源,反倒实施了大规模的刺激政策,从财政政策和货币政策两方面倾注了资金,造成流动性泛滥。从微观层面看,市场主体即企业和投资者为了应对劳动力短缺和工资上涨,利用这种宽松的货币环境,加大对资本品的投资力度,推动对劳动力的替代。这形成了一个资本深化的过程,显著提高了资本劳动比。从宏观层面与微观层面的结合看,泛滥的流动性造成资金充裕和便宜,也使得资金向非实体经济和非生产领域外溢,进入那些不需要依靠比较优势和生产率来竞争的领域，以股票市场和房地产行业为代表。政策误判导致的宏观应对与相应的微观反应相结合，造成日本经济的巨大泡沫及至最终破裂。

按照主流增长理论，虽然资本积累及其扩大是经济增长的关键，但资本投入增长过快和过度会导致资本报酬递减现象。因此，全要素生产率的提高是经济增长的终极源泉。随着人口红利消失而发生的经济增长减速，原因在于单纯依靠资本和劳动要素的投入不能支撑必要的增长速度。这时，如果全要素生产率不能相应提高，正常的增长减速就会演变为长期的增长停滞。

日本经济陷入长期停滞的根本原因，正是全要素生产率不仅没有抵消其他增长因素的负面效应，反而陷入停滞甚至负增长状态。首先，劳动生产率提高的源泉不可持续，也没有真正提高企业的竞争力。"亚洲生产率组织"的研究表明，在日本平均劳动生产率的提高中，资本深化的贡献率从1985—1991年的51%，大幅度提高到1991—2000年的94%，而同期全要素生产率的贡献率则从37%直落到-15%。其次，劳动生产率提高对经济增长贡献的绝对水平是有限的。与20世纪70年代相比，90年代以后日本经济增长显著减速，也表现为劳动生产率增长减速以及其中全要素生产率贡献率的下降。

### 三、对生产率下降和需求不足的解释

在人口红利消失的条件下，经济学家预期资本和劳动投入型的增长模式不再能够支撑以往的经济增长速度，因而必须转向依靠劳动生产率特别是全要素生产率驱动型的增长模式。高速增长时期的日本，是世界重要的制造业中心，也是经济学家所谓东亚"雁阵模型"的早期领头雁。在经历刘易斯转折点之后，日本的制造业增长便进入徘徊期，劳动密集型制造业逐渐转移到其他东亚经济体，导致日本产业结构的相应变化。

日本经济的生产率表现乏善可陈，进而造成潜在增长率和实际增长率一路降低，主要是由于两个伴随制造业比较优势下降而发生的现象，即"企业间资源配置的僵化"和"部门间资源配置的退化"。雪上加霜的是，日本在总人口趋近于峰值乃至跨过峰值进入负增长的过程中，社会总需求对经济增长的制约效应日益显现，经常使已经显著降低的增长潜能不能得到发挥。第一，作为最重要的贸易型产业，制造业比重下降使得日本的货物出口疲弱。第二，极低的经济增长速度和制造业的相对萎缩，抑制了实体经济的投资意愿，降低了对基础设施建设的投资需求，造成投资率低于储蓄率的过度储蓄现象。第三，由于人口负增长和严重的老龄化，居民消费需求不振，最终消费总额占GDP的比重在高收入国家中处于偏低的水平。第四，社会总需求不足形成对增长潜力的制约，以致实际增长率经常性地低于潜在增长率，造成负增长缺口。

**学界评价与反响**

《从日本经济表现看"长期停滞"的典型特征》一文发表后，得到了日本研究学界和其他各界的广泛认可。有学者认为，这篇文章利用"反设事实分析法"，从人口老龄化的侧面深入分析了日本经济陷入长期停滞的原因，提出：日本在20世纪90年代初人口到达峰值，标志着人口红利的消失，导致潜在增长率降低，2009年总人口到达峰值，强化了总需求对经济增长的抑制作用；而日本政府对形势误判，加之滥用政策，既未能实际促进全要素生产率的提高，反而造成潜在增长率一降再降，也未能有效改善可持续的需求因素，导致实际增长率经常性低于增长潜力。这一观点颇有见地，观点创新度和方法创新度突出，也符合日本经济的实际情况，具有重要的理论价值和现实价值。特别是，中国在2010年经历了第一个人口转折点，目前正处于第二个人口转折点（预计在2025年前）即将到来的关键时刻，深入研究日本的经验教训，具有重要的参考价值。《领导文萃》2021年第3期以"由'长期停滞'经济表现增进对日本前车之鉴的理解"为题对该文进行了摘编，并转载于参考网（https://www.fx361.com/page/2021/1216/9183049.shtml）。截至2022年6月底，该文在中国知网被下载1076次，被引用3次，分别发表于《区域经济评论》《地方财政研究》《经济学动态》。

（该文原载于《日本学刊》2021年第4期，收入本书时做了适当修改）

# 印太战略议程设置与推进：日本外交的新态势

## ——以反恐问题的阑入为中心

胡令远　殷长晖[*]

　　冷战结束后，随着国际格局的变化，特别是近年来中日美综合国力的消长，日本的外交战略意识发生了相互关联的两个明显变化，即由蛰伏式"追随外交"到塑造未来型"引领外交"。以此为因果，日本尝试集地缘政治、地缘经济、价值导向于一体的国际政治重大议程的主动设置、推进与落地，此即"印太战略"之谓。安倍政府将作为该战略基干的美日印澳四国集团由"价值联盟"和"安全联盟"，一步步引领推进为"印太战略"的"共识联盟"；并借助作为国际安全公共产品的反恐，通过"反恐ODA外交"等，将"印太战略"包装成国际公共产品，冀以获取广泛的国际共识基础。这些都说明，日本外交战略不仅拥有前所未有的主动进行国际政治重大议题设置的强烈意识，同时也具备不容小觑的推展能力。而且，不能排除日本将中国台湾、南海等作为关键议题设置目标。日本外交的这种新态势，给中日关系带来新的严峻挑战，值得关注与警惕。

　　近年来日本政府力推的"印太战略"是一系列议题的集合，包括价值联盟、地缘政治、地缘经济、安全保障等。"印太战略"是战后以来在日美同盟框架下日本首次自身刻意引领并产生广泛影响，进而转化为政策实践的国际重大议题，也是日本将"价值观外交""积极和平主义"和"俯瞰地球仪外交"等分散的各有目标的议题加以统合形成的外交战略。

　　从议程设置的角度来说，安倍政府将"印太战略"的主旨标榜为：印太地区是世界安全与繁荣的关键，而这一地区面临诸多威胁，基于法治等规则确保国际秩序、航行自由、和平解决争端、自由贸易，使印太地区作为"国际公共产品"自由而开放，由此促进这一地区的和平、安定与繁荣。然而，在日本政府不断强调"印太战略"主旨的"普适性"和"普惠性"背后却充满着"排他性"。质言之，日本印太议题的主旨和区域界定均含有一个"阈值"的两个侧面：即一是将中国限制于"圈外"，二是最大限度地将其他国家拉入"圈内"。这对作

---

[*] 胡令远，复旦大学日本研究中心主任，教授，博士生导师；殷长晖，复旦大学国际关系与公共事务学院博士研究生。

为印太议题主旨标识即其冠词的"自由与开放",不言而喻是莫大讽刺。

为了推进"印太战略",安倍政府将美日印澳"四国集团"作为切入国际议程的基干和骨架。安倍晋三早在其第一次当选日本首相的2006年,即确信印度和美国皆有参与"印太战略"的意愿,从而为其议程设置创造了操作的现实可能性。与美印开展合作之外,安倍晋三更看重的是建构机制化"四国集团"平台,冀以形成"印太议题联盟"或曰"印太共识联盟"。日本还将继续利用"四国集团"的影响力,拉拢更多的国家,形成环绕该集团的网状结构,不断扩充印太议题切入国际议程的基础。

除了明确的主旨和进入途径,一项议题所具备的"国际公共产品"的属性以及程度也是其进入国际议程的关键要素。基于此,安倍政府刻意将"印太战略"包装成具有"国际公共产品"属性的议题。一方面,安倍政府将"印太战略"本身包装为"国际公共产品"。但是,以遏制中国为指归,以"零和博弈"为特征的"印太战略"本质上并不具有公共产品的特征,只是日本政府向其他国家进行兜售的手段而已。另一方面,安倍政府试图将反恐这个公认的"国际公共产品"引入"印太战略"议程设置之中,并将其与日本擅长的ODA经济外交糅合起来,由此推出既具有经济援助的高道德站位,又具有反恐的公共产品属性的"反恐ODA外交"。

在将"反恐"打造为"印太战略"议程设置的重要议题后,日本政府通过多种渠道兜售这一议题。一方面,日本政府通过四国机制双边和多边反恐军演以及以反恐为议题的对话会议等方式将"反恐"与"四国集团"机制化进程结合起来。从这一链条上,可以清晰地看到作为国际公共产品的"反恐"议题和"印太战略"的基干建构,包括形成"印太共识联盟"之间互相促进的特殊功用。

另一方面,安倍政府还将反恐议题引入与由南亚、中东和东非国家构成的"新战略板块"的关系之中。"新战略板块"在安倍政府的"印太战略"中有着特殊地位,这里也是国际恐怖主义最猖獗的地区之一,利用"反恐"这一国际安全公共产品,可以最大限度地使这一板块的国家认同并参与到印太议题之中。为此,日本政府利用东京—非洲发展国际会议(TICAD)和国际协力结构(JICA)等平台推进"反恐"议题,并构建机制化反恐反海盗网络。

除了"四国集团"和"新战略板块"外,日本还广泛建立双边和三边反恐论坛并在国际组织中借"反恐"炒作印太议题。与此同时,日本政府还通过打造"国际反恐情报收集组"等工具性反恐网络打造印太议题共识网络,加快推进印太国际议程的步伐。

总而言之,"印太战略"作为一项国际政治重大议题,其构想与推进经历了一个较长过程,其从概念发展到今天,已经略具部分机制化雏形。特别是2006年安倍晋三在印度国会发表被认为是"印太战略"初发轫的"两洋交汇"的演讲后,接着访问了北约总部,意味着彼时安倍晋三心目中的"印太战略",还必须与欧洲、北约相勾连,才能形成对中国的全球网络性围堵的态势。拜登上台后重拾同盟战略,北约借助"印太战略"平台介入亚太事务的步伐已经正式迈出。而俄乌军事冲突的刺激，更使北约加快、加大了这一步伐。岸田首相上台后访问英国并签署了防务文件《互惠准入协定》，还首次出席了北约峰会，都意味着日本政府力推的"印太战略"的触角愈伸愈长，推高了中日关系的战略风险。

最后，日本"印太战略"议题设置的逻辑起点，显然陷于国际关系中传统的权力政治窠臼。中国无论是从自身经历，还是从人类历史的经验教训出发，以"人类命运共同体"理念建构新型国际关系都是不二选择。而以制衡中国为旨归的"印太战略"，因为其议题设置的原点即已谬以千里，所以它作为一种国际政治的"术"，或许能小成气候；但该议题的设置者，终将被国际关系所应遵循的"道"所制约。

**学界评价与反响**

该文发表后，被中国知网收录。截止到2022年7月14日，该文已经被下载759次，被多次引用。与此同时，复旦大学发展研究院、复旦大学国际问题研究院等官方网站，转载了全文或缩略版，收获了近2000次浏览。此外，该文被教育部上海外国语大学全球治理与区域国别研究院等单位的微信公众平台推送。

（该文原载于《复旦学报（社会科学版）》2021年第6期，收入本书时做了适当修改）

# 后疫情时期亚洲地区全球价值链的重塑与中日经济合作的前景

李向阳[*]

步入后疫情时期,全球价值链重塑的进程会进一步加快。作为全球价值链的重要组成部分,亚洲地区的全球价值链必然会相应做出调整。同时,这一调整过程会因拜登政府的亚洲政策与对华政策而更加复杂化。未来一个时期(5—10年),亚洲地区的全球价值链有可能演变为两个平行但又相互联系的区域价值链。中日两国是亚洲地区全球价值链的主要参与者,双边经济合作的格局可能会发生较大的改变。

## 一、后疫情时期全球价值链重塑进程加快

对全球经济而言,新冠肺炎疫情无疑是一种外生冲击,但它是否会转化为一种内生冲击,经济学界的看法不一。许多经济学家认为,即便新冠肺炎疫情能够在2022年前结束,它所带来的冲击也将是持久的,因为它可能会改变经济行为主体的决策行为,从而导致经济运行机制发生持久性变化。在这种意义上,新冠肺炎疫情就会从一种外生冲击转化为一种内生冲击。20世纪70年代的石油危机就是一个典型的例子。因此,该文所基于的前提是新冠肺炎疫情对全球经济运行机制的冲击具有持久性,其时间段是未来5—10年。

新冠肺炎疫情暴发之前,全球价值链的重塑趋势就已出现。这突出表现为两个方面:一方面是全球价值链趋于"缩短"(curtailing)。在上一轮超级全球化进程中,伴随国际分工从产业间分工到产业内分工,从产业内分工到产品分工,再到产品内不同生产工艺的分工,全球价值链呈现不断延长的趋势。然而,国际金融危机爆发以来,全球价值链呈现"缩短"趋势。另一方面,全球价值链又呈现"本地化"(localization)或"区域化"(regionalization)趋势,即价值链越来越围绕最终消费市场进行布局。

推动全球价值链重塑的主要因素包括:一是以人工智能、数字技术、自动化为代表的新技术革命对劳动力的替代上升,跨国公司利用国家间劳动力成本比较优势的动力下降。二是跨国公司投资布局决策开始从效率(efficiency)优先转向韧性(resilience)优先。全球价值

---

[*] 李向阳,中国社会科学院亚太与全球战略研究院院长,研究员。

链延长的主要动机是企业为了提高效率（降低成本），但它不断延长的同时，供应链中断的风险也越来越高。这种风险既可能来自自然灾害，也可能来自恐怖主义、网络攻击、战争及贸易争端。在效率与韧性之间寻求平衡将成为跨国公司投资布局决策的主要考量。三是因发达国家经济民族主义的兴起，以产业安全为由鼓励制造业回归。四是以中国为代表的新兴经济体在全球价值链中的地位提升，客观上缩短了价值链。新冠肺炎疫情对上述几乎所有驱动因素都产生了加速效应。最突出的表现是：（1）在疫情期间，供应链中断成为一种普遍现象；（2）大国普遍把保障供应链安全作为国家安全的重要目标；（3）民众的民族国家意识因疫情而普遍强化，经济民族主义有了更坚实的民意基础；（4）政府干预经济（乃至整个社会）的合法性提升，干预经济的空间扩大，以至于像美国这样的国家都开始明确接受产业政策。总体而言，后疫情时期，全球价值链重塑将步入一个加速阶段。

## 二、亚洲地区全球价值链重塑的发展方向

亚洲被认为是全球价值链中三个最发达的地区之一。后疫情时期，亚洲地区全球价值链必然会做出相应的调整。除了上述驱动因素之外，亚洲地区全球价值链面临的最大挑战是美国的"去中国化"战略。

特朗普政府时期，"脱钩"与"去中国化"已经启动，拜登政府则基本上继承了特朗普政府的这一战略。与特朗普政府相比，拜登政府奉行"民主同盟"理念，重视联合盟友（即"志同道合者"）共同推动供应链的"去中国化"。不过，在对华关系上，与特朗普政府的"全面脱钩"相比，拜登政府更倾向于"选择性脱钩"。具体到供应链上，拜登政府未来可能会在所谓涉及"国家安全"的产业领域实施"去中国化"。

长期以来，亚洲国家普遍推行出口导向型发展战略，形成了以日本—韩国—中国及东南亚国家为核心的从高端到低端的全球价值链。同时，由于亚洲经济体总体上缺少最终消费市场，美国和欧洲成为亚洲地区全球价值链的出口市场。在可预见的将来（5—10年），这一格局将难以改变。唯一的变量是中国的消费需求迅速增长，将吸纳本地区越来越大的出口份额，进而成为国际资本投资的一个重要目的地。

基于上述变化，伴随全球价值链的重塑，亚洲地区有可能出现两个平行但又有联系的区域价值链：以美国及欧洲为最终消费市场的区域价值链和以中国为最终消费市场的区域价值链。需要说明的是，亚洲地区形成两个平行的区域价值链并不会重现冷战时期两个平行的世界市场。全球价值链的"区域化"或"本地化"决定了亚洲经济既不可能脱离美国，也不可能脱离中国。

## 三、中日经济合作的前景

日本和中国同为亚洲地区全球价值链的主要参与者，后疫情时期亚洲地区全球价值链的

调整将不可避免地影响中日双边经济合作的意愿和方向。

对日本而言，由于新冠肺炎疫情的冲击，2020年4月，日本政府就推出"针对供应链对策的国内投资促进事业费补助金"，着手调整供应链的布局。在企业层面，因新冠肺炎疫情冲击，调整供应链已成为越来越多日本企业的共识。无论是政府层面的鼓励措施还是企业层面的调整供应链政策，日本都没有明确指出是为"去中国化"，但其背后动因都指向中国。拜登政府执政后，日本政府越来越明确地参与到美国所倡导的"去中国化"进程中。

对中国而言，围绕后疫情时期所面临的国际经济环境，中国经济学界存在两种截然不同的看法。一种观点认为，后疫情时期中国将成为全球资本的"避风港"；另一种观点则认为，后疫情时期中国将面临"去中国化"的冲击。但如果把这种分歧置于全球价值链重塑的背景下，这两种观点可能是同时成立的。一方面，全球价值链的"缩短"与拜登政府的"去中国化"短期内是难以改变的趋势；另一方面，全球价值链的"本地化"与中国的市场规模不断扩大，尤其是中国实施以国内循环为主的"双循环"战略后，以中国为最终消费市场的价值链会进一步集中于中国。

基于上述前提，后疫情时期的中日经济合作将不同于以往。

第一，中日关系中的"压舱石"效应将呈现递减趋势。长期以来，经济合作一直被认为是中日关系的压舱石。中日在非经济领域的矛盾增加证明"压舱石"效应正在递减。在同盟关系之上，日美双方致力于日美澳印"四方"与"印太战略"的机制化。在后疫情时期亚洲地区新的价值链格局中，日本不会放弃中国市场，但这不等于日本会放弃在高科技与重要原材料领域的"去中国化"。

第二，在"全面与进步跨太平洋伙伴关系协定"（CPTPP）框架下开展中日经济合作存在高度的不确定性。在中国领导人表示参加CPTPP的意愿后，许多人期望中日未来能够在这个新的平台上开展更深层次的经济合作。然而，中国加入CPTPP的可行性受多种因素的制约，除了中国自身的开放意愿之外，作为CPTPP主导者日本的意愿、其他成员国的意愿、美国重返CPTPP的可能性等都会成为制约因素。2021年2月，日本经济产业省官员关于接纳新成员谈判条件的表态，为中国参与CPTPP谈判设置了门槛。短期内期望在CPTPP框架下开展中日经济合作并不现实。

第三，"区域全面经济伙伴关系协定"（RCEP）将成为中日合作的主要平台。与CPTPP相比，RCEP的自由化程度较低，但包括的成员国更多。这一点对日本有巨大的吸引力。2021年3月19日，日本政府向国会提交RCEP批准案时指出，预计该协定将使日本的国内生产总值提高2.7个百分点，远高于CPTPP的1.5个百分点。按照2019年的经济规模，折合收益约为15万亿日元。这其中关键原因在于RCEP涵盖了与日本没有自由贸易协定的中国与韩国。

至于中日韩自由贸易区的前景，其本来就不在日本政府自贸区战略的优先选项中，面对日趋恶化的中日双边关系，短期内不会成为中日经济合作的平台。

（该文原载于《日本学刊》2021年第3期，收入本书时做了适当修改）

# 拜登政府与美日同盟的发展趋向

吕耀东*

在国际变局及新冠肺炎疫情影响下,美日两国都产生了基于同盟关系的新的现实利益诉求。美国总统拜登力求重振美国同盟体系,突出美日同盟的重要性。未来美日同盟的"双向义务"合作与日本的同盟"对等化"诉求将相伴发生、相互影响,并逐步内化于美日澳印"四国安全机制"及西方"盟友圈"构建之中。中日关系中固有的结构性矛盾加上中美关系的紧张状态,使得美日同盟的对华针对性日益凸显。美日两国确认钓鱼岛适用于《美日安保条约》第五条,公然侵害中国领土主权及国家安全利益,使得中美日关系进一步复杂化,并影响亚太地区乃至世界的和平、稳定与发展。

首先,美日首脑确认强化双边同盟联系。鉴于特朗普执政时期对盟友的疏远,拜登希望以美日同盟来重振同盟体系,并有意强化美日同盟的共同战略目标。美国的同盟体系是其维护全球战略利益的核心机制。对此,拜登考虑重振美国的同盟体系,进一步加强美国与盟国的合作关系,将修复特朗普执政时期受损的美国同盟体系及机制作为对外关系重点任务。拜登之所以与菅义伟确认"钓鱼岛适用于《美日安保条约》第五条",是因为日本是维护美国亚太、"印太"地区战略利益的主要盟友。拜登通过投其所好,突出美日同盟的重要性,并向国际社会展现重振美国同盟体系的现实性和必要性。菅义伟完全延续了前首相安倍晋三的对美外交姿态,力图与拜登政府构建相互信赖关系,以便维护日美两国的共同利益。从美日两国的外交取向来看,为了维护和巩固两国在"印太"地区的战略利益,发展双边关系、聚焦两国共同利益、强化美日同盟的外交理念不会动摇。

其次,强化美日同盟下"四国安全机制"的构建。以美日同盟为中心强化美国在亚太地区的同盟体系,推动"印太战略"的意图愈加明确。拜登对于特朗普执政时期同亚太盟国间的关系弱化颇有危机感,考虑重振、修复与盟国之间的关系。美日两国均将"自由开放的印度太平洋"构想视为同盟体系内的重要战略课题,力求构建美日澳印合作机制,提升在"印太"地区的影响力和威慑力。拜登多次强调"美国与盟国合作时将会更强",其推动构建

---

\* 吕耀东,中国社会科学院日本研究所副所长,研究员;中国社会科学院日本研究所中日社会文化中心主任。

"美日澳印合作机制"的意愿和政策，将会比特朗普执政时期更加明确。日本以日美同盟为基础扩大"盟友圈"的尝试将成为"印太"地区新的不确定因素。

再次，美日同盟的对华针对性趋向显著。菅义伟和拜登确认钓鱼岛适用于《美日安保条约》第五条，明确了美日同盟的对华针对性。在中美关系持续恶化的背景下，将中国视作对手的美国政府期待日本对华态度变得更为强硬。拜登明确表示，钓鱼岛是《美日安保条约》第五条的适用对象，展示出了重视以美日同盟机制合作对华的姿态。同样，菅义伟把确认钓鱼岛适用于《美日安保条约》第五条，视为日本对美外交的头等大事，甚至不惜进一步恶化日中关系。菅义伟不断向美方渲染中国在钓鱼岛、东海和南海开展的维权活动，并以防范中国军事崛起为由头，突出日美同盟的对华针对性。这将给未来中美关系、中日关系带来重大的不确定性。

总之，拜登和菅义伟将美日同盟定位为"印度太平洋地区和平与繁荣的基石"，显然是基于构建"自由开放的印度太平洋"的战略共识。在美日同盟下形成的"四国安全机制"，其对华针对性日益显著。加之拜登和菅义伟有关钓鱼岛适用于《美日安保条约》第五条的言论，均是对中国领土主权及国家核心利益的公然侵害。从长远来看，中日关系中固有的结构性矛盾加上中美关系的紧张状态，不能排除日本为迎合美国而采取进一步的对华遏制政策。日本基于日美同盟及其与澳大利亚、英国构建"准同盟"关系的立场，在涉及中国香港、台湾及南海问题等方面发出消极言论，使得亚太地区的国际关系变得更加复杂，很大程度上影响了亚太乃至世界的和平、稳定与发展。

（该文原载于《当代世界》2021年第2期，收入本书时做了适当修改）

# 日本图谋军事介入台海态势分析

吴怀中[*]

近期，日本在双多边官方声明中多次提及台海问题，其多位政要更是妄言军事"保台"。受内外形势变动、日美"挺台"合拍共振等影响，日本正强化对台海局势的内部研讨与军事应对，并初步形成加速准备军事介入的共识。日本的系列涉台动向表明其正在调整对华政策，战略路线上有了明显偏离过去的表现。未来，日本、美国和中国台湾当局的"威胁认知"或更趋同，日本存在围绕台海危机加强对华对抗博弈的可能。

## 一、日本意图军事介入台海的战略调整及态势

早在20世纪90年代，日本曾试图与美国重新定义两国安全合作的范围，中国台湾多次成为日美磋商和讨论的议题。但是，其介入程度与广度远不及当前日本的涉台动作。日本不但在外交场合做出高调"挺台"表态，而且被指已开始讨论重要政策调整，为介入"台海冲突"进行实操军事准备。

（一）在正式军事安全政策层级上发出对华威慑和吓阻的战略信号。近期，日本通过日美政府磋商和官方文件宣示等途径，从军事角度发出了日本将单独或组群挺台抗陆、干预台海的政策信号。2021年3月，日美"2+2"会议联合声明特别提及"台湾海峡和平稳定的重要性"。会议期间，日本防卫大臣岸信夫（安倍晋三胞弟，日政界"亲台派"代表）与美国国防部部长奥斯汀确认台海发生军事冲突时两国密切合作，岸信夫并表示今后有必要探讨自卫队对援台美军的协助问题。4月，菅义伟访美，日美领导人会谈声明罕见"强调台海和平与稳定的重要性"，"敦促和平解决两岸问题"。这是自1969年尼克松和佐藤荣作发表联合公报以来，日美领导人时隔近半个世纪首次在联合声明中提及中国台湾地区。7月，日本2021年版《防卫白皮书》首次写入"台湾局势稳定对日本安全保障十分重要"的内容。

（二）日本政要高官蓄意在公开场合做出"个人式"高调表态和宣示。拜登就职后，日本在涉台政策上出现加速调整迹象，其政要言论明确反映出日方强烈染指台海、欲行干涉的志向。2021年4月，菅义伟表示：日美应共同合作并使用威慑力量来制造一个环境，让台湾

---

[*] 吴怀中，中国社会科学院日本研究所副所长，研究员；中国社会科学院日本研究所中日关系研究中心主任。

和大陆可以找到一个和平的解决方式。6月,自民党议员、防卫副大臣中山泰秀在演讲中公然宣称"我们有必要保护作为民主国家的台湾"。7月,副首相麻生太郎公开叫嚣"美日共同保护台湾",将大陆威慑"台独"称为"外部威胁和侵略",还把中国国家统一形容为"日本明显受到威胁的事态,关系到日本存亡,是行使集体自卫权的必要条件之一"。8月初,岸信夫公然呼吁国际社会进一步关注"台湾的存亡",称为了防止台湾的未来被武力决定,对华施加国际压力非常重要。

(三)日本有意转入"台海有事"应对实操化阶段。日本为了在台湾问题上吓阻和威慑大陆"武力统一",正大力寻求日美更大的联合干预和互操作性,并研究如何在"台湾有事"时帮助美国军队"保卫"台湾。根据日本主流媒体及政策分析界设想,在"台海冲突"、美军介入时,日本方面将研究决定自卫队三种"事态"下的行动类别,以"助美保台"。第一,依据新安保法界定的"重要影响事态",自卫队对美军提供运输供应、搜索和救援、船舶检查、燃料补给等相关后勤支持;第二,若事态进一步恶化,演变为"存亡危机事态",日本可对美行使集体自卫权,即自卫队可因美军受到攻击而动武反击;第三,如果台海冲突扩大到对日本领土(包括驻日美军基地、与那国岛等)的直接攻击,日本可依据"单独自卫权"单独发动武力反击,自卫队将直接从事作战行动。

## 二、当前日本强化对台介入的背景与用意

随着地缘政治经济形势变化加剧,以及中美、中日、两岸"三对关系"同时出现滑坡,日本介入台海局势的战略调整十分明显,大力度试探中方底线,"以台制陆"战略倾向越发突出。

(一)日本认为中国兵锋日盛,须提前对"武统前景"与"台海危机"发出警示与威慑信号。日本十分担心中国大陆武力统一台湾、完全取得台海控制权。2021年3月,日本防卫省"防卫研究所"公布的《东亚战略概观2021》中称,中国已经"切实提升在西太平洋防止美国航母接近的'反介入/区域拒止(A2/AD)'能力"。此外,在台海或日本周边发生武装冲突的兵棋推演中,美军被指"经常战败",日方据此认为美国军事威慑力量已经减弱,正受到日益强盛的中国军力的挑战。这种分析令日本政界人士对中国军事优势深感不安,岸信夫直接发出"台湾海峡的力量平衡正朝着有利于中国的方向改变"的看法;菅义伟就台海军事紧张提高表示,"我自身也切实感受到了,将加以扎实应对。"

(二)日本从地缘政治战略出发,认为台海局面事涉日本"国运",无法"作壁上观"。日本对台强烈"关切",集中反映为其对东亚力量平衡变化感受到的紧迫感,认为东亚力量重心逐渐向中国倾斜,"台海危机"是关乎东亚秩序格局及日本国运走势的大事。日本还将"台海危机"直接与国家安全联系在一起,认为海峡两岸的军事摊牌将威胁到日本海上生命线(日

本有 3/4 的船只要通过台湾海峡）。日本一些战略家认为，只要大陆不通过台湾附近海域就无法集中海军力量，台湾对牵制中国大陆海洋和地缘政治志向起到堡垒作用，对日本具有重要的战略意义，如果"台湾不保"，"尖阁诸岛"（钓鱼岛）亦将处于中国的军事力量覆盖之下，最终将落入中国大陆手中。

（三）日显重要的地缘经济因素促推日本强化"保台"力度。近年来，地缘经济趋势正在大幅提高日本（日美）干预台海事务的可能性。中国台湾的科技和制造业在全球供应链中扮演着重要角色，台湾在全球半导体产业中已经占据重大份额，占全球高端晶圆产能的60%，拥有一批世界知名的半导体制造厂商。鉴于台湾在半导体行业中表现出色，经济价值重要性十分突出，日美多份联合声明重点确认了有必要在敏感技术的供应链安全方面建立伙伴关系。确保半导体技术和供应链安全是日美政府的重要执政任务，日美对台湾的半导体依赖，是其在台海问题上挑战大陆底线的重要动因之一。

（四）中国台湾被日美在"印太战略"框架下赋予更大重要性和介入价值，日本、美国、中国台湾当局勾连提速，日本积极"军事松绑"，加速对外军事干涉进程。在中美日三角博弈下，日美试图拉台进入其"印太战略"框架，中国台湾日益成为日美在印太"遏华"的岛链纽带和重要伙伴。同时，美国倾向于认为，在"高烈度的台海冲突"中，美国在政治上或军事上都亟须盟友尤其日本的大力协助和支持，否则，仅凭美国自身将无力实现对华战争的升级。日本则积极迎合并利用美方的出力要求，达到军事"松绑"、实现"假美强军"以及"借船出海"的战略目的。与此同步，中国台湾当局大力接近美日、借此抗陆的倾向十分明显，其"亲美联日抗陆"策略也加剧日本在军事上携手台湾对抗大陆的冲动。蔡英文当局对美日的涉台表态做出非常积极的反应，一再针对日美涉台声明表示欢迎和感谢之意。

### 三、前景综合研判

上述分析表明，日本政府及自民党内部越来越倾向于认为"台湾有事"就是"日本有事"，日本在涉台政策上加速"换挡"，日美正加紧涉台军事互动和磋商，意图采用强势威慑战略达成"压华止统"目标。日本已决意站队美国，为"台海有事"做好准备，成为美国军事介入的组成部分。从宏观看，未来在"台海冲突、美军介入"的情况下，美国要求日本参与是确定前提，日本也不可能且不会保持中立，日本采用三种"事态"下的不同应对方式皆有可能：对美军提供后勤支援，应是确定的保底举措；根据事态升级情况动用"集体"或"单独"自卫权反击中国，这在政策选项设定上并不困难，也将大概率逐步明确下来，但最终能否"痛下决心"进行实际运用却并非易事，在很大程度上这将取决于形势演变尤其是中日美力量对比情况。

综合而言，中国既须对日本介入台海动向保持高度警惕，准确研判其军事介入的可能和后果，同时亦须认识到日本政府的两面性，即其尚难根本改变顾及中日关系大局、规避中美及台海军事冲突的基本方针。中国宜在如下理性、全面和自信认知的基础上，做好相关应对工作。首先，要对日本系列政策宣示的目的与危害有足够清醒认识，即日本前所未有警觉、焦躁，将逐渐推动"台海对策"深化细化和实操化，其干预"台海危机"的国内条件日趋成熟。其次，也须冷静、自信研判当前日本政府的真实意图、态势和政策界限，即日本介入台海冲突依然面临不少阻碍，并且中日关系是根本性大局，始终制约日台关系的发展和突破。

（该文原载于《亚太安全与海洋研究》2021年第6期，收入本书时做了适当修改）

# 中美战略竞争与日本的安全战略选择

朱 锋[*]

中美之间的战略竞争已经全面展开，两国关系正在发生质变。世界第一和第二大经济体难以相互尊重、合作共赢，是国际关系的权力政治本质及其必然结果。在中美战略竞争的未来走向中，关键的变量并非只有中美的互动方式，"第三方"因素，即对中美未来的发展进程能够起到战略性平衡作用的国家或者国家组织对中美关系的反应与应对的策略和战略选择，将同样对中美竞争产生至关重要的影响。日本对于中美战略竞争究竟将做出什么样的战略选择，是一个具有重大紧迫政策性和学术性的课题。

从冷战后日本国内政治和国家安全思维变化的基本轨迹来看，美国对中国"翻脸"恰恰是日本愿意看到的。这不仅可以进一步拉近日美军事、战略、商业和科技联系，更重要的是，日本可以不用继续担心美国因为顾及美中关系而忽视日本的地缘战略利益。同样，一个在地缘战略选择上高度和美国保持一致的日本，也是美国保持在印太地区霸权地位、制衡中国崛起的最大帮手。说到底，这是因为今天美国对华战略的"清晰化"，加剧了日本国家安全战略的"清晰化"。制衡与防范崛起的中国，将是日本国家安全战略在中长期内清晰坚持的首要因素。

2021年拜登政府上台后，中美关系继续陷入冲突局面，与其说是"修昔底德陷阱"效应在作祟，不如说是因为美国国内政治因素正在成为制约中美关系的决定性变量。美国当前面临持续的、尖锐的国内政治与社会分裂、疫情抗击和后疫情时代经济恢复的沉重压力，强硬的对华政策不仅是疫情危机下美国左、中、右各种政治力量的共识，更是民主党和共和党自认在国会和内政外交议题上能够保持"团结"的唯一"亮点"。

拜登政府则想要通过全面的、系统的、结构性的对华打压与遏制，重新拉开美中两国的力量差距，在稳定美国霸权优势的基础上长期制约中国的崛起进程。基于这一目标，美国的基本做法是将其对华政策"推销"和"分包"给美国的地区和全球盟友及安全伙伴，在对中国崛起的基本定位、人权和意识形态争议、地缘政治热点、涉华军事和安全动向以及区域和全球产业链、供应链的"去中国化"等问题上协调其盟友的政策和战略选择，企图不断扩大"抗中联盟"，改变特朗普政府时期美国更多"单挑"中国的做法，增强以美国选择的方式与

---

[*] 朱锋，南京大学国际关系研究院院长，南京大学中国南海研究协同创新中心执行主任。

中国进行长期战略竞争的有效性。

日本无疑是美国制衡中国的地缘战略和地缘政治影响力、支持华盛顿在美西方的政策话语体系内打压中国的在亚太地区最大的帮手，但日本把自己完全捆绑在美国的"反华战车"上，同样会给其基本国家利益带来决定性的打击。在中美长期战略竞争中实现大国崛起进程的历史性延续，同样也需要吸取国际关系理论与历史的经验总结，避免阵营对抗和地缘战略分裂，这是中国持续融入世界的基础，也是党中央强调在保持开放前提下实施"双循环"战略并务实推进高质量发展的基本目标。基于此，在处理中日关系时应注意以下问题。

一方面，稳定和管控中日关系，在中美战略竞争中避免或者最大限度地降低中国在地缘战略环境、经济、贸易和科技发展等领域受到美国和其盟友的排挤，防止"脱钩论"的扩大，是当前中国处理对日关系的重点。尽管美国在拉拢盟友，但其也很清楚，没有一个国家愿意在美中两国之间完全选边。尽管日本在国家与地区安全问题上越发依赖和支持美国，在中美关系上会完全"选边"美国，但日本在对华政策上保持"相对自主"仍然可以期待。只要中国走稳走实自己的路，巨大的市场、制造业和物流优势，是21世纪的今天任何一个贸易大国和保持经济稳定的国家所无法忽视的。

日本在对华投资和高科技贸易政策上，倾向于对美国以及自己的"盟友"加大投资和产业合作，以保证供应链既能实现商业安全又能保障国家安全。但是，中日关系做到产业不脱钩、科技少脱钩是基本可以实现的。新冠肺炎疫情暴发以来，日本出口持续下降，但对华出口却显著上升。中日之间的经济和商业相互依赖关系，不应该受到日本安全上制衡中国的现实选择的干扰和破坏。

另一方面，随着"区域全面经济伙伴关系协定"（RCEP）的签署和批准进程的启动，中日在市场和商业上的进一步相互开放需要稳步推进。习近平主席已经公开表示中国愿意积极考虑加入"全面与进步跨太平洋伙伴关系协定"（CPTPP），这是中国愿意进一步推进市场开放、深度融入西方规则下的区域经济合作新进程的重大信号。美国、欧洲、日本仍然是中国最重要的三大贸易伙伴，新规则磋商基础上的深度经贸融合依然存在广阔空间。

中美关系进入全面战略竞争的新时期，是未来长期制约中国发展的外部环境的最突出变量。中国的对日思维也需要做出与之相适应的变化和调整，避免民族主义情绪的激荡，防止对日思维的简单化和模式化，应该成为今后应对日本挑战的重要思路。一个崛起大国的战略能力建设，一个很重要的内容是对其邻国尤其是在经贸和供应链问题上依然具有重大影响的邻国的理解力和塑造力。只要不是在中美之间完全投靠美国、完全迎合美国、完全对美"选边站"的国家，就仍然还是我们合作的对象。

（该文原载于《日本学刊》2021年第3期，收入本书时做了适当修改）

# 安倍晋三执政时期的"综合海洋安全保障战略"评析

陈秀武　李晓晨[*]

安倍晋三执政时期，日本的海洋战略以"海洋国家"为定位，以确立"新海洋立国"为目标，紧紧围绕"海洋安全保障"，将其不断转变升级为"综合海洋安全保障"，并与"自由开放的印度太平洋""北极政策"等形成了"相互补充"的态势。

2007年4月，安倍晋三第一次执政期间，在第166届国会上通过了《海洋基本法》，使日本"新海洋立国"战略有了法律保障。依据此法设置综合海洋政策本部，并将其纳入海洋安保战略的法律框架，明确了以"新海洋立国"理念为特征的海洋战略。除了海洋经济层面的考量外，美国、加拿大等国纷纷制定国内海洋法以保护本国的海洋权益，因此，日本《海洋基本法》自诞生之日起也同样被赋予了摆脱"安全困境"的时代任务。换言之，日本政府更加重视从破解"安全困境"角度提倡海洋安全保障，并根据国内外形势不断予以调整。

2012年年底安倍晋三再度执政，于2013年出台了第二期《海洋基本计划》，对海洋战略和海洋安全保障战略进行了补充和完善。同年底制定出台了《国家安全保障战略》，"海洋安全保障战略"不仅被纳入其中，还成为该战略的核心之一。日本海洋战略在《国家安全保障战略》的框架下逐步明确了"海洋安全保障"向"综合海洋安全保障"转变的走向。2018年出台的第三期《海洋基本计划》，对该计划出台十年的开展情况进行了回顾与总结，对日本海洋安全保障战略进行了新调整。逐步形成了"综合海洋安全保障战略"这一庞大的系统工程。从海域范围看，该战略涉及印度洋、太平洋以及北冰洋等水域；从战略实施的手段看，在以《国家安全保障战略》为指针的前提下，与"印太构想""北极政策""东京非洲发展国际会议""太空基本计划""强化海上保安体制"以及"经协会议"等相辅相成、协调发展；从执行的部门看，包括首相官邸、内阁官房、内阁府、外务省、文部科学省、国土交通省、防卫省、海洋政策本部、海上保安厅等。无论战略的实施内容还是手段以及执行部门，都体

---

[*] 陈秀武，东北师范大学日本研究所教授；李晓晨，吉林省社会科学院日本研究所助理研究员。

现了该战略的"综合性"。随后，日本又相继出台了《2019年度以后的防卫计划大纲》《中期防卫力量整备计划（2019—2023年度）》以及《关于F-35A获取数量的变更》等，为配合海洋安保战略变化提供了政策支持。在一定程度上，也是对2013年颁布的《国家安全保障战略》这一总纲的进一步完善。它们在为日本海洋安保战略提供了新的政策保障的同时，还提供了具体行动方案。

第一届安倍政府以来日本出台的一系列海洋相关法律，是其海洋安保战略的法律基础。随着国际形势的变化，安倍政府的"综合海洋安全保障战略"与"印太战略""北极政策"形成了互补态势。"综合海洋安全保障战略"是安倍政府意志的"完美体现"，以"利益、遏制、否定"为主要特色，以宣扬"海洋法治"对冲中国海洋政策为目的之一。纵观安倍政府的内外举措，"综合海洋安全保障战略"体现出以下几个特点。

第一，它是构筑"海洋国家"小利益集团的指针。该战略强调在以日美同盟为核心的"普遍价值观"下，在全球范围内寻找合作伙伴。从历史连续性上看，该战略是高坂正尧提倡的"海洋国家论"在新时期的深化与延展。第二，《国家安全保障战略》中涉及陆地、太空、网络空间、电磁波等领域之战略的相关规定，要为"海洋安全保障"提供服务。这在内容上体现出该战略具有"综合性"。第三，"综合海洋政策本部"成为推进该战略的指挥中枢，并将内阁府及其全部省厅囊括进来，为该战略的实施贡献力量。第四，在外交上，因为"想象安全困境"的长期存在，决定了"综合海洋安全保障战略"具有较强的针对性。第五，随着国际形势的变化，安倍政府提升"联合机动防卫力量"以及实施新安保法等，使得日本海上防卫发生了向"积极性、全局性、全方位"的转变。其中"积极性"带有积极出兵的意味。

总之，日本的"综合海洋安全保障战略"在西太平洋海域，利用"亚洲安全会议""慕尼黑安全会议"、东盟峰会、东亚峰会等平台，在东海和南海问题上不断做文章。可以说，在某种意义上，该战略促发了太平洋海域的"非安全"状态。除此之外，"综合海洋安全保障战略"还与"印太构想""北极政策"等连接起来，形成了覆盖西太平洋与印度洋等广大水域的战略。2019年新冠肺炎疫情以来，日本的"综合海洋安全保障"，是在美国的保护伞下完善与行事的。日本以"帮助太平洋岛国、东南亚国家建设海上执法机构"为名，向上述地区渗透军事力量。2020年7月，日本防卫大臣河野太郎又提议加入"五眼联盟"（Five Eyes Alliance），受到英国保守政治派的欢迎，期望以此扩大反华联盟。2020年8月底，安倍晋三因病辞去首相职务，菅义伟上台执政，象征着"后安倍时代"的到来。虽然菅政府的施政方针并非对安倍路线的原样继承，但日本的"综合海洋安全保障战略"仍有延续性，其未来走向值得我们警惕。

## 学界评价与反响

近年来，中国政府提出建设"21世纪海上丝绸之路"、树立"新安全观"以及构筑"中日建设性安全关系"等倡议，推进中国与周边国家的海洋外交与安全合作等，以适应新时代变局。从研究角度观之，学界对中日海洋安全问题的研究力度不断加强。21世纪以来，随着日美同盟的调整及安倍政府对华强硬态势的确立，日本的海洋战略逐步被纳入国家战略层面，形成了以外力扩张为明显特征的"综合海洋安全保障战略"。因此，如何维护钓鱼岛、南海主权，如何保护东海海域的海洋权益，如何打破日美在第一岛链、第二岛链构筑的对华围堵，捍卫国家海洋权益等海洋安全问题，已经成为当前和今后一个时期中国刻不容缓的战略任务。有鉴于此，文章对2007年至今尤其是安倍晋三执政时期日本海洋安保战略发展进行系统性梳理、回顾和总结具有十分重要的理论意义和现实意义。文章对安倍晋三执政时期的"综合海洋安全保障战略"进行了全方位、多维度的研究，从理论层面阐释了海洋安全保障战略的内涵与外延，以时间线为基轴梳理了安倍政府海洋安全保障战略的形成和发展，从实践层面剖析了"综合海洋安全保障战略"的践行措施，对"综合海洋安全保障战略"进行了较为全面科学的综合评价。该文在吸收学术界研究成果的基础上，采用翔实的史料、文件和相关新闻，叙述由浅入深、层次分明、逻辑性强、文字顺畅，是一篇具有较高学术水平的论文。

文章刊行后，得到国内外相关领域专家学者的广泛关注和一致好评，文章在国内最大的学术期刊资源总库"中国知网"下载量达到302次，并被万方数据、维普期刊、百度学术、搜狐网、道客巴巴等网站转载20余次。在学术领域，文章对安倍晋三执政时期的"综合海洋安全保障战略"进行了全面评析，提升了对安倍晋三执政时期日本海洋安全战略内在演变规律与特征的解释能力，有助于中国海洋安全相关理论体系的进一步完善，有助于推动中日安全问题、中日海洋战略问题等领域学术研究的深入开展。在现实层面，进一步发挥了学术服务社会、服务国家大局的重要作用。作为中国的海上邻国，日本以战略包围及遏制中国为特质的海洋战略，存在对冲中国海洋强国战略和"21世纪海上丝绸之路"的目的和险恶用心。文章分析和把握日本海洋安全战略发展的内在规律与未来走向，可为中国有针对性地制定对日战略提供参考。同时，中国既要继续坚持和平发展的道路，还要加快提升维护海洋权益的国防实力。文章对日本海洋安全战略的分析，可为中国在制定对日海洋战略之际作出有效预判、减少冲突和争端、促进区域和平与稳定，提供有益的参考。

（该文原载于《日本学刊》2021年第2期，收入本书时做了适当修改）

# 日本无条件投降述论

蒋立峰[*]

该文所称"日本无条件投降",即战败国日本(包括日皇、日本政府、日本战时大本营及其统辖指挥的全部武装力量、支持侵略战争的日本国民)1945年8月14日无条件地接受同盟国提出的、规定日本必须做到的《波茨坦宣言》,9月2日其代表完全按照盟国的要求在《投降书》上签字,其中最主要的内容是日本全部武装力量放下武器,听候盟国处理。必须强调的是,盟国提出的《波茨坦宣言》是判断日本是否无条件投降的可依据的最基本文件,该文件条理清晰,内容明确,不容后人发挥或联想。该文件没有关于天皇制存废的直接规定,只是提出要"依据日本人民自由表示之意志成立一倾向和平及负责之政府",所以日本投降后天皇制的存废不能成为判断日本是否无条件投降的标准。日本在投降时是否无条件投降,只能从日本投降这一时间点的实际情况来分析。至于日本投降后国际形势发生巨大变化,盟国的对日政策亦随之发生变化,因之日本的天皇和天皇制在形式上得以保留(本质上与投降前有根本性改变),这并不能成为否认日本在投降时是无条件投降的依据。

中国有学者主张"日本有条件投降论",其核心论据只有一个:在美日交易或者说美国纵容下,日本得到美国保留天皇制的许诺后方决定投降,而投降后的日本确实保留了天皇制。日本国内的"有条件投降论",其理由是既然日本是接受了《波茨坦宣言》所列条件而投降,则应该是有条件投降,甚至是非颠倒地主张盟国接受了日本提出的投降条件,以保留天皇权力地位和天皇制为条件,日本才在此条件下投降。更甚之者,以《波茨坦宣言》条款为依据,主张虽然日本大本营及日本军队无条件投降,但天皇及日本政府并未投降。

"日本有条件投降论"显然与盟国的国际共识相悖。促使日本无条件投降是盟国十分明确的一贯方针。1943年美国罗斯福总统即明确表示,结束战争的唯一条件是德意日无条件投降。丘吉尔首相说:"我们所有的同盟国,共同提出让法西斯、纳粹和日本的独裁统治者无条件投降。这里的'无条件投降'是指,我们必须将它们的抵抗想法彻底粉碎,而它们也将完全且必须听从我们对此事的处理。"同年发表的《中苏美英四国关于普遍安全的宣言》亦表明四国一致决心"对他们现正分别与之作战的轴心国继续敌对行动,直至各轴心国在无条件投

---

[*] 蒋立峰,中国社会科学院日本研究所研究员。

降基础上，放下武器时为止"。《中美英三国开罗宣言》则称"将坚持进行为获得日本无条件投降所必要之重大的长期作战"。可见，德意日无论如何猖狂挣扎，其最终必须无条件投降的命运在这一时刻已经确定且无法改变。

1945年4月12日，罗斯福病逝，杜鲁门继任总统，称要继续奉行罗斯福总统的战争与和平的政策："我们的要求一直是也仍然是（德日）无条件投降，我要整个世界都知道，这个方针必须也必将会保持不变和不能受到阻碍。"7月24日，美英军事统帅部在波茨坦商定下一阶段的军事部署，确认"我们的战略的主要目标是要日本尽可能早地无条件投降"。在此基础上最后产生了措辞严厉的《波茨坦宣言》。日本无条件投降已成为正义国家抗击日本军国主义侵略并最终必须实现的不可更改的底线。

"日本有条件投降论"者经常引用《杜鲁门回忆录》中的这样一段话："助理国务卿格鲁在（1945年）5月下旬曾和我（杜鲁门）谈起发出一个宣言以促使日本投降的问题，他说我们向他们保证，我们允许保存日本天皇为国家元首。格鲁用他从出任驻日大使十年的经验中所获得的证据来支持这一点。我告诉他我自己也曾考虑过这件事，在我看来，这似乎是一种真知灼见。格鲁还草拟了一个宣言。……6月18日，格鲁报告说，这个建议已经受到他的阁僚们和参谋长联席会议的认可。……我作出决定，对日本的宣言应由即将召开的波茨坦会议发出。"但这段话只能说明对于美国是否承诺日本投降后保留天皇制，美国国内高层存在不同意见。必须看到，美国国内也存在更多的要求追究日本天皇的战争责任、要求废除日本天皇制的意见。显然格鲁所代表的意见最终没有被杜鲁门采纳而写入对日基本政策性文件《波茨坦宣言》，因此格鲁的主张便不能成为认定日本是有条件投降的依据。

若从日本在投降前所处内外环境来分析，日本已经完全没有在无条件投降之外做出其他选择的可能。美英中苏在《波茨坦宣言》中敦促日本无条件投降，否则"日本即将迅速完全毁灭"，这绝非恫吓之语。应该说，战事进行到完全一边倒的如此收官地步，盟国尚允许日本无条件投降以保存日本这样一个国家，这已是对日本的宽宏大量。

再从日本选择投降的过程看，1945年8月10日御前会议后，日本通过瑞士和瑞典政府向美英中苏四国政府发出《日本帝国政府关于接受〈波茨坦宣言〉之申告》（译为《乞降照会》并不准确）。一般以为，日本政府以此向盟国提出了接受《波茨坦宣言》即投降的条件，似乎如果不能得到盟国的肯定式回答，则日本拒绝投降。实则非也。日本只是发出了一个意在辩解并提出希望的"陈情表"而已，其原稿甚至并不要求对方回答，也没有显露出"不成功便成仁"的豪壮气势，此申告不过是为掩盖日本战败而抖出的一块遮羞布而已。

但事与愿违。11日，美国国务卿贝尔纳斯代表四国政府的答复明确拒绝了日本的要求，贯彻了"彻底实现《波茨坦宣言》的意图和目的"的宗旨，没有显示出任何从《波茨坦宣言》后退和让步的迹象。对如此明确之答复，日本统治集团高层及军部反应不一，东乡身为外相，尽管认为难以断言盟国的答复是否承认了日皇的统治权，但坚决反对因认为盟国答复对日皇统治权未明确认可或应追加条件故主张再次向盟国提出照会的"再照会论"。日皇则称如对方答复的那样即可，要迅速接受（原文为"先方の回答のままでよろしい、速やかに受諾せよ"）。在8月14日11时召开的御前会议上，日本明知盟国答复拒绝了日本提出的条件，但迫于形势的重压，也未再提出任何条件，而是原封不动地接受了盟国的答复，实际上也就是无条件地接受了《波茨坦宣言》。

1945年8月14日23时（东京时间）日本政府发电日本驻瑞士、瑞典公使，指示其立即要求驻在国政府向美英苏中四国转达《日本帝国政府关于接受〈波茨坦宣言〉的通告》。美国华盛顿时间14日19时（伦敦时间24时，莫斯科时间15日2时，重庆时间15日7时，东京时间15日9时），美英苏中四国如约同时宣布了日本政府通告接受《波茨坦宣言》无条件投降的消息。美国总统杜鲁门在白宫宣读了这样的声明："我在今天下午接到了日本政府对国务卿8月11日所发出照会的答复。我认为这个答复完全接受了规定日本无条件投降的《波茨坦宣言》。答复中没有任何保留。"显然，日本宣布接受《波茨坦宣言》无条件投降是以14日发布《日本帝国政府关于接受〈波茨坦宣言〉的通告》为标志，而不是以15日12时（东京时间）日本广播日皇宣读的接受《波茨坦宣言》无条件投降的《诏书》为标志。这一历史过程清楚表明，对于《波茨坦宣言》以及盟国答复所列条件，此时日本只能不再讲任何条件地全部接受，故而日本的投降当然应被视为百分之百的无条件投降。9月2日，日本天皇、政府、大本营代表签署无条件投降书。从德日两国的投降书的文脉、用语基本一致可以看出，美国制定的日本投降书，对日本并无任何特别照顾，更无任何将日皇和日本政府排除在投降范围之外的考虑。军队无条件投降，就是国家完全放弃了抵抗权，因此形成包括日皇、日本政府、大本营和国民在内的日本国家向盟国无条件投降的既成事实。

同时，美国总统杜鲁门向美国人民发表广播讲话，宣布"日本人刚才正式放下了他们的武器，他们签署了无条件投降书"。此后，针对日本政府投降后的出尔反尔，杜鲁门认为："我们不能在刚开始占领的时候就来商讨占领的条件。我们是胜利者。日本人是战败者。他们必须懂得'无条件投降'不是什么可以谈判的东西。"

日本无条件投降后，盟国对日占领是在特定背景下按美国的预订计划进行的。日本没有沦为德国那样被分割占领的境地，是因为美国最终决定了利用日本政府在日本进行所谓"间接"统治的方针。这是形势变化造成的结果，并不能改变日本无条件投降这一历史事实。

麦克阿瑟刚到日本，杜鲁门提示其最高统帅的职权范围，再清楚不过地厘清了日本无条件投降后日皇及其政府的地位和作用，日皇和日本政府的权力从属于最高统帅，并受到极大的削弱和限制，最高统帅的权力是至高无上的。尽管驻日盟军总司令放弃了对日本实行军管，但仍完全剥夺了日本政府的外交权，日本政府的行政权不过仅剩下"办事权"而已。9月6

日,美国国务院、陆军部、海军部联合制定的《美国关于投降后日本的最初政策(声明)》,强调最高统帅为实现美国目的必须强化权力,而不是反过来支持天皇和日本政府当局,对日本现政府形态,不是支持而是利用;许可并支持日本国民或行使武力以变革具有封建官宪主义倾向的政府形态,非必要时不加干涉。可见日本投降后保留了日皇和日本政府,这不能成为主张日皇和日本政府没有投降的根据。

中国人民为打败日本军国主义侵略做出了巨大的贡献。在1945年9月2日的日本投降仪式上,降国代表签字认降后,先由盟军统帅麦克阿瑟代表全体战胜国签字受降,接着是战胜国分别签字,中国代表、军令部部长徐永昌上将在美国代表尼米兹上将签字后第二个出场,这是对世界反法西斯战争中中国贡献的肯定和褒扬。不仅如此,9月9日签署的日本对中国战区的《降书》第一条是"日本帝国政府及日本帝国大本营已向联合国最高统帅无条件投降";第二条是"联合国最高统帅第一号令规定'在中华民国(东三省除外)台湾与越南北纬十六度以北地区内之日本全部陆海空军与辅助部队应向蒋委员长投降'";第三条是"吾等在上述区域内之全部日本陆海空军及辅助部队之将领愿率领所属部队向蒋委员长无条件投降"。此《降书》最后是"奉日本帝国政府及日本帝国大本营命,签字人中国派遣军总司令官陆军大将冈村宁次"。而中方受降主官的签字名头是:"代表中华民国美利坚合众国大不列颠联合王国苏维埃社会主义共和国联邦并为对日本作战之其他联合国之利益接受本降书,中国战区最高统帅特级上将蒋中正特派代表中国陆军总司令陆军一级上将何应钦。"看起来中方受降官不仅代表中国,而且代表美英苏——"并为对日本作战之其他联合国之利益接受本降书"。《降书》中"日本帝国政府及日本帝国大本营已向联合国最高统帅无条件投降"这句话,明白无误地宣示日本政府(当然包括日皇)和大本营都已无条件投降,简言之即日本已无条件投降。日本向中国的投降书成为词意表达最简洁明了的认定日本向同盟国无条件投降、日本向中国无条件投降的历史文件。那种"日本只向美苏投降,未向中国投降"论调完全站不住脚。

当然,从"无条件投降"所应包含的内容讲,麦克阿瑟主导下的各项民主改革,并非无可指责。尤其在政治思想、社会思潮领域,虽然确立了和平、民主为社会思潮的主流,但在批判军国主义的侵略扩张思想方面,即批判日本的皇国史观方面,显然做得很不够,因此给战后日本的发展留下了不小的隐患。如果没有日本国内的有识之士的阻止和斗争以及中国等国的关注和批判,任其发展下去,日本再次走上危害东亚和平与发展的危险道路的可能性是昭然存在的。

(该文原载于《日本学刊》2021年第5期,收入本书时做了适当修改)

# "哲学"的接受与"中国哲学"的诞生

林美茂[*]

日本明治初期启蒙思想家西周用汉字"哲学"翻译"philosophy"这个概念。随着这个学科概念在学界被接受并广泛传播,东亚传统学问由此面临着近代范式的转换。"中国哲学"这个学科概念,正是这个时期在日本应运而生。然而,西周在翻译此概念时,由于对西方意义之"philosophy"的真正内涵理解不足,混淆了所谓的"哲学"与"思想"的区别,直接影响了井上哲次郎最初进行的"中国哲学"的建构。井上哲次郎立足于取消"哲学"与"思想"区别的泛哲学化立场,写出了仅有所谓"支那哲学"内容的《东洋哲学史》讲义,并于1882年底在东京大学最初讲授这门课程,成为东亚乃至世界学界在大学课堂上"讲述中国哲学的第一声"。无论中国学界是否受到这来自日本人建构的"中国哲学史"范式的影响,对"哲学"与"思想"理解的混淆从最初就存在,并一直延续至今,从而成为西方学界质疑"中国哲学"作为"哲学"之合法性的根源。为了超越所谓"中国哲学"合法性的魔咒,我们需要对东亚学界从接受"哲学"到"中国哲学"诞生的过程进行再反思。

井上哲次郎的《东洋哲学史》讲稿已经散佚,目前可确认的只有当年学生的课堂笔记。根据井上圆了、高岭三吉的课堂笔记内容,可以确认井上哲次郎的《东洋哲学史》这门课仅有"支那哲学"的内容,其所梳理的"支那哲学",最大特点则是把中国传统思想放在世界哲学的框架中把握,并且只侧重于对东西方学术思想的相同性与相似性进行比较,忽略了东西方之间的不同。而东西方哲学之不同,这是学界所熟知的事实,也是从西周以"哲学"翻译"philosophy"这个概念时就已经注意到的问题。西周指出东方儒学具有"泥古"性、"祖述"性,而西方的"philosophy"则具有"推陈出新"的特质。虽然西周没有真正认识到中国传统思想与西方哲学之间所存在的对于"知"的认识之本质区别,但他还是指出了两者之间的一些差异。而井上哲次郎对于"哲学"的理解则体现出一种关于学问的宽泛性理解与把握,具有典型的泛哲学化立场,这显示出他并不在意东西方在学问探索上的本质区别。

在井上哲次郎看来,不存在"哲学"与"思想"的区别,无论东方还是西方,所有与"思想"相关的文献,都可以作为"哲学"来理解,都是先人们所揭示的"哲学"。东西方之

---

[*] 林美茂,中国人民大学哲学院中华经典研究中心教授。

间对于"知"的认识的根本差异，在他看来只是认识与立场的不同，并没有本质上的不同。显然，井上哲次郎并没有真正理解西方意义"哲学"的本质。由此，井上哲次郎最初所建构的"支那哲学"，除了其弟子井上圆了在关于中国哲学的理解上存在着一定的传承痕迹之外，日本学界其他的中国哲学研究者对于其泛哲学化的立场以及比较哲学的追求似乎并不接受。因此，在之后出现的几部所谓的《支那哲学史》著作中，并没有人继承井上哲次郎的研究路径。甚至由井上哲次郎亲自审阅出版的远藤隆吉的《支那哲学史》，也看不出井上哲次郎的影响。也许正是由于这个原因，井上哲次郎最终没有完成其最初企图建构的《东洋哲学史》，甚至现在连他最初的"讲稿"都找不到。然而，他所开创的"支那哲学"这个近代学科却被后世沿用，从而在东亚近代学界，诞生了"中国哲学"这个新的学科领域。而其中存在的问题，也在此后的中国哲学研究领域继续存在。

我们只知道"哲学"这个概念在中国被介绍的最初文献可能是黄遵宪的《日本国志》，"中国哲学"这个学科概念究竟什么时候从日本传入中国，目前尚不能确定。一般认为，中国学界最早以"中国哲学"命名出版的著作应该是谢无量的《中国哲学史》。然而，在此书出版之前，陈黻宸、陈汉章等已经开始在北京大学讲授《中国哲学史》，在后来的中国哲学界最具影响的冯友兰就是他们的学生。陈汉章在其《中国哲学史》的"叙"中说，"中国哲学……前有日本人，今有四川谢君，各为之史，尚未及倾群之沥液，发潜德之幽光"，所以他也着手纂述，"亦所以进德修业也"。此"叙"虽然只有短短数言，却道出了"中国哲学"这一名称的由来，那就是在谢无量之前，先有日本人使用了"中国哲学"的说法，这也证实了"中国哲学"的学科命名最初诞生于日本。

我国有些学者认为，在中国哲学史的研究方法上，存在三种不同倾向，即"本土化"研究模式、"西方化"研究模式、"中西结合"研究模式。那么，这三种模式的典型代表则是谢无量、胡适、冯友兰等人所出版的三种采用不同研究范式的《中国哲学史》。然而，尽管他们所采用的研究范式不同，其所体现的关于"哲学"的认识倾向却基本一致，那就是对"哲学"与"思想"的区别都是模糊，甚至是混淆的。比如，谢无量认为："吾国古有六艺，后有九流，大抵皆哲学范围所摄。至于哲学史之作，则在述自来哲学变迁之大势，因其世以论其人，掇学说之要删，考思想之同异。"这里明显出现"哲学"与"思想"并列甚至混淆的理解。1919年出版的胡适《中国哲学史大纲》，仍然存在着与谢无量著作同样的问题。比如，胡适在说明哲学史之"明变""求因"等目的时，指出"明变"是哲学的首要任务，"在于使学者知道古今思想沿革变迁的线索"；"求因"则是"指出哲学思想沿革史变迁的线索，还须要寻出这些沿革变迁的原因"，这些表述显然把哲学史理解为"思想沿革史"，同样混淆了"哲学"与"思想"的区别。而冯友兰所理解的"哲学"同样的问题也存在。他说："哲学是对人生的系统的反思。……一个哲学家总要进行哲学思考，……并把自己的思想系统地表述出来。……思考本身就是知识。"冯友兰的这些表达，与西方意义的哲学基本不相吻合。西方哲学并不是"把自己的思想系统地表述出来"，在西方哲学中"思想"只是"臆见"，而"哲学"是对于各种"臆见"彻底的自洽性探索，"臆见"正是"哲学"的批判对象。由于这种误解，冯友兰认为"思考本身就是知识"，并把此作为"知识论"，这更与西方哲学所揭示的"知识论"大相径庭。显然，冯友兰把人的思想、思考，即在西方哲学中被作为"臆见"的认识都与哲学所探索、追求的"知识"等同了。那么，"哲学"与"思想"的区别也就不存在了。从这样的哲学观、知识观出发，所有的"思想"当然都是"哲学"，在此认识之上所建构的"中国哲学史"，就不可避免地成为一部思想与哲学混淆的类思想史。

总之，东方学界在近代接受了来自西方的"哲学"概念，在此过程中存在着对"哲学"内涵理解的偏颇，西周翻译"philosophy"这个概念时出现了"思想"与"哲学"混淆理解的倾向，从而直接影响了东方传统学术的近代转型，"中国哲学"就是在这个过程中诞生的近代概念。井上哲次郎在建构"支那哲学"时，直接忽略了"思想"与"哲学"的区别。而中国学界自近代接受"哲学"这个概念起，并在对传统经学进行近代转换的过程中，一直延续日本学界所存在的这些问题，至今尚未解决。一直以来被西方学界质疑的所谓中国哲学"合法性"问题，其症结就在这里。

## 学界评价与反响

该论文作为《哲学研究》的重点文章，在2021年第4期的"中国哲学知识体系建设"专栏中刊发。该文在学界引起积极反响，特别是对于西周翻译"philosophy"时所存在的理解不足的指摘以及如何看待"哲学"与"思想"的区别问题，引发了学界对该问题的重新关注。中国人民大学复印报刊资料《中国哲学》（2021年第8期）和《中国社会科学文摘》（2021年第9期）相继转载此文，网络版公开后点击量已达数千人次，在"知网"上的下载数也已达751次。此后，学界关于如何理解"中国哲学"的相关论述明显增多，张立文、陈来、张学智等著名学者针对相关问题相继发表新的论述，可以看出，该论文对于学界重新审视"中国哲学知识体系建设"具有明显的促进作用。

（该文原载于《哲学研究》2021年第4期，收入本书时做了适当修改）

# RCEP 生效后的中日经贸关系：机遇、挑战与趋势

张季风[*]

RCEP 自贸区的签署意味着全球约三分之一的经济体量将形成一体化大市场，该协定对参与成员国乃至整个亚太地区经济一体化都具有重大意义。通过 RCEP，中日两个贸易大国首次建立了自贸协定关系，给中日经贸关系的发展将带来诸多利好和新机遇，也必将为处于低潮的中日双边贸易与投资尽快摆脱徘徊局面注入新的活力。但是，影响中日经济关系发展的因素十分复杂，RCEP 仅仅是其中之一，中日关系、世界经济、中日两国经济的走势则将对中日经贸关系带来更大的影响。

此前的先行研究更多的是对 RCEP 自身的研究，以及 RCEP 对亚太区域经济以及对中国经济的影响方面的成果。该文则利用最新资料和数据对 RCEP 对中日经贸关系的积极影响做了系统性研究与归纳，并在此基础上对 RCEP 生效后的中日经贸关系的机遇、挑战与前景进行分析。

此前在 WTO 框架下，中日双方经贸合作仅适用于最优惠国待遇税率，始终没有达成更高水平的自由贸易协定。中日两国通过 RCEP 首次建立起自贸协定关系，实现了历史性突破。RCEP 生效后，两国之间零关税产品覆盖率大幅提高以及区域累计原产地规则的实行，将进一步扩大两国的贸易规模，拓展更广阔的服务贸易市场。中日两国跨境投资门槛将进一步降低，第三方市场合作也将迎来更多机遇。

根据 RCEP 协定，中国对日本进口产品的零关税覆盖率从目前的 8.4% 大幅攀升至 86.0%，具体来看，RCEP 生效后马上实现零关税的商品比重为 25%（包括目前零关税商品的 8.4%），在协定生效后的第 11 年，实现零关税的商品比重将超过 70%，第 16 年，零关税商品比重超过 80%，并最终在生效后 21 年以前将日本出口的零关税商品比重提高到 86%。同时，日本承诺对中国进口工业制品零关税覆盖率则从目前的 47% 提高至 98%，农业产品的零关税覆盖率设定为 56%。随着零关税商品比重逐年上升，双边货物贸易将在新税率的约束条件之下发生变化。

在 RCEP 生效后原产地累积规则的实行，将降低产品获得协定项下原厂资格的门槛，并

---

[*] 张季风，中国社会科学院日本研究所研究员，博士研究生导师；全国日本经济学会常务副会长。

促进生产要素在区域内的自由流动。RCEP 的原产地累计规则与现有的比较优势指数 RTA 相比，采用了更为灵活的特定于项目的规则，使用自我认证系统，也扩大累积范围。因此，在 RCEP 生效后，通过原产地规则降低生产成本，进而带动出口扩大的可能性大大提高。换言之，从原产地规则的角度来看，RCEP 有望产生贸易创造作用。

服务贸易方面，目前日本采用负面清单方式承诺，而中国采用正面清单方式承诺。根据 RCEP 规定，中国将于协定生效后 6 年内转化为负面清单，同时提高日本所重点关注的证券金融服务业、老龄人口服务业以及房地产服务业的承诺水平，而日本则向中国所重点关注的房地产、金融、运输等服务部门作出了更高水平的开放承诺。

另外，在 RCEP 投资章节中，对投资自由化、保护投资、促进投资以及投资便利化措施进行了详细的规定。根据 RCEP 协定，中日双方均采用负面清单方式，进一步开放制造业、农业、林业、渔业、采矿业 5 个非服务业领域的投资，提高各方政策透明度，并纳入知识产权、电子商务、竞争、政府采购、中小企业等领域规则。此外，与以往协定相比，RCEP 在自然人移动方面承诺适用范围扩展至服务提供者以外的投资者、随行配偶及家属等协定下所有可能跨境流动的自然人类别，并对专业资质互认作出合作安排，为企业引进海外人才、促进人力资源要素优化配置提供更多便利。

其实，日本对华直接投资发展较快，累计总额已经接近 1200 亿美元，但也容易受外界因素影响，波动较大。RCEP 协定的签署或会使日本对华直接投资更加顺畅、更加平稳。在美国不断遏制中国经济崛起以及中国国内劳动力成本不断上升的背景下，日本企业对中国投资的态度出现了比较严重的分歧。一方面，汽车等高附加值企业对华投资的力度不减反增，而劳动力密集型的低附加值工厂则加快向以越南为首的东南亚国家转移。这是因为东南亚国家不仅在劳动力成本上较中国占据优势，另外得益于"日本－东盟自贸协议"，使当地出口的产品税率更加低廉。但是，在 RCEP 签订后，中国出口日本的纺织品、服装等产品实现零关税，此类劳动力密集型企业从中国外迁的收益下降，进而有可能减缓日本在华企业外迁的趋势。

相比之下，中国对日直接投资累计总额约为 44 亿美元，与日本对华直接投资累计总额的 1200 亿美元相比，处于相当不平衡的状态。但是，在 RCEP 协定签署后，日本经济社会的封闭性、排外性有望得到改善，投资自由化程度提高，更利于中国投资者进入日本市场，中日互相投资的不平衡难题或许能得到一定程度的改善。

此外，RCEP 的签署还将有力地推动中日两国更好地在第三方市场开展合作，有助于中日两国共同合作推进经济全球化。东南亚是中日两国对外投资的主要"战场"，也是开展第三方市场合作最有希望的地区。根据亚洲开发银行测算，2016 年到 2030 年，东南亚地区每年需要约 2100 亿美元的基础设施投资，大量的基础建设项目等待资金入场开发。中日两国作为对外投资大国,一直扮演着东南亚新增投资的主要资金来源国的角色。在 RCEP 的推动下,中日在东南亚的基础设施投资将进一步强化,两国在东南亚的基础建设投资有望迎来更多的合作机会。

RCEP 生效固然会给中日经贸合作带来更多更好的发展机遇,但是,影响中日经贸关系的因素十分复杂,RCEP 仅仅是其中之一,而美国因素、中日关系等非经济因素以及世界经济、中日两国经济的走势等外部环境的变化将对中日经贸关系产生更大的影响。

进入 2021 年以来,国际风云突变,新上台的拜登政权对中国实施新一轮的遏制与打压,日本也积极配合美国构筑"美日印澳"四边机制围堵中国,而且发表涉疆、涉台不当言论,触碰中国核心利益。在这种背景下,可给中日经贸合作带来利好的中日韩 FTA 谈判进展自然受阻,中国加入 CPTPP 在短期内也难以实现。中美关系恶化以及由此带来的中日关系紧张使中日经贸合作的外部环境复杂化,加之中日经贸关系自身还存在诸多问题和不平衡,使中日经贸合作关系面临巨大挑战。但与此相反,也出现了许多新机遇,除 RCEP 将给中日经贸合作带来利好外,随着新冠肺炎疫情相对缓解,世界经济迅速复苏特别是中国经济的强势复苏等利好因素上升,市场经济规律这一内在动力将推动中日经贸合作的健康发展。另外,从日本国内政治来看,2021 年将要完成众议院大选和自民党总裁选举,两次选举结束后,日本可能调整对华政策,2022 年是中日邦交正常化 50 周年,两国关系可望得到改善,中日经贸合作关系的发展也可能迎来新的窗口期。总之,该文认为 RCEP 生效后的中日经贸关系机遇与挑战并存,但总体来看,有利因素强于不利因素,中日经贸合作长期稳定发展前景可期。

**学界评价与反响**

该文发表以后,受到学术界的关注与好评,被中国人民大学复印报刊资料《世界经济导刊》2021 年第 10 期全文转载。据中国知网统计,截至 2022 年 7 月初,该文被下载 2500 余次,被 3 篇文章引用。

(该文原载于《东北亚论坛》2021 年第 4 期,收入本书时做了适当修改)

# 共同打造区域价值链体系

## ——深化中日产业合作的背景与可行性

张玉来[*]

美国拜登政权成立以来，逆转了特朗普时代的"退群"路线，转而高度重视与同盟国进行协调外交。然而，在对华政策上，却继续表现出强硬对立姿态，提出了所谓"投资、协同、竞争"基本方针（布林肯 2022 年 5 月在华盛顿大学演讲中提出）：不寻求与中国冲突或新的冷战，但要通过对内投资、对外协调盟友与伙伴来与中国竞争。不仅要让供应链回归，美国还试图引领一场囊括技术、气候、基础设施、全球卫生和包容性经济增长在内的对华竞赛。美国新政策对当前全球价值链体系形成严峻考验，因为中、美两国均为相互依存的国际分工体系的重要构成，中美竞争无疑就意味着"脱钩断链"，这将会伤及融入该体系的所有国家或地区。在这种背景之下，替代全球化的区域化就变得更加重要。所幸的是，久拖未决的 RCEP 终于在 2022 年初正式生效，作为全球价值链体系重要构成的"东亚生产网络"，因此有望"重生"变化并继续发展。堪称"东亚生产网络"重要支柱的中日两国，分别是世界第二和第三大经济体，相互之间也已形成了紧密的经济关联与产业协作，两国共同维护全球化的多边框架，不仅符合双方利益，也将有利于地区发展，而积极打造区域特征的新价值链体系或可成为重要突破口。

## 一、互惠依存型中日产业合作现状

中国是世界上最大的开放型经济体之一，截至 2019 年底，在华外商企业总数突破百万家，累计使用外资金额超过 2 万亿美元。其中，日本对华投资占据重要位置，累计设立企业超过 5 万家，累计实际投资金额 1157 亿美元。中日产业合作呈现如下特征。

首先，日本产能转移与"中国风险论"。20 世纪 80 年代日本企业对华投资以来，日本国内就有所谓"中国风险论"的声音，之后还出现所谓"中国+1"战略论（也就是中国之外"备案"），但 2001 年中国加入 WTO 之后，日企对华投资再掀高潮。日本帝国征信调查数据显示，2020 年在华投资日企数量为 13 646 家。另据日本经济产业省调查数据，2018 年其三分之一制造业产能转移海外，中国占其海外产能的四分之一。近年来，受中国人工成本上涨等因素影响，日本中小企业对华投资减少，服装等劳动密集型产业向东南亚转移。

---

[*] 张玉来，历史学博士，南开大学世界近现代史研究中心、日本研究院教授，全国日本经济学会常务理事。

其次，中日贸易的 GVC 特征转向双向度。中日两国贸易具有全球价值链（GVC）显著特征，而且，该特征也从过去日本对华出口为主，转向了双向度特征，即中国对日出口 GVC 特征迅速发展。以新冠肺炎疫情暴发前的 2019 年为例，日本对华出口额约合 1410 亿美元，其中，"一般机械"和"电子设备"占比均超过 20%，以中间产品为主特征非常显著；中国对日出口占比最高品类也是"电子设备"，占比 29%，虽然仍以智能手机等终端产品为主，但半导体电子部件已经达 66 亿美元，此外，中国出口日本的汽车零部件也上升至 31 亿美元。

最后，对华投资呈现高盈利特征。以日本企业海外经营状况对比来看，在华日企纯利润最高，占比 22%，超过了在美国投资日企的 16%、在欧盟日企的 16% 以及东盟四国（泰国、菲律宾、马来西亚和印度尼西亚）的 17%。另从 JETRO 世界贸易投资报告也可以看到，2020 年日本对华直接投资收益率为 14.9%，这比其在欧美收益率 6% 以下的 2 倍还多。

## 二、双重冲击下的全球价值链重塑

全球价值链已经遭受中美贸易战以及新冠肺炎疫情的双重冲击，这些都导致全球价值链体系重塑加速，国际分工体系面临大调整。

其一，中美摩擦已重创世界贸易体系。2018 年 7 月，美国以知识产权侵害为名对中国产品采取惩罚性加征关税措施，而且，两国摩擦从贸易扩大到技术等多个领域，形成全面对抗之势。中美贸易战对双方都造成冲击，美国罕见的高通胀现象以及中国经济下行等都是突出表现，而且，它还造成供应链体系大调整，虽有所谓"第三国替代"效应（如越南），但整体而言，对世界贸易体系形成负面作用更大。

其二，新冠肺炎疫情导致全球供应链一度断裂。突如其来的新冠肺炎疫情严重冲击了世界经济，2020 年世界经济出现 4.4% 的负增长（IMF）。更糟糕的是，疫情造成全球供应链一度断裂，严重影响了各国生产生活秩序。长期以来，基于发达的国际分工体系，构建起了横跨多国的全球价值链体系，这令单一国家或地区的生产走向了"碎片化"，只有全球联动才能保持稳定供应链。然而，疫情使该体系链条上不时会有某环节被迫按下"暂定键"，导致整条生产链中断。

其三，跨国公司调整布局影响全球价值链。受中美贸易摩擦影响以及新冠肺炎疫情冲击，日本跨国公司加速调整全球布局，JETRO 调查显示，投资美国日企四成以上已将海外采购从中国调整为日本、美国、泰国和越南等地，以此规避高关税成本。不仅如此，部分中国企业也向东南亚转移。疫情因素导致的布局调整也在相继展开。

## 三、中日打造区域价值链体系可行性

区域全面经济伙伴关系协定（RCEP）生效成为东亚一体化进程的里程碑。作为东亚经济大国，面对逆全球化浪潮及全球价值链重塑趋势，中日两国有义务也有能力共同推进区域合作，打造区域性价值链或成新机遇。

一方面，东亚区域化有望走向深化。东亚成为世界经济中心已经多年，在此过程中，中日发挥着核心作用。而且，两国经济总量占亚洲的六成、全球的四分之一，逼近美国经济总量；更重要的是，双方经济均嵌入全球价值链体系，形成互补关系，是"东亚生产网络"的两大驱动。加之，东亚经济趋势依然保持强劲，在世界经济下行背景下东亚已成"亮点"；而且，东亚经济主体之间互补特征显著，国际分工生产体系领先；区域内直接投资规模领先全球，中国和东盟仍是重要投资目的地。不过，东亚"世界工厂"式传统模式也面临转型压力，需要进行模式创新。

另一方面，中日共同打造区域价值链可行性高。在中美竞争长期化趋势下，日本面临"选边站队"选择困境。然而，面对区域化替代全球化的世界时代潮流，日本具有引领东亚开创区域性价值链体系的可能性，对此，与中国推进合作显然是必然选择。一是中日共同拥有坚持多边自由贸易框架的基本立场；二是中日是"东亚生产网络"的核心支柱；三是两国经济产业具有优势互补特征；四是相较于欧美，低水平的东亚一体化现状也提供了更广阔空间；五是东亚潜在需求的持续增长趋势有望拉动企业创新。

### 四、以"双循环"新格局对接区域价值链

最近，中国规划布局了"双循环"目标，意在推进高质量经济发展。综合国际国内大背景，充分抓住东亚区域一体化新局面，积极打造更具区域性特征的价值链体系，有利于促进和对接我国"双循环"新经济发展格局。一是在倡导多边自由贸易框架体系的同时，保持开放型经济体模式；二是以打造通畅高效的"区域循环体系"，对冲国际大循环体系出现的"人为"阻塞；三是启动全面系统的新一轮深改，推动发展模式转型；四是推动国内与国际循环体系高效对接，实现双循环相互促进、协调发展。

### 学界评价与反响

论文发表以来，作者围绕供应链问题受邀参加了相关学术活动，包括中华日本学会2021年会、吉林大学举办的"东北亚地区和平发展论坛"、天津外国语大学主办的"天外论坛2021"等，就中日共同打造区域价值链体系进行阐述，得到与会学者的关注并进行深入交流；作者受邀在北京第二外国语学院、日本中央大学等进行专题学术报告；接受了《南方日报》、澎湃新闻等媒体的专访；参加了相关政府部门的政策调研活动等。论文发表后，也被国研网、维普数据库、中国知网等全文转载、收录。

（该文原载于《现代日本经济》2021年第1期，收入本书时做了适当修改）

# "自由国际秩序"的历史窠臼：
# 论"印太"框架下日本的对华制衡

蔡 亮[*]

在"印太"框架下，日本自诩要构建一个以自由与开放为原则、以规则为基础的区域秩序，即以制度、规范与程序来引导与约束国家行为，并由主导国来分配国际义务，如借助多边体制来协调行动、促进合作、解决争端等的框架结构。但日本在政策宣传上强调多元开放性的同时，在外交实践中展现出来的却是一个不那么"多元"的对华多重制衡，这实质上是"印太"框架在政策宣传与价值理念之间存在的相悖性所导致的。

政治层面上，从日本的目标追求——"在'印太'地区普及自由、民主、法治等价值理念"，"旨在维持自由主义世界秩序的构想"可以看出，其信奉的是支撑"自由国际秩序"的自由主义，且日本和美国一样，也认为这种政治理念具有"普遍价值"。但各国历史文化和社会制度差异自古就存在。没有多样性，就没有人类文明，因此多样性可以说是人类文明的内在属性。而"自由国际秩序"说到底也不过是西方社会凭借200年来在世界政治、经济乃至思想文化领域的全方位优势，将本是建立在西方这一"地方性"的政治经验和价值判断等西方全球国际社会（western-global international society）通则毫不客气地推广至全球，并在形成现代全球国际社会（global international society）的过程中，自"二战"后尤其是冷战后确立的所谓"普遍价值"罢了。

而当自由主义试图借由多种"文明"标准形式强加于全球国际社会不同文明之上时就会发现，一方面自由主义从来就不可能被非西方世界全盘接受，另一方面西方内部对于自由、民主、法治等理念的具体内涵也有不同解释，更不要说西方自身对待上述理念所持的双重标准早已在自我侵蚀之后失去它的公信力和说服力。概言之，"自由国际秩序"从来就不具有普世性。从这一意义而言，日本将自由主义视为"普遍价值"，实际上就是将"自由国际秩序"定于一尊，这等同于对多元文化和多元价值的否定。这种定于一尊的思维逻辑认可的是一元，而真正的兼容性竞争是以认可多元为前提的。因此，这种一元独霸与多元共存所彰显的认知逻辑矛盾，恰是兼容性竞争的制度设计在学理上面临的背离。

---

[*] 蔡亮，上海国际问题研究院中日关系研究中心秘书长，研究员。

那么，日本为何会面临上述学理性的客观背离呢？追根溯源，这与"印太"概念中挥之不去的价值观外交因素息息相关。诸如全面加深与印太地区"海洋民主国家"的防务合作，"与英国、法国、澳大利亚、印度等共享基本价值观的国家携手，为实现自由开放的印太而努力"之类的措辞在日本的官方论述中屡见不鲜。自由主义形塑的秩序模型，擅长将一套权利阶序概念结合到一套权力结构理路，并有志于将两者融合成一套全球性法律及制度模式，且以某种方式运用权力实现权利结构。因此，尽管价值观外交标榜的是自由与民主、开放与包容，但意图构筑的却是现实主义下的权力平衡秩序。

具体而言，尽管"自由国际秩序"试图在国际事务领域建立制度、规范与程序来引导与约束国家行为，如通过遵守共同的行为准则自我节制单边行动，通过多边体制来协调行动、促进合作、解决争端。但本质上仍属霸权／扈从、支配／被支配的阶层秩序，通过建立规范和制度对其他国家行为体施加战略约束，以这种系统性努力将霸权体系法制化，并将基于实力的等级制合法化。而在这一过程中，不仅需要物质能力以迫使其他国家服从该秩序，更需要具备规范正当性以及"给予秩序参与国功能性报酬"。可见，霸权是缔造"自由国际秩序"的必要条件，这一秩序持续的关键则在于霸权方能否保障国际公共产品的有效供给。从这一视角而言，日本实际上是将构建"印太秩序"与国际公共产品联系在一起的，并日益将其定位为国际公共产品的提供手段，从促进区域乃至国际社会发展的角度出发，宣扬并推进所谓的"印太秩序"，以对外彰显其公益性。

进一步地，国际公共产品的供需关系是公益性与功利性的综合体，即霸权方为了某个战略目标而把自己的价值理念、有利于自身的规则等植入国际公共产品中，使之在体现公益性的同时，又可以打上霸权方利益的深深烙印。在日本眼中，日美同盟被定位为保障国际公共产品有效供给的霸权方，而中国则被视为意识形态上的"异质性"国家。中国的崛起也就随之被日本视为一种"修正主义"威胁，因而中国的各种言行被界定为"威胁""自由国际秩序"的具体实例也就不足为奇了。反过来说，日本针对中国的任何应对措施则就获得了维护"自由国际秩序"的"大义名分"。

从上述视角而言，尽管日本宣称要在印太地区提供一个海洋安全与秩序，即"有利于各方利益的状态、规则及制度"，确保所谓的"航行自由"及海洋资源共享，让印太成为一个事关各方和平与繁荣、由各方"共享共治"的国际公域。但实际上，日本从头至尾都是宣扬并试图推广有利于己的理念及规则，并进而打着"海洋安保能力共建"等"国际安全公共产品"的旗号，一方面为其积极、深入地介入南海事务，搅局南海的和平与稳定争取"正当名义"；另一方面为防卫安全政策转型，持续加大"对外输出"力度，积极推动与印太各国的防卫合作增添正当性。显而易见，日本的核心目标是实现自身的安全和利益，其分量远较在印太地区构建秩序更为重要。这也从一个侧面将日本的规范性利己心理清晰地折射出来。

概言之,"自由开放的印太"实质上是"有选择的多边主义",即以多边主义之名把自己的历史文化和社会制度强加给他人。中国欢迎多边主义,并始终用实际行动践行多边主义理念。中国也欢迎竞争,更提倡在公平公正基础上开展你追我赶、共同提高的田径赛式的竞争。中国主张每个国家应根据本国人民所认为适合于本国历史、文化、人口数量与稠密度、天然环境、地缘政治背景与发展阶段的情况,自由决定国内制度安排与国内正义观。进一步地,不同行为体之间应秉持共商、共建、共享的原则,在相互尊重、求同存异基础上实现和平共处,促进各国交流互鉴才是题中应有之义。

而对于日本近期破坏国际关系基本准则、不顾《中日和平友好条约》基本精神的种种言行,中国在明确表明立场、亮明红线的基础上,应注重"战略韧性 + 政策弹性"相结合,以"两手对两手"的方式推行对日政策。一方面在涉及中国领土主权等核心利益方面,应亮明红线,对日进行口头和行动上的警告,同时也应注重利用现有的对话平台,管控各种擦枪走火造成的安全危机,防止事态升级;另一方面,对矛盾划定红线的同时就是对利益坚持合作。唯有如此,方能确保两国关系不折腾、不停滞、不倒退,不卷入所谓大国对抗,并能共同为本地区和世界的和平与发展发挥积极作用。

### 学界评价与反响

该文发表后在学术界和社会上取得了一定的反响,如被评为"日本研究2021年度优秀论文Top30",并被"知乎"平台评选为"关于外交与中日关系""关于中日关系与日美同盟"领域值得推荐的高质量论文选题等。学术界认为,该文对"自由开放的印太框架"下日本对华外交的"多重制衡"特性进行了层次分明的总结。在政治和安全层面,日本一方面提升自身军事实力,另一方面不断强化日美安全体制,同时在"印太"框架下以日美同盟为基础拉拢更多国家以形成多层次的安全保障体系;在经济层面,日本通过制度框架的构建,或与中国围绕同一议题形成制度间制衡,或与中国在同一制度框架内展开制度内制衡,力图形成对华的制度优势。

此外,学术界还认为该文清晰地就中美日三国互动中的日本角色给出了定位,即受"美主日从"的非对称性同盟结构,和美日之间巨大的综合国力落差等因素所限,即使在美国国力有所衰落的现阶段,美国也只是要求日本在上述同盟结构不变的前提下,部分地承接美国的负担,日本提升外交自主性的空间其实微乎其微。因为在全球政治经济的格局中,中美业已成为最主要的博弈双方,两国任何彼此互动的关系,都将会给日本内政或对外政策带来决定性影响,这让日本愈来愈难以在两国之间进行微妙平衡,更遑论在"印太"框架下奉行有别于美国的对华战略。

(该文原载于《亚太安全与海洋研究》2021年第5期,收入本书时做了适当修改)

# 日本的"过劳"与"过劳死"问题：
# 原因、对策与启示

胡 澎[*]

"过劳"这一概念涉及过度劳动、过度疲劳、过度劳累、过重劳动、职业过劳等概念，也关系到劳动者的就业权、休息权、休假权等权利。长时间的"过劳"会导致"过劳死"。"过劳死"包含三方面的内容：一是长期超负荷工作导致的急性心肌梗死、脑卒中、急性心功能不全等心脑疾病暴发甚至死亡；二是长期超负荷工作造成沉重的心理负担，乃至精神崩溃而自杀；三是虽未致死，但心脑血管疾病或精神疾病严重损害健康，不得不长期处于休养状态，无法回归工作岗位。"过劳"与"过劳死"问题给劳动者的身心健康造成了极大损害，也给死者家属带来了巨大伤痛和无可挽回的损失。"过劳"现象降低了生产效率，妨碍了企业创新，导致了职场劳动关系的扭曲，不利于企业的长远发展。"过劳"现象也不利于工作与家庭兼顾，长此以往将加剧少子化的严峻程度。另外，"过劳"现象严重的国家很难吸引到国外优秀人才。日本是"过劳"与"过劳死"问题的高发国家，在防范"过劳"与"过劳死"问题上进行了一些探索。

## 一、"过劳"与"过劳死"问题的产生

20世纪七八十年代，在日本经济异常繁荣下掩盖的是劳动者超长时间工作的"过劳"现象。1989年之前，日本劳动者的年平均工作时间基本都维持在2100小时以上。连续加班、过度疲劳却得不到充分休息导致的"过劳死"事件多有发生。多起外国研修生的"过劳死"事件及法律纠纷，引发了日本各界和国际社会对日本"过劳"现象的谴责以及对外国研修生制度的质疑。围绕这些不幸的事件以及死者家属艰难的维权和抗争，"过劳死""过劳自杀"问题一次次成为舆论的焦点。

## 二、"过劳"与"过劳死"问题产生的原因

一是日本企业长期盛行的终身雇佣制与年功序列制。在只要努力就有回报、劳动时间越

---

[*] 胡澎，中国社会科学院日本研究所研究员，博士研究生导师。

长回报越高的时代，长时间劳动、单身赴任、免费加班等非但没有受到谴责，反而被当作雇佣领域的正常现象。二是日本"男主外、女主内"的性别分工模式与终身雇佣和年功序列制度紧密相连，互补性很强，成为"过劳"与"过劳死"产生的"土壤"和"温床"。三是平成时代非正规雇佣劳动者的不利生存环境是"过劳"产生的经济因素。一些"黑心企业"违法、违规、过度使用劳动者现象屡禁不止。四是日本企业病态的"加班文化"是"过劳"产生的文化因素。

### 三、日本的"过劳"与"过劳死"对策

在一个相当长的时期里，"过劳死"和"过劳自杀"未被纳入工伤保险，受害人也很难争取到企业的道歉和赔偿。随着日本社会人权意识的普及和提高，以及"过劳死"受害者家属和律师的不懈抗争，日本政府的态度逐渐发生变化，开始认真应对"过劳"和"过劳死"。

一是完善"过劳死"相关法律，出台多项措施。日本政府设定了"过劳死零发生社会"的目标，其实现途径包括：削减长时间劳动、推进职场的精神健康对策、防止过重劳动对健康的损害、预防职场霸凌和职权骚扰、工作方式改革、完善心理咨询体制。2014年《推进防止过劳死等对策法》正式实施。厚生劳动大臣任本部长的"削减长时间劳动推进本部"，在防范"过劳"与"过劳死"方面发挥了积极作用。2015年，《防止过劳死等对策大纲》规定到2020年每周工作60小时以上的劳动者应低于5%、休带薪假的劳动者应达到70%以上，2019年产业精神保健措施应覆盖80%以上的企业。各地方自治体也纷纷在《大纲》的基础上制定防范"过劳死"的具体措施。

2018年出台的工作方式改革，修改了多项相关劳动的法律，还对加班的上限进行了规定，即每个月上限为45小时，一年不得超过360小时，工作繁忙期单月（包含休息日）加班不能超过100小时，工作繁忙期的2—6个月加班时间可超过上限，但每月平均加班不得超过80个小时（包含休息日）。法律还规定，企业有义务让员工每年有5天的带薪休假。违反制度的企业相关负责人将会受到6个月以下刑罚或30万日元以下罚款。

二是制定"过劳死"的工伤认定标准。2001年出台的《关于脑血管疾病与虚血性心脏疾病等认定基准》将劳动时长作为"过劳死认定线"的判定标准，即劳动者在"发病前2—6个月期间，每个月加班平均超过80小时或发病前一个月大约加班100小时、长期处于疲劳状态"。另外，该基准还强调了劳动者发病前1—6个月期间，每个月平均加班超过45小时的情况下即可被判定为工作强度过重、有害于身体健康，会造成身体损害。1999年出台的认定标准首次将长时间、过重劳动与精神损害和自杀联系起来，精神损害的受害者也有了获赔工伤保险的权利。2011年出台的《心理负荷导致精神损害的认定基准》对"过劳"引起的精神损害制定了更为精准的判定标准。

三是开展对"过劳"及"过劳死"的调查和研究。自2016年始,厚生劳动省每年发布《防止过劳死等对策白皮书》。厚生劳动省设置的"防止过劳死等调查研究中心"常年实施对企业、劳动者的问卷调查,特别是有针对性地开展相关从业人员等群体的调查和分析,并在此基础上多角度、跨学科开展课题研究。

四是日本各界广泛宣传"过劳死"相关法律知识,普及正确的劳动观念。

五是多方合作共同应对"过劳"与"过劳死"。各行政机关、地方公共团体、法律界、企业、工会组织、民间团体等各司其职,相互配合,共同采取行动。

## 四、日本"过劳"与"过劳死"对策给我们的启示

日本防范"过劳"的对策可以给我们提供一些有益的启示。一是进一步完善法律法规,制定防范"过劳"的专项法律,并在法律的基础上制定目标和实施步骤。二是劳动保障监察部门要加强对企业的监管,敦促企业遵守并执行《劳动法》《劳动合同法》《企业职工带薪年休假实施办法》等法律、法规。三是政府、企业、科研机构、社会组织、法律界相关人士要相互配合,为消除"过劳"和"过劳死"现象而努力。四是加大对防止"过劳死"方面的宣传。五是督促企业通过技术升级、提高生产效率改善劳动者的工作条件和劳动环境,适当减少深夜劳动、休息日劳动,确保员工能够享受休息日、节假日和带薪年休假的权利,防止过度劳动。

**学界评价与反响**

截至2022年7月7日,知网显示,有一篇论文转引该文:《我国"过劳死"法律救济与完善路径研究》。该文下载量共832次。

(该文原载于《日本问题研究》2021年第5期,收入本书时做了适当修改)

# 日本福岛核污水排海问题及其应对

金 嬴[*]

## 一、福岛核污水问题的产生与发展

2011年3月11日，9级强震引发的特大海啸使日本福岛第一核电站严重受损，1号至3号机组堆芯熔毁，1号、3号、4号机组厂房发生氢爆。这场特大事故不仅在短时间内造成大量放射性物质的直接释放，还产生了一个长期的严重次生危害——核污水。福岛核污水主要来源于三个方面：反应堆冷却水、进入机组厂房的地下水和雨水。这三种类型的核污水交汇相融、跑冒滴漏，给事故处理带来前所未有的挑战。

福岛核事故发生后不久，就有专家和业内人士警告核污水处置将成为事故处理中最大的难题。2013年9月，日本政府确立了解决核污水问题的基本方针和综合对策。基本方针包括三点：一是清除污染源，二是水不接近污染源，三是防止核污水外泄。但是，上述核污水对策执行落实的效果并不理想。造成这种状况的原因主要包括以下三点：一是清除污染源工作远远超出预想难度。据预测，3个机组的熔毁堆芯残骸多达880吨。截至2021年3月，仅2号机组通过远程操作，初步获得了一些安全壳内部状况和残骸位置的信息，残骸硬度等清除工作所需要的详细信息一无所获，最终实现"清除污染源"的目标遥遥无期。二是地下水、雨水的截流控制效果大打折扣。三是ALPS等设备的净化效果未达标，核污水的储藏和管理压力不减。

## 二、福岛核污水排海决定凸显系列问题

福岛核污水排海将无法避免一系列国际法层面的问题。日本决定向海洋排放核污水的消息一经公布，立刻引发多国政府、国际组织、全球300多个环保团体以及包括日本国民在内的各国民众的严重关切和强烈反对。2021年4月13日，中国外交部发表声明，强烈敦促日方重新审视处置计划，不得擅自启动排海。

日本的决定之所以广受批评和反对，根本原因在于其行事方式与核安全、全球海洋环境

---

[*] 金嬴，中国社会科学院日本研究所研究员。

保护、国际公共健康等可持续发展问题的治理要求相悖。对于福岛核污水排海事件而言，其适用的国际原则和规范主要包括以下几个方面。一是风险预防原则。该原则的基本理念是预防环境破坏比采取措施恢复环境好。二是不损害国外环境责任原则。这一原则是将市政环境中的妨害原则拓展到国际社会，并相应地引入了责任概念，作为适用于国际事务的规范性建构。三是国际合作原则。与上述风险预防、审慎义务、不损害国外环境、污染者付费等原则密切相关，国际合作原则要求相关国家在双边或多边层面充分合作，通过协商以及采取必要措施解决区域或全球性的环境问题。

结合日本政府和东京电力公司（以下简称"东电"）的行为机制和行事方式，我们可以发现四个突出问题。

第一，日本方面的决策基于短视思维和功利主义。福岛核事故是当前全球最严重的核事故，其灾难规模、严重程度、影响广度都创下核电事故史上之最，是一场"人类历史上从未经历过"的超级事故。目前日本政府妄图采取"速战速决"的方式，毫无疑问是出于经济成本的算计。日本政府选择自身所付代价最小的海洋排放方案，却把最大的环境健康安全风险留给全世界，将本该由自身承担的责任转嫁给全人类。

第二，无视核污水排海的潜在安全风险。短视思维和功利主义的决策方式，必然导致日本政府和东电以简单的逻辑推理来界定问题，无法也不愿将涉及高度不确定和相互依赖等复杂性因素纳入决策考量。

第三，相关信息数据的公布不全面、不准确。自"3·11"大地震后，日本政府和东电公布了有关核事故、核污水的大量信息，试图塑造一种积极践行信息公开的良好形象。但是，海量信息中存在虚假数据，日本政府和东电基于这些信息数据，错误引导舆论。

第四，日本国内外涉核公众沟通严重不足。核与辐射事故具有事故突发性、影响广域性、不可感知性、难以恢复性的显著特点，又由于该领域专业性强，因此公众沟通工作极具挑战性。日本表现在应急响应等涉核公众沟通中的问题，就国内范围而言，主要问题在于自上而下的、结论先行的单向式传播；就国际范围而言，日本的海外沟通明显偏重于其西方盟友，对于中国、韩国、俄罗斯等周边邻国的关切则长期怠慢，不经充分协商单方面作出决定，招致了强烈的质疑和反对。

## 三、福岛核污水问题的应对路径

日本单方面作出核污水排海决定，既暴露了其十年间工作的短板，也使国际社会认识到妥善处理和处置福岛核污水不仅仅是日本的问题，也是实现人类社会可持续发展不可回避的任务。未来福岛核污水治理路径可从以下三个层面展开。

第一，把握治理的根本理念，强化命运共同体的合作意识。

第二，坚持实事求是、科学理性的思想和工作方法。

第三，激发更多的社会力量参与，发挥非传统外交的重要作用。

福岛核污染水处置问题事关重大，必须慎之又慎，不容有失。日本应认真回应国际社会、周边国家以及本国民众的严重关切，穷尽安全处置手段，本着对国际公共利益高度负责任的态度，以公开、透明的方式，同各利益攸关方进行充分的协调沟通。IAEA（国际原子能机构）、国际海事组织、世界卫生组织等相关国际机构组织也应对日方决定进行客观公正的验证，共同努力妥善解决问题。

**学界评价与反响**

该文刊发之后，受到学界较为广泛的关注。文中关于福岛核事故的基本事实情况，在相关研讨活动中被多次提及。《日本学刊》于2021年4月刊发的专题研究《多维透析日本福岛核污水排放问题》中的两篇论文都对文章有所引用。根据中国知网统计，该文下载量达1379次（截至2022年7月31日）。

（该文原载于《当代世界》2021年第6期，收入本书时做了适当修改）

# 日本环境治理的产业化制度与中日合作的可能性

李国庆[*]

## 一、日本环境治理走向产业化

中国目前正处于由工业文明向生态文明过渡的新阶段，而日本在环境经营方面已经积累了出色的理论研究与实践经验。

"环境经营"是指通过积极的产业活动，供给有助于环境保护的生态产品与服务，实施生态产业化和产业生态化，实现社会经济体系向环境友好型转变。环境经营具体包括事前降低环境负荷的技术、事后针对环境污染的治理以及绿色经济的形态，同时包括节能节水和再生资源的利用等。在传统的工业理念下，环境保护的投入会增加企业负担，导致企业收入降低，进而导致产品需求降低、企业竞争力下降。而在生态文明理念下，环境经营强调资源的循环利用、废弃物的处理以及生物资源的利用，从而创造出新的环保技术，促进技术创新，扩大投资机会。

当前，环保产业的就业规模不断扩大，已吸收就业人口 280 万人，是 2000 年的 1.5 倍，其中"废弃物处理和资源的有效利用"吸引就业效果最为突出，该领域就业人口一直占环保产业的 50%—60%。近年来，"防止气候变暖"相关环保产业的就业人口提升显著，占环保产业总就业人口的四分之一左右，且 2017 年该产业领域的就业人口规模增至 2000 年的 6.6 倍。环保产业中各相关产业的就业人口占比中，"废弃物处理和资源的有效利用"产业占 56%，"防止气候变暖"产业占 24%，"防治环境污染"产业占 5%，"自然环境保护"产业占 15% 左右。

针对日本的环境发展机制，日本政府对环境产业有较大的扶持力度，政府针对未来发展重点，扶持环保产业项目并加以规划，最为著名的是 1997 年设立的生态工业园项目。根据这一制度，北九州设立了生态工业园区，国家政府和地方政府联合对环境产业进行投资，发展资源再利用技术以及设施的研发。尤其需要强调的是，日本根据行业组建跨企业的废弃物处理体系，共同设立前端处理技术研发体系，对环境的治理向前推至产品设计环节，开发新的产业技术包，并逐步推向市场，形成新的投资热点。

---

[*] 李国庆，中央民族大学教授，博士研究生导师。

## 二、中日合作的三大新领域

新冠肺炎疫情对世界各国经济造成了巨大冲击，在此背景下探讨未来中日在各个领域的合作，主要有三种可能性。第一，关于固体垃圾的处理。中国自 2020 年 9 月 1 日开始实行《固体废物污染环境治理法》，而且早在 2020 年 1 月就出台了《关于进一步加强塑料污染治理的意见》，新的限塑令明确限制了塑料产品的生产、销售和使用。在这个问题上，日本已有成功的经验。以电冰箱为例，以往一台冰箱需要使用 10 余种不同类型的塑料，这种设计虽提高了产品耐用性，但却给产品的分解、回收带来了巨大麻烦。而现在，生产厂家把塑料种类降至 3 种，并在设计环节就开始考虑便于分解的技术，即从生产前端开始介入废弃物的再利用。日本的这种从设计环节开始的家电再生技术在世界上遥遥领先，未来中国和日本在环保产品设计领域具有极大合作潜力。

第二，评估气候事件的风险对城市群的影响。这里需要通过城市社会学的概念来划分城市空间类型以及各类型城市空间如何去应对气候风险，建设韧性城市和打造韧性城市群。在该领域，日本已形成值得借鉴的经验。位于日本千叶县的柏之叶市是一个新型智慧城市，由三井不动产公司设计，创新性地提出与环境共生的低碳城市、就业产业创新城市、健康长寿城市理念。日立公司承担技术设备研发，开发新技术，如地区能源管理系统、楼宇能源管理系统、家庭能源管理系统，探索未来的城市形象。

日本的韧性城市和智慧城市建设经验，对于正在建设中的雄安新区的气候风险调适具有重大参考意义。针对雨洪、高温等极端气候灾害的"城市韧性"具体指城市基础设施韧性、经济韧性以及社区韧性，是城市系统通过事前的科学规划，确保城市在遭遇突发自然灾害过程中，城市系统能够在不破坏其基本结构的前提下吸纳灾害、维持城市基本运转的能力，以及灾害后恢复初始状态的能力和速度。因此，在解决现代城市所面临的不确定性扰动，探索适应性调整方案和途径领域，中国和日本的合作潜力巨大。

第三，关于以上海自贸区新片区为中心建设"东亚一日交通圈"的设想。"东亚一日交通圈"是"双循环"的重要切入点。在保护主义抬头、自由贸易受阻、全球技术供应链重组的国际环境下，对外大循环结构难以一蹴而就，需要加以分解，优先形成若干个区域、次区域的"小循环"，作为建立国际大循环格局的切入点。为此需要具体分析地政形势，选择条件好的比邻国家区域、次区域，培育合作支撑能力，逐步形成多极分散型循环结构。中日韩三国由于地理区位、产业经济互补性和历史文化渊源，具有实现东亚地区产业循环、市场循环、人员跨境流动的基础和可能性。

实现以上海自贸区新片区为核心的东亚一日交通贸易物流圈，一是要建立高层次工程技术人员往来一日交通圈；二是要依托新片区"东亚科技自由港"，推进与东亚国家在极端制造领域合作；三是要创新数据流动制度，实现一日物流圈。建设一日交通贸易物流圈的路径，一是在新片区建立境外高端技术人才备案制度，实行特殊工作落地签制度，确保在新片区落地的高科技企业技术人员享受快速入境的便捷服务。二是推动一日物流圈建设，搭建中日韩自贸区编码统一的物联网，建立货物的数字身份证制度，提高物流效率。三是加大新片区内在制度创新动力，建立增值电信业务，特别是在洋山特殊综合保税区建立独立体制，实现互联网介入自由、推特和谷歌等接入自由，打通跨境资金流通和数据贯通渠道，让数字经济的优势在新片区得以充分发挥。在东亚一日交通圈建设领域，中日两国合作既具有迫切性，也具有现实性。

## 三、对日本环境经营的评价

日本环保经济的发展经验对于践行中国的绿色发展理念具有现实借鉴意义，环保经济也是迎来中日邦交正常化 50 年的今天进一步拓展中日合作的重要领域。日本的环境产业发展是在政府完善法治与经济激励机制的基础上，企业作为产品与服务的供给者，基于生产者责任进行环境治理、参与环保产业、开展环保投资得以实现的。日本环保产业的发展以及相关举措对中国的启示可以概括为以下三点。

第一，日本经验表明，企业是解决生产环节环境问题的责任主体。企业把环境问题纳入经营的核心课题，降低企业污染排放，有助于企业生产技术的生态化升级改造和绿色产品的研发，能够为企业带来新的附加值，提升企业的环保经营能力，实现兼顾生产与环保的企业经营，从而获得更高的经济与社会效益。当然，这一机制形成的前提是社会整体环保意识的建立，消费者购买绿色产品和服务、践行环保生活方式同样发挥着关键作用。日本根据行业组建跨企业废弃产品回收企业，并共同设立前端处理技术研发的"跨企业合作型"环保企业，大大提升了经济效益。

第二，政府发挥主导作用，采取强有力的经济手段进行诱导对于环保企业的发展壮大至关重要。日本在早期对可再生能源、经济节能型汽车实施财政支持，后期通过主导环境金融、绿色投资促进环保产业形成良性循环，这些措施对环保产业的培育与发展都发挥了至关重要的作用。日本发挥金融投资的作用、实施健全的经济机制对我国培育环保产业具有重要的借鉴意义。

第三，日本经验表明，不同类型环保产业的发展机制与作用各不相同。"自然环境保护"与"废弃物处理和资源的有效利用"产业多属于服务型环保产业，这类产业能够产生较高的附加值；"防治环境污染"和"防止气候变暖"产业多属于制造业，虽然附加价值率较服务业偏低，但对提升企业的环保水平和社会形象具有重要意义。"废弃物处理和资源的有效利用"与"防止气候变暖"产业的扩大就业和提升产业附加值的效果均非常显著，值得进一步推进。

（该文原载于《日本学刊》2021 年第 1 期，收入本书时做了适当修改）

# 日本央行数字货币的制度设计及政策考量

刘 瑞[*]

在全球数字化迅速发展的背景下,日本银行对发行法定数字货币(CBDC)表现出一定兴趣。值得关注的是,日本已经开始与欧美联合推动 CBDC 制度性研究,意图主导数字货币规则的制定。未来日本还将积极开展与西方发达国家的国际协作,参与数字货币、数字税等前沿领域的国际标准和规则制定,力图在数字经济竞争领域占据先机。

## 一、日本加强央行数字货币(CBDC)研究

伴随全球范围内中央银行对法定数字货币的关注和热议,日本各界正加快对 CBDC 的研究,主要涵盖三大方向。一是在实际操作层面探寻技术突破及环境安全。为使 CBDC 与现金享有同等功能,日本银行将普遍接入性(universal access)和强韧性(resilience)作为导入 CBDC 的技术标准,在此基础上解决安全保障、保护隐私与反洗钱(anti-money laundering, AML)、反恐怖融资(counter financing of terrorism, CFT)等金融合规课题。

二是以经济学、法学等为视角,对 CBDC 进行理论分析和研判。关根敏隆认为,通过发行 CBDC,央行可以继续维持货币的价值尺度功能,维持货币稳定。岩村充进一步指出,CBDC 可与现金并存,前者作为契约单位,在金融市场发挥价值尺度功能,后者用于线下小规模结算交易。渡边努认为 CBDC 可以对现金适用负利率,有助于提升货币政策有效性,进而解决通缩难题。日本央行数字货币法律问题研究会的报告指出,CBDC 的制度设计,涉及日本银行法和民商法、行政法、竞争法、信息法、刑法等法律领域,有益于厘清货币功能、央行与民间金融机构关系等基本问题。

三是部分学者将研究视野扩展到国际竞争力、经济安保等领域。井上哲也指出了全球央行 CBDC 研发进展背景下日本发行数字日元的意义。针对中国积极推进数字人民币的研发及试验应用,日美欧等经济体都给予了极大关注,并将其视为国际货币体系的战略竞争领域之一。铃木智也将 CBDC 视为中美竞争的一项要素,指出其存在改变现存经济安保环境的技术能力,具有构建新型经济秩序的可能性。河合正弘认为中国加紧发行数字人民币的目的有二:

---

[*] 刘瑞,全国日本经济学会秘书长,中国社会科学院日本研究所研究员。

一是实现低成本、低风险和高效的金融交易；二是抢先制定和创建相应的国际标准。如果未来中国影响力持续扩大，数字人民币作为国际货币的公信力将得到增强。

在现实中，以美欧日为中心的西方主要经济体对中国数字人民币的进程及影响的防范主要表现在两方面：一是联手共同制定新标准、新规则，二是推进自身的CBDC进程。

## 二、日本推动CBDC制度设计的新进展

根据日本银行的定义，CBDC发行应满足三项条件：一是以数字化形式体现，二是以法定货币日元计价，三是作为日本央行的负债。虽然日本银行对发行CBDC持谨慎态度，但其在制度框架和概念测试等方面的相关准备并未松懈。

### (一) 日本零售型CBDC发展进入新阶段

零售型CBDC，由于其与企业、个人及金融机构之间联系密切，而且性质及用途等同于现金，存在银行存款风险，因此在现实中更受关注。日本积极推动利用主体更为广泛的零售型CBDC的制度建设，致力于关键特征的技术功能研发。2020年10月，日本央行公布《日本银行关于推进中央银行数字货币的方针》(简称"方针")，并制定了零售型CBDC的制度框架。其中主要有三点值得关注：一是展望零售型CBDC的预期功能。在"方针"中，日本银行指出零售型CBDC应发挥三项功能。第一项功能是具备等同于现金的支付结算方式，第二项功能是支持民间支付结算服务，第三项功能是构建与数字社会相适应的支付体系。二是维持间接型二元支付体系。"方针"显示，零售型CBDC与现金一样，由日本银行发行并通过商业银行等金融机构向民众发放，维持"央行—商业银行—社会主体"的双层或者说二元支付架构，即维持现有的日本货币发行体系。三是开始CBDC实证检验。在CBDC正式投入使用之前，央行要进行概念验证与试点应用测试(pilot experiment)等实证检验。2021年4月，日本银行宣布开启零售型CBDC实证检验，并将检验分为三阶段，其中第一阶段和第二阶段均为概念验证，第三阶段为试点应用测试。

### (二) 批发型CBDC研发

批发型CBDC和零售型CBDC，虽然参与主体不同，但均以构筑安全高效的支付体系为目的。批发型CBDC对应的是银行在央行的存款准备金，其利用者仅限于银行等金融机构，用于银行间支付和结算交易。为提升高跨境结算效率、促进资本市场发展、改善证券交易，完善支付和金融市场基础设施的应用以为金融市场提供更为完善的保证，日本对批发型CBDC的研究也在不断深入。

概言之，在日本发行CBDC的过程中，无论其支付方式是基于账户还是基于代币，货币的基本结构并无变化，间接型二元支付体系也将继续维持，同时日本央行维持货币与金融体系稳定的基本职能不变。但是，在数字化时代，日本无现金支付水平逐步提升，支付服务提

供商更为多元，如何安全高效地利用CBDC提升现有支付结算体系效能，将成为日本央行的关注重点。

从便利性与安全性等角度考虑，日本央行在CBDC技术发展及制度设计等方面仍面临不少课题。如央行与私人部门之间的分工协作及角色安排、是否对CBDC发行数量及民众持有CBDC数量设置限制以及是否付息等设计框架、如何加强隐私保护和用户信息保护，以及CBDC相关信息技术标准化建设等。

### 学界评价与反响

该文在发表之后，不仅得到学界的关注，还因作者对日本政府和央行推动数字货币研发的动向进行了深入研究，得到了包括关心日本数字货币发展形势的经济界相关人士的关注。该文在刊发之后，其学术价值很快就得到学界的认可，根据中国知网统计，被引3次，下载量达1007次（截至2022年7月19日）。另外，该文还被中国人民大学书报资料中心复印报刊资料《世界经济导刊》2021年第12期全文转载。

（该文原载于《日本学刊》2021年第4期，收入本书时做了适当修改）

# 日本对华战略行为选择的逻辑

## ——以安倍执政时期为案例

陆 伟[*]

后冷战时期日本的对华战略行为以频繁变换、充满不确定性为主要特征。以安倍晋三为例，2012年底安倍晋三第二次上台执政后采取强硬的对华政策，其行为选择呈现激进的进攻性特征。然而，进入2017年以来，这一对抗路线逐渐被寻求接触和有条件合作所代替。该文揭示了日本对华战略行为复杂多变的逻辑机理。

### 一、双重逻辑：解释日本对华战略行为选择的理论框架

影响日本外交战略选择的主要因素实际上可以归纳为结构层次上的美国压力和单元层次上的国内政治压力这两种因素。

#### （一）日美战略匹配度对日本战略行为选择的影响

既然日本一直视日美同盟为对外战略的支柱，那么与美国在战略上的匹配程度自然构成影响日本外交战略行为的主要结构性条件。

尽管主导国对非对称联盟的建立居于支配性地位，但决定该联盟能否维持和巩固的最大不确定因素却来自追随国。非对称联盟中成员的地位不完全取决于实力的对比。追随国在双边交往中的议价能力提升，不再一味迎合主导国的外交议程，相反要求对方做出符合自己战略利益的调整。上述情况将激化两者在战略上的不一致。因此，非对称联盟的演变过程伴随着主导国和追随国在战略上的一致或不一致，相互的战略依赖是联盟得以存在的基础，强化联盟的动力来自新的基础上达成的平衡。该文把上述现象称为"战略匹配度"。所谓战略匹配度是指主导国和追随国围绕联盟战略目标的政策选项的协调程度，协调程度越高，战略匹配度就越高，反之则越低。在非对称联盟中，如果追随国基本实现了生存安全利益，却依然在推动联盟职能的不断强化，其原因至少在追随国方面是受到了更大战略目标的驱动。在这种情况下，基于自身实力的不足和国际地位的缺失，追随国必然谋求与主导国实现战略利益

---

[*] 陆伟，同济大学政治与国际关系学院副教授。

的捆绑，两者的战略匹配度相对高时，其战略选择偏向冒进，表现为与竞争对手展开较高烈度的对抗，反之则选择战略隐忍，表现为对竞争对手实施低烈度的制衡或对冲。

### （二）日本国内政治改革的紧迫度与日本战略行为选择的关系

20世纪80年代以来，在经济领域迈入西方资本主义世界前列的日本开始转向具有自由主义色彩的政治改革。"泡沫经济"的破产和"失去的20年"为这种改革借助对经济模式的反省增添了更强大的动能。其间，日本政治生态右倾化、外交战略的"大国化"志向和社会文化转型也在持续演进，并呈现同步发展、相互强化的态势。日本外交战略的转型和外交风格的整体激进偏向与其国内推行的自由主义改革密切相关。

自由主义改革与对外政策行为的关系是由多重中介机制构成的。自由主义改革给日本的战后体制带来了持久深刻的冲击，从影响和结果来看，贫富差距的扩大、权威政治的形成、选举游戏规则的改变、在野势力的自民党化和边缘化、官邸主导模式的确立、新右派的联合以及国家主义的政策偏好是最为重要的内容。这些因素汇聚并通过以下三个互相关联的机制传导，影响着日本战略行为和对华政策选择。第一，政治社会的"企业经营化"改革，使自由主义在动摇战后民主主义基础的同时，又不得不向国家"集权"寻求依靠，从而推动了"权威政治"的勃兴。第二，新自由主义改革为新右派的集结提供了动力，而新右派势力的消长及其所追求的国家主义目标又左右了日本对外战略行为和政策取向。第三，由选举规则变化和"政治主导"确立提供的制度保障和决策平台，确保了国家主义目标沿着"后和平宪法体制"和"历史修正主义"两个方向不断得到贯彻，也使得日本的对外战略行为随着其演化的进程做出相应的调整和选择。这样，日本的外交战略和政策行为就体现出一种国内政治改革的因果作用机制。当然，新自由主义改革并不是一种线性的发展过程，改革遭遇夭折甚至反转的"剧情"间或发生。在自由主义改革力度出现减弱的情况下，上述三重中介机制运转可能会部分停滞或者全部失去作用，对战略行为的基于国家主义目标的选择要求就会发生松动，外交政策转换的压力也随之减轻，从而发生因政策纠偏而调整策略手段的情况。

### （三）双重变量影响日本对华战略行为选择的作用机制

日美战略匹配度（A）和日本国内政治改革的紧迫度（B）是决定冷战后日本战略行为和对华政策选择的关键因素。在这双重变量的交互作用下，日本的战略行为在约束性合作（$A^-$ + $B^-$）、软对冲（$A^+$ + $B^-$）、硬对冲（$A^-$ + $B^+$）、冲突性对抗（$A^+$ + $B^+$）四种情况之间做出选择。它构成了冷战后日本战略选择的一道政策光谱，日本对华政策的复杂性和多变性基本上都可以在这一光谱中找到相应的位置。

## 二、案例分析：安倍政府的对华战略行为选择

按照安倍晋三前后两次执政期间所表现出的不同对华政策取向，其执政可以分为三

个时期,即 2006 年 9 月至 2007 年 9 月、2012 年 12 月至 2017 年 11 月、2017 年 11 月至 2020 年 9 月。

### (一)软对冲:第一时期安倍政府的对华战略行为

2006 年安倍晋三上台后,一方面抛弃了小泉纯一郎在历史问题上与中国的公开对抗,以"破冰之旅"高调显示构建中日战略互惠的姿态,另一方面则为谋求脱离战后体制开始推动相关制度改革和发起社会动员,并以"价值观外交"为路径,着手进行遏制中国崛起的布局。这一看似矛盾的行为选择凸显了日本对华政策工具箱中一种具有软对冲特征的政策行为,它是由当时日美战略较高匹配度和日本国内经济和行政改革上的摇摆不定和患得患失,以致并没有为新右派提供能够更好地借此实现聚集的机会所决定的,因此分析这两个变量所处的现实"节点"及其交互作用,就可以作出合理的解释。

### (二)冲突性对抗:第二时期安倍政府的对华战略行为

2012 年底安倍晋三第二次上台执政,日本对华战略行为表现出异乎寻常的强硬,其程度超出了中日建交以来甚至冷战以来日本所有对华政策的选择范围。日美战略匹配度和日本国内政治改革紧迫度均达到了非常高的水平,即两大因素在这一时期出现高维度的同向共振,这是安倍政权对华采取冲突性对抗的行为选择的主要原因。

### (三)硬对冲:第三时期安倍政府的对华战略行为

进入 2017 年以后,日本的对华政策出现了调整的迹象,其战略行为相较于第二时期在对抗烈度上确有走向缓和的趋势。这一突然转变,其实并没有超越冷战后决定日本行为选择的固有逻辑。它反映了两种变量交互影响下的另一种状况,即国内自由主义改革紧迫度高而日美战略匹配度低时的日本对华战略行为,展现了对华冲突性对抗被硬对冲所取代的关系逻辑。

## 三、结语

该文的研究表明,日美战略的匹配度和日本国内政治改革的紧迫度是影响日本对华政策选择的关键变量,它们的强弱变化和现实发展构成的不同组合,使得日本对华战略行为呈现四种形态,安倍晋三执政时期对华政策的变化并没有背离这一逻辑,也由此基本上框定了日本未来的对华政策走向。

综合以上两种因素,可以判断,硬对冲取代冲突性对抗,并逐渐向弱对冲过渡将成为未来一段时期日本对华战略行为的主要选择。

(该文原载于《日本学刊》2021 年第 1 期,收入本书时做了适当修改)

# 国际秩序变革与日欧战略接近

陈静静　张　勇[*]

当前国际秩序深刻变革，日本对此非常关注并积极探寻其在秩序重组中的有利位置。与欧洲接近成为日本谋求影响国际秩序重塑的重要一环，这也得到了欧洲的积极回应，日欧加快战略转型步伐，彼此战略接近态势愈发明显。在共同设计与推动下，日欧关系正迎来"蜜月期"。日欧关系发展到今天，并不是无源之水，该文在简要回顾"二战"后日欧关系发展轨迹的基础上，分析近年来日欧战略接近的动因和特点，探讨日欧关系演进的规律和逻辑，进而对双边关系走向及其对国际秩序的影响进行了学理性研判。

## 一、战后秩序变革下日欧关系发展轨迹

"二战"后日欧关系以冷战终结为界，可分为两个阶段。前一阶段又可细分为，20世纪50—60年代重构时期，20世纪70—80年代日美欧国际协调初期。后一阶段则可分为20世纪90年代转型发轫期，21世纪积极构建战略伙伴关系期。20世纪50—60年代，日欧关系重构期，聚焦经贸领域，以摩擦对抗为主。20世纪70—80年代，美日欧三边协调初具雏形，日欧经贸摩擦升级。20世纪90年代，日欧关系进入转折初期，政治合作开始起步。21世纪，日欧关系全面转型，政治合作全面展开。20世纪50年代以来，日欧双向政策经历了问题导向型、政策导向型和战略导向型变化，从被动应对具体问题，到主动制定政策加强合作，再到从战略高度相互认可与借重。在转变过程中，双边关系领域不断拓展、程度不断深化、高度也在提升，逐步由冷战期间的西方阵营同伴到冷战后的全球伙伴关系再到当下的全球战略伙伴关系，双边关系不断成熟、日趋完善。

在这一系列转变过程中，从日本与战后国际体系的关系及其对国际秩序的认知来看，日本对欧政策逻辑可归纳为：积极融入美国主导的国际秩序，艰难获得欧洲对其"西方发达国家"身份的认可，逐渐具备了与欧洲进行国际协调的资格；基于此，谋求加强日欧关系以推动"日美欧主导国际经济秩序"的构想付诸实施；利用冷战终结红利，构筑"日欧战略伙伴

---

[*] 陈静静，中国社会科学院日本研究所外交研究室副研究员；张勇，中国社会科学院日本研究所外交研究室主任，研究员。

关系"以加强日美欧维护国际秩序的力量。鉴于日本对其自身与欧洲定位为国际体系中的"西方发达国家",这一同质性使得日本始终在国际秩序演进的视域下考虑对欧政策,但是由于国际形势的限制和日欧自身的局限性,双方在冷战期间深陷各种"问题"而疲于应对,无法抽身站在更高层面制定对彼此的外交战略,这也导致了20世纪70—80年代日美欧三方协调虽具雏形,但在很大程度上仍笼罩在美国独大的阴影之下,日欧关系仍然相对疏离。冷战之后日欧关系开始转型,合作领域逐步扩大,程度日益加深。虽然日欧在2003年就确定了战略伙伴关系,但实际上,直到今天双方合作才真正凸显出战略意涵。无论哪一方,均力图在剧变时代维护和拓展自身重大战略利益,影响甚至主导国际秩序重塑。

## 二、近年来日欧战略接近态势

近年来,在国际秩序变动下,日本和欧洲都越来越倾向于从全球地缘政治角度看待双边关系,并建立了前所未有的紧密关系。日欧《经济伙伴关系协定》、日欧《战略伙伴关系协定》(SPA)和日欧《可持续互联互通伙伴关系协议》相继签署,成为当下日欧战略合作的"三大支柱"。日英关系亦取得重要进展,不仅签署经济伙伴协定,也迅速推进了政治与安全合作。日欧双方以EPA为先导打造全面经济伙伴关系,以SPA为框架深化战略伙伴关系,以互联互通为依托拓展合作"新边疆"。互联互通协议与EPA和SPA遥相呼应,产生联动效应。与此同时,印太成为日欧合作的战略舞台。日欧均高度依赖对外贸易,海洋是全球贸易大动脉,对日欧安全和繁荣至关重要。当前,海洋成为日欧"维护国际秩序"的战略要地。随着国际权力转移,印太地区正迅速成为世界经济和地缘政治重心,目前该地区是日本"自由开放的印太"、欧洲互联互通愿景、美国"印太战略"、中国"一带一路"倡议与印度"向东看"政策的交汇点,因此成为大国地缘政治竞争的关键舞台。在国际秩序变革期,围绕印太秩序的构建充满竞争。

## 三、日本对欧战略接近动因

日本战略界一致认为,以自由、人权、法治等为基本价值的国际秩序不断受到挑战,现行秩序的不确定性正在增加。为形成对己有利的国际和地区秩序,世界主要力量在政治、经济、军事方面的角逐日益激烈。以中国为代表的新兴国家强势崛起对所谓"自由国际秩序"形成强烈冲击,"美国优先"进一步加剧该秩序的动摇,内外危机下"苦恼"的欧洲面临新选择,而"夹缝"中的日本亦正重构对外战略。

在国际秩序变革期,日本认为其必须采取战略主动,与共享价值和规范的国家进行沟通协调。欧洲作为"自由民主"发源地,是日本的重要合作伙伴,日本意图与之联手构筑"第三极";欧洲同样面临秩序动摇带来的冲击及其内部诸多挑战,也在寻找域外合作力量,对欧盟以及欧洲传统大国英法德而言，日本亦是优质合作伙伴。日本和欧洲的重要战略共识体现为，作为"成熟的自由民主国家"的日欧均系"自由国际秩序"受益者，有意愿谋求维护其稳定，并力图在秩序变革期将自身利益渗透其中，制定对自身有利的国际规则。无论哪一方都难以单独承担全球领导权，在国际秩序动摇之时，二者意图在规则而非权力的基础上寻求深化合作，采取切实行动加强双方战略伙伴关系。

## 四、日欧战略接近的特质

从日欧战略接近的强劲势头观之，双方合作已突破单一领域，向全方位发展，呈现战略性借重之势，表露出维护和塑造国际秩序的"战略雄心"。日欧在战略接近过程中旨在使用规则规避美国单边主义风险，提升对美战略合作关系，同时防范中国对国际秩序的冲击，规范中国的国际行为，并突出价值观的工具属性。

目前，中美是影响国际秩序前途与命运的两大力量。如何妥善处理与这两个具有超强实力的大国的关系，业已成为日欧面临的世纪性难题。日欧接近的目的之一，即联合起来共同应对中国崛起、美国单边主义以及中美战略博弈带来的冲击。鉴于此，日欧一方面通过EPA等框架来打造"自由开放和公平贸易"合作范例，另一方面在推进世贸组织改革和捍卫多边主义问题上同样展示出发挥强有力领导作用的战略雄心。需要强调的是，日欧战略雄心不仅停留在通过建立自贸区来构建贸易网络，而且在于借助更为紧密的深度合作影响甚至主导国际贸易规则制定，约束、限制、引导、塑造中美，使国际秩序变革朝有利于自身方向转变，在不确定的世界寻找确定性。

亦应看到，日欧战略接近既有利于提升各自对美战略自主性，也有联美加强同盟体系之效。美国作为全球大国，在东亚和欧洲都拥有至关重要的安全利益。日欧安全合作加强，促使双方更加关注美国安全战略，这实际上也扩大了美国同盟关系连接的区域。日本开始关注欧洲安全事务，欧洲则更加积极介入印太安全。

双方战略接近之路能走多远，其战略雄心能在多大程度上得以实现，受制于多重现实因素。其一，日欧安全重点定位不一。双方都把重心置于各自周边安全上，这意味着日本对欧洲安全的贡献和欧盟对东北亚安全的贡献有其限度。而且，日欧对高烈度海外军事行动有所抵触，因此往往倾向于将合作重点聚焦于应对跨国挑战等现实问题而非国家间军事冲突上；其二，日欧少子老龄化问题突出，经济活力不足，财源紧张难以缓解，这也严重制约了双方的安全合作；其三，尽管程度不同，但日欧在经济上都相对依赖中国。未来10—15年，中国对日欧既是挑战更是机遇。中美战略博弈加剧之下，日本仍试图稳定中日关系即为明证。多年来，欧洲主要用"经济之眼"看待亚洲和更广阔的印太地区。欧洲大国特别是德国，与中国建立了比较牢固的经济协作关系，这为其与中国加强彼此之间的政治和外交联系奠定了基础。展望未来，日欧如何在处理强化对华经济依存和日欧全方位合作中寻找平衡，将成为考验战略接近韧性的"试金石"。

此外，中国需密切关注日欧接近这一战略动向。对欧盟来说，其对华和对日政策实际上处于此消彼长的状态，也有相互牵制的考量。日欧全方位战略接近的过程也为日本提供了影响欧盟对华观的平台和场所，日本可通过这一过程持续向欧盟灌输"日欧是共享价值观的伙伴，中国是'他者'"的理念，从而提升欧盟对其"好感"，推动塑造欧盟对华"恶感"，而这在日欧关系实践中已初现端倪。同时，日欧接近一定程度上推动了"日美欧"力图共同主导国际秩序重构的历史性进程。

## 学界评价与反响

文章利用大量的日文和英文材料，包括日本历年《外交蓝皮书》、政治人物公开讲话、学界专著和期刊文章以及各类知名智库研究报告等，分析了日本政界、学界和智库界对国际秩序的认知及日欧关系的态度。在简要回顾"二战"后70多年日欧关系发展轨迹的基础上，以国际秩序变革为视角，系统分析了近年来日欧战略接近的态势、动因和特点，深入探讨了日欧关系演进的规律和逻辑，进而对双边关系走向以及日欧接近对国际秩序的影响和对华影响进行了学理性研判。文章正文加注释共3万字，是国内学术界较早关注日欧关系愈加密切的学术文章，用"战略接近"一词描述双方关系的密切程度，以日欧对国际秩序深刻变化的忧虑为视角进入主题是文章的一大亮点。文章一定程度上丰富了国内外学界对这一领域的研究，引起了学界对日欧战略关系的进一步关注。该文的一些新的观点和提法得到学界的认可和转述，如程智鑫在其文章《"印太战略"下的法国与日本关系、动力及局限》中肯定了"在国际秩序剧烈变化的情况下，为避免被边缘化，日本和欧洲有必要携手重塑国际新秩序"的观点；宋晓敏在其文章《从派生性关系到独立性关系？——解析中欧关系的基本特征与发展逻辑》沿用了该文首次提出的"日欧 EPA、日欧 SPA 和《可持续互联互通伙伴关系协议》成为当下双方战略合作的'三大支柱'"的提法；张云在《日欧战略接近与中等国家外交价值》一文中进一步指出在国际关系朝多极化方向发展的长远趋势下，日欧要在多极化秩序中占有一席之地，但这取决于它们能否真正成为国际政治中的桥梁，外交辞令上的战略自主和不选边。

（该文原载于《欧洲研究》2021年第2期，收入本书时做了适当修改）

# 疫情背景下日本供应链的重塑及前景分析

陈友骏　赵　磊[*]

新冠肺炎疫情冲击了全球本已脆弱的政治经济格局。后疫情时代，全球供应链网络重塑已成定局。中日两国长期产业分工合作形成的供应链体系面临威胁，受到疫情冲击、中美战略博弈加剧以及技术民族主义泛起等多重因素叠加影响。长期以来，中日两国供应链体系分工模式呈现以中国负责加工组装和出售较低附加值的中间产品为主，日本则更多提供高附加值的精密零部件与高技术产品为主的特点。中日两国位于全球供应链体系的不同层级，且两国供应链体系相互嵌合、互补性强，具有一定的稳定性；同时，中国在全球供应链体系中的能力提升，对日本部分产业领域产生了"挤压效应"。面对中美战略竞争与经济科技竞争，日本考虑重组供应链网络，提升供应链弹性及推动核心产业的本土回迁与多元分散供应。疫情背景下日本政府确立了提升供应链弹性、摆脱对特定国家的高依存状态以及推进供应产地多元化、分散化的供应链重组政策。

日本重塑中日供应链、提升供应链弹性的政策表现出疫情加速驱动影响、以东南亚地区为重要支点、促进抗疫医疗产品和战略科技产业本土生产、"官商协同"等特点。具体来看，疫情背景下日本在华供应链调整有三个重要趋向：一是试图借助疫情，构建分散化、多元化的供应体系格局和推进核心产业回流本土，促进数字经济发展与前沿科技产业的供应安全；二是日本政府支持迁出的三类在华日企中，劳动密集型企业、疫情防控产品供应商的转移影响有限，需要重点关注重要科技日企生产基地的回流；三是中美经贸科技领域"脱钩"影响日本供应链重塑战略，可能促使日本加大对华科技产业发展的限制措施。对日本而言，选择构建以面向东南亚为重点的多元化供应链网络，改变部分产业对中国供应链网络的高度依赖，助力核心科技产业与关键生活必需品的生产基地回归本土，成为后疫情时代的重要政策取向。具体来看，日本供应链重组政策的核心就是调整在华供应链，无论是重点产业供应链的多元化、分散化，抑或核心科技与医药卫生产业的重新布局，其针对的所谓"特定国家"就是中国。日本政府担心其生产供应链过度集中到中国会产生过激风险，希冀以泰国、印度尼西亚、

---

[*] 陈友骏，上海国际问题研究院世界经济研究所研究员；赵磊，上海国际问题研究院国际关系专业硕士研究生。

越南等东盟国家为基点,推进"中国+1"的供应链分散战略。

后疫情时代日本在华供应链、产业链的调整,可以用"疫情驱动""产业主导"与"价值取向"三个关键词加以概括。第一,疫情背景下日本重塑在华供应链的政策,呈现核心环节本土化、供应链条短缩化、分散地域集中化等主要特点;第二,顺应疫情背景下"提质升级""优化结构"的产业政策调整;第三,选择与美国等"价值观同盟国"在供应链调整问题上进行深度合作。展望后疫情时代,日本驱动供应链重塑存在基于市场原则的收益—成本考量、疫情防控与关键医疗防护设备供应本土化、科技战略竞争与借助疫情加速布局新工业革命前瞻产业以及国内保守势力和美国因素等动因。后疫情时代日本供应链重塑将集中聚焦数字技术、绿色环保等前沿领域的供应链安全,并试图建立多层次、宽领域的"价值观同盟"供应链体系。日本政府已从产业政策的高度,制定出一系列有关半导体、蓄电池等与数字技术和新能源产业紧密相关的核心产品的供应链安全政策,希冀在相关领域打造技术顶尖、工艺先进的本土化供应链网络。不仅如此,日本寻求建立以"日美协调"为轴心、"日美印澳四边机制"(QUAD)与七国集团(G7)为骨干、日本—东盟为重点的多层次、宽领域的"价值观同盟"供应链体系,以提升供应链弹性与安全性。

进一步而言,后疫情时代日本在对华供应链合作的前景至少存在三种可能的局面:一是建立"紧密协作型"的中日供应链合作模式,中日之间将保持和深入推进覆盖东亚乃至全球的镶嵌型、耦合式供应链合作网络;二是日本选择"有限合作型"的中日供应链合作与竞争模式,不同层次和维度上实行竞争与合作相协调的供应链调整战略,意图构筑一种复合型、交叉式、多元化的东亚供应链网络;三是制定"全面对冲型"的中日供应链竞争模式,中日供应链分工模式更多地将是分离型、对抗式的。在日本看来,"紧密协作型"的合作模式尽管从长远看可以获得较大的经济收益,但从安全与价值判断两个层面都无法符合其国家利益。而"全面对冲型"的合作模式将给日本经济产业界尤其是对华贸易投资领域带来近乎毁灭性打击,同时也会恶化中日各领域的双边关系,加剧地区紧张局势,同样不符合日本的国家利益。基于此,同时参考日本政府近期的一系列官方表态和政策措施,可以认为:日本已决心在后疫情时代选择"有限合作型"的中日供应链合作模式。

后疫情时代,日本将对华采取"有限合作型"的供应链合作模式,在数字与绿色产业等重点领域推动建立"自主可控、安全可靠"的供应链体系,加强与"共享价值观国家"的供应链合作。对此,中国应从建立现代化供应链体系、提升核心技术研发实力、推动制造业提质升级、强化区域融合发展等层面入手,应对日本的供应链政策调整。展望未来,同时面临中美战略竞争加剧与新冠肺炎疫情双重冲击的日本进退维谷。与此同时,全球供应链网络重塑已成定局,日本的供应链重组政策也将是推动全球供应链网络变迁的重要组成部分之一。

## 学界评价与反响

《疫情背景下日本供应链的重塑及前景分析》发表于《日本学刊》2021年第5期，在发表不到一年的时间里（截至2022年7月2日），在中国知网学术平台（CNKI）下载量已达1177次，并被上海交通大学日本研究中心、上海外国语大学全球治理与区域国别研究院等公众号平台转载，受到了较为广泛的关注并产生了一定的学界反响。学界部分学者认为，中日两国长期产业分工合作形成的供应链体系面临威胁，正在遭受来自新冠肺炎疫情、中美战略博弈以及技术民族主义等因素的多重冲击，全球产业链、供应链重塑势在必行。该文探讨中日两国产业链、供应链面临的新挑战以及未来走向，对于中国谋划与构筑国内国际双循环新发展格局具有较为重要的现实意义和学术意义。例如，中国社会科学院数量经济与技术经济研究所李雯轩与李文军在《新发展格局背景下保障我国产业链供应链安全的政策建议》（《价格理论与实践》2022年第2期）中指出随着中国产业链、供应链逐步恢复，更多研究者也开始关注其他国家的供应链政策调整以及由此带来的全球产业格局变化，其中提及：该文分析了后疫情时代日本供应链政策的调整变化，日本将更为关注数字经济和绿色产业的供应链安全，同时会加强日本产业链和供应链本土化、区域化布局。中国社会科学院日本研究所李清如和常思纯在《印太视域下日本ODA的经济效应——基于OFDI与区域供应链的探究》（《日本学刊》2022年第2期）引用该文提出，随着供应链问题在全球经济中的重要性不断提升，日本在印太地区深度推进调整供应链相关举措，日本供应链布局重塑相关研究愈发重要。综上，学界对该文的部分观点和研究价值有所肯定，并积极评价该文从日本供应链重塑的视角出发进行阐释，具有不同于既有研究成果的新意，比较清晰地讨论了"供应链"及"中日供应链"问题，分析架构完整、语言通顺、逻辑较为清晰、引文较为丰富，有一定的研究价值和现实意义。

（该文原载于《日本学刊》2021年第5期，收入本书时做了适当修改）

# 日本新冠疫情的社会影响与政策选择

崔　岩　张　磊[*]

  2020年伊始，新冠肺炎疫情开始在全球范围内暴发蔓延，并造成了世界性的恐慌与危机。它的影响涉及社会的各个方面，包括政治、经济以及公共卫生治理等。世界各国在疫苗普及和防疫措施等方面各不相同，总体而言，作为东方国家的日本所采取的防疫政策取得了一定效果，但同时也存在一些问题。相对宽松甚至曾经数度放缓的防疫政策使日本错过了疫情治理的最佳时机，因而导致了疫情的长期化。除了防疫政策之外，如何有效地实现经济复苏也是日本政府关注的焦点，规模空前的经济刺激政策与以防疫为主导的社会政策之间既有结合也存在矛盾。

  该文着重分析了日本新冠肺炎疫情的演变、社会影响以及日本政府的应对政策。日本作为亚洲的发达国家，在具备东亚国家文化背景的同时还具有发达国家良好的社会条件，虽然其防疫政策卓有成效，但是仍存在很多不尽如人意的地方，疫情对日本社会各领域产生的冲击与影响也极具典型意义。文章以日本为研究对象，试图对新冠肺炎疫情所引发的社会危机有更深入的认识。全文主要分为三个部分：第一部分是日本新冠肺炎疫情的蔓延及其产生的社会影响；第二部分总结和分析了新冠肺炎疫情冲击下日本经济的走势与政策应对；第三部分分析了国内外政治变局与日本对外战略的再选择。

  2020年3月至2021年初，日本国内的新冠肺炎疫情共经历了三波高峰期，主要集中在2020年4月中旬、8月上旬和2021年1月初。在这三波疫情期间，无论是每日新增感染人数，还是重症率与死亡率均呈现上升趋势。作为一个自然灾害频发的国家，日本具有相对完善的危机管理体系，然而传染病等重大公共卫生事件的发生给日本的危机管理系统带来了挑战。虽然日本在疫情暴发初期迅速出台了相应的法律与应对政策，但是从长期来看其面临的包括软性制度约束在内的一系列挑战也降低了政策的有效性。

  2020年4月，时任日本首相安倍晋三表示日本经济正面临着"二战"以来最严峻的局面，新冠肺炎疫情一方面导致了经济和产业的大幅下滑，同时其特殊性也使得经济应对政策

---

[*] 崔岩，辽宁大学日本研究所教授，朝鲜韩国研究中心研究员、博士研究生导师；张磊，辽宁大学日本研究所讲师、朝鲜韩国研究中心研究员、博士研究生导师。

面临困境。2020年日本经济增长率下降的主要原因在于民间消费支出的下降和出口贸易的萎缩，这主要基于新冠肺炎疫情所引发的严格防疫措施以及全球供应链的中断。在这一背景下，日本政府面临着经济政策与防疫对策之间的两难抉择。一方面防疫政策要求减少人员接触和外出活动，而另一方面经济政策却要求增加商品和服务的消费，因此形成了矛盾的局面。日本政府坚持了防控疫情与振兴经济并举的路线，甚至在很多情况下政策向恢复经济方向倾斜，采取超强力度的财政和金融政策以及以鼓励旅游为代表的提振消费政策，凸显其"逆防疫效果"。日本紧急经济对策的顺利实施主要依靠财政方面的保障。疫情期间，日本政府先后多次出台经济刺激计划，不断推出补充预算案。而在金融政策方面，日本银行也采取了一系列措施试图维持金融市场的稳定，其中包括两个重要的考量部分，一是确保企业的融资便利，二是宏观经济增长预期下降所导致的消费减少。在这一背景下，日本银行还加强了量化质化的货币宽松政策。

新冠肺炎疫情暴发以来，日本国内外政治也发生了重要变化，因而直接影响到日本对外战略的变化。2020年日本国内政坛发生的最大变化就是首相的更替。2020年9月，实现长期执政的安倍晋三首相突然因病辞任，长期担任安倍内阁官房长官的菅义伟出任新首相。近年来，"安倍经济学"的效果越来越弱，单靠扩张性宏观经济政策难以改变日本经济及社会存在的结构性问题；在政治方面，安倍政府存在较强的右倾倾向和民族主义色彩，其之所以能够在当今的日本社会取得支持，与长期以来日本政治势力弱化、经济长期不振而形成的国民对传统政治的不满情绪有关。而菅义伟内阁总体上延续了安倍内阁的外交方向，在社会经济方面兼顾防疫与经济振兴且稍偏向后者，在对外政策上更高调地强调日美安全同盟关系的重要性。近年来，以美国为代表的西方世界形成了强劲的逆全球化思潮，对当今国际关系产生了重大的破坏性影响，这一潮流在新冠肺炎疫情背景下显得更加突出。虽然新冠肺炎疫情冲击导致了日本国内政治右倾化，但是中日两国在诸如维护自由贸易体制、解决全球性问题和双边与区域合作等许多方面都有着共同点和积极合作的意愿。唯有摒弃偏见，相互学习与交流合作，才能摆脱困境，回归到两国关系正常的发展轨道之中。

## 学界评价与反响

自从新冠肺炎疫情在全球范围内暴发蔓延，中国国内从事日本研究的学者们对于新冠肺炎疫情下的日本政治、经济与社会形势的变化与发展投入巨大的关注。《日本新冠疫情的社会影响与政策选择》一文发表于辽宁大学日本研究所主办期刊《日本研究》2021年第1期。文章刊发后，受到了以学术界为代表的社会各界的高度关注，有大量的下载和引用。在发表之后的一年内，被CSSCI核心期刊及北京大学《中文核心期刊要目总览》来源期刊等期刊多次引用。与此同时,以该文为基础,作者还在其他期刊上发表了同一课题的多篇论文,并在学术会议上发表了研究成果。基于此,学术界对该论文及作者的相关研究进行了多方面的评价,并有很多的赞同意见。

首先,认为作者在特定的社会背景下,及时地抓住了具有非常重要现实意义的研究题目,并从新冠肺炎疫情在日本本土的演变及其社会影响、日本的宏观经济走势和日本政府的政策应对、疫情冲击下日本政府的外交策略选择等多个方面入手,综合分析阐述了新冠肺炎疫情冲击下日本的社会、经济和政治的重大抉择。

其次,在新冠肺炎疫情蔓延的背景下,从多个层次、多个视角综合考察日本的变化,并提出了有价值的见解。疫情防控本身就是公共卫生领域中一个综合性、多维度的实践,除了上述经济与政治这类常用的研究视角,该文还借鉴了公共危机管理领域的思想,因为重大的传染病防治是重大危机事件管理的重要内容,也是社会治理体系的重要组成部分。在日本普遍使用"冠状病毒之祸"来形容新冠肺炎疫情所产生的深刻社会影响,足见其影响之深广。以此为契机,正好可以一窥日本对于重大卫生事件的管理手段与水平,这是在疫情暴发前学术界所不太关注的领域。

再次,注重各个领域的相关性研究,具有一定的现实意义。作为传染病而言的新冠肺炎疫情传播速度快,尤其对部分免疫力低下的人群危害甚大,它具有接触传播等特点,因此保持社交距离、隔离和检疫等措施成为疫情防治的必要手段,然而这势必会对经济增长造成负面影响,日本政府在相关防疫措施和经济政策应对方面的两难抉择也是发达国家具有代表性的一个缩影。

最后,文章分析了在美国逆全球化政策趋势的影响下,日本政府对外战略的右倾化也十分明显,日本日益寻求加强美日同盟,对抗中国崛起。这导致了中日关系的恶化。认清与分析上述事实具有十分重要的现实意义。作者呼吁,中日两国在诸如维护自由贸易体制、解决全球性问题和双边与区域合作等许多方面都有着共同点和积极合作的意愿。唯有摒弃偏见,相互学习与交流合作,才能摆脱困境,回归到两国关系正常的发展轨道之中。这些观点都非常准确且极具建设性。

(该文原载于《日本研究》2021年第1期,收入本书时做了适当修改)

# 抗日不需要神剧：日军家书如是说

韩东育[*]

2016年和2018年夏天，我同王中忱、刘建辉、王铁军、陈东诸位教授一道，受邀参加了日本岩手大学教育学部的基础研究课题——"建立区域合作的自省历史认识"。学部长今野日出晴教授认为，大学及"东北亚历史认识研究会"等研究机构的教师和学者们，有义务通过"田野调查"的方式，让构成关东军主要兵源的日本东北人，特别是现在的青年学生对70多年前那场侵华战争和至今尚存的不光彩印迹，形成一个从感性到理性、由愧疚到谢罪的认知态度和正确历史观。2016年，在与岩大师生凭吊了当年日本军虐杀中国劳工的"花冈"事件现场——中山寮等遗迹后，今野教授又与中方研究者相约，希望能在不久的将来，一起去踏查此前从未听说，但惊诧度可能会远超想象的另一个去处。于是，2018年8月8日，我们来到了保存有大量战争实物的"北上和平纪念展示馆"。

北上和平纪念展示馆位于日本岩手县藤根村。里面陈列着"二战"时藤根村"征兵狂人"高桥峯次郎收集的自办杂志《真友》、军事通信及其他能收集到的资料。随着日本"二战"战败焚毁资料，那些在其他地方很难看到的大量信息，反而被高桥峯次郎完整地保存了下来。

藤根的兵源供应链从没有中断过一次。1935年的资料统计显示，当时的藤根村规模不大，一共才有491户人家，3054人（小田嶋恭二：『高橋峯次郎と七千通の軍事郵便』）。可就是这么一个小小的村落，战争中就"出征"士兵达736人。其中，应征最多时要数日本战败前的1945年，那一年，有610人集中入伍。于是后方所余者，就只有祖父母、父母、妻儿等老弱病残了。"不幸"的是，藤根村那些应征的日本兵，几乎全部战死。他们原本都是每个家庭支撑门户的青壮年农民！藤根村是如何做到如此高的征兵率和战死率的呢？其中，高桥峯次郎所创办的《真友》杂志为战争的精神动员可谓起到了巨大的作用。

作为乡土通信手段的《真友》是高桥峯次郎在1908年创办的，一直发行到昭和十九年（1944），前后长达37年。随着高桥峯次郎把自己训练出来的学生一批批送上战场，他的《真友》邮寄发行量也日渐增多，即便在战中印刷费用暴涨时，他也从未中断过这项工作。于是37年下来，《真友》共出刊了180号，最多时竟一次印制过750份。主要内容包括：各年

---

[*] 韩东育，东北师范大学历史文化学院教授。

度被征集士兵的姓名、征兵与出兵的近况报告、来自前线士兵的家族师友慰问、稻作的种植收获情况等，几乎覆盖了前线士兵的主要动向和村落现状的全方位信息。

然而，随着日本的战败和藤根籍士兵的纷纷战死，人们的追责目光也逐渐集中到高桥峯次郎身上。在如此巨大的精神压力下，峯次郎从以前充满精气神、头戴战斗帽、脚踏自行车飞转于村中大小角落做战争动员的"征兵狂人"，如今倏忽间蜕变为身挎布褡、目光呆滞、猫腰驼背、灰头土脸的乞丐模样。

昭和四十二年（1967）5月16日，高桥峯次郎去世。关于他生前对《真友》以及其所收集的军事通信等资料的态度，后世自有定论，但如何去发掘、看待和使用这些资料等一系列细微的学术工作，则已经交给学者，并且是当年交战国双方的学者。

1995年，日本国立历史民俗博物馆（以下简称"历博"）以"近现代史上士兵的实相"为题，正式对高桥峯次郎所保留下的相关资料展开学术调查和研究。2003年，历博以"国立历史民俗博物馆研究报告第一〇一集：村与战场"为题将整理内容结集成书，并公开出版。其后，藤根地区开始筹建纪念展示馆，展示馆于2005年正式落成。岩手县公立小学校长和展示馆第二代馆长高桥源英，将内容庞杂的7000余封书信，大致归为六大板块：一、入伍；二、农民士兵的诞生；三、心系稻作；四、翘盼《真友》；五、惨烈的战况；六、战死。高桥源英还认为，把这些信函如此封存在展示馆里，实在是有些可惜，于是，他通过藤根公民馆发行的"公民馆信息·藤根"和"广报藤根"等形式，以每月一次的频率，开始连载。而这7000余封的"军事邮便"又分别以（一）报平安，（二）对家乡父老和农业的关怀，（三）询问高桥峯次郎安否，（四）汇报惨烈的战况（胜负俱报），（五）对峯次郎和后方支援者的谢意，（六）感谢（一）和（五）的混合事物等内容分类推出。

其实，这些年来相关的研究著作已出版不少，光在岩手大学教育学部的讨论会现场，研究人员就展出了数十种之多。当然，视角不一，亦评价各异。而引起作者格外关注的，是川岛茂裕研究员在解读"军事邮便"时所经常提及的"八路军"印象——日本兵在战场上对中共军队的零距离感受。

高桥源英在提到"军事邮便"有关用语时考证道："'讨匪'一词，多用于集团和有组织的强敌身上。在北支战线上，多被称作'匪贼'；其中，'共匪'云者，虽说是对中国共产党军（八路军、新四军等）带有强烈蔑视意识的称呼，但同时也明显内含有对手强悍和不好对付的意思。"

然而，给敌手送上一个充满贬义的"蔑称"，只能说明过度在意对方甚至害怕对方。这也是日军信笺中不时会出现"顽强的共产八路军"（"顽強な共産八路軍"，千葉末喜語）感叹的真实原因（北支派遣勝第五二二八部队戦友会：『北支派遣勝第五二二八部隊』）。在日本防卫厅防卫研修所战史室编纂的《北支的治安战》（『北支の治安戦』，東京：朝雲新聞社

1968—1971年）中，亦有对八路军和中共游击战的大量白描，许多送给敌手的不乏敬佩的措辞，读来反觉客观。这意味着，真实的"共产八路军"应该是足以"礼葬"那些侵略者的钢铁劲旅，而不需要国内"神剧"的刻意拔高。

（该文原载于《读书》2021年第10期，收入本书时做了适当修改）

# 日本强化与中东欧经贸关系的动因、布局及影响

李清如[*]

近年来,日本不断强化与中东欧经贸关系。除欧盟框架下的合作外,在维谢格拉德集团四国、波罗的海三国以及西巴尔干地区,日本也积极拓展多样化合作机制。针对维谢格拉德集团,以"V4+日本"为主要对话机制,逐步扩大双边贸易和日系企业投资,从汽车产业等制造业,到资源、服务业和技术研发领域,全面展开在该区域的经济布局;针对波罗的海三国,侧重科技创新,在信息通信技术、数字货币等领域进行重点合作;针对西巴尔干地区,以经济援助为先导,为贸易、投资及文化输出创造条件。

## 一、日本与中东欧经贸合作的动向

在中东欧16国中,有11个国家先后成为欧盟成员国。日本通过与欧盟签订经济合作伙伴关系协定、开展经济领域对话等方式,在欧盟框架下展开与中东欧国家的经贸合作。另外,由于中东欧国家之间在经济发展程度、地理位置、历史文化等方面存在诸多差异,对不同的地区,日本的合作机制亦有所不同。

### (一)欧盟框架下的合作

日本与欧盟自2013年开始就经贸协定展开谈判,2018年7月签署"日欧经济伙伴关系协定"(以下简称"日欧EPA"),"日欧EPA"于2019年2月正式生效。"日欧EPA"覆盖作为欧盟成员国的11个中东欧国家。日本对中东欧的出口以机械设备、汽车及零部件等产品为主。2018年,在日本的中东欧主要贸易对象国中,波兰从日本进口的机械和运输设备占其自日本进口总额的约56%,捷克则达到约71%;匈牙利从日本进口的发动机、汽车、电气电子设备和一般机械占其自日本进口总额的约73%。此外,绿茶、牛肉等农林水产品也是日本迫切希望打开当地市场的领域。在中东欧对日本出口方面,除机械设备、汽车及零部件占有较高的份额外,农林水产品、原料制品、纺织品、化学和医药制品等也是主要出口商品。此外,日本与欧盟在商业、科技、开发援助等领域设有各种合作机制。

---

[*] 李清如,中国社会科学院日本研究所副研究员。

## （二）多样化地区合作机制

在与欧盟加强对话与合作的同时，对于欧洲其他国家或地区，日本也通过多种模式展开合作。在中东欧地区，日本的区域合作则主要集中于维谢格拉德集团四国、波罗的海三国以及西巴尔干地区。"V4+日本"是日本与维谢格拉德集团四国的主要合作机制，不仅涉及经贸领域，也涵盖政治、安全、价值观、科技等多个领域，既有首脑会谈、外长会议，也有政策对话、专项研讨会，是日本在中东欧地区合作级别高、层次多、发展时间较长的一项机制。2018年1月，时任日本首相安倍晋三出访中东欧六国时，进一步聚焦波罗的海地区，提出构建"日本—波罗的海合作对话"机制，此机制在经济方面更侧重5G、人工智能（AI）、生命科学等高科技领域以及交通物流等领域。西巴尔干地区包括阿尔巴尼亚、波黑、黑山、北马其顿、塞尔维亚五个国家，尚未成为欧盟成员国，是日本对中东欧经济援助的主要对象。2018年1月，安倍晋三在塞尔维亚访问时提出"西巴尔干合作倡议"，强调加强与各国间对话，发掘新的援助项目，为西巴尔干国家的经济社会改革提供支持，协助其推进加入欧盟进程。

## 二、日本在中东欧地区的经济布局

在中东欧不同区域，日本经济布局具有不同的模式。维谢格拉德集团是日本对中东欧贸易和投资的重心，从汽车产业等制造业，到资源能源、服务业和技术研发领域，日本经济布局全面展开。波罗的海三国市场体量相对较小，但经济发展具有特色，日本更侧重与其寻求合作点，在信息通信技术、数字货币等领域重点推进。西巴尔干地区经济发展水平在中东欧国家中相对较低，日本对其以经济援助为先导，为贸易、投资及文化输出创造条件。

### （一）维谢格拉德集团四国：从制造业到资源能源、服务业、技术研发全面布局

维谢格拉德集团四国是日本较早展开经济布局的中东欧地区，吸收了日本在中东欧的大部分贸易和投资。近年来，汽车及相关产业仍然是日本在维谢格拉德集团四国的重点产业，同时日本企业也在积极争取铁路交通基础设施建设相关的投资机会。另外，维谢格拉德集团在欧盟基金的扶持下，大力开展铁路交通基础设施建设，市场需求量大增，日本企业通过合并或入股当地企业，寻求参与当地基础设施建设的机会。电气设备也有着显著的投资流量，与运输设备形成日本在当地投资的两大领域。除了运输和电气设备，在制造业中，对食品、化学和医药，以及与资源联系密切的铁及其他金属等行业的投资也在不断推进，产业分布向着更多元化的方向发展。不仅制造业的产业分布在向着更多元化的方向发展，服务业、能源开发以及有关新能源汽车、自动化和机器人等技术研发也将是今后日本在维谢格拉德集团重点布局的领域。在科技领域，日本企业逐渐加大对新能源汽车以及工厂自动化和机器人应用

等相关技术的投入。由于维谢格拉德集团四国政府力推新能源汽车的应用，日本企业为抢占中东欧乃至欧洲市场，未来还将继续加大在这一领域的投入。

**（二）波罗的海三国：侧重科技创新，在信息通信技术、数字货币等领域重点合作**

虽然波罗的海三国在人口和市场体量上规模较小，但是政府的政策引导以及优质的基础设施、人才和营商环境吸引了国际高科技企业的聚集，相关产业也获得迅速发展。其中，区块链技术的发展尤其引人注目，这正是数字货币的核心技术。在复杂的国际形势下，日本政府日益重视高科技战略竞争力，在人工智能、5G通信等方面陆续出台扶持政策，引导产业发展，而数字货币更是其加速推进的方面。波罗的海国家在这方面走在欧洲前列，今后将成为日本政府和企业寻求合作的重点。2019年1月，日本政府系金融机构国际协力银行创设北欧和波罗的海地区投资基金，为日本企业与当地信息技术企业开展合作或进行投资提供支持。2019年4月，丸红在爱沙尼亚首都塔林设立办事处，主要负责收集先进技术信息，进行数字技术挖掘。日本政府和企业以及金融系统正在推进与波罗的海国家的科技交流与合作，鉴于日本对高科技战略的重视度，今后可能会有更具体、更深化的合作项目。

**（三）西巴尔干地区：以经济援助为先导，为贸易、投资及文化输出创造条件**

日本对西巴尔干关注度的上升，除了增强地区影响力这个非常重要的因素之外，另一个因素就是将这些国家作为日本在中东欧进行贸易和投资的备选地。从地理位置来看，在西巴尔干设立生产和出口据点，不仅能辐射欧洲市场，也能通往中东和北非市场。同时，西巴尔干地区矿产资源丰富，能源、交通基础设施等都有较大的缺口，日本也希望能从中获取投资机会。在这种情况下，劳动力成本更低、人口相对充足且市场具有潜力的西巴尔干就成为日本希望能够进一步拓展贸易和投资的地区。基于此，日本以经济援助为先导，强化与西巴尔干各国的经济联系，为贸易和投资铺路。日本对西巴尔干的经济援助主要侧重三个方面：其一是能源和交通等基础设施建设；其二是商业经营方面的技术合作和辅导；其三是教育和医疗，包括改善医疗器械，提供教学器具等。

中东欧是"一带一路"倡议的重要合作伙伴，日本在中东欧的经济布局，既为中国提供参照，又加深中日在"一带一路"沿线地区的竞合关系。中东欧国家是与中国共建"一带一路"的重要合作伙伴，随着"一带一路"建设的深入，中国和中东欧国家的联系更加紧密。而在日本战略布局中，中东欧的地位也在上升。2020年《日本外交蓝皮书》提出，对于日本来说，欧盟及欧洲各国是共享基本价值观和原则的重要伙伴，在当前国际社会形势下，这一重要性更胜以往；维谢格拉德集团四国以坚实的经济成长为基础，在欧洲的存在感不断增加，日本更加重视与V4的合作框架和合作关系；日本与波罗的海和西巴尔干各国的合作关系也正在加强。

总体来看，近年来日本不断强化与中东欧的经济联系，除提升自身影响力、寻求合作机会、拉进双方关系的动机之外，还带有阻碍中国影响力上升、制衡"一带一路"的战略意图，这将进一步加深中国和日本在"一带一路"沿线地区的竞合关系。同时，日本对中东欧的经济布局模式，如结合不同地区的特点设置相应的合作重点和合作方式，对当地经济和社会状况、市场需求、日本企业发展优势和问题，以及潜在机会和重点方向等进行细致分析和研判，官产学合作、发挥民间企业的主动性等，也在一定程度上为"一带一路"的推进提供参照。

**学界评价与反响**

该论文契合当前学术界研究关注重点，并被在《国际经济合作》《欧亚经济》《日本文论》《东北亚学刊》等期刊上发表的学术论文引用。

（该文原载于《日本学刊》2021年第1期，收入本书时做了适当修改）

# 20世纪日本学界的"古代虾夷族群"论争

李文明[*]

## 一、主要内容和基本观点

"古代虾夷族群"论争可与"石器时代日本居民"论争、"古代邪马台国"论争并称为20世纪日本学界的三大古史论争。所谓"古代虾夷族群"论争,从大脉络上说,就是"古代虾夷"是不是阿依努的论争。在日本的历史文献中,有关"虾夷"的记录并不是连贯的,而是存在一段长达数个世纪的"文献断层"。这个"文献断层"导致学术界无法将断层后的"虾夷"与断层前的"虾夷"用文献连接起来,由此也引发了20世纪日本学界关于"古代虾夷族群"问题的论争。论争的焦点是"文献断层"前的"虾夷"与"文献断层"后再次出现的"虾夷"是否为同一个族群的问题,也即古代文献中的"虾夷"是否就是近世、近代同样被称为"虾夷"的阿依努人先祖的问题。

20世纪前期,以长谷部言人为代表的体质人类学者依据体质特征提出了"虾夷非阿依努说",而以金田一京助为代表的语言文化学者则依据同源词的特征丰富了自德川时期就业已出现的"虾夷阿依努说"。20世纪五六十年代,考古学者伊东信雄发现津轻地区"田舍馆村垂柳水田遗迹",并以此证实"古代虾夷"也有与"倭"类似的"稻作文化",进而提出了"虾夷边民说"。历史学者高桥富雄也在津田左右吉、坂本太郎的古史考证基础上,指出古代(奈良、平安时期)文献中的"虾夷"是一个政治概念,而并非"人种"或"民族"的概念,从而从历史学角度进一步丰富了"虾夷边民说"。"虾夷边民说"的核心在于寻找"虾夷"与"倭"在文化上的联系性,相对淡化或回避两者的差异性。因此,多数日本学者认为"虾夷边民说"是一种"虾夷非阿依努说"的变种。但事实上,"虾夷边民说"并没有直接考察"古代虾夷"与现代阿依努之间的历史关系,而是用"古代虾夷"与古代的"倭"在文化上的关联性、同质性来反推"古代虾夷"不是阿依努的观点。20世纪后期,工藤雅树等学者又试图融合各学说,构建了"古代虾夷族群"问题上的"融合论"。"融合论"认为"'虾夷阿依努说'与'虾夷非阿依努说'都蕴含涵着'真理',没有必要将两者针锋相对地对立起来";"'虾夷

---

[*] 李文明,中国社会科学院世界历史研究所副研究员。

阿依努说'强调的是虾夷的地理区域性，而'虾夷非阿依努说'强调的是其文化上与'倭'的同质性或相似性"。"融合论"既承认两种学说的片面性，也肯定两者的合理性。在此基础上，"融合论"对两者的交集进行了寻找，并提出"古代虾夷"是文化上受"稻作文化"影响、居住于"日本民族"边缘地带与现代"阿依努"同源同祖，但最终融入日本主体民族的群体。然而，"融合论"并没有真正融合"阿依努说"与"非阿依努说"，所谓"融合"仅仅是将"虾夷边民说"朝着"虾夷、阿依努同源同祖"的方向进行了解释与学说构建。2000年以后，主张"融合论"的工藤雅树等学者鉴于"古代虾夷族群"问题无法形成定论的现状，又提出"超越论争，转而研究具体问题"的建议。近二十年来，日本学界也的确较少再围绕"古代虾夷是不是阿依努"的问题进行无休止的讨论。但"超越论争"并不能简单地对问题进行回避，分析各种学说所存在的漏洞与问题点应作为"超越论争"的前提。在明晰各种学说"逻辑的自洽性"与"论据的矛盾性"基础上，才可能做到真正不再被"论争"所束缚。

20世纪后期，尤其是冷战结束之后，全球化的趋势日益明显，人类也越来越成为一个有着共同利益和目标的命运共同体。人类命运共同体的时代趋势促使国际历史学界产生"全球史"或"整体世界史"的研究趋势。2001年，曾在"古代虾夷族群"问题上提出"融合论"的工藤雅树呼吁"超越人种争论，研究具体问题"，这种倡议也正是全球化这一时代特征在"古代虾夷族群问题"研究上的具体反映。

从学术现象来看，古代"虾夷"的族群问题，从早期的结构、论说都较为简单的"虾夷非阿依努说"与"虾夷阿依努说"逐渐发展成"虾夷边民说"与"融合论"。虽然论据更为多学科化，论说也更为复杂化，但从本质上说"虾夷边民说"回避了问题的核心，而"融合论"也并没有实现"虾夷阿依努说"与"虾夷边民说"的融合。对于古代"虾夷"是不是阿依努这个命题，日本学界仍然没有答案。而之所以经历一百年，这一学术论争仍停留在问题的"起始"阶段，其根本原因与这个问题起源的原因应是相同的，即正是日本历史文献记载的"断层"导致了"古代虾夷族群"问题的产生。20世纪以后，体质人类学、语言学、考古学、历史学等领域学者虽然从不同角度进行了分析、研究，但问题之所以长期未能解决，是因为任何学者都无法在"体质人类学""语言学""考古学"的"实物（客观存在）证据"与古代文献中"虾夷"的文字记录之间建立确凿的联系。当然，学界在这一问题上也并非没有进展。作者认为，"虾夷边民说"以历史文献来解释历史文献中的"虾夷"是最能接近问题本质的研究思路。因为古代"虾夷"归根结底是一个出现于历史文献中的概念。不过，"虾夷边民说"所能接近的也只能是古代文献中的"虾夷"概念。从概念上说，"虾夷"对应的族群实体应该就是所谓的"边民"。但"边民"的实体又是什么？"倭人"的可能性是存在的，"非倭人"的可能性也存在，甚至也可能是"倭人"与"非倭人"的混杂群体。作者指出，在"古代虾夷族群"问题上，探寻概念的问题应从概念出发，探寻实体的问题应从实体出发；如果缺少完整的证据链,要想在古代"概念"与现代"实体"之间建立联系,仍是十分困难的。因此,一方面全球化的时代特征使得"古代虾夷族群"问题已不再是学界亟须解决的课题;另一方面,20世纪前期出现的、试图将古代文献中出现的概念与实际存在的人类群体之间近乎执拗地建立某种联系的"学术问题"本身,可能就是一个无解的命题。所以说,工藤雅树提出的"超越论争"的倡议既是时代呼声的反映,也是这个论争客观上可能无解的必然结果。20世纪不同时期日本学界出现的有关"古代虾夷"的各种学说、假说,均浸透着不同时期的"时代特征",而有关"古代虾夷族群"问题的论争也是20世纪日本学术风潮的产物。

## 学界评价与反响

在社会公众的认知中,日语中的"虾夷"常被不加辨析地等同于"阿依努"。在现代日本民众的概念中,"虾夷"也常被认为是"阿依努人"的先祖。但事实上,20世纪日本学术界曾围绕"虾夷"是不是"阿依努人"的祖先问题进行了学术大讨论。而该讨论至今仍没有定论。该文的主要学术贡献在于:(1)对20世纪日本学界的"古代虾夷族群"论争这一学术现象从史学史的角度进行了系统梳理;(2)通过对学术梳理,提示学界不宜将日本古代文献中的"虾夷"直接等同于现代"阿依努人"的先祖,因为这一问题至今仍没有定论。文章发表前,作者曾在《世界历史》编辑部与河北师范大学历史文化学院联合举办的"2020年度世界史青年论坛"上对文章主要内容作口头报告。与会学者对该文给予了高度的评价。文章发表后,中国历史研究院官方网站、《世界历史》编辑部微信公众号、中国世界史研究网进行了全文转载,并获得了较好的点击阅读量。

(该文原载于《世界历史》2020年第4期,收入本书时做了适当修改)

# 美国对华政策的地缘政治思考模式
# 与日本的外交选择

廉德瑰[*]

美国对华政策的渊源是其战略文化中的地缘政治思考模式。伴随中国的进一步崛起，美国的这种思考将愈加明显。作为这个体系中的战略支点国家，日本与美国之间的同盟关系将会进一步加强。但由于日本的利益认知与战略思考并非与美国完全一致，日本的战略选择将表现出一定的自主性特点，从而使美国的地缘政治战略在实施过程中呈现局限性。

## 一、国际关系的地缘政治思考模式及其局限性

美国为何敌视中国的崛起？这与美国对国家间关系本质的思考模式有密切关系。作为具有代表性的海洋国家，曾经的大英帝国为了维护其对欧亚大陆的优势地位，不断变换同盟对象，遏制欧亚大陆崛起的任何强国，以维持大陆均势。现在，同样作为海洋国家的美国视中国为崛起的大陆国家，所以遏制中国是其英国式地缘政治思考模式的再现。

麦金德在1919年出版的著作中，根据英国与欧洲大陆国家之间的权力博弈经验，得出结论："谁统治了东欧，谁便控制了心脏地带；谁统治了心脏地带，谁便控制了世界岛；谁统治了世界岛，谁便控制了世界。"这一论断，其实是麦金德向海洋国家英国发出的警告，他要英国关注来自大陆国家的威胁。麦金德担心的是拥有资源和补给能力的陆权国家若有能力建立海权，将是对海洋国家最大的威胁。"二战"期间，斯皮克曼鉴于欧亚大陆的欧洲边缘地区被德国控制以及亚洲边缘地区被日本控制的事实，警告海洋国家："谁支配着边缘地区，谁就控制欧亚大陆；谁支配着欧亚大陆，谁就掌握世界的命运。"

美苏冷战其实在很大程度上也是以美国为首的海洋国家与以苏联为首的大陆国家之间的对立，具有明显的地缘政治特点。冷战终结后，以美国为首的西方海洋国家与大陆国家俄罗斯之间的争夺仍然带有明显的地缘政治特点。布热津斯基把欧亚大陆看作美国维持全球霸权的战略棋盘，把位于欧亚大陆心脏地带的俄罗斯看作现代大陆对美国全球霸权的主要威胁。在美国看来，目前中国的崛起必定是挑战美国在欧亚大陆乃至全球霸权地位的因素，遏制中

---

[*] 廉德瑰，上海外国语大学日本文化经济学院教授。

国是不可避免的。

日本虽然认同美国的地缘政治思考模式，其海洋国家意识也十分明显，但一个不争的事实是，日本与中国是一衣带水的邻邦，与中国有着复杂的利益关系。日本的战略选择，不但对自身的国家利益，而且对崛起的大陆国家中国和守成的海洋国家美国，乃至于对整个亚太地区的地缘政治格局，都将产生至关重要的影响。美国要把日本纳入其地缘政治战略之中，但日本在认同美国战略的同时也对中国的巨大市场有依赖性，于是在配合美国战略的过程中，日本的外交也呈现自主性，使得美国的地缘战略目标不可能完全得以实现。日本面临着地缘政治的抉择。

## 二、同盟思想与日本的战略选择

构建同盟是海洋国家遏制大陆国家崛起的基本政治外交手段。美国为了维护在欧亚大陆的战略优势，必须强化已有的同盟，并策划构建新的同盟，以维持该地区均势。日本自诩为海洋国家，对邻近的大陆国家中国的崛起抱有危机感，故一方面试图加强与美国等海洋国家的同盟，采取与美国一致的战略，平衡中国的势力；另一方面则展现出富有自主性的一面。

日本作为欧亚大陆远东边缘的海洋国家，为了确保自身安全、平衡中国的发展，对海洋国家的同盟构想也十分热心，要把日美同盟打造成反华同盟的核心。"自由开放的印太"是安倍晋三于2016年8月在非洲发展会议上提出的战略构想，该战略的具体措施就是结成日美澳印四国战略合作机制。美国现在是四国机制的操纵者，其最终目的是把四国外长战略对话机制打造成亚洲版小北约。

日本支持四国战略对话是在政治层面，对于构建四国军事同盟并不积极，表现出了外交的自主性一面。菅义伟对四国战略对话机制划出了底线，他在自民党总裁选举中明确表示，不认同建立亚洲版小北约，因为这会成为针对中国的包围网，并不符合日本的利益。

## 三、海洋安全与日本的考量

同盟思想在美国现阶段的政策目标中具体表现为对海洋安全方面的关心。美国试图构筑的多边同盟主要是以海洋国家为主，并强调在欧亚大陆东南部边缘海域的航行自由。美日之间的同盟实际上也是一个海洋同盟，美国在日本的海空军基地，是保障美国在亚太地区海域航行自由的战略支点。

日本是欧亚大陆东部沿海的边缘国家，也自认为是海洋国家，因为感受到大陆国家中国崛起的压力，所以愿意配合美国遏制中国向"海洋伸展势力"。但是，日本在南海问题上也有自主性的一面。日本海上自卫队幕僚长山村浩表示，日本并非对美国在南海的"航行自由行动"进行配合。山村的话透露出日本在南海的介入是有限的。其实，日本海洋"防御"的重点是东海。关于东海问题，钓鱼岛是"争端"的焦点，日本势在必"保"，并要求美国承诺承担"协防"义务。

东海、台湾海峡和南海是欧亚大陆东部和南部近海，美日在这些海域有共同利益，继东海钓鱼岛和南海问题之后，日本政客在台海问题上连续放话，暴露其干涉中国内政的企图。美日联合印度、澳大利亚甚至更多海洋国家，与中国争夺欧亚大陆东部和南部近海制海权的博弈将继续下去。

### 四、文化价值观与日本的立场

海洋国家与大陆国家的政治博弈，还包含文化和价值观冲突的意义。同盟可以划分为"效力于一致的利益与政策的同盟，效力于互补的利益与政策的同盟和效力于意识形态上的利益与政策的同盟"。就文化的意识形态意义来说，在切实的共同利益之上添加意识形态因素，能通过规范、道德、信念来加强同盟的力量，并借助人们对它在情感上的偏好以获得更多的支持。

"二战"后，日本被吸纳进西方阵营，基本政治立场是把中国视为共产主义国家，这也是影响日本在外交上倒向美国的原因之一。日本站在西方阵营立场，对中国有强烈价值观优越感。

但是，价值观和意识形态领域不过是权力斗争过程的外包装而已。日本文化具有强烈的传统东方性，日本在意识形态上站队西方其实并没有多少文化基础。

喜欢坐禅的安倍晋三即使提倡"价值观外交"，也不过是在当今国际政治中为日本民族生存而做的权宜之计，价值观和意识形态只不过是日本政客在权力政治和遏制中国崛起的现实需要中继续利用的遮羞布。

### 五、政经分离与日本的自主外交

在中国崛起的背景下，中国市场的重要性越来越不可忽视，日本的同盟思考显然与其经济利益越来越不相符。日本外交处于十字路口，面对地缘政治大变局，日本的利益认知与战略思考并非完全与其盟国美国一致，而是表现了既重视同盟又追求自主性的特点，因为同盟与利益开始乖离，同盟开始动摇。

日美同盟的问题在于美国在安全的幌子下，经常损害日本的利益，因此日本开始谋求自主性。

日本早就把"贸易立国"确定为发展之本。中国是日本第一大贸易伙伴，日本虽然不希望中国在亚太地区成为支配性力量，但是与中国"脱钩"将使其经济受到损失，所以谋求在中美之间维持平衡的政策。日本在如何处理与美国和中国的关系上，有明显的"政经分离"

倾向。

从地缘经济角度看，日本不但不想与中国"脱钩"，反而有在地区经济合作框架方面合作的意愿，因而积极与中国一起促进"区域全面经济伙伴关系协定"（RCEP）达成。RCEP的进展意味着美国的"脱钩"政策在地缘经济领域失败。

美国被排斥在RCEP之外，又自绝于TPP之外，中日已经是东亚和亚太地区巨大贸易圈的主角。美国怂恿日本拼凑日美澳印四国战略对话，但是缺乏市场基础，不可能持续下去。

日本是美国推行"印太战略"的关键国家，日本在战略选择上谋求自主外交，中国应该有效利用日本的这种两面性，关注日美之间的分歧，扩大中日之间的共同利益，以人类命运共同体的理念，超越地缘政治和海洋与大陆对抗的思考模式，促使中美日关系向稳定平衡的三边关系方向发展。

**学界评价与反响**

依据中国知网的统计，截至2022年6月底，《美国对华政策的地缘政治思考模式与日本的外交选择》一文被引用1次，为刘玲玉、邓燕燕的《基于Python情感分析和批评隐喻的网络话语分析——以影片〈流浪地球〉中美德影评为例》，发表于《江苏大学学报（社会科学版）》2022年第3期。文章引用了如下观点：在政治层面，美国受地缘政治观的影响，认为中国的崛起是对海洋国家美国在欧亚大陆主导地位的威胁，遏制中国的发展是海洋国家遏制大陆国家崛起的必然选择，是旨在维护美国全球霸权地位的国家安全战略的客观需要。

（该文原载于《亚太安全与海洋研究》2021年第4期，收入本书时做了适当修改）

# "扩大内需"政策的长期化：基于日本经验的解释

莽景石[*]

战后日本在不利的要素禀赋条件下，选择了重化学工业化的发展道路，并相应地实行了广为人知的"贸易立国战略"。至少在表面上，这难免给人留下日本经济发展严重依赖国际市场，甚至外需对经济增长的贡献巨大的印象。但是，实际上一直到完成向工业化经济转型为止，日本经济发展，特别是其间出现的高速增长，是投资主导的内需驱动的，日本政府也没有提出过相对于"外需"而言的有关"内需"的清晰政策。扩大内需政策的提出及其在政策实践中的长期化，是较为晚近的一个事件。

## 一、国际收支失衡、前川报告与扩大内需政策的提出

日本在向工业化经济转型过程中保持了内外平衡的发展，但在完成向工业化经济转型之后平衡被打破了，特别是进入20世纪80年代以后，日本净出口占GDP的比重不断上升，日本与欧美国家，特别是美国的贸易摩擦激化。"广场协议"签署后，日元大幅度升值，但仍然未能阻止日本出口的迅猛增长。在美国的压力下，日本已无可能像以往那样通过个别产品领域的交涉和谈判解决贸易争端，并且在个别产品领域即便达成某种协议，也无法从根本上解决日本的由大规模的对外贸易出超造成的国际收支失衡问题，必须通过结构性改革实现国际收支由严重失衡向扩大均衡的转变。

在这一背景下，中曾根康弘首相的私人咨询机构于1986年4月完成了《"以实现国际协调为目标的经济结构调整研究会"报告书》，世称"前川报告"，首次提出了"扩大内需"政策，直接的政策目的就是通过扩大内需减少贸易顺差、恢复国际收支平衡。其后扩大内需政策的内涵和外延进一步扩展，特别是1987年11月竹下登内阁成立后，着手制定新的中期经济计划，并将政策运营的基本点置于"推动向内需主导型的经济结构转化"。至此"扩大内需"已经正式被纳入日本政府的政策体系，而且政策目标不再仅仅是纠正国际收支失衡，还更为广泛地与经济发展、结构转换、体制改革结合在一起，构成了扩大内需政策长期化的起点。

---

[*] 莽景石，南开大学日本研究院教授。

## 二、扩大内需政策与欧美国家宏观需求管理的比较

在战后欧美国家以凯恩斯经济学为理论基础的宏观经济政策实践中，确立了充分就业、物价稳定、经济增长、国际收支平衡四大宏观经济政策目标，这些目标彼此之间不仅互为补充还可能互为冲突，但无论如何充分就业始终是首要目标，并形成了一整套以财政政策、货币政策为主要调控手段的宏观需求管理体系。其主要特征是：首先，政策作用方向是需求侧，因而属于经济学意义上的短期政策，不涉及技术变动；其次，政策目标在很大程度上实际上是使总需求与总供给归于均衡，在这一意义上它不是增长政策，而是均衡政策、稳定政策；最后，它是总量政策，无论中央政府实行宽松的还是紧缩的政策，在政策影响范围内所有企业、产业面对的是同一税率、利率的变动。日本的扩大内需政策与之相比，具有显著的差异。

（一）日本的扩大内需政策的首要目标不是充分就业，而是纠正国际收支失衡。在向工业化经济转型的高速增长时期，日本实现了差不多接近理论值的充分就业，失业问题从来未对日本经济发展构成严重挑战。在日本提出扩大内需政策的时候，布雷顿森林体系已经崩溃，使日本持续的、大规模的国际收支失衡具有了现实可能性，更重要的是日本与美国的经济实力对比发生了巨大变化，日本作为资本主义世界第二经济大国，与美国构成了竞争关系。

（二）日本的扩大内需政策是结构性政策，而不像欧美国家的宏观需求管理那样，是总量性政策。这意味着日本的扩大内需政策具有具体的政策对象和特定的政策目标，是针对特定产业、特定部门的。欧美国家实行的宏观需求管理，具有一种反周期的性质，是状态依存的，即根据周期波动的状态决定采取何种政策，不会始终实行宽松政策，也不会始终实行紧缩政策。但是日本的扩大内需政策不是这样，自从正式提出这一政策以来，一直实行到现在，无论处于周期波动的哪个阶段，基本政策方向始终没有发生大的调整。

## 三、安倍经济学、支持性政策的选择与扩大内需政策

日本的扩大内需政策，在初期政策目的比较单一，就是纠正国际收支失衡，但在其后的持续实施过程中，越来越具有一般经济政策的性质，甚至本身已经成为宏观经济政策的最大政策目标，即起源于特定目的的扩大内需政策不仅长期化了，而且一般化了。但是，扩大内需政策并不是一项单独进行的政策，它是通过货币政策、财政政策来实现政策目的的，这意味着扩大内需政策嵌入了日本的宏观需求管理之中，并且在日本给定的约束条件下，还面临一个支持性政策选择的问题。

日本在完成向工业化经济转型后，经济发展的约束条件由需求过剩转为需求不足之际，于20世纪70年代开始实行凯恩斯主义的财政赤字政策，自此以后财政赤字规模不断扩大，政府债务占GDP的比重节节攀升，始终居高不下。导致在后来的长期萧条中财政政策面临两

难处境：为了走出通货紧缩必须扩大财政支出，于是加重财政赤字；为了健全财政必须提高税率增加税收，于是重新陷入通货紧缩。这样一来，财政政策在宏观需求管理中就非常掣肘，于是货币政策成为宏观需求管理的优先选择手段，也是落实扩大内需政策的最重要的工具。这一点在"安倍经济学"中最为典型地体现了出来。

在安倍经济学执行期间，扩大内需政策已经完全嵌入宏观需求管理之中，量化宽松、质化宽松的货币政策的直接目标就是扩大内需。日本从20世纪90年代初陷入长期萧条后，GDP缺口由正转负，一直到第二次安倍内阁成立，大多数年份都是负值，其间在1997年、2008年之后出现了两次通胀缺口，但很快转为通缩缺口，因为分别爆发了亚洲金融危机、世界金融危机。应该说安倍内阁面临的通货紧缩局面是非常严峻的，但在以货币政策为重心的安倍经济学的作用下，日本经济出现了向好的局面，取得了不错的绩效。在新冠肺炎疫情暴发前的6年里，日本实现了人均实际GDP接近于OECD平均值的增长，就经济总量而言，尽管第二经济大国的地位为中国所取代，但作为世界第三经济大国，仍然是OECD成员国中经济发展、社会发展水平最靠前的国家之一。

## 四、扩大内需政策长期化的决定因素

扩大内需政策，本来是一项在日本对外经济摩擦加剧、国际收支失衡背景下产生的具有特定政策目标的政策，但在其政策实践过程中，却演变为一项持续实施的政策，到2021年已有35年，也就是说扩大内需政策长期化了，在所有主要发达国家中这是仅见于日本的经济现象，对它的决定因素进行深入分析，颇具学术价值。

（一）经济发展的约束条件由需求过剩转为需求不足。在完成向工业化经济转型之后，和所有先行的工业化国家一样，总需求不足将会长期困扰日本经济的发展。在经济发展的约束条件发生如此重大变化的经济环境中，扩大内需政策虽然在提出的初始阶段具有特定的政策目的，但它的作用方向与需求不足条件下的日本宏观经济政策的作用方向一致，不仅嵌入宏观需求管理之中，而且其本身也成为宏观需求管理的重要目标，故而扩大内需政策随之长期化了。

（二）长期萧条与慢性通货紧缩的影响。日本泡沫破灭后陷入长期萧条，并开始了市场取向的经济结构改革，核心是重新划定政府与市场边界的规制缓和，在经济政策领域，这意味着政策作用方向将由供给侧向需求侧调整，主攻方向就是尽最大力量克服制约经济增长的有效需求不足。从而使本来是在泡沫繁荣期间提出来的、用以纠正国际收支失衡的扩大内需政策，在长期萧条和其后的慢性通货紧缩中获得了更大的政策空间，一直到现在仍被坚持实施，在日本的政策体系中也占有越来越重要的地位。

（三）从重视生产者利益转变为重视消费者利益迟缓。战后日本政府为迅速实现工业化，按照更通俗的说法就是实现"赶超"目标,与生产者结盟,形成了相对于消费者而言的"生产者内部人控制",重视生产者远甚于重视消费者。但是在完成向工业化经济转型之后,"生产优先主义"的理念及其所导致的重视生产者甚于重视消费者的做法,在政策层面和生活层面都迟迟得不到扭转,再加上陷入长期萧条以来个人收入增长缓慢甚至停滞,导致个人消费支出始终疲软,加重了有效需求不足,这在很大程度上意味着扩大内需政策一直不到位,需要继续实施下去。

(四)实现内外平衡的发展的需要。尽管日本属于大国经济,无论在哪个发展阶段,经济发展都是内需驱动型的,但是,外需对日本经济发展来说是不可或缺的,尤其对仍处于长期慢性通货紧缩局面中的日本经济来说,更具有特殊的重要性。日本已经坚持实施扩大内需政策数十载,它始于特定的政策目的,又具有结构性属性,在其后的政策实践中又开始具有了一般政策的性质。因此,扩大内需政策如果实施得当,可以负担起对外经济协调、对内促进经济发展的双重任务。由此决定了扩大内需是实现内外平衡发展的有效路径,相对于包括外交方式、舆论方式在内的其他手段,坚持实施扩大内需政策是最优选择。

(该文原载于《现代日本经济》2021年第4期,收入本书时做了适当修改)

# 关于后疫情时代中日经济关系走势与发展的思考

庞德良 卜 睿[*]

突如其来的新冠肺炎疫情对世界经济产生严重冲击和影响。在后疫情时代，如何共同有效应对经济冲击，提高风险防范能力，建立高效的合作机制，提高合作效率，构筑起契合新时代要求的中日经济关系是两国面临的共同问题，这里既有机遇也有挑战，需要中日两国共同努力，实现合作共赢。

## 一、后疫情时代对中日经济关系走势的基本判断

长期以来，中日双边政治关系波折不断，出现过较大起伏，但从经济关系看，两国经济合作基本处于健康发展状态，即使在政治关系最为紧张和最为恶化时期也依然保持"政冷经热"的状态。其原因在于中日经济关系经过长期发展，市场机制在发挥主导作用，在国际贸易和国际直接投资过程中形成了比较稳定的国际分工关系，两国的贸易需求与供给的匹配程度和直接投资的市场契合度都比较高，因此贸易和投资所带来的经济交往体现了较强的稳定性，中日经济关系有着较为坚固的"底层结构"。但中日政治关系对高速铁路合作、区域经济合作、中日双边或两国共同参与的多边 FTA 的缔结等需要做出政治决断的大规模合作影响极大，也即"上层机制"往往更容易受到各种突发事件或结构性因素影响而迅速恶化。事实上，中日经济关系中，受政治关系影响相对较小的传统货物贸易以及民间直接投资恰恰占据主体地位，而具有一定政治意义的大项目较少，所以，"政经"能在一定程度上分离。加之中日经济互补性较强，所以，双边经济关系中"底层结构"相对更加牢固。

由此我们判断，后疫情时代，中日双方"底层结构"的合作愿望仍然相当强烈，底层结构的需求有进一步扩大的需要和动力。目前，中国巨大的市场、崛起的中等收入群体以及日益完善的市场环境成为全球经济中不可多得的稀缺资源，对日本企业有巨大吸引力，理性的日本企业轻易不会与中国市场"脱钩"。但"上层机制"因受政治因素、域外因素以及日本国内右倾势力的影响，导致区域性、制度性和规模超大型的项目可能难有长足进步。

---

[*] 庞德良，吉林大学东北亚研究中心教授；卜睿，吉林大学东北亚研究院博士研究生。

## 二、后疫情时代中日经济关系面临的挑战和机遇

后疫情时代，也恰值大变革时代，中日两国经济关系面临挑战和机遇。

### （一）来自日本的技术与规则之战是中日经济关系的重要挑战因素

**1. 技术之战：日本蓄力力图主导未来的新技术**

日本在所谓的"失去的二十年"中，将发力点集中在电子产业链上游设备，半导体材料、元件及设备领域，上述领域占据了关键位置，保持了极大的优势，成就了日本在全球半导体产业链中不可替代的地位，从而奠定了大变革时代日本寻求技术之争的底力。从创新来看，日本占据着全球创新企业百强榜单企业数量的前两名位置（2020年）。从研发看，日本的技术研发费用、企业研发费用和核心技术专利均位居世界前列，可以说世界上重要的高科技公司都离不开日本高精度设备、配件和解决方案。

可见，日本在科技创新上并未失去，我们不能忽视来自日本高新技术的挑战，未来的科技竞争不可避免。中国虽然在某些技术上超过了日本，但整体上与日本技术的竞争仍然是不对称的，中国的优势仍然是局部的，而非整体优势，对这一点必须要有清醒认识。中国不畏惧科技竞争，但日本如果以"美国式"的无理打压和抑制中国科技发展，这必将对中日经济合作产生重大冲击和影响，这也是我们不愿看到的。

**2. 规则之战：日本发力力图主导未来的新规则**

正是日本在高新技术、数字技术、网络技术和智能技术等方面的全力投入与技术沉淀，推动了日本作为"自由贸易旗手"走到规制构建道路之上，力图主导全球国际贸易规则。

国际经贸规则就是国际秩序、大国关系的具象化共识。谁掌握了新技术，谁就有能力去参与制定甚至掌控规则，进而能把握住时代演变的先机和方向。2013年2月，安倍晋三在第二次执政的首次施政方针演说中明确指出："我国应成为在全球层面、区域层面以及双边层面创造规则的国家。"一是日本主导TPP/CPTPP，进一步在区域层面以及双边层面创造国际经贸规则，最终实现对国际经贸规则制定的主导。二是高度重视峰会外交的"规则设定与建章立制"功能，在G20大阪峰会期间充分利用主场外交的优势，创立制定数字经济国际规则的"大阪轨道"，使日本主导国际经贸规则制定的战略取得了重要进展。

从"自由贸易旗手"到"大阪轨道"的努力彰显了日本有意愿、有能力主导国际经贸规则制定。问题在于规则的制定需要国家间的合作，如果日本以规则为武器，限制和制约中国发展，这需要中国高度警惕，这无疑会对中国形成挑战并对中日经济合作投下暗影。

### （二）中国超大规模市场优势和新发展格局是中日经济关系最重要的机遇

从中国的角度看，目前有两大因素成为中日经济关系发展的新机遇。

**1. 超大规模市场优势**

经过40多年的改革开放，中国崛起为世界第二大经济体，拥有全世界最强大的消费市场和全球最完备的工业体系，具备了超大规模市场优势。中国超大规模市场优势对日本意味着两点：一是拥有巨大的市场，中国的崛起对日本是机遇而非挑战；二是超大规模市场优势可以转化为超大规模国家性优势，其他国家无法对其施加根本性影响，包括影响一个国家的对外政策选择。所以，日本要主导国际经济规则，需要与中国合作。日本离不开中国，因为规则要有共识才行，特别是大国要有共识才行。将世界第二大经济体、世界最大发展中国家排除在外或者以规则之战制约中国的发展不但会冲击中日经济关系，而且这样的"国际规则"也注定成不了共识。

**2. 国内国际双循环新发展格局**

习近平总书记和党中央综合中国比较优势和世界经济环境变化，审时度势，提出了"以国内大循环为主体、国内国际双循环相互促进"的新发展格局。以国内大循环为主体的发展新思路、新格局将会激发14亿人口的内需崛起，将进一步提升中国制造业世界中心的地位。中国将在全球产业链重构和集群发展中发挥新的主导作用，为世界经济发展注入新的驱动力量。这将给中日经济合作注入新的活力和动力，提供新的机遇，中国巨大的内需和产业链的集群发展会为日本提供更为庞大的市场和巨大商机，这种机遇对日本来说是具有战略意义的，安倍晋三前首相提出的构建中日"战略互惠"将在中国新发展格局中得到更好的实现。

### 三、推动后疫情时代中日经济关系发展的思考和政策建议

第一，进一步筑牢中日经济关系的"底层结构"，进一步增强中日经济关系的韧性，确保合作基础的牢固性。

第二，在加强功能性合作的基础上，强化双边和多边制度性合作，提高中日经济合作的层次和质量。

第三，在国际经贸规则创建中加强合作，推动建立符合新时代要求的国际经济秩序。

第四，加强数字技术合作，构建符合新全球化时代的技术合作体系。

第五，加强政治互信，顺畅政治关系，推动经济合作走向新时代。

在新时代，中日双方应坚持开放包容，在维护自由多边贸易体系和规则的基础上，构建能够抵御政治风险影响的务实高效、合作共赢经济合作机制，将经济合作这块"压舱石"做得更大，将经济合作这个"助推器"做得更强，推动中日经济合作走向新高度，进入新时代。

（该文原载于《现代日本经济》2021年第1期，收入本书时做了适当修改）

# 日本参与五眼联盟的动因及走向

王广涛[*]

五眼联盟（Five Eyes）作为以美英两国为中心的情报共享网络，具有悠久的历史和广泛的网络布局，近些年亦强化了对中国问题的关注。2020年7月21日，时任日本防卫大臣的河野太郎首次表达了加入五眼联盟的想法。此后，日本也频频表达类似意愿。同时，美国、英国、澳大利亚等五眼联盟成员国相继向日本抛出橄榄枝。日本与五眼联盟的接近成为近一段时期日本在军事安全领域的重要议题之一。

日本与五眼联盟相互接近有三大动因。首先，以美、英为代表的五眼联盟对日本的情报需求增加，对日本加入五眼联盟表现出一定的开放态度。美国方面一直呼吁进一步强化与日本的情报合作，认为将日本纳入五眼情报共享网络是确保日本长期同美国合作的重要机遇。英国则将日本视为欧洲以外可靠的合作伙伴国，希望借助日本获得涉及中国香港等方面的情报。其次，参与五眼联盟是日本情报体系建设、军事大国化和国家安全保障战略的必然诉求。情报体系建设成熟与否不仅与自身有关，还要积极融入多边情报合作中去，这也是日本国家安全保障战略的题中应有之义，日本希望借助参与五眼联盟完善本国情报体制建设。最后，遏制中国崛起已经成为日本和五眼联盟国家的共同主要目标，这在客观上刺激双方在情报共享上相互接近。总之，受到日本国内政治生态变化、东亚地区秩序以及全球范围内权力转移等多方面因素的影响，日本与五眼联盟彼此互有诉求，迅速接近。

虽然五眼联盟频频向日本抛出橄榄枝，而日本也多次表露出加入五眼联盟的意愿，但这并不意味着日本就可以轻松加入或融入五眼联盟的情报共享网络中。在加入五眼联盟的问题上，日本至少面临来自制度、规范以及体系等三个方面的障碍。第一，日本情报体制的制度建设明显落后于五眼联盟成员国。战后日本的情报工作相对分散。日本政府于2013年成立了国家安全保障会议（即"日本版NSC"），下设国家安全保障局，日本期待国家安全保障局可以发挥情报统合的中枢功能，然而从后来的政策实践来看，国家安全保障局只在紧急事态下其职能才能体现，日本各主要省厅情报部门之间各自为政的积弊并未得到根本性改变。总体而言，日本情报体制建设仍然存在短板，僵化的情报体制建设是影响日本参与五眼

---

[*] 王广涛，复旦大学国际问题研究院日本研究中心副教授。

联盟的重要障碍之一。第二，日本国内的和平主义规范和民众对军国主义言论统制的历史记忆制约了日本政府的情报体制建设。日本政府对于建立统一的情报指挥机构不是没有积极尝试，但是这些尝试受到了在野党和民众的强烈反对而不了了之。以至于日本政府对"情报"二字讳莫如深，虽然政府屡屡提及情报工作的重要性，但是在用语的选择上仍然倾向于作为"information"的情报，而不是作为"intelligence"的情报，以缓解舆论的压力。与之相反，美国则批判日本在"情报保护"的法制建设上走得太慢太缓，从而出现多次日本方面泄露美国所提供的情报信息的状况。从这个角度来看，以美国、英国为代表的在情报制度化走在前列的五眼联盟国家与日本这个虽然尽力改善却仍然逡巡不前的国家之间呈现鲜明的落差，在这一落差尚未有效缩小之前，谈论日本加入五眼联盟为时过早。第三，五眼联盟组织体系内部对于日本的参加仍存在分歧。对于五眼联盟而言，成员数量的增加未必能够实现有效的制衡，反而可能陷入集体行动的困境。日本作为外部国家（五眼联盟是英语圈国家结成的联盟）一旦加入，那么韩国、德国、法国、意大利等国家都有加入的充分理由。对于情报组织而言，情报网越广意味着可能获得的信息越充分、越多元，但同时也会产生情报扩散的风险。日本情报机制的不完善更是加剧了情报泄露风险。在涉华问题上，五眼联盟成员新西兰对于对华强硬的态度有所保留，与其他四国存在一定分歧。同样，日本对于中国不仅有防范的愿望也有协调的需求，需要全面考量加入"五眼联盟"带来的收益以及恶化中日关系带来的损失问题。

虽然短期内日本加入五眼联盟仍存在不小的阻碍，但是看待日本加入五眼联盟的前景，不能仅仅着眼于当下，还要对其中长期的未来走向做出研判。首先，日本可能以参与五眼联盟合作为契机，着手改革国内情报体制机制。目前，日本政府在涉及国家情报安全的领域，采取的是"切香肠"策略，即通过小范围逐步攻克的方法，最终实现完善情报体制的目标。从这个角度来看，加入五眼联盟并非日本的终极目标，而是以此为契机进一步强化整个情报体制的管理和建设。其次，日本还可能不拘泥于形式，探寻灵活多样的方式深化与五眼联盟事实上的合作。日本政府基于务实的角度，未来选择"参与合作"的可能性增加，日本政府特别是执政的自民党亦在积极推动与五眼联盟"事实上"的合作。日本可以通过"五眼＋日本"（5+1）的方式，与五眼联盟各取所需，在不触动各种固有体制的前提下实现合作。再次，日本亦有可能借助参加五眼联盟，深化联盟安全合作并推动"印太战略"。日本近年来积极推动和参与美日印澳四边机制（QUAD）。随着四边机制的制度化，以及日本与五眼联盟的接近，日本在印太地区的经济、军事、情报安全一体化的架构或将形成。对于视印度—太平洋的"繁荣与安全"为核心国家利益的日本而言，这无疑会助推日本向着大国化的方向迈出坚实的一步。

总之，鉴于日本在情报制度上的缺陷，尽管日本可以通过渐进的方式突破这些制度上的障碍，但这一周期毕竟相对漫长，从日本"修宪"所面临的重重阻力，就可以想象到制度变迁的复杂性。因此，对于日本来说可能的选项应该是"协作"，而非"加入"，即"5+1"这种"共同但有区别"的情报共享体系。而对于中国而言，值得关注的不应该是"五眼"还是"六眼"，而是合作的实质走向。在情报共享领域，内容永远大于形式。考虑到情报的隐蔽性，以及五眼联盟发展的历史，或许日本已经成为五眼联盟的正式一员。即使日本没有明确加入"五眼联盟"，但却在实质上强化同其成员国的合作，中国对此也应保持充分警惕。

**学界评价与反响**

该文发表于中文 CSSCI 核心期刊《现代国际关系》，该刊物以对策研究见长，文章发表后受到了学界的广泛关注，得到了美国同盟体系相关优秀研究的参考和征引，并被上海全球治理与区域国别研究院、复旦大学国际问题研究院、奇云智讯等多家国际问题研究智库平台转载。此外，文章还在政策领域产生了一定的影响。文章具体分析了日本参与五眼联盟的可能性与未来走向，并对日本这一动向如何影响中国外交做出了研判。在该文基础上撰写的相关报告获得了有关部门的正面肯定，发挥了学术研究成果的咨政功能。

（该文原载于《现代国际关系》2021 年第 5 期，收入本书时做了适当修改）

# 日本战后思想史语境中的鲁迅论

赵京华[*]

鲁迅与日本渊源深厚，这不仅是指他有七年之久的留日经历且这深刻影响到其思想定型和文学理念的生成，还意味着日本人对这位特异的中国文人有长期持续的关注，并在特定的时期里使其成为本国思想论坛的一个焦点，从而激发了几代知识者的想象力。"鲁迅与日本"这一议题是个双向流动的关系结构，包含鲁迅生前与日本的种种关联和死后日本人对他的诚挚接受。这本身构成了一个不同民族间跨文化交流与互鉴的典型案例。同时，也映现出一段中日思想文化间特殊的东亚同时代史，对于我们重新认识鲁迅及中国革命的20世纪史，以及战后日本的思想历程，同样重要。

这里，所谓"特定的时期"是指1946年至1976年的30年间，即日本社会激烈动荡的"战后民主主义"时期。1945年的战败导致了深刻的历史断裂，日本人从帝国土崩瓦解的一片废墟上猛醒过来，在反思自身走向殖民侵略战争的现代史的同时，开始谋求民族、国家的复兴和社会的重建。这是一个凤凰涅槃式的"第三次开国"时刻，几代日本知识者带着自身的切肤之痛重新思考明治维新以来的现代化进程。在此，他们注意到长期被忽视甚至蔑视的一个思想资源，即经过反抗殖民压迫和社会革命而实现了民族解放及另类现代化的中国，发现了其精神代表——鲁迅。而在这"特定"的30年时间里，日本知识界将鲁迅推到由思想、文学、历史等问题构成的思考场域中心。例如，思想观念上的个人与国家、主体与他者、知识分子与社会改造；文学上的政治与文学关系、写实主义与现代主义；近代史上的传统与现代、殖民主义与民族主义、战争与革命……就是说，近代以来知识者所遇到的种种思想课题，透过对鲁迅的阅读和阐发而得到深度思考，鲁迅及其革命中国成为战后日本思想界价值判断的一个重要标尺，有力地改变了明治维新以来一切"以西洋文明为标准"的思考惯性。鲁迅被深深嵌入日本的内部，成为内在化于战后思想史的"他者"。

日本殖民扩张的失败与中国革命的成功建国这一结构性历史逆转，无疑是战后日本知识者密切关注鲁迅的重要社会语境；同为东亚地区的成员在历史文化传统上相通而于各自社会条件下谋求现代化发展，日本形成的是人道主义文学或"优等生"文化而中国却能孕育出在

---

[*] 赵京华，北京第二外国语学院教授。

抵抗中获得主体的民族文学，这无疑也是日本知识者敬重鲁迅的文化要素。而作者进一步追问：第一，日本人在怎样前后关联的思想课题讨论中持续关注到鲁迅文学的精神特质，这些思想课题如何激活了在中国被忽视了的鲁迅精神某些内核；第二，这些前后关联的思想课题构成一个与20世纪世界史息息相关又具有亚洲独特性的问题系列，在此问题系列中鲁迅的思想文学是怎样得到创造性阐发的；第三，日本知识者以怎样的方式将鲁迅推到战后思想论坛的中心。

"二战"后日本知识界形成了一个鲁迅逝世逢十纪念的传统。1946年，思想家竹内好发出第一声纪念《关于鲁迅的死》，又通过后续的文章将民族独立和主体建构的问题推向思想界；1956年，文学家中野重治以《某一侧面》及其他纪念文章，对如何在"政治与文学"关系论争的语境中讨论鲁迅文学的人性基调和政治性特征，提出自己的看法；文化评论家竹内芳郎又将"政治与文学"关系转换成"革命与文学"问题而使讨论得以深化。1966年，全球反战运动达到高潮而"68年革命"即学生造反运动山雨欲来之际，由新日本文学会所办"鲁迅与当代"系列讲演，将思考带入个人与社会、传统与现代等重大问题中来；戏剧家花田清辉则围绕现代与"超现代"问题展开思考，用荒诞派手法成功改编《故事新编》而对鲁迅文学提出独特阐释。1976年，随着"政治的季节"结束，思想论坛上内涵丰富的鲁迅论也迎来落幕时刻，青土社的杂志《Eureka 诗与批评》推出"鲁迅：东洋思维的复权"大型特辑，在"革命与文学"和中日文学同时代的总题下展开讨论，成为"落幕"前一个意味深长的纪念。

对于一位同时代的外国作家逢十纪念，的确是一个罕见的事态。这或许就是日本知识者在"二战"后将鲁迅推向思想论坛中心的方式之一。这些纪念活动，大致呈现了社会变迁导致的思想主题和问题意识的演进路线。例如，1950年代的思想议题主要集中在民族独立和国家再造方面；而反对日美安保条约的斗争等大规模社会抗议运动的兴起，则导致国家民族问题开始转向社会建构上来，与市民社会紧密关联的个人与集团、知识者与大众等问题成为1960年代的思考焦点；到了社会跨入大众消费时代的1970年代，传统与现代、中日文学同时代性开始受到关注。至于那个挥之不去的"政治与文学"关系论争，则是贯穿战后日本文艺界的基本母题，从思想的深层连接起上述彼此交错的种种思考链条。而在这个日本战后思想主题的演进中，有中国作家鲁迅的深深介入。战后一代日本知识者以各种方式，将被压迫民族的伟大作家鲁迅推向思想论坛的中心，发挥了远远超过西方思想家的影响力。殖民体制与反殖民斗争的历史、亚洲民族解放的必然性与日本民族主义走向国家法西斯、西方现代性与亚洲独自的现代，还有战争与革命造成中日文学的同时代性等，日本知识者对这些问题的思考都曾受到鲁迅的启发。

"二战"后30年，日本知识者以对侵略战争的自责——"悔恨共同体"为依托，利用手中知识在推进舆论形成和社会重建过程中发挥了启蒙作用。1945年日本的战败使"国家"一时出现真空状态，知识者得以释放思想的力量，由此开创了"战后民主主义"辉煌时代。他们面对本民族生死攸关的现实问题，将鲁迅视为思想资源而有力地激活了其文学中宝贵的实践性要素。如果再结合"二战"后韩国和中国台湾地区传播的历史，则可以说鲁迅文学的世界意义首先是在东亚来得到体现的，因为在此地鲁迅直接参与了人们改造社会和思想斗争的实践，而不仅是学院里的研究对象。这也将促使今天中国学界的自我反思，现代中国造就了具有世界意义的鲁迅，但为什么后来的研究者未能强有力地将其推向世界的中心。而曾经"失败"的日本民族，其知识精英在艰苦卓绝的民族重生实践中却建构了自己的"鲁迅像"。他们有时也难免"圣化"鲁迅而多少偏离了中国现代史的实际，因为他们有着自己的问题意识。我们不能因此指责他们有所"偏至"，而应该从战后日本思想史语境出发予以理解，并由此重新认识诞生于中国的伟大作家鲁迅的民族身份和世界意义。

**学界评价与反响**

论文发表后，其中的以下观点和研究方法受到国内外学术同行的充分肯定和好评。第一，在"二战"后特殊的历史时期里，日本知识人在重建社会和国家的过程中将鲁迅及中国革命作为思想资源来思考本民族的问题，这使作为外国文学家的鲁迅成为内在日本战后思想史的他者，鲁迅思想文学的抵抗精神、革命要素成为日本人反思民族主义、个人主体性、东西方关系、现代化与现代性等基本问题的重要参照。第二，将战后日本学院里的鲁迅研究和思想论坛上的鲁迅论有意识地区分开来，通过对逢十纪念活动中的各种论点加以整理和历史化语境化分析，由此来认识鲁迅进入日本思想斗争现场的过程，这样一种思想史和文学研究相结合的方法论视角是卓有成效的。第三，结合朝鲜半岛和中国台湾地区"二战"后的鲁迅接受情况而提出的"鲁迅的世界意义首先体现在东亚"这一论文的主旨观点是成立的，它将为我们重新思考鲁迅的思想文学与东亚区域的关系、鲁迅的世界史意义等提供崭新的视角。此外，论文对于"二战"后日本知识者某种程度上的"圣化"中国革命和鲁迅思想文学的倾向所表现出来的"了解之同情"态度，也得到了学术界同行的认可和欣赏。

（该文原载于《文学评论》2021年第1期，收入本书时做了适当修改）

# 年度主要论文

# 日本"印太战略构想"推进过程中的"中心化"与"去中心化"

程 蕴*

日本"印太战略构想（FOIP）"的推进可视为一种规范生成过程，其中的排他性和包容性倾向，正应和了规范生成的"中心化"与"去中心化"两种模式。围绕这两种模式的转换，"印太战略构想"的推进可分为1.0时代、2.0时代和3.0时代。

## （一）规范生成"中心化"模式的构建："印太战略构想"1.0

1.0时代的"印太战略构想"可追溯至安倍晋三第一次执政时期。其规范性内涵是旨在将自由主义的价值观嵌套进一个扩大版的亚洲共同体（印太地区）中，使整个共同体在经济流通和公域治理方面都服从体现自由主义原则的规范约束。不过，由于规范倡导核心尚未完全成形，所以安倍晋三在第二次执政后并没有将自己所主张的规范内涵更为清晰地阐述出来，而是通过发展与关键国家之间的伙伴关系、构建共同行动框架来推动规范性共识的形成。因此，规范的生成与其说是主体观念的传播，不如说是小团体内知识的聚合。对于第二次执政初期的安倍晋三来说，这种知识聚合主要以以下两种方式展开。

第一种方式是以TPP谈判为载体，形成以发达国家国内经济运行模式为模板的跨国自由主义经济共同体。第二种方式是通过构建一个志同道合的准联盟体系，来确立一种全球公域自由进入的规范性共识。

2015年12月，"印太"这一地缘政治概念首次在首脑级联合声明（《日印愿景2025》）中被正式使用。这标志着安倍晋三"印太"区域建构的初步成形，而以日美澳印为倡导核心的区域规范"中心化"生成模式也日渐清晰。

## （二）从"中心化"到"去中心化"："印太战略构想"2.0

两个因素很快导致"中心化"模式的停滞，进而使日本不得不探索区域规范生成"去中心化"模式的可行性。

第一个因素是规范倡导核心与理念传播的主要目标受众（区域内的中小国家）之间缺乏清晰的理念连接点。这导致日本推崇的规范生成"中心化"模式很容易被看作制造地区分裂

---

\* 程蕴，南开大学世界近代史研究中心、日本研究院讲师。

的手段，进而阻碍了倡导者所持理念在区域内的进一步扩散。

第二个因素是作为规范倡导核心的美日之间存在分歧。这一分歧最显著的体现就是所谓的"特朗普冲击"。尤其在经贸领域，美国频频退出多边体制，使日本赖以生存和实现繁荣的自由贸易体系面临威胁。

以上因素使日本无法通过单纯的"中心化"模式去推动印太地区的规范生成。虽然在某些方面，规范倡导的中心化痕迹得到了保留（如所谓"航行自由"），但日本清楚地意识到，必须采取融入"去中心化"模式的双轨政策，才能更好地在印太地区渗透一些理念。在这种认识下，2.0时代的"印太战略构想"开始向"去中心化"的一端摆动。

### （三）菅义伟执政下的"中心化"回摆："印太战略构想"3.0

在菅义伟执政的最初一段时期内，日本的"印太战略构想"仍维持着一种偏向"去中心化"发展的双轨模式。虽然2020年10月召开了首次日美澳印四国外长会议，但与会各国重申了对东盟中心性的支持，试图最大限度地减轻东盟国家对边缘化问题的担忧。会后，菅义伟更是立即访问越南和印度尼西亚，高调宣传"印太展望"与"自由开放的印太"之间的共通性，试图表明日本的"印太战略构想"在兼容性和实用性方面都有别于美国单方面采取的好斗政策。

然而，随着拜登政府的上台，日本的规范倡导再次显现出向"中心化"模式快速回摆的迹象。这与拜登重回同盟协调路线有关，但从根本上说，重新框定新冠肺炎疫情背景下的世界变局并对先前所倡导规范进行相应调整，是促使规范生成模式再次转向"中心化"的重要原因。

除此之外，规范倡导核心与主要受众之间的理念连接也不可或缺。通过将东盟的AOIP完全嵌入自身的FOIP，日本巧妙地将以东盟为中心的原则转化为以"日本+东盟"为中心的原则。

规范生成模式的"中心化"回摆，标志着日本的"印太战略构想"进入了3.0时代。相比1.0时代，作为规范倡导核心的四边机制更加稳固，日本与关键的规范接受者东盟之间的理念连通性也有了较大进展。因此，规范生成的"中心化"模式在3.0时代将会更加持久。不过，日本并非没有再次转向"去中心化"模式的可能性。由于其所倡导理念更多的是基于偏见的话语表述，在实践有效性维度上并没有形成坚固支撑，所以看似稳固的规范倡导核心在后续演进中必定会出现新的分歧。

## 学界评价与反响

文章从规范生成的视角，探讨了日本在推进"印太战略构想"过程中的行为模式转变，角度新颖、切中要害。从近年来的局势发展看，规范、规则体系的构建已成为各国积极参与全球治理的重要手段。日本的"印太战略构想"本质上就是将西方社会的治理规范扩展延伸至第三世界，从而使自身在物质实力对比日渐丧失优势的情况下，仍能掌握国际话语权，主导全球化的发展方向。而面对这种情况，以中国为代表的发展中国家，要想改革既有模式，引领全球治理体系的新发展，不仅需要积极参与国际话语权竞争，提出自己的全球治理方案，还需要清楚如何使自身方案获得更广泛的国际认同，进而主导国际规范、规则体系的建设。从这一点来看，这篇对于日本推动国际规范生成模式的研究文章，在了解对手和借鉴对手方面，都具有重要的现实意义和理论意义。

（该文原载于《日本学刊》2021年第5期，收入本书时做了适当修改）

# 21 世纪日本国家战略的演进及对中日关系的影响

刘江永[*]

## 一、21 世纪以来日本国家战略及对华政策演进

安倍晋三推行的日本国家战略：一是对内谋求修改《日本国宪法》，增强军备，通过灵活解释宪法制定"新安保法"，使日本走向"能战国家"；二是对外以外交、军事为主加紧构筑所谓"自由开放的印太"，形成钳制中国的地缘战略格局。这必然给中日关系带来消极影响。安倍晋三的国家战略大体经历以下四个阶段。

（一）酝酿阶段。2005 年，安倍晋三提出制定新宪法；强化日美同盟，举行日美澳印四国定期会议。2006 年安倍晋三首次执政，一方面实现访华的"破冰之旅"；另一方面与外相麻生太郎提出"价值观外交"与"自由繁荣之弧"，主张从东北亚至东欧的波罗的海，构筑针对中国的地缘战略纽带。

（二）经营阶段。2012 年 12 月，安倍晋三再度执政，2013 年创设了国家安全保障委员会（NSC），制定了《国家安全保障战略》报告。2014 年，安倍晋三促使美国总统奥巴马首次宣称，"'尖阁诸岛'（钓鱼岛群岛）适用于《日美安保条约》第五条"。2015 年日本通过《新安保法》，为行使所谓"集体自卫权"铺平道路。2016 年安倍晋三正式提出"自由开放的印太"战略，后改称"构想"。

（三）诱导阶段。2016 年 11 月，安倍晋三迫不及待地主动访美，游说美国候任总统特朗普在军事和印太地缘战略方面共同对抗中国。2018 年，美国国家安全委员会（NSC）完成秘密报告《美国印太战略框架》。日本提出构建"多域联合防卫力量"，组建水陆机动两栖作战部队，针对钓鱼岛制订作战计划，加强军事部署及日美夺岛联合军演。

（四）重塑阶段。2020 年 8 月，安倍晋三再度"抱病辞职"，后任首相菅义伟继承安倍晋三的国家战略和对华政策，其做法也与安倍晋三如出一辙。2021 年，拜登执政伊始，菅义伟便谋求拜登继续承诺协防钓鱼岛并继承"印太战略"。2021 年上半年，日美相继发表"2+2"联合声明和首脑联合声明这两份涉及台海、香港、新疆等中国内政问题的文件，并表示继续

---

[*] 刘江永，清华大学国际关系学系教授。

反对有损日本对"尖阁诸岛"施政权的一切单方面行动及中国在南海的海洋权益主张及活动。安倍晋三任内决定的一系列多国联合军演和海上训练在亚太地区上演。

## 二、21 世纪以来日本国家战略形成的背景与原因

（一）历史传承。日本可能第五次参与世界争霸战。日本每次参与都与强者为伍，对外冒险，中国等亚洲近邻则深受其害。第一次是在 16 世纪 70 年代殖民主义盛行时期，日本参与西班牙与荷兰的世界争霸战。第二次是在 19 世纪 60 年代，日本在明治维新后参与帝国主义世界争霸战。第三次是在 1914 年第一次世界大战爆发后，日本再度加入世界争霸战。第四次是在 20 世纪 30 年代，日本成为第二次世界大战的亚洲策源地。第五次是在 21 世纪的今天，日本逐渐冲破战后宪法制约可能再度参与世界争霸战。

（二）家族影响。安倍晋三的国家战略及对华政策，继承了其外祖父岸信介和外叔公佐藤荣作的政治衣钵。甲级战犯岸信介，对内主张修改战后宪法，改变战后体制；对外主张亲美反共，维持与台湾的所谓"外交关系"。佐藤荣作执政后搞"一中一台""两个中国"，并要求美国把钓鱼岛列岛划入琉球群岛交给日本。安倍晋三与其胞弟岸信夫从小受到岸信介、佐藤荣作的影响。

（三）战略思维。日本战略设计者信奉权力政治的现实主义、海洋国家与陆地国家对抗的地缘政治。菅义伟表示，日美合作"使用威慑力来制造一种环境，让台湾和大陆可找到一个和平解决方式"。安倍晋三认为，"日本作为亚洲最大的海洋民主国家，与美国作为世界最大的海洋国家，将重心转移到印度洋与太平洋交汇之处，将使日美同盟具有更为重要的意义……为建立覆盖两洋的网络，日本就要扩大加深同印度、澳大利亚及东盟的关系"。

（四）对华政策。安倍晋三一贯主张对华采取"政经分离"政策，即便出现"政冷经热"也应泰然自若。安倍晋三认为，"如果就靖国神社等问题让步，很难说中国不会在其他问题上也采取强硬态度。这不符合国家利益"；被经济界一说"会把经济关系搞凉"便发慌不可取；日本"决不能为避免一时较量和经济损失而失去中长期的国益"。

（五）岛争误导。安倍晋三的国家战略得以实施，重要原因之一是日本民众在钓鱼岛"归属争议"方面被误导，"恐中厌华"情绪上升。近 10 年来，日本政府就钓鱼岛"归属"一直在国内进行常态化单方面信息灌输，不断指责中方"侵入"日本领海，导致日本民众不了解钓鱼岛属于中国的情况，对华好感明显下滑。这反过来成为日本对华外交的一张"民意牌"。

## 三、日本针对中国的战略谋划将适得其反

摆在日本面前的正确选择是，重新认识和评估国家利益与国家战略，从根本上改变同中国对抗的思路，走和平友好、相互合作的正道。日本企图利用中美对立参与世界争霸战将损

人害己。美国不愿在钓鱼岛问题上真正为日本火中取栗。国家战略失误必将令日本为此付出巨大代价。远交近攻、以邻为壑将使日本在亚洲陷入孤立。在政治右倾化与民粹主义主导、推动下的日本外交,似乎已快要走到尽头。

**学界评价与反响**

该文发表后受到较多关注。据知网统计,该文发表1年来被下载1193次,另有1次被引用。

(该文原载于《当代世界》2021年第5期,收入本书时做了适当修改)

# 中美日三边关系动向及日本的战略应对

卢 昊[*]

当前全球变局下,中美日三边已成为引导区域乃至国际战略格局的"核心三角"之一,三方战略互动日益活跃,影响权重不断提升。目前,中美日各自的国家战略及对外战略都处于关键发展期或重大转型期。2020年,日美两国政权先后更替,影响其外交政策的国内政治环境发生重大变化,进而产生战略调整的"多米诺骨牌效应"。2021年,中美博弈持续深化,中日关系亦趋向复杂。中美日三边中,日本的战略评估应对日益不可忽视,并对三边关系走势产生了直接影响。

## 一、中美日三方互动的当前特征

新冠肺炎疫情导致各种矛盾、风险叠加共振,进一步驱动国际形势变化,大国战略博弈的总体强度、焦点领域与展开方式均有新的变化。相较疫情前,中美日三方互动呈现新的特征,美、日联合针对制衡中国的态势再度增强。

### (一)中美对立持续加深,博弈形势复杂化

特朗普执政时期,美方基于既定霸权战略方针与国内政治需求,逐步强化对华战略竞争性,乃至趋向全面而非理性的"极限施压"。拜登政府在对华战略上更倾向于多边制衡替代单边对抗,将对华竞争战略"推销"并"分包"给地区及全球盟友,通过协调并"引导"盟友战略选择,在持续挤压中国战略空间的同时,重点在人权、科技、产业与贸易等领域构建"制华同盟",增强对华长期战略竞争的效果。

### (二)美日战略互动关系改善,同盟合作强化

尽管特朗普执政末期仍在经贸、驻日美军经费负担等问题上对日施压,但在美国对华竞争战略大方针的"牵引"下,美日关系总体保持了稳定。2021年初拜登正式就任总统后,美日积极推动两国战略互动趋向"阶段性高潮",尽管美日战略协作同步性有待加强,但借当前"有利时机"强化同盟合作已成为双方决策层及国内政治精英们的基本共识与行动。

### (三)中日摩擦矛盾显著增加,关系不确定性增强

新冠肺炎疫情对中日政治协调与高层交流造成直接冲击。2020年新冠肺炎疫情暴发初

---

[*] 卢昊,中国社会科学院日本研究所副研究员,中国社会科学院东海问题研究中心秘书长。

期,中日围绕共同抗疫开展了一系列友好互动。但随着全球及日本疫情持续蔓延,以及中美战略竞争加强,日本国内对华强硬派、极端派声音逐步压倒温和派、理性派,对华舆论持续负面化。日本在钓鱼岛、经济安全、涉中国内政等问题上的消极性政策日益增长,导致疫情前持续改善的中日关系由"暖"转"冷",消极因素、风险因素显著增加。

## 二、日本关于中美博弈的战略评估

围绕中美博弈这一"核心问题",日本国内特别是与决策层关系密切的战略学界正集中进行战略评估,评估内容至少体现出以下特点。

### (一)对中美博弈复杂性、风险性的看法进一步加强

日本战略学界认为,中美博弈不仅趋向长期化、深刻化,其复杂程度与影响效果"超过历史上此前所有大国竞争"。而且相较疫情前,中美博弈正发生"性质上的变化",在对中美博弈复杂性、风险性的判断被强化的背景下,呼吁从"实力主义"出发调整外交战略进行重新调整,紧盯中美博弈动向,关键是不断增强战略自主性,确保日本在中美间"作为独立战略角色",通过"战略的不可或缺性"获得主动。

### (二)更加重视中美博弈下国际秩序变化趋势与主导权归属

日本战略学界认为,中美博弈下国际局势的核心问题是"以自由主义为基础的国际秩序"正经受重大冲击,且无论中美"都无法单独构建新国际秩序",国际秩序的未来"取决于中美之外的力量"。日本应着眼于"后疫情时代"的国际秩序构建,从维护和建立有利于己的秩序和规制高度出发应对中美博弈。根据新的变化,积极向国际社会提供新的秩序理念与规则方案。

### (三)更加担忧中国崛起给日本战略环境带来"深刻冲击"

从现实出发,日本战略学界充分承认中国对日本巨大的且还在日益增长的影响力。但认为日本需要在高度重视中国的同时,更多从抵御中国崛起给日本带来的"战略冲击"出发,提高对华战略的主动性、强硬性。当前中美博弈背景下,日本对华警惕心态不仅反映在中日固有的具体矛盾层面,更日益延伸到日本所依赖的外部秩序与战略环境稳定层面,因此很大程度上日本否定中国对其的"正面价值"。

### (四)更加强调充分发挥日本战略能动与"独特优势"

日本战略学界认为,中美博弈事关重大,且考虑到中美权力转移因疫情等因素加速、西方各国加强对中国"合围"等因素,当前5年至10年是日本必须"有所作为"的窗口期。日本战略学界积极建议政府加强战略能动性,广泛联络国际上的"中等力量",在中美之间共同发挥制约平衡作用,并借此进一步扩大日本战略影响力,充分运用此前"印太战略"的构建与实施成果,使其成为日本发挥"独特优势"的主要战略平台。

## 三、中美日三边关系走势

综合以上形势，可以预见中美日三边关系的未来走势将至少呈现以下特征。第一，中美日三方相互影响乃至依存关系将持续加深，战略互动将更加频繁。无论涉及经济还是安全利益，中美日都无法彼此割裂，相反相互影响日益深刻。第二，中美日三边关系的波动性及"内部张力"将持续增长，不确定性增强。中美日三边关系中"美日对华"的不均衡性进一步加剧，美日针对中国竞争、制衡措施引发的各自对华矛盾将让三边关系持续处于紧张状态。第三，印太地区秩序建构将成为中美日三边博弈的中长期焦点。第四，中日关系的走向将对中美日三边关系走势带来更重要影响。展望当下，中日关系在政治安全领域继续面临严峻考验，能否有效开展战略沟通、管控风险成为核心问题，而在经济社会领域能否"逆势"推进合作，维持乃至扩大两国共同利益及关切，则成为稳定中日关系的关键。

（该文原载于《东北亚学刊》2021年第5期，收入本书时做了适当修改）

# 动荡世界中的中美日安全关系辨析

高 洪 孙伶伶[*]

新冠肺炎疫情发生后,以美国为首的西方国家为阻挡中国发展的脚步,不断将中国的疫情防控政治化。日本也违背了《中日和平友好条约》等与中国达成的政治承诺,迎合美国的对华遏制政策。2021年4月,美日两国首脑会谈并发表联合声明,日本发布《外交蓝皮书》,美日在安全事务上指向中国,强化同盟关系,声称对亚太地区的和平稳定至关重要,导致中美日安全关系更加复杂。今后,如果日本继续无视中日关系大局,沿着依傍美国霸权干涉中国内政的错误道路走下去,必然会打断近年来中日关系改善的进程,最终使自身的经济利益与国家安全目标双双落空。

## 一、美日政权更迭与对华政策的变化

### (一)中国成功抗击疫情被美国等西方国家政治化

中国在疫情发生后,党和政府坚持人权首先是生存权、人民的利益高于一切的政治理念与科学态度,果断关闭离汉通道,切断病毒的传播渠道,调集力量抢建方舱医院抗击疫情,及时调整产业布局推动复工复产,发挥制度优势和治国理政能力,在人民群众的大力支持下创造了举世瞩目的人间奇迹。然而,中国成功抗击疫情却引起美国等西方国家政客的安全警惕。自顾不暇的西方政客攻击中国具有可怕的"战争动员力量"和"经济统制能力",以及"借疫情开展强势外交、扩大国际霸权的影响力",将中国为世界作出的贡献视为对国际社会安全体系的破坏和威胁。

### (二)特朗普执政中后期的中美日安全关系

特朗普领导的美国政府在执政中后期为阻挡中国的发展脚步,将中国的疫情防控政治化,挑拨其他国家与中国的关系。美国对华挑起贸易摩擦以来,加紧拉拢包括日本在内的盟友,一面通过多种制裁措施全面打压中国,一面要求日本跟上自己的步伐。

特朗普的国家安全战略方针为日本提供了可资利用的机会。日本意识到中美关系的复杂较量,会使美国愈加期待日本等亚洲重要盟友在对华政策上与其共进退。安倍晋三乘机积极

---

[*] 高洪,中国社会科学院日本研究所研究员;孙伶伶,中国社会科学院日本研究所研究员。

劝说特朗普修改奥巴马时期的"亚太战略",将其升级为美日共同主导的"印太战略",以此获得遏制中国的效果。事实证明,日本游说美国的确发挥了一定作用,但美日安全合作仍存在难以克服的内在矛盾。一方面,日本经济对中国的依赖在一定程度上限制了日本攻击中国的力度;另一方面,在特朗普的"美国优先"政策下,美国不断要求日本提高分担的驻日美军经费,使美日联手遏制中国的计划实施大打折扣。

### (三)拜登拉拢盟国遏华,菅义伟顺势逢迎

拜登政府建立后,仍将中国定义为美国"21世纪最大的地缘政治考验",但在手法上一改特朗普独断专行的政策,要求日本在推进"自由开放的印太构想"和美日澳印"四方安全对话"等议题上发挥更大作用。

另外,日本从曲意逢迎到主动迎合美国亚太地区战略安排的原因主要有两个:一是中日固有的结构性矛盾依然存在,中国的快速和平发展在一定程度上刺激了日本,使抱有以邻为壑观念的民族保守主义政治势力产生了抵制中国的强烈愿望;二是要借美国需要日本帮助其实现亚太战略目标之机,在与美国的相互利用中获取更大利益。

## 二、美日首脑会谈联合声明引发新的紧张态势

### (一)美日首脑会谈联合声明违背中日达成的政治承诺

从中日关系角度分析,2021年4月16日,美日首脑会谈后发表的题为《新时代的美日全球伙伴关系》的联合声明是日本对中国的"背信弃义"。尽管日美间有同盟关系,但中日实现邦交正常化的《中日联合声明》中,日方郑重承诺"日本国政府承认中华人民共和国政府是中国的唯一合法政府";"中华人民共和国政府重申:台湾是中华人民共和国领土不可分割的一部分";"日本国政府充分理解和尊重中国政府的这一立场,并坚持遵循波茨坦公告第八条的立场"。而且,中日间还缔结了《中日和平友好条约》,日本对"双方应在互相尊重主权和领土完整、互不侵犯、互不干涉内政、平等互利、和平共处各项原则"同样有履行条约的义务。日本政治家今天的行为违背了两国建交时的政治承诺,违反了至今仍具有法律效力的《中日和平友好条约》,正在破坏老一辈政治家为两国建立的信任关系。

### (二)强化同盟难掩美日两国安全利益分歧

当然,我们也应看到美日间战略利益并不是完全重合的,日本与美国合作必然带有自己的小算盘,日本并非像五眼联盟中澳大利亚、加拿大等国那样如影随形地跟从美国。但是,日本今天在与美国战略利益并不完全一致的情况下,仍要加强与美国相互勾结围堵中国,其缘由在于多年来的政治惯性和对华认知恶化的社会政治基础。

### (三)中国政府和民间的警告与批驳

美日首脑会谈联合声明发表后,中国政府针对声明中的涉华问题阐明严正立场:"世界上

只有一个体系,就是以联合国为核心的国际体系;只有一套规则,就是以联合国宪章为基础的国际关系基本准则。美日不代表国际社会,没有资格定义国际秩序,更没有资格将自身标准强加于人。"

中国学术界也发出强烈批判的声音。中国现代国际关系研究院研究员胡继平在《日本表现出再次战略误判的苗头》一文中一针见血地指出:"日本已经看到国际秩序变动带来的挑战和机遇,抓住机遇成为国际战略博弈场主要玩家的冲动明显,并为此积极进行战略谋划。在'印太战略'、台海等问题上,日本的作为显然不只是一个追随者。"而"日方摇摆不定、屡屡试探中方战略底线甚至将中国视为假想敌的举动,令人担忧其战略文化能否与时俱进、适应当今合作共赢的世界潮流,能否避免再次出现战略误判和'暴走'"。

### 三、日本战略误判或将导致中日关系全面倒退

#### (一)日本在中国台湾问题上背信弃义,打断中日关系改善的进程

从经济层面看,资源匮乏的日本把中国台湾海峡视为其获取外来能源的"生命线",并因此不愿意看到两岸的统一。

美日首脑会谈联合声明的发表,表明日本在中国台湾问题上违背了中日建交时的联合声明以及此后同中国达成的政治承诺,也不符合2014年两国达成的"四点原则共识",更与其后两国关系走上正轨并朝着行稳致远的努力形成反向作用,其结果将引发两国政治关系倒退,打断过去几年持续改善关系的历史进程。

#### (二)日本"政经分离"的"平衡外交"难以为继

长期以来,日本自民党政府在对华外交上一直使用军事安全上倚靠美国与中国较量、经济上与中国合作并从中国市场获取良好收益的"政经分离"政策,自认为这是一种具有"平衡外交"特色的有效方式。不过,假如日本在安全上继续追随美国,作为中日关系"压舱石"的经济合作能否有效发挥稳定政治关系的作用是难以预料的。

#### (三)日本继续沿错误道路走下去可能引发中日安全对冲

有分析指出,综观今天的日本安全政策,显示出以日美同盟对抗东北亚安全合作的特性。近年来,美日安全保障协商委员会会议(日美"2+2"会议)的总趋向是加强双边多边安全合作,构筑"印太构想"的新格局。显然,日本越来越积极地扮演"矛"的角色,将对地区安全稳定带来不确定因素,势必会引起周边国家的高度警惕。

事实上,中美关系并非只有对抗一个维度。美国政治家和战略家在阻挠中国发展的同时,也在考虑与中国进行多角度国际合作意义上的良性竞争。2021年4月28日,拜登总统在国会参众两院联席会议上明确表示,"美国将与中国'竞争',但不会寻求与中国冲突"。当然,这里的"竞争"仍旧是打压、遏制中国的代名词,但"不寻求冲突"也是美国较为明智的

选择。

至于中日关系本身,中国历来主张正视历史、睦邻友好、面向未来。日本则企图利用美国进行军事上的相互捆绑。如果日本无视中日关系大局,在日美两国战略利益并不完全重合的情况下,继续沿着借助美国霸权干涉中国内政的错误道路走下去,必然会打断近年来持续改善中日关系的历史进程,其结果将使日本的经济利益与国家安全目标双双落空。

（该文原载于《东北亚学刊》2021年第3期,收入本书时做了适当修改）

# 论东亚权力格局变化下的日本国家战略转换

孙 承[*]

论文从大战略的角度研究当前世界变局下的日本国家战略走向，提出自第二届安倍内阁开始日本战后国家战略已经发生转换，并探讨了转换的原因、性质和影响。

论文首先否定了日本没有国家战略的说法，并论证在冷战时期受旧金山体制下内外因素的影响，日本形成并遵循了所谓"吉田主义"的国家战略。

冷战结束后，日本内外形势迎来新局面。由于经济发展，民族主义上升，国民意识变化，日本独立倾向增强，"吉田主义"国家战略遭到质疑；日美同盟也面临存续危机，美国国力和对世界的影响力相对下降，中国崛起和东亚的发展改变了地区面貌。日本开始探索新的国家定位和战略方向。

论文认为，21世纪的第一个十年是日本转换国家战略的酝酿期，出现了两种战略构想。一种是基于"亚洲主义"的东亚共同体构想，这是在东亚区域合作迅速发展形势下产生的思想，即倾向于加强同亚洲的关系；另一种是在保守民族主义视角下，以日美同盟为基础建立新多边联盟的构想，倾向于构建价值观联盟。这两种构想反映出日本国内两种政治思维和对日美同盟未来的不同选择，是在调整国家战略过程中的摸索。

在此背景下，"积极和平主义"思想发酵，成为日本保守民族主义政治诉求和影响国家战略转换的主导思想。"积极和平主义"认为"吉田主义"是将国家安全完全寄托在日美同盟上的"被动和平主义"和"消极和平主义"，主张在维护自身和地区安全上发挥主动性和主体性；调整对内和对外战略，成为影响国际秩序和国际规则的行为者，并在这一过程中发挥大国作用。这是日本保守民族主义者在中国崛起、东亚权力格局调整时期产生的对策性战略思考，在日本政、财、学界有相当普遍的基础。

论文认为，美国奥巴马政府推出"亚太再平衡"战略和保守的民族主义政治家安倍晋三东山再起，使日本具备国家战略转换的国际、国内条件。在长期稳定的第二届安倍内阁推动下，日本内政、外交和安全战略实现重大调整，国家战略发生历史性转换。安倍内阁对内加强首相官邸的权力，设立国家安全保障会议，强化主导国家战略转换的核心；解除对行使集

---

[*] 孙承，中国政法大学政治与公共管理学院教授。

体自卫权的限制,修订"防卫装备转移三原则";通过《和平安全法制整备法案》和《国际和平支援法案》,在战后宪法体制下实现了安全战略转换;增加防卫费用,扩大自卫队的作用;修改《日美防卫合作指针》,加强日美军事一体化。对外主导地区安全秩序重塑,提出"自由开放的印太"概念,推动建立日美澳印四方安全对话机制(Quad);主导制定地区经贸规则,推动《全面与进步跨太平洋伙伴关系协定》(CPTPP)签署。

安倍内阁对内政、外交和安全战略的调整,是应对世界变局的国家战略转换,也是日本政治在保守民族主义主导下走向"正常国家"的重要一步。因此"积极和平主义"国家战略不会因政权更迭而改变,而是随着国际形势演变继续展开和深化。

安倍晋三辞职后,菅义伟内阁以继承安倍路线为使命;美国拜登政府依靠联盟抗衡中国,日本被赋予更多责任,"积极和平主义"国家战略进入新阶段。菅政府外交安全战略确定新目标:主导构建后新冠肺炎疫情国际秩序,推动"自由开放的印太"构想进一步展开。其特点如下:一是建立新时代的日美联盟,形成"核心伙伴关系"。确定主导地区政治经济秩序演变的两大目标:安全上建立"自由开放的印太",经济上建立"竞争力核心同盟"。二是以多边主义实现"自由开放的印太"(且不限于地理上的印太范围)。在日美澳印合作之外,重视运用小多边主义(minilateralism)加强安全合作和重构地区国际秩序。

日本国家战略的转换,形成了"两个平衡"的对华战略:在中美之间保持平衡和在对华制约与合作之间保持平衡。这是日本凭借地缘政治和经济技术优势在中美之间谋取国家利益最大化。随着中美关系变化,"两个平衡"外交也面临考验。菅义伟与拜登会谈后的动向表明,日本会在配合拜登政府对华"合作""竞争""对抗"的三合一政策和重构亚太秩序上密切合作。

日本国家战略转换是战后日本政治在保守民族主义主导下发展的必然结果。如果说以往日本对地区的影响主要在经济方面,那么今后它也将成为东亚地区安全博弈的重要参与者。这无论对日本还是对东亚来说,都是一个历史性变化。

### 学界评价与反响

论文对当前世界变局下日本的因应和走向进行了分析,特别是着眼于大战略对日本国家战略形成和演变的历史脉络进行了考察,指出战后国家战略已从吉田主义转换为"积极和平主义"。国家战略转换突出表现了当前日本国家走向的本质特征,对于认识日本未来发展和国际作用以及观察东亚国际格局和国际秩序演变具有参考价值。论文发表后,互联网主要网站和微信国际政治专业公众号予以转载,中国人民大学书报资料中心编辑的中国人民大学复印报刊资料《国际政治》2021年第12期对其全文转载。

(该文原载于《亚太安全与海洋研究》2021年第5期,收入本书时做了适当修改)

# 日本电力体制改革 30 年：现状、问题与启示

李宏舟　王惠贤[*]

截至 2019 年 8 月，日本电力体制改革基本上实现了"放开发售两侧、管住中间输配"的总体框架，从此进入政策微调阶段。回顾近 30 年的电力体制改革，日本在确保供电质量的情况下，其电价呈总体下降趋势，为改善营商环境做出了贡献；但另一方面，造成巨额损失的福岛核泄漏事件与电力体制改革又有着不可分割的因果关系。尽管日本电力产业正面临着零售市场无法形成有效竞争、市场化改革与其他政策协调不当等诸多问题，但其最大限度地通过市场机制实现改革目标、辅助新设电力公司提高市场竞争力、确保输配电部门的竞争中性等做法值得研究，并且对优化中国新一轮电力体制改革有借鉴作用。

日本电力产业在市场主体的结构和总量上有了很大变化，这是改革的成果。但是，存在的问题也同样明显。主要表现在：第一，电力零售市场没能形成有效竞争；第二，新设电力公司自有发电能力不足；第三，电力批发市场的场内交易不活跃；第四，市场化改革与其他政策协调不当。日本在推进电力产业市场化改革中没有对十家在位电力企业实施纵向分拆，所以这些企业同时参与发电、输配电和售电环节，业务范围横跨规制领域（输配电环节、尚未纳入市场化的电力用户的售电业务）和竞争领域（发电环节、已经纳入市场化的电力用户的售电业务），这种制度安排容易诱发十家在位电力企业内部进行交叉补贴以及在位电力企业与新设电力企业之间的不公平竞争，因此需要有效的顶层制度设计。然而，从东京电力公司的个案来看，顶层设计的效果有待进一步研究。

为了推进电力体制改革，日本政府实施了一系列的改革措施，主要包括：第一，通过全时电力保障和开设基荷市场切实增加新设电力公司获得电源的渠道；第二，鼓励在位电力企业积极利用电力交易中心进行交易，扩大市场化交易电量；第三，持续优化市场化改革的配套机制，包括及时制定《电力领域公平交易指南》，列举电力批发市场、零售市场中可能违反《反垄断法》的具体行为，防患于未然。从未来的政策走向来看，日本电力体制改革的主要工作是如何进一步健全日本电力交易中心的功能。

尽管中日两国电力产业改革的初始条件以及外部环境不同，但是日本在以下几个方面的经验和教训，对中国电力以及其他城市公共事业的市场化改革和规制政策制定或许有一定的借鉴意义。

---

[*] 李宏舟，东北财经大学产业组织与企业组织研究中心研究员；王惠贤，大连外国语大学日本语学院教授。

第一，积极培育新设电力公司的市场竞争能力。从日本的发展历程来看，在市场化改革后的相当一段时间内，新设电力公司的竞争力有限，市场份额徘徊不前，没能形成有效竞争市场。因此只有市场准入本身是不够的，还需要通过非对称规制等办法，积极培育新设电力公司的市场竞争力，其核心问题是如何增加这些企业获得电源的渠道。

第二，确保自然垄断部门的竞争中性和有效性。针对日本的情况，输配电部门的竞争中性主要表现在如何安排不同发电机组的发电顺序、如何获得确保实时电力供需平衡所需的服务以及如何设计偏差电量考核制度等方面。输配电部门的有效性则指的是如何降低输配电成本、防止自然垄断带来的低效率。

第三，适时开展市场竞争评价。一方面，为及时把握电力市场的发展状况，从2013年下半年起，日本开始定期公布电力批发市场交易现状、电力零售市场交易现状和针对在位电力企业制定的各种政策的落实情况，截至2019年4月共发布了17次报告；另一方面，鉴于在电力批发和零售领域尚未形成有效竞争，日本电力燃气交易监督委员会决定从2016年开始对电力产业的市场竞争情况进行评价。

第四，通过市场机制解决减排问题。日本设定的市场机制可以归纳为：第一步，通过法律等规定电力公司或其他主体的减排目标；第二步，将电力的环境价值（温室效应气体排放量）与电力的使用价值相分离；第三步，将电力的环境价值定量化、证书化；第四步，开设上述证书能够流通的专门市场，买卖双方根据供需关系决定单位环境价值的价格。

学蜜蜂采百花，问遍百家成行家。在《中共中央 国务院关于进一步深化电力体制改革的若干意见》（中发〔2015〕9号）及相关配套文件的指导下，中国各级政府、电网企业、电力市场运营机构等相关主体围绕充分发挥市场在电力资源配置中的决定性作用这一目标，积极推进电力市场体系建设，在逐步放开发用电计划、扩大中长期交易规模、推进现货交易试点、促进新能源消纳等关键问题上取得了重大进展和突破。但是从电力行业整体的改革进展来看，中国还存在电力市场体系不完整、功能不完善、交易规则不统一、跨省跨区交易存在市场壁垒等问题，这种现状与如期、早期实现电力产业的低碳转型，助力"双碳"目标的达成和提升灵活调节能力、加快建设面高比例新能源消纳的新型电力系统是不匹配的。

## 学界评价与反响

作为教育部人文社会科学研究规划基金"'准许成本＋合理收益'中导入效率改善因子的理论与落地化研究：以输配电行业为例"的阶段性成果，《日本电力体制改革30年：现状、问题与启示》较为系统地梳理了日本电力体制改革的路径、现状和存在的问题，政府的核心制度安排与未来的政策走向，最后从四个方面提出了对中国的启示。论文资料翔实、观点明确，能够为中国实现电力产业的高质量发展和电力体制改革制度安排的"从有到优"提供借鉴。该论文学术价值较高，已经被2021年第5期中国人民大学复印报刊资料《产业经济》转载。

（该文原载于《日本学刊》2021年第1期，收入本书时做了适当修改）

# 日本平成时代的历史样态与基因演绎

## ——一种政治社会学的分析

### 高 兰 赵丽娟[*]

为了阐明平成时代日本独特的历史样态及其特征，审视政治和社会的关系是不可缺少的。该文从政治社会学理论的角度分析日本平成时代特有的历史特征及其形成原因，分析日本在政策决策过程中受到的社会因素影响，分析在低欲望社会高欲望政治的情境下，日本国家发展的原因、特征、制约因素、发展前景等。

平成时代日本的政治社会结构显示出独特的高欲望政治、低欲望社会的"不均衡"特征。一方面，出现低欲望社会的样态，少子高龄化问题严重，经济持续低迷不振；另一方面，进入高欲望政治的轨道，出现自民党"一强多弱"的政治格局，并呈现以安倍晋三等为代表的强势领导人"一极政治"的样态。造成政治社会不均衡结构的根本原因在于平成日本独特的社会、经济、政治文化等因素的互动发展。日本平成时代的政治社会样态至少表现出以下三个重要特征：后现代性、不均衡性、后溢性。平成时代之后的令和时代具有更多的不确切性因素，预计将因循低欲望社会与中等欲望政治的"不均衡"结构继续发展下去。

从历史上来看，近代以来，日本经历了四种不同的政治社会结构样态。

在明治时代（1868—1912），出现了高欲望政治与高欲望社会同时发展的"高欲望均衡型"结构。一方面，为了实现明治维新，明治政府派遣岩仓使节团巡游西方，积极学习各种近代科技知识，力图"脱亚入欧"，实现"富国强兵"；另一方面，明治时代的社会大众盛行"文明开化"运动，思维活跃，振兴经济，实现殖产兴业。

在大正时代（1912—1926），出现了中等欲望政治与中等欲望社会同时发展的"中等欲望均衡型"结构。与明治时代相比，大正前期成为日本前所未有的盛世，出现了短暂的平稳发展时期。在社会层面，大正时代文学、文化十分活跃。在政治层面，大正民主主义风潮兴起，政党政治十分活跃。在中期，平民出生的原敬成立了政党内阁；在后期，政党组成护宪

---

[*] 高兰，复旦大学日本研究中心副主任，教授，博士生导师；赵丽娟，复旦大学国际关系与公共事务学院博士研究生。

三派内阁。但是，大正时期政治生态动荡，出现严重暴力事件，如原敬成为日本历史上第一个被刺杀的在任总理大臣。此外，在"虎之门"事件中，激进派试图刺杀摄政裕仁亲王。大正天皇在位仅仅15年，被称为"不幸的大正"。

昭和时代（1926—1989）是日本年号中时间最长的时代，分为两个阶段。在战前昭和时期，出现了极度高欲望政治与低欲望社会的相互对立、极度扭曲的"不均衡型"结构。在社会层面，经历第一次世界大战时期的经济景气之后，日本经济在20世纪30年代出现"昭和萧条"，社会矛盾激化。从1924年至1939年第二次世界大战爆发，出现了"昭和文学"，现代主义文学和无产阶级文学对立。日本社会进入战争后，政府压制言论，禁止批判国家和社会。其结果，日本社会大众被当作侵略政策的工具，拖入"一亿玉碎"的灾难境地。在政治层面，军国主义思想逐渐兴起发酵，政党政治日渐衰落。田中义一下台，受北一辉思想影响的左翼倾向的皇道派下级军官发动政变"二二六事件"。日本先后发动了全面侵华战争和太平洋战争，导致日本国家的全面崩溃与失败。

在"二战"后昭和时期，出现了中等欲望政治与高欲望社会的"不均衡型"结构。在社会层面，日本进入战后复兴建设，经济保持高速增长态势。到20世纪80年代，日本国民所得一度超越了美国。此外，昭和时代的日本社会文化呈现开放和兼容并蓄的活跃氛围。在政治层面，由于被置于日美同盟治下，日本被限于中等欲望政治。"二战"后日本党派林立，出现自由党、社会党、日本进步党、协同党、日本共产党等。1989年1月7日，昭和天皇病逝，昭和时代自此结束。1月8日，日本进入平成年号。

在平成时代，日本形成特有的高欲望政治、低欲望社会的"不均衡"结构，其根本原因在于以下三个方面。

第一，在社会层面。在低欲望社会情境下，许多日本国民注重张扬个性的生活，政治参与度相对较低，使得日本政治运作相对灵活，受民意影响较少，更容易发挥政党政治的政策制定与政策执行的力度，从而助长了高欲望政治的实施空间，为其提供了稳定的社会土壤。

第二，在经济层面。在平成时代，日本经济持续30年"不景气"，日本国民迫切希望振兴经济，期待出现强势稳定的政府制定强有力的景气刺激政策，发展经济。

第三，在政治文化层面。在平成时代的初期阶段，日本经历了"十年九相"的脆弱政治生态，激起社会民众的危机意识，出现呼吁政治改革的强烈呼声。日本国民期望出现强势领导人带领日本摆脱政治动荡的困境，确保日本继续拥有"安心、安全"的社会生活。其结果是，出现了以安倍晋三为代表的强势"一极政治"，安倍政府在"日本又回来啦！"的对外口号下，呼吁建设"美丽的日本"，获得了超前广泛的社会基础与高度的民意支持。

基于上述原因形成的平成时代高欲望政治、低欲望社会的不均衡状态，至少表现出以下三个重要特征。

后现代性。平成时代的日本适逢作为发达国家的后现代发展阶段，具有明显的后现代性特征，即社会成熟稳定，经济发展平稳，社会发展动力不足。社会上出现的"草食男"现象等反映出日本民众追求高舒适度、低压力的极简生活方式。

不均衡性。在平成时代，出现了十分明显的不均衡性政治社会结构。一方面，在政治层面出现强势政府、强势政党，频频出台令人眼花缭乱的政治经济行政改革政策，并在国际舞台上展示活跃的外交风貌；另一方面，在少子老龄化的重压下，沉默不语的大多数民众面临停滞不前的经济困境，形成不思进取的低欲望生活场景。

后溢性。平成时代所形成的低欲望社会与高欲望政治的不均衡形态，作为日本的历史基因，深深地影响了令和时代。在平成时代形成的旧生活方式、旧政治生态成为深厚的历史基石，扎根于令和时代的社会土壤中产生重大影响。

与平成时代相比，令和时代面临更多的挑战，预计将继续呈现低欲望社会形态，形成低欲望社会与中等欲望政治的"不均衡型"结构态势。在社会层面，令和时代的少子老龄化问题比平成时代更加严峻，低欲望社会形态更加凸显。而在政治层面，由于国力限制以及中美摩擦加剧等国际因素制约，日本很难继续保持类似平成时代的强势高欲望政治样态，而是呈现从高欲望政治向中等欲望政治转变的态势。

今后，令和时代日本的这一低欲望社会与中等欲望政治的"不均衡型"结构将不断发展，日本国家发展方向如何演变，需要密切跟踪与研究。

## 学界评价与反响

该文刊登后，因首次提出日本平成时代独特的高欲望政治、低欲望社会的"不均衡"特征，受到了国内学术界的重视与积极评价，也受到了日本学界的关注与积极评价。该文被万方数据、中国知网等广泛转载，收入《高等学校文科学术文摘》2022年第1期第39号。

（该文原载于《复旦学报（社会科学版）》2021年第6期，收入本书时做了适当修改）

# 过程构建与关系利用：日本决定"排污入海"的生成逻辑

尹晓亮*

日本的特殊身份与历史记忆共同造就其对核能具有"恐核"与"爱核"、"反核"与"拥核"的杂糅心态，且始终融贯于整个日本战后史。对日本"核污水处理"方面的研究，尚需从学理上解释与回应以下问题：一是日本决定"排污入海"的行为过程是如何被构建与推演的？二是在过程构建中，是什么因素"孕化"了日本决定"排污入海"的权力？三是从日本决定"排污入海"的行为中，能够体现其具有什么样的决策本质与政治哲学？回答上述问题，客观上需要在"霸权性行为""制度性行为""文化性行为"这三个解释框架之外探寻新的解释路径。

事实上，日本"排污入海"的决策取向是在其主导、设计和构建的一个历史过程中孕育的，其决策权力是以关系本位为基础、利用过程中国家间关系"孕化"的。"过程构建"和"关系利用"的互动耦合及其演进，形塑了日本决定"排污入海"的生成逻辑。

"过程构建"在日本决定"排污入海"的行为决策中起着关键的、不可替代的作用。在时间维度上，事物的历史演进具有"时序性"和"结构性"的特点。对于日本处理核污水而言，"时序性"是指从2011年的福岛核事故到2021年日本决定"排污入海"之间，历时十年，是一个相对较长的历史过程；"结构性"则是指日本在决定"排污入海"的过程中，经历了"不排入大海的方针—允许范围内有必要排入大海（以下简称"排海"）—排海属于讨论范围—绝不排海的书面保证—排海是五个选项之一——政府否定排海—排海是两个选项之一——最终决定排海"这一看似反复矛盾的变化和转折过程。日本的"排污入海"目标就在这一过程构建中生成并孕育，且呈现从"蛰伏的目标"走向"公开的决策"的延展图式。在"排污入海"问题上，日本政府选择在国际与国内两个层面持续渐进宣传与试探，以期达到"以托词弱化事实，以态度掩藏真相"的目的。

在国际政治中，权力则可视作关系性权力，权力在国家关系网络中得到孕化。日本将核污水排入海洋的决策并非一蹴而就的行为，而是在新冠肺炎疫情下将"排污入海"这一目的

---

\* 尹晓亮，南开大学日本研究院教授。

融入外交关系和对外宣传中的实践的产物。那么，日本在国际关系行为体互动中决定"排污入海"的权力是如何被孕化出来的？

在百年变局中，日美两国在应对中国崛起的目标方面具有同向性。美国越来越迫切需要借助盟友日本这一"不沉的航空母舰"遏制中国崛起，日本则"日益倾向于紧密捆绑美国而强化对华制衡"，进而对冲"中国不断提升的地区影响力"。当表现在处理核污水问题时，对日本而言，与美国在政治外交上的合作是优先于中国的；对美国而言，使日本成为遏制中国崛起的亲密"伙伴"的策略选择就是进一步密切同盟关系，在国际事务中加强政治合作。因此，在三国的动态博弈中，日本为应对福岛核污水而采取的"排污入海"方式很自然取得了美国的政治支持。可见，关系和关系网络是重要的权力资源，国家行为体的互动关系及其过程孕化了日本决定"排污入海"的权力。

日本将核污水排入大海以谋求自身风险最小化、自身利益最大化的做法，对作为个体的日本而言是一种利益权衡下的理性选择，但是此举对于太平洋乃至人类地球环境而言，无疑将是一场"公地悲剧"。日本将本应由自身承担的责任与包袱转嫁给全人类的行为，本质上是一种"理性的恶行"。然而，日本对其"理性的恶行"却进行逆向宣传与辩解：一是通过宣传"别无选择论"营造"绝望者"效果；二是通过"核污水安全论"构建"信赖者"效果；三是通过"复兴福岛论"构建"负责任者"效果。

事实上，日本对自己"理性的恶行"的辩解仅仅是一种"自私的话语""漂白的话语"和"虚构的话语"。其原因有以下四点，一是日本处理核污水方案具有多种选项，"排污入海"并非"唯一的、别无选择的选择"；二是福岛核电站区域的储存空间是充足的，并非"无存储放置地"；三是处理后的核污水仍会含有氚、碳14、钴60、锶90等难以彻底去除的、科学已经证明对生态环境有害的放射性物质残留；四是日本恶意利用现有国际法中的漏洞。

从日本"排污入海"的决策行为中得到如下启示。其一，日本在外交设计上巧于通过"小步慢跑式"或"切香肠式"方法实现"大目标"与"大战略"。其二，日本决定采取以损害全人类利益来换取自身利益最大化的"排污入海"方式，不仅折射出其选择将国家利益置于人类利益之上的政治哲学，也是"理性的恶行"这一决策本质的外化表达。其三，美国和国际原子能机构刻意淡化日本"排污入海"危害性的做法，不仅暴露了其在生态环保问题上奉行"双重标准"的霸权逻辑，还表明其为获得现实政治利益不惜牺牲人类生态环境与健康福祉。其四，日本对华政策的底色没有改变，并未存在"选边站队"问题，在制衡中国崛起上其始终与美国具有高度的同向性，只不过在经济利益上难以舍弃中国而已。其实，在国际政治中，国家的"政治立场"与"经济利益"往往具有很强的不可共度性。

**学界评价与反响**

该文被中国人民大学复印报刊资料《国际政治》2022年第1期全文转载。

(该文原载于《日本学刊》2021年第4期,收入本书时做了适当修改)

# 日本农政改革的破局之路

贺 平[*]

农政改革是牵动日本社会神经的重大议题，与各方利益紧密牵连，长期进退维谷、前后失据。但在安倍晋三第二次担任日本首相后执政的七年零八个月时间中，面对农业现代化加速发展进程中的少子老龄化加剧、农业劳动力流失、耕地非农化等问题，日本的农政改革取得了相对显著的阶段性进展。

## 一、日本农政改革的焦点与目标

日本农业生产面临的最大问题在于从业者年龄结构老化、劳动力匮乏，导致活力低下、后继无人。在此背景下，近年来日本的农政改革在延续前几届政府施政方针的基础上，主要集中于三个焦点：提高农地集约化水平、保障农业从业者收入、加强农业规制。

首先，在安倍政府时期，提高农地集约化水平的主要措施在于设立和调整农地管理中间机构，加强对农地弃耕的管理，由这些机构承借闲散和弃耕农地，转而通过法人经营、大规模家族经营、村落经营、企业经营等方式，提高农地利用率。

其次，在保障农业从业者收入方面的措施主要包括废除原先对食用大米生产者的补贴，提高对饲料用大米生产者的补贴，并强化农业的多重功能，设立日本版的所得补偿的直接支付。

最后，农业规制方面的进展涉及农业委员会、农业生产法人、农业协同组织（"农协"）的一体化改革，主要表现为改变农业委员会委员的选举办法、提高非农从业者对农业生产法人的出资比例，而最引人注目的莫过于对农协的革命性变革。

## 二、日本农政改革的主要策略

"以攻为守"是日本农政改革的主要特征。2003年以后，日本政府不断加大促进农产品出口的政策力度，"防御型农业"日益向"进攻型农业"转变。根据日本政府的宣介，所谓"进攻型农业政策"主要包括四个支柱：强化农业生产的现场；构筑联系供应和需求的价值

---

[*] 贺平，复旦大学日本研究中心研究员。

链；扩大农产品的需求面；充分发挥农村、山村、渔村的多重功能。这四个支柱突出表现在对内和对外两个层面。

首先，在对内层面，日本政府积极推动"六次产业化"，将农业生产（第一产业）与食品加工（第二产业）和流通销售（第三产业）融为一体，充分挖掘和灵活利用传统第一产业的新附加值。

其次，在对外层面，日本政府着力扩大农产品出口，在追求总量增加的同时，强调提升品质、强化品牌意识、培育美誉度。"和食文化"和"和食产业"的全球推广是实现这一目标的重要抓手。

这些积极进取的姿态，显然比一味地抵御外来产品更为主动，也更易取得利益攸关方乃至全体国民的认同。此外，大数据、物联网等新技术的发展，全球新兴消费热潮的兴起，全球化物流网络的更新，这些因素也都有利于日本农业与时俱进、突破原有的窠臼。

### 三、日本农政改革的政治基础

强势政权和"官邸主导型"决策体系使日本政府既有政策资源能够安抚、补偿包括农业在内的受损利益团体，也有更大的回旋空间漠视其不满之声，甚至在必要时予以压制。具体而言，安倍政府强力推行农政改革主要表现在以下三个方面。

首先，在"官邸主导型"决策体系下，减少特定省厅和议员团体的议事掣肘。在安倍晋三长期执政过程中，首相及其核心团队的作用日益提升。尽管北海道、岩手、新潟等农业主产区的地方利益仍得到了一定的照顾，但无论是从历史纵向还是从不同政策权衡的横向比较来看，农林水产特殊利益集团左右日本经济外交的能量已出现明显的萎缩。

其次，通过对农协的激进改革，深刻改变原有盘根错节、根深蒂固的利益输送和权力交换机制。2015年2月，日本政府提出废止"全国农业协同组织中央会"（JA全中）对地方农协经营状态等的监察权和指导权，将其由特别认可法人改组为一般社团法人。

最后，日本政府通过设立"国家战略特区"，积极推进农政改革的先行先试。各个"国家战略特区"各有侧重，但不少特区的重点改革领域都与农林水产业相关，如新潟市（大规模农业改革试点）、养父市（山地农业改革试点）以及爱知县、仙北市等。从实践来看，"国家战略特区"在农业领域的诸多规制改革措施不仅推动了农业生产，也削弱了地方农协的政治影响力。

日本农政改革牵一发而动全身，绝非一朝一夕之功。农政改革这一在日本长期逡巡不前的领域之所以出现明显进展，首先离不开农村人口变化的结构性因素。少子老龄化问题的刚性制约使日本的农政改革到了破釜沉舟的决策关头。而完成日本宪政史上最长执政纪录的安倍政府则充分利用了强势政府的政治资源，表现出相当的进取姿态。即便如此，"进攻型农业政策"等迂回策略仍是日本政府有效减少政策阻力、最大限度地凝聚利益共识的必须之举，客观上也取得了值得肯定的阶段性成效。在农业结构转型中，如何顺势而为、应势而变、蓄势而发，日本的实践经验可谓鲜活的镜鉴。

（该文原载于《人民论坛》2021年2月中·下旬号，收入本书时做了适当修改）

# 世纪疫灾加速世界变局对中日关系的影响

江瑞平[*]

百年变局遭遇世纪疫灾,产生剧烈碰撞,引发激烈震荡,位居其中的中日两国及其相互关系,受到巨大冲击和深远影响。

## 一、为新兴市场群体加速崛起提供新机遇

新兴市场与发展中国家整体快速崛起,构成世界百年变局最重要变化和最主要趋向。在疫情引发的2020年经济衰退和2021年经济回升过程中,新兴市场与发展中国家形成"衰退更轻,回升更劲"的明显特点,结果是其在全球经济格局中比重和地位进一步攀升,这意味着疫情进一步加速了新兴市场与发展中国家群体崛起的势头。疫情加速新兴市场群体崛起,为后疫情时代的中日关系发展提供了更加广阔的新机遇。到20世纪90年代,面对新兴市场与发展中国家整体快速崛起,日本已开始对其对外经贸布局进行重大调整,越来越重视发展与新兴市场经济体的经贸关系,逐步形成并全力推进"新兴市场战略"。面对疫情对新兴市场群体崛起产生的加速态势,日本势必进一步加强与新兴市场和发展中国家的经贸关系。中国是最大的新兴市场与发展中国家,在新兴市场与发展中国家整体崛起的历史进程中,始终发挥着促进、支撑和引领的作用,在疫情导致的经济波动中,新兴市场与发展中国家显现的"衰退更轻,回升更劲"态势,在很大程度上也是靠中国来支撑和引领的。因此,疫情加速新兴市场加速崛起,日本强化发展与新兴市场经贸关系,必然将发展对华经贸关系放在更加重要的地位。更加重要的是,第三方市场合作已经成为中日构建契合新时代要求经济关系的主要内容,而新兴市场与发展中国家始终是中日扩展第三方市场合作的主要对象,中国全力倡导和推进的"一带一路"也将地缘重心放在了沿线新兴市场与发展中国家。这意味着在世界变局遭遇世纪疫灾之后的后疫情时代,围绕新兴市场与发展中国家的第三方合作,将作为中日关系尤其是中日经济关系发展越来越重要的内容,得到高度重视和全面推进。

## 二、给大国实力对比加速调整带来新挑战

世界百年变局的另一突出表现和重要趋向,是大国实力对比关系发生显著变化。变化集

---

[*] 江瑞平,外交学院卓越特聘教授。

中体现在美国、中国和日本等世界前三强之间，中日之间尤为显著。其总体态势与显著特点是，在美国始终高高在上、稳居首位的同时，中国的实力和地位快速提升，而日本的实力和地位急剧下降，中日实力对比关系形成显著"异位"。疫情进一步加速了大国实力的对比变化，中国实力和地位得到进一步强化，而美国和日本的实力和地位则进一步相对弱化。疫情加速大国实力对比变化，对中日关系造成重大影响，对刚刚转圜的中日关系造成严重冲击和巨大影响。更加严重的是，中日关系的每一次发展变化，背后都有"美国因素"的浓重身影。疫情导致大国实力对比关系加速变化对中日关系的冲击和影响，也表现在中美实力对比关系因疫情而加速变化、中美战略冲突因此而空前激化方面。与美国存有战略同盟关系的日本，越来越成为美国遏华战略的"马前卒"甚至主要"凶手"，造成对中日关系的严重冲击和巨大影响。战后日本传统的外交布局，是政治安全与经济贸易都全面依赖美国的"一元格局"。而伴随中国经济崛起和中日经贸关系扩展，日本在经贸层面对中国的依赖快速提升，而对美国的依赖相应下降，导致日本外交布局越来越显现政治安全依赖美国、经济贸易依赖中国的"二元结构"。是出于政治安全考量，更多跟随美国遏制中国，还是服从经济贸易利益，更多推动发展对华合作，越来越成为日本战略选择的"二元困境"，从而也越来越成为影响和冲击中日关系稳定发展的重要因素。

### 三、世界经济中心加速东移拓展新空间

全球地缘经济布局发生重大调整，世界经济中心不断向东亚地区转移，也是世界百年变局的重要变化趋向。疫情暴发后，无论是在疫情防控还是在经济复苏方面，东亚地区绩效更佳，以致在疫情导致的全球经济波动中，东亚地区形成"衰退更轻，回升更劲"的显著特点，从而进一步加速和强化了世界经济中心向东亚转移的势头。中日是东亚第一和第二大经济体，既往东亚奇迹的创造，很大程度上依靠了中日两国前赴后继、"无缝衔接"式的共同努力，而在未来东亚奇迹的再造过程中，也势必依靠中日两国的协调合作。世界变局遭遇世纪疫灾加速世界经济中心向东亚转移，为后疫情时代中日关系的发展开拓了更加广阔的空间。如何形成东亚增长、区域合作与中日关系的良性互动，成为有关各方共同的努力方向。一个非常重要的事实是，无论是对中国还是对日本而言，东亚都越来越成为其对外经贸关系乃至全球战略布局的优先方向和重中之重。

### 四、全球治理体系加速变革引发新需求

全球治理体系的演进与变革，是世界百年变局的最重要变化趋向。疫情进一步暴露出全球治理体系存在的缺陷与问题，治理赤字愈加严重，变革难度空前增大。步入后疫情时代，全面变革和完善全球治理，越来越成为摆在世界各方尤其是大国面前的重大课题。中国是全

球治理体系的坚定支持者、坚实维护者和坚强变革者,在全球治理体系的稳定和变革方面发挥着越来越重要的作用。日本是全球治理体系稳定运行的主要受益者,日本政府始终高度重视维护全球治理体系稳定与变革。在全球治理体系稳定和变革方面,中日两国有着明显的"共同利益和共同关切",也有着强化协调、推进合作的共同担当。在世纪疫灾导致全球治理体系变革需求更加强烈的背景下,在此层面的共同担当势将成为中日加强合作的强劲动力。

(该文原载于《日本问题研究》2021年第4期,收入本书时做了适当修改)

# 日侨归国考

## ——20世纪50年代中日关系一瞥

### 徐志民[*]

抗战胜利后,中国共产党带领全国人民经过三年多的解放战争,在1949年10月1日成立了中华人民共和国。新中国成立后滞留中国大陆的日本人有两部分:一是解放战争期间中国人民解放军俘虏的日本战犯和苏联俘虏并转交新中国的日本战犯;二是日本侨民。据估算,中国大陆的日侨有3.4万余名,其中东北约2.34万名,华北约0.47万名,华东约0.12万名,中南约0.38万名,西北约0.1万名,西南80余名。他们大多生活在大中城市,主要从事教育、科技、医疗、工矿企业等方面工作,也有少数生活在农村,并在土地改革中与中国农民一样分得房屋与土地。不过,思乡之情和对亲人的牵挂,也使不少日侨决定回国。对此,凡愿意回国之日侨,中国政府均予以协助。据统计,新中国成立至1952年,从中国大陆回国的日侨有500多人。

积极协助日侨回国,既是国际人道主义精神的体现,也是对日"人民外交"的一个突破口。1950年10月,周恩来指示中国红十字会会长李德全,在摩纳哥参加国际红十字会协会第21届理事会期间,就在华日侨问题,主动与日本红十字会会长岛津忠承接触。岛津忠承也请李德全协助调查在华日侨情况。于是,日本人民期望在华日侨回国的诉求与中国政府筹划协助日侨归国的行动结合起来。1952年12月1日,《人民日报》以"关于在中国的日本侨民的各项问题中央人民政府有关方面答新华社记者问"为题,介绍了在华日侨的基本情况,传达了中国政府愿意协助日侨返回日本的一贯立场。12月22日,中国红十字会收到日本红十字会、日本和平联络委员会、日中友好协会来电,复电他们组团到北京商讨来船手续和日侨归国的问题。1953年3月8日,中日双方达成关于日侨回国的第一份协议,包括确定回国日侨集中与登船的地点为天津、秦皇岛和上海三港,首批日侨登船回国的时间为1953年3月15日至3月20日,每批人数为3000—5000名,以及彼此关于日侨人数、登船日期、日方来

---

[*] 徐志民,中国社会科学院大学、中国社会科学院历史理论研究所、中国历史研究院中国历史学学科体系学术体系话语体系研究中心研究员。

船等联络事宜。协议公报一经刊出,"日本国民一致为之欢呼"。

原本应由中日政府直接合作协助日侨归国,但日本政府先通过印度政府试探中国大陆协助日侨归国的真意,后又为避免美国的猜疑和反对,一方面利用民间组织协助日侨归国;另一方面采取敌视中国大陆的政策,污蔑中国协助日侨回国的政策和事实。中国政府和中国红十字会针锋相对地予以批驳,相继与日本前述三团体和有田八郎达成四份民间协议,每份协议达成后即迅速行动,出现几批协助日侨回国的高潮,这是20世纪50年代日侨归国的最大特点。另外,日侨离开中国的港口也颇有规律。如第一批至第四批回国日侨,均从秦皇岛、天津、上海归国;第五、第六批日侨,均从天津、上海回国;从第七批开始,日侨均从天津回国。最后,回国日侨中既包括在华日本战犯,也包括部分越南、蒙古的日侨和日本战犯,还包括探望日本战犯的家属、回日探亲的日本妇女及其子女,因情况复杂,统计回国日侨人数颇为不易。从1953年3月第一批日侨回国,到1958年9月第二十一批日侨回国,共有多少在华日侨返回日本?据吴庆生统计,回国日侨共计34 424名。胡乔木、孙平化、刘德有等人认为,从1953年中国先后协助日本侨民近4万人回国。这或许包括中日复交后继续协助遗华日侨回国的人数。

新中国在中日没有外交关系的情况下,通过民间合作协助在华日侨归国,体现了中国共产党和中国政府高瞻远瞩的政治胸襟,即使在冷战对峙时期仍主动寻求对日外交,以推进中日关系正常化,缓和东亚国际关系局势。日本政府从战败投降之际的"弃民"政策到"二战"后初期的"救护"政策,始终以政治利益为准则,尽量回避与中国官方接触,不时污蔑中国协助日侨回国的事实与政策,乃至再次"弃民",主动中断在华日侨的归国路。"以民促官"之路坎坷多艰,虽经20世纪60年代的"半官半民",但在"日美同盟"框架下,中日关系也仅限于此,而1971年的"尼克松冲击"却成为佐藤荣作内阁垮台和中日复交"水到渠成"的转折点。因此,中日关系并非仅限于中日之间的双边关系,往往受制于多重因素和国际大格局。在"一带一路"倡议和打造"人类命运共同体"的新时代,构建新型中日关系也是如此。

## 学界评价与反响

文章发表后,在学界产生了一定影响。一是冯丹龙在2021年9月15日的《中国红十字报》上发表的《红十字"破冰之旅"——中国红十字会协助在华日侨归国始末》一文中,引用了该文的部分论述。二是该文被"中华人民共和国国史网""百度学术"等网站转载。三是该文被"知乎"网站"'中日关系论文'值得推荐的论文选题"收录,认为是值得推荐的"干货文章"。四是该文被张先文、朱庆葆主编的"抗日战争专题研究"之徐志民、米卫娜、关亚新著的《战后在华日本侨俘遣返研究》（江苏人民出版社 2021 年版）收入，作为该书第八章"新中国的日本侨民与战犯"的第一节"新中国的日侨归国路"的重要组成部分。该文发表仅仅一年多即受到学界广泛关注和引用，反映其不仅具有相当的学术价值，而且在中日邦交正常化 50 周年之际尤有特殊的社会意义。

（该文原载于《中山大学学报（社会科学版）》2021 年第 1 期，收入本书时做了适当修改）

# 关西广域联合：地方分权改革视域中的日本跨域治理实践

白智立　刘丛丛　[日]桥本绘美\*

关西广域联合是在"通过柔性机制整合资源、形成组织合力，共同应对复杂、跨界、多变的区域治理难题"的日本广域行政跨域治理模式下，在中央和都道府县层面探索施行的最具代表性的范例。其跨域治理的经验对中国的区域协同治理或有重要参考和借鉴意义。

从广域联合的制度来看，该制度是日本为了推进适应新时代发展变化的广域行政，同时作为地方分权变革创新而制度化的跨域协同治理方式。与《地方自治法》规定的连携协约、协议会、部分事务组合等其他"组合"制度相比，广域联合制度具有如下特征：（1）是一种能够处理成员地区共同事务和非共同事务的复合型机制；（2）同时作为广域计划的制定主体和实施主体，以更具政策性、灵活性和机动性的方式推进跨域行政协调有效机制的建立；（3）能够广泛地从成员地区、非成员地区或中央获得事权让渡，促进地方拥有更多事权，推进日本的地方分权改革；（4）设置直接请求制度，将广域联合的运行和管理置于公众的民主监督下。

从关西广域联合的建立来看，关西广域联合是日本首个在跨府县层面实施广域联合制度的跨域协同治理联合体，自2010年12月1日成立至今形成覆盖两府六县四政令市和两个连携县的基本格局。其建立过程经过了"成员团体协商、规约制定—成员团体决议—许可申请—许可发布—广域联合成立"等程序，最终形成一个向上能直接从中央政府手中接受事权让渡，向下能够整合各参与团体和地区资源，不断推动关西地区协同治理和共同发展的跨域协同治理联合体。

从关西广域联合的跨域治理实践来看，虽然广域联合制度的功用还未在关西广域联合中完全发挥，但其跨域协同治理的实践仍有一定成效和经验可供参考。首先，关西广域联合从提议、研究、讨论到建章的七年间以开放包容的姿态、自愿参与的柔性机制、优先民生领域的治理方案，充分吸纳域内行政长官、经济团体和社会公众参与，以渐进推进的方式，构建

---

\* 白智立，北京大学政府管理学院副教授；刘丛丛，北京大学政府管理学院博士研究生；桥本绘美，日本国土交通省职员。

"不断成长的广域联合";其次,关西广域联合一方面通过中央政府派出机构对策委员会分阶段地从中央政府手中转移承接与其相关的地方公共事务处理事权,另一方面通过将公共事务划分领域并交由特定地方政府主导推进的方式,促进广域联合中地方政府间权力的分配与平衡,达到了整合理顺央地关系,打破跨域治理的行政壁垒的效果;最后,关西广域联合十分重视经济团体的重要助力,不仅与相关经济团体一道提出关西地区发展的愿景和方向,还共同向中央政府施压,要求中央政府把部分公共事务和事权让渡给关西广域联合。经济团体与关西广域联合跨域治理中的各级各地政府、公众和专家学者等治理主体一道,形成区域协同发展的多层治理体系。未来,如何充分发挥关西广域联合在地方分权改革方面的功用,使其从中央承接更多的事务、事权是关西广域联合乃至广域联合制度今后的发展课题。

从关西广域联合的启示意义来看,结合关西广域联合跨域治理的实践与经验,在中国的跨域治理语境下我们需要进一步思考以下三个问题:(1)如何把日本广域联合的"连携"协作思维与中国提高社会治理的社会化、法治化、专业化、智能化建设的要求结合起来,通过多元治理主体的参与、法律制度的保障、专业能力的支持和智能技术的运用以建立跨域治理合作的长效推进机制;(2)如何依托法律法规,探索跨域治理机构合理的权力边界,并对其进行有效监督管理;(3)如何在跨域治理中探寻水平层级与垂直层级之间的管理与合作关系,在纵向统筹规划的同时,充分尊重地方政府的积极性、主动性和创造性,关注地域发展中的弱势地区、不平衡领域和不宜实施统一管理的模块,积极探索以沟通、联合与协作的方式,开展中央政府与地方政府、地方政府与地方政府以及政府与社会间的合作,构建包括纵向、横向和斜向关系在内的柔性合作机制。

## 学界评价与反响

广域联合是日本地方分权改革背景下发展出来的一种典型跨域治理模式。1994年,该模式作为一种正式处理地方政府间共同事务的协同机制被写入《地方自治法》,中国学者自2004年起就关注到包括广域联合在内的,诸如连携协约、协议会、部分事务组合等不同的日本地方自治制度类型。早期学者的相关研究主要将广域联合视为日本地方自治制度的一种新的制度类型,着重介绍广域联合制度的产生背景,并比较该制度与其他地方自治制度的区别。关西广域联合是日本首个中央和都道府县层级的广域联合,是广域联合实践的典型示范,也是观察日本的分权改革成效以及地方自治中跨域治理实践的一个良好窗口。在以往广域联合的相关研究中,虽然有不少学者在行文中提及关西广域联合,但并未予以详细讨论。从这一意义上讲,该文是第一篇详细分析关西广域联合跨域治理实践的中文研究。文章从日本分权改革的背景介绍到广域联合的制度特征,再到关西广域联合的建立及运行,并由此总结其经验和启示，较为细致全面地展现了关西广域联合这一特别的地方公共团体的双重意涵：一是对于跨域治理实务的经验指导意义，二是对于广域联合制度向地方分权改革回归的制度本质。

（该文原载于《日本学刊》2021年第2期，收入本书时做了适当修改）

# 日本核污水排海问题的综合法律解读

## ——对国际法与国内法上责任救济规定的统筹分析

罗欢欣[*]

日本发布将福岛核污染水排入大海的决定，虽然引起其国内民众的抗议，近邻国家和一些国际组织也强烈谴责，但美国和国际原子能机构却并未明确反对。处理福岛核污水已不再是日本国内问题，而将演变为兼涉国际和国内层面的综合大问题。作为利害关系密切的近邻，中国如何进行独立自主的研究、应对与评估最为迫切。该文致力于统筹国际法和国内法分析日本核污水排海所涉责任救济问题并提出综合的法治应对方案。

在国际法层面，日本行为将首先构成"国际不法行为"。该行为同时触犯了多项条约国际法、习惯国际法和国际责任法义务。就条约国际法而言，日本明确违反了《联合国海洋法公约》第12章"海洋环境的保护和保全"中的多项条款。尽管国际原子能机构对日本的行为未表示明确反对，但日本的行为明显违反了其1957年签订的《国际原子能机构规约》。在习惯国际法层面，日本涉嫌违反"对一切的义务"，以及涉嫌触犯"危害人类罪"和正在形成中的"生态灭绝罪"。国际责任法领域，除"国际不法行为责任"外，还存在"国际法不加禁止行为"产生损害后果（跨界损害）的责任形态。根据国际法委员会通过的2001年的《关于预防危险活动的越境损害的条款草案》和2006年的《关于危险活动造成的跨界损害案件中损失分配的原则草案》，中国有权要求日本作为起源国履行跨界损害的"危险预防义务"，采取相应的"评估""通知"与"协商"等措施，并对造成的实际损害进行"及时和充分的赔偿"。

日本核污水问题由重大地震灾害所激发的次生灾难引起，事件的因果层次多，技术问题复杂，证据收集及认定均存在相当难度。但是，基于提前预防风险的必要性，目前各界披露的以下信息——包括日方隐瞒真实信息、现有检测范围未包括更具潜伏性和危险性的同位素等情况——可以作为追究日本责任的证据线索。《联合国海洋法公约》第235条和国际法委员会2006年的《损害责任条款草案》第6项原则，都明确要求保障跨界损害的"国际和国内救济"。在国内法方面，根据中国《刑法》《刑事诉讼法》《民法典》《民事诉讼法》《海洋环

---

[*] 罗欢欣，中国社会科学院国际法研究所副研究员。

境保护法》等法律规定，中国政府、公民或团体在依据国内法起诉日本方面存在可能依据和程序。

日本在公布核污水排放计划前已经做了大量准备工作，加大了域外国家了解其核污水处理的真实信息和取证的困难。考虑到这一问题的复杂性和法律途径的局限性，中国有必要以法律结合外交手段和舆论联动施压，提高应对方案的全面性与综合性。

### 学界评价与反响

该文积极响应国家"涉外法治"战略要求统筹国际法与国内法来分析现实案例的迫切要求，率先从国际法与国内法的综合视角较系统地对日本核污染水排海计划可能造成的法律后果和法律责任进行了梳理和分析。文章同时探讨了国际国内诉讼程序的启动要件，刑事与民事追究的条件、证据要求及各自的局限性问题，兼顾了风险预防所需要的外交策略与政治智慧，最后提出了法律与外交联动的综合法治方案。内容上，该文在国内学界较早地指出了核污染水与核废水的概念差别，比较分析了日本参加的与核责任与环境污染相关的多部条约的效力与内容，对日方行为的所谓合法性和免责辩护进行了揭露和批判。文章于2021年8月发表后，被中国人民大学复印报刊资料《国际法学》2022年第12期全文转载，同时也被其《法学文摘》2022年第1期摘编。半年多时间里，该文在中国知网下载量达到近1600次，被引用7次，说明该文在相关研究领域获得了较高的评价。

（该文原载于《日本学刊》2021年第4期，收入本书时做了适当修改）

# 日本经济安全理论与政策变化动向

崔 健[*]

## 一、日本经济安全理论演变

20世纪70年代以后国际经济体制发生动摇，国家安全领域也逐渐从军事中心扩大到经济领域。在国家安全研究当中，越来越多的研究专门聚焦到应对非军事威胁而使用非军事手段的安全政策。日本也出现了一些关于积蓄经济力来应对经济威胁的研究成果。代表人物有村上熏、船桥洋一、关井裕二等。

进入21世纪，日本面临的内外环境发生了很大变化，一些学者开始从经济与安全的交叉领域或者连接点入手，把研究重点转向了运用经济手段应对军事威胁的领域，涉及了军民两用技术、与威胁国的经济交流以及针对军事威胁的经济安全战略等内容。代表人物有村山裕三、长谷川将规等。

## 二、日本强化运用经济手段应对军事威胁的政策动向

从21世纪初日本就开始了强化军民两用技术开发、出口管理和外资规制等方面的政策措施，这些政策措施更多体现运用经济手段应对军事威胁的色彩。

1. 与军事直接相关的政府部门政策措施。2001年当时的防卫厅在军民两用技术开发方面就有所行动，从2015年以后，防卫省的军民两用技术开发规模进一步扩大，更加正规化。国家安全保障局于2020年4月设立了专门的经济安全部门（"经济班"），其被认为是主导日本制定经济安全战略的部门。

2. 与经济直接相关的政府部门政策措施。经济产业省是日本省厅中最深入参与经济安全的部门。根据世界技术环境的变化，经济产业省从经济安全的角度不断地修改和强化出口管理和外资规制政策，主要目的是防止可能会转为军事使用的重要技术外泄。

3. 与"安全、安心"社会直接有关的政府部门政策措施。日本的文部科学省、综合科学技术会议和内阁府把民用技术与"安全、安心"社会的结合作为切入点着手军民两用技术的

---

[*] 崔健，吉林大学东北亚研究中心教授，博士生导师。

研发。涉及的范围不仅局限于通常的"安全、安心"社会领域，也包括恐怖袭击和网络攻击等安全领域。

4. 经济安全政策组织化和综合化措施。在日本，各相关省厅除了采取相关经济安全政策措施以外，还在进行着组织部门调整，在这个过程中逐渐实现经济安全政策打破部门条块分割的综合化和制度化。这在经济产业省、外务省、防卫装备厅以及自民党的"新国际秩序创造战略本部"等机构和组织中都有所体现。

### 三、日本经济安全政策变化的原因

日本经济安全政策的变化表面上看是受到国际战略环境的影响，但这只是外因，其真正本质的原因还是日本自身的变化，主要是受到国家安全主流思想和技术民族主义的影响。

1. 国际战略环境的改变。美国在特朗普政权期间推行本国优先主义，实施了很多逆全球化的政策措施，改变了当今世界的战略环境。新冠肺炎疫情大流行导致供给链的断裂，暴露出战略物资和重要工程依赖于特定国家的风险。在国家间的对立和不信任大幅增加当中，经济与军事的联系增强。

2. 日本国家安全主流思想的影响。冷战时期，重商主义是日本主流的思想和政治力量，冷战后，正常国家主义逐渐取代重商主义成为最有影响的思想和政治力量。受正常国家主义派思想的影响，日本的政治安全战略"总体保守化"趋势增强，军事上的诉求也不断增强。日本的做法必然会引起相关国家的警惕甚至反制，因此，日本也自然地比以往更加重视军事威胁。

3. 技术民族主义的体现。在当前美国围绕高新技术加强出口管理和外资规制的背景下，技术民族主义原本就根深蒂固的日本必然会进一步强化技术管理。但是，在国防技术领域，日本技术民族主义政策受到了严重挑战。为此，日本要借用民间技术优势，大力开发军民两用技术，以此维持国防技术民族主义。

### 四、从对外关系看日本经济安全政策变化趋势

1. 经济安全战略思想愈加明确。从2018年开始，日本的防卫省、国家安全保障局、经济产业省以及自民党等机构和组织纷纷制定相关政策、采取相应措施或提出对策建议，日本经济安全战略思想逐渐清晰。

2. 技术政策变化趋势。在出口管理和外资规制的技术管理方面，日本可能会在超越国际规则框架上追加与确保"战略的不可或缺性"密切相关的技术管控措施。从技术转移、合作政策来看，日本政府可能会愈加重视提高技术在对外关系中的政治、军事影响力。

3. 对外政策的变化趋势。首先，对以美国为首的同盟国来说，日本会考虑为了强化同盟

关系和提高其存在感而有效利用具有"战略的不可或缺性"技术的政策措施。其次,对现实和潜在的威胁国来说,日本更可能优先考虑全面防止"战略的不可或缺性"技术的流出。最后,日本在实施经济安全政策时,必须考虑技术自由流动和技术管理之间的平衡。

## 学界评价与反响

该论文于 2021 年 10 月被提交到"全国日本经济学会 2021 年年会",受到与会专家学者的关注,并收到《日本研究》杂志的约稿,在《日本研究》2021 年第 4 期发表。随后,该论文又被微信公众号"国际文化交流学术联盟"全文转载。通过知网查询,截至 2022 年 7 月 11 日,该论文被引用 3 次,下载量达 379 次。

(该文原载于《日本研究》2021 年第 4 期,收入本书时做了适当修改)

# 日本网络安全政策的现状与发展趋势

包霞琴 黄 贝[*]

近年来,日本政府积极推进网络安全政策,该政策已成为其国家安全战略转型的核心内容之一。该文通过梳理日本网络安全政策的发展历程,分析了日本在对内网络安全能力建设和对外网络安全外交两方面的新举措,并对日本网络安全政策的未来走向进行剖析。该文认为,日本网络安全政策已完成了从内向型、民用化转向外向型、战略化的过程,成为国家对外战略的重要一环。日本正以构建网络安全强国为目标,采取多种举措增强网络安全治理能力,积极参与国际网络空间治理事务,试图在这一国际政治新领域占据一席之地。

## 一、政策背景:网络安全环境与网络安全观

20世纪90年代以来,网络安全威胁成为各国政府亟须应对和处理的治理难题,在此背景下,日本政府对网络安全的重视程度也不断提升,其认知也经历了不断深化的过程。1. 对安全主体的认知,从社会层面转向国家安全层面。2. 对安全威胁来源的认知,从强调网络威胁的非政治性、个人性转向强调网络安全的政治性、国家性。3. 对实现网络安全路径的认知,从内向型转向外向型,不断加强与盟友及伙伴国家的网络安全合作,并积极推动国际网络安全规范的形成与落实。

## 二、网络安全的治理机制与能力建设

为了有效应对网络安全问题,日本政府采取了一系列跨部门、跨领域的能力建设措施,试图成为世界领先的"网络安全强国"。首先,日本政府构建网络安全治理的顶层框架,于2005年设立信息安全政策会议和内阁官房信息安全中心,并于2014年通过《网络安全基本法》之后,将这两个部门分别升级为网络安全战略本部与内阁网络安全中心,构成网络安全政府领导机制。其次,日本积极打造网络安全防卫力量,2014年成立的"网络防卫队"规模不断扩大,并连年增加网络安全防卫预算,加强对网络安全技术人才的培养。最后,日本通过强调"官民合作",最大限度地利用民间力量,积极将民间网络技术人才引入自卫队,并

---

[*] 包霞琴,复旦大学国际关系与公共事务学院教授;黄贝,清华大学社会科学学院国际关系学系博士研究生。

与企业、研究机构等民间主体开展网络安全防务技术合作。

### 三、网络安全领域的国际合作

日本网络安全政策的迅速发展不仅服务于本国的安全目标，更与日本政府的全球外交战略紧密结合。其一，日本政府积极利用国际对话机制，通过联合国、G7、东盟等国际和区域性组织参与网络治理，大力发展政府间双边、三边网络对话及协商机制，积极推进由官方和民间力量共同参与的"1.5 轨道"网络安全对话。其二，日本防卫省与美国、北约有关安全伙伴国家开展网络安全合作，尤其以日美同盟作为发展网络安全战略的基轴与重要动力。其三，日本政府积极参与国际网络安全规则的构建与塑造，签署《网络犯罪条约》等国际条约，以提升日本在国际网络安全事务中的发言权。其四，日本以"支援能力建设"为名，向东南亚等发展中国家提供网络安全公共产品，试图树立区域网络安全领导者形象。

### 四、网络安全政策的发展趋势

当前，日本政府正从机构增设、法律授权、技术创新和对外战略等方面持续推进网络安全政策的调整与发展。第一，在网络安全问题不断复杂化背景下，在学界、政界和舆论的推动下，日本网络安全领域组织机构日趋优化，中央政府层面的网络安全机构从"顾问型"向"实务型"部门转变，提升国家应对网络安全事件的能力与效率。第二，日本宪法第 21 条规定对通信秘密提供保护、《电气通信事业法》第 4 条规定通信运营商不得侵犯通信秘密，这些规定限制了日本政府的预警和应急处置能力。因此，为网络安全能力发展"松绑"的呼声不断高涨，日本政府修改和完善相关法律将成为必然趋势。第三，日本防卫省将人工智能、量子技术（如量子计算机、传感和通信）作为研究开发的主要方向，其中对人工智能技术的研发与运用呈现加速态势。第四，随着中美两国博弈与科技竞争加剧，日本正在网络安全领域转向与美国合作一致对华，渲染中国"网络安全威胁"，推动出台日美同盟的网络空间"军事化"政策，以图在更为广泛的国际网络空间治理议题上共同牵制中国。

### 学界评价与反响

该文聚焦网络安全这一日本国家安全战略的"新疆域"，全面梳理了日本对内网络安全能力建设和对外网络安全外交两方面的新举措和新特点，并提出了未来日本网络安全政策的发展趋势，为学界提供了日本安全政策前沿领域的最新资料，具有一定的开拓性意义和价值。

（该文原载于《太平洋学报》2021 年第 6 期，收入本书时做了适当修改）

# 抗日战争期间日本对中国共产党的情报调查及对策

祁建民[*]

该文主要利用近年日本亚洲历史资料中心公布的日军以及日本情报机关的调查资料和对策报告，从日本对外扩张整体战略、法西斯主义意识形态和日本对华基本认识的视角揭示其对中共情报调查的背景、过程和分析结果及针对中共的对策。文章从敌方角度进一步阐明中共在抗战中的领导作用和活动状况，揭示日本对华情报调查特征，并对其情报调查的内容和效果予以验证。

## 一、中共是日本侵华的"真正敌人"

"防共"和"灭共"是日本全面侵华期间的一项重要政策。"防共"的对象包括中共和苏联。日本最为关心的是中共及其武装在华北地区的抗日活动。日本的"防共"政策在主要对象上有过变化，开始是以苏联为主，其后则将苏联与中共联系起来，把中共看作苏联向中国和东亚扩张的"别动队"，到全面抗战开始特别是"百团大战"之后，则把中共当作主要对象，由"防共"政策变为"灭共"战略。

日本通过调查发现了中共能够迅速发展的一个重要原因，就是中共在开展军事斗争的同时还开展强大的政治工作。当中共进入华北敌后，建立抗日根据地，得到农民广泛支持、势力不断发展壮大后，华北日军愈益感受到威胁，将中共作为重点，开展了所谓"灭共"调查和清剿。经过大量的情报调查分析，日军得出的最终结论就是中共是日本侵华的"真正敌人"。日军研究报告中说道，中共和八路军的最大特征就是这个军队本身就是一个宣传煽动者和组织者，中国四亿人口中有三亿五千万人是农民，因而中共可以组织起庞大的农民队伍。

## 二、日军情报资料里的中共党员形象

抗日战争期间，日军除了对中共领导抗战的政策、组织和动员工作进行调查研究外，还对构成中共组织基本细胞的党员群体进行分析，以此来了解中共具有如此强大战斗力的秘密所在。日军报告中说，八路军成员中出身贫农的占大多数，三分之一是党员，干部则几乎都

---

[*] 祁建民，日本长崎县立大学国际社会学院教授。

是党员。党员干部入伍前平均拥有土地 4.75 亩,并平均负债 224 元,家庭生活困难,这些人最欢迎中共的减租减息和合理负担政策。

文件中还提出,对于妇女党员的鉴别方法是要注意到在有些村子里妇女党员人数会超过男性党员,她们的一般特征是"服装和态度的男性化",即由于妇女党员是女性解放的先锋,她们都有打破旧习惯的气质,所以在服装、态度、语言和发型上模仿男性,这一点与一般女性存在明显不同。

日军华北方面军的另一份调查则发现中共党员抗日意识强烈。调查报告说,由于抗日是现阶段中共的中心任务,其政治工作就是昂扬抗日意识。中共党员抗日意志坚定,成为抗战的核心。

### 三、日军针对中共的对策

抗日战争期间,侵华日军的特务部和参谋部成为调查研究中共的主力,他们的调查目标明确,就是制定对付中共的策略。日军提出对付中共及其军队的重点在政治斗争方面,要开展思想战。日军的首要对策是在农村建设所谓"自治自卫"体制。这也是基于其国内战争动员经验而提出的,其特征就是利用传统村落自治资源,将民众全部编入日军占领体制之内。

日军承认自开战以来虽然其在军事上连连获胜,但是在思想战上却处于不利。日军发现,中共巧妙地获得了民众的支持,在占领区建立了广大的根据地;还对日军开展了思想瓦解工作。日军对此十分忧虑。日本发动思想战的主要理论来源就是所谓的中国社会发展"停滞论"。战前日本普遍认为中国社会发展处于"停滞",只有日本才能"帮助"中国改变这种状况,以此为其侵华活动辩护,收买人心。

在思想战中,日军大力宣传只有在日本指导下才能实现"王道乐土",把思想战的重点放在青年和妇女群体上,因为这些青年和妇女群体是日军要与中共争夺的重要力量。与中共依靠民主、进步和革命、反抗观念动员青年、妇女的做法不同,日军对于他(她)们的动员则是依据所谓的"东洋传统道德"。

### 四、结语

全面抗日战争期间日军及其情报机关对中共进行的大规模调查虽然掌握到中共的一些情况并制定了许多对策,但是日军始终没能达到消灭中共的目的。首先,就日军传统及其情报体制来说有如下问题:第一,日军传统的"作战第一主义"。第二,日军情报体制上缺乏综合分析、战略分析机关和内部沟通机制,特务机关热衷于谋略活动。第三,日本军部强力推行侵华政策达到狂妄程度,军部决策者对于那些不利于其扩大战争的情报往往视而不见,甚至打击或排斥提供这种情报的机关或个人。其次,就日本情报调查的内容来说,其中有的情报调查的确了解到一些真实情况，这包括以下方面。第一，日本认识到了中共在抗战阵营中的重要作用，发现中共是中国抗日民族统一战线的坚定核心。由此华北日军把中共视为"真正敌人"，发动治安战，把军事作战和思想战的重点放在对付中共上。第二，日军发现了中共军队政治工作的威力，认识到中共军队不只担负作战任务还能广泛动员民众。第三，日本通过对中国抗日局势的观察和对中共的分析已经预测到中共领导的抗日斗争将促使近代以来已经出现的民众运动走向新的阶段，将来如果国共分裂中共很有可能取得优势，出现全国"赤化"。

不过作为外来侵略者，日本在调查分析中共时也存在严重短板，出现失误，这体现在以下几点。第一，日军过于关注共产主义的国际性，对中共苏共两党关系的认识依然停留在土地革命战争及其以前的阶段，处处强调中共行动的苏联背景。第二，日本利用和强化本国农村社会共同体的经验与总力战动员方法，以及出于其对中国农村社会的浅显认识，以为在中国农村不通过对阶级关系和利益的调整，像战时日本那样仅仅依靠宣传、动员就能实现所谓的"和衷共济"与"自治自卫"，通过各阶层协调而形成国家总动员体制。第三，日本从其带有封建传统的法西斯主义意识形态出发，看不到近代中国人思想观念的进步与变化。正是由于日本方面看不出中共的能力所在和中国农村社会的本质特征与民众思想观念的进步，所以其实施的调查规模再大、内容再细、对策再多，也不能挽回其失败命运。

### 学界评价与反响

学术界认为该文是利用日方第一手档案资料对日本对中国共产党抗战活动情报调查进行研究的代表性文章（参见孙波《日本外务省及驻华领事馆对红军的调查研究（1928—1932）》，《日本侵华南京大屠杀研究》2022年第2期；孙道凤、干保柱《毛泽东〈论持久战〉在战时日本的译介及其影响》，《抗日战争研究》2021年第3期等论文）。近代以来日本的对华调查实施主体包括官、军、民、学等多方面，该文以考察日本政府和军部对中共情报调查为主。国内学术界从敌方角度观察抗战时期的中共活动，多利用日本防卫厅战史著作和敌伪报刊等敌方资料。日本学界则从军事情报角度进行分析，其关心的重点在日军情报体制和军方对中共情报调查的经验教训方面。该文主要利用近年日本亚洲历史资料中心公布的日军及其情报机关的调查资料和对策报告等第一手资料，从中共与苏联和国民党关系、中共抗日力量发展的原因、中共党员特质等方面开展研究。这对于从敌方角度了解中共领导抗日的地位和作用，认识日本对华情报调查的特点和分析侵华日军对中共的策略具有重要意义。

（该文原载于《近代史研究》2021年第1期，收入本书时做了适当修改）

# 日本"一强多弱"政党格局的常态化及其影响

张伯玉[*]

自1994年日本众议院废除中选区制并实行小选区比例代表并立制以来，日本政党政治的发展演变呈现不稳定性、激变性等特征。2009年，日本实现了"二战"后第一次真正意义上的政权轮替，但以民主党为核心的联合政府仅维持了3年多。2012年自民党重新夺回执政权后，日本政党政治形成了"一强多弱"格局并延续至今。与政党政治发展的不稳定性形成对照的是，始于1999年的自民党与公明党联合（自公联合）执政成为唯一稳定的执政模式，除2009年至2012年被中断的3年多，自公联合执政已维持近20年。

## 一、日本政党政治的极端多党化

日本众议院新选举制度（小选区比例代表并立制）实施以来历经8次大选，日本政党政治的发展演变验证了选举制度变更所产生的重要影响，而新政党不断涌现和选民支持基础变化也是影响政党政治发展演变的重要因素。

### （一）短期内再度实现两党政权轮替的可能性小

2009年民主党上台执政使日本两大政党制的发展迎来高潮，2012年民主党下台后最大在野党不断分化重组，日本短期内再度实现政权轮替的可能性较小，但在选举层面形成了政党间竞争主要在两大政党之间展开的格局。从政党间小选区议席的分布来看，小选区议席主要被两大政党垄断，两大政党之间激烈的选举竞争主要集中在小选区议席的争夺上。

### （二）日本政党政治的发展趋向极端多党化

以2012年民主党政权的崩溃为转折点，日本政党政治的发展趋向极端多党化。在野党多党化的发展导致在野党之间的选举竞争形成"多党乱斗"的格局，这对自民党有利，却使第二大党民主党处于非常不利的境地。对民主党来说，能够快速打破对其不利局面的是通过与其他在野党的政治重组来避免在野党之间的"多党乱斗"。

### （三）"一强多弱"或将成为日本政党政治的"新常态"

首先，"多弱"格局的形成主要是由以下原因造成的。一是传统的中小政党依然延续并保

---

[*] 张伯玉，中国社会科学院日本研究所日本政治研究中心副主任，研究员。

持影响力。二是以无党派层的支持为背景成立的新政党不断涌现。三是第一在野党处于不断变化的不稳定状态。短期内，在野党"多而弱"的格局难有根本改变，很难整合出能够取代自公联盟的以第一在野党为核心的联合势力。

其次，自民党虽然失去了单独执政的实力，但是除民主党执政期间外，自民党一直保持议会第一大党的优势。在战后"五五年体制"下，自民党发展成唯一的包容型政党，主要是因为该党成功地统一了战前保守政党的全部支持基础。"二战"后日本社会没被自民党组织起来的主要是城市居民和大企业工人，这部分成为革新政党的支持基础。广义的保守势力在日本社会处于压倒性优势。此外，与联合执政伙伴公明党成功地建立了密切的选举合作也是自民党"一强"优势延续的重要原因。

## 二、自公两党联合执政的长期可持续性

从根本上来说，自公联合执政具有长期可持续性主要源于以下两个方面。

### （一）自民党"一强"优势及其限度

自民党"一强"优势有其难以克服的限度，即经常性不能控制参议院过半数议席。自民党在众议院"一强"优势显著，能够绝对稳定控制众议院过半数议席。与自民党压倒性"一强"优势形成对照的是，其他党派势力的分布形成"多而弱"的格局。与众议院相比，自民党在参议院优势不足，经常性不能控制参议院过半数议席。自民党难以在参议院掌控过半数议席的主要原因是众参两院实行不同的选举制度。与众议院选举制度相比，参议院选举制度的比例代表性高，在野党在参议院的议席率要高于众议院。经常性不能控制参议院过半数议席，是自民党必须与公明党维持联合执政的根本原因。

### （二）作为联合执政伙伴的公明党具有不可替代性

1993年自民党单独执政结束以后，公明党成为自民党唯一稳定的执政联盟伙伴。自民党选择公明党作为联合执政伙伴的原因不只是出于国会议席数的需要，更重要的是公明党拥有稳定的组织票，能够在选举中与自民党形成互补，从而进行有效的选举合作。

选举合作是执政联盟具备稳定性和可持续性的重要基础，更是延续执政联盟的有效装置。"在研究日本联合政府这个问题上，具有重要意义的是有关选举和政府形成的关系，其重要性要超过以议会制度为中心的政策决定过程。"众议院小选区比例代表并立制发挥的"机械效应"，使政党之间以小选区为中心进行选举合作，在选举前形成选举联盟成为政党的理性选择。参议院选举制度的"机械效应"虽然弱于众议院，但在两大政党展开激烈竞争的一人区，也具有与众议院小选区同样的效果。在参议院选举中实现以一人区为主的选举合作也有很大益处。但是，政党之间进行选举合作并不容易，它们在小选区候选人的调整问题上往往很难达成一致。执政联盟各成员如果在选举期间展开激烈的竞争，则很

难在选举后建立具有可持续性的联合政府。这也是非自民党大联合政府和自民党、社会党、先驱新党联合政府垮台，以及自由党脱离自民党、自由党、公明党联合政府的重要原因之一。

### 三、在野党政治重组的周期性循环

重新沦为在野党的民主党再度崛起成为难题，与不断诞生的新政党重组合并成为该党增强国会势力并消解在野党选举竞争的现实选择。2012年以来，在野党重组合并已经进行了四轮，未来或将继续循环下去。这不是在特定时期出现的现象，而是日本政党政治可能继续经历的周期性过程。

在野党之所以陷入周期性的重组分化，其根本原因在于在野党各派势力之间的政治重组并不伴随相应的密切选举合作以及选民支持基础的扩大。在野党之间选举层面的合作仅限于各党派提名候选人的调整，很难进行除此之外的选举合作。这主要是因为在野党的组织票少。除工会之外，被在野党组织动员起来的选民很少。而且，多数在野党都是以城市地区为支持基础，缺乏区域互补性。此外，立宪民主党和日本共产党在对反自民党选票的争夺上还存在一种竞争关系。

（该文原载于《当代世界》2021年第3期，收入本书时做了适当修改）

# 日本菅义伟政府的数字改革

刘军红[*]

21世纪初日本政府曾制定了野心勃勃的数字战略，试图领先世界信息技术体系，主导国际标准和规则。20余年过去了，日本既未诞生像"GAFA"那样影响世界的巨型IT企业，也未能主导国际科技体系和商贸秩序，反而在新冠肺炎疫情中暴露出一系列数字化转型落后的弊端。日本数字化发展滞后大致有四方面的原因。一是企业决策保守化、过度规避风险、责任不明等制度习惯妨碍了企业对时代脉搏的准确把握和及时反应；二是"二战"后形成的政府官僚体制严重阻碍着数字化社会转型；三是IT系统老化问题成为痼疾；四是日本国民对数据安全过度担心加剧了数字化转型迟滞。

菅义伟上台后，打出"数字改革"旗帜，大力整修法制，在内阁府内设立"数字厅"统筹改革，试图整体推进数字化社会转型，完善数字行政体系，重振日本全球竞争力，恢复引领时代潮头的地位。其具体措施有：首先，完善法律制度，以《构建数字社会基本法》取代《IT基本法》。其次，健全组织机构，新设数字厅以组建数字改革总指挥部，力图打破"条块分割"局面。最后，推出一系列促进数字化的具体政策，如对"个人信息"统一定义、统一管理；原则上废除行政程序中的盖章制度，推进用电子版材料取代书面材料；改革"个人号码"制度，加速扩大"个人号码卡"的适用范围；完善数字社会的基础设施，强化"个人号码卡"的发行和运营体制；制定综合数据战略，细化数据流通规则，完善数据交易制度，促进跨领域数据合作；培育数字人才，并加大对企业的扶持力度；强化网络安全，从强化供应链弹性角度，制定包括中小企业在内的覆盖整个供应链的网络安全对策等。

菅义伟的数字改革是对安倍内阁相关政策的延续和升级。但与安倍晋三执政时期相比，菅义伟的数字改革战略目标更务实，不再强调世界领先，而是从日本数字转型落后的实际出发，划重点，补短板，强调政企分工，发挥民间主导作用，政府助力完善相关社会环境，为民间扫清障碍、提供支援。为此，菅义伟主张"改革从自身做起"，将政府当成改革重点对象，优先顶层设计，引导企业跟进。

菅义伟改革的最大亮点是构建"数字社会"。其所描绘的愿景是"人人都可通过运用数

---

[*] 刘军红，中国现代国际关系研究院东北亚研究所研究员。

字技术，选择符合自身需求的服务，实现多种多样的幸福的社会"。菅义伟表示，数字化并非目的而是手段，要通过数字化转型实现解决社会问题、推进可持续发展、强化国际竞争力等目的。在此基础上，菅义伟提出"兼顾每个人，构建充满人性的数字化社会"的口号，确定了"数字社会"的基本理念，即"实现有宽裕感和富足感的国民生活"，"实现安全安心生活的社会"，"纠正机会不平等"，"保护个人及企业权利"等。此外，菅义伟还提出构建"数字社会"的十项基本原则，即"公开和透明""公平和合理""安全与安心""持续、稳定和牢固""解决社会问题""及时和灵活""全面和多样""深入人心""创新"以及"国际贡献"。

菅义伟内阁的数字改革战略设计宏大，布局周全务实，既有"数字改革六法"支持，又有首相直辖的数字厅指挥体制推进，更有新冠肺炎疫情带来的强烈现实需求驱动，为构筑新时代数字社会及其治理体系准备了完整的工程图。然而，从目前看，其实际改革进度并不理想，尤其是面对疫情、东京奥运会延期举行、自民党总裁选举和众议院选举，乃至日美关系等更紧迫的议题，菅义伟的数字改革的优先地位有所下滑，改革的制约因素逐渐显露，恐难摆脱"有名无实"的宿命，从而沦为选举造势的政治秀。其一，菅义伟的执政前景并不明朗，其数字化转型战略前景难以预期。其二，数字改革的成败不能只依赖数字厅，而取决于更加强有力的政府领导体制。其三，数字改革能否长期推进尚存诸多不确定性，如经济状况、产业战略、对外经贸关系等。其四，数字改革与旧制度相冲突，落实难度大。其五，数字改革战略思想能否冲破保守文化的惯性思维，渗透到整个日本社会仍属未知。

总之，菅义伟的数字改革可谓关乎日本社会形态变革的复杂工程，不仅需要描绘完美的蓝图，更需要日本全社会的共同努力。

## 学界评价与反响

该文从疫情暴露出日本数字化转型滞后的客观实际出发，分析日本数字化转型失败的深层原因，观察菅义伟政府推进数字改革的具体举措，展望日本数字改革面临的挑战，内容翔实，逻辑清晰，立论有据。一方面，该文作者长期从事日本研究，理论功底深厚，对研究对象把握全面，分析深刻，见解独到。文章对日本数字化改革前景的展望经得起历史验证，具有一定前瞻性。另一方面，当前，我国党和政府高度重视发展数字经济，大力推动全社会数字化转型，习近平总书记更是多次强调要不断做强做优做大我国数字经济。《日本菅义伟政府的数字改革》一文对日本数字化转型失败的分析为我们提供了经验和教训，对菅义伟政府改革举措的总结则为我们提供了参考和借鉴，具有较高的学术研究价值和政策研究价值。中国现代国际关系研究院公号全文转载了该文。

（该文原载于《现代国际关系》2021年第6期，收入本书时做了适当修改）

# 拜登当选背景下日本对华政策回顾与前瞻

徐万胜　丁浩淼[*]

日本对华政策一贯受到日美同盟、美国对华政策及中美日关系互动的影响与制约。在日美同盟框架下，日本往往被动跟从或主动配合美国的政策变化，以期实现自身的战略目标。

## 一、特朗普时期日本对华政策的演变脉络

特朗普政府时期，美国对华采取日趋升级的全面遏制政策，日美同盟虽在中美战略竞争的背景下得到有限度的加强，但"美国优先"原则也导致其内部矛盾上升。为了规避中美战略竞争所产生的国际体系变动风险，同时对冲特朗普政府对日政策所造成的同盟内部压力，日本不断调整对华政策。一方面，日本通过大力开拓中日经贸合作的战略空间，试图抵消特朗普政府贸易保护主义、经济单边主义所造成的消极影响。安倍晋三政府曾多次表达推动中日关系向前发展的意愿，并提出了有条件参与"一带一路"倡议合作的可能性，菅义伟政府也推动签署RCEP，实现历史性的中日关税减让。但是另一方面，在地区安全及意识形态领域，日本呼应了特朗普政府的对华政策。其中，日本在南海问题、涉港和涉疆问题上态度更加明确，与美国立场更为契合。日本政府对华政策的调整，既体现了其对中美日三国关系互动的应对，更是带有前所未有的战略自主性追求。

在特朗普政府对外单边主义政策取向与中美战略竞争不断加剧的背景下，日本对华政策的战略自主性增强，且两面性凸显，试图在中美战略竞争格局下"两面取利"，与此同时，日本却也不时因遭受美国压力而面临如何"选边站"的难题。

## 二、拜登当选后日本对华政策的背景转换

随着新任民主党候选人约瑟夫·拜登的当选，美国的对外政策将具有更强的民主党建制派特点，重视发展与盟国间的双边关系，更加关注新冠肺炎疫情、经济衰退、气候变化以及种族歧视等问题，强调捍卫和加强民主价值观。并且，拜登的对外政策亦将表现出更大的灵

---

[*] 徐万胜，战略支援部队信息工程大学教授、和平与发展研究中心特约研究员；丁浩淼，战略支援部队信息工程大学硕士研究生。

活性和全局性，侧重基于不同议题而展开适度博弈，注重恢复功能性合作与理性应对。

与特朗普政府相比，拜登的政策主张与日本对外政策取向具有更大的重合度。这不仅有利于日美双方在同盟内部增强信任与协调，还将进一步引领日本的对华政策调整，使之与美联动。在意识形态领域，日美两国同属"西方国家"，相互认同对方的政治理念与政治制度，均推崇基于所谓"自由、民主、人权"等普遍价值观的国际秩序；在全球治理领域，拜登对多边框架下的全球治理议题持积极态度，必将促进包括日本在内的各国在全球治理领域的良性互动合作；在对外贸易领域，美国发起对华贸易摩擦的目标是削弱中国的核心竞争力，争夺全球技术主导地位，日本在这一点上与美国有着相似的战略目标；此外，拜登在执政后首先面临抗击新冠肺炎疫情与重启国内经济的课题挑战，也需要与中日等国展开有效的国际合作。

## 三、日本对华政策的调整趋势与中日关系

基于美国政府对外政策的调整取向、日美两国政策联动的同盟机理以及日本自身的战略自主追求，日本对华政策必将呈现新的调整趋势，进而对中日关系产生复杂影响。

第一，日本将更加注重以日美同盟为基轴，通过各种双边，特别是多边制度合作路径，基于对华遏制目标而妄图实施某种制度制衡。在美国与日欧盟友关系得到修复和发展的同时，日本也将在强化日美同盟的基础上不断拓展与美国其他盟友及伙伴国之间的各种制度性合作，着力"打造以地区大国和结点国家为合作伙伴的多元化联盟"。

第二，日本或将加大对"中国威胁论"及涉港、涉疆等意识形态问题的炒作力度。日本对外推行的"价值观外交"带有浓厚意识形态色彩，高度契合拜登对外政策主张中的意识形态内涵，或将以特定人权问题及"中国威胁论"等为抓手，加大对华进行意识形态攻击的力度。这集中体现在对涉港问题的参与和炒作"中国威胁论"等行为上，但是，日本对华政策的基本考量还是基于国家现实利益的需求，这一趋势的发展有限。

第三，日本将在全球治理领域加强对华合作与协调。拜登执政后对多边框架下的全球治理议题转而采取积极态度有利于促进各国在全球治理领域的良性互动，推动日本增强参与全球治理的积极性与主动性，中美日三国在全球治理领域有望呈现良性互动的发展趋势。

第四，日本将为确保"产业链安全"而对华采取更为谨慎的态度。一方面，日本仍需通过深化中日经贸合作来提振国内经济，同时平衡对美追随、规避外部风险；但另一方面，在对国家安全有重大意义的产业领域，日本政府将对华采取更为谨慎的态度。美日有意联合保障"产业链安全"，将以更谨慎的态度对待与中国之间的产业合作，这不仅是美国对日本的同盟战略要求，也是日本出于保障所谓"国家安全利益"而做出的新选择。

第五，日本将持续深化日美防卫合作并对华实施军事遏制。在地区安全层面上，围绕东

海、南海及台湾问题，日本通过深化日美防卫合作来对华实施"围堵"遏制的基本态势，将不会发生改变。

总之，在拜登当选后美国对外政策必将进行调整的背景下，日本对华政策的两面性将更加凸显，中日合作前景中机遇与障碍并存。对此，中国应充分把握日美两国战略目标的差异，以务实态度制定对日政策，增强与日本在经济上的相互依赖和安全上的对话协调，同时做好应对日美两国联手对华实施遏制的准备，力争通过稳定中日关系、缓和中美关系来推动中美日三国关系的良性互动。从长远战略角度看，随着中美差距进一步缩小、区域合作制度化建设更加活跃，日本政府的对华政策更应当顺应世界潮流大势，才能保障其国家根本利益与促进中日关系健康发展。

（该文原载于《和平与发展》2021年第1期，收入本书时做了适当修改）

# 日本外交中的日美结盟外交

梁云祥[*]

结盟是国际关系中国家为了维护自身安全而常常采取的一种外交行为,日本当然也不例外。从近代通过明治维新改革开始快速发展之时,日本就懂得通过结盟外交来增强自己的实力地位并由此获益,如在作为其进入近代列强行列之战的中日甲午战争中,日本就以所谓文明国家对非文明国家之战来获得当时西方列强的支持或至少不反对;其后不久又同当时西方主要大国英国在法律上结成正式同盟,挑起了日俄战争并再次获胜;在第一次世界大战中也通过与协约国结盟获得众多利益。在第二次世界大战中,日本同样选择了结盟外交,同德国和意大利等法西斯国家结成轴心国集团共同挑起战争,虽然最终遭到惨重的失败,但没有因此而改变日本的结盟外交。

日本在第二次世界大战中战败投降后,被以美国为首的盟军占领并接受了美国的改造。在当时的冷战状态下,美国按照自己的利益对日本的塑造与日本对国家利益的重新认识二者共同作用,导致获得独立后的日本选择了同过去的敌国美国的结盟,并一直延续至今,其外交也基本上是围绕同美国的结盟外交而展开,即所谓的"日美基轴外交"。

在长达近70年的时间里,日本的这一外交在日美同盟框架内见证了冷战及后冷战时期的不同变化,具体而言大致经历了"对美追随外交""全方位自主外交"与"政治大国化外交"几个阶段。也就是说,从日本恢复独立的1952年到20世纪70年代初,日本外交基本上是一种全面追随美国的外交,即跟随美国反共、反华,以及与当时的社会主义阵营的国家几乎都处于敌对状态。尤其在对华政策上,日本在美国的压力下选择了已经败退台湾的国民党政权,与其签订了所谓"和平条约",并在联合国等各种国际多边场合不承认中华人民共和国,导致20年间中日关系仅仅维持着一种小规模的民间关系。20世纪70年代初至80年代初,随着国际形势的变化,即东西方关系的相对缓和、美国力量的相对收缩、中国国际地位的提高、中苏关系恶化、中美关系改善等重大变化,日本外交的自主独立性相对有所增加,提出并展开了所谓的"全方位自主外交",即在仍然坚持日美同盟的前提下稍微有所突破,比如早于美国迅速实现了中日邦交正常化,在第四次中东战争爆发后发生的"石油危机"中一改过去

---

[*] 梁云祥,北京大学国际关系学院教授。

一直追随美国的亲以色列政策而采取了公开支持阿拉伯国家政策,以及加强了同第三世界国家之间的关系。尤其是在东亚地区,日本投入了巨大的外交努力和外交资源,如在20世纪70年代提出了著名的"福田主义",在继续同东南亚国家保持紧密经济关系、为其提供大量经济援助的基础之上,进一步强调了建立彼此的政治信赖关系及承诺不做军事大国。进入20世纪80年代后,随着东西方关系的再度紧张、日本经济持续增长给日本带来更大民族自信,以及美国力量相对下降后对日本提出了越来越多的政治和安全上的责任义务要求,日本政府开始想要改变"二战"后长期以来日本在国际政治安全事务中一直采取的低姿态做法,试图在国际政治事务中发挥更为积极主动的作用,于是正式提出了"政治大国化的外交",之后为了减少对外界的刺激又声称是"为国际社会做贡献"。在这一外交目标之下,日本进一步强化了同美国的同盟关系,积极主动地配合美国的全球战略,为美国承担更多的责任,也开始为一些国家提供所谓战略性和政治性的经济援助,以及突破过去自我限定的防务开支,扩充海空自卫队力量,自主保卫距离其海岸线1000英里内的海上交通线等。

冷战结束之后,面对亚太地区国际格局及形势的变化,日本不但没有顺应冷战终结以及结盟外交不再适应国家关系与地区合作发展趋势的积极变化,反而在其政治大国化外交目标之下更加积极主动地强化与美国的同盟关系,即进一步确认并扩大、强化了同美国的同盟关系,几乎在所有的国际政治安全问题上都积极协助美国,有时在某些问题上甚至比美国更加积极作为。究其原因,在日本政府的外交理念及其目标中,日本为了实现成为一个政治大国的外交目标,在政治上就需要美国的支持与合作,即在同美国的结盟关系下发挥国际作用,尤其在中国快速发展的形势下,日本更需要美国。日美两国在政治安全方面有了更多的共同利益,于是在美国的主导与配合之下,两国的同盟关系不断得到强化。因此,在可预见的未来一段时期内,与美国的同盟关系仍然将是日本外交难以动摇的基础。

(该文原载于《日本文论》2021年第2辑,收入本书时做了适当修改)

# 日本"固有领土论"的话语建构

## ——从"北方四岛／南千岛群岛"争端谈起

邵景楷[*]

"固有领土论"是东亚国家特有的政治话语,"二战"后最早将"固有领土论"应用于领土问题的国家是日本,该论是日本官方与民间行为体在冷战环境下为实现其领土主张而人为建构的一套话语体系。起初,"固有领土"一词只是"北方四岛"(俄罗斯称"南千岛群岛")问题的"专属词语",而后又被应用于多个日本领土问题中,如今仍被用于日俄北方四岛问题、日韩竹岛(韩国称"独岛")问题和中日钓鱼岛问题中。日本对该话语的阐释存在"自古以来"和"无主地先占＋实效支配"两种逻辑,且在三个现存领土问题中使用"三重标准"。

日本对所谓"日本固有领土"的定义为"从未成为过别国领土的日本领土",这一定义直到2005年才以回复议员铃木宗男质询的方式被日本政府间接确立。但"日本固有领土"的法律意义、地理范围等却始终含糊不清,其官方定义也并不为大众所知,甚至被日本政府随意修改。此外,尽管东亚三国的"固有领土论"都强调领土归属的"时空统一性",但与中韩的"自古以来"单一依据相比,日本却持有"自古以来"和"无主地先占＋实效支配"两种逻辑。根据实际政治需要与领土论战中的态势变化,日本会选择对自己有利的解释方式。

"固有领土"话语最早出现在"二战"后北海道的民间领土返还运动中,指代被苏联占领的齿舞、色丹、国后、择捉四岛。在冷战背景下,为了在日苏谈判中实现"四岛返还"目标,日本政府于1955年建构出一套"固有领土论",称四岛"自古以来"属于日本,以"历史依据"对抗"战后处理法理",并逐渐将"固有领土"升格为日本在日苏(俄)领土问题上的官方立场和固定用语。在日苏复交谈判期间,时任外务大臣重光葵于1955年11月30日的众议院外务委员会会议上提出:"南千岛是日本的国有领土",而后又在12月15日和16日的国会会议上表示,四岛"从未和日本分离",是"日本的固有领土"。此后,日本便以"固有

---

[*] 邵景楷,日本早稻田大学亚洲太平洋研究科博士研究生。

领土论"为依据，以"四岛返还"为目标处理日苏（俄）领土问题，将"固有领土"一词与北方四岛问题绑定，写入了多种内政（如国会决议）、外交（如《外交蓝皮书》）文件，乃至法律条文（《促进北方领土问题解决特别法》）与中小学《学习指导要领》。这导致日苏（俄）领土谈判陷入僵局，1956年《日苏共同宣言》中写明的苏联向日本返还色丹、齿舞两岛与双方签订和平条约等内容，在"二战"结束七十多年后仍难以实现。

随后，"固有领土论"又扩散至日韩领土争端中。在竹岛问题上，日本在1962年的第四回《日本政府关于竹岛问题的见解》口头照会中首次提出：日本政府在明治初期起便将竹岛认定为日本的"固有领土"。但日本对竹岛的"固有领土论"存在一次内涵转换：起初为"无主地先占"与"实效支配"（自1905年起），在20世纪80年代中期开始又改为"自古以来"（自17世纪起）。钓鱼岛与竹岛性质不同，不宜展开。

综上所述，日本的"固有领土论"是人为建构的一套政治话语，既有一定的东亚语言文化特色，又带有浓厚的东西方冷战政治色彩。日本"固有领土论"的致命缺陷在于其无法自洽的"双重逻辑"（"自古以来"和"无主地先占＋实效支配"）与"三重标准"（北方四岛、竹岛、钓鱼岛）。近年来，这一话语严重阻碍了安倍政府的灵活对俄外交方针、加剧了日本与中韩的"固有领土"宣传战，导致日本在领土问题中陷入"三线作战"的窘境。

## 学界评价与反响

该文选题新颖，见微知著，以"固有领土"一词为切入点，从话语（discourse）的角度聚焦于日俄"北方四岛/南千岛群岛"问题展开分析，并引申出日韩竹岛/独岛、中日钓鱼岛问题，完整勾勒出日本在三个现存领土争端中的"固有领土论"的话语建构过程，揭露了其逻辑缺陷。全文在论证方面也比较严谨翔实，是一篇比较好的历史类文章，兼具学术与现实意义，具有资料价值。

该文的创新点与出彩之处主要体现在如下几个方面。

首先，在论点上，该文一针见血地揭示出这一话语在日本的三个不同领土争端中的使用存在"双重逻辑"与"三重标准"——日本政府在北方四岛问题上持有"自古以来"立场；在竹岛问题上先称"无主地先占"与"实效支配"，后改为"自古以来"；而在钓鱼岛问题上却坚称"无主地先占＋实效支配"。其次，在研究视角上，不同于多数既往研究的两国领土主张比较，该文另辟蹊径，基于日本一国视角，呈现"固有领土"一词在该国语境中的意义，比较三个日方声称的所谓"固有领土"及相应"固有领土论"的形成过程与依据，有效呈现了此论的全局性缺陷与人为话语建构的虚构性，直指日本"领土主张"的要害。最后，在研究方法上，该文结合了量化的内容分析法与质性的话语分析法，且文中大量援引日方的一手资料（如国会议事录）和学者观点，具有"以子之矛，攻子之盾"的效果，优势互补，有理有据。

在该文解构日本"固有领土论"的成果之上，学界可进一步研究如何将中国的"固有领土"主张与在东海、南海等岛屿争端中的"历史性权利"法理依据相结合，提升我国海洋维权的国际话语权。

（该文原载于《日本学刊》2021年第3期，收入本书时做了适当修改）

# 日本与印尼海洋经济合作探析：
# 战略动因、主要路径与现实挑战

王竞超[*]

  2012 年年末安倍晋三第二次组阁后，在推行"俯瞰地球仪外交""积极和平主义"等对外政策的基础上，力图统合二者，构建具有日本特色的"印太战略"，在安全、经济方面分别制定了相应的政策。无独有偶，2014 年下半年，印尼也提出了"全球海洋支点"战略构想，彰显了印尼未来发展方向。从本质上看，日本与印尼在国家战略层面存在诸多共通性与互补性，特别是以涉海基础设施为代表的海洋经济领域同为两国战略的核心组成部分，近 5 年来成为推动日本与印尼关系发展的关键动能。日本与印尼是亚太地区具有代表性的区域大国与中等强国，两国在海洋领域的合作不仅成为影响亚太乃至印太区域局势的重要变量，也是当前亚太区域秩序剧烈变革背景下多组双边关系重组的经典案例。在"后疫情时代"与"后安倍时代"叠加的背景下，回顾、分析日本和印尼在各自战略框架下推动海洋经济合作的战略动因、具体路径与主要掣肘已成为当前学界较迫切的课题之一。

  首先，就两国合作的战略动因，该文认为日本"印太战略"与印尼"全球海洋支点"战略构想在顶层设计、经济层面具有较高的一致性与互补性，这为双方开展合作奠定了坚实基础。一方面，在战略顶层设计上，日本与印尼均力图重塑、固化海洋国家的属性与身份，并希望以海洋为媒介强化与印太地区其他海洋国家的关系，加强彼此在涉海领域的合作；另一方面，海洋经济，特别是港口、离岛、海上物流和海洋能源等领域，成为日本和印尼共同倡导的议题。对于日本来说，"物质"联通是其"印太战略"在经济层面的核心目标，促进"高质量基础设施"出口是这一目标的关键路径，而印尼是日本最为看重的"出口对象"之一。印尼则在基础设施领域有着巨大的潜在需求。

  其次，日本与印尼海洋经济合作体现了自上而下的推进路径，具有政府推动、政府相关机构协调、民间落实的特征，且三者具有明显的层次感。政府方面，日本与印尼利用首脑互访机制为两国合作进行了顶层设计，划定重点合作领域，两国涉海部门高官会晤则负责具体

---

[*] 王竞超，华中科技大学外国语学院副教授。

合作细节的磋商。政府相关机构主要承担配套服务工作，重点构建基础设施投资、金融服务体系和信息共享机制。以此为基础，政府部门与民间企业共同推进重点项目，努力落实两国官方达成的协议与共识。

再次，由于各种因素的影响，日本与印尼合作在未来面临诸多掣肘。第一，日本与印尼战略构想中海洋经济合作的定位与动机存在差异。一方面，日本"印太战略"更强调海洋安全合作，海洋经济领域地位稍显次要，可以定位为"安全为主、经济次之"。而对于印尼而言，海洋基础设施建设与完善是其核心目标。另一方面，日本与印尼关于加强海洋经济合作的动机存在较大的区别。就日本而言，其"印太战略"在经济层面具有竞争性特征，促使日本期望比其他大国先行一步，积极与印尼积累合作成果，提升合作水平，以在未来东盟海洋经济领域各类项目的投标中独占优势。与日本不同，印尼的"全球海洋支点"战略构想具有较强的包容性、开放性特征，希望通过与日本合作，刺激中美等大国也强化对印尼海洋经济领域的投资，使本国获取最大收益。第二，除了战略构想存在分歧，印尼民族意识、政经局势、外资准入门槛等国内因素将对日本与印尼合作产生较大的干扰。第三，新冠肺炎疫情加剧了在印尼日企经营困难，并对海洋能源开发、海洋基础设施开发等领域的标杆性合作项目造成了较明显的干扰，不稳定因素持续累积。

当前局势下，中国应避免与日本在东南亚等"一带一路"沿线地区进行非理性博弈。在此基础上，中国应考虑如何更好地将"21世纪海上丝绸之路"与日本"印太战略"、印尼"全球海洋支点"战略构想相对接，以产生"1+1+1>3"的三方共赢效果。

## 学界评价与反响

2021年6月，作者在第二届全国外语非通用语东南亚—南亚国别与区域研究学术研讨会上，以该文内容为基础进行了发言。共同参会的云南大学国际关系研究院、"一带一路"研究院毕世鸿教授对该文予以肯定。具体评价如下。

当前，为迎合美国"印太战略"，日本全面加强与东盟的经济合作。《日本与印尼海洋经济合作探析：战略动因、主要路径与现实挑战》一文的发表，恰逢其时。论文对日本与印尼的海洋经济合作进行了深入论述，认为在日本"印太战略"与印尼"全球海洋支点"战略构想分别推进的背景下，两国在海洋基础设施建设、离岛与海洋能源开发等方面形成明显的"供需关系"，海洋经济合作成为推动双边关系发展最重要的动能之一。两国持续加强顶层设计，制定合作路线图，完善融资、信息共享等配套机制，并加速推进重点项目。但两国关于海洋经济合作的定位、合作动机等方面尚存差异，印尼国内政经因素也对两国合作造成掣肘。两国在海洋经济方面的制度设计、机制建设等方面的经验，可资中国借鉴，中国也可考虑如何与日本在印尼实现第三方市场合作和共赢。具体而言，基础设施建设、金融、节能环保等领域可作为第三方市场合作的主要领域。三边扩散互惠性合作的开展，可以为中日双边关系增加良性筹码，即东盟国家作为第三方"制约力量"，同时也能加强东盟的中心性，从而把在东盟国家的第三方市场合作打造成为中国与其他国家在"一带一路"倡议下开展合作的典范。

（该文原载于《现代日本经济》2021年第2期，收入本书时做了适当修改）

# 从日越关系新动向看日本对东南亚经济外交的新趋势

白如纯[*]

经济外交是"二战"后日本处理与周边国家关系的独特优势,特别是在发展与东南亚国家关系方面发挥了不可替代的作用。以经济外交为主要手段,日本重视并积极推动对东南亚地区的全方位外交。2020年10月18日,菅义伟当选日本首相后,将越南、印度尼西亚作为首次外访目的地,使安倍二次内阁以来日本重视对东盟外交,通过越南、印度尼西亚等重点国家对东盟施加影响的趋势更加明确。

菅义伟首访越南意义不同寻常,彰显了日越特殊关系,表明越南在日本地区外交中的突出地位。通过此次首脑外交的推动,双方在加强顶层设计、推动经济和安全保障合作等方面达成诸多共识并取得积极成果。日本将越南担任东盟轮值主席国视为增进双边关系的契机。菅义伟此次访问旨在以经济外交为切入点推动双边关系,力求通过人文交流等来培育日越友好氛围,并试图通过政治安全合作实现全方位介入东南亚地区。

在经济层面,越南发展经济的需求契合日本开拓东南亚市场、复苏经济的需要。日本作为全球第三大经济体,具有强大经济实力以及技术和管理方面的独特优势。越南则拥有庞大的劳动人口规模、潜在的消费能力、丰富的能源资源以及优越的地缘位置。双方存在建立互补型经济关系的条件。尤其是在新冠肺炎疫情常态化的背景下,调整产业结构及产业链布局成为各方关注的焦点。此外,随着日本、越南与欧盟分别达成自贸协定,着眼于越南的区位优势、人口规模和结构、经济社会发展及潜在的消费市场需求,日本会持续增加对越南的投资和产业转移。

在人文交流层面,菅义伟访问越南期间,前往胡志明陵墓并敬献花圈,在日越大学发表演讲,谋求通过这些活动在越南培养对日友好氛围。

在安全保障合作方面,日本与越南在与中国有关海洋争端问题上,存在共同利益关切和"抱团取暖"的现实需要。日本图谋对冲"一带一路"倡议,借力美国、拉拢东盟在"印太战略(构想)"框架下给"一带一路"设置障碍。而在中美关系紧张的背景下,越南谋求借助与

---

[*] 白如纯,中国社会科学院日本研究所研究员。

日本的特殊关系，迎合美国战略调整，借力打力从中渔利的意图明显。

总体而言，日本与越南关系的迅速升温，是双方互相倚重的结果。两国在经济方面存在互利需求，越南对日本的资金、技术寄予厚望。日本则意在通过与越南等东南亚主要国家的合作，巩固商品市场和资源、能源渠道。同时，在日美同盟框架下，日本推行"印太战略（构想）"，在经济、政治及安保领域全面介入东南亚，旨在稀释中国的影响力。越南则利用美日乃至英法等北约国家对南海地区的关注和介入，增加与中国在领土（领海）主权争端中的砝码。

日越关系新动向也反映出日本对东南亚经济外交的新趋势。近年来随着经济的总体低迷以及中国与东盟国家经济联系大幅增强，日本在东南亚的影响力有所下降。对于经济已经历"失去三十年"并饱受疫情冲击而深陷低迷状态的日本来说，在新冠肺炎疫情常态化的背景下，通过进一步深化与东南亚国家的合作，实现"令和时代"的经济复苏非常重要。菅义伟访问日本企业落脚最多的越南和印度尼西亚，也包含继续推进经济外交战略的目的。

2020年年末RCEP成功签署，给东亚合作带来了新契机。RCEP的签署将助推日本与越南等东盟国家的合作。随着关税降低，越南最具竞争力的商品将获得更大的出口优势和更强的市场竞争力。在RCEP构建的多边贸易体系下，越南深度参与区域和全球供应链与价值链，将有机会承接制造业转移，加速国家工业化进程，提升在价值链中的地位和作用。中国、日本、越南三国间以及RCEP框架内的各国间的交流与合作将得到加强，相关国家将享受到自贸区形成后带来的便利和实惠。

### 学界评价与反响

近年来，在日本极力推进所谓"印太战略"的背景下，日本与东南亚的关系尤为引人关注。该文以菅义伟首访越南，两国的高层互动为切入点，分析了日越关系的新动向及其背后蕴含的战略动机，为理解日本对东南亚外交提供了崭新视角。同时，文章以日越关系为基础，通过对两国关系的解读，也有利于读者以点带面了解日本对东南亚的外交全貌。此外，该文结合RCEP的生效，展望了RCEP生效背景下日本对东南亚国家经济外交的新趋势，对我们深入了解日本与东南亚国家关系的未来走向具有积极意义。

（该文原载于《日本问题研究》2021年第5期，收入本书时做了适当修改）

# 安倍治下的日本对华政策：从战略制衡到战术避险

张 望[*]

日本的对华外交深受国际体系和中美日三角关系的影响。由于中美两个大国在全球层面的战略竞争加剧，以 2017 年为分水岭，第二次安倍内阁领导下的日本整体对华外交政策经历了从"战略制衡"向"战术避险"方向的转变。在 2017 年以前，日本为了联美对华实施"战略制衡"，在外交方面，以"印太战略"孤立中国；在安全方面，加强岛屿防卫能力和强化日美同盟；在经济方面，大力支持"跨太平洋伙伴关系协定"和对"一带一路"倡议持冷淡态度。在 2017 年以后，在中美关系的不确定性增大的情况下，安倍领导下的日本对华实施"战术避险"。在外交方面，日本加强"印太战略"的开放性和对华自制；在安全方面，继续强化国防上的内部制衡；在经济方面，有条件地认同"一带一路"倡议并对华展开第三方市场合作。展望未来，令和时代的日本将是一个拥有部分战略自主的中等强国，在日美同盟框架下维持与中国有距离的交往，力图在瞬息万变的国际政治角力中实现日本国家利益的最大化。

## 一、研究日本对华政策的理论思考

鉴于历史分析法和理论先导法在研究安倍时代日本对华政策的内涵和变化方面各有优缺点，为了避免研究方法失当致使研究结果出现偏颇，该文采用了以国际关系学的理论框架为出发点，同时在分析过程中兼顾对背景因素的系统考察，以完善对研究对象的全面把握。该文运用国际关系学中新现实主义的理论，同时结合日本特有的历史背景和国别特征，总结和分析第二次安倍内阁治下的日本对华外交的特征和变化。

## 二、联美制华：日本的对华"战略制衡"（2012—2016 年）

### （一）外交：以"印太战略"孤立中国

2016 年 8 月 27 日，安倍首相首次提出"自由、开放的印太战略"。该构想强调要让"和平"与"规则"主导印太地区秩序，意图以共同价值观打造美日印澳民主安全联盟，进一步凸显了日本欲在印太地区孤立中国的战略设计。另外，安倍对东南亚国家的国事访问，进一

---

[*] 张望，日本早稻田大学国际学术院国际教养学部副教授。

步推动日本的"印太战略",强调了日本和东盟的共同价值观,希望增进同东盟国家的合作,含蓄地反对中国在亚太的崛起。

### (二)安全:加强岛屿防卫力

安全方面,安倍对中国采取了明显的制衡策略。在内部制衡(Internal Balancing)方面,安倍政府强化了国家安全决策机构,在首相官邸建立了国家安全保障局。2013年12月,其重新修订了指导未来10年日本安全防卫战略的《防卫计划大纲》,特别强调"统合机动防卫力"和"岛屿防卫"的建设,同时破例大幅增加军费,更新海空军装备,提升自卫队作战能力。在外部制衡方面(External Balancing),安倍政府通过加强日美同盟关系来制衡中国,尤其是要求美国帮助日本"协防"钓鱼岛。

### (三)经济:构建TPP和对"一带一路"倡议的冷淡态度

经济方面,日本推动构建排除中国的"跨太平洋伙伴关系协定"(TPP)以及对中国的"一带一路"倡议持消极态度是对华制衡政策的具体标志。

## 三、盟美和华:日本的对华"战术避险"(2017—2020年)

### (一)外交:印太构想、领导人互访和对华自制

这一时期,日本对华外交遏制的氛围有所减弱。2018年11月,安倍正式将"印太战略"改为"印太构想"(Indo-Pacific Vision),着重强调该提议的包容性、开放性和经济性,对中国的针对性明显减弱,可视为日本对华战术避险的一个明证。

在外交氛围和领导人互访方面,中日关系进入"中日新时代"。2019年6月,中国国家主席习近平参加二十国集团(G20)大阪峰会并会见了安倍首相。中日双方一致同意加强外交和安保问题的对话,妥善处理敏感问题,建设性地管控矛盾分歧,共同维护多边主义和自由贸易体制。2019年12月,安倍首相访华,并就两国新型关系和经济科技合作以及中日韩三国自贸区协议问题与中方交换了意见。

在2020年新冠肺炎疫情暴发期间,安倍政府的对华政策在美国的影响下出现了一定程度的动摇。但其在整体上顾及了中国的外交底线,未出现明显的对华强硬。2020年5月,日方就"香港维护国家安全法案"的议题向中方表示关切,但当美国、加拿大、澳大利亚等五国外长发表涉港问题的联合声明时,日本官方并没有积极参与其中,显示出一定的对华自制。

### (二)安全:强化国防上的内部制衡

日本在安全方面的对华政策仍然仰赖自主防卫和同盟威慑,保持着高度的对华警惕,凸显出日本对华外交的局部政策调整属于战术性的避险。这一政策的基本思路是:在对中国的接触失败以及美国东亚军力无法遏制中国的情况下,日本将有能力独立应对来自中国的"安全威胁"。

### （三）经济：有条件认同"一带一路"倡议

安倍政府希望通过战术性的调整扩大与中国的合作，并意图利用日本的经验，在国际制度层面约束中国的国际行为。其中，最具有代表性的就是日本对中国提出的"一带一路"倡议和亚投行的态度出现转变。日本多位高官开始对外放风，表示日本不排除加入亚投行。2017年12月4日，安倍在召开于东京的第三次中日企业家和前政府官员对话论坛上表示，有条件地支持中国的"一带一路"倡议。

## 四、转向：安倍政府调整对华政策的国际体系解读

解读日本2017年以来调整对华外交政策，需同时观察中美日三边关系中的另外两组双边关系：中美关系和日美关系。

从中美关系的脉络来看，2017年4月，中国国家主席习近平和美国总统特朗普举行会谈。两国元首峰会后，中方表示愿意在朝核危机和经济领域与特朗普政府合作，中美关系一度出现好转。从日美关系的脉络来看，特朗普入主白宫后日美关系出现疏离。上述两点促使了安倍开始对华接近。

## 五、展望：日本只能是拥有部分战略自主的中等强国

在安倍执政的七年多时间里，日本在其战略设计下充满信心地向政治大国迈进。然而，2020年新冠肺炎疫情危机下日本乏力的应对和面对中美大国对立的两难立场显示，以日本目前的国力远不足以成为独立政治大国，能力和愿景之间存在巨大差距。

未来，日本的政治精英将不得不重新思考令和时代本国的地缘政治定位，即日本恐怕只能是一个拥有部分战略自主的中等强国（Middle Power），任何超出本国能力范围、意图成为政治大国的努力终将是自不量力的战略选择。作者使用"部分战略自主"，而非"完全战略自主"，即认为日本在美国回归"美国优先"的过程中或许能够获得一定程度的自主空间。但是，基于历史原因，日本始终难以摆脱日美关系中的不平等性。"中等强国"的定位，意味着学界应避免使用大国竞争的逻辑来解读日本的对外关系，也不能简单套用国际关系学中的战略三角理论来解读日本的外交选择，因为日本在三角关系中缺乏完全的战略独立性，不具备大国的战略纵深和天然资源，也不具备大国必须拥有的核威慑力量。

在国际政治日益重回本国利益优先逻辑的今天，作为美日同盟的前线国家和在地理上靠近中国的东亚岛国，令和时代的日本对华政策将只能采取"盟美和华"的方针，在维持日美同盟关系的前提下与中国进行有距离的接触，以求在瞬息万变的国际政治角力中最大限度地实现日本的国家利益。

（该文原载于《国际安全研究》2021年第2期，收入本书时做了适当修改）

# 新冠疫情下东北亚区域合作的新挑战与新机遇

笪志刚[*]

论文以全球区域合作最具有基础、规模、现实、机遇、活力与潜力的地区之一的东北亚区域为分析指向,以疫情下的东北亚地缘面临的新挑战与区域合作迎来的新机遇为引线,聚焦百年未有之大变局和世纪疫情交织视角下的世界经济,分析世界经济遭遇重创、全球三大经济版块悉数陷入困境,以及全球化趋势面临慢全球化、去全球化乃至逆全球化等多重变化带来的挑战。

该文针对东北亚区域合作面临的"中美博弈加剧带给东北亚地缘新变化""疫情使东北亚国家对区域合作产生新认知""东北亚内部龟裂局面加剧的新隐忧"三大变局,着重分析了疫情下东北亚区域合作面临的新挑战。一是东北亚区域经济受到严重冲击。从 GDP 的增速及预期等判断东北亚各国普遍面临大幅下调压力。二是中日韩三国的双边合作受到影响。疫情导致中日韩彼此之间基本停止了一般意义上的旅游、物流、邮政包裹业务等,其冲击三国的贸易和投资合作、产业链、供应链乃至人文往来,进而影响三国的中长期合作。三是中日韩一体化合作进程受阻。疫情使三国忙于应对国内经济和社会秩序恢复,其重心集中于国内经济恢复,加之美国等外部因素干扰,短期内推进一体化合作的意愿和精力降低,距离最终签署 FTA 依然存在诸多悬念。四是东北亚区域深化合作面临新难点。其一是域内外布局"去中国化"的趋势加剧,中日、中韩乃至日韩及美日韩关系出现新变数;其二是东北亚区域合作面临新的困难、分歧和倒退风险。美欧等域外势力介入迹象明显,域内双边的历史恩怨与现实重新发酵。

论文在分析国际关系和地缘变化带来的诸多风险的同时,也从世界经济总体呈现复苏态势且不排除报复性反弹的中长期走势,和短中期东北亚各国深化现阶段的抗疫势在必行,中日韩携手推进区域经济合作至关重要的期待出发,侧重总结了疫情下东北亚区域合作面临的新机遇。一是东北亚联合应对疫情走势的新机遇。面对疫情走势的反复和不确定性,传播的跨境化和长期化趋势,东北亚各国强化疫情防控合作、医疗对接、联合应对,多边防控将为未来区域经贸等领域的合作带来新机遇。二是中日韩携手推动区域经济的新机遇。中日韩的

---

[*] 笪志刚,黑龙江省社会科学院东北亚研究所所长、研究员。

抗疫合作不仅要体现在聚焦疫情的防控机制和取得的成效上，还要体现在推动经济发展新常态上，做好与新冠病毒长期共存的模式转变，在稳定东北亚区域上做出新的努力和深化三边相应合作。三是东北亚区域合作克服干扰、迎难而上的新机遇。新冠肺炎疫情及疫情下复杂的地缘和国际关系变化，给全球治理与国家治理、多边合作与区域合作、区域通商与企业合作、人文交往与国民感情都带来有形、无形的伤害，这不仅是东北亚区域需要有效面对和克服的棘手问题，同时也构成世界性的难题、泛区域性的挑战、国家间的摩擦、种族间的矛盾。对此，东北亚各国需要联合应对，有效克服，汲取教训，互学互鉴，为战胜挑战、迎接机遇摸索东北亚区域的合作模式和治理经验。

近年东北亚区域迎来地缘转圜与一体化等诸多利好，中日韩引领、俄蒙朝跟进的东北亚区域双边和多边合作出现朝向机制和制度建设的新契机。但是新冠肺炎疫情的暴发和全球扩散，不仅重创全球经济、国别经济，也使全球化和区域一体化再次受到严重冲击，更给一直呈现发展势头的东北亚区域双边和多边合作带来巨大的隐患和风险。在应对多边合作的选边站化、区域合作的俱乐部化、产业合作圈子化、人文合作意识形态化等重大挑战的同时，东北亚国家应有效克服历史恩怨与现实矛盾的束缚，求同存异，抢抓携手共克时艰的新机遇，创新推动东北亚区域合作的发展。在此过程中，中国的模式与经验，韩国的方案与举措，日本式的从容与应对，俄罗斯的硬朗与隐忍，朝鲜的果断与决绝，蒙古国的松弛有度，都构成东北亚联合防控、有效抗疫和摸索新合作领域与新合作模式的重要组成部分。

## 学界评价与反响

《新冠疫情下东北亚区域合作的新挑战与新机遇》自刊登以来，获得了国内亚太及东北亚国际问题、东北亚区域和国别研究、新型智库及企业智库等研究领域的较好关注。其在中国知网被下载774次，被引用7次，被其他专业学术论文、学术会议发言、论文集、硕士和博士学位论文等引用数十次。一些观点不仅受到东北亚区域和国别研究界的高度认可和基本肯定，还反映在日韩等研究东北亚问题的机构和学者的一些直接和间接观点之中。作为学术论文具有一定的理论支撑，作为智库成果具有一定的实践意义，作为应用研究成果具有现实推动作用。论文总体体现了较好的研究性和前瞻性视角，具有疫情下揭示东北亚合作风险，指出域内双多边合作路径的现实意义，基本体现了作为一篇学术成果的较好的学术影响力、智库影响力、社会影响力、媒体影响力和国际影响力。

（该文原载于《外语学刊》2021年第1期，收入本书时做了适当修改）

# 日本"巨型 FTA"战略：
# 演变、特征、评估及对中国的影响

高文胜　张永涛[*]

"巨型 FTA"战略（mega-FTA）是日本的国家战略，大力推动"巨型 FTA"代表着日本自由贸易的新动向。对该战略进行探讨有益于我们更好地认识"二战"后日本的亚太经济合作战略，更为宏观地把握日本新的通商政策，以为中国自贸区战略研究提供借鉴和参考，同时强化中日两国之间的合作。

## 一、日本"巨型 FTA"战略的演变及特征

推动"巨型 FTA"建设是日本在实施 FTA 战略过程中逐渐形成的结果。2010 年前后，日本的"巨型 FTA"战略已现雏形，即以推进亚太自贸区成行为远景目标，以加入 TPP 谈判并推动其他可能的"巨型 FTA"为主要路径。日本"巨型 FTA"战略表现出鲜明的特征：第一，同时推进、重点突破、灵活机动；第二，建立并完善高标准贸易规则模板；第三，以主导推动亚太自贸区成行为最终目标。

## 二、日本"巨型 FTA"战略的评估

对日本"巨型 FTA"战略进行客观理性的评估，有助于更清晰地认识该战略的制约因素，更好地把握日本区域经济合作战略。第一，"巨型 FTA"战略是日本亚太经济合作战略的一种体现，但近年来有与日美"印太战略"联动的趋势。第二，在日本看来，RCEP、中日韩 FTA 乃至亚太自贸区等"巨型 FTA"都可以帮助自己在进一步建构"旗手"身份的同时，获取国际经贸规则话语权。第三，"二战"后"与美协调"的外交传统使强化日美同盟逐渐成为日本外交的第一要务，日本"巨型 FTA"战略很难摆脱美国制约。第四，日本"巨型 FTA"战略带有安倍内阁的鲜明烙印，安倍之后的政权更迭带来的不确定要素很多，将成为制约日本"巨型 FTA"战略进一步发展的因素。

---

[*] 高文胜，天津师范大学政治与行政学院教授，博士生导师；张永涛，天津师范大学政治与行政学院博士研究生，山东财经大学外国语学院副教授。

### 三、日本"巨型 FTA"战略对中国的影响

日本实施"巨型 FTA"战略的根本目的是国家利益最大化，其必然会给中国带来一些影响，我们应客观看待、妥善应对。第一，坚持"高标准"贸易规则，对中国有双面作用。第二，战略加大了中国外部贸易环境的不确定性。首先，它客观上强化了美日欧三位一体的格局；其次，日本"巨型 FTA"战略的均势思维增加了亚太经贸博弈的变数。第三，同盟意识影响中国自贸区战略布局。日本在"巨型 FTA"战略推进过程中表现出较明显的日美同盟及"美日印澳四边机制"意识，对于中国推进自贸区战略、优化战略布局将产生影响。

### 四、日本"巨型 FTA"战略的未来走向

今后，日本在进一步推动"巨型 FTA"战略时或会更注意以下几点。第一，继续大力吸引美国重返 TPP/CPTPP。第二，依托"巨型 FTA"战略加快数字经济发展。日本会继续大力发展数字经济，而实施并依托"巨型 FTA"战略是重要保障之一。第三，更为重视平衡策略。在"巨型 FTA"战略中，日本已经采取了复杂均势策略，预计今后会继续将该策略贯彻下去并进一步细化。第四，寻求完成身份建构。今后日本在战略推进中应会继续加大同他国的协调力度，力求获取更多的"实绩"，在经贸规则制定方面发出更多的声音，以期早日完成身份建构。

### 五、中国的应对之策

面对日本"巨型 FTA"战略，中国需保持战略定力。首先，洞晓日本实施"巨型 FTA"战略的根本目的是谋求国家利益最大化。追随美国、遏制中国、在中美两国之间实施战略对冲等均是日本维护国家利益的手段，也是其"多层的"外交战略设计的集中体现。其次，把握日本"巨型 FTA"战略的限度，抵消对中国的不利影响。剖析日本"巨型 FTA"战略本身存在的不足或矛盾，分析其在政治、经济以及文化等层面受到的制约，在此基础上，利用对冲、平衡等战术尽可能抵消该战略对于中国的不利影响。再次，引导日本正确认识中日 FTA 战略存在"竞合"关系的事实，让日本意识到，在经济全球化的大潮中，过多采取追随、遏制等策略最终只会加重对自己国家利益的损害。最后，修炼内功，以我为主。中国应进一步发挥国内自由贸易区与自由贸易港的"试错"功能，加快对标高水平贸易规则，坚持贯彻"巨型 FTA"辐射"一带一路"原则。

### 学界评价与反响

日本在"二战"后初期即确立了"贸易立国"战略，大力发展自由贸易，提升国家经济

实力，使日本成为经济大国，同时，为其谋求成为政治大国奠定基础。"巨型 FTA"战略则反映了日本近 10 年来的贸易战略转变倾向，代表着日本自由贸易战略的最新发展方向，这就基本上奠定了该战略在今后日本经济外交乃至外交全局中的重要地位。此外，中国和日本同为亚太国家，且均高度重视并大力实施 FTA 战略，这意味着日本"巨型 FTA"战略对中国未来推动"巨型 FTA"，开展自由贸易区提升战略等会产生较大影响，对其进行研究有较好的理论和现实意义。鉴于此，论文刊出后，得到了学术界的一些关注，被 CNKI 中国知网、万方数据知识服务平台、维普资讯中文期刊服务平台、百度文库、国家哲学社会科学文献中心等各大学术平台收录并获得了许多读者的在线阅读、下载和引用，该论文还被中国人民大学报刊复印资料目录索引收录。另外，天津师范大学官方网站"科研进展"一栏中对论文进行了专门介绍。而该论文也是国家社会科学基金一般项目"'主体的综合外交战略'下的日本对南太平洋岛国外交研究"的阶段性研究成果。

（该文原载于《日本学刊》2021 年第 5 期，收入本书时做了适当修改）

# 日本右翼势力的思想结构及其百年流变

孙立祥[*]

从玄洋社成立迄今，日本右翼势力经历了"传统右翼""革新右翼""战后派右翼""新右翼"的代际嬗递过程。如果说福泽谕吉、北一辉等右翼知识分子是"二战"前日本走上侵略扩张不归路的思想元凶，那么中村粲、中岛岭雄等右翼知识精英就是今天日本向"二战"前回归的思想引路人。若只注重对日本右翼势力"二战"前祸国殃邻罪行的声讨和"二战"后复活军国主义言行的谴责，而忽视对其思想结构的解剖及百年流变的梳理，那么日本右翼势力研究就远未触及根本，也就难以从源头上防范日本军国主义复活。因此，该文就日本右翼势力的思想结构进行横向剖析并对其百年演变轨迹进行大跨度纵向考察，不仅有助于认识和掌握这一"政治癌瘤"的行动规律，而且对洞悉和"诊断"今天日本国内军国主义阴魂不散的"症结"所在具有警示意义。

## 一、"传统右翼"的天皇中心主义

1881年玄洋社的成立，标志着日本右翼势力即"传统右翼"孳生。在直至1919年的近40年间，"传统右翼"不仅开启了近代日本祸国殃邻的历史进程，而且为日本百年右翼运动奠定了思想基础——天皇中心主义。天皇中心主义既内涵天皇是纵向"万世一系"统治日本的政治中心之寓意，亦外延天皇是横向主宰"八纮一宇"即世界各国的唯一至尊之意涵。尽管"传统右翼"谱系中尚未涌现有影响的理论家，其思想主张也大多散见于右翼团体的纲领中而未成系统，但其天皇中心主义政治理念，却成为日本右翼势力对内建立天皇独裁政权和对外进行侵略扩张的指导思想。

## 二、"革新右翼"的法西斯主义

1919年犹存社的成立，意味着"革新右翼"谱系取代"传统右翼"谱系成为"二战"前日本右翼政治舞台上的主角。在直至1945年战败投降的26年间，"革新右翼"除继承了"传统右翼"的天皇中心主义外，主要从德、意等国那里拿来既反共又反资、既主张国家改造又

---

[*] 孙立祥，山东师范大学历史文化学院教授。

力行侵略扩张的法西斯主义作为核心思想。只是与"传统右翼"思想主要散见于右翼团体的纲领中不同,"革新右翼"思想集中反映在右翼理论家们的著作中。北一辉作为日本"革新右翼"的理论旗手和精神领袖,其法西斯思想包括"国家改造论""国家中心论""混血民族论""强力战争论""开战权利论"等。北一辉以自己极具煽动性和迷惑力的思想理论和离世方式影响了昭和日本的国家走向。大川周明作为"革新右翼"中"知行合一"的思想家和活动家,其法西斯理论包括"日本精神论""天皇中心论""国家改造论""东西对抗论""亚细亚复兴论""殖民地解放论"等,极具指导性和实效性。

### 三、"战后派右翼"的反共反美反体制主义

日本战败后,美国占领当局通过推行民主化和非军事化政策,"使得旧右翼运动陷入了毁灭状态"。然而随着冷战过早到来,尤其美国将对日占领政策由"二战"后初期的"惩罚"改为冷战开始后的"扶植",日本右翼势力比较顺利地从"二战"前"革新右翼"谱系过渡到"战后派右翼"谱系,为日本乃至亚太地区"隐伏下极大的祸患"。由于"战后派右翼"存在"理论上薄弱"的短板,没有涌现出有影响的理论家,因此其思想主张主要散见于右翼团体的纲领和右翼大佬的讲话中,并以1951年《旧金山和约》签订即占领期结束为界标,前后呈现迥然有别甚或截然相反的内容。这些思想主张具体包括:对内提出打倒"自民党保守政府",即"反体制";对外主张"修宪"和"反安保",即"反美"。

### 四、"新右翼"的历史修正主义

1982年年底中曾根康弘出任日本首相,标志着"日本新保守主义时代"的开启和日本政治右倾化进程的启动,也意味着日本国内"暴力的国家主义抬头"。在此背景下日本右翼势力乘势崛起,并完成了由"战后派右翼"谱系向"新右翼"谱系(1982年至今)的代际过渡。"新右翼"以历史修正主义为核心思想,其抛出的"自卫战争论""解放战争论""美英同罪论""靖国史观论"等战争翻案谬论,旨在颠覆"二战"结束以来业已深入人心的正确历史观及引领日本向"二战"结束前回归。

### 五、日本右翼思想研究务必重视的几个问题

第一,应充分认识"二战"前日本右翼思想的历史危害性。从"侵略战争"源于"侵略国策"、"侵略国策"又源于"侵略思想"这一逻辑意义上说,对"二战"前日本右翼思想理论进行追根溯源性研究,进而铲除日本军国主义东山再起的思想祸根,应是今后日本侵华史研究的重要课题。

第二,应准确评估"二战"后日本右翼思想的现实危险性。侵略扩张思想具有跨时代的

持久影响力，不能因暂无实施条件而视为天方夜谭予以忽视。我们既不能想当然说"现在是民主主义，跟过去不一样了"，也不能天真地认为这一"思想毒瘤"再也掀不起祸世巨浪；相反，唯有密切关注日本右翼思想动向并对其反华谬论及时予以驳斥，方能从源头上阻止日本向"二战"前回归。

第三，应洞悉"二战"结束以来日本右翼思想沉渣泛起的真正原因。一是缘于神国观念和天皇崇拜意识的心理驱动；二是缘于"二战"后初期美国对日占领政策的"改恶"；三是缘于深厚的社会土壤即秉持错误历史观的日本国民的大量存在；四是缘于宽松的社会环境和政治空间。设法摆脱这些因素的消极影响，当是日本右翼势力研究的重中之重。

第四，应提醒美国朝野认清日本右翼思想"既反共又反美"的精神实质。尽管日本右翼势力"恃强凌弱"的本性暂时不会松动日美同盟，甚至在可以预见的将来日美同盟还会进一步强化，但其"反美"传统、反资本主义本性以及日美历史恩怨等，决定了它迟早会回归到"二战"前"既反共又反美"以及"革新国家体制"的老路上去。

第五，应注意挖掘和总结日本进步思想家和平反战思想的当代价值。我们在关注"二战"前制造侵华理论、"二战"后进行战争翻案的日本右翼知识精英的同时，也要看到在日本思想界始终存在着一个正直的知识分子群。尽管这些正直学者和思想家在日本国内人数寥寥，其正义呼声也常被淹没于狂热民族主义的喧嚣声中，但他们才是日本国民中真正的先知先觉者和日本知识分子中真正的爱国者。今后是继续盲从右翼知识精英错误思想的诱导，还是从此接受正直学者正确思想的引领，同样需要日本国民冷静思索和审慎抉择。

（该文原载于《南京社会科学》2021年第11期，收入本书时做了适当修改）

# 日美安保体系的历史演进与面临的挑战

金永明[*]

回顾日美同盟 60 年的历程，两国深化和完善日美安保体系的目的，是扩大两国军事部门合作的地域范围，以及拓展有事合作支援的功能与提供多方位的支持和有力保障。在日美安保体系不断调整和完善的过程中，日本的地位一直在"美主日从"和"日本自主"之间不断地徘徊和更替，但最终无法实现日本在日美关系中完全自主独立的目标。在日美同盟中，日本的作用也是有限的，包括日本安保法制的适用受到多方制约。但不可否认的是，日本借倚重美国、鼓吹"中国威胁"等方式，以充实安保体系、发展自身防卫力量的效果已经显现。

2020 年 1 月 17 日，为纪念新《日美安全条约》签署 60 周年，日美两国外长和防长发表了共同声明；2021 年 4 月 16 日，日美两国首脑会谈声明决定建立日美富有竞争力、强劲性的伙伴关系。

## 一、日美安保体系建立的基础及特征

日美安保体系源于日美安全条约，经历了以下发展过程。

日美安保体系的初立。日美安保体系主要包括 1951 年的《日美安全条约》和 1952 年的《日美行政协定》。《日美安全条约》的内容为：日本期待美军守护，但日本不守护美国；日本向美军提供基地，但美军不负防卫日本的义务；日本内乱时美军可以出动镇压。这些内容成为不平等、非对称性等的起源，广受批评，后被 1960 年的新《日美安全条约》修改替代。

日美安保体系的修改。日美两国于 1960 年缔结了《日本国和美利坚合众国之间的相互合作与安全保障条约》（即新《日美安全条约》）和《驻日美军地位协定》。新《日美安全条约》的目的是维护远东地区的和平与安全，并在附属文件中设立了"安全保障协议委员会"，俗称"2+2 会谈"。

日美安保体系的发展。日美安保体系不仅由《日美安全条约》和《驻日美军地位协定》组成，也包括其他一些相关协定。例如，在《日美安全条约》实施的过程中，日美两国已发布了三份《日美防卫合作指针》（1978 年、1997 年、2015 年）。这一系列的成果不仅丰富了

---

[*] 金永明，中国海洋大学特聘教授，中国海洋大学中国海洋安全研究所教授。

日美安保体制的内容架构,形成了日美安保体系,也提升了日美两国在安全问题上的紧密合作的决策和实施机制。

## 二、日美安保体系的成形与深化

结合日本国内安全政策和法律制度的调整,在法律层面可以把日美安保体系在日本国内的发展进程分为以下三个阶段。

周边法制阶段。1995 年 11 月,日本制定了《新防卫计划大纲》,将日本周边区域定位为对日本的和平与安全有重要影响的事态的适用范围。同时,依据 1996 年 4 月《日美安全保障共同宣言》对安保再定义的要求,日美于 1997 年 9 月 23 日通过了新版防卫合作指针。1999 年 5 月,日本制定了"周边事态关联法",包括在周边事态中向美军提供后方支援的《周边事态法》、为救出日本人同意使用自卫队的《自卫队法》的修改、《日美物资服务相互提供协定》的修改等内容。

有事法制阶段。2003 年 6 月,日本制定了包括《武力攻击事态应对法》在内的"有事关联三法"。《武力攻击事态应对法》规定了有事法制的基本理念、有事的定义、国民及地方公共团体的职责等内容。2004 年 6 月,日本通过了"有事关联七法",包括自卫队向美军提供服务、物资等在内的《美军行动关联措施法》。

安保法制阶段。2013 年 12 月,日本设立了国家安全保障会议并通过了《国家安全保障战略》。并在修改"武器出口三原则"、"防卫装备转移三原则"、《日美防卫合作指针》的基础上,于 2015 年 9 月制定了"安保关联法"。为此,日本进一步强化和完善了日美安保体系,提升了所谓的抑制力,体现了日本脱离战后体制,要求日美关系对等化的愿望。

但在安保体系中,日本的地位一直在"美主日从"和"日本自主"之间徘徊和更替,最终日本依然无法实现完全自主独立的目标。

## 三、日美安保体系面临的挑战

日美安全作用分担和范围问题。第二次世界大战后,日本在受到宪法限制行使集体自卫权的背景下,采取了与美国结盟的政策,以便优先在经济上取得恢复和成就。日本在经济上获得发展后,美国不仅要求日本提供更多的驻日美军费用,而且要求日本在军事上更加有所作为,包括出兵海外援助美军作战,以提升支援和合作的效能。为此,美日两国特别通过制定和修改《日美防卫合作指针》、日本"安保法制",以扩大援助和合作范围,实现由亚太延伸到全球的合作规模,体现美日同盟的发展性和有效性。要使日美同盟继续发挥有效作用,日美两国应在区域秩序的构建过程中更对等地分担各自的责任,包括在国内有必要进行大胆的改革。

驻日美军基地搬迁和费用分摊问题。由于美军基地的存在,日本国内出现了要求驻日美军基地搬迁的呼声,而在美国出现了要求日本承担更多费用的态势。日美在《日美地位协定》

基础上，于2016年1月22日签署了新的特别协定，包括由日本承担劳务费、水电燃气费、训练转移费，并要求美方更加节约等内容。《驻日美军费用特别协定》到期后，如何继续分配和承担基地搬迁的费用、如何协商驻日美军的费用问题，将是日美双方争议的焦点，也是对日美同盟关系的再次考验。

### 四、日美同盟的局限性及对钓鱼岛问题的影响

尽管通过各种努力，日美安保体系得到了强化，但日本自卫队的海外派遣和出兵依然受到"新三要件"的限制，所以日美同盟合作是有制约、有限度的。同时，日美同盟也存在变数，特别表现在对钓鱼岛问题的态度上，即日本担心中日两国在钓鱼岛问题上发生冲突时美国不予以保护，所以在美国政府换届时多要求对方做出保证，以便消除隔阂、增加信任。但即使美方表示钓鱼岛问题"纳入"新的《日美安全条约》第5条的适用范围，到美方真正介入还需要通过美国国会的批准，所以最终其是否纳入保护范围仍存在变数。可见，日本不应将钓鱼岛问题"委托"于美方，增加美国对其的影响，而应加强中日两国双方之间的互动，为真正解决此问题探究合适并可接受的方案，为真正发展中日关系扫除障碍做出贡献。

## 学界评价与反响

《日美安保体系的历史演进与面临的挑战》一文具有四个方面的特点。

第一，论文界定了"日美安保体系"的含义，即日美安保体系由双边条约（政策性文件）和国内法制（安保政策）两大部分组成，它们互相依托、互相促进，不断调整，并实质性地丰富和完善其内容和结构。

第二，论文界分了日美安保体系的发展阶段及其特征，包括日美安保体系的初立、修改、成形与深化，并强调了日美防卫合作指针的修改进一步完善了日本国内的安保政策以及与安全有关的法制的作用；指出了日美同盟关系"美主日从"的本质将长期存在且无法改变的态势；也提出了日美同盟在安保领域的发展趋势：地理适用范围不断扩展，合作领域的功能逐步扩大，并由物资和人员的合作演化为人与人之间的合作。

第三，论文指出了日美安保体系面临的挑战，包括在安全作用分担和适用范围、基地搬迁和费用承担问题上的分歧。

第四，论文探讨了日美安保体系结构对钓鱼岛问题的影响，指出日本不应勾连美国，一味让美国表态钓鱼岛问题"适用"于《日美安全条约》，并分析了中日双方应通过直接对话协商解决钓鱼岛问题的重要性，否则中日关系不可能得到长期稳步发展。

（该文原载于《亚太安全与海洋研究》2021年第5期，收入本书时做了适当修改）

# 日本调整高质量基础设施合作伙伴关系战略及对"一带一路"倡议的影响

孟晓旭[*]

日本高质量基础设施合作伙伴关系战略，旨在通过促进高质量基础设施海外出口，塑造并改善日本所需的国际战略环境。自提出以来，日本高质量基础设施合作伙伴关系战略主要经历了三个阶段。第一阶段，完善合作机制，通过政策调整，改善合作和支援机制。第二阶段，深化合作内涵，扩大高质量基础设施的范围与内容。第三阶段，扩展国际合作，积极利用多边，主导国际标准及扩展合作形式。

2020年，"经济协作与基础设施战略会议"连续召开5次，调整新形势下高质量基础设施出口战略。日本国土交通省也推出《基础设施系统海外输出行动计划2020》指导高质量基础设施出口。2021年6月，日本又推出《基础设施海外推进战略2025》。综合来看，当前日本高质量基础设施合作伙伴关系战略主要在五个方面做了调整。一是疫情背景下加大卫生医疗等社会基础设施出口，向对象国强化支援卫生体制、医疗器材和人才培养等的力度，通过国际合作等方式将医药品、医疗器械、保健制度、医疗技术、医疗看护服务等"打包出口"。二是瞄准新型数字高质量基础设施，推进传统基础设施出口的"数字+"转型、"智能+"升级，要求相关省厅和机构加大支援利用人工智能、高度信息通信技术（ICT）等数字技术基础设施投资项目的力度，强调高质量基础设施要带有"服务化"和"商业化"等附加值。三是重视出口绿色新高质量基础设施，战略性转向重视ESG（环境、社会、公司治理），重视"脱碳"等绿色技术出口，并加大国际协力银行、日本贸易保险等的资金扶持。四是采取迅速灵活的内部支持机制，迅速采取金融支援等。五是与伙伴国加强第三方合作，推动构建"弹性供应链"。

日本积极调整高质量基础设施合作伙伴关系战略体现了营义伟政府既追求防疫和经济的"两立"，也追求经济和安全的"两立"，背后动因复杂。一是高质量基础设施投资课题和环境发生变化、疫情下世界各国对医疗保健领域的关心上升，发展中国家价值观也发生了变化，更加重视卫生保健、绿色环保等高质量基础设施，重视利用远程数字技术等高附加值高质量基础设施。同时，近年来发展中经济体新煤电投资正在快速减少，发展中国家选择绿色减排

---

[*] 孟晓旭，中国社会科学院日本研究所研究员，综合战略研究室副主任。

高质量基础设施的趋势渐强。在全球重视ESG（环境、社会、公司治理）的背景下，日本在海外的火力发电站等传统基础设施项目面临推进困境，需要进行调整。二是全球基础设施领域面临更激烈的竞争，数据化的加速发展带来新一轮激烈的国际竞争和结构分层，要求日本升级高质量基础设施合作伙伴关系，提升竞争力。在美国对华挑起贸易争端背景下，数字成为焦点领域之一并凸显重要性，世界各主要国家也正积极推动数字新基建出口。同时，在各国纷纷宣布碳中和计划背景下，加大绿色基础设施出口也成为新趋势。三是菅义伟政府将出口数字和绿色减排高质量基础设施作为促进后疫情时代经济发展的重要路径。四是强化外交，提升日本在国际社会的存在感，战略性不可或缺，通过与伙伴国政府和企业在海外开展高质量基础设施合作深化"印太战略"。

"新战略"在合作内容、合作机制及外部合作等方面做了升级，同时追求新形势下的经济增长和拓展战略，既是经济战略，又夹杂安全和外交的目的，对"一带一路"倡议及周边安全环境具有复杂的影响。一是为"一带一路"框架下的第三方市场合作提供新空间。"新战略"指导疫情下日本海外高质量基础设施出口，为中日在"一带一路"框架下开展第三方市场合作提供了新的契机。在疫情影响下，中日海外基础设施投资更加需要积极合作应对全球经济不振和对象国的债务风险上升等问题。"新战略"在内部支持机制上强化金融支持和完善海外保险制度等新调整为中日在金融和保险业领域开展第三方市场合作提供新的契机。加强国际合作并帮助发展中国家加大减排以应对气候变化，也是中日面临的共同任务。"新战略"在传统出口高质量基础设施中增加对医疗、公共卫生等高附加价值高质量基础设施的投资，也为中日在卫生保健领域开展第三方市场合作创造新的契机。二是对"一带一路"倡议构成新挑战。基础设施建设是日本应对"一带一路"构建的主要手段，其"新战略"侧重于和伙伴国而不是和中国在印太地区加强高质量基础设施合作伙伴关系。日本重视作为数字技术利用基盘的5G，强调应对中国的数字安全和技术安全，变相渲染"中国数字威胁论"，挑战数字"一带一路"建设。"新战略"要求制定新型基础设施的国际标准，旨在通过规则与中国在"一带一路"沿线争夺新型基础设施建设主导权和话语权。"新战略"对"印太战略"的深化及其与外交课题的对接，使"21世纪海上丝绸之路"面临的安全压力加大。

## 学界评价与反响

《日本调整高质量基础设施合作伙伴关系战略及对"一带一路"倡议的影响》将日本自2015年提出的高质量基础设施合作伙伴关系战略进行了系统研究，并对该战略的前期发展总结出"演变三阶段"。该文结合2020年的新形势，对疫情背景下日本政府的相关新举措进行研究，将对这一战略的研究推进了一步。在对日本相关战略性文件等文本分析的基础上，文章时刻紧扣疫情背景和日本经济发展战略,将之与菅义伟政府的"印太战略"结合起来研究,并站在中国的立场分析相关影响,具有较强的学术价值和现实意义。

(该文原载于《东北亚学刊》2021年第5期,收入本书时做了适当修改)

# 九一八事变前后日本殖民统治中国东北的构想与实施

臧运祜[*]

1931年9月，日本发动了侵占中国东北地区的九一八事变，次年3月炮制了以溥仪为首的伪满洲国傀儡政权。伪满洲国也因之被视为"中国百余年近代史的一个怪胎和毒瘤"，其统治模式又被日本在中国关内乃至亚太地区的殖民统治所延续和仿效。因此，关于伪满政权的历史研究，应该被视为九一八事变史乃至十五年战争史研究的一个重要内容。

近代日本的满蒙政策形成之后，在第一次世界大战爆发之际，日本加速实施该政策。"一战"之后，为了应对华盛顿会议，1921年5月13日，原敬内阁阁议决定了《对满蒙政策》等文件。为了充分贯彻该决定，16—25日，原敬内阁召集了朝鲜、中国东北的官员，与全体阁僚一起，在东京召开了一次"东方会议"。会议着重研讨了《对满蒙政策》，并于17日制定了《关于对张作霖的态度》的文件，表明了通过扶植张作霖的奉系军阀来实现其满蒙政策。1927年，中国国民革命形势的发展使得奉系军阀在关内的统治岌岌可危。为了进一步确立新的对华政策，田中义一首相于1927年6月27日至7月7日，在东京主持召开了第二次东方会议，最终达成了《对华政策纲领》，明确规定了把"满蒙"与"中国本土"相分离的方针。

以原敬内阁与田中内阁的两次东方会议为标志，日本满蒙政策的主旨始终以确保与扩张其权益为核心和依归，在实施上则主要以奉系军阀作为其"代理人"。但是，如果奉系军阀不予配合或者难以配合，则不惜消灭奉系、另选代理人甚至分裂"满蒙"。这些积极的满蒙政策，成为日本发动九一八事变的基础与"近因"。

从1929年起，关东军参谋石原莞尔就主张由关东军占领与统治满蒙地区。1929年7月4日，他与高级参谋板垣征四郎委托佐久间亮三，开始就有关统治占领地区问题进行研究。该方案于1930年12月印制完成，其《对满蒙占领地区统治的研究》共分三个时期："第一个时期，预计半年到一年，作战初期将部分地区置于军政之下；第二个时期，一年至两年，计划占领全部地区，且鉴于一般局势的不稳定，将全部地区置于军政之下；第三个时期，为全部地区军政大体稳定的时期。"关东军参谋们在九一八事变前就一直谋划占领中国东北后由日军

---

[*] 臧运祜，北京大学历史系教授。

实施直接的军政统治问题。与此同时,东京的陆军中央部门也在进行规划。1931年4月,参谋本部正式确定形势判断,该判断提出了分三个阶段解决满蒙问题的方针:第一阶段,树立国民政府主权之下的亲日政权;第二阶段,建立满蒙独立国家;第三阶段,占领满蒙。1931年4月14日,第二次若槻内阁成立以后,新任陆相南次郎设立秘密的"国策研究会议",继续研究有关上述形势判断的对策问题。1931年6月19日,该会议拟订了《满蒙问题解决方案大纲》,该大纲与此前不久出台的关东军方案存在很大不同:关东军主张首先占领满蒙,然后实施军政统治,而军部中央则坚持要把占领满蒙放在最后一个阶段来实施。在九一八事变前夕,关东军与军部中央尽管在事变后如何统治中国东北问题上存在着顺序与方式上的分歧,但是,在发动事变占领满蒙的问题上,则是心照不宣且高度契合的,只是在时机的选择上稍有差异。

1931年9月18日夜,沈阳柳条湖事件爆发,关东军与军部中央的分歧很快就在数日内达成统一。同年12月13日,犬养毅内阁上台后,日本加速了解决满蒙问题的步伐。23日,陆军省与参谋本部拟定了《时局处理纲要案》,这是军部中央在事变后制定的以解决满蒙问题为主的第一份对华政策文件,其将满蒙作为日本帝国"保护国"的方针与政策,与关东军炮制伪满洲国的目标一致。1932年1月6日,犬养内阁的外务、陆军和海军三省共同决定了《中国问题处理方针要纲》,将其交给了正在东京的关东军高级参谋板垣征四郎。1月11日,昭和天皇破格召见了板垣。板垣返回东北后,关东军加速了扶植伪满洲国的步伐。3月1日,张景惠发表"建国"宣言。9日,溥仪在长春就任"执政"。

1932年5月26日,斋藤内阁宣告成立,在"焦土外交"方针的指导下,日本加速了承认伪满洲国的进程。同年9月15日,关东军司令官武藤信义以日本国"特命全权大使"身份,与伪满洲国"国务总理"郑孝胥,在长春签署了《日满议定书》;郑氏还致函武藤,确认了此前的"日满密约"及与日方签署的各项协定,并宣布继续有效。同日,日本政府发表声明,承认了"满洲国",这在国际社会引起了轩然大波。日本则按照既定国策,继续坚持"自主外交",并不惜与国际社会决裂。1933年3月27日,日本发表了退出国际联盟的通告。

日本扶植、承认伪满洲国的同时,也在筹划统治该傀儡政权的决策机制。1932年2月,犬养内阁设立"对满蒙实行策案审议委员会";9月30日,决定设置"日满产业统制委员会";11月18日,又决定设置"对满金融审议委员会"。1933年8月8日,斋藤内阁阁议制定了《满洲国指导方针纲要》,规定了日本关于伪满洲国的殖民统治方式实际上是由关东军司令官统一了在伪满的"四头政治"。1934年9月14日,冈田内阁阁议通过了《关于调整对满有关机构的文件》,决定在中央政府设立"对满事务局";将"三位一体制"改为关东军司令官兼任"驻满特命全权大使"的"二位一体制"。12月26日,日本以敕令第347号公布了《对满事务局官制》,至此完成了在"满"体制的改革,直到"大东亚战争"爆发。1934年3

月1日以后，溥仪称帝、伪满洲国被改称"帝国"，但日本的殖民统治方式并未改变。

日本在九一八事变前后对于中国东北殖民统治的构想与实践，为十五年战争期间对于中国及亚太地区的继续统治，提供了范例和借鉴，具有开端与启后的重要历史意义。

**学界评价与反响**

该文原系《社会科学辑刊》杂志纪念九一八事变90周年的特约文章。文章发表以后，中国社会科学杂志社主办的《中国社会科学文摘》，于2022年第1期发表了3000字左右的摘要（第73—74页）。长春的伪满皇宫博物院主办的《溥仪及其时代》（内部交流刊物），于2022年第1期全文刊发了原文（第1—9页）。

（该文原载于《社会科学辑刊》2021年第4期，收入本书时做了适当修改）

# 文化外交的作用及局限：冷战初期的日本电影节外交（1954—1956年）

钟瀚声[*]

## 一、"二战"后日美文化外交与东南亚电影节的起源

由日本著名电影人永田雅一发起、成立于1954年的东南亚电影节，不仅是亚洲历史最悠久的电影节，也是美国在亚洲开展"文化冷战"的直接产物。20世纪50年代，美国利用新闻总署、亚洲基金会等机构，在亚洲发动一系列"文化冷战"攻势。永田雅一于1953年5月提出由日本发起成立东南亚制片人协会和国际电影节的想法，旋即得到美方支持。

美国原本希望利用日本在亚洲电影业的影响力，将东南亚电影节变成在东南亚开展"文化冷战"的宣传平台。但是，日美在文化外交理念上存在分歧。日本在接受美国宣传理念的过程中，绝不是毫无保留地拥抱"自由世界"，而是选择性地吸收引进适合自己需要的部分（帮助日本重建与东南亚外交关系），抛弃或拒绝接受其他内容（冷战意识形态宣传）。日美双方对电影节价值诉求的理念差异充分体现了文化外交区别于政治和经济外交的复杂性。

## 二、作为战略平台的东南亚电影节——日本对东南亚的文化外交及困境

20世纪50年代初，日本政府开始强化以民间力量推动官民协作型文化外交。为配合"二战"后日本政府"文化外交民间化"的努力，日本电影界率先通过举办电影节与东南亚国家和地区展开文化交流，打开了与东南亚地区的交往局面，在文化外交领域取得了重要成绩。然而，这一文化外交行为并非单纯为将日本文化推向海外，而是以文化交流为手段维护日本的国家利益、强化日本的国际地位，因此文化外交在加强国际文化交流的同时，也存在泛政治化的倾向。

值得注意的是，提出"电影节外交"概念的永田雅一，在"二战"期间便构想过设立"大东亚电影大会"，因此战后的东南亚电影节在某种程度上可看作其构想的延续。虽然永田雅一在"二战"后成为推动日本政府"文化外交民间化"的重要人物，但问题在于，这

---

[*] 钟瀚声，北京师范大学艺术与传媒学院博士研究生。

位民间人士似乎并未认真反思自己的文化外交理念与"二战"时期日本文化侵略思想之间的关系，便匆匆投入战后的"电影节外交"活动中去，继而为冷战初期日本文化外交遭遇困境埋下了伏笔。

### 三、东南亚的文化民族主义"抵抗"——日本电影节外交的成效与限度

日本在前几届东南亚电影节期间，曾因战争责任问题屡次引发纠纷。例如，日本与印度尼西亚政府尚未就"战争赔偿"问题达成协议而尚未建交，印尼参展代表因此未出席第一届影展；新加坡总督在商讨第二届东南亚电影节举办事宜时，拒绝为曾在日本占领期间居留在马来西亚的日本公民简化签证手续；在第二届影展上获得多个奖项的日本电影《亡命记》（1955年）因涉及汪伪政权与国共两党的抗战历史问题，因而被中国台湾当局指责有"歪曲历史、有损我方尊严"的嫌疑。

通过这些细节不难看出，本来以倡导各方电影文化交流为主旨的电影节，除了暗含冷战意识形态的因素，日本发动战争所导致的会员间的历史认识和强烈的"文化民族主义"情绪同样也无法忽视。尽管永田雅一等日本代表通过东南亚电影节的交流平台率先在文化领域与东南亚电影人建立起了密切合作关系，希望扭转"二战"时期在该地区留下的负面印象，但他们在思想层面似乎仍秉持向"东南亚/亚洲"进行单向信息输出的理念，这些"民间人士"也未能将自身放在与东南亚/亚洲国家平等的位置展开文化交流。这实质上背离了文化外交"相互性"的基本原则，继而引起许多电影节成员的"怀疑与抵抗"。再加上电影节作为文化外交的手段之一，一定程度上与国家利益、政治权力挂钩，原本旨在倡导各方电影文化交流的电影节，无形中沦为日本赢得舆论的外交武器，亦加剧了电影文化陷入外交政治博弈中的风险。

### 四、结语

冷战初期日本这一由民间力量主导的官民协作型电影节外交，在一定程度上起到了协助美国开展"文化冷战"、改善日本与东南亚关系的作用。但应该认识到，此类"电影节外交"等文化外交的作用是有限度的。国家利益、民族情绪、历史纠葛等因素往往会极大制约文化活动的外交功能，因而导致冷战初期日本政府与民间人士协力开展的"电影节外交"收效甚微。

（该文原载于《日本学刊》2021年第3期，收入本书时做了适当修改）

# "印太战略"：以美印日澳的战略逻辑、利益与策略选择为分析视角

刘 鸣 陈 永 束必铨[*]

"印太战略"是美国主导，与印度、日本和澳大利亚协同推进，以遏制中国为目标的混合型战略。美国试图在前沿、中间和后方构建不对称的遏华力量，在多地域和多维度孤立中国，将中国排除出价值链和产业链，抹黑中国的"一带一路"倡议与海权发展，达到维护美国霸权秩序和反制"一带一路"倡议的双重目标。日本是"印太战略"的首倡者，美国则是主导者。美国正在通过美日澳、美日印和美日韩三个三边协调机制构建以其为核心的领导圈，将更多"印太国家"纳入美国阵营。然后，美国利用"印太"盟伴结构采取具体行动在军事上威慑和遏制中国，在经济上孤立和打击中国。同时，美国否定和诋毁中国的"一带一路"倡议，在印太事务的各层面深度嵌入美国倡导的价值观与其主导的双边和多边合作机制。

作为多国战略，日印澳基于不同的逻辑、国情和利益对"印太战略"有不同的考量和政策。日印澳与美国在以"印太战略（准构想）"合作机制为平台牵制、制衡中国的"一带一路"倡议及遏制中国在南海、印度洋军事发展上有共同利益和共识。不过，由于国力的差异，日澳印在策略上明显不同于美国，更多强调非对抗性、多边合作与保障它们与中国的基本利益及关系不受损害，重在推行与中国并行的基础设施建设、多边的军事协同与预防性威慑。

日本主要以日美为基轴、渐趋低调地与其他盟友和伙伴进行协调与合作，维持和加强自由开放的印太。日本参加"印太战略"要实现的利益为：提升日本在"印太"区域内扮演的重要角色；强调规制、法治与价值观，有利于日本突出高于中国的优势，增加对中国进行制约的筹码。

美国视印度为"印太战略"的核心国家，但是印度在中美间进行"双向战略对冲"，即在中美间与区域和多边层面保持对冲。近年来，印度愈益安全化认知中国在印度洋、东南亚、南亚的存在，试图抵消中国在其势力范围渐增的影响，边界冲突加大了印度向美国靠拢的幅

---

[*] 刘鸣，上海社会科学院 APEC 研究中心主任，国际问题研究所研究员，博士生导师；陈永，上海社会科学院国际问题研究所助理研究员；束必铨，上海社会科学院国际问题研究所助理研究员。

度。不过，印美利益和战略差异仍然很大，印度总体上继续维持其独特的战略利益和方略，在中美之间保持微妙平衡。

澳大利亚以"印太地区"的"副警长"自居，对"印太战略"的认识和态度与美国最为接近，积极追随美国遏制中国，以全面提升战略影响力，尤其是澳大利亚要借美国之力加强在印度洋地区的安全举措，下战略"先手棋"。不过，受限于地缘、国力和对华依赖等困境，澳大利亚也不得不在中美间运用对冲策略。

总之，三国对如何应对中国挑战，如何在与美国合作中避免损害它们的利益有不同认识，对"印太战略"有不同理解和战略关注，这将在一定程度上压缩美国战略与政策操控空间，也将在推进"印太战略"时产生各种矛盾与步调不一致。

当前的"印太战略"主要反映了美国的利益、领导作用与目标，美国是核心调控者与战略力量聚拢者，而日印澳仅仅起到互补与配合的作用。美国赋予"印太战略"两大使命。

安全上，提升美国主导作战能力与构建安全新机制。在安全上欲扩大军事力量布局与提升多维作战能力，政治上构建自由价值观与以西方规制为基础的四国对话平台，重塑一个维护美国霸权的安全与经济合作区域新秩序。具体到军事领域，美国积极采取了美军指挥机构与安全体系调整、测试新作战概念与战争能力建设、建立区域安全对话机制，并扩容和打造"复合网状"的多边安全架构等措施。

经济上，推动四国分层主导的基础设施建设。美、印、日、澳四国都希望在这方面树立不同于中国的建设模式与管理机制，扭转中国压倒性的势头，这个使命以美、日、澳在南太的合作和美、日、印在南亚和东南亚的合作两个轨道进行。可以说，美国主导并积极推动"印太战略"，日、印、澳则在战略、策略上加以支持与配合，但是其在起步阶段形成的攻势将很难保持可持续性。

### 学界评价与反响

该文发表以后受到学界一定程度的关注。中国人民大学复印报刊资料《国际政治》于2021年第7期对该文进行了全文转载。上海社会科学院网站在"核心成果"栏目做了重点推荐。一些学术性自媒体也对文章进行了转载、介绍和评价。截止到2022年7月初，该文在中国知网（CNKI）被下载1600余次，被引用14次。从引用和评价看，该文已经成为从美日印澳的利益、战略与政策策略角度分析"印太战略"的演变与实践的基础性文献。具体而言，该文的若干观点受到广泛认可，并为学界相关研究提供了知识支撑：（1）美国通过"印太战略"对中国采取的竞争、威慑、压制和抹黑等混合战略及具体政策措施；（2）美国在安全和经济上的布局及其重点、难点和对中国的威胁和挑战；（3）美国在台海、南海、南太和印度洋对中国采取的军事限制、遏制政策和相关活动;(4)日本、印度和澳大利亚在"印太战略"中不同的利益、考量和策略,以及对与中国双边关系的影响;(5)"印太战略"评估与展望。

(该文原载于《东北亚论坛》2021年第2期,收入本书时做了适当修改)

# "印太战略"视域下的日本对东盟外交

毕世鸿[*]

21世纪以来,印太地区的重要性日益提升。日本为构建有利于本国的地区秩序,相继推出了"自由开放的印太"战略、"自由开放的印太"构想。"印太战略"由三大支柱组成,一是普及法治,维护航行自由和自由贸易等基本价值观;二是根据国际标准,通过建设"高质量基础设施"加强互联互通,促进经济繁荣;三是援助相关国家海上执法并加强其能力,开展防灾合作,防止核扩散。日本"印太战略"包含四大要素,即海洋安全保障,经济合作,大国关系深刻影响"印太战略"的发展方向,印太地区同时与东南亚、东亚、亚太等地区概念发生相互作用。日本将"印太战略"作为其外交战略的核心,以实现以下战略目标,即海陆一体制衡中国崛起,在日美同盟框架下有效提升日本在印太地区的地位和作用,维护有利于日本的印太地区秩序。

东盟国家位于印太地区的中心位置,日本将东盟视为实施"印太战略"的支点,全面加强与东盟的双多边合作。政治上,日本注重构建由其主导的印太地区秩序。在维护印太地区秩序方面,日本与东盟国家密切合作。在双边层面,日本利用各种双边会谈不断强化与东盟国家领导人对于"印太战略"的认知和理解,以协调合作。在多边层面,日本借助与东盟等举行的多边会议,不断强化日本和东盟在实现"印太战略"目标上的共识,继而凸显其引领作用。经济上,日本借"高质量基础设施"建设促印太地区互联互通。东盟国家在建设高质量基础设施和加强互联互通方面需求巨大,日本将其作为支持东盟国家的重要领域,对东盟国家的直接投资持续增长。安全上,日本协助东盟国家提升安全能力以维护印太海洋秩序。在"印太战略"框架内,日本强调要提升东盟国家的海上执法能力,利用ODA向东盟国家提供海警巡逻艇及相关设备,这导致ODA与军事援助之间的界限日益模糊。

日本表面上有全方位加强与东盟伙伴关系的打算,但实际上更有借此制衡中国的对抗性考量。出于警惕,2019年6月,东盟出台《东盟印太展望》,强调以东盟的中心性为基石,确保印太地区的开放性、透明性和包容性,以此来平衡大国关系。东盟在发展对外关系中,需要维持两种平衡。一是维持与各大国的动态平衡关系,即不凸显与某个特定大国的关系。

---

[*] 毕世鸿,云南大学国际关系研究院/周边外交研究中心教授。

二是在为了本国利益对大国说"不"的同时,也需要维持与大国的稳定关系。对此,日方表示要加强"印太战略"与"印太展望"的协同,强调协助东盟经济共同体建设和促进印太地区的互联互通,并将东盟打造成印太地区产能合作和供应链建设的中心。

日本重视在东南亚实施"印太战略",但仍面临诸多挑战。其一,日本的"印太战略"构想无法分裂中国与东盟的战略伙伴关系。其二,东盟国家中出现了与日本"印太战略"互不相容的言行,日本难以如愿。其三,东盟希望能够借助"印太战略"维持其中心性,不可能对日"一边倒"。其四,日本如何与善变的美国保持协调也是一大挑战。目前,日本"印太战略"尚处于"理念先行、内容多变、行动后续、成效存疑"的阶段,且日本与东盟国家存在"同床异梦"的一面,其局限性和不切实际性显而易见。

在对华关系上,日本和东盟国家彼此间难以形成共同的战略利益,针对中国的"围墙"难以成形。在中美竞争长期化的情况下,日本若能从促进本地区和平稳定繁荣的大局出发,与中国和东盟相向而行,加强彼此间的对话与协商,推进本地区的开放与合作,这对提升中国—日本—东盟三边关系乃至本地区的和平与发展都是利大于弊。

## 学界评价与反响

针对该论文,王竞超发表评论认为,近两年日美在印太地区对华遏制呈现重点区域向多维度扩展的态势。因此,"印太战略"框架下日美等国面向东盟的外交趋向已成为亟待学界探讨与回应的议题。

在此背景下,《"印太战略"视域下的日本对东盟外交》以"印太战略"为视角,系统探索了日本对东盟的外交政策,无疑具有较强的理论价值与现实意义。一方面,文章在阐述日本"印太战略"演进历程、核心框架、主要目标基础上,以政治、经济、安全等多个维度探讨了"印太战略"框架内日本面向东盟的外交政策,指出双方在维护印太地区秩序、促进地区基础设施建设与互联互通、构建区域经济圈、维护海洋安全保障等方面开展了密切合作。

另一方面,文章围绕2019年《东盟印太展望》文件出台后日本的战略调适进行了分析,并对"印太战略"框架下日本东盟外交的若干挑战予以了准确归纳与阐释。特别是,文章阐明了2019年以来,东盟对日美"印太战略"遏华取向明显、零和博弈思维浓厚的政策立场予以了较强硬的回应,并采取了诸多举措捍卫自身在地区事务中的中心地位。文章对中国在日本"印太战略"不断充实的情况下,如何应对日本对东盟的利益诱导、制定面向东盟的长期外交政策方面体现了较强的现实意义。

(该文原载于《和平与发展》2021年第5期,收入本书时做了适当修改)

# 援助国是"经济人"还是"社会人"?

## ——基于日本对华与对印 ODA 政策比较

陈小鼎　王翠梅[*]

作为一种国际关系现象，对外援助早已存在。在总预算有限的条件下，援助国必须依据一定的标准对援助资源进行分割，以决定援助的对象和多寡，日本也不例外。然而，日本对华与对印政府开发援助（ODA）政策却呈现一种国别性和阶段性"双重标准"。进入 21 世纪以来，曾经盛极一时的日本对华 ODA 逐年削减，走向终结；而长期并未受到日本特别重视的对印 ODA 却逐步攀升，呈现前所未有的增长势头。围绕这种"双重标准"，我们显然不能简单地以战略考量来解释。

就同一援助国对不同受援国的政策差异及其变迁而言，有必要将关注重点放在援助国上，探讨对外援助的原动力。然而，国家利益论、人道关怀论以及社会交换论等对外援助理论的因果链条过于简化，忽视了其他可能的相关性，在解释援助政策差异及其变迁时更是面临着解释力不足的问题。具体到日本对华与对印 ODA 政策差异及其变迁，相关实证研究既提及了国内和国际的双层因素，考虑到了援助国、受援国、其他援助方三个维度，特别是援助国国内政治的影响，但都比较零散。究其实质，援助政策尤其是同一援助国对不同受援国的政策差异及其变迁突显出援助国的角色属性问题。不管是出于利益动机还是人道动机，或二者兼具，援助国的角色观念在很大程度上直接影响着对外援助政策。对外援助并非援助国的单方行为，政府不同部门、国内民众、受援国、其他援助方等多个行为体对援助国的角色期望贯穿援助实践的始终，对援助政策的制定和实施至关重要。不同行为体对援助国角色的认知冲突难以避免，进而必然会涉及援助国的角色调整。

在 ODA 中，援助国本质上是以"经济人"为基础同时兼具"社会人"角色属性的特殊行为体。这双重角色既相互对立又相互统一，实现二者的平衡是 ODA 政策制定与实施的核

---

[*] 陈小鼎，兰州大学政治与国际关系学院、兰州大学上海合作组织研究中心教授；王翠梅，复旦大学国际关系与公共事务学院博士研究生。

心考量，也是 ODA 政策之所以呈现国别性和阶段性"双重标准"的原因所在。ODA 政策的制定与实施需要援助国协调其"经济人"与"社会人"双重角色，使二者达到相对平衡的状态。就援助国对某一受援国的 ODA 政策而言，当主客观上均获益且符合国内外的社会期望时，将重点援助；当两者均不具备时，将不予援助；当经济上获益但违背社会期望时，将在利益诱导下假意回应社会期望进而逆势援助；当符合社会期望但经济上受损时，将出于照顾社会期望的目的进行少量援助且多为"面子工程"。

日本在对华与对印 ODA 政策中的"双重标准"，充分体现了日本以"经济人"为基础同时兼具"社会人"的援助国角色属性。20 世纪 90 年代，日本以核试验为由大幅削减对印 ODA 并随之冻结对印日元贷款，仅剩少量人道主义援助；在对华 ODA 上削减措施仅限于无偿援助而未严重波及对华日元贷款。之所以呈现如此差异，是因为：就"经济人"角色扮演而言，在 1995 年中国核试验之后，日本继续提供甚至增加对华 ODA 仍不失为一种主客观上均获益的理性行为。相对而言，在 1998 年印度核试验之后，大幅削减乃至冻结对印 ODA 才是明智行为。此外，就"社会人"角色扮演而言，虽然在中国、印度核试验之后日本继续提供 ODA 都属于失当行为，但是就失当程度而言，对华远远轻于对印。进入 21 世纪之后，日本对华与对印 ODA 政策的走向出现了大反转。随着中国的崛起，日本在对华 ODA 中的"经济人"与"社会人"角色扮演逐渐失衡，曾经盛极一时的日本对华 ODA 未能经受住"经援政治化问题"的考验，从不断削减走向了终结。与此同时，日本在对印 ODA 中的"经济人"角色扮演从受损转向获益，"社会人"角色扮演从失当转向正当。无论出于主客观上的利益权衡还是为了迎合国内外的社会期望，印度都日益成为日本的重点援助对象，长期未被日本重视甚至一度被冻结的对印 ODA 在 21 世纪以来呈现前所未有的增长势头。

援助国角色属性分析不仅有助于更好地理解日本 ODA 的复杂性和动态性，对于中国对外援助也具有重要的参考价值。作为新兴援助国，中国首先要彰显大国担当与国际道义，扮演好"社会人"角色；其次要兼顾援助的共生性和有效性，扮演好"经济人"角色；最后要坚持正确义利观，平衡好援助国的"经济人"与"社会人"双重角色。

## 学界评价与反响

对外援助是当前研究中已经较为广泛探讨的议题。该文另辟蹊径，从日本对华与对印 ODA 政策差异出发探讨日本作为援助国的双重角色，确为难得。文章选题角度新颖，从经典的理论和假定出发，先提出援助国兼具"经济人"与"社会人"双重角色的核心观点，再从角色平衡的角度解释援助国在对外援助上态度和行为的变化，最后以日本对华与对印 ODA

政策比较检验新的解释框架。从完成度上看，文章提出了一个基于经典宏观理论的独立分析框架，为对外援助研究领域提供了一定程度的新论点。

　　学界关于日本ODA的规范研究并不少见。该文的特色在于：问题意识鲜明，基于日本对华与对印ODA政策差异构建了一个新颖且具有说服力的分析框架——"援助国角色平衡论"，不仅有助于理解日本ODA政策的国别性和阶段性差异，而且为同一援助国对不同受援国的政策差异及其变迁提供了一种初步的解释框架。结语部分所提及的援助国角色属性分析对于中国对外援助的启示，更是凸显了中国本位的家国情怀及其独特价值。

　　　　　　（该文原载于《当代亚太》2021年第1期，收入本书时做了适当修改）

# 两极竞争背景下的"边缘诱捕"战略及其效用分析

姜 鹏[*]

为什么有时候实施反遏制战略的大国利用地区矛盾发动国际危机会面临全面战争的风险，而有时候却能够较好地将冲突控制在特定区域，从而避免两极之间的最后摊牌。更进一步讲，在超级大国所构建的反遏制同盟体系内，什么样的盟友可以充当不至引发全面战争的利益拓展区，什么样的盟友因可能触发全面摊牌的战争风险故而仅可充当压力缓冲区？

结构现实主义推演出的"两极稳定论"认为，两个超级大国对各自势力范围内所享有的支配性地位较为满意且趋向保守，因此愿意对各自阵营内盟国改变现状的进攻性意图进行约束。该文则认为，两极结构下超级大国更愿意对核心地带盟国的进攻性意图进行约束，而对于边缘地带盟国的进攻性意图的约束动机则明显降低。如果在边缘地带促成的代理人战争有助于削弱战略竞争者的实力，超级大国甚至会对此类行为予以支持。更准确地说，边缘地带的局部代理人战争既是核心地带释放结构性压力的重要出口，也是维护两极体系整体稳定的必要条件。两极体系下，核心地带的"注定缓和"与边缘地带的"注定紧张"是一个硬币的正面与反面。

该文以冷战时期苏联对美国的反遏制战略为研究对象，发现对于实行反遏制战略的弱势超级大国来讲，最好的战略组合就是将核心地带的所有盟国和部分边缘地带战略位置较佳但缺乏矛盾可以利用的盟国塑造成压力缓冲区，同时将边缘地带具有国家继承权、领土诉求或民族矛盾的盟国视为利益扩展的重要砝码。这要求实施反遏制战略的超级大国放弃利用核心地带既有的矛盾，在该区域积极推行维持现状的缓和政策；同时积极利用边缘地带已有的地缘政治矛盾，推行改变现状的"诱捕战略"。该战略组合不仅能够避免两极之间陷入直接对抗的全面战争，还能够在边缘地带的代理人战争中长期拖住并消耗对手的国力。这种风险较小、收益较高的边缘地区代理人战争模式构成了两极体系下推行反遏制战略从而转移结构矛盾、缓解结构压力并谋求战略主动权的最优选择。

同时，在推行边缘诱捕战略过程中，将战略竞争者的关注点吸引到边缘地带只是完成了第一步，更重要的是如何让对手在这场精心设计的马拉松式的赌局上不断追加投入。如果对

---

[*] 姜鹏，中山大学国际学院副教授。

手意识到自己正在次要地区、同次要对手打一场不起决定性作用的消耗战,那么它将很有可能从该泥沼中迅速抽身。将边缘地带的非核心利益打造成吸引战略竞争者不成比例追加投入的磁石,其核心奥义在于对边缘地带盟国支持的力度恰好能够让对方认为只要再稍稍努力就会胜利在望。只有不断在动态平衡的推拉中恰到好处地调节权力天平的比重,进而给战略竞争者以胜利的希望,才能促成其在"竞拍者迷思"和"沉没成本迷思"的双重逻辑诱导下说服自身追加投入的合理性与必要性,进而造成战略对手在本方选定战场面临长期消耗的局面。

即便成功在边缘地带施放战略诱饵并促成地区冲突,也不一定会带来战略竞争者权力的持续下降。在非对称冲突中,如果己方区域盟友被迅速击败,反倒可能面临本方同盟离散和自拆台脚的失败局面。因此,作为一个动态进程,只有长期持续地为己方盟友提供支撑的边缘诱捕战略才能获得削弱战略竞争者的机会。对于实施诱捕战略的一方来讲,在促成己方区域盟友和超级大国之间陷入二元冲突之后,该战略的实施国仍需要不断为己方盟友在消耗战中提供持续支持。同时,在战略执行过程中,施放战略诱饵的超级大国除了向己方代理人持续提供援助外,在对待冲突双方的外交事务上要尽量撇清关系、保持灵活态度并刻意塑造置身事外的旁观者姿态。尤其是对本方支持的卫星国,如果能够在外交话语和互动上保持低调和冷淡,同时在行动上悄悄地向其提供经济和军事援助,将有利于超级大国之间在"不知情"幌子的默契下将公开对抗的风险降至最低。

关于美苏冷战史研究的每一百页著作中,可能只有不到一页会专门研究苏联在20世纪60—70年代对美反遏制战略成功的经验——在那个时代它真正地创造出"苏攻美守"的有利局面。即使是研究苏联反遏制战略成效的著作,也存在着失衡现象:人们更关注苏联在导弹军备竞赛中做了什么来实现优势反超,而不太关注苏联在地缘政治边缘地带究竟做了什么,以增加美国战略消耗,并为优势反超创造有利条件这个同样有趣的问题。

同其他权力结构相比,两极体系具有最强的主体间性。作为对等的博弈主体,美苏双方均具备主动影响体系结构进程和塑造有利战略态势的意愿和能力,而并不像传统美国冷战史专家们那样——他们常以居高临下的"训练"猴子一样的傲慢态度——将苏联视为国际政治科学实验室中被动等待对其行为进行研究和验证的小白鼠。美国冷战史学者极少设身处地地从苏联视角去考虑后者在对等博弈中所采取的反遏制战略及其能动性,即苏联并非从始至终都是被动反应式的"应声虫",而同样也展现了积极主动的塑造意愿和能力。通过发现"被流放者的语言",作者从苏联反遏制战略视角重新叙述这段冷战史,通过将这块美国遏制战略所忽视的重要"拼图"补齐,全面地重现冷战期间美苏势均力敌、分庭抗礼与难分伯仲的两极景象。

(该文原载于《世界经济与政治》2021年第4期,收入本书时做了适当修改)

# 日本EPA农业保护政策形成过程的演变及其原因分析

## ——以首相和农业保护三集团的相对影响力变化为中心

李明权　张晓娜[*]

纵观日本20年来签署的EPA（"经济伙伴关系协定"），2013年以后，其对象国层次和农产品开放程度大幅提高。这种大变化可从贸易政策制定的政治经济学视角即日本首相和农业保护三集团在EPA农业保护政策形成过程中的相对影响力的维度寻找答案。

在自民党政权（2000年4月—2009年9月）的EPA农业保护政策形成过程中，由农民组织、农林族议员及农林官僚构成的农业保护三集团拥有巨大影响力，能够有效地掣肘首相的EPA意志。因选举制度中存在"一票之差"问题和农村选票更易于集中到一处，农林族议员被称为"无敌的农林族"，可以左右党的政策方向。农林族议员为了自身的政治前途，通过党内事前审查环节，坚决反对贸易自由化的加深。对农林官僚而言，EPA农产品开放幅度提高意味着日本农业规模缩小进而直接影响到农林预算数量，所以农林官僚对EPA农业开放一般不会轻易让步。他们或利用事务次官会议或利用EPA谈判4省领导机构的一员身份，尽力保护农业。以JA（日本农业协同组合）为代表的农民组织虽然只是EPA农业保护政策形成过程中的间接参与者，但为自身利益最大化，采用与农林族议员和农林官僚形成利益共同体并通过他们提出要求和请愿的方式，抵制贸易自由化。

2009年9月，日本民主党政府开幕启航。鸠山由纪夫就任后高调提倡政治主导模式（将政党的政治人物植入各省厅之中并强化这些政治人物在政治运作过程的主导地位），试图打破自民党政府时期形成的政策决定机制。在这种背景下，农业保护三集团的影响力有所下降，第二任的菅直人公布了加入TPP（"跨太平洋伙伴"关系协定）的计划。但民主党的政治主导模式未能一直延续，反而招致了很多矛盾和阻力，农业保护三集团的影响力有所反弹，最终未能在TPP事宜上取得更大进展。

2012年年底安倍晋三再度拜相以来，首相官邸主导模式逐渐确立，日本的EPA农业保护

---

[*] 李明权，青岛农业大学管理学院教授；张晓娜，青岛农业大学管理学院硕士研究生。

政策形成过程也迎来了重大变化。所谓的首相官邸主导是指首相为实现自己的政策目标即使面对执政党和官僚机构的反对也能排除干扰，利用直属机构和政治任命的大臣制定和实施自己政策的模式。安倍再次出任首相后，在加强对执政党的掌控能力的同时强化了对官僚的控制力，原先的"党高政低"和"官高政低"局面被打破，以首相官邸为中心的决策机制得以确立。

而此时，农林族议员在选举制度改革、核心农林族议员退休、部分农林族议员对贸易自由化及党内沟通重要性的认识变化、安倍的农林关联要职人事改革等因素的作用下已变得萎靡不振。农林官僚的影响力也随着 EPA 集体领导谈判体制被集中统一式谈判机制取代压缩至最低点。JA 处境更惨，随着 2015 年 8 月通过了新《农业协同组合法》，JA 遭遇解体式改革，已无法阻止安倍政府的 TPP 实践。

根据首相和农业保护三集团的相对影响力的不同，该文将 EPA 农业保护政策形成过程分为共识型决策过程和专断型决策过程并据此简要总结 20 年来日本 EPA 农业保护政策形成过程的演变及其原因。自民党政权下的 EPA 农业保护政策形成过程是典型的共识型决策过程，在农业保护三集团的强大威力下，"弱首相"不敢提高 EPA 农产品开放程度。民主党政权下的 EPA 农业保护政策形成过程经历了由专断型决策过程转回共识型决策过程的变化，虽然成功开启了加入 TPP 谈判的步伐，但最终还是在农业保护三集团的强大压力下未能正式参加 TPP 谈判。安倍强势重登首相宝座以来的 EPA 农业保护政策形成过程是典型的专断型决策过程，"弱首相"变为了一手遮天的"强首相"，而农业保护三集团却日益衰弱和边缘化，无力阻止安倍大幅提高 EPA 农产品开放程度、签署 TPP 等高质量 EPA。

日本能否延续专断型 EPA 农业保护政策形成过程，还存在着不少未知数，需要进一步密切观察。

## 学界评价与反响

该文是作者主持的 2015 年度国家社科基金项目"FTA 视角下日韩农业保护机理的政治经济学比较研究"的核心成果之一。以下是对该项目成果的鉴定意见。

第一，选题视角较为独特，从研究方法上打破了单纯从经济学角度研究 FTA 政策的研究模式，内容新颖、创新程度高；第二，对 FTA 农业保护机制做了较为系统和全面的梳理，并得出关键性和创新性结论；第三，研究资料采用的是对象国一手资料，而不是经过翻译、加工过的二手资料，凸显了引用观点的原创性的同时提高了可信度；第四，对农业领域 FTA 政策相关的各种概念及内涵进行客观、准确的阐述，并认为 FTA 的推进程度与国家政体的关系不大，而主要受 FTA 中农业保护机制的差异，这一结论对于解释各国 FTA 的数量具有一定的理论价值；

第五，成果为我国推动中日韩FTA建设提供了很好的参考依据，从而具有很高的应用价值。

不足之处在于：对影响FTA农业保护机制的其他因素或国际博弈笔墨过少。如果把研究视野仅聚焦于对国内各政治势力的博弈的话，在一个开放的世界的大背景下，其研究结论的周延性必然会受到较大的限制。

（该文原载于《日本学刊》2021年第2期，收入本书时做了适当修改）

# 疫情背景下日本的国际秩序观与对外政策调整

王 珊[*]

一、自2020年年初全球新冠肺炎疫情大流行后，日本对疫情后国际政治、世界经济、地区格局、全球治理等变化征兆、发展趋势等给予较多的关注。一些政界高层、智库精英、经济界人士以及主流学者纷纷就相关议题发表看法和主张。

首先，官方主张以"价值观认同"构建新秩序，维护日美同盟体系。日本对疫后国际秩序的认知始于安倍晋三内阁时期。日本政府对疫后国际格局演变持有较为复杂的心态，既不愿看到美国主导下的现有国际秩序发生异变，也不希望看到中国在国际事务中分享更大权力、发挥更大作用，更不愿参与由中国主导的国际秩序。

其次，智库学者从建构主义的视角看待国际变局，认为疫后亚太地区不稳定因素增多，中美对抗仍将持续。日本核心智库均侧重于从两种不同意识形态主导下的国际秩序对决的视角看待国际变局，把"应对中国"作为构建国际秩序的核心议题和战略支点，并突出日本在构建新秩序中的作用。

再次，经济界从疫情对人类生产、生活方式影响的视角看待国际变局，主张对华合作。日本经济界对疫后国际变局认识，不是一味地迎合政府及媒体观点，而是基于现实经济利益，战略视野更为开阔和前瞻。

总体看，日本各界对国际格局演变的认识较为多元，普遍观点是疫后国际变局将围绕中美战略博弈展开，"中国因素"对既有国际秩序构成挑战，"美国衰退"已是普遍共识，日本应主动应对国际变局，发挥大国影响力。

二、日本围绕疫后国际秩序的对外政策调整，主要以日美关系为核心，在强化日美同盟的前提下，趋利避害，最大限度地维护本国利益。同时，日本是以本国利益为导向，从疫情防控、地区安全、对华牵制等方面强化对美协调，在政策手段上聚焦于南海、香港、台海等问题，对中国发难。但鉴于疫情暴发初期，中日民间相互支援，两国民意较为融洽，由此带来的正面效应并没有使日本政府从一开始就站到美国一边。日本的政策调整经历了一个渐变的过程。日本应对疫后国际变局的政策调整始终没有脱离中美日三边关系的基本框架，将中

---

[*] 王珊，中国现代国际关系研究院东北亚研究所研究员。

国实力提升以及中美日三方力量变化态势，作为判定国际变局的征兆和依据。这在很大程度上反映了日本看待国际变局战略视野的狭隘性和局限性，同时也体现了日本对美政策的从属性和被动性，主要表现为针对疫情防控，主动调节与美国的双边矛盾和分歧；日本希望继续大幅强化日美同盟关系，深化对美全方位合作，在新冠病毒溯源、南海、香港、台海等问题上给中国施加压力。在手段选择上，日本游离于中美之间，仔细核算本国战略利益，既紧盯中美权力博弈的趋势和走向，同时还要考虑在中美之间保持适度距离，增加政策回旋空间，左右逢源，两头得利。

三、"后疫情时代"，日本对外政策调整的主要目标是针对中国，在不损害日美同盟核心利益的前提下，将对华合作与牵制作为战略主基调。日本在中国抗疫之初且本国疫情尚未大流行之际，表现对华积极友好姿态，并施以援手，这既有两国领导人对双边关系政治引领的惯性，也有日本内政上的考虑。纵观中日围绕新冠肺炎疫情大流行初期的整个互动历程，疫情对中日关系的影响表现明显的波动性与曲折性，从中可以看出日本对华政策深受疫情冲击。可以预期，日本对华政策在适度倾美的前提下，在中美之间寻求一种动态平衡，尽管对日本来说较为艰难和充斥风险，但这或将成为未来一段时期日本因应国际变局的长期战略。

四、经历新冠肺炎疫情的巨大冲击，日本长期积累下来的政治、经济、社会脆弱性有所体现，原来令日本引以为傲的一些制度模式，弊端尽显。通过分析新冠肺炎疫情大流行后日本对外政策的一些举措，可以看出，日本既要在名义上维护日美同盟，展示盟友的存在，又试图在疫后国际秩序重构中提前布局，最大限度地谋求日本国家利益。作为同盟的受益者，日本的大国意识与美国为维持世界霸权所形成的合作与分歧，也将会在未来国际变局中逐步显现。中国应该以更加开放、理性、自信的外交姿态，明确国家核心利益所在，以现实主义的做法，主动因应日本的外交政策调整。

## 学界评价与反响

1. 该文是研究疫情背景下日本因应国际变局的早期成果之一，具有学术引领作用。

2. 该文以疫情背景下日本对国际秩序的认知为切入点，详细梳理了日本官方、智库学者、经济界等各方观点，指出各方关注的重点和认知差异，总结归纳出日本对疫后国际秩序变局的普遍性的认识和看法。上述各方认识和判断，不仅具有代表性，也具有一定客观性。作者对这方面材料的深度剖析，使文章的立论具有较为充分的事实基础。

3. 在论述日本对外政策调整部分，作者以日美关系、日本强化对美协调作为论述重点，认为日本对外政策调整始于特朗普上台后中美贸易争端、至新冠肺炎疫情全球大流行后逐渐公开化。作者指出了疫情背景下日本强化对美协调的三种表现及两方面原因，认为每逢出现重大国际变局、事关日本国家战略选择时,日本在战略上总会选择追随美国,采取机会主义与实用主义并举的外交策略。作者的这一判断符合日本的政治传统和战略文化,具有较强的说服力和洞察力。

4.作为结论,文章认为"后疫情时代"日本对外战略调整的主要目标是针对中国展开,将对华合作与牵制作为战略主基调。同时,作者也指出了日本应对未来中美日三边关系走势的战略取向,体现了一定的前瞻性。近期以来,日本借俄乌冲突,大肆渲染"中国威胁论",挑动地区争端,刻意制造紧张局势,试图在地缘政治上牵制中国。从特朗普任内挑起的中美贸易战,到全球新冠肺炎疫情大流行,再到俄乌冲突,日本对外政策调整的轨迹清晰可见。该文似可佐证作者的分析研判和预见能力。

(该文原载于《现代国际关系》2021年第2期,收入本书时做了适当修改)

# 国际秩序、"满蒙权益"、反苏防共：
# 日本发动九一八事变的认知逻辑

宋志勇[*]

九一八事变已经过去了90年，但其历史意义并没有因时间的流逝而褪色。九一八事变是多种因素合力的结果，其原因错综复杂。思想决定路线，意识决定行动。第一次世界大战后日本对外认知的变化是引发九一八事变的重要原因之一。

从明治维新到九一八事变，在这半个多世纪的时间里，日本的国际秩序观经历了剧烈的变化，九一八事变的爆发，正是这一变化的结果。明治维新后，日本成功进行了近代化改革，迅速成为亚洲强国，在对外关系上脱亚入欧，加入近代国际体系中。但作为暴发户挤进大国行列的日本，并没有受到欧美列强的"戴敬"。参加巴黎和会的近卫文麿，目睹西方列强的傲慢和"不合理"的国际秩序，"悲愤不已"，表示要"打破现状"，改变现有不合理的国际秩序，建立"日本本位"的新国际秩序。1922年华盛顿会议上签订的《九国公约》，确立了对华"门户开放、机会均等"原则，否定了日本在华的特殊地位，成为东亚国际秩序的核心。但日本特别是军方对此心怀不满，一直在寻找机会打破之。20世纪30年代初，法西斯势力乘经济危机和社会动荡，蜂拥而起，在国内进行了一系列恐怖活动。而以石原莞尔为代表的军方革新派把工作重心从国内转向国外，把国家改造运动的中心转向解决"满蒙"问题，打破华盛顿体系，侵占中国东北，以此凝聚国民支持，再行国家改造，建立天皇独裁军部主导的政权。这一"先外后内"战略转变，加快了日本对中国东北的侵略步伐。

"满蒙权益论"是日本发动九一八事变的主要理论来源。这一歪理邪说是近代以来日本在对华侵略的过程中逐步演变而成的。日俄战争之后，日本继承了沙俄的侵华权益，将所谓"用十万个鲜活生命换来的"南满视为己有。"一战"期间，大隈重信内阁强迫中国承认"二十一条"、寺内正毅内阁搞"西原借款"，都以巩固和扩大"满蒙"之特殊地位和权益为对华政策之首要目标。1927年4月上台的军人政客田中义一，面对中国北伐和"革命外交"，更是将对"满蒙"的侵略政策作为对华政策的重中之重。在军部和政府积极策划夺取"满蒙"的同时，日本朝野大肆宣扬"满蒙权益论"，为其向中国东北侵略扩张制造舆论。日本

---

[*] 宋志勇，南开大学世界近现代史研究中心、南开大学日本研究院教授，博士生导师。

不少御用学者和政客,闻风而动,"支那非国论""满蒙非支那领土""满蒙日本生命线"等中国观、满蒙观论调,甚嚣尘上,为日本侵略中国东北摇旗呐喊。最终把日本的"满蒙观"发展为侵华行动的是日本政府和军部,起先导作用的是关东军,其推动者则是关东军的骨干参谋石原莞尔和板垣征四郎,他们的对华认识和"满蒙观"颇具代表性,是日本发动九一八事变的思想基础。石原莞尔认为,中华民族尚缺乏建立近代国家的能力,满洲应由日本拥有和"治理"。他还认为,日本国土面积小,资源匮乏,必须占有和"开发"满蒙,这是日本打赢世界最终战争的根本唯一途径,满蒙就是日本的"生命线"。石原的"满蒙生命线"论与日本军部分离满蒙、侵略东北的方针相一致,大受军部欢迎,很快成为其向中国东北扩张的主要理论依据。

日本发动九一八事变还有一个重要的认知要素,那就是反共反苏的需要。从国体看,日本实行的资本主义制度,保护私有制,反对以否定私有制为宗旨的共产主义思想和制度。而在共产国际帮助下成立的日共的政治纲领是要开展无产阶级革命,推翻天皇专制制度,这自然是日本统治者所不能容忍的,日共一成立就处于非法状态,共产主义者及活动屡屡受到镇压。由于日本的共产主义运动受苏联主导的共产国际的指导,加之苏联第一个五年计划完成后,国家实力大增,日本担心其南下满蒙,威胁日本安全。日本统治集团认为,要阻断来自苏联的共产主义的渗透和"威胁",控制或占有满蒙尤为重要。把满蒙建成抵御共产主义的桥头堡,成为日本政府、军部和右翼势力的一致目标。此外,满蒙也是日本北进侵苏的主要通道和基地,日本从来也没有放弃北进的企图。关东军认为,"领有满蒙"具有防止苏联威胁,防止"赤化"隔离带和北进基地的多重功效,日本应先下手为强,夺取满蒙。

九一八事变的直接发动者是关东军,但真正酿成这一重大历史事件的是日本国家错误的对外认知逻辑。日本本位的国际秩序观、"满蒙权益论"和反苏防共意识,构成了"一战"后日本对外认知的核心。而这三大认知逻辑的交错和合流,正是造成九一八事变爆发的深层原因。

(该文原载于《社会科学辑刊》2021年第4期,收入本书时做了适当修改)

# 日本制造业数字化转型发展战略

马文秀　高周川[*]

2020年全球蔓延的新冠肺炎疫情对日本制造业造成巨大冲击，日本企业传统的管理模式和业务模式均遭受重创，以往建立的高效的全球供应链体系被阻断，传统优势的匠人技术也面临很大风险。在此背景下，日本政府提出必须加强企业灵活应对环境急剧变化的自我变革能力即动态能力，重建一个"高效+经济安全"的韧性供应链体系，而数字技术对增强企业动态能力具有无比突出的作用，数字化转型是制造业应对环境变化、增强企业国际竞争力的强大武器。为此，日本政府实施了制造业数字化转型战略。

日本制造业数字化转型中面临着一系列困境，主要表现在以下几方面。一是工程链和供应链数据流动不通畅，工程链方面存在产品设计没有组织良好的物料清单以连接到制造部门和数字化延迟问题、对工程设计重视不够、人才短缺问题严重，供应链方面存在规划层按部门划分相互协调不够、执行层运行不佳、数据使用未普及、信息技术和操作技术未连接，控制层存在诸如不在制造现场收集数据、垂直划分每个过程、缺乏劳动力和设备机器老化等问题。二是数据收集和利用工作滞缓，数字化和数据利用还很不充分。日本现场数据的收集采用的是现场主导的从下至上方式，厂内进行数据收集的企业促进了生产现场合理化和生产效率提高，但还远远没有达到"基于商业模式变革而产生新型附加价值"。三是企业技术债务负担沉重。制造企业的旧版系统难以处理运用大量数据，维护和操作系统的成本使技术负担沉重，约70%的企业认为残存的遗留系统成为日本制造业数字化转型的绊脚石。四是制造业IT投资用于商业模式创新的较少，占比仅有10.5%，主要用于提高业务效率和降低成本的占比为78.7%，用于提供新产品与服务的占比为10.6%。五是数字化人力资源缺乏，突出表现在IT人才短缺以及具备系统思维和数学能力的人才不足。IT人才缺乏制约着日本IT产业的发展以及其IT与制造业深度融合；具备系统思维的人力资源不足制约着日本制造业部门之间的充分合作，而制造业部门之间的合作不充分又进一步阻碍着系统思维所必需的团队合作或共同创建；日本的年轻数学家进入企业的占比较少，虽然近年日本完成数学博士学位课程的人进入民营企业的人数占比逐渐增加，从2013财年的4%上升到2018财年的19%，但占比

---

[*] 马文秀，河北大学日本研究所教授，博士生导师；高周川，河北大学日本研究所博士研究生。

仍然偏低。美国2015—2016年该比例为30.2%。

针对上述问题，日本政府采取了强化工程链的设计力、制造现场活用5G等通信技术和加强数字化人力资源保障三大策略，力图通过制造业数字化转型实现工程链和供应链的无缝连接，搭建全新的生产模式，提高企业灵活应对环境变化的动态变革力，保持和提升日本制造业的国际竞争力。

日本政府认为，以前日本制造业数字化只专注于供应链，致使工程链设计的数字化延迟成为日本制造业的致命弱点。为此，日本政府加快推动制造业数字化转型战略特别强调强化工程链设计，通过设计能力的前端装载、部门间以及企业间的数据协作、加快建立虚拟工程系统和活用材料信息学等措施来增强制造业的工程设计力。日本以生产现场力强大而著称，为了在生产现场最大限度地活用5G等无线技术，日本公共研究机构研究开发了无线平台，并携手民间企业成立柔性工厂合作伙伴联盟，加快制定日本工业设备连接、工业数据共享等方面的标准，促进技术标准化，实现设备、数据的兼容连接以及各种无线通信系统的协调控制。日本重视数字化人力资源保障，加强培养所有人的数字化力量，尤其重视系统思维和数学能力的培养。经济产业省实施"产学研合作数字制造核心人力资源开发项目"，培养制造业数字化转型所需要的工厂科学家和数据科学家；厚生劳动省开展应对第四次工业革命的职业培训，制定第四次工业革命职业培训指导老师应该必须掌握的新技能和技术专业能力的规定，使之更好地胜任第四次产业革命的职业培训工作；文部科学省实施"GIGA School 构想"（Global and Innovation Gateway for All），为培养数字人才打造良好环境，其目标是"为每个学生配备一台计算机"，在2023年前让所有中小学生都能用上可编程网络教学电脑。

制造业数字化转型发展是日本制造业增长方式的一次深刻变革，通过对制造业的工程链和供应链两个链条进行全方位、全角度、全链条的数字化改造，形成生产要素的全面协同，推动体系重构、流程再造、商业模式创新发展，将给日本制造业创造出新价值、新动能和新增长点。中国将把推进制造业数字化转型作为"十四五"期间数字经济与实体经济深度融合发展的重中之重，日本对制造业数字化转型的推进可为中国提供借鉴。

### 学界评价与反响

根据中国知网显示，截至2022年7月15日该文被引用16次，下载量达2532次。微信公众号"中国世界经济学会"于2022年1月5日全文转载该文。

（该文原载于《现代日本经济》2021年第1期，收入本书时做了适当修改）

# 新发展格局下 RCEP 签署与东亚区域经贸合作的中国策略

马 涛 徐秀军[*]

## 一、RCEP 签署对东亚区域经贸合作的推进效应

RCEP 的签署使得中日韩自贸区谈判会加速进行。中日韩 FTA 是一个长期谈判且尚未达成协定的议题。RCEP 的签署有助于打破美国意图将中国排挤出国际经济体系的做法，使中国更有能力与美周旋，抗衡其围堵。中日在 RCEP 框架内达成协定，说明双方在协定内容和条款上达成了一致意见，在一些敏感和攸关双方利益的条款上取得了谈判进展，中日韩可以在中韩自由贸易协定和 RCEP 协定内容的基础上进一步谈判。

RCEP 签署后中日经贸关系将取得突破。RCEP 的签署，表明中日韩在 RCEP 框架下达成了自由贸易协定，将会对中日贸易产生积极影响和重要的推动作用。中国、日本作为世界第二大和第三大经济体，在东亚地区的经贸联系更为紧密，彼此之间在一些产业和敏感领域需要展开坦诚的谈判，以积极和开放的态度扫清横亘在两国间的各种壁垒，以 RCEP 签署为契机早日达成中日自由贸易协定，对双方经贸发展和国家福利改善都大有裨益，也有利于全球经济的复苏。

## 二、新发展格局将放大 RCEP 签署的推进效应

国内国际双循环新发展格局的战略部署与 RCEP 涵盖的规则条款可以视为中国与 RCEP 成员国之间相互依赖的外部政策支持。一方面，RCEP 的签署将加快中国融入区域内和东亚地区的贸易投资流通，以此推动国际大循环的畅通运行；另一方面，中国加快形成的国内国际双循环新发展格局，通过改善国内生产、流通和消费等环节促进经济增长，以此推动中国更好融入区域经济一体化发展进程，可谓相得益彰。

---

[*] 马涛，中国社会科学院世界经济与政治研究所研究员；徐秀军，中国社会科学院世界经济与政治研究所研究员。

### 三、RCEP 签署对中国参与东亚区域经贸合作的影响

RCEP 对中国参与东亚区域经贸合作的积极影响。第一，在合作机制演化上，RCEP 签署之后，中国在东亚区域的经贸联系更具网络化特征。第二，在经贸领域，RCEP 签署对中国在区域内贸易投资创造，以及对整合和重构区域价值链将起到显著推动作用。第三，在地缘政治方面，RCEP 的签署，对于尚未加入 CPTPP 的中国而言，可以降低因美国重返并可能再次主导 CPTPP 所造成的经济政治风险。

RCEP 给中国参与东亚区域经贸合作带来的挑战。第一，RCEP 签署给中国参与区域经贸合作提出了更高水平的改革开放要求。中国需加大改革开放力度，更好适应水平不断升级的自由贸易协定和国内的自贸区建设进程。第二，RCEP 签署给中国通过参与区域经贸合作实现新发展格局下的高质量发展提出了更高目标。在新发展格局下，中国加入 RCEP 有利于形成以国内大循环为主、国内国际双循环相互促进发展的新格局。第三，RCEP 签署对东亚区域经贸合作的包容性发展提出了更高的要求。

### 四、新发展格局下中国推进东亚区域经贸合作的策略

第一，中国要处理好构建国内国际双循环新发展格局与促进东亚区域经贸合作的关系。中国要充分利用签署的 RCEP 协定，特别是运用好协定中的边界内措施，为协议成员国家的企业提供更加优质和高效的营商环境。中国新发展格局的构建也需要高水平的规则标准，以国内大循环推动国际大循环、以国际大循环带动国内大循环格局的形成。

第二，RCEP 签署将会强化东亚地区经济互联程度和区域价值链水平的提升。RCEP 协定的落实为地区国家创造了更加通畅的区域发展的外部条件，中国提出的国际大循环能够与改善的外部环境顺畅地衔接，以此带动国内大循环的发展。协定落实不仅减少了各种交易成本，也降低了相关制度性成本，使东亚区域互联经济不断拓展和强化。

第三，借助 RCEP 的签署，加快中日等双边自由贸易协定的谈判进程并推动尽早签署协定，以此提升东亚区域经贸合作的水平和广度。日本和韩国是东亚地区的发达经济体，已经签署的中韩 FTA 以及中日双边经贸关系的改善，能极大提升东亚区域经贸合作的质量。

第四，中日韩三国尽快推动中日韩 FTA 早日达成。作为东亚区域最主要的三个经济体，尽早建成自由贸易区对三个国家产业价值链发展大有裨益。中日韩自由贸易协定将是建立在 RCEP 框架之上的高水平、高标准的协定，对提升东亚地区产业链水平将会起到重要作用。

第五，中国应积极倡导各国在发展区域经贸合作的基础上，继续深化改革全球多边贸易体系。在 WTO 改革停滞的背景下，区域经贸发展阻止了全球贸易体系加速碎片化的进程，未来 RCEP 和 CPTPP 等区域贸易协定的成功经验将有助于 WTO 改革。

**学界评价与反响**

该文发表后被中国人民大学复印报刊资料《世界经济导刊》2021年第9期全文转载，同时还被收入中国人民大学复印报刊资料《外贸经济、国际贸易》专题2021年索引。该文主要内容得到学界同人的认可和引用。截至2022年6月，中国知网显示该文被引用9次，下载量达2400余次。其中，哈尔滨商业大学赵春江教授等发表在《东北亚论坛》的论文中引用了该文关于RCEP的相关数据；河南行政学院陈晨教授发表在《华南师范大学学报（社会科学版）》的论文中赞同该文提出的RCEP会对双循环新发展格局的构筑提供最具体和最务实的政策支持等观点；朱启荣教授等发表在《南方经济》的论文赞同该文提出的"RCEP成员间关税减让有利于降低各成员间的贸易成本，促使中国与成员国之间展开产业合作与转型，进而实现产业结构的优化升级"等观点。

（该文原载于《东北亚论坛》2021年第3期，收入本书时做了适当修改）

# 日本公司治理平成改革评析

平力群[*]

日本平成时期的公司治理改革可以分为两个阶段。其分界点是第二次安倍组阁后在日本再兴战略中提出的日本公司治理改革目标的转变。该文基于对日本公司治理领域存在的"重视股东"的表面原则与"重视企业"的真实原则的两面性的认识,在分别梳理平成公司治理改革的两个阶段中日本政府提出的公司治理改革方向及其相应配套制度的基础上,对日本的公司治理平成改革进行了分析与评价。

## 一、日本公司治理"重视股东"表面原则与"重视企业"真实原则的两面性

股东所有企业是盎格鲁—撒克逊型资本主义的中心特征。依据股东理论,公司治理机制是在公司财产权与经营权分离下,基于契约的非完全性,信息的非对称性,为确保经营者按照股东的意愿,实现股东利益最大化开展企业经营的保障机制。高水平的公司治理会约束经营者以实现股东利益最大化开展企业经营。

日本发展主义体现的是"产业化的经济学",在政府与经济的关系上则表现为官僚对经济生活的介入。发展主义意识形态中的支持弱化股东权利实践的生产者优先原则与倡导个体股东利益的自由放任的资本主义原则产生了矛盾。这一矛盾决定了在日本公司治理领域,同时存在着"重视企业(生产者)"的"真实原则"与"重视股东"的"表面原则"。

《商法》《公司法》诱因结构,也称激励机制(the structure of incentives)的构建,是要将法律所创造的诱因,放在产生最多利益的地方。日本立法者认为公司经营者是能产生最多利益(创造附加价值、提升企业竞争力)的主体,所以,在"重视企业"的真实原则支配下,《商法》《公司法》会将权力配置给公司经营者。日本公司治理平成改革第一阶段表现的推动"重视股东"的"符合国际标准"的公司治理改革目标与制度安排的部分脱节与矛盾,及第二阶段反映出的推动"进攻型"公司治理改革的政策逻辑缺陷,正是日本"重视股东"的表面原则与"重视企业"的真实原则在公司治理平成改革中的映射。

---

[*] 平力群,天津社会科学院日本研究所研究员。

## 二、对改革第一阶段的映射：重视股东的"符合国际化"公司治理改革的形式化

基于"重视企业"的真实原则与"重视股东"的表面原则，为提升日本企业的国际竞争力，满足国内外投资者对日本公司治理开展国际化改革的诉求，在经济体制改革、规制缓和的大背景下，日本《商法》修订与《公司法》法典化主要包括两大方向的制度供给。一是推动日本公司治理符合国际标准的制度供给，也可以认为是政策推动型制度供给；二是提升公司经营者控制权的制度供给，也可以认为是需求拉动型制度供给。

日本通过《商法》修改及《公司法》的法典化，在向国际社会传递日本公司治理正向重视股东利益方向改革信号的同时，通过法律的规定和实施法律手段的后果来调整公司股东与经营者的权力，并将权力配置给经营者，以平衡不断增强的市场治理，维持日本企业的"内部人控制"。在"重视股东"表面原则下的国际标准化改革与"重视企业"真实原则下的向经营者配置权力的结果是日本公司治理演化特征呈现形式趋同的确定性与实质性趋同的不确定性。

## 三、对改革第二阶段的映射：出台具有逻辑缺陷的"进攻型"公司治理改革政策

安倍第二次组阁后在《日本再兴战略》中提出将日本公司治理的改革目标从公司治理"重视'符合国际标准'的形式与'加强监督经营者'的'负面的减少'（防守型）"向"促进'企业的可持续发展'与提升'中长期企业价值'的'正面的增加'（进攻型）"转变，以激励企业提升盈利能力。

所谓正面增加的"进攻型公司治理改革"制度安排的实质是进一步将权力赋予经营者，提升经营者的自由裁量权，进而维持与强化"内部人控制"。"内部人控制"则恰恰是造成日本经营趋于保守的原因。基于"进攻型公司治理是将权力配置给经营者"，"将权力配置给经营者将有利于维持内部人控制"，"内部人控制导致保守型经营"，"保守型经营会降低民间投资"的分析，该文得出将"进攻型"公司治理改革作为"唤起民间投资"的重要政策措施存在政策的逻辑性缺陷的结论。

### 学界评价与反响

该研究既重日本公司治理的"言"，更观日本公司治理的"行"，既关注"是什么"，更关注"为什么"。对日本公司治理原则的两面性的认识，不仅有助于我们理解日本政府在公

司治理改革的第一阶段提出的公司治理改革目标与《商法》《公司法》修订的不一致性，及改革的第二阶段提出的通过推动"进攻型"公司治理改革"唤起民间投资的成长战略"的政策逻辑缺陷，还为解释我们在日本公司治理平成改革的两个阶段所观察到的上述现象建立一个兼容并蓄的分析框架，同时也有利于我们理解在日本社会开始普遍重视公司治理问题之前，日本政府通过推动构建非市场治理机制"形式化"公司治理机制，支持"内部人控制"所形成的日本公司治理实践的权力主体对商法规定的权力主体的偏离。认识日本社会"表"与"里"的两面性，对解释日本经济现象、企业制度、组织行为等的特征化事实具有重要的意义。

（该文原载于《现代日本经济》2021年第3期，收入本书时做了适当修改）

# RCEP 框架下的中日韩产业合作

刘 文[*]

RCEP 的一大亮点是首次在中日、日韩之间建立起自贸协定,将从多方面重构中日韩产业链。中日韩三国在一些产业中形成了长期互补性,RCEP 项下货物贸易的自由化将使区域内的贸易成本大幅降低,这将大幅促进中日韩三国间、三国与 RCEP 其他成员国之间中间品货物的进出口贸易,促进区域产业链的进一步融合深化。原产地区域累积将促进 RCEP 区域产业链、供应链的灵活配置,确立 RCEP 区域在全球产业链中与欧盟、美加墨自由贸易区三足鼎立的地位。服务贸易和投资开放将拓宽中日韩产业合作领域,统一的经贸规则和"软性义务"将优化中日韩在第三方市场合作的营商环境,随着 RCEP 落地生效,中日韩的投资在三国内部将更多地流向在 RCEP 中新增的和更加开放的服务部门,以拓展、优化产业链条,增进上下游产业的联动效应;而在外部,投资将流向越南、泰国等具有生产要素成本优势的东盟国家,以制造业的区域化投资布局推动三国产业链的升级。中日韩三国可以通过发挥各自的比较优势,在三方经济发展战略互补的同时,逐步实现与东盟"数字发展战略""工业4.0 战略"的对接,加强在高质量基础设施建设特别是数字领域的基础设施建设,以及大数据、5G 技术、生物医药、新材料、新能源等领域的合作,培育新的经济发展模式,为三国在第三方乃至第四方市场开展合作创造更多的可能性。

但是,中日韩产业进一步合作也面临诸多挑战。三国产业在相关市场可能面临互相竞争的局面。在工业领域中,三国在计算机、电子和电气设备、基本金属和金属制品、未分类的机械和设备以及运输和仓储行业均有较强的国际竞争力。而在服务领域中,日本在批发和零售贸易、机动车维修以及运输和仓储行业具有较强的国际竞争力;中韩在运输和仓储领域具有一定国际竞争力,三国在相关市场可能形成相互竞争的局面。日韩对技术进口和出口的限制制约了区域产业链的形成和升级。三国在第三方市场合作存在一定风险,第三方市场或第四方市场国情复杂,加之存在域外因素介入等不同层面的挑战与阻力,亟须开拓新兴战略产业,创新金融支持,形成新的产业合作模式。日韩与美国是政治军事联系密切的盟国,与中国则是产业链、价值链深度融合的邻国,日韩两国一直试图与中国发展出政经分离的国际关

---

[*] 刘文,山东大学东北亚研究中心副主任,山东大学商学院教授,博士生导师。

系,然而,"邻国"和"盟国"的局面不易平衡。因此,美国政策对RCEP框架下中日韩的产业合作将带来较大的不确定性。

为发挥中日韩三国在RCEP中的主导作用,三国应携手合作,充分挖掘RCEP带来的制度红利。推动各成员国按照协定实施承诺,降低贸易成本及商品价格,提高投资便利性,拉动经济增长,使区域内各国和消费者从中受益。应以RCEP为契机,重构中日韩间乃至亚洲的产业链,形成更为紧密的区域贸易投资和产业分工关系,进一步促进区域和全球经济复苏。尤其重要的是,三国应以RCEP为基础,推进一波三折的中日韩自贸区谈判取得实质性成果,积极促成"RCEP+"的中日韩FTA早日实现,并以此推动亚洲区域经济一体化发展进程。基于中国对RCEP的诸多承诺超过了对世贸组织和此前自贸协定的承诺,应高效快速推进实施工作。商务、海关和贸促会等部门通力协作,帮助进出口企业尽快了解RCEP原产地优惠规则和操作程序,帮助企业做好充分适应RCEP的准备。引导企业利用各国服务投资开放机遇,优化国内外产业空间布局。地方政府除了做好履行强制性义务的准备,还应将200多项"软性义务"作为营造营商环境的改革方向,各地可通过试点的方式,将"软性义务"作为内部的"硬约束",提升政策透明度和服务水平,打造公平公正、开放便利的营商环境。地方政府在制定中长期发展规划、构建产业链布局时,应关注RCEP实施对重构区域产业链的影响,通过精准培训和深度调研,使企业了解区域产业链供应链调整变化的发展态势,认识到RCEP给本地区和企业带来的机遇和风险,提升本地区内可能面临风险的产业及产品的竞争力,同时做好相关产业风险的预防评估和管控,在必要时对其提供补偿,完善救济体系。山东、辽宁等毗邻日韩的省份具有和日韩开展经贸合作的基础,其自贸试验区在加强与日韩的产业链衔接时,应发挥比较优势,采取差异化发展的策略,避免内耗,在贸易投资发展的同时优化自身产业结构。借鉴日韩经验,完善服务贸易、跨境电商等标准和统计体系,实现自贸区和自贸试验区双轮驱动下的高水平开放和高质量发展。

## 学界评价与反响

截至2022年7月6日,《RCEP框架下的中日韩产业合作》在CNKI被下载3990次,被引用16次。该文被中国国际贸易促进会FTA服务网、中国(山东)自由贸易试验区烟台片区《自贸综研》2021年第6期全文转载。该文还引起了相关部门和企业的关注,主要内容受邀参与中国贸促会国内首场RCEP培训"RCEP政策解读及利用培训班"(2020年12月15日在杭州),也于2021年、2022年在山东省烟台、威海、青岛、济南,青海省西宁等地组织的"RCEP政策解读及利用培训"的报告中进行了阐释。"RCEP框架下中日韩产业合作面临挑战及应对策略"部分内容被编入山东省哲学社会科学工作办公室《社科研究和智库成果专报》2021年第22期,获山东省领导批示。

(该文原载于《亚太安全与海洋研究》2021年第3期,收入本书时做了适当修改)

# 持久博弈背景下美国对外科技打击的策略辨析

## ——日本半导体产业与华为的案例比较

任星欣　余嘉俊[*]

文章在中美之间围绕科技创新和高新技术产业发展呈现持久博弈明确趋势的背景下，通过对美国 20 世纪 80、90 年代打击日本半导体产业和当前打击华为两个代表性案例的深入比较分析，一方面重新诠释了美国打击日本半导体产业的全过程并论证美国采取的是以"市场压缩"为核心的打击战略；另一方面指出美国对华为的打击很可能采取的是"技术限制协同下的市场压缩"策略，并在此基础上提出应对建议。文章的核心观点如下。

（一）美国自 20 世纪 80 年代开始对日本半导体产业持续 20 年的打击，是目前为止展示持久博弈之下美国行为逻辑和战略选择最典型的案例，对该案例的研究有助于分析当前美国对华科技压制的策略。就美国打击日本半导体产业案例而言，现有的三类观点——贸易争端、以半导体协议作为打击手段、扶持竞争者——并未准确理解美国的打击策略，无法解释美国如何使日本半导体产业全面溃败。作者通过对该案例的深入分析和重新诠释发现：美国对日本的打击，表面上将倾销和市场壁垒作为主要关注点，以协议的签订和执行为主战场，实际上真正的打击策略是"市场压缩"，即在日本企业具备技术领先优势和生产成本优势的背景下，极力避免与日本的市场竞争，转而通过胁迫压缩日本企业的市场份额，从而摧毁其生存基础。

（二）"市场压缩"策略的基本原理在于，对科技创新和高新技术产业而言，保有足够的市场份额是企业保持竞争力的基础所在，市场份额的快速减少将带来一场恶性循环：市场减少导致收入减少，进而导致研发投入被迫减少，然而在技术快速演进的竞争环境之下，高新技术产业需要大量的研发投入才能延续技术优势，因而当市场份额开始低于某一临界点，其收入已经不足以支撑足够的研发投入时，必然会导致技术优势的丧失，从而导致竞争实力下滑，而竞争实力的下滑将会导致市场份额进一步萎缩，如此循环，整个产业的市场份额将越来越低，直至完全溃败。这正是"市场压缩"策略的核心逻辑，美国打击日本半导体产业的案例对此给出了强有力的实证论证：从 1987 年到 1996 年，在美方胁迫之下，日本半导体产

---

[*] 任星欣，重庆大学公共管理学院助理教授；余嘉俊，重庆大学公共管理学院助理教授。

业的市场占有率快速收缩;更重要的是,尽管此后美方停止胁迫,但是日本产业的市场占有率并没有企稳,反而在上述恶性循环下继续快速下滑,最终几乎全面退出市场。

(三)当前美国对华为正在从短期打击转变为持久博弈。对策略选择和具体行动的分析表明,美国对华为的打击策略很可能是"技术限制协同下的市场压缩"。对美国而言,短期内卓有成效的供应链打击在持久博弈之下反而存在让对手变得更加强大的可能。因而在持久博弈的背景之下,美国很可能会将打击策略聚焦于不断压缩华为的市场空间,通过多种手段的协同,逼迫华为进入"市场空间缩小—企业收入下降—研发投入降低—研发团队被迫缩减—技术实力下降—市场份额进一步萎缩—最终全面溃败"的恶性循环,以此打掉整个产业和积累的技术实力,最大限度打击对手的科技创新和高新技术产业发展。同时,日本半导体案例证明,美国对外科技打击具有高度的持续性,历经三任总统、超越政党更替,其打击行动的底层策略并未发生明显变化。可以预见的是,美国对以华为为代表的中国高新技术企业的打击也很可能超越政党更替而持续。

(四)当前民主党治下的美国正在实现战略聚焦。在此背景下,中国的政策应对须深刻认识"技术限制协同下的市场压缩"在美国长期打击策略中的核心地位,一方面避免被美国抛出的一个接一个的表面议题误导,牢牢抓住美方的战略重心;另一方面在强调技术与供应链的同时,始终清楚意识到维持市场基础是解决供应链"卡脖子"问题的前提条件,否则,即使实现一个个关键技术的单点突破,也无法支撑整个产业体系的复苏。始终把"保障市场空间,尤其是国内市场空间"作为一项关键的应对措施,不被美方的各种手段误导,为中国的科技创新和高新技术产业发展守住必不可少的关键基础。

## 学界评价与反响

学术界对该文的应用和评价主要集中在以下几个方面。第一是文章指出在中美围绕科技创新和高新技术产业发展呈现持久博弈的明确趋势下,深入分析20世纪80、90年代美国对日本技术与产业打击的重要理论意义和现实意义。第二是在理论层面,文章提出美国对外科技打击的"市场压缩"策略,并且详细阐释了该策略的核心逻辑,对深入理解全球高新技术产业链的重要特征和大国在全球产业分工体系中的权力运作提供了新的知识增量。第三是在实证层面,该文对美国打击日本半导体产业这一重要事件进行了详尽的实证分析和全新的解释,对理解日本20世纪80年代以来的经济停滞提供了国际政经视角的思路。同时,文章对美国打击华为的过程进行了深入且结构化的实证论证。第四是在政策层面,该文提出了应对美国科技打击的几个要点,尤其是在当前关注点集中于"技术断供"和"供应链打击"的背景下,强调了"保障市场空间"的重要性。

(该文原载于《当代亚太》2021年第3期,收入本书时做了适当修改)

# 日本金融领域金融监管与竞争监管关系的演变

裴桂芬[*]

从世界范围看，20世纪70年代之前，金融领域金融监管和以反垄断为主的竞争监管存在着严重对立，金融监管机构和竞争监管机构的关系也难以协调。这是由于建立在信息不对称基础上的金融监管就是为了防止金融业过度竞争，一系列限制竞争规制排除了金融领域的自由竞争，在一定程度上认可垄断的合法性。在20世纪70年代经济自由主义政策影响下，金融监管和竞争监管的关系开始出现转变，但不同国家呈现不同特征。美国在20世纪50年代明确《反垄断法》适用于金融领域，60年代《银行并购法》确立了金融监管机构在金融业并购中的主导地位，其后虽然规定美国司法厅有权禁止金融监管机构通过的并购申请，但并没有改变金融监管机构主导金融业并购的现实。宽松的金融监管机构的并购审查导致美国在80年代储贷危机时就提出了"大而不倒"现象，到2008年全球金融危机后却出现了更多的"大而不倒"机构。金融危机之后出台的"沃尔克规则"试图解决这一问题，历经10多年的修订或豁免，2020年生效的"沃尔克规则"已经完全失去了预定的效力，历史的重演依然不可避免！

日本金融领域的金融监管和竞争监管关系呈现不同特征。"二战"后初期，日本在美国占领军主导下形成了严格的竞争监管和金融监管框架，伴随美国对日占领政策转变，直到20世纪70年代，日本金融领域才出现了竞争监管当局淡出、金融监管当局主导的局面。在日本高速经济增长时期强大的产业政策背景下，一方面是金融监管领域不断扩大限制竞争规制的范围或领域，保证各类金融机构为经济发展提供足够的资金；另一方面是竞争监管领域不断修订《反垄断法》以扩大金融业持股比例，逐渐放松各类卡特尔，为经济增长创造良好的环境，此时的竞争监管也成为高速增长时期产业政策的工具之一！值得一提的是，在金融并购的反垄断审查中，日本竞争监管机构一直保持很强的存在感。日本金融监管机构负责初审工作，《日本银行法》明确规定了金融监管机构开展并购审查的具体标准，日本《禁止垄断法》规定，对于一定规模以上的金融业并购，必须通过公正交易委员会审查。在金融业并购审查方面，日本金融监管机构和竞争监管机构基本保持良好的合作关系。

20世纪70年代日本金融自由化时期，自由竞争原则贯彻到《日本银行法》和金融监管法案中，1997年日本版的"金融大爆炸"几乎取消了所有的限制竞争规制，出现了金融监管

---

[*] 裴桂芬，河北大学经济学院教授。

竞争化趋势。同时，日本竞争监管机构密切配合金融自由化改革，主要包括公正交易委员会针对所有金融机构制定行动指南，协助业界制定竞争规约，对金融监管部门出台的各种规制开展公平竞争审查，为此还特别强化了公正交易委员会的审查和调查职能。这一时期日本的竞争监管和金融监管改革出现了手段的趋同性和目标的一致性，放松规制成为双方共同的手段，金融稳定成为共有目标。

全球金融危机后，日本的经济金融环境发生变化，并出现了金融监管转型，金融厅的金融监管重心从"维持金融体系稳定"转向"激发金融体系活力"，并试图建立规则监管和原则监管相协调的监管体系。竞争监管机构一改长期以来相对严格的并购审查政策，2020年出台了《禁止垄断法特例》，规定在未来10年内满足一定条件的地方金融机构并购不需经过公正交易委员会的反垄断审查，只需获得主管大臣授权的金融厅认可。这一特例的出台背景是2017年福冈金融集团旗下的亲和银行和十八银行的并购案件。公正委员会基于原有标准认为这一并购案不能获批，担心并购后出现过度集中现象，而金融厅提出的理由是2015年60%的地方银行出现亏损，而且地方银行之间的并购不会阻碍或限制竞争，同时还指出，公正交易委员会的企业并购审查标准存在地理市场认定偏误、忽视周边市场竞争压力等的问题。最后日本出台了《禁止垄断法特例》，放松了地方金融机构并购中的反垄断审查，再次彰显了竞争监管当局与金融监管当局的协调合作。

针对日本金融领域金融监管与竞争关系的研究，对中国具有几点启示意义。其一是金融业应该率先开展公平竞争审查制度。长期的行政垄断是影响金融业转型的重大障碍，严格的准入壁垒、干预存贷款利率破坏竞争、行业垄断等表现在金融结构、行为和绩效的诸多方面，这不仅成为竞争监管当局关注的焦点，也应该成为未来金融监管改革的方向。其二是秉持竞争中立理念，重构现代金融监管体系，将所有的金融活动都纳入监管，对于传统金融机构和互联网金融开展的金融活动一视同仁，从部门分业监管转向功能监管，根据金融业务性质制定统一的监管标准，消除监管真空和重复监管现象，提高监管效率。其三是将竞争监管当局的功能前置，构建全方位的金融业事前反垄断指南。2021年2月针对平台经济出台的《反垄断指南》，是中国涉及金融行业的首个反垄断指南，必将推动竞争监管当局针对所有金融业态制定行为规范或行动指南，督促金融机构将公平竞争原则融入经营战略，从源头上消除不正当竞争行为的发生，降低事后严重反垄断处罚对经济活动的负面影响。

## 学界评价与反响

根据中国知网统计，截至2022年6月底，该文的下载量为243次，暂无转载和引用信息。

（该文原载于《日本问题研究》2021年第4期，收入本书时做了适当修改）

# 日本依托区域经济一体化主导国际经贸规则制定权的战略分析

孙 丽 赵泽华[*]

为了依托参与并组建区域经济一体化组织来主导国际经贸规则制定权,安倍政府实施了以 TPP/CPTPP、RCEP、中日韩 FTA 等区域多边贸易协定为龙头,以日欧 EPA、日美贸易协定、日美数字贸易协定、日英 EPA 等双边自由贸易协定为两翼的区域经济一体化战略,力图使日本"成为在区域层面以及双边层面创造规则的国家"。

在依托多边区域自由贸易协定主导国际经贸规则制定权方面,安倍把完成 TPP/CPTPP 谈判当作实现在区域层面创造国际经贸规则这一国家战略目标的第一步,亲自为 TPP 谈判确定明确的谈判立场和战略方向,优先给 TPP 谈判提供充足的谈判资源。为了使 CPTPP 尽快完成谈判并尽早生效,安倍又灵活地采取了对 CPTPP 成员争议较大的国际经贸规则实施冻结的策略,以坚定的原则性与灵活性相结合的策略推动谈判进程。在完成 TPP/CPTPP 协定谈判的基础上,日本乘势推进 RCEP 谈判,"主导 RCEP 成为高标准的协定,扩大自由和公正的经济贸易圈"。通过推进 TPP/CPTPP 建设,以 TPP/CPTPP 规则为模板和标杆,既为 RCEP、中日韩 FTA 等谈判树立"规则标杆",又可为后续谈判积累经验,向谈判对手施加压力,企图通过其主导的高水平国际经贸规则,来主导中日韩三国 FTA 谈判,使中韩接受日本倡导的国际经贸新规则。

在依托双边自由贸易协定主导国际经贸规则制定权方面,日本依托追求经济利益和国际政治战略诉求的日欧 EPA,约束限制新兴国家、把握新国际经贸规则制定先导权的日美贸易协定,对全球数字经济产生重大影响的日美数字贸易协定,以及价值观和规则体系趋同的经济伙伴关系协定日英 EPA。日本的战略目的在于:一方面,可以形成日欧、日美、日英联手推进国际经贸规则制定的声势;另一方面,通过完成日美贸易协定、日美数字贸易协定谈判,表明日本的决心,实现日本"一洋战略"到"两洋战略"的战略调整,借此扩大日本主导国际经贸规则制定权的战略空间,达到其牢牢掌控主导国际经贸规则制定权先机的战略目的。

但日本与欧盟、美国、英国所构建的自由贸易圈所呈现的"高水平自贸规则",对中国

---

[*] 孙丽,辽宁大学国际经济政治学院教授;赵泽华,辽宁大学国际经济政治学院博士研究生。

来说是很严峻的挑战，这些高水平透明性贸易规则，只在发达国家之间相互适用，明显不符合中国的国情和发展阶段。如果中国被动或盲目接受，超过了社会经济所能承受的限度，则非但不能促进本国经济及科技水平的发展，还很有可能在新一轮科技浪潮中被发达国家利用其所拥有的优势地位，以看似公平、实则压制的新规则夺走更多利益，在贸易体系以及国际关系中被推向更加不利的地位。

日欧、日美、日英 EPA 的签订，也会增加日本在中日 FTA、中日韩 FTA 谈判中的筹码。日本势必会根据其战略需要，将知识产权、国内补贴和竞争政策等一系列高标准的国际经贸新规则引入中日 FTA、中日韩 FTA 谈判中，以此迫使中方做出更多更大的让步。美欧日联合声明中要求共同推动 WTO 改革，解决不公平贸易行为的指责，虽然没有公开指向中国，但其所指人们心知肚明。

同时，在对待以 WTO 为中心的多边自由贸易体制改革问题上，日欧与美国的立场相近，都试图快速推进改革，使得国际经贸规则的标准以及执行力度得以不断提高。而日美欧也清楚地认识到，WTO 的改革进程不会一帆风顺。在这种情况下，日美欧希望通过"巨型 FTA"的构建，主导国际经贸规则"高标准"的发展方向，大有架空以 WTO 为中心的多边自由贸易体制的危险。

围绕国际经贸规则制定主导权的争夺之所以成为当今世界国际经济竞争的制高点，是因为其实质在于全球经济利益的再分配，是国家间核心利益争夺的新形势、新领域。对此，安倍政府不但将国际经贸规则制定主导权的争夺作为其对外经贸战略的最高目标，而且采取了一系列措施积极参与，并取得了一些成功的经验。而日本争夺国际经贸规则制定主导权的经验对中国也具有重要的启发和借鉴价值。

首先，中国在大力推进 FTA 战略的过程中，应当主动试水国际经贸新规则，全方位地积累实施国际经贸新规则的经验，实现中国由国际经贸新规则制定参与者向国际经贸新规则制定主导者的快速转变，以此应对发达国家通过加快 FTA 建设，特别是巨型 FTA 的建设，极力推行高标准的国际经贸新规则、重塑全球贸易规则体系对中国带来的严峻挑战，以此为有效提升中国在国际经贸新规则制定中的话语权提供支持。

其次，欧美日将在美国的推动下另起炉灶，试图构建新的贸易规则，建立"超级自贸区"，以美国为首的西方发达国家自然成为这个新秩序的缔造者和领导者。超级自贸区一旦建成，将大大削弱 WTO 的地位，非常不利于广大发展中国家。中国应积极推进 WTO 改革，坚决维护多边贸易体制，以防全球劳动分工体系和自由贸易体系被美国打破。

最后，面对国际经贸新规则制定带来的巨大挑战，中国政府审时度势，通过自由贸易试验区的建设，对围绕国际经贸新规则出现的新情况、新挑战进行战略性压力测试和风险测试；对标国际经贸新规则推进制度创新，为中国构建全面开放新格局积累成功的经验。

## 学界评价与反响

文章在深入研究日本如何把争夺国际经贸规则制定权作为其对外经济战略的最高目标的基础上，从政治、经济、国际关系以及国家战略等多个维度，对日本"成为在区域层面以及双边层面创造规则的国家"的战略部署进行了创新研究。文章通过阐述日本争夺国际经贸规则制定权给中国带来的影响，有效总结了对中国具有的重要启发和借鉴价值，从而有针对性地提出应对日本争夺国际经贸规则制定权的中国策略。《日本依托区域经济一体化主导国际经贸规则制定权的战略分析》实现了学术观点的创新和突破，也为获得国家社科基金区域国别重大课题打下基础。

文章被《日本构建面向全球高标准 FTA 网络的特点与动因》《RCEP 在推动东亚区域合作中的作用与新课题》《日欧 EPA 对中国获取国际经贸规则重构博弈主导权的影响》《新形势下区域经济一体化对国际贸易发展的影响》《战后日本参与国际秩序建设的制度战略选择》《欧亚经济联盟对外自由贸易区建设研究》以及《国际经贸规则竞争与日本主导 CPTPP 的动因探析》等文章引用，学术观点得到学界的认同。

（该文原载于《现代日本经济》2021 年第 1 期，收入本书时做了适当修改）

# 日本的全球自贸战略及其展望

陈子雷[*]

2012年，安倍在第二次出任首相以后，出台了最大的经济刺激计划——"安倍经济学"。"安倍经济学"的主要核心是推行量化宽松的货币政策、机动灵活的财政政策和增长战略。其中，自贸战略是增长战略的重要组成部分。

从安倍前政府的自贸战略部署来看，其目标是完成大型自贸区的"组网"任务。在安倍任内，日本先后签署了日欧经济伙伴关系协定（日欧EPA）、日英经济伙伴关系协定（日英EPA），以及日美货物贸易和数字贸易双协定。其中，日欧EPA和日英EPA完成了日本和欧洲自贸区的对接，从而形成横跨亚欧的大型自贸区。日美货物贸易和数字贸易双协定的签署，完成了日本与北美自贸区的对接，形成了横跨亚美的大型自贸区。同时，在美国特朗普政府退出"跨太平洋经济伙伴关系协定"（TPP）的情况下，日本主导剩余成员国成功转型，完成了"全面且先进的跨太平洋经济伙伴关系协定"（CPTPP）的文本调整，为日本优化海外产业链布局创造了有利条件。

透过日美双协定看日本的战略目标。在《日美货物贸易协定》（TAG）方面，日本以TPP协定为防守利益，对美国开放了部分农产品市场，作为交换，日本以空间换时间，诱使美国延缓了对日本进口汽车加征关税的计划。在《日美数字贸易协定》方面，该协定所追求的目标是促进数字自由流动，构建国际新规则。从其开放水平来看，协定已经体现了"TPP+"，与美墨加自贸协定（USMCAFTA）处于同一个水平。从本质上讲，目前日本在数字贸易领域的竞争力优势并不明显，但该协定却显示出日本以妥协换取美国的信任、试图追随美国确立全球数字贸易领域最高开放标准的战略雄心。

日欧EPA和日英EPA的对比分析。虽然日欧EPA和日英EPA的签署形成横跨亚欧大型自贸区，但是通过对日欧EPA和日英EPA的对比，可以看出两者之间主要存在的相同点和不同点。从两个协定的相同点来看，协定的聚焦点都在汽车和农产品进出口方面，这也是无论日欧还是日英都最为关注的领域。因此，这部分协定条款在日欧和日英之间并无多大差异，两个协定都规定在2026年欧盟和英国必须撤销对日本产汽车的进口关税。作为交换，日

---

[*] 陈子雷，上海对外经贸大学日本经济研究中心主任，教授。

也对来自欧盟和英国的 25 种农产品设定关税优惠进口额度；从两个协定的不同点来看，日英 EPA 围绕数字贸易达成的共识，实际上是基于对以数字贸易自由化为首要原则的美国标准的实践和运用，这与欧盟主张保护消费者权益的首要原则形成较大的反差。因此，日英 EPA 的签署，意味着在发达国家中形成了美日英和欧盟两种不同标准。

日本有关 TPP/CPTPP 的战略目标。在美国退出 TPP 以后，日本虽然成为全球贸易高水平开放规则的主导国，但由于美国的"缺位"，使这一协定象征性意义远大于实际价值。因此，自 2017 年以来，日本首先致力于引导美国重返 TPP/CPTPP，并通过日美货物贸易协定的签署，为日后美国重返 TPP/CPTPP 创造了条件。其次是日本考虑通过扩容成员国的方式，吸收域外国家英国加盟 TPP/CPTPP。日英 EPA 的签署事实上为英国加盟 TPP/CPTPP 铺平了道路。

菅义伟出任首相后，在自贸战略方面将继承安倍政策思路，择机实施北美、欧洲和亚太三大自贸区的"联网"任务，寻求在 WTO（世界贸易组织）框架外构建自由化程度更高的跨区域的多边投资和贸易体系。因此，其首先从国内经济改革入手，普及推广数字自由化标准，加快向"数字立国"转型的步伐。其次，日本借助美国力量实现全球自贸区"联网"，高筑"防火墙"阻断中国与全球经济的相互融合。但是围绕 CPTPP 和 RCEP 两种贸易制度安排，使菅政府开始面临"两难"困境。打破这一困境的途径可以有三种方法：一是引导美国重返 TPP/CPTPP，进一步开拓美国市场；二是考虑在东亚地区扩容 CPTPP 成员国，最终完成 CPTPP 和 RCEP 的对接，整合和优化东亚产业链布局，进一步开拓中国—东盟市场；三是在区域内继续现状，保持两种贸易制度安排。无论作何选择，今后都将给日本的海外产业链战略布局带来很大影响。

## 学界评价与反响

《日本的全球自贸战略及其展望》一文是作者在其 2020 年度全国日本经济学会所作的学术报告的基础上提炼、修改而成，报告得到了与会专家学者的认可。近十年来，作者对日本的自贸战略进行了跟踪研究，在此基础上逐步形成了论文的核心观点。论文发表后，作者通过中国商务部、中国社会科学院日本研究所召开的专题会议形式，曾向相关领导和同行专家汇报了核心观点及相关政策建议，得到了大家的宝贵意见和建议。同时，通过中日双方的学术会议等形式，作者也与日方学者就论文主要观点展开了广泛深入的探讨，加深了双方的认识和理解，增进了共识。以上形式的学习和交流，不但使作者的学术观点获得了同行专家的认可，而且对作者今后更加深入研究和分析日本对外战略和通商政策具有非常大的帮助。

（该文原载于《现代日本经济》2021 年第 1 期，收入本书时做了适当修改）

# "振兴的机遇"与"失去的机会"

## ——美日竞争背景下美国的技术转移与亚洲经济体

### 黄琪轩[*]

20世纪80年代,日本的技术成长使美国的压力与日俱增。美国开始实施"通过亚洲打败日本"的对外技术政策。以电子产业为例,美国试图在亚洲建立一个替代日本的生产网络,将技术转移到亚洲经济体,用新的供应基地替代日本。在美国的重重压力下,日本电子产业遭遇严重危机。与此同时,其他亚洲经济体获得了难得的机遇。然而,同在亚洲、时段相同、技术来源一样,亚洲经济体利用美国技术转移的成效却差异显著。为何对一些亚洲经济体而言,这是一次"振兴的机遇";对另一些而言,则是"失去的机会"?该文指出,有两项因素发挥了重要作用,第一是技术落后者与技术领先者是否存在利益互补;第二是技术落后者自身是否具备技术能力。同时具备上述两项条件的技术落后者更可能抓住国际技术转移的机会。

"二战"后,日本对美国技术的利用形成泾渭分明的两个时期。在20世纪80年代中期以前,日本能有效利国际技术转移成果;而此后,日本则遭遇挫败。在80年代中期以前,日本的成功离不开两点:第一,此时日本和美国存在较高的利益互补。在冷战背景下,日本对美国在亚太地区的安全布局举足轻重。第二,日本早期工业化与技术努力为其积累了较强的技术能力。此时日本经历了一个有效利用美国技术,推动本土电子产业蓬勃发展的时期。美日竞争在20世纪70年代末80年代初逐渐加剧。到20世纪80年代,由于日本与美国的利益关系由互补变成竞争,尽管此时日本仍具备技术能力,但从美国获得的技术来源明显减少。这导致日本在电子产业等原本具备优势的领域,出现日益严重的困境。在1994年前后,美国的硅片和半导体材料等产业再度复兴,重新占据世界市场主导地位。

在20世纪80年代,港英时期的香港地区与越南同样未能把握住此次机会。港英时期的香港地区缺乏技术能力。与韩国、新加坡等经济体不同,港英当局一直坚持自由放任的产业政策。由于缺乏港英当局支持,香港地区电子企业规模偏小,由此带来企业存续时间短、技术劳工匮乏、研发强度较低等问题。香港地区企业在相关领域的技术能力远远不足,与竞争

---

[*] 黄琪轩,上海交通大学国际与公共事务学院教授,上海市创新政策评估研究中心高级研究员。

对手差距越拉越大。缺失技术能力最终导致"失去机会"。

与此同时，越南也错失良机。这是因为此时越南既与美国存在利益竞争，自身也不具备技术能力。1975 年，美国从越南撤军后，仍在很长一段时期里将越南视为竞争对手。美国对越南的禁运持续到 1994 年。同时，越南的工业基础差、起步晚，又遭到战争破坏，严重依赖中苏的外援，致使此时越南的技术能力非常低。在亚洲经济体纷纷发展电子产业时，"双缺失"的越南的相关产业几近空白，错失良机。

这一时期的中国大陆是有效利用国际技术转移的典型案例。这在很大程度上得益于两点：其一，20 世纪 70 年代后的很长一段时期，中美两国有较强的利益互补。美苏竞争迫使美国需要提升中国的技术水平来应对苏联威胁；美国还需要中国加入其亚洲生产网络，化解日本的竞争压力。其二，中国具备较高的技术能力。自"一五"计划开始的新中国工业化努力，包括北京电子管厂、上海交通大学等企业、院校的技术尝试，让中国积累了技术能力，使得中国借鉴国外技术的速度和深度都是世界一流。因此，中国的电子产业在这一时期快速发展。到 2017 年中国已成为与美国、德国并驾齐驱的全球三大信息通信产业生产和消费中心。

鉴于利益互补是技术分享的前提，未来中国对外技术合作的战略环境会出现重要变化。中美竞争加剧使未来中国难以依靠来自美国的技术。在坚持自主创新的同时，中国获取国际技术的重点会相应转变，从高度依赖美国转向技术来源多元化。此外，鉴于技术能力是技术吸收的基础，在迈向"中国创造"的同时，中国仍需保留足够强大的"中国制造"。中国需要一边制造，一边积累技术经验，锻炼技术能力，方能在未来世界大国技术竞争中具有足够的回旋余地。

## 学界评价与反响

该文发表后，截至 2022 年 7 月，中国知网下载量达上千次。政治学评介、国关国政外交学人、上海全球治理与区域国别研究院等网络平台对该文进行转载。在 2021 年北京大学国际关系学院举办的"第七届学术创新工作坊"上，中国人民大学李巍教授指出："该文将美日竞争时代的比较历史分析与大国技术竞争理论有机融合，是国际政治经济学中技术议题的重要探索。" 2021 年兰州大学政治与国际关系学院、吉林大学行政学院联合举办的"中国周边安全新态势：挑战及其应对"研讨会上，南京大学毛维准教授指出："该文关注日本等国家和地区电子产业兴衰成败，将国际安全、比较政治经济、国际政治经济多领域成功整合到一个分析框架，是学科交叉对话的有益尝试，有理论，有历史，也有重要政策意义。"在 2021 年山东大学举办的"山东论坛：东亚命运共同体"会议上，山东大学李振教授指出："该文融合技术史与美日竞争时代的国际关系史,在寻找国际技术转移因素时,成功打通国际与国内层面的区隔。"在2021年中共中央对外联络部研究室、同济大学联合举办的"百年变局与中国特色大国外交"研讨会上,上海国际问题研究院研究员鲁传颖发言指出:"该文有历史,有理论,对理解当前中美技术竞争有积极的借鉴意义。"

(该文原载于《世界经济与政治》2021年第12期,收入本书时做了适当修改)

# 基于 RCEP 推动中日经贸合作的新思考

施锦芳 李博文[*]

文章指出，RCEP 签署对推动中日经贸合作具有重要现实意义。2020 年 11 月，中国、日本、韩国、东盟、澳大利亚、新西兰等 15 国签署了 RCEP。RCEP 中文版共计 1.4 万页，由序言、20 个章节和 4 个市场准入承诺表附件组成，协定涉及货物、服务、投资、人员的自由流动等主要内容，具有全面性、先进性、包容性和互惠性等四大特征。

文章认为，RCEP 于中、日两国经济发展意义重大。一方面，RCEP 成员国是中国主要的贸易投资伙伴，协定的签署有助于中国稳定在东亚地区的经贸环境，并为中国经济增长赋予新动能。RCEP 的签署将倒逼中国在相关领域深化改革，探索国际上更高标准的贸易协定，提升中国在参与区域经贸协定谈判时的竞争力。另一方面，RCEP 成员国也是日本重要的贸易伙伴，近年来与成员国贸易在日本对外贸易中的比例呈现上升趋势。并且日本与 RCEP 成员国拥有深入的中间品贸易往来和紧密的产业分工关系，故 RCEP 有助于日本稳定对外贸易和深化产业合作。不仅如此，"二战"后至 20 世纪末，全球逐渐形成欧洲地区、北美地区及东亚地区这三大区域生产网络。进入 21 世纪后，生产全球化的推进使全球价值链和区域生产网络发生演变。与欧洲和北美相比，东亚虽然成为全球制造业中心，但却未达成一个统一的经贸协定。而 RCEP 整合了东亚地区破碎的经贸制度安排，同时涵盖了中国、日本、韩国和东盟等重要经济体，将为扩大中日经贸合作奠定基础，并有助于缓解外部不稳定因素对东亚地区产业链合作的冲击。

文章指出，中日可探讨从传统经贸规则、提升经贸规则、最高经贸规则三个层面充分巧妙运用 RCEP 条款，推动两国经贸合作的深化和拓展。第一，传统经贸规则层面涉及关税和非关税措施两部分。一方面，根据关税削减或取消条款和中日两国的关税承诺表附件，两国承诺在当年、10 年、15 年和 20 年不同年限之内分阶段降低进口关税；另一方面，贸易便利化以及原产地规则等非关税措施有助于中日两国扩大合作。第二，提升经贸规则层面涉及投资与自然人临时移动章节的相关条款，是对原先"10+1" FTA 中的规则内容的升级。这种升

---

[*] 施锦芳，东北财经大学东北亚经济研究院教授，博士生导师；李博文，东北财经大学国际经济贸易学院博士研究生。

级表现在投资便利化条款规定各国简化投资申请及批准程序，中日两国均采用负面清单模式对非服务业领域作出较高水平开放承诺，国民待遇条款较原先"10+1"FTA有所升级，自然人临时移动章节对人员自由流动做出规定等诸多方面。第三，最高经贸规则层面包括电子商务、知识产权、竞争和中小企业合作等议题，是向高标准国际经贸规则的学习与过渡。其具体表现在知识产权章节较WTO有所提升，东亚地区首次达成高标准电子商务规则成果，协定加强了消费者权益保护和竞争保护，并致力于建设服务中小微企业的信息与合作平台。

施锦芳和李博文基于上述条款，提出推动中日经贸合作的三点对策。第一，中日应抓住两国首次达成自由贸易协定关系的重要契机，利用关税削减或取消、货物放行和快运货物等条款进一步扩大货物贸易合作，并通过区域累积原产地规则和丰富原产地证书类型，巩固两国在东亚生产网络中的核心地位。第二，中日两国应基于投资便利化条款和负面清单条款中对非服务业领域作出的开放承诺，扩大双向投资合作，并且深挖在东盟这一重要第三方市场的合作，通过寻求多赢实现"1+1+1>3"的效果。第三，中日在数字经济领域也有着互补优势和良好的合作基础，两国可以RCEP的电子商务章节为突破口，携手开拓数字经济和电子商务，并以RCEP下中国承诺放宽市场准入限制为契机，进一步围绕养老服务和养老产业推进合作。

综上所述，文章认为RCEP签署对推动中日经贸合作具有重要现实意义。未来，在RCEP框架下，中日两国有望在早日签署中日韩FTA并引领国际经贸规则制定、共建亚太命运共同体及参与全球治理等方面实现新的突破。

## 学界评价与反响

《基于RCEP推动中日经贸合作的新思考》一文刊发以来，受到学术界的关注，评价良好。截至2022年7月，该文在中国知网的下载数量累计超过1800次，并先后被《现代日本经济》《财经问题研究》《东北亚论坛》《对外经贸实务》《价格月刊》等中文核心期刊引用7次，被中国社会科学院研究生院硕士毕业论文引用1次。上述论文引用了《基于RCEP推动中日经贸合作的新思考》的相关观点，这些观点为进一步研究RCEP生效后的相关问题奠定了基础。

（该文原载于《现代日本经济》2021年第3期，收入本书时做了适当修改）

# 区域全面经济伙伴关系协定对中日经贸关系影响探究

刘 斌[*] 刘 颖

逆全球化的扩散和贸易保护主义的抬头对全球贸易发展带来严重的冲击,2020年新冠肺炎疫情的暴发使得全球经济增长进一步放缓。WTO改革一直未能取得重大进展,多边贸易体制面临前所未有的危机。在此背景下,区域贸易协定的日益深化成为20世纪90年代以来国际贸易领域的重要特征之一,截至2020年12月,WTO框架下的区域贸易安排累计达到562个,目前有效的有305个。2020年11月15日,东盟十国和中国、日本、韩国、澳大利亚及新西兰正式签署《区域全面经济伙伴关系协定》(RCEP),这是继CPTPP后签订的又一个国际贸易领域的标志性大型区域贸易协定,对于稳定多边贸易秩序意义非凡。

作为RCEP的重要参与方,中国和日本借此机会第一次建立起自贸关系,是中国自贸区战略的重大突破,为中日经贸关系带来了新的机遇。中国和日本作为东亚地区最大的发展中国家和发达国家,地理位置毗邻,经济发展阶段互补,此前自由贸易协定的缺失在一定程度上限制了中日双方经贸往来的深化。近年来中日贸易在波动中增长,中日双边贸易依赖程度不断增强,但新冠肺炎疫情加速逆全球化进程,暴露出产业链供应链过度集中的风险,各方对自身产业链安全性的考量大幅提升,对包括中日双边经贸关系在内的中国对外经贸往来形成一定的挑战。RCEP的签署有效解决了中日之间市场互惠开放水平较低的问题,能够有效地促进双方贸易往来,助力两国经济复苏和增长。

近二十年来,中国同日本的双边贸易在波动中整体呈增长趋势,一定程度上反映出中日双边贸易的密切程度不断提高。2000年以来,随着中国对外贸易规模的不断扩大,日本在中国对外贸易中比重不断下降,与之相反的是中国在日本进口和出口中的比重都在不断上升,一定程度上反映出中国制造能力和产业规模的不断升级加深了日本对中国的依赖程度。从当前中日双边贸易中产品类型的高度重合可以看出,中日双边贸易已经由改革开放初期的以产业间贸易为主逐步演变为产业内贸易,中国对日贸易的比较优势从纺织等劳动密集型产业逐渐向机电产品等资本和技术密集型产业扩散。

---

[*] 刘斌,对外经济贸易大学中国世界贸易组织研究院、国家对外开放研究院研究员。

从中日双边贸易变动看，RCEP 签订对中国对日进出口均会产生较为明显的促进作用。整体而言，中日之间多个部门出现进出口同时增加的情况，一定程度上体现了中日双边产业内贸易存在的普遍性，也反映出中日双边贸易关系的紧密程度。整体而言，RCEP 生效后对区域内贸易以及中日双边贸易的促进效果在进行关税减让的多个部门均有所体现。中国在纺织业的竞争优势仍旧稳固，在机电产品等工业产品制造上的竞争力不断提升。结合 RCEP 签署后对中国和日本贸易的影响，中国和日本在零食种植业、食品加工业、纺织业、轻工业和运输及通信业还存在很大的合作空间。

全球新冠肺炎疫情结束尚不明朗，经济复苏前景不容乐观。中国在控制疫情和恢复对外经贸往来方面表现良好，中日经贸合作是拉动日本走出经济"衰退泥潭"的重要外部力量。另外，日本同时是 CPTPP、RCEP、日欧 EPA 的缔约方，是连接全球主要区域贸易协定的节点国家。在当前全球生产分割区域化特征凸显的背景下，中日深化双边经贸往来是中国强化产业链韧性、提升价值链地位的重要渠道，RCEP 的签署有利于进一步稳定和扩大中日之间的经贸往来，给中日双方实体特别是日本企业克服疫情挑战注入了一针强心剂。鉴于此，中国在 RCEP 生效后应积极推进中日韩自贸区谈判进程；推进中日规则对接，推进加入 CPTPP 谈判；扩大双边政治互信，携手共克时局难关；抓住技术升级机遇，优化经济贸易合作结构。

## 学界评价与反响

RCEP 作为 15 个国家共同签署的高水平自由贸易协定，涉及关税减让、外资准入、通关便利化、电子商务、知识产权保护、促进中小企业发展等多个议题，有助于打造地区经贸合作新增长点，深化东亚区域经济开放融合。作为 RCEP 的重要参与方，中国和日本借此机会第一次建立起自贸关系，是中国自贸区战略的重大突破，为中日经贸关系带来了新的机遇，对这一问题的研究有助于更好地理解 RCEP 可能为中日经贸关系带来的深刻影响。该文探究了区域全面经济伙伴关系协定对中日经贸关系和两国各产业部门的积极影响，指出应加速国内 RCEP 批准落实，推进中日在贸易协定上的规则对接，扩大政治互信，升级双边投资协定，抓住技术升级机遇，从而推动经贸结构优化升级。正如其他国内有关 RCEP 的文献，该文侧重于研究 RCEP 对中国的机遇和影响，对 RCEP 签订后中日双方不同产业可能受到的影响和潜在发展趋势做出了整体判断。

（该文原载于《北京大学学报（哲学社会科学版）》2021 年第 3 期，收入本书时做了适当修改）

# 日本中小企业非研发创新政策支持体系研究

## ——以"机振法"产业政策体系为例

田 正[*]

日本中小企业发展在日本产业链供应链体系构建上具有重要作用,在日本制造业中中小企业也具有重要地位。非研发创新则是日本中小企业创新的重要组成部分。日本的中小企业非研发创新应包括以下几个方面,即技术引进、技术模仿、既有知识整合、企业间协作等。

在界定日本中小企业非研发创新概念的基础上,文章指出当产业政策支持中小企业非研发创新时,将提升其全要素生产率。日本通过实施产业政策,从间接的层面推动日本中小企业的非研发创新,进而提升了中小企业的全要素生产率,从而推动日本经济快速发展。日本在"二战"后经济发展的较早阶段,就已经开始实施针对中小企业非创新研究开发活动的有关政策。这些政策在一定程度上推动了日本制造工业体系的构建与完善,对于日本产业链供应链的发展起到重要的推动作用。

"机振法"产业政策体系在日本的中小企业产业政策中占有重要地位,对于日本产业链供应链现代化的形成发挥了不可忽视的重要作用,特别是对于日本产业链供应链形成具有推动作用,主要包括《机械工业振兴临时措施法》《电子工业振兴临时措施法》《特定电子工业和特定机械工业振兴临时措施法》《特定机械情报产业临时措施法》。"机振法"产业政策体系从1956年持续实施至1985年,其间经历多次法律政策修改变迁,但其政策措施存在一定的共性。一是制订计划,引导提升企业的生产技术和效率。申请接受政策资助的中小企业需要积极改善自身的技术和经营管理水平,以满足政府提出的计划要求,从而客观推动了中小企业技术引进、技术模仿、既有知识整合等非研发创新活动。二是推动实施共同行为政策,促进企业之间的合作。通过鼓励和加强中小企业之间的合作关系,能够促进技术转移、技术模仿等行为的深化,并促进中小企业之间的共同研发,提升产业链供应链水平。三是提供资金支持,为促进企业设备投资提供资金保障。日本"机振法"产业政策体系在推出制订计划、共同行为等政策措施的同时,还积极为中小企业提供融资支持,以满足中小企业的资金需求。

---

[*] 田正,中国社会科学院日本研究所副研究员。

日本中小企业非研发创新政策支持体系，通过促进设备投资、技术引进与模仿、企业间协作等非研发创新活动，促进日本机床、汽车零部件与电子零部件产业的发展，奠定了日本产业国际竞争力的基础，推动了日本产业体系的形成，在制造业领域，逐渐形成以大企业为中心、中小企业作为下包企业的产业体系。这一体系在20世纪80年代初最终形成，并成为日本产业国际竞争力的重要来源。此外，其还发挥了提升日本中小企业全要素生产率的作用。

"二战"后日本通过实施产业政策，推动大企业和中小企业合作，促进中小企业发展，使得日本涌现一批"隐形冠军"型中小企业。日本的经验为中国提升产业链供应链现代化水平提供了有益参考。一要注重推进中小企业开展非研发创新活动。二要综合运用制定计划、提供融资支持等方式培育"专精特新"的中小企业群体。三要促进企业间协调提升产业链供应链现代化水平。四要运用法律手段将政策措施的落实法制化、制度化。五要保持非研发创新政策支持体系的持续性和连贯性。

## 学界评价与反响

当前，日本经济研究界对于日本中小企业的相关研究还不够充分，该文章详细分析"二战"后日本中小企业非研发创新政策体系，探究其对产业发展、产业体系形成以及全要素生产率提升的作用，不仅能够补充日本经济研究界对日本中小企业发展以及中小企业政策的研究空白，并且对于当前中国提升产业链供应链现代化水平具有重要的参考价值。文章运用相关经济理论，深入总结和剖析日本"机振法"产业政策体系，探索日本中小企业非研发创新政策体系对中小企业非研发创新的促进作用，并给出对中国的启示，不仅具有一定的创新性，还具有很强的现实意义，有利于深化对于日本中小企业问题的研究。

（该文原载于《现代日本经济》2021年第5期，收入本书时做了适当修改）

# 日本车用氢能的产业发展及支持政策

陈英姿　刘建达[*]

日本是最早开始氢能研发的经济体之一，也是目前全球氢能开发和应用最全面的国家，从应用终端来看，车用氢能是氢能的主要发展领域，其中燃料电池作为氢能产业链的重要组成部分，其技术突破和实际应用决定了车用氢能的发展。与燃料电池技术结合的燃料电池车（Fuel Cell Vehicle，简称 FCV），作为日本车用氢能的最终产品化形式，在政府的大力扶持下发展迅猛。

从车用氢能全产业链看，日本车用氢能产业的发展包括从燃料电池研发到 FCV 生产等一系列核心价值链，扩展到氢能产业的上下游关系即上游制氢、中游储运和下游终端应用。日本在制氢阶段存在绝对的技术优势，氢源结构在全球范围内是最为清洁的。根据日本氢能源发展战略，日本现有两种主要制氢路线。一是直接从国外进口氢气或本国公司海外制氢；二是通过国内的可再生能源发电，最终形成"零碳"的电解水制氢。关于氢能的储运，一是从制氢站（国内或海外）运输至国内加氢站，日本在跨国和长途运输中使用最多的是液态氢运输。二是从加氢站到 FCV 中的储运。2020 年日本高压储氢的最新实验结果表明，日本氢气蓄能器设备的性能已大大提高，蓄能器容量由 648L 增长至 2448L，最大压力为 95MPa，充分达到日本最大注氢流量（最大 3600g/min），可以以更稳定的压力和流量提供氢气。

燃料电池作为氢能产业链的重要组成部分，其技术突破和实际应用决定了车用氢能的发展。燃料电池的制造成本方面，电堆中的催化剂、膜材料等的成本极高。根据 2019 年日本《氢能燃料电池战略路线图》显示的数据，当前日本的褐煤制氢仍然高达数百日元/标准立方米。氢能的终端应用是 FCV 的推广，在销售大类中归于新能源汽车的电动车分类。2018 年年末，电动汽车（xEV）在日本的市场份额约为 30%。2014 年、2015 年日本汽车行业的代表丰田公司及本田公司相继推出了两款 FCV，标志着日本燃料电池车行业的商业化开端。但作为传统交通运输载具的更新换代，FCV 的发展程度首先受到其生产成本的制约，而其中最为高昂的则集中在燃料电池系统和氢能储备器具。其次是配套设施建设不充分。FCV 推广中不

---

[*] 陈英姿，吉林大学东北亚研究中心教授，东北亚研究院副院长；刘建达，吉林大学东北亚研究院博士研究生。

可或缺的前提是日本的加氢站的普及和氢能网络的形成。日本经济产业省发布的数据显示，截至2018年8月，日本已有100个加氢站运营。2020年10月，日本加氢站新增至135座。但从区位布局角度来看，日本的加氢站全部围绕中心城市圈建立，外围的经济相对欠发达地区则数量稀少。

日本车用氢能的发展以政府为主导，最终形成了"政企学"联合推动的模式。日本以政府的战略指引为基础，鼓励大学的研发和技术突破，以补贴等经济手段为依托，运用经济刺激和部门协同等多项政策举措化解车用氢能产业发展瓶颈。首先是供给角度的优质氢源成本降低和固态高分子型燃料电池的研发；其次是需求角度的FCV商业化和加氢站的实际铺设与推广。这些举措最终在生产企业层面得到商业化推广。日本政府逐步明确了氢能在国家能源体系中的战略定位，进行了较早的产业发展布局。自1970年开始，日本一直致力于氢能和燃料电池的研发与推广。早在1993年，日本就开始实施对氢能源和燃料电池的基础性研究，并制定了推广氢能的初步时间表。2002年日本明确表示燃料电池是关键，并启动了由NEDO牵头，以丰田公司、本田公司等龙头企业为主导的研发项目。此后，日本新的能源计划和发展路线图相继出台。

日本通过经济刺激手段拉动氢能供需市场。其通过对加氢站建设进行补贴，激励私营企业部门建设加氢站，同时出台了FCV消费补贴。该补贴从FCV与基本电车价差出发，日本政府对FCV补贴2/3，地方政府补贴1/3，这意味着对于燃料电池车的市场溢价将不由消费者承担。在补贴政策推动下，2019年年底日本国内注册登记的氢燃料电池车已有3695辆，日本是世界上该类型汽车实际应用最多的国家。除政府对FCV的购置补贴外，税收的优惠也是日本政府扩大其需求、降低价格的重要手段。2019年10月开始，FCV的购买者仅需缴纳特殊绿化税，而且在首次车检后就将取消。几乎完全免税的税制优惠，将进一步降低消费者的购车成本，扩大FCV的市场需求。

## 学界评价与反响

《日本车用氢能的产业发展及支持政策》自2021年3月发表至今，被同领域学者下载817次，被引用8次，其中包括《现代日本经济》《经济界》《中国能源》等优秀刊物。该论文对日本车用氢能全产业链发展和支持政策等的分析，也被多次引用在山东大学、大连理工大学等的学位论文中，为工程学、能源学等相关学科提供了经济学分析视角，在地区特色经济发展的角度为同领域学者带来了氢能产业发展的国外借鉴。

（该文原载于《现代日本经济》2021年第2期，收入本书时做了适当修改）

# 后日美贸易摩擦时代日本的产业分流及其半导体产业衰退

刘 轩 纪雅琦[*]

20世纪90年代日本泡沫经济崩溃后,在日美贸易关系渐趋缓和的后贸易摩擦时代,以汽车产业和半导体产业为代表,日本产业界迎来了前所未有的产业大分流。与日本汽车产业强劲的国际竞争力和继续全球扩张相反,曾经不可一世的日本半导体产业极度萎缩并出现了行业性衰退。全文在比较汽车产业与半导体产业市场绩效的基础上,通过追踪日本半导体产业逐步衰落的历史轨迹,考察了日本企业内部创新体制的时代适应性和通产省计划模式的有效性,探讨了日本半导体产业走向衰败的根本原因。

该文结合日本汽车企业、日本半导体企业以及"尔必达"和东芝集团等企业兼并、重组的具体案例,并参考公司网站、Omdia、IC Insights 等渠道的官方数据,深入考察了20世纪90年代后日本汽车产业和半导体产业的发展模式和国家产业政策。日本从在《IMD 世界竞争力年鉴》中1992年排名第1位,到2020年下降至第30位;日本汽车产业从大举进军美国市场引发激烈贸易摩擦,到在泡沫经济崩溃后的长期萧条中依然保持强劲的国际竞争力;日本六大综合电机厂商从20世纪90年代初期排名世界前十位,且在DRAM领域市场占有率高达80%,到2010年时日本仅剩东芝一家排在前十名,足见日本产业大分流的历史轨迹。

在后日美贸易摩擦时代,日本之所以出现如此明显的产业大分流,日本半导体产业之所以严重衰退,从企业经营角度看,日本综合电机企业体制下的产业组织固化和过度重视暗默知识的内部创新模式,难以适应半导体产业水平分工和开放创新的时代潮流。在日本大企业集团管理体制下,特别是对于日本从事多元化经营的大型综合电机企业来说,掌握公司决策权的管理层根本无法有效应对变幻莫测和充满不确定性的半导体市场。"二战"后高速增长时期形成的成熟型大企业集团管理体制,虽然适应了汽车、机械、电子产品等大量技术积累型产业、行业的发展,但却阻挡了中小企业通过"破坏性创新"开拓新型战略产业、风险性产业的激进道路。

---

[*] 刘轩,南开大学日本研究院副教授,南开大学世界近现代史研究中心研究员;纪雅琦,南开大学日本研究院硕士研究生。

从国家治理层面看，长期以来形成的所谓"通产省项目"模式，尽管在半导体产业起步阶段，日本政府通过有效组织和精准计划，以"VLSI 国家工程"创造出"通产省奇迹"，但其后推动的各种国家项目却未能适应半导体企业的专业化、精细化分工发展。以通产省为中心的产业振兴政策和国家开发计划，无法有效应对高度不确定性且急速发展的半导体市场，一定程度上延误了日本半导体企业市场化开发创新的进程。

纵观日本半导体企业的发展史，日本的企业家、技术人员、政治家和官僚并非没有认识到急剧变化的半导体市场和技术，而是没有准确把握产业发展方向并从根本上实现根本性产业变革，而仅仅是采取传统的一贯式行动，墨守成规，令改革浮于表面，最终坐失了曾经的半导体霸主地位。当前世界正处于第四次产业革命的巨大变动中，日本半导体企业的行业性衰退告诫我们，如果墨守成规，一味抱守过去的成功经验，则难以跟上瞬息万变的时代步伐。伴随着 AI 时代的全面到来，人类社会的生产方式、生活方式必将迎来巨大变化，企业的创新方式、国家的产业布局也必将面临新的机遇与挑战。

## 学界评价与反响

该文属于"'十四五'规划专题研究：日本制造业转型升级的经验与教训"的相关研究成果。论文发表以来，被中国人民大学复印报刊资料《国民经济管理》2021 年第 6 期全文转载，目前有三篇学术论文转引（周观平、易宇：《全球产业链重构背景下中国制造业竞争优势分析》，《宏观经济研究》2021 年第 11 期；孙榕彬：《日韩经贸争端及其影响分析》，吉林大学硕士学位论文，2021 年；李先军、刘建丽、闫梅：《产业链优势重塑：各国破解汽车芯片短缺的举措及中国对策》，《当代经济管理》2022 年第 5 期），知网显示下载 616 次，在百度学术、知乎等门户网站均有转载。

（该文原载于《现代日本经济》2021 年第 2 期，收入本书时做了适当修改）

# 从产业层面看中日创新合作

丁 可[*]

日本和中国的企业创新模式和产业创新体系都有很强的互补性,中日两国存在巨大的创新合作空间,同时也面临诸多课题,需要认真思考。

具体来看,首先是企业的创新模式,中日之间的对比很明显。日本的企业擅长连续性创新,而中国企业的强项是颠覆式创新。日本企业针对生产率和产品的性能或者精度等起关键作用的长周期技术,比如半导体材料、精密仪器、机器人、机床等上游产业以及汽车、纺织、食品等传统行业,坚持反复试错、积累经验、寻求突破,实现了具有划时代意义的创新。这种持之以恒、精益求精的工匠精神,应该说是日本企业非常拿手的。反观中国企业,其更擅长颠覆性创新,在商业周期短、技术变化快且更容易被颠覆的创新领域取得了较大成功,最有代表性的包括互联网、大数据、人工智能以及云计算等数字经济及相关行业。要在这些行业取得成功,好的想法、活跃的企业家精神、庞大的市场、充足的资金以及快速的反应等都是必需的,包括中国在内的新兴国家正在经历这种发展模式,实现了高速经济增长。

其次,关于产业创新体系。日本的产业创新体系大致有三个特点,即国内本土创新企业主导,以大企业的中央研究所或者地方产业集群为基地,产业上下游所涵盖的创新主体以及产官学之间长期深入高质量协同发展。由此,日本在微观领域培育了大量隐形冠军,拥有自己的技术优势,这是日本的特色。而中国的产业创新体系,也是一个相对完善的系统,包括以强劲的全球联系为前提、高度开放的创新系统以及孵化基础科学成果的强大生态系统。

基于上述企业创新模式和产业创新体系上的互补性,中日之间有很大的创新合作空间,迄今为止也取得了不少成果。以二维码技术为例,二维码是日本汽车零部件生产商电装公司开发的,而在世界上推广开来的却是中国,现在全球每天有一百亿个的使用量。

最后,关于中日创新合作面临的主要挑战或者说课题,可以说是三个悖论或困难:一是开放的创新体系和逐渐严格的敏感技术管控之间的矛盾;二是大数据广泛应用和不断强化个人信息保护之间的矛盾;三是重视实现创新双赢的企业与受地缘政治左右的政

---

[*] 丁可,日本贸易振兴机构亚洲经济研究所研究员。

府之间的矛盾。中美之间的对立使这些矛盾进一步深化，但是作为世界第二大和第三大经济体，以及世界闻名的创新大国，中日一定会克服这些困难，为世界提供更多的创新成果。

（该文原载于《日本学刊》2021年第1期，收入本书时做了适当修改）

# 中日灾害意识比较研究

## ——基于神话的考察

### 熊淑娥*

灾害主要是指由暴风、台风、暴雨、暴雪、洪水、地震、山体滑坡、泥石流、沙尘暴、海啸、火山喷发以及其他异常现象等引起的对人类生命、财产和环境造成破坏的现象或过程。神话主要讲述的是有关神祇、始祖、文化英雄或神圣动物及其活动的叙事，它解释了宇宙、人类（包括神祇与特定族群）和文化的最初起源以及世间秩序的最初奠定。以自然世界破坏与人类秩序重构为基本主题的灾害神话，可以为追溯现代人的灾害认知谱系提供有效路径。

### 一、问题的提出

当前学界对灾害神话的研究主要聚焦在人类学、历史地理学、环境史学和传播学等领域，也有部分学者在跨文化领域做出了探索。具体而言，一是神话与灾害认识研究。二是灾害神话的自然和地理研究。三是灾害神话对地域文化、防灾减灾的作用研究。四是灾害神话的国际比较研究。现有研究对于从神话视角推进中日两国灾害意识的讨论具有启发意义。然而，这些研究较少关注中日神话中的灾害叙事、灾害解释逻辑和灾害意识的异同，并在此基础上结合灾害与两国自然地理和社会条件，进一步探讨两国民族心理和文化特征。

### 二、中日神话中的灾害叙事

有关洪水的叙事是世界范围内最广为流传的神话故事。大禹治水神话是中国最具代表性的灾害叙事。《山海经·海内经》记载："洪水滔天，鲧窃帝之息壤以堙洪水，不待帝命。帝令祝融杀鲧于羽郊。鲧复生禹，帝乃命禹卒布土以定九州。"滔天洪水改变了鲧禹时代的自然地理面貌，摧毁了社会秩序。大禹治水的功劳是既划定九州地理，又稳定先秦社会秩序。《山海经》中的灾害叙事精练而忠实地反映了灾害的自然与社会双重属性。

日本具有"神国"之称，神话也参与了其历史叙事。八岐大蛇故事是日本洪水神话的一

---

\* 熊淑娥，中国社会科学院日本研究所助理研究员。

个代表事例。八头八尾大蛇是龙神的化身,龙神据说是以龙的形象住在水中掌管雨水的神,发作时会给人类带来灾难。出云国肥河位于今日本岛根县斐伊川,奈良时代成书的《风土记》复原绘制的古地图显示,斐伊川自古以来就是一条容易泛滥的河流,上游流下的泥沙堆积抬升河床,频繁引发洪水,因此,在某种程度上可以说这是八岐大蛇神话形成的自然背景。

### 三、中日灾害解释逻辑的共性与特性

神话的灾害叙事与人类对灾害原因的认识有关。在认识水平低下的人类文明早期,神话是一种有效的灾害解释逻辑。众神冲突是中日神话对灾害原因的共同解释。中国神话中最为典型的是"共工怒触不周山"故事。在日本创国神话中,建速须佐之男命不愿意服从伊邪那岐命治理海原的安排,父子二神的冲突引发了一系列灾害。神话是人类童年时代的产物,希腊神话等西方神话也用众神冲突、天神发怒来解释自然灾害的原因,早期人类在对灾害做出解释时显示出共同倾向。

中日灾害神话的另一个共性解释,是把灾害原因归结为天或神对人类的惩罚,其中最为典型的是天灾观念。中国古代的天灾既可视为从天而降的自然灾害,也可被视为神灵施加的外部灾难,或者是违反天道规律的惩罚。日本的天灾观念与其神祇信仰有关,认为灾害是神祇作祟的结果,《古事记》《风土记》均有神祇作祟灾害的记载。

对于灾害原因解释,中日既有共性,也有各自特点。五行说是中国古代灾异的一个重要解释工具。自班固在《汉书》中创立《五行志》以后,天灾地变成为其主要内容。并且,用五行学说来解释自然异象,进而与国家兴亡联系起来的思考逻辑,一直为后世所继承。

日本古代对灾害原因解释的一个特点是,认为灾害与佛教行为有关。钦明天皇时期(539—571)佛教刚刚传入日本,灾害成为拥佛派的苏我稻目与排佛派的物部尾兴、中臣镰子等群臣的斗争借口。苏我氏祭佛时正值瘟疫流行,排佛派的物部氏指责其不当佛事行为带来了灾疫。当佛教在日本越传越盛,拥佛派占据上风时,事佛不勤、对佛不敬又成为灾害的新解释。

### 四、中日灾害意识比较分析

无论是众神冲突,还是天或神对人类的惩罚,把灾害理解为一种颠覆宇宙原有秩序、破坏人类生存环境的力量,是中日两国的基本共识。汉语和日语都有"天"的概念,两国的灾害观念也与对天的理解相关。日语"天"的基本字义是人的上方、上空,多数时候与"空"的字义相互重叠,主要区别在于是否指涉神域,即神的空间。日本全国各地分布着大大小小、祭祀对象众多的神社,其中有不少就是为了镇魂,也就是安抚怨灵而修建的,这些神社是日本灾害观念的一种独特表现形式。

灾害意识与灾害记忆是灾害文化的重要组成部分。当代中国民众信仰大禹的主要原因，是其治理水灾、恢复社会秩序的能力。日本信仰灾害神的主要原因在于惧怕其带来的巨大破坏力，以及相信"灾害神"也能转变为"守护神"。日本人渴望征服自然和接受被自然征服的矛盾心理是其民族精神的写照，也是日本灾害文化的特征之一。

## 学界评价与反响

《中日灾害意识比较研究——基于神话的考察》一文自公开发表以来，截至2022年12月29日，在中国知网已经被下载324次、被引用1次；被日本研究专业机构，如中国社会科学院日本研究所和天津社会科学院日本研究所等网站和微信公众号全文推送；亦被收录在2021年出版的《中日神话传说比较研究》一书当中。学界基本认为，在灾害频发的现代社会，该文运用中国和日本的神话资源来探讨两国灾害意识的异同，并进一步深究两国的民族心理和文化特征，既有一定的学术理论性，也具备一定的实践指导性。

（该文原载于《东北亚学刊》2021年第1期，收入本书时做了适当修改）

# 茶道的特质及其在日本文化中的角色

崔世广[*]

该文尝试把茶道放到日本历史的视野中加以考察，在探讨茶道的基本特质的基础上，解析其在日本文化结构中的角色，试图通过这样的研究，为重新认识茶道乃至日本文化的特性提供一个新的视角和思路。

茶道的始创者是村田珠光。珠光的茶道思想中有两点特别值得重视：第一，针对崇拜中国文物即所谓唐物的风潮，拥有想开发日本文物即和物的美意识，但是并不完全排斥中国文物，而强调外来文化与日本文化的融合；第二，在强烈的对比中发现新奇之美，即不成熟、弱小、无力、贫困、不圆满的美，并肯定其积极价值。这显示了足利义政时代的特征，反映了上流武家在战乱中逃避性的生活和心理。继承村田珠光草庵茶的是武野绍鸥。绍鸥活跃于绵连百年的战国时代，他以佗茶为茶道的理想，思考创作从4叠半到3叠、2叠半的小茶室。绍鸥佗茶的最大特色，是在品味豪华绚烂的各种名物之茶后所到达的无一物的境地，包含着激烈的两极对立的美意识。这说明绍鸥的"佗"在于享受富裕与简素的两极之间，鲜明地体现了当时上流阶层的心理状态和追求。

集茶道之大成的是千利休。千利休活跃于安土桃山时代，他的佗茶——茶道始终是在与权力相交涉的过程中发展起来的。利休在茶会的形式、点茶作法、茶道具、茶室露地、怀石料理等所有方面，都加以独创性的改进和完善，显示了现今茶道的典型。另外，他在茶室设置蹭口，以及建造2叠这样极小的茶室等，创造了具有很强的非日常性的茶道空间。桃山时代的文化风潮是创造新鲜而豪华的文化，展现了豪放、雄壮、华美、跃动的气象。而利休的茶道则是与时代潮流相对的另一极，志向于极端的空寂与闲寂。这反映了日本文化的两面性，即一方面是以能力主义为基础的激烈竞争社会，另一方面是脱离上述社会对寂静空间的渴望。利休作为长期生活于社会顶层，见证过极端豪华的人物，真正懂得上层阶级心理的两极需要，从而才能够成为集茶道之大成的大师。

在乱世中形成的茶道，具有以下几个明显的特质。第一，非日常性。茶道将"日常茶饭之事"的饮茶与日常生活明确区别开来，人为地将其设定为非日常性的空间，并由此形成一

---

[*] 崔世广，中国社会科学院日本研究所研究员。

种独特的文化和礼仪规范，这是茶道成立的一个重要前提。第二，社交性。茶道在武士大名、贵族和豪商等阶层流行起来后，其社交功能更为明显。茶道文化的这种社交性，其后被继承下来，成为今天日本社交文化的一种。第三，礼仪性。茶道有一套自成体系的礼仪规范。茶道的礼仪是全方位的，无论在主人与客人之间，还是在客人与客人，甚至在人与物之间，都有一套完备复杂的礼仪。第四，精神性。将日常生活的饮茶提升为茶道的，是其中的精神性因素。茶道以"四规""七则"等为宗旨，致力于情感的融合和精神的升华，但是茶道的精神性不是理论和说教，而是通过非常洗练的形式来诉诸人们的直觉和感性。

对茶道在日本文化中的位置与角色，作者尝试采用"日常"与"非日常"的分析概念来探讨。日本传统的日常文化，是以集团主义稻作劳动以及衣食住行为中心的。在日常文化之外，日本还形成了丰富多彩的非日常文化。这样的非日常文化又指向了两个方向：一个是以神道祭祀和祭礼为代表的方向，另一个则是以佛教仪式和仪礼为代表的方向。日本的诸多非日常文化，都会在这两个方向之间拥有自己的属性和位置。集团主义的稻作农耕是传统日本人的基本生活方式，因此与此相关程度高的非日常文化必然会成为非日常文化的主流。处于这一延长线上的节日庆典、体育娱乐、游戏舞蹈等文化活动，集中体现了日本文化的生命之美、运动之美，应该属于日本非日常文化中的主流。与此相对，受佛教出家、禅宗禅修思想影响的非日常文化，则属于日本非日常文化中的另一极，只能居于支流的位置。

这样来看的话，茶道其实属于日本非日常文化中的非主流的一极，很难将茶道这种带有半出世、隐遁性质的文化当作日本文化的代表，也不能将"空寂""闲寂"的审美意识视为日本人审美意识的主流。茶道虽然在日本文化中也占有一定位置，具有某种特殊功能，但上面对茶道文化的研究表明，如果不将日本文化的个别现象放到日本文化的整体结构中进行考察，就不能切实把握研究对象的实质。鉴于日本文化往往呈现两极性的结构特点，在今后的日本文化研究中有必要提倡超越"事实"而追求"真实"。

## 学界评价与反响

该文被"中国知网"全文下载超过1000次，并被"参考网"全文转载。

（该文原载于《日本问题研究》2021年第4期，收入本书时做了适当修改）

# 全球史在日本的兴起、实践及问题

康 昊[*]

全球史研究在日本的兴起，首先是来自欧美学术界的影响。一是 20 世纪 80 年代以后沃勒斯坦（Immanuel Wallerstein）"世界体系论"的影响；二是在沃勒斯坦之后贡德·弗兰克（Andre Gunder Frank）《白银资本》与彭慕兰（Kenneth Pomeranz）《大分流》两部著作的影响。彭慕兰"大分流"论对欧洲中心主义的批判则直接刺激了"全球史"一词在日本的盛行，促进了亚洲经济史和日欧比较研究的进展。

但相较于外因，日本开展全球史研究的内在基础更为重要。第一，斋藤修、杉原薰等人通过 20 世纪 70 年代以来的一系列研究，在日欧比较的视野之下，认为与西欧资源密集型、劳动节约型经济发展相对，东亚各国实现了劳动密集、能源节约型经济发展，斋藤修与杉原薰等的日欧经济比较研究与"大分流"模式相呼应，成为 20 世纪以后日本开展全球史研究的先决条件之一。第二，也即最为重要的内在基础是"亚洲间贸易论"及"亚洲经济圈"论的出现。其中滨下武志强调以朝贡贸易关系为基础构成的中国对亚洲关系、亚洲内纽带的重要性，重视亚洲历史的连续，注重亚洲区域内既独立又相互联系的朝贡贸易体系和区域经济圈。第三，20 世纪 90 年代以来的海域亚洲史和东部欧亚论的出现。欧美学术界对全球史研究方向的提出，是刺激日本学者关注全球史、开展全球史研究实践的外部刺激，但在全球史概念盛行之前，日本学术界的跨国界、跨区域互联及比较研究已有深厚基础，特别是对亚洲经济圈，对海域亚洲或内陆亚洲的研究成果及新理论、新研究范式的提出，为全球史概念在日本的推行扫除了障碍。日本的全球史研究是在其日欧比较研究、亚洲经济圈、海域亚洲史及东部欧亚史研究的扎实根基之上发展出来的。

全球史在日本的主要实践者有水岛司、羽田正和秋田茂等。归纳来说，日本学术界的全球史或新世界史设定的目标主要有三个：第一是破除欧洲中心主义，具体来说是通过对亚洲经济圈、亚洲商人网络、亚欧政治及经济比较的途径，通过已经较为成熟的亚洲史研究路径实现对欧洲中心主义的批判；第二是空间上注重广大区域的互联、相关性及跨地区联系的人与物的网络，追求去中心化的历史叙述，具体来说主要是对已有较深厚传统的亚洲间贸易及

---

[*] 康昊，上海师范大学人文学院世界史系讲师。

海域亚洲史研究进行延伸；第三是时间上注重长时段的历史叙述。在以上的目标设定之下，羽田正和秋田茂各自组建了全球史研究机构与学术团队，在国际合作之下开展了一系列的全球史实践。二者团队的学术成果可以主要分为三类：第一类是对全球史或新世界史研究的方法论进行探讨的著作；第二类是以全球史的视野开展的世界史编写实践（如《市民的世界史》）；第三类是以全球史的方法写作的具体研究著作。

日本与中国同为亚洲国家，在历史研究的方法和问题意识上有诸多共通之处。概括来说，日本的全球史研究有以下的特点：首先，日本的全球史研究者大多以亚洲视角的全球史构建作为基本的问题意识和目标；其次，日本全球史研究对亚洲视角的重视，与其近代以来的学科体系密不可分，海域亚洲史、亚洲经济圈、东部欧亚史等能够奠定日本全球史学科研究的基础，也是日本历史学学术传统的产物；最后，日本的全球史研究，特别是秋田茂等经济史学者，具有较强的现实关怀，其问题意识之一即寻找以东亚经济为牵引的亚洲经济快速发展的历史起源，解释20世纪70年代以后东亚经济奇迹实现的原因。此外，日本的全球史研究也存在一些不足。总的来说，全球史的概念和方法来源于西方，当前的全球史研究是按照西方中心的史学观念和西方意识形态塑造的，日本历史学界在进入全球史研究领域之后即意识到这个问题，将破除欧洲中心主义或西方中心主义作为日本全球史研究的主要目标之一。这一点与中国学术界是共通的。从这一点上讲，中日两国全球史研究的目标具有一致性，具备充分合作互鉴的基础。

## 学界评价与反响

该文被《新华文摘》2021年第15期"论点摘编"栏目转载，被多篇学术论文引用。

（该文原载于《新华文摘》2021年第15期，收入本书时做了适当修改）

# 中日应对人口老龄化问题的经验互鉴

冯文猛[*]

在人口老龄化这个领域,中日两国交流和合作的空间非常大,而且在这个领域不存在大的争议,中日两国无论是政府还是研究人员或者民间,应该都希望推进双方合作。日本已经是世界上人口老龄化程度最深的国家,中国的老龄化也在不断深化,老年人口规模全球第一,应对老龄化问题成为两国共同面临的问题。

"二战"后,中日两个国家分别经历了不同的人口生育高峰,中国是三次,日本是两次,生育高峰出生的人口现在开始进入老年期,自然造成了严重的老龄化问题。另外,从生育水平角度来看,中日两个国家在"二战"后都经历了从高出生、高增长到低出生、低增长的转变,由于具体人数和出生率不同,所以出现的时期也有所不同。按照国际惯用标准,一个国家65岁以上人口的占比超过7%为老龄化社会,超过14%则进入老龄社会,日本早在20世纪90年代就进入了老龄社会,而中国在"十四五"期间的2021年从老龄化社会变成老龄社会,未来老龄化趋势将更加严峻。

对中日两国进行比较发现:从进入老龄化社会的时间来看,日本是在1970年,中国是在2000年,晚于日本30年;从倍增时间来说,从老龄化社会发展到老龄社会的时间,应该说两个国家差不多,都是经过20多年完成了这一转变;老龄化导致人口结构变化,带来了劳动年龄人口的减少,但中日两国又稍稍有点差异,在日本备受关注的少子化问题,在中国刚刚有所抬头,未来中国也可能会走入老龄化和少子化并存的方向,应对生育问题在中国也正变得越来越重要。老龄化问题已经成为两个国家面临的共同挑战,都需要在各自制度环境下探求应对策略。

中国为应对老龄化而实施的政策,大致可以说经历了四个阶段,即计划经济时期、20世纪80年代对"老龄化"做出新的拓展、20世纪90年代出台法律为老年人提供保障以及2013年推进养老服务的全方位发展。2013年,中国进行的第六次人口普查详细数据出台,显示中国的老龄化比预想的速度快很多,国家开始全面应对老龄化发展。具体政策包括:(1)老年经济保障。中国为筹集财源做了一系列改革。(2)完善养老服务体系,为老年人提供生活照

---

[*] 冯文猛,国务院发展研究中心公共管理与人力资源研究所研究员。

料。中国以居家为基础，以社区为依托也进行了一系列政策调整。（3）老年健康服务体系。随着老年人护理照料需求不断增加，进入"十三五"规划期，中国开始推行医养相结合的老年健康服务体系建设，在90个城市做试点，医养结合机构超过4000家。（4）老年参与体系。近年来中国全力推进上述四个体系的建设，事实上这几个体系都在日本存在，中国在完善相关制度建设中也学习了很多日本经验。

最近，中国应对老龄化的举措主要集中在如下几个方面。一是使政策服务对象进一步完善，覆盖全人群。截至2021年，中国60岁以上的老年人已经达到2.67亿人，比日本总人口还要多一倍，居家养老、家庭养老将是中国未来发展的重点。二是从医养到康养，通过医疗服务提升健康水平，让更多老年人以健康状态度过老年时光。三是促进老年人的经济参与。这也是日本正在做的，我们向日本学习经验的同时，推进制度构建。四是探讨如何在新技术革命的背景下，将养老服务事业发展和产业发展相结合推进。围绕上述这些领域，无论在产业界还是政策界以及在大学、研究机构，中国和日本之间的交流都越来越频繁。中国政府和企业从不同的角度去学习日本，把日本的经验引进来；同时中国也在自己特殊的环境下探索如何为老年人构建良好的养老服务体系，有一些独特的模式设计，包括发展互助养老解决农村留守老人的问题等。

老龄化问题是中日两个国家都面临的共同挑战，而且这个挑战在不断深化。日本较中国更早面临这一问题，提供了好的经验和尝试，现在又面临新的问题；中国向日本学习的同时，也能反过来在一些领域提供自己独特的贡献。可以说，中日两国在过去有非常好的合作，期望未来在应对人口老龄化、构建老年友好型社会方面也能展开更深层次的合作。

## 学界评价与反响

人口老龄化当前已成为中国和日本面临的共同问题，由于进入时间更早，日本在这方面积累了更多应对经验，但中国由于人口众多，近些年在相关领域的推进也非常迅速。这篇文章简明扼要地对中日两国人口老龄化的发展态势、背后的原因以及应对机制做了对比，从中得出的结论为双方提供了极有价值的相互参考。

中日两国一衣带水，近些年同受老龄化问题之扰，对这两个国家在老龄化领域的进展以及应对策略进行对比分析，能够为解决人口老龄化这一人类面临的共同课题提供富有价值的参考。这篇研究以数据为依据，紧抓政策发展的关键所在，提纲挈领地进行了分析，能让人对这两个国家在人口老龄化领域的应对策略和努力方向形成清晰了解，为精准把握问题提供了直接支持。

在老龄化和少子化逐步交织在一起的当代，对比中日两国在人口老龄化领域过程相似但时期不同的发展变化,对把握未来中国的发展极有价值。对日本采取的具体策略以及效果进行分析,并结合中国近些年的政策发展进行比较,能够让我们更加明确今后中国在人口老龄化领域需要努力的方向,并提早对少子化这一影响深远的问题做出应对。

（该文原载于《日本学刊》2021年第1期,收入本书时做了适当修改）

# 中日韩三国居民主观幸福感比较研究

胡 荣 肖和真[*]

通过对中国、日本和韩国三个国家影响居民主观幸福感的各因素及其差异性的分析可知：（1）社会经济地位因素中，受教育水平对三国居民主观幸福感不具有显著影响；家庭经济地位对三国居民主观幸福感具有显著正向影响，日本尚未出现"收入—幸福"悖论；社会阶层对日韩两国居民幸福感有显著正向影响。（2）社会资本因素中，不同的信任资本对三国居民主观幸福感影响不同——政治信任对中国居民的主观幸福感具有显著影响，特殊信任提升了日韩两国居民的主观幸福感，普遍信任对韩国居民的主观幸福感也有促进作用；社会参与对中日韩三个国家居民主观幸福感不具有显著影响；公平的社会环境、良好的社会公平感知对三国居民主观幸福感都有显著正向影响。（3）经济因素对各国居民主观幸福感的影响力强于文化因素，文化传统带给人们精神慰藉的作用似乎已经没有强大到足以缓冲人们精神的失落，经济发展仍是影响居民主观幸福感的决定性因素。

## 一、文献回顾与问题提出

目前，主观幸福感的跨国、跨地区比较主要集中于宏观的经济、文化层面。大部分研究结果表明，经济的增长和主观幸福感之间存在正向关系。大部分学者通常采用国家的经济发展水平数值进行分析，但经济发展对幸福感的影响并不取决于他者的眼光，而是个体综合众多因素、对照不同参照所做出的自我评价。社会经济地位便是衡量的重要参照组。一般观点认为，社会经济地位较低的人面临更多的危机，更容易受到生活压力以及不可控生活事件的影响。反之，人们则更容易获得良好的生活环境，因而生活满意度更高。当人们认为社会上的其他人都比自己过得好的时候，他们对自己生活的满意度就会随之降低，并由此产生相对剥夺感。

为了保证主观幸福感的准确性，测量主观幸福感应同时包括认知和情感成分。因此，该研究对主观幸福感的分析基于情感和认知体验，表现了人们对现实生活的总体满意度与自身的价值取向。

---

[*] 胡荣，厦门大学社会与人类学院教授；肖和真，厦门大学社会与人类学院博士研究生。

## 二、数据与研究设计

### (一) 数据来源

数据来源于世界价值观调研查(World Value Survey,简称 WVS)第六波数据(2010—2014)里的中国、日本和韩国卷数据。

### (二) 变量设计

**1. 因变量**

主观幸福感(SWB),包括情感性评价和认知性评价。

**2. 核心自变量**

(1)社会经济地位(SES)

第一,受教育水平变量。

第二,家庭经济收入变量。

第三,社会阶层变量。

(2)社会资本(Social Capital)

第一,信任(Trust),包括社会信任和系统信任。

第二,交互性网络的概念可以转化为社会参与变量。

第三,社会规范概念转化为个体对社会公平的感知度。

**3. 其他变量与描述性统计**

社会经济地位因素中,中国平均值(6.19)最高,日本(6.04)次之,韩国(5.69)最低。各国大多数居民对自己家庭收入的满意度均处于5和8之间的评价,居于中等偏上的水平,说明各国居民普遍对自身的家庭收入水平是比较满意的。自评社会阶层依次排名为韩国(2.95)、日本(2.65)、中国(2.29)。中国卷和日本卷中大部分被访者认为自身位于中层或偏下的位置,中国卷中有超过半数人认为自己处于社会的中下层(下层21.1%,中下层32.8%);韩国卷中中下层与中高层以中层为中轴线呈相对匀称的分布态势,更符合"橄榄球"形态。

社会资本变量中,由高到低排列顺序为:韩国(2.06)、日本(1.88)、中国(0.55)。由上可知,各国居民的社会参与程度都比较低;社会公平感变量方面,中国(6.88)的社会公平感最高,韩国(6.55)次之,日本(5.25)最低。各国之间的社会公平感均高于平均水平,说明各国居民都比较认可当今社会对待个人的公平程度。

因变量自评主观幸福感变量方面,日本(2.51)主观幸福感最强,中国(1.88)次之,韩国(1.61)最低,但所有国家的数值均为正数,说明这些国家的居民对自身生活还是比较满意和充满希望的,主观幸福感居于中间偏上的水平。

### 三、数据分析与发现

从不同区域来看,三个国家居民的主观幸福感受到不同因素的组合影响。中国居民的主观幸福感主要受到家庭经济地位、政治信任和社会公平感的影响,家庭经济地位越高、对政府越信任、社会公平感越好的居民的主观幸福感越强。日本居民的主观幸福感主要受到家庭经济地位、社会阶层、特殊信任、社会公平感的影响,家庭经济地位越高、社会阶层越高、特殊信任越强、社会公平感越满意的居民的主观幸福感越强。韩国居民的主观幸福感主要受到家庭经济地位、社会阶层、普遍信任、特殊信任和社会公平感的影响,家庭经济地位越高、社会阶层越高、社会信任越高,对社会越感到公平的居民的主观幸福感越强。控制变量中,性别和自评健康状况因素对居民主观幸福感的影响显著,女性、健康状况越好的居民,主观幸福感越强。

由上可知,三个国家居民的幸福感的差异主要体现在信任因素上,日韩居民的主观幸福感较易受到社会信任因素的影响,而中国居民的主观幸福感则更多与政治信任相关。

### 四、结论和讨论

该研究的比较分析中,有几点发现需要深入思考和研究。

第一,由上述分析可知,家庭经济地位对中日韩三国居民的主观幸福感都具有显著的正向影响。

第二,不同的信任资本对各国居民的主观幸福感具有不同程度的影响:中国居民的主观幸福感与政府信任有着重要的联系;日韩居民的主观幸福感与特殊信任有着重要的联系;韩国居民的主观幸福感同时与普遍信任有着重要的联系。

第三,组织信任对东亚社会居民的幸福感不具有显著影响。福山曾通过对中国的研究发现,中国的国家和家庭在社会经济生活中的作用过于强大,而缺少调和二者关系的中间组织,中国是典型的低信任社会。由上述分析结果可见,无论是中国,还是东亚其他地区,社会成员的社会交往模式都有该种倾向,社会资本的质量不高。究其原因,可能是目前许多中间组织大部分是隶属于政府的一个部门和下属机构,缺乏足够的独立性,许多人只是将这些组织作为政府的一个办事机构,而不是居民生活的一个公共服务组织,进而对公众的幸福感提升没有产生作用。以上可以反映出,在全球化的今天,集体行动正在逐渐被个人行动带来的自我价值实现的满足感所取代,集体主义导向的幸福感正在走向个人主义导向的幸福感。

第四,公正平等的社会规范使得个人工具理性逻辑可以顺利运作,因此社会公平感知度对居民幸福感的促进效果显著。这是当今全球化进程的一个写照,该研究在某种程度上已经揭示了这种融合趋势。对于公平正义的追求,不仅是普通人合法权利的实现,也是现代社会努力寻求的社会目标。

综上所述，在东亚社会的居民评价幸福感的因素中，社会经济地位因素发挥的作用远大于社会资本因素发挥的作用，文化因素的作用已经没有强大到足以缓冲人们的精神失落，这促使人们在已有的基础上产生了更高的期望——期望通过自己的选择和奋斗取得成功，因此，自由、自尊和自我价值实现等内部动机比外部因素更能让他们感到幸福和愉悦，该研究在某种程度上已经揭示了这种融合趋势。

该研究存在以下两点不足。第一，该研究使用二手数据，对经济和文化因素的测量维度可能存在一定的缺陷，同时，由于每个国家的人口具有不同的特征，无法避免存在偏差。第二，该研究未能对各因素作用路径进行分析，因而无法有针对性地提出化解全球化时代下居民幸福感弱化问题的方案，这在后续的研究中有待进一步挖掘。

（该文原载于《南开学报（哲学社会科学版）》2021年第4期，收入本书时做了适当修改）

# 占领初期日本"文化国家"构想中的国权与民权论争

牟伦海[*]

关于第二次世界大战后(以下简称"战后")日本国家重建道路的选择,占领改革起源说无法解释和平色彩与战前体制延续的矛盾并存现象,即"帝国民主主义体制身影的再现"。究其根源,该观点忽视了战后日本国家重建过程中日本自身的能动性作用。事实上,早在占领改革正式开启之前,日本就主动率先提出了国家层面最初的战后重建构想——建设"文化国家"。但是,围绕"文化国家"是什么以及应当如何实践,在日本政界及思想界都存在着激烈论争,其本质是以延续近代"国体"为目标的国权立国论与以民众思想启蒙为理想的民权立国论之争。占领改革只是给日本穿上了民主制度的外衣,而决定战后日本重建的思想依然在日本自身。

国权立国论与民权立国论之争在占领初期日本政界体现为围绕"文化国家"构建的政见分歧。保守政治家关于构建"文化国家"的思想,在于功利性地利用"文化国家"的和平性,以彰显日本主动反省战争、爱好和平的形象,期望在获取占领当局好感的基础上,争取尽量宽大的占领改革政策。其本质是以延续近代日本"国体"为目标推动战后重建。而以片山、芦田为首的革新政治力量将"文化国家"定位于战后日本国家重建的终极目标与基本原则。最终,战后革新政治力量反思战争、走和平道路的"文化国家"理想,败给了保守政治家延续日本近代"国体"的"近代向往"志向。战后日本政治决策层在事关日本国家基本立场的标志性问题上的"保革对立"态势,在占领初期围绕"文化国家"构建认知的上述二元构造中已初见端倪。

占领初期日本思想界关于"文化国家"的论争,正是对上述政界倡导的"文化国家"中"近代向往"志向与"和平"理念二元并存现象的深层次剖析。在保守思想界,此论争以高山岩男、牧野英一的"文化国家"论为代表。战后的高山迅速展现了自我"转向"的姿态,积极倡导和平的"文化国家"理念。形式上对权力的服从与精神层面对日本中心主义的坚持是高山战后"伪装转向"的本质,其"文化国家"论正是这种"伪装转向"思想的集中体现。相比于高山,牧野英一在战后则毫不掩饰"近代向往"的志向,其"文化国家"论明确提出在重新解释近代体制的基础上推动战后日本国家重建。高山、牧野"文化国家"论的本质是

---

[*] 牟伦海,武汉大学历史学院、日本研究中心副教授。

以延续"国体"为目标的国权立国论。在深受高山、牧野等思想影响的自民党长期执政下，日本呈现为"进步的制度"与"落后的意识"二元并存的畸形社会。在进步思想界，关于"文化国家"的论争以南原繁、森户辰男的"文化国家"论为代表。南原提出，战后日本"和平国家"的终极目标在于"致力于创建人类社会最高贵理想的'文化国家'"，而这样的国家同时也是"国民之自由与权利不再有受蹂躏余地与危险的'民主国家'"，以及"消除了人与人之间专制与压迫的'自由国家'"。森户的"文化国家"论强调必须"以文化为最高原理"。即"政治、经济及军事皆置于文化最高价值之下并为其服务，而文化绝非政治、经济或战争的工具"。南原、森户的"文化国家"论则是对其战前反战反法西斯和平思想的继承与发展。但同时南原与森户的"文化国家"论之间也存在明显的差异性与分歧。这也是进步知识界内部思想凝聚力逊色于保守知识界，并难以与之对抗的原因。

作为日本战后最初构想的国家重建理想形态——"文化国家"，在其高度一致的表象背后潜藏着本质上不同的两条国家重建道路，即以延续近代日本"国体"为核心的国权立国论与以开启民众思想启蒙为核心的民权立国论。最终，国权立国论取得了绝对优势地位，成了主导战后日本重建的基本原则。但民权立国论也为制衡保守政治理念与思想发挥了重要作用。此外，国权立国论优势地位在战后的延续也表明，战后日本国家重建的起源是日本自身能动性选择及适应的结果。但无论是国权立国论还是民权立国论，其都仅停留在政治家的口号或知识分子的著述中，并没有在普通国民大众层面产生共鸣，而这是日本独有的"信仰权威"政治意识在战后日本社会延续的体现。

## 学界评价与反响

外审专家对该文的学术贡献给出了如下评价：研究战后日本史，特别是日本占领初期的历史，存在"日本向何处去"这样一个基本问题。论文挑取战后日本最初的重建构想——"文化国家"作为研究对象，从政治路线差异与思想观念分歧两方面，对战后初期日本社会的国权与民权论争展开了深入剖析。论文阐释了由美国主导的占领改革想要构建美式民主的民权至上的日本新国家，但最终"近代日本的国权立国观在战后成为主流"这一历史过程，努力解答了日本为什么最后走上后来的发展道路这一根本问题。论文选题新颖，逻辑结构严密，具有充分的理论和现实意义。文章观点鲜明，且能发挥史学政治思想史的长处，具有相当的研究深度。

此外，该文初稿获第三届中国社会科学院日本研究所举办的"日本研究青年学者论坛"三等奖，在正式刊出后，获中国人民大学复印报刊资料《世界史》2021年第11期全文转载。

（该文原载于《日本学刊》2021年第4期，收入本书时做了适当修改）

# 危机与批评

## ——近代语境下的大本教与红卍字会

孙 江[*]

如何安置宗教是中日两国在建设近代国家时碰到的共同难题。该文截取日本的大本教和中国的红卍字会进行比较,指出这两种民间宗教的出现蕴含了对近代的批判意义。不同的是,红卍字会倾向于普遍的社会救济,强调不参与政治,而大本教自诞生起即有明确的社会和政治主张。另外,日本和中国分别出现了从"近代"角度批判大本教和红卍字会的言论,大本教更是遭到了日本帝国政府的弹压。以 1923 年 9 月发生的"关东大地震"为契机,两个宗教团体迅速走在一起,展开了跨国境的民族主义的合作,但是,在帝国主义和民族主义的对立中,它们各自面临着无法超越的现实——近代政治的掣肘。

### 一、近代/危机

1923 年 9 月 1 日,日本发生了震撼世界的"关东大地震"。以赈灾为契机,大本教和红卍字会邂逅并建立合作关系,分别在彼此的国家展开活动。对于这段历史,以往鲜有研究,该文通过对二者的比较研究讨论宗教的近代意义。德国历史理论家科塞雷克(Reinhart Koselleck)在《批评与危机》一书中指出,"批评"(kritik)与"危机"(krise)具有同样的古希腊语(意为判断、裁判)和拉丁语(意为分开、筛)来源,意思是甄别、判断和决定。

作为新宗教团体,大本教和红卍字会的出现及其活动可谓对"近代"所意涵的"危机"与"批评"两义性反叙事。

### 二、作为批评的装置

大本教与道院—红卍字会形同而实异,在降身附体上,二者有相似之处,都强调通过神秘的体验和启示赋予当下活动以正当性,神仙是判断是非的基准。但是,二者的本质差异也是明显的。在社会批判方面,道院—红卍字会倾向于平等无差的救济,特别强调不涉党派和

---

[*] 孙江,南京大学学衡研究院教授。

政治；而大本教，从出口直到出口王仁三郎，社会政治主张不断激进化。在与道院—红卍字会合作后，大本教放弃了批判"唐人""外国人"的排外主张，但其所谓"人类救善"背后隐含着日本中心主义。就组织而言，大本教仿照红卍字会创立了"人类救善会"，但其"救善"背后有着强烈的政治欲求。相反，道院是坐功修行的场所，红卍字会是慈善组织，如果剥离宗教成分而与近代欧洲的"市民结社"相比较的话，红卍字会毋宁说是一种近代性的"协会"。

### 三、作为被批评的装置

姊崎正治指出，历史上每逢变动不居的时代，总有一些宗教试图通过"激变"（剧变）和"威吓"等宣扬末世来临，日本当下"最著名的代表是大本教"。"在追求剧变和威吓上，大本教的心理与军国主义的心理是相通的"。

与姊崎正治从宗教学角度展开对大本教的批判不同，《变态心理》杂志创办人中村古峡的批判是基于"精神科学"的。兵头晶子认为，"古峡也是灵术界一员之事实说明他的大本教批判是近亲憎恶"。作者认为，撇开《变态心理》斥责大本教为"迷信""邪教"等言说，争论的焦点不在于是否存在"精神"和"潜意识"，而在于个人的神秘体验——"镇魂归神法"是否可以转换为集体经验并促成社会运动。这也是姊崎正治批判的要点所在。

梁启超主张"信仰是目的，不是手段"，他严厉批判将信仰作为手段的一切形式的宗教或信仰。在他看来，道院就是将信仰作为手段的下层社会的"邪教"组织。但是作者认为这一判断与事实并不相符。

在关于扶乩迷信与慈善事业的关系上，梁启超和鲁迅的态度不大相同，二人虽然均认为神仙降坛是迷信，不仅有害信仰的纯洁性，而且还毒害个人和社会，但鲁迅看到迷信在道德沦丧的时代具有赋予行为——慈善事业以伦理支撑的意义。李佳白认为道院是宗教慈善组织，宗旨正派，扶乩迷信大可漠视。而梅特贺士（Medhurst）从国外致信侯延爽，在褒扬道院慈善事业之余，质疑扶乩的合理性。

### 四、无法超越的"近代"

在涉及道院—红卍字会的研究中，杜赞奇（Prasenjit Duara）关于伪满洲国超民族主义（trans-nationalism）以及全球化中宗教与世俗的"往还"（traffic）之研究揭示了道院—红卍字会等新宗教的近代意义。与日本民众宗教研究中"救济宗教"一语相呼应，杜赞奇发明的"救世宗教"（redemptive religion）成为研究者广泛使用的概念。确实，"救世"指向不仅使道院—红卍字会获得了"近代性"（modernity）的品格，还呈现溢出"近代"的特质。该文将接续杜赞奇提出的超越国境的民族主义话语，透过鲜为人知的大本教和道院—红卍字会的关系阐释"超越性"中的无法超越的现实——政治。

从 1923 年 10 月中日两个新宗教团体建立合作关系到 1935 年 12 月底大本教遭到帝国政府的毁灭性打击，12 年间大本教和道院—红卍字会的合作关系虽然展示了超越近代民族—国家边界的倾向，但最终在日本帝国主义和中国民族主义对峙的时代，均没有摆脱近代意识形态的掣肘。在与道院—红卍字会建立合作关系后，大本教从试图改变帝国政治和社会秩序转向正在膨胀的帝国的边境。而与大本教有目的地利用红卍字会关系网拓展在中国的活动相比，红卍字会还停留在朴素的跨境民族主义和人道关怀上。

## 五、结语

通过将大本教与道院—红卍字会置于彼此由以生成的语境中进行比较，不难看到，尽管二者的兴起各有不同前提，但还是有一定可比性的，二者都试图借助对过去的重新诠释并预设可期待的未来批判"近代"带来的不安。大本教诞生于明治末年，原本是抵制外来一切思潮的复古新宗教，在大正动荡的时代风潮影响下，转而倡言社会政治变革；在遭到弹压后，又转而面向帝国膨胀的边疆，倡导超国家的意识形态。但是，无论是作为有限的近代国家，还是作为广域的帝国，大本教无法在日本近代政治秩序中博得一席之地。另外，以姊崎正治为代表的日本知识人对大本教的批判不无道理，但姊崎及其所要维护的体制并没有对大本教的质疑给出解决的答案。在大正时代（1912—1925）日本正经历孤独的帝国主义，以往不曾有过的新的政治可能性隐约可见，但最终未能凸显，代之而来的战争最后将日本送上了破灭之路。可以说，大本教所喊出来的"激变""威吓"是作为日本近代的反命题出现的，这应验了科塞雷克在《批判与危机》里阐述的一个核心观点，特定的历史意识与所经验的社会危机及其批判有关，它最终与乌托邦的关于未来的概念发生了联系。

历史的展开充满了变数。就该文的爬梳可知，尽管道院—红卍字会与大本教有一定的合作关系，但组织架构和思想取向完全别异。与日本大正时代大致对应的是中国的北京政府时期，在这一转型期，各种政治思潮竞相呈现，最后汇聚为对未来给出许诺的革命大潮。尽管如此，被近代主义历史叙述屏蔽的道院—红卍字会的思想意义应该予以重视，后者通过诸神临坛——扶乩，批判近代带来的不安，在革命来临之前，近代知识人在展开其批判之时，并没有给不安的时代开出一方安定剂。

（该文原载于《开放时代》2021 年第 1 期，收入本书时做了适当修改）

# 日本的当代中国环境问题研究

丁红卫[*]

日本有关中国环境问题的学术研究涵盖环境政策、特定领域、热点问题、对华环保合作等领域，在实践中积极推动了"中日节能环保综合论坛"等对华合作机制的形成，促进了中日环保合作的发展，对中国社会环境管理能力的提高发挥了积极作用。

从方法与内容来看，日本学术界重视数据库的构建与基础研究资料的积累，有关中国环境问题的研究多基于实地调研和数据分析，研究内容兼具专业性与综合性。代表性研究多由中国问题专家，社会经济、环境等相关领域的专家共同参与，具有文理结合的跨学科、多角度综合性研究的特点。相关学术研究重视理论与实证相结合，及时追踪中国的环境政策与实施状况，关注研究的实践意义与社会贡献，因而具有较强的政策影响力和对日本企业、大众的社会影响力。

从分析视角看，将中国置于亚洲区域内，从区域和全球角度思考中国与跨国企业、经贸投资与环境污染的关系等研究表明，区域环保合作机制给区域内各国带来了共同利益，也有利于提升各国环境管理能力的系统性、整体性、稳定性，进而推动全球环境治理的发展。

基于日本经验的相关研究对中国环境问题的认识有一定前瞻性，为日本国内提供了理解中日环保合作重要性的学术依据，为中日两国的环保合作做出了重要学术贡献。相关研究的结论表明，中日环保合作对两国是双赢领域，中国的环境改善有利于区域环境治理、解决全球环境问题。

该研究通过梳理日本关于中国环境问题的研究与日本的对华环保实践得出以下结论和启发。

第一，日本学术界基于实地调研和数据分析的相关研究对中国作为发展中国家的立场有正确的理解。日本学者的实证研究证明，发达国家的全球产业布局伴随部分污染转移，这一结论不仅有利于纠正对中国环境问题的错误认识，也从学术研究角度证明了国际环保合作的必要性。

---

[*] 丁红卫，北京外国语大学北京日本学研究中心副教授。

第二，日本有关中国环境问题的学术研究重视理论与实证的同时，关注研究的实践意义与社会贡献。虽然有关中国环境问题的早期研究起步略晚于两国间的政府与实务层面合作，但早期基于日本经验的研究对中国环境问题的认识有一定前瞻性。随着ODA不断向环保领域集中，学者们积极参与ODA相关政策的制定，为日本国内提供了理解中日环保合作重要性的学术根据。同时，这些学术研究与政策贡献提高了日本企业、大众对中日环保合作重要性的认识，为中日两国综合全面的环保合作做出了学术贡献。

第三，将中国置于亚洲区域内，从全球角度思考中国与跨国企业、经贸投资与环境污染的关系等研究为我国开展东亚环保合作、参与全球环保治理提供了启示。同时，结合区域间经济差距、贫困等社会经济问题分析环境问题等研究方法也为中日两国共同开拓第三方市场、在绿色"一带一路"建设进程中正确处理经贸投资与环保的关系、进行绿色投资、构建可持续经贸关系提供了启发和思路。

第四，环保学术研究与环保实践相辅相成，对区域、国际环保合作影响深远。生态环境是超越国境的区域乃至全球性问题，是人类的公共利益，需要各国共同应对。学术研究及其应用的不断进步不仅对社会整体的认识和实践产生深远影响，还会影响各个环境主体的生态环保意识、生活方式和行为方式等。在参与全球环境治理的过程中，我国应将生态文化观念与理念嵌入绿色金融、绿色贸易等各领域，与国际社会共谋全球生态文明建设。这对于提升我国的国家文化软实力、增强综合国力具有重要意义。

今后，中日以及亚洲其他地区在环保政策、环保产业等共同利益领域的合作将成为推动区域发展的重要引擎。与各国增进在该领域的学术对话与相互理解，将为中国参与全球环境治理、建设绿色"一带一路"贡献学术智慧。

## 学界评价与反响

一、该论文结合中日环保合作与中国环境治理能力不断提高的整体历程，全面梳理了日本学术界对改革开放后的中国环境政策、环境治理以及环保领域的区域与国际合作的相关研究。论文引用的资料翔实、可靠，得出的观点客观、正确。该论文有助于明确日本相关学术研究的政策影响机制，对我国的环境治理与环保国际合作实践具有镜鉴意义，同时具有重要的学术价值。

此外，该论文结合当前的国际形势，对我国与"一带一路"沿线国家和地区开展的环保合作以及参与国际环境治理的责任与义务进行了深入剖析，提升了论文的实践意义，得出了有意义的结论。文章期待今后对环境国际治理等进行进一步分析研究。

二、该研究对疫情后的环保国际合作具有一定的启发意义。当今全球生态环境保护面临一定风险，各国的绿色复苏和绿色发展面临重大考验。中日以及亚洲其他地区在环保政策、环保产业等共同利益领域的合作将成为区域合作发展的重要引擎。中国作为生态文明大国，正积极推动环保学术研究与国际交流，这不仅能够增加中日两国间的相互理解，推动国内环保事业的发展，更有助于推动构建更加公平合理、合作共赢的区域与全球环境治理体系。今后，进一步充实基于中国视角的区域、全球环境问题与环保国际合作相关研究，形成学术研究与政策实践的合力效果，有助于赢得他国对中国参与国际环境治理的理解和支持，更好地体现中国在环保领域的大国担当。

（该文原载于《国外社会科学》2021年第4期，收入本书时做了适当修改）

# 虚幻的建构:"满洲国"表象空间的制造与殖民地属性的构成

郑 毅[*]

对于近代日本帝国而言,中国台湾、朝鲜半岛、中国东北是近代日本帝国构建殖民地帝国的三个重要组成部分,中国台湾是在中日甲午战争后通过《马关条约》之规定割让给了日本,是日本帝国的第一个殖民地,日本在中国台湾设置总督府直接对其进行了50年的殖民统治;朝鲜是在日俄战争后被日本获得了独占权,1910年日本强迫朝鲜接受《日韩合并条约》,以强行并入帝国的方式确立了对朝鲜36年的殖民统治,朝鲜总督府代行日本政府的统治管理职能,朝鲜成为日本帝国版图中的一部分;中国东北是日本关东军策划并付诸军事侵略行动、在日本政府默许并纵容之下以武力强行侵占的中国地域,1932年3月1日一个所谓的"独立国""满洲国"横空出世,存续了13年零5个月的时间。

为了欺骗世界舆论和反驳对日本制造一个傀儡国家的遣责,日本人为地制造出了一种所谓"日满"关系是所谓"皇道国和王道国的提携关系"的言说,将"满洲国"解释为是"亚洲的历史产物"。日本学者山室信一将"满洲国"形象地比喻成是一只拥有狮头(关东军)、羊身(日本天皇)与蛇尾(溥仪)的怪异之物。日本帝国在中国台湾、朝鲜的殖民统治模式有诸多方面被移植到了"满洲国"的制造过程中,中国台湾、朝鲜、中国东北的日本殖民统治模式虽然有差异,但其殖民地属性却是基本一致的。

伪满洲国是日本帝国殖民体系中重要的一个组成部分,日本在中国东北人为制造了一个虚幻的"独立国",日本满蒙学研究者配合帝国的国策政治,制造了一个独立的学术空间"满蒙学"。日本的东洋史学者通过自身的调查与研究,将这些学术研究成果中所体现总结出的研究结论与分析,与日本大陆政策下所谓"满洲经营论""满韩经营论"从学术的立场以历史叙事的方式给予了"合理的"解读,以"历史的视角"诠解了日本大陆政策的"正当性"与"合理性"。"满鲜史""满蒙史"是人为地以学术研究的方式制造出的一个所谓的独立"历史空间",其将中国历史上彼此相连的民族以地理空间的方式进行了一次人为的分割,这个历史空间日后成为日本帝国制造出来的独立国的"地域空间"。

---

[*] 郑毅,北华大学东亚历史与文献研究中心教授。

所谓"满洲国"完全是由日本关东军通过阴谋策划的手段，强行从中国固有版图中割裂出来的一个所谓"国家"，其居民、领土与中国有着历史的、文化的、天然的不可分割性。日本政府在如何对占领的中国东北地区实施殖民统治问题上，基本接受了关东军方面的意见。为了加强日本政治控制力，必须在这个国家政治机构中扶植日本人势力，由日本人参与其中央和地方行政，在随之建立的伪满洲国政府机构中产生奇特的"总务厅中心主义"独裁运行体制。从傀儡皇帝溥仪（初期称执政）始至地方行政县级官吏，都不过是日本关东军手中掌握的皮影道具而已。日本帝国主义借助傀儡政权"满洲国"，对中国东北地区视若己物，疯狂地掠夺和统治，严重束缚和破坏了东北民族经济的发展，使近代东北社会的正常发展受到了严重阻碍。

关东军以不同于日本帝国殖民中国台湾、"合并"朝鲜的既往方式，在武力侵占中国东北地区后为应对中国民众的反抗和国际社会的谴责，人为制造了一个所谓的"独立国"的形式，为了使虚幻的"独立国"具有所谓的"合法性"，日本东洋史学研究者以"学术研究"的形式为其制造了符合"历史的规律"的历史逻辑。从殖民地属性而言，他们表面上赋予了这个所谓的"独立国"一个虚幻的"国家"表象空间，其与完全殖民地化的中国台湾和彻底"并入"帝国版图的朝鲜相比，具有表象形式的差异，无疑是日本帝国在构建殖民地帝国过程当中的一个新阶段，同中国台湾、朝鲜的殖民统治方式相比的确更具有欺骗性和迷惑性，可以说是日本帝国在殖民统治模式上的一种变种和升级，目的是试图以更隐蔽、更"合理"的方式拓展帝国的殖民空间，从殖民地属性而言，"满洲国"与中国台湾、朝鲜的殖民统治并无质的差异。

## 学界评价与反响

该文发表于《吉林大学社会科学学报》2021年第1期，是作者主持的国家社科基金重大项目"近现代日本对'满蒙'的社会文化调查书写暨文化殖民史料文献的整理研究（1905—1945）"（19ZDA217）的标志性阶段成果。论文初稿曾先后在南京大学主办的钟山论坛2020亚太社会文化分论坛和中国日本史学会2020年年会宣读，受到与会专家学者的关注，经进一步修改后公开发表。

（该文原载于《吉林大学社会科学学报》2021年第1期，收入本书时做了适当修改）

# 20世纪初期日本的东亚"同文"主张与亚洲主义

## ——以"汉字统一会"为中心的考察

### 林 翔[*]

"汉字统一会"是20世纪初期伊泽修二等在日本发起成立、面向东亚汉字使用区域呼吁进行文字改革的文化组织。其发起者将该会的宗旨表述为：通过统一日、中、韩三国所通行的汉字，为教育、经济、政治、实业等领域提供便利。著名革命家章太炎曾直指该会"选择常用之字以为程限，欲效秦皇同一文字"之用心险恶。

汉字在弥生时代传入日本，经过长时间的改造与发展，演变成日本重要的书写符号之一。但是明治维新以后，在西方文明的冲击下，日本多数学者认为废除汉字就是脱离落后的中国，从而涌现了一大批文字改革方案，特别是1880年前后，废除或限制汉字的呼声甚高。不过，由于围绕文字改革歧见纷呈，日本的文字改革论争曾一度趋于停滞，直至甲午战争前后再度兴起。

中日甲午战争后，日本对于其与亚洲之关系存在两种论断：一种是以福泽谕吉为代表的"脱亚论"；另一种是以陆羯南等人为代表的"亚洲一体论"，即亚洲主义。前者认为日本并非东亚的一员，而是亚洲的"远西"，隶属于"文明世界"，福泽谕吉在"文明=西洋、野蛮=东洋"的思维框架内，以"文明"的名义将日本侵略中国和朝鲜正当化。后者则强调亚洲有自己独特的文明，中、日、韩唇齿相依，陆羯南称甲午战争是为了东洋和平而进行的一次"内部调整"，试图掩盖日本侵略东亚的本质。

这两种"亚洲认识"在日本的文字改革论中亦得到充分体现。一方面，甲午战争的胜利使日本多数学者坚定了废除汉字的决心，他们将废除汉字运动推向高潮。在他们看来，日本不可继续借用战败国的文字，因为文字在开拓文化方面发挥着最为重要的作用。另一方面，部分学者明确反对废除汉字，建议日本应该利用这种"同文"的天然优势，让"台湾人永远归依于日本、朝鲜人永远臣服于日本、支那人永远欢待日本"。他们立足于日本、着眼于东洋，将汉字看作日本的"国字"，表露出"超国家主义"的倾向。他们的言论看似与主流相

---

[*] 林翔，北京师范大学历史学院博士后。

悖，但是所反对的只是在当时的环境下全然废弃汉字，并未否定限制汉字。这种论断为日本的文字改革及文化走向提供了另一种思路，与日本亚洲主义思想互为表里。从日本"国字"角度来选择和使用汉字，为"汉字统一会"统一东亚文字的论调提供了思想资源。

"汉字统一会"的"总设计师"是伊泽修二。他致力于汉语研究，曾任台湾总督府民政局学务部部长，在任期间试图利用"同文"的优势，对台湾做"文化统合"，将台湾纳入日本的天皇制国体之中。伊泽返回日本后，关注的焦点也从台湾扩展到东亚。他明确地反对废除汉字，主张以汉字为东亚思想交流的利器，积极谋划在东亚成立"汉字统一会"。组织成立"汉字统一会"的计划得到了中国访日提学使的响应，引起了《东方杂志》《教育世界》等中国媒体的关注。

"汉字统一会"本部置于东京，中国和朝鲜分别设立支部。本部与支部的设置方式体现了主从地位。该组织最重要的活动是编纂"同文字典"。《同文新字典》的序言中直接表现了统治东亚的意向："经营亚东"已成为"世界大势之所趋"，今后日本国民所负之责任重大，其最紧切者，则莫先于将日、清、韩三国日常所惯用之文字，整齐划一，编成三国共通字汇。

"汉字统一会"的发起者并非如章太炎所说的不懂汉学、"素不识字"，他们主张择取汉字中"共通实用"的部分，实则是将日本的限制汉字政策推广到东亚。"汉字统一会"在当时具有较强的迷惑性，其政治意图未被中国人所察觉。该组织整理汉字、注以三国读音，目标不仅仅停留于统一汉字，而是旨在通过文字统一语言，实质是为日本侵略亚洲做文化准备。"汉字统一会"由"东亚同惠"渐及欧美诸国"均沾其惠"的愿景，不过是日本"侵占亚洲"进而"制霸世界"的"大陆政策"的另一种表现形式而已。

（该文原载于《世界历史》2021年第3期，收入本书时做了适当修改）

# 日本网络安全体系的布局、特征及其启示

胡 薇[*]

随着相关技术的发展,网络空间已经渗透到公民生活的各个角落,但也成为不法分子攻击的目标和各种政治势力相互渗透的战场。21世纪以来,日本在网络空间治理方面制定了全面的战略计划,形成了较为全面的网络安全管理机制。这些举措具有一定的启发和借鉴意义。

## 一、日本网络安全战略的顶层设计与组织架构

日本网络安全相关工作的顶层设计经历了从IT国家基本战略到信息安全政策再到网络安全战略的布局转换。日本政府于2014年制定了《网络安全基本法》,并于其后发布和更新了《网络安全战略》,进而明确了相关工作的法律地位及其相应的理念、目标、原则、方向和具体措施。特别地,日本政府以法律条文的形式对"网络安全"的定义、主体、权责等内容做出了明确规定。譬如,"信息安全政策委员会"升级为"网络安全战略本部",成为法定的国家安全政策最高指挥机构。

日本网络安全战略本部以其事务局"内阁网络安全中心"为中心,强化相关机构的能力建设,同时肩负以促进各府县厅之间的综合协调和产官学民共同合作为核心的主导作用。日本网络安全战略主要涉及的政府部门包括内阁、经济产业省、总务省,密切相关部门有防卫厅和警察厅。其中,经济产业省居于核心地位,其相关工作内容包括发送保密对策信息、制定数据业务指南、开展网络安全救援、普及网络安全意识,等等。此外,总务省负责维护网络系统安全,防卫厅负责组织反网络攻击相关技术的研究与应用,甚至自卫队也计划成立专门的部队进行网络攻防作战。

## 二、日本网络安全战略的特点

通过不断推进相关措施,日本已逐步建立了一套具有本国特色的网络安全治理体系。首先,日本的网络安全战略体系极为强调"官民合作",企业、大学、智库等民间力量在体系中占有重要地位。譬如,在内阁官房信息安全中心发布的委托研究项目中,企业智库产出了

---

[*] 胡薇,中国社会科学院中国社会科学评价研究院机构与智库评价研究室主任,副研究员。

最多的成果。此外，信息通信研究机构等智库还承担了连接政府部门与民间实施主体的桥梁作用。

其次，日本积极推动网络安全系统与数据的共享，并于2016年颁布了《促进公私部门数据利用基本法》。"信息处理推进机构"会统一汇总、分析和共享保密协议成员单位检测到的网络攻击信息。

再次，日本政府注重人才建设，先后推出《新信息安全人才培养计划》和《网络安全人才培养计划》，并已建成两大网络安全培训基地。日本于2016年设立登记制国家资格"信息处理安全专家"制度，将信息技术人才的考试、登记、讲习和应聘纳入统一集中管理体系。此外，日本还设立了专门从事信息安全研究的独立研究生院。

最后，日本政府强调国际合作，积极向国际社会表明其对于网络安全的基本立场和态度，努力践行相应的国际责任。日本政府积极参与网络安全相关的国际会议、行动规范和国际标准，同时也积极推广本国的相关研究成果。其中，基于日美安保同盟的两国间国际合作无疑是最为重要的网络空间安全国际化建设。与此同时，参与网络安全政策的日本智库也大力推进国际化合作与国际化研究。此外，日本还与诸多国家和地区合作，大力推进国际化信息技术人才的教育与交流。

### 三、对日本网络安全战略的解读及相关启示

日本的相关情况和相关举措对中国网络安全体系建设具有一定启示。其一，要从国家主权高度认识互联网安全，在相关国际规则尚处于模糊阶段时，更需要通过加强自身能力建设来打下"确权"的坚实基础。其二，要积极参与互联网国际治理合作，提升国际社会对网络空间主权概念的认同，提高中国在网络空间治理上的话语权，推动有利于中国和世界其他国家发展共赢的互联网治理规则实施。其三，要完善网络安全体系建设，构建并充分应用官民共建的信息共享机制，形成抵御网络风险、破解网络攻击的巨大合力。

## 学界评价与反响

作为新时代国家安全体系的重要组成部分，网络安全是一个热门而又时兴的议题，中外学界的各类成果虽然正在蓬勃涌现，但相关的基础研究仍然薄弱、零散、缺乏共识，而致力于支撑和辅助有关重要决策的应用研究也尚处于探索、起步阶段。在这一背景下，该研究体现了高度的理论意义与实践价值，得到了学界、业界的广泛关注与一致好评。譬如，文章在中国知网上线以来，仅一年时间就获得了近500次下载。

在理论方面，该研究充分凸显总体国家安全观，突破了法学、政治学、经济学、国际关系、

公共管理、国别研究乃至信息科技和智库评价等领域的学科藩篱，对于新时代的网络安全议题进行了科学、严谨、合理的界定与评价。在实践方面，该研究系统、全面、深入、客观地介绍了当代日本网络安全体系的有关情况，总结、归纳、提炼了日本在网络安全方面的特色、优势和创新点，在此基础上为中国网络安全工作提出了具有针对性、战略性、前瞻性的政策建议。

该研究反映出作者深厚的理论功底和丰富的实践经验，特别是对交叉学科领域和前沿复杂问题的长期关注与独到见解。

（该文原载于《重庆社会科学》2021年第4期，收入本书时做了适当修改）

# 人口老龄化背景下日本延迟退休政策探析

丁英顺　赵　明[*]

延迟退休政策作为人口老龄化背景下养老金制度改革的重要内容之一，近年来在世界各国被广泛推进。日本在人口老龄化不断加剧的背景之下，先后进行了60岁、65岁和70岁三个时段延迟退休制度的改革，主要采取以制定和修改《高龄者雇佣安定法》（以下简称《安定法》）为主要内容，以养老金制度调整为有效衔接的改革措施，本着渐进原则稳步地推行延迟退休制度。该文主要从三个部分深入分析了日本退休政策体系的演变历程、特点及政府采取的政策措施。

一是日本延迟退休政策的缘由。人口结构变化、财政压力的加大及对养老金制度的系统性改革是日本延迟退休政策改革的推动因素。人口结构方面，在老年人口增加、劳动年龄人口及未成年人口减少的一增二减人口结构变动影响之下，日本劳动力短缺问题、缴纳养老金的年轻人数量减少问题等不断凸显。因此，促进延迟退休制度改革自然成为缓解上述问题的重要方式之一。在养老金财政压力方面，不同于日本经济从腾飞到平稳再到低迷的错落变化，日本社会保障支出尤其是养老金财政支出持续增加，而养老金财源却因缴纳人数减少，年轻人缴费不积极等因素面临着可持续性危机。从系统性养老金制度改革方面来看，为维持现收现付制模式，日本政府一方面在结构上推动养老金制度从针对不同人群设立不同的养老金体系的分立型到统合各类养老金形成多层次、多支柱方向转变；另一方面对养老金进行内容上的扩面和对保费率、替代率和制度赡养率等参数进行调整，以促进养老金的可持续性发展，为实现延迟退休提供有利环境。

二是日本延迟退休政策的历史演进。在上述各种因素的影响下，日本进行了以《安定法》为主要内容，以养老金制度调整为有效衔接的具体改革措施，有计划地推进延迟退休政策落实。结合国际改革经验及日本自身特点来看，可以将其划分为三个阶段。首先是1971—1998年的第一次改革期。日本政府在1986年公布了《安定法》，并分别在1990年、1994年对该法律进行修改，退休年龄被规定在60岁。其次是1999—2019年的第二次改革期。这一阶段随着养老金财政不足问题日益凸显，日本进行了包括提高厚生养老金报酬比例的年龄，推进

---

[*] 丁英顺，中国社会科学院日本研究所研究员；赵明，中国社会科学院大学硕士研究生。

弹性退休制度，改革保费率、替代率和制度赡养率参数等系统化的延迟退休改革。退休年龄也随着《安定法》修改中提出的"从努力义务到义务"被逐步提高到 65 岁。最后是 2020 年以来的第三次改革期，日本先后推进了企业职员和公务员的延迟退休制度改革。一方面，其在 2020 年《安定法》修改中进一步提出 70 岁退休为努力义务的规定，并制定了更加丰富的政策内容延缓老年人退休，未来日本很有可能会推进 70 岁退休义务化；另一方面，日本在 2021 年通过了《国家公务员法》改革的议案，决定"从 2023 年 4 月 1 日开始分阶段将公务员的退休年龄提高到 65 岁"。

三是日本延迟退休政策的特点及存在的问题。在 30 多年的政策改革过程中，日本延迟退休政策为养老金的可持续发展做出了重要贡献，从其发展脉络中可以看到鲜明的特点，但同时又存在许多亟待解决的问题。在特点方面：第一，日本延迟退休政策整体呈现系统化、弹性化的特征，制度变革全面且灵活；第二，延迟退休政策具有脉络化特点，制度从制定到实施再到改革有着明显的时间表和路线图；第三，以立法为主轴，有评价和监督机制辅助，有机构和部门推进，整体实施制度化特征明显。在存在的问题方面：首先，延迟退休后继续雇佣的工资收入较退休前有一定程度的减少，而且继续雇佣后的收入与现存在的"在职老龄养老金"减额计算办法之间存在矛盾；其次，因高龄劳动者对以数字化媒介技术为代表的现代科技的认识和使用都存在一定的困难，这与数字化时代下企业需求之间可能存在偏差；最后，前两次改革取得了较好的效果，而第三次改革不仅跨度大，而且没有明确的路线图，仅是几种路径选择，过于宽泛。

总之，在人口老龄化不断加剧、劳动力人口逐渐减少的背景之下，日本制定了一系列法律法规，并不断修订和补充，逐步完善延迟退休制度，有效缓解了人口老龄化带来的社会压力。

## 学界评价与反响

在少子老龄化背景下，世界各国的社会保障制度尤其是养老金可持续性问题成为各国高度关注的现实问题，而延迟退休作为养老金制度改革中的重要举措之一，在世界范围内被广泛实施。中国在 2021 年 3 月公布的《"十四五"规划和 2035 远景目标纲要》中也明确提出，将按照"小步调整、弹性实施、分类推进、统筹兼顾"等原则，逐步延迟法定退休年龄。尽管目前国内学者对日本养老金制度的关注较多，但是对日本延迟退休政策的研究却比较少见。这篇文章从人口、财政及制度等方面深入、系统剖析了日本延迟退休政策变革的内在动因，并通过对制定和修改《高龄者雇佣安定法》的过程的梳理，详细分析了调整 60 岁、65 岁及 70 岁三个阶段退休年龄的情况，以此较为全面地回顾和梳理了日本延迟退休政策的历史沿革。

文章同时对日本 30 多年来延迟退休制度所呈现的特点进行了较为清晰的总结，并指出了其制度变革中存在的一些问题，这对目前正在探讨延迟退休政策出台的中国具有重要的现实意义和借鉴价值。

（该文原载于《日本研究》2021 年第 4 期，收入本书时做了适当修改）

# 黄遵宪《日本国志序》考

戴东阳*

中日甲午战争后，著名知日人士、爱国外交官黄遵宪所著的《日本国志》，历经坎坷，终于于光绪二十一年（1895）年底正式刊行。光绪二十三年（1897），应时事需要，黄遵宪又加以增补，改刻本与初刻本并行于世。《日本国志》刊行后，"为海内通人所宝"。光绪皇帝几次召见黄遵宪，命其将所著《日本国志》等进呈。戊戌变法纲领性文件康有为的《日本变政考》及其百日维新期间若干重要奏文，多从《日本国志》中汲取素材。报刊上也出现了一系列推崇《日本国志》的文章。《日本国志》一时间声震朝野。值此之时，《日本国志序》单行本应运而生。

光绪丁酉（1897）孟夏，藏书家、新学人士徐树兰和胞弟徐友兰以其创办的新式学堂——绍郡中西学堂之名，发行单行本《日本国志序》，内收薛福成序、黄遵宪自叙、"凡例"和31篇"外史氏曰"，主干为"外史氏曰"，是为该书刊发之始。光绪二十六年（1900），徐友兰长子、蔡元培同龄挚友徐维则编辑以徐家藏书楼"铸学斋"冠名的"铸学斋丛书"，该书名列其中。光绪二十八年（1902）苏州开智书室刊行新版，至民国年间仍有新版本问世。发行者、收藏地基本在江浙，编辑者多为支持或直接投身维新运动人士。

《日本国志序》之产生并流传，大约出于两个原因。一是由于《日本国志》部头过大，流通不便，"学者罕见此书"。二是由于"志序"浓缩了黄遵宪对日本"自日本维新以来，凡政治之沿革，制度之损益"之见地，对于"欲变法自强者，读此可以鉴"。的确，如黄遵宪上李鸿章书和张之洞书中所言，"外史氏曰"部分是他"确陈时政，伸为论说""胪举新政，借端伸论"，相比不取春秋笔削、微言大义之法、"务从实录"的正文部分，更鲜明地展示他的各种时政主张。

传世的《日本国志序》有十余个印刷本，分藏于国家图书馆等全国各大图书馆古籍部，内有不少名家藏本，但版本繁杂，不少本子题名、版权信息空缺，装帧、行款、内容、文字也不完全一致。检索系统中书名更是五花八门，著者则有写"黄遵宪"的，也有写"薛福成"的，纷繁难辨。校勘发现，现存《日本国志序》有四种版本，分别是光绪丁酉（1897）孟夏

---

* 戴东阳，中国社会科学院近代史研究所研究员。

绍郡中西学堂版、光绪壬寅（1902）七月苏州开智书室版、年代不详的清末上图本，以及民国初年的"通学斋丛书"本，以绍郡中西学堂版存本最多。作者应是黄遵宪，书名需统一作《日本国志序》。

戊戌维新时期，黄遵宪曾对《日本国志》初刻本作大量增订，内容涉及对敏感的君主立宪政体的立场，初刻本有怀疑，改刻本则很赞赏，前后态度大变。黄遵宪自述"外史氏曰"的字数，说法不一，相距达一万多字。但考察《日本国志序》四种版本，加上《日本国志》初刻本和改刻本中的"外史氏曰"部分，可见虽然一定程度上涉及文意修改，但比较《日本国志》改刻本对初刻本正文部分的增订，"外史氏曰"部分的修订微不足道。总字数均13 000多字，差别大都因增字、漏字、衍字所致。涉及政体问题立场的修订，只体现在"务从实录"的正文部分，以论说著称的"外史氏曰"部分则毫无动静，个中隐情，黄遵宪在致梁启超私函中曾坦言。君主立宪政体也成为晚年黄遵宪倾心追求的政治理想。可以断言，"外史氏曰"部分，包括以此为主体的《日本国志序》各版本，反映的是黄遵宪《日本国志》完稿时候的19世纪90年代之前的思想。值得注意的是，在《日本国志序》各版本不多的改动中，个别地方如将"余"改为"臣"、"窃"改为"臣"等，读者指向明显，表明相关部分内容原本很可能是黄遵宪通过各个渠道请代呈清政府的奏文，后吸收到"外史氏曰"中，公开发行时来不及统一。这也与《日本国志》的初衷在于"副朝廷咨诹询谋""期适用也"相吻合。

民国以后，彰显黄遵宪时政主张的"外史氏曰"仍受关注，层面则从政治体制转向了时论、民俗学、历史学、文学等，影响至今，惠及海内外学界。

《日本国志序》曾与《日本国志》一起"风行一世"，但百余年间，《日本国志》重印本层出不穷，影响不绝，相形之下，《日本国志序》则似乎已被遗忘在浩瀚书海之中。该文据中国台湾"中研院"近代史研究所档案馆藏总理各国事务衙门清档中黄遵宪上李鸿章、张之洞书，发现黄遵宪本人是将《日本国志》专门分成两大部分予以介绍的：一部分是"凡为类十二，为卷四十"的正文部分；另一部分则是职官、食货、兵刑等各志中的"论说"，即穿插在《日本国志》各卷卷首、卷中和卷尾的"外史氏曰"。后者是他的时政论说，新政伸论，更彰显现实关怀。返观《日本国志序》一书，主体恰好是数量可观的"外史氏曰"。而薛福成的"日本国志序"，各本子有的没收；梁启超的"日本国志后序"，各本子均未收录。古籍借阅不便，校勘颇费心力、功力，该文在全国各大图书馆古籍部广泛收罗《日本国志序》本子，结合相关文献资料深入探究，所作考订和发明，对于深化日本学经典《日本国志》的研究颇具学术意义，也可为戊戌变法史研究和近代中日关系史研究提供一定线索。论文刊发后，中国历史研究院官网、近代史研究所官网、中国人民大学清史研究所官网等均全文转载。

（该文原载于《近代史研究》2021年第1期，收入本书时做了适当修改）

# 中日少子化问题比较研究

任晓菲[*]

中国和日本都曾经历低生育水平阶段，虽然经历的时间和生育水平下降的原因各不相同，但少年儿童人口绝对数量和占总人口的比重均呈现不断下降的态势，且都不同程度地出现了少子化现象，进而对包括人口发展在内的经济社会发展的很多方面带来了负面影响。研究表明，应根据人口发展态势不断完善相关政策，加快3岁以下婴幼儿照护服务体系建设，促进就业并保持经济良性发展，积极培育老龄产业，大力减轻家庭和社会的负担，以此应对中国可能出现的少子化日趋严重的问题。

## 一、引言

从世界范围来看，中国属于少儿人口比重下降幅度较高的国家，此种现象在全球人口少子化的过程中较为突出。中国近年来不断调整和完善生育政策，已经开始重视和关注少子化问题。少子化问题不仅仅表现在少年儿童人口规模或比重的减少上，它还能使家庭结构发生变化，从而加重家庭养老负担。相较于世界其他国家和地区而言，中国少子化问题与老龄化问题同样突出，这将加剧中国应对人口老龄化挑战的困境。在战略高度上制定人口、经济、社会等具有鼓励生育性质的组合政策，改善未来人口少子化的发展状态，推进人口长期均衡发展，对社会和经济的可持续发展具有重要意义。

## 二、中日少子化现状分析

### （一）人口年龄结构变动

中国的少儿人口占总人口的比重虽然相对较高，但从发展来看，少儿人口数量和比重均呈现下降趋势。

相比较而言，日本少儿人口比重变化与中国在趋势上较为一致。一方面，日本的少儿人口比重呈现波动性下降趋势，且下降速度远高于中国；另一方面，日本的少儿人口比重变化与中国情况大体一致。

### （二）生育水平变动

中国的总和生育率大致呈下降趋势，但前期波动较大，后期趋于平缓，阶段性特征明显。

---

\* 任晓菲，东北林业大学经济管理学院博士研究生，黑龙江省社会科学院东北亚研究所助理研究员。

日本的总和生育率总体上也呈下降态势，但具体到各个时期却不尽相同。

### （三）少儿抚养比变动

中国的少儿抚养比大体呈下降趋势，且下降速度缓慢。日本的少儿抚养比也大体呈下降趋势，与中国的变化情况类似。

### （四）老少比变动

从中国和日本的老少比变化情况来看，两者均表现二阶段特征，但日本特征更加明显。无论是老少比增速还是其水平，日本均高于中国，也就是说日本面临的是少子化和老龄化同时出现的问题，而中国由于人口基数较大，目前少子化问题还没有老龄化问题突出，短时间内少子化问题及其影响还未显现。

## 三、日本少子化现象的原因分析及其影响

### （一）日本少子化原因的分析

**1. 婚姻观念和生育观念的变化**

日本少子化的直接原因在于越来越多的日本年轻人选择晚婚、晚育，甚至不结婚不生育，而他们的这种选择又有着极其深刻的社会根源。无论男性还是女性，日本人口的初婚年龄逐年提高，其直接影响就是初育的年龄也随之提高。

另外，"二战"后经济高速发展，高学历和积极就业也是改变日本女性生育观念的重要原因。

**2. 女性社会意识的变化**

随着女性人口受教育程度和就业率的不断提高，性别平等观念逐渐被日本社会认可，越来越多的女性主动参与生产活动。而且由于家庭结构的变化和育儿成本的不断增加，参与社会和照顾家庭、养育孩子之间的矛盾越来越大，进而影响了生育行为选择。

### （二）少子化现象带来的影响

**1. 人口老龄化速度加快**

少子化是导致中国人口迅速老龄化的间接原因之一。虽然中国进入人口老龄化的时间不是很长，但人口老龄化发展趋势所显现的问题很是严峻。

**2. 劳动年龄人口的社会负担**

中日总抚养比之间的差距随着时间的推移而拉大，据此可以预测，中日之间的总抚养比差距会随着时间的推移而缓慢扩大，中国自身的总抚养比也将随着时间的推移而扩大，因此中国应充分利用现有的人力资源来大力发展经济。

**3. 劳动力供给不足**

无论是从劳动年龄人口的规模、增长率还是占总人口的比重来看，日本劳动力供给不足

现象明显，人口红利已经逐渐消失，甚至转变为人口负担。

**4. 生源减少导致教育资源浪费**

受少子化的影响，生源不足已经成为日本教育必须面对的问题之一。日本低年龄组生源不足问题已经相当严重。

### 四、中日缓解少子化影响的对策及比较分析

#### （一）日本缓解少子化影响的对策及实施情况

**1. 日本缓解少子化影响的对策**

从1994年起，日本先后制定了《关于今后支援育儿施策的基本方向》（简称"天使计划"）、《紧急保育对策5年计划》《关于重点推进少子化对策具体实施计划》（即"新天使计划"）、《下一代养育支持推进法》《少子化社会对策基本法》《少子化社会对策大纲》《育儿支援计划》《新少子化对策》《新少子化社会对策大纲》等多项法律法规。

**2. 日本缓解少子化影响的对策的具体实施方法**

第一，深化家庭观念，重视家庭生活。

第二，不断完善产前和产后护理体系。

第三，缓解养育负担，减轻教育负担。

第四，完善生育休假制度，促进女性就业。

#### （二）中国应对少子化对策

第一，根据人口发展态势不断完善相关政策。

第二，加快3岁以下婴幼儿照护服务体系建设。

第三，促进就业并保持经济稳定运行。

第四，积极培育老龄产业，减轻社会负担。

### 五、结语与讨论

中国和日本由于地理位置相邻、文化传统相似，在婚育观念等方面存在相通之处。虽然中国和日本的少子化进程以及问题产生的原因存在一定的差异性，但少子化带来的负面影响已经引起中国和日本政府以及学术界的普遍关注。日本数十年来针对少子化所采取的对策并没有对促进社会良性发展产生预期的效果，但对其生育水平的提高起到了积极作用，在少子化对策方面的探索也对中国产生了启示，作者希望借鉴日本少子化对策的经验，探索出具有中国特色的少子化问题对策，尽量缓解少子化对社会经济发展带来的影响。

（该文原载于《学习与探索》2021年第3期，收入本书时做了适当修改）

# 第一次直奉战争前后日本的"不援张"政策

郭循春*

第一次直奉战争发生于华盛顿会议刚刚结束之后,对各国而言都是《九国公约》和华盛顿会议精神的试金石。华盛顿会议参会国家对中国国内战争的任何干涉,都会被看成对华盛顿会议精神的挑战。因而,各国对于第一次直奉战争都持旁观的态度,包括对之最为关注的日本。这一阶段,虽然日本驻华机关中部分外务系人士以及大部分驻华陆军机关人士认为应当给张作霖以援助,但日本外务省和陆军中央拒绝了这种建议,最终并没有给予张作霖实际的帮助。过去部分观点认为,直皖战争结束以后段祺瑞下台,张作霖即代替前者,被日本视为新的在华势力代言人。但是通过梳理史料会发现,事实并非如此。对日本政府以及日本陆军而言,段祺瑞是中国中央政府的代表者,拥有第一次世界大战中协约国友国领导人的身份,而张作霖仅仅是地方军阀。从日本利益的角度来说,援张完全无法与援段相比。这一阶段,日本政府拒绝援助张作霖的行为主要表现在以下三个方面。

第一,第一次直奉战争前,日本并未对奉天兵工厂进行特别援助。奉天兵工厂建设资金来源于奉天和吉林、黑龙江两省,各车间技师来自英、德、意、美、日等国,其中日本技师只有两名,能够生产的日本武器只有步枪子弹和野炮炮弹,所以说奉天兵工厂并未得到日本的特别关照。在这样的情况下,张作霖拜托日本顾问向日本政府请求"能否提供制造军火的器械,相关器械是否在1919年禁运协议范围内"。日本政府表示:"1919年外交团决议禁运,禁运范围很广,甚至包括军用饭盒都不行。此前美国商人偷偷向广东运军火,我帝国还进行了强硬抗议,所以不能给予援助。"

第二,第一次直奉战争开始后,张作霖向日本求援,日本政府表示,"(1)援张违反国际协定,必遭到各国非难;(2)张要进军关内和直系作战,扰乱中国全局;(3)张表面上说同日本亲善,但实际上却在整理中日在满洲的纠纷材料,想提交到华盛顿会议上;(4)援张必然会暴露,引起中国人的反感和列强的指责",再次拒绝了援助张作霖。日本陆军在其政府的影响下,也在直奉战争爆发之前明确了不予援张的政策:"张拟入关压制吴佩孚之野心已经非常明了,向我方求援军火及军费,对我是否有利尚未可知。引导张在满洲之发展为我国重要政策,但绝不迎合其虚荣之野心,故此际我帝国要尽力抑制其不自然势力之扩张,使之着力

---

\* 郭循春,南开大学历史学院博士后,日本研究院讲师。

于满洲自体之发展……尽力避免向张提供物质援助，但又不能让他感到日本力量之不可依赖，所以我奉天官宪有必要对其说明不可能进行物质援助之理由。"与此同时，日本政府强硬要求关东军不得干预第一次直奉战争，规定："满洲驻屯军的任务是维护铁路沿线警备，禁止同中国交战军队的任何交涉，尤其不要对某方部队给予偏袒，以免遭到误解。"

第三，关于日本政府是否在张作霖失败后，将日军看押的存放在西伯利亚的捷克军团武器提供给张作霖的问题。根据各种史料可推断，这些武器由日军直接提供给了谢苗诺夫等白俄军队而非张作霖的奉军，其后白俄军队将部分武器转卖给了张作霖。

总之，直皖战争结束以后，张作霖并没有被日本政府当作段祺瑞的替代者来看待，而是被视为一个地方军阀，对日本有利之处即在于能够维护满蒙的安定。因而，对于张作霖向中央政界发展势力这种必然会影响东三省安定的行为，日本政府并不给予支持，而且在华盛顿会议以后更加坚定了这种态度。为此，日本外务省压制了陆军驻华人员援张的念头，在东三省兵工厂建厂问题、对张武器输出问题上，都没有向张作霖提供援助。但是，"不援张"这一政策在经历了1923年对华国际共管、中国排日运动、中苏关系变迁等众多事件以后，于1924年上半年发生了变化。随后，"援张"在陆军内成为统一政策，为第二次直奉战争时期日本陆军的秘密行动和日本的"二元外交"提供了前提条件。

## 学界评价与反响

正如该文开头所说，"第一次直奉战争是刚刚建立起来的华盛顿体系的试金石，各国均要向国际表明自己对中国问题的不干涉态度"，所以第一次直奉战争与日本的关系并非单纯的日本对华政策问题，而是一个牵涉各国对华政策，尤其是美国对中、日政策的复杂的国际问题。以此为背景，该文论述了华盛顿体系下，1922年前后的张作霖在日本政府眼中的角色与地位，澄清了日本并非一直在援助张作霖这一事实，也为了解后来日本杀张的动机提供了一个有用的历史线索。在论述过程中，该文使用了大量日文原始档案，阐述了奉天兵工厂与日本的关系、第一次直奉战争中日本的政策逻辑、1923年甚嚣尘上的西伯利亚武器丢失事件等学术界耳熟但不能详的问题，借以证明日本政府并未援助张作霖这一观点，具有相当的说服力。这一观点也引出了后续的疑问，即日本什么时候、为了什么改变了政策，开始真正援助张作霖。作者提及1923年围绕中日外交的波折、列强共管中国的舆论、苏联对华政策的变化等问题，带来了1924年日本陆军对张政策的变化。实际上，这些都暗示了1923年在中国近代外交史、中日关系史上的重要地位，而这恰是学术界过去很少提到的。该文对于相应历史线索的梳理，在理解这一问题时将发挥很好的作用。

（该文原载于《民国档案》2021年第1期，收入本书时做了适当修改）

# 西田哲学中的老庄思想因素

## ——以"纯粹经验"与"绝对无"概念为核心

### 王 青*

西田几多郎融合东西方思想而创立的以"绝对无"为核心理论的哲学体系被誉为日本哲学的标志。学界一般认为他的思想受禅宗的影响很大,其哲学本质是对禅宗思想的逻辑化;但作者认为,老庄"道"的哲学才是西田哲学重要的思想基础。西田几多郎从主客合一的"纯粹经验"立场出发,以西方哲学的形式对作为直观智慧的老庄思想进行了阐发,将老子关于"有生于无"的本体论改造为包含并超越了有无对立的"绝对无"的哲学原理,以期打破西方主客二元论思维模式的局限性,创建一个世界性的新文化。

西田几多郎自述他的哲学研究不仅是为了学术,更是为了追寻"天地人生的真相和真正的实在",也即讨论人生的有限性与宇宙永恒无限性之间的矛盾问题,所以西田哲学可以被视为一种人生哲学。在西田几多郎看来,西方哲学承袭了亚里士多德以来的"主语逻辑",以笛卡尔"我思故我在"为代表的主客二元论虽然发展了理性的哲学与逻辑,但却忽视了作为人的感性的"情意",把现实世界看作由无生气的物质构成并与自己相隔绝的东西,从而导致了理性的机械主义。东方文化虽然在理性上不如西方文化发达,更偏重伦理教化、情感情意等感性的范畴,但西田几多郎认为,这正是东方文化的可贵之处,因为真正的实在并不是知识的对象,而是从我们的情意中发生的东西。如果从现实中去掉情意,我们所面对的就已经不是具体的事实而是抽象的概念了。相比之下,东方文化重视情感,东方的世界观强调"有机体"式的内在联系。西田几多郎从强烈的文化主体意识出发,决心弘扬这样的东方哲学:"我们东洋人的哲学,必须为我们的生命的表现,必须是对几千年来孵化我们祖先的东方文化的发扬光大。哲学的学问形式,我以为不可不学于西洋,而其内容则必须为我们自身的东西。"

西田几多郎认为,西方哲学主客二元论的症结在于"将感性事实与关系分离",而东方文化中物质世界自然的实体"仍然是主客未分的直接经验的事实"。所谓"真正的自然"是

---

* 王青,中国社会科学院哲学研究所研究员。

在主客观统一的意识状态下才成立的，是我们每天亲密接触的具有特征和意义的具体的实在。"一棵植物也好，一只动物也好，它所表现的种种形态变化和运动，并不只是一些无意义的物质结合和机械运动；它们各自具备与其整体不能脱离的关系，因而可以看作一个统一的自我的发现。"因此，"自然"也是作为"直觉的经验的事实"，是基于"情意"的东西，而不仅仅是自然科学意义上的纯机械的物质。西田几多郎强调这种自然观是好似"天真烂漫的儿童"的拟人化视角，这说明在他看来，自然的问题也是"人性"的问题，而主客合一的"纯粹经验"就是将这一问题理论化的关键。因此，西田几多郎从"纯粹经验"的立场出发构建了"场所"逻辑，力图以包含并超越"有""无"对立的"绝对无的场所"消解西方式主客二元论的理性主义，从东方文化"无"的直观智慧中追寻人生和思维的根本。

西田几多郎对于以"道"为代表的东方文化和西方文化在哲学上的差异有着深刻的洞察和总结："西洋文化的根底是有的思想，东洋文化的根底是无的思想。"西田几多郎认为日本民族的文化是东洋式的，所以无的思想就是日本文化的特征，老庄道家关于"道"的学说就是无的思想的代表，所以日本文化的"无"的特征其实是"从中国文化接受了莫大的影响"。在日本近代社会全面接受西方思想文化的背景之下，西田几多郎却明确主张日本文化是受中国文化的滋养而发展起来的，其特征就是来源于老庄"道"哲学的"无"的性质。西田哲学与老庄"有生于无"的宇宙论及本体论具有密切的渊源，他的主客合一的"绝对无的场所论"吸收了老庄思想中的最高范畴，即"有""无"对立统一之"道"哲学的因素。西田几多郎力图通过对"场所"逻辑和"绝对无"概念的构建，超越并克服"有的场所"（即西方哲学的实体论）和"相对无的场所"（即西方哲学的主客二元论）。

## 学界评价与反响

该文发表在权威期刊《哲学动态》2021年第7期之后，被下载120次，被引用1次。同时该文还引起了日本哲学界的高度重视，日文版被收入论文集国际日本文化研究中心编『東アジアにおける哲学の生成と発展』之中，该论文集已于2022年2月由日本法政大学出版局出版。

（该文原载于《哲学动态》2021年第7期，收入本书时做了适当修改）

# 日本江户思想家的"日本优越论"取向

董灏智[*]

考察江户思想史，朱子学派、古学派、阳明学派、国学派以及兰学派的思想家皆有关于"日本优越于中国"的不同表述，他们先后从"日本皇统""日本水土""日本文化"三个层面论证了日本相对于中国的优越性，折射出江户日本思想的"日本化"特性。

江户思想家的"日本优越论"始于"皇统优越论"，"皇统"即日本天皇世代相传的谱系，在江户时代之前，《日本书纪》《神皇正统记》等书中从"神代"层面记载了"天皇皇统源自天神"，但江户初期的林罗山、山鹿素行等人却直接将"神代"的内容变为信史。林罗山将传说中的第一代天皇"神武天皇"视为日本的创建者，认为日本从神武天皇"继天建国"以来便皇统不绝。山鹿素行则指出"日本是天神创造的国家"，"天皇皇统来自天神"是不容置疑的事情，并特别强调日本皇统"从未中断"的原因除了"天神皇统"之外，还在于日本人真正信奉、遵守中国儒学的"三纲五常"之说；相反，作为"三纲五常"发源地的中国以及深受中国文化影响的朝鲜，却时常发生"臣子弑其国君"的篡逆之事。山崎闇斋意识到《孟子》对天皇"皇统"会产生致命的冲击，他率先将批判的矛头指向"汤武放伐论"，指出商汤和周武王的做法违背了君臣大义，进而清除"易姓革命"思想。同时，他们还对当时盛行的"日本人为吴太伯后裔""神武天皇是吴太伯"的说法持批判态度，强化日本皇统的优越特性。

江户日本的"水土优越论"几乎与"皇统优越论"同时出现，"水土"原本是指河流、土地等，但从山鹿素行开始，"水土"被赋予了特殊的意义，具有了日本的自然环境和地理位置的"优越"特质。在他看来，日本的"水土"不同于中国的"水土"，是"天神"特意为日本人选择的居住之地，从而让日本四周环海且远离中国大陆，使其从未遭遇过外敌的入侵。中国王朝却因疆域太广，与四夷接壤，不得不修筑长城，既劳民伤财，又不能有效地抵御北虏，最终沦于夷狄之手，故日本才是真正的"中国"。熊泽蕃山则强调日本的水土孕育了独特的"神道"，从而使日本人具有优秀品质。西川如见借用西洋的"世界地图"，将天干地支的方位以及周易八卦的方位与其结合指出，日本的位置有"阴之终阳之始"之意。他指出，

---

[*] 董灏智，东北师范大学历史文化学院教授。

正因如此,《日本书纪》《古事记》等称日本为"日出之国""丰苇原瑞穗国"的传统观点并不是虚构的传说,而是得到了新的证实,增强了这一说法的可靠性。

在"皇统优越论""水土优越论"逐渐兴起的同时,江户学者亦开始通过新解中国儒学经典的方式来解构"华夷之辨",凸显日本的"非夷狄"身份,进而建构日本自身的"文化优越论"。在此基础上,本居宣长则指出,"神道"才是真正的"日本之道",它源自天照大神,是天皇的治天下之道,是他国所不具备的"真道"。日本人不应信奉"中国之道",必须清除中国文化对日本的影响力,摆脱中国思想的束缚。本居宣长的思想标志着日本"文化优越论"已摒弃中国典籍,而使用日本文化来宣扬日本精神,进一步推动了日本民族主义的发展,对日本思想的发展产生了重要的影响。

综上所论,江户时代是日本知识界逐步摆脱中国影响,进而构建日本主体思想的重要阶段。即使多数思想家并无直接贬低中国的价值取向,但他们在论述"日本优越论"的过程中却不时将中国水土、中国皇统,甚至中国文化作为比较的对象,特别强调日本在这些方面强于中国的优越性,客观上加速了日本自身思想的觉醒。

## 学界评价与反响

该文以日本江户时代的朱子学派、古学派、阳明学派、国学派以及兰学派为研究对象,探讨了他们思想中的"日本优越论"取向。该文指出,江户学者的"日本优越论"取向实际上已经将中国思想、中国文化乃至中国作为质疑、批判和否定的对象,暗示出"文化认同"在近代之前的东亚世界出现了裂痕,意味着中日在同一文化范畴内渐行渐远,而这一不同思想取向甚深地影响了中日两国的历史进程,对东亚思想史的研究具有重要的意义。

(该文原载于《东北师大学报(哲学社会科学版)》2021年第4期,收入本书时做了适当修改)

# 论美国对琉球"去日本化"的构想与实践
# （1944—1950年）

孙家珅[*]

第二次世界大战末期，美军在西太平洋区域多次突破日军的防御，为了发动对日本本土的登陆作战，美军将位于日本南端的琉球群岛作为登陆的"跳板"。美国以"去日本化"为目标，试图将战前日本殖民时期的"冲绳县民"塑造成战后美国占领时期的"琉球人"，以达到美国在亚太区域建立恒久军事基地的战略目的。

## 一、琉球与日本分离构想的形成

1944年9月9日，美国参谋长联席会议命令尼米兹于1945年3月攻占琉球。为了给未来对琉球群岛实施占领统治打基础，美国海军民政小组（Navy Civil Affairs Team，NCAT）开始收集关于琉球的情报，编制民政手册。美军战略服务办公室于同年5月完成题为"琉球群岛的冲绳人：一个日本的少数民族"的报告。这些调查资料对于研究人员来说无疑是一种发现，研究人员意识到琉球人和日本人之间存在明显的裂痕。美国的战略学家开始考虑能否利用这种裂痕来制约日本，希望促成一个跨国的"冲绳人运动"（Okinawan Movement），在其他有琉球移民的地区开展"自由琉球"（Free Loo Choo）运动以策动琉球独立。

## 二、对琉球"去日本化"的具体实践

政治方面。1945年4月1日，美军在冲绳岛登陆，琉球群岛第一任军政长官、海军元帅尼米兹发布了琉球统治的基本法以及美国海军军政府布告第1号指令。这确立了美军的分离统治意图。

金融方面。1945年美国军政府发布第4号指令《纸币、兑换、对外贸易及金钱存取》，规定占领军将在美军占领下的"西南诸岛"及近海岛屿发行货币，日本帝国政府以及日本陆军、海军、空军在"西南诸岛"及近海岛屿发行的军票以及军事货币为非法货币。

文化方面。1945年8月1日，冲绳教科书编撰所在美国军政府指导下建立，美国军政府

---

[*] 孙家珅，清华大学人文学院博士研究生。

规定，教科书编撰禁止使用日本教材、禁止极端国家主义、禁止军国主义以及重点强调琉球传统文化，根据以上要求，教科书编撰所出版了《阅读方法》和《冲绳历史》教科书。此外，为了复兴琉球的物质文化和非物质文化遗产，面对被战火摧毁的历史遗迹，美国重建琉球历史文化遗迹以重塑琉球人的历史记忆。

20世纪40年代末，随着美苏冷战的开始以及中国共产党在国共内战中的胜利，美国对日本的政策由战后初期的抑制转向扶持，相应的，美国对琉球的战略定位也由战后初期的"防止日本军国主义复兴的桥头堡"变为"防止共产主义在亚太区域蔓延的基地"。

### 三、"去日本化"实践对琉球族群造成的历史影响

美军对琉球"去日本化"的构想和实践虽然只持续了一段时间，但这种文化运动无疑刺激了琉球族群在历史长河中隐匿的"共同体意识"和传统文化的复苏。

以琉球为叙事主体的历史研究复兴于"二战"末期琉球被美军占领后。原本以天皇为中心的"神国史观"被打破，在占领时期接受教育而逐渐成长起来的琉球人具有"主体性意识"。战后初期，批判日本军国主义战争的著述相继出版。

遗失在历史长河中的传统文化在当代不断被重塑。琉球刺青文化在明治政府废藩置县后作为旧风俗遭到严厉禁止，如今，这种被禁止了100多年的旧风俗在琉球族群中复苏，越来越多的年轻人开始刺青，刺青图案也多带有古琉球时期的文化符号。

为凝聚族群共同体，琉球人创造了一些传统文化中不存在的符号以及狂欢的节日。1999年9月24日，第六届冲绳县议会规定"嘉利吉衬衫"（かりゆしウェア）为冲绳县议会正式工作制服。自1990年开始，每隔五年琉球族群就会举办一次"世界家乡人（琉球人）大会"（ウチナンチュ大会）。

特定历史时期美国出于自身战略利益对琉球实施的"去日本化"举措唤起了琉球族群的历史记忆，以及"自我认同意识""国家意识""共同体意识"。当代琉球族群复杂的身份认同意识虽然是残酷的战争经历和美军基地负担等因素造成的，但美国的"去日本化"举措催动战后琉球社会开展了一场文化运动。这种运动在琉球"回归"日本本土后并没有停止，在现今日美同盟的夹缝中，琉球族群依然不断加深对自身传统文化的追忆和复兴。

### 学界评价与反响

文章从思想文化角度出发，研究美国统治琉球期间，为达到分离琉球人与日本人关系、让琉球人能够确认"自己不是日本人"而是琉球人的战略目标而实施的"去日本化"的教育文化政策。

琉球族群认同研究是极具挑战性的学术工作。研究占领时期的琉球离不开日本，也少不了中国，更不能没有美国，是全球史中的琉球。文章分别在话语体系、新史料的发掘和解读、理论方法这三个方面进行了创新性的研究。

一是关于话语体系创新。观中国学界主流研究成果，对琉球历史的叙事多被置于中琉关系史或东亚朝贡体制的框架内研究。该研究以"琉球主体性"为出发点，重建以琉球主体性为中心的琉球史叙事，客观呈现琉球历史发展的基本脉络；同时，以琉球族群为研究主体，分析美国政策对琉球人施加的影响，为琉球史研究提供新视角和新方向。

二是关于新史料的发掘和解读。先行研究中鲜有对《琉球群岛的冲绳人：日本的少数团体》和《琉球群岛：民政手册》的利用和解读，作者对两部报告的出台及其内容进行了深入的解读。此外，文章对同期教科书《阅读方法》和《冲绳历史》等进行文本分析。

三是关于理论方法创新。美国占领琉球时期历史的先行研究中鲜有使用文化人类学的研究方法，对琉球族群复杂的认同意识的成因也缺乏论述，文章致力于回答当今琉球族群复杂认同意识的成因问题。

综上所述，全文的论点明确，逻辑线索清楚，章节结构合理，作者在比较各类先行研究的观点思想及其方法的基础上，提出该文的论点和论证，比较清楚地表现了该文的学术新意。

（该文原载于《日本文论》2021年第2辑，收入本书时做了适当修改）

# 20 世纪 80 年代以来中国的日本文化研究述评

张建立[*]

中国的日本文化研究,既受到东西方文明冲突这一历史大背景的深刻影响,亦始终受到中日两国社会经济发展水平变动的影响。20 世纪 80 年代以来,中国的日本文化研究一直呈现文化现象描述与意义阐释、揭示共性规律的宏观体系研究与追求个性细节描述的碎片化研究共存的特点。不断增强的日本文化基础研究成果向智库成果转化的社会需求,对研究者们立足中日两国现实、放眼全球精准解析日本文化提出了更高的要求。跨学科的日本文化研究方法的探讨,将更加有效推动中国的日本文化研究的深化和拓展。

## 一、中国的日本文化研究历程

中国真正的日本文化研究是在改革开放以后展开的。面对"二战"后迅速取得现代化成功的日本,一时间中国国内掀起了一股以学习借鉴日本经验为目的的日本文化研究热潮。进入 21 世纪以来,中国经济的持续高速发展与日本的长期低迷形成鲜明对照,特别是 2010 年中国名义国内生产总值(GDP)赶超日本、跃居世界第二经济大国之位后,日本这只当年东亚经济的领头雁辉煌难再,取而代之的是以中国为牵引力的大中华经济圈日益繁荣昌盛。这一国际社会发展格局的重大变化,不可避免地影响了对日本文化的研究。这一时期中国的日本文化研究成果,对日本文化的剖析多了一些审慎的态度。

## 二、中国的日本文化研究主要领域

### (一)关于日本文化特征及中日文化比较研究

该领域的研究成果,主要是从形态论和形成论两个角度,对日本文化特征及成因进行了解析。由于中日两国文化交流源远流长,所以采纳比较研究的方法,通过日本与西方特别是中日文化比较研究来探讨日本文化特征的论著格外突出。这一时期中国的日本文化研究成果的一个基本共识是,日本文化有不同于中国文化的特点,是一种多元共存的文化。

---

[*] 张建立,中国社会科学院日本研究所研究员。

### （二）关于日本吸收外来文化的问题研究

关于该领域的研究也是 20 世纪 80 年代、90 年代的一大热点。大量相关研究中，既有选取典型个案的研究，也有综合性的规律性探讨。

### （三）关于日本文化与现代化问题的研究

该领域研究成果的一个共同特点是，大多都会强调日本现代化之所以能够取得成功得益于日本文化所具有的日本传统文化与外来文化的二重性结构，但对其中的外来文化具体侧重的内容，观点却不尽相同。

### （四）关于日本文化战略的研究

近年来随着文化软实力、酷实力、文化权力等概念的普及，中国的日本文化研究者也开始关注日本文化在日本国家战略目标选择、国家战略方针和战略实施方式以及提升日本国际形象等方面的作用。

## 三、中国的日本文化研究的主要特点

### （一）研究者队伍构成特点

如果以时间为界做一个大概的分期，在 20 世纪 80 年代至 21 世纪初期，日本文化研究者大多为日语语言文学专业和日本历史专业毕业生。21 世纪以来，部分非日语专业和非日本历史专业毕业的研究人员也越来越多地加入日本文化研究。这类研究人员，往往不仅精通日语，尤其擅长英语，而且相应的学科训练扎实、学术积累深厚，这更加利于学者们拓展日本文化研究视野，将研究日本文化的参照物从中国、亚洲扩展到全世界，能够更加全面深入、前瞻性地研判日本文化的发展态势。

### （二）研究内容特点

总体而言，日本文化研究一般被视为基础研究，但 20 世纪 80 年代至今，探讨日本文化研究成果如何研以致用一直是一个主旋律。

### （三）研究方法特点

历史学的研究方法一直是日本文化研究领域比较通用的方法。20 世纪 80 年代日本文化研究热潮兴起之初，就有学者的成果对日本文化研究方法进行过探讨。如崔世广的《日本文化研究方法论》（1998 年）等。自 2010 年以来，日本文化研究学者们变得更加注重对跨学科的日本文化研究方法的探讨。中国社会科学院日本研究所原所长李薇曾提出日本研究要"接地气"的观点，只有接地气才能更有底气。具体从研究方法的角度来看，所谓"接地气"，就是要提升中国的学理经验，建构中国学术特色的日本研究理论体系，多角度地研究日本，确立和提升中国对日本问题研究的学术地位。从这个意义上讲，许烺光在参考中国经验基础上提出的、经由尚会鹏和游国龙完善的"心理文化学"理论，不仅是 2010 年以来国内外日本文化学科最新理论，也将是今后很长时期内从事日本文化研究所要参照的重要理论方法之一。

### 四、中国的日本文化研究存在的问题与展望

近年来，中日两国间政治、外交、安保、经济等所谓应用领域的问题日益引发学界关注，从事日本文化研究的队伍在悄然缩小，日本文化研究成果在日本研究领域重要专业学术杂志上的发表空间也被严重压缩。因此，如何有效解决基础研究与应用研究相结合的问题关乎日本文化学科的未来发展，拓展视野、多角度、全方位地开展日本文化研究势在必行。

**学界评价与反响**

整体而言，该论文大体梳理出了中国的日本文化研究脉络，刊发后被中国社会科学院日本研究所网站与微信公众号、《日本问题研究》网站与微信公众号、百度学术网、参考网等全文转发，为日本文化爱好者特别是研究生们了解当前中国的日本文化研究现状与课题提供了一定的参考。

（该文原载于《日本问题研究》2021年第2期，收入本书时做了适当修改）

# 从元曲到能乐：日本五山诗文作为津梁

张哲俊[*]

日本能乐的产生过程一直是日本学术界的重要问题。能乐与宋元戏曲都是集文学、音乐、舞蹈、美术等多种因素于一体的艺术形式。在江户时期与20世纪初，曾有日本学者提出过能乐来自元曲的看法，但遭到了大多学者的否定，现今日本学术界几乎无人再提这一课题，"能乐本土形成说"基本成为定说。但这一问题还是存在一定的研究空间，从明治维新以来，日本学术界普遍认为"五山"文学是与日本母语文学无关的孤立文学。但"五山"文学与日本母语文学还是存在一定的交流关系。日本能乐通过"五山"诗人了解到宋元戏曲的一般形式，吸取了宋元戏曲形式的若干因素，最终形成了能乐。

能乐与宋元戏曲确实存在相似的因素，宋元戏曲也有假面剧，乐队的乐器构成、曲文的形式、歌唱与科白结合等诸多因素都存在相似性。如果能乐艺人通过"五山"文学了解了宋元戏曲的一般形式，那么"五山"文学必须留下与宋元戏曲、能乐接触的记载。为此作者专门调查了"五山"文学的文献，发现确实留下了相关记载，可以支撑该文的基本观点。

第一，"五山"诗人有关宋元戏曲的记述见于"五山"文学的各个时期。最早记述宋元戏曲的"五山"僧人是宋末元初渡日的兰溪道隆，他的偈诗记述了宋代的川杂剧"神头鬼面"戏。除了兰溪道隆的诗歌之外，还有南山士云的偈诗也记述了类似的杂剧。兰溪道隆、南山士云的偈诗在20世纪初为日本学者七里重惠所发现，但实际上"五山"文学中还有日本学者未曾发现的其他文献。

首先值得关注的是宋代渡日高僧无学祖元（1226—1286）的《佛光国师语录》记录的"黄面瞿昙"，据文献来看表演的是元代神佛剧，与兰溪道隆等人记载的神头鬼面剧完全吻合。兰溪道隆与元学祖元渡日传播禅宗的同时，也带去了包括宋元杂剧的中国文化。其次是日本的梦岩祖，他没有在中国生活过的经历，但却了解杂剧，由此可见"五山"诗僧了解宋元杂剧应当具有一定的普遍性。一山一宁（1247—1317）是"五山"早期的渡日僧人，他释讲佛典时也讲到了元杂剧，尤其是提到了杂剧一唱一拍的辞乐关系。一山一宁的弟子雪村友梅游历元朝，并留下了两首涉及元杂剧的诗歌。春屋妙葩（1311—1388）是"五山"中期僧

---

[*] 张哲俊，北京师范大学文学院教授。

人，入于梦窗疏石门下，又参渡日元僧竺仙梵仙、清拙正澄。他的《知觉普明国师语录》记录了街头演元杂剧的情形。

第二，"五山"文学中诗僧与能乐的关系。"五山"诗人了解宋元杂剧，同时也与日本能乐有过较为密切的接触。中世幕府将军是"五山"官寺的最有力支持者，也是日本能乐的支持者与爱好者。因而无论"五山"诗僧是否喜欢日本能乐，都必须参与观剧活动，甚至还与能乐产生过更为直接的活动，二者间有过明显的接触。希世灵彦的《观世大夫画像赞》记述了能乐集大成者世阿弥与将军足利义教（1394—1441）同台表演能乐的情景，以"神头鬼面"来指能乐，而"神头鬼面"也正是是宋元杂剧的一种类型；横川景三的《青松院春盛老人像赞》、景徐周麟的《题画》记述了僧人陪同将军观看杂剧之事；景徐周麟是与能乐接触最多的五山诗人，他的另一首观剧诗《观世小次郎画像》是"五山"文学记述能乐最为集中的文章，不仅记述了能乐的发展历史，也介绍了能乐艺术家观世信光的生平与成就。此外，能乐论中最为核心的概念——"幽玄"，据信其源头之一应来自"五山"诗人义堂周信的《赋芦花寄友人诗后序》。

**学界评价与反响**

该文的部分内容曾在日本早稻田大学演剧、美术、考古的国际学术会议上做过基调演讲，专家学者以为宋元杂剧与能乐的关系是在散乐层面上接触的，而宋元杂剧正是散乐的一部分。

（该文原载于《外国文学评论》2021年第2期，收入本书时做了适当修改）

# 国内涉日学术机构与学术动态

# 北华大学东亚历史与文献研究中心

## 一、基本情况

北华大学东亚历史与文献研究中心（以下简称"东亚中心"）前身是成立于1984年的吉林师范学院古籍研究所，2004年在原有基础上改建为东亚中心。依托中心建设的世界史学科是吉林省"十二五"重中之重学科、省"十三五"优势特色学科A类、省申博立项建设学科；历史学专业为省级一流专业建设点，是东三省首家通过历史学师范专业认证专业。东亚中心拥有5个省级科研平台，在国内外学术界享有较高声誉的《长白丛书》是史学界公认的标志性文献整理与研究成果，为国家制定东北亚外交政策提供文献与学术支撑，发挥了重要"学术戍边"作用。

东亚中心经过30余年发展建设，凝练形成3个研究方向：1.东亚区域国别史方向，以东亚区域内的日本与朝鲜半岛为研究对象，侧重研究日本对华外交政策、日本侵略中国东北史、近代日本汉学史等，关注朝—韩在近代以来大国博弈中的国家历史命运演变过程。2.东亚区域历史文献学方向，自20世纪80年代以来致力于东亚区域历史文献整理，拥有一支日本、朝鲜文献以及中国东北地方文献整理与研究的专业团队，历经40年整理出版的《长白丛书》在东北疆域、朝鲜汉籍文献以及中日关系文献整理与研究方面形成了自己的特色和优势，受到国内外学界的广泛认可。3.世界近现代史方向，以世界近代战争与和平问题、日本的历史认识问题、近代东亚的国际秩序演进为重点，注重东亚近现代国际关系史、战后中韩日三国战争记忆形成、日本的殖民统治体系、美国的东亚政策等问题研究。

东亚中心现有在职研究人员12人（其中11人具有博士学位，3人为海归博士），其中博士生导师1人（东北师范大学兼职）、硕士生导师10人。团队成员职称、年龄结构合理，均具有一定的海外学术经历，近三年承担有国家社科基金项目7项（其中重大项目、重点项目、重大专项项目各1项），所在党支部是教育部遴选的全国首批党建工作"标杆支部"。中心与国内外高校学术机构的联系紧密，先后与韩国成均馆大学、高丽大学，日本大阪大学、一桥大学，南开大学、清华大学等相关学术机构开展长期高层次的学术交流。经过近40年的建设和发展，东亚中心已发展成省内知名、在国内和韩日学界有一定影响的东亚史教学和研究重镇。

中心主任为郑毅，二级教授，兼任中国日本史学会常务副会长、北华大学校学术委员会主任、东北师范大学兼职博士生导师（日本史方向）、国家社科基金重大项目首席专家，主要从事日本近现代史、日本侵略中国东北史研究。

地址：吉林省吉林市丰满区吉林大街 15 号北华大学南校区

邮编：132013

联系电话 / 传真：0432-64602765

## 二、重要会议举办情况

2021 年 3 月 15 日，北华大学东亚中心与清华大学日本研究中心联合举办线上学术会议"东亚史研究的再探讨：概念、文献、课题与展望"。北华大学东亚中心郑毅教授、南开大学刘岳兵教授、北京师范大学张建华教授、清华大学李廷江教授、中国台湾"中央研究院"张启雄教授，日本神奈川大学孙安石教授、日本中央大学土田哲夫教授等依次作学术报告。此次会议也是郑毅教授主持的国家社科基金重大项目的阶段性工作会议之一。

2021 年 12 月 4 日，由北华大学东亚中心主办的第一届"近代中国东北的言说空间：民族国家、殖民主义与现代性"国际青年论坛以线上会议的形式召开。此次会议由北京日本文化中心（日本国际交流基金会）资助召开。会议邀请日本长野大学塚濑进教授、韩国翰林大学全成坤教授、吉林大学于长敏教授和北华大学郑毅教授作基调发言，来自南开大学、东北师范大学、北京外国语大学和吉林大学等国内外著名高校的 15 位青年学者就会议主题各自报告了最新研究成果。

## 三、机构要闻

2021 年 1 月，经教育部公示，东亚中心党支部 2018 年获批的教育部首批"标杆支部"培育建设项目顺利通过验收。4 月，经国家哲学社会科学工作办公室审核公示，中心郑毅教授主持的国家社科基金重点项目"中韩日三国的'战争记忆'与历史认识问题比较研究"通过验收结项。4 月 20 日下午，中心聘任大连大学中国东北史研究中心主任王禹浪教授、大连民族大学东北少数民族研究院黑龙教授担任客座教授。5 月，中心主任郑毅经校长提名，担任第八届北华大学校学术委员会主任；南京师范大学王剑教授主持的国家社科基金重大项目"亚细亚文库资料整理与研究"阶段性推进会在长春召开，中心郑毅、李少鹏、马冰受邀参会并发言。7 月，中国史学会第十次代表大会在嘉兴南湖召开，会议选举产生中国史学会第十届理事会（共计 108 人），郑毅当选中国史学会理事。9 月，中心主任郑毅教授 2019 年立项的国家社科基金重大项目顺利通过中期检查，并获得滚动资助经费 60 万元。10 月，中心主任郑毅赴延边大学参加中外文化交流史学会会长工作会，被聘为该学会副会长，中心教师李少鹏、刘景瑜被聘为理事。11 月，中心主任郑毅被聘为吉林省人大常委会立法咨询专家；中心党支部书记李少鹏参加教育部主办的全国高校教师党支部书记"双带头人"高级研修班。

重要学者来访方面，2021年先后接待中山大学陈春生、东北师范大学韩东育、华东师范大学沈志华夫妇、北京大学牛军、黑龙江大学陈长喜、吉林大学巴殿君等国内外著名学者。人才培养方面，东亚中心2021年毕业硕士研究生18名，其中3名毕业生分别考入中国社会科学院大学、辽宁师范大学、湖北大学继续攻读博士学位。服务地方方面，郑毅担任吉林省人大代表，刘景瑜、宫健泽担任吉林市政协委员。

## 四、承担的省部级及以上课题

| 序号 | 课题名 | 主持人 | 课题类型 | 课题编号 |
| --- | --- | --- | --- | --- |
| 1 | 近现代日本对"满蒙"的社会文化调查书写暨文化殖民史料文献的整理研究（1905—1945） | 郑 毅 | 国家社科基金重大项目 | 19ZDA217 |
| 2 | 中韩日三国的"战争记忆"与历史认识问题比较研究 | 郑 毅 | 国家社科基金重点项目 | 15ASS004 |
| 3 | 明清时期中朝边务问题域外文献整理与研究 | 宫健泽 | 国家社科基金重大专项 | 19VJX041 |
| 4 | 朝贡体系的震荡与明清对朝鲜外交变通论研究 | 李善洪 | 国家社科基金一般项目 | 18BZS069 |
| 5 | 国际史视阈下的近代阿拉斯加问题研究 | 梁立佳 | 国家社科基金青年项目 | 18CSS006 |
| 6 | 日本"满蒙学"视域下的中国东北边疆史论批判研究 | 李少鹏 | 国家社科基金青年项目 | 19CSS031 |

（供稿人：李少鹏）

# 北京大学日本研究中心

## 一、基本情况

北京大学日本研究中心成立于 1988 年 4 月 22 日，是北京大学跨院系（所）、综合性的日本研究机构。中心的宗旨是，加强和促进北京大学的日本研究；推进中国日本研究的发展，增进中日两国人民之间的相互了解与理解；促进中日两国社会的繁荣与东亚地区的和平与发展。中心的任务是，协调和组织与日本学相关重要课题的研究及研究成果的出版；举办学术会议和学术讲座等学术活动；编辑出版学术论文集《日本学》；组织和推进同校外、国外日本学研究机构以及学者的学术交流与合作。

北京大学日本研究中心已经走过了 33 年的历程。33 年来，除中心成员撰写、出版了大量专著、译著和论文外，据不完全统计，以中心名义召开的国际、国内学术会议共有 31 次，其中有代表性的有：国际文化交流——大化革新、中日民俗比较研究、第二次世界大战与战后世界发展、东亚传统文化与现代化、21 世纪中国与日本、中日民间交流的未来——以经济和文化为中心等国际学术研讨会和中日关系与东海紧张局势的管控、日本的战略文化、安保政策与中日安全关系以及一带一路与中日经济合作等国内学术研讨会。

中心举办的学术讲座共有 49 次，香山健一、十时严周、梅原猛、安藤彦太郎、岸阳子、本泽二郎、村田忠禧、竹中平藏、波多野澄雄、若宫启文、小熊英二等日本著名学者和周季华、周永生、汤重南、卓南生等国内外著名学者、评论家应邀到中心做学术报告和讲座。中心还与卡乐 B 日本研究基金会合办了"解读日本"系列讲座，邀请了竹中平藏、藤原归一、立花隆、小熊英二、榊原英资、川胜平太、堺屋太一、石原信雄、田中康夫等日本著名学者和政治家，就日本的政治、经济、文化等领域的重要课题作学术讲演。

研究中心编辑的《日本学》已经出版了 20 辑，共收入论文 332 篇、译文 64 篇，研究范围涵盖了日本政治、经济、外交、历史、社会、法律、语言、文学、文化、宗教、教育、科技以及中日关系等非常广泛的领域。中心还与卡乐 B 日本研究基金会合作，资助和指导青年教师、研究生和本科生进行课题研究，推进人才培养。自 1994 年以来，共资助教师 68 名、科研项目 68 项；资助和指导研究生 397 名，完成课题 396 项；资助和指导本科生 144 人，完成课题 144 项。另外，中心有多位学者参加了中日共同历史研究，撰写研究报告 5 篇，高质量地完成了国家交给的任务。此外，中心还在 2001 年设立了"池田大作研究项目"，并召开了《21世纪东方思想的展望》等国际学术讨论会，出版了会议论文集和《池田大作研究论文集》，并与港澳台有关团体进行了学术交流。自2016年以来，与商务部、复旦大学等每年召开一届中日经济研讨会，截至2021年底已举办6届。

33年来，北京大学日本研究中心通过中日学者互访讲学及与国内科研机构、兄弟院校等密切合作，努力开展学术交流，推进了北京大学日本研究的发展。

日本研究中心：由北京大学各院系（所）从事日本政治、经济、文化、历史、社会、语言、文学和思想等各领域的教学和研究人员组成。

地址：北京市海淀区颐和园路5号北京大学王克桢楼513

邮编：100871

负责人：初晓波

联系电话：010-62754362

电子邮箱：chuxiaobo@pku.edu.cn

## 二、重要会议举办情况

2021年9月30日，北京大学日本研究中心与清华大学日本研究中心、南开大学日本研究中心携手举办了日本政局与中日关系学术会议，会上，北京大学的于铁军、归泳涛、董昭华、梁云祥代表北京大学分别作了题为"疫情下的中日经济关系""日本安全保障政策的调整及其限度""日本政局与中日关系""经济安全与当前中美日关系"的主题报告，初晓波代表北京大学作了总结。

2021年11月5日下午，在北京大学国际关系学院C105举办了"留日学生与早期中国共产党"的讲座，邀请北京大学历史系教授、中国中日关系史学会会长、中国日本史学会副会长王新生老师主讲，10余位在校师生参加了讲座，讲座结束后，进行了将近一个小时的热烈讨论和交流。

2021年12月11日，北京大学日本研究中心、北京大学亚太研究院与日本樱美林大学共同举办了第19届北京大学·樱美林大学学术会议，主题为"深切怀念佐藤东洋士原理事长——新冠疫情下的中日文化、经济和政治交流"。这次会议以线上方式进行。北京大学吴志攀、李寒梅、初晓波、丁斗、白智立、董昭华、梁云祥、张小明、吴杰伟出席了会议，北京大学初晓波、董昭华、梁云祥分别围绕"新冠疫情下的中日文化交流""新冠疫情下的中日经济交流""新冠疫情下的中日政治经济交流与中日关系"作了主题发言。

2021年12月26日，北京大学日本研究中心与广西大学中国边疆经济研究院、商务部研究院亚非所、复旦大学日本研究中心、中国社会科学院日本所联合举办了线下线上相结合的新形势下中日经贸研讨会，北京大学于铁军作了题为"中美战略竞争背景下的日本经济安保的实相与虚像"的主题报告、北京大学陶涛作了题为"RCEP对东亚生产网络的影响"的主题报告，北京大学李寒梅、初晓波、归泳涛等人参加了会议。

## 三、承担的省部级及以上课题

| 序号 | 课题名 | 主持人 | 课题类型 | 课题编号 |
| --- | --- | --- | --- | --- |
| 1 | 日本全面侵华战争的决策问题研究 | 臧运祜 | 国家社科基金重大项目 | 19ZDA220 |
| 2 | 古代日本绘卷作品中的中国元素研究 | 丁 莉 | 国家社科基金项目 | 21BWW027 |
| 3 | 中国崛起与国际发展秩序的变革 | 陈沐阳 | 国家社科基金青年项目 | 20211227 |
| 4 | 亚洲典型国家公务员治理能力与我国公务员治理能力比较研究 | 白智立 | 中共中央组织部课题 | — |
| 5 | 国家奖学金资助成效研究 | 鲍 威 | 教育部全国学生资助管理中心委托课题 | — |
| 6 | 新时代中国高等教育理论体系研究——教师发展理论研究 | 鲍 威 | 教育部高教司委托课题 | — |

（供稿人：曹宝萍）

# 北京大学外国语学院日语系

## 一、基本情况

北京大学日语学科历史悠久，最早可追溯到京师同文馆时代（1862—1902）。1946年，北京大学组建"东方语文学系"，日语专业从1949年开始招收本科生，在"文革"前已开始研究生教育。1981年成为国内日语语言文学专业首批硕士点之一，1986年成为国内该专业领域第一个博士点。1987年，设立日本文化研究所，1997年该学科增设日本文化专业方向，成为国内高校中首个集语言、文学、文化三个专业方向，并具有学士、硕士、博士三级学科学位授予权的日语专业。1999年随着北京大学外国语学院的成立，升格为"日本语言文化系"。2011年获准增设翻译硕士专业方向，并组建日语翻译教研室。

自改革开放以来，北京大学日语系秉承北京大学优秀的人文传统，坚持教学与科研并重的办学方针，在学科建设、教学实践、学术研究、教材开发、人才培养、对外交流、国际合作等方面取得了优异的成绩。该系主办的学术刊物《日本语言文化研究》已出版11辑。

该系现设有日本语言、日本文学、日本文化、日语翻译四个教研室，专职教师15名，其中教授6名，长聘副教授1名，博士生导师7名，副教授4名，助理教授4名，全体教师均具有博士学位。该系年均招收本科生、硕士研究生及博士研究生共约60名。其中，本科生约20名，培养精通日语的各类人才；硕士研究生约30名，博士研究生约10名，分语言、文学、文化、翻译四个方向培养学术研究及高端创新型人才；近年设有博士后流动站，吸收海内外优秀人才，开展学科前沿性课题研究。

学科建设方面，该系现有四个研究方向，即语言学、文学、文化和翻译。早在20世纪80年代，日语专业就成立了话语语言学研究小组，之后相继开展的汉日语言对比研究、语用学研究和认知语言学研究也是国内较早的一批。文学研究方面，先后经历了日本文学的译介和拓展阶段，现正在向广度和深度进一步发展。文化研究方面，所涉及范围覆盖日本思想文化、宗教哲学、民俗艺道及日本亚文化等各方面、各领域问题。

据不完全统计，截至2021年底，该系共承担并完成30余项国际国内科研项目，承担国家社科基金项目、教育部人文社科项目等总计10余项；举办大型国际学术研讨会80余次；出版学术著作、教材、译著等180余部。教师中有一半人次获得过"孙平化日本学学术奖励基金"专著一、二等奖及论文奖。

该系与日本多所著名大学及学术研究机构保持着密切的合作交流关系，曾邀请金田一春彦、加藤周一、大江健三郎等著名学者前来讲学或进行学术交流。自2010年开始，该系与日本明治大学开展国际合作，每年举办两期"日本动漫高端讲座"，邀请日本动漫界的领军人物前来讲学和交流。北京大学与东京大学、早稻田大学、庆应义塾大学、明治大学、法政大学、九州大学、日本大学、关西大学、创价大学、东北大学、筑波大学等签有校际交流协议，依据协议该系选派教师或学生赴日进行学术交流或留学。

地址：北京市海淀区颐和园路5号北京大学外国语学院（新楼）

邮编：100871

系主任：孙建军

联系方式：62753141（办公室）

电子邮箱：sunjianjun@pku.edu.cn（系主任）

## 二、重要会议举办情况

1. 2021年10月23日，北京大学日语系与日本明治大学国际日本学科联合举办"第二届日本语学日本语教育学国际学术集会"。

2. 2021年11月7日，北京大学日语系举办2021北京论坛外国语学院分论坛——知识传播与文明互鉴（第二场 东西交流与翻译）。

3. "国际合作下的东亚古典学新生代发展——从文字世界的开拓出发"系日本东京大学大学院人文社会系研究科项目。从2021年10月起，北京大学日语系、东方文学研究中心和东京大学大学院人文社会系研究科先后举办了3次相关讲座。具体如下：

第一讲 10月15日

"《古事记》中的汉字表现——与《日本书纪》相比较"；

第二讲 11月19日

"作为变化文本的《日本书纪》——以15世纪及以前的事例为中心"；

第三讲 12月24日

"最澄和异本上宫太子传——平安时期日本书纪的变奏"。

## 三、承担的省部级及以上课题

| 序号 | 课题名 | 主持人 | 课题类型 | 课题编号 |
| --- | --- | --- | --- | --- |
| 1 | 自然和人：近代中国两个观念的谱系探微 | 葛奇蹊 | 国家社科基金中华学术外译项目 | 19WZXB001 |
| 2 | 古代日本绘卷作品中的中国元素研究 | 丁莉 | 国家社科基金一般项目 | 21BWW027 |

（供稿人：潘钧）

# 北京第二外国语学院日语学院

## 一、基本情况

该校日语专业创建于 1964 年，2020 年入选国家级一流本科专业"双万计划"，是教育部第一批特色专业建设点、北京市特色专业建设点、重点建设学科和品牌专业。杰出校友从政界名人（国务委员、部长、大使），到专家、学者等遍及海内外各个领域。

从最初的亚非语系日语专业、日语系发展到今天的日语学院，在超过 50 年的发展历程中，建立起了本科人才培养"中日人文交流、中日同声传译、中日漫画文创"三个专业方向、硕士研究生人才培养"日语语言学研究、日本文学研究、日本社会文化研究、中日翻译研究"四个研究方向的本硕人才培养体系，传承以培养"坚实的人文素养、外语能力、多学科领域知识的中日人文交流高层次应用·研究型人才"为目标的专业学科的定位。

日语学院有专业课教师 38 名，其中教授 9 人、副教授 15 人，日籍专家 2 人（其中 1 人为日籍专任）。具有博士学历的教师达 78%，教授及副教授占比为 63%，外籍教师占比为 5%。

地址：北京市朝阳区定福庄南里一号

邮编：100024

院长：杨玲

联系方式：010-65778435

电子邮箱：ryxy@bisu.edu.cn

## 二、重要会议举办情况

2021 年 6 月 24 日，北京第二外国语学院与中国外文局集结全国日语专业 40 余所核心高校共同成立"全国高校日语专业联盟"，并同步发布中日 CATTI 国际版的启动，以实际行动践行习近平总书记关于"讲好中国故事，传播好中国声音，阐释好中国特色"重要指示，为中国共产党成立 100 周年献礼。

2021 年 6 月 25 日，由北京第二外国语学院主办的"全国高校日语专业思政教育建设论坛"在北京举行。会议中，共同探讨如何以习近平新时代中国特色社会主义思想为指导，在人才培养及专业教学中融入思想政治教育，进一步提炼提升与我国发展建设相适应的中日语言人才培养与遴选体系，助力提升中华文化国际影响力。

2021年9月25日，北京漫画学会成立大会在北京第二外国语学院举行。该学会是首都第一家也是目前唯一一家以漫画研究为使命的社团组织。

2021年12月1日，由北京第二外国语学院中日韩合作研究中心、北京第二外国语学院日语学院社会文化研究室、北京对外文化传播研究基地共同主办的题为"多元视域下的中日民间交流"研讨会以线上会议形式成功举办。

## 三、机构要闻

2021年举办学术讲座或报告会38场，主要由以国际日本学研究中心为依托的国际日本研究系列学术报告会、以学术研究生为主要讲授对象的学术大讲堂、以专业硕士研究生为主要讲授对象的口笔译工作坊三个系列组成，并辅以各类名师学术讲座或报告会。

其中，国际日本研究系列学术报告题目有"花间风雅——日本日常文化生活的解读"、大江健三郎系列讲座、"中国人学习日语常见的偏误——基于日汉对比的视角"等。学术大讲堂主题有"富冈铁斋笔下苏东坡的世界""人文研究的知与行——基于兴趣、好奇心、顿悟的研究""青年语言学者的研究视野与学术素养"等。口笔译工作坊共开讲18次，邀请15位国内外口笔译业界专家为学生讲授口笔译技能技巧。其他名家讲座12次，题目有"亚洲性与普遍性""亚洲如何成为方法""AI时代翻译技术与翻译技术能力培养""AI时代翻译搜索及其技术应用"等。

## 四、承担的省部级及以上课题

| 序号 | 课题名 | 主持人 | 课题类型 | 课题编号 |
| --- | --- | --- | --- | --- |
| 1 | 《翻译论集》（修订本） | 杨玲 | 国家社科基金中华学术外译一般项目 | 20WYYB005 |
| 2 | 日本城市进程中的文学书写研究 | 张文颖 | 国家社科基金一般项目 | 28BWW028 |
| 3 | 近代在华日侨文人的北京书写与文化认同研究 | 彭雨新 | 北京社科项目 | 21WXC012 |
| 4 | 国际中文通用翻译能力测试命题信效度及专用教材建设研究 | 杨玲 路逸 | 中国外文出版发行事业局项目 | 21CATL04 |
| 5 | 日语国际传播人才翻译基础能力提升研究——以日语MTI入学考试为核心 | 李成浩 林曌 | 中国外文出版发行事业局项目 | 21CATL14 |

（供稿人：高钰洋）

# 北京外国语大学北京日本学研究中心

## 一、基本情况

北京日本学研究中心成立于1985年，隶属于北京外国语大学，是北京外国语大学下设的实体科研机构及培养硕士以上高层次人才的教学机构。2008年，被教育部评为全国日语语言文学重点（培育）学科，同年被评为北京市重点学科。2012年，被评定为教育部国别与区域研究培育基地日本研究中心。2017年，入选中国智库索引（CTTI）来源智库。2021年，主办的学术刊物《日本学研究》成功入选CSSCI（2021—2022）收录集刊。

北京日本学研究中心的前身，是1979年12月时任日本首相的大平正芳访问中国时代表日本政府与中国政府签订文化交流协定，在北京建立的"全国日语教师培训班"（被中日教育界称为"大平班"）。鉴于"大平班"取得较好反响，1985年9月，中国教育部与日本国国际交流基金会合作创建了北京日本学研究中心，地点设在北京外国语大学。

北京日本学研究中心目前有语言学、日语教育、日本文学、日本文化、日本社会和日本经济6个研究室。每年招收硕士研究生30—40名，博士研究生4—5名。与日本东京大学等知名高校、研究机构、民间团体建立了交流合作关系，每年派遣硕、博士生赴日学习和研究。目前与日本神户大学、广岛大学、冈山大学建立了硕士双学位制度，硕士生在学期间按照双学位协议要求，完成中日两所高校的课程学习以及硕士论文撰写，可获得双硕士学位。

北京日本学研究中心图书馆作为国内日本学研究重要的资料馆被广大学者熟知，面向全国各高等院校、科研机构和日本学界开放，承担着为本校日本学研究相关的师生以及全国日本学教学及研究人员提供文献服务的职责。现有中日文各类图书14万册，日文期刊200余种，中文期刊70余种，日文报纸3种。其中，由中日双方民间友好人士及友好团体捐赠的日文图书，也是馆藏的一大亮点，主要有：高崎文库、孙平化文库、小孙文库、大平文库、德川文库、野村文库、松村文库、桐山文库、丹宇文库、米井文库、昭惠文库等。

北京日本学研究中心国际化的办学理念、高水平的师资科研团队、丰硕的科研成果、丰富的日文图书馆藏、先进的软硬件设施，使中心成为国内屈指可数的集教学、科研、智库、文化交流于一体的综合学术平台。为我国教育、科研和对外交流部门培养、输送了1500余名硕士、博士、讲师以上高层次、高质量、高素质的日语教育和日本研究的专业人才，为中国现代化建设、中日两国教育文化交流和中日友好做出了重要贡献。面向未来，中心将以建设国内一流、国际上具有重要影响日本研究机构为总体目标，把世界优秀的日本研究成果介绍给中国，把中国优秀的日本研究成果介绍给世界。

地址：北京市海淀区西三环北路2号北京外国语大学

邮编：100089

**负责人：**

中心主任：中方主任 周异夫、日方主任教授 园田茂人

中心常务副主任：徐滔、宋金文

中心副主任：熊文莉、费晓东

## 二、重要会议举办情况

1. 第九届"孙平化日本学学术奖励基金"评审、颁奖仪式
2. 第十四届中国日本学研究"卡西欧杯"优秀硕士论文奖评选
3. 创新·发展——全国一流日语专业建设高端论坛
4. "碳中和"视角下的中日可再生能源产业发展研讨会
5. 2021年北京外国语大学外国语言文学学科研究生高端学术论坛——后疫情时代的日本研究分论坛

## 三、机构要闻

为了进一步加强日语学院、日本学研究中心的建设，做优做强日语日研，2021年5月，学校党委决定，日语日研融合发展，发挥集聚效应，整体建设。在新领导班子的带领下，日语学院和日研中心各项工作进展顺利。2021年是北京日本学研究中心与日本国际交流基金会共同签署的"北京日本学研究中心项目第9个三年计划"的最后一年，也是"第10个三年计划"的启动之年。"第10个三年计划"的签署，为日研中心今后的发展提供了有力保障。

在科研方面，广大师生克服困难，以更加积极的姿态开展各类学术活动，取得了丰硕成果。一年来，共完成论文36篇，教材2部、译著1部，科研立项14项。中心主办期刊《日本学研究》成功进入CSSCI来源集刊行列，实现了学术期刊办刊层次的提升。在学术活动方面，积极邀请国内外著名专家学者，开展了中日人文系列讲座·智库系列讲座·社会学系列讲座等活动，以及组织师生参加中日韩四校研究生论坛，与神户大学共同举办国际学术研讨会等，共举办学术讲座、研讨会和相关学术活动60余场。

## 四、承担的省部级及以上课题

| 序号 | 课题名 | 主持人 | 课题类型 | 课题编号 |
| --- | --- | --- | --- | --- |
| 1 | 当代日本对华舆论形成的结构和机制研究 | 周维宏 | 国家社科基金一般项目 | 16BXW051 |
| 2 | 日本朱子学文献编纂与研究子课题 | 郭连友 | 国家社科基金重大项目子课题 | — |
| 3 | 《超越市场与超越政府》日文版 | 丁红卫 | 国家社会科学基金中华学术外译项目 | 18WJL003 |
| 4 | 基于大规模自建语料库的日本近现代文学作品中爱情隐喻模式系统性研究 | 韩 涛 | 国家社科基金一般项目 | 18BYY225 |
| 5 | 日本新宗教运动对当前中日关系的影响研究 | 暴凤明 | 国家社科基金一般项目 | 20BZJ061 |
| 6 | 《近代中国社会的新陈代谢》（日文版） | 宋 刚 | 国家社会科学基金中华学术外译项目 | 20WZSB019 |
| 7 | 日本国内关于钓鱼岛归属问题的观点解析与考证研究 | 房 迪 | 国家社科基金青年项目 | 21CGJ028 |
| 8 | 日本语言中汉字词汇使用现状研究 | 谯 燕 | 教育部哲学社会科学研究重大课题攻关项目 | 12JZD014 |
| 9 | 普通高中课程标准（日语）修订 | 徐一平 | 教育部其他司局委托项目 | — |
| 10 | 传统体育项目与日本国家软实力构建——以柔道和空手道的国际化为中心 | 武 萌 | 教育部国别和区域研究课题 | N13 |
| 11 | 日本古代政治史和家族史中天皇制的研究 | 潘 蕾 | 北京市共建项目 | — |
| 12 | 在京留学生学习生活状态调查与成功留学对策研究 | 费晓东 | 北京市社科基金项目 | 17JYC030 |
| 13 | 德富苏峰译介西方文艺思想对明治日本以及清末中国留日知识分子的影响 | 曲 莉 | 北京市社科基金项目 | 16WXC022 |
| 14 | 战后初期中国对日传媒的文献整理与综合研究 | 秦 刚 | 北京市社科基金项目 | 19WXB003 |
| 15 | 中国传统文化在日本的传播及其对日本教育的影响 | 孙容成 | 教育部国际司项目 | — |

（供稿人：宋金文）

# 北京外国语大学日语学院

## 一、基本情况

北京外国语大学日语专业始建于1956年，1981年独立建系，1986年获批设立日语语言文学二级学科硕士点，1993年被教育部确定为二级学科博士学位授权点。2008年，被教育部评为全国日语学科中唯一的国家重点学科（培育）。2013年开始招收日语翻译专业硕士（MTI）。2018年11月，日语系更名为日语学院。2019年获立首批国家级一流本科专业建设点。

日语学院下设本科生教研部、学术研究生教研部、MTI研究生教研部3个教研部，设有中日人文交流中心、汉日语言对比研究中心、中日比较文学与比较文化研究中心、日本传媒和大众文化研究中心、翻译研究中心5个研究中心。

地址：北京市海淀区西三环北路2号北京外国语大学

邮编：100089

负责人如下。

党总支书记：殷悦

院长：周异夫

党总支副书记：周异夫

常务副院长：徐滔、宋金文

党总支副书记：孙晓英

副院长：熊文莉、费晓东

## 二、重要会议举办情况

1. 创新·发展：全国一流日语专业建设高端论坛
2. 与早稻田大学举办线上交流会
3. 2021年北京外国语大学外国语言文学学科研究生高端学术论坛——后疫情时代的日本研究分论坛
4. 2021年度日本阿含宗桐山奖教奖学金颁奖仪式
5. 第二届全国日语专业配音大赛决赛（合肥）
6. 组织学生参加"中日青年乡村振兴经验分享会"
7. 中日韩三国研究生学术交流论坛

## 三、机构要闻

为了进一步加强日语学院、日本学研究中心的建设，做优做强日语日研，2021年5月，该校党委决定，日语日研融合发展，发挥集聚效应，整体建设。在新领导班子的带领下，日语学院和日研中心各项工作进展顺利。

在科研方面，全体教师共完成或参编学术专著3部、各类译著10部、教材及教辅9部、参编皮书2部、论文集1部。在国内外刊物上公开发表论文68篇，其中CSSCI来源刊（含扩展版）16篇，北外A+期刊2篇，被省部级单位采纳研究报告3份。获批1项国家社科基金项目、1项国家社科中华外译项目，1项中国外文局委托研究项目，2项校级科研项目。《日本学研究》进入CSSCI来源集刊（2021—2022），入选社会科学文献出版社CNI名录集刊、优秀集刊（2021—2022）。

在学术活动方面，日语学院积极邀请国内外著名专家学者，开展了中日人文系列讲座·智库系列讲座·社会学系列讲座等活动，首次举办全国日语专业研究生论坛，吸引了国外高校众多研究生的参加。与日本东京大学、英国牛津大学举办研究生读书会，支持并参与国外合作高校的学术研讨会10余场；教师参加国内外线上、线下学术研讨会80余次。组织硕士生、博士生以线上和线下方式参加各类国际、国内学术研讨会以及工作坊等，研究生在中外学术刊物上发表学术论文42篇。

在教学改革创新方面，"后疫情时代中日大学生融合学习及创新实践"项目获批北京高校教育本科教改创新项目，"服务国际传播战略的多语种拔尖翻译人才培养体系构建与实践"项目获北京市级教学成果奖一等奖，获首届全国高校日语专业课程思政教学设计大赛冠军，获2021外研社多语种"教学之星"大赛全国总决赛日语专业组一等奖。

## 四、承担的省部级及以上课题

| 序号 | 课题名 | 主持人 | 课题类型 | 课题编号 |
| --- | --- | --- | --- | --- |
| 1 | 当代日本对华舆论形成的结构和机制研究 | 周维宏 | 国家社科基金一般项目 | 16BXW051 |
| 2 | 日本朱子学文献编纂与研究子课题 | 郭连友 | 国家社科基金重大项目子课题 | — |
| 3 | 《超越市场与超越政府》日文版 | 丁红卫 | 国家社会科学基金中华学术外译项目 | 18WJL003 |
| 4 | 基于大规模自建语料库的日本近现代文学作品中爱情隐喻模式系统性研究 | 韩 涛 | 国家社科基金一般项目 | 18BYY225 |
| 5 | 日本新宗教运动对当前中日关系的影响研究 | 暴凤明 | 国家社科基金一般项目 | 20BZJ061 |

续表

| 序号 | 课题名 | 主持人 | 课题类型 | 课题编号 |
| --- | --- | --- | --- | --- |
| 6 | 《近代中国社会的新陈代谢》（日文版） | 宋 刚 | 国家社会科学基金中华学术外译项目 | 20WZSB019 |
| 7 | 日本国内关于钓鱼岛归属问题的观点解析与考证研究 | 房 迪 | 国家社科基金青年项目 | 21CGJ028 |
| 8 | 日本语言中汉字词汇使用现状研究 | 谯 燕 | 教育部哲学社会科学研究重大课题攻关项目 | — |
| 9 | 普通高中课程标准（日语）修订 | 徐一平 | 教育部其他司局委托项目 | — |
| 10 | 传统体育项目与日本国家软实力构建——以柔道和空手道的国际化为中心 | 武 萌 | 教育部国别和区域研究课题 | N13 |
| 11 | 日本古代政治史和家族史中天皇制的研究 | 潘 蕾 | 北京市共建项目 | — |
| 12 | 在京留学生学习生活状态调查与成功留学对策研究 | 费晓东 | 北京市社科基金项目 | 17JYC030 |
| 13 | 德富苏峰译介西方文艺思想对明治日本以及清末中国留日知识分子的影响 | 曲 莉 | 北京市社科基金项目 | 16WXC022 |
| 14 | 战后初期中国对日传媒的文献整理与综合研究 | 秦 刚 | 北京市社科基金项目 | 19WXB003 |

（供稿人：徐滔）

# 大连民族大学日本研究所

## 一、基本情况

1996年1月初设，2002年6月以日语语言文学系教师为骨干正式成立。

**主要研究领域：**

（1）日本近现代文学（文艺理论）研究

（2）中日文学与历史文化比较研究

（3）中日韩民间散佚和刻本整理与研究

（4）二宫尊德思想与实践研究

（5）日语语言与跨文化交际研究

（6）中华民族共同体、亚洲共同体研究

**主要人员构成：**

目前研究所有教授2人，副教授3人，讲师8人（其中博士3人、硕士10人）

地址：大连开发区辽河西路18号

邮编：116600

负责人：刘振生

联系方式：0411-87656159

电子邮箱：sn@dlnu.edu.cn

## 二、机构要闻

1. 刘振生教授的《和风汉韵》（上、下卷）2021年6月于吉林大学出版社出版。该著作是国内外关于日本汉诗绝句整理与研究的代表性成果。

2. 孙宁副教授翻译的日本考古学者滨田耕作（号青陵）论文《热河赤峰游记》刊载于《赤峰学院学报（汉文哲学社会科学版）》2020年第41卷第4期。此文系滨田耕作主持热河省赤峰红山后史前遗迹的考古发掘结束之后，于1935年8月2日，在日本京都帝国大学夏季讲习会的课外演讲草稿的基础上改削订补而成。

3. 中日韩文化交流系列讲座（在线）2021年度（第1—15讲）

将国际横向课题与课堂教学有机结合，邀请15名活跃在各个领域的著名高校科研人员、专家、学者以及教学一线的大学教授，以构建亚洲共同体和人类命运共同体为主题，从学习共同体的构建起步，内容涉及文史哲、艺术、音乐、教育、经济、外交等多个领域，每讲由不同的专家学者将其科研和教学成果融入学术讲座之中，使日本研究所的师生们从不同的角度理解构建亚洲共同体和人类命运共同体的必要性及深远意义，培养能够弘扬中华优秀文化的国际化复合型人才。同时，日本所研究员与著名高校学者们开展了富有成效的学术交流活动。

## 三、承担的省部级及以上课题

| 序号 | 课题名 | 主持人 | 课题类型 | 课题编号 |
| --- | --- | --- | --- | --- |
| 1 | 近代日本文人在华活动、对华叙事表象与战争责任研究（1874—1945） | 刘振生 | 国家社会科学基金一般项目 | 17BWW036 |
| 2 | 培养面向世界和平的亚洲共同体创造意识 | 孙　宁 | （日本）欧亚财团课题 | — |
| 3 | 语言与跨文化交际 | 高希敏 | 2020年认定辽宁省级一流本科课程 | — |
| 4 | 新文科背景下日语专业教师翻译实践教学技能提升 | 喜　君 | 教育部高等教育司 | 202002092014 |

（供稿人：孙宁）

# 大连外国语大学日本研究院

## 一、基本情况

1964年，在周恩来总理的亲切关怀下，大连日语专科学校成立。经过大外人五十余载的不懈努力，大连外国语大学在教学、科研、师资队伍建设、办学规模、人才培养、国际交流等方面都取得了跨越式的发展。

近年来，国际形势有了新的变化，高校的人才培养和科学研究要进一步服务国家战略的要求越来越高。在新形势下，为了进一步推进学科发展，整合学校日语相关各专业教师的力量，提高跨学科协同合作研究能力，2020年9月，大连外国语大学成立了日本研究院。

研究院以"文献调查""田野调查""共同研究"等地域研究的基本要素为基础，全面展开对日本的政治、经济、历史、社会和文化的研究与交流，通过对日本的深度研究与交流，深入地正确认识和理解日本。主要研究方向有：日本社会文化、日本语教育、日语语言政策、日本文学和日本企业文化。

研究院采取以专职人员为主、校内外兼职研究人员为辅，两者有机结合的科研体制。校内专职研究员8人，其中教授2人，讲师6人。8人均为博士学位获得者，8人均有在日长期留学背景，其中1人在中国获得博士学位，7人在日本大学获得博士学位。现任研究院院长为于飞教授、副院长为赵彦民教授。校外兼职研究员11人分别来自东京大学东洋文化研究所、名古屋大学、早稻田大学、关西学院大学、神奈川大学、立命馆大学、南山大学、关西外国语大学和山口大学。

地址：大连市旅顺南路西段6号
邮编：116044
电话：0411-86111048
负责人：于飞、赵彦民
电子邮箱：yufei2010fromdw@126.com；zhaoyanmin@dlufl.edu.cn

## 二、重要会议举办情况

2021年10月17日，日本研究院召开第二届东北亚社会与文化学术工作坊·人文东亚研究工作坊，深入探讨国际视野下的日本学研究。此次学术工作坊由大连外国语大学日本研院主办，山东大学哲社学院人文东亚研究中心协办。在当今全球化的大背景下，人文社会科学研究的跨国际、跨学科已成趋势。探索东北亚社会中国别、地域与族群之间的差异与共性，从不同的视角和学科领域去关注其中的生活传统、社会发展、文化交流与价值重构等现象，是探索东北亚社会和文化形态的重要途径，具有重要意义。鉴于此，该届学术工作坊主题以正确认识和理解日本为宗旨，从作为区域国别研究的日本学和视点·方法的日本学的两个视角，展开以日本为对象的政治、经济、社会、文化与历史等不同学科领域的深入研究与交流，探讨国际视域中的日本问题。

2021年12月11日，由教育部中外语言合作交流中心、大连外国语大学主办，国际中文教育实践与研究基地、日本研究院、国家语委中国东北亚语言研究中心承办的中日语言教育研讨会在大连外国语大学召开。此次研讨会邀请了中日外语教育界专家一同探讨中日两国的日语、汉语教学及相关领域。会议内容涉及中日两国日语、汉语教学近几年来的发展状况，未来的发展趋势等宏观话题，以及双方语言教学中教学方法、教材、学习者研究等微观话题。通过主旨演讲以及专题讨论，加强中日语言教育相关领域工作推进的交流和互鉴。此次研讨会开幕式由大连外国语大学副校长常俊跃教授主持，教育部中外语言交流合作中心马箭飞主任发表讲话，大连外国语大学校长刘宏教授致辞。

### 三、机构要闻

1. 2021年5月22日，南开大学乔林生教授作了题为"核之殇——从广岛核轰炸到福岛核灾难"的学术报告。此次报告由大连外国语大学日本研究院主办，由日本研究院赵彦民教授主持。

2. 2021年6月3日，受大连外国语大学日本研究院邀请，山东大学东方文化研究中心主任时卫国教授作了题为"日汉文学翻译述要"的精彩学术讲座。

3. 2021年6月9日，由日本研究院主办、池田大作研究所承办的学术讲座"儒家文化下的日本文化史及特征"如期举行，北京大学历史学系王新生教授主讲。

4. 2021年6月18日，外交学院周永生教授作了题为"疫情问题与拜登执政后的日本外交战略"的学术讲座。此次讲座由大连外国语大学日本研究院主办，日本研究院潘万历博士主持。

5. 2021年6月24日，中央党史和文献研究院第六研究部学术委员会副主任卿学民作了题为"中央文献跨文化翻译策略'异中求同'与'同中存异'"的学术讲座。此次讲座由大连外国语大学日本研究院主办，孟海霞副教授主持。

## 四、承担的省部级及以上课题

| 序号 | 课题名 | 主持人 | 课题类型 | 课题编号 |
| --- | --- | --- | --- | --- |
| 1 | 日本孔子书写的现代性重构研究 | 张士杰 | 国家社科基金一般项目 | 20BWW018 |
| 2 | 东亚地区国别语言政策与规划比较研究 | 姚艳玲 | 辽宁省教育厅科学研究项目 | 2020JYT15 |
| 3 | 日本近代文学中的辽宁工业都市形象研究 | 张 瑾 | 2021年度辽宁省经济社会发展研究一般课题 | 2011lslybkt-066 |
| 4 | 近代东北日本侵占地城市公园的风景政治研究（1905—1945） | 王 梅 | 辽宁省社科规划基金项目 | L20BZS003 |
| 5 | 芥川龙之介文学中的"后现代性"研究 | 张秀莹 | 辽宁省教育厅2021年度科学研究经费项目 | LJKR0427 |
| 6 | 后疫情时代日本外务大臣答记者问政治话语中的模糊限制语研究 | 储天阳 | 辽宁省教育厅项目 | LJKQR2021056 |

（供稿人：于飞）

# 东北财经大学国际经济贸易学院世界经济教研室

## 一、基本情况

东北财经大学国际经济贸易学院世界经济教研室成立于1999年，是年，原东北财经大学世界经济研究所并入外贸系后成立国际经济贸易学院，并设立世界经济教研室。

20世纪80年代中后期，以金凤德教授和刘昌黎教授为代表的日本研究资深学者启动了东北亚区域经济合作研究，提出"东北亚国际经济合作""东北亚经济圈"等构想，并撰写了一系列咨政建议，在学术界和政府部门产生了深远的影响。进入21世纪，世界经济教研室逐步形成一支实力雄厚的研究团队，并积累了大量研究成果。随着东北亚区域经济一体化、新兴经济体与转轨国家经济合作、全球价值链和中国经济发展等问题深入发展，世界经济教研室研究人员又加深了对上述领域的研究，且研究水平处于国内领先位置。近五年，在《管理世界》《财经问题研究》《日本学刊》《现代日本经济》《经济社会体制比较》《国际贸易》《经济学动态》《东北亚论坛》《俄罗斯东欧中亚研究》《国外社会科学》等CSSCI期刊上发表文章多篇，获得国家社科基金重大项目1项、一般项目6项，省部级课题多项。教研室下设的"区域经济一体化与上海合作组织研究中心"获批教育部2017年度国别和区域研究中心备案。

人员构成：世界经济教研室共有教师11人，教授4人，副教授6人，讲师1人。

地址：大连市尖山街217号

邮编：116025

联系人：苏杭

电话：13109825655

电子信箱：suhangyouxiang@163.com

## 二、承担的省部级及以上课题

| 序号 | 课题名 | 主持人 | 课题类型 | 课题编号 |
| --- | --- | --- | --- | --- |
| 1 | 建设面向东北亚开放合作高地与推进新时代东北振兴研究 | 郭连成 | 国家社科基金重大项目 | 20&ZD098 |

续表

| 序号 | 课题名 | 主持人 | 课题类型 | 课题编号 |
| --- | --- | --- | --- | --- |
| 2 | 新兴市场跨国公司国际化扩张对企业经营绩效的影响研究 | 郑　磊 | 国家社科基金后期资助暨优秀博士论文出版项目 | 21FJLB008 |
| 3 | 以"RCEP+东北亚"促进东北经济外循环研究 | 施锦芳 | 国家社科基金一般项目 | 21BGJ056 |

（供稿人：苏杭）

# 东北师范大学东亚研究院

## 一、基本情况

东亚研究院，前身为东亚文明研究所，成立于 2004 年，后于 2010 年改称东亚文明研究中心。2014 年，中心入选吉林省人文社科重点研究基地。2016 年，中心入选中国智库索引（CTTI）首批来源智库。2017 年，中心入选教育部国别和区域研究中心备案名单后，更名为"东亚研究院"，是教育部在东北师范大学设置的首家国别区域研究机构，2019 年入选高等学校学科创新引智基地（"111 引智基地"）。

主要研究领域：东亚研究院秉承"淡化时代区隔""突破国界限制""打破专业壁垒"的研究理念，使以往的中国明清史、日本江户史和朝鲜王朝史等研究领域摆脱了古代近代的时间分断、国家主义的国族切割和现代学科的分类阻隔，不仅促进了中国古代史、日本史、朝鲜史、越南史、中外关系史、中国边疆史地研究的发展，还在"文明生态"的意义上，恢复了东亚史牵连互动的历史本然。该研究全面探讨和把握东亚地区各个不同时段区域结构的共性与殊性，在"融接中西优秀文明"与"构建新型大国关系"的交融互动中，尝试性地创建既能承绍优长，又能克服病理的"新文明体系"。同时，东亚研究院还主动承担起保护中国东北边疆安全与"学术戍边"的重任，承担起为国家战略和文化政策提供学术咨询的义务。

人员构成：大田英昭、周颂伦、李小白、刁书仁、韩宾娜、卢丽、王明兵、董灏智、齐畅、胡天舒、董俊、彭涛、刘丹、王屾、洪仁善、卢静达、孙佳、吕品晶、汪力、高悦、黄彪。

地址：吉林省长春市南关区人民大街 5268 号东北师范大学历史文化学院
邮编：130024
负责人：韩东育
联系方式：13069048162
电子邮箱：hdybd@aliyun.com

## 二、重要会议举办情况

1. 2021 年 8 月 1 日，2021 年教育部历史学类专业教学指导委员会年会暨全国高校历史系主任联席会议。

2. 2021 年 8 月 21 日，"中国日本史学会 2021 年会暨两次世界大战期间日本的内外矛盾及其政策选择"学术研讨会。

### 三、机构要闻

1. 2021 年 8 月 1 日，由教育部高等学校历史学类专业教学指导委员会主办，东北师范大学东亚研究院等单位承办的"2021 年教育部历史学类专业教学指导委员会年会暨全国高校历史系主任联席会议"在长春召开。教育部历史学类专业教学指导委员会主任委员、中山大学党委书记陈春声教授，东北师范大学副校长韩东育教授等来自全国数十所高校的负责人及嘉宾共百余人参加了此次会议。与会人员围绕"历史学'新文科'建设""历史学基础学科拔尖人才培养""世界史专业建设"等问题展开了交流，分享了专业建设经验。

2. 2021 年 8 月 21 日，由中国日本史学会主办，东北师范大学东亚研究院和南开大学日本研究院、世界近现代史研究中心，以线上形式联合召开的"中国日本史学会 2021 年会暨两次世界大战期间日本的内外矛盾及其政策选择"学术研讨会暨"中国日本史学会成立四十周年纪念文集《日本社会变迁研究》（四卷本）首发式"如期举行。来自全国百余家单位的共计 300 余位学界同人参加了此次会议。此次会议共设"日本古代史""日本近代史""日本现代史"三个研讨专题，与会报告人携 103 篇会议论文在六个分科会场展开讨论，内容涉及军事、医疗、教育、航运、文化交流、政治制度等日本史诸领域，取得了丰硕的研讨成果。

### 四、承担的省部级及以上课题

| 序号 | 课题名 | 主持人 | 课题类型 | 课题编号 |
| --- | --- | --- | --- | --- |
| 1 | "学术戍边"与中朝韩关系研判 | 韩东育 | 中央其他部委规划项目（教育部其他司局） | 2059999 |
| 2 | 21 世纪社会主义国家与资本主义国家的相处之道 | 韩东育 | 教育部人文社会科学研究项目（专项任务项目） | 18JF034 |
| 3 | 东亚世界与"新文明体系"的形成研究 | 韩东育 | 教育部人文社会科学研究项目（基地重大项目） | 20JJD770003 |
| 4 | 中国历史研究院学者工作室项目 | 韩东育 | 政府委托项目（中央其他部门委托项目） | 2104024 |
| 5 | 江户日本的"日式区域秩序"构想研究 | 董灏智 | 国家社会科学基金项目（一般项目） | 19BSS048 |
| 6 | 2019 年文化名家暨宣传思想文化青年英才 | 董灏智 | 政府委托项目（中央其他部门委托项目） | 2004024 |

续表

| 序号 | 课题名 | 主持人 | 课题类型 | 课题编号 |
| --- | --- | --- | --- | --- |
| 7 | 东亚视域下中朝疆界历史变迁的文献整理与研究 | 刁书仁 | 国家社会科学基金项目（重大专项项目） | 19VGH004 |
| 8 | 辽金北族王朝边疆治理问题研究 | 孙 佳 | 国家社会科学基金项目（冷门绝学项目） | 19VJX035 |
| 9 | 金朝多重路制研究 | 孙 佳 | 教育部人文社会科学研究项目（后期资助项目） | 17JHQ040 |
| 10 | 前近代东亚国家所贡宦官研究 | 齐 畅 | 国家社会科学基金项目（一般项目） | 18BSS029 |
| 11 | 近代中日游记的"自—他"审视结构与两国政治互疑的见闻来源研究 | 胡天舒 | 国家社会科学基金项目（一般项目） | 19BSS050 |
| 12 | 日本越南研究史 | 王明兵 | 国家社会科学基金项目（后期资助项目） | 20FSSB002 |
| 13 | 中日关系视野下的长崎唐馆历史沿革研究 | 吕品晶 | 国家社会科学基金项目（一般项目） | 20BSS024 |
| 14 | 侵华战争时期日本知识分子中国认识研究 | 汪 力 | 国家社会科学基金项目（青年项目） | 20CSS014 |

（供稿人：董灏智）

# 东北师范大学国际与比较教育研究所

## 一、基本情况

1964年5月12日，中共中央国际问题研究指导小组和国务院外事办公室批准了高等教育部提出的《关于高等学校建立外国问题机构的报告》，要求各大学根据本校的外语和研究能力申报成立外国问题研究机构。东北师范大学申请成立了一批研究机构，如日本政治研究室、日本历史研究室、日本经济研究室、日本文学研究室、日本教育研究室等，后来，又补充成立了朝鲜教育研究室。东北师范大学国际与比较教育研究所就是在日本教育研究室和朝鲜教育研究室基础上发展而来的。

1975年，东北师范大学在"文革"前即已经设立的日本问题研究室和朝鲜问题研究室基础上，增加了一个苏联问题研究室，成立了外国问题研究所，由原政治系主任李明湘任所长、原教育系总支书记赵春元任书记。下设办公室、苏联问题研究室、日本政治经济研究室、日本历史研究室、日本文学研究室、日本教育研究室和朝鲜教育研究室。

1979年，随着国内高校兴起教育科学研究浪潮，东北师范大学成立了以日本教育研究室与朝鲜教育研究室为主体的"东北师大教育科学研究所"。所长由当时的校长刘光兼任、副所长由刚刚从政治教育系分出来的教育系负责人张希哲兼任。所以，曾经一段时间里日本教育研究室和朝鲜教育研究室横跨外国问题研究所和教育科学研究所两个机构。

进入20世纪80年代之后，随着改革开放的逐步扩展与深化，国家日益重视对外研究，各高等院校都加强了外国问题研究机构建设。在此背景下，原先的外国问题研究所下的日本政治经济研究室、日本历史研究室和日本文学研究室等合并成立日本问题研究所；苏联问题研究室合并到外语系，改为苏联问题研究所（后来又转到地理系的东北亚研究中心）；日本教育研究室与朝鲜教育研究室组成了独立的教育科学研究所，为校直属研究机构。教育科学研究所成立后又增设了苏联教育研究室、基础教育研究室、高等教育研究室，研究队伍也进一步壮大。1983年，教育部批准在东北师范大学成立"东北高等院校干部培训中心"，高等教育研究室被并入"干训中心"。后来，基础教育研究室又被划归教育系，成立了基础教育研究所。由此，原来的"教科所"剩下了研究外国教育的三个研究室，于是就更名为"外国教育研究所"。1987年，更名为"比较教育研究所"，1995年又更名为国际与比较教育研究所。

地址：吉林省长春市南关区人民大街5268号东北师范大学田家炳教育书院

邮编：130024

负责人：饶从满

主要研究领域：东亚教育、欧美教育

人员构成：专任教师9人（其中教授2人、副教授5人、讲师2人），《外国教育研究》编辑部编辑人员3人。

## 二、重要会议举办情况

2021年12月4—5日，由中国教育学会比较教育学专业委员会主办，东北师范大学国际与比较教育研究所承办的首届全国比较教育学博士研究生论坛暨比较教育学博士生培养研讨会在线举行。来自北京师范大学、华东师范大学、北京大学、浙江大学、西南大学、华中师范大学、陕西师范大学等国内十几所高等院校500余名专家学者和博士生相聚云端，进行了深入的交流和探讨。

此次论坛以"教育变革的区域研究与比较透视"为主题，分为圆桌论坛、平行论坛、期刊见面会和博士生培养研讨会等环节。圆桌论坛围绕比较教育博士论文研究中的问题意识、理论基础、分析框架、研究方法、逻辑能力、历史研究、研究边界、国别研究等8个问题进行了深入的讨论。平行论坛由来自全国十几所高等院校的近60名博士生围绕比较教育学科建设、教师发展、教育评价、教育国际化、职业与技术教育、教育政策与发展战略、教育管理与治理、信息化与教学、学校改进与发展、高等教育改革与发展等10个主题进行了主题汇报，近500名专家学者和博士生参与了讨论。博士生培养研讨会由来自全国的16个比较教育学博士生培养单位代表围绕比较教育博士生培养的经验、问题与未来发展进行了讨论。

此次论坛不仅为比较教育学专业博士研究生搭建了开展学术交流和获得学术指导的全国性协同平台，对于博士生拓展学术视野、提升学术素养和研究能力起到了很好的促进作用，而且为今后制度性举办全国比较教育学博士生论坛积累了经验。与此同时，各比较教育学博士生培养单位通过经验交流和问题研讨，也对如何更好地提高博士生培养质量方面有了基本的方向。

## 三、机构要闻

1. 编辑出版《教育与国家发展——梁忠义比较教育文集》（东北师范大学出版社，2021年）。

2. 编辑出版《新世纪外国教育研究丛书》（东北师范大学出版社，2021年）。

3. 2021年12月5日，举办期刊见面会：《外国教育研究》《比较教育研究》《比较教育学报》《教育科学》等期刊的编辑部介绍了期刊的宗旨、特色和要求，对学术成果发表提出建议。近500名专家学者和博士生参与了期刊见面会，并与期刊主编等进行了互动交流。

4. 饶从满教授应邀于2021年10月加入世界教育研究协会（World Education Research Association，WERA）下设的题为"全球化与金砖国家教师教育：研究与实践的定位以及促进大学与学校系统的融合"（Globalization and Teacher Education in BRICS Countries：Positioning Research and Practice，promotion of integration of University-Scholl Systems，GTEBC）的国际研究网络（International Research Networks，IRNs），开展教师教育合作研究。

## 四、承担的省部级及以上课题

| 序号 | 课题名 | 主持人 | 课题类型 | 课题编号 |
| --- | --- | --- | --- | --- |
| 1 | 新时代教师专业标准研究 | 饶从满 | 国家社会科学基金"十三五"规划教育学重点课题 | AFA190007 |
| 2 | 中韩一流大学建设政策比较研究 | 索丰 | 国家社会科学基金"十三五"规划教育学一般课题 | BDA190072 |
| 3 | 文化转型背景下英、美、俄学校价值观教育变革研究 | 付轶男 | 国家社会科学基金"十三五"规划教育学一般课题 | BEA190113 |
| 4 | 小学女教师职业生涯发展轨迹及其影响因素研究 | 吕文华 | 国家社会科学基金"十三五"规划教育学一般课题 | BHA180155 |
| 5 | 全程贯通一体化教育实践模式下全日制教育硕士反思能力发展的跟踪研究 | 梁荣华 | 国家社会科学基金"十三五"规划教育学青年课题 | CIA160218 |
| 6 | 研究型大学学生学习结果评估国际比较研究 | 谢晓宇 | 教育部人文社会科学研究青年基金项目 | 19YJC880103 |

（供稿人：谢晓宇）

# 东北师范大学日本研究所

## 一、基本情况

东北师范大学日本研究所是按照周恩来总理的指示在1964年成立的,是我国最早的专业日本研究机构之一。下设世界经济、国际政治、世界史、日语语言文学四个研究室,并拥有四个专业的硕士点,其中日语语言文学专业有博士学位授予权。现任所长陈秀武。

东北师范大学日本研究所在国内外享有很高的知名度,20世纪90年代,在国家教委涉外研究机构的评估中荣获第一名;2004年3月,教育部成立了"日本教育专家组",尚侠教授当选为专家组成员,东北师范大学日本研究所成为东北三省唯一的专家组成员单位。2006年,东北师范大学日本研究所成为日本国际交流基金对华学术援助最大项目"中期计划"的执行机构。

全所现有教授1人(世界史研究室陈秀武),副教授4人(世界史研究室郭冬梅、世界经济研究室付丽颖、国际政治研究室钟放、日语语言文学研究室尚一鸥),讲师1人(世界经济研究室宋悦),副编审1人(冯雅),职员1人(办公室主任宋文广)。自2007年以来,以该所现有专职教师为作者主体的"东北师范大学日本研究丛书"由商务印书馆陆续出版,此举是对该所老一代学人之学养和精神的继承与发扬。连同付梓中国社会科学出版社等出版机构的成果,日本研究所15年来已有20余部专著问世。近5年来,该所教师承担各类项目总计20余项。其中国家社科基金5项(含1项重大、1项后期资助),国家自然科学基金1项,教育部人文社会科学项目5项,吉林省社科基金项目3项,国际合作项目8项,译介项目1项。

该所在学生培养方面,提倡硕士生做前沿性选题,对开题报告的质量严格把关;鼓励博士生充分利用外文资料阐发中国对伪满洲国史的学术立场,已有多部相关博士论文在国内公开出版。2001年以来,总计170余人的毕业生中,博士学位获得者10余人,硕士学位获得者150余人,主要就业于科研单位、高等院校、重点中学、外事机构、知名企业等。

该所设有专供教学和科研使用的日文资料室,藏有日文图书2万余册及10多种日文杂志。从2012年开始,又陆续接受了国内外的多批赠书,并在图书资料建设方面开始了数字化管理。

该所全体教师将迎接中日关系的变化给科研工作带来的挑战,适应国内文化新常态和东北师范大学总体改革的布局，继续走科学研究与人才培养并重的发展道路。

地址：吉林省长春市人民大街 5268 号

东北师范大学本部校区外语楼一层

联系电话：0431-85099741

网址：http://rbyjs.nenu.edu.cn/index.html

## 二、重要会议举办情况

以吉林省社会科学伪满历史研究基地与集刊《日本研究论丛》（由《近代中国东北与日本》更名）为依托，不定期举行国内外学术会议。主要有："日本研究海内外名师大讲堂"、"伪满历史研究基地"对外学术交流活动、"近代中国东北与日本"学术研讨会等。近两年由于世界范围内的疫情原因，改为更加灵活的线上形式。

## 三、承担的省部级及以上课题

| 序号 | 课题名 | 主持人 | 课题类型 | 课题编号 |
| --- | --- | --- | --- | --- |
| 1 | 东亚历史海域研究 | 陈秀武 | 国家社科基金重大项目 | 18ZDA207 |
| 2 | 日本"海上帝国"建设研究 | 陈秀武 | 国家社科基金项目 | 15BSS011 |
| 3 | 日本对伪满洲国的金融统治研究 | 付丽颖 | 国家社科基金项目 | 17BZS071 |
| 4 | 村上春树与莫言小说比较研究 | 尚一鸥 | 国家社科基金项目 | 13BWW026 |
| 5 | 日本企业文化新论 | 刘荣 | 国家社科基金后期资助项目 | 18FGL028 |
| 6 | 我国社会化养老服务异质性需求研究 | 宋悦 | 国家自然科学基金项目 | 71804022 |
| 7 | 近代日本的内务省研究 | 郭冬梅 | 教育部人文社会科学研究项目 | 19YJA770005 |
| 8 | 伪满时期日本的殖民宣传研究 | 冯雅 | 吉林省哲学社会科学规划项目 | 2020J76 |
| 9 | 日本女性作家的"满洲"体验与文学书写研究 | 尚一鸥 | 吉林省哲学社会科学规划项目 | 2021J61 |

（供稿人：宋悦）

# 东南大学日本语言文化研究所

## 一、基本情况

东南大学日本语言文化研究所是该校唯一以日本为专门研究对象的学术研究机构，以该校日语专业教员为骨干、校内研究日本问题的专家、学科为依托，构成了一个推进对日研究、交流、深化相互理解与合作的学术平台。现有研究人员12名，其中教授2名，博士生导师2名，副教授7名，硕士生导师6名，所有研究人员均有2年以上赴日访学研修经历。近年来获国家社科基金项目2项、省部级项目7项；在日本顶级期刊、国内CSSCI期刊上发表高水平论文20余篇。

该所的主要研究方向为"日本语言学""日本文化与社会""日本文学""日语教育学"等。尤其在日本文化与社会方面科研成果显著，成功举办了多场有影响力的学术讲座。

近几年主持国家社科基金项目2项、省部级项目7项、厅局级等项目11项；出版专著、教材、译著等10余部；发表学术论文50余篇（其中核心期刊20余篇）；派出30余人次参加国内外学术研讨会并作大会发言，在国内外学界产生了一定的影响。

东南大学日本语言文化研究所拥有一支科研成果丰厚、年龄结构合理、研究方向多样化的队伍。现有研究人员12名。其中教授2名，副教授7名；博士生导师2名，硕士生导师6名；具有博士学位者8名；研究方向涉及"区域国别研究""日本语言学""日本文化与社会""日本文学""日语教育学"等方面。

地址：江苏省南京市江宁区东南大学九龙湖校区外国语学院426室
邮编：211189
电话：025-52090800
所长：陶友公副教授
电子邮箱：taoeugon@163.com（陶友公）

## 二、重要会议举办情况

2019年8月26日至9月26日，该所举办了"东大×东大（东京大学名师系列讲座）"，邀请了日本最高学府东京大学的三位著名学者小森阳一教授、上野千鹤子教授、菅丰教授前来集中授课，并面向全校师生举办公开讲座，日语系教师现场翻译，讲座获得热烈反响。

2021年9月25日,该所举办的"中日民俗学前沿论坛:21世纪中日民俗学展望研讨会"顺利召开。日本东京大学岩本通弥教授、菅丰教授、日本关西学院大学岛村恭则教授、山东大学张士闪教授、清华大学刘晓峰教授、中国社会科学院施爱东研究员等中日两国民俗学界著名学者会聚一堂,引发了学界的广泛关注。

### 三、机构要闻

2019年8月26日至9月26日,该所邀请了日本最高学府东京大学的三位著名学者小森阳一教授、上野千鹤子教授、菅丰教授前来集中授课,并面向全校师生举办公开讲座,"东大×东大(东京大学系列讲座)"圆满结束并获得热烈反响。

小森阳一教授是日本著名文学评论家、社会活动家、新生代左翼知识分子代表人物。长年担任以维护和平宪法为宗旨的"九条会"事务局长。小森教授自1990年代起每年到访中国,在中日两国学界享有极高的声誉与威望。已出版专著、论文集近20种,以深刻的政治批判与坚实的文本细读高度融合见长。南京大学等兄弟院校师生专程前来聆听了小森阳一教授题为"日本社会与天皇制"的公开讲座。

上野千鹤子教授是日本最为著名的社会学家,日本女性学、性别研究领域的开拓者、引领者及理论学家。个人专著多达40余种,著作视角独特、语言犀利,饱含对弱势群体的共情共勉。上野教授不仅因学术造诣在学界备受好评,其著作在大众社会也广为流传,具有极强的社会影响力。这次是上野教授首次在中国集中授课。

菅丰教授是日本当代民俗学领军人物,长年活跃于中、日、美三国民俗学界。兼任中国中央民族大学民族学与社会学学院客座教授、美国哈佛大学燕京学社访问学者、中国复旦大学艺术人类学与民间文学研究中心特约研究员等。此次菅丰教授以中国锦鲤现象为切入点,就全球化、网络化时代文化的杂糅性问题进行了精彩演说。

讲座第二天与中国著名民俗学者、山东大学张士闪教授进行的学术对谈既是讲座内容的一个延续,也可谓"有温度的田野"学术工作坊系列的精彩一环。

2021年9月25日,该所举办的"中日民俗学前沿论坛:21世纪中日民俗学展望研讨会"顺利召开。日本东京大学岩本通弥教授及菅丰教授、日本关西学院大学岛村恭则教授、山东大学张士闪教授、清华大学刘晓峰教授、中国社会科学院施爱东研究员等中日两国民俗学界著名学者从各自的研究实践出发,共同探讨了民俗学科发展所面临的现实问题,并对未来民俗学的可能性作出大胆预测,为助力民俗学的转型与变革提供了宝贵建议,引发了学界的广泛关注。研讨会采用线上会议的形式召开,东南大学外国语学院日语系陆薇薇主任主持了此次研讨会,日语系教师承担了此次研讨会现场口译工作,来自日本东京大学、日本筑波大学、日本关西学院大学、中国社会科学院、东南大学、北京大学、清华大学、复旦大学、南京大学、中国人民大学、武汉大学、北京师范大学、中山大学、山东大学、华东师范大学等国内外著名高校及研究机构的300余位师生参加了此次研讨会。

## 四、承担的省部级及以上课题

| 序号 | 课题名 | 主持人 | 课题类型 | 课题编号 |
| --- | --- | --- | --- | --- |
| 1 | "独生子女时代老龄社会伦理风险的实证研究" | 周 琛 | 国家社科基金 | 14BZX102 |
| 2 | 芥川龙之介《中国游记》中的江苏书写研究 | 刘克华 | 江苏省社科基金 | 14WWD001 |
| 3 | 国际视域下大运河江苏段自然再生的环境伦理学研究 | 陆薇薇 | 江苏省社科基金 | 15ZXC006 |
| 4 | 互联网时代日本新兴宗教的传播及应对研究 | 黄绿萍 | 国家社科基金 | 16CZJ0 |
| 5 | 中国"伦理表情"图库及分析研究 | 周 琛 | 江苏道德发展智库 | — |
| 6 | 多源流理论视角下的日本外语战略形成过程研究 | 吴未未 | 江苏省社科基金 | 17YYB009 |
| 7 | 心理语言学视角下基于口译能力结构的日语口译测试方法研究 | 韩 晓 | 江苏省社科基金 | 17YYB008 |
| 8 | 伦理表情库建设 | 周 琛 | 江苏道德发展智库重点项目 | 3213009304 |
| 9 | 中日外语复合型人才培养的国家战略及对本科课程的影响研究 | 杨 曈 | 中国高等教育学会外语教学研究分会"外语教育研究"课题资助重点项目 | 2021J61 |

（供稿人：赵杨）

# 东南大学外国语学院日语系

## 一、基本情况

东南大学日语系的创设可追溯至1902年三江师范学堂的日语科目，专业复建于1994年，并于当年9月招收商务日语专科生，1999年重设四年制本科专业，2003年9月获批成立日语语言文学硕士点。2020年外国语学院"外国语言文学"获批新增为博士学位授权一级学科，2021年日语系获批江苏省一流专业，新增日语翻译硕士点（MTI）。目前在校本科生104人，在校研究生21人。日语系与日本东北大学、北海道大学、广岛大学、爱知大学、爱知工业大学建立了长期合作关系，每年能派遣数十名本科生前往日本进行为期一年的交换留学，出国率达90%，研究生出国率100%。

现有教师12名，均有2年以上赴日访学研修经历。近年来获国家社科基金项目2项、省部级项目7项；在日本顶级期刊、国内CSSCI期刊上发表高水平论文20余篇。多名教师在国家级、省级青年教师授课竞赛中获奖。2017年成为中国日语教学研究会江苏分会会长单位。2021年6月22日，高等教育评价专业机构软科正式发布2021"软科中国大学专业排名"，这是软科首次发布本科专业排名，是迄今为止规模最大的中国大学本科专业排名，东南大学日语专业评级为A。另在2018—2019中国科教网日语专业排名中位列全国第十名。

2022年6月，根据《教育部办公厅关于公布2021年度国家级和省级一流本科专业建设点名单的通知》（教高厅函〔2022〕14号），东南大学外国语学院日语专业成功入选"国家级一流本科专业建设点"。

该系的主要研究方向为"区域国别研究""日本文化与社会""日本文学""日本语言学""日语教育学"等。下设日本语言文化研究所和海外中国史料研究中心。成功举办了多场有影响力的学术讲座。目前硕士培养方向有日本语言文学、日本社会文化、日语笔译等。博士培养方向主要是日本社会文化。

近几年主持国家社科基金项目2项、省部级项目7项、厅局级等项目11项；出版专著、教材、译著等10余部；发表学术论文50余篇（其中核心期刊20余篇）；派出30余人次参加国内外学术研讨会并做大会发言，在国内外学界产生了一定的影响。

该系重视学术交流、坚持科研与教学并重，近几年应邀到该系进行学术交流的国内外知名学者 50 余人次。

日语系拥有一支科研成果丰厚、年龄结构合理、教学经验丰富的师资队伍。现有教师 12 名，其中教授 2 名，副教授 7 名；博导 2 名，硕导 6 名；具有博士学位者 8 名；此外，长年聘请日籍外教 2—3 名，客座教授 5 名。

地址：江苏省南京市江宁区东南大学九龙湖校区外国语学院 426 室
邮编：211189
电话：025-52090800
负责人：陆薇薇（系主任）
电子邮箱：rikubibi@163.com（陆薇薇）

## 二、重要会议举办情况

2019 年 8 月 26 日至 9 月 26 日，该系举办"东大·东大（东京大学名师系列讲座）"，获得热烈反响。

2021 年 9 月 25 日，该系举办的"中日民俗学前沿论坛：21 世纪中日民俗学展望研讨会"顺利召开。日本东京大学岩本通弥教授、菅丰教授，日本关西学院大学岛村恭则教授，山东大学张士闪教授，清华大学刘晓峰教授，中国社会科学院施爱东研究员等中日两国民俗学界著名学者会聚一堂，引发了学界的广泛关注。

## 三、机构要闻

2019 年 8 月 26 日至 9 月 26 日，该系邀请了日本最高学府东京大学的三位著名学者小森阳一教授、上野千鹤子教授、菅丰教授前来集中授课，并面向全校师生举办公开讲座，"东大 × 东大（东京大学系列讲座）"圆满结束并获得热烈反响。

小森阳一教授是日本著名文学评论家、社会活动家、新生代左翼知识分子代表人物。长年担任以维护和平宪法为宗旨的"九条会"事务局长。小森教授自 1990 年代起每年到访中国，在中日两国学界享有极高的声誉与威望。已出版专著、论文集近 20 种，以深刻的政治批判与坚实的文本细读高度融合见长。南京大学等兄弟院校师生专程前来聆听了小森阳一教授的《日本社会与天皇制》的公开讲座。

上野千鹤子教授是日本最为著名的社会学家，日本女性学、性别研究领域的开拓者、引领者及理论学家。个人专著多达 40 余种，著作视角独特、语言犀利，饱含对弱势群体的共情共勉。上野教授不仅因学术造诣在学界备受好评，其著作在大众社会也广为流传，具有极强的社会影响力。这次是上野教授首次在中国集中授课。

菅丰教授是日本当代民俗学领军人物，长年活跃于中、日、美三国民俗学界。兼任中国中央民族大学民族学与社会学学院客座教授、美国哈佛大学燕京学社访问学者、中国复旦大学艺术人类学与民间文学研究中心特约研究员等。此次菅丰教授以中国锦鲤现象为切入点，就全球化、网络化时代文化的杂糅性问题进行了精彩演说。

讲座第二天与中国著名民俗学者、山东大学张士闪教授进行的学术对谈既是讲座内容的一个延续，也可谓"有温度的田野"学术工作坊系列的精彩一环。

2021年9月25日，该系举办的"中日民俗学前沿论坛：21世纪中日民俗学展望研讨会"顺利召开。日本东京大学岩本通弥教授及菅丰教授、日本关西学院大学岛村恭则教授、山东大学张士闪教授、清华大学刘晓峰教授、中国社会科学院施爱东研究员等中日两国民俗学界著名学者从各自的研究实践出发，共同探讨了民俗学科发展所面临的现实问题，并对未来民俗学的可能性作出大胆预测、为助力民俗学的转型与变革提供了宝贵建议，引发了学界的广泛关注。研讨会采用线上会议的形式召开，东南大学外国语学院日语系陆薇薇主任主持了此次研讨会，日语系教师承担了此次研讨会现场口译工作，来自日本东京大学、日本筑波大学、日本关西学院大学、中国社会科学院、东南大学、北京大学、清华大学、复旦大学、南京大学、中国人民大学、武汉大学、北京师范大学、中山大学、山东大学、华东师范大学等国内外著名高校及研究机构的300余位师生参加了此次研讨会。

## 四、承担的省部级及以上课题

| 序号 | 课题名 | 主持人 | 课题类型 | 课题编号 |
| --- | --- | --- | --- | --- |
| 1 | "独生子女时代老龄社会伦理风险的实证研究" | 周 琛 | 国家社科基金 | 14BZX102 |
| 2 | 芥川龙之介《中国游记》中的江苏书写研究 | 刘克华 | 江苏省社科基金 | 14WWD001 |
| 3 | 国际视域下大运河江苏段自然再生的环境伦理学研究 | 陆薇薇 | 江苏省社科基金 | 15ZXC006 |
| 4 | 互联网时代日本新兴宗教的传播及应对研究 | 黄绿萍 | 国家社科基金 | 16CZJ0 |
| 5 | 中国"伦理表情"图库及分析研究 | 周 琛 | 江苏道德发展智库 | — |
| 6 | 多源流理论视角下的日本外语战略形成过程研究 | 吴未未 | 江苏省社科基金 | 17YYB009 |
| 7 | 心理语言学视角下基于口译能力结构的日语口译测试方法研究 | 韩 晓 | 江苏省社科基金 | 17YYB008 |
| 8 | 伦理表情库建设 | 周 琛 | 江苏道德发展智库重点项目 | 3213009304 |
| 9 | 中日外语复合型人才培养的国家战略及对本科课程的影响研究 | 杨 曈 | 中国高等教育学会外语教学研究分会"外语教育研究"课题资助重点项目 | 2021J61 |

（供稿人：赵杨）

# 福建师范大学中琉关系研究所

## 一、基本情况

福建师范大学中琉关系研究所成立于 1995 年 12 月 15 日，首任所长王耀华教授（1995 年 12 月至 1998 年 12 月）；第二任所长徐恭生教授（1998 年 12 月至 2000 年 12 月）；第三任所长谢必震教授（2000 年 12 月至今）。

中琉关系研究所行政上隶属于福建师范大学社会科学处，研究人员主要由校内各学院以及研究中心的兼职人员组成。

自成立以来，研究所先后与日本琉球大学法文学部（今人文社会学部）、日本法政大学冲绳文化研究所、冲绳国际大学南岛文化研究所建立了学术交流关系。先后接收并共同指导了来自东京大学、京都大学、琉球大学、冲绳国际大学等多所日本高校的访问学者与留学生，亦多次派遣师生前赴琉球大学、冲绳国际大学访学与研修交流，培养了一批批从事琉球研究的硕士研究生和博士研究生，并向日本琉球大学、御茶水女子大学、清华大学、武汉大学、厦门大学输送了多位攻读琉球研究的博士研究生。

自 1986 年始，中琉历史关系国际学术会议隔年在中国大陆、中国台湾以及日本冲绳三地轮流举办，迄今已成功举办 17 届，是学术界公认的中琉关系研究领域连续性、高水平的学术交流平台，其中四届由中琉关系研究所主办。此外，研究所还与冲绳的高校与研究机构进行合作调查研究，足迹遍及福建、浙江、江苏、山东、河北，以及冲绳各地。

研究所先后承担了国家社科重大项目 5 项、国家社科一般项目 7 项、省部级项目 10 余项。已出版《清代中琉历史关系档案选编》（7 部）、《琉球史料文献汇编》（2 卷）、《中琉历史关系丛书》（已出版 6 部，计划出版 15 部）等关于中琉关系研究的学术著作与文献资料近 20 部。2010 年，中琉关系研究所呈送的《关于保护福州地区中琉友好关系历史遗址》的报告被省政府采纳，并得到时任福建省省长黄小晶的批示，使得福州地区的中琉关系遗址得到妥善的保护。

主要研究领域：中琉历史关系、中琉经贸关系、中琉文化交流史、冲绳社会问题研究、琉球历史文献研究。

人员构成如下。

教授：王耀华、谢必震、方宝川、赖正维、吴巍巍、丁春梅

副教授：徐斌、陈硕炫、倪霞、孙清玲、孙家珅

讲师：李致伟、黄颖、许可、谢忱、范志泉

地址：福建省福州市仓山区上三路8号华南楼

邮编：350007

负责人：谢必震

联系方式：18950407126

电子邮箱：xiebizhen@sina.com

## 二、机构要闻

1. 2021年4月5日，日本冲绳县产业振兴公社驻上海·福州代表处新任所长真境名悠一行来访。双方共同回顾了多年来的交流和合作，并在此基础上提出今后交流的具体建议和构想。会后，真境名先生在中琉关系研究所所长谢必震教授的陪同下拜谒了琉球墓园。

2. 2021年6月12日，日本华侨华人教授会前会长、中日学术交流中心理事、日本武藏野美术大学教授廖赤阳来访，双方就疫情时期以及后疫情时代的学术交流和合作研究进行了深入的会谈。

3. 2021年10月24日，日本琉球经济战略研究会会长方德辉一行来访。会谈中，首先由方会长介绍了琉球经济战略研究会的组织架构和主要活动情况，之后双方就如何推动福建与冲绳两地的经贸与文化交流以及省县间留学生、研修生的相互派遣等问题进行了深入的探讨。

## 三、承担的省部级及以上课题

| 序号 | 课题名 | 主持人 | 课题类型 | 课题编号 |
| --- | --- | --- | --- | --- |
| 1 | 中国古代海上丝绸之路图像资料的收集、整理与研究 | 刘义杰 | 国家社会科学基金重大项目 | 18ZDA186 |
| 2 | 日本藏涉闽涉台历史档案的收集、整理与研究 | 方宝川 | 国家社会科学基金重大项目 | 16ZDA127 |
| 3 | 中琉关系通史 | 赖正维 | 国家社会科学基金重大项目 | 16ZDA128 |
| 4 | 钓鱼岛问题与中日争端对策研究 | 谢必震 | 国家社会科学基金重大项目 | 10ZD&012 |
| 5 | 钓鱼岛及其附属岛屿主权归属史料编年 | 谢必震 | 教育部哲学社会科学研究重大课题攻关项目 | 13JZD042 |
| 6 | 来华琉球留学生与中琉宗藩体制之嬗变研究 | 谢　忱 | 国家社会科学基金青年项目 | 19CZS075 |

续表

| 序号 | 课题名 | 主持人 | 课题类型 | 课题编号 |
| --- | --- | --- | --- | --- |
| 7 | 地方史志编纂与中国涉海主权诸问题研究 | 徐斌 | 国家社会科学基金一般项目 | 16BDJ010 |
| 8 | 古代移民与中华文化在琉球的传播研究 | 陈硕炫 | 国家社会科学基金青年项目 | 15CZS011 |
| 9 | 明清琉球史料的整理与研究 | 方宝川 | 国家社会科学基金一般项目 | 15BZS102 |
| 10 | "球案"与清末中琉日关系研究 | 赖正维 | 国家社会科学基金一般项目 | 14BZS081 |
| 11 | 明清中琉交往中的中国传统涉外制度发展与变迁 | 谢必震 | 国家社会科学基金一般项目 | 10BZS023 |
| 12 | 闽人三十六姓与琉球关系研究 | 赖正维 | 国家社会科学基金一般项目 | 07BZS038 |
| 13 | 明清中琉航海贸易研究 | 谢必震 | 国家社会科学基金一般项目 | 97BZS011 |
| 14 | 《马关条约》与钓鱼岛问题研究 | 黄颖 | 教育部哲学社会科学研究青年基金项目 | 15YJCZH068 |
| 15 | 关于《顺风相送》中的钓鱼岛、琉球诸问题考 | 陈硕炫 | 教育部哲学社会科学研究青年基金项目 | 11YJC770004 |
| 16 | 明清中琉友好关系历史遗存考 | 孙清玲 | 教育部哲学社会科学研究一般基金项目 | 10YJC770079 |
| 17 | 清代琉球闽人家谱资料与钓鱼岛问题研究 | 谢必震 | 教育部哲学社会科学研究一般基金项目 | 09YJAGJW00 |

（供稿人：陈硕炫）

# 复旦大学日本研究中心

## 一、基本情况

复旦大学日本研究中心（以下简称"中心"）成立于1990年7月，位于复旦大学本部，中心负责人为胡令远教授。中心现有专职研究及行政人员8人，其中教授3人、副教授1人、助理研究员2人，主要研究领域包括日本政治与外交、日本经济与区域经济合作、日本社会与文化、中日关系、东亚国际关系等。

中心的宗旨是以中日关系为主线，以经济为重点，全面开展对日本政治外交、社会文化的研究与交流，并以此带动东亚问题研究。

复旦大学是一所历史悠久、文理医工各学科齐全的国家重点大学，有一大批从事日本问题研究的资深学者和十分活跃的中青年专家。中心以此为依托，以专职研究人员为主干，组织和协调全校相关专家学者，共同开展对日本和东亚的研究和交流活动。中心现有校内外兼职研究员80余名，聘请国内外著名学者、实业家担任顾问教授。

中心专、兼职研究人员代表性成果收录于《复旦日本研究丛书》，已出版40余册；累计发表中、日、英文学术论文300余篇；共举办大型国际学术研讨会近40次，出版会议论文集近30本；作为首席专家承担国家社科基金重大攻关项目1项、教育部哲社重大课题攻关项目2项、省部级及日本政企团体委托课题50余项。中心积极发挥智库作用，与日方学者联合撰写的年度《中日关系战略报告书》在中日两国产生了广泛影响。

中心专职研究人员开设面向全校本科生、硕博士研究生有关日本政治、经济、文化课程多门；培养日本研究方向的博士、硕士研究生80余名，包括来自日本、韩国、美国、东南亚及欧洲的留学生近30名。中心与中国社会科学院日本研究所、北京大学现代日本研究中心、南开大学日本研究院以及日本东京大学、京都大学、庆应义塾大学、早稻田大学、创价大学、成蹊大学等国内外著名高校、研究机构建立了密切的学术交流关系。此外，中心积极为国外访问学者提供合作研究条件。

中心长期得到日本国际交流基金、日本国驻上海总领事馆、日本卫材株式会社、三井物产、三菱商事、东芝国际交流财团、日本万国博览会纪念协会等机构、企事业单位的大力支持，共同为深化中日两国人民的交流与友好事业做出贡献。

中心图书馆现有中文、日文和其他外文藏书约9万册，订阅中文和外文期刊、报纸近50

种，并与校内外各大图书馆及各院所资料室建立了共同利用网络。中心于1991年创办定期刊物《日本研究集林》，现为半年刊。

地址：上海市邯郸路220号

邮编：200433

电话：86-21-65642577

主页：http://www.jsc.fudan.edu.cn/

## 二、重要会议举办情况

2021年，中心举办多场重要国际国内学术会议。10月23—24日，由中心主办、东芝国际交流财团资助的"第二届中日关系青年学者国际研讨会"在上海举行。近40位中日两国青年学者在线上线下济济一堂，分别就社会文化、地区合作、政治外交、思想历史等主题展开深入研讨。中心主任胡令远教授、东芝国际交流财团专务理事大森圭介先生在开幕式上致辞，共同表达了对参会各方拨冗出席的衷心感谢和构建学术共同体的热切期望。北京日本文化中心（日本国际交流基金会）主任野田昭彦先生发来贺信，希望两国青年学者能通过此次论坛建立起友谊和联系，为中日关系的稳定健康发展注入新的动力。原中国驻日本大使馆参赞、程永华大使及夫人汪婉老师，原日本国驻上海总领事、东京大学名誉教授小原雅博先生分别做东芝特别演讲，强调中日两国青年学者的学术情怀和研究使命。复旦大学周边外交研究中心主任、中国前驻文莱大使杨健研究员，上海市日本学会副会长、上海国际问题研究院蔡亮研究员担任评论。研讨会引起了广泛关注，人民网日语版、国际在线日语版等媒体均进行了报道。

2021年11月20—21日，中心主办第31届国际学术研讨会，主题为"全球政治变局中的中美日关系"，来自中国、日本、美国等国的50余位学者参加了会议。中心主任胡令远教授和北京日本文化中心（日本国际交流基金会）主任野田昭彦先生在开幕式上致辞。胡令远教授表示，2022年是中日邦交正常化50周年，中日双边学者应以此为契机进一步深化交流，为促进中日关系的发展做出积极贡献。野田昭彦主任表示，30多年来中日关系虽然起伏不定，但中日双方学界保持着良好的学术交流，为构筑和平友好的两国关系贡献力量。上海国际问题研究院学术委员会主任杨洁勉教授、日本东京大学名誉教授小原雅博先生分别作特别演讲。

## 三、机构要闻

2021年3月9日，由中心牵头组织、中日两国一线学者共同撰写的《2020：新冠疫情下的中日关系——非常态与新常态》报告书正式发布。这是年度《中日关系战略报告书》系列的连续第 7 份报告。

2021 年 4 月 25 日，由南开大学日本研究院、北京大学现代日本研究中心、复旦大学日本研究中心联合主办的"博士生日本研究论坛 2021"成功举办。此次论坛的主题是"大变局下东亚区域发展与中日关系"，来自三校的 14 名教师代表和 38 名博士生参与了论坛。

2021 年 5 月 24 日，中心举办庆祝复旦大学成立 116 周年校庆报告会，主题为"拜登执政与中日美关系的变数"。

此外，2021 年全年中心分别举办多场"复旦大学·三井物产高端讲座"和"复旦·三井系列讲座"，上海市高校智库—上海国际贸易中心战略研究院执行院长姚为群教授、中国乐购仕总裁傅禄永先生、著名日本文学翻译家施小炜教授、上海商学院洪伟民教授等分别作演讲。

## 四、承担的省部级及以上课题

| 序号 | 课题名 | 主持人 | 课题类型 | 课题编号 |
| --- | --- | --- | --- | --- |
| 1 | 中日海洋安全与合作研究 | 胡令远 王广涛 | 中国海洋发展基金会、中国海洋发展研究中心课题 | CODF-AOC202104 |
| 2 | 军工利益集团视角下的日本国家安全政策、战略走向及应对策略研究 | 王广涛 | 教育部人文社会科学规划基金项目 | 21YJAGJW005 |

（供稿人：贺平）

# 广东外语外贸大学"东方学研究院"

## 一、基本情况

广东外语外贸大学"东方学研究院",其前身是广东外语外贸大学重点人文社科研究基地——东方学研究中心,2021年3月21日正式更名成立。该研究院的运营与管理以广东外语外贸大学日语语言文化学院暨亚非语言文化学院(筹)为依托。研究院将发挥以下功能。

### (一)学科统合功能

研究院将积极对接经济社会发展需求和国家战略,凝聚各小语种专业优势与潜力,团结协作,守正创新,突破个别研究的局限,形成区域研究与总体研究的格局,带动东方学学科的建设与成长,打造新的学术增长点。

### (二)超学科的综合研究与比较研究的功能

东方学学科内涵丰富,堪称研究东方乃至世界的交叉学科,"东方学研究院"打破学科藩篱,推动学科的超学科综合研究与比较研究。东方各国的区域性研究,是一种国别之间、区域之间、学科之间的"关系研究",而关系研究的主要抓手是翻译和比较研究。因此,东方学的学术功能之一,是促进比较研究学术理论与方法的建构与运用,最终可以催生"东方学"研究的荦荦大端局面。

### (三)服务现实的应用功能

"东方学研究院"具有咨政研究、智库研究的功能,能够直接或间接地服务现实。就目前而言,我国正处在复杂的"东方/亚洲/亚太"的环境中,面临着来自西方世界和东方世界的严峻挑战。在这样的情况下,"东方学研究院"要以"东方学"的学术方式、历史回溯的方式,间接地介入这些问题,展开"应用东方学"的研究,力图从学术学理的角度、历史与现实相关联的角度,对将来"东方"的分合聚散做出预测和回答。特别是在今后"一带一路"倡议构想的推进与实施过程中,无论是对历史上丝绸之路、海上丝绸之路的研究,还是对现实中"一带一路"沿线的东方各国、各地区的研究,都可以发挥东方学独特的学术优势与学术文化功能,为之提供学术支持。

"东方学研究院"主要在以下七个学科领域展开切实的学术规划与学术研究:

(一)东方学学术史研究;

(二)"理论东方学"研究;

（三）"分支学科东方学"研究；

（四）"国别与区域东方学"；

（五）"翻译东方学"；

（六）"应用东方学"研究；

（七）促进研究成果的课堂转化，完善东方学人才培养体系。

研究院设院长1人（陈多友），学术院长1人（王向远），常务副院长2人（张志刚教授、杨晓辉教授），行政秘书1人，专兼职研究员12人，其中教授4人、副教授4人、讲师4人。同时，将面向全社会延揽各方学术翘楚担任研究院名誉研究员或客座研究员。

地址：广州市白云区白云大道北2号第一教学楼335

邮编：510420

负责人：陈多友

联系电话：020-36207109

电子邮箱：200411029@oamail.gdufs.edu.cn

## 二、重要会议举办情况

1. 2021年11月28日，研究院协办了第四届人民中国杯日语国际翻译大赛颁奖仪式暨翻译实践研讨会。

2. 2021年7月18日，研究院协办了2021年度高中日语教育改革与发展高峰论坛。

## 三、机构要闻

1. 2021年3月5日，研究院举办了"东方学与亚洲共同体"系列讲座之一——郑俊坤教授："亚洲共同体的构建与意义"。

2. 2021年3月12日，研究院举办了"东方学与亚洲共同体"系列讲座之二——智辉助理教授："中国的印度研究"。

3. 2021年3月19日，研究院举办了"东方学与亚洲共同体"系列讲座之三——洪诗鸿教授："亚洲经济一体化——摆脱社会科学中的东方主义"。

4. 2021年3月26日，研究院举办了"东方学与亚洲共同体"系列讲座之四——徐一平教授："'Naru''Suru'视野下的中文与日文"。

5. 2021年4月2日，研究院举办了"东方学与亚洲共同体"系列讲座之五——王向远教授："区域研究的概念、方法与宗旨"。

6. 2021年4月9日，研究院举办了"东方学与亚洲共同体"系列讲座之六——陈多友教授："佛教对东亚思想文化的影响"。

7. 2021年4月16日，研究院举办了"东方学与亚洲共同体"系列讲座之七——周阅教授："'潇湘八景'的人文内涵及其在东亚的影响"。

8. 2021年4月23日，研究院举办了"东方学与亚洲共同体"系列讲座之八——李光贞教授："莫言文学在日本的传播"。

9. 2021年4月30日，研究院举办了"东方学与亚洲共同体"系列讲座之九——王立新教授："作为观念和原型意义的'西奈叙事'与希伯来文学传统"。

10. 2021年5月14日，研究院举办了"东方学与亚洲共同体"系列讲座之十——宋协毅教授："关于助力'东亚共同体'建设的笔译·口译教育的思考"。

11. 2021年6月5日，研究院举办了"东方学与亚洲共同体"系列讲座之十二——小森阳一教授："传染病时代与夏目漱石文学"。

12. 2021年6月11日，东京大学小森阳一教授为广东外语外贸大学师生开设海外名师系列讲座。

13. 研究院院长陈多友教授2021年度为武汉大学、大连海洋大学、南京工业大学、南通大学等高校开展线上、线下学术讲座10余次。

## 四、承担的省部级及以上课题

| 序号 | 课题名 | 主持人 | 课题类型 | 课题编号 |
| --- | --- | --- | --- | --- |
| 1 | "东方学"体系建构与中国的东方学研究 | 王向远 | 国家社科基金重大项目 | 14ZDB083 |
| 2 | 海上丝路与东方海洋文学研究 | 陈多友 | 国家社科基金重大项目子项目 | 19ZDA290 |
| 3 | 《文心雕龙》日本百年传播史研究 | 陈多友 | 国家社科基金一般项目 | 16BZW032 |
| 4 | 日本核电文学与生态安全问题研究 | 杨晓辉 | 国家社科基金一般项目 | 14BWW014 |
| 5 | 《中国宗教与文化战略》（日文版） | 丁国旗 | 国家社科基金中华学术外译项目 | 15WZJ001 |
| 6 | 《当代中国建设》（日文版） | 杨晔 | 国家社科基金中华学术外译项目 | 16WSH002 |
| 7 | 《走中国特色的新型城镇化道路》（日文版） | 张志刚 | 国家社科基金中华学术外译项目 | 16WJY007 |
| 8 | 后疫情时代国际关系区域化发展研究——以中日韩为例 | 全明 | 广东外语外贸大学区域与国别研究外语语种专项项目 | — |

（供稿人：张志刚）

# 广东外语外贸大学中日比较生态文学研究所

## 一、基本情况

广东外语外贸大学中日比较生态文学研究所成立于2016年,以日本生态文学、中日生态文学比较研究为主,是国内首个以日本生态文学、中日比较生态文学与生态批评研究为主的研究机构,受到日本文学环境学会等对象国相关研究机构的高度关注和评价。

中日比较生态文学研究所面向国际前沿和国家需求,以生态视角的跨学科比较文学研究、日本生态文学研究为核心,开展跨学科文学研究,揭示人与自然的相互作用关系,探究生态危机之根源,为中国国别和区域研究提供智库支持。

研究所人员包括校内外兼职专家。

杨晓辉:所长,广东外语外贸大学教授,博士生导师。主要研究方向为日本文学、生态角度的跨学科比较文学。现任广东外语外贸大学教务处处长兼招生办公室主任,校级重点人文社科基地"东方学研究中心"常务副主任,东方学研究院常务副院长,中外比较生态文学研究科研创新团队负责人,校学术委员会委员;广东省九三学社参政议政专委会委员;广东省欧美同学会常务理事;广州市欧美同学会(中国留学人员联谊会)白云区分会常务副会长;九三学社广外基层委员会主委等。

野田研一:广东外语外贸大学客座教授,日本立教大学名誉教授,日本文学·环境学会首任会长,日本生态文学研究第一人。主要研究方向为生态文学与生态批评。

结城正美:广东外语外贸大学客座教授。原日本文学·环境学会会长,日本青山大学文学部教授,原日本金泽大学教授。主要研究方向为生态文学与生态批评。

陈多友:广东外语外贸大学教授,博士生导师。主要研究方向为文艺学、翻译研究、海外汉学研究、中日比较文学等。现任广东外语外贸大学日语语言文化学院暨亚非语言文化学院院长,广东省高等学校亚非语言文学学科"珠江学者设岗学科"学科带头人。兼任广东外语外贸大学国别区域高等研究院副院长、大学人文社会科学重点研究基地东方学研究院院长,广东外语外贸大学中日韩合作研究中心常务副主任;兼任教育部高等学校外国语言文学类教学指导委员会日语分委员会委员;中国日语教学研究会副会长,华南分会会长;中国东方文学研究会副会长;中国比较文学教学研究会副会长;中国高等教育学会外语教学研究分会常务理事;CATTI国际版考试(日语)学术委员;全国高校日语专业联盟委员;『東アジア文化研究』杂志主编；广东省本科高校外语类专业教学指导委员会副主任委员，广东省本科高校外语类专业教学指导委员会亚非语言专业分委员会主任委员；广州外国语协会副会长；广东省高等教育学会教育教学专业委员会理事；中国高等教育学会外语分会常务理事；广东省翻译协会理事；中华日本学会常务理事；日本国日本文学协会会员；中国及国际比较文学学会会员；教育部人文社科项目评审专家，国家社科项目评审专家；等等。

刘劲聪：广东外语外贸大学教授。主要研究方向为日本经济、日本企业经营管理、日本神道文化等。

杨晔：广东外语外贸大学教授。主要研究方向为日本经济等。曾任札幌大学孔子学院中方院长。

程亮：广东外语外贸大学副教授。日语语言文化学院日本社会文化系主任。主要研究方向为日本民俗学，文化人类学视野下的东亚民俗比较研究等。现任日本比较民俗研究会干事，日本东亚文化人类学研究会会员，日本民俗学会会员，日本现代民俗学会会员，日本农村文化研究所研究员，日本瑶族文化研究所研究员，云南大学神话研究所客座研究员等。

李志颖：广东外语外贸大学副教授，日语语言文化学院翻译系主任。主要研究方向为中日比较文学等。

王兰：广东外语外贸大学副教授，日语语言文化学院研究生办公室主任。主要研究方向为中日比较文学等。

牛子牧：广东外语外贸大学副教授，阿拉伯语系主任。主要研究方向为当代阿拉伯文学等。

辛暨梅：广东外语外贸大学讲师，博士。亚洲校园教育中心主任。主要研究方向为文艺学、中日比较文学等。主要研究领域为寒山诗在日本的流程与接受等。

全明：广东外语外贸大学讲师，博士。主要研究方向为中日社会经济对比、东亚社会保障研究等。

梁奕华：广东外语外贸大学讲师，博士。主要研究方向为日本古典文学、日本奈良平安朝汉文学、中日比较文学等。

马丽丽：华南理工大学广州学院讲师。主要研究方向为中日比较文学等。

地址：广东省广州市白云区白云大道北2号广东外语外贸大学日语语言文化学院

邮编：510420

负责人：杨晓辉

联系电话：020-36207108

电子邮箱：yxh_hr@163.com

## 二、重要会议举办情况

1. 2021年5月13日至6月3日,著名学者、东京大学名誉教授小森阳一应邀参加海外名师系列讲座。此次系列讲座题为"传染病时代与夏目漱石文学",历时4周,以线上形式圆满举办。

2. 2021年3月5日,2021年"东方学与亚洲共同体"系列讲座的第一讲通过腾讯会议在线上举行。此次讲座邀请了欧亚财团基金会首席研究员、日本明治大学郑俊坤教授作为主讲。该讲座是广东外语外贸大学与欧亚财团的国际化校企合作横向课题的重要内容。讲座共分16讲,邀请了多位全国知名学者,面向全国各高校的日语专业本科生和研究生开展,内容涉及语言学、翻译学、文学、社会学、历史学等多个学科。

## 三、承担的省部级及以上课题

| 序号 | 课题名 | 主持人 | 课题类型 | 课题编号 |
| --- | --- | --- | --- | --- |
| 1 | 海上丝路与东方海洋文学 | 陈多友 | 国家社科基金重大项目"丝路文化视域下的东方文学与东方文学学科体系建构"子课题 | 19ZDA290 |
| 2 | 日本核电文学与生态安全问题研究 | 杨晓辉 | 国家社科基金一般项目 | 14BWW014 |
| 3 | 日本当代生态文学研究 | 杨晓辉 | 教育部人文社会科学研究青年基金项目 | 13YJC752028 |
| 4 | 跨学科视野下的中外生态文学课程实践教学模式研究 | 杨晓辉 | 省级本科教改一般项目 | — |
| 5 | 历史人类学视野下的中日民间信仰比较研究:以狐仙/稻荷信仰为例 | 程亮 | 广东省哲学社会科学规划一般项目 | GD20CSH13 |
| 6 | 《中国绘画中的"女性空间"》阿拉伯文译本 | 牛子牧 | 国家社科基金中华学术外译项目 | 21WYSB012 |
| 7 | 日本奈良平安时代的汉文学与文人研究 | 梁奕华 | 广东省哲学社会科学规划青年项目 | GD21YWW03 |
| 8 | 后疫情时代国际关系区域化发展研究——以中日韩为例 | 全明 | 广东外语外贸大学区域与国别研究外语语种专项项目 | — |

(供稿人:杨晓辉)

# 贵州民族大学外国语学院日语系

## 一、基本情况

贵州民族大学外国语学院日语系成立于2004年，是贵州省继贵州大学后第二所开办日语教学研究的大学。日语系现有专任教师9名，其中高级职称6名，4名教师在日本名校分别取得文学、语言学、社会学、经济学的博士学位。研究领域包括中日比较文学、日本经济、日语语音学、中日比较民俗学、翻译学等。2019年10月成立池田大作王蒙研究中心，是贵州省继贵州大学之后第二家池田大作思想的研究机构。近年贵州民族大学日语系着眼于贵州民族文化的翻译出版，与日本研究出版机构亚欧综合研究所开展交流合作。

负责人：李海

地址：贵州省贵阳市花溪区贵州民族大学十里河滩校区

邮编：550025

电子邮箱：aishiteiru@163.com

## 二、机构要闻

1. 2021年7月、10月、12月，贵州民族大学外国语学院日语系与日本佐贺大学经济学研究科、西九州大学举行线上学术会议，讨论老龄化、乡村振兴等彼此关心的问题。

2. 2021年11月，李海主任在日本亚欧综合研究所出版《探究现代日本社会》（合著）等著作，指导学生获得第四届人民中国杯日语翻译大赛二等奖、三等奖。

3. 2021年，李海主任获得日本国际交流研究所举办的世界俳句大赛一等奖。

## 三、承担的省部级及以上课题

| 课题名 | 主持人 | 课题类型 | 课题编号 |
| --- | --- | --- | --- |
| 跨境电子商务创新发展研究 | 黄景贤 | 贵州省科技厅基础研究软科学 | 黔科合［2017］1515-6 |

（供稿人：李海）

# 河北大学日本研究中心

## 一、基本情况

河北大学日本研究中心由日本研究所、教育学院、外国语学院、历史学院、期刊社等相关人员整合而成，于 2017 年 7 月成功获批第一批教育部国别和区域研究备案中心，2020 年顺利通过教育部的评估。

日本经济研究力量集中在河北大学日本研究所，其是根据周恩来总理的批示，依据国务院外事办公室和教育部文件，于 1964 年成立的中国最早的日本问题研究机构之一。2000 年日本研究所与经济学院合并，保留了日本经济研究领域的研究力量，日本教育、日本文化等领域的研究人员转入教育学院、外国语学院，继续从事日本问题研究。在日本经济研究领域，围绕战后日本垄断资本、财政税收制度与政策、金融政策与金融监管、对外经贸关系等问题形成了自身特色，影响广泛。1994 年被评为河北省重点学科，同年获批世界经济硕士学位授权点；2003 年获批世界经济博士学位授权点，实现了河北省经济学博士学位授权点零的突破。

日本教育研究人员分布在日本研究所和教育学院。1986 年教育学院获批教育史博士学位授权点，日本教育史成为重要的研究方向之一；1994 年外国教育史专业被评为河北省重点学科。经多年发展，已确立了日本教育史、日本教育现状、中日教育比较等稳定的研究方向，取得了丰硕的研究成果。

日本文化研究力量集中于 1972 年成立的外国语学院日语专业，是全国较早、河北省最早设置的日语专业。2004 年获批日语语言文学硕士学位授权点，2010 年获批外国语言文学一级学科硕士学位授权点和翻译硕士专业学位授权点，形成了日本语言文学、日本社会文化和日语翻译等三个稳定的研究方向，出版了一系列研究成果。

日本历史领域研究人员分布在历史学院和教育部人文社会科学重点研究基地——宋史研究中心，依托于 2005 年获批的历史学河北省强势特色学科和 2010 年获批的世界史一级学科硕士学位授权点，形成了日本现代化研究、中日文化交流史、日本外交史等三个稳定的研究方向。

河北大学主办的刊物《日本问题研究》的前身是 1964 年伴随日本研究所成立而创刊的《日本问题研究资料》，其是国内最早的内部资料之一，1987 年改为国内外公开发行，2009 年并入河北大学期刊社。

研究领域：日本经济、日本教育、日本文化、日本历史

人员构成：校内专职教师 8 人，教授（研究员）6 人，讲师 2 人，全部具有博士学位；兼职教师 18 人，来自国内外高校和企业部门。

地址：河北省保定市五四东路 180 号河北大学

邮编：071000

负责人：裴桂芬教授

联系电话：0312-5090778

电子邮箱：guifenpei@126.com

## 二、重要会议举办情况

2021 年 12 月 8 日，由河北大学日本研究中心主办的双循环格局下开放型经济新体制的现状与前景学术研讨会在河北省石家庄市举办。会议由裴桂芬主任主持，来自河北师范大学、河北省社会科学院、河北省工程咨询研究院、《河北日报》、河北省发改委、河北经贸大学的专家学者参加了会议并作主题报告。会议成果报送河北省委和省政府、河北省发改委、商务厅。

## 三、机构要闻

该中心教师的译著《动荡时代》入围 21 世纪年度好书（经济类）。

《动荡时代》是日本银行第 30 任（2008—2013）行长白川方明历时 4 年撰写完成的回忆录，经河北大学日本研究中心裴桂芬主任和尹凤宝博士历时两年多精心打磨，于 2021 年 10 月由中信出版社付梓，总字数约 50 万字。

白川前行长回顾了自 1972 年入职日本央行的 39 年生涯，参与或近距离观察了日本高速增长结束后的重大经济和金融事件，包括 20 世纪 80 年代后半期的泡沫经济、90 年代初的泡沫经济崩溃、2008 年金融海啸、2009 年欧洲债务危机、2011 年东日本大地震并引发福岛核电站核泄漏事故，还有围绕日元升值和通货紧缩的种种问题。白川方明站在货币政策决策者的角度，以全球视野反思日本的经济和货币政策，这些经验和教训对于当前中国经济从容应对不确定性、避免重蹈覆辙具有宝贵的借鉴意义。该译著出版后，很快在国内的学术界和社会上引起了广泛关注，并得到了高度评价，成功入围由《21 世纪经济报道》和 21 世纪经济研究院发起的"21 世纪年度好书（经济类）"。该评选依据"思想价值+现实影响"的原则，首先由书评人推荐和出版社自荐，从 2021 年出版的图书中选出 100 本作为提名书目，再由初评评委选出 30 本入围书目，最后由终评评委独立投票评选出 10 本"21 世纪年度好书"。该书还入围新浪财经联合中国金融出版社、中信出版社、中译出版社等发起的"2021 十大金融图书"品鉴活动，进入行业专家和广大读者投票甄选的 50 本金融好书行列。

## 四、承担的省部级及以上课题

| 序号 | 课题名 | 主持人 | 课题类型 | 课题编号 |
| --- | --- | --- | --- | --- |
| 1 | 战后日本职业教育史 | 朱文富 | 国家社科基金项目教育学单列 | BOA190037 |
| 2 | 战后日本对非洲政府开发援助研究（1957—2020） | 连会新 | 国家社科基金一般项目 | 21BSS038 |
| 3 | 双重冲击下中国进口高质量发展机制与路径研究 | 王立军 | 国家社科基金一般项目 | 21BJY009 |
| 4 | 中国自由贸易区网络一体化水平与我国产业国际地位提升研究 | 成新轩 | 国家社科基金一般项目 | 20BGJ029 |
| 5 | 比较教育学思想流派研究 | 李文英 | 国家社科基金项目教育学单列 | BOA190068 |
| 6 | 中国企业境外直接投资合规风险及应对研究 | 马文秀 | 国家社科基金一般项目 | 19BGJ019 |
| 7 | "数字丝绸之路"推进中的合规风险及中国的应对研究 | 马学礼 | 国家社科基金青年项目 | 20CGJ027 |
| 8 | 加快构建开放型经济新体制研究 | 裴桂芬 | 河北省发改委招标课题 | — |
| 9 | "两业"融合推动河北省制造业高质量发展研究 | 马文秀 | 河北省教育厅重大课题攻关项目 | ZD202112 |

（供稿人：裴桂芬、吴宇）

# 河南大学外语学院日语语言文学研究所

河南大学日语语言文学研究所系该校科研机构之一，所长为兰立亮副教授。现有专职研究人员12人，其中，副教授6人，讲师6人；博士学位获得者5人，研究人员均具有海外访学经历。该研究所是一个以学术骨干组成的科研队伍。

该研究所设有日语语言学、日本文学、日本文化3个研究方向。

（1）日语语言学研究以郑宪信副教授、王铁桥教授（校外兼职研究员）为主。

郑宪信副教授参与完成国家"九五"社科基金项目"日汉篇章法比较"，出版了专著《汉日篇章对比研究》，在《河南大学学报》等期刊、专业论文集发表相关论文数篇，在日语篇章研究领域具有填补空白的意义。外聘研究员王铁桥教授多年来在《解放军外国语学院学报》《外语研究》及日本学术刊物发表论文20余篇，出版专著3部，在日语文化语言学等领域取得了丰硕的成果。

（2）日本文学研究以兰立亮副教授、何晓芳副教授为主。

主要方向为日本现代文学研究。

近年来兰立亮博士获批国家社科基金项目"日本现代小说个体叙事与伦理建构研究"、教育部人文社会科学研究项目"叙事学视野中的大江健三郎小说研究"、"大江健三郎小说理论研究"、中国博士后基金项目"大江健三郎小说诗学研究"和多项厅级课题，在《国外文学》《解放军外国语学院学报》《外语研究》《日本研究》《外国文学》等期刊发表论文20余篇，个别成果在发表后被中国人民大学复印报刊资料《外国文学研究》全文转载，受到了国内同行专家的好评。出版专著《大江健三郎小说叙事研究》《大江健三郎小说诗学研究》，在国内同类研究中居于前列。

（3）日本文化研究以孙文副教授、张博副教授、赵刚研究员（校外兼职研究员）、王方博士为主。

孙文副教授主要从事日本文化比较研究，关注焦点为跨地域、跨文化的民族、语言、文献的交流问题。参撰国家社会科学规划"七五"重点项目（"中国古代北方民族文化史"）1项，主持国家社会科学基金青年项目（"阿伊努语言与文化的综合研究"）1项、一般项目（"'舶载书目'研究"）1项，教育部人文社会科学研究项目（"'舶载书目录'研究"）1项。出版专著《唐船风说——文献与历史》、合作翻译出版《探访计谋世界——〈西游记〉》（原著作者为中野美代子）、主编专题学术论文集1部，在《日本学刊》《文献》等期刊发表论文

— 510 —

数篇。

张博副教授主要从事日本近世文学文化研究,出版学术专著 1 部《浮世绘、武士道与大奥——日本江户时代的大众文化》,合著学术论著 2 部,译著 3 部,在《世界文明》《外国问题研究》《日本问题研究》等专业期刊发表论文数篇,在国内具有一定的影响。

赵刚研究员在《日本学刊》《皇学馆论丛》等国内外权威期刊发表有关日本历史文化的论文 10 余篇。专著《林罗山与日本的儒学》是国内第一部研究林罗山的专著,在国内这一研究领域具有开拓性的意义。研究范围涉及文献学、文化学、历史学、民族学等诸多学科,呈全方位、多角度的研究模式。

该科研机构的突出特色是方向齐全、研究独到,研究方向包括语言、文学、文化三个领域,在国内同类研究中处于领先地位。王铁桥教授的文化语言学研究、郑宪信副教授的篇章语言学研究、兰立亮副教授的大江健三郎研究、孙文副教授的日本文献学研究、张博副教授的日本近世文化研究在国内日本学研究领域处于前沿。该学科近年来的学术成果丰硕,在国内外学术期刊上发表论文 40 余篇,其中在《日本学刊》《日语学习与研究》《日本研究》《日本问题研究》《外国问题研究》《南开日本研究》等权威日本学研究期刊发表论文 10 余篇,在《文献》《解放军外国语学院学报》《外语研究》《河南大学学报》等专业核心期刊发表论文多篇,出版专著、译著多部,形成了三个覆盖面广、各具特色的研究方向。

(供稿人:兰立亮)

# 黑龙江省社会科学院东北亚研究所

## 一、基本情况

黑龙江省社会科学院东北亚研究所创建于1989年。该所以研究黑龙江省与东北亚各国、各地区的经贸合作为主，侧重全省经济社会发展的应用对策研究，为黑龙江省的对外开放和经济建设服务。经过30余年的发展，现已成为省内和国内东北亚问题研究领域具有较高智库地位、知名度和学术影响力的科研机构。2002年该所的"东北亚区域经济"被批准为省级重点学科（2013年更名为"亚太经济"省级领军人才梯队）；2004年，东北亚所被授予黑龙江省东北亚区域经济研究基地，这是省内唯一的科研机构所属国际问题研究基地。2016年被授予中日韩思想库网络研究黑龙江基地。

近年来，围绕建设"思想库""智囊团"和全国一流地方社科院的发展目标，东北亚所与时俱进，调整内设机构。现设有日本研究室、朝韩研究室、"一带一路"研究室、《中国—东北亚国家年鉴》编辑部4个研究部门，侧重地缘区域和国别特色，覆盖东北亚国家政治、外交、经贸、文化等诸多领域。同时，黑龙江省社会科学院日本问题研究中心、黑龙江省东北亚研究会、黑龙江省年鉴研究会日常管理挂靠该所，全省高端智库东北亚战略研究院秘书处也设在该所。东北亚所现有研究人员13人，其中研究员4人（含1名二级研究员）、副研究员2人、助理研究员7人。现任党支部书记为张秀杰研究员，所长为笪志刚研究员，副所长为张凤林研究员。

建所至今，全所单独或联合承担国家社科基金特别委托项目、国家社科基金一般项目、省社科规划（重大、一般、青年、专项）项目、国务院东北办项目、日本国际交流基金课题、政府委托项目、中外合作项目等各级各类项目100余项；出版和参与出版《朝鲜经济》《蒙古经济》《韩国经济》《封贡关系视角下明代中朝使臣往来研究》《日本农业问题研究》《跨越战后——日本遗孤的历史与现实》《走向东瀛》《中国东北亚旅游总揽》《赤血残阳映黑土——一个日本少年的满洲国经历》《国际旅游与合作》《中国自然资源通典——黑龙江卷》《东北亚蓝皮书》等专著、编著、译著50余部；连续11年编辑出版《中国—东北亚国家年鉴》（2009—2019）；发表论文、研究报告、对策建议等近千篇。其中，A类期刊论文2篇、B类期刊论文30余篇、中文社会科学引文索引来源期刊论文50余篇，在《光明日报》《环球时报（中英文版）》《中国社会科学报》《中国日报》《黑龙江日报》等报刊发表文章近百篇，在日、韩、俄、蒙古等国期刊发表外文论文80余篇，获中央及省主要领导批示和有关部门采用的研究报告及信息建议50余篇；获黑龙江省哲学社会科学优秀成果二等奖、三等奖及佳作奖20余项；被政府主要职能部门及社会组织、民间企业采纳的优秀应用研究成果30余项，创造经济效益近100万元；获国家级学会、省市级学会优秀科研成果100余项。

经过多年发展，东北亚所已经基本确立了省内领先、国内一流、国际有影响力、周边有渗透力的学术地位，在建立中国特色新型智库方面成就显著。目前，东北亚所主要研究领域和职责集中在：一是承担东北亚区域双边和多边经贸合作、区域合作、人文交流的规律与现实的研究工作，承担促进学术交流与人才培养等合作与教学任务，服务黑龙江省高水平开放和推动黑龙江全面振兴决策与发展。二是聚焦东北亚日、韩、朝、蒙古等重点国家的开放发展战略、双多边政策走向等，提出学术和智库成果，为省委、省政府开放决策及党中央、国务院国际政策制定等提供信息分析、政策建议和咨询意见。三是适应日韩等重点国别和区域学发展学科需要，开展国别现状及横向比较研究；突出应用研究，兼顾基础研究；侧重现状与发展，兼顾实践与咨询；优先服务省委和国家，为东北亚周边及次区域合作提供理论支撑与实践引领。四是整合优化省内东北亚研究与交流各种资源，合力开展新格局下针对东北亚交流与合作、黑龙江开放发展的全局性、综合性、战略性、长期性问题及热点、焦点、难点问题等的联合研究、智库合作、多元交流，推动智库建设和学术影响力同步提升。

展望未来，东北亚所将围绕国别和区域学研究，省委、省政府中心工作，解放思想，开拓进取，为把东北亚所建设成为具有较高学术地位和广泛影响力的新型智库而努力。

地址：黑龙江省哈尔滨市松北区世博路1000号黑龙江省社会科学院21楼

邮编：150028

负责人：笪志刚

联系电话：13030006020、0451-58670216

电子邮箱：dazhigang01@126.com

## 二、重要会议举办情况

### （一）东北亚战略研究院2021年会

（受疫情影响推迟至）2022年1月14日，东北亚战略研究院2021年学术年会在黑龙江省社会科学院以线下线上相结合方式举行。省社科院主要领导及各研究所专家、学者和线上研究生等60余人参加会议。该届年会以学习贯彻习近平新时代中国特色社会主义思想为引领，以贯彻落实党的十九大以来历届全会关于对外开放政策精神为抓手，聚焦习近平外交思想，以"践行国际研究使命，助力龙江开放发展"为主题，以国际问题研究服务国家顶层设计、助推龙江高水平开放高质量发展、服务我国与东北亚交流合作为己任，响应省委、省政府领导关于构筑立体化开放大通道、打造外贸加工产业链、大力推进开放式发展的开放部署，从亚太、东北亚区域合作大视角，俄罗斯、日本等重要国别，到聚焦黑龙江省对以俄罗斯为中心的多元化开放，彰显了国际大视野下的小切口、多层次的研讨定位。东北亚研究所所长、研究员笪志刚作了题为"现阶段东北亚区域合作的新机遇与新挑战"的大会发言，东北亚研究所助理研究员刘懿锋作了题为"疫情背景下日本经济发展及中日经贸合作的机遇"的发言。二位对现阶段日本及东北亚的研判论述充分、蕴含学理、突出现实、对策有力，与东北亚战略研究院国际问题研究服务黑龙江省高水平开放乃至"十四五"规划暨2035年远景目标高度契合。

### （二）建设最北自贸试验区 打造龙江振兴新引擎高端论坛

2021年7月29日，"建设最北自贸试验区 打造龙江振兴新引擎高端论坛"在哈尔滨隆重举行，来自国务院发展研究中心、中国社会科学院、广东省社会科学院、上海市社会科学院和黑龙江省社会科学院的智库专家及学者，中共黑龙江省委宣传部、黑龙江省商务厅等政府部门的领导，中国（黑龙江）自由贸易试验区哈尔滨、黑河、绥芬河自贸片区管委会及企业界人士，国家及省内多家主流媒体人士等120余人莅临论坛。论坛由中共黑龙江省委宣传部主办，黑龙江省社会科学院承办，黑龙江省商务厅支持，东北亚战略研究院等部门协办。

### （三）"第16届东北亚国际观光论坛"筹备座谈会

2021年8月23日，"第16届东北亚国际观光论坛"筹备座谈会以线上形式举行，来自中、日、韩三国的多名代表参会。座谈会分为致辞和国别发言两个环节，在致辞和各国代表发言环节，中国社会科学院张广瑞研究员、黑龙江省社会科学院东北亚所笪志刚研究员代表中方进行发言，提出了疫情下如何创新和服务东北亚区域和平与繁荣发展等倡议。首届东北亚国际观光论坛在中国大连召开，此后在中、日、韩、俄、蒙古五国轮流举办。受疫情影响，最近一届线下大型论坛为2019年8月在中国哈尔滨伏尔加庄园举办的第14届东北亚国际旅游论坛。

## 三、承担的省部级及以上课题

| 序号 | 课题名 | 主持人 | 课题类型 | 课题编号 |
| --- | --- | --- | --- | --- |
| 1 | 蒙古国家安全战略及中蒙发展战略对接研究 | 张秀杰 | 国家社科基金一般项目 | 19BGJ057 |
| 2 | 黑龙江省收缩型城市发展研究 | 刘懿锋 | 黑龙江省哲学社会科学规划青年项目 | 20JYC151 |
| 3 | 新时代我省对俄经贸合作中的数字化通道建设研究 | 宋琳琳 | 黑龙江省哲学社会科学规划青年项目 | 20GJC198 |
| 4 | 疫情下黑龙江省开放立省的路径研究 | 笪志刚 | 黑龙江省经济社会发展重点课题（战略委托课题） | 21005 |

（供稿人：李扬）

# 湖北大学历史文化学院中日社会文化比较研究中心

## 一、基本情况

湖北大学"中日社会文化比较研究中心",由李崇义、孙光礼、李家政等教授创建于1985年5月,是由历史系日本文化研究室改建而成,最初称作"日本问题研究所"。历任中心负责人有李崇义、孙光礼、葛金芳、郝祥满。中心成员的主要研究方向包括日本史、中日关系史、中日社会比较、中日文化比较、日本美学等。中心招收培养世界史专业(日本史方向)硕士研究生、中国史专业(中日关系史方向)博士研究生。成立以来,中心成员先后主持和参与多项国家社科基金项目,省部级、厅级、校级项目和横向课题,先后发表、出版了一些较有影响力的学术专著和论文,并积极组织开展各类学术活动。同时参与相关学校日本研究机构的科研项目等。

该中心近年来的代表性科研成果如下。

郝祥满教授主持完成的2017年国家社科基金后期资助项目"禅宗东渐与中世日本的社会转型"、2012年国家社科基金后期资助项目"中日关系史(894—1170)",均已结项并出版。其中,《中日关系史(894—1170)》(46.6万字)由湖北人民出版社于2016年3月出版;《禅宗东渐与中世日本的社会转型》(50万字)由中国社会科学出版社于2021年3月出版。另外,《奝然与宋初的中日佛法交流》(30万字)由商务印书馆于2012年6月出版。

代表性的论文有:《日本近代绘制地图对清末地图学的影响》,《社会科学战线》2017年第1期;《日本民族意识下的国家间文化竞争——以平安时代的语境为视角》,《世界民族》2015年第5期;《晚清时期日本对华茶国际市场的侵夺》,《安徽师范大学学报》2019年第5期;"Ten Lectures on Cultural Circulation in East Asia",*World History Studies* 2019(1);等等。

研究室现有在职研究人员2人,其中教授1人,科研助理1人,其他为文学院外语学院等单位的兼任人员,以及中心招收的中日关系史方向博士研究生(皋峰、周承智、魏仕俊3名在读)、日本史方向硕士研究生(高熠琼、秦茵科、王莹莹等在读)等。

在编在岗研究人员有郝祥满教授、刘娟助理(办公室电话027-88660028)。学院计划引进专职日本研究科研教学人员。

地址：湖北省武汉市武昌区友谊大道 368 号
邮编：430062
负责人：郝祥满
联系电话：18164044546
电子邮箱：haoxiangman2010@sina.com

## 二、机构要闻

以下为 2021 年该中心与日本研究、中日关系史研究相关的要闻，其他学术活动略。

2021 年 3 月，郝祥满教授的专著《禅宗东渐与中世日本的社会转型》由中国社会科学出版社出版，该著作为国家社科基金后期资助项目结项成果。

2021 年 6 月，该中心的硕士研究生陈宇，完成并通过学位论文《中世日本大德寺庄园领有体系研究》答辩，顺利毕业，并以优异的成绩考入南开大学日本研究院，成为南开大学日本史方向的博士研究生。

2021 年 9 月 17—20 日，郝祥满教授参加了浙江工商大学举办的第二届"宋元与东亚世界"高端论坛暨新文科视域下古代中国与东亚海域学术研讨会，并在会上作了题为"从赴日宋商看宋商海外贸易的风险投资与安全措施"的报告。

2021 年 10 月 29—31 日，郝祥满教授参加了"纪念中国共产党百年诞辰：二战、抗战中的中国共产党"学术研讨会暨中国第二次世界大战史研究会 2021 年学术年会，并作了题为"中日'奇怪战争'与日本奇怪的战争观"的报告。

2021 年 11 月，郝祥满教授带刘娟、秦茵科参加"荆楚文化与乡村振兴"学术研讨会，并作了题为"城乡发展的矛盾与日本古村落保护对荆楚乡村振兴的启示"的报告。

因为疫情，郝祥满教授在线上参加了如下学术交流。

2021 年 8 月，参加了中华日本哲学会 2021 年年会，并作了题为"禅宗修行与中世日本的教养文化"的报告。

2021 年 9 月 26 日，参加了在江苏徐州召开的台海两岸关系历史国际学术研讨会，在会上作了题为"日据台湾时期的语言政策与台湾的文化坚守"的报告。

2021 年 8 月 20—22 日，参加了中国日本史学会 2021 长春年会，并提交参会论文《"凡尔赛—华盛顿体系"下日本的文化外交与协调姿态》。

2021 年 10 月 17 日，参加了在厦门召开的世界中世纪史学会 2021 年学术年会，并提交参会论文《从禅宗东渐日本看宋明时期中国文化的软实力》。

2021 年 10 月 23 日，参加了在桂林召开的中国世界近代史研究会 2021 年年会，并提交参会论文《近代东亚民族的"外来语"意识与话语权意识》。

中心博士研究生周承智参加的学术活动如下。

2021年10月22—24日，赴浙江参加了由浙江工商大学举办的"东亚视域下的中日文化关系——以赴日中国人为中心"国际学术研讨会，提交参会论文《青山 金山：晚清官绅对日林业考察及其影响》，并作会议报告。

中心博士研究生魏仕俊参加的学术活动如下。

2021年8月21日，参加2021年中国日本史学会年会，并在会上作了题为"二辰丸事件中日交涉过程研究"的报告。

2021年12月4日，参加2021年湖北省世界史年会，并在会上作了题为"近代日本应对抵货运动的初试炼——以二辰丸事件后中日交涉为中心"的报告。

2021年12月11日，参加2021广东海洋论坛，并在会上作了题为"二辰丸事件中日交涉探赜"的报告。

## 三、承担的省部级及以上课题

| 课题名 | 主持人 | 课题类型 | 课题编号 |
|---|---|---|---|
| 中日语言接触中的日本国语建构及其民族意识研究 | 郝祥满 | 国家社科基金后期资助项目 | 20FSSA001 |

（供稿人：郝祥满）

# 湖南大学日本研究中心

## 一、基本情况

湖南大学日本研究中心成立于 2010 年，挂靠于湖南大学外国语学院。该研究中心学科方向覆盖日语语言学、日本文学、日本文化，积累了丰富的研究成果。同时立足湖南，与国内外多所著名高校、研究机构、出版社有广泛的交流与合作。

地址：湖南省长沙市岳麓区麓山南路 2 号湖南大学外国语学院

邮编：410082

负责人：张佩霞

## 二、重要会议举办情况

1. 纪念辛亥革命 100 周年国际学术研讨会（2011 年）
2. 第四届中南地区日语教学研究学术研讨会（2019 年）
3. 第一届中南地区日语教学与研究国际研讨会（2013 年）
4.『日本語教育現場におけるコーパスの開発と利用』长沙工作坊（湖南大学）（2014 年）
5.『日本語教育現場におけるコーパスの開発と利用』日本工作坊（名古屋大学）（2015 年）
6. 数据库与日语教学研究国际学术研讨会（2016 年）
7. 日语误用及第二语言习得研究国际学术研讨会（2017 年）
8. 第四届中南地区日语教学研究学术研讨会（2019 年）
9. "语料库研究的深化与扩大"日语国际学术研讨会（2022 年）

## 三、机构要闻

近年来，日本研究中心成员积极开展各种学术活动，收获了多项成果。在《外语教学与研究》《中国翻译》等国内外重要学术期刊上发表论文 40 余篇，出版著作 3 部、译著 2 部，承担国家级及教育部研究课题 8 项，承担湖南省社科基金项目 20 余项。

在学术交流方面，该中心邀请了曹大峰、周异夫、谭晶华、修刚、徐一平、迫田久美子、玉冈贺津雄、砂川有里子等国内外知名学者举办讲座，同时该中心成员也应邀在北京大学、澳门大学、日本国立国语研究所等知名高校及研究机构进行学术讲座及作学术报告等，并多次应全国学会、出版社主办的全国性学术会议邀请，作为嘉宾参加圆桌论坛。此外，该中心成员还多次赴日本京都大学、东京大学、早稻田大学、千叶大学、关西大学、关西学院大学进行访学，开展合作研究。

## 四、承担的省部级及以上课题

| 序号 | 课题名 | 主持人 | 课题类型 | 课题编号 |
| --- | --- | --- | --- | --- |
| 1 | 《红楼梦》日译研究 | 宋 丹 | 国家社科基金后期资助项目 | 21FWWB009 |
| 2 | 日藏林语堂《红楼梦》英译原稿整理与研究 | 宋 丹 | 国家社科基金青年项目 | 16CWW006 |
| 3 | 汉文典籍在日本的误读模式实证研究 | 罗明辉 | 教育部人文社科研究规划基金项目 | 17YJA740033 |
| 4 | 汉日复句构式的跨语言认知研究——以条件、因果复句为中心 | 苏 鹰 | 教育部人文社科研究一般项目 | 16YJC740062 |
| 5 | 《易经》在日本的双基重构经典化研究 | 瞿莎蔚 | 教育部人文社科研究一般项目 | 18YJC740078 |
| 6 | 日本移民侵略中国东北海外资料编译整理与研究 | 谢小建 | 教育部人文社科研究青年基金项目 | 19YJCZH197 |
| 7 | 近代日本"中国文学"学科史生成研究 | 曹 莉 | 教育部人文社科研究一般项目 | 20YJA752001 |
| 8 | 隋唐净土思想在日本的嬗变与发展研究 | 刘丽娇 | 教育部人文社科研究青年基金项目 | 20YJC730004 |

（供稿人：刘丽娇）

# 吉林大学日本研究所

## 一、基本情况

吉林大学日本研究所是吉林大学直属的重点研究日本问题及中日关系的综合性学术研究机构。1964年经国务院批准，吉林大学成立日本研究室。1979年经教育部批准，更名为吉林大学日本研究所。1987年被教育部批准为教育部直属高校文科重点研究所。1994年，根据吉林大学国际问题综合研究需要，日本研究所与吉林大学校内其他国别研究所合并共同组建东北亚研究院，作为其中的核心部分，日本研究所继续开展日本问题的教学与研究工作。2001年根据需要将吉林大学日本研究所调整为吉林大学日本研究中心。2011年11月应国务院和教育部进一步加强国别问题研究的工作要求，重新组建吉林大学日本研究所。2017年吉林大学日本研究所入选教育部国别与区域研究备案中心。吉林大学日本研究所现有科研人员16人，其中教授11人、副教授4人、讲师1人，主要研究领域为日本经济、政治、历史与文化。

地址：吉林省长春市前进大街2699号

邮编：130012

负责人：庞德良（教授、博士生导师、吉林大学日本研究所所长）

联系方式：0431-85166382

电子邮箱：pangdl@jlu.edu.cn

## 二、重要会议举办情况

2021年11—12月，吉林大学日本研究所、东北亚研究中心、东北亚研究院、东北亚学院邀请日本高校以及研究机构的知名专家学者，通过线上和线下相结合的方式举办了"东北亚国别与区域研究高端讲坛"系列学术报告。报告共分五场，每场都为师生提供了与国外学者进行直接交流的机会，增进了师生对日本经济的了解，有助于师生开阔国际视野，对吉林大学日本研究所开展与日本高水平大学的学术交流也具有积极意义。

1. 2021年11月23日，小川雄平作了题为"东北亚区域经济合作"的报告，主持人为庞德良。

2. 2021年11月25日，王忠毅作了题为"世界经济的新秩序与跨国公司的新兴势力——

1990年以来的30年间"的报告，主持人为陈志恒。

3. 2021年12月2日，西田显生作了题为"日本地方性金融机构的现状及问题"的报告，主持人为崔健。

4. 2021年12月3日，藤川升悟作了题为"日本型生产体系的竞争力及其局限性"的报告，主持人为李红梅。

5. 2021年12月15日，三村光弘作了题为"东北亚区域合作必要的基本要素——以平等互利为基础的横向关系为目标"的报告，主持人为王彦军。

### 三、机构要闻

2021年4月23—24日，吉林大学日本研究所成员一行4人赴南京参加中华日本学会2021年年会。崔健教授、巴殿君教授、沈海涛教授（已退休）、李红梅副教授分别以"经济安全视角下日本引进外国直接投资管理政策变化分析"、"论日本'区域现实主义'内容与特征"、"安倍遗产与日本外交战略位移"、"基于SDGs的日本企业可持续发展策略研究"为题作了大会发言。会议气氛热烈，讨论激烈，该所每位学者的观点均得到与会专家的认可，产生了一定的影响。

2021年12月，吉林大学日本研究所所长庞德良教授申报的科学技术部"高端外国专家引进计划"项目立项成功。项目课题名称为"新时代中日韩国家关系变化与中国战略对策研究"（G2021129013L）。该项目属于团队项目，依托单位是吉林大学日本研究所和教育部人文社会科学重点研究基地吉林大学东北亚研究中心，项目总体规划是通过邀请日本、韩国和中国相关领域的专家学者共同合作，共同推进该课题的研究工作。该项目的推进将会增进中、日、韩三国专家间的学术交流，进一步推动吉林大学日本研究所与该学术领域的高水平国际合作。

### 四、承担的省部级及以上课题

| 序号 | 课题名 | 主持人 | 课题类型 | 课题编号 |
| --- | --- | --- | --- | --- |
| 1 | 中日韩国家关系新变化与区域合作战略 | 庞德良 | 教育部重点研究基地重大项目 | 16JJDGJW006 |
| 2 | 新时代中日韩国家关系变化与中国战略对策研究 | 庞德良 | 国家科技部引智项目 | G2021129013L |
| 3 | 新一轮东北振兴与东北亚区域合作研究 | 吴昊 | 教育部重点研究基地重大项目 | 16JJD790013 |
| 4 | 东北亚区域合作的现状与未来 | 吴昊 | 教育部国际司委托项目 | SKZ2021095 |
| 5 | 中日第三方市场合作的挑战与对策研究 | 陈志恒 | 国家社科基金一般项目 | 19BGJ050 |

续表

| 序号 | 课题名 | 主持人 | 课题类型 | 课题编号 |
| --- | --- | --- | --- | --- |
| 6 | 战后日本史学与史观研究 | 戴　宇 | 国家社科基金重点项目 | 18ASS006 |
| 7 | 联合国与"慰安妇"问题研究 | 王玉强 | 国家社科基金后期资助项目 | 18FSS020 |
| 8 | 增长与平衡视角下收缩型城市融入双循环路径研究 | 徐　博 | 国家社科基金重点项目 | SKZ2021058 |

（供稿人：李红梅）

# 吉林省日本侵华历史研究中心

## 一、基本情况

吉林省日本侵华历史研究中心（吉林省社会科学院满铁研究中心）成立于2016年，是吉林省社会科学院（社科联）所属财政全额拨款事业单位。中心核定事业编制9个，主任由吉林省社会科学院院长兼任，常务副主任（正处长级）主持中心日常工作。

中心现有科研、科辅人员7名，主任为吉林省社会科学院院长王颖研究员，负责人为佟大群研究员（法人，主持工作）。

吉林省日本侵华历史研究中心（吉林省社会科学院满铁研究中心）是目前我国首个满铁研究领域的实体机构，承担满铁资料的整理研究与利用等职能，填补了我国满铁研究长期以来专门机构的空白，同时也为我国日本侵华史研究等提供了又一个颇具特色的学术交流的平台。该研究中心庋藏各类满铁调查资料、地图、图书等文献资料约3万种。其中除了作为主体构成的日文资料，还包括一批数量可观的英、俄、德等西语文献资料，是研究日本侵华历史等重大历史事件及问题的第一手资料。

20世纪50年代以来，以解学诗先生等为代表的专家学者，通过与国内外多家科研机构合作，初步构建起科学、完整的满铁研究体系，并培养了一支在满铁资料整理、满铁史研究中根底扎实的科研队伍，其研究领域除了满铁资料及满铁史，还涉及中日关系史、日本外交史、东北地方史、抗日战争史、伪满洲文学、日本近现代文学、图书情报等学科方向，并推出诸如《新编伪满洲国史》《满铁与中国劳工》《隔世遗思——评满铁调查部》《中日关系史》《满铁调查期刊载文目录》《满铁调查报告书目录》等论著，以及《满铁史资料（路权篇、煤铁篇）》、《满洲交通史稿》（20卷）、《近现代日本涉华密档·海军卷》（70卷）、《近现代日本涉华密档·陆军卷》（152卷）、《近代日本对华调查档案资料丛刊：第一辑满铁调查月报》（100册）、《近代日本对华调查档案资料丛刊：第二辑经济调查》（50册）、《近代日本对华调查档案资料丛刊：第三辑贸易调查》（60册）、《近代日本对华调查档案资料丛刊：第四辑农业调查》（140册）等一系列大型史料汇编，在国内外学术界有一定影响。

地址：吉林省长春市自由大路5399号

邮编：130033

负责人：佟大群

联系电话：0431-84658149；18686616081

电子邮箱：tongdaqun@163.com

## 二、承担的省部级及以上课题

| 序号 | 课题名 | 主持人 | 课题类型 | 课题序号 |
|---|---|---|---|---|
| 1 | 满铁对东北旧惯调查资料 | 景 壮 | 国家社科基金抗日战争专项工程项目 | 总项目编号 17KZD001 |
| 2 | 满铁移民方策资料 | 孙 彤 | 国家社科基金抗日战争专项工程项目 | 总项目编号 17KZD001 |
| 3 | 满铁抚顺煤矿研究 | 王玉芹 | 国家社科基金抗日战争专项工程项目 | 总项目编号 17KZD001 |
| 4 | 中国抗日根据地社会保障研究 | 谭忠艳 | 国家社科基金后期资助项目 | 18FZ021 |
| 5 | 三菱财阀与日本侵华战争研究 | 孙 雁 | 吉林社会科学基金研究基地项目 | 2020J66 |
| 6 | 满铁兵要给水调查史料的整理、编译与研究 | 孙文慧 | 吉林社会科学基金研究基地项目 | 2021J28 |

（供稿人：佟大群）

# 吉林省日本学会

## 一、基本情况

2014年3月，经刘信君研究员、郭洪茂研究员、程舒伟教授、陈景彦教授、周颂伦教授、郑毅教授、刘晓东教授、范立君教授、李力研究员、李小白教授、李娜研究员、武向平研究员等共同发起，组织筹备成立吉林省日本学会。2016年，经吉林省民政厅批准成立。2016年12月24日，在吉林省社会科学院召开吉林省日本学会成立大会暨2016年学术年会。大会选举了吉林省日本学会领导机构，选举吉林省社会科学院原日本所所长郭洪茂研究员为会长，选举吉林省社会科学院副院长刘信君研究员、吉林省社会科学院日本研究所所长李倩研究员、东北师范大学马克思主义学部部长程舒伟书记、东北师范大学历史文化学院院长刘晓东教授、东北师范大学历史文化学院周颂伦教授、吉林大学东北亚研究院陈景彦教授、伪满皇宫博物院副院长赵继敏研究员、延边大学民族历史研究所所长金春善教授、北华大学东北亚研究院院长郑毅教授、吉林师范大学历史文化学院院长范立君教授10人为副会长，选举吉林省社会科学院满铁研究中心常务副主任武向平研究员为秘书长，选举东北师范大学历史文化学院高乐才教授、东北师范大学历史文化学院刘景岚教授、吉林省社会科学院日本研究所李力研究员、吉林大学东北亚研究院戴宇教授等35人为常务理事，选举吉林省社会科学院日本研究所王晓峰研究员等16人为理事。学会现由负责人李倩研究员主持日常工作。

学会主要研究涉及中日关系史、日本外交史、东北抗联史、满铁史、东北地方史、伪满宗教文化、抗日战争、日本近现代史、日本经济、现代国际关系等日本历史、政治、经济、文化等领域。

学会成立至今，始终按照自身的业务范围，积极开展日本相关问题的学术研究及各项活动，在法律法规及有关政策规定的范围内，通过开展学术研究、学术交流，发表学术论著，出版研究成果等，积极向中央及省委、省政府有关部门提供决策咨询及对策建议，推动日本相关问题研究的学科建设。代表性成果有《东北抗日联军第一军》《文明视野中的日本政治》《美国对日占领史》《近代日本武士道思想研究》《〈东亚联盟〉杂志研究》等。

地址：吉林省长春市自由大路5399号

邮编：130033

负责人：王晓峰

联系电话：15143095829

电子邮箱：33660783@qq.com

## 二、重要会议举办情况

2021年7月，由东北地区中日关系史研究会、吉林省日本学会联合举办了"东北地区中日关系史研究会第六届理事长协调会——深化冀东抗日游击队与东北抗联历史文化挖掘"网络会议，李倩研究员主持会议并作大会主旨发言。

2021年7月下旬，为进一步贯彻落实习近平总书记视察吉林重要讲话的重要指示精神，按照省委党的建设工作领导小组《学习贯彻习近平总书记视察吉林重要讲话重要指示精神"传承红色基因、赓续红色血脉"思想铸魂行动计划》安排，吉林省社会科学院承办系列理论研讨会。学会负责人李倩研究员组织部分会员与承办方、相关专家学者进行沟通和协调，为成功举办系列理论研讨会做好充足的筹备工作。

## 三、机构要闻

2021年是中国共产党建党100周年，吉林省日本学会继续紧紧围绕党和国家的大政方针以及省委、省政府的重大战略部署，积极贯彻落实中央及省委、省政府的指示精神，积极开展课题研究和战略咨询服务。

2021年度，在中美博弈的大局势下，围绕中美博弈、台海问题及中日关系等热点问题，学会负责人李倩研究员组织部分会员向中央提交了13篇咨询报告，其中，2篇获副省级领导肯定性批示、1篇被副省级领导圈阅、5篇被中宣部相关部门采纳；其他会员也通过《智库专报》《亚洲要报》、省国安办、省委网信办等处提交了多篇咨询报告，向党和政府建言献策，为国家处理对外关系提供了智力支持。

2021年度，学会会员不断加强思想政治建设、参加研修学习，其中李倩研究员参加的活动最具代表性。

3月，李倩研究员代表学会参加中组部高层次人才国情研修班培训。

4月，李倩研究员代表学会参加中宣部学习贯彻党的十九届五中全会精神等专题研讨班。

6月，李倩研究员参加省宣传部等组织召开的庆祝中国共产党成立100周年大会，作主旨发言，其会议论文被评为一等奖，并入选由中宣部、中组部等7部委组织的庆祝中国共产党成立100周年活动。

7月1日，李倩研究员参加在北京天安门广场隆重举行的庆祝中国共产党成立100周年大会，现场聆听中共中央总书记习近平发表的"七一"重要讲话。

7月2日，李倩研究员参加在人民大会堂举行的庆祝中国共产党成立100周年理论研讨会。

## 四、承担的省部级及以上课题

| 序号 | 课题名 | 主持人 | 课题类型 | 课题编号 |
| --- | --- | --- | --- | --- |
| 1 | 东北抗联档案文献资料整理、翻译与研究 | 李　倩 | 国家社会科学基金重大项目 | 16ZDA136 |
| 2 | 东北抗日老战士口述史资料整理与研究 | 李　倩 | 国家社科基金抗日战争专项工程项目 | 总项目编号19KZD001 |
| 3 | 满铁对"满洲"共产党活动调查资料整理与研究 | 王晓峰 | 吉林省社会科学基金项目（研究基地项目） | 2021J22 |
| 4 | 常态化疫情防控中如何提高领导干部能力研究 | 李晓晨 | 吉林省社会科学基金马工程专项项目 | 2021M9 |

（供稿人：李倩）

# 吉林省社会科学院日本研究所

## 一、基本情况

日本研究所是吉林省社会科学院建院伊始就设立的研究所，成立于1978年，是吉林省社会科学院资格较老、起点较高的一个研究所，也是国内最早成立的日本问题研究机构之一。建所以来，日本研究所始终坚持正确的政治方向和学术导向，以吉林省社会科学院的发展和智库建设为发展目标，紧紧围绕党和国家关注的重大理论和现实问题开展全局性、战略性、系统性研究。多年来，日本研究所共承担和完成国家社科基金重大项目、国家社科基金项目、省社科规划项目、中日合作研究课题、中国社会科学院中日历史研究中心课题、中央党史研究室委托课题、院级各类课题及其他各类委托课题等100余项。应邀赴日本研修、讲学和参加国际学术会议50余人次。众多科研成果获得国家级、省部级优秀成果奖。孙继武、金泰相、高书全、郭洪茂研究员先后担任所长，解学诗、张声振、董果良等资深研究员是国内外知名学者。该所已发展成吉林省社会科学院学科体系较强、专业水平较高、在海内外学界影响较大的研究所之一。

经过44年的学术积累和数代学人的不懈努力，日本所的研究全面涵盖日本历史，东北抗战史，中日关系史，满铁研究，当代日本经济、社会、外交、战略与文化等领域，并取得了丰硕研究成果。代表性成果有《满铁与中国劳工》、《战争与恶疫——七三一部队罪行考》、《隔世遗思——评满铁调查部》、《新编伪满洲国史》、《伪满洲国的劳务管理机构与劳务政策研究》、《东北抗日联军第一军》、《满铁史资料》、《日本帝国主义侵华档案资料选编》、《近现代日本涉华密档·陆军省卷》（全153册）、《近现代日本涉华密档·海军省卷》（全70册）、《中国朝鲜族史料全集》（全100册）、《满铁档案资料汇编》（15卷）、《满铁交通史稿》（20卷）、《日本涉华密档总目录》等，共发表学术论文300多篇。

现任所长李倩，博士，二级研究员，主要从事东北抗联史、中日关系史、东北地方史等研究。国家"万人计划"哲学社会科学领军人才，全国文化名家暨"四个一批"理论界人才，百千万人才工程国家级人选，国家有突出贡献中青年专家，国务院政府特殊津贴专家，吉林省第四批高级专家，吉林省拔尖创新人才，吉林省有突出贡献的中青年专业技术人才。

李倩主持国家级及省级科研项目13项，其中2016年主持国家社科基金重大项目"东北抗联档案文献资料整理、翻译与研究"1项，2019年主持国家社科基金抗日战争研究专项工程项目"吉林省档案馆馆藏日本侵华档案整理研究（第二期）"的子项目"东北抗日老战士口述史资料整理与研究"1 项,2020 年主持中央宣传部重大项目 1 项,2012 年主持国家社科基金项目 1 项,2008 年主持中国博士后科学基金项目 1 项,2006 年至 2021 年主持吉林省哲学社会科学规划项目 7 项,2019 年主持吉林省"十三五"智库规划基金项目 1 项、院级科研项目 20 余项,另参与国家级及省部级科研项目 6 项。在《抗日战争研究》《中国边疆史地研究》《社会科学战线》《东北师大学报》《光明日报》等刊物公开发表学术论文 70 余篇;出版专著 17 部,其中独著 3 部、合著 6 部、参与编写 8 部;为国家领导和省领导提供决策咨询报告 20 余篇。获得科研奖项 26 项,其中吉林省政府授予的吉林省社会科学优秀成果一等奖 5 项;所发论著被《新华文摘》、《光明日报》、《社会科学战线》、人民网、新华网、光明网、中国社会科学网、中央电视台等媒体转摘、推荐。

吉林省社会科学院日本研究所研究人员主要有:王晓峰研究员,主要从事满铁科技史、日本宗教侵略问题研究;李晓晨副研究员,主要从事东北抗战史、中日关系历史与现实等问题研究;王家曦助理研究员,主要从事中日关系、现代国际关系、经济外交、东北亚区域合作等问题的研究。

地址:吉林省长春市自由大路 5399 号

邮编:130033

负责人:李倩

联系电话:0431-84638342

电子邮箱:liqian.16888@163.com

## 二、重要会议举办情况

2021 年 7 月,东北地区中日关系史研究会和吉林省日本学会联合举办"东北地区中日关系史研究会第六届理事长协调会——深化冀东抗日游击队与东北抗联历史文化挖掘"网络会议,李倩所长主持会议并作主旨发言。

2021 年 7 月下旬,为进一步贯彻落实习近平总书记视察吉林重要讲话重要指示精神,按照省党委的建设工作领导小组《学习贯彻习近平总书记视察吉林重要讲话重要指示精神"传承红色基因、赓续红色血脉"思想铸魂行动计划》安排,吉林省社会科学院承办系列理论研讨会,在院(会)领导的统筹安排和精心部署下,历经数次的研究、讨论和修改,形成了切实可行的系列理论研讨会方案,日本研究所全所同志与承办方、相关专家学者进行沟通和协调,为成功举办系列理论研讨会做好充足的筹备工作。

## 三、机构要闻

2021 年,在建党 100 周年之际,在李倩所长的带领下,日本所全所同志不断加强思想政治建设、参加研修学习。

3月17—23日，李倩所长参加中组部高层次人才国情研修班培训。

4月19—23日，李倩所长参加中宣部学习贯彻党的十九届五中全会精神等专题研讨班学习。

6月24日，李倩所长参加省宣传部等组织召开的庆祝中国共产党成立100周年大会，并作主旨发言，其会议论文被评为一等奖。

李倩所长的论文《中国共产党：东北十四年抗战的中流砥柱》入选由中宣部、中组部等7部委组织的庆祝中国共产党成立100周年活动。

7月1日，李倩所长参加在北京天安门广场隆重举行的庆祝中国共产党成立100周年庆典大会，现场聆听中共中央总书记习近平发表的"七一"重要讲话。

7月2日，李倩所长参加在人民大会堂举行的庆祝中国共产党成立100周年理论研讨会。

7月，李倩所长参加省宣传部张志伟副部长主持召开的讨论吉林省红色资源研讨会等。

8月2日，李倩所长作为党史学习教育省委宣讲团成员到汪清县，宣讲习近平总书记"七一"重要讲话精神，并围绕学深悟透"七一"重要讲话的丰富内涵和核心要义进行了辅导。

10月，王晓峰研究员参加"庆祝中国共产党建党100周年吉林省佛教协会成立40周年暨吉林佛教坚持中国化方向研讨会"并作大会发言。

## 四、承担的省部级及以上课题

| 序号 | 课题名 | 主持人 | 课题类型 | 课题编号 |
| --- | --- | --- | --- | --- |
| 1 | 东北抗联档案文献资料整理、翻译与研究 | 李倩 | 国家社会科学基金重大项目 | 16ZDA136 |
| 2 | 东北抗日老战士口述史资料整理与研究 | 李倩 | 国家社科基金抗日战争专项工程项目 | 总项目编号19KZD001 |
| 3 | 满铁对"满洲"共产党活动调查资料整理与研究 | 王晓峰 | 吉林省社会科学基金项目（研究基地项目） | 2021J22 |
| 4 | 常态化疫情防控中如何提高领导干部能力研究 | 李晓晨 | 吉林省社会科学基金马工程专项项目 | 2021M9 |

（供稿人：李倩）

# 辽宁大学日本研究所

## 一、基本情况

辽宁大学日本研究所前身是辽宁省日本研究所,根据中共中央关于加强外国问题研究的指示精神和东北局的决定于 1964 年 5 月组建,是我国最早的综合性日本问题研究机构。由于历史原因一度解散,后在周恩来总理的关注下于 1971 年春恢复,并更名为辽宁大学日本研究所。

辽宁大学日本研究所具有完善的研究团队,下设日本经济、文学文化、历史等领域的研究室和图书资料中心。由辽宁大学日本研究所主办的《日本研究》杂志创刊于 1971 年,1985 年公开发行,是新中国成立后中国第一家公开出版的综合性日本研究学术刊物。

近 60 年来,辽宁大学日本研究所科研业绩卓越,成果丰硕,与日本 30 余个学术团体、友好组织和大学建立联系。辽宁大学日本研究所多年来邀请众多日本国内知名学者来所讲学、进行共同研究,已成为国内日本研究的重镇。

地址:辽宁省沈阳市沈北新区道义南大街 58 号

邮编:110136

负责人:陈维东(书记)、韩春虎(所长)

联系电话:024-62202254

邮箱:japanstudies1964@126.com

## 二、重要会议举办情况

"日本研究论坛"是辽宁大学日本研究所多年来致力打造的一个学术品牌。以学术交流、以学促官为主旨,立足东北,围绕中日关系和东北亚区域合作的发展,广邀海内外专家、学者和社会各界精英到辽宁大学讲学、交流。2021 年,举办 3 场论坛,受新冠肺炎疫情影响,采取线上、线下相结合的方式举行。

第一讲于 2021 年 5 月 11 日举办,由东北师范大学历史文化学院周颂伦教授作题为"日本文明的基本性格"的报告;第二讲于 2021 年 5 月 14 日举办,由华东师范大学中文系刘晓丽教授作题为"东亚殖民主义与文学"的报告;第三讲于 2021 年 6 月 25 日举办,由深圳市创新洞见咨询有限公司北京高级研究员土居健市作题为"新时代日中国际发展与合作"的报告。

### 三、机构要闻

2021年4月26日下午，辽宁大学日本研究所举办了三菱商事辽宁大学奖学金颁奖仪式，三菱商事（大连）有限公司总经理龟山直明先生；辽宁大学副校长杨松教授，日本研究所陈维东书记、王铁军所长，外国语学院邱畅副院长以及获奖学生、学生代表出席此次活动，活动由陈维东书记主持。三菱商事日本研究奖学金是日本三菱商事针对辽宁大学优异学生所设立的一项赞助计划。该奖学金授予在学习、科研中表现优秀的研究生以及家庭困难的研究生，激励研究生勤奋学习、潜心科研、勇于创新、积极进取。此次辽宁大学三菱商事日本研究奖学金获得者共有来自辽宁大学日本研究所和外语学院日语专业的10名研究生。辽宁大学副校长、博士生导师杨松教授出席活动并与三菱商事（大连）有限公司总经理龟山直明亲切会谈，对龟山直明先生的到来表示热烈欢迎，对三菱商事所提供的三菱奖学金项目表示由衷的感谢，并提出对于辽宁大学同三菱商事后续合作的期望。

2021年4月29日下午，日本国驻沈阳总领事片江学巳一行来访。领事馆总领事片江学巳、文化领事横地英树，日本研究所陈维东书记、王铁军所长、外国语学院王晶教授、芦英顺副教授及部分日本研究所教职工出席，座谈会由王铁军所长主持。王铁军所长代表辽宁大学日本研究所对片江总领事一行的到来表示热烈欢迎。此次为片江总领事任职后第一次到访日本研究所，也是继承了两单位长期以来的优良传统。在参观共同研究室、多媒体教室、图书资料室等基础设施之后，王铁军向片江总领事一行介绍了日本研究所的优秀历史、教学科研现状等基本情况。最后，王晶、芦英顺就提高外国语学院日语教学质量等问题与片江总领事进行了交流。片江总领事表示，总领馆将会为推动辽宁大学的教育事业贡献自己的力量。

2021年10月13日，日本国际交流基金文化中心副主任野口裕子一行到该所座谈。陈维东书记、韩春虎所长携全体教职工出席。韩春虎所长先对野口主任一行的到来表示欢迎，随后做了日本研究所的介绍，他提出日本研究所是有优良传统的对日研究机构，也是国内最早的对日研究机构之一，为中国的日本研究事业做出了应有的贡献。他表示，该所有多位教师受到过国际交流基金的资助访日或从事对日研究。他期待两单位能在未来有更进一步的合作。野口主任提出她上次拜访日本研究所时为10余年前，当时日研所还在崇山校区。此后，她虽然没有到访，但两单位之间的关系一直没有中断，无论是基金的申请批示还是图书捐赠，两单位都有良好的交流传统。各位老师就关心的国际交流基金的申请、选题等内容与野口主任作进一步交流。2022年为国际交流基金成立50周年，两单位都希望能进行更全面、更有深度的合作。

辽宁大学出台举措，加强《日本研究》杂志办刊工作，提升期刊质量。《日本研究》杂志是由辽宁大学日本研究所主办、辽宁大学主管的综合性学术期刊。该期刊于1972年中日邦交正常化之际开始发行内刊，1985年国内外公开发行（CN：21-1027/C；ISSN：1003-4048；出版周期：季刊）。《日本研究》杂志是关于日本问题研究的综合性学术期刊，刊载文章涉及日本政治、经济、社会等各个领域，在国内外日本研究界享有较高声誉和较大影响。在新冠疫情影响下当今世界面临的"百年未有之大变局"出现了加速趋势，中国快速发展和世界格局的变化引发了一系列重大的国际关系与世界政治课题，亟待加以研究并向社会传播中国的声音。另外，"区域与国别学"纳入国家学科目录将为该刊提供重要的学科和理论支持。《日本研究》作为辽宁大学颇具特色的公开出版发行的期刊，在学校科研成果发表和提升学术质量、建设世界一流学科中发挥重要作用。学校对《日本研究》办刊工作极为重视，给予大力支持。

## 四、承担的省部级及以上课题

| 序号 | 课题名 | 主持人 | 课题类型 | 课题编号 |
| --- | --- | --- | --- | --- |
| 1 | "新基建"背景下辽宁省文旅产业融合研究 | 李彬 | 2020年度辽宁省教育厅科学研究经费项目 | LJC202022 |
| 2 | 经济发展新动能背景下辽宁高技术制造业发展研究 | 许悦雷 | 2021年度辽宁省教育厅科学研究经费项目 | LJKR0046 |
| 3 | 基于《资本论》视角下的沈阳经济发展新动能研究 | 许悦雷 | 2018年度辽宁省社会科学规划基金重点项目 | L18AJL004 |
| 4 | 社会心理学视角下的顾客测评的构造分析 | 刘兵 | 2017年度辽宁省社会科学规划基金项目 | L17CJY005 |
| 5 | 石桥湛山的小日本主义思想研究 | 周致宏 | 2018年教育部人文社会科学研究青年项目 | 18YJC770048 |
| 6 | "小日本主义"对中日关系的影响 | 周致宏 | 2018年辽宁省社科规划基金青年项目 | L18CSS001 |
| 7 | 后疫情时代全球经济结构大调整对中日经济关系的冲击、影响与对策 | 崔岩 | 2021年教育部年度课题 | 2021N-07 |
| 8 | 新时代文学意识形态论 | 韩春虎 | 2018年辽宁省社会科学规划基金重点项目 | L18AZW001 |
| 9 | 新时代中国马克思主义文论范式建构研究 | 韩春虎 | 2021年辽宁省教育厅高等学校基本科研重点项目 | LJKR0065 |

（供稿人：许悦雷）

# 南京大学外国语学院日语系

## 一、基本情况

南京大学日语系历史悠久，是江苏省最早的日语专业人才培养基地。早在1912年金陵大学外国文学系成立时，任教的日语教授即有刘元思先生、顾青虹先生等，至1935年，汪扬宝先生等任教外国文学系，1942年后王烈先生等加盟。1944年外国语文系设有两个日文班。1972年10月中日恢复邦交后，外文系筹建日文专业，由陈德文先生、凌大波先生、戴玉仙先生等组建。1975年正式成立日语教研室。全国高考制度恢复后，于1978年1月招收首届本科生，先后任教的还有李惠然、李建新、吴之桐、张国仁、顾盘明、王岚、俞琦、周国龙、孙瑞华、朱新华、刘洪、朱圆圆、黄增华、陈娟、汪丽影、何慈毅、沈琳等先生。1994年获得硕士学位授予权。2002年南京大学建校100周年时改为现名。2011年设立东亚语言文学博士点。现有教师11人，学历层次高，专业方向均衡，所有教师均具有国内外著名高校博士研究生学历，其中教授2人、副教授4人，讲师3人，助理研究员2人，1人担任博士生导师，6人担任硕士生导师。此外还常年聘请2—3名外籍专家，定期聘请东京大学、奈良女子大学等日本名校知名教授开设专业课程或举办专题系列讲座。

该系教师潜心钻研，研究成果甚丰，在日本文学、日本语言学、日本文化领域有一定建树，承担国家社科基金项目等、教育部人文社科基金项目等、江苏省社科基金项目等各类纵向基金项目及多项横向基金项目，在国内外学术刊物发表论文百余篇，出版学术译著百余部，主编教材10余部、参考教材多部。其中主要由南京大学日语系教师承担、南京大学出版社出版的"日本社会与文化"系列丛书、"阅读日本"书系等在国内外日本学研究领域引起广泛关注。

日语系教师还积极参与南京大屠杀史的资料编译工作，代表性成果有《东史郎日记》（江苏教育出版社）、《南京大屠杀史料集》（72卷）（江苏人民出版社）、《南京大屠杀史研究与文献》系列（南京出版社）、世界记忆遗产《程瑞芳日记》（日文版）（南京出版社）等。

主任：王奕红

副主任：李斌

联系电话：025-89682353

电子邮箱：japnju@163.com

微信公众号：NJUNIPPONGO

## 二、重要会议举办情况

2021 年 1 月，由南京大学外国语学院主办，日本国际交流基金会北京日本文化中心协办的"日本敦煌学的起源与发展"学术研讨会在南大国际会议中心举办。来自中国社会科学院、复旦大学、武汉大学、内蒙古大学、南京大学等各大高校的相关专家学者参加了此次学术会议。此次研讨会分为学术报告和文化论坛两部分。在学术报告环节，南京大学日语系教师刘东波博士和南京大学校外硕士生导师、内蒙古大学日语系教师周砚舒副教授相继作了学术报告。在随后举行的文化论坛上，与会专家学者围绕 2020 年底教育部发出的《新文科建设宣言》以及 2021 年 1 月国家社科基金规划办发布的最新版课题指南对"新文科"的定义、"新文科"在高等教育中的推进、"新文科"在科学研究方面的指向性、新时代下日本文学研究与翻译的现状与未来等问题进行了深入探讨。中国社会科学院魏大海研究员、复旦大学李征教授、南京大学叶琳教授、南京大学王奕红教授、武汉大学李圣杰教授、上海师范大学周倩博士相继发言，结合各自所属机构、高校的实际情况，针对上述新动向发表了各自的分析与见解。此外，来自南京农业大学的金锦珠副教授、南京邮电大学的梅定娥副教授也积极参与了讨论，向相关专家学者提问，此次学术研讨会在热烈讨论中圆满地落下帷幕。

## 三、机构要闻

"新形势下中日友好交流前景探索"座谈会在南京大学召开。2021 年 6 月 30 日，日本创新协会理事长李大清先生访问南京大学，与南京大学叶琳教授、王奕红教授、刘东波助理研究员就"新形势"下中日友好交流的前景进行了深入探讨，南京大学相关教师和同学参加了此次座谈会。

南京大学《日语学习难点解析》慕课上线。2021 年 3 月，南京大学日语系推出的慕课在中国大学生慕课平台上线。这门课适合有一定基础的日语初级以及中级学习者。日语初级学习者可以从一开始就意识到难点和错误的存在，以少走弯路；而中级甚至是更高水平的日语学习者可以通过这门课查缺补漏，巩固基础，加深对日语和日语学习的认识。

## 四、承担的省部级及以上课题

| 序号 | 课题名 | 主持人 | 课题类型 | 课题编号 |
| --- | --- | --- | --- | --- |
| 1 | 平成时代日本女性文学研究 | 叶琳 | 国家社科基金一般项目 | 18BWW029 |
| 2 | 《生死秦始皇》 | 王奕红 | 国家社科基金中华学术外译项目 | 21WZSB023 |
| 3 | 三卷本中文译著《物语岩波书店百年史》 | 王奕红 | 教育部社科基金后期资助项目 | 19JHQ42 |

续表

| 序号 | 课题名 | 主持人 | 课题类型 | 课题编号 |
| --- | --- | --- | --- | --- |
| 4 | 江苏文化名人传：罗振玉传 | 刘东波 | 江苏省社科基金一般项目 | 21WMB003 |
| 5 | 《大唐西域记》与日本西域文学关系研究 | 刘东波 | 江苏省高校哲学社会科学研究项目 | 2020SJA0007 |

（供稿人：刘东波）

# 南京航空航天大学外国语学院日语系

## 一、基本情况

南京航空航天大学日语系于2002年成立。2006年，获批"日语语言文学"硕士点；2011年，获批翻译硕士（MTI）专业学位硕士点；2012年，日本语言文学研究所成立；2021年，被评为江苏省一流专业。主要研究领域为日语语言、日本文学、日本文化、中日跨文化交际。

专业特色为民航业务方向。日语系实行小班化教学，每年招收25名本科生、4—6名硕士研究生。2021年"软科中国大学专业排名"结果显示，南京航空航天大学日语专业在全国处于B+梯队，全国排名第73位，江苏省排名第5位。

地址：南京市江宁区胜太西路169号

邮编：211106

负责人：窦硕华

联系电话：025-84893252

电子邮箱：doushuohua@163.com

## 二、重要会议举办情况

1. 2013年江苏省日语演讲比赛；
2. 2014年日语配音大赛；
3. 2017年东京大学文学部教授讲座；
4. 2018年华东师大教授讲座；
5. 2019年苏州大学教授讲座；
6. 2020年山东大学教授讲座；
7. 2020外国语学院举办"新时代外国文学研究：理论与阐释"高端论坛。

## 三、机构要闻

2021年3月1日，外国语学院日语系2021精品企业课程开讲。

2021年4月16日，外国语学院日语系赴上海东航总部与日本航空公司上海办事处调研。

2021年10月25日，外国语学院学生荣获"全国日语专业配音大赛"动漫组二等奖。

## 四、承担的省部级及以上课题

| 序号 | 课题名 | 主持人 | 课题类型 | 课题编号 |
| --- | --- | --- | --- | --- |
| 1 | 基于视频语料库的日语学习系统研究 | 葛金龙 | 江苏高校哲学社会科学重大项目 | 2019SJZDA104 |
| 2 | 日本工匠文化研究 | 周菲菲 | 国家社科基金后期资助项目 | 19FSSB020 |
| 3 | 江苏对日交流史 | 周菲菲 | 江苏省社会科学基金文脉专项一般项目 | 19WMB091 |
| 4 | 新文科背景下江苏省高校外语交叉融合人才培养理念与模式研究 | 窦硕华 | 江苏省教育科学"十四五规划"课题 | D/2021/01/64 |

（供稿人：窦硕华）

# 南京信息工程大学文学院日语系

## 一、基本情况

2001年，南京信息工程大学应大气科学学科的国际化发展需求创建日语系，2002年获批本科专业，同年开始招生。日语专业以厚基础、宽口径、高质量为人才培养宗旨，旨在培养具有扎实基础知识，专业技能熟练，能较熟练地使用日、英两门外语的复合型高端人才，在培养计划和课程设置中，既注重学生知识面的拓宽和基础的积累，又力求学生应用和实践能力的培养。

2014年以气象科技、环境工程为特色，获批翻译专业硕士学位点，2018年获批外国语言文学一级学科硕士点，形成了本硕一体的培养体系。自成立以来，共为社会培养输送了千余名日语人才。

人员构成：现有专任教师19名，其中教授1名、副教授3名，博士7名、在读博士2名，40岁以下教师9人，江苏省"双创博士"2名，另外还常年聘请外教2—3名。

系主任为孙传玲副教授，主要研究领域为日本思想史、中日文化交流史。

地址：江苏省南京市宁六路219号

邮编：210044

负责人：孙传玲

联系电话：18013307880

电子邮箱：sunchl@nuist.edu.cn

## 二、重要会议举办情况

1. 2021年12月11日，该系举办学术会议"国别和区域研究视角下高等教育理念创新学术研讨会"。

2. 2021年5月14日，该系举办学术讲座"专业素养与问题视角：以日本文学研究为例"，主讲人为南京大学王奕红教授。

3. 2021年5月21日，该系举办学术讲座"日本绘马艺术"，主讲人为东南大学外国语学院刘克华教授。

4. 2021年10月27日，该系举办学术讲座"刍议川端康成的战争观"，主讲人为武汉大学外国语学院李圣杰教授。

5. 2021年12月23日,该系举办学术讲座"日本学研究的方法论漫谈:以日本文学的经典重读为例",主讲人为同济大学外国语学院刘晓芳教授。

### 三、承担的省部级及以上课题

| 序号 | 课题名 | 主持人 | 课题类型 | 课题编号 |
| --- | --- | --- | --- | --- |
| 1 | 近世日本儒家生态哲学思想研究 | 孙传玲 | 国家社科基金青年项目 | 20CZX035 |
| 2 | 老龄化背景下日本安乐死信仰和临终关怀研究 | 陈甜 | 国家社科基金青年项目 | 19CHS066 |
| 3 | 商民运动研究(1924—1930) | 赵霞 | 国家社科基金中华学术外译项目 | 18WZS009 |

(供稿人:孙传玲)

# 南开大学日本研究院

## 一、基本情况

1964年，遵照周恩来总理加强高校国际问题研究的指示和高教部的部署，南开大学历史系内新设了美国史、拉丁美洲史和日本史等3个研究室。如今这三"点"已分别成长壮大为美国历史与文化研究中心、拉丁美洲研究中心和日本研究院。仅就日本史研究室的发展而言，50年间完成了从研究室到研究中心，再从研究中心到研究院的跨越式发展。

研究室初建时有吴廷璆、俞辛焞、米庆余、王敦书等4位教师，因著名亚洲史、日本史专家吴廷璆教授擎旗，成立伊始便引起国内外关注。研究工作在"文革"期间一度中断，但从20世纪70年代中期逐步恢复。1974年，开始编印学术刊物《日本历史问题》，连续编印8期，为"文革"后我国全面恢复日本研究起了铺路奠基的作用。在"科学的春天"到来的1978年，武安隆、王家骅、刘予苇、王振锁调入研究室，20世纪80年代前期又有杨兴国、廖隆干、杨栋梁、李卓先后加盟，研究力量不断壮大。1980年中国日本史学会成立时，吴廷璆先生当选首任会长。80年代中期历史研究所行政单独建制后，日本史研究方向进一步明确，即在强调断代史研究的同时，每位成员都侧重一个独立的专门史研究方向。当时，在日本通史和日本外交史、日本思想文化史研究方面，研究室的成果数量和水平均居全国前列。1984年，由日本史研究室与美国史研究室一起构成的世界地区国别史学科获得博士学位授予权，1988年成为国家重点学科。

1988年，俞辛焞教授以其敏锐的国际意识，组创了南开大学日本研究中心并担任理事长兼主任，王振锁任秘书长。日本研究中心以日本史研究室成员为基干，以日本史研究为重点，联合全校各系、所的数十名日本研究人员，共同开展学术研究和国际学术交流活动。在此期间，宋志勇、赵德宇、臧佩红等先后留研究室工作。1994年，在俞辛焞教授等的努力下，日本研究中心利用外援建成专用研究楼，发展步伐加快，国际影响迅速扩大。1995年，日本研究中心成为日本国际交流基金重点资助的"中国华北日本研究基地"。2000年，日本研究中心成为校属独立实体研究机构。2001年全校实行学院管理体制后，日本研究中心划归历史学院领导。

2003年4月，学校决定，日本研究中心脱离历史学院，独立组建日本研究院，从而使发展空间骤然扩大。研究院在首任院长杨栋梁的领导下，大胆进行体制改革，积极开展学术研究与交流，提高研究生培养质量，使研究院成为国内领先、国际知名的综合性日本研究与人才培养基地。日本研究院在继续重视日本史研究的同时，依托国家重点学科世界经济及博士点学科国际政治，积极引进专职研究人员，建立了日本经济、日本政治与对外关系等两个新的研究方向，使日本研究的学科扩大到了三个，成为名副其实的综合性日本研究机构。

截至2021年，研究院的专职研究人员人数达到19人，全部具有博士学位。其中教授8人，副教授7人，讲师1人，博士后3人。全院教职工总数达23人。

2011年，在李卓院长的组织下，研究院成为教育部首批国别与区域研究基地，为研究院的进一步发展创造了条件。

日本史研究室走过的近60年，是不断发展壮大、谱写辉煌的历程。在科研方面，50多年来，全体研究人员承担了近百项国家、省部委及其他国内外研究课题。特别是自2003年日本研究院成立以来，全院共主持近30项国家和省部级科研课题，其中包括教育部哲学社会科学研究重大攻关项目1项，国家社科基金重大项目1项，教育部人文社会科学重点研究基地重大项目4项，获纵向科研经费近500万元。

现任院长为刘岳兵教授，南开大学日本研究院的主要研究领域为日本历史与文化、日本政治与外交、日本经济。

地址：天津市南开区卫津路94号

邮编：300071

负责人：刘岳兵

联系电话：022-23505186

电子信箱：jyz@nankai.edu.cn

## 二、重要会议举办情况

1. 2021年3月27日，南开大学日本研究院与日本冈山大学健康系统综合科学研究科通过ZOOM平台，进行了线上学术交流。

2. 2021年4月25日，南开大学日本研究院与北京大学、复旦大学共同组织了第十五届"南开大学·北京大学·复旦大学博士生日本研究论坛"。

3. 2021年10月16日，南开大学日本研究院、南开大学中外文明交叉科学中心和中国社会科学出版社共同主办了"井上哲次郎的儒学研究与近代日本学术生态"研讨会暨"善美原典日本研究文库·井上哲次郎儒学论著选集"新书发布会

4. 2021年9月26日，第二届南开大学日本研究青年高端人才论坛在日本研究院举行，该届论坛的主题是"日本深层竞争力再认识与中日合作的可行性——日本农业振兴与中日合作"，根据防疫要求，此次活动采取了线上与线下结合的方式，来自全国各地的青年日本研

究学者以及日本研究院师生共计60多人参加此次活动。

5. 2021年11月6日，由南开大学日本研究中心主办的2021"南开日本研究论坛"在南开大学顺利召开，来自中国社会科学院、北京大学、复旦大学、日本庆应义塾大学等国内外11家高校与科研单位的30位学者，以线上、线下相结合的方式，围绕"大选后的日本政局及外交走向"的主题进行了深入研讨。

## 三、机构要闻

2021年2月，新学期伊始，南开大学日本研究院再添新力量——引进人才张东副教授。

2021年3月17日，乔林生教授在线上为日本中央大学学生作讲座，题为"中国战后日本史研究的历史、现状与课题"。

2021年3月27日，日本研究院隆重举办李卓教授、赵德宇教授的荣休讲座，刘岳兵院长主持，日本研究院在校全体师生及来自全国各地的20多名校友现场参与，国内外30余名校友在线参加了此次活动。

2020年4月15日，进行了南开日本研究学术沙龙第二期活动。此次沙龙题为"陆军大臣的内心世界——宇垣一成日记解读"，主讲人为郭循春。

2021年4月16日，南开大学历史学院胡宝华教授做客该校日本研究院，并作题为"漫谈京都大学东洋史研究"的讲座。

2021年5月8日，著名抗日战争史研究专家、南京师范大学副校长张连红教授应邀在南开大学日本研究院作了题为"抗战老兵口述史中的战时情感"的讲座。

2021年5月10日，中国前驻日大使、中日友好协会常务副会长、南开大学兼职教授程永华先生应南开大学日本研究中心的邀请，以"变局当中的中日关系"为题发表了特别演讲。

2021年5月10日，全国日本经济学会副会长、中国前驻日经济商务公使、南开大学日本研究中心兼职教授吕克俭应邀访问南开并作题为"中日经贸关系现状与展望——变局中机遇与挑战并存"的讲座。

2021年5月21日，中国社会科学院日本研究所所长、中华日本学会常务副会长杨伯江研究员受邀到南开大学日本研究院并作了题为"'新冠'以来的日本与中日关系"的讲座。

2021年5月26日，北京大学宋成有教授、东北师范大学周颂伦教授应邀到南开大学日本研究院讲学，分别作了题为"新世纪中国日本史研究的理论创新"和"日本文明的基本性格"的讲座。

2021年6月7日，《日本学刊》《日本文论》编辑部、南开大学日本研究院及外国语学院东亚文化研究中心、天津社科院日本研究所以及天津外国语大学国别和区域研究院的诸位老师在南开大学日本研究院召开了一次关于日本研究选题的座谈会。

2021年6月28日，南开大学日本研究院举办了"2021届硕、博士毕业生欢送会"，2021年度共有12名研究生毕业。

2021年7月，南开大学日本研究院再迎新人——师资博士后常露露。

2021年9月10日，南开大学日本研究院召开2021级研究生迎新会，2021年度共有17名硕、博士研究生顺利入学。

2021年11月19日，"南开大学TPR奖学金颁奖仪式"在南开大学日本研究中心隆重举行，日本TPR株式会社专务执行董事唐泽武彦、TPR（天津）公司总经理小笠原宪司、南开大学党委研工部副部长霍丽敏、日本研究院院长刘岳兵、天津经济技术开发区原外事局局长季宏以及该院师生50余人参加了此次典礼。

2021年11月27—28日，由南开大学日本研究院和南开大学世界近现代史研究中心共同举办的日本近代史研究论坛——"近代日本的国家走向与研究动态"学术研讨会在南开大学顺利召开。

## 四、承担的省部级及以上课题

| 序号 | 课题名 | 主持人 | 课题类型 | 课题编号 |
| --- | --- | --- | --- | --- |
| 1 | 日本帝国兴亡史 | 杨栋梁 | 教育部后期资助 | 21FSSB013 |
| 2 | 日本官方对中国共产党的认识与政策1921—1945 | 郭循春 | 教育部青年项目 | 20YJC770010 |
| 3 | 远东新秩序与日本陆军对华政策研究1928—1937 | 郭循春 | 博士后面上资助 | 2019M660997 |
| 4 | 制宪权视角下象征天皇制与神权天皇制间的断裂与连续研究 | 张 东 | 国家社科基金青年项目 | 18CSS027 |
| 5 | 天皇制伦理对近代日本宪法学的侵入与畸化 | 张 东 | 教育部人文社会科学研究青年基金项目 | 16YJC770038 |
| 6 | 一战后日本的"转向"与对外战略误判研究 | 杨栋梁 | 教育部人文社会科学重点研究基地重大项目 | 17JJD770010 |
| 7 | 新编日本史 | 宋志勇 | 国家社科基金重大项目 | 13&ZD106 |
| 8 | 明治维新的"公议"构想及其扭曲研究 | 刘 轩 | 国家社科基金一般项目 | 20BSS021 |

（供稿人：周志国）

# 南开大学外国语学院日语系及东亚文化研究中心

## 一、基本情况

南开大学外国语学院日语系创设于中日恢复邦交正常化的 1972 年，1986 年获硕士学位授予权，2011 年获博士学位授予权，2014 年获 MTI（日语口译、日语笔译）翻译专业学位授予权，2021 年入选国家级一流本科专业建设点，经过 50 年的发展，已经具备本、硕（含 MTI）、博完整的人才培育体系，设有日语语言文学博士后科研流动站。现有专任教师 13 人；其中教授 4 人，副教授 6 人，讲师 3 人；博士生导师 3 人，硕士生导师 10 人；日本外教 3 人。主要从事日本语言学、文学、翻译及社会、历史、文化的教学与研究，现任系主任为韩立红教授，系副主任为王新新教授，韩立红教授担任教育部外语教学指导委员会日语分委员会委员，刘雨珍教授担任中国日语教学研究会副会长。2022 年 6 月，韩立红教授主持的日本社会与历史文化课程虚拟教研室入选教育部第二批虚拟教研室。

南开大学外国语学院东亚文化研究中心创设于 2015 年，现有研究人员 23 名，以日语系教师为主体，兼及外国语学院其他各系的相关教师，主要从事东亚文化研究，现任中心主任为刘雨珍教授，秘书为于君副教授。

东亚文化研究中心自创设以来，广泛开展与国外著名学术机构如京都大学、东北大学、金泽大学、早稻田大学、国学院大学、国际日本文化研究中心、伦敦大学亚非学院等的学术交流与合作，已聘请原大阪女子大学校长中西进教授、京都大学文学部吉川真司教授、早稻田大学文学学术院吉原浩人教授、国学院大学文学部辰巳正明教授、小川直之教授等担任客座教授。中心与国学院大学定期举办国际学术研讨会，共同编辑出版国际学术期刊《东亚文化研究》共计 7 期（每年 1 期）。

地址：天津市南开区卫津路 94 号南开大学外国语学院 305 室

邮编：300071

## 二、重要会议举办情况

2021 年 6 月 4 日，南开大学外国语学院东亚文化研究中心与伦敦大学亚非学院及国际日本文化研究中心线上学术研讨会成功举办。此次线上会议由伦敦大学亚非学院主办，南开大学外国语学院东亚文化研究中心应邀参加，中心主任刘雨珍教授和博士生崔雪婷分别以"清朝首届驻日公使馆员与日本文人的赏樱唱和诗"和"试论剧本〈上海月亮〉中鲁迅形象的生成——以井上厦的创作手稿为中心"为题发言，并同与会学者进行了交流。此次研讨会充分增进了中、英、日三方的学术交流，推动了东亚文化的跨学科研究。

2021年11月6日，由东亚比较文化国际会议中国分会、南开大学外国语学院东亚文化研究中心主办的第15届东亚比较文化国际会议中国大会暨"东亚文化的互通互鉴"国际学术研讨会在南开大学外国语学院学术报告厅隆重举行，来自中国、日本、韩国的近百名专家学者相聚线上，南开大学外国语学院、日本研究院、文学院、历史学院师生50余人在线下参加了大会。东亚比较文化国际会议创始会长、日本"令和"年号制定者中西进教授在致辞中表示，此次中国大会是日本进入令和时代以来的首届东亚比较文化国际会议，作为大会创始人感到非常高兴，并就受聘客座教授一事向南开大学表示感谢。其后，南开大学刘雨珍教授、明星大学古田岛洋介教授、中央大学李漵旭教授，分别作为中、日、韩三国分会会长致辞。此次会议除主题演讲外，50多位来自中、日、韩的专家学者分为10个分科会，紧扣东亚文化的互通互鉴这一主题，围绕东亚古代文学、东亚近现代文学、东亚文学与文化交流、东亚思想与文化、东亚语言文字等议题展开探讨，工作语言涉及汉语、日语、韩语，专家学者通过丰富多样的研讨内容进行了积极深入的学术交流。

2021年11月20—21日，由日本国学院大学文学研究科主办、南开大学外国语学院东亚文化研究中心协办的第七届南开大学—国学院大学研究生学术论坛暨东亚文化研究学术会议顺利举办，此次会议采取线上与线下相结合方式，两校师生共80余人参加。南开大学—国学院大学研究生学术论坛暨东亚文化研究学术会议始于2014年，由两校轮流主办，第七届因新冠肺炎疫情延期一年，改为线上举行。

### 三、承担的省部级及以上课题

| 序号 | 课题名 | 主持人 | 课题类型 | 课题编号 |
| --- | --- | --- | --- | --- |
| 1 | 中国小说理论史 | 刘雨珍 | 国家社科基金中华学术外译一般项目 | 21WZWB018 |
| 2 | 中国古代小说类书在日本江户时代的流播与影响研究 | 蒋云斗 | 2021年贵州省哲学社会科学规划国学单列课题 | 21GZGX25 |

（供稿人：刘雨珍）

# 宁波大学外国语学院日本研究所

## 一、基本情况

宁波大学日本研究所成立于 2000 年，是专门从事日本研究的学术机构，隶属于外国语学院。研究所下设日语语言学、日本文学、中日文化交流史、日本社会与文化、中日比较文学与跨文化研究、翻译学等 6 个研究方向。

人员构成：现有研究人员 17 人，包括教授 1 人、副教授 3 人、讲师 13 人；其中博士 8 人。具体名单如下。张楠，教授，博士，硕士研究生导师，研究方向为日本文学、中日比较文学及文化；杨建华，副教授，硕士研究生导师；刘永岚，副教授；吕明剑，讲师；朴东兰，讲师；宋珊珊，讲师；丁玉龙，讲师；刘静，讲师；周知，讲师；蔡凤香，讲师，博士；李雪，讲师，博士；冯英华，讲师，博士；黄利斌，讲师，博士；陈雯，讲师，博士；陈梦夏，讲师，博士；王一兵，讲师，博士。

负责人：李广志，副教授，硕士生导师，1990 年内蒙古大学日语系毕业，硕士毕业于日本岩手大学，2015 年日本关西大学亚洲文化研究中心访问学者。在国内外学术期刊上发表论文 100 余篇。译著：夏目漱石的《我是猫》。主持国家社科基金项目"日本遣唐使研究"。

电子邮箱：2428623089@qq.com。

## 二、重要会议举办情况

2021 年 10 月 30—31 日，由宁波大学外国语学院、《外国文学研究》编辑部、宁波大学世界海洋文学与文化研究中心以及中国社会科学院—宁波大学外国语言文化与宁波国际化发展战略研究中心等单位共同主办，海洋出版社协办的"第四届海洋文学与文化国际学术研讨会"在宁波大学外国语学院成功举办。在日本研究所成员积极参与及协助下，此次研讨会开设了一个与日本问题有关的会议专场。

## 三、机构要闻

2021 年宁波大学外国语学院"日语语言文学"专业硕士研究生，在原有的学术硕士基础上增设翻译硕士，即"日语笔译"（MTI）专业，2022 年开始招生。

## 四、承担的省部级及以上课题

| 序号 | 课题名 | 主持人 | 课题类型 | 课题编号 |
|---|---|---|---|---|
| 1 | 日本遣唐使研究 | 李广志 | 国家社科基金项目 | 17BSS026 |
| 2 | 浙江海外交流史文物古迹调研（日本部分） | 冯英华 | 浙江省重点课题 | 20JDZD033 |

（供稿人：李广志）

# 宁夏大学·岛根大学国际联合研究所

## 一、基本情况

宁夏大学·岛根大学国际联合研究所（简称"中日国际联合研究所"）成立于2004年，是宁夏大学和日本岛根大学以欠发达地区的社会开发、学术交流和人才培养为目的共同设立的学术研究专门机构。中方现设有顾问1名、所长1名、副所长1名、专职研究人员2名；日方设有顾问1名、所长1名、副所长2名、专职研究人员若干名。学校于2021年1月聘任朱海燕为中方副所长，同年11月聘任赵晓佳为中方所长。

**研究所中方成员**
顾问：陈育宁 教授
所长：赵晓佳 教授
副所长：朱海燕 副教授
专兼职研究员：2名
工作人员：1名

**研究所日方成员**
顾问：保母武彦 名誉教授
所长：一户俊义 教授
副所长：关耕平 副教授、松本一郎 教授
常驻研究员：若干名

## 二、重要会议举办情况

2021年7月10日，宁夏大学·岛根大学国际联合研究所以线上、线下相结合的方式召开宁夏大学·岛根大学第十八届日中国际学术研讨会。会议围绕"以实现SDGs为目的的农学研究暨未来日中国际合作研究"主题开展了研讨。

2021年度，中日双方通过线上方式召开了两次工作会议，分别讨论并商议了年度工作计划，以及召开第十九届中日国际学术会议的有关事项。

## 三、机构要闻

2021年7月10日,宁夏大学·岛根大学第十八届中日国际学术研讨会围绕"以实现SDGs为目的的农学研究暨未来日中国际合作研究"主题,在宁夏大学文贺楼四楼报告厅成功举办。此次会议由日方研究所承办。宁夏大学副校长周震教授、研究所中方顾问陈育宁教授、岛根大学副校长大谷浩教授、研究所日方顾问保母武彦名誉教授,外国语学院(中日国际联合研究所)、对外合作交流处、科技处、农学院等相关部门的领导和师生参加。研讨会报告专家主要交流了学科基础、建设目标、建设思路与主要举措、建设任务、社会服务贡献(服务本地特色产业),以及推进学科国际化的思路与设想等内容。

2021年5月27日,宁夏大学·岛根大学国际联合研究所以线上方式召开2021年度工作会议。中方朱海燕(副所长)、罗进贵、李杨参加会议,日方一户俊义(所长)、关耕平(副所长)、田中奈绪美参加会议。双方就2021年度的工作进行了沟通和交流,对有关具体事项进行了安排落实,并围绕研究所今后的建设和发展交换了意见。

2021年11月1日,宁夏大学·岛根大学国际联合研究所召开2021年度第二次工作会议。中方朱海燕(副所长)、藏志勇、罗进贵、李杨参加会议,日方一户俊义(所长)、关耕平(副所长)、田中奈绪美参加会议。双方商讨了第十九届中日国际学术研讨会的主题和举办时间、修改任命研究所客座研究员规则、举办岛根大学留学生招生线上说明会等相关事宜。

## 四、承担的省部级及以上课题

| 课题名 | 主持人 | 课题类型 | 课题编号 | 备注 |
| --- | --- | --- | --- | --- |
| 关于办好中阿博览会,实效推进中阿合作的建议 | 李绍先 | — | — | 第二参与人 |

(供稿人:李杨)

# 侵华日军南京大屠杀遇难同胞纪念馆

## 一、基本情况

侵华日军南京大屠杀遇难同胞纪念馆于1985年8月15日建成开放，现存三处侵华日军南京大屠杀"万人坑"遗址，是关于南京大屠杀史、日军"慰安妇"制度、世界反法西斯战争胜利的综合性遗址型纪念馆，为全国爱国主义教育示范基地、全国重点文物保护单位、国家一级博物馆。2014年以来，纪念馆成为南京大屠杀死难者国家公祭仪式举办地。2015年，南京大屠杀档案入选《世界记忆名录》。建馆以来，共接待了来自100多个国家和地区的观众近亿人次。

纪念馆形成了"一会一院一刊"的科研组织架构。1995年，侵华日军南京大屠杀史研究会成立，成为国内第一个研究南京大屠杀史的学术社团，由纪念馆负责具体工作。2016年，纪念馆设立新型智库"南京大屠杀史与国际和平研究院"，为江苏省重点高端智库，中国智库索引（CTTI）首批来源智库，设立南京大屠杀与国家记忆研究中心、中日历史与中日关系研究中心、期刊编辑与文献数据中心、国际和平教育与交流传播中心等研究平台。2021年，更名为"国家记忆与国际和平研究院"，与中国社会科学院日本研究所签订合作协议，共建"中日关系研究与实践基地"，与南京大学历史学院共建博士后科研工作站。研究院和研究会合办学术期刊《日本侵华南京大屠杀研究》。

侵华日军南京大屠杀遇难同胞纪念馆设立史料研究部，同时作为智库建设办公室，承担南京大屠杀史、中日关系史以及新型智库建设与研究工作。2016智库建立以来，以国家记忆研究为中心，以爱国主义教育、国际和平教育为两大支撑，进一步聚焦国家记忆与国际和平两大议题，在国家公祭研究、抗日战争史研究、"慰安妇"问题研究等中日历史问题与国际和平研究上开展相关研究，跨学科、跨领域研究日益加强。

纪念馆创办了当前国内外唯一以南京大屠杀研究为核心内容的学术期刊《日本侵华南京大屠杀研究》（原名为《日本侵华史研究》），现为中文社会科学引文索引（CSSCI）来源期刊（扩展版）。期刊设有南京大屠杀研究、"慰安妇"问题研究、日本侵华研究、抗日战争研究、和平学研究、会议综述等栏目。2019年起，每年在中文刊基础上，推出英文刊2期和日文刊1期。创刊以来，获《新华文摘》、《中国社会科学文摘》、中国人民大学复印报刊资料等学术刊物转载近50篇，转载率和引用率不断升高，学术影响力持续扩大。

近三年来，纪念馆围绕南京大屠杀史研究推出系列成果。承担国家和江苏省社科基金项目等省部级以上项目17项，围绕南京大屠杀史、南京保卫战、历史记忆传承等研究出版《人类记忆：南京大屠杀实证》、《国家公祭日资料集》、《南京大屠杀史实展》、《黑色记忆：南京大屠杀》和"南京保卫战史料与研究"系列丛书等史学和爱国主义教育出版物，获江苏省第十五届、第十六届哲学社会科学优秀成果等奖项。推出《被改变的人生：南京大屠杀幸存者口述生活史》《和平之旅：东瀛友人口述史》《守望历史：四十年来南京大屠杀记忆传承口述》等口述史系列丛书，获南京市第十五次哲学社会科学优秀成果，入选中国传媒大学2019年度十大口述历史项目。

纪念馆主办的江苏省重点智库国家记忆与国际和平研究院聘有中外专家100多人，涵盖历史学、法学、政治学、社会学、新闻学等多个学科，其中副高级以上职称的占80%以上，具有宣传、外交、档案等机构任职经历的占30%以上。纪念馆实行首席专家负责制，建立了"研究员—副研究员—助理研究员"的专家梯队，为承担国家交办的研究任务提供了专业支撑。

地址：江苏省南京市水西门大街418号

邮编：210017

负责人：周峰

联系电话：025-86610931

电子邮箱：yjy_1937@163.com

## 二、重要会议举办情况

2021年4月，"建党百年视域下的中日关系"交流座谈会在纪念馆举行。会议由纪念馆与中华日本学会、中国南海研究协同创新中心、南京大学历史学院联合主办，近百位专家学者参加。来自中国社会科学院日本研究所、南京大屠杀史与国际和平研究院、南京大学等研究机构的资深专家分别作主旨报告，从建党百年的视野回顾和讨论中日关系的发展历程，为促进中日关系及历史问题研究提供多元研究方法，促进了智库交流和合作。

2021年8月，召开"国际视野下的抗日战争及南京大屠杀研究"学术研讨会。会议由纪念馆和南京大学历史学院主办，国家记忆与国际和平研究院、南京侵华日军南京大屠杀史研究会承办，江苏省社会科学院南京大屠杀研究中心、南京师范大学抗日战争研究中心协办。来自北京大学、南京大学、上海交通大学、武汉大学、南京师范大学、江苏省社会科学院、华东理工大学、南开大学、北京师范大学、四川大学、中国政法大学、中国矿业大学、吉林省档案馆、重庆市档案馆、沈阳"九一八"历史博物馆、侵华日军南京大屠杀遇难同胞纪念馆等20余所高校、研究机构的38位专家学者围绕会议主题进行了研讨与交流，从历史学、文学、社会学、政治学、法学、新闻传播学等学科对相关问题进行了深入研讨，展现了近年来在抗日战争研究和南京大屠杀研究中新的研究范式和取得的新成果。

### 三、机构要闻

纪念馆着力加强智库建设，不断提高决策咨询影响力。2021年，在《光明日报》、光明网、"学习强国"时评等主流媒体发表署名评论9篇，合计阅读量近560万次。研究成果《推动首部国家公祭地方立法施行》，获中国社科评价研究院颁发的"2021年中国智库特色案例咨政建言类"优秀案例奖等奖项，成为江苏省唯一入选咨政建言特色案例的智库。推动完善"四史"口述历史相关机制的建议，入选2021年度江苏智库研究十佳成果。

为加强对内对外历史与和平教育，纪念馆举办紫金草和平"云讲堂"8期，由专家学者讲述中国共产党百年奋斗史以及南京大屠杀史、抗战史、战后审判史等相关故事，全年推出50多条短视频，合计阅读量达5万次以上，获点赞和评论800多条，入选2021年度全国文化遗产云传播十佳项目。举办"紫金草国际和平学校"教学活动23期，实现江苏省南京市高中留学生出国前思政教育"行前一课"全覆盖。组建"行前一课讲师团"，共计19所学校的1200余名将要出国留学的南京学生参加行前思政教育，上好纪念馆里的"大思政课"，得到教育部和江苏省教育厅有关部门肯定，《"行前一课"新探索》一文入选省思想政治工作研究会编的《奋进新时代 开启新征程——基层思想政治工作典型案例选编》。在江苏"学习强国"平台推出"我们的和平宣言"系列短视频5部，观看量达26万余次。

### 四、承担的省部级及以上课题

| 序号 | 课题名 | 主持人 | 课题类型 | 课题编号 |
| --- | --- | --- | --- | --- |
| 1 | 南京大屠杀档案文献与研究资料的搜集整理和数据库建设 | 周 峰 | 国家社科基金抗日战争研究专项工程 | 19KZD003 |
| 2 | 习近平总书记有关和平发展的重要论述研究 | 凌 曦 | 江苏省重点智库课题 | — |
| 3 | 维护南京大屠杀史实的日本友人口述史研究 | 芦 鹏 | 江苏省重点智库课题 | — |
| 4 | 国际和平主题对接江苏传播能力建设研究 | 陈云松 | 江苏省重点智库课题 | — |

（供稿人：王立）

# 青岛大学外语学院日语系

## 一、基本情况

青岛大学于1985年开设日语专业，至今已有37年的日语教育史。1998年成为中国日语教学研究会理事单位。为了创建全国名牌日语专业，进一步满足社会需求，青岛大学于2001年6月20日正式成立日语系。2004年起招收"日语语言文学"研究方向的硕士研究生，具有"日语语言文学"硕士学位授予权。2006年日语语言文学获批山东省"十一五重点学科"。2012年设立翻译硕士（MTI）专业学位点，有日语口译、日语笔译两个培养方向。2019年成为中国日语教学研究会山东分会会长单位，同年成为首届高校日语MTI教育联盟理事。2021年成为首届高校日语国际化人才培养联盟理事，获批2021年度国家级一流本科专业建设点。目前在校本科生及研究生266名。建有专用图书资料室，藏书7000余册。

日语专业旨在培养具有全球视野和家国情怀、跨文化交际能力和社会责任感、综合素质与专业素养的日语复合型人才。经过专业学习与训练，能够从事教学、科研和旅游、经贸、管理等翻译工作以及在出版机构从事编辑工作。

日语专业拥有一支科研成果丰厚、年龄结构合理、教学经验丰富的师资队伍。现有教师17名，其中教授2名，副教授4名，博士4名，日籍外教1名，日籍客座教授3名。一贯坚持学术研究与教学并重的方针，近几年主持和参与国家级科研项目2项、省部级项目10项、厅局级项目13项，获日本外务省资助项目1项；出版专著、教材、译著等10余部，发表学术论文30余篇，在国内外产生了一定的影响。

日语专业重视学术交流，经常邀请国内外知名学者专家来校举办学术讲座，提升教师教学科研水平。已与日本下关市立大学、山口县立大学、梅光学院大学、鸣门教育大学、松山大学等建立了亲密友好交流关系，从1992年开始，每年派遣约十名学生进行为期一年的学习。此外，与梅光学院大学建立了双学位交流项目，已有几十名研究生获得了研究生双学位。日语系与多家日资企业建立了友好合作关系。设有三菱奖学金、永旺奖学金、三荣电器国际奖学金等，奖励品学兼优的学生。通过举办学科专业竞赛，为学生创造免费短期赴日历史文化考察机会，并为学生就业提供大力支持。

地址：山东省青岛市宁夏路308号博文楼326

邮编：266071

负责人：杨剑

联系电话：0532-85953527

电子邮箱：shamozhihu-101@163.com

## 二、重要会议举办情况

2021年为青岛大学开设日语专业36周年、日语系建系20周年。为全面振兴本科教育，更好地建设日语专业，积极学习兄弟院校日语专业人才培养模式创新经验，切实规划好今后日语专业宏伟发展蓝图，于2021年7月10—11日举行了"新文科视阈下日语专业建设与人才培养模式创新高端论坛"。会议由青岛大学主办，青岛大学外语学院日语系承办。青岛大学作为主办方高度重视，在开幕式上，青岛大学校长、党委副书记夏冬伟致开幕辞，教育部高等学校外国语言文学类专业教学指导委员会日语分委会主任修刚教授也进行了致辞。会议邀请了中国日语专业领域的专家学者，围绕"日语专业建设"与"人才培养模式创新"等议题，展开广泛而深入的探讨。修刚教授进行了题为"新文科背景下日语人才培养的继承与创新"的发言，在介绍了日语一流专业建设的背景和现状后提出，日语一流专业建设的核心在于提高学生"读说听写译"等日语工具性能力的同时，通过推进学科融合等方式深入培养学生的人文知识与素养，不断输出能够真正用外语讲好中国故事的人才。日语系副主任杜雪丽以"新文科视阈下一流课程建设——以《基础日语Ⅲ》的教学创新设计为例"为题进行了报告，围绕《基础日语Ⅲ》这门课程的教学设计、教学创新与教学改革进行了有益的探讨。各高校日语专业教育专家针对目前全国"双一流"日语专业建设的相关热点问题发表了真知灼见，参会教师积极提问并与各位专家学者交流互动。

## 三、机构要闻

2021年7月13日，山东大学特聘教授时卫国为青岛大学外语学院师生作了题为"日汉翻译学与日本文学翻译"的学术讲座。讲座由日语系副主任杜雪丽主持，主任杨剑教授对时教授及此次讲座进行了介绍，100多位师生参加。时卫国教授首先就汉语和日本语的基本特点进行概述，讲述两种语言的相互关系和对译系统框架，然后回顾日本文学翻译的历史发展轨迹，讲述翻译理论与翻译实践的关系、翻译教学与翻译评价标准、运用语料库对翻译探索的有效性和局限性、日汉翻译研究现状及文学翻译的特点等。时卫国教授在报告中还选取日本名家名作进行解读和翻译，从文本理解到文化背景介绍、从修辞表达到阅读习惯、从句子对应到段落篇章处理，深入细致地讲解翻译的奥妙与神韵，使学习者理解文学翻译的真谛与价值，以加深对翻译的认识与理解。报告最后，时卫国教授分享了在做翻译工作时的心得体会，强调了"翻译需要实践、体验、探索、发现、砥砺、升华，还需要不断揣摩、反复推敲、深度领悟、高度把握"。

## 四、承担的省部级及以上课题

| 序号 | 课题名 | 主持人 | 课题类型 | 课题编号 |
| --- | --- | --- | --- | --- |
| 1 | 李渔《笠翁十种曲》在日本读本文学中的接受研究 | 任清梅 | 教育部人文社科青年项目 | 19YJC752023 |
| 2 | 我国日汉词典结构优化研究 | 张科蕾 | 教育部规划基金项目 | 20YJA740057 |
| 3 | 吕熊《女仙外史》对日本文学的影响 | 任清梅 | 山东省社会规划项目 | 18DWWJ16 |
| 4 | 我国日汉学习词典的编纂研究 | 张科蕾 | 山东省社科规划项目 | 15CWXJ24 |
| 5 | 基于线上线下混合式教学的日语视听说课程建设 | 冯　静 | 教育部高等教育司企业支持的产学合作协同育人项目 | 201901292022 |

（供稿人：范碧琳）

# 青岛中日经济文化学会

青岛中日经济文化学会成立于 2005 年，现在青岛市民政局注册，共有会员 90 余人，成员多为兼职人员。前任学会负责人吕明灼，青岛大学教授。现任学会负责人徐修德，青岛大学教授，主要研究领域为中日经济、文化及经济文化交流。

地址：山东省青岛市宁夏路 308 号，青岛大学内

邮编：266071

联系电话：13506395635

电子邮箱：xxd1836@163.com

（供稿人：刘志豪）

# 清华大学人文学院外国语言文学系东亚语言与文化学科群

## 一、基本情况

清华大学人文学院外国语言文学系东亚语言与文化专业成立于1970年，2002年开始招收研究生，2012年建立博士点。所在一级学科在全国第四轮学科评估中进入A-，2016年进入全国"现代语言学"一流学科建设行列。现有教师13人（含语言教学中心教师），其中教授2人，副教授8人，具有博士学位教师10人。

该专业传承清华大学"中西融会、古今贯通"的办学传统，践行"价值塑造、能力培养、知识传授"三位一体的育人理念，以日语语言学与日本文学为学科核心，培养综合素质优良、专业基础扎实、具备跨文化交际能力的优秀人才。主要研究领域为日本古典文学、日本近代文学、日本语言学、日本文化等。

主要人员构成：王成（学科带头人），研究方向为日本近现代文学、中日比较文学、翻译研究；陈朝辉，研究方向为日本近代文学、鲁迅研究；隽雪艳，研究方向为日本古典文学、中日比较文学；赵蓉，研究方向为日本语言学；孙彬，研究方向为日本哲学、概念史；高阳，研究方向为日本古典文学、中日比较文学；仓重拓，研究方向为日本近现代文学、鲁迅研究。

地址：北京市海淀区清华大学文南楼

邮编：100084

## 二、重要会议举办情况

2021年5月，该系举办了"以故为新：'世界比较古典学'与'文学史'的挑战"的讲座，由魏樸和（德国）主讲。

2021年11月，该系举办了"日本大众文化研究系列讲座in北京2021（一）"的讲座，由国际日本文化研究中心特任助教前天志织、国际日本文化研究中心项目研究员Hernadz.A.D.H主讲。

## 三、机构要闻

2021年12月，该系召开了"守正与创新：外国语言文学的基础研究与学科交叉学术研讨会"。湖南师范大学、黑龙江大学、南京大学、东北师范大学、延边大学、北京外国语大学、华东师范大学的老师参与研讨。

2021年12月，该系召开了"大数据与日本媒体中的中国形象"的研讨会。由学生黄瑞涵、张天宁、王鑫雨主讲，清华大学中文系教授刘颖、国际关系学院教授欧文东，解放军战略支援部队信息工程大学副教授徐莲进行专家点评。

## 四、承担的省部级及以上课题

| 序号 | 课题名 | 主持人 | 课题类型 | 课题编号 |
| --- | --- | --- | --- | --- |
| 1 | 《道教文化十五讲（第二版）》 | 高　阳 | 国家社科基金中华学术外译项目 | 20WZJB001 |
| 2 | 《大唐西域记》在日本的传播与影响研究 | 高　阳 | 北京市社科基金重点项目 | 21WXA004 |
| 3 | 《中国现代学术之建立》 | 陈朝辉 | 国家社科基金中华学术外译项目 | 21WZWB016 |
| 4 | "日本鲁迅学"谱系化研究与编年体论文资料汇编 | 陈朝辉 | 北京市社科基金重点项目 | 20WXA001 |

（供稿人：高阳）

# 全国日本经济学会

## 一、基本情况

全国日本经济学会经民政部批准，于1978年8月19日正式成立。该学会是由全国从事日本经济研究、教学、新闻出版及相关工作的企事业单位、社会团体和个人自愿结成的全国性、学术性、非营利性社会组织。该学会作为研究日本经济和中日经济关系的民间学术团体，致力于为改革开放、经济的和谐发展、中国特色社会主义现代化建设服务。该学会现有会员（含团体会员）近千人，遍布全国主要地区的高等学府和研究机构。

该学会接受业务主管单位中国社会科学院和民政部的业务指导和监督管理，并挂靠在中国社会科学院日本研究所。

该学会的宗旨是广泛团结我国关心和从事日本经济和中日经济关系研究的学者及其他有关人士，推动我国日本经济及其相关问题的研究，增进与日本有关团体和人士的学术交流和友好往来，成为向我国介绍日本经济和向日本介绍中国经济的窗口，成为促进中日友好和中日经贸关系健康发展的桥梁。

该学会设理事会和常务理事会，学会的最高权力机构是会员代表大会。理事会是会员代表大会的执行机构，在其闭会期间领导学会开展日常工作，对会员代表大会负责。学会的日常工作机构设有秘书处、学术部、外联部、出版部、财务部。

该学会的业务范围包括：

（一）举办全国性和地方性学术活动；

（二）组织国际学术交流活动；

（三）协调会员单位的有关研究工作；

（四）组织会员编辑、翻译、撰写日本经济研究成果和有重要价值的学术材料；

（五）为社会提供有关咨询服务；

（六）为社会培养有关专业人才服务。

全国日本经济学会成立40多年来，每年围绕日本经济研究开展以学术年会为代表的各类学术交流活动，接待了许多日本学者和企业界人士来访，并多次组团出访日本，促进了中日学术界的交流和民间友好往来。此外，该学会积极统筹国内日本经济研究资源，在全国日本经济研究工作的协调及研究方向的引导上发挥着重要作用。

该学会的会刊是《现代日本经济》，双月刊，编辑部设在吉林大学。同时，每年出版研究年刊《日本经济蓝皮书》。

学会领导机构成员如下。

名誉会长：沈觉人

顾　问：王洛林　李培林　冯昭奎　孙　新　李　薇

会　长：

尹中卿，全国人大常委会委员、全国人大财经委员会副主任委员

常务副会长：

张季风，中国社会科学院日本研究所原副所长、研究员

副会长：

闫　坤，中国社会科学院日本研究所党委书记、副所长

江瑞平，外交学院原副院长、教授

康书生，河北大学原副校长、教授

庞德良，吉林大学东北亚研究院原副院长、教授

陈子雷，上海对外经贸大学日本经济研究中心主任、教授

秘书长：

刘　瑞，中国社会科学院日本研究所经济研究室研究员

学会秘书处设在中国社会科学院日本研究所内。

地址：北京东城区张自忠路3号东院

邮编：100007

联系电话：010-64014021

## 二、重要会议举办情况

2021年10月16日，由全国日本经济学会、丽水市人民政府主办，中国社会科学院日本研究所、丽水职业技术学院承办，青田县人民政府、浙江大花园建设研究院协办的全国日本经济学会2021年年会暨"中日乡村振兴比较"学术研讨会及首届"乡村振兴与山水花园城市发展"国际研讨会在浙江省丽水市召开。来自中国、日本、韩国、马来西亚的会员代表、专家学者及媒体代表近200人参加了会议，共同关注生态文明建设、人与自然和谐、中日乡村振兴比较等经济与社会发展问题。

会议由中国社会科学院日本研究所党委书记、全国日本经济学会副会长闫坤主持。在开幕式环节，中日友好协会常务副会长、中国驻日本国原特命全权大使程永华，日本国驻上海总领事馆副总领事福田高千，丽水市人民政府副市长杨秀清，中国社会科学院文学研究所党

委书记、全国日本经济学会副会长刘玉宏，丽水职业技术学院校长梁伟样出席会议并致辞。

会议分为圆桌会议、国际学术研讨会和分科会环节，共设5个分科会，分别为"中日乡村振兴比较"会议、"后疫情时期与岸田新政权下的日本经济"会议、"岸田新政权下的中日经济关系与亚太区域经济合作"会议、"浙江大花园建设典型实践与共同富裕"会议和"山水花园城市与瓯江山水诗路建设"会议。

### 三、机构要闻

2021年9月17日，中国社会科学院日本研究所、全国日本经济学会与社会科学文献出版社共同主办的"《日本经济蓝皮书（2021）》新闻发布会暨日本经济形势国际学术研讨会"在北京举行。

《日本经济蓝皮书》由中国社会科学院日本研究所和全国日本经济学会组织编写，作为国内唯一一部分析日本经济与中日经贸关系的"皮书"，自2008年问世以来，已连续出版14册，受到社会各界的好评。《日本经济蓝皮书（2021）》以"新冠肺炎疫情下的日本经济与中日经贸关系"为专题，设有"总报告""分报告""中日经贸关系篇""地区产业链构筑与区域合作篇""热点追踪"5个栏目。全书以总报告为基础，对日本政府的疫情应对措施，疫情对日本经济以及中日经贸关系的影响、带来的难题等进行深入分析，同时还对疫情暴发后凸显的地区产业链问题，RCEP签署后的东亚区域合作以及日本发展数字经济、数字货币等热点问题进行探讨，特别是对疫情之下日本经济以及中日经贸关系走势等备受关注的问题进行全方位的分析。

研讨会上，全国日本经济学会常务副会长、《日本经济蓝皮书》主编张季风和中华人民共和国商务部亚洲司原司长吕克俭分别以"政局波动背景下的日本经济现状、问题与展望"和"疫情下中日经贸合作关系的现状与展望"为主题展开学术报告。日本央行前副行长山口广秀和日本贸易振兴机构北京代表处所长高岛龙佑从财政支出、货币存量、民间消费、企业投资等角度对世界经济和日本经济的现状进行了梳理，指出日本经济面临的课题，从短期和长期角度进行了展望。

（供稿人：程玉洁）

# 厦门大学日本语教育研究中心

## 一、基本情况

厦门大学日本语教育研究中心成立于1997年2月,以提高日语的专业教育水平、促进日语教育研究为主要任务,涉及研究范畴有日语语言、日本文学、日本文化、翻译学、比较研究等多个领域,是学校推进对外学术交流、促进国际交流的窗口之一。

中心成立之初,在首届主任纪太平的鼓励与带动下,全体日语教师群策群力,先后获得了日本国际交流基金的研究活动经费资助以及连续7年的图书捐赠;日本友好团体的和服、女儿节人偶等物资捐赠以及研究活动经费;校友建立的奖学金、奖教金等。自中心成立以来,该中心先后举办以及合办了大型国际研讨会,出版了5部研究专著和编译著,在国际学术刊物发表论文40多篇。1998年,中心积极争取到具有权威认定的"日本语能力测试"考试点在厦门大学落地,成为全国第12个考点,为厦门大学的学生培养、教师科研奠定了更有利的基础。

通过研究中心这一平台,教师们积极开拓横向课题的建设途径。迄今为止,已成功获得来自中国台湾企业、日本企业、中国香港企业的横向课题经费,成为外文学院横向课题经费大户,在学院社会服务、学科研究能力拓展方面起到了重要作用。

负责人:马英萍

联系方式:18959281519

电子邮箱:mayingping@xmu.edu.cn

## 二、重要会议举办情况

2021年,中心举办了人文社科科学国际分论坛"美美与共:比较文学与跨文化研究国际论坛"。

## 三、机构要闻

为庆祝厦门大学百年校庆,厦门大学日本语教育研究中心与厦门大学比较文学与跨文化研究中心联合举办了人文社科科学国际分论坛"美美与共:比较文学与跨文化研究国际论坛"。论坛在外文学院和厦门宾馆隆重召开,来自国内外多所知名院校和科研机构的领军学者、国内多所高校的青年学者和在校研究生代表共襄盛举,以多种形式围绕"美美与共"这一主题进行交流,深入研讨前沿方向和方法、学科建设和人才培养、机遇和挑战等相关议题,共谋发展策略,促进多元文化相互对话与借鉴。

**四、承担的省部级及以上课题**

| 序号 | 课题名 | 主持人 | 课题类型 | 课题编号 |
| --- | --- | --- | --- | --- |
| 1 | 中国文学对日本平安朝汉诗功用演变的影响研究 | 廖荣发 | 福建省社会科学界联合会—福建省社会科学规划项目—青年项目 | FJ2021C047 |
| 2 | 明清福建家族组织与社会变迁(增订版) | 郭　颖 | 国家社科基金中华外译项目 | 21WZSB015 |

(供稿人:朱清坤)

# 山东大学日本研究中心

## 一、基本情况

山东大学日本研究中心成立于1986年9月，是国内较早成立的日本研究中心。中心旨在对日本历史、思想、经济、社会文化等领域进行研究，促进中日两国相互理解，并服务地方建设、服务国家战略，积极开展人文交流，讲好中国故事，为中国的智库建设、"一带一路"建设建言献策。

中心共有成员22人，全部为山东大学在职教师。中心设有思想文化研究团队、社会文化研究团队、比较文学研究团队等。中心设有专门的图书资料室，图书资料室藏书丰富，专业性强、图书质量高。

国际日本文化研究中心、日本法政大学、日本名古屋大学、日本哲学研究会、日本语教育协会等多家日本研究机构常年定期寄送杂志，同时，国内多家日本研究中心如辽宁大学日本研究所、复旦大学日本研究中心等也定期寄送杂志。该中心拥有得天独厚的日本研究的文献资料。

中心建立以来，李威周教授、日本文学翻译家金中教授、宋史学者乔幼梅教授、曹大峰教授、李铭敬教授、牛建科教授历任中心主任。现任主任是邢永凤教授，主要从事日本思想史、东亚关系史研究，现任教育部外语教学指导委员会日语分会委员、中华日本哲学会常务理事等职。

中心主办过"跨文化视野中的日本学研究""山东大学·日本东北大学论坛""山东大学·日本九州大学论坛"等多项国际学术讨论会，承担了"日本的新兴宗教与当代政治经济的关系""中日企业管理比较研究""日本女性文学研究""东亚汉文学研究"等国家级、省部级科研项目以及多项国际合作项目。在研项目中，国家重大课题项目1项、国家重大项目子课题1项、教育部项目2项、省社科项目4项。

中心国际交流活动频繁，每年多次邀请国内外专家来校讲学，同时，中心的研究人员积极参加国际交流与合作，中心主任邢永凤教授于2014年、2015年、2016年连续三年应邀参加亚洲主要大学日本研究领导人高层论坛，并作主旨演讲。

中心成员均有明确的研究方向、积极主动的研究态度，近年来，发表了诸多研究成果。主要著作有《前近代日本人的对外认识》《日本文学史》《日本古典文学史》《日本近代女子教育》《江户时期的对外情报》《日本的孔子传入与变容》等，译著有《日本早期的亚洲主义》《大中华赋》《日本人的人神信仰研究》等近20本。

地址：山东省济南市洪家楼5号

邮编：250100

负责人：邢永凤

联系电话：0531-88364559

电子邮箱：xingyf@sdu.edu.cn

## 二、重要会议举办情况

2021年8月28日，山东大学第二届多元文化研究与跨学科教育国际研讨会借助线上会议平台隆重开幕，来自海内外各领域的众多著名学者、资深专家及青年学者参加了会议。校内外众多师生聆听了会议。

## 三、机构要闻

2021年4月9日，山东大学外国语学院"百廿山大，九秩外院"系列学术报告顺利举办。山东大学外国语学院日语系王慧荣副教授做客外国语学院"鹿鸣论坛"，通过腾讯会议线上平台作了主题为"教育史视野下的中日文化交流：谈中国儒家女训典籍在日本传播与影响"的学术报告。此次报告由外国语学院法语系副教授卢梦雅主持，来自校内外的100余名师生共同参与了此次讲座。

2021年4月12日，山东大学外国语学院"百廿山大，九秩外院"系列学术报告在洪家楼校区顺利举办。教育部高等学校外国语言文学类专业教学指导委员会副主任委员、日语分委会主任委员，原天津外国语大学校长，中国翻译协会副会长，博士生导师修刚教授做客外国语学院"洪楼译坛"，作了题为"翻译研究的可能性——交际在翻译研究中的作用"的学术报告。外国语学院院长王俊菊教授出席此次报告并致辞。此次报告由日语系主任邢永凤教授主持，来自外国语学院的80余名师生共同参与聆听了此次讲座。

2021年5月6日，山东大学外国语学院"百廿山大，九秩外院"系列学术报告顺利举办。山东大学儒学高等研究院张士闪教授做客外国语学院"师说讲堂"，通过腾讯会议线上平台进行了主题为"民俗学：在田野中理解中国"的学术报告。此次讲座也是"东方文化大讲堂"通识教育讲座第十二期，由外国语学院日语系时卫国教授主持，来自校内外的百余名师生共同参与此次讲座。

2021年5月8日，山东大学外国语学院"百廿山大，九秩外院"系列学术报告在洪家楼校区顺利举办。南开大学李卓教授应邀做客学院"环球论坛"，作了题为"儒家文化与日本：

日本长寿企业的历史文化解读"的学术报告。此次讲座由外国语学院日语系王慧荣副教授主持，众多外院师生共同参与此次讲座。

2021年5月8日，山东大学外国语学院"百廿山大，九秩外院"系列学术报告在洪家楼校区顺利举办。北京大学宋成有教授做客外国语学院"环球论坛"，作了题为"文明互鉴视野下的古代中日人文交流"的学术报告。此次报告由外国语学院日语系王慧荣副教授主持，来自山东大学外国语学院的众多师生共同参与此次讲座。

2021年10月9日，山东大学外国语学院日语系教授邢永凤、肖霞出席第三届山东论坛，分别作题为"国别区域视阈下的百年变局与东亚合作""日本女作家的中国体验与中国书写"的报告。

2021年10月29日，山东大学外国语学院"百廿山大，九秩外院"系列学术报告顺利举办。山东大学外国语学院教授、博士研究生导师肖霞和李保杰做客外国语学院"鹿鸣论坛"暨"优秀学者的养成"系列座谈会的第三讲，进行了主题为"从专著思维到论文思维：系列研究话题的衍生与延伸"的学术报告。此次座谈会由外国语学院应用英语系助理研究员刘真主持，来自校内外的多名师生共同参与讨论。

2021年12月24日，山东大学外国语学院"百廿山大，九秩外院"系列学术报告顺利举办。山东大学外国语学院博士生导师、韩语系主任刘畅副教授和日语系硕士生导师王慧荣副教授做客外国语学院第四十九期"鹿鸣论坛"暨"优秀学者的养成"系列座谈会第七讲，作题为"从博士论文到基金项目：策略与方法"的学术报告。此次座谈会由山东大学外国语学院西班牙语系教师田小龙主持，学院师生共同参与讨论。

### 四、承担的省部级及以上课题

| 序号 | 课题名 | 主持人 | 课题类型 | 课题编号 |
| --- | --- | --- | --- | --- |
| 1 | 国家一流专业建设 | 邢永凤 | 国家级一流课程 | — |
| 2 | 山东省一流课程《日本历史与文化》 | 邢永凤 | 省级一流课程 | 20210147 |
| 3 | 日本近世孔庙祭祀研究 | 李月珊 | 国家社科基金后期资助项目 | 21FSSB011 |

（供稿人：王慧荣）

# 山东大学外国语学院日语系

## 一、基本情况

山东大学外国语学院日语系成立于 1970 年，1971 年开始招生，1994 年起与山东大学文学院联合招收硕士研究生。2000 年获得硕士学位授予权，2011 年获得博士学位授予权。2010 年被评为山东省特色专业，2019 年被评为省级一流专业。日语系在强化传统的日语语言文学专业优势的同时，开设了翻译特色专业，充分利用综合大学的优势资源，实现了"日语+"的多元化发展。

日语系拥有一支结构合理、教学经验丰富、学历学位层次较高的教学和科研队伍。包括山东大学日本研究中心成员在内共有教师 22 名，其中教授 5 名（含博导 4 名），副教授 9 名，讲师 8 名；教师中已获得博士学位者 20 名，其中在日本获得博士称号者 8 名。年轻、整齐的教师队伍是山东大学日语学科长足发展的有力保证。

经过多年建设，该学科取得了一些标志性成果，近 5 年来该系教师主持、参与了"后柳田时代日本民俗学的解构与重构研究""中华学术外译项目：中国墨学通史"等国家级科研项目 4 项，"日本近现代文学中的浪漫主义与基督教研究""孝道思想在日本的流传与衍变研究"等省部级项目 10 余项，获得省部级科研奖项 6 项，获得日本学术振兴会、日本各财团资助项目 5 项。出版专著、教材、译著等 13 余部，其中《日本古典文学史》《日本文学史》被列为国家"十一五"规划教材。发表学术论文 100 余篇。与外国语学院的日本研究中心联合举办了"东亚视野中的日本研究"等多项国际学术研讨会，提高了教学水平，获得了良好的社会效益。

该学科建设和人才培养的目标是在保持传统学科优势的前提下不断创新，培养适应社会发展所需要的高素质、复合型人才。日语专业现有本科生 260 余名、研究生 40 余名。利用国际合作优势，每年约有一半的学生赴日进行长期或短期的交流。日语系的毕业生受到社会的广泛好评。

该学科十分重视国际学术交流，已与日本东京大学、早稻田大学、神户大学、山口大学、九州大学、和歌山大学、大东文化大学等建立了交流关系。这不仅为山东大学教师提供了海外进修学习的机会，而且通过邀请国外大学的著名学者来校讲学，拓宽了学生的视野，努力与世界学术接轨。

日语系成立 50 余年来，已经为社会输送出大批优秀人才，他们活跃在外交部、省市外事部门，国内、国际的教育科研机构，以及日资企业、日本驻华机构等，为我国对外友好事业的发展，为日语教育、日本研究做出了巨大的贡献，受到社会的一致好评。

地址：山东省济南市洪家楼5号

邮编：250100

负责人：邢永凤

联系电话：0531-88378227

电子邮箱：xingyf@sdu.edu.cn

## 二、重要会议举办情况

2021年8月28日，山东大学第二届多元文化研究与跨学科教育国际研讨会借助线上会议平台隆重开幕，来自海内外各领域的众多著名学者、资深专家及青年学者参加了会议。校内外众多师生聆听了会议。

## 三、机构要闻

2021年4月9日，山东大学外国语学院日语系王慧荣副教授作了主题为"视野下的中日文化交流：谈中国儒家女训典籍在日本传播与影响"的学术报告。

2021年4月12日，原天津外国语大学校长，中国翻译协会副会长，博士生导师修刚教授做客外国语学院"洪楼译坛"，作了题为"翻译研究的可能性——交际在翻译研究中的作用"的学术报告。

2021年5月6日，山东大学儒学高等研究院张士闪教授做客外国语学院"师说讲堂"，进行了主题为"民俗学：在田野中理解中国"的学术报告。

2021年5月8日，南开大学李卓教授应邀做客学院"环球论坛"，作了题为"儒家文化与日本：日本长寿企业的历史文化解读"的学术报告。

2021年5月8日，北京大学宋成有教授做客外国语学院"环球论坛"，作了题为"文明互鉴视野下的古代中日人文交流"的学术报告。

2021年10月9日，山东大学外国语学院日语系教授邢永凤、肖霞出席第三届山东论坛，分别作题为"国别区域视域下的百年变局与东亚合作""日本女作家的中国体验与中国书写"的报告。

2021年10月29日，山东大学外国语学院教授、博士研究生导师肖霞和李保杰做客外国语学院"鹿鸣论坛"暨"优秀学者的养成"系列座谈会的第三讲，作了题为"从专著思维到论文思维：系列研究话题的衍生与延伸"的学术报告。

2021年12月24日，山东大学外国语学院博士生导师、韩语系主任刘畅副教授和日语系硕士生导师王慧荣副教授做客外国语学院第四十九期"鹿鸣论坛"暨"优秀学者的养成"系列座谈会第七讲，作题为"从博士论文到基金项目：策略与方法"的学术报告。

**四、承担的省部级及以上课题**

| 序号 | 课题名 | 主持人 | 课题类型 | 课题编号 |
| --- | --- | --- | --- | --- |
| 1 | 国家一流专业建设 | 邢永凤 | 国家级一流课程 | — |
| 2 | 山东省一流课程《日本历史与文化》 | 邢永凤 | 省级一流课程 | 20210147 |
| 3 | 日本近世孔庙祭祀研究 | 李月珊 | 国家社科基本后期资助项目 | 21FSSB011 |
| 4 | 大数据背景下档案袋评价在教学中的应用研究 | 张雯 | 教育部产学合作协同育人项目 | — |

（供稿人：王慧荣）

# 陕西师范大学外国语学院日语系

陕西师范大学外国语学院日语系成立于2004年，2013年开始招收日语语言文学专业研究生，2021年12月获批陕西省一流本科专业建设点，成为陕西乃至西北地区重要的日语人才培养基地。日语系的培养目标是造就掌握扎实的日语语言技能，具有广博的日本历史、文学和文化知识素养，能够从事教育以及外交外事工作的高素质复合型人才。目前有日语语言文学二级硕士学位点，外国语言文学一级博士点，国别与区域研究方向设有日本研究方向，形成了完备的教学培养体系。日语系依托世界一流学科建设高校、教育部直属师范大学的优势条件，铺设以日语教师教育为特色、以国别与区域研究为重点的专业发展之路。

日语系拥有一支专业能力过硬、教学经验丰富、充满活力的高质量师资队伍。现有专职教师9人，其中副教授6人、讲师2人、外籍专家1人，具有博士学位的教师6人，硕士生导师4人。外国语学院副院长曹婷兼任日语系主任，许赛锋副教授任系副主任。曹婷副院长、许赛锋副教授和乐燕子博士的研究方向为日本社会文化、历史以及中日关系交流史。尹仙花、王红、席卫国、史曼四位副教授以及张桦老师研究方向为日语语言学、日语教育以及日汉翻译等。外籍专家玉冈敦博士研究方向为马克思主义经济学、日本马克思主义。

日语系坚持以雄厚的科研实力引领教学，近年来，先后取得国家社科项目5项、教育部项目1项、省级科研项目多项。其中曹婷副院长获批2015年度国家社科基金一般项目和国家社科基金中华学术外译项目立项；席卫国副教授获得2015年度国家社科基金一般项目立项；许赛锋副教授和史曼副教授分别获得2016年度和2018年度国家社科青年基金项目立项。日语系迄今出版了《日语泛读教程》《实用日语交际课程》等多部系列教材，在《世界历史》《现代日本经济》《日语学习与研究》等核心期刊上发表论文数十篇，研究成果丰硕。

日语系为师生搭建了广阔的学习交流平台，实现了教学与科研活动的常态化运行。如定期邀请国内外知名专家开展日本文学、历史、日语语言学等领域的专题讲座，每月举办日语学术沙龙等。日语系还广泛开展了国际合作办学模式，与日本广岛大学、创价大学、长崎大学、大分大学、武藏野大学、爱知教育大学、中央大学等知名院校建立了友好合作关系，每年选拔优秀学生参加海外交换生项目以及海外带薪实习项目，助力学生的国际化发展。

（供稿人：曹婷）

# 上海对外经贸大学日本经济研究中心

## 一、基本情况

上海对外经贸大学日本经济研究中心成立于2008年5月，现为上海市日本学会理事单位之一。该中心开展的主要业务有：与日本相关科研机构、高校展开科研合作与国际学术交流；加强与全国各省市的横向科研合作与学术交流，为推动日本经济研究提供一个切实可靠的科研与学术交流基地；每年举行若干次国际（内）学术研讨会，邀请国内外知名专家学者共同探讨中日两国以及东亚各国在经济发展中存在的突出问题；为培养21世纪中日经贸领域的研究和应用人才，中心不定期邀请国内外专家学者来中心讲学，为广大日本经济研究工作者、上海对外经贸大学研究生、本科生创造良好的研究、学习条件，同时为该校研究人员在日本经济领域的科研提供良好的研究和工作环境。

中心长期从事世界经济、中日经贸关系与亚太自贸区建设研究，主任陈子雷教授带领团队主持撰写《日本经济研究专辑》等上海市高校智库及上海市人民政府决策咨询基地年度系列研究报告，研究成果荣获上海市决策咨询研究成果奖并多次获得各级领导批示，参加编写中国社会科学院《日本经济蓝皮书》年度系列报告。在《当代亚太》《日本学刊》《现代日本经济》《世界经济研究》《国际经济合作》等国内核心学术期刊以及《日本经济新闻》《经济学人》《大公报》《解放日报》《文汇报》《新民晚报》等国内外媒体发表论文和评论文章百余篇。在日本经济和中日经贸合作动态研究方面，中心与商务部亚洲司以及国际贸易经济合作研究院亚洲研究所、中国社会科学院日本研究所、上海市人民对外友好协会等机构和组织开展合作，研究成果通过中国社会科学院日本研究所和全国日本经济学会组织编写的年度《日本经济蓝皮书》发布。

中心以开展日本经济研究为重点，推动中日两国之间在政治、经济、社会、文化等领域全方位的研究和交流。通过平台，"以点带面"，进一步充实上海对外经贸大学在东亚经济领域方面的研究。

中心目前拥有研究人员8名，国内外兼职研究人员10余名。研究领域主要涉及日本宏观经济政策、日本产业政策、日本对外直接投资和贸易、中日经济合作、中日环境与能源合作等领域。主任为陈子雷教授，兼任全国日本经济学会副会长、中华日本学会常务理事，上海市日本学会副会长，获日本千叶商科大学政策学（经济）博士学位，研究方向为世界经济、日本经济与中日经贸关系；中心成员有叶作义副教授，获名古屋大学发展经济学博士学位，研究方向为国际贸易和环境经济学；刘东华教授，获日本广岛大学货币经济学博士学位，研究方向为货币理论、货币政策；李桦佩副教授，获法学博士学位，研究方向为国际法；赵玲副教授，获经济学博士学位，研究方向为劳动经济学、国际贸易；麻瑞，获外交学硕士学位，研究方向为国际贸易政策、日本外交；王家俊，获法学博士学位，研究方向为财税法、国际税法、信托法；刘莹，获京都大学法学博士学位，研究方向为中日社会保障制度。

中心主要研究成果：出版年度研究报告《日本经济研究》（第一辑、第二辑）（共58万字）。

地址：上海市长宁区古北路620号新图书馆4楼

邮编：200336

负责人：陈子雷

联系电话：18616771376；021-67703045

电子邮箱：zlchen@suibe.edu.cn

## 二、机构要闻

2021年5月11日，中心主任陈子雷教授出席上海市人民对外友好协会与日本经济广报中心视频交流会并发言。

2021年9月1日，由上海市人民对外友好协会主办，中心承办的"一江一河"城市创新论坛——中日大健康产业对话在上海举行，中心主任陈子雷教授出席并作交流发言。

2021年9月8日，陈子雷教授作为评审专家出席上海市人大外事委员会主办的"加强友城议会交流合作，服务上海经济社会发展"课题结项评审会。

2021年9月10日，上海市人民对外友好协会与日本经济广报中心共同举办面向上海和日本两地日企的线上讲演会。中心主任陈子雷教授作了题为"新形势下上海地方经济发展与中日合作的展望"的主题讲演，约40家日企的近70位代表在线聆听。陈子雷表示，随着中国市场进一步开放，日本企业一定会有更多、更好的发展机遇与空间，期待日本企业把握政策红利，灵活调整经营战略，为沪日经济发展持续注入新的活力。

2021年10月20日，商务部亚洲司副司长罗晓梅一行、南开大学日本研究院张玉来一行共4人来访中心，开展工作指导和研讨交流。

2021年，中心主任陈子雷教授多次作为特邀嘉宾，围绕"日本核污染水排放问题""东京夏季奥运会""岸田新政府的内政外交""日本大选选举结果对岸田政权和日本政治带来的影响""中日通过RCEP首次达成关税减让安排""日本新建数字厅"等中日经济关系和经济合作问题接受《国际金融报》《新民晚报》《第一财经》《上观新闻》等媒体采访，并受邀在上海电视台日语节目《中日之桥》《中日新视界》中进行政策解读和分析评论。

（供稿人：程琳）

# 上海国际问题研究院中日关系研究中心

## 一、基本情况

上海国际问题研究院中日关系研究中心前身是上海国际问题研究院日本研究中心（2009—2018）和上海国际问题研究所日本研究室（1960—2008），2019年成立。中心主要研究领域包括中日关系、日本政治、日本经济、日本外交。中心人员构成：蔡亮（研究员）、陈友骏（研究员）、周生升（助理研究员）、蒋旭栋（博士后）。中心秘书长由蔡亮担任，并暂行中心主任工作职责。

地址：上海市徐汇区田林路195弄15号

邮编：200233

负责人：

联系电话：15201821735；021-54614900转8510

电子邮箱：061017018@fudan.edu.cn

## 二、重要会议举办情况

2021年9月11日，上海国际问题研究院中日关系研究中心主办了题为"日本大选与中日关系走向"的学术研讨会，共有上海、北京及天津的近30名专家学者参加了研讨。

会议上中国社会科学院日本研究所所长杨伯江和上海市日本学会会长、复旦大学日本研究中心主任胡令远分别进行主旨演讲。杨伯江指出应从日本国内政治、国际秩序变革背景下的中美战略竞争、区域合作及观念因素等不同维度来观察中日关系，与此同时还要注意上述视角的内在关联性和历史逻辑性，而非割裂地进行分析判断。胡令远则围绕即将到来的自民党总裁选举指出"凡事预则立不预则废"，强调面对日本选举前后的国内政治、社会氛围，中方应在坚持战略定力的基础上强化自身的预警和抗震的能力，把工作做到前面。

在主题发言阶段，与会专家围绕"中美博弈下的中日关系走向评估""日本政情发展与中日关系走向评估"及"区域经济合作中的中日关系走向评估"这三个方面展开讨论。与会专家认为，在日美同盟框架下，不能笼统地认为日本只被动地配合美国的外交战略，尤其是对华外交布局。在很多情况下，日本反而利用日美同盟关系，推动落实本国的外交政策。而关于日本政情走势，与会专家强调无论谁继任首相，日本均会延续现阶段的对华外交路线，即强化日美同盟,并持续在"自由开放的印太"框架下加大对华施压的力度等。涉及区域经济合作,与会专家指出,日本对于中国加入CPTPP的态度会持续消极,因此中国现阶段的工作重心是进一步深化改革,扩大对外开放力度,并在此过程中逐步对标CPTPP的规则要求等。

### 三、机构要闻

2021年2月2日,中日关系研究中心承办了由上海国际问题研究院和日本言论NPO共同主办的"第三届中日安全保障对话会议"(每年一次)。来自中日两国的十多位学者参加了会议。会议由上海国际问题研究院院长陈东晓、日本言论NPO代表工藤泰志分别致开幕词。正式讨论环节分基调报告和主题讨论两个部分。中日友好协会常务副会长、中国前驻日大使程永华和宫本亚洲研究所代表、日本前驻华大使宫本雄二分别作了基调报告。程永华报告的主题是"增进互信,深化合作,共谋未来"。宫本雄二主要围绕"如何解决东北亚地区的安全保障问题"进行了发言。

在主题讨论环节,与会学者们围绕"2021年东北亚安全形势展望""如何管控中日关系中的分歧和对立"及"有关如何建立区域性的安全机制的建议"这三个主题,开展了热烈、深入的讨论。

### 四、承担的省部级及以上课题

| 课题名 | 主持人 | 课题类型 | 课题编号 |
| --- | --- | --- | --- |
| 冷战后日本经济外交战略与中日关系研究 | 陈友骏 | 国家社科基金一般项目 | 18BGJ008 |

(供稿人:蔡亮)

# 上海交通大学日本研究中心

## 一、基本情况

上海交通大学与日本的交流可以追溯到清末的南洋公学（上海交通大学前身）译书馆，并在其后一直不断加强与日本的学术纽带联系。近些年来，为了适应加强新时代中日相互理解、促进亚太区域合作的需要，上海交通大学决定继往开来，创立实体化研究和交流平台日本研究中心。

上海交通大学日本研究中心是入选2017年教育部备案国别和区域研究中心的校级跨学科基地，直接隶属学校，采取独立核算制。上海交通大学日本研究中心的基本宗旨是弘扬"海派日本研究"的风格，坚持海纳百川的特色和包容性，强调在更广阔的国际视角中认识和定位中日关系，侧重法政高端对话、经济深度合作、科技共同创新、城市新型治理、海洋开发政策这五个维度的实证分析和交流。力图通过整合校内外的各种资源，在不久的将来建成一个国内顶尖、国际著名的综合日本研究机构和政策智库。此外还借助百贤亚洲未来领袖项目、相关学院国际学生项目等途径，招收和培养优秀的日本及东亚研究生，为21世纪中日两国以及亚太区域的和平与繁荣建成杰出人才的沟通桥梁。

上海交通大学文科资深教授季卫东担任日本研究中心主任。中心设有理事会，原上海交通大学党委书记、博鳌亚洲论坛咨询委员会委员姜斯宪担任理事长，上海交通大学原副校长、上海市政协副主席黄震担任副理事长，中日友好协会副会长王秀云、中华日本学会前会长李薇、上海市日本学会会长吴寄南、华东政法大学原校长何勤华、在日中国企业协会会长王家训、上海市政府参事蔡建国、香港永新企业有限公司副董事长及上海交通大学校董曹其镛、万科集团创始人兼董事会名誉主席王石、上海交通大学文科资深教授季卫东、上海交通大学外国语学院党委书记丁剑、上海交通大学国际与公共事务学院教授翟新、上海交通大学国际合作与交流处副处长蔡玉平担任理事。

中心设有顾问会，日本原首相福田康夫、亚洲调查会会长五百旗头真担任名誉顾问，中国国家发展和改革委员会国际交流中心发展理事会原主席曹文炼、中国社会科学院学部委员张蕴岭、北京大学国际关系学院副院长王逸舟、外交学院副院长江瑞平、东洋大学理事长福川伸次、日中关系研究所所长凌星光、早稻田大学原总长西原春夫、上海交通大学国际与公共事务学院教授王少普、日本经团联原会长榊原定征、原驻华大使谷野作太郎、庆应义塾大学客座教授国分良成、原驻华大使宫本雄二、亚太法律协会原主席小杉丈夫、名古屋大学原校长平野真、日本经团联经济外交委员会企划部会长清水祥之、昭和女子大学理事长坂东真理子、东京大学原总长滨田纯一、诺贝尔医学及生理学奖获得者大村智、日本经济同友会副代表干事横尾敬介担任顾问。

中心设有学术委员会，上海市日本学会前会长吴寄南、东京大学公共政策大学院院长高原明生担任联袂主席，上海交通大学文科资深教授季卫东、中国社会科学院日本研究所研究员吴怀中、中国人民大学国际关系学院教授黄大慧、北京大学国际关系学院副教授归泳涛、中国社会科学院日本研究所所长杨伯江、南开大学日本研究院院长宋志勇、南开大学日本近现代史教授杨栋梁、清华大学法学院教授林来梵、上海对外经贸大学日本经济研究中心主任陈子雷、上海交通大学国际与公共事务学院教授翟新、上海交通大学法学院副教授崔香梅、上海交通大学人文学院教授程兆奇、上海交通大学法学院教授朱芒、上海交通大学国际与公共事务学院陈映芳、京都大学法学院教授中西宽、东京大字法学院教授大村敦志、中国经济评论家津上俊哉、神户大学法学院教授角松生史、上海社会科学院法学研究所研究员金永明担任学术委员。

中心的行政团队，由上海交通大学文科资深教授季卫东担任中心主任，上海交通大学外国语学院党委书记丁剑、上海交通大学国际与公共事务学院教授翟新、上海交通大学国际合作与交流处副处长蔡玉平担任副主任。

中心的研究团队，由上海交通大学文科资深教授季卫东、上海交通大学国际与公共事务学院教授陈映芳、上海交通大学国际与公共事务学院教授翟新、上海交通大学东京审判研究中心主任程兆奇、上海交通大学国际与公共事务学院教授吕守军、上海交通大学国际与公共事务学院教授王郁、上海交通大学化学化工学院教授张万斌、上海交通大学海洋工程国家重点实验室副主任马宁、上海交通大学安泰经济与管理学院教授朱保华、上海交通大学电气学院计算机系主任过敏意、上海交通大学外国语学院副教授林子博、上海交通大学凯原法学院教授朱芒、上海交通大学国际与公共事务学院教授王少普、上海交通大学法学院副教授顾祝轩、上海交通大学法学院副教授其木提、上海交通大学法学院副教授崔香梅、上海交通大学法学院副教授于佳佳、上海交通大学法学院讲师陈韵希、上海交通大学法学院副研究员刘丹、上海交通大学日本研究中心副研究员郑志华、上海交通大学日本研究中心助理研究员尹月、上海交通大学日本研究中心助理研究员朱翘楚。此外，中心还有12名校外兼职研究员、26名海外兼职研究员。

地址：上海市徐汇区淮海西路125号上海交通大学北四楼

邮编：200030

联系电话：+86-2162932659

电子邮箱：sjtucjs @ sjtu.edu.cn

## 二、重要会议举办情况

上海交通大学日本研究中心自 2018 年以来多次主办大型国际论坛、定期研讨会、系列讲座以及市民 LED 演讲会，在疫情期间这些活动也没有中断；创办了学术期刊《东亚研究》、内刊《工作论文》和《政策简报》、定期推送微信公众号《东瀛观察》；这些制度化平台有力促进了日本研究中心学术活动的开展和国际声誉的提升。

### （一）国际论坛

"创新与共创"中日企业创新合作论坛由日本研究中心与日本国驻上海总领事馆于 2019 年创办，2021 年顺利举办第三、四、五届"创新与共创"中日企业创新合作论坛，三次论坛分别以"后疫情时代的中日大健康合作""东亚经济的可持续增长与新能源""数字化时代的中日新合作"为主题。

"中日关系研讨会"作为上海交通大学日本研究中心制度化会议，旨在整合国内各单位、各学科的学术资源和研究优势，为中日关系的发展贡献智慧。2018 年开始至今已举办三届，探讨了"中日关系的战略定位和改善关系的路径对策""中日外交政策""国际环境和中日关系""日本经济和中日合作""疫情下的中日关系与东亚区域经济"等话题。

2021 年 1 月 15 日，在日本研究中心主任季卫东教授、王石先生等人的倡议与发起之下，"东亚的理解与共鸣"——哈佛大学傅高义教授追思会在上海交通大学举行。此次追思会由上海交通大学日本研究中心主办，由日本亚洲共同体人文合作机构、日本国际文化会馆、中国法与社会研究院、哈佛大学美日关系项目、回归未来工作室以及兰石研究会等中日研究和交流机构协办。

2021 年 10 月 23 日，日本研究中心与日本经营法友会、中国法与社会研究院合作举办中日企业法务论坛暨 2021 年上海市法学会公司法务研究会年会，围绕"新冠肺炎疫情影响下的企业法务新动向""数字化转型中的合规""公司法务数字化转型"等议题进行了深入研讨。

### （二）系列讲座

**1. "亚洲海洋政策"系列讲座**

"亚洲海洋政策"系列讲座由日本研究中心于 2020 年创办。2021 年度，该系列讲座举办第二讲至第五讲，分别以"海洋命运共同体：一个概念解构""中日美海上安全困局的发展趋势""东亚边缘海的规则构建与危机管控""BBNJ 国际协定谈判与亚洲国家立场"为主题。由复旦大学国际法学教授、教育部青年长江学者蔡从燕教授，北京大学海洋战略研究中心主任胡波，海南大学法学院教授张良福，厦门大学法学院教授施余兵分别担任四次讲座主讲人。

**2. Nitto 专题讲座**

日本研究中心于 2018 年在日东电工（中国）投资有限公司赞助下创办 Nitto 专题讲座。2021 年，该系列讲座举办第六讲至第八讲。其中，第六讲邀请到全国日本经济学会副会长、中日关系史学会副会长吕克俭和日本 LAOX 株式会执行董事、中国乐购仕总裁傅禄永分别作关于"中日经贸关系与 RCEP 机遇"及"双循环下的中日经贸变局"的主题演讲。第七讲以"世纪疫灾加速世界变局对中日关系的影响"为主题，由外交学院卓越特聘教授、原副院长江瑞平担任主讲人。第八讲由中华日本学会会长、中国社会科学院日本研究所研究员高洪带来以"中日佛教文化交流历史的现代意义"为主旨的专题讲座。

## 三、机构要闻

2021 年，上海交通大学日本研究中心持续推进与国内外研究平台、相关机构的密切交流合作。2021 年 3 月 22 日，日本国驻上海总领事馆前总领事矶俣秋男代表日本国驻上海总领事馆向上海交通大学日本研究中心颁发表彰状，并向日本研究中心对中日两国的相互理解、经济合作以及民间交流所做出的贡献表达了谢意和敬意。2021 年 4 月 13 日，日中经济协会上海事务所所长伊藤智与继任所长笹原信来访日本研究中心，日本研究中心主任季卫东一行接待来宾并举行会谈。2021 年 5 月 19 日，三菱商事（上海）有限公司企划业务部杨良卫部长一行来访日本研究中心。2021 年 5 月 21 日，上海交通大学日本研究中心组织本校化学化工学院、外国语学院、凯原法学院、国际与公共事务学院、媒体与传播学院、环境科学与工程学院、电子信息与电气工程学院、农业与生物学院近 40 名师生前往日东电工（上海）创新中心参观交流，有力促进了 Nitto 集团与上海交通大学的合作交流。2021 年 6 月 7 日，由孙冶方基金会主办、上海金融学会协办的"泡沫/通缩时期日本经济与经济政策对中国经济启示研讨会"在沪顺利召开。该会议由国家创新和发展战略研究会常务理事葛俊主持，著名经济学家吴敬琏教授、余永定教授、中国人民银行上海总部副主任金鹏辉博士和上海交通大学日本研究中心主任季卫东教授于会上发表了主题演讲。这些国际国内交流合作进一步提升了研究中心的影响力。

## 四、承担的省部级及以上课题

| 序号 | 课题名 | 主持人 | 课题类型 | 课题编号 |
| --- | --- | --- | --- | --- |
| 1 | 中日美海洋政策紧张与过度防卫的恶性循环：国内法与国际法的交错 | 郑志华 | 教育部高校国别和区域研究年度课题 | 2021-N12 |
| 2 | 美、日在南海仲裁裁决所涉若干问题上的双重标准研究 | 郑志华 | 上海市哲学社会科学规划课题 | 2021ZFX001 |

（供稿人：许月）

# 上海社会科学院国际问题研究所

## 一、基本情况

上海社会科学院国际问题研究所于2015年3月经上海市机构编制委员会批准，由汪道涵先生创立于1985年的上海市人民政府上海国际问题研究中心更名组建而成，原上海社会科学院国际关系研究所整建制并入，核定编制60人。上海社会科学院国际问题研究所现任所长、党总支书记王健，副所长余建华、李开盛，党总支副书记姚勤。

上海社会科学院系全国首批25家高端智库试点单位之一，中国第二大哲学社会科学研究机构。作为其专门从事国际关系和全球问题研究的重要机构，国际问题研究所注重国际关系理论、外交战略以及亚太、欧洲、俄罗斯中亚、环印度洋等区域的相关研究，努力构建具有中国特色的国际关系理论体系，提升决策咨询和服务社会的功能，不断提高国际交流与合作水平。

国际问题研究所现设有四个研究室（国际关系理论与中国外交战略研究室、亚洲与太平洋研究室、欧洲与俄罗斯中亚研究室、环印度洋地区研究室）、《国际关系研究》编辑部和行政办公室。另外，根据区域与国别研究的现实需要，结合长期形成的研究特色和未来增长点，目前设有上海社会科学院国际战略中心、上海犹太研究中心、上海犹太难民史料研究中心、宋庆龄与中国对外关系研究中心、维谢格拉德集团（V4）研究中心、上海合作组织研究中心、APEC研究中心、朝鲜半岛研究中心、东南亚研究中心、西亚北非研究中心等区域国别研究中心。

联系电话：(021) 53068384

联系传真：(021) 53068384

电子邮箱：iir@sass.org.cn

网址：http://iir.sass.org.cn

## 二、重要会议举办情况

2021年11月26日，由上海社会科学院国际问题研究所、日本庆应义塾大学、韩国东西大学联合主办，中、日、韩三国合作秘书处支持的"第12届东北亚合作研讨会"在线上召开。来自中日韩三国合作秘书处、上海社会科学院国际问题研究所、复旦大学国际问题研究院、中国现代国际关系研究院、浙江大学外国语言文化与国际交流学院、韩国东西大学、日本庆应义塾大学现代韩国研究中心、世宗大学、佳能全球战略研究所、东北亚历史财团、梨花女子大学、韩国统一研究院、日本防卫省防卫研究所的 20 余位中、日、韩三国专家学者，围绕"人类安全与东北亚三国合作""东北亚局势的评估"两大议题进行了学术交流。各方认为，拜登上台以来的对华战略、朝鲜半岛的局势走向、域外国家对印太地区的介入等，都使得当前东北亚局势趋于复杂。中、日、韩三国理应从人类安全的角度探讨可以合作的议题，为东北亚地区走出安全困境找到发展路径。

### 三、机构要闻

2021 年 1 月 11 日，上海社会科学院国际问题研究所与上海国际关系学会、上海全球治理与区域国别研究院共同主办"建党百年党的外交理论学术研讨会"。

2021 年 4 月 15 日，上海社会科学院国际问题研究所主办"新时代地方外事能力建设研讨会"，来自湖南、云南、上海、青岛等地外事办公室的负责同志和相关科研机构参加会议。

2021 年 4 月 20 日，上海社会科学院国际问题研究所青年学术交流中心主办第十二届上海全球问题研究青年论坛"后疫情时代的国际格局：新变化、新议题与新对策"研讨会。

2021 年 6 月 26 日，上海社会科学院国际问题研究所欧亚室、亚太室与中国社会科学院亚太与全球战略研究院"一带一路"研究室联合举办"'一带一路'与全球治理学术研讨会"。

2021 年 7 月 7 日，上海社会科学院国际问题研究所与上海国际关系学会共同举办"学习贯彻习近平总书记在庆祝中国共产党成立 100 周年大会上的重要讲话精神暨习近平外交思想"专题研讨会。

2020 年 12 月 18 日，意大利经济发展部副部长杰拉奇教授访问上海社会科学院国际问题研究所，并作题为"美国大选后的中欧地缘政治关系和贸易新政"的报告。

2021 年 4 月 9 日，外交部中国—中东欧国家合作事务特别代表霍玉珍大使到访上海社会科学院国际问题研究所，并作题为"新形势下推动中国—中东欧合作"的报告。

2021 年 12 月 7 日，上海社会科学院国际问题研究所邀请中国首任驻非盟使团团长、中国公共外交协会理事旷伟霖大使作题为"非洲局势与中非关系"的学术报告。

### 四、承担的省部级及以上课题

| 序号 | 课题名 | 主持人 | 课题类型 | 课题编号 |
| --- | --- | --- | --- | --- |
| 1 | 中美竞争背景下欧洲战略自主建设的动态研究 | 严骁骁 | 国家社科基金一般项目 | 21BGJ050 |
| 2 | 撒哈拉以南非洲地区的非正式安全供应及中国的安全参与研究 | 李因才 | 国家社科基金一般项目 | 21BGJ082 |

续表

| 序号 | 课题名 | 主持人 | 课题类型 | 课题编号 |
| --- | --- | --- | --- | --- |
| 3 | 大国战略克制与权力的和平变迁研究 | 赵懿黑 | 国家社科基金后期资助 | 21FGJB012 |
| 4 | 早期西欧国家的构建与兴衰（1492—1848） | 叶成城 | 国家社科基金后期资助 | 21FGJB006 |
| 5 | 美国战略性汇率政治运行机制研究 | 马萧萧 | 上海市社科规划课题 | 2021ZGJ002 |
| 6 | 美国外资安全审查的多边化态势、影响及应对 | 吴其胜 | 上海市社科规划课题 | 2021BGJ006 |
| 7 | 中东欧民粹主义政党的兴起及对中国–中东欧合作的影响研究 | 彭　枭 | 上海市社科规划课题 | 2021EGJ003 |

（供稿人：束必铨）

# 上海市日本学会

## 一、基本情况

上海市日本学会（Shanghai Association for Japanese Studies）成立于1985年9月，是由上海市从事日本研究和对日交流的人员自愿组成的学术性非营利社会团体法人。学会的宗旨是：严格遵守宪法、法律、法规和政策，遵守社会道德风尚，贯彻理论联系实际的原则，发扬学术民主，广泛联系上海市各高校、研究机构和实际工作部门的日本问题研究人员，促进有关日本政治、经济、思想文化的研究，促进中日两国学者的相互交流和友好合作，为我国的改革、开放和社会主义建设服务。

30多年来，学会始终站在时代前沿，发展有海派特色的日本研究，多次荣获上海市社联"优秀学会"称号。学会团结上海市广大日本问题研究工作者和从事对日交流实际工作的人士，深入开展对日本经济、政治、外交、军事和历史、文化和语言等各个领域的研究；坚持"洋为中用"的方针，针对我国改革开放的需要，借鉴和利用日本在经济、社会发展方面的成功经验；加强与日本有关学术团体、民间友好人士的往来，促进中日两国的相互理解和友谊。

学会的业务范围是：推进日本问题研究，开展学术交流，编写书刊，举办讲座和提供咨询服务等。

学会组织机构如下。

会长：

胡令远，复旦大学国际问题研究院日本研究中心主任、教授

副会长：

陈子雷，上海对外经贸大学日本经济研究中心主任、教授

蔡亮，上海国际问题研究院中日关系研究中心秘书长、研究员

陆慧海，上海日本研究交流中心常务副主任

季卫东，上海交通大学日本研究中心主任、教授

金永明，中国海洋大学国际事务与公共管理学院教授

苏智良，上海师范大学人文学院历史系教授

武心波，上海外国语大学国际关系与公共事务学院教授

吴宇祯，《新民晚报》首席记者

马利中，上海大学东亚研究中心主任、教授
杨立群，《解放日报》国际部主任
秘书长：
蔡亮，上海国际问题研究院中日关系研究中心秘书长、研究员
副秘书长：
姜咪红，上海日本研究交流中心副主任
贺平，复旦大学国际问题研究院日本研究中心副主任、教授
理事：包霞琴、蔡亮、蔡敦达、陈鸿斌、陈子雷、杜勤、傅钧文、高洁、高兰、葛涛、管建强、郭洁敏、洪伟民、贺平、胡令远、季卫东、金永明、李秀石、廉德瑰、刘军、刘国华、陆慧海、马利中、施小炜、苏智良、吴保华、吴四海、吴宇桢、武心波、徐敏民、俞慰刚、张雪娜、周国荣、邹波（按姓氏拼音首字母排序）
监事：许慈惠

## 二、重要会议举办情况

2021年7月16日，学会与上海日本研究交流中心联合举办青年学术沙龙。

2021年11月6日，以线上线下相结合的方式举办上海市社联学术月活动学术研讨会"日本政情发展与中日关系走向"。

2021年10月25—26日，协助主办第17届北京—东京论坛上海分论坛。

## 三、机构要闻

2021年4月28日，上海市社联召开2021年度学术团体负责人暨党建工作会议。社联权衡书记作工作报告，对结合庆祝中国共产党成立100周年开展好上海市学术团体工作做出了部署。权衡书记代表市社联，对2020年在咨政建言方面做出突出贡献的21家社团予以表扬，上海市日本学会位列其中。该学会胡令远会长、陈子雷常务副会长出席。

2021年5月13日，中华日本学会会长、全国政协委员高洪研究员在参加全国政协外事委赴海南、上海调研期间，拜会上海市日本学会老领导吴寄南、王少普、蔡建国诸先生。会长胡令远、学会党工组委员苏智良教授等陪同。高会长就南海局势及当前中日关系及未来趋势等与大家分享了他的调研心得、进行了深入交流。

2021年6月6日，全国日本经济学会常务副会长兼秘书长张季风研究员来沪调研，上海市日本学会常务副会长、全国日本经济学会副会长陈子雷教授，上海市日本学会党工组委员、上海日本研究交流中心陆慧海常务副主任，学会蔡亮秘书长、全国日本经济学会理事陈友俊研究员等，在上海日本研究交流中心举办座谈会。张季风常务副会长就日本经济、中日

经贸关系的现状及发展趋势作报告，与上海学者进行了深入讨论和交流。同时，就全国日本经济学会 2021 年会，征询了上海同行的意见和建议，进行了协调工作。胡令远会长参加接待工作。

## 四、承担的省部级及以上课题

| 序号 | 课题名 | 主持人 | 课题类型 | 课题编号 |
| --- | --- | --- | --- | --- |
| 1 | 拜登执政后中日关系的新变化及发展趋势 | 胡令远 | 上海市社会科学界联合会课题 | — |
| 2 | 日本众议院大选对中日关系的影响 | 胡令远 | 上海市社会科学界联合会课题 | — |

（供稿人：蔡亮）

# 首都师范大学日本文化研究中心

## 一、基本情况

首都师范大学日本文化研究中心成立于2007年。截至2021年，已完成国家级课题6项，省部级课题4项；出版专著16册，发表论文近百篇。培育了中日比较文学（汉诗）和日本中国学两个重点研究方向及其团队，创办并经营国际期刊《语言文化研究》（ISSN2188-2185）以及学刊《国际中国学论丛》（2021年创刊）。目前在研国家社科基金重大项目子项目1项、省部级项目2项。

中心包括特聘研究员在内共计6名成员。2021年度，中心发表权威及核心、国际期刊论文11篇，出版专著5部，获省部级奖励1项，完成讲座3次，参加国际学术会议1次，参加重要国内会议3次，组织国内会议3次。

地址：北京市海淀区西三环北路83号首师大北一区，外语楼507室

邮编：100037

负责人：王广生

联系电话：010-68901949；13810721706（手机）

## 二、重要会议举办情况

2021年6月26日，在北京金龙潭饭店召开"首都师范大学外国诗歌研究中心成立暨研讨会"，中国作家协会副主席、首都师范大学校领导及中国社会科学院、北京大学等数十家科研机构及高校的60余名翻译家、学者和出版人士参加并座谈。

## 三、承担的省部级及以上课题

| 序号 | 课题名 | 主持人 | 课题类型 | 课题编号 | 备注 |
| --- | --- | --- | --- | --- | --- |
| 1 | 多卷本《中国文化域外传播（1804—1947）》（日本卷） | 王广生 | 国家社科基金重大项目 | 17ZDA195 | 国家社科基金重大项目的子项目 |

续表

| 序号 | 课题名 | 主持人 | 课题类型 | 课题编号 | 备注 |
|---|---|---|---|---|---|
| 2 | 东亚文化卷 | 王广生 | 国家社科基金重大项目 | 11&ZD082 | 国家社科基金重大项目"东方文化史"的子项目 |

（供稿人：孔繁志）

# 首都师范大学外国语学院日语系

首都师范大学外国语学院日语系前身是创建于 1962 年的北京市外国语学校（白堆子外语学校）日语专业；1980 年更名为北京外国语学院分院日语系，设置本科日语专业；1985 年更名为北京联合大学外国语师范学院日语系；1993 年并入北京师范学院，更名为首都师范大学外国语学院日语系。1998 年获批设置日语语言文学硕士研究生招生点。日语系人员构成包括教授 1 人，副教授 5 人，讲师 8 人。主要研究领域涵盖语言、文学、翻译、国际汉学、区域学研究等。

地址：北京市海淀区西三环北路 83 号首师大北一区，外语楼

邮编：100037

负责人：孔繁志

联系电话：010-68901911；13552245979

电子邮箱：228922163@qq.com

（供稿人：孔繁志）

# 四川外国语大学日本学研究所

## 一、基本情况

四川外国语大学日本学研究所是以四川外国语大学日语学院为母体的研究机构，成立于2006年，是日本国际交流基金会在西南地区的定点支援机构，并与日本法政大学国际日本学研究所建立了长期而全面的合作机制。作为西南地区日本学研究的据点，研究所从一开始就设定了以日本文化、日本政治和日本社会为研究出发点，逐渐向日本学这一整体性国别研究过渡的目标，为此特别注重构建本地区日本研究的特色，找到不同于其他地区的研究课题，挖掘自身独特的历史资源，采取以特色研究带动整体研究的方法，切实可行地实现领先西南、走向全国的目标。

四川外国语大学日本学研究所目前主要研究方向有日本文学、日语教育、日本文化、国际政治。出版有四川外国语大学日本学研究所丛书《诗人黄瀛》《西南地区日本学的构筑——以日本学研究的方法论与实践为中心》《作为区域研究的日本学（上·下）》《宫泽贤治与中国》《诗人黄瀛与日本现代主义诗歌研究》《文化·越境·表象——中日文化交流研究》等。另外，翻译出版有青木保文集《日本文化论的变迁》《多元文化世界》《异文化理解》等。

研究所人员构成具体为：所长杨伟，副所长王宗瑜，名誉所长王敏。另有兼职研究人员14名。其中教授4名，副教授10名，讲师2名，均具有日本留学背景，并在日语教育、日本文学、日本文化、文化人类学、国际政治等不同研究领域各有所长，为该所进行全方位的国别研究提供了人员保障。

地址：重庆市沙坪坝区壮志路33号四川外国语大学

邮编：400031

负责人：杨伟

联系电话：023-65385261

电子邮箱：yukio717@163.com

## 二、重要会议举办情况

作为学术研究的重要一环，四川外国语大学日本学研究所从2008年开始，与法政大学国际日本学研究所合作，几乎每年举行一次大规模的国际学术研讨会，以西南地区的日本研究者为主体，同时邀请中日两国的知名学者莅临参会，就共同关心的话题展开讨论，对西南地区日本学研究的建构发挥着研究据点和交流平台的积极作用（主要国际学术会议请参看附表）。

## 三、承担的省部级及以上课题

| 序号 | 课题名 | 主持人 | 课题类型 | 课题编号 |
| --- | --- | --- | --- | --- |
| 1 | 作为意识形态的私小说话语研究 | 杨　伟 | 国家社科基金重点项目 | 21AWW003 |
| 2 | 日本政治家的中国观及其行动 | 王宗瑜 | 国家社科基金后期资助项目 | 13FSS003 |

### 附表：四川外国语大学日本学研究所主办的主要国际研讨会一览表

| 次数 | 日期 | 演讲者 | 职务 | 主题 |
| --- | --- | --- | --- | --- |
| 1 | 2008年10月26—27日 | ①辻井乔<br>②王敏<br>③川村凑<br>④大塚常树<br>⑤栗原敦<br>⑥冈村民夫 | 日本中国文化交流协会会长<br>法政大学国际日本学研究所教授<br>法政大学国际文化学部教授<br>御茶水女子大学教授<br>实践女子大学教授<br>法政大学国际文化学部教授 | 诗人黄瀛与多文件间身份认同 |
| 2 | 2009年10月17—18日 | ①安孙子信<br>②田中优子<br>③佐藤保<br>④井上优<br>⑤加藤久雄<br>⑥王敏 | 法政大学国际日本学研究所所长<br>法政大学社会学部教授<br>御茶水女子大学前校长<br>国立国语研究所教授<br>奈良教育大学副校长<br>法政大学国际日本学研究所教授 | 从中国西南地区考量日本——中国西南地区与日本学的可能性 |
| 3 | 2010年11月6—7日 | ①李廷江<br>②滨森太郎<br>③楠本彻也<br>④王晓平 | 中央大学法学部教授<br>三重大学名誉教授<br>东京外国语大学准教授<br>帝塚山学院大学教授 | 日本学研究的方法论及其实践——以日本研究的视点和态势为中心 |
| 4 | 2011年10月22—23日 | ①毛里和子<br>②菱田雅晴<br>③小秋元段<br>④高柳俊男<br>⑤王敏 | 早稻田大学名誉教授<br>法政大学法学部教授<br>法政大学文学部教授<br>法政大学国际文化学部教授<br>法政大学国际日本学研究所教授 | 作为区域研究的日本学①——从跨学科的角度 |
| 5 | 2012年12月1—2日 | ①铃木贞美<br>②坪井善明<br>③梅森直之<br>④小秋元段<br>⑤曾士才<br>⑥金原瑞人 | 国际日本文化研究中心教授<br>早稻田大学政治经济学术院教授<br>早稻田大学政治经济学术院教授<br>法政大学文学部教授<br>法政大学国际文化学部教授<br>法政大学社会学部教授 | 作为区域研究的日本学②——以事例研究为中心 |

续表

| 次数 | 日期 | 演讲者 | 职务 | 主题 |
|---|---|---|---|---|
| 6 | 2013年10月19—21日 | ①岛田雅彦<br>②藤井省三<br>③刘建辉<br>④细谷博<br>⑤小秋元段<br>⑥王晓平 | 芥川奖评委、法政大学教授<br>东京大学文学部教授<br>国际日本文化研究中心教授<br>南山大学人文学部教授<br>法政大学文学部教授<br>天津师范大学文学院教授 | 文化的越境与他者的表象 |
| 7 | 2015年3月6—7日 | ①村田雄二郎<br>②大塚英志<br>③小口雅史<br>④王敏<br>⑤金俊壤<br>⑥小秋元段 | 东京大学综合文化研究科教授<br>国际日本文化研究中心教授<br>法政大学国际日本学研究所长<br>法政大学国际日本学研究所教授<br>新潟大学人文学部准教授<br>法政大学文学部教授 | 文化交涉视野中的日本学 |
| 8 | 2016年10月22—23日 | ①村田雄二郎<br>②冈村民夫<br>③佐藤龙一<br>④王敏<br>⑤梅森直之<br>⑥小秋元段<br>⑦马场公彦 | 东京大学综合文化研究科教授<br>法政大学国际文化学部教授<br>《黄瀛》传记作者<br>法政大学国际日本学研究所教授<br>早稻田大学政治经济学术院教授<br>法政大学文学部教授<br>岩波书店总编辑 | 作为方法的越境与混血——纪念黄瀛诞辰110周年 |
| 9 | 2019年5—10月 | ①胜又浩<br>②王志松<br>③杨伟<br>④陈爱华<br>⑤陈潇潇 | 法政大学文学部名誉教授<br>北京师范大学教授<br>四川外国语大学教授<br>重庆大学外国语学院副教授<br>重庆交通大学外国语学院讲师 | 私小说与日本文学之传统 |

（供稿人：殷玉卿）

# 四川外国语大学日语学院

## 一、基本情况

四川外国语大学日语系始创于1973年，1975年开始招收本科生，1979年开始招收硕士研究生，2017年开始招收博士研究生。2021年，日语系更名为日语学院。20世纪二三十年代曾活跃在日本现代诗坛的黄瀛教授是四川外国语大学日语学院日语专业的首任研究生导师。历经近半个世纪的历史沉淀和内涵发展，四川外国语大学日语学院现已建设成我国日语教育及日本学研究的一大重镇。

2015年，四川外国语大学日语系获得日本国政府"外务大臣表彰"；2019年，该专业首批入选教育部"国家级一流本科专业建设点"。四川外国语大学日语专业现为"重庆市高等学校特色专业"，该学科是"重庆市重点学科"。日语学院承担着本科生、硕士生、博士生的教学任务，目前已经与法政大学、广岛大学等11所日本高校及境外教育机构建立了校际友好交流的合作关系，通过联合培养的教育模式，每年派出30名以上本科生和10名左右的研究生赴日留学深造。

日语学院秉承四川外国语大学的人文传统，坚持"内涵发展，质量为先，中外合作，分类培养"的办学路径，作为国家一流专业建设点，一直坚持以立德树人为根本任务，把教育放在人才培养的核心地位，聚焦教学创新、深化教学改革，全力打造各类一流课程，全面提升日语专业人才的培养质量。日语学院的主要研究方向有日语语言研究、日本文学研究、日汉翻译学、中日对译、中日比较文学、中日比较文化。日语学院师资力量雄厚，历任主任有陈桂钧、王廷凯、姚继中、晋学新、罗国忠、黄芳。现有专职教师24名。其中教授5名，副教授9名；博士生导师2名，硕士生导师10名；外籍教师3名。另有客座教授1名，特聘教授3名。现日语学院书记为曾珍，院长为黄芳，副院长为陈可冉。在编在岗教师人员有黄芳、陈可冉、姚继中、杨伟、赵晓燕、唐先容、冯千、王宗瑜、吴扬、丁世理、张颖、张丽霞、杨玲、郭娜、管尹莉、董春燕、赵婉、杨羽、何荷。

地址：重庆市沙坪坝区烈士墓壮志路33号

邮编：400031

负责人：黄芳

联系电话：+86（23）-65385261

电子邮箱：ryx@sisu.edu.cn

## 二、重要会议举办情况

近年来四川外国语大学日语学院组织主办了多次高水平、深层次的日本文化交流和文学研究会议。2021年11月25日由中国日语教学研究会重庆分会主办、四川外国语大学日语学院承办的"第三届重庆市日语专业研究生论坛"在四川外国语大学立德楼隆重召开。开幕式由日语学院副院长陈可冉教授主持。副校长王仁强教授代表学校向与会嘉宾表示欢迎，并指出市内各高校的合作对该校日语学科建设具有重大意义，希望今后该地区日语专业间能够进一步加强联系，以提升地区日语学科建设的总体水平。中国日语教学研究会重庆分会会长、西南大学外国语学院彭玉全教授在致辞中表示，希望每年一度的研究生论坛能真正成为重庆市日语专业研究生提高学术水平的重要平台。该院博士生蒋薇在会议中作了"安部公房'密会'论"的研究报告，博士生赵婷在会议中作了"中国东南地区民俗文化在冲绳的传播研究"的报告。此次研究生论坛拓宽了学生研究选题和内容的范围，同时令学生认识到在今后做研究和撰写论文的过程中需要注意的问题。论坛的开展和重庆各高校日语专业师生间的互动和交流也为今后继续开展同类校际活动提供了借鉴。

## 三、机构要闻

日语学院自创立以来，在学科建设、学术研究、教材编写、人才培养、对外交流等方面都取得了令人瞩目的成绩。日语学院日语专业在科研方面获得丰硕的成果，日语学院在国内外专业期刊上发表学术论文60余篇，其中部分论文发表在《日语研究》《日语教育》《日本文学解释与鉴赏》《日语与日本文学》《比较文化研究》《语文》等日本各大专业性研究杂志以及《国外文学》《中国比较文学》《日语学习与研究》等中国核心期刊上。此外该院教师的主要学术专著有《源氏物语与中国传统文化》《日本文化论》《文化·越境·表象——中日文化交流研究》《作为区域研究的日本学》等，学术译著有《源氏物语》《人间失格》《日本文化论》等。近五年来，日语学院出版专业著作及教材30余部，承担了2项国家社科基金重点项目、9项国家社科基金一般项目、14项省部级科研项目、25项校级项目，不少成果获得了国家级、省部级科研成果奖和重庆市或校级教学奖项。此外，日语学院积极参加教学设计比赛，在全国教学创新大赛、"外研社杯"全国高校日语专业课程思政教学设计大赛、"外教社杯"全国高校外语教学大赛等高层次比赛中斩获佳绩。最后，每年学院还独立或与日本多所大学合作举办了多次国内国际日本学国际研讨会，密切了学界交流，促进了教学科研的迅速发展。

2020年11月27日，教育部高等院校外语专业教指委日语分委会主任委员及中华日本学会副会长修刚教授来到日语学院，为日语学院教师和研究生作了题为"'树人'与'术业'——日语专业课程思政的思考"和"政治文献日译翻译理论与实践"特别讲座。2021年

4月25日，北京日本学研究中心张龙妹教授作线上讲座，题目为"紫式部为何江有创作汉诗"。5月13日，线上与日本桐荫横滨大学交流。5月30日，举办日语学院首位博士研究生学位论文答辩会暨"'潇湘八景'的人文内涵及其在东亚的影响"讲座。10月27日，线上举办日语学院2021年度日本文学研究讲演会，日语学院外教二又淳担任主持，板坂则子教授主讲，讲座的主题为"江户时期小说中看到的异国经历"。12月9—10日，与法政大学文学部进行在线学术交流活动，涉及日本古典文学和近代文学，由藤村耕治教授和杨伟教授主持的讲座主题为"浅谈太宰治的《斜阳》"，由小秋元段教授主持的讲座主题为"关于《徒然草》享受史中解释的动摇——以第三十二段为例"。

## 四、承担的省部级及以上课题

| 序号 | 课题名 | 主持人 | 课题类型 | 课题编号 |
| --- | --- | --- | --- | --- |
| 1 | 作为意识形态的私小说话语研究 | 杨伟 | 国家社科基金重点项目 | 21AWW003 |
| 2 | 日本思想中的中国传统文化记忆研究 | 姚继中 | 国家社科基金重点项目 | 20AWW002 |
| 3 | 日本近现代女性文学的精神记忆与肉体记忆研究 | 黄芳 | 国家社科基金一般项目 | 17BWW035 |
| 4 | 日本古代土地制度史研究 | 郭娜 | 国家社科基金西部项目 | 21XSS001 |
| 5 | 日军"慰安妇"研究 | 丁世理 | 国家社科基金中华学术外译项目 | 20WSSB001 |

（供稿人：殷玉卿）

# 苏州大学东亚历史文化研究中心

## 一、基本情况

苏州大学东亚历史文化研究中心成立于2021年10月。该研究中心的成立，将充分发挥苏州大学世界史研究的学科发展优势地位，以日本史、东亚史、中日关系史、华侨史、殖民地史研究为主要特色，还进一步增强了日本侵华史和满铁研究。在日本对华资源调查及盗绘图表和日本对中共调查方面将陆续出版一批重要的研究成果。中心的发展目标是把握历史趋势，构建科学发展体系；推进学科建设与发展，打造学术研究与交流新高地；加强学术交流，提升学科体系的话语权。

苏州大学东亚历史文化研究中心共有专职人员4人，其中正高3人，副高1人。武向平为中心主任、苏州大学特聘教授、世界史学科带头人，博士生导师；兼任中国日本史学会副秘书长、中国抗日战争史学会常务理事；拟任江苏省世界史学会副会长。2021年入选江苏省"双创人才"。主持国家社科基金重大项目1项、一般项目1项、青年项目1项；主持国家社科基金重大项目和抗战专项工程项目子课题项目3项。出版著作11部，独立发表学术论文30余篇。独著《满铁与国联调查团研究》入选第四批博士后文库，并获"博士后优秀成果奖"。独著《1936-1941年日本对德同盟政策研究》入选中国历史研究院学术出版资助项目。担任副主编出版大型满铁对华调查档案资料《近代日本对华调查档案资料丛刊》1—5辑。独立获得省部级社会科学优秀成果一等奖3项，荣获省部级"双创人才""有突出贡献的中青年专业技术人才""拔尖创新人才"等称号。

姚传德为苏州大学世界史资深教授，研究方向为思想文化比较、东亚现代化比较、日本城市化、韩国经济文化和中国近现代思想史。出版《东亚现代化之路——改变东亚的历史巨人》《中国近代化思潮——以东亚现代化为视角》《国运十字路口的知识分子们》《日本近代城市发展研究》等多部学术著作。在《学习与探索》、《中国文化月刊》（中国台湾）、《国际中国学研究》（韩国）、《中史研究》（韩国）、《光明日报》、《苏州大学学报》等期刊发表学术论文70余篇，日文翻译论文10余篇。

徐翀为苏州大学从法国巴黎政治学院引进的特聘教授，研究方向为英法殖民帝国比较、全球城市史、近代中国国家建构、两次世界大战之间法德两国的学术与政治。在中外学术期刊先后发表《"西方革命"与"东方革命"之间的历史过渡：五四前后〈新青年〉杂志言说中的革命面相，1915—1922》、《法兰西如何应对困境？》、《上海的一战：一战后期上海法租界对德国人的监控》("The Great War in Shanghai: the Supervisory Controls over the German in the French Concession at the End of the Great War")、《"尼尔森事件"与一战期间法德两国在亚洲的竞争》("The Nielsen Affaire and the Franco-German Competition in Asia during the Great War")、《恐怖的地形学：柏林盖世太保与党卫军总部街区的演变》("Topographie de la Terreur: évolution d'un quartier berlinois de la Gestapo et de la SS")、《应对民族主义与帝国秩序：上海的公共抗争与镇压，1917—1921》("Coping with the Nationalism and the Imperial Order: Public Protests and Repressions in Shanghai, 1917-1921")，专题会议"暴力的全球网络"("Global Networks of Violence" Symposium)等学术论文20余篇。

张传宇副教授为苏州大学引进的青年骨干教师。研究方向为近代中日关系史，近代日本史，华侨史。先后发表「日中戦争前における日本の対広州貿易の展開」(『神戸大学史学年報』2012年第27号)、《抗日战争前的广州日本人群体——以人口及职业问题为中心》(《中山大学学报（社会科学版）》2012年第5期)、《近代日本与广州间的国际贸易——以日货贸易为中心》(《近代史研究》2012年第6期)、《沦陷时期广州日本居留民研究》(《抗日战争研究》2014年第2期)、《广东日本商工会议所的制度创设与人事构成探析》(《抗日战争研究》2016年第4期)、《日军侵粤计划的演变及其实施研究》(《近代史研究》2017年第3期)、《抗战与华南日本经济团体的蜕变》(《暨南学报（哲学社会科学版）》2018年第4期)、《广州日俘日侨遣返问题研究》(《抗日战争研究》2021年第1期)等10余篇学术论文。

地址：江苏省苏州市苏州大学独墅湖校区二期1005栋5421

邮编：215123

负责人：武向平

联系电话：13104449118

电子邮箱：1196206858@qq.com

## 二、承担的省部级及以上课题

| 序号 | 课题名 | 主持人 | 课题类型 | 课题编号 | 备注 |
| --- | --- | --- | --- | --- | --- |
| 1 | 近代日本在华资源"调查"及盗绘图表整理与研究（1868—1945） | 武向平 | 国家社科基金重大项目 | 18ZDA204 | |
| 2 | 近代日本在华资源"调查"及盗绘图表整理与研究（1894—1945） | 武向平 | 国家社科基金一般项目 | 18BZS090 | |

续表

| 序号 | 课题名 | 主持人 | 课题类型 | 课题编号 | 备注 |
|---|---|---|---|---|---|
| 3 | 日本对中国矿产资源掠夺档案资料整理与研究 | 武向平 | 国家社科基金抗战专项工程项目子课题 | 19KZD001 | "吉林省档案馆藏日本侵华档案整理研（第二期）"子课题 |
| 4 | 战后日本满铁会研究 | 武向平 | 国家社科基金抗日战争研究工程项目 | 17KZD001 | "满铁资料整理与研究"子课题 |
| 5 | 近代日本对"满蒙"的社会文化活动调查研究 | 武向平 | 国家社科基金重大项目子课题 | 19ZDA217 | |

（供稿人：武向平）

# 天津科技大学外国语学院日语系

## 一、基本情况

天津科技大学外国语学院日语系成立于2004年，2013年获批日语语言文学二级学科硕士点，2014年，其所属的"外国语言文学"学科成为"校级重点支持学科"，2017年成为天津市重点学科。

根据《普通高等学校本科专业类教学质量国家标准》和2020年《普通高等学校本科外国语言文学类专业教学指南》，日语专业开设有"人文日语"和"科技·商务日语"两个方向的模块课程，一方面在传统的语言、文学、文化等方向持续深入挖掘，努力做好人文研究，为中日交流服务，为中国文化"走出去"战略服务；另一方面调整师资力量和教学设备，从经济社会发展需求、区域和本校特色入手，开设计算机、交通、能源等方面的日语课程，培养实用复合型专业日语人才，以更好地为区域和国家经济建设服务。

本专业立足京津冀、面向全国，培养德、智、体、美、劳全面发展的社会主义事业合格建设者和可靠接班人。培养的本科生具有良好的综合素质、家国情怀和文化素养，扎实的日语基本功和专业知识与能力，国际视野和跨文化交际能力，掌握日本语言、文学、文化相关知识，能用日语阅读、翻译和解释现代科技基础原理，能够立足天津科技大学轻工优势和外语特色，适应我国对外交流、国家与地方经济社会发展需求，在相关科技、商务等领域做好翻译沟通。该校日语系本科毕业生既是日语专业型人才，又是复合型日语人才，能够在人文研究、涉外工作、科技翻译、商务翻译等领域做出贡献。

日语专业目前共有专任教师14人，长期聘任外籍教师3人、外聘教师1人，专任和外聘教师全部具有在日留学、研修和研究的经历。专任教师中，教授1人，副教授6人，讲师7人。学历方面，博士8人，占比为57%；硕士6人，其中博士在读3人。日语专业教师以中青年为主，是一支朝气蓬勃的教学和科研队伍。

日语系教职工中，1人入选天津市"用三年时间引进千名以上高层次人才"计划，3人入选天津市高校"131"创新型人才计划，2人入选天津市高校"中青年骨干创新人才培养计划"。目前，本专业教师主持完成国家社科项目1项、教育部人文社科项目1项、天津市哲学社科项目2项，主持在研教育部人文社科项目1项、天津市哲学社科项目1项，其他各类科研项目多项；在国内外期刊发表学术论文60余篇，出版学术专著4部、译著20余部。

地址：天津经济技术开发区第十三大街 9 号

邮编：300457

负责人：赵俊槐

电子邮箱：zjh_lx2072@tust.edu.cn

## 二、机构要闻

1. 学生获奖：

（1）2021 年，本科生获得"2020 年笹川杯日本研究论文大赛"语言学类一等奖；

（2）本科生获"中日友好杯"中国大学生日语征文比赛二等奖；

（3）本科生获第四届"人民中国杯"日语国际翻译大赛本科组日译汉三等奖；

（4）硕士生获第四届"人民中国杯"日语国际翻译大赛研究生组汉译日三等奖；

（5）本科生获第十六届中华全国日语演讲（华北赛区）大赛三等奖。

2. 2021 年 5 月，李敏副教授的专著《岛崎藤村小说与近代日本社会问题研究》出版（天津大学出版社）。

3. 2021 年 8 月，潮洛蒙教授的专著《金子光晴研究——怀疑与否定的诗学》出版（外语教学与研究出版社）。

4. 2021 年 8 月，杨珍珍副教授的译著《手冢先生，截稿日要过了！》出版（新星出版社）。

5. 2021 年 11 月，赵俊槐副教授于天津师范大学文学院博士后站顺利出站，博士后基金项目"新发现的《令集解》抄本整理与研究"顺利结项。

## 三、承担的省部级及以上课题

| 序号 | 课题名 | 主持人 | 课题类型 | 课题编号 |
| --- | --- | --- | --- | --- |
| 1 | 语言学视阈下中日儿歌对比研究 | 王　莹 | 天津市哲学社会科学项目 | TJYY21-002 |
| 2 | 中国孝子故事在日本古代文学中的接受研究 | 赵俊槐 | 教育部人文社科青年项目 | 20YJC752026 |

（供稿人：赵俊槐）

# 天津社会科学院东北亚研究所

## 一、基本情况

天津社会科学院东北亚研究所长期致力于以日本为主的东北亚地区国际关系研究，并为各级政府、社会和企业提供咨询服务。东北亚研究所紧紧围绕"当代国际关系研究"学科建设，取得了丰硕成果。东北亚研究所成立于1999年，并于2000年1月创办《东北亚学刊（内刊）》（季刊）。2011年底，经国家新闻出版总署批复，《东北亚学刊》（双月刊）获准公开出版发行，实现了由内部刊物向公开刊物的跨越。该刊物是专门研究东北亚地区各国政治、经济和国际关系的学术理论刊物。2014年4月，《东北亚学刊》被列为中国社会科学院创新工程科研评价核心期刊。2016年5月又被中国社会科学院中国社会科学评价中心《中国人文社会科学期刊评价报告（AMI）》引文数据库收录为来源期刊。

2020年6月，国家哲学社会科学文献中心发布2019年度《国家哲学社会科学文献中心学术期刊数据库用户关注度报告》。作为政治学领域204种参评期刊之一，《东北亚学刊》关注度指数位列第12，取得历史最好成绩，实现了新的跨越。2021年5月，国家哲学社会科学文献中心发布2016—2020年最受欢迎期刊，继2018年、2019年后，2020年《东北亚学刊》连续第三次入围国家哲学社会科学文献中心学术期刊数据库政治学最受欢迎期刊。所内有专业人员9人，其中研究员2人、副研究员2人、副编审1人、助理研究员2人、行政人员2人。另有一批特聘专家和兼职研究人员。

地址：天津市南开区迎水道7号

邮编：300191

负责人：马焰

联系电话：022-83710766

电子邮箱：dbyxkbjb@sina.com

## 二、重要会议举办情况

2021年4月9日，天津社会科学院东北亚研究所邀请张文木教授参加由该院举办的"百年荣光名家谈"系列讲座第三场报告会。

2021年7月13日，中国社会科学院日本研究所张季风研究员应邀到该院进行学术交流。

2021年7月22日，中国社会科学院日本研究所吕耀东副所长、白如纯研究员和王一晨助理研究员一行三人到该院调研交流。

2021年7月30日，天津市庆祝中国共产党成立100周年宣传文化重点项目"百年荣光名家谈"系列讲座举行第十二场报告会暨闭幕式。中共天津市委宣传部副部长袁滨渤出席活动并讲话。中国日本友好协会常务副会长、原驻日大使程永华作题为"百年大变局下的中日关系"的报告。

2021年9月7日，由天津社会科学院与天津市人民政府外事办公室、韩国仁川研究院、天津港（集团）有限公司共同主办，天津社会科学院东北亚区域合作研究中心、日本研究所和东北亚研究所承办，韩国京畿研究院、天津社会科学院京津冀协同发展研究中心协办的"东北亚首都圈城市群的合作与发展——第五届东亚门户城市政策论坛"开幕。

2021年11月13日，《东北亚学刊》编辑部与天津社会科学院其他三刊承办"守正创新——推动学术期刊高质量发展"论坛，此次论坛以纪念《东北亚学刊》创刊10周年等为契机而召开。

2021年11月14日，由天津社会科学院与天津健康产业国际合作示范区管委会联合举办、天津社会科学院东北亚研究所和天津健康产业国际合作示范区管委会发展改革处承办的"中日健康产业合作论坛"开幕。

### 三、机构要闻

1.2021年度天津社会科学院东北亚研究所有3项课题立项与2项课题结项。

2021年国家社科基金一般项目"东北亚地缘政治视域中的战后日蒙关系研究"（乌兰图雅）立项。天津社会科学院重点委托课题（高端智库专项）"京津冀国际友好城市建设与东北亚地区人文交流合作研究"（乌兰图雅）立项。天津社会科学院重点课题"国际话语体系构建"（葛建华）立项。天津市哲学社会科学规划课题"打造'一带一路'支点城市：以天津国际友城合作为平台"（葛建华）结项。天津社会科学院重点课题"构建东北亚命运共同体"（王晓博）结项。

2.国际国内学术交流持续展开，承办《东北亚学刊》10周年纪念活动。

在国际学术交流方面：东北亚研究所与日、韩、俄、蒙古等东北亚国家学术研究机构及学者间保持长期紧密的合作关系，经常举办各种类型的国际学术会议，在国内外产生了一定影响。2021年9月7日，东北亚研究所作为承办方之一，举办"东北亚首都圈城市群的合作与发展——第五届东亚门户城市政策论坛"，邀请中国、日本、韩国的专家学者及媒体代表等100余名嘉宾通过线上线下相结合的方式参加了会议。

在国内学术期刊交流方面：以纪念《东北亚学刊》创刊10周年为契机，《东北亚学刊》

编辑部与天津社会科学院其他三刊于 2021 年 11 月 13 日承办"守正创新——推动学术期刊高质量发展"论坛,邀请中国社会科学院日本研究所《日本学刊》主编高洪和《中共中央党校(国家行政学院)学报》《行政管理改革》主编焦利作主旨报告。

### 四、承担的省部级及以上课题

| 序号 | 课题名 | 主持人 | 课题类型 | 课题编号 |
| --- | --- | --- | --- | --- |
| 1 | 东北亚地缘政治视域中的战后日蒙关系研究 | 乌兰图雅 | 国家社科基金一般项目 | 21BSS060 |
| 2 | 打造"一带一路"支点城市：以天津国际友城合作为平台 | 葛建华 | 天津市哲学社会科学规划课题 | TJZZ18-005 |

（供稿人：乌兰图雅）

# 天津社会科学院日本研究所

## 一、基本情况

天津社会科学院日本研究所前身是中国科学院天津历史研究所日本史研究室。天津历史研究所成立于1958年，日本史研究室设于1962年，主要开展日本史和日本侵华史研究，是中国最早的日本研究机构之一。1979年3月天津社会科学院成立，天津市历史研究所日本研究室并入，称日本问题研究所。1983年8月日本问题研究所更名为日本研究所。"当代日本"学科于2005年被确定为天津社会科学院重点扶持学科，2012年被确定为天津社会科学院重点学科。原院长张健研究员任学科首席专家。

主要研究领域：根据中国和天津市经济、社会发展的需要，日本研究所加强"当代日本"学科建设，围绕"日本现代化进程"和"日本社会治理"两个分支开展研究。目前，在日本综合战略研究、东北亚区域研究、日本现代化进程中的经验与教训研究、日本社会治理研究方面凸显特色。

人员构成如下：日本研究所现有专职研究人员12名，其中正高职称者3名，副高职称者7名，中级职称者2名。

田香兰研究员为日本研究所所长，兼任中国日本史学会常务理事、全国日本经济学会常务理事、中华日本学会常务理事。主要从事日韩老龄事业及老龄产业研究。

程永明研究员为东北亚区域合作研究中心执行主任、天津社会科学院重点学科"当代日本"学科带头人、天津市宣传文化"五个一批"人才、天津市"131"创新型人才培养工程第一层次人选，兼任中国日本史学会副会长、中华日本学会常务理事、全国日本经济学会副秘书长、天津世界经济学会常务理事等。主要从事日本企业经营、日本企业海外发展战略、中日经贸关系等研究。

平力群研究员为东北亚区域合作研究中心执行副主任，兼任中华日本学会理事、全国日本经济学会常务理事、中国日本史学会常务理事、天津国际贸易学会副秘书长、天津市欧美同学会理事。主要从事日本经济、区域经济研究。

师艳荣副研究员为天津市"131"创新型人才培养工程第二层次人选，兼任中国青少年研究会会员、中国日本史学会和中华日本学会理事。主要从事日本社会问题、青少年问题研究。

龚娜副研究员为中国日本史学会理事、中华日本学会理事。主要从事日本皇室、日本近现代史研究。

董顺擘副研究员为中国日本史学会理事、中国朝鲜史研究会会员。主要从事日本智库、日本政治外交、福泽谕吉研究。

刘树良副研究员主要从事日本国家战略、军事安全政策研究。

周晓霞副研究员主要从事日本思想史、女性史研究。

胡亮副编审主要从事日本社会文化、文化遗产研究。

季泓旭主要从事日本"总体战"论与殖民地政策、日本近代军事与外交、日本对外形象建构研究。

邹圣婴主要从事日本自卫队参与联合国维和行动、日本参与非洲安全治理研究。

万亚萍副研究馆员主要从事中日思想文化交流史、中日图书馆比较研究。

地址：天津市南开区迎水道7号

邮编：300191

负责人：田香兰

联系电话：022-23075330

电子邮箱：tjshkxyrbyjs@163.com

## 二、重要会议举办情况

2021年9月7日，由天津社会科学院与天津市人民政府外事办公室、韩国仁川研究院、天津港（集团）有限公司共同主办，天津社会科学院东北亚区域合作研究中心、日本研究所和东北亚研究所承办，韩国京畿研究院、天津社会科学院京津冀协同发展研究中心协办的"东北亚首都圈城市群的合作与发展——第五届东亚门户城市政策论坛"在天津社会科学院召开。来自中国、日本、韩国的特邀嘉宾、专家学者及媒体代表100余人通过线上线下相结合的方式参加了会议。

2021年9月29日，由天津社会科学院、南开大学日本研究院、教育部国别和区域研究基地南开大学日本研究中心、天津外国语大学国别和区域研究院共同主办，天津社会科学院东北亚区域合作研究中心、日本研究所和东北亚研究所承办的"共建东北亚"学术研讨会暨天津东北亚智库联盟成立大会在天津社会科学院召开。来自天津市社会科学界联合会、南开大学、天津外国语大学及天津社会科学院的30余名专家学者参加了研讨会。

2021年10月22日，由天津社会科学院日本研究所与中国社会科学院日本研究所联合主办的"日本综合战略"学术研讨会在天津社会科学院召开。中国社会科学院日本研究所副所长吕耀东研究员一行6人与天津社会科学院20多名专家学者参加了此次研讨会。

## 三、机构要闻

2021年,经天津市人社局组织专家评审、公示,天津市人社局批准,以东北亚区域合作研究中心执行主任程永明研究员为团队带头人申报的"天津社会科学院东北亚门户城市研究创新团队"入选天津市"131"创新型人才团队。

2021年,日本研究所董顺擘副研究员申报课题"日本乡村振兴中的智库参与及其对我国的启示研究",获准2021年度国家社科基金一般项目立项,项目编号为21BGJ060。

2021年,日本研究所季泓旭助理研究员申报课题"侵华战争时期日本在中国东北的战争动员体系研究",获准2021年度国家社科基金青年项目立项,项目编号为21CZS042。

2021年,日本研究所田香兰研究员的《日韩老龄产业研究》、平力群研究员的《日本经济变迁与首都圈规划更迭——以影响资源配置为视角》分别获得第十七届天津市社会科学优秀成果二等奖。

2021年,日本研究所出版《女子教育与东亚国家的现代化》(田香兰著)、《日本公司法与公司治理》(平力群著)、《日本青少年蛰居的社会文化透视》(师艳荣著)、《东亚社会合作——以中日韩三国的发展为例》(日本研究所集体研究成果)等学术著作。

## 四、承担的省部级及以上课题

| 序号 | 课题名 | 主持人 | 课题类型 | 课题编号 |
| --- | --- | --- | --- | --- |
| 1 | 日本重大突发公共卫生事件应对体系的历史考察——兼论新冠肺炎疫情的应对 | 程永明 | 国家社科基金学术团体主题学术活动 | 20STA007 |
| 2 | 日本侵华战争决策机制与过程研究 | 刘树良 | 国家社科基金一般项目 | 18BSS034 |
| 3 | 象征天皇制与战后日本政治的关系研究 | 龚 娜 | 国家社科基金一般项目 | 19BSS052 |
| 4 | 日本乡村振兴的智库参与及其对我国的启示研究 | 董顺擘 | 国家社科基金一般项目 | 21BGJ060 |
| 5 | 在华日本图书馆人的角色嬗变研究(1910—1945) | 万亚萍 | 国家社科基金青年项目 | 19CTQ004 |
| 6 | 侵华战争时期日本在中国东北的战争动员体系研究 | 季泓旭 | 国家社科基金青年项目 | 21CZS042 |
| 7 | 天津城市形象的影视塑造:借鉴日本经验 | 季泓旭 | 天津市哲学社会科学规划青年项目 | TJZZQN20-006 |

(供稿人:胡亮)

# 天津师范大学比较文学与比较文化研究所

## 一、基本情况

天津师范大学比较文学与比较文化研究所的前身为比较文学研究小组，成立于20世纪70年代末，后扩大为比较文学研究室，曾于1982年成功发起并组织了全国首次比较文学会议——天津会议。继后先后主办过"中法文化交流国际研讨会""全国高校第二届伊朗文学研讨会""环太平洋地区文化与文学交流学术研讨会""中日文学比较国际研讨会""东亚文化与文学交流"等大型学术会议，并与韩国、日本、越南、伊朗、英国、美国、法国、德国、俄罗斯等国的多所高校进行过学术交流。1993年成为继北京大学、复旦大学、南京大学等高校之后第四个取得比较文学硕士授予权的单位，也是全国师范院校（包括委属院校）第一个取得比较文学硕士授予权的单位。2003年取得博士学位授予权。20余年来该所规模不断壮大，师资力量日益雄厚，科研成绩硕果累累，逐渐发展成一个在国内外都产生了广泛影响的学术研究机构。

现任所长王晓平教授是一位始终在学术前沿辛勤耕耘的中年学者，曾发表专著、译著十余部，论文近百篇。他的诸多研究成果具有开拓性质。专著《近代中日文学交流史稿》被认为是"中国学术界第一次有了关于中日文学关系这一主题的专门性论著。在我国比较文学研究中无疑具有拓荒意义"。（《中日文化交流史书系序言》中日学者共同编著）其另一专著《佛典·志怪·物语》对印度佛经故事、中国志怪小说与日本物语文学加以对比，"辨异析同、究由渊源、发明深义，使比较的价值得到高度实现，是近年来我国出现的经得起推敲的真正有高度学术价值的难得著作之一"。在新著《亚洲汉文学》中他为打通东亚国别汉文学研究而提出的亚洲汉文学的概念被认为"在汉学研究上与汉学史考察中具有十分重要的意义"，他的亚洲汉文学研究被国外学者称为"有生命力与创造性的开拓性的工作"。他在另一部新著《粉红樱粉——日本作家与中国文化》中提出超越狭隘的民族文化观建立"友邻型"中日文化关系的新思考，被认为敏锐地捕捉到了竞争时代中中日文化交流中的新动向，具有现实意义。他精通古代日语，直接参阅大量韩语、俄语原文文献，目前还在进行的我国散佚汉唐文学典籍的日本抄本综合研究，对推动各国文化交流与我国古籍的整理研究，都具有重要价值。他一贯主张精读原典，深研文本，反对空论与无根之谈。他参用古典文献学的有效方法，对中、日、韩古代文史资料进行清理，展开个案比较研究。他还多次在国际会议上用日语宣读论文并在日本一级学术刊物上发表用日语撰写的论文，受到日韩学者的高度评价。国际比较文学学会会长、日本比较文学学会会长称王晓平"仅以其对中日古典诗歌的渊博知识与独到研究，便足以证明他作为杰出学者的实力"（《日本诗歌的传统序》）。

王晓平现任中国比较文学学会常务理事、东亚比较文化会议中国分会会长、中国诗经学会理事、中国日本文学研究会学术委员会主任等职。在日本多所大学任兼职教授，任延边大学兼职教授、中国社会科学院比较文学研究中心顾问。

主要研究领域：中日文学与比较文化

机构现有人员及其研究领域为：孟昭毅，东方文学与比较文化研究；赵利民，比较诗学、中国近代文化研究；高恒文，中国现代文学与西方文学研究；曾艳兵，当代西方文学与比较文学研究；马凌，西方文学与文化研究；郝岚，比较文学与翻译研究。

地址：天津市西青区宾水西道 393 号

邮编：300387

负责人：王晓平

电子邮箱：wxp_tj@126.com

## 二、承担的省部级及以上课题

| 课题名 | 主持人 | 课题类型 | 课题编号 |
| --- | --- | --- | --- |
| 日本汉文古写本整理与研究 | 王晓平 | 国家社科基金重大项目 | 14ZDB085 |

（供稿人：徐川）

# 天津外国语大学日语学院

## 一、基本情况

天津外国语大学日语学院本科教育始于1973年，现有国际商务、翻译、日本文化3个方向；硕士研究生教育始于1979年，现有日语语言、日本文学、日语教育、日本文化、日本经济5个方向；博士研究生教育始于2013年，重点培养"党和国家重要文献对外翻译研究"人才。学院现有教职员工47人，博士后导师1人，博士生导师3人，硕士生导师22人，享受国务院政府特殊津贴专家2人，国家级优秀教师2人，全国五一劳动奖章获得者1人，天津市教学名师3人，共有24人次获省部级人才称号。在国内各类日语专业综合排名中，该校日语专业近年来一直名列前茅，在中国科教评价研究院等权威发布的《中国大学及学科专业评价报告（2021—2022）》中，学院日语专业被评为"五星+"好专业，位居全国第二。

日语学院是教育部外语教学指导委员会日语分委会主任单位，集全国教育系统先进集体、天津市五一劳动奖先进集体、天津市"工人先锋号"、天津市师德建设先进单位、天津市三八红旗集体等众多荣誉于一身。学院日语专业获批国家级特色专业、国家级一流专业建设点、国家级专业综合改革试点、天津市专业综合改革试点、天津市品牌专业、天津市优势特色专业以及天津市一流本科专业建设点，日语学科入选天津市重点学科、天津市重中之重学科。2次获得国家级教学成果奖二等奖，3次获天津市教学成果奖一等奖、多次获二等奖；获批2门国家级精品课、1门国家级精品视频共享课，2门天津市精品课，4门天津市一流本科建设课程，8门校级一流课程。

学科专业带头人修刚教授曾任天津外国语大学校长、中国日语教学研究会会长；兼任教育部高等学校外语教学指导委员会副主任委员、教育部高等学校外语教学指导委员会日语专业教学指导分委员会主任委员、中国日语教学研究会名誉会长；受聘中央编译局博士后导师；先后荣获国务院特殊津贴专家和天津市劳动模范等称号，在全国乃至世界日语学界均有重要影响。

现任专业及二级学科带头人朱鹏霄教授曾获天津市五一劳动奖章、天津市优秀共产党员、天津市教育系统劳动竞赛"示范岗"先进个人、天津市师德先进个人、天津市德业双馨十佳教师提名奖，入选天津市"131"创新型人才培养工程第一层次人选、天津市宣传文化"五个一批"人才、天津高校"中青年骨干创新人才培养计划"。

地址：天津市河西区马场道 117 号

邮编：300204

负责人：朱鹏霄

联系电话：022-23288631，022-23288532

邮箱：riyuxueyuan@tjfsu.edu.cn

## 二、机构要闻

1. 日语专业在 2021—2022 年全国大学日语专业排名中位列第二。

2. 日语学科承担国家社会科学基金重大项目"理解当代中国"日语系列教材编写。

3. 天津外国语大学日语学院多位获奖教师受邀出席第九届"孙平化日本学术奖励基金"颁奖仪式。

4. 日语学院连续四年获批国家社科基金项目立项。

5. 天津外国语大学日语学院成功举办第十六届中华全国日语演讲比赛华北赛区预赛。

## 三、承担的省部级及以上课题

| 序号 | 课题名 | 主持人 | 课题类型 | 课题编号 |
| --- | --- | --- | --- | --- |
| 1 | "理解当代中国"日语系列教材编写 | 修 刚 | 国家社科基金重大项目 | — |
| 2 | 基于语料库的习近平著述日译文本语言特征研究 | 朱鹏霄 | 国家社科基金项目 | 20BYY216 |
| 3 | 近代中国抵制日货运动日方资料的整理与研究 | 王耀振 | 国家社科基金项目 | 21BZS087 |
| 4 | 君子必论世：荻生徂徕经世思想研究 | 杨立影 | 国家社科基金项目 | 19FSSB008 |
| 5 | 基于语料库的中国高校日语专业教材量化评测研究 | 朱鹏霄 | 教育部人文社会科学研究项目 | 19YJA740088 |
| 6 | 中介语视域下中国日语学习者语篇衔接的历时性研究 | 刘泽军 | 教育部人文社会科学研究项目 | 20YJA740029 |
| 7 | 基于叙事学视角的大江健三郎未收录作品研究 | 田 泉 | 教育部人文社会科学研究项目 | 18YJC752031 |
| 8 | 近代日本商业会议所对华经济调查的网络建构与机能研究 | 王耀振 | 教育部人文社会科学研究项目 | 19YJC770051 |
| 9 | 司马辽太郎历史小说与近代日本"东洋史"关系研究 | 李国磊 | 教育部人文社会科学研究项目 | 21YJC752009 |
| 10 | 习近平系列重要论述日译研究 | 修 刚 | 国家部委级其他项目 | 16CGWT01 |
| 11 | 战后日本的返迁文学及其思想史位相研究 | 蔺 静 | 国家部委级其他项目 | 2021M700856 |

续表

| 序号 | 课题名 | 主持人 | 课题类型 | 课题编号 |
| --- | --- | --- | --- | --- |
| 12 | 日本五山文学研究 | 张晓希 | 天津市哲学社会科学规划重点项目 | TJWW17-024 |
| 13 | 习近平依法治国论述日译研究 | 修　刚 | 天津市哲学社会科学项目 | TJWYZDWT1801-08 |
| 14 | 习近平著述及讲话日译策略研究 | 朱鹏霄 | 天津市哲学社会科学项目 | TJWYZDWT1801-04 |
| 15 | 中日"同形同义词"差异特征多维描述模式建构研究 | 叶栩邑 | 天津市哲学社会科学项目 | TJYY20-015 |
| 16 | 日本战后第一代女诗人——茨木则子、石垣麟——的书写空间 | 罗丽杰 | 天津市哲学社会科学项目 | TJWW20-008 |
| 17 | 超越"哀史"：战后日本的"满洲"返迁文学研究 | 蔺　静 | 天津市哲学社会科学项目 | TJWW20-009 |
| 18 | 培养日语学习者交际语言能力的理论与实践探究 | 闫　慧 | 天津市哲学社会科学项目 | TJYYQN20-005 |
| 19 | 新时代外语学科人文性特征及其实现研究 | 席　娜 | 天津市哲学社会科学项目 | TJWW19-018 |
| 20 | 中国古典诗歌对江户时期日本咏物诗集的影响研究 | 任　颖 | 天津市哲学社会科学项目 | TJZWQN18-005 |
| 21 | 社会文化视阈下中国外语学习者身份认同研究 | 赵冬茜 | 天津市哲学社会科学项目 | TJWW18-026 |
| 22 | 东亚视域下日本江户古学派经世思想及其启示 | 杨立影 | 天津市哲学社会科学项目 | TJSL18-003 |
| 23 | 中国日语词典编纂史研究 | 邵艳红 | 天津市哲学社会科学项目 | TJWW16-021 |

（供稿人：孙琦）

# 外交学院日本研究中心

## 一、基本情况

外交学院日本研究中心成立于2008年《中日和平友好条约》缔结30周年之际。中心人员以外交学院外语系日语专业的教师为主体，整合院内各专业日本研究方面的教学与研究力量，以增强日本研究方面的整体实力。

中心研究领域涉及日本的政治、经济、外交、社会、历史、法律、思想、语言、文学和文化等。特别是对日本的政治外交等领域的研究，如果能在中心的平台上得到整合，无疑会凸显外交学院以外交为特色、以外语为优势的办学方针，加强院内在教学、研究等方面的合作，强化教师和研究生层面与外校及相关研究部门的交流。

在日本研究中心的平台上，学术活动以及诸如外请讲座、讲演、研讨会等交流活动，将会对教师层面的教学与学术水平的提高起到促进作用。同时，鉴于外语系每年定期或不定期地举办的中日青少年的友好交流活动，包括组织学习日语的学生赴日本访问、定期派遣在校生赴日交换留学等实践经验，日本研究中心举办的各种活动应能进一步对学生层面有所影响，这对于增进两国青少年之间的了解、加强外交学院在校学生对日本的全面认识和了解、增加学生对日语的应用与实践机会，无疑是大有裨益的。这是教育机构的立足点之一，也是该院日本研究的重要使命之一。

中心的宗旨是在中日关系新的阶段和新的起点上，增进中日的互信和互利，通过以学术交流为主要内容的各种活动，提高教学质量和研究能力，培养更多出色的对外交流人才。

中心组织结构及人员：

主任：周萍萍

副主任：周永生、任远喆

秘书长：李濯凡

副秘书长：史兆红

秘书：代红光、李占军、张玉玲

外交学院日本研究中心团队共有11位成员，包括正高职称4人，副高职称4人；其中拥有博士学位10人，占比为91%，均为日本早稻田大学、北京大学等国内外著名大学博士，其中1人是中国社会科学院博士后出站人员。

研究领域及科研队伍如下：
1. 日本政治与外交
周永生、任远喆、丁曼、代红光
2. 日本社会与文化
周萍萍、李濯凡、马铭
3. 日本文学与语言
史兆红、王源、张玉玲、李占军
4. 日本历史与概况
周永生、周萍萍、李濯凡、代红光
地址：北京市西城区展览路24号外交学院
邮编：100037
联系电话：010-68323904

## 二、重要会议举办情况

2021年3月30日，由外交学院、俄罗斯外交学院共同举办的"欧亚与亚太区域国际安全面临的机遇与挑战"国际学术研讨会成功在线上举办。会议就欧亚区域与亚太区域面临的机遇与挑战等议题进行了深入讨论。外交学院副院长高飞教授、俄罗斯外交学院副院长奥列格·伊万诺夫教授出席会议并作了主旨发言。来自外交学院、俄罗斯外交学院学者及两校学生100余人参加了研讨会。

## 三、机构要闻

2021年5月17日，日本研究中心邀请日本广岛大学副校长佐藤利行教授作题为"中国古典·日本汉学·中日友好"的线上讲座。

2021年5月24日，外交学院日本研究中心副主任周永生教授在对外经贸大学作题为"日本社会文化与风俗禁忌"的讲座。

2021年5月24日，外交学院日本研究中心副主任周永生教授在对外经贸大学作题为"安倍后期与菅义伟执政以后的日本外交"的讲座。

2021年6月18日，外交学院日本研究中心副主任周永生教授为大连外国语大学学生作题为"疫情问题与拜登执政后的日本外交战略"的讲座。

2021年11月1日，外交学院日本研究中心副主任周永生教授在中国社会科学院作题为"当前国际安全形势与大国关系"的讲座。

## 四、承担的省部级及以上课题

| 序号 | 课题名 | 主持人 | 课题类型 | 课题编号 |
| --- | --- | --- | --- | --- |
| 1 | 印太战略视阈下南海问题新态势与我国应对策略研究 | 任远喆 | 国家社科基金重点项目 | 18AGJ006 |
| 2 | 全球生物安全治理研究 | 任远喆 | 外交部项目 | 202114 |

（供稿人：周萍萍）

# 武汉大学日本研究中心

## 一、基本情况

武汉大学日本研究中心成立于 2007 年 11 月 20 日，挂靠于武汉大学国际问题研究院，是跨学科的日本问题研究机构。本中心研究人员由从事日本政治、经济、外交、历史、文化等方面教学和科研的专职、兼职人员组成。现有成员 17 人，其中教授 10 人，副教授 5 人，讲师 2 人。该中心聘请了一批国内外知名学者担任顾问和客座教授。该中心不定期举办国际学术会议，并邀请国内外相关学者前来访问讲学。中心每年招收来自国内外的硕士和博士研究生。

中心主要研究领域：中日战争、中日关系、日本历史文化、日本政治外交史、日本思想文化、日本经济与管理、日本语言文学等。

中心负责人及主要成员：中心主任为人文社科资深教授胡德坤先生，名誉主任为依田憙家教授。

主要成员介绍：

胡德坤，武汉大学人文社科资深教授，国家领土主权与海洋权益协同创新中心主任，武汉大学国际问题研究院、中国边界与海洋研究院名誉院长。主要研究第二次世界大战与中日战争史、边界与海洋历史等。先后出版《第二次世界大战史》（第二作者）、《七七事变》、《中日战争史（1931—1945）》、《第二次世界大战史纲》（主编）、《第二次世界大战与战后世界性社会进步》（第一作者）、《中国抗战与世界反法西斯战争》（第一作者）、《战时中国对日政策研究》（第一作者）、《中国抗战与日本世界战略的演变》等著作。

林泉忠，日本研究中心执行主任，武汉大学国际问题研究院教授，博士生导师，法学博士，毕业于东京大学，历任"中研院"近代史研究所副研究员、琉球大学国际关系学系准教授、哈佛大学费正清东亚研究中心富布赖特学者等。主要研究领域为东亚国际关系，侧重于台湾问题、中美日关系、琉球研究等。已出版专著《中日国力消长与东亚秩序重构》《21世纪视野下的琉球研究》等，发表学术论文 40 余篇。

李圣杰，日本研究中心副主任，武汉大学外国语言文学学院院长、日文系教授、博士生导师。入选湖北省"楚天学者计划"、武汉大学"351 人才计划"，获得武汉大学"我心目中的好导师"荣誉称号等。兼任中国日本文学研究会常务理事、日本早稻田大学特聘研究员、日本法政大学客座研究员、武汉大学人文社科青年学者学术团队负责人等。主要研究日本近现代文学、中日比较文学与文化，主持国家社科基金项目等10余项，出版日文专著1部、译著1部，发表学术论文40余篇，曾获全国日本研究优秀论文奖、武汉大学人文社科研究优秀成果一等奖等。

牟伦海，日本研究中心副主任，历史学院副教授，主要研究方向为国际文化关系、日本对外文化政策、日美文化关系等。

李少军，武汉大学历史学院教授，主要研究方向为近代中日关系史，2020年12月获批国家社会科学基金重大项目"1912年至1937年日本驻华使领商务报告整理与研究"。

王萌，武汉大学历史学院副教授、博士生导师，主要研究方向为近代中日关系史、抗日战争史。著有《战时环境下日本在华棉纺织业研究（1937—1941）》《战时日本对华货币战》《谋心：日本在中国沦陷区的"宣抚工作"（1937—1945）》等。

王竞超，华中科技大学外国语学院副教授、博士生导师，国别（区域）研究中心主任，主要研究方向为日本政治与外交、日本海洋战略与政策、亚太国际关系等。

地址：湖北省武汉市武昌区八一路299号

邮编：430072

负责人：胡德坤

联系电话：027-68756726

电子邮箱：whuiis@whu.edu.cn

## 二、机构要闻

**1. 举办武汉大学—早稻田大学"东亚近代文明再审视"国际学术研讨会**

2021年10月30日，武汉大学日本研究中心和日本早稻田大学东亚国际关系研究所共同在线上主办了"东亚近代文明再审视"国际学术研讨会。来自武汉大学、北京大学、早稻田大学、长崎大学等中日高校的近20位知名专家学者围绕"'去传统'的近代东亚文明如何在东亚的历史语境中形成和发展"进行了学术交流。开幕式由早稻田大学社会科学综合学术院刘杰教授主持。早稻田大学社会科学综合学术院院长早田宰教授及武汉大学日本研究中心主任胡德坤教授先后致辞。

**2. 举办"日本与东亚讲座系列"第十一期、第十二期**

2021年度，日本研究中心继续举办"日本与东亚讲座系列"，先后邀请了早稻田大学社会科学综合学术院教授、东亚国际关系研究所所长刘杰教授，中国社会科学院日本研究所所长杨伯江研究员于1月16日和10月22日作专题讲座。讲座主题分别是"历史认识与历史和解""'岸田时代'中日关系走向分析"。讲座因疫情原因线上举行，由日研中心林泉忠教授主持，面向全国对日本研究感兴趣的师生。其中第十二期讲座有来自武汉大学、北京大学、复旦大学、南开大学、中国人民大学、中国海洋大学、日本早稻田大学等几十所高校及科研院所的200余名师生参加。讲座后，上海国际问题研究院吴寄南老师、北京大学初晓波老师、复旦大学包霞琴老师、中日关系史学会吕小庆老师、台北大学李朝津老师、武汉大学牟伦海老师、南开大学乔林生老师等日本研究学界的专家学者从岸田政府政策的传承性、日本政权内部人事安排、日美同盟关系等方面对中日关系走向进行了进一步的分析研讨与交流。

### 3. 其他

2021年度中心获得国家社科基金项目一项"中日关于琉球地位的认知与交涉（1871-1895）"（林泉忠教授）；出版著作一部：林泉忠教授主编的《中日国力消长与东亚秩序重构》（中国台北：五南出版社）。

学术交流方面，林泉忠教授获邀参加多次国际学术会议并作会议报告。如韩国国立外交院日本研究中心主办的"中美竞争时代的韩国、日本外交"研讨会，韩国亚洲和平基金与海外韩侨研究所合办的"第一届全球移民离散网络论坛"，台北大学人文学院、历史学系主办的"第一次港澳研究工作坊"，武汉大学主办的第六届边界与海洋研究国际论坛等。

此外，林泉忠教授做客凤凰卫视《一虎一席谈》节目1次、香港电台节目4次；接受凤凰卫视、香港中国通讯社、凤凰网、日本共同社、读卖新闻、朝日电视、日本Yahoo新闻、俄罗斯国际通讯社等国内外媒体专访8次。

## 三、承担的省部级及以上课题

| 序号 | 课题名 | 主持人 | 课题类型 | 课题编号 |
| --- | --- | --- | --- | --- |
| 1 | 世界反法西斯战争（含中国抗战）档案资料收集整理及研究 | 胡德坤 | 国家社科基金抗日战争研究专项工程项目 | 16KZD020 |
| 2 | 1912年至1937年间日本驻华使领馆商务报告整理与研究 | 李少军 | 国家社科基金重大项目 | 20&ZD236 |
| 3 | 中日关于琉球地位的认知与交涉研究（1871—1895） | 林泉忠 | 国家社科基金一般项目 | 21BZS077 |

（供稿人：郁艳琴）

# 西安外国语大学日本文化经济学院

## 一、基本情况

西安外国语大学日本文化经济学院（以下简称"日文学院"）创立于1975年，是全国较早开设日语专业的教学单位，是西北地区唯一的日语语言文学类本、硕、博三级培养体系健全的教学单位。学院为中国日语教学研究会副会长单位、教育部高等学校外语教学指导委员会副主任委员单位、日本国际交流基金樱花教学网成员单位。目前，日文学院有在校生1150人，办学规模位居全国第二。

日文学院历史悠久，积淀深厚。学院始终坚持"西部一流，全国领先"的办学目标，努力培养日语基础实、专业素质高、实践能力强的复合型国际化人才。日语专业2003年获批陕西省名牌专业，2011年获批陕西省特色专业，2017年入选首批陕西省一流专业建设项目，2019年获批国家级一流本科专业建设点。

日文学院本科阶段有日语、国际经济与贸易两个专业。日语专业下设翻译、日英复语、经贸、语言人工智能、师范等5个方向，开设专业必修课程和选修课程超过百门。国际经济与贸易专业是日文学院为增强学生就业竞争力，奠基学生终生职业发展而开设的"语言+"模式教改班，授经济学学位，2019年首批毕业生100%就业。2019年9月，该院开设"卓越国际贸易人才实验班（日语+国贸+英语）"，锚定卓越拔尖人才培养，积极探索复合型人才培养新模式。

日文学院研究生硕士阶段开设日语语言学、日本文学、日语教育、翻译学、国别和区域研究等5个研究方向，共开设课程80余门。为全国第一批开设翻译硕士（MTI）单位，有笔译、口译2个方向，共开设专业课程近50门。博士阶段设日语语言文学一个专业，每年招收1—2人。

日文学院师资力量雄厚，在编教师59人，其中专任教师51人，行政教辅人员8人。专任教师中教授8人，副教授16人，讲师26人、助教1人。专任教师中博士生导师1人，硕士生导师24人。

经过45年发展积累，学院在国别和区域研究方面形成鲜明的特色，设有教育部国别和区域研究中心——东北亚研究中心、西安外国语大学日本研究所等高级别研究机构。东北亚研究中心自2017年挂牌以来，充分发挥地域优势，积极挖掘本地题材，在中日韩古代文化交流、中日当代民间交流研究方面逐步形成特色。日本研究所在日语动词研究方面形成特色，组建校级"语言类型学视阈下的汉日语多维度对比研究科研创新团队"。近年来，学院教师共获各类科研项目资助金额超300万余元，其中包括3项国家社科基金项目、2项大中华学术文库外译项目、8项教育部人文社科研究项目等。

日文学院国际合作交流蓬勃开展，先后与京都府立大学、日本东北大学、名古屋大学、筑波大学、东京外国语大学、关西学院大学、东洋大学等38所日本知名高等院校建立友好合作交流关系。2017年学院发起并深度参与了"中日人文交流大学联盟"成立仪式，在联盟框架内与国内外20余所高校开展交流。蓬勃发展的国际交流有效地拓宽了学生的国际化视野，提升了学生跨文化交际等日语综合应用能力、综合素质和就业竞争力。

近年来，针对国内开设日语专业高校大幅增多，专业同质化现象严重的情况，日文学院经过深入调研和广泛论证，将人才培养目标定位为"日语基础实、专业素质高、实践能力强的复合型、国际化人才"，提出了"日语+"的复合型人才培养思路，全方位、立体式在"+"上做文章，实现了从师资复合、课程复合到培养方案复合，从简单复合到深度融合，较好地体现了外语教育与专业教育互补融合，国际视野与专业技能的有机渗透。这种人才培养模式在西北地区开设日语专业的29所高校中独树一帜，成功跳出了同质化的怪圈，教改成效显著。

40余年来，西安外国语大学日文学院为国家培养了7000余名优秀日语人才。学生在历年全国演讲、才能演示、作文、口译、俳句大赛等各类学科专业竞赛中表现不俗、成绩斐然。毕业生国内外考研录取率、就业率一直保持在高水平。毕业生受到国家部委、政府部门、科研院所、高等院校、合资企业等用人单位广泛好评，涌现了中国驻日本国大使馆总领事詹孔朝，中国社会科学院外国文学研究所教授邱雅芬，著名区块链专家、中国人民大学长江学者特聘教授杨东等一大批杰出校友，人才培养质量在国内外享有良好声誉。

学院院长毋育新教授，博士生导师，陕西省高等学校教学名师，兼任中国日语教学研究会副会长、汉日对比语言学研究（协作）会副会长、陕西省高等学校教学指导委员会外国语言文学类工作委员会秘书长等职。1995年获日本政府奖学金赴日留学，先后获硕士（学校教育学）、博士（文学）学位。2006年受国家留学基金委资助，赴东京外国语大学从事博士后研究两年。历任西安外国语大学日语系基础教研室主任，东方语言文化学院副院长，日本文化经济学院副院长、院长等职。

学院党委书记高万辉教授，硕士生导师。主要研究方向为区域规划与城市社区规划、区域旅游与旅游景区规划；主持或参与省部级以上研究课题13项，独立或合作发表CSSCI及核心期刊论文15篇，出版专著1部，参编专著1部，完成各类规划项目30

余项。

地址：陕西省西安市郭杜教育科技产业开发区文苑南路 6 号西安外国语大学 72#
邮编：710128
电话：86-29-85319061
电子邮箱：gaowanhui@xisu.edu.cn；wuyuxin@xisu.edu.cn

## 二、重要会议举办情况

2021 年 5 月，协助学校举办区域与国别研究院揭牌仪式暨国际研讨会。

2021 年 6 月，日文学院特邀复旦大学徐静波教授作题为"日本的锁国与开国"的学术讲座，徐教授既从宏观上介绍了日本锁国与开国的时代背景，又从微观上以具体的措施为例对其进行分析，系统地描绘了日本一系列举措的原因与走向，为对此方向感兴趣的同学打开了研究的大门。

2021 年 10 月，日文学院特邀大连大学日本语言文学学院院长林乐常教授作题为"大连方言中的日语词"的学术讲座，从我国东北地区的方言这一视角出发，探索地方语言中的日语内容。

## 三、机构要闻

2021 年 3 月，在杭州电子科技大学中国科教评价研究院、浙江高等教育研究院、武汉大学中国科学评价研究中心、中国科教评价网联合推出的《中国大学及学科专业评价报告（2021—2022）》中，西安外国语大学日语专业在全国 462 所开设日语专业高校的日语专业中排名第四。

2021 年 4 月，成功举办第四届全国高校大学日语演讲比赛。同月，日文学院四名教师入选"西外学者"Ⅰ类岗位。毋育新教授为领军学者，陈曦教授、白晓光副教授为中青年拔尖人才，青年教师张琰龙曾于 2019 年入选青年优秀人才。

2021 年 6 月，为庆祝中国共产党建党 100 周年，日文学院举办建党 100 周年文化晚会。

2021 年 7 月，日文学院线下一流课程《跨文化交流》与线上线下混合一流课程《日本思想史概论》获批陕西省一流本科课程。截至 2021 年，日文学院已经获批 3 门省级一流课程，7 门校级一流课程。

2021 年 10 月，教育部国别与区域研究中心东北亚研究中心国别与区域研究刊物《东北亚研究辑刊（二）》出版。

## 四、承担的省部级及以上课题

| 序号 | 课题名 | 主持人 | 课题类型 | 课题编号 |
| --- | --- | --- | --- | --- |
| 1 | 面向人机对话系统的日语语用距离调节机制研究 | 毋育新 | 国家社会科学基金西部项目 | 21XYY009 |
| 2 | 基于语料库的汉日程度范畴主观性对比研究 | 陈建明 | 国家社会科学基金一般项目 | 21BYY191 |
| 3 | 社会学与中国社会巨变 | 葛睿 | 国家社会科学基金中华学术外译项目 | 20WSHB006 |
| 4 | 基于《抗战日语读本》的中国共产党早期外语教育思想研究 | 毋育新 | 教育部人文社会科学研究一般项目 | 20YJA740044 |
| 5 | 面向计算机辅助第二语言语音习得的日语长短音感知线索研究 | 张琰龙 | 教育部人文社会科学青年基金项目 | 19YJC740119 |
| 6 | 国际传播视域下的《玛纳斯》史诗翻译研究 | 孙逊 | 国家民委一般项目 | 2019–GMD–050 |
| 7 | "黄河文化"保护传承弘扬下黄河流域陕西省地级市政府对文化政策'注意力'配置研究 | 易洪艳 | 省社会科学界联合会研究项目 | 2021ND0310 |

（供稿人：聂宁）

# 浙江财经大学日本文化经济研究所

## 一、基本情况

浙江财经大学日本文化经济研究所坐落在浙江财经大学下沙校区。由第一任所长王丽萍教授于 2007 年牵头成立。研究所现有教授 2 名、副教授 4 名、讲师 8 名，其中博士 6 名。成员年龄结构、学缘结构、职称结构、学历结构合理，科研实力较强。主要研究领域为日语语言学、日本文学、日本历史文化、中日对比等。

研究所自成立以来一直致力于日本相关研究，取得了丰硕成果。成员主持完成多项国家社科基金项目、省部级和市厅级以上项目；在国内外出版和发表了多部专著和论文。其中，王丽萍教授的著作《成寻〈参天台五台山记〉研究》入选 2016 年《国家哲学社会科学成果文库》，并获浙江省第二十届哲学社会科学优秀成果奖一等奖。凭借卓越的学术贡献，王丽萍教授入选全国第三方大学评价研究机构艾瑞深校友会网公布的"2022 中国高贡献学者"榜单。此外，方小赟博士的著作《中日人体词汇惯用语的比较研究：以认知语言学视阈下的"头部"表现为中心》被评为浙江省外文学会 2015 年理论研究优秀成果奖三等奖。

在学术交流方面，研究所协同日语系于 2016 年至 2020 年成功举办了"亚洲的多文化共生与和平"系列讲座共 29 场，从语言文字、跨文化理解、中日政治经济社会关系等诸多方面阐述亚洲的和平与共生。主讲人多为国内外知名学者、高校教授、博士生导师，主要有中央外事领导小组办公室杨仁火参事官（"中日海洋争议的历史和现状"），中国社会科学院日本研究所原所长高洪教授（"亚太地区的中日关系"）、副所长吕耀东教授（"对华政策调整及中日关系的未来"）、清华大学赵蓉教授（"女性用语与日本社会变迁"）、浙江大学王勇教授（"一带一路和中日关系"）、复旦大学徐静波教授（"日本的'寺庙'与'神社'"）、日本大阪大学山下仁教授（"亚洲多元文化共存的条件"）等。

在图书建设方面，研究所附属"荻野文库"藏有约 1.2 万册日文原版书籍，主要涉及日语语言学、文学艺术、政治经济、文化社会等诸多领域。学校也大力支持研究所的图书资源库建设，资料室订购了《日语学习与研究》《人民中国（日文版）》《外语教学与研究》《译林》《外国文学研究》等 50 余种外语学科相关的权威杂志。另外，研究所拥有"早稻田库"，藏书 1.3 万余册，几乎包含所有门类，以文史类居多。这些都为师生查阅日本一手资料和科研活动提供了坚实的图书储备。

地址：浙江省杭州市下沙高教园东区学源街18号 外国语学院楼四楼

邮编：310018

负责人：方小赟

联系电话：18868765025

电子邮箱：binlinmusashino@163.com

## 二、重要会议举办情况

**1. 协办浙江财经大学外国语学院第六届"学涯外语"学术年会**

学术年会是浙江财经大学外国语学院着力打造的"学涯外语"科研品牌中的重要一环。"学涯外语"主要涵盖"学涯外语讲坛""学涯外语读书会""学涯外语课题申报会""学涯外语学术年会"四个方面。通过学术年会，交流学术，启发思维，形成共鸣，取得进步。研究所成员积极参加2021年第六届"学涯外语"学术年会的投稿和现场汇报工作。主要成果如下。

（1）翻译与语言学研究方向

①陈鹏安"小说标题与文化空间——论《银钮碑》的转译过程"及译介策略；

②黄莹"中国語母語話者による日本語の漢語形容動詞の習得"；（"汉语母语者对日语中汉语形容动词的习得"）；

③王丽娟"中日'电气'词义及概念受容通考"。

（2）文学与文化研究方向

①毕雪飞"丝绸之路的开拓、往来与牵牛织女传说在日本的传承——以九州宗像大社中津宫牵牛织女传说为中心"；

②董青"中日禁忌文化的比较——以丙午俗信与羊年禁忌为中心"；

③孟书琪"《开拓满蒙》杂志中的女性移民宣传视角分析"；

④宋翔"来华日僧'出行日记'中的径山与中日文化交流"；

⑤王梦婷"论志贺直哉《好人物夫妇》"；

⑥朱赛利"浅析牧溪水墨画在日本的受容"；

**2. 研究所开展的学术活动**

2021年11月2日，陈鹏安博士以"契诃夫《黑修士》的转译和文本嬗变"为题，开展了精彩的学术讲座。此次讲座由方小赟博士主持，副院长曹道根教授及研究所成员、研究生参加了此次讲座。

## 三、机构要闻

研究所成员积极参加校内外举办的学术讲座和交流活动。校内讲座参加情况如下。

1. 2021年4月13日,"学涯外语讲坛"第四十一讲:浙江大学程乐教授"语料库语言学:理论、路径与热点"。

2. 2021年4月22日,"学涯外语讲坛"第四十二讲:四川外国语大学王仁强教授"语言学研究的量子转向"。

3. 2021年6月10日,上海交通大学杨枫教授、上海大学傅敬民教授"外语类论文写作与发表"交流会。

4. 2021年6月17日,"学涯外语讲坛"第四十三讲:西安外国语大学黄立波教授"基于语料库的书面口语体特征英译考察——以《延安文艺座谈会上的讲话》为例"。

5. 2021年6月22日,外国语学院建院20周年系列讲座暨"学涯外语讲坛"第四十四讲:山东师范大学王卓教授"跨学科视域下的文学阅读与研读"。

6. 2021年10月16日,浙江省翻译协会2021年年会暨"翻译中国"学术研讨会。

7. 2021年10月26日,外国语学院建院20周年系列讲座暨"学涯外语讲坛"第四十五讲:杭州师范大学孙立春教授"中国当代小说在日译介与传播70年"。

8. 2021年11月9日,外国语学院建院20周年系列讲座暨"学涯外语讲坛"第四十六讲:西安外国语大学徐玉臣教授"情态不和谐"及"评价意义不和谐"的语义学阐释。

9. 2021年11月16日,外国语学院建院20周年系列讲座:上海外国语大学肖维青教授"小课堂大思政——外语类课程思政的内涵与建设路径"。

在校外交流方面,研究所成员积极参加各种线上学术交流活动,如陈鹏安博士在"中日文学关系研究丛书研讨会"上进行了评议,并作为与谈人参加了"日本大众文化研究系列讲座"2021(二)。

2022年5月11日,全国第三方大学评价研究机构艾瑞深校友会网公布了"2022中国高贡献学者"榜单。研究所成员王丽萍教授入选。

艾瑞深是得到社会各界认可的、有良好公信力的第三方大学评价研究机构,已经连续20年发布校友会中国大学排名。此次评选是国内首次提出"中国高贡献学者"指标,引入校友会2022中国大学排名评价指标体系,旨在破除大学排名唯论文、重理轻文等导向。

## 四、承担的省部级及以上课题

| 课题名 | 主持人 | 课题类型 | 课题编号 |
| --- | --- | --- | --- |
| 牵牛织女传说在日本的传播演化与活态传承研究 | 毕雪飞 | 国家社科基金后期资助项目 | 20FZWB028 |

(供稿人:方小赟)

# 浙江工商大学东亚研究院

## 一、基本情况

东亚研究院成立于 2011 年 12 月，是一所以"以历史文化脉络解决东亚现实问题"为宗旨，专门从事东亚问题研究的省级综合研究机构。

研究院下设"日本研究中心""韩国学研究所"两大机构，同时作为"浙江省中日关系史学会"会长单位，设有学会秘书处。此外，研究院还拥有浙江省哲学社会科学重点研究基地（A 类）、日本国际交流基金海外日本研究重点支援机构、"东亚研究与周边外交"校级协同创新中心、舟山基地等国内外研究平台，研究方向大类别为东亚历史文化、东亚历史与丝路文明、东亚文化圈，三者和而不同，有机组合，协调发展。研究院目前有专职研究人员 15 名（均具博士学位，其中教授 4 名、副教授 5 名、讲师 6 名），同时聘请 20 余名国内外知名学者担任兼职研究员，另聘用海外驻站研究专家多名。

研究院秉承"立足浙江，放眼东亚，走向世界"的发展目标，贯彻"以文化传播为核心、以历史脉络梳理为途径，对东亚世界展开全方位、深层次的研究"的学术方针，在继续做强"中日文化交流与文化比较"传统研究的同时，全面开展东亚政治、经济、文化等领域的研究。研究院人员首倡的"书籍之路""东亚学""东亚笔谈"等学术新理路，更是引领着国内外学术界的研究方向。此外，研究院在东亚岛屿争端问题、日本在华侵略神社、东亚童蒙读物、欧美的日本研究等研究领域也有不俗成果。

研究院同时承担着人才培养的职责，招收亚非语言文学专业（韩国研究、日朝交流研究、东亚研究方向）的硕士研究生，实施国际化办学，先后与日本早稻田大学、神奈川大学，韩国首尔市立大学、仁荷大学、檀国大学、江原大学等 12 所海外大学签订了院（所）级学术交流协议，每年互派教师、留学生开展学术交流与研究，共同举办学术会议，办学质量在全国同专业中处于领先地位。此外，研究院还设有"梅田善美日本文化基金""东亚研究奖励基金"等奖学金，用于资助研究生出国访学、留学，学生在学期间均有赴日本、韩国留学半年或一年的机会，研究生出国率达到百分之百。

研究院现有藏书 3 万余册，其中日文、韩文、英文原版书籍 2 万余册。文献涉及东亚历史、政治、经济、教育、文化、艺术、文学、法律、地理、宗教等多个领域。尤其富藏东亚历史文化、宗教思想以及汉文典籍等基础文献，已成为国内建设相对成熟、特色藏书丰富的专业性图书资料中心，初步完成了"全国东亚研究图书资料中心"的建设架构。

研究院与中国社会科学出版社、上海交通大学出版社、浙江人民出版集团、浙江工商大学出版社等出版机构联合打造"浙商大日本研究丛书""东亚笔谈文献资料""东亚研究书系""中日文化交流文库"等多套丛书，成果将陆续面世。

地址：浙江省杭州下沙高教园区学正街 18 号

邮编：310018

负责人：江静

联系人：谢咏

联系电话：0571-28008393

电子邮箱：dyyjy@mail.zjgsu.edu.cn

## 二、重要会议举办情况

1. 2021 年 5 月 3 日，由浙江工商大学东亚研究院、浙商研究院主办，浙江工商大学稻盛和夫商道研究中心承办，浙江省伦理学会协办的"首届东方传统与稻盛商道国际学术研讨会"在浙江工商大学顺利召开，来自中国、日本、韩国等国，以及中国台湾、香港地区的专家学者和企业家代表 50 余人参加了此次盛会。

2. 2021 年 7 月 19 日至 25 日，第十三届中国高校教师日本历史文化（民俗研究）高级讲习班在贵州成功举办。该届讲习班由浙江工商大学东方语言与哲学学院、浙江工商大学东亚研究院、日本神奈川大学联合主办，贵州大学外国语学院承办，《日语学习与研究》杂志社协办，日本国际交流基金会资助。讲习班以中日民俗研究为主题，以贵州民俗为切入点，以多视角对中日两国民俗研究的历史、现状以及发展方向进行了研讨，有来自国内近 30 所高校的 40 余名教师参加。除专家讲座以外，学员们也从各自的研究领域阐述了自己对中日民俗交流的见解，同时与专家进行线上、线下的互动交流。

3. 2021 年 9 月 18 日至 19 日，第二届宋元与东亚世界高端论坛暨新文科视域下古代中国与东亚海域学术研讨会在杭州成功举办。本届研讨会由中国社会科学院古代史研究所元史研究室、宋辽西夏金史研究室、浙江工商大学东方语言与哲学学院联合主办，浙江工商大学东亚研究院承办，上海大学文学院历史系、浙江省中日关系史学会协办，《中国史研究动态》《江海学刊》《元史及民族与边疆研究集刊》杂志社提供学术支持。本届研讨会紧跟国内学术热点，以"新文科视野下古代中国与东亚海域"为切入点，从多个角度对宋元时代的东亚世界进行了深入探讨。受疫情影响，此次大会采取线上、线下同步进行的方式举行。与会学者有 40 余人，发表学术报告 31 篇。

## 三、机构要闻

1. 2021年3月始"东亚研究学术讲座之跨学科前沿"系列讲座开讲,该系列讲座合计七讲,面向研究院广大师生,邀请多位来自国内外各大高校、研究机构的学者进行线上、线下演讲。

2. 2021年5月3日,由浙江工商大学东亚研究院、浙商研究院主办,浙江工商大学稻盛和夫商道研究中心承办的"首届东方传统与稻盛商道国际学术研讨会"顺利召开。

3. 2021年7月19日至25日,第十三届中国高校教师日本历史文化(民俗研究)高级讲习班在贵州成功举办。

4. 2021年9月18日至19日,第二届宋元与东亚世界高端论坛暨新文科视域下古代中国与东亚海域学术研讨会成功举办。

5. 2021年10月18日,第五届径山禅宗祖庭文化论坛在杭州径山寺召开。此届论坛由杭州佛教协会主办,径山禅宗文化研究院、浙江工商大学东亚佛教文化研究中心承办。

6. 2021年11月11日,由浙江工商大学稻盛和夫商道研究中心举办的"经营十二条与企业经营管理"稻盛哲学专题讲座顺利开展。

7. 2021年11月,张新朋教授申报的"敦煌蒙书《上大夫》及其衍生文献之整理与研究"获批2021年度国家社科基金冷门绝学研究专项立项。

8. 2021年12月,浙江省第二十一届哲学社会科学优秀成果奖评选结果揭晓,丁建华副教授的著作《近现代佛教空有之争研究》荣获基础理论研究优秀成果奖青年奖。

## 四、承担的省部级及以上课题

| 序号 | 课题名 | 主持人 | 课题类型 | 课题编号 |
| --- | --- | --- | --- | --- |
| 1 | 敦煌蒙书《上大夫》及其衍生文献之整理与研究 | 张新朋 | 国家社科基金冷门绝学项目 | 21VJXG003 |
| 2 | 梵汉藏等多语因明文献的互补互证研究 | 肖 平 | 国家社科基金冷门绝学项目 | 2018VJX037 |
| 3 | 中观学中国化研究 | 丁建华 | 国家社科基金青年项目 | 20CZJ005 |
| 4 | 柳原前光《使清日记》研究与校注 | 聂友军 | 国家社科基金后期资助项目 | 20FWWB002 |
| 5 | 宋代佛教戒坛戒仪羯磨与制度研究 | 王仲尧 | 浙江省哲社重点项目 | 21LMJX02Z |
| 6 | 《禅门锻炼说》的禅学教学方法研究及其对当代哲学教育的启示 | 丁建华 | 浙江省哲社之江青年课题 | 22ZJQN25YB |

(供稿人:谢咏)

# 浙江工商大学日本研究中心

## 一、基本情况

浙江工商大学日本研究中心成立于2004年,是浙江工商大学直属的教学科研机构。2017年,被评定为教育部国别与区域研究备案中心,接受教育部国别与区域研究中心秘书处的指导,依托学校外国语言文学一级学科以及浙江省哲学社会科学重点研究基地"东亚研究院",全面开展日本及东亚研究本硕博一体化人才培养和科学研究工作,在2021年教育部高校国别与区域研究工作内部评估中,中心成功入选区高水平建设单位,综合评估结果为备案中心Ⅰ类。

中心的宗旨是以"立足浙江,面向全国,放眼世界"为建设理念,秉承"通过梳理东亚文化脉络,解决区域历史与现实问题"的学术方针,贯彻"组建一流的研究队伍、形成独具特色的研究体系、立足浙江面向全国开展社会服务、致力高端人才的培养、多渠道开展国际文化交流"的发展目标,结合学校"大商科"办学特色,走"多学科融合、特色发展"之路,汇聚校内各学科优质资源,继续做强做优日本历史文化基础性研究。除学术研究外,中心以"知古鉴今、以史资政"为导向,致力于解决中日政治、经济、文化等领域的现实问题,承担着浙江省政府和国家相关部门交办的委托研究课题及地方服务合作项目,积极发挥资政服务的作用。

中心坚持内外有机结合的团队建设体制,通过内部整合本校东方语言与哲学学院、东亚研究院、外国语学院、人文与传播学院、经济学院、管理学院等校内研究人员,外部引进浙江大学、复旦大学、南开大学、厦门大学、中国社会科学院、日本早稻田大学、日本国立冈山大学、韩国高丽大学等国内外知名高校和研究机构的研究力量,打造了一支专职兼职互补、学科交叉融合的研究团队。团队现有28名研究人员,主要从事中日关系史、中日文化交流史、东亚国际关系、东亚经济贸易和日语语言文学等五个方向的研究和教学,在日本历史文化、中日文化交流史等研究领域特色鲜明、独树一帜。此外,中心还承担着浙江工商大学学科建设职责,拥有博士学位授予权,招收外国语言文学(日本及东亚方向)的博士研究生,着力培养具有国际视野和多学科背景的高素质研究人才。

面向未来,任重而道远。中心试图抓住中华民族伟大复兴这一历史机遇,坚持"科研服务社会"的价值导向,从经济、科技、文化等多领域视角,开展中日两国的互动模式、理论与方法论体系创新研究。同时,立足浙江和区域文化研究,放眼全国,借鉴国内历史经验和日本经验,发微兴衰机理,为各级政府决策建言献策,提供智慧和参考。

地址：浙江省杭州下沙高教园区学正街18号

邮编：310018

负责人：江静

联系人：薛晓梅　谢咏

联系电话：0571-28008393

电子邮箱：ryzx@zjgsu.edu.cn

## 二、重要会议举办情况

2021年10月22日至24日，由中心和浙江工商大学东方语言与哲学学院联合主办，中国日本史学会协办，日本国际交流基金提供后援资助的"东亚视域下的中日文化关系——以赴日中国人为中心"国际学术研讨会成功举办。此次研讨会参会者达60多人，收集论文共计45篇。会议采取线上线下相结合的方式进行。除国内外著名学者的主题演讲外，另按照"古代中日文化交流""晚清中日文化交流""民国中日文化交流及民俗交流"等研究主题设有3场分会。

## 三、机构要闻

1. 2021年3月，外交部亚洲司科研项目"新形势下日本外交政策走向分析"获批立项。

2. 6—7月，浙江工商大学日本研究中心教师三部著作出版：江静、关雅泉著《风月同天——中日人物与文化交流》、李国栋著《中日远古非文字交流研究》，江静主编《日本中国绘画研究译丛（首辑10种）》。

3. 9月，中心自主设置目录外二级学科国别和区域研究获批成立。

4. 9月，中心教师徐磊课题《日本明治时期外交档案中的中国政情报告整理与研究》获国家社会科学基金资助立项。

5. 10月9日，由中心和稻盛和夫商道研究中心联合举办的"创业与守业——稻盛和夫经营理念的应用案例分析"稻盛哲学专题讲座顺利召开。

6. 11月12日，与浙商研究院共同召开"东盟与中日韩（10+3）多边产业与科技合作国际学术论坛"。

7. 12月，由中心教师董科和贾临宇主编的《高考日语核心语法速成教程》出版发行。

8. 12月，首届"华东九美"优秀美术图书奖评选结果揭晓，《日本中国绘画史研究译丛》获金奖。

## 四、承担的省部级及以上课题

| 序号 | 课题名 | 主持人 | 课题类型 | 课题编号 |
| --- | --- | --- | --- | --- |
| 1 | 古代中日佛教外交研究 | 江 静 | 国家社科基金重点项目 | 19ASS007 |
| 2 | 日本明治时期外交档案中的中国政情报告整理与研究 | 徐 磊 | 国家社科基金一般项目 | 21BZS149 |
| 3 | 中日文化对比视野下的古代日本禳疫仪礼及疫神信仰研究 | 姚 琼 | 国家社科基金青年项目 | 20CZJ020 |
| 4 | 稻作文化东传日本之研究 | 李国栋 | 浙江省哲学社会科学重点研究基地课题 | 20JDZD017 |
| 5 | 罗振玉所藏书画流散日本情况的调查与研究 | 张明杰 | 浙江省哲学社会科学重点研究基地课题 | 20JDZD018 |
| 6 | 近代中日形容词的词汇交流研究——以常用二字词为中心 | 周 菁 | 浙江省教育厅一般项目 | Y201942000 |
| 7 | 浙学东渐视域下的日本德川阳明学研究 | 关雅泉 | 浙江省教育厅一般项目 | Y202044886 |

（供稿人：谢咏）

# 浙江省中日关系史学会

## 一、基本情况

浙江省中日关系史学会是由浙江省内研究中日关系史和关心中日两国关系发展的人士自愿组成的非营利性学术团体。学会接受浙江省社会科学学会联合会、浙江省民政厅的业务指导和监督管理。

该学会的前身是1993年5月经浙江省社会科学学会联合会审查并批复同意成立的"浙江省中日关系学会"。1996年，由杭州大学、宁波大学、浙江师范大学等单位发起，动议筹建浙江省中日关系史学会，主要发起人为当时杭州大学日本文学研究所所长王勇教授、副所长王宝平副教授和浙江省教委外办副处长钱晓晴同志等。在杭州大学校领导的赞同和支持下，当年4月以杭州大学文件形式向主管部门浙江省社联提交了请示报告，1996年4月26日获浙社（96）6号文件批复，同意成立浙江省中日关系史学会（以下简称"学会"）。5月，学会筹委会向浙江省民政厅提交成立登记的申请报告，7月获正式批准，学会宣告成立，是当时筹建最快的一个学会。10月，在杭州召开了学会成立大会暨第一次会员代表大会，审议和通过《浙江省中日关系史学会章程》（以下作《章程》），选举产生了第一届理事会，并由理事会选举产生了学会的领导机构，进行了信息交流和学术研究的初步规划等。根据《章程》，学会的主要任务和业务范围有：①举办各类学术会议；②组织各类研究课题；③出版相应的出版物；④开展多种形式的友好交流活动；⑤为政府及企事业单位提供咨询服务；⑥开展宣传中日交流及介绍日本文化的普及活动；⑦为浙江省涉外单位培养人才等。

学会在筹建和成立之初，经杭州大学审批同意，无偿借用杭州大学日本文化研究所作为合署办公地，1998年杭州大学并入浙江大学后办公地仍设于更名后的"浙江大学日本文化研究所"。2004年，因研究所团队主要成员调入浙江工商大学并重组成立"浙江工商大学日本文化研究所"，学会会长单位兼秘书处一同迁往该校，现办公室设在浙江工商大学东亚研究院内。

学会秉承组织人才、促进交流、服务社会的传统，近年来为配合中国文化"走出去"战略、促进浙江省日本研究总体水平的提升，在各方面继续努力开展工作，内容涵盖：

（一）组织、举办学术报告会、学术讨论会和座谈会，加强会员之间的交流；

（二）组织学术交流活动，建立与国内外有关团体和机构的联系；

（三）组织或参加有关中日关系研究及日本研究的国内和国际学术活动；

（四）组织会员进行专题学术研究，收集整理资料，编纂出版学术研究成果；

（五）组织会员和国内学者赴国外、境外考察访问。

现任会长：陈小法，湖南师范大学外国语学院，教授（人事关系所在单位：湖南师范大学）。

现任秘书长：许海华，浙江工商大学东方语言与哲学学院，博士（人事关系所在单位：浙江工商大学）。

办公地址：浙江省杭州下沙高教园区学正街18号

邮政编码：310018

联系电话：28008379

邮编：310018

## 二、重要会议举办情况

1. 2021年5月3日，由浙江工商大学东亚研究院、浙商研究院主办，浙江工商大学稻盛和夫商道研究中心承办，浙江省中日关系史学会与浙江省伦理学会协办的"首届东方传统与稻盛商道国际学术研讨会"在浙江工商大学顺利召开，来自中国、日本、韩国等国，以及中国台湾、香港地区的多位专家学者和企业家代表参加了此次会议。学会副会长浙江工商大学江静教授、成员柴可辅副教授、丁建华副教授参加了会议。

2. 2021年7月24—29日，第十三届中国高校教师日本历史文化（民俗研究）高级讲习班在贵州成功举行。该讲习班由浙江工商大学东方语言与哲学学院、浙江工商大学东亚研究院、日本神奈川大学联合主办，贵州大学外国语学院承办，另有《日语学习与研究》杂志社协办，日本国际交流基金会资助。

讲习班以中日民俗研究为主题，以贵州民俗为切入点，以多视角对中日两国民俗研究的历史、现状以及发展方向进行了研讨，参加者是来自国内近30所高校的40余名教师。学会成员、浙江工商大学李国栋教授、聂友军教授、姚琼副教授及该学会副秘书长谢咏老师等参加。

3. 2021年10月22—24日，"东亚视域下的中日文化关系——以赴日中国人为中心"国际学术研讨会召开。研讨会由浙江工商大学东方语言与哲学学院、东亚研究院、日本研究中心主办，另有中国日本史学会协办，日本国际交流基金提供后援资助。

会议采取线上线下相结合的方式举行。参会者达60多人，收集论文共计45篇。除主题演讲外，按照研究主题设有3场分会，分别为"古代中日文化交流""晚清中日文化交流""民国中日文化交流及民俗交流"。学会副会长、浙江工商大学江静教授和台州学院高平教授，学会成员浙江工商大学徐磊副教授、姚琼副教授、洪仕良博士、关雅泉博士等参加了会议。

### 三、承担的省部级及以上课题

| 序号 | 课题名 | 主持人 | 课题类型 | 课题编号 |
| --- | --- | --- | --- | --- |
| 1 | 东亚笔谈文献整理与研究 | 王 勇 | 国家社科基金重大项目 | 14ZDB070 |
| 2 | 古代中日佛教外交研究 | 江 静 | 国家社科基金重点项目 | 19ASS007 |
| 3 | 敦煌蒙书《上大夫》及其衍生文献之整理与研究 | 张新朋 | 国家社科基金冷门绝学研究专项 | 21VJXG003 |
| 4 | 日本明治时期外交档案中的中国政情报告整理与研究 | 徐 磊 | 国家社科基金项目 | 21BZS149 |
| 5 | 中日文化对比视野下的古代日本禳疫仪礼与疫神信仰 | 姚 琼 | 国家社科基金青年项目 | 20CZJ020 |
| 6 | 中观学中国化 | 丁建华 | 国家社科基金青年项目 | 20CZJ005 |
| 7 | 柳原前光《使清日记》研究与校注 | 聂友军 | 国家社科基金后期资助项目 | 20FWWB002 |
| 8 | 日本藏中国古代禅僧墨迹调查与研究 | 江 静 | 文化部项目 | — |
| 9 | 日本长崎历史文化博物馆藏近代中日关系档案汇编 | 王宝平 | 国家新闻出版署出版业"十四五"时期发展规划项目 | — |
| 10 | 近代浙江留日学生与中外文化交流 | 吕顺长 | 浙江省社科规划重点项目 | — |

（供稿人：许海华）

# 中国海洋大学日本研究中心

## 一、基本情况

中国海洋大学日本研究中心（以下简称"中心"）是山东半岛沿海地区唯一的综合性日本研究机构，2010年3月成立，并于当年5月15日举行中心揭牌仪式。中心以学校文科院系研究人员为主体，组建了由20余名研究人员构成的跨学科研究团队，多年来在中日关系史、中日文化交流史、中日海洋问题、日本语言文学、翻译学、日本历史文化、日本政治、日本经济等诸多领域取得一批重要的研究成果，有的成果在学术界影响较大，多份研究咨询报告得到中央领导同志和有关部门的批示和采纳。

在高起点整体推进的同时，中心突出"海洋"和"地域"特色。在"海洋研究"领域，重视海上邻国日本的海洋历史和文化、海洋战略以及中日海洋和岛屿问题的研究；在"地域研究"领域，深入研究历史上青岛地区与日本关系的"遗产"，探究现代青岛与日本在政治、经贸、文化、教育诸领域关系的新问题，为山东省、青岛市构建与日本和东亚区域合作新型关系提供政策咨询。

2011年，中心学术辑刊《海大日本研究》创刊，搭建起国内外日本研究的学术平台，每年出版一辑，面向海内外公开发行。

2016年，中心入选中国智库索引（CTTI）首批来源智库，中心主任修斌教授应邀在高校组做重点发言。中心积极发挥海洋日本问题智库作用，围绕东亚海洋历史与文化遗产、日本海洋战略、日台关系、日本与朝鲜半岛、日本与南海等，开展课题研究，出版专著、论文，提交咨询报告，有效发挥了海洋日本问题的智库作用。

中心重视与国内外的学术交流，与多家日本研究机构和学者建立起融洽的工作关系，通过举办国际研讨会、教师互访、共同研究、选派推荐留学生赴日学习和交流等措施，推进对日交流工作。先后邀请数十位中日著名学者来中心演讲或进行学术报告，主办或联合主办了"中国的日本研究高端论坛"（2010）、"东海安全形势与中日关系研讨会"（2012）、"第二届日本学论坛"（2014）、"第十七届中琉历史关系国际学术研讨会"（2019）等。中心共选派20余人赴日留学，其中9人获得两国政府博士奖学金等。

中国海洋大学日本研究中心人员构成及主要研究领域如下。

修斌，教授，主要研究领域为中日文化交流史、中日关系史、东亚海洋问题。

赵成国，教授，主要研究领域为东北亚关系史、海洋历史与文化。

牛月明，教授，主要研究领域为中日文论互动研究。

林少华，教授，主要研究领域为日本文学翻译与研究。

聂友军，教授，主要研究领域为中日文学与文化关系研究。

修德健，教授，主要研究领域为日语语言学、日汉语对比研究与口译。

张韶岩，教授，主要研究领域为日本社会与文化、跨文化交流日汉语比较研究。

张小玲，教授，主要研究领域为日本近代文学、中日比较文学。

姜春洁，教授，主要研究领域为日本近代史、东亚海洋史。

管颖，副教授，主要研究领域为中日关系、亚太关系研究、海洋与岛屿问题研究。

宋宁而，副教授，主要研究领域为中日关系、日本海洋战略与海洋政策。

黄英，副教授，主要研究领域为日本近现代文学、比较文学与文化。

郭新昌，副教授，主要研究领域为国际关系、东海及钓鱼岛问题研究。

徐晓红，副教授，主要研究领域为日本精神医学交流史。

郭晓丽，副教授，主要研究领域为日本近现代文学。

王爱静，讲师，主要研究领域为日本文化。

王新艳，讲师，主要研究领域为中日民俗学、中日海洋文化。

陈琳琳，讲师，主要研究领域为近代中日学术交流史、东亚海域交流史。

景菲菲，讲师，主要研究领域为中日关系史。

姜柳，讲师，主要研究领域为日语语言学。

武倩，讲师，主要研究领域为日语语言学、日本古辞书、中日典籍交流。

孙瑾，讲师，主要研究领域为中日医疗文献传播。

俞鸣奇，讲师，主要研究领域为中日海洋民俗、海洋史。

地址：山东省青岛市崂山区松岭路 238 号

邮编：266100

负责人：修斌

联系电话：0532-66787078

电子邮箱：hdrbyj@126.com

## 二、重要会议举办情况

2021 年 12 月 2 日，中心在中国海洋大学崂山校区文新楼 322 学术厅举办了"琉球历史与中国文化研究"首届学术研讨暨项目启动会，会议由中心主任修斌教授主持，邀请南开大学历史学博士、湘潭大学讲师刘啸虎和清华大学人文学院博士孙家珅作了精彩的主题报告。

刘啸虎在报告《"有趣"与"真实"之间——英国航海家巴塞尔·霍尔笔下的琉球》中指出，英国航海家巴塞尔·霍尔1816年曾率舰队访问琉球，其游记影响巨大。琉球史籍中对霍尔舰队来访的记载，疑遭日本方面删改。归国途中，霍尔在大西洋圣赫勒拿岛向遭流放的拿破仑讲述琉球见闻，乃是19世纪初区域历史在全球视野之下产生交流和互动的重要表现。但是霍尔讲述的琉球并非一个真实的琉球，而是一个用"有趣"代替了"真实"，作为符号、为西方充当"他者"的琉球。

孙家珅在报告《万国津梁：琉球历史与文化》中指出，在历史上，琉球曾是一个独立的王国，在明清两代是中国在东海上扶持的藩属国，1879年被日本吞并设置冲绳县，第二次世界大战冲绳战役后被美国占领至1972年。琉球的历史与文化先后受到了中国、日本以及美国三个主要国家的影响。

会上，中国海洋发展基金会—中国海洋发展研究中心项目"琉球历史与中国文化研究"启动，课题负责人修斌教授介绍课题总体情况及子课题设计。课题组成员进行了热烈研讨。

### 三、机构要闻

1. 2021年9月，国家社科基金一般项目"琉球通史"获批，该项目由中国海洋大学日本研究中心主任修斌教授主持，中心有关研究人员参与。

2. 2021年11月，中国海洋发展基金会—中国海洋发展研究中心项目"琉球历史与中国文化研究"获批，项目由中心主任修斌教授主持，中心其他相关研究人员共同参与。2021年12月举行了该项目的启动会及首届学术研讨会。

3. 2021年10月30日，中心邀请日本关西大学名誉教授松浦章在线上进行了题为"17—20世纪初期东亚海域航运史所见文化交流"的学术讲座。讲座从航运史的角度，以具体的航运活动，尤其是海域内航行的帆船及其所载货物为中心，对17—20世纪初期东亚海域的文化交流进行了考察。50余位校内外师生在线上参与了此次讲座。

4. 2021年11月9日，中心邀请韩国国立釜庆大学教授金昌庆在线上进行了题为"从文化角度解读韩中传统节日的异同"的学术讲座。从东亚的视角对春节、元宵节、清明节、端午节、中秋节、冬至等传统节日的发源变迁、食俗习惯及民俗行为等进行了解读，分析了东亚国家传统节日的密切关联及差异。

## 四、承担的省部级及以上课题

| 序号 | 课题名 | 主持人 | 课题类型 | 课题编号 |
| --- | --- | --- | --- | --- |
| 1 | 海洋与东亚文明 | 姜春洁 | 科技部 | G2021151003L |
| 2 | 日本近代国家形成期海运与海权的关系研究 | 宋宁而 | 教育部人文社科规划基金项目 | 18YJA770013 |
| 3 | 世界权力的转移 | 宋宁而 | 国家社科基金中华学术外译项目 | 18WZZ010 |
| 4 | 柳原前光《使清日记》研究与校注 | 聂友军 | 国家社科基金项目 | 20FWWB002 |
| 5 | 日本近代反战文学研究（1894—1945） | 张小玲 | 国家社科基金一般项目 | 20BWW017 |
| 6 | 琉球通史 | 修　斌 | 国家社科基金一般项目 | 21BSS008 |

（供稿人：王新艳）

# 中国抗日战争史学会

## 一、基本情况

中国抗日战争史学会是全国性的民间非营利群众性学术团体，成立于1991年1月23日，名誉会长胡乔木，会长刘大年。学会由从事中国抗日战争史、中日关系史研究的专家学者和有关单位自愿结成，宗旨是正确研究中国人民抗日战争史，科学地总结反法西斯斗争的历史经验，推动中国抗日战争史研究工作的繁荣发展。

2021年12月18日，研究会召开第七届会员代表大会，代表大会以无记名方式投票选举产生了第七届理事会，在随后举行的第七届理事会第一次会议上，理事们投票选举产生了第七届理事会领导成员，王建朗当选会长。

学会的主要业务范围如下。

（一）组织、推动、协调各地抗日战争史研究工作者从政治、军事、外交、文化等各个方面展开抗日战争史研究。

（二）征集、调查、收藏有关抗日战争的文物和文献、口述资料，促进抗日战争史研究的科学著作、文献资料、调查报告等的撰写和出版。

（三）主办专门学术刊物，发表相关研究成果。

（四）开展同台港澳地区及海外从事抗日战争史研究团体和个人的学术交流，加强国际抗日战争史研究学术交流。

（五）组织、协同有关机构进行抗日战争史学术研究。

（六）调查抗战遗迹，向有关地方政府提出保护方案的建议。

中国抗日战争史学会成立30多年来，都在重要的时间节点组织学术和纪念活动，组织了九一八事变60周年国际学术讨论会、第二届近百年中日关系史国际研讨会、纪念抗日战争胜利50周年学术讨论会、七七事变60周年学术讨论会、海峡两岸抗战史学术研讨会等几十场国内及国际学术研讨会；举办了声讨日本右翼势力否认南京大屠杀历史的座谈会、声援东史郎诉讼案座谈会，为解决中日历史问题做了大量有积极意义的工作。

主办的学术刊物《抗日战争研究》是中文类核心期刊，是海内外史学界发表反映抗日战争研究前沿成果的重要平台，在学界具有重大影响；主编的大型丛书《中国抗日战争史丛书》共26卷，从政治、经济、军事、文化、外交、社会生活、人物等方面全方位反映了抗日战争的历史，在史学界产生了较大影响。

研究会秘书处设在北京市丰台区卢沟桥宛平城内街101号，邮政编码：100165。

## 二、重要会议举办情况

2018年后逐步固定地在每年召开有一定规模的年会和学术讨论会，当年6月在重庆召开了中国抗日战争史学会2018年年会暨"改革开放四十年抗日战争研究回顾与展望"学术讨论会。2019年8月在黑龙江鸡西召开了纪念抗战胜利74周年学术讨论会暨中国抗日战争史学会年会。2020年12月在河北正定召开了纪念抗日战争胜利75周年学术讨论会暨中国抗日战争史学会2020年年会。

除此以外，有中国台湾学者参加的两次会议比较有代表意义。2018年10月27—28日，由中国抗日战争史学会、《抗日战争研究》编辑部、广西人文社会科学研究发展中心、西南大学中国抗战大后方研究中心联合主办的第三届中国抗战大后方高端论坛在广西桂林召开。来自中国大陆和台湾地区近70位学者参会，提交会议论文50篇，涉及抗战大后方的政治、经济、文化、军事、社会、外交、抗战大后方的历史地位等多个专题。参加此次论坛的9位台湾学者还参与了"两岸共同编写抗日战争史"项目会议。

2019年6月15—16日，由中国抗日战争史学会主办，陕西师范大学人文社会科学高等研究院、《抗日战争研究》编辑部、陕西师范大学历史文化学院承办的"战争动员与抗日战争"研讨会在西安开幕。来自中国社会科学院、天津社会科学院、广东省社会科学院、北京大学、中国人民大学、武汉大学、南京大学、台湾辅仁大学、台湾中正大学、日本国立公文书馆等科研机构及高校的60余位专家学者与会，围绕战争期间党政社会发展等方方面面的动员展开了深入讨论。6月15日晚，王建朗会长、高士华秘书长召集此次参会学者中承担"两岸共同编写中国抗日战争史"项目撰写的两岸学者，召开了工作会议，了解"两岸共同编写中国抗日战争史"项目进展情况，商讨下一阶段交稿安排。

从2017年开始，学会所承担的另一项重大工作是推动海峡两岸抗战史研究的交流。在国务院台湾事务办公室的安排和支持下，中国抗日战争史学会与台湾中华民族抗日战争纪念协会建立了密切的合作关系，共同组织了每年一届的两岸抗战史研究论坛。海峡两岸抗战史研究论坛是为了打造两岸共同体意识、打击"台独"势力，由国台办具体指导，该学会提供学术支持，讨论会议安排、参会学者构成。该论坛政治意义重大，两岸媒体给予极大关注，中央电视台、新华社每次都安排跟踪报道。首届论坛于2017年在南京举行，150余名两岸学者、退役将领及学生参加了会议。抗战老兵、曾任台湾当局"国防部长""行政院长"的郝柏村先生与台湾数十名退役将领参加了会议，坦诚的交流进一步弥合了分歧。两岸与会者一致认为，中国为世界反法西斯战争做出了巨大贡献，付出了巨大牺牲，但国际社会对此重视不够。在这次会议上，此前对国军抗战高度肯定，而对中共抗战评价持比较消极态度的郝柏村先生高度肯定了中共抗战的功绩，影响很大。2018年于武汉、2019年于南宁继续举行了第二、三届论坛。武汉论坛讨论热烈，双方进一步增进了了解；广西昆仑关抗日战场故地，两岸退役将军携手登山，共同缅怀抗战先烈，其情其景令人感怀不已，传为佳话。受新冠肺炎疫情的影响，2020年以来，论坛未能继续举行。2021年9月，学会联络海峡两岸知名人士和书画家联袂在沈阳举行"铭史承志：九一八事变90周年海峡两岸书画展"，并确认在疫情好转后论坛将继续举办下去。

### 三、机构要闻

中国抗日战争史学会每年召开扩大的常务理事会议，根据工作安排邀请一些常务理事之外的相关会员参加当年的年会，主要是听取会员意见、回顾一年来的工作，做出下一年的安排，具体由秘书处负责筹办。同时，学会也根据需要，召开专题学术会议。

2021年12月18日，学会召开"抗日战争研究三十年"学术讨论会暨中国抗日战争史学会第七届会员代表大会，来自中国社会科学院近代史研究所、中国人民抗日战争纪念馆、北京大学、北京师范大学、复旦大学、南京大学、南开大学、浙江大学、西南大学等单位的约50人参加会议。因疫情防控等原因，会议以线上线下相结合的方式举行。

2021年10月9—10日，"九一八事变90周年国际学术研讨会"在南京大学召开。此次研讨会由南京大学历史学院和学会会刊《抗日战争研究》编辑部共同举办。来自全国各地高校、科研机构、学术期刊及海外的100余名专家学者参会，展开学术交流。

### 四、承担的省部级及以上课题

| 序号 | 课题名 | 主持人 | 课题类型 | 课题编号 |
| --- | --- | --- | --- | --- |
| 1 | 日本《战史丛书》翻译工程 | 高士华 | 国家社科基金抗日战争研究专项工程 | 16KZD008 |
| 2 | 两岸共同编写中国抗日战争史 | 王建朗 | 国家社科基金抗日战争研究专项工程 | 16KZD002 |
| 3 | 中外合作新编抗日战争史 | 王建朗 | 国家社科基金抗日战争研究专项工程 | 16KZD003 |

（供稿人：高士华）

# 中国人民大学东亚研究中心

## 一、基本情况

中国人民大学东亚研究中心成立于1995年9月，以中国人民大学国际关系学院相关领域的专家、学者为主，结合全校东亚区域研究方面的专家、学者共同组成。主要研究领域包括：东亚地区政治、外交及安全保障问题；东亚区域合作、东亚传统安全与非传统安全问题；美国、日本、俄罗斯、东南亚国家的东亚政策和战略；朝鲜半岛核问题，东亚区域内海洋、边界争议问题；东亚区域合作研究等。通过对上述东亚地区热点问题进行长期的跟踪研究和发掘，提出相应的政策咨询建议和科研成果。在影响国内传媒同时，积极致力于促进国际社会对中国的了解和认知，进一步提高中国在世界的地位和影响力。

中国人民大学东亚研究中心现已成为中国人民大学东亚问题研究及对外合作与交流的主要平台。中国人民大学东亚研究中心每年举行"东亚合作论坛"大型国际会议，至2018年已连续举办十四届，该论坛已成为中国人民大学为海内外学者探讨东亚地区问题所搭建的一个高层次、机制化的学术交流平台，有来自中国、日本、韩国、美国、俄罗斯、东盟国家的近500人次的学者参与相关问题的研究与讨论，深受亚太区域内各国学者的广泛关注。此外，东亚研究中心还举办其他小型会议和多边对话平台，大力推动了中国与亚太区域内国家学者之间的交流。目前与东亚研究中心建立稳定交流机制的有日本国际问题研究所、日本早稻田大学、日本庆应大学、日本防卫研究所、韩国政治学会、韩国世宗研究所、俄罗斯远东问题研究所、越南社会科学院、蒙古国社会科学院等20多家高等院校及智库机构。

东亚研究中心已出版"当代东亚与中国丛书"和"东亚合作论坛丛书"两套丛书，其中包括《日本大国化趋势与中日关系》《构建和谐东亚》《变化中的东亚与美国》《中国改革开放与东亚》等。目前中心成员出版的著作包括《日本大国化趋势与中日关系》《东亚地区发展报告》《金融与债务危机的国际政治经济学分析——理论模型、实证检验及政策选择》《东北亚地区合作的制度分析》《冷战后日本政治思潮研究》等。其中，《日本大国化趋势与中日关系》（专著）是日本外交与中日关系研究领域代表性成果之一，获北京市哲学社会科学优秀成果二等奖；《东亚地区发展报告》（年度报告）是东亚地区研究的核心报告之一，关注东亚区域和周边的政治经济发展变化趋势。中心主要成员在国内外各类期刊上发文数十篇，其中多篇论文被《世界经济与政治》《现代国际关系》《国际问题研究》等期刊以及中国人民大学复印报刊资料《国际政治》《中国外交》等转载并广泛引用，在学术界产生相当影响力。中心成员还完成了有关中国周边外交、朝鲜半岛核问题、中日关系、东亚区域合作、钓鱼岛问题、日本政治现状等相关内容的多篇内部报告和决策咨询，受到国家领导人批示及中央外办、国安委、中宣部、外交部等多个部委的高度评价。

东亚研究中心研究人员构成及主要研究方向如下。

黄大慧，教授，东亚研究中心主任，研究方向为东亚区域秩序与安全治理。

保建云，教授，东亚研究中心研究员，研究方向为国际贸易、区域经济合作机制研究。

李庆四，教授，东亚研究中心研究员，研究方向为美国政治、外交研究。

宋伟，教授，东亚研究中心副主任，研究方向为东亚安全与战略。

韩彩珍，教授，东亚研究中心研究员，研究方向为东亚区域合作。

李巍，教授，东亚研究中心副主任，研究方向为亚太政治经济、东南亚地区问题。

成晓河，教授，东亚研究中心研究员，研究方向为朝鲜半岛问题研究。

王星宇，副教授，东亚研究中心副主任，研究方向为日本政治、外交与中日关系。

邱静，副教授，东亚研究中心研究员，研究方向为日本问题研究。

朱晓琦，讲师，东亚研究中心研究员，研究方向为东亚海洋问题研究。

金晓文，讲师，东亚研究中心秘书长，研究方向为海外利益保护问题研究。

李夏菲，讲师，东亚研究中心研究员，研究方向为东南亚地区政治、外交问题研究。

## 二、承担的省部级及以上课题

| 序号 | 课题名 | 主持人 | 课题类型 | 课题编号 |
| --- | --- | --- | --- | --- |
| 1 | "一带一路"建设与周边外交方略 | 黄大慧 | 国家社科基金重大专项课题 | 17VDL009 |
| 2 | 亚太地区形势演变及中国亚太战略研究 | 黄大慧 | 教育部哲学社会科学重大课题攻关项目 | 12JZD049 |
| 3 | 后金融危机时代我国参与国际货币体系改革与人民币国际化问题研究 | 保建云 | 国家社科基金重点项目 | 11AJL004 |
| 4 | 亚太自贸区建设与中国国际战略研究 | 保建云 | 教育部哲学社会科学研究重大课题攻关项目 | 15JZD037 |
| 5 | 新型国际关系构建进程中的中国角色研究 | 方长平 | 国家社科基金重点项目 | 19AGJ001 |
| 6 | 新中国援越抗法顾问团档案整理和研究（1950—1954） | 成晓河 | 国家社科基金项目 | 18BGJ036 |

（供稿人：王星宇）

# 中国人民大学日本人文社会科学研究中心

## 一、基本情况

中国人民大学日本人文社会科学研究中心成立于2000年，成员以中国人民大学外国语学院日语系教师为主要成员，同时聘请国内外知名日本研究专家为兼职成员。中心以日本人文社会科学问题为主要研究对象，以促进中外日本学学术研究和交流为宗旨。

中心自成立以来，以日本学研究工作为中心，开展了多种多样的学术交流活动，如日本文化节、日本海报展、日本文化产业国际论坛、日本动漫文化国际研讨会等。尤其是2010年以后，每年均邀请国内外知名日本学研究学者举办讲座，定期召开高端学术论坛和大型国际学术研讨会，截至2021年，先后举办了"2010年北京国际日本学学术研讨会""国际协作与日本学研究""中国题材的日本文学研究""中国人民大学日本学名师讲坛""中日关系与钓鱼岛问题""第六届汉日对比语言学研讨会""佛教与文学——日本金刚寺佛教典籍调查研究""日本与东亚'环境文学'国际学术研讨会""中国古文献的投影与展开——日本古典文学研究的新地平线""2019年日语偏误与二语习得研究国际研讨会""文明互鉴——日本与东亚的异文化交流"等十数次国际会议和学术讲座，探讨了"东亚视角下的中日研究""中日语言比较研究""中日文学比较研究""东亚环境文学研究""异文化交流研究"等诸多学术研究课题，成为推动中日学术研究和交流的重要平台。

本中心主要人员构成及主要研究领域如下。

李铭敬，中国人民大学外国语学院教授、中国人民大学日本人文社会科学研究中心主任，主要研究领域为日本古典文学研究、佛教文学研究、域外汉籍传播研究。

王轶群，中国人民大学外国语学院副教授、中国人民大学日本人文社会科学研究中心成员，主要研究领域为日语语言学、日汉语对比研究、日语教学研究。

钱昕怡，中国人民大学外国语学院副教授、中国人民大学日本人文社会科学研究中心成员，主要研究领域为近代日本政治思想史、战后日本史学史、近代中日关系史、日本文化论。

徐园，中国人民大学外国语学院副教授、中国人民大学日本人文社会科学研究中心成员，主要研究领域为日本漫画史、中日漫画交流史、日本大众文化。

戴焕，中国人民大学外国语学院讲师、中国人民大学日本人文社会科学研究中心成员，主要研究领域为日本现代文学研究、比较文学。

刘妍，中国人民大学外国语学院讲师、中国人民大学日本人文社会科学研究中心成员，主要研究领域为日本近现代文学、殖民地文学。

柳悦，中国人民大学外国语学院讲师、中国人民大学日本人文社会科学研究中心成员，主要研究领域为日语教育学、日语语音教育研究。

邹文君，中国人民大学外国语学院讲师、中国人民大学日本人文社会科学研究中心成员，主要研究领域为日语词汇、日语史、中日词汇交流。

主要负责人为李铭敬，中国人民大学日本人文社会科学研究中心主任、教授。

地址：北京市海淀区中关村大街 59 号中国人民大学明德国际楼外国语学院

邮编：100872

电子邮箱：limingjing@ruc.edu.cn。

## 二、重要会议举办情况

2021 年，中国人民大学日本人文社会科学研究中心共举办四次研讨会及讲座，详情如下。

**1. "文明互鉴——日本与东亚的异文化交流"学术研讨会**

（1）时间：2021 年 11 月 6 日。

（2）主题：以从正、负两类异文化交流（正：通常意义上的文化交流；负：异国间的漂流、被刑流放、由宗教宣传引发的宗教迫害、海盗倭寇的侵略以及由侵略与对外战争引发的人口掠夺与人口买卖等）中诞生的文学，以及超脱现实的"想象文学"为对象，重新思考和探讨"异文化交流文学史"。

（3）主要参会人员：李铭敬（中国人民大学教授）、小峰和明（中国人民大学高端外国专家、日本立教大学名誉教授）、铃木彰（日本立教大学教授）、染谷智幸（日本茨城基督教大学教授）、河野贵美子（日本早稻田大学教授）、松本真辅（日本长崎外国语大学教授）、佐野爱子（日本进和外语学院教授）、Nguyễn Thị Oanh（越南升龙大学教授）、陆晚霞（上海外国语大学教授）、蒋云斗（南开大学副教授）、目黑将史（日本县立广岛大学副教授）等。

**2. "化蛇之女——道成寺缘起中的安珍·清姬"讲座**

（1）时间：2021 年 5 月 25 日。

（2）讲演者：小峰和明（中国人民大学高端外国专家、日本立教大学名誉教授）。

**3. "井原西鹤与中国文学——以《本朝二十不孝》为中心"讲座**

（1）时间：2021 年 12 月 14 日。

（2）讲演者：染谷智幸（日本茨城基督教大学教授）。

**4. "军记物语与中国故事"讲座**

（1）时间：2021年12月28日。

（2）讲演者：铃木彰（日本立教大学教授）。

除此以外，中心研究人员共发表论文7篇，分别是李铭敬的《泰山与日本古典文艺》，发表于《东亚人文与异文化交流》（东亚文化讲座第一卷）（2021年3月）；李铭敬的《日本密教文献中的〈深沙神王记〉考论》，发表于《玄奘三藏——探寻新的玄奘形象》（勉诚出版）（2021年12月）；钱昕怡的《西岛定生"东亚世界论"再讨》，发表于《日本哲学与思想研究》（2021年4月）；徐园的《跨越战争时代的漫画人物形象—"野良犬黑吉"与"三毛"的比较研究》，发表于《碧浪集》（2021年9月）；刘妍的《关于日占沦陷区下横光利一的翻译情况研究》，发表于《横光利一研究》（2021年3月）；刘妍的《少年少女的"愤怒"与"复仇"—目取真俊〈虹之岛〉论》，发表于《海港都市研究》（2021年3月）；邹文君的《"因子"的词史》，发表于《立教大学日本语研究》（2021年3月）。另有徐园译著一部，《漫画讲堂的世界之旅》（原著：大塚英志），生活·读书·新知三联书店出版。

### 三、承担的省部级及以上课题

| 序号 | 课题名 | 主持人 | 课题类型 | 课题编号 |
| --- | --- | --- | --- | --- |
| 1 | 日本当代学者"帝国史"书写及其史观研究 | 钱昕怡 | 教育部人文社科规划项目 | 18YJA770011 |
| 2 | 日本《改造》杂志及其中国叙事研究（1919—1944） | 刘　妍 | 教育部人文社科青年项目 | 19YJC752018 |
| 3 | 日语近代汉字词的词史研究 | 邹文君 | 国家社会科学基金青年项目 | 19CYY047 |

（供稿人：王顺鑫）

# 中国日本史学会

## 一、基本情况

中国日本史学会成立于1980年7月10日，第一任会长由著名亚洲史专家吴廷璆先生担任，第二任会长由中国社会科学院万峰先生担任，第三任会长由中国社会科学院汤重南先生担任（2000—2012），第四任会长由天津社会科学院张健担任（2012—2017），第五任会长由南开大学杨栋梁担任（2017年至今）。

作为中国研究日本史的唯一全国性学术团体，目前学会有正式会员300余人，分布在全国各省、自治区、直辖市。中国日本史学会的宗旨是：团结中国日本史研究工作者，大力开展对日本历史的科学研究活动，以期有所成就，有所创造，多出人才，多出成果；增进中日两国人民和两国史学工作者的相互理解和友谊，发展中日两国学术界的交流。

中国日本史学会的任务是：（1）广泛联系、组织国内研究日本史的有关机构、专业人员；协调研究、促进交流、加强合作；组织切实可行研究项目；接受、承担国家及有关单位委托的科研任务。（2）组织学术讨论，开展学术（包括图书资料）交流活动，推动专题研究和历史资料的收集、编译和出版工作，并向出版单位推荐优秀科研成果。（3）鉴定本学会和委托单位的重要科研成果。（4）加强日本史研究队伍的建设，调动一切有利于开展日本史研究的积极因素，发现和培养人才。（5）出版会刊。（6）广泛积极地开展国际学术交流活动。

中国日本史学会自成立以来，积极组织和开展各种学术活动，召开了30余次学术年会；先后举办了"大化改新""中日交流史上的友好使者""日本人与国际化""东亚区域意识与和平发展""战后日本五十年""传统文化与中日经济发展""日本与东北亚""明治维新与近代世界"等大型国际学术讨论会；举行了"邪马台国""日本历史人物评价""日本封建社会分期""日本传统文化与现代化""中日近代化比较""战后日本及东亚经济发展"等30余次专题学术研讨会。

中国日本史学会团结中国日本史研究工作者，大力开展对日本历史的科学研究活动；主要研究领域为日本的古代史、近代史、现代史、战后史、政治史、社会史、经济史、科技史、对外关系史、思想文化史、日本女性史、日台关系史以及日本侵华史等。目前学会共有300余名正式会员，由各高校、各科研机构的日本史相关研究学者组成。

负责人为会长杨栋梁，副会长为郑毅、李卓、胡令远、王新生、徐建新、程永明、张跃斌、韩东育、江静；秘书长为宋志勇。

机构地址：天津市南开区迎水道 7 号天津市社科院日本所

邮编：300191

## 二、重要会议举办情况

2021 年 8 月 21 日，由中国日本史学会主办，东北师范大学历史文化学院、东亚研究院和南开大学日本研究院、世界近现代史研究中心联合举办的"中国日本史学会 2021 年会暨两次世界大战期间日本的内外矛盾及其政策选择"学术研讨会如期召开。为响应国家疫情防控政策号召，本届年会以线上形式举行，来自全国百余家单位的共计 300 余位学界同人参加了此次会议。此次会议共设"日本古代史""日本近代史""日本现代史"三个研讨专题，与会报告人携 103 篇会议论文在六个分科会场展开讨论，内容涉及军事、医疗、教育、航运、文化交流、政治制度等日本史诸领域，取得了丰硕的研讨成果。

## 三、机构要闻

由中国日本史学会主办，东北师范大学历史文化学院、东亚研究院，南开大学日本研究院、世界近现代史研究中心联合承办的"中国日本史学会 2021 年会暨两次世界大战期间日本的内外矛盾及其政策选择学术研讨会"于 2021 年 8 月 21 日召开，受疫情影响，此次会议以线下与线上相结合的方式进行。

此次会议在南开大学日本研究院、东北师范大学历史文化学院等地设立分会场，来自 70 多所高校及科研院所的 330 余位学者以线下和线上相结合的方式参会，提交学术论文 109 篇，为学会近年来规模最大的一次学术年会。

在大会主题报告阶段，北京大学历史学系宋成有教授、东北师范大学副校长韩东育教授、北华大学东亚历史与文献研究中心郑毅教授、苏州科技大学历史学系祝曙光教授、中国社会科学院日本研究所胡澎研究员分别以"大正时期'国体论'境遇与昭和初期的'国体明徵'运动""关于日本新旧宪法的兴废原理""虚幻的建构：'满洲国'表象空间的制造与殖民地属性的构成""试论日本军部西进战略的形成与演变""战时体制下的'国民动员'研究"为题进行了精彩的大会发言。

此次会议共设"日本古代史""日本近代史""日本现代史"三个研讨专题，分设六个分科会场。

会议期间还举行了《日本社会变迁研究——纪念中国日本史学会成立四十周年论文拔萃》（四卷本，江苏人民出版社 2021 年 9 月出版）的出版发布会。

## 四、承担的省部级及以上课题

| 课题名 | 主持人 | 课题类型 | 课题编号 |
| --- | --- | --- | --- |
| 日本重大突发公共卫生事件应对体系的历史考察——兼论新冠肺炎疫情的应对 | 程永明 | 国家社会科学基金社科学术社团主题活动资助项目 | 20STA007 |

（供稿人：程永明）

# 中国日语教学研究会华南分会

## 一、基本情况

中国日语教学研究会华南分会成立于2012年12月7日，会长为广东外语外贸大学日语语言文化学院院长陈多友教授。

现在已经吸纳域内的广东外语外贸大学、中山大学、暨南大学、华南师范大学、深圳大学、华南理工大学、广州大学、广东工业大学、广东财经大学等45所广东省域高校，厦门大学、福建师范大学、福州大学、厦门理工大学等13所福建省域高校，广西壮族自治区的广西大学、广西师范大学等12所高校，海南省的海南大学、海南师范大学等3所高校以及香港、澳门地区的香港中文大学、澳门大学等高校作为成员，目前共有会员校73所。

学会下辖中国日语教学研究会湛江分会及广东民营大学日语教学联合会等社团。

学会注重总会与各分会之间的合作。业已与上海分会、江苏分会建立战略合作伙伴关系，实现了跨区域的合作与交流；与华南日本研究所、广外东方学研究中心、中国日本文学研究会、中国东方文学研究会、韩国日语日文学会、日本近代文学研究会等社团及研究机构合作，举办大型国际学术研讨会，形成国际化的协作机制与平台。该会还与人民中国杂志社、广东省新闻出版集团、香港天地图书有限公司、中国对外翻译出版公司等新闻出版机构建立战略合作伙伴关系；同时与日本国际交流基金等日方机构密切合作。学会还致力于政产学研一体化工程，凝聚该地区人才培养及学术研究特色，先后与卡西欧（上海）贸易有限公司、东风日产乘用车公司、日发投资有限公司等企业紧密合作，促进了华南地区高等院校与社会资源的整合。

学会现设名誉会长1人、名誉副会长1人、会长1人、副会长15人、秘书长1人、副秘书长3人、常务理事32人、名誉理事1人、理事83人。

地址：广州市白云区白云大道北2号第一教学楼341

邮编：510420

负责人：陈多友（会长）、张志刚（秘书长）

联系电话：020-36207109

电子邮箱：200411029@oamail.gdufs.edu.cn

## 二、重要会议举办情况

中国日语教学研究会华南分会积极开展日本语言、文学、文化、社会等方面的学术研究。每年举办一次高质量的学术研讨会。会议承办单位（视该校日语学科在相关领域的研究特色）由理事会商定，继续以"日语教育与日本学国际论坛"的平台对外开展学术活动。协助有关部门组织会员开展定期或不定期的教学经验交流会、学术讲座等活动。同时促进各院校之间的人员交流，加深相互了解，取长补短，提高教学质量和学术水平。此外，与国内外其他有关机构在教学科研方面开展交流与协作。

2021年11月28日，学会承办第四届人民中国杯日语国际翻译大赛颁奖仪式暨翻译实践研讨会；2021年9月25日，协办2021年全国日语高考趋势研讨会；2021年7月18日，主办2021年度高中日语教育改革与发展高峰论坛。

## 三、承担的省部级及以上课题

| 序号 | 课题名 | 主持人 | 课题类型 | 课题编号 |
| --- | --- | --- | --- | --- |
| 1 | "东方学"体系建构与中国的东方学研究 | 王向远 | 国家社科基金重大项目 | 14ZDB083 |
| 2 | 海上丝路与东方海洋文学研究 | 陈多友 | 国家社科基金重大项目子项目 | 19ZDA290 |
| 3 | 《文心雕龙》日本百年传播史研究 | 陈多友 | 国家社科基金一般项目 | 16BZW032 |
| 4 | 日本核电文学与生态安全问题研究 | 杨晓辉 | 国家社科基金一般项目 | 14BWW014 |
| 5 | 《中国宗教与文化战略》（日文版） | 丁国旗 | 国家社科基金中华学术外译项目 | 15WZJ001 |
| 6 | 《当代中国建设》（日文版） | 杨 晔 | 国家社科基金中华学术外译项目 | 16WSH002 |
| 7 | 《走中国特色的新型城镇化道路》（日文版） | 张志刚 | 国家社科基金中华学术外译项目 | 16WJY007 |

（供稿人：张志刚）

# 中国社会科学院日本研究所

## 一、基本情况

中国社会科学院日本研究所是中国社会科学院下属的专门从事当代日本问题研究的学术机构和智库单位,在全国日本研究领域居于引领地位,在全球国际问题特别是日本国别研究界亦享有学术声誉和重要影响力。

1981年5月,经国务院批准,中国社会科学院日本研究所成立。建所之初,日本研究所在院党组领导下克服重重困难,筹备建立了以日本政治、经济、外交、社会文化研究为主攻方向的学科框架与研究队伍,随后又设立了中国社会科学院研究生院日本研究系。

从20世纪80年代中后期开始,在全国日本学科规划领导小组指导下,日本研究所规划、协调全国日本研究,多次组织全国性日本研究工作会议并展开课题协同攻关,编撰出版了国内第一本《日本政治概况》、第一部《日本概览》、第一部《简明日本百科全书》,并率先组织编写"战后日本丛书",与中华日本学会、全国日本经济学会共同组织撰著《日本蓝皮书》《日本经济蓝皮书》。

20世纪90年代中期以后,特别是进入21世纪以来,根据形势发展与任务要求,日本研究所进一步完善学科建设,形成了日本政治研究室、日本经济研究室、日本外交研究室、日本社会研究室、日本文化研究室、综合战略研究室的学科布局,基础理论研究与综合政策研究同步深化。

经过40余年的发展,研究所的研究已全面涵盖当代日本政治、经济、外交、战略、社会、文化等领域,夯实了日本研究学科发展和应用研究的基础,推出了众多高水平科研成果。据不完全统计,建所以来,日本研究所出版以《日本战后70年:轨迹与走向》《平成时代:日本三十年发展轨迹与前瞻》、中国社会科学院日本研究所"登峰战略"系列研究成果、日本社会文化研究丛书等为代表的学术著作和工具书360余部,译著100余部,学术论文1800余篇以及大量政策研究报告。其中,众多科研成果获得国家级、省部级优秀成果奖,院优秀信息对策奖。

日本研究所主办《日本学刊》《日本文论》两种学术刊物,建有多元多种网络信息平台,编撰《日本蓝皮书》《日本经济蓝皮书》等年度皮书,从2022年起创办《日本研究年鉴》。这些学术载体均成为国内外了解中国当代日本研究学术前沿的重要窗口。

日本研究所与日本等多个国家的学术机构、知名高校、政府部门、立法机构（国会）、基金会（财团）、新闻界等保持着广泛、密切的交流关系，在信息共享、合作研究、学术研讨等方面取得了大量高质量成果。研究所每年利用各种形式派遣多批次团组出国调研、访学和参会，举办大型国际学术研讨会，邀请日本等国知名专家学者及政要出席。

日本研究所承担中国社会科学院研究生院日本研究系教学职责，招收和培养从事当代日本研究的硕士生和博士生，具有国际关系、国际政治、世界经济专业的硕博学位授予权，为中国的当代日本研究培养和输送了大量优秀人才。目前已毕业博士研究生60人、硕士研究生95人，在读博士、硕士研究生29人。日本研究所设有博士后流动站。

所领导机构成员如下。

闫坤：党委书记、副所长、研究员、博士生导师

杨伯江：所长、研究员、博士生导师

吴怀中：副所长、研究员、博士生导师

吕耀东：副所长、研究员、博士生导师

王开虎：副所长、纪委书记、研究员

地址：北京市东城区张自忠路3号东院

邮编：100007

联系电话：010-64014021

## 二、重要会议举办情况

2021年日本研究所采取线下和线上相结合的方式举办、协办6次国际学术会议，促进国际学术交流，扩大国内外影响。

8月28日，日本研究所举办中国社会科学论坛（2021）——"努力构建契合新时代要求的中日关系"暨日本研究所成立40周年国际学术研讨会。来自中国、日本、美国的重要嘉宾、专家学者及媒体代表70多人通过线上线下相结合的方式参加了会议。全国人大常委会原副委员长顾秀莲、日本国原首相福田康夫、时任中国社会科学院院长谢伏瞻、日本驻华大使垂秀夫、中日友好协会常务副会长·中国前驻日大使程永华、中国社会科学院日本研究所所长杨伯江出席开幕式并分别致辞。

6月29日，日本研究所举办2021年中日青年学者云对话活动。该活动自2019年起正式开展。中日双方青年学者通过线下、线上的深入交流增进了相互理解。9月17日，举办日本经济形势研讨会，与日本贸易振兴机构北京代表处就进一步加强交流合作达成共识；10月27日至28日，举办第二届21世纪马克思主义国际论坛暨第九届"日本马克思主义研究论坛"，围绕"百年未有之大变局与21世纪马克思主义""中国共产党建党百年与日本"等议题进行

了深入研讨；11月29日，举办中国社会科学院东海问题研究中心"东海问题与中日关系"国际学术研讨会。

此外，2021年日本研究所还主办和承办了10余场国内学术会议、研讨会、讲座、交流会等，其中主要有：6月15日，召开"新形势下日本与中日关系分析"学术研讨会；11月27日，主办中国社会科学院东海问题研究中心成立大会暨"亚太国际关系与海上形势"学术研讨会；12月2日，日本研究所中日社会文化研究中心与日本社会研究室联合召开日本社会研究专题讲座暨2021年日本社会热点问题研讨会；12月26日，与北京大学日本研究中心、复旦大学日本研究中心、商务部研究院亚洲所、广西大学中国边疆经济研究院等联合主办"新形势下中日经贸研讨会"。

### 三、机构要闻

2021年日本研究所迎来建所40周年，研究所以此为契机系统梳理中国日本研究发展脉络和前沿问题，推出了一批系统、厚重的研究成果，如《日本研究文选（全2册）》《当代中国的日本研究（1981—2020）》《平成时代：日本三十年发展轨迹与前瞻》《新冠肺炎疫情冲击下的日本与东亚——变局与深化合作的可能性》等，受到学界关注和好评。日本研究所服务于国家外交大局，紧密配合国家外交政策，精心组织安排对外学术交流工作，2021年接待日方人员来访19批40余人次，包括日本驻华使馆官员、日本驻华记者、高校与研究机构的驻华代表等；出席使馆邀约3次；安排学者接受外国媒体采访2次；该所学者应邀出席国际会议或座谈14次。与日方高层、企业、媒体等部门的友好人士保持密切、持续交流。2021年，日本研究所组织多次国内调研活动，通过实地考察提高学术研究质量和水平，考察的足迹踏至上海、江苏、广西、内蒙古、新疆等地，围绕关系国家重大战略以及院校合作等方面的情况开展调研和交流。

1月21日，杨伯江所长应邀与日本驻中国特命全权大使垂秀夫进行座谈，双方就中日关系深入交换意见。

3月21日至25日，日本研究所调研组一行六人在杨伯江所长带领下赴上海、苏州调研。

3月30日，日本朝日电视台驻中国总局局长千千岩森生访问日本研究所。

4月6日，日本国际协力银行业务企划室调查课长春日刚等与日本研究所专家座谈。春日刚课长以线上形式与参会者进行交流，北京代表处首席代表越智干文、代表高见昌树、高级主管李金福到访日本研究所参与座谈。

4月8日至11日，副所长王晓峰（时任）、吕耀东带领"日本外交与中日关系研究""日本经济政策与经济战略研究"等创新课题组人员赴湖南师范大学开展调研。

4月19日至22日，社会研究室主任、研究员胡澎带领"日本社会治理体系与治理能力研究"创新课题组人员赴江苏省南京市进行调研。

4月20日,外交部亚洲司副司长薛剑等一行到访日本研究所,向日本研究所捐赠图书《战时日本外务省涉华密档》。

4月24日,日本研究所与南京大屠杀史与国际和平研究院共建的爱国主义教育基地——"中日关系研究实践基地"举行签约挂牌仪式。

4月27日,工信部国际合作司副司长庚志成一行到访日本研究所并举行座谈。

5月18日,国务院发展研究中心产业部副部长、研究员许召元一行到访日本研究所并进行交流座谈。

6月1日,日本三井物产(中国)有限公司战略企划部八井琢磨主任研究员、李菲主任研究员一行到访日本研究所,进行交流座谈。

6月1日至4日,时任日本研究所党委书记、副所长刘玉宏带领"中日间文化认同问题研究"课题组赴广西大学、广西民族大学、广西师范大学调研。

6月8日,烟台市科技创新促进中心负责人辛献杰、山东(烟台)中日产业技术研究院院长王海超一行访问日本研究所。

6月21日,日本驻上海总领事馆总领事(大使)矶俣秋男一行访问日本研究所,日本驻上海总领事馆副领事吉田有香陪同参加。

6月22日,日本国际交流基金会北京日本文化中心野田昭彦主任、野口裕子副主任及黄海存主任助理一行到访日本研究所进行交流座谈。

6月24日至26日,日本研究所所长杨伯江研究员与综合战略研究室孟晓旭、庞中鹏一行三人赴内蒙古民族大学进行调研。

7月7日至11日,日本研究所副所长吕耀东研究员率领创新工程"日本外交与中日关系研究"课题组赴新疆喀什地区进行调研。

7月20日,日本经济新闻社中国总局长桃井裕理、记者羽田野主到访日本研究所进行交流座谈。

7月21日,日本驻华使馆政务公使野村恒成、政治部参赞石飞节、经济部参赞町田穗高、政治部二等书记官青木莉花、三等书记官牛田贵广一行五人到访日本研究所。

7月28日,日本国际协力银行北京代表处新任首席代表北川善彦、即将卸任的首席代表越智干文、代表高见昌树、高级主管李金福等到访日本研究所。

11月2日,日本研究所日本政治研究中心邀请日本朝日电视台驻中国总局局长千千岩森生,以线上视频会议的方式,作了题为"众议院大选后日本政治形势变动与中日关系走向"的专题报告。

## 四、承担的省部级及以上课题

| 序号 | 课题名 | 主持人 | 课题类型 | 课题编号 |
| --- | --- | --- | --- | --- |
| 1 | 日本"军事崛起"与我国对策研究 | 吴怀中 | 国家社会科学基金重点项目 | 17AGJ009 |
| 2 | 自民党体制转型研究 | 张伯玉 | 国家社会科学基金重点项目 | 17AGJ008 |
| 3 | "一带一路"建设下日本对华政策调整及中国的应对研究 | 孟晓旭 | 国家社会科学基金一般项目 | 18BGJ056 |
| 4 | 战后日本经济内外循环关系的历史、理论与政策研究 | 田　正 | 国家社会科学基金一般项目 | 21BGJ057 |
| 5 | 汉语文字学史 | 陈　祥 | 国家社会科学基金中华学术外译项目 | 19WYYB003 |

（供稿人：刘丛）

# 中国社会科学院外国文学研究所
# 东方文学研究室

## 一、基本情况

外国文学研究所自 1964 年正式建立以来便吸纳了一批日本文学研究的高端人才，优秀成果不断涌现，为中国日本文学研究做出了一定的贡献。这批人才中既有新中国成立后日本文学研究领域较早的开拓者：李芒（1920—2000）、高慧勤（1934—2008）、唐月梅、李德纯（1926—2017）、何少贤等德高望重的前辈，又有已经退休但依然奋战在中国日本研究第一线的许金龙、魏大海、吕莉，还有目前在职的中青年学者秦岚、邱雅芬、庄焰、唐卉等。

李芒研究员是中国外国文学研究会日本文学研究分会的创立者和很长一段时间的领导者，撰有《睦邻反霸理相连——论日本杰出歌人土岐善磨》《日本古典诗歌汉译问题》《川端康成〈雪国〉及其他》《日本文学欣赏刍议》等论文；译有《万叶集选》《没有太阳的街》《在外地主》《港湾小镇》《黑岛传治小说选》《日本俳句选》等，将日本古典和歌以及德永直、小林多喜二等现代作家的经典作品大量介绍到国内，以飨读者。高慧勤研究员是日本文学学会早期的秘书长，2000 年接任会长后，大力促进了学会的发展和国内日本文学的翻译研究，撰写论文《标举新感觉 写出传统美》《忧伤的浮世绘——论川端康成的艺术世界》《日本古典文学中的悲剧意识》等，主编《东方现代文学史》（上下），译有《木下顺二戏剧集》《日本短篇小说选》，并先后主持翻译了《川端康成十卷集》和《芥川龙之介全集》（全五卷，280 万字）等，成为日本文学翻译领域新的里程碑。唐月梅研究员笔耕不辍，译介了《潮骚》《金阁寺》《沙门良宽》《美的情愫》等文学作品，其中《浮华世家》荣获全国首届优秀外国文学图书奖，与叶渭渠合著《日本文学史》（全六卷）获第五届全国优秀外国文学图书二等奖；著有《怪异鬼才三岛由纪夫传》《日本现代文学思潮史》《日本诗歌史》等，在日本文学领域取得了卓越的成就。李德纯副研究员早年留学日本，集多年之功完成《爱·美·死——日本文学论》、《战后日本文学管窥》（日文版）、《日本战后文学史》等宏著的撰写，成就斐然。何少贤副研究员一直辛勤耕耘，著有《日本文学巨匠——夏目漱石》《夏目漱石文艺理论研究——纪念漱石诞辰 150 周年》《夏目漱石的"F+f"文学公式》《夏目漱石与汉学的关系》等。

魏大海研究员曾承担院重点研究课题"日本当代文学考察"，出版专著《私小说：20 世纪日本文学的一个神话》，参与《东方现代文学史（高慧勤主编）》的撰写，主编了六部全国性学会论文集《日本文学研究》、《芥川龙之介全集》（共同主编）等，翻译出版学术著作《日本的民族主义》《日本文化史重构——以日本人的生命观为中心》等，发表了若干相关论文，曾任中国日本文学研究会秘书长、常务副会长。吕莉研究员专攻《万叶集》和柿本人麻吕研究，在国内和日本重要期刊上用中、日文发表《"炎"考》《"西渡"考》《"白雪"入歌源流考》《柿本人麻吕对于汉语表记的创造》《额田王与中国文学》等论文，解决了不少日本"万叶"学界多年来悬而未决的难题，其中《"白雪"入歌源流考》于2008年12月获第五届"孙平化日本学学术奖励基金"论文一等奖。许金龙研究员担任"中国中外语言文化比较学会"所属之"中日语言文化研究会"会长、"大江健三郎文学研究会"会长，主要论文有《"杀王"：与绝对天皇制社会伦理的对决——试析大江健三郎在〈水死〉中追求的时代精神》、《穴居人母题的文化内涵》和《大江健三郎与日本的民本思想》等；翻译出版《被偷换的孩子》《愁容童子》《别了，我的书！》《水死》等长篇小说、随笔，其中《别了，我的书！》于2007年荣获第四届鲁迅文学奖全国优秀文学翻译奖；主编大型文学译丛"大江健三郎文集"（全40卷）；负责《中国大百科》（外国文学卷第三版）词条日本文学部分的主编工作。曾数次邀请大江健三郎及其他诸多日本当代作家和学者访问外文所和日本所。

邱雅芬研究员现任中国外国文学学会日本文学研究分会会长，中国社会科学院大学研究生院博士生导师，1991—1997年留学日本，曾任日本东海大学、大东文化大学访问学者，先后主持教育部留学归国人员启动基金项目、中国社会科学院重大项目之子项目、国家社科基金项目等，著有《日本小说发展史》（2021）、《芥川龙之介学术史研究》（2014）、《中日傀儡戏因缘研究》（2013）、『芥川龍之介の中国：神話と現実』（2010，中文译名为《芥川龙之介的中国：神话与现实》），其中，《日本小说发展史》获第31届浙江树人出版奖提名奖；译有《名著名译丛书：万延元年的football》（2021）、《罗生门：芥川龙之介经典作品集》（2022）等；论文代表作有《汉字·汉文·物语：日本古代小说的诞生》（2022）、《川端康成：被误读的先锋作家》（2022）、《探索"日语"写作范式：上田秋成的〈雨月物语〉论》（2022）、《帝国时代的罪与罚：夏目漱石的救赎之"门"》（2019）、《唐代傀儡戏东传以及日本傀儡戏的形成》（2010）、《论日本傀儡戏神"百太夫"及其域外神格》（2010）、《上海游记：一个充满隐喻的文本》（2005）等；参与编写《中国大百科》（外国文学卷第三版）词条工作等。

秦岚研究员现任《世界文学》编审、副主编，主持日本文学译介工作，所做的内容小辑涉及环境问题、原爆问题、冲绳文学、新冠肺炎疫情文学等。主要成果有《与鸟飞翔——回望铃木三重吉与日本儿童文学杂志〈赤鸟〉》、《"小三行"的时代——来自汉俳艺术的邀请》、「新世代の学者による『東アジア人文・知日文叢』の意義」（中文译名为《新世代学者所述〈东亚人文·知日文丛〉的意义》）、《一座城市的影子——前近代的日本有关南京的记忆与想象》、《〈文艺春秋〉：如何纪念它的八十周年》、《东洋镜里〈西游记〉》，《〈三国演义〉〈水浒传〉的东瀛流布研究》等。译有大江健三郎《一个正统的人》、《在自己的树下》（合译）、小森阳一《21世纪的必读书——大江健三郎的小说》、加藤周一《我的文学之路》、金原瞳《裂舌》、清水良典《"父亲"的空位》、江国香织《后3·11的日本文学》、芳村弘道《唐代诗人与文献研究》（合译）等。承担教育部留学归国人员启动基金项目"日本战后历史·时代小说的译介研究"。主编"知日文丛"丛书（中央编译出版社）、创办中日双语文学杂志《蓝·BLUE》（合办）。编辑《世界文学》2022年第5期"日本冲绳作家又吉荣喜小辑"（3.9万字），编辑《世界文学》2022年第6期"日本女作家多和田叶子专辑"（5.8万字）。

庄焰副研究员主要研究方向是近代日本文学与理论，近年来主要研究夏目漱石早期文学与思想。论文代表作有《读加藤周一〈日本文学史序说〉——兼谈日本文学史叙述传统》（2015）、《"科学"作为文学研究的方法——夏目漱石〈文学评论〉考论之一》（2017）、《在"二十世纪的文明"与"父母未生之前的世界"之间——以〈趣味的遗传〉为中心》（2018）、《文学与批评中的理性与情感——以〈文学评论〉中的斯威夫特论为中心》（2019）、《进化论时代的"幽灵"——评夏目漱石短篇小说〈琴之空音〉》（2020）等，撰写书评《战争时期日本知识分子的精神结构与战争认识——从加藤周一〈羊之歌——我的回想〉谈起》（2021）等。

唐卉研究员关注日本近现代作家对希腊神话题材的挪用、再创造以及明治维新后"日本运用古汉语译介西方文献"的具体情形，著有《希腊神话历史探赜——神、英雄与人》（2019），译有《希腊文化的东方语境》（2015）、《日本神话的考古学》（合译，2013）、《活着的士兵》（2008）等，论文代表作《"史诗"词源考》（2015）、《"历史（history）"词源考——近代西学东渐语境下中国和日本的"历史"认识》（2020）、《美狄亚的报复：战后日本的自我救赎之路——以三岛由纪夫的〈狮子〉为中心》（2021）、《御琴与玉琴：日本古代琴文化背后的王权统治和玉石信仰》（2022）、《巫女与王权——日本神功皇后西征之"神谕"谫论》（2022）等，曾任日本名古屋大学访问学者，兼任中国社会科学院大学研究生院硕士生导师。曾主持中国社会科学院青年科研启动基金项目、负责国家社科基金重大招标项目"中国文学人类学理论与方法研究"（叶舒宪主持）之子课题，参与编写《中国大百科》（外国文学卷第三版2021）词条工作等。

地址：北京市东城区建内大街5号

邮编：100732

联系电话：010-8519-5585

## 二、重要会议举办情况

2021年9月25—26日,由中国社会科学院外国文学研究所主办、武汉大学承办的"中国外国文学学会日本文学研究会第十七届年会暨学术研讨会",通过腾讯会议平台成功举办。会议完成了两项重要议程——日本文学研究会的理事选举以及组织架构选举。中国社会科学院外国文学研究所邱雅芬研究员担任新一届会长,唐卉研究员担任副秘书长。

## 三、承担的省部级及以上课题

| 序号 | 课题名 | 主持人 | 课题类型 | 课题编号 |
| --- | --- | --- | --- | --- |
| 1 | 七世纪以来日本文学中的广州形象建构研究 | 邱雅芬 | 国家社科基金一般项目 | 16BWW022 |
| 2 | 大江健三郎文艺思想研究 | 许金龙 | 国家社科基金一般项目 | 19BWW021 |

(供稿人:唐卉)

# 中国社会科学院亚太与全球战略研究院

## 一、基本情况

中国社会科学院亚太与全球战略研究院（简称"全球战略院"）(National Institute of International Strategy, CASS；简称：NIIS, CASS）是从党和国家大局出发，为落实中国社会科学院三个定位要求而组建的跨学科、综合性、创新型学术思想库。全球战略院在院党组领导下，以马克思主义为指导，坚持正确的政治方向和学术导向，遵循党中央的对外方针政策，体现中国意识与全球视角，以我国对外关系领域、国际关系领域中的重大理论与现实问题为主攻方向，集中院内外力量开展综合性国际战略研究，以代表国家水准、具有世界影响的研究成果服务于党和国家的决策，增强我国在国际社会的话语权。

全球战略院的研究任务为：着力研究世界经济社会发展、全球治理机制及我国国际战略中的全局性、综合性、趋势性和长期性问题，为党和国家决策及时提出具有科学性、前瞻性、针对性的建议。具体研究领域包括：世界经济、政治与社会发展趋势；全球治理机制；世界范围内资本主义和社会主义制度面临的矛盾与发展趋势；国际热点和难点问题；与国际战略相关的理论与思潮；我国的周边环境与战略；我国对外战略的综合性问题；等等。

全球战略院设院、室（处、部）两层管理架构。在中国社会科学院党组领导下，实行党委领导下的院长负责制。

全球战略院管理和代管六个研究中心和两个社团。研究中心包括中国社会科学院亚太经合组织与东亚研究中心、中国社会科学院南亚研究中心、中国社会科学院澳大利亚、新西兰与南太平洋研究中心、中国社会科学院地区安全研究中心、中国社会科学院亚太与全球战略研究院东北亚研究中心、中国社会科学院亚太与全球战略研究院东南亚研究中心。社团包括中国亚洲太平洋学会、中国南亚学会。

全球战略院承担中国社会科学院研究生院亚太系硕士、博士研究生培养任务，现有博士生导师6人，硕士生导师7人，授予世界经济、国际政治和国际关系等专业硕士和博士学位；并设有博士后科研流动站。

全球战略院现有编制为68名。按照中国社会科学院创新工程的精神，将通过聘用制方式补充科研力量。

现任领导为院党委书记张国春，院长李向阳，副院长叶海林、刘历彬、沈铭辉。

地址：北京市东城区张自忠路 3 号东院
邮编：100007
联系电话：010-64039024（办公室）、010-64063922（科研处）
联系传真：010-64063041

## 二、重要会议举办情况

2021 年 10 月 28 日，由中国社会科学院亚太与全球战略研究院与巴基斯坦"理解中国"论坛联合举办的"中巴关系 70 年——新时期的全天候伙伴关系国际学术研讨会"在京召开。

研讨会由中国社会科学院国际合作局副局长叶海林和巴基斯坦"理解中国"论坛执行主席法扎勒·拉赫曼博士共同主持，中国驻巴基斯坦大使农融出席研讨会开幕式并作开幕致辞，巴基斯坦总理国家安全顾问莫埃德·优素福博士作主旨发言。

"中巴关系 70 年——新时期的全天候伙伴关系国际学术研讨会"设置"中巴关系 70 周年回顾"和"当前阿富汗局势及其对中巴两国影响"两个研讨单元。

在第一单元"中巴关系 70 周年回顾"中，发言人围绕过去 70 年中巴全天候伙伴关系历久弥坚的基础、中巴关系对两国与地区的意义、新时期中巴关系的多维度特征等展开研讨。与会者一致认为，中巴关系经受住了时间以及两国国内、地区和国际环境变化的考验，中巴关系是稳定、团结和互相尊重的双边关系的典范，中巴关系的特色与基础是两国领导人与两国民众间的高度互信；新时期的中巴关系是多维度的，涵盖政治、经济、安全与人文等多领域，其中"一带一路"旗舰项目中巴经济走廊对推动地区互联互通和经济融合具积极作用，中巴要克服地区与国际环境的消极影响，致力于推进走廊建设，让走廊发挥更大作用。

在第二单元"当前阿富汗局势及其对中巴两国影响"中，发言人围绕国际社会对阿富汗塔利班临时政府的反应、阿富汗塔利班临时政府面临的困境与挑战、阿富汗邻国如何稳定阿富汗局势等问题展开讨论。与会者认为，国际社会对敦促阿富汗塔利班组建包容性政府有共识，但对"包容性"解读存在差异，当前阿富汗塔利班临时政府面临着国际社会承认、组建真正的包容性政府、国家治理能力、经济与难民等多重压力挑战，中巴两国在推进阿富汗局势稳定问题上有相似诉求，中巴应利用多种平台和机制与国际社会共同推进阿富汗稳定与发展。

"中巴关系 70 年——新时期的全天候伙伴关系国际学术研讨会"采取线上线下相结合的方式举行，来自中国国际问题研究院、中国现代国际关系研究院、清华大学、北京大学、巴基斯坦大使馆、巴基斯坦伊斯兰堡安全研究中心等的外交使节和专家学者以及巴基斯坦媒体记者参加了此次研讨会。

## 三、机构要闻

该院在 2021 年度举办了 6 次国际会议。

1. 2021年10月28日，亚太与全球战略研究院举办"中巴关系70年——新时期的全天候伙伴关系"国际学术研讨会，会议以线上和线下相结合的方式举行。

2. 2021年11月16日，亚太与全球战略研究院举办"共建中老命运共同体：愿景与行动"学术研讨会，会议以线上和线下相结合的方式举行。

3. 2021年11月26日，亚太与全球战略研究院举办"加入RCEP和CPTPP背景下的中韩产业合作"学术研讨会，会议以线上和线下相结合的方式举行。

4. 2021年12月4日，亚太与全球战略研究院与国家全球战略智库举办"冬奥会国际政治与东北亚合作"国际研讨会，会议以线上和线下相结合的方式举行。

5. 2021年12月7日，亚太与全球战略研究院举办"巴基斯坦在阿富汗问题中的角色和作用"国际学术研讨会，会议以线上和线下相结合的方式举行。

6. 2021年12月15日，亚太与全球战略研究院与广西社会科学院共同举办"中国社会科学论坛2021：高质量的开放合作"国际学术研讨会，会议以线上和线下相结合的方式举行。

此外，该院2021年主要参与接待如下外国官员访问。

1. 2021年7月16日，日本驻华使馆石飞节参赞来访，钟飞腾、李成日与之就中美日关系、RCEP进行座谈。

2. 2021年9月18日，王俊生陪同中韩关系未来发展委员会政治外交分委员会委员长、前驻韩大使宁赋魁会见韩国驻华使馆公使姜相旭。

3. 2021年12月23日，韩国驻华使馆政务参赞金尚煜来访，刘历彬、李成日与之就深化中韩人文交流进行座谈。

该院还开展了如下社团活动。

1. 中国亚洲太平洋学会于2021年5月21日至23日在天津市召开2021年中国亚太学会年会。

2. 中国南亚学会于2021年11月27日依托腾讯会议召开了2021年中国南亚学会年会。

## 四、承担的省部级及以上课题

| 序号 | 课题名 | 主持人 | 课题类型 | 课题编号 |
| --- | --- | --- | --- | --- |
| 1 | "一带一路"若干重大问题研究 | 李向阳 | 中国社会科学院创新工程重大项目 | 2019ZDGH009 |
| 2 | 依托"一带一路"发展民族经济 促进沿边周边共享繁荣稳定 | 张洁 | 中国社会科学院国情调研重大项目 | — |
| 3 | 建立健全我国海外利益保障体系研究 | 王玉主 | 国家社科基金专项项目 | 18VFH008 |

（供稿人：郭靓）

# 中国社会科学院哲学研究所东方哲学研究室

## 一、基本情况

中国社会科学院哲学研究所东方哲学研究室（简称"东方室"）筹建于1983年，筹建小组组长为巫白慧，成员为丘成、卞崇道；1984年经院部批准，东方哲学研究室正式成立。历任研究室室主任有巫白慧、卞崇道、徐远和、李甦平、孙晶、成建华。

东方哲学兼容并包、源远流长、博大精深，积淀着东方各民族最深层的精神追求，代表着东方各民族独特的精神标识，为东方各民族生生不息、发展壮大提供了丰厚的滋养。东方室的主要研究方向包括印度哲学、日本哲学、越南及东南亚哲学、阿拉伯—伊斯兰哲学、朝鲜半岛哲学。

东方室自成立以来先后承担过多项国家社科基金项目、院级和所级等各类重点研究课题，先后发表或出版了数量众多且具影响力的学术专著和论文，并积极组织开展各类学术活动。1997年以哲学研究所为依托成立了"中国社会科学院东方文化研究中心"，东方室积极配合、参与中心工作，与东方文化研究中心组织出版了"东方哲学与文化丛书"、《东方哲学》辑刊、《东方哲学史》（五卷本）等系列著作，共同主办了"迈向21世纪的东方文化""中韩儒释道三教关系学术研讨会""世纪之交东方文化走向座谈会""东方文化国际学术研讨会""东方社会哲学国际学术研讨会""日本哲学研究的历史成就与前沿课题"等学术研讨会，并持续举办"思辨东方系列学术讲座"以及"东方文化青年学术沙龙"等学术活动。

东方室专注于哲学原典研究，各研究人员发表了大量一手文献研究成果，致力于推进国内东方哲学研究。除日本哲学方向以外，该室研究人员的主要代表作有印度哲学方向的《印度哲学》、《印度吠檀多不二论哲学》、《梵动经译著研究》（英文）、《佛学义理研究》等；越南及东南亚哲学方向的《儒学南传史》等；阿拉伯—伊斯兰哲学方向的《当代阿拉伯哲学思潮》《文明对话——中国伊斯兰哲学案例研究》（英文）等；朝鲜半岛哲学方向的《四端七情之辨——朝鲜朝前期朱子学研究》等。比较哲学视域下亦著有《洛学源流》《理学与元代社会》《中国、日本、朝鲜实学比较》《东亚与和合——儒释道的一种诠释》等。

作为全国唯一拥有日本哲学研究方向博士点的机构，东方室一直将日本哲学研究作为重点研究方向之一。主要学术著作有《西田哲学》《日本近代哲学思想史稿》《战后日本哲学思想概论》《日本近世儒学家荻生徂徕研究》《日本江户时代初期儒学思想研究——以山鹿素行与中江藤树为中心的考察》等。此外，2011年起由哲学所与日本哲学会共同组织召开的"中日哲学论坛"迄今已成功举办6届，东方室一直承担中日哲学论坛中国方面的组织协调工作，本论坛已经成长为中日哲学界间的重要交流窗口。

研究室现有在职研究人员8人，其中研究员3人，副研究员1人，助理研究员4人，分别在上述相关研究领域中承担着不同的专业研究工作。8人均为博士学位获得者，其中4人在中国接受学术训练并获得博士学位，4人获海外（含港澳台）博士学位（1人为中国香港博士学位，3人为日本博士学位）。现研究室室主任为成建华研究员，副主任为王青研究员。在编在岗研究人员有刘一虹研究员、张捷副研究员、贺雷助理研究员、范文丽助理研究员，米媛助理研究员，魏伟助理研究员。

地址：中国北京建国门内大街5号中国社会科学院科研大楼949室

邮编：100732

负责人：成建华、王青

联系电话：010-85195526

电子邮箱：jhcheng118@sina.com（成建华）

　　　　　wangqing-zxs@cass.org.cn（王青）

## 二、重要会议举办情况

"日本哲学研究的历史成就与前沿课题"学术研讨会暨中华日本哲学会创立40周年纪念大会于2021年10月16—17日举行。会议由中国社会科学院东方文化研究中心、中国社会科学院哲学研究所东方哲学研究室与中华日本哲学会联合主办。东方室作为主办方高度重视该会议，哲学研究所所长张志强、东方室室主任成建华致开幕词，东方室副主任王青致闭幕词。在16日上午举行的"纪念学会成立40周年的历史回顾与未来展望"交流会上，哲学研究所东方室原室主任李甦平进行了题为"致敬前辈、努力到底——日本儒学的哲学形态"的发言，着重介绍了已故哲学研究所研究员、中华日本哲学会发起人之一的刘及辰先生的生平事迹，以及刘及辰先生对中华日本哲学会的创立和哲学研究所东方哲学研究的发展所做出的卓越贡献，并缅怀了为学会发展和中国的日本哲学研究做出重要贡献的朱红星、丘成、卞崇道等学会前辈学者。其余与会学者也着重回顾了已故东方室原室主任卞崇道先生在北京长期举办日本哲学读书班对推动中国日本哲学学科发展起到的巨大积极作用。东方哲学研究室研究员王青、助理研究员魏伟及东方室博士研究生冯璐分别以"关于西田哲学中的'东洋文化'——以《善的研究》为中心""三木清的人本主义论——以'技艺人'为切入点""日本近代茶道反思"为题作了报告。

## 三、机构要闻

2021年,东方室和中国社会科学院东方文化研究中心继续举办"思辨东方"系列学术讲座活动,全年共计举办6讲。第23讲嘉宾为中央民族大学哲学与宗教学学院院长刘成有教授,讲座题目为"汉唐佛学与经学的互动";第24讲嘉宾为中国人民大学佛教与宗教学理论研究所惟善副教授,讲座题目为"阿毗达磨论师对'无心定'争论";第25讲嘉宾为故宫博物院张雅静研究馆员,讲座题目为"观想的世界——佛教曼陀罗的演变与构成";第26讲嘉宾为中国国际问题研究院江亦丽特邀研究员,讲座题目为"商羯罗与大乘佛教";第27讲嘉宾为北京大学哲学系王颂教授,讲座题目为"齐物与圆融:佛解《齐物论》";第28讲嘉宾为北京大学外国语学院金勋教授,讲座题目为"东亚文明的崛起——东亚精神文化的根脉与当代价值"。

该室王青研究员、魏伟助理研究员参与了由北京大学国际汉学家研修基地牵头组织的《中华文明传播史》项目的"日本思想文化"部分撰写工作。2021年7月3日举行的第二次工作坊会议上,魏伟汇报了负责执笔的"儒学在日本的传播"部分,该室博士研究生冯璐亦汇报了负责执笔的"中医汉方"部分,王青作为编委对报告人员进行了点评。

## 四、承担的省部级及以上课题

| 序号 | 课题名 | 主持人 | 课题类型 | 课题编号 | 备注 |
| --- | --- | --- | --- | --- | --- |
| 1 | 海西学派朱子学 | 王 青 | 国家社科基金重大项目 | 17ZDA012 | 本课题为国家社会科学基金重大项目"日本朱子学文献编纂与研究"的子课题 |
| 2 | 比较哲学视角下的阿拉伯特色地域文化研究——以阿拉伯海湾跨文化研究为例 | 刘一虹 | 国家社科基金冷门绝学国别区域重大研究专项 | 19VJX003 | |
| 3 | 东亚四书学诠释研究 | 张 捷 | 国家社科基金青年项目 | 18CZX036 | |
| 4 | 中国佛学知识体系演变史 | 范文丽 | 国家社科基金青年项目 | 20CZJ006 | |

(供稿人:魏伟)

# 中国外国文学学会日本文学研究分会

## 一、基本情况

中国外国文学学会日本文学研究分会成立于1979年9月,最初为一级学会,现为"中国外国文学学会"下设二级研究分会,正式名称为"中国外国文学学会日本文学研究分会",挂靠中国社会科学院外国文学研究所,旨在为中国日本文学研究者提供互相交流、共同提高的学术平台。该会积极发挥全国性学术团体的优势与作用,自1979年成立以来,已经成功举办17届全国大会,培养挖掘了一大批中青年日本文学研究者,有力地促进了中国日本文学研究事业的不断进步。

首任会长是林林,名誉会长是夏衍、楼适夷;第二任会长是李芒;第三任会长是高慧勤;第四任会长是谭晶华;现任会长是邱雅芬。

历届副会长:吕元明、金中、李德纯、陈喜儒、竺祖慈、王晓平、郑民钦、林少华、刘春英、魏大海、李征。现任副会长:高洁、王成、周阅。

首任会长林林(1910—2011),1933年赴日本早稻田大学留学,曾任中国作家协会顾问、中国人民对外友好协会副会长,有随笔集《扶桑杂记》(1982)、《扶桑续记》(1996)等;代表译著有《鲁迅致增田涉书信选》(1974)、《鲁迅全集 第一版书信集》(1981)、《日本古典俳句选》(1983)、《日本近代五人俳句选》(1990)等。

第二任会长李芒(1920—2000),中国社会科学院外国文学研究所研究员,中国作家协会会员,编译《山头火俳句集》(1991)等,有评论集《日本文学古今谈——投石集》(1987),代表译著有德永直的《没有太阳的街》(1958)、黑岛传治的《黑岛传治短篇小说选》(1962)及广津和郎等的《港湾小镇》(1986)等。

第三任会长高慧勤(1934—2008),中国社会科学院外国文学研究所研究员、中国作家协会会员,编著《东方现代文学史》(上、下,1994),代表译著有《木下顺二戏剧集》(1980)、《日本短篇小说选》(1983)等,还曾先后主持、翻译《森鸥外精选集》(2005)、《川端康成十卷集》(2000)、《芥川龙之介全集》(2005)等。

第四任会长谭晶华,文学博士,上海外国语大学教授、博士生导师,曾任上海外国语大学常务副校长、教育部高校日语教学指导委员会主任、上海翻译家协会会长,著有《日本近代文学名作鉴赏》(1992)、《川端康成传》(1996),译有《冻河》(1991)、《地狱之花》

（1994）、《山之声》（2000）、《二十四只眼睛》（2018）等作品计70余种，300余万字。

现任会长邱雅芬，中国社会科学院外国文学研究所研究员，兼任中国社会科学院大学研究生院教授、博士生导师，日本文学博士（福冈大学）、中国文学博士（中山大学），代表著作有『芥川龍之介の中国：神話と現実』（《芥川龙之介的中国：神话与现实》，日本2010）、《中日傀儡戏因缘研究》（2013）、《芥川龙之介学术史研究》（2014）、《日本小说发展史》（2021），译有芥川龙之介《一篇恋爱小说》（2020）、大江健三郎《万延元年的Football》（2021）、《罗生门：芥川龙之介经典作品集》（2022）等，并在《外国文学评论》《外国文学研究》等中外学术期刊发表学术论文50余篇。

地址：北京建国门内大街5号中国社会科学院外国文学研究所

邮编：100732

负责人：邱雅芬、唐卉

电子邮箱：yafenqiu@vip.sina.com；tanghui@cass.org.cn

## 二、重要会议举办情况

2021年9月25日，举办中国外国文学学会日本文学研究会第17届年会暨"新时代日本文学研究"学术研讨会，由武汉大学承办。

## 三、机构要闻

9月25日，由中国社会科学院外国文学研究所、中国外国文学学会日本文学研究会联合主办，武汉大学外国语言文学学院承办的"中国外国文学学会日本文学研究会第17届年会暨学术研讨会"在武汉大学召开。按照国家疫情防控的相关要求，此次年会暨学术研讨会采用视频会议形式举行，来自百余所大学、研究机构的近300位专家学者齐聚云端参会。

武汉大学人文社科研究院副院长兼学术服务处处长陶军在致辞中向与会的专家学者表示诚挚欢迎，简要介绍了武汉大学人文社会科学研究的整体情况以及外国语言文学学院的历史和现状，概述了中日两国文化、文学关系史，高度肯定此次会议对于我国日本文学乃至日本研究的重要意义。

上海外国语大学原常务副校长、中国日本文学研究会前任会长谭晶华教授在致辞中以世纪之交为界，简要回顾了日本文学研究会的发展历程，认为我国的日本文学研究在前期注重立足本土，关注日本文学的译介和本体研究，而后期的研究在此基础上更加注重中日学术共同体之间的对话。谭教授还回顾了担任会长15年来所开展的主要工作，并对新一届理事会表达了祝福并寄予厚望。在闭幕式上，新当选会长、中国社会科学院外文所邱雅芬研究员代表学会新领导班子进行了闭幕致辞。

## 四、承担的省部级及以上课题

| 序号 | 课题名 | 主持人 | 课题类型 | 课题编号 |
| --- | --- | --- | --- | --- |
| 1 | 冲绳文学中的混杂文化书写研究 | 丁跃斌 | 国家社科基金重点项目 | 21AWW002 |
| 2 | 作为意识形态的私小说话语研究 | 杨 伟 | 国家社科基金重点项目 | 21AWW003 |
| 3 | 汉籍抄物与日本室町时代的中国文学阐释研究 | 郭雪妮 | 国家社科基金一般项目 | 21BWW004 |
| 4 | 战后日本文学争论中的"鲁迅经验"与思想重建研究 | 刘 伟 | 国家社科基金一般项目 | 21BWW005 |
| 5 | 古代日本绘卷作品中的中国元素研究 | 丁 莉 | 国家社科基金一般项目 | 21BWW027 |
| 6 | 日本城市化进程中的文学书写研究 | 张文颖 | 国家社科基金一般项目 | 21BWW028 |
| 7 | 日本《文心雕龙》校注研究 | 冯斯我 | 国家社科基金青年项目 | 21CWW003 |
| 8 | 幸田露伴的多重身份建构与中国文化表征研究 | 商 倩 | 国家社科基金青年项目 | 21CWW004 |
| 9 | 日本灾害文学研究（2011—2020） | 时渝轩 | 国家社科基金青年项目 | 21CWW005 |
| 10 | 日本现代文学与绘画跨艺术诗学研究 | 李雅旬 | 国家社科基金青年项目 | 21CWW006 |
| 11 | 日本"后3·11文学"研究 | 邹 洁 | 教育部人文社科规划基金项目 | 21YJA752018 |
| 12 | 冲绳闽人三十六姓后裔民俗文化记忆场研究 | 赵 婷 | 教育部人文社科规划基金项目 | 21YJA752016 |
| 13 | 日本《中央公论》杂志的中国叙事研究（1946—1975） | 陶思瑜 | 教育部人文社科青年基金项目 | 21YJC752016 |
| 14 | 司马辽太郎历史小说与近代日本"东洋史"关系研究 | 李国磊 | 教育部人文社科青年基金项目 | 21YJC752009 |
| 15 | 木下杢太郎的中国书写及其影响研究 | 傅玉娟 | 教育部人文社科青年基金项目 | 21YJC752005 |

（供稿人：邱雅芬）

# 中国现代国际关系研究院东北亚研究所

## 一、基本情况

中国现代国际关系研究院东北亚研究所前身是 1980 年成立的中国现代国际关系研究所东北亚研究室，2003 年中国现代国际关系研究院成立后，更名为日本研究所，2018 年更名为东北亚研究所。

主要研究领域：东北亚地区日本、朝鲜、韩国、蒙古国四国的内政、外交、经济、社会研究，以及东北亚安全、东北亚区域合作等。

主要人员构成：所长 1 名，副所长 1 名，研究人员 15 名，研究辅助人员 1 名。

地址：北京市海淀区万寿寺甲 2 号

邮编：100081

负责人：樊小菊（Fan Xiaoju）所长、研究员

联系电话：（010）68418640

联系传真：（010）68418641

电子邮箱：fanxj@cicir.ac.cn

## 二、重要会议举办情况

1. 2020 年举办"纪念吴学文先生暨中日关系座谈会"。
2. 2021 年举办"中美博弈下朝鲜半岛形势评估"学术研讨会。

（供稿人：王宇翔）

# 中国中日关系史学会

## 一、基本情况

中国中日关系史学会（以下简称学会），于1984年8月31日在北京成立。学会是由研究中日关系史和关心中日两国关系发展的人士自愿组成的全国性非营利性民间学术团体，主要研究领域为中日关系史、中日关系等。学会接受中国社会科学院、民政部的业务指导和监督管理。

学会的宗旨是广泛团结我国从事中日关系史研究的知识界人士以及其他关心中日关系发展的有关人士，推动对中日关系史和两国间有关问题的研究，增进与日本有关团体和人士的学术交流和友好往来，以提高中日关系史的研究水平，为促进中日两国人民世代友好和两国关系的健康发展做出贡献。

学会首任会长是已故全国政协原副主席、中国佛教协会原会长、著名社会活动家赵朴初；第二任会长是已故国务院发展研究中心原主任孙尚清；第三任会长是全国人大原常委、全国政协原常委、现任全国政协经济委员会副主任、北京大学社会科学学部主任、北京大学光华管理学院名誉院长厉以宁；第四任会长为中国社会科学院原副院长武寅；现任会长是北京大学历史系教授王新生。

学会积极开展国内外交流活动，与日本有关团体及日本驻华机构有良好的交流关系。学会经常举办中小型座谈会、研讨会、学术报告会，邀请日本及中国的专家、学者、政治家、外交官等，就中日关系史和当前中日关系进行学术交流和研讨。学会多次组团出访日本，加强中国人民与日本人民的友好交流，促进中日民间友好往来。

多年来，学会编辑出版了《友谊铸春秋——为新中国做出贡献的日本人》卷一和卷二，翻译出版了《大平正芳》、《日本通商产业政策史》全十七卷等，在国内外受到广泛好评。

学会的会刊是《中日关系史研究》，季刊（目前休刊中）。

地址：北京市朝阳区北四环中路33号　北京市社会科学院科研楼10层

邮编：100101

联系电话：010-64872202；010-64874388；010-64843697

电子邮箱：zrsxh2016@163.com

## 二、重要会议举办情况

2021年9月18日，中国中日关系史学会与北京大学区域与国别研究院共同举办"九一八事变与百年变局"学术研讨会。会议邀请国内著名学者，围绕关于"九一八"事变本身的研究及其与近代中日关系、东亚世界与百年变局的关系等有关重大话题，进行深入学术讨论。

2021年10月22日，中国中日关系史学会举办"海洋维权维稳需加强战略传播——以钓鱼岛列岛为案例"学术研讨会。会议邀请学会副会长、清华大学教授刘江永作主旨发言，并邀请国内中日关系史及中日关系研究领域著名学者就此问题及日本新政府对中日关系及钓鱼岛问题的考虑等进行学术讨论。刘江永教授对我国1972—2021年在维护钓鱼岛主权与维护中日关系稳定方面的情况进行了评估，分析并展望了中日关系结构性矛盾上升等前景，提出了海洋维权维稳的必由之路。与会学者还就日本新政府对中日关系及钓鱼岛问题的考虑进行了热烈深入的讨论。

## 三、机构要闻

2021年1月29日，中国中日关系史学会副会长吕小庆代表学会在中评社北京总部参加由东方毅智库、中评智库主办的"拜登上台后的中美关系"思想者论坛。

2021年3月10日，学会领导成员与日本驻华使馆官员进行工作交流。

2021年3月31日，会长王新生代表学会受邀参加日本驻华使馆举办的日本天皇诞辰招待会。

2021年4月1日，学会秘书长参加由中国宋庆龄基金会主办的第九届"孙平化日本学学术奖励基金"颁奖仪式。

2021年7月17日，副会长吕小庆代表学会参加欧美同学会留日分会主办的"庆祝百年伟业，回顾建党初心"——庆祝中国共产党成立100周年主题讲座。

2021年7月29日，副会长吕小庆代表学会参加中国光彩事业日本促进会举办的"不忘初心，中日友好在民间——迎接中日邦交正常化50周年"研讨会。

2021年8月28日，会长王新生代表学会出席中国社会科学院日本研究所主办的"中国社会科学论坛（2021）'努力构建契合新时代要求的中日关系'暨日本研究所成立40周年"国际学术研讨会。

2021年9月18日，学会与北京大学区域与国别研究院共同举办"九一八事变与百年变局"学术研讨会。

2021年10月22日，学会举办第七届理事会第四次会议及"海洋维权维稳需加强战略传播——以钓鱼岛列岛为案例"学术研讨会。

2021年12月,学会通过民政部年检。

(供稿人:张玉霞)

# 中华日本学会

## 一、基本情况

中华日本学会是由中国日本研究者自愿结成的全国性、学术性、非营利性社会组织。成立于 1990 年 2 月 20 日。学会宗旨：联络和团结中国各地研究日本的学者，协调全国的日本研究，推动国内外学术交流，建立和加强同国外有关团体和机构的联系，增进中国人民对日本的了解，促进中日关系的发展，为中国的社会主义现代化建设事业服务。

学会现有会员 1000 多人，近 100 个团体会员，遍布全国主要地区的高等学府和研究机构。

历任会长：刘德有、李慎明、武寅、李薇，现任会长：高洪。常务副会长：杨伯江（法人代表）。秘书长：胡澎。

学会会刊《日本学刊》（双月刊）。每年定期出版《日本蓝皮书：日本发展报告》。

中华日本学会成立以来，每年召开学术年会，并就日本政治、外交、经济、社会、文化、历史等召开专题讨论会、座谈会、报告会等，举办各种类型的学术活动，在组织、协调课题研究以及对外学术交流等方面，发挥了全国性日本研究学术团体的领导作用。

主要学术活动有：1990 年，举办了"走向 21 世纪的日本"国际学术讨论会；1995 年，召开了"战后日本 50 年"国际学术讨论会；1997 年，召开了中日邦交正常化 25 周年纪念会；1999 年，与湖南大学联合举办了"面向 21 世纪的日本学"国际学术讨论会；2000 年，召开了"新世纪的中日关系"国际学术讨论会；2002 年，举办了"中日资深外交家恳谈会"和纪念中日邦交正常化 30 周年中日政经论坛国际讨论会；2003 年，与全国日本经济学会、中国社会科学院日本研究所共同举办纪念《中日和平友好条约》缔结 15 周年报告会；2004 年，举行了"世界中的日本文化研究"国际学术研讨会；2010 年，与全国日本经济学会共同举办了"中国的日本研究"学术讨论会；2014 年，联合中国日本史学会、全国日本经济学会、大连大学共同召开了"甲午战争以来的中日关系"学术研讨会；2017 年，在东北师范大学召开了中华日本学会 2017 年年会暨"日本视域中的东亚问题"学术研讨会；2018 年，在复旦大学召开了"人类命运共同体的愿景与实践——纪念中日和平友好条约缔结 40 周年暨池田倡言 50 周年"国际学术研讨会；2019 年，与南开大学日本研究院共同举办了中华日本学会 2019 年年会暨"回望日本平成时代"学术研讨会；2020 年，召开了中华日本学会 2020 年年会暨

"从平成到令和：日本的发展历程与未来展望"学术研讨会；2021年，与南京大学中国南海研究协同创新中心、南京大学历史学院共同举办了中华日本学会2021年年会暨"新冠疫情冲击下的日本与东亚区域形势"学术研讨会。

地址：北京市东城区张自忠路3号中国社会科学院日本研究所内

邮编：100007

负责人：高洪（会长，研究员）

联系电话：010-64014021

电子邮箱：zhrbxh@cass.org.cn

## 二、重要会议举办情况

1. 2021年4月23日，中华日本学会2021年年会暨"新冠疫情冲击下的日本与东亚区域形势"学术研讨会在南京国际会议中心召开。此次会议由中华日本学会主办，中国社会科学院日本研究所、南京大学大学中国南海研究协同创新中心承办、南京大学历史学院协办。南京大学常务副校长谈哲敏、中华日本学会常务副会长、中国社会科学院日本研究所所长杨伯江、中国外文出版发行事业局原局长、中国翻译协会会长周明伟出席开幕式并致辞。开幕式由南京大学历史学院院长张生教授主持。此次大会设置了四个分科会，学者们围绕"经济与社会""政治与安全""外交与中日关系""东亚地区形势"等进行深入的交流和讨论。分科会结束后，由四个分科会代表分别向大会作了研讨成果汇报。

2. 2021年4月24日，中华日本学会、南京大学历史学院和南京大学南海研究协同创新中心、侵华日军南京大屠杀遇难同胞纪念馆的近百位学者专家在纪念馆联合举办"建党百年视域下的中日关系"交流座谈会。会后，参会人员前往雨花台烈士陵园，集体瞻仰雨花台革命烈士纪念碑并敬献花圈，缅怀为了民族独立、人民解放英勇牺牲的革命先烈。

## 三、机构要闻

1. 举办《日本蓝皮书（2021）》发布会。2021年11月30日，《日本蓝皮书（2021）》发布会暨日本形势研讨会在京举行，中国社会科学院日本研究所党委书记闫坤主持了会议的嘉宾致辞及皮书介绍环节。《日本蓝皮书（2021）》由中华日本学会、中国社会科学院日本研究所和社会科学文献出版社合作推出，是中国社会科学院日本研究所研究人员联合中国国内相关领域的日本问题专家学者共同完成的年度研究成果。中国社会科学院日本研究所、科研局、社会科学文献出版社、中华日本学会、南开大学及中外媒体约50人出席会议。

2. 《平成时代：日本三十年发展轨迹与前瞻》新书编辑。《平成时代：日本三十年发展轨迹与前瞻》为国家社科基金社科学术社团主题学术活动资助课题"平成时代日本的发展轨迹与展望"的研究成果。2021年度，以中华日本学会为中心成立了相关课题组，组建了包括多名国内日本问题研究专家的创作队伍并逐步确立相关研究主题。2021年5月收齐稿件并联系世界知识出版社启动编辑工作，已于年内通过多次同作者磋商，完成了三次文本校对。

### 四、承担的省部级及以上课题

| 课题名 | 主持人 | 课题类型 | 课题编号 |
| --- | --- | --- | --- |
| 平成时代日本的发展轨迹与展望 | 杨伯江 | 国家社科基金社科学术社团主题学术活动资助 | 20STA011 |

（供稿人：丁宏彬）

# 中华日本哲学会

## 一、基本情况

中华日本哲学会（Chinese Society for Studying Japanese Philosophies）成立于1981年4月1日，原名为中华全国日本哲学学会，1991年10月获中国民政部批准重新登记时改名为中华日本哲学会，2001年3月中国民政部再次登记批准。

中华日本哲学会是全国性研究日本哲学、思想与文化的群众性学术团体，由全国各地大专院校、科研机构及其他政府机关、企事业单位、社会团体中的专业或业余爱好研究日本哲学、思想与文化的人员自愿组成，不以营利为目的。学会接受中国教育部的业务指导和民政部的监督管理。挂靠单位是延边大学。中华日本哲学会由延边大学已故知名教授朱红星先生、中国社会科学院哲学研究所刘及辰先生、东北师范大学华国学先生等发起创立，朱红星先生为第一任理事长。1992年朱红星先生病逝，选举产生以中国社会科学院哲学研究所丘成先生为理事长、以延边大学李宗耀教授为副理事长、以吉林省地方志编纂委员李君超先生为秘书长的第二届理事会，法人代表为延边大学的李宗耀教授。2002年5月，延边大学潘畅和教授任第三届理事长兼法人代表、武汉大学的徐水生教授、山东大学的牛建科副教授任副理事长；吉林大学朴今波副教授任秘书长。2005年8月，学会根据发展的需要，选举中国社会科学院哲学研究所教授、博士生导师卞崇道先生为第四届会长，延边大学的潘畅和教授为副会长兼秘书长，武汉大学的徐水生教授、山东大学的牛建科副教授、中国社会科学院哲学研究所的王青副研究员任副理事长，法人代表仍为潘畅和教授。2011年9月，北京外国语大学北京日本学研究中心郭连友教授被选举为第五届会长，延边大学的方浩范教授为副会长兼秘书长，法人代表为方浩范教授。2015年8月，中国社会科学院哲学研究所王青研究员被选举为第六届会长，法人代表仍为延边大学方浩范教授，山东大学李海涛博士被选举为秘书长。2019年7月，中国人民大学哲学院林美茂教授被选举为第七届会长，延边大学李红军教授被选举为第七届法人代表兼秘书长。

学会设置如下。

学会会长：林美茂教授（中国人民大学）。

学会副会长：郭连友教授（北京外国语大学）、王青教授（中国社会科学院）、韩立红教授（南开大学）、吴光辉教授（厦门大学）、牛建科教授（山东大学）、赵晓靓教授（广东外语外贸大学）。

学会秘书长：李红军教授（延边大学）。

秘书处及副秘书长：唐永亮教授（中国社会科学院）、孙彬副教授（清华大学）、刁榴副教授（北京工业大学）、顾春副教授（北京工业大学）、贺雷助理研究员（中国社会科学院）、李建华副教授（北京理工大学）、孙宝山教授（中央民族大学）、张晓明副教授（北京第二外国语学院）、魏伟助理研究员（中国社会科学院）。

地址：延边大学马克思主义学院（吉林省延边朝鲜族自治州延吉市）

邮编：133002

办公电话：0433-273-2150

负责人：李红军

电子邮箱：cssjp@ybu.edu.cn

公众号：中华日本哲学会

网址：www.cssjp.org

## 二、重要会议举办情况

1. 2021年10月16—17日，在中国社会科学院哲学研究所举办了"日本哲学研究的历史成就与前沿课题学术研讨会暨中华日本哲学会创立40周年纪念大会"。

2. 2021年10月23日，在线举办"日本哲学与思想新倾向学术研讨会暨中华日本哲学会2021年年会"。

## 三、机构要闻

1. 林美茂在《哲学研究》2021年第4期发表《"哲学"的接受与"中国哲学"的诞生》；

2. 林美茂在《清华大学学报》2021年第6期发表《从坚持"理学"到接受"哲学"——关于中江兆民对Philosophy译语的立场变化》；

3. 牛建科主讲"日本研究之窗"系列讲座（哲学/思想）第一讲：《日本神道伦理》；

4. 郭连友主讲"日本研究之窗"系列讲座（哲学/思想）第二讲：《孟子思想在日本为什么不受欢迎》；

5. "中华文明传播史"项目日本思想文化工作坊召开，王青主持、北京大学刘玉才教授评议；

6. 王青在《哲学动态》2021年第7期发表研究成果《西田哲学中的老庄思想因素》；

7. 魏常海著《中国文化在朝鲜半岛》再版；

8. 刘晓峰在《读书》2021年第8期发表《丸山真男的"古层"》；

9. 李萍新著《公民道德新论——现代化进程中的中国公民道德研究》出版；

10. 范景武《神道文献整理与帝陵神道研究》五卷本出版；

11. 唐永亮翻译《丸山真男：一位自由主义者的肖像》出版；

12. 顾春译子安宣邦《汉字论：不可回避的他者》出版；

13. 张晓明译著《伊藤博文》出版；

14. 陈月娥《从文化苦旅到凤凰涅槃——日本汉字问题与语言政策研究》出版；

15. 李若愚、张博译著《王安石：立于浊流之人》出版；

16. 邓习议译，张一兵审订《世界交互主体的存在结构》出版；

17. 冯璐在《东北亚学刊》2021年第6期发表核心期刊论文《日本抗疫工作中大数据运用困局的伦理学思考》。

## 四、承担的省部级及以上课题

| 序号 | 课题名 | 主持人 | 课题类型 | 课题编号 |
| --- | --- | --- | --- | --- |
| 1 | 日本朱子学文献编纂与研究 | 林美茂 | 国家社科基金重大项目 | 17ZDA012 |
| 2 | 井上哲次郎《东方哲学史》的缘起、理路与影响研究 | 林美茂 | 国家社科基金重点项目 | 20AZX011 |
| 3 | 日本朱子学文献编纂与研究的子课题：海西学派朱子 | 王 青 | 国家社科基金重大项目子课题 | 17ZDA012 |
| 4 | 战后日本塑造价值观和历史观的思想资源研究：以吉野作造政治思想为视角 | 赵晓靓 | 教育部人文社科基金项目 | 18YJA770026 |
| 5 | 杨春时《中华美学概论》 | 吴光辉 | 国家社科基金外译项目 | 20WZXB008 |
| 6 | 近代以来至二战结束时期日本涉华宣传史料的整理与研究：近代以来日本涉华宣传与对华政策形成机制研究 | 吴光辉 | 国家社科基金重大项目子课题 | 20&ZD237 |
| 7 | 明清朱子学史子课题——重心东移：朱子学在日本的在地化 | 吴光辉 | 国家社科基金重大项目子课题 | 21QZD051 |
| 8 | 日本当代学者"帝国史"书写及其史观研究 | 钱昕怡 | 教育部人文社科规划项目 | 18YJA770011 |
| 9 | 日本江户时代《孟子》文献的整理与研究 | 张晓明 | 国家社科基金青年项目 | 19CZX031 |
| 10 | 东西汇流中的近代日本精神论 | 朱坤容 | 国家社科基金后期资助项目 | 20FSSB011 |
| 11 | "集团与你我分界逻辑"对日本文化的影响研究 | 张 波 | 国家社科基金西部项目 | 18XZX014 |
| 12 | 柳田国男民俗文学与日本神灵记忆的建构研究 | 孙 敏 | 国家社科基金一般项目 | 20BWW015 |
| 13 | 君子必论世：荻生徂徕经世思想研究 | 杨立影 | 国家社科基金后期资助 | 19FSSB008 |

续表

| 序号 | 课题名 | 主持人 | 课题类型 | 课题编号 |
| --- | --- | --- | --- | --- |
| 14 | 马克思主义文献的早期汉译路径及特征研究（1900—1920） | 仲玉花 | 天津市哲学社科规划项目 | TJYY21-006 |
| 15 | 儒学思想在《百学连环》抽象概念译词形成过程中所起作用的研究 | 张厚泉 | 教育部人文社科规划基金项目 | 21YJA740049 |
| 16 | 日本近世国学的中国神话考研究 | 高 伟 | 教育部人文社科研究青年项目 | 19YJC770007 |
| 17 | 近代日本亚洲主义政策化的批判研究 | 刘 峰 | 国家社科基金青年项目 | 18CSS024 |
| 18 | 近代以来至二战结束期间日本涉华宣传史料的整理与研究 | 刘 峰 | 国家社科基金重大项目子课题 | 20&ZD237 |
| 19 | 东亚视阈下日本宗教对话的理论与实践研究 | 陶 金 | 国家社科基金一般项目 | 19BZJ008 |
| 20 | MTI日语（笔译方向）特色化教学方法探索——以《航海文献翻译与研究》混合课程建设为例 | 陶 金 | 全国翻译专业学位研究生教育研究项目 | MTIJZW202150 |
| 21 | 日本孔子书写的现代性重构研究 | 张士杰 | 国家社科一般项目 | 20BWW018 |
| 22 | 域外《论语》学研究：日本《论语》学研究 | 张士杰 | 国家社科基金重大项目子课题 | 16ZDA108 |
| 23 | 日本近代公德流变探究 | 史少博 | 国家社科基金西部项目 | 19ZXZ007 |
| 24 | 17—20世纪日本文化哲学的转型及启示研究 | 邓习议 | 国家社科基金一般项目 | 21BZX072 |
| 25 | 日本江户时代《周易》文献的整理与研究 | 李 莹 | 国家社科基金一般项目 | 20BZX082 |
| 26 | 《周易》在日本江户时代的传播与接受研究 | 李 莹 | 教育部人文社科基金项目 | 19YJC740031 |
| 27 | 新时代视阈下儒学与江户时代庶民思想研究 | 徐金凤 | 辽宁省社科规划基金项目 | L20BSS001 |
| 28 | 潇湘八景在日本绘画中的接受研究 | 程 茜 | 国家社科基金后期资助 | 20FYSB034 |
| 29 | 汉文训读视角下的日本汉文教育研究 | 王侃良 | 教育部人文社科基金项目 | 21YJC740054 |
| 30 | 日本古学派的近代话语阐释与实像研究 | 王 起 | 河南省社科规划基金项目 | 2021CLS026 |
| 31 | 《六谕衍义》在日本的传播与接受研究 | 高 薇 | 教育部人文社科基金项目 | 18YJC752007 |

（供稿人：张晓明）

# 日本研究杂志目录

| 刊　　名 | 东北亚学刊 |
|---|---|
| 英文刊名 | Journal of Northeast Asia Studies |
| 刊　　期 | 双月刊 |
| 刊　　号 | ISSN 2095-3453　CN 12-1427/C |
| 主　　管 | 天津社会科学院 |
| 主　　办 | 天津社会科学院东北亚研究所、天津社会科学院出版社有限公司 |
| 主　　编 | 刘哲 |
| 创刊时间 | 2012年3月13日 |
| 出版日期 | 单月15日 |
| 地　　址 | 天津市南开区迎水道7号 |
| 邮政编码 | 300191 |
| 电　　话 | （022）23360182 |
| 电子邮箱 | dbyxkbjb@sina.com |
| 出　　版 | 天津社会科学院出版社有限公司 |
| 国内订阅 | 全国各地邮局 |
| 国内发行 | 天津社会科学院出版社有限公司 |
| 印　　刷 | 天津中图印刷科技有限公司 |
| 定　　价 | 15.00元 |

**刊物简介**

《东北亚学刊》由天津社会科学院主管、天津社会科学院东北亚研究所和天津社会科学院出版社有限公司主办。《东北亚学刊》(内刊)创办于2000年年初，2011年下半年获国家新闻出版总署和天津市新闻出版局同意公开出版发行的批复，于2012年3月正式出版。

　　刊物定位：以习近平新时代中国特色社会主义思想为指导，坚定正确的政治导向和舆论导向，致力于日本及东北亚国际问题研究的国际政治类学术期刊。该刊致力于在包括日本研究在内的东北亚国际学科话语体系建设中提供学术交流平台，发挥建言献策作用。

　　刊物特色：刊载有关东北亚地区的政治、经济、外交、社会、文化、历史等领域的研究成果。

　　刊物重点栏目：日本研究专栏、东北亚热点问题专栏。

　　获得的荣誉：2014年4月被列入《中国社会科学院创新工程科研评价核心期刊增补名录》；2016年5月被中国社会科学院中国社会科学评价中心《中国人文社会科学期刊评价报告(AMI)》引文数据库收录为来源期刊；2018年11月被《中国人文社会科学期刊AMI综合评价报告（2018年）》收录为A刊扩展期刊；2018年首次被列入国家哲学社会科学文献中心学术期刊数据库，2018年度、2019年度、2020年度连续三年获得"政治学最受欢迎期刊"称号；2021年5月获评国家哲学社会科学文献中心发布的2016—2020年200家"最受欢迎期刊"。

| 刊　　名 | 国际日本研究 |
|---|---|
| 英文刊名 | International Japanese Studies |
| 刊　　期 | 半年刊 |
| 刊　　号 | 学术集刊 |
| 主　　管 | 北京第二外国语学院日语学院 |
| 主　　办 | 北京第二外国语学院日语学院、国际日本研究中心 |
| 主　　编 | 杨玲 |
| 创刊时间 | 1995年12月12日 |
| 出版日期 | 上半年5月15日 |
| 地　　址 | 北京市朝阳区定福庄南里1号 |
| 邮政编码 | 100024 |
| 电　　话 | （010）65778263 |
| 电子邮箱 | guojiribenyanjiu@bisu.edu.cn |
| 网　　址 | http://www.riyu.bisu.edu.cn |
| 出　　版 | 社会科学文献出版社 |
| 国内订阅 | 全国各地邮局 |
| 国内发行 | 社会科学文献出版社 |
| 定　　价 | 68.00元 |
| 备　　注 | 原名《日语语言文化研究》，2020年12月改现名 |

**刊物简介**

《国际日本研究》的前身是北京第二外国语学院日语系、日本研究所主办的《日语语言文化研究》。2020年12月12日日语学院在将原日本研究所更名为国际日本研究中心的同时，将《日语语言文化研究》更名为《国际日本研究》。

《国际日本研究》主要致力于国际视野下日本问题的前沿研究。所谓"国际视野"，并非仅包含地理概念和学术意义上的"国际"，更重要的是在顺应全球发展变革中，在顺应新时代、新文科、新外语的学科变革中需要去努力展示出的一种新的视野和发展的态势。《国际日本研究》正是立足日语语言文学学科的未来发展，立足"语言"并不拘泥于"语言"的界限，通过复合、多元、全球化三个维度的国际视野推动日本问题研究的进一步发展。《国际日本研究》能够在传统的《日语语言文化研究》的基础上迈出这一步，也正源自北京第二外国语学院"复语复合"的人才培养理念和学科构建与发展理念。

日语语言、文学、文化、翻译、漫画等5个子学科方向的跨学科研究为《国际日本研究》的常设栏目，另设"汉学钩沉""历史观察""教育教学现场""比较语言""文学研究前沿"等栏目。

| 刊　　名 | 抗日战争研究 |
|---|---|
| 英文刊名 | The Journal of Studies of China's Resistance War Against Japan |
| 刊　　期 | 季刊 |
| 刊　　号 | ISSN 1002-9575　CN 11-2890/K |
| 主　　管 | 中国社会科学院 |
| 主　　办 | 中国社会科学院近代史研究所、中国抗日战争史学会 |
| 主　　编 | 杜继东 |
| 创刊时间 | 1991年9月 |
| 出版日期 | 季度末月28日 |
| 地　　址 | 北京市朝阳区国家体育场北路1号院2号楼3层 |
| 邮政编码 | 100101 |
| 电　　话 | （010）87420901 |
| 电子邮箱 | krzz-jd@cass.org.cn |
| 微信公众号 | 抗日战争研究 |
| 出　　版 | 近代史研究杂志社 |
| 国内订阅 | 全国各地邮局 |
| 国内发行 | 社会科学文献出版社、北京报刊发行局 |
| 邮发代号 | 82-473 |
| 国外发行 | 中国国际图书贸易集团有限公司 |
| 国外代号 | Q187 |
| 印　　刷 | 三河市龙林印务有限公司 |
| 定　　价 | 30.00元 |

**刊物简介**

《抗日战争研究》是国内唯一专门刊登抗日战争研究论文的核心期刊。1991年1月中国抗日战争史学会成立，9月《抗日战争研究》杂志创刊，由中国抗日战争史学会主办，中国社会科学院近代史研究所编辑。2009年，《抗日战争研究》改为由中国社会科学院近代史研究所和中国抗日战争史学会共同主办，《抗日战争研究》编辑部编辑。

自创刊以来，《抗日战争研究》始终坚持以繁荣抗日战争研究、探索历史真相、总结历史经验为办刊宗旨；以兼容并包、推陈出新，立足中国、放眼世界为办刊方针；以近代以来的中日关系史为研究重点，举凡有关抗日战争史、近代中日关系史、战后中日历史遗留问题的论文，以及探讨与这些主题相关的理论和方法的文章，均属于该刊用稿范畴。目前主要栏目有"特稿""特约论文""中国共产党与抗战""马克思主义与抗日战争研究""青年论文""问题讨论""理论探索""学术史回顾""海外译介"，等等。《抗日战争研究》刊发的学术论文普遍具有较高的学术价值和创新价值，在国内外学术界获得广泛好评。历年跻身《中国人文社会科学期刊AMI综合评价报告》核心期刊、《中文核心期刊要目总览》、《中文社会科学引文索引》（CSSCI）来源期刊等评价目录。

| 刊　　名 | 南开日本研究 |
|---|---|
| 英文刊名 | Nankai Japanese Studies |
| 刊　　期 | 半年刊（至2021年为年刊） |
| 刊　　号 | 学术集刊 |
| 主　　管 | 南开大学日本研究院 |
| 主　　办 | 南开大学日本研究院、教育部国别和区域研究基地——南开大学日本研究中心 |
| 主　　编 | 刘岳兵 |
| 创刊时间 | 1996年11月 |
| 出版日期 | 2021年前为年刊。2022年开始改为半年刊，计划每年5月、11月出版 |
| 地　　址 | 天津市南开区卫津路94号 |
| 邮政编码 | 300071 |
| 电　　话 | （022）23505186 |
| 电子邮箱 | nkrbyj@126.com |
| 网　　址 | http://www.riyan.nankai.edu.cn/12847/list.htm |
| 微信公众号 | 南开日本研究 |
| 出　　版 | 天津人民出版社 |
| 国内订阅 | 全国各地邮局 |
| 国内发行 | 天津人民出版社 |
| 国外发行 | 中国国际图书贸易集团有限公司 |
| 定　　价 | 68.00元 |
| 备　　注 | 原名《日本研究论集》，2010年改现名 |

**刊物简介**

《南开日本研究》前身为《日本研究论集》，创办于1996年，2010年改为现名，由南开大学日本研究院、教育部国别和区域研究基地——南开大学日本研究中心主办。从2022年起，每年出版两期，迄今已出版25期，是中国知网等的收录集刊。

该刊以日本历史、日本政治、日本外交、日本经济、日本社会文化等为主要内容。该刊公开向国内外学者征稿，国内外公开发行，读者为国内外日本研究者、研究生以及对日本感兴趣的普通民众。

该刊创刊以来，积极进取，及时反映学界的研究动态，发表了不少具有引领性的高水平创新性研究成果，不仅受到国内学界的高度评价，也在国际学界受到关注和好评。国际著名历史学家、东京大学加藤洋子教授和北冈伸一教授，以及庆应大学山田辰雄教授、早稻田大学依田憙家教授、美国哈佛大学入江昭教授、英国伦敦政经学院珍妮特·亨特教授等都曾给该刊投稿，日本国立国会图书馆、东京大学、早稻田大学等著名大学图书馆都一直收藏该刊，扩大了该刊在国内外学术界的影响。

该刊的主要栏目包括"日本经济""日本政治""日本外交""日本历史""日本社会""日本思想与文化"等。

| 刊　　名 | 日本侵华南京大屠杀研究 |
|---|---|
| 英文刊名 | Journal of Nanjing Massacre Studies |
| 刊　　期 | 季刊 |
| 刊　　号 | ISSN 2096-4587　CN 32-1877/K |
| 主　　管 | 中共南京市委宣传部 |
| 主　　办 | 侵华日军南京大屠杀遇难同胞纪念馆 |
| 主　　编 | 张生 |
| 创刊时间 | 2018 年 1 月 |
| 出版日期 | 每季度末 |
| 地　　址 | 江苏省南京市建邺区水西门大街 418 号 |
| 邮政编码 | 210017 |
| 电　　话 | （025）86898667 |
| 电子邮箱 | ppcpalm@126.com |
| 网　　址 | http://www.19371213.com.cn/research/rbqhnjdtsyj/ |
| 微信公众号 | 日本侵华南京大屠杀研究 |
| 出　　版 | 南京出版社有限公司 |
| 国内订阅 | 全国各地邮局 |
| 国内发行 | 江苏省邮政局 |
| 邮发代号 | 28-496 |
| 国外发行 | 中国国际图书贸易集团有限公司 |
| 国外代号 | C9398 |
| 印　　刷 | 南京艺中印务有限公司 |
| 定　　价 | 22.00 元 |
| 备　　注 | 原名《日本侵华史研究》 |

**刊物简介**

《日本侵华南京大屠杀研究》（原《日本侵华史研究》）于 2018 年正式创刊。该刊是面向国内外公开发行的专业学术性期刊（季刊），主管单位为中共南京市委宣传部，主办单位为侵华日军南京大屠杀遇难同胞纪念馆。

该刊秉承真实、客观、理性的办刊理念，立足学科前沿，保持专业特色，整合海内外关于日本侵华史及近现代中日关系史研究资源，为国内外研究日本侵华史的学者打造一个新的学术交流平台。该刊刊载内容广泛，包括南京大屠杀、日本侵华、抗日战争、近现代中日关系、战争遗留问题、和平学等。

2021 年 5 月，《日本侵华南京大屠杀研究》被收入南京大学《中文社会科学引文索引》（CSSCI）来源期刊（扩展版）；2021 年 9 月，被收入中国社会科学院《中国人文社会科学期刊 AMI 综合评价报告》A 刊入库期刊。目前该刊已经成为中国人民大学复印报刊资料、北京大学核心期刊目录、国家社会科学期刊数据库、中国知网、万方数据、重庆维普等多家期刊数据库的全文收录期刊。

| 刊　　名 | 日本文论 |
|---|---|
| 英文刊名 | Collection of Japanese Studies |
| 刊　　期 | 半年刊 |
| 刊　　号 | 学术集刊 |
| 主　　管 | 中国社会科学院 |
| 主　　办 | 中国社会科学院日本研究所 |
| 主　　编 | 杨伯江 |
| 创刊时间 | 2019年6月 |
| 出版日期 | 6月、10月 |
| 地　　址 | 北京市东城区张自忠路3号东院 |
| 邮政编码 | 100007 |
| 电　　话 | （010）64039045 |
| 电子邮箱 | rbyjjk@126.com |
| 网　　址 | http://www.rbxk.org/ |
| 微信公众号 | 日本学刊 |
| 出　　版 | 社会科学文献出版社 |
| 国内订阅 | 全国各地邮局 |
| 国内发行 | 社会科学文献出版社 |
| 国外发行 | 中国国际图书贸易集团有限公司 |
| 印　　刷 | 北京盛通印刷股份有限公司 |
| 定　　价 | 68.00元 |
| 备　　注 | 前身为《日本问题资料》 |

**刊物简介**

《日本文论》为中国社会科学院日本研究所于2019年6月创办的学术集刊，前身是日本研究所曾创办的学术期刊《日本问题资料》（1982—1997）。《日本问题资料》由中国社会科学院日本研究所于1982年2月创办，1997年因经费原因停刊。《日本文论》继承《日本问题资料》发展脉络，秉承重视基础研究的办刊思路，以学术集刊的形式呈现，一年两辑。

《日本文论》与日本研究所主办学术期刊《日本学刊》为姊妹刊，两个出版物的基本定位是"相互关联、互为补充、各显优长、相得益彰"。相对于《日本学刊》侧重日本政治外交、经济社会等前沿动态和战略研究，《日本文论》以"长周期日本"为研究对象，秉承日本研究所重视基础研究的传统，将历史研究与现实问题研究相结合，通过长时段、广视域、深层次、跨学科研究，深化分析日本与中日关系。自创刊以来，《日本文论》以历史唯物主义为指导，坚持正确的政治方向与办刊方针，坚持"以史为鉴"，同时强调中国问题意识与全球视野，立足基础研究，观照重大问题，兼顾交叉、边缘以及新兴学科，注重刊发具有全球和区域视角的综合性比较研究成果，尤其是论证深入而富于启迪的厚重成果、以问题研究为导向的创新性研究成果。

《日本文论》已经顺利完成六辑的出版发行，并被收入中国知网和超星数据库，连续两年被社会科学文献出版社收入"CNI名录集刊"。

| 刊　　名 | 日本问题研究 |
|---|---|
| 英文刊名 | Japanese Research |
| 刊　　期 | 双月刊 |
| 刊　　号 | ISSN 1004-2458 CN 13-1025/C |
| 主　　管 | 河北省教育厅 |
| 主　　办 | 河北大学 |
| 主　　编 | 康书生 |
| 创刊时间 | 1964 年 |
| 出版日期 | 双月 25 日 |
| 地　　址 | 河北省保定市五四东路 180 号 |
| 邮政编码 | 071002 |
| 电　　话 | （0312）5977038 |
| 电子邮箱 | rbwt@hbu.cn |
| 网　　址 | http://www.rbwtyj.hbu.cn |
| 微信公众号 | 日本问题研究 |
| 出　　版 | 《日本问题研究》编辑部 |
| 国内订阅 | 全国各地邮局 |
| 国内发行 | 保定市邮政管理局 |
| 邮发代号 | 18-502 |
| 印　　刷 | 保定华泰印刷有限公司 |
| 定　　价 | 10.00 元 |

**刊物简介**

《日本问题研究》1964 年创刊，2009 年由河北大学日本研究所并入河北大学期刊社，刊物随之全新改版，现为河北省教育厅主管、河北大学主办的研究日本相关问题的专业期刊。双月刊，80 页，国内外公开发行。现任主编为康书生，常务副主编为闫树涛。

《日本问题研究》是《中国人文社会科学期刊报告（AMI）》A 刊扩展期刊、全国高校社科精品期刊、《中国学术期刊评价研究报告》（RCCSE）核心期刊（扩展版）、中国科技论文在线优秀期刊、河北省高校社科学报优秀期刊。

《日本问题研究》坚持"为人民服务、为社会主义服务"的政治导向，坚持"百花齐放、百家争鸣"的办刊方针，强调学术性，突出时代感，注重"洋为中用"，结合中国的实际需要研究日本。"重名人，不薄新人；重独创，不喜平庸"是该刊的一贯作风。

《日本问题研究》设置的主要栏目包括"政治研究""经济研究""社会研究""教育研究""历史研究""文化研究""哲学研究""文学研究"。

| 刊　　名 | 日本学刊 |
|---|---|
| 英文刊名 | Japanese Studies |
| 刊　　期 | 双月刊 |
| 刊　　号 | ISSN 1002-7874　CN 11-2747/D |
| 主　　管 | 中国社会科学院 |
| 主　　办 | 中国社会科学院日本研究所、中华日本学会 |
| 主　　编 | 高洪 |
| 创刊时间 | 1985 年 5 月 20 日 |
| 出版日期 | 单月 10 日 |
| 地　　址 | 北京市东城区张自忠路 3 号东院 |
| 邮政编码 | 100007 |
| 电　　话 | （010）64039045 |
| 电子邮箱 | rbxk@cass.org.cn；ribenxuekan@126.com |
| 网　　址 | http://www.rbxk.org/ |
| 微信公众号 | 日本学刊 |
| 出　　版 | 社会科学文献出版社 |
| 国内订阅 | 全国各地邮局 |
| 国内发行 | 社会科学文献出版社 |
| 邮发代号 | 80-437 |
| 国外发行 | 中国国际图书贸易集团有限公司 |
| 国外代号 | BM911 |
| 印　　刷 | 北京盛通印刷股份有限公司 |
| 定　　价 | 40.00 元 |
| 备　　注 | 原名《日本问题》，1991 年 1 月改现名 |

**刊物简介**

《日本学刊》系中国社会科学院主管、中国社会科学院日本研究所和中华日本学会主办，面向国内外发行的综合性日本研究学术期刊。《日本学刊》创刊于 1985 年 5 月，前身是《日本问题》双月刊，1991年 1 月更名为《日本学刊》，并成为全国性日本研究学术团体中华日本学会会刊。

《日本学刊》坚持基础理论和现实对策研究并重的原则，既及时组织发表关于日本时局动向的专题评析，也发表学者对日本政治、外交、经济、社会、文化等进行深入理论分析的学术论文，刊物的时效性、综合性和学术性突出。随着日本研究和中日关系问题的升温，《日本学刊》更加关注重大现实问题，运用新的角度特别是全球体系和东亚框架观察战后日本社会经济发展，对"日本模式"及以往国际日本研究的流行看法进行重新审视；海外学者的参与，不仅使研讨趋向深入，也使刊物的"国际特色"更加突出。

《日本学刊》入选《中文社会科学引文索引》（CSSCI）来源期刊、《中国人文社会科学期刊报告》（AMI）》核心期刊、《中国学术期刊评价研究报告》（RCCSE）核心期刊、中国人民大学复印报刊资料重要转载来源期刊等多种人文社会科学事业发展与研究评价体系。

| 刊　　名 | 日本学研究 |
|---|---|
| 英文刊名 | Journal of Japanese Studies |
| 刊　　期 | 半年刊 |
| 刊　　号 | 学术集刊 |
| 主　　管 | 北京外国语大学 |
| 主　　办 | 北京外国语大学北京日本学研究中心、教育部国别和区域研究基地——北京外国语大学日本研究中心 |
| 主　　编 | 郭连友 |
| 创刊时间 | 1991年12月 |
| 出版日期 | 6月30日和12月31日 |
| 地　　址 | 北京市海淀区西三环北路2号北京外国语大学216信箱 |
| 邮政编码 | 100089 |
| 电　　话 | （010）88816584 |
| 电子邮箱 | rbxyjtg@163.com |
| 网　　址 | http://bjryzx.bfsu.edu.cn |
| 微信公众号 | 日本学研究 |
| 出　　版 | 社会科学文献出版社 |
| 国内发行 | 社会科学文献出版社 |
| 印　　刷 | 三河市龙林印务有限公司 |
| 定　　价 | 128.00元 |

**刊物简介**

《日本学研究》是北京日本学研究中心于1991年创办的日本学研究综合学术集刊。从创刊至2017年，作为年刊连续出版了27辑，受到国内外日本学研究界的广泛好评，为中国日本学研究的发展做出了贡献。2018年，为满足中国日本学研究以及国别和区域研究的迫切需要，《日本学研究》改为半年刊，由北京外国语大学北京日本学研究中心与教育部国别和区域研究基地——北京外国语大学日本研究中心共同主办。

《日本学研究》的常设栏目有："特别约稿""热点问题""国别与区域研究""日本语言与教育""日本文学与文化""日本社会与经济""海外日本学""书评"等。

《日本学研究》于2018年进入中国知网查询系统，2019年、2021年入选社会科学文献出版社"CNI名录集刊"，2021年被收入《中文社会科学引文索引》（CSSCI）来源期刊（集刊）（2021—2022），同年获评"中国人民大学复印报刊资料转载来源期刊"。

| 刊　　名 | 日本研究 |
|---|---|
| 英文刊名 | Japan Studies |
| 刊　　期 | 季刊 |
| 刊　　号 | ISSN 1003-4048　CN 21-1027/C |
| 主　　管 | 辽宁大学 |
| 主　　办 | 辽宁大学日本研究所 |
| 主　　编 | 崔岩 |
| 创刊时间 | 1985年1月 |
| 出版日期 | 季度末月20日 |
| 地　　址 | 沈阳市沈北新区道义南大街58号 |
| 邮政编码 | 110136 |
| 电　　话 | （024）62202254 |
| 电子邮箱 | Japanstudies1972@126.com |
| 网　　址 | http://www.cbpt.cnki.net/ |
| 微信公众号 | 日本研究 |
| 出　　版 | 《日本研究》编辑部 |
| 国内订阅 | 全国各地邮局 |
| 国内发行 | 《日本研究》编辑部 |
| 国外发行 | 中国国际图书贸易集团有限公司 |
| 印　　刷 | 沈阳中科印刷有限责任公司 |
| 定　　价 | 20.00元 |

**刊物简介**

1972年，在国际关系局势变化的背景下，中国开始缓和与美日的紧张关系，并谋求实现国家关系正常化。在这一背景下，辽宁大学《日本研究》在中央领导的关怀下以内刊形式发刊，开始向国内传播相关研究成果，1985年1月成为国内外正式出版发行的学术期刊。如从内刊算起，该刊已经走过了50年的历程，和中日邦交正常化是同步的。成为正式期刊以来，《日本研究》发表了大量国内外学者关于日本问题的研究成果，对相关学术领域的学术成果传播和交流发挥了重要作用。

近年来，国际局势发生了重大的变化，新冠肺炎疫情更加速了百年未有之变局，对相关的学术研究也提出了新的要求。为此，《日本研究》已对刊物的定位进行调整，进一步调整和凝练办刊方向，突出特色。鉴于国际问题的日趋复杂化和国别与区域关系的紧密化，该刊的未来方向是立足于日本研究领域，同时将重点相关区域问题包括在内；在以区域国别学科为基础、兼顾社会科学和人文科学的同时，发文重点转向区域国际关系、国别现实问题的研究。

| 刊　　名 | 日本研究集林 |
|---|---|
| 刊　　期 | 半年刊 |
| 刊　　号 | 准印证号：K0392 号 |
| 主　　管 | 上海市新闻出版局 |
| 主　　办 | 复旦大学日本研究中心 |
| 主　　编 | 胡令远 |
| 创刊时间 | 1993 年 10 月 |
| 出版日期 | 6 月、12 月 |
| 地　　址 | 上海市邯郸路 220 号 |
| 邮政编码 | 200433 |
| 电　　话 | （021）65642577 |
| 电子邮箱 | wangguangtao@fudan.edu.cn |
| 网　　址 | http://www.jsc.fudan.edu.cn/view.php?id=382 |
| 微信公众号 | 复旦大学日本研究中心 |
| 国内订阅 | 内部资料 免费交流 |

**刊物简介**

《日本研究集林》创刊于 1993 年，旨在为国内外日本研究界同仁探讨中日政治、经济、社会、文化提供一方交流切磋的学术平台，突出展示复旦大学日本研究的最新成果和学术动态。作为一本综合性刊物，《日本研究集林》本着"百花齐放、百家争鸣"的方针，致力于对日本研究领域开展多视角、多层面的研究和探讨。

《日本研究集林》现为半年刊，于每年 6 月和 12 月下旬出版。每册近 90 页，16 开本，自办发行。发行范围主要包括国内政府机关、科研机构、高校等相关部门。

《日本研究集林》设有"特稿""政治·经济·外交研究""社会·历史·文化研究""复旦大学日本研究中心大事记"等栏目，在近 30 年的发展中形成了三方面的特色：第一，对重大议题进行系统研究；第二，"不拘一格降人才"，积极创造条件，为青年学者提供发表园地；第三，加强理论分析，探索方法创新。

《日本研究集林》已出版 56 期，累计发表论文近 750 篇，参与、见证了中日友好，赢得了学界的好评，为推动中日关系的健康发展做出了努力和贡献。

| 刊　　名 | 外国问题研究 |
|---|---|
| 英文刊名 | Foreign History Studies |
| 刊　　期 | 季刊 |
| 刊　　号 | ISSN 1674-6201　CN 22-1398/C |
| 主　　管 | 教育部 |
| 主　　办 | 东北师范大学 |
| 主　　编 | 韩东育 |
| 创刊时间 | 1964 年 |
| 出版日期 | 每季度末 |
| 地　　址 | 吉林省长春市人民大街 5268 号 |
| 邮政编码 | 130024 |
| 电　　话 | （0431）85098761 |
| 电子邮箱 | wgwtyj@nenu.edu.cn |
| 微信公众号 | 外国问题研究 |
| 国内订阅 | 全国各地邮局 |
| 国内发行 | 吉林省报刊发行分公司 |
| 邮发代号 | 12-398 |
| 国外发行 | 中国国际图书贸易集团有限公司 |
| 国外代号 | Q4331 |
| 印　　刷 | 吉林省文林印务有限公司 |
| 定　　价 | 20.00 元 |
| 备　　注 | 原名《日本学论坛》，2009 年改现名 |

**刊物简介**

　　《外国问题研究》是教育部主管、东北师范大学主办的世界史领域学术期刊，国内外公开发行。该刊为季刊，每季度末出版。自 2016 年改版以来，得到了学界的广泛关注和支持。2021 年入选 CSSCI 扩展版来源期刊。

　　办刊宗旨及业务范围：刊载东亚、欧美和其他国家的历史问题及相关研究成果，为中国世界史研究提供一个学术交流平台。

　　办刊方针：尊重学术传统，凸显学科特色，会集中外学术名家，在充分关注新时期中国国家战略的基础上，以全球视野和开放的眼光，研究域外历史重大理论问题和实证问题。

　　办刊理念：突破国别限制，淡化时代区隔，打通专业壁垒，强化基础研究，兼顾智库建设。从文明生态的视角，动态观察域外各国的政治、经贸、文化等领域的历史演进过程，借以展现人类文明多元互动的古今本然，增进不同文明之间的相互了解与理解。

　　主要栏目："东亚文明研究""古典文明研究""欧美文明研究""丝路古今研究"。

| 刊　　名 | 现代日本经济 |
|---|---|
| 英文刊名 | Contemporary Economy of Japan |
| 刊　　期 | 双月刊 |
| 刊　　号 | ISSN 1000-355X　CN 22-1065/F |
| 主　　管 | 教育部 |
| 主　　办 | 吉林大学 |
| 主　　编 | 庞德良 |
| 创刊时间 | 1982 年 |
| 出版日期 | 单月 1 日 |
| 地　　址 | 吉林省长春市前进大街 2699 号 |
| 邮政编码 | 130012 |
| 电　　话 | （0431）85166391 |
| 电子邮箱 | xdrbjj@163.com |
| 网　　址 | https://xdrj.cbpt.cnki.net/WKG/WebPublication/index.aspx?mid=xdrj |
| 微信公众号 | xdrbjjsince1982 |
| 出　　版 | 《现代日本经济》编辑部 |
| 国内订阅 | 全国各地邮局 |
| 国内发行 | 吉林省报刊发行局 |
| 邮发代号 | 80-437 |
| 国外发行 | 中国国际图书贸易集团有限公司 |
| 国外代号 | BM1847 |
| 印　　刷 | 长春新华印刷集团有限公司 |
| 定　　价 | 20.00 元 |
| 备　　注 | 《现代日本经济》由廖承志题写刊名，为"全国日本经济学会"会刊 |

**刊物简介**

　　《现代日本经济》创刊于 1982 年，是中国唯一一份公开发行的专门以日本经济问题为研究对象的专业性学术期刊，是国家一级学会"全国日本经济学会"会刊，由廖承志题写刊名。

　　自创刊以来，《现代日本经济》始终坚持正确的政治方向与学术导向，对日本经济进行全面、系统、深入的研究，以推动中日经济文化交流，介绍日本发展经济、提高技术、改进经营管理的经验与教训。《现代日本经济》设有"宏观经济管理""财政与金融""对外贸易""产业经济""企业经营""环境保护以及区域经济合作"等重点栏目。

　　经过多年的建设和发展，《现代日本经济》在研究日本经济发展的经验与教训、促进学术交流方面发挥了积极的作用，在中国的日本经济研究领域具有广泛的影响力与传播力。《现代日本经济》入选《中文社会科学引文索引》（CSSCI）来源期刊、全国中文核心期刊、《中国人文社会科学期刊报告（AMI）》核心期刊、《中国学术期刊评价研究报告》（RCCSE）核心期刊。《现代日本经济》刊文有多篇被《中国社会科学文摘》、《高等学校文科学术文摘》、中国人民大学复印报刊资料等文摘期刊全文转载、摘编。2021 年度期刊组织申报的编辑学项目获评全国高等学校文科学报研究会"重点项目"。

| 刊　　名 | 亚太安全与海洋研究 |
|---|---|
| 英文刊名 | Asia-Pacific Security and Maritime Affairs |
| 刊　　期 | 双月刊 |
| 刊　　号 | ISSN 2096-0484　CN 10-1334/D |
| 主　　管 | 国务院发展研究中心 |
| 主　　办 | 国务院发展研究中心亚非发展研究所、南京大学中国南海研究协同创新中心 |
| 主　　编 | 朱锋 |
| 创刊时间 | 1994 年 |
| 出版日期 | 单月 15 日 |
| 地　　址 | 江苏省南京市汉口路 22 号南京大学中国南海研究协同创新中心 |
| 邮政编码 | 210093 |
| 电　　话 | 025-83597212 |
| 电子邮箱 | nanhaibjb@nju.edu.cn |
| 网　　址 | http://yfzh.cbpt.cnki.net |
| 微信公众号 | 亚太安全与海洋研究 |
| 出　　版 | 《亚太安全与海洋研究》编辑部 |
| 国内订阅 | 全国各地邮局 |
| 国内发行 | 北京报刊发行局 |
| 邮发代号 | 80-455 |
| 国外发行 | 中国国际图书贸易集团有限公司 |
| 国外代号 | C8387 |
| 印　　刷 | 北京庆全新光印刷公司 |
| 定　　价 | 25.00 元 |
| 备　　注 | 原名《亚非纵横》，2015 年 5 月改现名 |

**刊物简介**

《亚太安全与海洋研究》前身为《亚非纵横》，由国务院发展研究中心亚非发展研究所主办。2015 年改现名，由国务院发展研究中心亚非发展研究所与南京大学中国南海研究协同创新中心合办。经过多年的发展，业已成为中国亚太安全与海洋研究重要成果汇集平台。

《亚太安全与海洋研究》以战略性、创新性、专业性和学术性为宗旨，定位亚太传统与非传统安全的理论与实践，突出关注区域安全与海洋问题，同时聚焦国际秩序变革、大国关系、周边外交以及地区热点问题。

主要栏目包括"亚太热点透析""海洋动态观察""南海专题研究""区域安全探讨""国际政经聚焦"等。

《亚太安全与海洋研究》现为《中国学术期刊影响因子年报》统计源期刊、《中文社会科学引文索引》（CSSCI）来源期刊（扩展版）、中国人民大学复印报刊资料重要转载来源期刊等。《2021 年中国学术期刊影响因子年报》"世界政治"类期刊影响因子排名进入第二方阵（Q2），列第 24 位。《2021 年复印报刊资料转载指数排名》政治学学科 238 种期刊全文转载排名中，该刊的转载率、综合指数分列第 8 名和第 9 名。"亚太安全与海洋研究"微信公众号关注用户数近 2700 人，载文篇均点击率近 500 次。

2019 年实现中国知网"网络首发"（提前出版）。2021 年实现中国知网"期刊双语工程"、"长摘要"和"精彩段落"中英文双语出版。

## 著作目录

# 2021年中国的日本研究著作目录

## 综合类

| 书名 | 作者/编者 | 出版社 |
| --- | --- | --- |
| 100个日本 | [日]席瓦尔第 | 百花文艺出版社 |
| 创造新日本 | [英]W.拉夫伯尔 | 山西人民出版社 |
| 当代日本中国研究（第一辑）历史·社会 | 日本人间文化研究机构现代中国区域研究项目 | 社会科学文献出版社 |
| 当代中国的日本研究：1981—2020 | 杨伯江 | 中国社会科学出版社 |
| 德是业之基：当代日本经营之圣稻盛和夫的经营哲学 | 陈华蔚 | 东方出版社 |
| 看不见的日本 | [日]赤松利市 | 北京联合出版公司 |
| 日本的迷失·真相：1998 | [日]西野智彦 | 中信出版集团股份有限公司 |
| 日本的现代 | [日]鹿野政直 | 新星出版社 |
| 日本研究报告（2021）：新冠疫情剧烈冲击下的日本 | 杨伯江 | 社会科学文献出版社 |
| 日本研究文选：1981—2020（上册） | 杨伯江 | 社会科学文献出版社 |
| 日本研究文选：1981—2020（下册） | 杨伯江 | 社会科学文献出版社 |

## 政治·外交

| 书名 | 作者/编者 | 出版社 |
| --- | --- | --- |
| 立法·原理·判例：日本刑事证据规则的"三维"检视 | 董林涛 | 中国政法大学出版社 |
| 美日博弈：美国如何将未来给予日本，又该如何索回 | [美]克莱德·普雷斯托维茨 | 中信出版集团股份有限公司 |
| 日本国际战略及政策研究 | 吕耀东 | 社会科学文献出版社 |

| | | |
|---|---|---|
| 日本民法总则与债权部分修改介绍 | 胡晗 | 辽宁人民出版社 |
| 日本最新商法典译注详解 | 刘成杰 | 中译出版社 |
| 日美博弈战 | [日]鹫尾友春 | 中国友谊出版公司 |

## 经　济

| 书名 | 作者/编者 | 出版社 |
|---|---|---|
| 成为经典 | [日]长冈贤明 | 广东人民出版社 |
| 动荡时代 | [日]白川方明 | 中信出版集团股份有限公司 |
| 丰田的未来：人工智能时代的生存之道 | [日]日本经济新闻社编 | 浙江人民出版社 |
| 服务立国论 | [日]森川正之 | 广西师范大学出版社 |
| 全产业数字化时代的日本创生战略 | [日]藤原洋 | 广西师范大学出版社 |
| 日本产业概览：2021—2022 | 褚健 | 社会科学文献出版社 |
| 日本大企业国际化战略分析 | 程天敏 | 中国财政经济出版社 |
| 日本反垄断法的历史沿革与制度变迁：1947—2019年 | 王玉辉 | 上海三联书店 |
| 日本房地产百年简史 | [日]橘川武郎 | 厦门大学出版社 |
| 日本福利经济思想的变迁研究 | 陶芸 | 武汉大学出版社 |
| 日本公司法与公司治理 | 平力群 | 社会科学文献出版社 |
| 日本环境保护战略演进与实践成效研究 | 施锦芳 | 中国社会科学出版社 |
| 日本经济与中日经贸关系研究报告（2021）：新冠肺炎疫情下的日本经济与中日经贸关系 | 张季风 | 社会科学文献出版社 |
| 日本企业文化要义 | 汪帅东 | 浙江大学出版社 |
| 日本无废体系研究 | [日]细田卫士、[日]染野宪治 | 中国环境出版集团 |
| 日本宪法学的谱系 | [日]长谷川正安 | 商务印书馆 |
| 日本消费税改革研究 | 李清如 | 社会科学文献出版社 |
| 日本再通胀政策研究 | 陈刚 | 社会科学文献出版社 |
| 突发的繁荣与平日的寂寥：中日公益广告运行机制比较研究 | 邬盛根 | 中国传媒大学出版社 |

| 书名 | 作者/编者 | 出版社 |
| --- | --- | --- |
| 新消费时代1：摸着日本过河 | 房家毅 | 东方出版社 |
| 至善经营：从索尼到产综研的人生心得 | ［日］中钵良治 | 东方出版中心有限公司 |
| 中日韩与老挝的经济交往与认知 | 蔺睿 | 知识产权出版社 |
| 追求极致：日本企业团队工作法 | 曲军 | 企业管理出版社 |

## 历　史

| 书名 | 作者/编者 | 出版社 |
| --- | --- | --- |
| "肤色"的忧郁：近代日本的人种体验 | ［日］真嶋亚有 | 社会科学文献出版社 |
| FASHION FOOD！日本流行美食文化史 | ［日］畑中三应子 | 上海三联书店 |
| 大村智传：通往诺贝尔奖之路 | ［日］马场炼成 | 人民出版社 |
| 大日本史：标点校勘本（1—25） | ［日］德川光圀 | 西南师范大学出版社 |
| 大审判：国民政府处置日本战犯实录 | 刘统 | 上海人民出版社 |
| 德川家康 | ［日］火坂雅志 | 山东文艺出版社 |
| 古代日本皇亲制度研究 | 章林 | 中国社会科学出版社 |
| 国家的重生：日本战后腾飞之路 | 马国川 | 中信出版集团股份有限公司 |
| 汉字汉文在日本：明治时期日本文字语言文体改良研究 | 曹雯 | 人民出版社 |
| 豪商列传：白手起家的日本近现代财阀 | ［日］宫本又次 | 世界知识出版社 |
| 花甲录：中日友好桥梁 | ［日］内山完造 | 九州出版社 |
| 毁灭与重生：日本昭和时代（1926—1989） | ［日］古川隆久 | 浙江人民出版社 |
| 简读日本史 | 张宏杰 | 岳麓书社 |
| 近代东亚中的日本及日俄、中日关系研究 | 周启乾 | 社会科学文献出版社 |
| 近代科技日语新词创制与汉语借用研究 | 李红 | 中国科学技术大学出版社 |
| 近代日本对华宣传战研究：1868—1937 | 许金生 | 复旦大学出版社 |
| 近代日本中国俗文学研究史论 | 张真 | 上海古籍出版社 |
| 近代中国东北与日本研究：第3辑 | 陈秀武 | 社会科学文献出版社 |

| | | |
|---|---|---|
| 近现代日本女性形象研究 | 陈玲 | 华中科技大学出版社 |
| 晋商和日本商帮文化比较 | 梁艳琴 | 九州出版社 |
| 军国之路：近代日本兴衰画册 | 杜文青 | 国际文化出版公司 |
| 历史与文化：亚洲史中的日本古代研究 | 刘晓峰、刘晨 | 清华大学出版社 |
| 律令国家的转变 | ［日］坂上康俊 | 文汇出版社 |
| 明日交涉与日本对华观的流变：1368—1598 | 朱莉丽 | 齐鲁书社 |
| 魔都镜像：近代日本人的上海书写：1862—1945 | 徐静波 | 上海大学出版社 |
| 谋心：日本在中国沦陷区的"宣抚工作"（1937—1945） | 王萌 | 社会科学文献出版社 |
| 侵华日军兵要地志揭秘：100年来日本对中国的战场调查 | 沈克尼 | 生活·读书·新知三联书店 |
| 日本汉学史 | ［日］牧野谦次郎 | 学苑出版社 |
| 日本核殇七十年 | ［日］川村凑 | 浙江文艺出版社 |
| 日本及其历史枷锁 | ［美］R.塔格特·墨菲 | 中信出版集团股份有限公司 |
| 日本侵华背景下近代中国社会历史变迁研究 | 谢忠强 | 山西人民出版社 |
| 日本史：从南北朝到战国1334—1615 | ［英］乔治·桑瑟姆 | 北京大学出版社 |
| 日本通商产业政策史（1980—2000）：通商和贸易政策 | ［日］阿部武司 | 中信出版集团股份有限公司 |
| 日俄战争：日本与欧美记者东亚争霸之写真 | 李洁 | 山东画报出版社 |
| 神儒习合：近世日本儒者"自我"的确立 | 孙传玲 | 社会科学文献出版社 |
| 时间与东亚古代世界 | 刘晓峰 | 社会科学文献出版社 |
| 隋唐中日书籍交流史 | 王勇 | 浙江人民出版社 |
| 同域与异乡：近代日本作家笔下的中国图像 | 徐静波 | 社会科学文献出版社 |
| 王权的诞生：弥生时代-古坟时代 | ［日］寺泽薫 | 文汇出版社 |
| 倭五王：日本的王位继承与五世纪的东亚 | ［日］河内春人 | 社会科学文献出版社 |
| 伊藤博文：近代日本奠基人 | ［日］伊藤之雄 | 社会科学文献出版社 |
| 樱花创造的日本：染井吉野与近代社会 | ［日］佐藤俊树 | 社会科学文献出版社 |

| 书名 | 作者/编者 | 出版社 |
| --- | --- | --- |
| 源赖朝与幕府初创：镰仓时代 | [日]山本幸司 | 文汇出版社 |
| 战后在华日本侨俘遣返研究 | 徐志民 | 江苏人民出版社 |
| 战时日本对华货币战 | 王萌 | 江苏人民出版社 |
| 珍宝中的日本精神——从绳文时代到镰仓前期 | [日]长谷川宏 | 中信出版集团股份有限公司 |
| 中国数学史研究在日本：1900—1950 | 张建伟 | 中国科学技术出版社 |
| 中日货币战争史（1906—1945） | 燕红忠 | 社会科学文献出版社 |
| 日本社会变迁研究——纪念中国日本史学会成立四十周年论文拔萃（全4卷） | 中国日本史学会、东北师范大学东亚研究院 | 江苏人民出版社 |

## 社会·文化

| 书名 | 作者/编者 | 出版社 |
| --- | --- | --- |
| 《源氏物语》与中国文化 | 黄建香 | 上海交通大学出版社 |
| 21世纪以来日本文化发展文献选编 | 李圣杰 | 武汉大学出版社 |
| TOKYO日本文具杂货的慢时光 | [日]堤信子 | 华中科技大学出版社 |
| 茶禅一味：日本的茶道文化 | 靳飞 | 中国社会科学出版社 |
| 禅与日本文化 | [日]铃木大拙 | 四川文艺出版社 |
| 持续成长：日本优质长寿企业的实践智慧 | [日]野中郁次郎 | 人民邮电出版社 |
| 从零开始的女性主义 | [日]上野千鹤子、[日]田房永子 | 北京联合出版公司 |
| 从文化苦旅到凤凰涅槃：日本汉字问题与语言政策研究 | 陈月娥 | 中国社会科学出版社 |
| 当代日本社会现象的话语建构研究 | 孙成志 | 中国社会科学出版社 |
| 地方创生标杆：来自日本智头町的创新型地区建设实践 | [日]寺谷笃志、[日]泽田廉路、[日]平塚伸治、[日]小田切德美 | 世界知识出版社 |
| 东亚乡村建设与规划 | 张立 | 中国建筑工业出版社 |
| 儿童的贫困I：对日本不公平状况的思考 | [日]阿部彩 | 生活·读书·新知三联书店 |

| 书名 | 作者 | 出版社 |
| --- | --- | --- |
| 孤独社会 | [日]菅野久美子 | 北京时代华文书局 |
| 汉字日本 | [日]茂吕美耶 | 当代中国出版社 |
| 垃圾去哪了：日本废弃物处理的真相 | [日]杉本裕明 | 社会科学文献出版社 |
| 两宋时期汉籍东传日本论述稿 | 陈翀 | 浙江人民出版社 |
| 漫长的战败：日本的文化创伤、记忆与认同 | [日]桥本明子 | 上海三联书店 |
| 明治时期日本人的对外认识 | 熊淑娥 | 知识产权出版社 |
| 平安日本 | [日]茂吕美耶 | 当代中国出版社 |
| 人地共生：日本乡村振兴的转型与启示 | 顾鸿雁 | 上海社会科学院出版社 |
| 日本当代社会问题研究与评析（日文版） | 管纪龙 | 上海交通大学出版社 |
| 日本地下空间考察与分析 | 雷升祥、丁正全、赵飞阳 | 人民交通出版社股份有限公司 |
| 日本地域综合照护服务体系研究及启示 | 邵思宁 | 浙江大学出版社 |
| 日本电影的黄金时代：仲代达矢访谈录 | [日]春日太一 | 上海人民出版社 |
| 日本妇女、和平与安全：迈向和平的历史与挑战 | 顾蕾、陈起飞 | 社会科学文献出版社 |
| 日本古学派之哲学 | [日]井上哲次郎 | 中国社会科学出版社 |
| 日本近代思想中的文化记忆研究 | 宋媛媛 | 上海外语教育出版社 |
| 日本农业出版与传播的社会学调查：1950—2003 | 丁一平 | 中华书局 |
| 日本人眼中的西湖 | 宋翔、陈小法 | 杭州出版社 |
| 日本社会保障法研究 | 田思路 | 中国社会科学出版社 |
| 日本社会福利 | 沈洁 | 中国劳动社会保障出版社 |
| 日本十进分类法与中国图书馆分类法转换研究 | 姜化林 | 万卷出版公司 |
| 日本文化研究 | 严绍璗 | 北京大学出版社 |
| 日本香文化 | 巨涛、臧曦 | 文化艺术出版社 |
| 日本阳明学派之哲学 | [日]井上哲次郎 | 中国社会科学出版社 |

| 书名 | 作者/编者 | 出版社 |
| --- | --- | --- |
| 日本医疗保障 | 李莲花 | 中国劳动社会保障出版社 |
| 日本影弘仁本《文馆词林》校注 | 林家骊、邓成林 | 中国社会科学出版社 |
| 日本职业技术教育研究 | 韩玉 | 北京师范大学出版社 |
| 日本朱子学派之哲学 | [日]井上哲次郎 | 中国社会科学出版社 |
| 日式幼儿园设计案例精选 | 仙田满 | 华中科技大学出版社 |
| 儒教中国与日本 | [日]井上哲次郎 | 中国社会科学出版社 |
| 少子社会：为什么日本人不愿意生孩子？ | [日]山田昌弘 | 上海教育出版社 |
| 手绘紫禁城：遗失在日本的北京皇城建筑艺术 | [日]伊东忠太 | 现代出版社 |
| 寺山修司幸福论 | [日]寺山修司 | 湖南文艺出版社 |
| 田中正造"真文明"思想研究 | 张晋 | 社会科学文献出版社 |
| 为避免下坠而竞争：日本格差社会的未来 | [日]山田昌弘 | 生活·读书·新知三联书店 |
| 西方人本思潮下的日本社会及创造力 | 魏淑丽 | 山东大学出版社 |
| 现代日本家与居：建筑、家庭空间与中产文化 | [美]乔丹·桑德 | 北京大学出版社 |
| 阳明心学在日本 | 施敏洁主编 | 浙江大学出版社 |
| 与日本人的对话 | 戴国辉 | 九州出版社 |
| 中国哲学的丰富性再现：荒木见悟与近世中国思想论集 | 吴震、申绪璐 | 上海古籍出版社 |
| 中日渔民社会：社会转型期湛江与石卷地区渔民社会的人类学民族志 | 李晶 | 社会科学文献出版社 |
| 忠诚与反叛——日本转型期的精神史状况 | [日]丸山真男 | 上海文艺出版社 |

## 文学·艺术

| 书名 | 作者/编者 | 出版社 |
| --- | --- | --- |
| 被创造的古典：经典建构·国民国家·日本文学 | [日]白根治夫、[日]铃木登美 | 外语教学与研究出版社 |

| | | |
|---|---|---|
| 村上春树作品的引进与传播 | [日]千叶万希子 | 社会科学文献出版社 |
| 打开东京公共空间的密码：新型城市基础设施的协同设计 | 日本公益财团法人都市建设公共空间设计中心 | 大连理工大学出版社 |
| 大阪城：天下无双的名城 | [日]宫上茂隆 | 上海人民出版社 |
| 大江健三郎小说诗学研究 | 兰立亮 | 科学出版社 |
| 岛崎藤村小说与近代日本社会问题研究 | 李敏 | 天津大学出版社 |
| 东洋的理想：建构日本美术史 | [日]冈仓天心 | 商务印书馆 |
| 方寸艺术：日本藏书票之话 | 黄贺强 | 浙江大学出版社 |
| 扶桑物语：俭约思想与日本设计 | 吕晓萌 | 山东美术出版社 |
| 宫崎骏评传：众神与孩童的故事 | [日]杉田俊介 | 商务印书馆 |
| 关于先祖 | [日]柳田国男 | 北京师范大学出版社 |
| 建筑日本：现代与传统 | [日]五十岚太郎 | 广西师范大学出版社 |
| 解读近代日本学者对中国建筑的考察与图像记录 | 贺美芳 | 中国建筑工业出版社 |
| 京都美学考：从建筑探索京都生活细节之美 | [日]吉冈幸雄 | 江苏凤凰科学技术出版社 |
| 老去的东京苏醒的地方 | [日]牧野知弘 | 广西师范大学出版社 |
| 六朝佛教造像对朝鲜半岛及日本的影响 | 费泳 | 中华书局 |
| 莫言作品在日本：文本旅行与文化越界 | 朱芬 | 复旦大学出版社 |
| 平城京奈良：古代的都市规划与营建 | [日]宫本长二郎、[日]穗积和夫 | 上海人民出版社 |
| 日本动漫人物描摹拓展训练 | [日]室井康雄 | 电子工业出版社 |
| 日本古文献中的汉字词汇研究 | 张愚 | 上海交通大学出版社 |
| 日本瑰宝：东京国立博物馆珍藏 | 东京国立博物馆编 | 上海书画出版社 |
| 日本汉诗整理与研究汇编·第一辑 | 莫文沁、张锦主编 | 学苑出版社 |
| 日本纪行 | [日]井上靖 | 重庆出版社 |
| 日本近代文学史 | 谭晶华 | 上海外语教育出版社 |
| 日本美的构造：布鲁诺·陶特眼中的日本美 | [德]布鲁诺·陶特 | 上海人民美术出版社 |

| | | |
|---|---|---|
| 日本文具文创设计 | 《日经设计》编辑部编 | 机械工业出版社 |
| 日本文学的文化意蕴和美学理念 | 张以、刘绍晨 | 九州出版社 |
| 日本文学汉译史 | 王向远 | 九州出版社 |
| 日本现代生态文学研究 | 刘利国 | 中国戏剧出版社 |
| 日本战后派作家的战争体验与书写 | 何建军 | 中国社会科学出版社 |
| 日本中近世和歌500首：从镰仓到江户时代的日本和歌 | 姜文清 | 云南人民出版社 |
| 日本中世文学研究 | 谢立群 | 中国传媒大学出版社 |
| 日本作家野上弥生子的小说世界 | 宋波 | 九州出版社 |
| 再见：太宰治的孤独世界 | ［日］太宰治 | 四川文艺出版社 |
| 中国典籍日本注释丛书：孟子卷 | ［日］竹添光鸿 | 上海古籍出版社 |
| 中国古典小说在日本江户时期的流播 | 周健强 | 中国社会科学出版社 |
| 中国日本文学研究史 | 王向远 | 九州出版社 |
| 中国题材日本文学史 | 王向远 | 九州出版社 |
| 重新发现日本：69处日本现代建筑巡礼 | ［日］矶达雄 | 北京联合出版公司 |
| 自然之诗：日本的绘画艺术 | ［英］约翰·T.卡彭特 | 华中科技大学出版社 |

（整理者：陈祥）

# 大事记

# 2021年日本大事记

陈　祥　王一晨　邓美薇*

**1月**

**1日**

△ 日本与英国的《经济伙伴关系协定》（EPA）正式生效。

**4日**

△ 首相菅义伟在首相官邸举行新年记者会，阐述内政外交方针，表明将在防疫、"数字化"、"绿色经济"和多边主义方面重点发力。

**5日**

△ 日本新增新冠肺炎4915例确诊和76例死亡病例，刷新单日新增确诊和死亡病例数最高纪录。

**7日**

△ 首相菅义伟决定以东京都和埼玉、千叶、神奈川3县构成的首都圈为对象，基于《新型流感等对策特别措施法》再次发布紧急事态宣言，实施时间为1月8日至2月7日。

**12日**

△ 在昭和历史研究领域享有盛誉的纪实文学作家半藤一利去世，享年90岁。

△ 日本广播协会公布的民意调查结果显示，菅义伟内阁支持率为40%，不支持率为41%，这是菅义伟内阁自成立以来首次支持率低于不支持率。

**13日**

△ 日本政府针对大阪、京都、兵库、爱知、岐阜、福冈、栃木等7个地区发布新冠疫情紧急状态宣言。实施时间为1月14日至2月7日。

**18日**

△ 第204届例行国会召开，首相菅义伟上任后首次发表施政方针演说。日本政府向国会

---

\* 陈祥，文学博士，中国社会科学院日本研究所副研究员，研究方向为日本问题、环境史、日本侵华史；王一晨，法学博士，中国社会科学院日本研究所助理研究员，研究方向为日本对外战略；邓美薇，经济学博士，中国社会科学院日本研究所助理研究员，研究方向为日本经济。

提交2021财年预算案和2020财年第三次补充预算案，2021财年一般会计总额为106.6097万亿日元（约合人民币6.65万亿元），连续9年创新高。

20日

△ 中日两国政府围绕包括钓鱼岛及其附属岛屿在内的东海局势，举行了外务部门司局长级视频会议。

21日

△ 首相菅义伟对拜登就任美国总统表示祝贺，强调"希望进一步巩固日美同盟"，并愿与拜登紧密合作，共同应对包括新冠肺炎疫情在内的国际性课题。

△ 东京地方法院对被控在2019年参议院选举中有贿选行为的参议员河井案里（47岁）做出有罪判决。

△ 财务省公布的初步统计结果显示，受汽车等产品海外需求大幅下降影响，2020年日本出口额比上年减少11.1%，连续两年下降。2020年12月，出口额同比增长2.0%，是自2018年11月以后首次出现增长。

22日

△ 日本政府在内阁会议上敲定了《新型流感等对策特别措施法》修正案、《传染病法》修正案、《检疫法》修正案。2月3日，日本国会参议院以多数赞成票通过上述修正案，自2月13日开始施行。

29日

△ 总务省公布的调查结果显示，2020年日本平均完全失业率比前一年上升0.4个百分点，达到2.8%，这是日本失业率11年来首次上升。

△ 日本出入国在留管理厅公布，2020年外国入境人员约为430.7万人次，较上一年度大跌86.2%。

**2月**

2日

△ 日本政府决定，将此前针对11个都府县发布的《紧急状态宣言》的结束时间从2月7日延长至3月7日（栃木县除外）。

5日

△ 总务省公布报告显示，受新冠肺炎疫情影响，2020年日本两人以上家庭月均实际消费支出比上年下降5.3%，创2001年有可比统计数据以来最大降幅。

9日

△ 日本政府在内阁会议上敲定了以设立数字厅为核心的6个数字改革相关法案。

**12 日**

△ 东京奥运会及残奥会组织委员会主席森喜朗因发表歧视女性言论引咎辞职。日本奥组委 18 日选举桥本圣子出任新主席。

**13 日**

△ 内阁府发布 2020 财年第三季度国内生产总值（GDP，已做季节调整）速报值，同比增长 3.0%，按年率换算增长 12.7%，已连续两个季度保持正增长。

**15 日**

△ 日经平均指数自 1990 年 8 月以来，时隔 30 年零六个月再次升至 30 000 点以上。收盘点位为 30 084.15 点。

**17 日**

△ 日本国内启动新冠疫苗接种工作，首批将为 4 万名医护人员接种。

△ 日美两国政府一致同意《驻日美军经费特别协议》延长一年，维持日本全年负担约 2000 亿日元的现行标准。

**19 日**

△ 日本政府召开国家安全保障会议，讨论经济领域的国家安全相关课题，这也是该会议首次将经济安全作为议题。

**22 日**

△ 厚生劳动省公布了 2020 年的人口动态统计初值，新生儿出生数再创新低，为 872 683 人，较上年减少 25 917 人。

**24 日**

△ 日本政府在内阁会议上通过了 2020 年 11 月签署的《区域全面经济伙伴关系协定》（RCEP）的批准案。

**26 日**

△ 首相菅义伟决定任命内阁府特命担当大臣坂本哲志担任第一任"孤独大臣"，以应对当前社会自杀率上升的问题。

## 3 月

**2 日**

△ 众议院表决通过 2021 年度预算案，一般会计总额达 106.6 万亿日元。此外还包括 5 万亿日元应对灾害预备费，规模高达以往的 10 倍。

**7 日**

△ 第 14 届联合国预防犯罪和刑事司法大会在京都开幕，并通过以加强国际预防犯罪合

作为主要内容的《京都宣言》。

9日

△ 日本政府在内阁会议上通过了旨在加强塑料垃圾循环利用和减排的新法案《塑料资源循环促进法》。

11日

△ 东日本大地震迎来十周年纪念日，日本政府在东京都千代田区国立剧场举办最后一次追悼仪式。

12日

△ 第六届东盟—中日韩（10+3）新闻部长会议以视频方式举行。

13日

△ 日本、美国、澳大利亚和印度建立的"四边机制"（QUAD）以视频会议形式举行首次首脑会谈，并在会后发表了联合声明。

16日

△ 神奈川县政府发布消息称，在此前的新冠肺炎死亡病例中，有2人感染了变异新冠病毒。这是日本国内首次出现变异新冠病毒死亡病例。

△ 外务大臣茂木敏充和防卫大臣岸信夫在东京与来访的美国国务卿安东尼·布林肯和国防部部长劳埃德·奥斯汀举行外长防长"2+2"会谈，并发表联合声明宣称，对中国施行《海警法》，允许海警局使用武器"深表关切"。

17日

△ 厚生劳动省发布消息称，2020年日本的自杀人数为21 081人，比前一年增加912人，时隔11年再次出现增长。其中，女性和年轻人的自杀人数显著增加。

18日

△ 日本陆上自卫队在熊本市驻地成立了专门从事电子战的新部队"第301电子战中队"，成员约80人。

19日

△ 厚生劳动省与文部科学省公布的2021年日本大学毕业生就业率数据显示，截至2月1日，已签订劳动合同的大学生占所有2021年春季大学毕业生的89.5%，较上年同期下降2.8%，这是日本大学毕业生就业率10年来首次下降。

20日

△ 东京奥运会及残奥会组织委员会、东京都政府、日本政府、国际奥委会、国际残奥委会五方代表举行高层会谈，正式决定大赛期间不接待外国游客。

**22 日**

△ 日本和德国签署了相互提供安全保障领域机密情报的《情报保护协定》。

**25 日**

△ 东京奥运会圣火传递仪式在福岛县启动，开始为期 121 天的征途。

**26 日**

△ 参议院批准 2021 财年财政预算案，总额为 106.6 万亿日元，比 2020 年度增加 3.8%，日本财政预算连续 9 年创新高。

△ 日本政府在内阁会议上通过《第六期科学技术创新基本计划》，计划在 2021 年至 2025 年进行 30 万亿日元研发投资，官民研发投资总额计划达 120 万亿日元。

△ 28—30 日　外务大臣茂木敏充和防卫大臣岸信夫分别会晤了来访的印度尼西亚外交部部长蕾特诺、国防部部长普拉博沃，并共同举行了外长防长"2+2"会谈，并就日本出口防卫装备品的"防卫装备品和技术转移协定"达成一致。

## 4 月

**1 日**

△ 日本正式实施《改正高年龄者雇佣安定法》，将企业员工退休年龄从 65 岁提高到 70 岁。

**5 日**

△ 外务大臣茂木敏充与中国国务委员兼外交部长王毅通电话。

**12 日**

△ 日本部分地区启动面向老年人的新冠疫苗优先接种工作。

**13 日**

△ 日本政府正式决定两年后将东京电力福岛第一核电站含有放射性物质氚的核污染处理水排入海洋。

**14 日**

△ 日本中央和地方政府推出了名为"地区去碳路线图"的主要框架，从农村、城市等不同地区选择 100 个区域作为试点，重点推进可再生能源等政策。

△ 日本政府在内阁会议上通过《国家公务员法》修正案，将国家公务员退休年龄从 60 岁逐步提高到 65 岁。

△ 15—18 日　首相菅义伟访美，与美国总统拜登在白宫举行首次首脑会谈，双方发布了一份联合声明，表示"在强调台湾海峡和平与稳定重要性的同时，致力于推动两岸问题的和平解决"。

19 日

△ 财务省公布的初步统计结果显示，受新冠肺炎疫情影响，日本 2020 财年出口额比上财年下降 8.4%，是 2009 财年以来最大跌幅。

22 日

△ 首相菅义伟在全球气候峰会上发表演讲，提出了新的 2030 年度减排目标，即从目前的"较 2013 年度削减 26%"大幅提高到"较 2013 年度削减 46%"。

△ 前首相安倍晋三表示，自卫队应该拥有能攻击对方国家弹道导弹发射基地等的"对敌基地攻击能力"。

23 日

△ 本田汽车宣布将在 2030 年把日本国内销售的汽车全部切换为电动车（EV）和混合动力车（HV）等新能源车。

25 日

△ 政府依据《新型流感等对策特别措施法》对东京、大阪、京都、兵库四个都府县发布了第三次紧急状态宣言。生效时间从 4 月 25 日到 5 月 11 日，共计 17 天。

△ 受政治丑闻和新冠肺炎疫情应对不利等因素影响，日本自民党在众参两院补选和重选中失败，3 个议席由在野党包揽。

26 日

△ 日本当天新增新冠肺炎死亡病例 35 例，累计死亡超过 1 万例，达 10 012 例。

28 日

△ 日本国会批准《区域全面经济伙伴关系协定》（RCEP）。

## 5 月

5 日

△ 总务省公布的推算数据显示，截至 2021 年 4 月 1 日，日本未满 15 岁的儿童人数总计为 1493 万人，比上年同期减少了 19 万人，连续 40 年呈下降趋势，创下 1950 年以来有可比数据的最低值。

6 日

△ 外务大臣茂木敏充在波兰与该国外长拉乌举行会谈，双方签署了战略伙伴关系相关行动计划。

7 日

△ 日本政府决定，将东京都、大阪府、京都府、兵库县 4 地的紧急状态延长到 7 月 31 日，同时 12 日起将爱知县和福冈县也列入紧急状态实施范围。

11日

△ 美、日、法三国开始在日本西南地区举行为期一周的联合军演。

12日

△ 参议院全体会议12日通过了与数字化改革相关的6部法案，并决定于2021年9月1日正式设立数字厅。

13日

△ 财务省公布的国际收支初步统计结果显示，受疫情影响，日本2020财年经常项目顺差比上财年减少3.8%，连续3个财年下降。

17日

△ 首相菅义伟与新任越南总理范明政举行首次电话会谈。

18日

△ 内阁府公布数据显示，2020财年日本实际GDP下降4.6%，为1955年有记录以来的最大降幅。

19日

△ 首相菅义伟与菲律宾总统杜特尔特举行电话会谈。

21日

△ 厚生劳动省正式批准美国莫德纳和英国阿斯利康的新冠疫苗在日本的使用许可。

25日

△ 财务省公布截至2020年末日本对外资产及负债余额。日本政府、企业、个人在海外拥有的资产余额比2019年末增长5.1%，达到1 146.126万亿日元，日本连续30年稳居全球最大净债权国。

26日

△ 参议院正式通过修订后的《全球变暖对策推进法》，以立法的形式明确了日本政府提出的到2050年实现"碳中和"的目标。这是日本首次将温室气体减排目标写进法律。

27日

△ 首相菅义伟与欧洲理事会主席米歇尔和欧盟委员会主席冯德莱恩共同举行日欧领导人视频峰会。

28日

△ 日本政府宣布将北海道、东京、爱知、大阪、京都、兵库、冈山、广岛、福冈等9个都道府县的紧急状态宣言延长至6月20日。

31日

△ 经济产业省公布的数据显示，4月，日本工矿业生产继续回暖，恢复至新冠肺炎疫情

暴发前水平。

**6月**

1日

△ 日本"住友化学"会长十仓雅和正式接替中西宏明就任日本经济团体联合会会长。

3日

△ 外务省亚洲大洋洲局局长船越健裕以视频方式与中国外交部边界与海洋事务司司长洪亮举行中日海洋事务高级别磋商团长会谈。

4日

△ 日本国会通过《医疗制度改革相关法》，年收入超过200万日元、75岁以上且单身的老年人医疗费负担比例将从10%上调至20%。

△ 经济产业省宣布，日本已完成对半导体、数字基础设施及数字产业战略的研究汇总工作，确立了以扩大国内生产能力为目标的半导体数字产业战略。

7日

△ 外务省公布了居留海外日侨人数实态调查结果，截至2020年10月1日，海外日侨总数为1 357 724人，较上一年度减少3.73%，为1989年有记录以来的首次下降。

8日

△ 日本政府发布的2021年版《消费者白皮书》显示，网购纠纷大幅增长。

11日

△ 首相菅义伟参加在英国西南部康沃尔开幕的七国集团（G7）峰会，会后在各国领导人共同签署的《卡比斯湾宣言》中首次提及中国台湾。

△ 日本参议院表决通过旨在提高修宪公投便利性的《国民投票法》修正案。

15日

△ 日本立宪民主党等4个在野党向众议院提交了内阁不信任案。

23日

△ 关西电力公司重启运转时间超过40年的美滨核电站3号反应堆，这是福岛第一核电站事故发生以来，首次重启服役时间超过40年（原则上的服役时间上限）的反应堆。

△ 在联合国人权理事会第47次会议上，中国、韩国对日本决定将福岛核电站事故核污染水排海表示关切。

25日

△ 总务省公布人口普查初步数据，截至2020年10月1日，包括外国人在内的日本总人口为126 226 568人。据联合国估算，日本人口居世界第11位，自1950年有可比数据以来首

次跌出前十。

30 日

△ 首相菅义伟以视频方式分别与库克群岛、密克罗尼西亚联邦、纽埃、汤加、马绍尔群岛等 5 个太平洋岛国举行领导人会谈。

## 7 月

1 日

△ 日本央行公布的 2021 年第二季度企业短期经济观测调查结果显示，大型制造业企业信心指数继续回暖，从上季度的 5 点升至 14 点，连续第 4 个季度上升。

3 日

△ 静冈县热海市发生大规模泥石流，包括普通民宅在内的十多座建筑被冲毁，20 多人遇难。

4 日

△ 东京都举行都议会选举，自民党成为东京都议会第一大政党，但未能实现自民党·公明党联盟共同获得议席过半的目标。

5 日

△ 副首相兼财务大臣麻生太郎在演讲中称，若中国大陆攻打台湾，"日美要一同防卫台湾"。

6 日

△ 日本政府决定由前外务事务次官秋叶刚男接替北村滋出任日本国家安保局局长。

△ 日本奥委会举行东京奥运会日本代表团成团仪式。此届奥运会日本决定派出 582 名选手，人数为史上最多。

8 日

△ 首相菅义伟宣布东京都将再次进入紧急状态，实施期限从 7 月 12 日至 8 月 22 日。这是东京都因新冠肺炎疫情第四次进入紧急状态。

12 日

△ 内阁府发布日本 5 月核心机械订单额继续环比上升 7.8%，增幅超过市场预期。

13 日

△ 日本广播协会公布民意调查结果显示，菅义伟内阁支持率下跌至 33%。

14 日

△ 厚生劳动大臣的咨询机构"日本中央最低工资审议会"决定，2021 年度日本全国平均最低工资上调标准为 28 日元，调至时薪 930 日元。

16日

△ 日本央行宣布，向金融机构提供零利率贷款，支持其向企业发放绿色贷款或投资绿色债券。

23日

△ 受新冠肺炎疫情影响推迟一年举办的东京奥运会开幕。

24日

△ 首相菅义伟与赴日出席东京奥运会开幕式的法国总统马克龙举行会谈。

26日

△ 联合国教科文组织（UNESCO）世界遗产委员会决定将"奄美大岛、德之岛、冲绳岛北部及西表岛"（地跨鹿儿岛和冲绳两县）列入世界自然遗产名录。

29日

△ 日本跨党派议员联盟"日华议员恳谈会"在线举行与美国参众两院议员和中国台湾"立法委员"的首次战略对话。

## 8月

1日

△ 日本新增新冠肺炎确诊病例连续4天超过1万人，正式进入"第五波"疫情高峰。

2日

△ 日本政府对神奈川、埼玉、千叶和大阪四府县发布紧急状态宣言，有效期至8月31日。

3日

△ 外务大臣茂木敏充以视频连线方式出席东盟与日本外长会议。

△ 日本国家安全保障局局长秋叶刚男与印度国家安全顾问多瓦尔进行了电话磋商。

4日

△ 日本、中国、韩国和东盟10国以视频会议方式召开东盟与中日韩（10+3）外长会。

6日

△ 日本国内新冠病毒感染人数累计突破100万人。

△ 厚生劳动省公布了2020年度养老金特别账户收支情况，按市值计算，厚生年金和国民年金分别盈余34.782 5万亿日元和1.968 3万亿日元，均创历史新高。

8日

△ 东京奥运会闭幕。

10日

△ 财务省公布的国际收支初步统计结果显示，2021年上半年日本经常项目顺差同比增

加 50%。

12 日

△ 日本政府拟制定将温室气体减排进度与 GDP 相结合的新指标——"绿色 GDP"指标，以实现到 2030 年，日本温室气体排放比 2013 年削减 46% 的目标。

△ 15—24 日  外务大臣茂木敏充依次访问埃及、巴勒斯坦、以色列、约旦、土耳其、伊朗、卡塔尔等中东 8 国。

16 日

△ 日本内阁府发表第二季度日本实际国内生产总值（GDP）环比上升 0.3%，按年率计算增幅为 1.3%。这是时隔 2 个季度再次转为正增长。

19 日

△ 日本当日新增新冠肺炎确诊病例 25 156 例，首次超过 2.5 万例，再创新高。

20 日

△ 日本政府对茨城、栃木、群马、静冈、京都、兵库、福冈 7 个府县发布紧急状态宣言，有效期至 9 月 12 日。此前已经发布宣言的东京、埼玉、千叶、神奈川、大阪和冲绳 6 个都府县的解除时间从 8 月底推迟至 9 月 12 日。

24 日

△ 东京残奥会举行开幕式。

25 日

△ 农林水产省公布数据显示，2020 年日本粮食自给率为 37.17%，为 1965 年有记录以来的最低值。

27 日

△ 日本政府对北海道、宫城、岐阜、爱知、三重、滋贺、冈山、广岛 8 个道县发布紧急状态宣言，有效期至 9 月 12 日。

△ 日本政府向美国方面抗议，不满驻日美军在没有事先征得日方同意情况下，擅自向下水道排放含有机氟化合物的污水。

31 日

△ 防卫大臣岸信夫命令此前派往阿富汗帮助日本侨民等撤离的自卫队结束行动，截至当日，自卫队共将 1 名日本人和 14 名阿富汗人转运至巴基斯坦。

△ 首相菅义伟在首相官邸与美国气候问题总统特使克里进行会晤，就日美两国朝着全球去碳化携手合作达成一致。

△ 防卫省确定 2022 年度防卫预算申请总额为 5.479 7 万亿日元，比 2021 年度原始预算增加 2.6%，将实现连续 10 年增长，规模创历史新高。

**9月**

**1日**

△ 日本政府正式举行"数字厅"启动仪式,该厅将负责日本数字化改革。平井卓也被任命为首任数字改革担当大臣。

**2日**

△ 日本政府与太平洋岛屿国家和地区负责国防事务的防长在线召开首次防长会议。

**3日**

△ 首相菅义伟表示放弃参加自民党党首选举,并将辞去首相职务。

**5日**

△ 东京残奥会闭幕。

**6日**

△ 防卫大臣岸信夫登上首次访问日本的英国海军航母"伊丽莎白女王"号,此举旨在展现日英防务合作进入"新阶段"。

△ 10—12日 防卫大臣岸信夫对越南进行正式访问。

**13日**

△ 日本政府将东京等19个都道府县的紧急状态宣言生效时间延长至9月30日。

**14日**

△ 厚生劳动省公布的数字显示,目前日本百岁以上老人共有86 510人,比上年增加6060人,再次刷新历史最高纪录。

△ 东京股票市场保持升势,日经平均指数涨至30 795.78点,超过了2月16日创下的交易时间年内高点,创1990年8月以来,也就是31年来的历史新高。

**15日**

△ 日本陆上自卫队在西南地区举行1993年以来规模最大的陆上自卫队军事演习,演习持续至11月下旬。

**16日**

△ 财务省公布的贸易统计初步结果显示,受国际原油价格大幅上涨、医药品进口明显增加等因素影响,8月日本贸易收支逆差达到6354亿日元(1美元约合109日元)。

**17日**

△ 自民党发布总裁选举公告,行政改革担当大臣河野太郎、自民党前政务调查会长岸田文雄、前总务大臣高市早苗、自民党代理干事长野田圣子4人报名参选。

**22日**

△ 日本中央银行宣布,维持当前货币政策宽松力度,同时通过购买资产维护金融市场

稳定。

24 日

△ 美日澳印"四边机制"（QUAD）首次在白宫举行线下峰会。其间，首相菅义伟在美国白宫与美国总统拜登举行会谈。

27 日

△ 日本政府出台未来三年网络安全战略草案，首次将中国、俄罗斯、朝鲜列为"网络攻击威胁"。

29 日

△ 自民党总裁选举结果揭晓，岸田文雄经过两轮投票胜选，成为第 27 任党总裁。

## 10 月

1 日

△ 日本政府全面解除此前针对 19 个都道府县发布的紧急状态宣言以及针对 8 县采取的防止疫情蔓延等重点措施。

4 日

△ 自民党总裁岸田文雄在临时国会上被提名为第 100 任首相，正式组阁。

5 日

△ 首相岸田文雄先后与美国总统拜登、澳大利亚总理莫里森举行电话会谈，并分别就加强合作、共同应对"中国问题"、实现"自由开放的印太战略"达成了共识。

12 日

△ 二十国集团（G20）以视频连线方式召开阿富汗问题领导人特别峰会，首相岸田文雄表示将在年内向阿富汗提供总额约 2 亿美元的援助。

14 日

△ 首相岸田文雄解散众议院，宣布将按"19 日公示、31 日投票"的日程举行众议院选举。

15 日

△ 日本政府设立"实现新资本主义会议"，岸田文雄首相担任会长，会员共 15 人，以财界创投企业家为主。

17 日

△ 首相岸田文雄以"内阁总理大臣"的名义，向靖国神社供奉"真榊"祭品。

△ 首相岸田文雄造访东京电力公司福岛第一核电站，视察反应堆报废作业及核污水处理情况。

△ 日本政府正式发布第六版能源基本计划，首次提出"最优先"发展可再生能源，并将2030年可再生能源发电所占比例从此前的22%—24%提高到36%—38%。

26日

△ 日本皇嗣秋筱宫文仁亲王的长女真子公主与其大学同学小室圭在东京登记结婚，真子公主即日起正式脱离皇族成为民间人士。

27日

△ 首相岸田文雄出席东盟与中日韩领导人峰会，提出为战胜新冠肺炎疫情，将与中韩一道加强对东盟的援助。

28日

△ 日本央行宣布，对2021财年（截至2022年3月31日）日本经济增长预期下调至3.4%，同时继续保持当前货币政策宽松力度，维持利率水平不变。

31日

△ 第49届众议院选举结果揭晓。自民党261席、公明党32席、立宪民主党96席、日本维新会41席、国民民主党11席、共产党10席、令和新选组3席、社民党1席、无所属10席。

## 11月

△ 首相岸田文雄在英国北部城市格拉斯哥与美国总统拜登直接会面并进行了短时间会谈。

△ 全球环保组织组成的"气候行动网络"小组，将"化石奖"颁给日本、挪威和澳大利亚三个国家，以批评他们应对全球气候变暖时的消极态度。

7日

△ 日本国内报告无新增新冠肺炎死亡病例。这是自2020年8月2日以来，即一年零三个月以来，首次单日新增死亡病例为0。

8日

△ 日本放宽入境限制，有条件允许外国留学生、短期商务人士等外籍人士入境，但观光游客未列入此次放宽入境限制范围内。

△ 首相岸田文雄决定任命自民党籍的原防卫大臣中谷元为负责人权事务的首相辅佐官。

11日

△ 前首相安倍晋三重返自民党最大派系"细田派"（清和政策研究会）并出任会长，该派系由此改名为"安倍派"。

△ 首相岸田文雄与美国印度太平洋司令部司令阿奎利诺在首相官邸举行会谈，确认将朝着进一步强化日美同盟而紧密合作。

**12日**

△ 日本政府敲定了新冠肺炎疫情防控对策整体方案，旨在防范未来可能出现的"第六波"疫情。

**15日**

△ 内阁府15日发布的初步统计结果显示，2021年第三季度日本实际国内生产总值（GDP）环比下降0.8%，按年率计算下降3%。

△ 厚生劳动省决定由政府全额负担国民接种美国辉瑞疫苗第三剂加强针的费用。

**16日**

△ 最新全球超级计算机性能排行榜揭晓，位于日本神户市理化学研究所的超级计算机"富岳"在4个性能评比单元连续4次位居榜首。

△ 内阁府公布的初步统计结果显示，第三季度日本实际GDP按年率计算下滑3.0%，是2021年继第一季度显著萎缩后的再次下滑。

**17日**

△ 日美韩三国在美国华盛顿召开副部长级磋商会议，三方一致同意紧密合作，推动朝鲜彻底实现无核化。

△ 东日本铁路公司对新干线列车进行了自动驾驶试验，这是新干线列车的首次自动驾驶试验。

**19日**

△ 日本政府决定推出总规模达78.9万亿日元的新一轮经济刺激计划，其中，财政支出将达55.7万亿日元，创历次经济刺激计划的财政支出新高。

△ 首相岸田文雄在首相官邸召开"经济安全保障推进会议"并指示，要加快制定《经济安全保障推进法案》（暂称）的工作。该法案主要涉及四个核心领域议题：强化供应链、确保重要基础设施的安全性、培育保全尖端技术、专利的非公开等。

△ 21—30日 美国、日本、德国、澳大利亚、加拿大海上部队在菲律宾海举行代号为"ANNUALEX2021"的年度联合演习。

**22日**

△ 外务大臣林芳正与印度外长苏杰生举行电话会谈，确认将在包括美国和澳大利亚在内的"四边机制"（QUAD）下紧密合作，以实现"自由开放的印度太平洋"。

**24日**

△ 日本政府宣布，将配合美国为平抑油价而释放战略石油储备的行动，在不违反石油储备法的前提下释放国家过剩石油储备。

△ 首相岸田文雄在首相官邸与越南总理范明政举行了会谈。

25 日

△ 自民党第三大派系、拥有 51 名国会议员的原"竹下派"（平成研究会）决定由该党干事长茂木敏充出任会长，该派由此改名为"茂木派"。

29 日

△ 为防范新冠病毒"奥密克戎"（Omicron）变异毒株扩散，首相岸田文雄宣布，日本自 11 月 30 日 0 时起暂停所有国家和地区的外国人入境。

30 日

△ 日本政府宣布日本首次确诊感染新冠病毒新型变异毒株"奥密克戎"病例，感染者是 28 日抵达成田机场的一名 30 多岁的非洲南部纳米比亚男性外交官。

△ 总务省公布的 2020 年人口普查终值数据显示，截至 2020 年 10 月 1 日，包括外国人在内的日本总人口为 126 146 099 人，呈持续下降趋势。此外，日本 65 岁以上人口占总人口的 28.6%，较上次调查增加了 2%，再次刷新历史最高纪录。

△ 经济产业省公布的数据显示，随着供应链紧张逐步缓解，日本汽车工业 10 月呈现回暖走势，带动当月工矿业生产指数环比上升。

△ 日本最大在野党立宪民主党在东京召开临时党代会并进行党首选举，政务调查会长泉健太取代枝野幸男当选新党首，任期至 2024 年 9 月底。

## 12 月

1 日

△ 前首相安倍晋三在中国台湾"国策研究院"举办的论坛上发言时宣称："台湾有事即日本有事，也就是日美同盟有事。"

△ 日本正式启动新冠疫苗第三剂加强针的接种工作。

7 日

△ 首相岸田文雄在讨论新冠肺炎疫情下饥饿和营养不良问题的国际会议"东京营养峰会"上发表演讲，宣布今后 3 年日本将实施 3000 亿日元以上的援助以改善发展中国家的营养状况。

9 日

△ 首相岸田文雄出席由美国拜登政府召开的"全球民主峰会"，并表示将向联合国开发计划署捐赠 1400 万美元，用于监督发展中国家在企业活动中的人权问题。

10 日

△ 日本央行公布的初步统计数据显示，受国际原油价格持续高企、日元贬值等多重因素影响，11 月日本企业物价指数同比增长 9%，为 1980 年 12 月以来的最大升幅。

12 日

△ 由日本地方政府现任及卸任首长组成、为阻止修改《宪法》第九条而组建的"全国首长九条之会"在东京召开全体会议。

13 日

△ 日本汉字能力检定协会在京都清水寺公布年度汉字为"金"。

16 日

△ 财务省公布的贸易统计结果显示，由于原油价格高企叠加日元贬值，日本连续 4 个月呈现贸易逆差，11 月逆差额达 9548 亿日元。

17 日

△ 日本央行宣布继续维持超宽松货币政策，但为应对新冠肺炎疫情而推出的企业融资政策到期后将部分退出。

20 日

△ 日本与中国举行第十三轮中日海洋事务高级别磋商。

△ 参议院通过此前众议院已批准的 2021 财年（截至 2022 年 3 月底）补充预算案，规模约为 36 万亿日元。由此，日本 2021 财年财政预算支出总额达 142.599 2 万亿日元。

21 日

△ 日本与美国就未来 5 年驻日美军经费分摊问题达成一致，2022—2026 财年，日本需承担的驻日美军经费为 1.055 1 万亿日元，较 2016—2020 财年增加 750 亿日元。

22 日

△ 日本东京奥运会和残奥会组织委员会宣布，奥运会举办经费总额预计达到约 1.5 万亿日元。

24 日

△ 日本政府宣布，不计划向北京冬奥会派遣阁僚等高官组成的政府代表团，由东京奥运会和残奥会组织委员会主席、参议员桥本圣子等 3 人出席北京冬奥会。

△ 日本政府在内阁会议上通过 2022 财年（截至 2023 年 3 月底）财政预算案，总规模约为 107.6 万亿日元，连续 10 年创新高，其中，社保相关开支增加 4393 亿日元，社保、国防、科技振兴费等预算均创新高。

27 日

△ 防卫大臣岸信夫与中国国务委员兼国防部长魏凤和举行视频通话。

29 日

△ 厚生劳动省公布了每三年一次的"健康寿命"调查结果，2019 年日本"健康寿命"女性为 75.38 岁，男性为 72.68 岁，皆创造新纪录。

# 日本经济与中日经贸关系主要数据

表1　　　　　　　　中日贸易额变化（1995—2021）（中方统计）　　单位：亿美元，%

| 年份 | 中国对日出口 金额 | 中国对日出口 增长率 | 中国从日进口 金额 | 中国从日进口 增长率 | 贸易总额 金额 | 贸易总额 增长率 | 贸易差额 金额 |
|---|---|---|---|---|---|---|---|
| 1950 | 0.2 | — | 0.3 | — | 0.5 | — | −0.1 |
| 1955 | 0.6 | — | 0.3 | — | 0.8 | — | 0.3 |
| 1965 | 1.9 | — | 2.6 | — | 4.5 | — | −0.7 |
| 1970 | 2.2 | — | 5.8 | — | 8.1 | — | −3.6 |
| 1975 | 14.0 | — | 24.0 | — | 38.1 | — | −10.0 |
| 1980 | 39.9 | — | 49.2 | — | 89.1 | — | −9.2 |
| 1985 | 57.0 | — | 142.4 | — | 199.3 | — | −85.4 |
| 1986 | 47.5 | −16.6 | 124.9 | −12.2 | 172.4 | −13.5 | −77.5 |
| 1987 | 63.9 | 34.7 | 100.7 | −19.4 | 164.7 | −4.5 | −36.8 |
| 1988 | 79.0 | 23.6 | 110.3 | 9.5 | 189.4 | 15.0 | −31.3 |
| 1989 | 83.9 | 6.2 | 105.3 | −4.6 | 189.3 | −0.1 | −21.4 |
| 1990 | 90.1 | 7.3 | 75.9 | −28.0 | 166.0 | −12.3 | 14.2 |
| 1991 | 102.2 | 13.4 | 100.3 | 32.2 | 202.5 | 22.0 | 1.9 |
| 1992 | 116.8 | 14.3 | 136.8 | 36.4 | 253.6 | 25.2 | −20.0 |
| 1993 | 157.8 | 35.1 | 232.9 | 70.2 | 390.7 | 54.0 | −75.1 |
| 1994 | 215.8 | 36.8 | 263.3 | 13.0 | 479.1 | 22.6 | −47.5 |
| 1995 | 284.7 | 31.9 | 290.0 | 10.2 | 574.7 | 20.0 | −5.4 |
| 1996 | 308.9 | 8.5 | 291.8 | 0.6 | 600.7 | 4.5 | 17.1 |
| 1997 | 318.4 | 3.1 | 289.9 | −0.6 | 608.3 | 1.3 | 28.4 |
| 1998 | 296.6 | −6.8 | 282.8 | −2.5 | 579.4 | −4.8 | 13.9 |
| 1999 | 324.1 | 9.3 | 337.6 | 19.4 | 661.7 | 14.2 | −13.5 |

续表

| 年份 | 中国对日出口 金额 | 中国对日出口 增长率 | 中国从日进口 金额 | 中国从日进口 增长率 | 贸易总额 金额 | 贸易总额 增长率 | 贸易差额 金额 |
|---|---|---|---|---|---|---|---|
| 2000 | 416.5 | 28.5 | 415.1 | 22.9 | 831.6 | 25.7 | 1.4 |
| 2001 | 449.4 | 7.9 | 427.9 | 3.1 | 877.3 | 5.5 | 21.5 |
| 2002 | 484.3 | 7.8 | 534.7 | 25.0 | 1 019.0 | 16.2 | −50.3 |
| 2003 | 594.1 | 22.7 | 741.5 | 38.7 | 1 335.6 | 31.1 | −147.4 |
| 2004 | 735.1 | 23.7 | 943.3 | 27.2 | 1 678.4 | 25.7 | −208.2 |
| 2005 | 839.9 | 14.3 | 1 004.1 | 6.4 | 1 843.9 | 9.9 | −164.2 |
| 2006 | 916.2 | 9.1 | 1 156.7 | 15.2 | 2 073.0 | 12.4 | −240.5 |
| 2007 | 1 020.6 | 11.4 | 1 339.5 | 15.8 | 2 360.1 | 13.9 | −318.9 |
| 2008 | 1 161.3 | 13.8 | 1 506.0 | 12.4 | 2 667.3 | 13.0 | −344.7 |
| 2009 | 979.1 | −15.7 | 1 309.4 | −13.1 | 2 288.5 | −14.2 | −330.3 |
| 2010 | 1 210.4 | 23.6 | 1 767.4 | 35.0 | 2 977.8 | 30.1 | −556.9 |
| 2011 | 1 482.7 | 22.5 | 1 945.7 | 10.1 | 3 428.4 | 15.1 | −463.0 |
| 2012 | 1 516.3 | 2.3 | 1 778.3 | −8.6 | 3 294.6 | −3.9 | −262.1 |
| 2013 | 1 501.3 | −1.0 | 1 622.5 | −8.8 | 3 123.8 | −5.2 | −121.1 |
| 2014 | 1 493.9 | −0.5 | 1 629.2 | 0.4 | 3 123.1 | 0.0 | −135.3 |
| 2015 | 1 356.2 | −9.2 | 1 429.0 | −12.3 | 2 785.2 | −10.8 | −72.9 |
| 2016 | 1 292.7 | −4.7 | 1 456.7 | 1.9 | 2 749.4 | −1.3 | −164.0 |
| 2017 | 1 372.6 | 6.2 | 1 657.9 | 13.8 | 3 030.5 | 10.2 | −285.4 |
| 2018 | 1 472.4 | 7.3 | 1 804.0 | 8.8 | 3 276.4 | 8.1 | −331.7 |
| 2019 | 1 432.2 | −2.7 | 1 715.2 | −4.9 | 3 147.5 | −3.9 | −283.0 |
| 2020 | 1 426.4 | −0.4 | 1 748.7 | 1.9 | 3 175.1 | 0.9 | −322.3 |
| 2021 | 1 658.5 | 16.3 | 2 055.5 | 17.7 | 3 714.0 | 17.1 | −397.0 |

资料来源：1980年及以前年份数据来自中国对外贸易部业务统计，转引自马成三《日本对外贸易概论》，中国对外经济贸易出版社，1991年5月，第268页；1985—2020年数据来自联合国商品贸易统计数据库（UN Comtrade）；2021年数据来自中国《海关统计》2021年第12期统计月报。各数据库和网站登录时间：2022年3月11日。

表 2　　　　　　　　日中贸易额变化（1950—2021）（日方统计）　　单位：亿美元，%

| 年份 | 日本对华出口 金额 | 日本对华出口 增长率 | 日本从华进口 金额 | 日本从华进口 增长率 | 贸易总额 金额 | 贸易总额 增长率 | 贸易差额 金额 |
|---|---|---|---|---|---|---|---|
| 1950 | 0.2 | — | 0.4 | — | 0.6 | — | -0.2 |
| 1951 | 0.1 | -70.3 | 0.2 | -45.1 | 0.3 | -53.5 | -0.2 |
| 1952 | 0.0 | -89.7 | 0.1 | -31.0 | 0.2 | -43.5 | -0.1 |
| 1953 | 0.0 | 657.8 | 0.3 | 99.3 | 0.3 | 120.9 | -0.3 |
| 1954 | 0.2 | 320.7 | 0.4 | 37.3 | 0.6 | 74.9 | -0.2 |
| 1955 | 0.3 | 49.7 | 0.8 | 98.1 | 1.1 | 82.6 | -0.5 |
| 1956 | 0.7 | 135.9 | 0.8 | 3.6 | 1.5 | 38.1 | -0.2 |
| 1957 | 0.6 | -10.2 | 0.8 | -3.8 | 1.4 | -6.6 | -0.2 |
| 1958 | 0.5 | -16.3 | 0.5 | -32.4 | 1.1 | -25.5 | 0.0 |
| 1959 | 0.0 | -92.8 | 0.2 | -65.2 | 0.2 | -78.5 | -0.2 |
| 1960 | 0.0 | -25.3 | 0.2 | 9.6 | 0.2 | 3.9 | -0.2 |
| 1961 | 0.2 | 510.4 | 0.3 | 49.0 | 0.5 | 102.7 | -0.1 |
| 1962 | 0.4 | 131.1 | 0.5 | 49.0 | 0.8 | 77.6 | -0.1 |
| 1963 | 0.6 | 62.3 | 0.7 | 62.1 | 1.4 | 62.2 | -0.1 |
| 1964 | 1.5 | 144.7 | 1.6 | 111.5 | 3.1 | 126.2 | -0.1 |
| 1965 | 2.5 | 60.4 | 2.2 | 42.4 | 4.7 | 51.3 | 0.2 |
| 1966 | 3.2 | 28.6 | 3.1 | 36.3 | 6.2 | 32.3 | 0.1 |
| 1967 | 2.9 | -8.5 | 2.7 | -12.0 | 5.6 | -10.2 | 0.2 |
| 1968 | 3.3 | 12.9 | 2.2 | -16.8 | 5.5 | -1.5 | 1.0 |
| 1969 | 3.9 | 20.1 | 2.3 | 4.6 | 6.3 | 13.8 | 1.6 |
| 1970 | 5.7 | 45.6 | 2.5 | 8.2 | 8.2 | 31.6 | 3.2 |
| 1971 | 5.8 | 1.6 | 3.2 | 27.3 | 9.0 | 9.5 | 2.6 |
| 1972 | 6.1 | 5.3 | 4.9 | 52.0 | 11.0 | 22.0 | 1.2 |
| 1973 | 10.4 | 70.7 | 9.7 | 98.3 | 20.1 | 83.0 | 0.7 |
| 1974 | 19.8 | 90.9 | 13.0 | 34.0 | 32.9 | 63.4 | 6.8 |
| 1975 | 22.6 | 13.8 | 15.3 | 17.3 | 37.9 | 15.2 | 7.3 |
| 1976 | 16.6 | -26.4 | 13.7 | -10.5 | 30.3 | -20.0 | 2.9 |
| 1977 | 19.4 | 16.6 | 15.5 | 12.8 | 34.9 | 14.9 | 3.9 |
| 1978 | 30.5 | 57.3 | 20.3 | 31.2 | 50.8 | 45.7 | 10.2 |
| 1979 | 37.0 | 21.3 | 29.5 | 45.5 | 66.5 | 31.0 | 7.4 |
| 1980 | 50.8 | 37.3 | 43.2 | 46.3 | 94.0 | 41.3 | 7.5 |
| 1981 | 51.0 | 0.3 | 52.9 | 22.4 | 103.9 | 10.5 | -2.0 |
| 1982 | 35.1 | -31.1 | 53.5 | 1.1 | 88.6 | -14.7 | -18.4 |
| 1983 | 49.1 | 39.9 | 50.9 | -5.0 | 100.0 | 12.8 | -1.8 |
| 1984 | 72.2 | 46.9 | 59.6 | 17.1 | 131.7 | 31.7 | 12.6 |
| 1985 | 124.8 | 72.9 | 64.8 | 8.8 | 189.6 | 43.9 | 60.0 |
| 1986 | 98.6 | -21.0 | 56.5 | -12.8 | 155.1 | -18.2 | 42.0 |

续表

| 年份 | 日本对华出口 金额 | 增长率 | 日本从华进口 金额 | 增长率 | 贸易总额 金额 | 增长率 | 贸易差额 金额 |
|---|---|---|---|---|---|---|---|
| 1987 | 82.5 | -16.3 | 74.0 | 30.9 | 156.5 | 0.9 | 8.5 |
| 1988 | 94.8 | 14.9 | 98.7 | 33.3 | 193.4 | 23.6 | -3.9 |
| 1989 | 84.7 | -10.6 | 111.6 | 13.1 | 196.4 | 1.5 | -26.9 |
| 1990 | 61.2 | -27.8 | 120.0 | 7.5 | 181.1 | -7.8 | -58.8 |
| 1991 | 85.9 | 40.5 | 142.0 | 18.4 | 227.9 | 25.8 | -56.1 |
| 1992 | 119.3 | 38.9 | 169.3 | 19.2 | 288.5 | 26.6 | -50.0 |
| 1993 | 171.6 | 43.9 | 204.4 | 20.7 | 376.0 | 30.3 | -32.8 |
| 1994 | 186.9 | 8.9 | 274.8 | 34.5 | 461.8 | 22.8 | -87.9 |
| 1995 | 219.9 | 17.6 | 360.2 | 31.0 | 580.1 | 25.6 | -140.3 |
| 1996 | 218.9 | -0.5 | 404.4 | 12.3 | 623.2 | 7.4 | -185.5 |
| 1997 | 217.5 | -0.6 | 418.8 | 3.6 | 636.2 | 2.1 | -201.3 |
| 1998 | 200.9 | -7.6 | 370.9 | -11.4 | 571.7 | -10.1 | -170.0 |
| 1999 | 233.4 | 16.2 | 428.5 | 15.5 | 661.9 | 15.8 | -195.1 |
| 2000 | 303.8 | 30.2 | 551.1 | 28.6 | 854.9 | 29.2 | -247.2 |
| 2001 | 309.9 | 2.0 | 578.6 | 5.0 | 888.6 | 3.9 | -268.7 |
| 2002 | 398.2 | 28.5 | 617.8 | 6.8 | 1 016.1 | 14.3 | -219.6 |
| 2003 | 574.2 | 44.2 | 754.7 | 22.2 | 1 328.9 | 30.8 | -180.6 |
| 2004 | 739.4 | 28.8 | 943.4 | 25.0 | 1 682.8 | 26.6 | -204.0 |
| 2005 | 800.7 | 8.3 | 1 084.8 | 15.0 | 1 885.5 | 12.0 | -284.0 |
| 2006 | 927.7 | 15.9 | 1 185.3 | 9.3 | 2 113.0 | 12.1 | -257.6 |
| 2007 | 1 092.7 | 17.8 | 1 279.2 | 7.9 | 2 371.9 | 12.3 | -186.5 |
| 2008 | 1 249.0 | 14.3 | 1 432.3 | 12.0 | 2 681.3 | 13.0 | -183.3 |
| 2009 | 1 097.3 | -12.1 | 1 225.7 | -14.4 | 2 323.0 | -13.4 | -128.5 |
| 2010 | 1 494.5 | 36.2 | 1 532.0 | 25.0 | 3 026.5 | 30.3 | -37.5 |
| 2011 | 1 620.4 | 8.4 | 1 838.8 | 20.0 | 3 459.2 | 14.3 | -218.5 |
| 2012 | 1 441.8 | -11.0 | 1 885.0 | 2.5 | 3 326.9 | -3.8 | -443.2 |
| 2013 | 1 294.0 | -10.3 | 1 809.8 | -4.0 | 3 103.8 | -6.7 | -515.8 |
| 2014 | 1 263.6 | -2.3 | 1 812.9 | 0.2 | 3 076.6 | -0.9 | -549.3 |
| 2015 | 1 092.8 | -13.5 | 1 605.6 | -11.4 | 2 698.4 | -12.3 | -512.8 |
| 2016 | 1 138.3 | 4.2 | 1 565.5 | -2.5 | 2 703.8 | 0.2 | -427.2 |
| 2017 | 1 327.8 | 16.6 | 1 645.4 | 5.1 | 2 973.2 | 10.0 | -317.6 |
| 2018 | 1 440.3 | 8.5 | 1 737.2 | 5.6 | 3 177.5 | 6.9 | -296.8 |
| 2019 | 1 346.7 | -6.5 | 1 693.0 | -2.5 | 3 039.7 | -4.3 | -346.2 |
| 2020 | 1 414.0 | 5.0 | 1 638.5 | -3.2 | 3 052.5 | 0.4 | -224.5 |
| 2021 | 1 638.6 | 15.9 | 1 854.4 | 13.2 | 3 493.1 | 14.4 | -215.8 |

资料来源：1975年及以前年份数据来自日本外务省"日中贸易额的变化（美元计价）"，1976年及以后年份数据来自联合国商品贸易统计数据库（UN Comtrade）。各数据库和网站登录时间：2022年3月11日。

表3　　　　　　　　　　　　　　中日双向投资（1979—2021）　　　　　　　　　　单位：亿美元，%

| 年份 | 日本对华直接投资流量 金额 | 日本对华直接投资流量 增长率 | 日本对华直接投资存量 金额 | 日本对华直接投资存量 增长率 | 中国实际利用日本外商直接投资 金额 | 中国实际利用日本外商直接投资 增长率 | 中国对日直接投资流量 金额 | 中国对日直接投资流量 增长率 | 中国对日直接投资存量 金额 | 中国对日直接投资存量 增长率 |
|---|---|---|---|---|---|---|---|---|---|---|
| 1979—1985 | — | — | — | — | 8.3 | — | — | — | — | — |
| 1986 | — | — | — | — | 2.0 | — | — | — | — | — |
| 1987 | 1.8 | — | — | — | 2.2 | 10.0 | — | — | — | — |
| 1988 | 5.1 | 189.8 | — | — | 5.2 | 136.4 | — | — | — | — |
| 1989 | 6.9 | 33.7 | — | — | 3.4 | -34.6 | — | — | — | — |
| 1990 | 4.1 | -40.7 | — | — | 5.0 | 47.1 | — | — | — | — |
| 1991 | 2.3 | -43.5 | — | — | 5.3 | 6.0 | — | — | — | — |
| 1992 | 5.3 | 128.7 | — | — | 7.1 | 34.0 | — | — | — | — |
| 1993 | 8.2 | 56.3 | — | — | 13.2 | 85.9 | — | — | — | — |
| 1994 | 17.9 | 117.6 | — | — | 20.8 | 57.6 | — | — | — | — |
| 1995 | 31.8 | 77.9 | — | — | 31.1 | 49.5 | — | — | — | — |
| 1996 | 23.2 | -27.2 | 81.0 | — | 36.8 | 18.3 | — | — | — | — |
| 1997 | 18.6 | -19.6 | 212.5 | 162.4 | 43.3 | 17.6 | — | — | — | — |
| 1998 | 13.0 | -30.2 | 179.1 | -15.7 | 34.0 | -21.4 | — | — | — | — |
| 1999 | 3.6 | -72.3 | 73.4 | -59.0 | 29.7 | -12.6 | — | — | — | — |
| 2000 | 9.3 | 159.1 | 87.0 | 18.5 | 29.2 | -1.9 | — | — | — | — |
| 2001 | 21.6 | 131.1 | 100.4 | 15.5 | 43.5 | 49.1 | — | — | — | — |
| 2002 | 26.2 | 21.5 | 124.1 | 23.5 | 41.9 | -3.6 | — | — | — | — |
| 2003 | 39.8 | 51.8 | 153.0 | 23.3 | 50.5 | 20.6 | 0.1 | — | 0.9 | — |
| 2004 | 58.6 | 47.3 | 202.1 | 32.1 | 54.5 | 7.9 | 0.2 | 107.6 | 1.4 | 56.2 |
| 2005 | 65.8 | 12.2 | 246.5 | 22.0 | 65.3 | 19.9 | 0.2 | 12.2 | 1.5 | 8.0 |
| 2006 | 61.7 | -6.2 | 303.2 | 23.0 | 46.0 | -29.6 | 0.4 | 130.0 | 2.2 | 48.6 |
| 2007 | 62.2 | 0.8 | 378.0 | 24.7 | 35.9 | -21.9 | 0.4 | -1.2 | 5.6 | 149.2 |
| 2008 | 65.0 | 4.5 | 490.0 | 29.6 | 36.5 | 1.8 | 0.6 | 50.2 | 5.1 | -8.7 |
| 2009 | 69.0 | 6.2 | 550.5 | 12.3 | 41.0 | 12.4 | 0.8 | 43.5 | 6.9 | 35.9 |
| 2010 | 72.5 | 5.1 | 664.8 | 20.8 | 40.8 | -0.5 | 3.4 | 301.9 | 11.1 | 59.6 |
| 2011 | 126.5 | 74.4 | 833.8 | 25.4 | 63.3 | 55.0 | 1.5 | -55.8 | 13.7 | 23.6 |
| 2012 | 134.8 | 6.6 | 932.1 | 11.8 | 73.5 | 16.1 | 2.1 | 41.0 | 16.2 | 18.6 |
| 2013 | 91.0 | -32.5 | 981.3 | 5.3 | 70.6 | -4.0 | 4.3 | 106.1 | 19.0 | 17.2 |
| 2014 | 108.9 | 19.6 | 1 044.1 | 6.4 | 43.3 | -38.7 | 3.9 | -9.1 | 25.5 | 34.2 |
| 2015 | 100.1 | -8.1 | 1 089.0 | 4.3 | 31.9 | -26.1 | 2.4 | -39.0 | 30.4 | 19.3 |
| 2016 | 95.3 | -4.8 | 1 087.3 | -0.2 | 31.0 | -3.1 | 3.4 | 43.1 | 31.8 | 4.8 |
| 2017 | 124.2 | 30.2 | 1 190.3 | 9.5 | 32.6 | 5.3 | 4.4 | 29.1 | 32.0 | 0.4 |
| 2018 | 112.2 | -9.7 | 1 234.0 | 3.7 | 38.0 | 16.5 | 4.7 | 5.5 | 34.9 | 9.2 |
| 2019 | 120.7 | 7.6 | 1 300.9 | 5.4 | 37.2 | -2.0 | 6.7 | 43.8 | 41.0 | 17.4 |
| 2020 | 107.9 | -10.6 | 1 434.5 | 10.3 | 33.7 | -9.3 | 4.9 | -27.7 | 42.0 | 2.4 |
| 2021 | 97.8 | -9.3 | — | — | 39.1 | 16.0 | 8.1 | 66.4 | 50.1 | 19.4 |

注：投资存量一般是指年末存量。

资料来源：(1)日本对华直接投资流量和存量来自日本贸易振兴机构（JETRO）统计数据；(2)中国实际利用日本直接投资，1996年及以前年份数据来自中华人民共和国商务部《中国商务年鉴》，1997—2020年数据来自中国国家统计局"年度数据"，2021年数据来自商务部统计数据；(3)中国对日直接投资流量和存量，2003—2007年数据来自《中国对外直接投资统计公报》，2008—2020年数据来自中国国家统计局"年度数据"，2021年数据来自商务部统计数据。各数据库和网站登录时间：2022年3月11日。

表4　　　　　　　　　　国民经济统计（1955年—2021年6月）（1）

| 年份 | GDP 名义 金额（十亿日元） | GDP 名义 年增长率（%） | GDP 实际 年增长率（%） | GNI 名义 年增长率（%） | GNI 实际 年增长率（%） | 名义国民收入 金额（十亿日元） | 名义国民收入 年增长率（%） | 雇员名义报酬 金额（十亿日元） | 雇员名义报酬 年增长率（%） | 人均GDP（千日元） | 人均雇员报酬年增长率（%） |
|---|---|---|---|---|---|---|---|---|---|---|---|
| 1955 | 9 135.6 | — | — | — | — | 6 973.3 | — | 3 548.9 | — | 97 | — |
| 1956 | 10 251.0 | 12.2 | 6.8 | 12.1 | 6.7 | 7 896.2 | 13.2 | 4 082.5 | 15.0 | 107 | 6.8 |
| 1957 | 11 756.0 | 14.7 | 8.1 | 14.5 | 8.0 | 8 868.1 | 12.3 | 4 573.0 | 12.0 | 122 | 5.8 |
| 1958 | 12 585.8 | 7.1 | 6.6 | 7.0 | 6.5 | 9 382.9 | 5.8 | 5 039.2 | 10.2 | 129 | 5.4 |
| 1959 | 14 766.0 | 17.3 | 11.2 | 17.2 | 11.1 | 11 042.1 | 17.7 | 5 761.2 | 14.3 | 150 | 8.9 |
| 1960 | 17 723.7 | 20.0 | 12.0 | 19.9 | 11.9 | 13 496.7 | 22.2 | 6 702.0 | 16.3 | 178 | 10.0 |
| 1961 | 21 432.2 | 20.9 | 11.7 | 20.9 | 11.7 | 16 081.9 | 19.2 | 7 988.7 | 19.2 | 214 | 14.4 |
| 1962 | 23 725.1 | 10.7 | 7.5 | 10.6 | 7.5 | 17 893.3 | 11.3 | 9 425.6 | 18.0 | 234 | 13.6 |
| 1963 | 27 868.8 | 17.5 | 10.4 | 17.4 | 10.4 | 21 099.3 | 17.9 | 11 027.3 | 17.0 | 272 | 12.9 |
| 1964 | 32 300.7 | 15.9 | 9.5 | 15.8 | 9.4 | 24 051.4 | 14.0 | 12 961.2 | 17.5 | 312 | 13.7 |
| 1965 | 35 876.8 | 11.1 | 6.2 | 11.1 | 6.2 | 26 827.0 | 11.5 | 14 980.6 | 15.6 | 343 | 10.6 |
| 1966 | 42 181.5 | 17.6 | 11.0 | 17.6 | 11.1 | 31 644.8 | 18.0 | 17 208.9 | 14.9 | 400 | 11.1 |
| 1967 | 49 349.9 | 17.0 | 11.0 | 17.0 | 11.0 | 37 547.7 | 18.7 | 19 964.5 | 16.0 | 463 | 13.1 |
| 1968 | 58 383.1 | 18.3 | 12.4 | 18.3 | 12.3 | 43 720.9 | 16.4 | 23 157.7 | 16.0 | 541 | 13.3 |
| 1969 | 69 130.0 | 18.4 | 12.0 | 18.4 | 12.0 | 52 117.8 | 19.2 | 27 488.7 | 18.7 | 633 | 16.4 |
| 1970 | 80 007.3 | 15.7 | 8.2 | 15.8 | 8.3 | 61 029.7 | 17.1 | 33 293.9 | 21.1 | 722 | 17.0 |
| 1971 | 88 083.4 | 10.1 | 5.0 | 10.2 | 5.1 | 65 910.5 | 8.0 | 38 896.6 | 16.8 | 781 | 14.0 |
| 1972 | 102 520.1 | 16.4 | 9.1 | 16.6 | 9.3 | 77 936.9 | 18.2 | 45 702.0 | 17.5 | 898 | 14.1 |
| 1973 | 124 013.8 | 21.0 | 5.1 | 20.9 | 5.0 | 95 839.6 | 23.0 | 57 402.8 | 25.6 | 1 070 | 22.2 |
| 1974 | 147 109.1 | 18.6 | −0.5 | 18.4 | −0.7 | 112 471.6 | 17.4 | 73 752.4 | 28.5 | 1 251 | 28.0 |
| 1975 | 161 889.5 | 10.0 | 4.0 | 10.2 | 4.1 | 123 990.7 | 10.2 | 83 851.8 | 13.7 | 1 361 | 12.7 |
| 1976 | 182 005.2 | 12.4 | 3.8 | 12.4 | 3.8 | 140 397.2 | 13.2 | 94 328.6 | 12.5 | 1 515 | 10.8 |
| 1977 | 201 982.0 | 11.0 | 4.5 | 11.0 | 4.6 | 155 703.2 | 10.9 | 104 997.8 | 11.3 | 1 666 | 9.9 |
| 1978 | 221 647.1 | 9.7 | 5.4 | 9.9 | 5.5 | 171 778.5 | 10.3 | 112 800.6 | 7.4 | 1 814 | 6.3 |
| 1979 | 239 322.4 | 8.0 | 5.1 | 8.0 | 5.1 | 182 206.6 | 6.1 | 122 126.2 | 8.3 | 1 942 | 5.9 |
| 1980 | 260 901.8 | 9.0 | 2.6 | 8.9 | 2.4 | 203 878.7 | 9.5 | 131 850.4 | 8.7 | 2 123 | 5.2 |
| 1981 | 277 609.8 | 6.4 | 4.0 | 6.3 | 4.1 | 211 615.1 | 3.8 | 142 097.7 | 7.8 | 2 246 | 6.4 |
| 1982 | 290 534.6 | 4.7 | 3.2 | 4.9 | 3.1 | 220 131.4 | 4.0 | 150 232.9 | 5.7 | 2 328 | 3.8 |
| 1983 | 304 560.5 | 4.8 | 3.8 | 4.9 | 4.1 | 231 290.0 | 5.1 | 157 301.3 | 4.7 | 2 417 | 2.3 |
| 1984 | 323 683.7 | 6.3 | 4.5 | 6.4 | 4.8 | 243 117.2 | 5.1 | 166 017.3 | 5.5 | 2 564 | 4.1 |
| 1985 | 345 283.9 | 6.7 | 5.5 | 6.8 | 5.7 | 260 559.9 | 7.2 | 173 977.0 | 4.8 | 2 731 | 3.7 |
| 1986 | 359 627.9 | 4.2 | 2.7 | 4.1 | 4.7 | 267 941.5 | 2.8 | 180 189.4 | 3.6 | 2 815 | 2.3 |
| 1987 | 381 358.3 | 6.0 | 6.1 | 6.3 | 6.1 | 281 099.8 | 4.9 | 187 098.9 | 3.8 | 2 965 | 2.2 |
| 1988 | 407 853.3 | 6.9 | 6.2 | 6.9 | 6.7 | 302 710.1 | 7.7 | 198 486.5 | 6.1 | 3 160 | 3.3 |
| 1989 | 435 192.7 | 6.7 | 4.0 | 7.0 | 4.2 | 320 802.0 | 6.0 | 213 309.1 | 7.5 | 3 378 | 4.3 |
| 1990 | 471 546.7 | 8.4 | 5.6 | 8.1 | 5.0 | 346 892.9 | 8.1 | 231 261.5 | 8.4 | 3 655 | 4.6 |
| 1991 | 496 377.7 | 5.3 | 2.4 | 5.2 | 2.8 | 368 931.6 | 6.4 | 248 310.9 | 7.4 | 3 818 | 4.1 |

## 日本经济与中日经贸关系主要数据

续表

| 年份 | 国内生产总值（GDP）名义 金额（十亿日元） | 名义 年增长率（%） | 实际 年增长率（%） | 国民总收入（GNI）名义 年增长率（%） | 实际 年增长率（%） | 名义国民收入 金额（十亿日元） | 年增长率（%） | 雇员名义报酬 金额（十亿日元） | 年增长率（%） | 人均GDP（千日元） | 人均雇员报酬年增长率（%） |
|---|---|---|---|---|---|---|---|---|---|---|---|
| 1992 | 505 889.7 | 1.9 | 0.5 | 2.2 | 0.8 | 366 007.2 | -0.8 | 254 844.4 | 2.6 | 3 883 | 0.5 |
| 1993 | 504 091.4 | -0.4 | -0.9 | -0.4 | -0.7 | 365 376.0 | -0.2 | 260 704.4 | 2.3 | 3 865 | 0.9 |
| 1994 | 511 954.6 | 1.6 | 1.6 | 1.6 | 1.7 | 372 976.8 | 1.3 | 262 822.6 | 1.8 | 4 015 | 0.2 |
| 1995 | 525 304.5 | 2.6 | 3.2 | 2.7 | 3.6 | 380 158.1 | 1.9 | 267 095.2 | 1.6 | 4 113 | 0.9 |
| 1996 | 538 658.4 | 2.5 | 2.9 | 2.9 | 2.8 | 394 024.8 | 3.6 | 272 962.4 | 2.2 | 4 205 | 0.9 |
| 1997 | 542 500.5 | 0.7 | -0.1 | 0.8 | -0.1 | 390 943.1 | -0.8 | 279 054.0 | 2.2 | 4 230 | 1.4 |
| 1998 | 534 567.3 | -1.5 | -1.0 | -1.6 | -0.9 | 379 393.9 | -3.0 | 273 370.2 | -2.0 | 4 161 | -1.3 |
| 1999 | 530 297.5 | -0.8 | 0.6 | -0.7 | 0.6 | 378 088.5 | -0.3 | 269 177.0 | -1.5 | 4 121 | -1.0 |
| 2000 | 537 616.2 | 1.4 | 2.6 | 1.6 | 2.7 | 390 163.8 | 3.2 | 270 736.6 | 0.6 | 4 165 | -0.3 |
| 2001 | 527 408.4 | -1.9 | -0.7 | -1.9 | -0.8 | 376 138.7 | -3.6 | 264 606.8 | -2.3 | 4 081 | -1.9 |
| 2002 | 523 466.0 | -0.7 | 0.9 | -0.9 | 0.8 | 374 247.9 | -0.5 | 256 723.4 | -3.0 | 4 040 | -2.5 |
| 2003 | 526 222.6 | 0.5 | 1.9 | 0.8 | 2.1 | 381 555.6 | 2.0 | 253 616.6 | -1.2 | 4 055 | -1.4 |
| 2004 | 529 633.6 | 0.6 | 1.7 | 0.9 | 1.6 | 388 576.1 | 1.8 | 256 437.0 | 1.1 | 4 081 | 0.8 |
| 2005 | 534 109.7 | 0.8 | 2.2 | 1.3 | 1.6 | 388 116.4 | -0.1 | 261 644.3 | 2.0 | 4 181 | 0.8 |
| 2006 | 537 261.0 | 0.6 | 1.3 | 1.0 | 1.0 | 394 989.7 | 1.8 | 265 771.5 | 1.6 | 4 201 | 0.2 |
| 2007 | 538 484.0 | 0.2 | 1.1 | 0.5 | 0.4 | 394 813.2 | -0.0 | 267 280.1 | 0.6 | 4 207 | -0.3 |
| 2008 | 516 174.0 | -4.1 | -3.6 | -4.7 | -4.9 | 364 368.0 | -7.7 | 265 523.7 | -0.7 | 4 031 | -0.7 |
| 2009 | 497 366.8 | -3.6 | -2.4 | -3.5 | -1.3 | 352 701.1 | -3.2 | 252 674.2 | -4.8 | 3 885 | -3.9 |
| 2010 | 504 872.1 | 1.5 | 3.3 | 1.7 | 2.6 | 364 688.2 | 3.4 | 251 154.8 | -0.6 | 3 943 | -1.0 |
| 2011 | 500 040.5 | -1.0 | 0.5 | -0.9 | -0.6 | 357 473.5 | -2.0 | 251 977.0 | 0.3 | 3 914 | 0.4 |
| 2012 | 499 423.9 | -0.1 | 0.6 | -0.1 | 0.6 | 358 156.2 | 0.2 | 251 431.0 | -0.2 | 3 915 | -0.5 |
| 2013 | 512 685.6 | 2.7 | 2.7 | 3.3 | 3.1 | 372 570.0 | 4.0 | 253 705.1 | 0.9 | 4 024 | -0.2 |
| 2014 | 523 418.3 | 2.1 | -0.4 | 2.4 | 0.1 | 376 677.6 | 1.1 | 258 435.2 | 1.9 | 4 114 | 1.0 |
| 2015 | 540 739.4 | 3.3 | 1.7 | 3.4 | 3.3 | 392 629.3 | 4.2 | 262 003.5 | 1.4 | 4 255 | 0.4 |
| 2016 | 544 827.2 | 0.8 | 0.8 | 0.4 | 0.8 | 392 293.9 | -0.1 | 268 251.8 | 2.4 | 4 293 | 1.0 |
| 2017 | 555 687.4 | 2.0 | 1.8 | 2.1 | 1.3 | 400 688.1 | 2.1 | 273 710.4 | 2.0 | 4 386 | 0.6 |
| 2018 | 556 419.1 | 0.1 | 0.2 | 0.4 | -0.3 | 402 229.8 | 0.4 | 282 460.7 | 3.2 | 4 404 | 1.3 |
| 2019 | 558 313.2 | 0.3 | -0.5 | 0.4 | -0.3 | 401 287.0 | -0.2 | 287 971.3 | 2.0 | 4 437 | 0.9 |
| 2020 | 536 760.3 | -3.9 | -4.5 | -3.9 | -3.6 | — | — | 282 244.2 | -2.0 | — | -1.0 |
| 2020年7—9月 | 131 237.7 | -4.5 | -5.6 | -4.7 | -4.8 | — | — | 66 579.9 | -2.3 | — | -1.1 |
| 2020年10—12月 | 143 312.7 | -0.8 | -1.0 | -0.5 | 0.3 | — | — | 81 440.3 | -2.6 | — | -1.9 |
| 2021年1—3月 | 135 629.1 | -1.4 | -1.3 | -1.4 | -0.9 | — | — | 61 304.9 | -0.4 | — | 0.3 |
| 2021年4—6月 | 135 106.8 | 6.7 | 7.5 | 7.0 | 6.6 | — | — | 74 324.7 | 1.9 | — | 1.3 |

资料来源：内閣府『令和3年度 年次経済財政報告（経済財政政策担当大臣報告）—レジリエントな日本経済へ：強さと柔軟性を持つ経済社会に向けた変革の加速—』（長期経済統計）、2021年9月。

表 5　　国民经济统计（1955 年—2021 年 6 月）（2）

| 年份 | 民间 最终消费支出（实际） 年增长率（%） | 贡献度 | 住宅投资（实际） 年增长率（%） | 贡献度 | 企业设备投资（实际） 年增长率（%） | 贡献度 | 民间库存变动（实际） 贡献度 | 政府最终消费支出（实际） 年增长率（%） | 贡献度 | 公共固定资本形成（实际） 年增长率（%） | 贡献度 | 商品服务出口（实际） 年增长率（%） | 贡献度 | 商品服务进口（实际） 年增长率（%） | 贡献度 |
|---|---|---|---|---|---|---|---|---|---|---|---|---|---|---|---|
| 1955 | — | — | — | — | — | — | — | — | — | — | — | — | — | — | — |
| 1956 | 8.2 | 5.4 | 11.1 | 0.4 | 39.1 | 1.9 | 0.7 | -0.4 | -0.1 | 1.0 | 0.1 | 14.6 | 0.5 | 34.3 | -1.3 |
| 1957 | 8.2 | 5.4 | 7.9 | 0.3 | 21.5 | 1.3 | 0.5 | -0.2 | -0.0 | 17.4 | 0.8 | 11.4 | 0.4 | 8.1 | -0.4 |
| 1958 | 6.4 | 4.2 | 12.3 | 0.4 | 0.4 | -0.0 | -0.7 | 6.3 | 1.2 | 17.3 | 0.9 | 3.0 | 0.1 | -7.9 | 0.4 |
| 1959 | 9.6 | 6.3 | 19.7 | 0.7 | 2.6 | 2.1 | 0.6 | 7.7 | 1.4 | 10.8 | 0.6 | 15.3 | 0.5 | 28.0 | -1.2 |
| 1960 | 10.3 | 6.7 | 22.3 | 0.8 | 9.6 | 3.1 | 0.5 | 3.3 | 0.6 | 15.0 | 0.9 | 11.8 | 0.4 | 20.3 | -1.0 |
| 1961 | 10.2 | 6.6 | 10.6 | 0.4 | 23.5 | 2.3 | 1.1 | 6.5 | 1.1 | 27.4 | 1.6 | 6.5 | 0.2 | 24.4 | -1.3 |
| 1962 | 7.1 | 4.5 | 14.1 | 0.6 | 3.5 | 0.4 | -1.4 | 7.6 | 1.2 | 23.5 | 1.6 | 15.4 | 0.5 | -3.1 | 0.2 |
| 1963 | 9.9 | 6.2 | 26.3 | 1.1 | 12.4 | 1.3 | 0.9 | 7.4 | 1.1 | 11.6 | 0.9 | 9.0 | 0.3 | 26.5 | -1.4 |
| 1964 | 9.5 | 6.0 | 20.5 | 1.0 | 14.4 | 1.5 | -0.5 | 2.0 | 0.3 | 5.7 | 0.4 | 26.1 | 0.9 | 7.2 | -0.4 |
| 1965 | 6.5 | 4.1 | 18.9 | 1.0 | -8.4 | -0.9 | 0.1 | 3.3 | 0.5 | 13.9 | 1.0 | 19.6 | 0.8 | 6.6 | -0.4 |
| 1966 | 10.3 | 6.5 | 7.5 | 0.5 | 24.7 | 2.3 | 0.2 | 4.5 | 0.6 | 13.3 | 1.1 | 15.0 | 0.7 | 15.5 | -0.9 |
| 1967 | 9.8 | 6.1 | 21.5 | 1.3 | 27.3 | 2.9 | 0.2 | 3.6 | 0.5 | 9.6 | 0.8 | 8.4 | 0.4 | 21.9 | -1.3 |
| 1968 | 9.4 | 5.8 | 15.9 | 1.0 | 21.0 | 2.6 | 0.7 | 4.9 | 0.6 | 13.2 | 1.1 | 26.1 | 1.2 | 10.5 | -0.7 |
| 1969 | 9.8 | 5.9 | 19.8 | 1.3 | 30.0 | 3.9 | -0.1 | 3.9 | 0.4 | 9.5 | 0.8 | 19.7 | 1.0 | 17.0 | -1.1 |
| 1970 | 6.6 | 3.9 | 9.2 | 0.7 | 11.7 | 1.8 | 1.0 | 5.0 | 0.5 | 15.2 | 1.2 | 17.3 | 1.0 | 22.3 | -1.5 |
| 1971 | 5.9 | 3.4 | 5.6 | 0.4 | -4.2 | -0.7 | -0.1 | 4.8 | 0.5 | 22.2 | 1.9 | 12.5 | 0.8 | 2.3 | -0.2 |
| 1972 | 9.8 | 5.7 | 20.3 | 1.5 | 5.8 | 0.8 | -0.0 | 4.8 | 0.5 | 12.0 | 1.2 | 5.6 | 0.4 | 15.1 | -1.1 |
| 1973 | 6.0 | 3.5 | 11.6 | 0.9 | 13.6 | 1.9 | 0.4 | 4.3 | 0.4 | -7.3 | -0.7 | 5.5 | 0.3 | 22.7 | -1.8 |
| 1974 | 1.5 | 0.9 | -17.3 | -1.5 | -8.6 | -1.3 | -0.6 | 2.6 | 0.3 | 0.1 | 0.0 | 22.8 | 1.5 | -1.6 | 0.1 |
| 1975 | 3.5 | 2.1 | 12.3 | 0.9 | -3.8 | -0.5 | -0.8 | 10.8 | 1.1 | 5.6 | 0.5 | -0.1 | -0.0 | -7.4 | 0.7 |
| 1976 | 3.4 | 2.0 | 3.3 | 0.3 | 0.6 | 0.1 | 0.4 | 4.0 | 0.4 | -0.4 | -0.0 | 17.3 | 1.3 | 7.9 | -0.7 |
| 1977 | 4.1 | 2.5 | 1.8 | 0.1 | -0.8 | -0.1 | -0.2 | 4.2 | 0.4 | 13.5 | 1.2 | 9.6 | 0.8 | 3.3 | -0.3 |
| 1978 | 5.9 | 3.5 | 2.3 | 0.2 | 8.5 | 1.0 | 0.1 | 5.4 | 0.6 | 13.0 | 1.2 | -3.3 | -0.3 | 10.8 | -0.9 |
| 1979 | 5.4 | 3.2 | 0.4 | 0.0 | 10.7 | 1.3 | 0.2 | 3.6 | 0.4 | -1.8 | -0.2 | 10.6 | 0.9 | 6.1 | -0.5 |
| 1980 | 0.7 | 0.4 | -9.9 | -0.7 | 7.5 | 1.0 | 0.0 | 3.3 | 0.3 | -1.7 | -0.2 | 14.4 | 1.2 | -6.3 | 0.6 |
| 1981 | 3.1 | 1.6 | -2.0 | -0.1 | 3.1 | 0.5 | -0.1 | 5.7 | 0.8 | 0.7 | 0.1 | 12.7 | 1.7 | 4.2 | -0.6 |
| 1982 | 4.5 | 2.4 | 0.9 | 0.1 | 1.5 | 0.2 | -0.5 | 3.9 | 0.5 | 0.1 | 0.0 | -0.4 | -0.1 | -4.7 | 0.6 |
| 1983 | 3.2 | 1.7 | -7.6 | -0.4 | 3.9 | 0.7 | 0.6 | 4.3 | 0.6 | 0.1 | 0.0 | 8.7 | 1.2 | 1.9 | -0.2 |
| 1984 | 3.2 | 1.7 | 0.4 | 0.0 | 9.7 | 1.6 | 0.6 | 2.4 | 0.4 | -2.1 | -0.2 | 13.6 | 1.8 | 8.1 | -1.0 |
| 1985 | 4.3 | 2.3 | 4.2 | 0.2 | 7.7 | 1.3 | 0.3 | 1.7 | 0.2 | 3.3 | 0.3 | 2.5 | 0.4 | -4.2 | 0.5 |
| 1986 | 3.6 | 1.9 | 10.1 | 0.5 | 6.4 | 1.1 | -0.5 | 3.5 | 0.5 | 6.5 | 0.5 | -4.1 | -0.5 | 7.6 | -0.7 |
| 1987 | 4.7 | 2.5 | 24.5 | 1.2 | 8.9 | 1.5 | 0.5 | 3.7 | 0.5 | 10.4 | 0.8 | 1.2 | 0.1 | 12.7 | -0.9 |
| 1988 | 5.4 | 2.8 | 5.7 | 0.3 | 19.3 | 3.4 | -0.1 | 3.4 | 0.5 | -0.2 | 0.0 | 8.7 | 0.9 | 19.1 | -1.4 |
| 1989 | 4.1 | 2.1 | -2.2 | -0.1 | 7.7 | 1.5 | 0.2 | 2.6 | 0.4 | 3.8 | 0.3 | 8.7 | 0.8 | 14.9 | -1.2 |
| 1990 | 5.0 | 2.6 | 1.5 | 0.1 | 11.2 | 2.2 | -0.2 | 4.0 | 0.5 | 2.8 | 0.2 | 6.9 | 0.7 | 5.4 | -0.5 |
| 1991 | 2.4 | 1.2 | -8.8 | -0.5 | 0.4 | 0.1 | 0.3 | 3.5 | 0.5 | 4.0 | 0.3 | 5.4 | 0.5 | -0.5 | 0.0 |
| 1992 | 1.4 | 0.7 | -3.3 | -0.2 | -7.4 | -1.5 | -0.6 | 2.9 | 0.4 | 14.5 | 1.1 | 4.0 | 0.4 | -1.8 | 0.1 |

续表

| 年份 | 民间 最终消费支出（实际） 年增长率（%） | 贡献度 | 住宅投资（实际） 年增长率（%） | 贡献度 | 企业设备投资（实际） 年增长率（%） | 贡献度 | 民间库存变动（实际） 贡献度 | 政府最终消费支出（实际） 年增长率（%） | 贡献度 | 公共固定资本形成（实际） 年增长率（%） | 贡献度 | 商品服务出口（实际） 年增长率（%） | 贡献度 | 商品服务进口（实际） 年增长率（%） | 贡献度 |
|---|---|---|---|---|---|---|---|---|---|---|---|---|---|---|---|
| 1993 | 1.6 | 0.8 | 2.4 | 0.1 | −14.3 | −2.6 | −0.0 | 3.2 | 0.4 | 5.8 | 0.5 | −0.1 | −0.0 | 0.6 | −0.0 |
| 1994 | 2.1 | 1.1 | 5.9 | 0.3 | −0.4 | −0.1 | −0.0 | 4.3 | 0.6 | −3.6 | −0.3 | 5.4 | 0.5 | 9.4 | −0.7 |
| 1995 | 2.4 | 1.3 | −4.6 | −0.3 | 8.4 | 1.3 | 0.4 | 3.4 | 0.5 | 7.2 | 0.6 | 4.1 | 0.4 | 14.6 | −1.0 |
| 1996 | 2.4 | 1.3 | 12.0 | 0.7 | 5.9 | 1.0 | 0.0 | 2.1 | 0.3 | −1.6 | −0.1 | 6.5 | 0.6 | 9.1 | −0.7 |
| 1997 | −1.1 | −0.6 | −16.0 | −1.0 | 2.4 | 0.4 | 0.4 | 1.3 | 0.2 | −6.6 | −0.6 | 9.0 | 0.9 | −2.0 | 0.2 |
| 1998 | 0.3 | 0.2 | −10.1 | −0.5 | −3.5 | −0.6 | −0.7 | 2.0 | 0.3 | 2.2 | 0.2 | −3.8 | −0.4 | −6.6 | 0.6 |
| 1999 | 1.4 | 0.7 | 2.8 | 0.1 | −1.6 | −0.3 | −0.6 | 3.7 | 0.6 | −0.6 | −0.1 | 6.1 | 0.6 | 6.6 | −0.6 |
| 2000 | 1.4 | 0.8 | 1.0 | 0.0 | 6.1 | 1.0 | 0.7 | 3.6 | 0.6 | −7.3 | −0.6 | 9.7 | 1.0 | 10.3 | −0.9 |
| 2001 | 1.9 | 1.0 | −5.4 | −0.3 | −3.9 | −0.6 | −0.3 | 2.3 | 0.4 | −5.3 | −0.4 | −7.6 | −0.8 | −3.2 | 0.3 |
| 2002 | 1.2 | 0.7 | −1.3 | −0.1 | −3.0 | −0.5 | 0.0 | 1.7 | 0.3 | −4.8 | −0.3 | 12.2 | 1.2 | 4.8 | −0.5 |
| 2003 | 0.7 | 0.4 | 0.5 | 0.0 | 3.1 | 0.5 | 0.3 | 2.0 | 0.3 | −7.3 | −0.5 | 10.0 | 1.1 | 2.4 | −0.2 |
| 2004 | 1.2 | 0.6 | 2.6 | 0.1 | 4.0 | 0.6 | 0.1 | 0.8 | 0.1 | −8.1 | −0.5 | 11.8 | 1.4 | 9.0 | −0.9 |
| 2005 | 1.8 | 1.0 | 0.0 | 0.0 | 7.6 | 1.2 | −0.2 | 0.4 | 0.1 | −7.9 | −0.4 | 9.4 | 1.2 | 6.0 | −0.7 |
| 2006 | 0.6 | 0.3 | −0.3 | −0.0 | 2.3 | 0.4 | 0.1 | 0.6 | 0.1 | −6.3 | −0.3 | 8.7 | 1.2 | 3.6 | −0.5 |
| 2007 | 0.7 | 0.4 | −13.3 | −0.6 | 0.7 | −0.1 | 0.2 | 1.6 | 0.3 | −4.2 | −0.2 | 9.5 | 1.5 | 2.5 | −0.4 |
| 2008 | −2.1 | −1.2 | −2.5 | −0.1 | 5.8 | −0.9 | −0.1 | −0.6 | −0.1 | −4.2 | −0.2 | −10.2 | −1.8 | −4.3 | 0.7 |
| 2009 | 0.7 | 0.4 | −20.3 | −0.8 | −11.4 | −1.8 | −1.4 | 2.6 | 0.5 | 9.3 | 0.5 | −9.0 | −1.4 | −10.5 | 1.7 |
| 2010 | 1.3 | 0.7 | 4.8 | 0.2 | 2.0 | 0.3 | 1.2 | 2.3 | 0.4 | −7.2 | −0.4 | 17.9 | 2.4 | 12.1 | −1.5 |
| 2011 | 0.6 | 0.4 | 4.4 | 0.2 | 4.0 | 0.6 | 0.1 | 1.9 | 0.4 | −2.2 | −0.1 | −1.4 | −0.2 | 5.2 | −0.7 |
| 2012 | 1.7 | 1.0 | 4.5 | 0.2 | 1.5 | 0.2 | −0.3 | 1.3 | 0.3 | 1.1 | 0.1 | −1.4 | −0.2 | 3.8 | −0.6 |
| 2013 | 2.9 | 1.7 | 8.6 | 0.3 | 5.4 | 0.8 | −0.4 | 1.8 | 0.4 | 8.5 | 0.2 | 4.4 | 0.6 | 7.0 | −1.2 |
| 2014 | −2.6 | −1.5 | −8.1 | −0.3 | 2.7 | 0.4 | 0.3 | 0.9 | 0.2 | −2.3 | −0.1 | 8.9 | 1.4 | 3.9 | −0.7 |
| 2015 | 0.7 | 0.4 | 3.1 | 0.1 | 3.4 | 0.6 | 0.2 | 2.2 | 0.4 | −1.3 | −0.1 | 1.1 | 0.2 | 0.4 | −0.1 |
| 2016 | −0.3 | −0.2 | 4.3 | 0.2 | 0.8 | 0.1 | −0.2 | 0.9 | 0.2 | 0.5 | 0.0 | 3.4 | 0.6 | −0.5 | 0.1 |
| 2017 | 1.0 | 0.6 | −1.8 | −0.1 | 2.8 | 0.4 | 0.3 | 0.1 | 0.0 | 0.6 | 0.0 | 6.3 | 1.0 | 3.8 | −0.6 |
| 2018 | 0.1 | 0.1 | −4.9 | −0.2 | 1.0 | 0.2 | 0.1 | 1.1 | 0.2 | 0.8 | 0.0 | 2.0 | 0.4 | 3.0 | −0.5 |
| 2019 | −1.0 | −0.5 | 2.5 | 0.1 | −0.6 | −0.1 | −0.0 | 2.0 | 0.4 | 1.5 | 0.1 | −2.2 | −0.4 | 0.2 | −0.0 |
| 2020 | −5.9 | −3.2 | −7.2 | −0.3 | −6.8 | −1.1 | −0.2 | 3.3 | 0.7 | 4.2 | 0.2 | −10.4 | −1.8 | −6.8 | 1.2 |
| 2020年7—9月 | −7.4 | −4.1 | −10.4 | −0.4 | −10.9 | −1.8 | −0.0 | 3.3 | 0.7 | 3.8 | 0.2 | −15.2 | −2.6 | −14.0 | 2.5 |
| 2020年10—12月 | −2.4 | −1.3 | −8.6 | −0.3 | −3.1 | −0.5 | −0.4 | 5.0 | 1.0 | 5.0 | 0.3 | −5.6 | −1.0 | −7.2 | 1.3 |
| 2021年1—3月 | −2.5 | −1.3 | −4.3 | −0.2 | −5.1 | −0.9 | −0.2 | 3.4 | 0.7 | 3.5 | 0.2 | 1.0 | 0.2 | −0.8 | 0.1 |
| 2021年4—6月 | 7.2 | −4.1 | −2.8 | −0.1 | 2.5 | 0.4 | −0.5 | 3.4 | 0.8 | −1.2 | −0.1 | 26.3 | 3.9 | 5.2 | −0.9 |

资料来源：内閣府『令和3年度　年次経済財政報告（経済財政政策担当大臣報告）—レジリエントな日本経済へ：強さと柔軟性を持つ経済社会に向けた変革の加速—』（長期経済統計）、2021年9月。

表 6　　国民经济统计（1955—2020）（3）

| 年份 | 国内生产总值（GDP）名义 金额（十亿日元） | 名义 年增长率（%） | 实际 年增长率（%） | 国民总收入（GNI）名义 年增长率（%） | 实际 年增长率（%） | 国民收入 名义国民收入 金额（十亿日元） | 年增长率（%） | 雇员名义报酬 金额（十亿日元） | 年增长率（%） | 人均GDP（千日元） | 人均雇员报酬年增长率（%） |
|---|---|---|---|---|---|---|---|---|---|---|---|
| 1955 | 8 897.3 | — | — | — | — | 6 772.0 | — | 3 456.0 | — | 94 | — |
| 1956 | 10 016.4 | 12.6 | 7.5 | 12.5 | 7.4 | 7 587.4 | 12.0 | 3 973.5 | 15.0 | 105 | 6.9 |
| 1957 | 11 543.1 | 15.2 | 7.8 | 15.1 | 7.7 | 8 790.1 | 15.9 | 4 480.9 | 12.8 | 120 | 5.2 |
| 1958 | 12 266.0 | 6.3 | 6.2 | 6.2 | 6.1 | 9 188.0 | 4.5 | 4 952.1 | 10.5 | 126 | 5.9 |
| 1959 | 14 022.2 | 14.3 | 9.4 | 14.2 | 9.3 | 10 528.7 | 14.6 | 5 590.8 | 12.9 | 143 | 7.5 |
| 1960 | 17 019.4 | 21.4 | 13.1 | 21.3 | 13.0 | 12 912.0 | 22.6 | 6 483.1 | 16.0 | 172 | 10.1 |
| 1961 | 20 556.0 | 20.8 | 11.9 | 20.7 | 11.8 | 15 572.3 | 20.6 | 7 670.2 | 18.3 | 206 | 13.2 |
| 1962 | 23 326.5 | 13.5 | 8.6 | 13.4 | 8.6 | 17 499.2 | 12.4 | 9 151.7 | 19.3 | 231 | 14.0 |
| 1963 | 26 697.0 | 14.4 | 8.8 | 14.4 | 8.7 | 20 191.9 | 15.4 | 10 672.5 | 16.6 | 262 | 13.1 |
| 1964 | 31 404.3 | 17.6 | 11.2 | 17.5 | 11.1 | 23 377.0 | 15.8 | 12 475.8 | 16.9 | 305 | 13.0 |
| 1965 | 34 938.7 | 11.3 | 5.7 | 11.3 | 5.7 | 26 065.4 | 11.5 | 14 528.2 | 16.5 | 336 | 11.8 |
| 1966 | 40 577.2 | 16.1 | 10.2 | 16.2 | 10.3 | 30 396.1 | 16.6 | 16 811.9 | 15.7 | 386 | 11.1 |
| 1967 | 47 551.5 | 17.2 | 11.1 | 17.2 | 11.1 | 36 005.3 | 18.5 | 19 320.1 | 14.9 | 448 | 12.0 |
| 1968 | 56 315.8 | 18.4 | 11.9 | 18.4 | 11.9 | 42 479.3 | 18.0 | 22 514.0 | 16.5 | 525 | 13.7 |
| 1969 | 66 153.4 | 17.5 | 12.0 | 17.5 | 12.0 | 49 938.3 | 17.6 | 26 500.7 | 17.7 | 609 | 15.8 |
| 1970 | 77 970.5 | 17.9 | 10.3 | 17.9 | 10.3 | 59 152.7 | 18.5 | 31 942.2 | 20.5 | 708 | 16.6 |
| 1971 | 85 790.8 | 10.0 | 4.4 | 10.1 | 4.5 | 64 645.1 | 9.3 | 37 867.7 | 18.6 | 764 | 14.9 |
| 1972 | 98 221.3 | 14.5 | 8.4 | 14.7 | 8.6 | 74 601.0 | 15.4 | 44 069.3 | 16.4 | 862 | 13.3 |
| 1973 | 119 592.9 | 21.8 | 8.0 | 21.8 | 8.1 | 91 823.1 | 23.1 | 55 235.8 | 25.3 | 1 035 | 21.6 |
| 1974 | 142 710.0 | 19.3 | −1.2 | 19.1 | −1.4 | 109 060.8 | 18.8 | 70 087.7 | 26.9 | 1 219 | 26.1 |
| 1975 | 157 681.5 | 10.5 | 3.1 | 10.6 | 3.2 | 121 025.9 | 11.0 | 81 678.2 | 16.5 | 1 330 | 16.2 |
| 1976 | 177 078.4 | 12.3 | 4.0 | 12.3 | 4.0 | 137 119.6 | 13.3 | 92 120.9 | 12.8 | 1 478 | 10.8 |
| 1977 | 197 328.4 | 11.4 | 4.4 | 11.5 | 4.4 | 151 395.2 | 10.4 | 102 896.8 | 11.7 | 1 631 | 10.0 |
| 1978 | 217 295.0 | 10.1 | 5.3 | 10.2 | 5.4 | 167 571.7 | 10.7 | 111 163.6 | 8.0 | 1 780 | 7.2 |
| 1979 | 235 518.6 | 8.4 | 5.5 | 8.5 | 5.6 | 180 707.3 | 7.8 | 120 120.3 | 8.1 | 1 915 | 5.9 |
| 1980 | 255 322.8 | 8.4 | 2.8 | 8.2 | 2.7 | 196 750.2 | 8.0 | 129 497.8 | 8.5 | 2 079 | 5.2 |
| 1981 | 273 857.6 | 7.3 | 4.2 | 7.1 | 4.2 | 209 047.2 | 6.3 | 140 219.9 | 8.3 | 2 219 | 6.5 |
| 1982 | 287 866.1 | 5.1 | 3.3 | 5.3 | 3.3 | 219 327.2 | 4.9 | 148 172.1 | 5.7 | 2 314 | 4.1 |
| 1983 | 300 825.9 | 4.5 | 3.5 | 4.6 | 3.6 | 227 666.8 | 3.8 | 155 782.0 | 5.1 | 2 390 | 2.4 |
| 1984 | 319 000.9 | 6.0 | 4.5 | 6.1 | 4.9 | 240 786.9 | 5.8 | 164 342.6 | 5.5 | 2 524 | 4.1 |
| 1985 | 339 925.7 | 6.6 | 5.2 | 6.7 | 5.3 | 256 338.4 | 6.5 | 171 887.9 | 4.6 | 2 693 | 3.4 |
| 1986 | 356 896.0 | 5.0 | 3.3 | 5.0 | 5.0 | 267 217.4 | 4.2 | 179 163.3 | 4.2 | 2 805 | 2.6 |
| 1987 | 373 189.4 | 4.6 | 4.7 | 4.8 | 5.0 | 276 729.3 | 3.6 | 185 400.9 | 3.5 | 2 901 | 2.3 |
| 1988 | 401 002.2 | 7.5 | 6.8 | 7.5 | 7.2 | 296 228.2 | 7.0 | 196 182.1 | 5.8 | 3 107 | 3.3 |

续表

| 年份 | 国内生产总值（GDP） 名义 金额（十亿日元） | 名义 年增长率（%） | 实际 年增长率（%） | 国民总收入（GNI） 名义 年增长率（%） | 实际 年增长率（%） | 国民收入 名义国民收入 金额（十亿日元） | 年增长率（%） | 雇员名义报酬 金额（十亿日元） | 年增长率（%） | 人均GDP（千日元） | 人均雇员报酬年增长率（%） |
|---|---|---|---|---|---|---|---|---|---|---|---|
| 1989 | 429 350.6 | 7.1 | 4.9 | 7.2 | 5.2 | 316 002.5 | 6.7 | 210 203.2 | 7.1 | 3 333 | 3.9 |
| 1990 | 462 090.7 | 7.6 | 4.9 | 7.6 | 4.5 | 339 441.1 | 7.4 | 227 342.6 | 8.2 | 3 587 | 4.7 |
| 1991 | 491 874.3 | 6.4 | 3.4 | 6.4 | 3.5 | 363 375.7 | 7.1 | 245 595.0 | 8.0 | 3 787 | 4.4 |
| 1992 | 504 313.0 | 2.5 | 0.8 | 2.7 | 1.2 | 366 179.6 | 0.8 | 253 578.4 | 3.3 | 3 866 | 0.9 |
| 1993 | 504 552.6 | 0.0 | -0.5 | 0.1 | -0.4 | 366 975.1 | 0.2 | 259 075.4 | 2.2 | 3 877 | 0.5 |
| 1994 | 510 916.1 | 1.3 | 1.0 | 1.2 | 1.2 | 369 217.5 | 0.1 | 261 624.5 | 2.0 | 4 009 | 0.3 |
| 1995 | 521 613.5 | 2.1 | 2.6 | 2.1 | 2.9 | 377 736.2 | 2.3 | 266 002.9 | 1.7 | 4 086 | 1.2 |
| 1996 | 535 562.1 | 2.7 | 3.1 | 3.0 | 3.2 | 390 199.0 | 3.3 | 270 690.3 | 1.8 | 4 183 | 0.6 |
| 1997 | 543 545.4 | 1.5 | 1.0 | 1.6 | 0.8 | 394 664.2 | 1.1 | 278 751.3 | 3.0 | 4 239 | 1.7 |
| 1998 | 536 497.4 | -1.3 | -1.3 | -1.4 | -1.1 | 383 849.9 | -2.7 | 274 572.1 | -1.5 | 4 178 | -1.1 |
| 1999 | 528 069.9 | -1.6 | -0.3 | -1.6 | -0.3 | 377 739.1 | -1.6 | 269 252.2 | -1.9 | 4 105 | -1.3 |
| 2000 | 535 417.7 | 1.4 | 2.8 | 1.6 | 2.7 | 385 745.1 | 2.1 | 269 889.6 | 0.2 | 4 153 | -0.2 |
| 2001 | 531 653.9 | -0.7 | 0.4 | -0.6 | 0.4 | 379 833.5 | -1.5 | 266 603.6 | -1.2 | 4 114 | -1.5 |
| 2002 | 524 478.7 | -1.3 | 0.0 | -1.4 | 0.0 | 375 854.9 | -1.0 | 257 433.1 | -3.4 | 4 050 | -2.8 |
| 2003 | 523 968.6 | -0.1 | 1.5 | 0.1 | 1.5 | 379 296.3 | 0.9 | 255 180.0 | -0.9 | 4 038 | -0.9 |
| 2004 | 529 400.9 | 1.0 | 2.2 | 1.3 | 2.3 | 385 931.1 | 1.7 | 255 963.4 | 0.3 | 4 079 | -0.1 |
| 2005 | 532 515.6 | 0.6 | 1.8 | 0.9 | 1.3 | 390 658.9 | 1.2 | 260 594.3 | 1.8 | 4 103 | 1.1 |
| 2006 | 535 170.2 | 0.5 | 1.4 | 0.9 | 0.9 | 392 040.4 | 0.4 | 265 191.6 | 1.8 | 4 121 | 0.2 |
| 2007 | 539 281.7 | 0.8 | 1.5 | 1.2 | 1.3 | 396 233.9 | 1.1 | 266 616.2 | 0.5 | 4 154 | -0.5 |
| 2008 | 527 823.8 | -2.1 | -1.2 | -2.5 | -3.1 | 379 416.9 | -4.2 | 266 805.9 | 0.1 | 4 067 | -0.1 |
| 2009 | 494 938.4 | -6.2 | -5.7 | -6.4 | -4.3 | 348 968.2 | -8.0 | 253 797.8 | -4.9 | 3 823 | -3.9 |
| 2010 | 505 530.6 | 2.1 | 4.1 | 2.3 | 3.5 | 362 501.8 | 3.9 | 251 175.0 | -1.0 | 3 908 | -1.2 |
| 2011 | 497 448.9 | -1.6 | 0.0 | -1.4 | -1.0 | 356 058.0 | -1.8 | 251 584.0 | 0.2 | 3 844 | -0.1 |
| 2012 | 500 474.7 | 0.6 | 1.4 | 0.5 | 1.0 | 359 170.1 | 0.9 | 251 650.1 | 0.0 | 3 878 | 0.0 |
| 2013 | 508 700.6 | 1.6 | 2.0 | 2.3 | 2.5 | 369 919.6 | 3.0 | 253 333.1 | 0.7 | 3 948 | -0.3 |
| 2014 | 518 811.0 | 2.0 | 0.3 | 2.3 | 0.3 | 373 996.7 | 1.1 | 257 520.7 | 1.7 | 4 038 | 0.3 |
| 2015 | 538 032.3 | 3.7 | 1.6 | 3.9 | 3.2 | 389 444.5 | 4.1 | 260 613.9 | 1.2 | 4 180 | 0.3 |
| 2016 | 544 364.6 | 1.2 | 0.8 | 0.7 | 1.3 | 393 196.6 | 1.0 | 267 401.2 | 2.6 | 4 218 | 1.0 |
| 2017 | 553 073.0 | 1.6 | 1.7 | 1.8 | 1.2 | 401 073.7 | 2.0 | 272 101.5 | 1.8 | 4 307 | 0.6 |
| 2018 | 556 189.6 | 0.6 | 0.6 | 0.7 | -0.1 | 402 641.0 | 0.4 | 281 350.2 | 3.4 | 4 325 | 1.4 |
| 2019 | 559 862.3 | 0.7 | 0.0 | 0.7 | 0.2 | 401 770.6 | -0.2 | 286 892.4 | 2.0 | — | 0.8 |
| 2020 | 538 697.4 | -3.8 | -4.6 | -3.8 | -3.8 | — | | 282 481.2 | -1.5 | — | -1.0 |

资料来源：内閣府『令和3年度　年次経済財政報告（経済財政政策担当大臣報告）—レジリエントな日本経済へ：強さと柔軟性を持つ経済社会に向けた変革の加速—』（長期経済統計）、2021年9月。

表7　国民经济统计（1955—2020）（4）

| 年份 | 民间 最终消费支出（实际） 年增长率（%） | 贡献度 | 住宅投资（实际） 年增长率（%） | 贡献度 | 企业设备投资（实际） 年增长率（%） | 贡献度 | 民间库存变动（实际） 贡献度 | 政府最终消费支出（实际） 年增长率（%） | 贡献度 | 公共固定资本形成（实际） 年增长率（%） | 贡献度 | 商品服务出口（实际） 年增长率（%） | 贡献度 | 商品服务进口（实际） 年增长率（%） | 贡献度 |
|---|---|---|---|---|---|---|---|---|---|---|---|---|---|---|---|
| 1955 | — | — | — | — | — | — | — | — | — | — | — | — | — | — | — |
| 1956 | 8.9 | 5.8 | 11.4 | 0.4 | 37.9 | 1.7 | 0.7 | -0.2 | 0.0 | -1.5 | -0.1 | 17.4 | 0.5 | 26.9 | -1.0 |
| 1957 | 8.1 | 5.4 | 6.8 | 0.2 | 27.5 | 1.6 | 1.2 | -0.4 | -0.1 | 10.3 | 0.5 | 11.4 | 0.4 | 22.8 | -1.0 |
| 1958 | 6.3 | 4.2 | 14.0 | 0.5 | -0.6 | 0.0 | -1.3 | 4.6 | 0.9 | 17.7 | 0.9 | 5.2 | 0.2 | -13.4 | 0.7 |
| 1959 | 8.4 | 5.5 | 9.9 | 0.4 | 23.1 | 1.5 | 0.5 | 7.5 | 1.4 | 11.8 | 0.7 | 13.0 | 0.5 | 22.8 | -1.0 |
| 1960 | 11.0 | 7.3 | 27.9 | 1.0 | 44.4 | 3.2 | 0.5 | 4.4 | 0.8 | 15.0 | 0.8 | 12.8 | 0.5 | 23.1 | -1.1 |
| 1961 | 10.4 | 6.7 | 12.8 | 0.5 | 27.8 | 2.6 | 1.2 | 5.4 | 0.9 | 22.8 | 1.3 | 5.3 | 0.2 | 26.4 | -1.4 |
| 1962 | 7.5 | 4.8 | 15.6 | 0.6 | 6.2 | 0.7 | -1.0 | 7.5 | 1.2 | 28.2 | 1.8 | 17.2 | 0.6 | -1.2 | 0.1 |
| 1963 | 8.8 | 5.5 | 18.3 | 0.8 | 8.3 | 0.9 | 0.5 | 7.6 | 1.2 | 13.9 | 1.0 | 7.0 | 0.3 | 19.6 | -1.0 |
| 1964 | 10.8 | 6.8 | 25.6 | 1.2 | 17.9 | 1.9 | 0.3 | 3.0 | 0.5 | 6.3 | 0.5 | 21.6 | 0.8 | 13.6 | -0.8 |
| 1965 | 5.8 | 3.6 | 20.7 | 1.1 | -5.7 | -0.6 | -0.4 | 3.1 | 0.4 | 10.0 | 0.7 | 23.8 | 0.9 | 5.6 | -0.3 |
| 1966 | 10.0 | 6.3 | 6.0 | 0.4 | 14.5 | 1.4 | -0.1 | 4.5 | 0.6 | 19.2 | 1.5 | 16.9 | 0.7 | 12.2 | -0.7 |
| 1967 | 10.4 | 6.5 | 19.2 | 1.1 | 28.6 | 2.9 | 0.6 | 3.4 | 0.3 | 3.8 | 0.3 | 6.8 | 0.3 | 22.7 | -1.4 |
| 1968 | 8.5 | 5.3 | 19.5 | 1.2 | 23.4 | 2.8 | 0.4 | 4.7 | 0.6 | 16.3 | 1.3 | 23.9 | 1.1 | 12.1 | -0.8 |
| 1969 | 10.3 | 6.3 | 16.7 | 1.1 | 25.6 | 3.3 | 0.0 | 4.1 | 0.5 | 9.6 | 0.8 | 20.8 | 1.1 | 13.7 | -0.9 |
| 1970 | 7.4 | 4.4 | 13.3 | 0.9 | 19.3 | 2.8 | 1.3 | 4.8 | 0.5 | 13.8 | 1.1 | 17.5 | 1.0 | 22.6 | -1.5 |
| 1971 | 5.5 | 3.2 | 4.7 | 0.3 | -2.5 | -0.4 | -0.8 | 4.9 | 0.5 | 18.6 | 1.5 | 16.0 | 1.0 | 7.0 | -0.5 |
| 1972 | 9.0 | 5.3 | 18.0 | 1.3 | 2.3 | 0.3 | -0.1 | 5.0 | 0.5 | 16.2 | 1.5 | 4.1 | 0.3 | 10.5 | -0.8 |
| 1973 | 8.8 | 5.2 | 15.3 | 1.2 | 14.2 | 2.0 | 0.5 | 5.4 | 0.5 | 4.9 | 0.5 | 5.2 | 0.3 | 24.3 | -1.9 |
| 1974 | -0.1 | 0.0 | -12.3 | -1.0 | -4.2 | -0.6 | 0.5 | -0.4 | 0.0 | -11.8 | -1.1 | 23.1 | 1.4 | 4.2 | -0.4 |
| 1975 | 4.4 | 2.6 | 1.2 | 0.1 | -6.0 | -0.9 | -1.6 | 12.6 | 1.2 | 6.4 | 0.6 | -1.0 | -0.1 | -10.3 | 1.0 |
| 1976 | 2.9 | 1.8 | 8.7 | 0.6 | -0.1 | 0.0 | 0.2 | 4.2 | 0.4 | 2.5 | 0.2 | 16.6 | 1.2 | 6.7 | -0.6 |
| 1977 | 4.0 | 2.4 | 0.5 | 0.0 | -0.5 | -0.1 | 0.0 | 4.2 | 0.4 | 9.5 | 0.8 | 11.7 | 1.0 | 4.1 | -0.3 |
| 1978 | 5.3 | 3.2 | 5.6 | 0.4 | 0.5 | 0.0 | -0.1 | 5.2 | 0.5 | 14.2 | 1.3 | -0.3 | 0.0 | 6.9 | -0.6 |
| 1979 | 6.5 | 3.9 | -0.9 | -0.1 | 12.8 | 1.5 | 0.3 | 4.2 | 0.4 | 2.7 | 0.3 | 4.3 | 0.4 | 12.9 | -1.1 |
| 1980 | 1.1 | 0.6 | -9.2 | -0.6 | 7.9 | 1.0 | 0.0 | 3.1 | 0.3 | -4.8 | -0.5 | 17.0 | 1.4 | -7.8 | 0.7 |
| 1981 | 2.5 | 1.3 | -2.7 | -0.2 | 3.8 | 0.5 | -0.1 | 5.4 | 0.6 | 2.8 | 0.3 | 13.4 | 1.8 | 2.4 | -0.3 |
| 1982 | 4.7 | 2.4 | -1.3 | -0.1 | 1.2 | 0.2 | 0.1 | 4.2 | 0.6 | -1.7 | -0.2 | 1.5 | 0.2 | -0.6 | 0.1 |
| 1983 | 3.4 | 1.8 | -4.1 | -0.2 | 2.6 | 0.4 | -0.3 | 4.6 | 0.7 | 0.3 | 0.0 | 5.0 | 0.7 | -3.2 | 0.4 |
| 1984 | 3.1 | 1.7 | -2.0 | -0.1 | 8.7 | 1.4 | 0.2 | 3.0 | 0.4 | -1.2 | -0.1 | 15.4 | 2.0 | 10.6 | -1.2 |
| 1985 | 4.1 | 2.2 | 3.6 | 0.2 | 9.2 | 1.5 | 0.2 | 1.3 | 0.2 | -1.1 | -0.1 | 5.3 | 0.8 | -2.6 | 0.3 |
| 1986 | 3.7 | 1.9 | 7.1 | 0.3 | 6.2 | 1.1 | 0.1 | 3.2 | 0.5 | 7.6 | 0.6 | -5.0 | -0.7 | 4.3 | -0.5 |
| 1987 | 4.4 | 2.3 | 21.8 | 1.0 | 6.8 | 1.2 | -0.2 | 3.6 | 0.5 | 9.0 | 0.7 | 0.1 | 0.0 | 9.4 | -0.7 |
| 1988 | 5.2 | 2.7 | 12.2 | 0.7 | 17.4 | 3.0 | 0.4 | 3.8 | 0.5 | 3.3 | 0.3 | 6.8 | 0.7 | 19.0 | -1.4 |

续表

| 年份 | 民间 最终消费支出（实际）年增长率（%） | 贡献度 | 住宅投资（实际）年增长率（%） | 贡献度 | 企业设备投资（实际）年增长率（%） | 贡献度 | 民间库存变动（实际）贡献度 | 政府最终消费支出（实际）年增长率（%） | 贡献度 | 公共固定资本形成（实际）年增长率（%） | 贡献度 | 商品服务出口（实际）年增长率（%） | 贡献度 | 商品服务进口（实际）年增长率（%） | 贡献度 |
|---|---|---|---|---|---|---|---|---|---|---|---|---|---|---|---|
| 1989 | 4.9 | 2.5 | -0.8 | 0.0 | 11.7 | 2.2 | 0.0 | 2.5 | 0.3 | 2.4 | 0.2 | 9.6 | 0.9 | 17.8 | -1.4 |
| 1990 | 4.8 | 2.5 | -0.7 | 0.0 | 9.2 | 1.8 | -0.2 | 3.5 | 0.5 | 4.1 | 0.3 | 7.4 | 0.8 | 8.2 | -0.7 |
| 1991 | 2.2 | 1.1 | -5.0 | -0.3 | 5.5 | 1.1 | 0.2 | 4.0 | 0.5 | 1.9 | 0.1 | 5.4 | 0.6 | -1.1 | 0.1 |
| 1992 | 2.3 | 1.2 | -5.8 | -0.3 | -7.5 | -1.6 | -0.4 | 2.7 | 0.4 | 13.3 | 1.0 | 4.6 | 0.5 | -0.7 | 0.1 |
| 1993 | 1.1 | 0.6 | 0.5 | 0.0 | -12.3 | -2.3 | -0.1 | 3.5 | 0.5 | 8.3 | 0.7 | 0.8 | 0.1 | -1.2 | 0.1 |
| 1994 | 2.3 | 1.2 | 5.9 | 0.3 | -5.4 | -0.9 | 0.0 | 3.8 | 0.6 | -1.1 | -0.1 | 4.4 | 0.4 | 8.3 | -0.6 |
| 1995 | 2.5 | 1.3 | -4.2 | -0.3 | 7.6 | 1.2 | 0.4 | 3.8 | 0.6 | 0.5 | 0.0 | 4.2 | 0.4 | 13.0 | -0.9 |
| 1996 | 2.0 | 1.0 | 10.9 | 0.6 | 6.0 | 1.0 | 0.1 | 2.3 | 0.4 | 5.7 | 0.5 | 4.8 | 0.4 | 11.8 | -0.9 |
| 1997 | 0.6 | 0.3 | -9.7 | -0.6 | 3.6 | 0.6 | 0.1 | 1.6 | 0.2 | -6.8 | -0.6 | 11.1 | 1.0 | 0.5 | -0.0 |
| 1998 | -0.6 | -0.3 | -13.5 | -0.7 | -1.3 | -0.2 | -0.2 | 1.3 | 0.2 | -4.1 | -0.3 | -2.4 | -0.3 | -6.8 | 0.6 |
| 1999 | 1.1 | 0.6 | 0.0 | 0.0 | -4.8 | -0.8 | -1.0 | 3.5 | 0.5 | 6.0 | 0.5 | 2.0 | 0.2 | 3.7 | -0.3 |
| 2000 | 1.5 | 0.8 | 1.3 | 0.1 | 6.0 | 0.9 | 0.6 | 3.9 | 0.6 | -9.7 | -0.8 | 13.0 | 1.3 | 9.6 | -0.8 |
| 2001 | 2.1 | 1.1 | -3.2 | -0.2 | 0.2 | 0.0 | 0.1 | 2.4 | 0.4 | -3.6 | -0.3 | -6.6 | -0.7 | 1.2 | -0.1 |
| 2002 | 1.3 | 0.7 | -2.5 | -0.1 | -5.6 | -0.9 | -0.4 | 1.9 | 0.3 | -4.7 | -0.3 | 7.9 | 0.8 | 0.8 | -0.1 |
| 2003 | 0.6 | 0.3 | -0.5 | -0.0 | 2.2 | 0.3 | 0.3 | 1.9 | 0.3 | -6.9 | -0.5 | 9.6 | 1.0 | 3.4 | -0.3 |
| 2004 | 1.3 | 0.7 | 2.9 | 0.1 | 3.5 | 0.5 | 0.4 | 1.1 | 0.2 | -9.0 | -0.6 | 14.4 | 1.6 | 8.5 | -0.8 |
| 2005 | 1.5 | 0.8 | -0.1 | -0.0 | 8.1 | 1.2 | -0.2 | 0.8 | 0.1 | -8.2 | -0.5 | 7.1 | 0.9 | 5.9 | -0.6 |
| 2006 | 0.9 | 0.5 | 0.4 | 0.0 | 2.1 | 0.3 | -0.1 | 0.2 | 0.0 | -4.9 | -0.3 | 10.3 | 1.4 | 4.7 | -0.6 |
| 2007 | 0.8 | 0.4 | -9.6 | -0.4 | 0.8 | 0.1 | 0.3 | 1.5 | 0.3 | -5.3 | -0.3 | 8.7 | 1.4 | 2.3 | -0.3 |
| 2008 | -1.1 | -0.6 | -6.2 | -0.3 | -2.9 | -0.5 | 0.2 | -0.1 | -0.0 | -5.0 | -0.2 | 1.6 | 0.3 | 0.7 | -0.1 |
| 2009 | -0.9 | -0.5 | -17.8 | -0.7 | -13.0 | -2.1 | -1.6 | 2.0 | 0.4 | 6.6 | 0.3 | -23.4 | -4.0 | -15.6 | 2.6 |
| 2010 | 2.3 | 1.3 | -1.3 | -0.0 | -1.0 | -0.1 | 1.0 | 1.9 | 0.4 | -2.2 | -0.1 | 24.9 | 3.1 | 11.3 | -1.4 |
| 2011 | -0.5 | -0.3 | 6.9 | 0.2 | 4.0 | 0.6 | 0.2 | 2.2 | 0.4 | -5.7 | -0.3 | -0.1 | -0.0 | 5.7 | -0.8 |
| 2012 | 2.0 | 1.2 | 2.3 | 0.1 | 3.1 | 0.5 | 0.0 | 1.7 | 0.3 | 2.0 | 0.1 | 0.1 | 0.1 | 5.5 | -0.8 |
| 2013 | 2.6 | 1.5 | 8.2 | 0.3 | 2.7 | 0.4 | -0.4 | 1.5 | 0.3 | 5.6 | 0.3 | 0.8 | 0.1 | 3.2 | -0.5 |
| 2014 | -0.9 | -0.5 | -3.1 | -0.1 | 3.9 | 0.6 | 0.6 | 1.0 | 0.2 | 1.4 | 0.1 | 9.3 | 1.5 | 8.1 | -1.5 |
| 2015 | -0.2 | -0.1 | -0.4 | -0.0 | 5.0 | 0.8 | 0.3 | 1.9 | 0.3 | -4.0 | -0.2 | 3.2 | 0.6 | 0.4 | -0.1 |
| 2016 | -0.4 | -0.2 | 3.9 | 0.1 | 0.1 | 0.0 | -0.1 | 1.6 | 0.3 | 2.4 | 0.1 | 1.6 | 0.3 | -1.2 | 0.2 |
| 2017 | 1.1 | 0.6 | 0.5 | 0.0 | 2.4 | 0.4 | 0.2 | 0.1 | 0.0 | 0.1 | 0.0 | 6.6 | 1.1 | 3.3 | -0.5 |
| 2018 | 0.3 | 0.1 | -6.4 | -0.2 | 1.7 | 0.3 | 0.1 | 1.0 | 0.2 | 0.6 | 0.0 | 3.8 | 0.7 | 3.8 | -0.6 |
| 2019 | -0.3 | -0.2 | 3.9 | 0.1 | 0.1 | 0.0 | 0.0 | 1.9 | 0.4 | 1.3 | 0.1 | -1.5 | -0.3 | 1.0 | -0.2 |
| 2020 | -5.9 | -3.2 | -7.1 | -0.3 | -6.0 | -1.0 | -0.1 | 2.8 | 0.5 | 3.6 | 0.2 | -11.7 | -2.0 | -7.3 | 1.3 |

资料来源：内閣府『令和3年度　年次経済財政報告（経済財政政策担当大臣報告）—レジリエントな日本経済へ：強さと柔軟性を持つ経済社会に向けた変革の加速—』（長期経済統計）、2021年9月。

表 8　　国民经济统计（1955—2019）（5）

| 年份 | 国民总资产 金额（十亿日元） | 与名义 GDP 之比（%） | 占比（%）实物资产（土地等除外） | 土地等 | 金融资产 | 国民财富 金额（十亿日元） | 与名义 GDP 之比（%） |
|---|---|---|---|---|---|---|---|
| 1955 | 51 422.0 | 5.78 | 32.6 | 30.6 | 36.8 | 32 704.7 | 3.68 |
| 1956 | 60 322.2 | 6.02 | 31.8 | 29.8 | 38.4 | 37 103.0 | 3.70 |
| 1957 | 68 244.2 | 5.91 | 29.8 | 29.9 | 40.3 | 40 481.3 | 3.51 |
| 1958 | 76 193.1 | 6.21 | 27.0 | 30.6 | 42.4 | 43 752.0 | 3.57 |
| 1959 | 89 131.9 | 6.36 | 25.5 | 30.2 | 44.4 | 49 584.9 | 3.54 |
| 1960 | 107 840.0 | 6.34 | 23.7 | 31.7 | 44.6 | 59 819.6 | 3.51 |
| 1961 | 133 283.4 | 6.48 | 23.5 | 31.0 | 45.6 | 72 297.0 | 3.52 |
| 1962 | 156 357.7 | 6.70 | 22.3 | 31.3 | 46.4 | 83 461.1 | 3.58 |
| 1963 | 183 270.6 | 6.86 | 21.8 | 29.3 | 48.9 | 92 923.6 | 3.48 |
| 1964 | 213 870.8 | 6.81 | 21.5 | 29.1 | 49.4 | 107 292.4 | 3.42 |
| 1965 | 241 570.7 | 6.91 | 21.2 | 27.9 | 50.9 | 118 028.4 | 3.38 |
| 1966 | 280 648.7 | 6.92 | 21.2 | 27.8 | 51.0 | 137 212.2 | 3.38 |
| 1967 | 333 694.7 | 7.02 | 21.0 | 28.2 | 50.8 | 163 842.2 | 3.45 |
| 1968 | 394 566.2 | 7.01 | 20.7 | 29.4 | 49.9 | 197 671.5 | 3.51 |
| 1969 | 476 211.0 | 7.20 | 20.6 | 30.0 | 49.4 | 241 579.4 | 3.65 |
|  | 499 408.6 | 7.55 | 19.6 | 28.6 | 51.7 | 241 682.8 | 3.65 |
| 1970 | 590 573.4 | 7.57 | 20.5 | 29.4 | 50.1 | 296 467.3 | 3.80 |
| 1971 | 702 445.3 | 8.19 | 20.0 | 29.8 | 50.2 | 352 859.8 | 4.11 |
| 1972 | 932 810.6 | 9.50 | 18.8 | 31.5 | 49.7 | 473 379.9 | 4.82 |
| 1973 | 1 178 254.6 | 9.85 | 20.6 | 32.0 | 47.4 | 624 072.1 | 5.22 |
| 1974 | 1 300 905.2 | 9.12 | 23.4 | 29.1 | 47.5 | 685 723.9 | 4.81 |
| 1975 | 1 438 800.4 | 9.12 | 23.1 | 28.1 | 48.7 | 739 585.8 | 4.69 |
| 1976 | 1 627 933.8 | 9.19 | 23.3 | 26.6 | 50.1 | 814 906.7 | 4.60 |
| 1977 | 1 781 916.0 | 9.03 | 23.2 | 26.0 | 50.8 | 883 505.2 | 4.48 |
| 1978 | 2 031 898.0 | 9.35 | 22.3 | 25.9 | 51.7 | 989 289.6 | 4.55 |
| 1979 | 2 335 455.9 | 9.92 | 22.7 | 27.0 | 50.3 | 1 166 035.8 | 4.95 |
| 1980 | 2 642 194.0 | 10.35 | 22.4 | 28.2 | 49.4 | 1 339 614.4 | 5.25 |
|  | 2 864 276.8 | 11.22 | 21.2 | 26.1 | 52.7 | 1 363 008.4 | 5.34 |
| 1981 | 3 160 372.8 | 11.54 | 20.0 | 26.7 | 53.3 | 1 484 720.7 | 5.42 |
| 1982 | 3 416 324.6 | 11.87 | 19.3 | 26.5 | 54.2 | 1 575 452.3 | 5.47 |
| 1983 | 3 699 899.5 | 12.30 | 18.2 | 25.5 | 56.3 | 1 629 378.0 | 5.42 |
| 1984 | 4 006 993.9 | 12.56 | 17.5 | 24.4 | 58.1 | 1 699 381.1 | 5.33 |
| 1985 | 4 377 491.7 | 12.88 | 16.5 | 24.3 | 59.2 | 1 811 019.5 | 5.33 |
| 1986 | 5 094 260.6 | 14.27 | 14.4 | 26.3 | 59.3 | 2 113 913.1 | 5.92 |
| 1987 | 5 962 689.6 | 15.98 | 13.0 | 29.4 | 57.6 | 2 579 662.1 | 6.91 |

续表

| 年份 | 国民总资产 金额（十亿日元） | 与名义GDP之比（%） | 占比（%） 实物资产（土地等除外） | 土地等 | 金融资产 | 国民财富 金额（十亿日元） | 与名义GDP之比（%） |
|---|---|---|---|---|---|---|---|
| 1988 | 6 716 329.3 | 16.75 | 12.2 | 28.9 | 58.9 | 2 836 726.9 | 7.07 |
| 1989 | 7 710 418.9 | 17.96 | 11.9 | 29.4 | 58.7 | 3 231 062.4 | 7.53 |
| 1990 | 7 936 547.0 | 17.18 | 12.6 | 31.2 | 56.1 | 3 531 467.2 | 7.64 |
| 1991 | 7 987 085.8 | 16.24 | 13.4 | 28.7 | 57.8 | 3 422 746.4 | 6.96 |
| 1992 | 7 804 398.3 | 15.48 | 14.3 | 26.6 | 59.1 | 3 265 515.1 | 6.48 |
| 1993 | 7 903 074.8 | 15.66 | 14.3 | 25.1 | 60.6 | 3 192 859.5 | 6.33 |
| 1994 | 8 044 314.4 | 15.74 | 14.3 | 23.9 | 61.8 | 3 150 014.4 | 6.17 |
|  | 8 599 526.3 | 16.83 | 18.8 | 22.9 | 58.2 | 3 671 951.7 | 7.19 |
| 1995 | 8 738 157.0 | 16.75 | 18.8 | 21.6 | 59.6 | 3 617 050.6 | 6.93 |
| 1996 | 8 913 942.3 | 16.64 | 19.2 | 20.8 | 60.0 | 3 665 584.7 | 6.84 |
| 1997 | 9 046 789.9 | 16.64 | 19.3 | 20.1 | 60.6 | 3 688 583.5 | 6.79 |
| 1998 | 9 102 612.8 | 16.97 | 19.2 | 19.2 | 61.6 | 3 628 751.2 | 6.76 |
| 1999 | 9 321 407.0 | 17.65 | 18.8 | 17.9 | 63.3 | 3 507 170.9 | 6.64 |
| 2000 | 9 209 077.6 | 17.20 | 19.3 | 17.2 | 63.5 | 3 494 809.8 | 6.53 |
| 2001 | 9 022 142.3 | 16.97 | 19.6 | 16.6 | 63.9 | 3 440 413.9 | 6.47 |
| 2002 | 8 876 598.4 | 16.92 | 19.8 | 15.9 | 64.3 | 3 346 758.1 | 6.38 |
| 2003 | 8 963 281.9 | 17.11 | 19.8 | 14.9 | 65.3 | 3 285 006.8 | 6.27 |
| 2004 | 8 997 050.0 | 16.99 | 20.0 | 14.2 | 65.8 | 3 258 914.1 | 6.16 |
| 2005 | 9 375 838.9 | 17.61 | 19.5 | 13.4 | 67.1 | 3 269 397.6 | 6.14 |
| 2006 | 9 415 342.5 | 17.59 | 19.8 | 13.6 | 66.6 | 3 359 740.1 | 6.28 |
| 2007 | 9 283 721.1 | 17.21 | 20.6 | 14.1 | 65.3 | 3 469 539.7 | 6.43 |
| 2008 | 8 913 385.9 | 16.89 | 21.7 | 14.5 | 63.8 | 3 454 973.8 | 6.55 |
| 2009 | 8 808 088.5 | 17.80 | 21.2 | 14.1 | 64.8 | 3 373 173.4 | 6.82 |
| 2010 | 8 835 394.0 | 17.48 | 21.0 | 13.6 | 65.3 | 3 322 167.0 | 6.57 |
| 2011 | 8 805 500.9 | 17.70 | 21.0 | 13.3 | 65.6 | 3 292 972.3 | 6.62 |
| 2012 | 9 015 130.4 | 18.01 | 20.4 | 12.8 | 66.8 | 3 297 981.7 | 6.59 |
| 2013 | 9 576 315.8 | 18.83 | 19.7 | 11.9 | 68.4 | 3 354 547.0 | 6.59 |
| 2014 | 10 016 761.3 | 19.31 | 19.3 | 11.5 | 69.3 | 3 430 080.6 | 6.61 |
| 2015 | 10 288 218.4 | 19.12 | 18.9 | 11.2 | 69.9 | 3 426 254.9 | 6.37 |
| 2016 | 10 578 116.4 | 19.43 | 18.4 | 11.2 | 70.4 | 3 471 881.1 | 6.38 |
| 2017 | 11 029 653.4 | 19.94 | 18.0 | 10.9 | 71.1 | 3 520 415.1 | 6.37 |
| 2018 | 11 019 212.4 | 19.81 | 18.3 | 11.1 | 70.5 | 3 589 641.7 | 6.45 |
| 2019 | 11 375 364.9 | 20.32 | 18.2 | 11.0 | 70.8 | 3 689 348.5 | 6.59 |

资料来源：内閣府『令和3年度　年次経済財政報告（経済財政政策担当大臣報告）—レジリエントな日本経済へ：強さと柔軟性を持つ経済社会に向けた変革の加速—』（長期経済統計）、2021年9月。

表 9　　　　　　　个人消费、工资、住宅统计（1956 年至 2021 年 6 月）

| 年份 | 个人消费 家庭储蓄率（%） | 个人消费 新车初次登记、申报数量（轿车）（辆） | 个人消费 轿车持有数量（平均每100户）（年度末值）（辆） | 工资 春季工资上涨率（%） | 工资 工资现金总额增长率（%） | 住宅 新房开工户数 数量（千户） | 住宅 新房开工户数 年增长率（%） |
|---|---|---|---|---|---|---|---|
| 1956 | 12.9 | — | — | — | — | 309 | 19.9 |
| 1957 | 12.6 | — | — | — | — | 321 | 4.0 |
| 1958 | 12.3 | 49 236 | — | — | — | 338 | 5.3 |
| 1959 | 13.7 | 73 050 | — | — | — | 381 | 12.6 |
| 1960 | 14.5 | 145 227 | — | — | — | 424 | 11.5 |
| 1961 | 15.9 | 229 057 | — | — | — | 536 | 26.4 |
| 1962 | 15.6 | 259 269 | — | — | — | 586 | 9.4 |
| 1963 | 14.9 | 371 076 | — | — | — | 689 | 17.5 |
| 1964 | 15.4 | 493 536 | — | — | — | 751 | 9.1 |
| 1965 | 15.8 | 586 287 | — | 10.6 | — | 843 | 12.1 |
| 1966 | 15.0 | 740 259 | 9.8 | 10.6 | — | 857 | 1.7 |
| 1967 | 14.1 | 1 131 337 | 13.3 | 12.5 | — | 991 | 15.7 |
| 1968 | 16.9 | 1 569 404 | 17.6 | 13.6 | — | 1 202 | 21.2 |
| 1969 | 17.1 | 2 036 677 | 22.6 | 15.8 | — | 1 347 | 12.1 |
| 1970 | 17.7 | 2 379 137 | 26.8 | 18.5 | — | 1 485 | 10.2 |
| 1971 | 17.8 | 2 402 757 | 32.0 | 16.9 | — | 1 464 | -1.4 |
| 1972 | 18.2 | 2 627 087 | 38.8 | 15.3 | — | 1 808 | 23.5 |
| 1973 | 20.4 | 2 953 026 | 42.3 | 20.1 | — | 1 905 | 5.4 |
| 1974 | 23.2 | 2 286 795 | 45.0 | 32.9 | — | 1 316 | -30.9 |
| 1975 | 22.8 | 2 737 641 | 47.2 | 13.1 | — | 1 356 | 3.1 |
| 1976 | 23.2 | 2 449 429 | 55.0 | 8.8 | — | 1 524 | 12.4 |
| 1977 | 21.8 | 2 500 095 | 55.6 | 8.8 | — | 1 508 | -1.0 |
| 1978 | 20.8 | 2 856 710 | 60.8 | 5.9 | — | 1 549 | 2.7 |
| 1979 | 18.2 | 3 036 873 | 64.1 | 6.0 | — | 1 493 | -3.6 |
| 1980 | 17.7 | 2 854 175 | 64.9 | 6.74 | — | 1 269 | -15.0 |
| 1981 | 18.6 | 2 866 695 | 71.7 | 7.68 | — | 1 152 | -9.2 |
| 1982 | 17.3 | 3 038 272 | 76.4 | 7.01 | — | 1 146 | -0.5 |
| 1983 | 16.8 | 3 135 611 | 79.2 | 4.40 | — | 1 137 | -0.8 |
| 1984 | 16.7 | 3 095 554 | 83.6 | 4.46 | — | 1 187 | 4.4 |
| 1985 | 16.2 | 3 252 299 | 84.5 | 5.03 | — | 1 236 | 4.1 |
| 1986 | 15.4 | 3 322 888 | 91.3 | 4.55 | — | 1 365 | 10.4 |
| 1987 | 13.7 | 3 477 770 | 94.5 | 3.56 | — | 1 674 | 22.7 |
| 1988 | 14.2 | 3 980 958 | 104.1 | 4.43 | — | 1 685 | 0.6 |
| 1989 | 14.1 | 4 760 094 | 108.0 | 5.17 | — | 1 663 | -1.3 |
| 1990 | 13.5 | 5 575 234 | 112.3 | 5.94 | — | 1 707 | 2.7 |
| 1991 | 15.1 | 5 416 437 | 114.2 | 5.65 | 4.4 | 1 370 | -19.7 |
| 1992 | 14.7 | 5 097 467 | 116.1 | 4.95 | 2.0 | 1 403 | 2.4 |
| 1993 | 14.2 | 4 805 543 | 116.2 | 3.89 | 0.3 | 1 486 | 5.9 |
| 1994 | 12.3 | 4 860 586 | 118.6 | 3.13 | 1.5 | 1 570 | 5.7 |
| 1995 | 11.1 | 5 119 052 | 121.0 | 2.83 | 1.1 | 1 470 | -6.4 |
| 1996 | 9.5 | 5 394 616 | 125.1 | 2.86 | 1.1 | 1 643 | 11.8 |
| 1997 | 9.7 | 5 182 296 | 127.8 | 2.90 | 1.6 | 1 387 | -15.6 |
| 1998 | 11.1 | 4 647 978 | 126.7 | 2.66 | -1.3 | 1 198 | -13.6 |
| 1999 | 9.6 | 4 656 901 | 130.7 | 2.21 | -1.5 | 1 215 | 1.4 |
| 2000 | 8.0 | 4 803 573 | 132.7 | 2.06 | 0.1 | 1 230 | 1.3 |

续表

| 年份 | 个人消费 家庭储蓄率（%） | 个人消费 新车初次登记、申报数量（轿车）（辆） | 个人消费 轿车持有数量（平均每100户）（年度末值）（辆） | 工资 春季工资上涨率（%） | 工资 工资现金总额增长率（%） | 住宅 新房开工户数 数量（千户） | 住宅 新房开工户数 年增长率（%） |
|---|---|---|---|---|---|---|---|
| 2001 | 4.2 | 4 790 044 | 137.3 | 2.01 | -1.6 | 1 174 | -4.6 |
| 2002 | 2.7 | 4 790 493 | 143.8 | 1.66 | -2.9 | 1 151 | -1.9 |
| 2003 | 2.3 | 4 715 991 | 142.3 | 1.63 | -0.7 | 1 160 | 0.8 |
| 2004 | 2.0 | 4 768 131 | 134.3 | 1.67 | -0.5 | 1 189 | 2.5 |
| 2005 | 2.7 | 4 748 409 | 139.1 | 1.71 | 0.8 | 1 236 | 4.0 |
| 2006 | 3.2 | 4 641 732 | 140.2 | 1.79 | 0.2 | 1 290 | 4.4 |
| 2007 | 3.3 | 4 400 299 | 140.3 | 1.87 | -0.9 | 1 061 | -17.8 |
| 2008 | 3.4 | 4 227 643 | 137.0 | 1.99 | -0.3 | 1 094 | 3.1 |
| 2009 | 4.5 | 3 923 741 | 139.4 | 1.83 | -3.8 | 788 | -27.9 |
| 2010 | 3.3 | 4 212 267 | 136.9 | 1.82 | 0.6 | 813 | 3.1 |
| 2011 | 3.6 | 3 524 788 | 141.8 | 1.83 | -0.3 | 834 | 2.6 |
| 2012 | 2.2 | 4 572 332 | 138.4 | 1.78 | -0.8 | 883 | 5.8 |
| 2013 | -0.1 | 4 562 150 | 128.6 | 1.80 | -0.2 | 980 | 11.0 |
| 2014 | -1.3 | 4 699 462 | 129.2 | 2.19 | 0.5 | 892 | -9.0 |
| 2015 | -0.4 | 4 215 799 | 131.1 | 2.38 | 0.1 | 909 | 1.9 |
| 2016 | 1.4 | 4 146 403 | 125.2 | 2.14 | 0.6 | 967 | 6.4 |
| 2017 | 1.0 | 4 386 315 | 128.4 | 2.11 | 0.4 | 965 | -0.3 |
| 2018 | 1.1 | 4 391 089 | 126.3 | 2.26 | 1.4 | 942 | -2.3 |
| 2019 | 2.3 | 4 301 012 | 125.7 | 2.18 | -0.4 | 905 | -4.0 |
| 2020 | 11.4 | 3 809 896 | 126.9 | 2.00 | -1.2 | 815 | -9.9 |
| 2018年7—9月 | — | 1 095 362 | — | — | 0.9 | 949 | -0.2 |
| 2018年10—12月 | — | 1 094 910 | — | — | 1.5 | 954 | 0.6 |
| 2019年1—3月 | — | 1 069 872 | — | — | -0.9 | 943 | 5.2 |
| 2019年4—6月 | — | 1 146 109 | — | — | -0.1 | 932 | -4.7 |
| 2019年7—9月 | — | 1 166 092 | — | — | -0.3 | 901 | -5.4 |
| 2019年10—12月 | — | 918 939 | — | — | -0.1 | 868 | -9.4 |
| 2020年1—3月 | — | 969 426 | — | — | 0.7 | 850 | -9.9 |
| 2020年4—6月 | — | 775 100 | — | — | -1.7 | 809 | -12.4 |
| 2020年7—9月 | — | 1 008 652 | — | — | -1.2 | 813 | -10.1 |
| 2020年10—12月 | — | 1 056 718 | — | — | -2.1 | 805 | -7.0 |
| 2021年1—3月 | — | 1 001 121 | — | — | -0.3 | 830 | -1.6 |
| 2021年4—6月 | — | 976 638 | — | — | 0.8 | 875 | 8.1 |

资料来源：内閣府『令和3年度　年次経済財政報告（経済財政政策担当大臣報告）—レジリエントな日本経済へ：強さと柔軟性を持つ経済社会に向けた変革の加速—』（長期経済統計）、2021年9月。

表 10　　　　　　　　　设备投资、工矿业生产统计（1960 年至 2021 年 6 月）

| 年份 | 设备投资<br>设备投资与名义GDP之比（%） | 工矿业生产 生产指数 2015年=100 | 工矿业生产 生产指数 年增长率（%） | 工矿业生产 出厂指数 2015年=100 | 工矿业生产 出厂指数 年增长率（%） | 工矿业生产 生产者商品库存指数 2015年=100 | 工矿业生产 生产者商品库存指数 年增长率（%） |
|---|---|---|---|---|---|---|---|
| 1960 | 18.2 | 13.6 | 24.8 | 13.4 | 22.9 | 13.4 | 24.3 |
| 1961 | 20.2 | 16.4 | 19.4 | 15.8 | 18.0 | 17.5 | 31.7 |
| 1962 | 19.2 | 17.7 | 8.3 | 17.2 | 8.2 | 20.9 | 20.6 |
| 1963 | 18.1 | 19.7 | 10.1 | 19.0 | 10.5 | 21.7 | 5.5 |
| 1964 | 18.3 | 22.8 | 15.7 | 21.8 | 15.0 | 25.9 | 19.4 |
| 1965 | 15.7 | 23.7 | 3.7 | 22.8 | 4.1 | 27.8 | 6.9 |
| 1966 | 15.8 | 26.9 | 13.2 | 25.9 | 13.7 | 28.3 | 2.2 |
| 1967 | 17.8 | 32.1 | 19.4 | 30.5 | 17.5 | 33.4 | 18.1 |
| 1968 | 18.7 | 37.0 | 17.7 | 35.3 | 16.2 | 40.7 | 25.3 |
| 1969 | 20.2 | 42.9 | 16.0 | 41.1 | 16.4 | 47.5 | 16.8 |
| 1970 | 21.0 | 48.9 | 13.8 | 46.4 | 13.0 | 58.1 | 22.5 |
| 1971 | 19.0 | 50.1 | 2.6 | 47.8 | 3.1 | 63.6 | 9.1 |
| 1972 | 17.5 | 53.7 | 7.3 | 52.0 | 8.6 | 60.4 | -4.9 |
| 1973 | 18.5 | 61.7 | 17.5 | 59.4 | 15.4 | 62.4 | 3.7 |
| 1974 | 18.4 | 59.2 | -4.0 | 56.2 | -5.3 | 89.4 | 43.2 |
| 1975 | 16.4 | 52.7 | -11.0 | 52.0 | -7.5 | 81.5 | -8.9 |
| 1976 | 15.1 | 58.7 | 11.1 | 57.4 | 10.3 | 87.4 | 7.3 |
| 1977 | 14.1 | 61.1 | 4.1 | 59.6 | 3.9 | 90.2 | 3.0 |
| 1978 | 13.7 | 64.9 | 6.2 | 63.1 | 5.8 | 87.7 | -2.9 |
| 1979 | 14.9 | 69.7 | 7.3 | 67.4 | 6.7 | 90.6 | 3.3 |
| 1980 | 16.0 | 73.0 | 4.7 | 69.3 | 2.9 | 98.2 | 8.3 |
| 1981 | 15.7 | 73.7 | 1.0 | 69.7 | 0.6 | 94.7 | -3.6 |
| 1982 | 15.3 | 74.0 | 0.3 | 69.3 | -0.7 | 93.1 | -1.5 |
| 1983 | 14.6 | 76.1 | 3.6 | 71.6 | 3.5 | 87.8 | -5.2 |
| 1984 | 15.0 | 83.4 | 9.4 | 77.4 | 8.2 | 94.6 | 7.6 |
| 1985 | 16.5 | 86.4 | 3.7 | 80.2 | 3.4 | 98.0 | 3.5 |
| 1986 | 16.5 | 86.2 | -0.2 | 80.6 | 0.5 | 96.8 | -1.2 |
| 1987 | 16.4 | 89.2 | 3.4 | 83.7 | 3.9 | 93.9 | -3.0 |
| 1988 | 17.7 | 97.8 | 9.5 | 91.2 | 8.7 | 98.9 | 5.4 |
| 1989 | 19.3 | 103.5 | 5.8 | 96.5 | 5.9 | 107.1 | 8.3 |
| 1990 | 20.0 | 107.7 | 4.1 | 101.3 | 4.8 | 106.4 | -0.7 |
| 1991 | 20.1 | 109.5 | 1.7 | 102.7 | 1.5 | 120.7 | 13.4 |
| 1992 | 18.3 | 102.8 | -6.1 | 97.5 | -5.1 | 119.6 | -0.8 |
| 1993 | 16.3 | 98.8 | -4.5 | 94.7 | -3.7 | 117.3 | -3.5 |
| 1994 | 15.7 | 99.9 | 0.9 | 95.6 | 0.9 | 111.8 | -4.6 |
| 1995 | 16.2 | 103.0 | 3.2 | 98.0 | 2.6 | 118.0 | 5.5 |
| 1996 | 16.5 | 105.4 | 2.3 | 100.7 | 2.7 | 117.6 | -0.3 |
| 1997 | 16.8 | 109.2 | 3.6 | 104.7 | 4.0 | 124.7 | 6.0 |
| 1998 | 16.6 | 101.7 | -7.2 | 98.8 | -6.6 | 114.7 | -7.4 |
| 1999 | 15.7 | 101.9 | 0.2 | 99.9 | 1.1 | 106.8 | -6.9 |
| 2000 | 16.3 | 107.8 | 5.7 | 105.8 | 5.8 | 109.0 | 2.1 |
| 2001 | 16.0 | 100.5 | -6.8 | 99.0 | -6.3 | 108.2 | -0.7 |
| 2002 | 15.0 | 99.3 | -1.3 | 98.8 | -0.2 | 99.5 | -8.0 |
| 2003 | 15.0 | 102.2 | 3.3 | 102.2 | 4.0 | 96.7 | -2.4 |
| 2004 | 15.1 | 107.1 | 4.9 | 107.2 | 4.8 | 96.6 | -0.1 |
| 2005 | 16.2 | 108.6 | 1.3 | 108.7 | 1.4 | 101.1 | 4.8 |

续表

| 年份 | 设备投资 设备投资与名义GDP之比（%） | 工矿业生产 生产指数 2015年=100 | 年增长率（%） | 出厂指数 2015年=100 | 年增长率（%） | 生产者商品库存指数 2015年=100 | 年增长率（%） |
|---|---|---|---|---|---|---|---|
| 2006 | 16.5 | 113.4 | 4.5 | 113.7 | 4.6 | 104.7 | 3.5 |
| 2007 | 16.5 | 116.7 | 2.8 | 117.1 | 3.1 | 106.0 | 1.3 |
| 2008 | 16.4 | 112.7 | -3.4 | 112.4 | -3.2 | 113.2 | 4.8 |
| 2009 | 14.8 | 88.1 | -21.9 | 88.0 | -21.7 | 93.3 | -17.6 |
| 2010 | 14.2 | 101.8 | 15.6 | 101.6 | 15.5 | 95.5 | 2.4 |
| 2011 | 14.9 | 98.9 | -2.8 | 97.8 | -3.7 | 97.5 | 2.0 |
| 2012 | 15.2 | 99.6 | 0.6 | 99.0 | 1.2 | 102.6 | 5.2 |
| 2013 | 15.4 | 99.2 | -1.3 | 100.7 | -0.5 | 94.7 | -5.0 |
| 2014 | 15.9 | 101.2 | 2.0 | 101.4 | 0.7 | 100.3 | 5.9 |
| 2015 | 16.2 | 100.0 | -1.2 | 100.0 | -1.4 | 98.0 | -2.3 |
| 2016 | 15.9 | 100.0 | 0.0 | 99.7 | -0.3 | 94.9 | -3.2 |
| 2017 | 16.1 | 103.1 | 3.1 | 102.2 | 2.5 | 98.8 | 4.1 |
| 2018 | 16.4 | 104.2 | 1.1 | 103.0 | 0.8 | 100.5 | 1.7 |
| 2019 | 16.4 | 101.1 | -3.0 | 100.2 | -2.7 | 101.7 | 1.2 |
| 2020 | 16.0 | 90.6 | -10.4 | 89.6 | -10.6 | 93.2 | -8.4 |
| 2014年1—3月 | 16.0 | 103.6 | 7.7 | 104.5 | 6.8 | 95.3 | -4.1 |
| 2014年4—6月 | 15.7 | 100.6 | 2.0 | 100.2 | 0.0 | 99.8 | 2.8 |
| 2014年7—9月 | 15.9 | 100.1 | -0.2 | 100.2 | -1.3 | 101.6 | 4.8 |
| 2014年10—12月 | 15.9 | 100.2 | -1.4 | 100.6 | -2.3 | 102.5 | 5.9 |
| 2015年1—3月 | 16.4 | 100.7 | -2.4 | 100.9 | -2.9 | 100.2 | 5.2 |
| 2015年4—6月 | 16.1 | 99.8 | -1.1 | 99.9 | -0.7 | 99.0 | -0.8 |
| 2015年7—9月 | 16.3 | 99.8 | -0.7 | 100.0 | -0.8 | 99.4 | -2.2 |
| 2015年10—12月 | 16.2 | 99.7 | -0.3 | 99.3 | -1.0 | 100.1 | -2.3 |
| 2016年1—3月 | 15.9 | 99.7 | -1.0 | 99.4 | -1.7 | 100.4 | 0.2 |
| 2016年4—6月 | 15.9 | 99.0 | -1.0 | 98.8 | -1.1 | 100.1 | 1.2 |
| 2016年7—9月 | 15.9 | 100.3 | 0.3 | 99.8 | -0.4 | 100.0 | 0.5 |
| 2016年10—12月 | 16.0 | 101.7 | 1.6 | 101.5 | 1.8 | 97.0 | -3.2 |
| 2017年1—3月 | 16.1 | 101.3 | 2.4 | 100.7 | 2.1 | 98.9 | -1.4 |
| 2017年4—6月 | 16.1 | 103.2 | 4.4 | 102.3 | 3.8 | 99.0 | -1.0 |
| 2017年7—9月 | 16.0 | 103.2 | 2.5 | 102.4 | 2.3 | 99.1 | -1.0 |
| 2017年10—12月 | 16.3 | 104.4 | 3.1 | 103.1 | 2.1 | 101.1 | 4.1 |
| 2018年1—3月 | 16.4 | 103.5 | 1.7 | 102.2 | 0.8 | 103.6 | 5.1 |
| 2018年4—6月 | 16.6 | 104.3 | 1.3 | 103.6 | 1.6 | 101.6 | 2.5 |
| 2018年7—9月 | 16.1 | 103.6 | 0.1 | 102.4 | -0.3 | 102.0 | 3.5 |
| 2018年10—12月 | 16.7 | 105.0 | 1.3 | 103.4 | 1.1 | 102.9 | 1.7 |
| 2019年1—3月 | 16.5 | 102.8 | -1.7 | 101.6 | -1.6 | 103.4 | 0.2 |
| 2019年4—6月 | 16.5 | 102.8 | -2.2 | 101.4 | -2.6 | 104.4 | 3.0 |
| 2019年7—9月 | 16.6 | 101.7 | -1.1 | 101.3 | -0.2 | 103.3 | 0.9 |
| 2019年10—12月 | 16.1 | 98.0 | -6.8 | 97.3 | -6.5 | 104.0 | 1.2 |
| 2020年1—3月 | 16.4 | 98.0 | -4.7 | 96.8 | -5.2 | 105.1 | 2.8 |
| 2020年4—6月 | 16.5 | 81.5 | -20.3 | 80.4 | -20.3 | 100.8 | -3.3 |
| 2020年7—9月 | 15.4 | 88.8 | -13.0 | 87.8 | -13.5 | 97.6 | -5.7 |
| 2020年10—12月 | 15.6 | 93.9 | -3.5 | 93.0 | -3.5 | 96.0 | -8.4 |
| 2021年1—3月 | 15.7 | 96.6 | -1.0 | 94.9 | -1.4 | 94.8 | -9.8 |
| 2021年4—6月 | 16.1 | 97.6 | 19.8 | 95.4 | 18.7 | 95.9 | -4.8 |

资料来源：内閣府『令和3年度　年次経済財政報告（経済財政政策担当大臣報告）—レジリエントな日本経済へ：強さと柔軟性を持つ経済社会に向けた変革の加速—』（長期経済統計）、2021年9月。

表 11　工矿业指数、第三产业活动指数、企业收益、企业破产统计（1955 年至 2021 年 6 月）

| 年份 | 工矿业指数 生产者商品库存率指数 2015 年 =100 | 工矿业指数 制造业开工率指数 2015 年 =100 | 第三产业活动指数 2010 年 =100 | 企业收益 经常收益 年增长率（%） | 企业收益 经常收益与销售额之比 % | 企业破产 银行停止与其往来的处分者件数 件 |
|---|---|---|---|---|---|---|
| 1955 | — | — | — | 32.5 | 2.8 | — |
| 1956 | — | — | — | 59.3 | 3.4 | — |
| 1957 | — | — | — | 9.6 | 3.1 | — |
| 1958 | — | — | — | -22.7 | 2.4 | — |
| 1959 | — | — | — | 76.8 | 3.5 | — |
| 1960 | — | — | — | 40.7 | 3.8 | — |
| 1961 | — | — | — | 20.2 | 3.6 | — |
| 1962 | — | — | — | -1.9 | 3.2 | — |
| 1963 | — | — | — | 25.5 | 3.3 | — |
| 1964 | — | — | — | 10.6 | 2.9 | — |
| 1965 | — | — | — | -4.5 | 2.5 | 10 152 |
| 1966 | — | — | — | 42.2 | 3.0 | 11 058 |
| 1967 | — | — | — | 39.4 | 3.3 | 13 683 |
| 1968 | 67.6 | — | — | 19.5 | 3.4 | 13 240 |
| 1969 | 68.5 | — | — | 30.2 | 3.6 | 10 658 |
| 1970 | 72.2 | — | — | 13.7 | 3.4 | 11 589 |
| 1971 | 83.2 | — | — | -17.4 | 2.6 | 11 489 |
| 1972 | 76.8 | — | — | 30.3 | 2.9 | 9 544 |
| 1973 | 64.8 | — | — | 78.9 | 3.8 | 10 862 |
| 1974 | 89.6 | — | — | -27.3 | 2.2 | 13 605 |
| 1975 | 101.2 | — | — | -32.6 | 1.4 | 14 477 |
| 1976 | 90.0 | — | — | 72.9 | 2.1 | 16 842 |
| 1977 | 91.3 | — | — | 8.0 | 2.1 | 18 741 |
| 1978 | 84.0 | 113.4 | — | 34.3 | 2.6 | 15 526 |
| 1979 | 77.6 | 120.1 | — | 31.9 | 3.0 | 14 926 |
| 1980 | 84.4 | 120.3 | — | 10.0 | 2.8 | 16 635 |
| 1981 | 88.4 | 114.8 | — | -8.2 | 2.4 | 15 683 |
| 1982 | 88.8 | 111.4 | — | -4.4 | 2.2 | 14 824 |
| 1983 | 84.5 | 112.9 | — | 12.3 | 2.4 | 15 848 |
| 1984 | 82.2 | 119.4 | — | 17.9 | 2.6 | 16 976 |
| 1985 | 85.7 | 119.6 | — | 3.9 | 2.6 | 15 337 |
| 1986 | 87.3 | 114.2 | — | -1.6 | 2.5 | 13 578 |
| 1987 | 82.2 | 114.2 | — | 27.6 | 3.0 | 9 040 |
| 1988 | 77.8 | 120.8 | — | 25.6 | 3.4 | 7 819 |
| 1989 | 79.9 | 123.2 | — | 14.7 | 3.7 | 5 550 |
| 1990 | 78.9 | 124.5 | — | -6.9 | 3.1 | 5 292 |
| 1991 | 84.3 | 121.9 | — | -8.8 | 2.7 | 9 066 |
| 1992 | 92.5 | 111.9 | — | -26.2 | 2.0 | 10 728 |
| 1993 | 93.6 | 106.2 | — | -12.1 | 1.8 | 10 352 |
| 1994 | 89.9 | 105.8 | — | 11.9 | 1.9 | 10 246 |
| 1995 | 91.4 | 108.5 | — | 10.9 | 2.0 | 10 742 |
| 1996 | 92.3 | 109.6 | — | 21.9 | 2.4 | 10 722 |
| 1997 | 91.5 | 113.3 | — | 4.8 | 2.5 | 12 048 |
| 1998 | 100.9 | 104.8 | — | -26.4 | 1.9 | 13 356 |
| 1999 | 92.3 | 104.5 | — | 17.7 | 2.3 | 10 249 |
| 2000 | 89.5 | 109.1 | — | 33.7 | 3.0 | 12 160 |
| 2001 | 98.7 | 100.8 | — | -15.5 | 2.5 | 11 693 |

续表

| 年份 | 工矿业指数 生产者商品库存率指数 | 工矿业指数 制造业开工率指数 | 第三产业活动指数 | 企业收益 经常收益 | 企业收益 经常收益与销售额之比 | 企业破产 银行停止与其往来的处分者件数 |
|---|---|---|---|---|---|---|
| | 2015年=100 | 2015年=100 | 2010年=100 | 年增长率（%） | % | 件 |
| 2002 | 91.2 | 101.9 | — | -0.7 | 2.7 | 10 730 |
| 2003 | 86.8 | 106.4 | — | 12.6 | 3.0 | 8 189 |
| 2004 | 83.0 | 111.3 | — | 27.7 | 3.6 | 6 374 |
| 2005 | 85.2 | 112.7 | — | 11.8 | 3.9 | 5 489 |
| 2006 | 85.3 | 115.8 | — | 9.1 | 4.0 | 5 227 |
| 2007 | 85.4 | 116.8 | — | 3.6 | 4.0 | 5 257 |
| 2008 | 93.6 | 111.5 | — | -26.3 | 3.0 | 5 687 |
| 2009 | 112.6 | 83.6 | — | -35.3 | 2.3 | 4 568 |
| 2010 | 88.5 | 100.0 | — | 68.1 | 3.5 | 3 134 |
| 2011 | 95.7 | 95.7 | — | -6.0 | 3.4 | 2 609 |
| 2012 | 100.2 | 97.8 | — | 8.8 | 3.8 | 2 390 |
| 2013 | 95.7 | 97.3 | 100.2 | 19.7 | 4.6 | 1 820 |
| 2014 | 97.2 | 102.8 | 99.6 | 10.9 | 5.0 | 1 465 |
| 2015 | 100.0 | 100.0 | 100.0 | 7.5 | 5.4 | 1 236 |
| 2016 | 101.0 | 98.5 | 100.6 | 1.5 | 5.5 | 1 062 |
| 2017 | 100.6 | 102.3 | 101.5 | 13.2 | 5.9 | 899 |
| 2018 | 104.6 | 103.1 | 102.8 | 3.7 | 5.9 | 762 |
| 2019 | 109.6 | 99.9 | 103.1 | -3.5 | 5.7 | 751 |
| 2020 | 124.8 | 87.1 | 96.0 | -27.3 | 4.7 | 432 |
| 2015年4—6月 | 98.9 | 99.8 | 100.0 | 23.8 | 5.7 | 348 |
| 2015年7—9月 | 100.0 | 99.4 | 100.2 | 9.0 | 5.3 | 279 |
| 2015年10—12月 | 100.5 | 99.2 | 99.9 | -1.7 | 5.3 | 296 |
| 2016年1—3月 | 100.6 | 98.0 | 100.7 | -9.3 | 4.9 | 275 |
| 2016年4—6月 | 102.6 | 96.9 | 100.1 | -10.0 | 5.2 | 276 |
| 2016年7—9月 | 101.6 | 98.6 | 100.6 | 11.5 | 5.9 | 272 |
| 2016年10—12月 | 98.0 | 100.4 | 100.7 | 16.9 | 6.1 | 239 |
| 2017年1—3月 | 100.2 | 100.7 | 100.8 | 26.6 | 5.9 | 237 |
| 2017年4—6月 | 100.3 | 102.8 | 101.6 | 22.6 | 6.0 | 242 |
| 2017年7—9月 | 99.6 | 102.5 | 101.6 | 5.5 | 5.9 | 219 |
| 2017年10—12月 | 102.6 | 103.8 | 102.0 | 0.9 | 5.8 | 201 |
| 2018年1—3月 | 104.3 | 102.2 | 102.2 | 0.2 | 5.7 | 195 |
| 2018年4—6月 | 104.0 | 103.3 | 102.9 | 17.9 | 6.9 | 195 |
| 2018年7—9月 | 105.0 | 101.9 | 102.5 | 2.2 | 5.7 | 199 |
| 2018年10—12月 | 105.6 | 104.7 | 103.4 | -7.0 | 5.2 | 173 |
| 2019年1—3月 | 105.9 | 101.6 | 103.5 | 10.3 | 6.1 | 173 |
| 2019年4—6月 | 107.3 | 102.1 | 103.6 | -12.0 | 6.0 | 217 |
| 2019年7—9月 | 109.3 | 100.2 | 104.4 | -5.3 | 5.6 | 185 |
| 2019年10—12月 | 114.6 | 95.6 | 101.2 | -4.6 | 5.2 | 176 |
| 2020年1—3月 | 117.1 | 94.6 | 100.1 | -28.4 | 4.5 | 187 |
| 2020年4—6月 | 142.1 | 75.3 | 90.0 | -46.6 | 3.8 | 127 |
| 2020年7—9月 | 124.0 | 85.1 | 95.8 | -28.4 | 4.8 | 67 |
| 2020年10—12月 | 114.6 | 92.6 | 98.0 | -0.7 | 5.6 | 51 |
| 2021年1—3月 | 109.5 | 95.6 | 97.3 | 26.0 | 5.8 | 46 |
| 2021年4—6月 | 108.2 | — | — | — | — | 45 |

资料来源：内閣府『令和3年度　年次経済財政報告（経済財政政策担当大臣報告）—レジリエントな日本経済へ：強さと柔軟性を持つ経済社会に向けた変革の加速—』（長期経済統計）、2021年9月。

表 12　　人口、就业、劳动时间统计（1960 年至 2021 年 6 月）（1）

| 年份 | 人口 总人口（万人） | 人口 平均家庭人数（人） | 人口 合计特殊出生率（%） | 就业 劳动力人口（万人） | 就业 劳动力参与率（%） |
| --- | --- | --- | --- | --- | --- |
| 1960 | 9 342 | 4.13 | 2.00 | 4 511 | 69.2 |
| 1961 | 9 429 | 3.97 | 1.96 | 4 562 | 69.1 |
| 1962 | 9 518 | 3.95 | 1.98 | 4 614 | 68.3 |
| 1963 | 9 616 | 3.81 | 2.00 | 4 652 | 67.1 |
| 1964 | 9 718 | 3.83 | 2.05 | 4 710 | 66.1 |
| 1965 | 9 828 | 3.75 | 2.14 | 4 787 | 65.7 |
| 1966 | 9 904 | 3.68 | 1.58 | 4 891 | 65.8 |
| 1967 | 10 020 | 3.53 | 2.23 | 4 983 | 65.9 |
| 1968 | 10 133 | 3.50 | 2.13 | 5 061 | 65.9 |
| 1969 | 10 254 | 3.50 | 2.13 | 5 098 | 65.5 |
| 1970 | 10 372 | 3.45 | 2.13 | 5 153 | 65.4 |
| 1971 | 10 515 | 3.38 | 2.16 | 5 186 | 65.0 |
| 1972 | 10 760 | 3.32 | 2.14 | 5 199 | 64.4 |
| 1973 | 10 910 | 3.33 | 2.14 | 5 326 | 64.7 |
| 1974 | 11 057 | 3.33 | 2.05 | 5 310 | 63.7 |
| 1975 | 11 194 | 3.35 | 1.91 | 5 323 | 63.0 |
| 1976 | 11 309 | 3.27 | 1.85 | 5 378 | 63.0 |
| 1977 | 11 417 | 3.29 | 1.80 | 5 452 | 63.2 |
| 1978 | 11 519 | 3.31 | 1.79 | 5 532 | 63.4 |
| 1979 | 11 616 | 3.30 | 1.70 | 5 596 | 63.4 |
| 1980 | 11 706 | 3.28 | 1.75 | 5 650 | 63.3 |
| 1981 | 11 790 | 3.24 | 1.74 | 5 707 | 63.3 |
| 1982 | 11 873 | 3.25 | 1.77 | 5 774 | 63.3 |
| 1983 | 11 954 | 3.25 | 1.80 | 5 889 | 63.8 |
| 1984 | 12 031 | 3.19 | 1.81 | 5 927 | 63.4 |
| 1985 | 12 105 | 3.22 | 1.76 | 5 963 | 63.0 |
| 1986 | 12 166 | 3.22 | 1.72 | 6 020 | 62.8 |
| 1987 | 12 224 | 3.19 | 1.69 | 6 084 | 62.6 |
| 1988 | 12 275 | 3.12 | 1.66 | 6 166 | 62.6 |
| 1989 | 12 321 | 3.10 | 1.57 | 6 270 | 62.9 |
| 1990 | 12 361 | 3.05 | 1.54 | 6 384 | 63.3 |
| 1991 | 12 410 | 3.04 | 1.53 | 6 505 | 63.8 |
| 1992 | 12 457 | 2.99 | 1.50 | 6 578 | 64.0 |
| 1993 | 12 494 | 2.96 | 1.46 | 6 615 | 63.8 |
| 1994 | 12 527 | 2.95 | 1.50 | 6 645 | 63.6 |
| 1995 | 12 557 | 2.91 | 1.42 | 6 666 | 63.4 |
| 1996 | 12 586 | 2.85 | 1.43 | 6 711 | 63.5 |
| 1997 | 12 616 | 2.79 | 1.39 | 6 787 | 63.7 |

日本经济与中日经贸关系主要数据

续表

| 年份 | 人口 |  |  | 就业 |  |
|---|---|---|---|---|---|
|  | 总人口（万人） | 平均家庭人数（人） | 合计特殊出生率（%） | 劳动力人口（万人） | 劳动力参与率（%） |
| 1998 | 12 647 | 2.81 | 1.38 | 6 793 | 63.3 |
| 1999 | 12 667 | 2.79 | 1.34 | 6 779 | 62.9 |
| 2000 | 12 693 | 2.76 | 1.36 | 6 766 | 62.4 |
| 2001 | 12 732 | 2.75 | 1.33 | 6 752 | 62.0 |
| 2002 | 12 749 | 2.74 | 1.32 | 6 689 | 61.2 |
| 2003 | 12 769 | 2.76 | 1.29 | 6 666 | 60.8 |
| 2004 | 12 779 | 2.72 | 1.29 | 6 642 | 60.4 |
| 2005 | 12 777 | 2.68 | 1.26 | 6 651 | 60.4 |
| 2006 | 12 790 | 2.65 | 1.32 | 6 664 | 60.4 |
| 2007 | 12 803 | 2.63 | 1.34 | 6 684 | 60.4 |
| 2008 | 12 808 | 2.63 | 1.37 | 6 674 | 60.2 |
| 2009 | 12 803 | 2.62 | 1.37 | 6 650 | 59.9 |
| 2010 | 12 806 | 2.59 | 1.39 | 6 632 | 59.6 |
| 2011 | 12 783 | 2.58 | 1.39 | 6 596 | 59.3 |
| 2012 | 12 759 | 2.57 | 1.41 | 6 565 | 59.1 |
| 2013 | 12 741 | 2.51 | 1.43 | 6 593 | 59.3 |
| 2014 | 12 724 | 2.49 | 1.42 | 6 609 | 59.4 |
| 2015 | 12 709 | 2.49 | 1.45 | 6 625 | 59.6 |
| 2016 | 12 693 | 2.47 | 1.44 | 6 673 | 60.0 |
| 2017 | 12 671 | 2.47 | 1.43 | 6 720 | 60.5 |
| 2018 | 12 644 | 2.44 | 1.42 | 6 830 | 61.5 |
| 2019 | 12 617 | 2.39 | 1.36 | 6 886 | 62.1 |
| 2020 | 12 571 | — | 1.34 | 6 868 | 62.0 |
| 2018年4—6月 | 12 650 | — | — | 6 854 | 61.7 |
| 2018年7—9月 | 12 653 | — | — | 6 854 | 61.7 |
| 2018年10—12月 | 12 644 | — | — | 6 860 | 61.8 |
| 2019年1—3月 | 12 632 | — | — | 6 822 | 61.5 |
| 2019年4—6月 | 12 625 | — | — | 6 897 | 62.2 |
| 2019年7—9月 | 12 626 | — | — | 6 911 | 62.3 |
| 2019年10—12月 | 12 617 | — | — | 6 915 | 62.3 |
| 2020年1—3月 | 12 599 | — | — | 6 857 | 61.9 |
| 2020年4—6月 | 12 593 | — | — | 6 845 | 61.8 |
| 2020年7—9月 | 12 584 | — | — | 6 878 | 62.1 |
| 2020年10—12月 | 12 571 | — | — | 6 890 | 62.2 |
| 2021年1—3月 | 12 563 | — | — | 6 837 | 61.8 |
| 2021年4—6月 | 12 541 | — | — | 6 881 | 62.3 |

资料来源：内閣府『令和3年度　年次経済財政報告（経済財政政策担当大臣報告）—レジリエントな日本経済へ：強さと柔軟性を持つ経済社会に向けた変革の加速—』（長期経済統計）、2021年9月。

表 13　　人口、就业、劳动时间统计（1959 年至 2021 年 6 月）（2）

| 年份 | 就业人数（万人） | 雇佣者人数（万人） | 雇佣者占比（％） | 完全失业人数（万人） | 完全失业率（％） | 有效求人倍率 | 总实际劳动时间（小时） |
| --- | --- | --- | --- | --- | --- | --- | --- |
| 1959 | 4 335 | 2 250 | 51.9 | 98 | 2.2 | — | — |
| 1960 | 4 436 | 2 370 | 53.4 | 75 | 1.7 | — | — |
| 1961 | 4 498 | 2 478 | 55.1 | 66 | 1.4 | — | — |
| 1962 | 4 556 | 2 593 | 56.9 | 59 | 1.3 | — | — |
| 1963 | 4 595 | 2 672 | 58.2 | 59 | 1.3 | 0.70 | — |
| 1964 | 4 655 | 2 763 | 59.4 | 54 | 1.1 | 0.80 | — |
| 1965 | 4 730 | 2 876 | 60.8 | 57 | 1.2 | 0.64 | — |
| 1966 | 4 827 | 2 994 | 62.0 | 65 | 1.3 | 0.74 | — |
| 1967 | 4 920 | 3 071 | 62.4 | 63 | 1.3 | 1.00 | — |
| 1968 | 5 002 | 3 148 | 62.9 | 59 | 1.2 | 1.12 | — |
| 1969 | 5 040 | 3 199 | 63.5 | 57 | 1.1 | 1.30 | — |
| 1970 | 5 094 | 3 306 | 64.9 | 59 | 1.1 | 1.41 | 2 239.2 |
| 1971 | 5 121 | 3 412 | 66.6 | 64 | 1.2 | 1.12 | 2 217.6 |
| 1972 | 5 126 | 3 465 | 67.6 | 73 | 1.4 | 1.16 | 2 205.6 |
| 1973 | 5 259 | 3 615 | 68.7 | 68 | 1.3 | 1.76 | 2 184.0 |
| 1974 | 5 237 | 3 637 | 69.4 | 73 | 1.4 | 1.20 | 2 106.0 |
| 1975 | 5 223 | 3 646 | 69.8 | 100 | 1.9 | 0.61 | 2 064.0 |
| 1976 | 5 271 | 3 712 | 70.4 | 108 | 2.0 | 0.64 | 2 094.0 |
| 1977 | 5 342 | 3 769 | 70.6 | 110 | 2.0 | 0.56 | 2 096.4 |
| 1978 | 5 408 | 3 799 | 70.2 | 124 | 2.2 | 0.56 | 2 102.4 |
| 1979 | 5 479 | 3 876 | 70.7 | 117 | 2.1 | 0.71 | 2 114.4 |
| 1980 | 5 536 | 3 971 | 71.7 | 114 | 2.0 | 0.75 | 2 108.4 |
| 1981 | 5 581 | 4 037 | 72.3 | 126 | 2.2 | 0.68 | 2 101.2 |
| 1982 | 5 638 | 4 098 | 72.7 | 136 | 2.4 | 0.61 | 2 096.4 |
| 1983 | 5 733 | 4 208 | 73.4 | 156 | 2.6 | 0.60 | 2 097.6 |
| 1984 | 5 766 | 4 265 | 74.0 | 161 | 2.7 | 0.65 | 2 115.6 |
| 1985 | 5 807 | 4 313 | 74.3 | 156 | 2.6 | 0.68 | 2 109.6 |
| 1986 | 5 853 | 4 379 | 74.8 | 167 | 2.8 | 0.62 | 2 102.4 |
| 1987 | 5 911 | 4 428 | 74.9 | 173 | 2.8 | 0.70 | 2 110.8 |
| 1988 | 6 011 | 4 538 | 75.5 | 155 | 2.5 | 1.01 | 2 110.8 |
| 1989 | 6 128 | 4 679 | 76.4 | 142 | 2.3 | 1.25 | 2 088.0 |
| 1990 | 6 249 | 4 835 | 77.4 | 134 | 2.1 | 1.40 | 2 052.0 |
| 1991 | 6 369 | 5 002 | 78.5 | 136 | 2.1 | 1.40 | 2 016.0 |
| 1992 | 6 436 | 5 119 | 79.5 | 142 | 2.2 | 1.08 | 1 971.6 |
| 1993 | 6 450 | 5 202 | 80.7 | 166 | 2.5 | 0.76 | 1 912.8 |
| 1994 | 6 453 | 5 236 | 81.1 | 192 | 2.9 | 0.64 | 1 904.4 |
| 1995 | 6 457 | 5 263 | 81.5 | 210 | 3.2 | 0.63 | 1 909.2 |
| 1996 | 6 486 | 5 322 | 82.1 | 225 | 3.4 | 0.70 | 1 918.8 |
| 1997 | 6 557 | 5 391 | 82.2 | 230 | 3.4 | 0.72 | 1 899.6 |
| 1998 | 6 514 | 5 368 | 82.4 | 279 | 4.1 | 0.53 | 1 879.2 |
| 1999 | 6 462 | 5 331 | 82.5 | 317 | 4.7 | 0.48 | 1 842.0 |
| 2000 | 6 446 | 5 356 | 83.1 | 320 | 4.7 | 0.59 | 1 858.8 |
| 2001 | 6 412 | 5 369 | 83.7 | 340 | 5.0 | 0.59 | 1 848.0 |
| 2002 | 6 330 | 5 331 | 84.2 | 359 | 5.4 | 0.54 | 1 837.2 |

续表

| 年份 | 就业人数（万人） | 雇佣者人数（万人） | 雇佣者占比（%） | 完全失业人数（万人） | 完全失业率（%） | 有效求人倍率 | 总实际劳动时间（小时） |
|---|---|---|---|---|---|---|---|
| 2003 | 6 316 | 5 335 | 84.5 | 350 | 5.3 | 0.64 | 1 845.6 |
| 2004 | 6 329 | 5 355 | 84.6 | 313 | 4.7 | 0.83 | 1 839.6 |
| 2005 | 6 356 | 5 393 | 84.8 | 294 | 4.4 | 0.95 | 1 830.0 |
| 2006 | 6 389 | 5 478 | 85.7 | 275 | 4.1 | 1.06 | 1 843.2 |
| 2007 | 6 427 | 5 537 | 86.2 | 257 | 3.9 | 1.04 | 1 851.6 |
| 2008 | 6 409 | 5 546 | 86.5 | 265 | 4.0 | 0.88 | 1 836.0 |
| 2009 | 6 314 | 5 489 | 86.9 | 336 | 5.1 | 0.47 | 1 767.6 |
| 2010 | 6 298 | 5 500 | 87.3 | 334 | 5.1 | 0.52 | 1 797.6 |
| 2011 | 6 293 | 5 512 | 87.6 | 302 | 4.6 | 0.65 | 1 789.2 |
| 2012 | 6 280 | 5 513 | 87.8 | 285 | 4.3 | 0.80 | 1 808.4 |
| 2013 | 6 326 | 5 567 | 88.0 | 265 | 4.0 | 0.93 | 1 791.6 |
| 2014 | 6 371 | 5 613 | 88.1 | 236 | 3.6 | 1.09 | 1 789.2 |
| 2015 | 6 401 | 5 663 | 88.5 | 222 | 3.4 | 1.20 | 1 784.4 |
| 2016 | 6 465 | 5 750 | 88.9 | 208 | 3.1 | 1.36 | 1 782.0 |
| 2017 | 6 530 | 5 819 | 89.1 | 190 | 2.8 | 1.50 | 1 780.8 |
| 2018 | 6 664 | 5 936 | 89.1 | 166 | 2.4 | 1.61 | 1 768.8 |
| 2019 | 6 724 | 6 004 | 89.3 | 162 | 2.4 | 1.60 | 1 732.8 |
| 2020 | 6 676 | 5 973 | 89.5 | 191 | 2.8 | 1.18 | 1 684.8 |
| 2018年4—6月 | 6 666 | 5 934 | 89.0 | 163 | 2.4 | 1.60 | — |
| 2018年7—9月 | 6 664 | 5 949 | 89.3 | 166 | 2.4 | 1.63 | — |
| 2018年10—12月 | 6 690 | 5 961 | 89.1 | 169 | 2.5 | 1.62 | — |
| 2019年1—3月 | 6 704 | 5 978 | 89.2 | 167 | 2.5 | 1.63 | — |
| 2019年4—6月 | 6 710 | 5 997 | 89.4 | 162 | 2.3 | 1.62 | — |
| 2019年7—9月 | 6 730 | 6 018 | 89.4 | 159 | 2.3 | 1.60 | — |
| 2019年10—12月 | 6 751 | 6 024 | 89.2 | 159 | 2.3 | 1.57 | — |
| 2020年1—3月 | 6 740 | 6 041 | 89.6 | 167 | 2.4 | 1.45 | — |
| 2020年4—6月 | 6 635 | 5 929 | 89.4 | 187 | 2.7 | 1.20 | — |
| 2020年7—9月 | 6 655 | 5 943 | 89.3 | 202 | 3.0 | 1.06 | — |
| 2020年10—12月 | 6 675 | 5 978 | 89.6 | 210 | 3.0 | 1.04 | — |
| 2021年1—3月 | 6 692 | 5 998 | 89.6 | 195 | 2.8 | 1.10 | — |
| 2021年4—6月 | 6 656 | 5 963 | 89.6 | 200 | 2.9 | 1.10 | — |

资料来源：内閣府『令和3年度　年次経済財政報告（経済財政政策担当大臣報告）—レジリエントな日本経済へ：強さと柔軟性を持つ経済社会に向けた変革の加速—』（長期経済統計）、2021年9月。

表 14　　物价统计（1955 年至 2021 年 6 月）

| 年份 | 国内企业价格指数 2015年=100 | 年增长率（%） | 消费者价格指数 2020年=100 | 年增长率（%） | 市街地价格指数 100日元/平方米 | 年增长率（%） |
|---|---|---|---|---|---|---|
| 1955 | — | — | 16.5 | -1.1 | — | — |
| 1956 | — | — | 16.6 | 0.3 | — | — |
| 1957 | — | — | 17.1 | 3.1 | — | — |
| 1958 | — | — | 17.0 | -0.4 | — | — |
| 1959 | — | — | 17.2 | 1.0 | — | — |
| 1960 | 48.1 | — | 17.9 | 3.6 | — | — |
| 1961 | 48.7 | 1.2 | 18.9 | 5.3 | — | — |
| 1962 | 47.8 | -1.8 | 20.1 | 6.8 | — | — |
| 1963 | 48.6 | 1.7 | 21.6 | 7.6 | — | — |
| 1964 | 48.6 | 0.0 | 22.5 | 3.9 | — | — |
| 1965 | 49.2 | 1.2 | 23.9 | 6.6 | — | — |
| 1966 | 50.3 | 2.2 | 25.1 | 5.1 | — | — |
| 1967 | 51.7 | 2.8 | 26.1 | 4.0 | — | — |
| 1968 | 52.2 | 1.0 | 27.6 | 5.3 | — | — |
| 1969 | 53.1 | 1.7 | 29.0 | 5.2 | — | — |
| 1970 | 54.9 | 3.4 | 30.9 | 7.7 | — | — |
| 1971 | 54.4 | -0.9 | 32.9 | 6.3 | — | — |
| 1972 | 55.3 | 1.7 | 34.5 | 4.9 | — | — |
| 1973 | 64.0 | 15.7 | 38.6 | 11.7 | — | — |
| 1974 | 81.6 | 27.5 | 47.5 | 23.2 | — | — |
| 1975 | 83.9 | 2.8 | 53.1 | 11.7 | 700 | -9.2 |
| 1976 | 88.6 | 5.6 | 58.1 | 9.4 | 708 | 0.5 |
| 1977 | 91.5 | 3.3 | 62.8 | 8.1 | 725 | 1.5 |
| 1978 | 91.0 | -0.5 | 65.5 | 4.2 | 742 | 2.5 |
| 1979 | 95.6 | 5.1 | 67.9 | 3.7 | 811 | 5.2 |
| 1980 | 109.9 | 15.0 | 73.2 | 7.7 | 930 | 10.4 |
| 1981 | 111.4 | 1.4 | 76.7 | 4.9 | 1 071 | 10.0 |
| 1982 | 111.9 | 0.4 | 78.9 | 2.8 | 1 268 | 7.4 |
| 1983 | 111.2 | -0.6 | 80.3 | 1.9 | 1 580 | 4.7 |
| 1984 | 111.3 | 0.1 | 82.2 | 2.3 | 1 680 | 3.0 |
| 1985 | 110.5 | -0.7 | 83.8 | 2.0 | 1 840 | 2.4 |
| 1986 | 105.3 | -4.7 | 84.3 | 0.6 | 2 315 | 2.6 |
| 1987 | 102.0 | -3.1 | 84.4 | 0.1 | 3 287 | 7.7 |
| 1988 | 101.5 | -0.5 | 85.0 | 0.7 | 4 425 | 21.7 |
| 1989 | 103.3 | 1.8 | 86.9 | 2.3 | 4 803 | 8.3 |
| 1990 | 104.9 | 1.5 | 89.6 | 3.1 | 5 500 | 16.6 |
| 1991 | 106.0 | 1.0 | 92.6 | 3.3 | 5 948 | 11.3 |

续表

| 年份 | 物价等 ||||||
|---|---|---|---|---|---|---|
|  | 国内企业价格指数 || 消费者价格指数 || 市街地价格指数 ||
|  | 2015年=100 | 年增长率（%） | 2020年=100 | 年增长率（%） | 100日元/平方米 | 年增长率（%） |
| 1992 | 105.0 | -0.9 | 94.1 | 1.6 | 5 477 | -4.6 |
| 1993 | 103.4 | -1.5 | 95.4 | 1.3 | 4 636 | -8.4 |
| 1994 | 101.7 | -1.6 | 96.0 | 0.7 | 3 549 | -5.6 |
| 1995 | 100.8 | -0.9 | 95.9 | -0.1 | 2 980 | -3.0 |
| 1996 | 99.2 | -1.6 | 96.0 | 0.1 | 2 617 | -4.0 |
| 1997 | 99.8 | 0.6 | 97.7 | 1.8 | 2 405 | -2.9 |
| 1998 | 98.3 | -1.5 | 98.3 | 0.6 | 2 273 | -2.4 |
| 1999 | 96.9 | -1.4 | 98.0 | -0.3 | 2 107 | -4.6 |
| 2000 | 96.9 | 0.0 | 97.3 | -0.7 | 1 951 | -4.9 |
| 2001 | 94.7 | -2.3 | 96.7 | -0.7 | 1 831 | -4.9 |
| 2002 | 92.8 | -2.0 | 95.8 | -0.9 | 1 884 | -5.9 |
| 2003 | 91.9 | -1.0 | 95.5 | -0.3 | 1 788 | -6.4 |
| 2004 | 93.1 | 1.3 | 95.5 | 0.0 | 1 703 | -6.2 |
| 2005 | 94.6 | 1.6 | 95.2 | -0.3 | 1 657 | -5.0 |
| 2006 | 96.7 | 2.2 | 95.5 | 0.3 | 1 675 | -2.8 |
| 2007 | 98.4 | 1.8 | 95.5 | 0.0 | 1 849 | 0.4 |
| 2008 | 102.9 | 4.6 | 96.8 | 1.4 | 2 076 | 1.7 |
| 2009 | 97.5 | -5.2 | 95.5 | -1.4 | 1 939 | -3.5 |
| 2010 | 97.4 | -0.1 | 94.8 | -0.7 | 1 768 | -4.6 |
| 2011 | 98.8 | 1.4 | 94.5 | -0.3 | 1 742 | -3.0 |
| 2012 | 98.0 | -0.8 | 94.5 | 0.0 | 1 708 | -2.6 |
| 2013 | 99.2 | 1.2 | 94.9 | 0.4 | 1 711 | -1.8 |
| 2014 | 102.4 | 3.2 | 97.5 | 2.7 | 1 750 | -0.6 |
| 2015 | 100.0 | -2.3 | 98.2 | 0.8 | 1 800 | -0.3 |
| 2016 | 96.5 | -3.5 | 98.1 | -0.1 | 1 907 | 0.1 |
| 2017 | 98.7 | 2.3 | 98.6 | 0.5 | 2 018 | 0.4 |
| 2018 | 101.3 | 2.6 | 99.5 | 1.0 | 2 119 | 0.7 |
| 2019 | 101.5 | 0.2 | 100.0 | 0.5 | 2 246 | 1.2 |
| 2020 | 100.3 | -1.2 | 100.0 | 0.0 | 2 385 | 1.4 |
| 2021 | — | — | — | — | 2 345 | -0.5 |
| 2020年7—9月 | 100.2 | -0.8 | 100.0 | 0.2 | — | — |
| 2020年10—12月 | 100.0 | -2.1 | 99.6 | -0.8 | — | — |
| 2021年1—3月 | 101.5 | -0.3 | 99.8 | -0.5 | — | — |
| 2021年4—6月 | 104.0 | 4.7 | 99.3 | -0.8 | — | — |

资料来源：内閣府『令和3年度　年次経済財政報告（経済財政政策担当大臣報告）—レジリエントな日本経済へ：強さと柔軟性を持つ経済社会に向けた変革の加速—』（長期経済統計）、2021年9月。

表 15　　　　　　　国际经济统计（1955 年至 2021 年 6 月）（1）

| 年份 | 进出口通关 ||||  进口商品比例（%） |
|---|---|---|---|---|---|
| | 出口数量指数 || 进口数量指数 || |
| | 2015 年 =100 | 年增长率（%） | 2015 年 =100 | 年增长率（%） | |
| 1955 | — | — | — | — | 11.9 |
| 1956 | — | — | — | — | 15.9 |
| 1957 | — | — | — | — | 22.9 |
| 1958 | — | — | — | — | 21.7 |
| 1959 | — | — | — | — | 21.5 |
| 1960 | 3.9 | — | 4.7 | — | 22.1 |
| 1961 | 4.1 | 5.1 | 6.0 | 27.7 | 24.5 |
| 1962 | 4.9 | 19.5 | 5.9 | -1.7 | 25.9 |
| 1963 | 5.5 | 12.2 | 7.0 | 18.6 | 24.5 |
| 1964 | 6.8 | 23.6 | 8.0 | 14.3 | 25.8 |
| 1965 | 8.7 | 27.9 | 8.1 | 1.3 | 22.7 |
| 1966 | 10.1 | 16.1 | 9.4 | 16.0 | 22.8 |
| 1967 | 10.4 | 3.0 | 11.5 | 22.3 | 26.8 |
| 1968 | 12.8 | 23.1 | 12.9 | 12.2 | 27.5 |
| 1969 | 15.2 | 18.8 | 15.0 | 16.3 | 29.5 |
| 1970 | 17.5 | 15.1 | 18.1 | 20.7 | 30.3 |
| 1971 | 20.9 | 19.4 | 18.1 | 0.0 | 28.6 |
| 1972 | 22.4 | 7.2 | 20.3 | 12.2 | 29.6 |
| 1973 | 23.5 | 4.9 | 26.1 | 28.6 | 30.6 |
| 1974 | 27.6 | 17.4 | 25.5 | -2.3 | 23.7 |
| 1975 | 28.2 | 2.2 | 22.3 | -12.5 | 20.3 |
| 1976 | 34.3 | 21.6 | 24.1 | 8.1 | 21.5 |
| 1977 | 37.3 | 8.7 | 24.8 | 2.9 | 21.5 |
| 1978 | 37.8 | 1.3 | 26.5 | 6.9 | 26.7 |
| 1979 | 37.3 | -1.3 | 29.3 | 10.6 | 26.0 |
| 1980 | 43.7 | 17.2 | 27.7 | -5.5 | 22.8 |
| 1981 | 48.2 | 10.3 | 27.0 | -2.5 | 24.3 |
| 1982 | 47.1 | -2.3 | 26.8 | -0.7 | 24.9 |
| 1983 | 51.4 | 9.1 | 27.3 | 1.9 | 27.2 |
| 1984 | 59.5 | 15.8 | 30.1 | 10.3 | 29.8 |
| 1985 | 62.1 | 4.4 | 30.2 | 0.3 | 31.0 |
| 1986 | 61.7 | -0.6 | 33.1 | 9.6 | 41.8 |
| 1987 | 61.8 | 0.2 | 36.2 | 9.4 | 44.1 |
| 1988 | 65.1 | 5.3 | 42.2 | 16.6 | 49.0 |
| 1989 | 67.5 | 3.7 | 45.6 | 8.1 | 50.3 |
| 1990 | 71.3 | 5.6 | 48.2 | 5.7 | 50.3 |
| 1991 | 73.1 | 2.5 | 50.0 | 3.7 | 50.8 |
| 1992 | 74.2 | 1.5 | 49.8 | -0.4 | 50.2 |

续表

| 年份 | 进出口通关 出口数量指数 2015年=100 | 年增长率（%） | 进口数量指数 2015年=100 | 年增长率（%） | 进口商品比例（%） |
|---|---|---|---|---|---|
| 1993 | 73.0 | -1.6 | 52.0 | 4.4 | 52.0 |
| 1994 | 74.2 | 1.6 | 59.0 | 13.5 | 55.2 |
| 1995 | 77.0 | 3.8 | 66.3 | 12.4 | 59.1 |
| 1996 | 78.0 | 1.3 | 70.0 | 5.6 | 59.4 |
| 1997 | 87.1 | 11.7 | 71.2 | 1.7 | 59.3 |
| 1998 | 86.0 | -1.3 | 67.4 | -5.4 | 62.1 |
| 1999 | 87.8 | 2.1 | 73.9 | 9.6 | 62.5 |
| 2000 | 96.1 | 9.4 | 82.0 | 11.0 | 61.1 |
| 2001 | 87.0 | -9.5 | 80.4 | -2.0 | 61.4 |
| 2002 | 93.9 | 7.9 | 82.0 | 2.0 | 62.2 |
| 2003 | 98.5 | 4.9 | 87.8 | 7.1 | 61.4 |
| 2004 | 109.0 | 10.6 | 93.9 | 7.0 | 61.3 |
| 2005 | 109.9 | 0.8 | 96.6 | 2.9 | 58.5 |
| 2006 | 118.4 | 7.7 | 100.4 | 3.8 | 56.8 |
| 2007 | 124.1 | 4.8 | 100.2 | -0.2 | 56.4 |
| 2008 | 122.2 | -1.5 | 99.6 | -0.6 | 50.1 |
| 2009 | 89.7 | -26.6 | 85.3 | -14.4 | 56.1 |
| 2010 | 111.4 | 24.2 | 97.1 | 13.9 | 55.0 |
| 2011 | 107.2 | -3.8 | 99.6 | 2.6 | 51.6 |
| 2012 | 102.0 | -4.8 | 102.0 | 2.4 | 50.9 |
| 2013 | 100.5 | -1.5 | 102.3 | 0.3 | 51.7 |
| 2014 | 101.1 | 0.6 | 102.9 | 0.6 | 53.4 |
| 2015 | 100.0 | -1.0 | 100.0 | -2.8 | 61.6 |
| 2016 | 100.5 | 0.5 | 98.8 | -1.2 | 66.0 |
| 2017 | 105.9 | 5.4 | 102.9 | 4.2 | 63.4 |
| 2018 | 107.7 | 1.7 | 105.8 | 2.8 | 61.9 |
| 2019 | 103.0 | -4.3 | 104.6 | -1.1 | 63.1 |
| 2020 | 90.9 | -11.8 | 97.8 | -6.4 | 66.8 |
| 2019年10—12月 | 101.5 | -2.7 | 102.3 | -4.4 | 63.5 |
| 2020年1—3月 | 97.9 | -3.5 | 96.8 | -5.3 | 62.0 |
| 2020年4—6月 | 77.9 | -20.4 | 100.3 | 3.6 | 68.6 |
| 2020年7—9月 | 88.6 | 13.8 | 95.4 | -4.9 | 68.3 |
| 2020年10—12月 | 99.2 | 12.0 | 99.0 | 3.8 | 68.8 |
| 2021年1—3月 | 102.7 | 3.4 | 102.5 | 3.5 | 65.9 |
| 2021年4—6月 | 104.3 | 1.6 | 105.3 | 2.8 | 65.7 |

资料来源：内閣府『令和3年度　年次経済財政報告（経済財政政策担当大臣報告）―レジリエントな日本経済へ：強さと柔軟性を持つ経済社会に向けた変革の加速―』（長期経済統計）、2021年9月。

表 16　　国际经济统计（1955 年至 2021 年 6 月）（2）

| 年份 | 进出口通关 关税负担率（%） | 进出口通关 出口中日元结算占比（%） | 国际收支等 贸易收支（亿日元） | 国际收支等 出口额（亿日元） | 国际收支等 进口额（亿日元） | 国际收支等 日元汇率（日元/美元） |
|---|---|---|---|---|---|---|
| 1955 | — | — | — | — | — | 360.00 |
| 1956 | — | — | — | — | — | 360.00 |
| 1957 | — | — | — | — | — | 360.00 |
| 1958 | — | — | — | — | — | 360.00 |
| 1959 | — | — | — | — | — | 360.00 |
| 1960 | — | — | — | — | — | 360.00 |
| 1961 | — | — | — | — | — | 360.00 |
| 1962 | — | — | — | — | — | 360.00 |
| 1963 | — | — | — | — | — | 360.00 |
| 1964 | — | — | — | — | — | 360.00 |
| 1965 | — | — | — | — | — | 360.00 |
| 1966 | — | — | 8 247 | 34 939 | 26 692 | 360.00 |
| 1967 | — | — | 4 200 | 37 049 | 32 849 | 360.00 |
| 1968 | — | — | 9 096 | 45 948 | 36 851 | 360.00 |
| 1969 | — | — | 13 257 | 56 190 | 42 933 | 360.00 |
| 1970 | — | — | 14 188 | 67 916 | 53 728 | 360.00 |
| 1971 | 6.6 | — | 26 857 | 81 717 | 54 860 | 347.83 |
| 1972 | 6.3 | — | 27 124 | 84 870 | 57 747 | 303.08 |
| 1973 | 5.0 | — | 10 018 | 98 258 | 88 240 | 272.18 |
| 1974 | 2.7 | — | 4 604 | 159 322 | 154 718 | 292.06 |
| 1975 | 2.9 | — | 14 933 | 162 503 | 147 570 | 296.84 |
| 1976 | 3.3 | — | 29 173 | 195 510 | 166 337 | 296.49 |
| 1977 | 3.8 | — | 45 647 | 211 833 | 166 187 | 268.32 |
| 1978 | 4.1 | — | 51 633 | 199 863 | 148 230 | 210.11 |
| 1979 | 3.1 | — | 3 598 | 222 958 | 219 360 | 219.47 |
| 1980 | 2.5 | — | 3 447 | 285 612 | 282 165 | 226.45 |
| 1981 | 2.5 | — | 44 983 | 330 329 | 285 346 | 220.83 |
| 1982 | 2.6 | — | 45 572 | 342 568 | 296 996 | 249.26 |
| 1983 | 2.5 | — | 74 890 | 345 553 | 270 663 | 237.61 |
| 1984 | 2.5 | — | 105 468 | 399 936 | 294 468 | 237.61 |
| 1985 | 2.6 | — | 129 517 | 415 719 | 286 202 | 238.05 |
| 1986 | 3.3 | — | 151 249 | 345 997 | 194 747 | 168.03 |
| 1987 | 3.4 | — | 132 319 | 325 233 | 192 915 | 144.52 |
| 1988 | 3.4 | — | 118 144 | 334 258 | 216 113 | 128.20 |
| 1989 | 2.9 | — | 110 412 | 373 977 | 263 567 | 138.11 |
| 1990 | 2.7 | — | 100 529 | 406 879 | 306 350 | 144.88 |
| 1991 | 3.3 | — | 129 231 | 414 651 | 285 423 | 134.59 |
| 1992 | 3.4 | — | 157 764 | 420 816 | 263 055 | 126.62 |

续表

| 年份 | 进出口通关 关税负担率（%） | 进出口通关 出口中日元结算占比（%） | 国际收支等 贸易收支（亿日元） | 国际收支等 出口额（亿日元） | 国际收支等 进口额（亿日元） | 国际收支等 日元汇率（日元/美元） |
|---|---|---|---|---|---|---|
| 1993 | 3.6 | — | 154 816 | 391 640 | 236 823 | 111.06 |
| 1994 | 3.4 | — | 147 322 | 393 485 | 246 166 | 102.18 |
| 1995 | 3.1 | — | 123 445 | 402 596 | 279 153 | 93.97 |
| 1996 | 2.8 | — | 90 346 | 430 153 | 339 807 | 108.81 |
| 1997 | 2.5 | — | 123 709 | 488 801 | 365 091 | 120.92 |
| 1998 | 2.6 | — | 160 782 | 482 899 | 322 117 | 131.02 |
| 1999 | 2.4 | — | 141 370 | 452 547 | 311 176 | 113.94 |
| 2000 | 2.1 | 36.1 | 126 983 | 489 635 | 362 652 | 107.79 |
| 2001 | 2.2 | 34.9 | 88 469 | 460 367 | 371 898 | 121.58 |
| 2002 | 1.9 | 35.8 | 121 211 | 489 029 | 367 817 | 125.17 |
| 2003 | 1.9 | 38.9 | 124 631 | 513 292 | 388 660 | 115.94 |
| 2004 | 1.7 | 40.1 | 144 235 | 577 036 | 432 801 | 108.17 |
| 2005 | 1.5 | 38.9 | 117 712 | 630 094 | 512 382 | 110.21 |
| 2006 | 1.4 | 37.8 | 110 701 | 720 268 | 609 567 | 116.31 |
| 2007 | 1.3 | 38.3 | 141 873 | 800 236 | 658 364 | 117.77 |
| 2008 | 1.2 | 39.9 | 58 031 | 776 111 | 718 081 | 103.39 |
| 2009 | 1.4 | 39.9 | 53 876 | 511 216 | 457 340 | 93.61 |
| 2010 | 1.3 | 41.0 | 95 160 | 643 914 | 548 754 | 87.75 |
| 2011 | 1.3 | 41.3 | -3 302 | 629 653 | 632 955 | 79.76 |
| 2012 | 1.2 | 39.4 | -42 719 | 619 568 | 662 287 | 79.79 |
| 2013 | — | 35.6 | -87 734 | 678 290 | 766 024 | 97.71 |
| 2014 | — | 36.1 | -104 653 | 740 747 | 845 400 | 105.79 |
| 2015 | — | 35.5 | -8 862 | 752 742 | 761 604 | 121.09 |
| 2016 | — | 37.1 | 55 176 | 690 927 | 635 751 | 108.77 |
| 2017 | — | 36.1 | 49 113 | 772 535 | 723 422 | 112.12 |
| 2018 | — | 37.0 | 11 265 | 812 263 | 800 998 | 110.40 |
| 2019 | — | 37.2 | 1 503 | 757 753 | 756 250 | 108.99 |
| 2020 | — | 38.3 | 30 106 | 673 701 | 643 595 | 106.73 |
| 2019年7—9月 | — | — | -921 | 189 996 | 190 917 | 107.31 |
| 2019年10—12月 | — | — | 2 184 | 183 948 | 181 765 | 108.72 |
| 2020年1—3月 | — | — | 5 826 | 181 491 | 175 665 | 108.79 |
| 2020年4—6月 | — | — | -14 721 | 144 875 | 159 597 | 107.61 |
| 2020年7—9月 | — | — | 12 293 | 164 975 | 152 683 | 106.20 |
| 2020年10—12月 | — | — | 24 360 | 180 664 | 156 304 | 104.49 |
| 2021年1—3月 | — | — | 14 366 | 191 524 | 177 158 | 106.09 |
| 2021年4—6月 | — | — | 9 769 | 208 401 | 198 632 | 109.50 |

资料来源：内閣府『令和3年度　年次経済財政報告（経済財政政策担当大臣報告）—レジリエントな日本経済へ：強さと柔軟性を持つ経済社会に向けた変革の加速—』（長期経済統計）、2021年9月。

表 17　　国际经济统计（1955 年至 2021 年 6 月）（3）

| 年份 | 经常收支（亿日元） | 经常收支与名义GDP之比（％） | 贸易服务收支（亿日元） | 资本收支（亿日元） | 资本转移等收支（亿日元） | 外汇储备（百万美元） | 对外纯资产（十亿日元） |
|---|---|---|---|---|---|---|---|
| 1955 | — | — | — | — | — | — | — |
| 1956 | — | — | — | — | — | 467 | — |
| 1957 | — | — | — | — | — | 524 | — |
| 1958 | — | — | — | — | — | 861 | — |
| 1959 | — | — | — | — | — | 1 322 | — |
| 1960 | — | — | — | — | — | 1 824 | — |
| 1961 | — | — | — | — | — | 1 486 | — |
| 1962 | — | — | — | — | — | 1 841 | — |
| 1963 | — | — | — | — | — | 1 878 | — |
| 1964 | — | — | — | — | — | 1 999 | — |
| 1965 | — | — | — | — | — | 2 107 | — |
| 1966 | 4 545 | 1.2 | — | — | — | 2 074 | — |
| 1967 | -693 | -0.2 | — | — | — | 2 005 | — |
| 1968 | 3 757 | 0.7 | — | — | — | 2 891 | — |
| 1969 | 7 595 | 1.2 | — | — | — | 3 496 | — |
| 1970 | 7 052 | 1.0 | — | — | — | 4 399 | — |
| 1971 | 19 935 | 2.5 | — | — | — | 15 235 | — |
| 1972 | 19 999 | 2.2 | — | — | — | 18 365 | — |
| 1973 | -341 | 0.0 | — | — | — | 12 246 | — |
| 1974 | -13 301 | -1.0 | — | — | — | 13 518 | — |
| 1975 | -2 001 | -0.1 | — | — | — | 12 815 | — |
| 1976 | 10 776 | 0.6 | — | — | — | 16 604 | — |
| 1977 | 28 404 | 1.5 | — | — | — | 22 848 | — |
| 1978 | 34 793 | 1.7 | — | — | — | 33 019 | — |
| 1979 | -19 722 | -0.9 | — | — | — | 20 327 | — |
| 1980 | -25 763 | -1.1 | — | — | — | 25 232 | — |
| 1981 | 11 491 | 0.4 | — | — | — | 28 403 | — |
| 1982 | 17 759 | 0.6 | — | — | — | 23 262 | — |
| 1983 | 49 591 | 1.7 | — | — | — | 24 496 | — |
| 1984 | 83 489 | 2.7 | — | — | — | 26 313 | — |
| 1985 | 119 698 | 3.7 | 106 736 | — | — | 26 510 | — |
| 1986 | 142 437 | 4.2 | 129 607 | — | — | 42 239 | 28 865 |
| 1987 | 121 862 | 3.4 | 102 931 | — | — | 81 479 | 30 199 |
| 1988 | 101 461 | 2.7 | 79 349 | — | — | 97 662 | 36 745 |
| 1989 | 87 113 | 2.1 | 59 695 | — | — | 84 895 | 42 543 |
| 1990 | 64 736 | 1.5 | 38 628 | — | — | 77 053 | 44 016 |
| 1991 | 91 757 | 2.0 | 72 919 | — | — | 68 980 | 47 498 |
| 1992 | 142 349 | 3.0 | 102 054 | — | — | 68 685 | 64 153 |
| 1993 | 146 690 | 3.0 | 107 013 | — | — | 95 589 | 68 823 |
| 1994 | 133 425 | 2.7 | 98 345 | — | — | 122 845 | 66 813 |
| 1995 | 103 862 | 2.0 | 69 545 | — | — | 182 820 | 84 072 |

续表

| 年份 | 国际收支等 ||||||||
|---|---|---|---|---|---|---|---|
| | 经常收支（亿日元） | 经常收支与名义GDP之比（%） | 贸易服务收支（亿日元） | 资本收支（亿日元） | 资本转移等收支（亿日元） | 外汇储备（百万美元） | 对外纯资产（十亿日元） |
| 1996 | 74 943 | 1.4 | 23 174 | 72 723 | -3 537 | 217 867 | 103 359 |
| 1997 | 115 700 | 2.1 | 57 680 | 152 467 | -4 879 | 220 792 | 124 587 |
| 1998 | 149 981 | 2.8 | 95 299 | 136 226 | -19 313 | 215 949 | 133 273 |
| 1999 | 129 734 | 2.5 | 78 650 | 130 830 | -19 088 | 288 080 | 84 735 |
| 2000 | 140 616 | 2.6 | 74 298 | 148 757 | -9 947 | 361 638 | 133 047 |
| 2001 | 104 524 | 2.0 | 32 120 | 105 629 | -3 462 | 401 959 | 179 257 |
| 2002 | 136 837 | 2.6 | 64 690 | 133 968 | -4 217 | 469 728 | 175 308 |
| 2003 | 161 254 | 3.1 | 83 553 | 136 860 | -4 672 | 673 529 | 172 818 |
| 2004 | 196 941 | 3.7 | 101 961 | 160 928 | -5 134 | 844 543 | 185 797 |
| 2005 | 187 277 | 3.5 | 76 930 | 163 444 | -5 490 | 846 897 | 180 699 |
| 2006 | 203 307 | 3.8 | 73 460 | 160 494 | -5 533 | 895 320 | 215 081 |
| 2007 | 249 490 | 4.6 | 98 253 | 263 775 | -4 731 | 973 365 | 250 221 |
| 2008 | 148 786 | 2.8 | 18 899 | 186 502 | -5 583 | 1 030 647 | 225 908 |
| 2009 | 135 925 | 2.7 | 21 249 | 156 292 | -4 653 | 1 049 397 | 268 246 |
| 2010 | 193 828 | 3.8 | 68 571 | 217 099 | -4 341 | 1 096 185 | 255 906 |
| 2011 | 104 013 | 2.1 | -31 101 | 126 294 | 282 | 1 295 841 | 265 741 |
| 2012 | 47 640 | 1.0 | -80 829 | 41 925 | -804 | 1 268 125 | 299 302 |
| 2013 | 44 566 | 0.9 | -122 521 | -4 087 | -7 436 | 1 266 815 | 325 732 |
| 2014 | 39 215 | 0.8 | -134 988 | 62 782 | -2 089 | 1 260 548 | 351 114 |
| 2015 | 165 194 | 3.1 | -28 169 | 218 764 | -2 714 | 1 233 214 | 327 189 |
| 2016 | 213 910 | 3.9 | 43 888 | 286 059 | -7 433 | 1 216 903 | 336 306 |
| 2017 | 227 779 | 4.1 | 42 206 | 188 113 | -2 800 | 1 264 283 | 329 302 |
| 2018 | 195 047 | 3.5 | 1 052 | 201 361 | -2 105 | 1 270 975 | 341 450 |
| 2019 | 192 732 | 3.4 | -9 318 | 248 843 | -4 131 | 1 323 750 | 357 015 |
| 2020 | 175 347 | 3.3 | -7 250 | 153 955 | -1 842 | 1 394 680 | 356 970 |
| 2019年7—9月 | 44 950 | 3.2 | -5 450 | 75 085 | -1 986 | 1 322 581 | — |
| 2019年10—12月 | 47 985 | 3.5 | -313 | 22 439 | -730 | 1 323 750 | — |
| 2020年1—3月 | 46 026 | 3.3 | -3 522 | 49 789 | -711 | 1 366 177 | — |
| 2020年4—6月 | 21 843 | 1.7 | -24 638 | 15 875 | -216 | 1 383 164 | — |
| 2020年7—9月 | 41 113 | 3.1 | 1 997 | 51 340 | -570 | 1 389 779 | — |
| 2020年10—12月 | 64 101 | 4.6 | 16 362 | 36 951 | -345 | 1 394 680 | — |
| 2021年1—3月 | 51 136 | 3.7 | 5 563 | 50 964 | -960 | 1 368 465 | — |
| 2021年4—6月 | 51 983 | — | -1 758 | 18 240 | -353 | 1 376 478 | — |

资料来源：内閣府『令和3年度 年次経済財政報告（経済財政政策担当大臣報告）—レジリエントな日本経済へ：強さと柔軟性を持つ経済社会に向けた変革の加速—』（長期経済統計）、2021年9月。

表 18　　　　　　　　　　　金融（1960 年至 2021 年 6 月）

| 年份 | 货币存量（M₂）平均余额（亿日元） | （%） | 国内银行贷款约定平均利率（%） | 国债流通收益率（%） | 东证股价指数 | 东证股价时价总额（第一部）（亿日元） | 股价收益率（PER）（第一部） |
|---|---|---|---|---|---|---|---|
| 1960 | — | — | 8.08 | — | 109.18 | 54 113 | — |
| 1961 | — | — | 8.20 | — | 101.66 | 54 627 | — |
| 1962 | — | — | 8.09 | — | 99.67 | 67 039 | — |
| 1963 | — | — | 7.67 | — | 92.87 | 66 693 | — |
| 1964 | — | — | 7.99 | — | 90.68 | 68 280 | — |
| 1965 | — | — | 7.61 | — | 105.68 | 79 013 | — |
| 1966 | — | — | 7.37 | 6.86 | 111.41 | 87 187 | — |
| 1967 | 297 970 | — | 7.35 | 6.96 | 100.89 | 85 901 | — |
| 1968 | 344 456 | 15.6 | 7.38 | 7.00 | 131.31 | 116 506 | — |
| 1969 | 403 883 | 17.3 | 7.61 | 7.01 | 179.30 | 167 167 | — |
| 1970 | 477 718 | 18.3 | 7.69 | 7.07 | 148.35 | 150 913 | — |
| 1971 | 575 437 | 20.5 | 7.46 | 7.09 | 199.45 | 214 998 | — |
| 1972 | 728 126 | 26.5 | 6.72 | 6.71 | 401.70 | 459 502 | 25.5 |
| 1973 | 893 370 | 22.7 | 7.93 | 8.19 | 306.44 | 365 071 | 13.3 |
| 1974 | 999 819 | 11.9 | 9.37 | 8.42 | 278.34 | 344 195 | 13.0 |
| 1975 | 1 130 832 | 13.1 | 8.51 | 8.53 | 323.43 | 414 682 | 27.0 |
| 1976 | 1 301 739 | 15.1 | 8.18 | 8.61 | 383.88 | 507 510 | 46.3 |
| 1977 | 1 449 873 | 11.4 | 6.81 | 6.40 | 364.08 | 493 502 | 24.2 |
| 1978 | 1 620 195 | 11.7 | 5.95 | 6.40 | 449.55 | 627 038 | 34.3 |
| 1979 | 1 812 232 | 11.9 | 7.06 | 9.15 | 459.61 | 659 093 | 23.3 |
| 1980 | 1 978 716 | 9.2 | 8.27 | 8.86 | 494.10 | 732 207 | 20.4 |
| 1981 | 2 155 266 | 8.9 | 7.56 | 8.12 | 570.31 | 879 775 | 21.1 |
| 1982 | 2 353 360 | 9.2 | 7.15 | 7.67 | 593.72 | 936 046 | 25.8 |
| 1983 | 2 526 400 | 7.4 | 6.81 | 7.36 | 731.82 | 1 195 052 | 34.7 |
| 1984 | 2 723 601 | 7.8 | 6.57 | 6.65 | 913.37 | 1 548 424 | 37.9 |
| 1985 | 2 951 827 | 8.4 | 6.47 | 5.87 | 1 049.40 | 1 826 967 | 35.2 |
| 1986 | 3 207 324 | 8.7 | 5.51 | 5.82 | 1 556.37 | 2 770 563 | 47.3 |
| 1987 | 3 540 364 | 10.4 | 4.94 | 5.61 | 1 725.83 | 3 254 779 | 58.3 |
| 1988 | 3 936 668 | 11.2 | 4.93 | 4.57 | 2 357.03 | 4 628 963 | 58.4 |
| 1989 | 4 326 710 | 9.9 | 5.78 | 5.75 | 2 881.37 | 5 909 087 | 70.6 |
| 1990 | 4 831 186 | 11.7 | 7.70 | 6.41 | 1 733.83 | 3 651 548 | 39.8 |
| 1991 | 5 006 817 | 3.6 | 6.99 | 5.51 | 1 714.68 | 3 659 387 | 37.8 |
| 1992 | 5 036 241 | 0.6 | 5.55 | 4.77 | 1 307.66 | 2 810 056 | 36.7 |
| 1993 | 5 089 787 | 1.1 | 4.41 | 3.32 | 1 439.31 | 3 135 633 | 64.9 |
| 1994 | 5 194 212 | 2.1 | 4.04 | 4.57 | 1 559.09 | 3 421 409 | 79.5 |
| 1995 | 5 351 367 | 3.0 | 2.78 | 3.19 | 1 577.70 | 3 502 375 | 86.5 |

续表

| 年份 | 货币存量（M$_2$）平均余额 亿日元 | % | 国内银行贷款约定平均利率（%） | 国债流通收益率（%） | 东证股价指数 | 东证股价时价总额（第一部）（亿日元） | 股价收益率（PER）（第一部） |
|---|---|---|---|---|---|---|---|
| 1996 | 5 525 715 | 3.3 | 2.53 | 2.76 | 1 470.94 | 3 363 851 | 79.3 |
| 1997 | 5 694 907 | 3.1 | 2.36 | 1.91 | 1 175.03 | 2 739 079 | 37.6 |
| 1998 | 5 923 528 | 4.0 | 2.25 | 1.97 | 1 086.99 | 2 677 835 | 103.1 |
| 1999 | 6 162 653 | 3.2 | 2.10 | 1.64 | 1 722.20 | 4 424 433 | — |
| 2000 | 6 292 840 | 2.1 | 2.11 | 1.64 | 1 283.67 | 3 527 846 | 170.8 |
| 2001 | 6 468 026 | 2.8 | 1.88 | 1.36 | 1 032.14 | 2 906 685 | 240.9 |
| 2002 | 6 681 972 | 3.3 | 1.83 | 0.90 | 843.29 | 2 429 391 | — |
| 2003 | 6 782 578 | 1.7 | 1.79 | 1.36 | 1 043.69 | 3 092 900 | 614.1 |
| 2004 | 6 889 343 | 1.6 | 1.73 | 1.43 | 1 149.63 | 3 535 582 | 39.0 |
| 2005 | 7 013 739 | 1.8 | 1.62 | 1.47 | 1 649.76 | 5 220 681 | 45.8 |
| 2006 | 7 084 273 | 1.0 | 1.76 | 1.67 | 1 681.07 | 5 386 295 | 36.0 |
| 2007 | 7 195 822 | 1.6 | 1.94 | 1.50 | 1 475.68 | 4 756 290 | 26.7 |
| 2008 | 7 346 008 | 2.1 | 1.86 | 1.16 | 859.24 | 2 789 888 | 20.0 |
| 2009 | 7 544 922 | 2.7 | 1.65 | 1.28 | 907.59 | 3 027 121 | — |
| 2010 | 7 753 911 | 2.8 | 1.55 | 1.11 | 898.80 | 3 056 930 | 45.0 |
| 2011 | 7 966 101 | 2.7 | 1.45 | 0.98 | 728.61 | 2 513 957 | 21.0 |
| 2012 | 8 165 213 | 2.5 | 1.36 | 0.79 | 859.80 | 2 964 429 | 24.9 |
| 2013 | 8 458 837 | 3.6 | 1.25 | 0.73 | 1 302.29 | 4 584 842 | 31.8 |
| 2014 | 8 745 965 | 3.4 | 1.18 | 0.33 | 1 407.51 | 5 058 973 | 23.8 |
| 2015 | 9 064 060 | 3.6 | 1.11 | 0.27 | 1 547.30 | 5 718 328 | 23.8 |
| 2016 | 9 368 699 | 3.4 | 0.99 | 0.04 | 1 518.61 | 5 602 469 | 26.4 |
| 2017 | 9 739 925 | 4.0 | 0.94 | 0.04 | 1 817.56 | 6 741 992 | 29.3 |
| 2018 | 10 024 525 | 2.9 | 0.90 | −0.01 | 1 494.09 | 5 621 213 | 19.5 |
| 2019 | 10 269 920 | 2.4 | 0.86 | −0.02 | 1 721.36 | 6 482 245 | 23.0 |
| 2020 | 10 936 277 | 6.5 | 0.81 | 0.02 | 1 804.68 | 6 668 621 | 27.8 |
| 2020年4—6月 | 10 836 245 | 5.3 | 0.81 | 0.03 | 1 558.77 | 5 883 504 | 24.3 |
| 2020年7—9月 | 11 173 582 | 8.5 | 0.81 | 0.02 | 1 625.49 | 6 150 892 | 26.0 |
| 2020年10—12月 | 11 309 040 | 9.1 | 0.81 | 0.02 | 1 804.68 | 6 668 621 | 27.8 |
| 2021年1—3月 | 11 413 560 | 9.5 | 0.80 | 0.02 | 1 954.00 | 7 226 304 | 31.4 |
| 2021年4—6月 | 11 662 057 | 7.6 | 0.80 | 0.02 | 1 954.00 | 7 023 608 | 31.4 |

资料来源：内閣府『令和3年度　年次経済財政報告（経済財政政策担当大臣報告）—レジリエントな日本経済へ：強さと柔軟性を持つ経済社会に向けた変革の加速—』（長期経済統計）、2021年9月。

表 19　　　　　　　　　　　　　　財政（1956—2019）（1）　　　　　　　　　　単位：%

| 年份 | 一般政府財政平衡（与GDP之比，%） | 中央政府財政平衡（与GDP之比，%） | 地方政府財政平衡（与GDP之比，%） | 社会保障基金財政平衡（与GDP之比，%） | 租税負担率（%） | 国民負担率（%） |
|---|---|---|---|---|---|---|
| 1956 | 1.4 | — | — | — | 19.5 | 22.8 |
| 1957 | 1.3 | — | — | — | 19.5 | 23.0 |
| 1958 | −0.1 | — | — | — | 18.5 | 22.1 |
| 1959 | 1.0 | — | — | — | 18.0 | 21.5 |
| 1960 | 2.2 | — | — | — | 18.9 | 22.4 |
| 1961 | 2.4 | — | — | — | 19.5 | 23.3 |
| 1962 | 1.3 | — | — | — | 19.3 | 23.3 |
| 1963 | 1.0 | — | — | — | 18.7 | 22.9 |
| 1964 | 1.0 | — | — | — | 19.0 | 23.4 |
| 1965 | 0.4 | — | — | — | 18.0 | 23.0 |
| 1966 | −0.4 | — | — | — | 17.2 | 22.3 |
| 1967 | 0.8 | — | — | — | 17.4 | 22.5 |
| 1968 | 1.2 | — | — | — | 18.1 | 23.2 |
| 1969 | 1.8 | — | — | — | 18.3 | 23.5 |
| 1970 | 1.8 | 0.0 | −0.4 | 2.2 | 18.9 | 24.3 |
| 1971 | 0.5 | −1.0 | −1.0 | 2.5 | 19.2 | 25.2 |
| 1972 | 0.2 | −1.1 | −1.1 | 2.4 | 19.8 | 25.6 |
| 1973 | 2.0 | 0.4 | −1.0 | 2.6 | 21.4 | 27.4 |
| 1974 | 0.0 | −1.4 | −1.3 | 2.6 | 21.3 | 28.3 |
| 1975 | −3.7 | −4.0 | −2.1 | 2.4 | 18.3 | 25.7 |
| 1976 | −3.6 | −4.3 | −1.6 | 2.3 | 18.8 | 26.6 |
| 1977 | −4.2 | −5.0 | −1.8 | 2.7 | 18.9 | 27.3 |
| 1978 | −4.2 | −4.8 | −1.7 | 2.4 | 20.6 | 29.2 |
| 1979 | −4.4 | −5.7 | −1.4 | 2.6 | 21.4 | 30.2 |
| 1980 | −4.0 | −5.4 | −1.3 | 2.6 | 21.7 | 30.5 |
| 1981 | −3.7 | −5.2 | −1.2 | 2.8 | 22.6 | 32.2 |
| 1982 | −3.4 | −5.2 | −0.9 | 2.7 | 23.0 | 32.8 |
| 1983 | −2.9 | −4.9 | −0.8 | 2.7 | 23.3 | 33.1 |
| 1984 | −1.8 | −4.0 | −0.6 | 2.8 | 24.0 | 33.7 |
| 1985 | −0.8 | −3.6 | −0.3 | 3.1 | 24.0 | 33.9 |
| 1986 | −0.3 | −3.0 | −0.4 | 3.1 | 25.2 | 35.3 |
| 1987 | 0.7 | −1.9 | −0.2 | 2.8 | 26.7 | 36.8 |
| 1988 | 2.2 | −1.1 | 0.1 | 3.2 | 27.2 | 37.1 |

续表

| 年份 | 一般政府财政平衡（与GDP之比，%） | 中央政府财政平衡（与GDP之比，%） | 地方政府财政平衡（与GDP之比，%） | 社会保障基金财政平衡（与GDP之比，%） | 租税负担率（%） | 国民负担率（%） |
|---|---|---|---|---|---|---|
| 1989 | 2.6 | -1.2 | 0.6 | 3.2 | 27.7 | 37.9 |
| 1990 | 2.6 | -0.5 | 0.5 | 2.6 | 27.7 | 38.4 |
| 1991 | 2.4 | -0.4 | 0.1 | 2.7 | 26.6 | 37.4 |
| 1992 | -0.8 | -2.4 | -0.9 | 2.4 | 25.1 | 36.3 |
| 1993 | -2.8 | -3.6 | -1.4 | 2.2 | 24.8 | 36.3 |
| 1994 | -4.1 | -4.3 | -1.8 | 1.9 | 23.5 | 35.4 |
| 1995 | -4.9 | -4.4 | -2.4 | 1.9 | 23.4 | 35.8 |
| 1996 | -4.8 | -4.0 | -2.5 | 1.7 | 23.1 | 35.5 |
| 1997 | -4.0 | -3.5 | -2.3 | 1.8 | 23.6 | 36.5 |
| 1998 | -11.9 | -10.7 | -2.4 | 1.2 | 23.0 | 36.3 |
| 1999 | -7.9 | -7.3 | -1.6 | 1.0 | 22.3 | 35.5 |
| 2000 | -6.8 | -6.4 | -0.9 | 0.5 | 22.9 | 36.0 |
| 2001 | -6.5 | -5.7 | -0.9 | 0.2 | 22.8 | 36.7 |
| 2002 | -8.1 | -6.6 | -1.3 | -0.2 | 21.3 | 35.2 |
| 2003 | -7.4 | -6.4 | -1.3 | 0.3 | 20.7 | 34.4 |
| 2004 | -5.3 | -5.1 | -0.7 | 0.5 | 21.3 | 35.0 |
| 2005 | -4.1 | -4.0 | -0.2 | 0.1 | 22.5 | 36.3 |
| 2006 | -3.1 | -3.1 | 0.1 | -0.1 | 23.1 | 37.2 |
| 2007 | -2.9 | -2.6 | 0.0 | -0.3 | 23.7 | 38.2 |
| 2008 | -5.4 | -5.1 | 0.3 | -0.5 | 23.5 | 39.3 |
| 2009 | -10.1 | -8.7 | -0.2 | -1.3 | 21.3 | 37.2 |
| 2010 | -8.8 | -7.4 | -0.4 | -1.0 | 21.6 | 37.2 |
| 2011 | -8.9 | -8.2 | 0.1 | -0.7 | 22.1 | 38.8 |
| 2012 | -8.1 | -7.4 | -0.1 | -0.7 | 22.7 | 39.7 |
| 2013 | -7.3 | -6.7 | 0.0 | -0.5 | 23.1 | 39.9 |
| 2014 | -5.1 | -5.2 | -0.3 | 0.3 | 24.9 | 42.1 |
| 2015 | -3.6 | -4.4 | 0.0 | 0.9 | 25.4 | 42.6 |
| 2016 | -3.5 | -4.4 | -0.1 | 1.1 | 25.1 | 42.7 |
| 2017 | -2.9 | -3.5 | -0.1 | 0.7 | 25.5 | 43.3 |
| 2018 | -2.4 | -3.2 | 0.0 | 0.8 | 26.0 | 44.1 |
| 2019 | -3.1 | -3.8 | 0.0 | 0.7 | 25.7 | 43.8 |

资料来源：内閣府『令和3年度 年次経済財政報告（経済財政政策担当大臣報告）―レジリエントな日本経済へ：強さと柔軟性を持つ経済社会に向けた変革の加速―』（長期経済統計）、2021年9月。

表 20　　　　　　　　　　　财政（1958—2020）（2）

| 年份 | 国债发行额 总额（亿日元） | 国债发行额 赤字国债（亿日元） | 国债依存度（%） | 国债余额 金额（亿日元） | 国债余额 与名义GDP之比（%） |
|---|---|---|---|---|---|
| 1958 | 0 | 0 | 0 | 0 | 0 |
| 1959 | 0 | 0 | 0 | 0 | 0 |
| 1960 | 0 | 0 | 0 | 0 | 0 |
| 1961 | 0 | 0 | 0 | 0 | 0 |
| 1962 | 0 | 0 | 0 | 0 | 0 |
| 1963 | 0 | 0 | 0 | 0 | 0 |
| 1964 | 0 | 0 | 0 | 0 | 0 |
| 1965 | 1 972 | 1 972 | 5.3 | 2 000 | 0.6 |
| 1966 | 6 656 | 0 | 14.9 | 8 750 | 2.2 |
| 1967 | 7 094 | 0 | 13.9 | 15 950 | 3.4 |
| 1968 | 4 621 | 0 | 7.8 | 20 544 | 3.7 |
| 1969 | 4 126 | 0 | 6.0 | 24 634 | 3.8 |
| 1970 | 3 472 | 0 | 4.2 | 28 112 | 3.7 |
| 1971 | 11 871 | 0 | 12.4 | 39 521 | 4.8 |
| 1972 | 19 500 | 0 | 16.3 | 58 186 | 6.0 |
| 1973 | 17 662 | 0 | 12.0 | 75 504 | 6.5 |
| 1974 | 21 600 | 0 | 11.3 | 96 584 | 7.0 |
| 1975 | 52 805 | 20 905 | 25.3 | 149 731 | 9.8 |
| 1976 | 71 982 | 34 732 | 29.4 | 220 767 | 12.9 |
| 1977 | 95 612 | 45 333 | 32.9 | 319 024 | 16.8 |
| 1978 | 106 740 | 43 440 | 31.3 | 426 158 | 20.4 |
| 1979 | 134 720 | 63 390 | 34.7 | 562 513 | 25.0 |
| 1980 | 141 702 | 72 152 | 32.6 | 705 098 | 28.4 |
| 1981 | 128 999 | 58 600 | 27.5 | 822 734 | 31.1 |
| 1982 | 140 447 | 70 087 | 29.7 | 964 822 | 34.9 |
| 1983 | 134 863 | 66 765 | 26.6 | 1 096 947 | 38.0 |
| 1984 | 127 813 | 63 714 | 24.8 | 1 216 936 | 39.5 |
| 1985 | 123 080 | 60 050 | 23.2 | 1 344 314 | 40.7 |
| 1986 | 112 549 | 50 060 | 21.0 | 1 451 267 | 42.4 |
| 1987 | 94 181 | 25 382 | 16.3 | 1 518 093 | 41.9 |
| 1988 | 71 525 | 9 565 | 11.6 | 1 567 803 | 40.4 |
| 1989 | 66 385 | 2 085 | 10.1 | 1 609 100 | 38.7 |

续表

| 年份 | 国债发行额 总额（亿日元） | 国债发行额 赤字国债（亿日元） | 国债依存度（%） | 国债余额 金额（亿日元） | 国债余额 与名义GDP之比（%） |
|---|---|---|---|---|---|
| 1990 | 73 120 | 9 689 | 10.6 | 1 663 379 | 36.8 |
| 1991 | 67 300 | 0 | 9.5 | 1 716 473 | 36.2 |
| 1992 | 95 360 | 0 | 13.5 | 1 783 681 | 36.9 |
| 1993 | 161 740 | 0 | 21.5 | 1 925 393 | 39.9 |
| 1994 | 164 900 | 41 443 | 22.4 | 2 066 046 | 41.1 |
| 1995 | 212 470 | 48 069 | 28.0 | 2 251 847 | 45.4 |
| 1996 | 217 483 | 110 413 | 27.6 | 2 446 581 | 47.6 |
| 1997 | 184 580 | 85 180 | 23.5 | 2 579 875 | 55.2 |
| 1998 | 340 000 | 169 500 | 40.3 | 2 952 491 | 62.5 |
| 1999 | 375 136 | 243 476 | 42.1 | 3 316 687 | 68.4 |
| 2000 | 330 040 | 218 660 | 36.9 | 3 675 547 | 74.4 |
| 2001 | 300 000 | 209 240 | 35.4 | 3 924 341 | 80.4 |
| 2002 | 349 680 | 258 200 | 41.8 | 4 210 991 | 86.8 |
| 2003 | 353 450 | 286 520 | 42.9 | 4 569 736 | 94.2 |
| 2004 | 354 900 | 267 860 | 41.8 | 4 990 137 | 98.7 |
| 2005 | 312 690 | 235 070 | 36.6 | 5 269 279 | 99.0 |
| 2006 | 274 700 | 210 550 | 33.7 | 5 317 015 | 100.6 |
| 2007 | 253 820 | 193 380 | 31.0 | 5 414 584 | 105.8 |
| 2008 | 331 680 | 261 930 | 39.2 | 5 459 356 | 119.4 |
| 2009 | 519 550 | 369 440 | 51.5 | 5 939 717 | 126.0 |
| 2010 | 423 030 | 347 000 | 44.4 | 6 363 117 | 134.0 |
| 2011 | 427 980 | 344 300 | 42.5 | 6 698 674 | 141.2 |
| 2012 | 474 650 | 360 360 | 48.9 | 7 050 072 | 145.1 |
| 2013 | 408 510 | 338 370 | 40.8 | 7 438 676 | 147.9 |
| 2014 | 384 929 | 319 159 | 39.0 | 7 740 831 | 148.9 |
| 2015 | 349 183 | 284 393 | 35.5 | 8 054 182 | 152.4 |
| 2016 | 380 346 | 291 332 | 39.0 | 8 305 733 | 153.5 |
| 2017 | 335 546 | 262 728 | 34.2 | 8 531 789 | 157.0 |
| 2018 | 343 954 | 262 982 | 34.8 | 8 740 434 | 158.4 |
| 2019 | 365 819 | 274 382 | 36.1 | 8 866 945 | 183.7 |
| 2020 | 1 125 539 | 899 579 | 64.1 | 9 848 903 | 177.0 |

资料来源：内閣府『令和3年度　年次経済財政報告（経済財政政策担当大臣報告）―レジリエントな日本経済へ：強さと柔軟性を持つ経済社会に向けた変革の加速―』（長期経済統計）、2021年9月。